ANNUAIRE EUROPÉEN
EUROPEAN YEARBOOK

2001

L'Annuaire Européen a pour but de faciliter l'étude de certaines organisations internationales et de leurs activités. Il traite des organisations à vocation européenne *et de l'OCDE*. Il n'est pas consacré de chapitre aux organes de l'Organisation des Nations Unies et de ses Institutions spécialisées qui ont leurs propres publications.

The aim of the European Yearbook is to promote the scientific study of a number of international organisations and their work. The Yearbook publishes information about European organisations *and the OECD* to the exclusion of the European organs or Commissions of the United Nations and the Specialised Agencies, which have their own publications.

ANNUAIRE EUROPÉEN

VOL. XLIX

EUROPEAN YEARBOOK

PUBLIÉ SOUS LES AUSPICES DU
CONSEIL DE L'EUROPE

PUBLISHED UNDER THE AUSPICES OF
THE COUNCIL OF EUROPE

MARTINUS NIJHOFF PUBLISHERS
THE HAGUE/BOSTON/ LONDON

A C.I.P. Catalogue record for this book is available from the Library of Congress.

ISSN 0167-6717
ISBN 90 411 202 89

Published by Kluwer Law International,
P.O. Box 85889, 2508 CN The Hague, The Netherlands.
sales@kluwerlaw.com
http://www.kluwerlaw.com

Sold and distributed in North, Central and South America
by Aspen Publishers, Inc.
7201 McKinney Circle, Frederick, MD 21704, USA

Sold and distributed in all other countries
by Turpin Distribution Services Limited,
Blackhorse Road, Letchworth, Herts,
SG6 1HN, United Kingdom

Printed on acid-free paper

Printed in the Netherlands.

Annuaire Européen / European Yearbook
Conseil de l'Europe / Council of Europe
F-67075 Strasbourg Cedex

Coordination et secrétariat / Co-ordination and secretariat
Direction de la Communication et de la Recherche / Communication and Research Directorate :

M. Norbert Prill, Directeur de la Communication et de la Recherche / Director of Communication and Research

Mme Edith Lejard-Boutsavath, Chef de la Division des Editions / Head of Publishing

M. Jean-Jacques Martz, coordinateur éditorial / publishing co-ordinator

L'ANNÉE 2001

L'année 2001 restera incontestablement comme un repère dans les mémoires et dans l'histoire après les terribles attentats du 11 septembre dirigés contre le World Trade Centre à New York et le Pentagone à Washington. Cet événement nous a révélé la vulnérabilité des sociétés démocratiques et en particulier celle des Etats-Unis, frappés massivement sur leur propre territoire. La lutte contre le terrorisme est désormais à l'ordre du jour de tous les Etats et des organisations internationales. Au lendemain de ces événements, le Conseil de l'Europe, comme d'autres organisations européennes, a adopté une Déclaration sur la lutte contre le terrorisme international et pris une série de décisions pour renforcer la coopération européenne et internationale dans ce domaine.

Aucun conflit en cours n'a été réglé en 2001. Le conflit entre Israël et les Palestiniens s'est aggravé. Quant au conflit tchétchène, les événements du 11 septembre et le rapprochement entre les Etats-Unis et la Russie ont conforté ce dernier pays dans sa détermination à lutter contre ce qu'elle considère comme une menace terroriste d'origine islamiste. La situation dans cette région a continué de préoccuper le Conseil de l'Europe et l'OSCE, qui fournissent sur place une assistance au Bureau du Représentant Spécial du Président de la Fédération de Russie.

Au niveau européen, l'année 2001 a été également marquée par l'organisation conjointe par l'Union européenne (UE) et le Conseil de l'Europe de l'Année des langues destinée à promouvoir le plurilinguisme. Le Conseil de l'Europe a par ailleurs accueilli deux nouveaux Etats membres, l'Arménie et l'Azerbaïdjan. Au niveau de l'Union européenne, le Conseil européen de Laeken a convoqué une Convention sur l'avenir de l'Europe qui doit réfléchir à des propositions de réformes des institutions de l'UE, y compris la préparation éventuelle d'une Constitution pour l'Union.

THE YEAR 2001

Both historically and for individuals, the year 2001 will undoubtedly stand out as a defining moment, following the terrible attacks on 11 September against the World Trade Centre in New York and the Pentagon in Washington. These events showed us the vulnerability of democratic societies, particularly the United States, which was dealt a powerful blow on its own territory. The fight against terrorism is now a priority for all states and international organisations. After the events of 11 September, the Council of Europe, like other European organisations, adopted a Declaration on the Fight against International Terrorism and a series of decisions aimed at strengthening European and international co-operation in this field.

No ongoing conflict was resolved in 2001. The Israeli-Palestinian conflict worsened. As for the conflict in Chechnya, the events of 11 September and the rapprochement between the United States and Russia confirmed the latter country in its determination to fight what it sees as a terrorist threat of Islamic origin. The situation in this region continued to be of concern to the Council of Europe and the OSCE, which provide assistance on the spot to the Office of the Special Representative of the President of the Russian Federation.

At European level, 2001 was also marked by joint European Union/Council of Europe organisation of the International Year of Languages, aimed at promoting multilingualism. The Council of Europe also welcomed two new member states, Armenia and Azerbaijan. At European Union level, the Laeken European Council convened a Conference on the Future of Europe, which is due to consider proposals to reform the EU institutions, including the possible preparation of a European Union Constitution.

AVIS AU LECTEUR

Les pages de la section documentaire sont numérotées par chapitre. Afin de faciliter la recherche, nous avons fait précéder le numéro de page du sigle de l'organisation, imprimé en **gros** caractères. Les mêmes sigles sont utilisés dans l'index.

Il est recommandé aux lecteurs s'intéressant à des thèmes généraux de consulter la table des matières.

Liste des sigles

AELE	Association Européenne de Libre-Echange
BCE	Banque Centrale Européenne
BENELUX	Union Européenne Benelux
BERD	Banque Européenne pour la Reconstruction et le Développement
CCNR	Commission Centrale pour la Navigation du Rhin
C de E	Conseil de l'Europe
CEAC	Commission Européenne de l'Aviation Civile
CEMT	Conférence Européenne des Ministres des Transports
CEPT	Conférence Européenne des Administrations des Postes et des Télécommunications
CERN	Laboratoire Européen de Physique des Particules
CIEC	Commission Internationale de l'Etat Civil
CN	Conseil Nordique et Conseil Ministériel Nordique
ESA	Agence Spatiale Européenne
ESO	Organisation Européenne pour des Recherches Astronomiques dans l'Hémisphère Austral – Observatoire Austral Européen
EUROCONTROL	Organisation Européenne pour la Sécurité de la Navigation Aérienne
OCDE	Organisation de Coopération et de Développement Economiques
OEB	Organisation Européenne des Brevets
OSCE	Organisation pour la Sécurité et la Coopération en Europe
UE	Union Européenne
UEO	Union de l'Europe Occidentale

La bibliographie a été établie par la Bibliothèque du Conseil de l'Europe.

NOTE TO THE USER

The pages of the documentary section are numbered per chapter. In order to facilitate locating the chapter, the abbreviation of the organisation is printed in **bold** type, before the page number. The same abbreviations are to be found in the index.

Those readers who are interested in general topics, are referred to the general index.

List of abbreviations

EFTA	European Free Trade Association
ECB	European Central Bank
BENELUX	The Benelux Economic Union
EBRD	European Bank for Reconstruction and Development
CCNR	Central Commission for the Navigation of the Rhine
C of E	Council of Europe
ECAC	European Civil Aviation Conference
ECMT	European Conference of Ministers of Transport
CERN	European Laboratory for Particle Physics
ECPT	European Conference of Postal and Telecommunications Administrations
ICCS	International Commission on Civil Status
NC	Nordic Council and Nordic Council of Ministers
ESA	European Space Agency
ESO	European Organisation for Astronomical Research in the Southern Hemisphere – European Southern Observatory
EUROCONTROL	European Organisation for the Safety of Air Navigation
OECD	Organisation for Economic Co-operation and Development
EPO	European Patent Organisation
OSCE	Organisation for Security and Co-operation in Europe
EU	European Union
WEU	Western European Union

The bibliography has been compiled by the Library of the Council of Europe.

TABLE DES MATIÈRES

TABLE OF CONTENTS

CONFÉRENCE EUROPÉENNE DES MINISTRES DES TRANSPORTS (CEMT)

CONFÉRENCE EUROPÉENNE DES ADMINISTRATIONS DES POSTES ET DES TELECOMMUNICATIONS (CEPT)

ORGANISATION EUROPÉENNE POUR LA RECHERCHE NUCLÉAIRE (CERN)

COMMISSION INTERNATIONALE DE L'ÉTAT CIVIL (CIEC)

CONSEIL NORDIQUE ET CONSEIL NORDIQUE DES MINISTRES (CN)

AGENCE SPATIALE EUROPÉENNE (ESA)

ORGANISATION EUROPÉENNE POUR DES RECHERCHES ASTRONOMIQUES DANS L'HÉMISPHERE AUSTRAL – OBSERVATOIRE AUSTRAL EUROPÉEN (ESO)

ORGANISATION POUR LA SÉCURITÉ DE LA NAVIGATION AÉRIENNE (EUROCONTROL)

ORGANISATION DE COOPÉRATION ET DE DÉVELOPPEMENT ÉCONOMIQUES (OCDE)

ORGANISATION EUROPÉENE DES BREVETS (OEB)

ORGANISATION POUR LA SÉCURITÉ ET LA COOPÉRATION EN EUROPE (OSCE)

UNION EUROPÉENNE (UE)

EUROPEAN ORGANISATION FOR THE SAFETY OF AIR NAVIGATION (EUROCONTROL)

ORGANISATION FOR ECONOMIC CO-OPERATION AND DEVELOPMENT (OECD)

EUROPEAN PATENT ORGANISATION (EPO)

ORGANIZATION FOR SECURITY AND CO-OPERATION IN EUROPE (OSCE)

EUROPEAN UNION (EU)

SECTION BIBLIOGRAPHIQUE

BIBLIOGRAPHICAL SECTION

SECTION DOCUMENTAIRE
DOCUMENTARY SECTION

MEMBRES DES ORGANISATIONS EUROPÉENNES EN 2001
MEMBERS OF EUROPEAN ORGANISATIONS IN 2001

		Com. cent. pour la navig. du Rhin / Rhine Commission	Bénélux / Benelux	Union de l'Europe Occidentale / Western European Union	OCDE / OECD (1)	Conseil de l'Europe / Council of Europe	Comm. int. de l'Etat Civil (2) / Int. Comm. On Civil Status (2)	Union européenne / European Union	Conseil Nordique / Nordic Council	Conf. eur. des Min. des Transp. (3) / Eur. Conf. of Min. of Transp. (3)	CERN (4)
Albanie	Albania					•					
Allemagne	Germany	•		•	•	•	•	•		•	•
Andorre	Andorra					•					
Arménie	Armenia					•					
Autriche	Austria				•	•	•	•		•	•
Azerbaïdjan	Azerbaijan					•					
Belgique	Belgium	•	•	•	•	•	•	•		•	•
Bosnie-Herzégoviene	Bosnia-Herzegovina									•	
Bulgarie	Bulgaria					•				•	
Chypre	Cyprus					•					
Croatie	Croatia					•				•	
Danemark	Denmark				•	•		•	•	•	•
Espagne	Spain			•	•	•	•	•		•	•
Estonie	Estonia					•					
Finlande	Finland				•	•		•	•	•	•
France	France	•		•	•	•	•	•		•	•
Géorgie	Georgia					•				•	
Grèce	Greece			•	•	•	•	•		•	•
Hongrie	Hungary			•	•	•				•	•
Irlande	Ireland				•	•		•		•	
Islande	Iceland				•	•			•		
Italie	Italy			•	•	•	•	•		•	•
Lettonie	Latvia					•				•	
Liechtenstein	Liechtenstein					•					
Lituanie	Lithuania					•				•	
Luxembourg	Luxembourg		•	•	•	•	•	•		•	
LERYMacédoine	TFYROMacedonia					•				•	
Malte	Malta					•					
Moldavie	Moldova					•				•	
Monaco	Monaco										
Norvège	Norway				•	•			•	•	•
Pays-Bas	Netherlands	•	•	•	•	•	•	•		•	•
Pologne	Poland			•		•				•	•
Portugal	Portugal			•	•	•	•	•		•	•
République Tchèque	Czech Republic			•	•	•				•	•
Roumánie	Romania					•				•	
Royaume-Uni	United Kingdom			•	•	•	•	•		•	
Russie	Russia					•					
Saint-Marin	San Marino					•					
Slovaquie	Slovakia					•				•	•
Slovénie	Slovenia					•				•	
Suède	Sweden				•	•		•	•	•	•
Suisse	Switzerland	•			•	•	•			•	•
Turquie	Turkey				•	•	•			•	
Ukraine	Ukraine					•					

(1) Aussi Etats-Unis, Canada, Corée, Australie, Nouvelle Zélande et Mexique / Also USA, Canada, Corea, Japan, Mexico.
(2) La Croatie, la Hongrie, la Lituanie, la Pologne, la Russie, le Saint-Siège et la Suède sont observateurs / Croatia, Hungary, Lithuania, Poland, Russia, the Holy See and Sweden are observers.
(3) L'Australie, le Canada, les Etats-Unis, le Japon, la Russie et la Nouvelle-Zélande sont associés ; la Géorgie, le Maroc sont observateurs, la Belarus est membre / Austria, Canada, the United States, Japan, Russia and New Zealand are observers, Belarus is member.
(4) La Turquie, Israel, la Russie, la CCE, l'UNESCO, le Japon et la Yougoslavie (statut suspendu) sont observateurs / Turkey, Israel, Russia, the CEC, UNESCO, Japan and Yugoslavia (status suspended) are observers.

MEMBRES DES ORGANISATIONS EUROPÉENNES EN 2001
MEMBERS OF EUROPEAN ORGANISATIONS IN 2001

		Conf. eur. de l'aviation Civ. / European Civil Aviation Conf.	Banque centrale européenne / European Central Bank	Asso. euro. de Libre Echange / European Free Trade Association	Org. eur. pour des Rech. Astron. dans l'Hémisph. Austral / Euro. Org. for Astron. Ress. In the South. Hemisph. (6)	Agence spatiale européenne / European Space Agency (7)	EUROCONTROL (8)	Organisation européenne des Brevets / European Patent Organisation	OSCE (9)	BERD / EBRD	ECPT / CEPT
Albanie	Albania								•	•	•
Allemagne	Germany	•	•		•	•	•	•	•	•	•
Andorre	Andorra	•									•
Arménie	Armenia		•						•	•	
Autriche	Austria	•	•			•	•	•	•	•	•
Azerbaïdjan	Azerbaijan								•	•	•
Belgique	Belgium	•	•		•	•	•	•	•	•	•
Bosnie-Herzégoviene	Bosnia-Herzegovina								•	•	•
Bulgarie	Bulgaria	•					•		•	•	•
Chypre	Cyprus	•					•	•	•	•	•
Croatie	Croatia	•					•		•	•	•
Danemark	Denmark	•	•		•	•	•	•	•	•	•
Espagne	Spain	•	•			•	•	•	•	•	•
Estonie	Estonia	•							•	•	•
Finlande	Finland	•	•			•		•	•	•	•
France	France	•	•		•	•	•	•	•	•	•
Géorgie	Georgia								•	•	
Grèce	Greece	•	•				•	•	•	•	•
Hongrie	Hongary	•					•		•	•	•
Irlande	Ireland	•	•			•	•	•	•	•	•
Islande	Iceland	•		•					•	•	•
Italie	Italy	•	•		•	•	•	•	•	•	•
Lettonie	Latvia	•							•	•	•
Liechtenstein	Liechtenstein			•				•	•	•	•
Lituanie	Lithuania	•							•	•	•
Luxembourg	Luxembourg	•	•				•	•	•	•	•
LERYMacédoine	TFYROMacedonia								•	•	•
Malte	Malta	•					•		•	•	•
Moldavie	Moldova	•							•	•	•
Monaco	Monaco	•					•	•			•
Norvège	Norway	•				•	•		•	•	•
Pays-Bas	Netherlands	•	•		•	•	•	•	•	•	•
Pologne	Poland	•							•	•	•
Portugal	Portugal	•	•		•		•	•	•	•	•
République Tchèque	Czech Republic	•					•		•	•	•
Roumanie	Romania	•					•		•	•	•
Royaume-Uni	United Kingdom	•	•			•	•	•	•	•	•
Russie	Russia								•	•	•
Saint-Marin	San Marino										•
Slovaquie	Slovakia	•					•		•	•	•
Slovénie	Slovenia	•					•		•	•	•
Suède	Sweden	•	•		•	•	•	•	•	•	•
Suisse	Switzerland	•		•	•	•	•	•	•	•	•
Turquie	Turkey	•					•		•	•	•
Ukraine	Ukraine								•	•	•

(6) Le Portugal est observateur / Portugal is an observer.
(7) Le Canada est observateur / Canada is an observer.
(8) Monaco a demandé son admission / Monaco has applied for membership.
(9) Sont membres : USA, Bélarus, Canada, Kazakhstan, Kirghizistan, Ouzbékistan, Saint-Siège, Tadjikistan, Turkménistan ; la participation de la Yougoslavie est suspendue
Are also members : USA, Belarus, Canada, Georgia, Kazakhstan, Ouzbekistan, Holy See, Tadjikistan, Turkmenistan ; the participation of Yugoslavia is suspended.

ASSOCIATION EUROPÉENNE DE LIBRE-ÉCHANGE (AELE)

Association européenne de libre-échange (AELE)
Rue de Varembé, 9-11
CH- 1202 GENEVE
Tél. (00.41) (0)22.749.11.11 - Fax (00.41) (0)22.733.92.91

Bureau de Bruxelles (Accord EEE)
74 rue de Trèves
B- 1040 BRUXELLES
Tél. (00.32.2) 286.1711 - Fax (00.32.2) 286.1750

Bureau de Luxembourg
Bâtiment Jean Monnet (C5-903)
Rue Alcide de Gasperi
L-2920 LUXEMBOURG
Tél. (00.352) 4301.33.894 - Fax (00.352) 4301.32.145

Site web : http://secretariat.efta.int/

Secrétaire Général : M. William Rossier (Suisse)

Historique :

L'Association européenne de libre-échange a été fondée par l'Autriche, le Danemark, la Norvège, le Portugal, la Suède, la Suisse et la Grande-Bretagne en 1960 par le biais de la Convention de Stockholm. Par la suite, la Finlande (en 1961 en qualité de membre associé et en 1986 en tant que membre à part entière), l'Islande (en 1970) et le Liechtenstein (en 1991) ont rejoint l'AELE.

L'Accord sur l'EEE, signé à Oporto (Portugal) en 1992 et entré en vigueur le 1er janvier 1994, étend le marché unique de l'UE aux Etats membres de l'AELE (Suisse exceptée) pour les services, les capitaux et les biens manufacturés.

Composition:

4 Etats membres : Islande, Liechtenstein, Norvège et Suisse. Ses autres Etats membres ont rejoint l'Union européenne.

Tous les pays de l'AELE, à l'exception de la Suisse, font partie de l'Espace économique européen (EEE).

Objectifs:

- Promouvoir, à travers le libre-échange entre les Etats membres, l'expansion soutenue de l'activité économique, le plein emploi, l'augmentation de la productivité et l'utilisation rationnelle des ressources, la stabilité financière et l'amélioration continue des standards de vie dans les Etats membres.

EUROPEAN FREE TRADE ASSOCIATION (EFTA)

European Free Trade Association (EFTA)
Rue de Varembé, 9-11
CH- 1202 GENEVE
Tel. (00.41) (0)22.749.11.11 – Fax (00.41) (0)22.733.92.91

Office in Brussels (EEA Agreement)
74 rue de Trèves
B- 1040 BRUSSELS
Tel. (00.32.2) 286.1711 – Fax (00.32.2) 286.1750

Office in Luxembourg
Bâtiment Jean Monnet (C5-903)
Rue Alcide de Gasperi
L-2920 LUXEMBOURG
Tel. (00.352) 4301.33.894 – Fax (00.352) 4301.32.145

Web site: http://secretariat.efta.int/

Secretary General: Mr William Rossier (Switzerland)

Background:

The European Free Trade Association (EFTA) was established in 1960 under the Stockholm Convention by Austria, Denmark, Norway, Portugal, Sweden, Switzerland and the UK. Finland subsequently joined EFTA (becoming an associate member in 1961 and a full member in 1986). Iceland (1970) and Liechtenstein (1991) have also joined EFTA.

The EEA Agreement, signed in Oporto (Portugal) in 1993 and which entered into force in 1994, extends the EU Single Market to the EFTA Members (Switzerland accepted), for services, funds and goods.

Composition:

4 Member States: Iceland, Liechtenstein, Norway and Switzerland. The other states have left EFTA to join the European Union (EU).

All the Member States of EFTA with the exception of Switzerland are member of the European Economic Area (EEA).

Aims:

– To promote, via free trade between the member states, in the Area of the Association and in each Member State a sustained expansion of economic activity, full employment, increased productivity and the rational use of resources, financial stability and continuous improvement in living standards.

Fonctionnement :

La structure d'organisation de l'AELE est la suivante :

Le *Conseil de l'AELE* est l'organe dirigeant. Les chefs des délégations permanentes auprès de l'AELE se réunissent deux fois par mois, tandis que les ministres se réunissent deux fois par an. Les décisions sont généralement prises de façon consensuelle.

La structure de l'AELE pour ce qui concerne l'Accord de l'EEE est la suivante :

Le Comité mixte de l'EEE est le forum dans lequel les décisions sont prises en vue d'étendre la législation communautaire à l'EEE. Le Comité est composé des représentants des Etats faisant partie de l'AELE et de l'EEE, de la Commission européenne et des Etats membres de l'UE; il se réunit une fois par mois. Le Comité est assisté par cinq sous-comités.

Le Conseil de l'EEE donne l'impulsion et les lignes directrices pour la mise en oeuvre du traité sur l'EEE. Il est composé des ministres de l'Union européenne et de l'AELE (qui font partie de l'EEE).

Le *Comité permanent de l'AELE-EEE* est composé de l'Islande, du Liechtenstein et de la Norvège. La Suisse et l'Autorité de surveillance de l'AELE y participent en tant qu'observateurs. Il est secondé par cinq sous-comités et un grand nombre de groupes de travail et d'experts.

L'autorité de surveillance de l'AELE et la Commission pour le territoire de l'Union sont chargés de superviser la mise en pratique des règles communes dans l'Espace.

La Cour de l'AELE s'occupe du contrôle judiciaire.

En 2000, le Secrétaire Général de l'AELE est M. William Rossier (Suisse), le Secrétaire Général Adjoint à Bruxelles (Accord EEE), M. Per Kjell Mannes (Norvège) et le Secrétaire Général Adjoint à Genève, M. Petur G. Thorsteinsson (Islande).

ACTIVITÉS EN 2001

RÉUNION MINISTÉRIELLE DE L'AELE

Vaduz, le 21 juin 2001

L'Association européenne de Libre-échange (AELE) a tenu sa réunion ministérielle de printemps, le 21 juin 2001 à Vaduz au Liechtenstein, sous la présidence de M. Ernst Walch, ministre des Affaires étrangères du Liechtenstein.

Les ministres ont signé la Convention AELE réactualisée, un événement marquant dans les quarante années de l'histoire de l'AELE. Ils ont estimé que la Convention réactualisée constitue un apport important à l'intégration du Marché européen. Dans beaucoup de domaines, elle introduira entre les Etats de l'AELE des conditions similaires à celles déjà instaurées entre l'AELE et l'UE par l'EEE et par les Accords bilatéraux entre la Suisse et l'UE. La Convention modernisée approfondira la coopération entre les Etats de l'AELE et bénéficiera tant aux citoyens qu'aux entreprises; de même, elle servira de plate-forme pour le renforcement des relations commerciales avec les pays tiers

Les ministres se sont montrés satisfaits de la signature d'Accords de libre-échange avec la Croatie et la Jordanie. Ils ont pris note des progrès réalisés au cours des négociations pour un

FUNCTIONING:

EFTA Structure:

The governing body of EFTA is the *EFTA Council*, which usually meets twice a month at the level of officials (Heads of Permanent Delegations to EFTA) and twice a year at Ministerial level. Each member country is represented and has one vote, though decisions tend to be by consensus.

EFTA Structure in relation with the EEA Agreement:

The forum in which decisions are taken to extend Community legislation to the EEA is the *EEA Joint Committee.* The Joint Committee is made up of representatives of the EEA EFTA States, the European Commission and the EU Member Sates generally meets once a month. Five Subcommittees assist the Joint Committee.

Political impetus and guidelines for the implementation of the Agreement are provided by the *EEA Council,* which is made up of EU and EEA EFTA ministers.

The *EFTA-EEA Standing Committee* is composed by Iceland, Liechtenstein and Norway. Switzerland and the EFTA Surveillance Authority are participating as associated Members. Five Subcommittees and a few working and experts groups assist the Standing Committee.

The Commission on the one hand and the *EFTA Surveillance Authority* on the other carry out surveillance of the implementation of common rules across the Area.

There is also an *EFTA Court* to provide judicial control.

In 2000, the Secretary General of EFTA is Mr William Rossier (Switzerland), the Deputy Secretary General in Brussels (EEA Agreement) Mr Per Kjell Mannes (Norway), and the Deputy Secretary General in Geneva Mr Petur G. Thorsteinsson (Iceland).

ACTIVITIES IN 2001

EFTA MINISTERIAL MEETING

Vaduz, 21 June 2001

The European Free Trade Association (EFTA) held its spring Ministerial meeting in Vaduz, Liechtenstein, on 21 June 2001 under the chairmanship of Ernst Walch, Minister for Foreign Affairs, Liechtenstein.

Ministers signed the updated EFTA Convention, a milestone in EFTA's 40-year history. They expressed the view that the updated Convention provided an important contribution to the integration of the European market place. It would create conditions between the EFTA States that in many respects are similar to those between the EFTA States and the EU, provided by the EEA Agreement and the bilateral Agreements between Switzerland and the EU. The modernised Convention would strengthen the cooperation among the EFTA Member States and benefit their businesses and citizens alike; at the same time, it would provide a platform to improve their trade relations with third countries.

Ministers expressed satisfaction with the signing of Free Trade Agreements with Croatia and Jordan. They noted that progress had been made in negotiations on a free trade agreement accord de libre-échange avec le Chili et exprimé le vœu que ces négociations soient menées à terme dans les meilleurs délais. De plus, les ministres ont souligné l'importance d'une conclusion rapide des négociations avec le Canada. Ils ont noté que le premier tour de négociations pour un accord de libre-échange avec Singapour aura lieu à Oslo en juillet et estimé qu'il faudrait conclure ces négociations avant la fin de l'année. Ils ont également accueilli favorablement la tenue de discussions exploratoires pour un accord de libre-échange avec l'Afrique du Sud. En outre, les ministres ont pris note avec satisfaction de la poursuite des négociations avec l'Egypte et la Tunisie et du fait qu'une date ait été convenue pour la réunion d'un Comité mixte avec la Yougoslavie, sous les auspices de la Déclaration de coopération.

Les ministres EEE de l'AELE ont considéré que l'Accord sur l'EEE continuait à bien fonctionner. Néanmoins, ils ont relevé le besoin d'une participation plus active des représentants des Etats EEE de l'AELE dans le processus de décision de l'EEE ayant trait à la législation CE et aux programmes de l'UE. Les ministres ont insisté sur l'importance d'un engagement accru dans les discussions de politiques liées au développement du marché intérieur et à la coopération apparentée. Les ministres ont aussi accueilli favorablement les progrès réalisés dans le processus d'élargissement et souligné la nécessité d'assurer l'élargissement simultané de l'Accord sur l'EEE

REACTUALISATION DE LA CONVENTION AELE

Les ministres ont signé la Convention AELE réactualisée et retenu l'objectif de sa mise en vigueur parallèlement à l'entrée en vigueur des Accords bilatéraux Suisse-UE, qui devrait intervenir au début de l'année prochaine. Ils la considèrent comme un événement marquant dans les quarante années de l'histoire de l'AELE. Pour la première fois depuis la signature de la Convention à Stockholm en 1960, les Etats membres ont convenu de changements substantiels à la Convention. Les conditions afférentes au commerce des marchandises ont été améliorées par l'abolition d'obstacles techniques au commerce en tenant compte de la reconnaissance mutuelle des évaluations de conformité de produits industriels et en facilitant le commerce de certains produits agricoles. De nouvelles dispositions substantielles ont été introduites sur les plans de la libre-circulation des personnes, des investissements et des services, y compris les transports routiers et aériens, des marchés publics et des droits de propriété intellectuelle. La Convention réactualisée constitue un apport important à l'intégration du Marché européen. Dans beaucoup de domaines, elle introduira entre les Etats de l'AELE des conditions similaires à celles déjà instaurées entre l'AELE et l'UE par l'EEE et par les Accords bilatéraux entre la Suisse et l'UE. Les ministres ont estimé que la modification substantielle de la Convention approfondira la coopération entre les Etats de l'AELE et bénéficiera tant aux citoyens qu'aux entreprises; de même elle servira de plate-forme pour le renforcement des relations commerciales avec les pays tiers.

RELATIONS AELE-PAYS TIERS – SIGNATURE DES ACCORDS DE LIBRE-ÉCHANGE AVEC LA CROATIE ET LA JORDANIE

Les ministres ont procédé à la signature des Accords de libre-échange avec la Croatie et la Jordanie, portant ainsi à dix-huit[1] le nombre des accords de libre-échange conclus par les Etats de l'AELE. Ils ont noté que la conclusion de ces accords marque un pas important en direction

---

[1] Bulgarie, Croatie, Estonie, Hongrie, Israël, Jordanie, Lettonie, Lituanie, Macédoine, Maroc, Mexique, Organisation de Libération de la Palestine, Pologne, République tchèque, République slovaque, Roumanie, Slovénie, Turquie.

with Chile and emphasized that these negotiations should be finalized as soon as possible. Ministers furthermore stressed the importance of a rapid conclusion of the negotiations with Canada. They noted that the first round of negotiations on a free trade agreement with Singapore would take place in Oslo in July and expressed the view that these negotiations should be concluded by the end of this year. They also welcomed the holding of exploratory talks on a free trade agreement with South Africa. Ministers moreover noted with satisfaction the continuation of negotiations with Egypt and Tunisia, and that it had been agreed to hold a Joint Committee meeting with Yugoslavia under the Declaration of Cooperation.

EEA EFTA Ministers considered that the EEA Agreement continued to function well. They nevertheless saw a need for a more active participation of the EEA EFTA States in the decision shaping of EEA relevant EC legislation and in EU programmes. Ministers emphasized the importance of increased involvement in policy discussions relating to the development of the internal market and related cooperation. Ministers also welcomed the progress made in the enlargement process of the EU and emphasized the need to ensure simultaneous enlrgement of the EEA Agreement.

THE UPDATED EFTA CONVENTION

Ministers signed the updated EFTA Convention and agreed to aim for parallel entry into force of the Convention and the bilateral Agreements between Switzerland and EU, expected early next year. They considered this to be a milestone in EFTA's 40-year history. For the first time since the signing of the EFTA Convention in Stockholm in 1960 Member States agreed to substantial changes to the Convention. The conditions for trade in goods have been improved by removing technical barriers to trade, allowing for mutual recognition of certification of industrial products and facilitating trade in certain agricultural products. Substantial new provisions have been introduced on free movement of persons, investment and services, including land and air transport, public procurement, and intellectual property rights. The updated Convention provided an important contribution to the integration of the European market place. It would create conditions between the EFTA States that in many respects are similar to those between the EFTA States and the EU, provided by the EEA Agreement and the bilateral Agreements between Switzerland and the EU. Ministers expressed their conviction that the substantive modification of the Convention would further strengthen the cooperation among the EFTA Member States and benefit their businesses and citizens alike; at the same time it would provide a platform to further improve their trade relations with third countries.

EFTA THIRD-COUNTRY RELATIONS – SIGNING OF FREE TRADE AGREEMENTS WITH CROATIA AND JORDAN

Ministers signed Free Trade Agreements with Croatia and Jordan, bringing up to eighteen[1] the number of free trade agreements concluded by the EFTA States. They noted that the conclusion of these agreements marked important steps towards consolidating the EFTA

---

[1] Bulgaria, Croatia, Czech Republic, Estonia, Hungary, Israel, Jordan, Latvia, Lithuania, Macedonia, Mexico, Morocco, Palestine Liberation Organization, Poland, Romania, Slovak Republic, Slovenia, Turkey.

de la consolidation du réseau des Etats de l'AELE en Europe du Sud-Est et dans la région méditerranéenne.

S'agissant des relations des Etats de l'AELE en Amériques, les ministres se sont félicités de la mise en vigueur par le Mexique, le Liechtenstein, la Norvège et la Suisse au 1er juillet et par l'Islande plus tard dans l'année, de l'Accord de libre-échange avec le Mexique. Ils ont pris note des progrès réalisés au cours du deuxième tour de négociations pour un accord de libre-échange avec le Chili et exprimé le vœu que ces négociations soient menées à terme dans les meilleurs délais. S'agissant du Canada, les ministres ont souligné l'importance d'une conclusion rapide de ces négociations.

De plus, les ministres ont accueilli favorablement la conclusion positive des discussions exploratoires avec Singapour et noté que le premier tour de négociations pour un accord de libre-échange aura lieu à Oslo du 2 au 6 juillet. Les ministres ont estimé qu'il faudrait conclure ces négociations avant la fin de cette année. Ils ont confirmé l'objectif visant la conclusion d'un accord étendu, couvrant le commerce des marchandises et des services, les investissements, les achats publics, les droits de concurrence et de propriété intellectuelle et comportant un mécanisme effectif de règlement des différends. Les ministres ont accueilli favorablement la tenue de discussions exploratoires en vue d'un accord de libre-échange avec l'Afrique du Sud, la semaine prochaine à Genève et exprimé le souhait de voir ces discussions rapidement suivies de l'ouverture de négociations.

S'agissant des relations avec les Pays de la région méditerranéenne, les ministres ont noté que les négociations en vue d'un accord de libre-échange avec l'Egypte et la Tunisie se poursuivaient. La conclusion de ces accords, en temps utile, contribuerait effectivement à l'émergence d'une zone de libre-échange euro-méditerranéenne. Des efforts ont été faits en vue de finaliser l'Accord avec Chypre.

Les ministres ont également accueilli favorablement le fait qu'une réunion ait été convenue pour un Comité mixte, sous les auspices de la Déclaration de coopération entre l'AELE et la Yougoslavie et souhaité que les conditions soient bientôt mûres pour le démarrage de négociations en vue d'un accord de libre-échange avec ce pays.

Ils ont pris note également de la poursuite de contacts avec le Mercosur et le Conseil de Coopération pour les Etats arabes du Golfe.

Les ministres ont exprimé leur satisfaction au fait que des réunions des comités mixtes avec la Pologne, la Slovénie, et la Roumanie aient été possibles au cours du premier semestre de l'année. Ils ont souligné qu'ils attachent une grande importance à la tenue régulière de Comités mixtes, ceci afin d'assurer le bon fonctionnement des accords de libre-échange des Etats de l'AELE.

COOPÉRATION AELE-UE

Les ministres EEE de l'AELE ont estimé que l'Accord sur l'EEE continuait à bien fonctionner. Néanmoins, ils ont relevé le besoin d'une participation plus active des représentants des Etats EEE de l'AELE dans le processus de décision de l'EEE ayant trait à la législation CE et aux programmes de l'UE. De plus, ils se sont engagés à faire des efforts supplémentaires en vue d'accélérer l'intégration des nouvelles législations dans l'Accord et d'améliorer l'application au niveau national.

Les ministres ont insisté sur l'importance d'un engagement accru dans les discussions de politiques liées au développement du marché intérieur et à la coopération apparentée. Ils ont accueilli favorablement les efforts de la Présidence suédoise de l'UE par le biais de contacts étendus au niveau politique, notamment par l'invitation de ministres de l'AELE aux réunions

States' networks in south-eastern Europe and in the Mediterranean region.

As regards the EFTA States' third-country relations in the Americas, Ministers expressed satisfaction that the Free Trade Agreement with Mexico would enter into force on 1 July for Mexico, Liechtenstein, Norway and Switzerland, and for Iceland later this year. They noted that good progress had been made in the second round of negotiations on a free trade agreement with Chile, and emphasised that these negotiations should be finalised as soon as possible. With regard to Canada, Ministers stressed the importance of a rapid conclusion of these negotiations.

Furthermore, Ministers welcomed that exploratory talks with Singapore had been successful and noted that the first round of negotiations on a free trade agreement would take place in Oslo between 2 and 6 July. Ministers were of the view that these negotiations should be concluded by the end of this year. They confirmed the objective to conclude an agreement that would be comprehensive and cover trade in goods and services, investment, government procurement, competition and intellectual property rights, and include an effective dispute settlement mechanism. Ministers also welcomed the holding of exploratory talks on a free trade agreement with South Africa in Geneva the following week, and expressed their hope that these talks would soon lead to the opening of negotiations.

Addressing relations with countries in the Mediterranean region, Ministers welcomed that negotiations both with Egypt and Tunisia continued. The conclusion of these agreements in due time would effectively contribute to the emerging Euro-Mediterranean free trade area. Efforts had been made to finalize the agreement with Cyprus.

Ministers also welcomed that it had been agreed to hold a Joint Committee meeting under the Declaration of Cooperation between EFTA and Yugoslavia and hoped that conditions would soon be ripe to start negotiations on a free trade agreement with that country.

They also noted that contacts with Mercosur and the GCC were continued.

Ministers took note with satisfaction that it had been possible to hold Joint Committee meetings with Poland, Slovenia and Romania during the first half of the year. They attached great importance to the regular holding of Joint Committee meetings in order to secure the good functioning of the EFTA States' free trade agreements.

EFTA-EU CO-OPERATION

EEA EFTA Ministers considered that the EEA Agreement had continued to function well. Nevertheless, they saw a need for a more active participation of representatives of the EEA EFTA States in the decision shaping of EEA relevant EC legislation and EU programmes. Furthermore they committed themselves to make additional efforts to speed up the integration of new legislation into the agreement and to improve the implementation at national level.

Ministers emphasized the importance of increased involvement in policy discussions relating to the development of the internal market and related cooperation. They welcomed the efforts made by the Swedish EU Presidency through extended contacts at political level for instance by inviting EFTA ministers to informal EU ministerial meetings relating to the internal market and consumer issues, as well as policy discussions in the cultural field.

The Lisbon strategy and the follow-up at the Stockholm Summit, aiming at enhancing ministérielles informelles de l'UE portant sur le marché intérieur, sur les questions relatives aux consommateurs et aux discussions de politiques dans le domaine culturel.

La stratégie de Lisbonne et le suivi lors du Sommet de Stockholm, visant à l'accroissement d'une société basée sur le savoir, avec plus de travail et de meilleurs emplois, un modèle social modernisé et un développement durable, représente en général également un défi pour les Pays de l'AELE et particulièrement au travers de leur participation à l'EEE. Les ministres se sont félicités de la contribution de l'AELE au Sommet de Stockholm et accueilleraient avec satisfaction la possibilité d'une implication plus active dans le suivi de la stratégie en vue de la prochaine réunion à Barcelone.

Les ministres ont accueilli favorablement les progrès réalisés dans le processus d'élargissement et souligné la nécessité d'assurer l'élargissement simultané de l'Accord sur l'EEE. Tout en exprimant leur satisfaction au sujet de l'amélioration du dialogue avec la Présidence de l'UE et avec la Commission européenne dans les secteurs de l'EEE liés au processus d'élargissement, ils ont fait référence à la position présentée par les Pays EEE de l'AELE, s'agissant de la libre-circulation des personnes en relation avec les prochains nouveaux membres de l'UE/EEE.

ORGANES CONSULTATIFS

Les ministres ont relevé le travail des organes consultatifs de l'AELE, le Comité parlementaire et le Comité consultatif, ce dernier représentant les partenaires sociaux de l'AELE, et ont accueilli favorablement leur contribution constructive au travail de l'Association, en particulier s'agissant de leurs importantes relations avec les institutions de l'Union européenne.

OMC

Les ministres ont réaffirmé leur engagement pour la poursuite de la libéralisation des échanges dans le cadre d'un système commercial multilatéral et exprimé le souhait du possible lancement d'un nouveau cycle de négociations, lors de la prochaine session de la Conférence ministérielle de l'OMC à Doha en novembre. Les ministres ont accueilli favorablement les progrès réalisés jusqu'ici et souligné qu'il serait important de s'accorder d'ici fin juillet sur les éléments essentiels de la déclaration à adopter par les ministres à Doha.

DÉPART DU SECRÉTAIRE-GÉNÉRAL ADJOINT À GENÈVE ET NOUVELLE ARRIVÉE

Les ministres ont exprimé leur gratitude à M. Grétar Mar Sigurdsson pour son important apport à l'Association, qui quittera ses fonctions dans les mois à venir. Ils ont adressé des souhaits de bienvenue à M. Pétur Gunnar Thorsteinsson, qui prendra ses fonctions de Secrétaire-général adjoint à Genève dans les mois prochains. Les ministres ont également accueilli avec satisfaction le réengagement de M. Carl Baudenbacher en temps que juge à la Cour AELE.

PROCHAINE RÉUNION

La prochaine réunion du Conseil au niveau ministériel aura lieu à Genève, les 13 et 14 décembre 2001.

a knowledge-based society with more and better jobs, a modernized social model and sustainable development, represent a challenge also to the EFTA countries in general, and in relation to their participation in the EEA in particular. Ministers referred to the input made by the EFTA side to the Stockholm Summit and would welcome the possibility to be more actively involved in the follow-up of the strategy, referring to the next meeting in Barcelona.

Ministers welcomed the progress made in the enlargement process of the EU and emphasized the need to ensure simultaneous enlargement of the EEA Agreement. Expressing satisfaction with the improved dialogue with the EU Presidency and the European Commission on EEA relevant parts of the enlargement process, they referred to the position presented by the EEA EFTA countries with regard to the free movement of persons in relation to prospective new EU/EEA members.

EFTA ADVISORY BODIES

Ministers stressed the importance of the work of the EFTA advisory bodies, the Parliamentary Committee, and the Consultative Committee representing EFTA's social partners, and welcomed the constructive contributions of these bodies to the work of the Association, particularly with regard to their important relations to the European Union institutions.

WTO

Ministers reaffirmed their commitment to continued trade liberalisation within the multilateral trading system and expressed their hope that it would be possible to launch a new round of negotiations at the next session of the WTO Ministerial Conference in Doha in November. Ministers welcomed the progress achieved so far and stressed that it would be important to agree by end of July on the essential elements of what would be the Declaration to be adopted by Ministers in Doha.

FAREWELL TO THE DEPUTY SECRETARY-GENERAL IN GENEVA AND NEW APPOINTMENTS

Ministers expressed gratitude for his valuable contribution to the Association to Mr Grétar Mar Sigurdsson, who will leave his function in the coming months. They welcomed Mr Pétur Gunnar Thorsteinsson, who will take up his duty as the new Deputy Secretary-General in Geneva in the coming months. Ministers also welcomed the reappointment of Mr Carl Baudenbacher as judge in the EFTA Court.

NEXT MEETING

The next meeting of the Council at Ministerial level would take place in Geneva, on 13 and 14 December 2001.

RÉUNION MINISTÉRIELLE DE L'AELE

Genève, les 13 et 14 décembre 2001

L'Association européenne de libre-échange (AELE) a tenu sa réunion ministérielle d'automne à Genève, en Suisse, le 13 décembre 2001, sous la présidence du ministre du Commerce et de l'Industrie de Norvège, M. Ansgar Gabrielsen. A cette occasion, les ministres ont également rencontré les membres du Comité parlementaire de l'AELE.

Les ministres ont accueilli favorablement les résultats concluants de la Conférence ministérielle de l'OMC à Doha et la décision de lancer un nouveau cycle multilatéral de négociations commerciales. Ils ont souligné que la politique de l'AELE visant la conclusion d'accords de libre-échange complète et soutient l'approche mondiale de l'OMC.

Les ministres se sont félicités des progrès réalisés par l'AELE dans les négociations d'accords de libre-échange en Amériques et en Asie. Un projet d'accord a été obtenu avec Singapour. Il fait actuellement l'objet d'un examen par les gouvernements de l'AELE. Une signature est attendue dans le courant du premier semestre de 2002. Un tel accord serait le premier du genre entre des pays d'Europe et d'Asie du Sud-Est. Les négociations ont progressé avec le Chili et la conclusion des négociations pour un accord de libre-échange avec le Canada est attendue dans un proche avenir. Les ministres ont affirmé que l'intention est de conclure ces deux accords dans le courant du premier semestre de 2002. Ils ont pris note des efforts entrepris en vue de faire avancer les négociations en cours avec l'Egypte et la Tunisie, ainsi que du résultat positif des discussions exploratoires avec l'Afrique du Sud au sujet d'un accord de libre-échange.

S'agissant de l'élargissement de l'Union européenne, les ministres ont souligné l'importance d'une coordination étroite avec l'UE et l'urgence d'une préparation appropriée de l'AELE. Ils ont réitéré l'importance de l'élargissement simultané de l'Espace économique européen. Dans ce contexte, les accords de libre-échange existants avec les pays candidats seront remplacés par l'Accord sur l'EEE et les Accords bilatéraux Suisse-UE.

Souhaitant le maintien de l'homogénéité de l'Espace économique européen et de l'efficacité du marché intérieur élargi, les ministres EEE de l'AELE ont accueilli favorablement l'examen de probables adaptations techniques à l'Accord sur l'EEE suite aux modifications découlant des Traités de Maastricht et d'Amsterdam. Les ministres ont réitéré leur appel pour un engagement plus actif dans le suivi de la stratégie UE de Lisbonne. Ils ont approuvé l'apport de contributions substantielles EEE/AELE lors du prochain Sommet de Barcelone.

OMC

Les ministres ont accueilli favorablement les résultats concluants de la Conférence ministérielle de l'OMC à Doha et la décision de lancer un nouveau cycle multilatéral de négociations commerciales. Ils ont réaffirmé l'engagement des Etats de l'AELE pour la libéralisation des échanges et exprimé le souhait de voir le nouveau cycle de négociations renforcer les conditions-cadre pour les administrations et les opérateurs économiques conduisant à une croissance durable. Dans le même temps, ils ont souligné que la politique de l'AELE visant à la conclusion d'accords de libre-échange complétait et soutenait le calendrier mondial. Ils ont accueilli avec satisfaction l'accession de nouveaux membres à l'OMC et souligné que l'entrée de la République populaire de Chine et de la République de Chine marquait une étape importante vers une reconnaissance universelle de l'OMC.

EFTA MINISTERIAL MEETING

Geneva, 13 and 14 December 2001

The European Free Trade Association (EFTA) held its autumn Ministerial meeting in Geneva, Switzerland, on 13 December 2001 under the chairmanship of Mr. Ansgar Gabrielsen, Minister of Trade and Industry, Norway. Ministers also met with the EFTA Parliamentary Committee.

Ministers welcomed the successful outcome of the WTO Ministerial Conference in Doha and the decision to launch a new round of multilateral trade negotiations. They underlined that EFTA's policy of making free trade agreements complemented and supported the WTO global approach.

Ministers expressed their satisfaction with EFTA's progress in negotiating free trade agreements in the Americas and Asia. With Singapore, a draft agreement had been reached. This draft agreement is now under consideration by EFTA governments. It is expected to be signed in the first half of 2002. Such an agreement would be the first free trade agreement between East Asian and European countries. Negotiations progressed well with Chile, and the free trade negotiations with Canada were expected to be completed soon. Ministers affirmed that the aim should be to conclude both agreements in the first half of 2002. They noted the efforts made to advance ongoing negotiations with Egypt and Tunisia and the positive outcome of exploratory talks with South Africa on a free trade agreement.

With regard to the enlargement of the European Union, Ministers underlined the importance of close co-ordination with the EU and the urgency for preparations on the EFTA side. They reiterated the importance of achieving a simultaneous enlargement of the European Economic Area. At the same time the existing free trade agreements with the candidate countries would be replaced by the EEA Agreement and the bilateral agreements between Switzerland and the EU.

Wishing to maintain the homogeneity of the European Economic Area and the efficiency of the extended internal market, EEA EFTA Ministers welcomed the examination of possible technical adjustments to the EEA Agreement, as a result of changes in the Maastricht and Amsterdam Treaties. Ministers reiterated their call for a more active EFTA involvement in the follow-up to the EU's Lisbon Strategy. They agreed to provide substantial EEA EFTA input to the upcoming Barcelona summit.

WTO

Ministers welcomed the successful outcome of the WTO Ministerial Conference in Doha and the decision to launch a new round of multilateral trade negotiations. They reaffirmed the EFTA States' commitment to trade liberalisation and expressed the hope that the new round would improve the framework conditions for administrations and economic operators leading to sustainable growth. At the same time, they emphasised that EFTA's policy of making free trade agreements complemented and supported the global agenda. They welcomed the accession of new members to the WTO and underlined that the entry of China and Chinese Taipei was an important step towards making the WTO universal.

COOPERATION INTERNE AELE

Les ministres ont rappelé que l'accord amendant la Convention AELE signée à Vaduz en juin 2001 (Convention de Vaduz) allait, en tant que base de travail de l'AELE, remplacer dans un proche avenir la Convention de Stockholm de 1960. Ils ont pris note avec satisfaction des préparatifs en cours en vue de l'entrée en vigueur de la Convention l'année prochaine et de sa mise à jour régulière. Les ministres ont réitéré l'objectif de mettre en vigueur la nouvelle Convention l'année prochaine parallèlement aux accords bilatéraux entre la Suisse et l'Union européenne. La nouvelle Convention approfondira sensiblement les relations entre les Etats de l'AELE en couvrant, outre les marchandises, de nouveaux domaines tels que la libre-circulation des personnes, les investissements, les services y compris les transports aériens, routiers et ferroviaires, les aspects relatifs à la propriété intellectuelle et les achats publics. Les ministres ont souligné l'importance d'augmenter la transparence et les tâches d'information de l'AELE.

RELATIONS AELE-PAYS TIERS

Les ministres ont accueilli favorablement la conclusion d'un projet d'accord de libre-échange avec Singapour. Les gouvernements de l'AELE procèdent actuellement à son examen. Une signature est attendue dans le courant du premier semestre de 2002. La portée du projet d'accord est étendue et comprend des chapitres sur les marchandises, les services, les investissements, les achats publics, la concurrence et la propriété intellectuelle. Ce serait le premier accord de libre-échange entre des pays d'Europe et d'Asie du Sud-Est.

S'agissant des négociations pour un accord de libre-échange avec le Canada, les ministres ont pris note des efforts en cours en vue de progresser et attendent du Canada qu'il franchisse les étapes nécessaires à une conclusion rapide des négociations. Les ministres ont exprimé leur satisfaction au sujet des progrès réalisés dans les discussions avec le Chili et affirmé leur souhait pour une conclusion des négociations durant le premier semestre de 2002. Ils ont noté qu'avec la récente mise en vigueur de l'Accord de libre-échange avec le Mexique, ajoutée aux accords avec le Canada et le Chili, les Etats de l'AELE auraient réalisé trois accords transatlantiques de libre-échange.

Pour ce qui est des relations de l'AELE avec les pays du Bassin méditerranéen, les ministres ont pris note des efforts entrepris afin de faire avancer les négociations en cours pour des accords de libre-échange avec l'Egypte et la Tunisie et exprimé le souhait de voir progresser les négociations avec Chypre. L'issue des négociations avec ces pays serait d'importance et mettrait en place des possibilités égales aux opérateurs économiques de l'AELE dans la région et contribuerait à l'émergence d'une grande zone euro-méditerranéenne de libre-échange.

Les ministres ont pris bonne note de l'aboutissement positif des discussions exploratoires avec l'Afrique du Sud en juin et exprimé le souhait que les conditions soient mûres pour un prochain démarrage de négociations d'un accord de libre-échange. Ils ont souligné qu'un tel accord contribuerait ultérieurement à mettre sur un même pied d'égalité les opérateurs économiques de l'UE et l'AELE et à renforcer les liens politiques et économiques entre les Etats de l'AELE et l'Afrique du Sud.

Les ministres ont accueilli favorablement la décision prise en septembre par le Comité mixte AELE-République fédérale de Yougoslavie de préparer les bases pour de futures négociations d'un accord de libre-échange. Un tel accord constituerait un apport important de l'AELE à l'intégration de la République fédérale de Yougoslavie au sein de la coopération économique européenne.

Les ministres ont pris connaissance avec satisfaction de la réunion en novembre des Comités mixtes avec l'Estonie, la Lettonie et la Lituanie. Ils ont souligné qu'il était important

EFTA INTERNAL CO-OPERATION

Ministers recalled that the agreement amending the EFTA Convention signed in Vaduz on 21 June 2001 (Vaduz Convention) would soon replace the Stockholm Convention of 1960 as the basis for EFTA's work. They noted with satisfaction that preparations were under way for the orderly entry into force of the Convention next year, as well as its regular update. Ministers reiterated their objective that the updated Convention should enter into force in parallel with the bilateral agreements between Switzerland and the European Union. The new convention would significantly deepen the relations between the EFTA countries, covering new areas such as free movement of persons, investments, services, including air, road and rail transport, intellectual property matters and public procurement, in addition to goods. Ministers underlined the importance of further developing transparency and information activities in EFTA.

EFTA THIRD-COUNTRY RELATIONS

Ministers welcomed that a draft free trade agreement had been reached with Singapore. It is now under consideration by EFTA governments. It is expected to be signed in the first half of 2002. The draft agreement is broad in scope and includes chapters on goods, services, investments, government procurement, competition and intellectual property. It would be the first free trade agreement between East Asian and European countries.

With regard to the free trade negotiations with Canada, Ministers noted the ongoing efforts to make progress and expected Canada to take the necessary steps leading to their early conclusion. Ministers expressed satisfaction that the talks with Chile were proceeding well and affirmed their hope of concluding the negotiations during the first half of 2002. They noted that with the recent entry into force of the free trade agreement with Mexico, and the addition of agreements with Canada and Chile, the EFTA States would have completed three transatlantic free trade agreements.

Turning to EFTA relations with countries in the Mediterranean area, Ministers noted the efforts made to advance the ongoing free trade negotiations with Egypt and Tunisia and expressed the hope that progress could be made in the negotiations with Cyprus. A successful conclusion of the negotiations with these countries was important in order to create equal opportunities for EFTA economic operators in the region and would contribute to the goal of building a large Euro-Mediterranean free trade area.

Ministers noted the positive outcome of the exploratory talks with South Africa in June, and expressed their hope that conditions would be ripe for starting negotiations on a free trade agreement soon. They underlined that such an agreement would further contribute to parallelism between the EU and EFTA for the business community as well as strengthen political and economic ties between the EFTA States and South Africa.

Ministers welcomed a decision taken at the Joint Committee meeting between the EFTA States and the Federal Republic of Yugoslavia in September to establish a Sub-Committee to prepare the ground for future negotiations on a free trade agreement. Such an agreement would be an important contribution by EFTA to the integration of Yugoslavia into European economic co-operation.

Ministers noted with satisfaction that Joint Committee meetings with the three Baltic States, Estonia, Latvia and Lithuania, had been held in November. They underlined that it was important to keep close contacts with the EU candidate countries so that adaptations of the EFTA countries' relations with them could be clarified and prepared well before their accession to the EU.

de rester en contact étroit avec les pays candidats à l'UE afin de préparer une clarification des relations des Etats de l'AELE avec ces pays bien avant leur accession à l'UE.

COOPÉRATION AELE-UE

A la lumière de l'accélération du processus d'élargissement de l'Union européenne, les ministres ont souligné l'urgence de préparatifs techniques au niveau de l'AELE. Les ministres ont pris note avec satisfaction du consensus lors de la dernière réunion du Conseil de l'EEE en octobre sur l'importance d'achever simultanément l'élargissement de l'UE et de l'EEE. Dans ce contexte, ils ont noté que le Comité mixte de l'EEE travaillait sur la clarification des procédures et des instruments juridiques requis par l'élargissement de l'EEE. De plus, les ministres ont souligné l'importance de l'échange d'informations entre l'UE et les Etats de l'AELE sur les sujets d'importance dans les négociations d'élargissement. Les accords de libre-échange de l'AELE et leurs dispositions relatives au libre-échange dans le commerce du poisson vont être remplacées par l'Accord sur l'EEE lors de l'adhésion des Pays candidats à l'UE/EEE. Des efforts doivent être entrepris en vue du maintien du libre-échange pour le poisson, ceci afin d'éviter l'introduction de nouvelles entraves au commerce. Dans le cas de la Suisse, les ministres ont pris note du fait que les accords de libre-échange avec les pays adhérant à l'UE seraient remplacés par les accords bilatéraux entre la Suisse et l'UE.

Les ministres ont réaffirmé que, dans l'intérêt commun de l'UE et des pays EEE/AELE, l'homogénéité juridique devait être maintenue dans le marché intérieur. Les ministres ont rappelé que le Conseil EEE du 9 octobre avait constaté que nombre de dispositions de l'EEE étaient substantiellement identiques aux dispositions du Traité CE, telles qu'elles étaient avant les changements apportés par les Traités de Maastricht et d'Amsterdam. Le fait que ces modifications n'aient pas été introduites dans l'Accord sur l'EEE pourrait avoir un impact sur l'homogénéité juridique de l'EEE. L'AELE s'est déclarée prête à examiner la question d'une adaptation technique appropriée de l'Accord sur l'EEE. Les ministres ont souligné que l'intention n'était pas de renégocier l'accord mais de maintenir sa portée originelle dans l'intérêt des deux parties.

Les ministres ont réitéré leur appel pour une participation plus active dans le suivi de la Stratégie de Lisbonne et rappelé que les Etats EEE/AELE avaient procédé à l'établissement d'un plan d'action visant à identifier les aspects spécifiques pertinents de l'EEE. Cela permettrait de mettre en évidence les sujets susceptibles d'être touchés par les nouvelles procédures et la façon dont les Etats EEE/AELE pourraient y répondre de la meilleure manière. Les Etats EEE/AELE devraient apporter leur contribution à la formulation des décisions et à la mise en vigueur de l'acquis et réaliser des initiatives parallèles pour les procédures sortant du cadre de l'EEE. Les ministres ont approuvé l'idée d'un apport substantiel EEE/AELE au prochain Sommet de Barcelone.

Les ministres ont noté que la procédure de ratification des sept nouveaux accords bilatéraux entre la Suisse et l'UE était en passe d'aboutir et qu'ainsi ces accords pourraient entrer en vigueur au cours du premier semestre de 2002. Ils ont également reçu des compléments d'information sur les dix nouveaux thèmes de négociations avec l'UE, notamment sur les produits agricoles transformés, les services, la fraude douanière, la taxation de l'épargne, la coopération judiciaire et policière, ce qui pourrait avoir ultérieurement des impacts sur les relations internes de l'AELE.

EFTA-EU CO-OPERATION

In light of the increased intensity of the European Union enlargement process, Ministers attached great urgency to technical preparations on the EFTA side. Ministers noted with satisfaction the consensus at the EEA Council meeting in October on the importance of achieving simultaneous enlargement of the EU and the EEA. In this respect, they noted that the EEA Joint Committee was working on clarifying the necessary procedures and legal instruments required for EEA enlargement. Moreover, Ministers underlined the importance of exchange of information between the EU and the EFTA States on important issues in the enlargement negotiations. EFTA free trade agreements with provisions for free trade in fish will be replaced by the EEA Agreement when candidate countries join the EU/EEA. Efforts must be made to maintain free trade in fish in order not to introduce new barriers to trade. In the case of Switzerland, Ministers noted that the EFTA free trade agreements with countries joining the EU would be replaced by the bilateral agreements between Switzerland and the EU.

Ministers reaffirmed that in the common interest of the EU and the EEA EFTA countries, legal homogeneity in the internal market should be maintained. Ministers recalled that the EEA Council of 9 October had observed that a number of EEA provisions were identical in substance to EC treaty provisions as they had been before changes were introduced by the Maastricht and Amsterdam Treaties. The fact that these changes had not been reflected in the EEA Agreement might affect the legal homogeneity of the EEA. The EFTA side was prepared to look into the question of technically adapting the EEA Agreement accordingly. Ministers stressed that it was not the intention to renegotiate the Agreement but to maintain its original purpose in the interest of both parties.

Ministers reiterated their call for a more active EFTA involvement in the follow-up to the EU's Lisbon Strategy. The EEA EFTA States were establishing an action plan, which would identify the specific EEA relevance. It would outline what issues would be affected by the new processes and how the EEA EFTA States could respond in the best way. EEA EFTA States should provide input to the decision-shaping and implementation of acquis, and make parallel initiatives to processes falling outside the EEA framework. Ministers agreed to provide substantial EEA EFTA input to the upcoming Barcelona summit.

Ministers took note that the ratification procedure on the seven new bilateral agreements between Switzerland and the EU was about to be finalized so that the agreements could enter into force in the first half of 2002. They were further informed about the 10 new negotiation issues with the EU, such as processed agricultural products, services, customs fraud, taxation of savings, as well as judicial and police co-operation, which would later also have an impact on EFTA internal relations.

ORGANES CONSULTATIFS

Les ministres ont procédé à un échange de vues avec les membres du Comité parlementaire de l'AELE sur des sujets concernant l'AELE. Ils ont apprécié le succès de la conférence, tenue à Oslo les 13 et 14 novembre, sur les relations AELE-UE et l'élargissement de l'UE. Celle-ci a permis aux parlementaires des pays candidats à l'UE/EEE et d'autres pays partenaires de l'AELE de discuter des répercussions de l'élargissement. De plus, les ministres ont noté que les parlementaires de l'AELE avaient, en coopération avec leurs collègues du Parlement européen, présenté récemment au sein du Comité mixte des Parlementaires de l'EEE des esquisses de solutions aux problèmes afférents à la gestion et aux politiques de la concurrence de l'EEE.

Les ministres ont noté que, grâce à la fructueuse coopération entre le Comité consultatif de l'AELE et son équivalent de l'UE, le Comité économique et social (CES), une contribution active a été apportée à une réunion sur le Marché unique élargi, organisée à Oslo le 10 décembre 2001 par l'Observatoire du CES sur le Marché unique.

PROCHAINE RÉUNION

La prochaine réunion du Conseil au niveau ministériel aura lieu à Egilsstaðir en Islande, les 27 et 28 juin 2002.

ADVISORY BODIES

Ministers exchanged views with EFTA's Parliamentary Committee members on EFTA-related matters. They expressed their appreciation for the Committee's successful conference on EFTA-EU relations and EU enlargement in Oslo on 13 and 14 November. The conference had brought together parliamentarians from the EU/EEA candidate countries and other EFTA partner countries to discuss the implications of enlargement. Ministers noted that the EFTA parliamentarians had moreover, in co-operation with their colleagues in the European Parliament, recently presented resolutions on current issues such as governance and EEA competition policies in the Joint EEA Parliamentary Committee.

Ministers noted that the EFTA Consultative Committee, which enjoys fruitful co-operation with its counterpart in the EU, the Economic and Social Committee (ESC), had contributed actively to a meeting in Oslo on 10 December 2001 on the enlarged Single Market, hosted by the ESC's Single Market Observatory.

NEXT MEETING

The next meeting of the Council at Ministerial level will take place in Egilsstaðir, Iceland, on 27 and 28 June 2002.

BANQUE CENTRALE EUROPÉENNE (BCE)

Kaiserstrasse 29
D-60311 Francfort-sur-le-Main
Tél. +49 69 1344-0 – Fax +49 69 1344 6000

Site web : http://www.ecb.int/

Président : M. Willem Duisenberg (Pays-Bas)

Historique :

La Banque centrale européenne (BCE), instituée le 1er juin 1998, assure la stabilité des prix dans la zone euro. Les banques centrales nationales de la zone euro, conjointement avec la BCE, mettent en œuvre la politique monétaire axée sur la stabilité pour la zone euro.

Le traité instituant la Communauté européenne constitue le fondement juridique de la BCE et du Système européen de banques centrales (SEBC).

Composition:

15 Etats membres : Allemagne, Autriche, Belgique, Danemark, Espagne, Finlande, France, Grèce, Irlande, Italie, Luxembourg, Pays-Bas, Portugal, Royaume-Uni, et Suède.

Objectifs:

- Assurer une fonction consultative auprès de la Communauté et des autorités nationales dans les domaines relevant de sa compétence, en particulier pour les questions relevant du droit communautaire ou national ;
- Collecter les informations statistiques nécessaires, soit auprès des autorités nationales compétentes, soit directement auprès des agents économiques, afin d'assurer les missions du SEBC.

Fonctionnement :

Les organes de décision de la BCE sont : le Conseil des gouverneurs, le Directoire et, tant que certains Etats membres n'ont pas encore adopté l'euro, le Conseil général.

Le Conseil des gouverneurs se compose des membres du directoire et des gouverneurs des Banques centrales nationales (BCN) des Etats membres ayant adopté l'euro.

Le Directoire se compose du président, du vice-président et de quatre membres choisis parmi des personnes dont l'autorité et l'expérience professionnelle dans le domaine monétaire ou bancaire sont reconnues.

Le Conseil général se compose du président et du vice-président de la BCE ainsi que des gouverneurs des BCN des quinze Etats membres.

Le secrétariat de la Banque centrale européenne compte environ 1043 agents recrutés dans les quinze Etats membres de l'Union européenne. En 2001, le Président de la BCE est M. Willem Duisenberg (Pays-Bas), le Vice-Président, M. Christian Noyer (France).

EUROPEAN CENTRAL BANK (ECB)

Kaiserstrasse 29
D-60311 Frankfurt-on the-Main
Tel. +49 69 1344-0 – Fax +49 69 1344 6000

Web Site: http://www.ecb.int/

President: Mr. Willem Duisenberg (Netherlands)

Background:

The European Central Bank (ECB), established on 1 June 1998, is the guardian of price stability in the euro areas. The euro area national central banks, together with the ECB, implement the stability-oriented monetary policy for the euro area.

The legal basis for the ECB and the European System of Central Banks (ESCB) is the Treaty establishing the European Community.

Composition:

15 Member States: Austria, Belgium, Denmark, Finland, France, Germany, Greece, Ireland, Italy, Luxembourg, The Netherlands, Portugal, Spain, Sweden and United Kingdom.

Aims:

- To ensure an advisory role vis-à-vis the Community and national authorities on matters, which fall within its field of competence, particularly where Community or national legislation is concerned;
- To collect the necessary statistical information either from the competent national authorities or directly from economic agents, in order to undertake the tasks of the ESCB.

Functioning:

The decision-making bodies of the ECB are namely the Governing Council, the Executive Board and, as long as there are Member States which have not yet adopted the euro, the General Council.

The Governing Council comprises all the members of the Executive Board and the governors of the National Central Banks (NCBs) of the Member States, which have adopted the euro.

The Executive Board comprises the President, the Vice-President and four other members, all chosen from among persons of recognised standing and professional experience in monetary or banking matters.

The General Council comprises the President and the Vice-President and the governors of the NCBs of all 15 Member States.

At the ECB headquarters there are some 1043 staff members recruited from all the 15 EU countries. In 2001, Mr. Willem Duisenberg (Netherlands) was President and Mr. Christian Noyer (France) Vice-President.

ACTIVITÉS EN 2001

AVANT-PROPOS DU RAPPORT ANNUEL

Dans l'avant-propos de ce *Rapport* consacré à l'exercice 2001, je tiens tout d'abord à évoquer cette étape importante du processus d'intégration monétaire européenne que constitue le passage à l'euro fiduciaire entrepris le 1er janvier 2002. Il s'est déroulé de façon beaucoup plus harmonieuse qu'attendu, le retrait des anciennes coupures ayant, pour une large part, été effectué bien avant le 1er mars, date officielle de cessation du cours légal des dernières monnaies nationales encore en circulation dans les pays de la zone euro. Je rends hommage à tous les citoyens de la zone euro qui ont accepté les nouvelles espèces en euros avec enthousiasme, ainsi qu'aux agents économiques et financiers qui ont contribué à la réussite du passage à l'euro fiduciaire.Trois ans après son lancement, l'euro est finalement devenu, avec l'introduction des billets et pièces, une réalité tangible pour plus de 300 millions de citoyens européens.

Durant l'année qui a précédé le passage à l'euro fiduciaire, la hausse des prix, mesurée à partir de l'indice des prix à la consommation harmonisé (IPCH), s'est établie à 2,5 %, soit 0,2 point de pourcentage de plus qu'en 2000. Cette légère progression de l'inflation enregistrée l'année dernière a été principalement due à l'évolution des composantes les plus volatiles de l'IPCH, à savoir l'énergie et les produits alimentaires non transformés. L'incidence de la hausse des prix de l'énergie et de la dépréciation du taux de change effectif de l'euro en 2000, ainsi que les conséquences des épizooties survenues dans plusieurs pays de la zone euro sur les prix des produits alimentaires non transformés, ont été les principaux facteurs ayant contribué à l'accélération du taux d'inflation. Celui-ci a atteint un point haut de 3,4 % en mai 2001 avant de revenir progressivement à 2,0 % en décembre (en glissement annuel). Cette inflexion a résulté principalement de la dissipation des facteurs ayant engendré des tensions inflationnistes fin 2000 et au cours des premiers mois de 2001. Début 2002, la hausse des prix s'est légèrement accélérée, en raison d'effets de base, de relèvements de la fiscalité indirecte dans certains pays et de conditions météorologiques défavorables. Toutefois, le passage à l'euro fiduciaire n'a eu, semble-t-il, qu'une incidence faible, voire négligeable, sur l'évolution des prix.

Au cours de l'année dernière, les risques pesant globalement sur la stabilité des prix se sont progressivement atténués. La situation économique dans la zone euro s'est dégradée, sous l'effet du ralentissement économique mondial, qui s'est manifesté depuis fin 2000. Les attentats survenus aux États-Unis ont accru l'incertitude et prolongé le tassement de l'activité économique. Compte tenu de la diminution des risques inflationnistes dans la zone euro, le Conseil des gouverneurs de la BCE a décidé d'abaisser à quatre reprises les taux d'intérêt directeurs de la BCE en 2001, de 150 points de base au total.

Depuis le 8 novembre 2001, le Conseil des gouverneurs de la BCE n'a plus modifié ses taux directeurs, les maintenant à un niveau approprié au maintien de la stabilité des prix à moyen terme : le taux de soumission minimal, notamment, a été laissé inchangé à 3,25 %. Même si la croissance annuelle de M3 a atteint des niveaux élevés fin 2001, cette évolution n'a pas été jugée susceptible de compromettre les perspectives de stabilité des prix dans la zone euro. En effet, elle doit être essentiellement analysée à la lumière de la forte incertitude qui régnait sur les marchés de capitaux au second semestre 2001. Début 2002 sont apparus les premiers signes de reprise de l'activité dans la zone euro. Même si, pour le moment, la vigueur de la reprise économique est encore entourée d'une relative incertitude, les conditions sont réunies, dans la zone euro, pour assurer un redémarrage.

La dégradation de la situation économique en 2001, conjuguée aux facteurs ayant entraîné

ACTIVITIES IN 2001

FOREWORD TO THE ANNUAL REPORT

In this foreword to the Annual Report 2001, I should first like to mention the euro cash changeover, which started on 1 January 2002 and which represents an important milestone in the European monetary integration process. It went far more smoothly than could have been expected and the national banknotes were largely withdrawn well before 1 March, the date on which the last remaining legacy currencies of the euro ceased to be legal tender in any of the euro area countries. I should like to express my sincere gratitude to all citizens of the euro area, who accepted the new euro cash with enthusiasm, and to the financial and economic agents that contributed to making the cash changeover a success. After three years of existence, the euro – with the introduction of the banknotes and coins – finally became a tangible reality for more than 300 million euro area citizens.

The euro cash changeover followed a year in which inflation in the euro area, measured in terms of the Harmonised Index of Consumer Prices (HICP), was 2.5%, 0.2 percentage point higher than in 2000. The slight increase in inflation last year was mainly due to developments in the more volatile components of the HICP, namely energy and unprocessed food. The knock-on effects of the increase in energy prices and the depreciation of the effective exchange rate of the euro in 2000, as well as the consequences of the spread of livestock diseases in a number of euro area countries on the prices of unprocessed food, were among the main factors contributing to the increase in the inflation rate, which reached its peak in May 2001 (3.4%), and then gradually declined to 2.0% in December (in year-on-year terms). This turnaround was mainly a result of the gradual unwinding of the factors that had generated inflationary pressures in late 2000 and in the first months of 2001. In early 2002, inflation increased somewhat, owing to base effects, increases in indirect taxes in some countries and adverse weather conditions. However, the impact on price developments of the euro cash changeover appeared to be small or even negligible.

In the course of last year, the overall risks to price stability gradually declined. Economic conditions in the euro area worsened as a result of the global economic slowdown which started to materialise at the end of 2000. The terrorist attacks in the United States increased uncertainty and prolonged the economic downturn. Against the background of declining inflationary risks in the euro area, the Governing Council of the European Central Bank (ECB) decided to lower the key ECB interest rates four times in the course of last year, by a total of 150 basis points.

Since 8 November 2001, the Governing Council has kept the key ECB interest rates unchanged, at levels appropriate for the maintenance of price stability over the medium term, with the minimum bid rate at 3.25%. Although annual M3 growth rose to high levels in late 2001, this development was not considered to be a threat to the prospects for price stability in the euro area. Rather, it had to be seen primarily in the context of substantial financial market uncertainty in the second half of 2001. At the turn of the year the first signs emerged of renewed growth in the euro area economy. While the strength of the economic recovery remains subject to some uncertainty at the current juncture, conditions are in place in the euro area to ensure that a recovery will take place.

The worsening of economic conditions in the course of 2001, in combination with those factors that had temporarily increased inflation rates in the early part of the year, presented major challenges for the conduct of monetary policy in the euro area. Nevertheless, 2001 ended with the prospect of inflation soon being in line with the ECB's definition of price une accélération temporaire du rythme d'inflation au début de l'année, a posé des défis majeurs à la conduite de la politique monétaire dans la zone euro. Néanmoins, l'année s'est achevée sur la perspective d'un prochain retour à un rythme annuel d'inflation conforme à la définition de la stabilité des prix de la BCE, moins de 2%, et la probabilité d'un maintien de la stabilité des prix à moyen terme.

À cet égard, le niveau des taux d'intérêt à long terme dans la zone euro traduit la confiance des marchés dans la détermination et la capacité de la BCE à maintenir la stabilité des prix à moyen et long terme. En outre, différents indicateurs des anticipations d'inflation des agents économiques ont clairement montré que la crédibilité de la BCE dans la réalisation de la stabilité des prix à moyen terme était très forte. C'est ce que reflète le niveau relativement bas de l'incertitude relative à l'inflation dans la zone euro : ainsi, la réduction structurelle de la prime de risque liée à l'inflation illustre de façon très convaincante les avantages économiques réels que la zone euro a tirés de la conduite appropriée de politiques de stabilité sur plusieurs années.

Le ralentissement économique dans la zone euro en 2001 a également posé des défis en matière de politique budgétaire. Le déficit budgétaire moyen des pays ayant adopté l'euro a atteint 1,3 % du PIB l'année dernière, par le jeu des stabilisateurs automatiques et sous l'effet des réductions d'impôts importantes consenties dans certains pays de la zone euro. Pour la première fois depuis 1993, la situation budgétaire globale de la zone euro s'est dégradée. Ainsi, la plupart des pays n'ont pas réussi à atteindre les objectifs fixés dans leurs programmes de stabilité fin 2000. En moyenne, l'écart entre ces objectifs et le déficit budgétaire constaté a atteint 0,7 % de PIB. Les règles du Pacte de stabilité et de croissance autorisent, en principe, le jeu des stabilisateurs automatiques si la croissance économique s'écarte de sa tendance. En effet, si un pays parvient, à moyen terme, à l'équilibre ou l'excédent budgétaire, il est très peu probable que les fluctuations normales du cycle d'activité conduisent à un déficit budgétaire supérieur à 3 % du PIB, seuil fixé par le Traité. C'est pourquoi il est très important que les pays qui n'ont pas encore atteint un équilibre ou un excédent budgétaire à moyen terme s'efforcent d'y parvenir le plus rapidement possible. À cet égard, le Pacte de stabilité et de croissance a été mis à l'épreuve au cours de 2001 et début 2002, mais il a conservé son efficacité. Si certains pays ne respectaient pas le Pacte de stabilité et de croissance et ne profitaient pas de la reprise économique pour améliorer de façon substantielle leur situation budgétaire, la crédibilité des politiques budgétaires dans la zone euro serait sérieusement compromise. Cela aurait non seulement des conséquences négatives sur la croissance économique à moyen terme, mais rendrait également plus difficile la mission de la politique monétaire de maintien de la stabilité des prix.

L'année 2001 a également marqué le dixième anniversaire de la conclusion des négociations sur le Traité sur l'Union européenne. Le cadre de politique macroéconomique défini par ce Traité a bénéficié à la fois à l'Union européenne et à la zone euro. Après les expériences malheureuses des années soixante-dix et quatre-vingt, les rédacteurs du Traité avaient pris conscience que les politiques monétaire et budgétaire ne devaient pas être tournées vers le réglage fin de l'activité économique mais devaient plutôt créer un environnement macroéconomique stable. C'est uniquement à cette condition que ces politiques peuvent apporter une contribution durable à la croissance économique. À cette fin, la politique monétaire doit chercher à préserver la stabilité des prix, et la politique budgétaire à assurer une gestion saine des finances publiques.

Dans le même esprit, seules des réformes structurelles visant à améliorer le fonctionnement des marchés peuvent permettre de renforcer la croissance potentielle de la zone euro, qui est actuellement de 2 % à 2,5 % par an selon les estimations de la BCE. L'amélioration de la flexibilité du marché du travail et la poursuite de la modération des salaires sont également stability, an annual increase in the inflation rate of below 2% and a positive outlook suggesting that price stability would prevail in the medium term.

In this respect, the level of long-term interest rates in the euro area indicates that financial markets have confidence in the determination and ability of the ECB to maintain price stability in the medium and longer term. In addition, various indicators of the inflation expectations of economic agents have clearly shown that the credibility of the ECB with regard to delivering price stability in the medium term is very high. This, in turn, is reflected in the relatively low degrees of inflation uncertainty prevailing in the euro area, as can be seen, for example, from the structural reduction in inflation risk premia in the euro area, which illustrates very convincingly the real economic benefits which the euro area has derived from the consistent pursuit of stability-oriented policies over the years.

The economic downturn in the euro area in 2001 also presented challenges for fiscal policy. The average budget deficit of the countries that have adopted the euro increased last year to 1.3% of GDP, as a result of both the working of automatic stabilisers and the implementation of major tax cuts in some euro area countries. It was the first time since 1993 that the overall fiscal position of the euro area had deteriorated. As a result, most countries failed to meet the targets laid down in their stability programmes, submitted in late 2000. On average, these targets were missed by 0.7% of GDP. The rules of the Stability and Growth Pact allow, in principle, for automatic stabilisers to work if economic growth deviates from its trend rate. If countries have achieved, over the medium term, a balanced budget or a surplus, it is very unlikely that normal business cycle fluctuations would lead the budget deficit to exceed 3% of GDP, which is the threshold laid down in the Treaty. This is why it is so important that those countries that have not yet achieved a balanced budget or surplus over the medium term should try to do so as soon as possible. In this respect, the Stability and Growth Pact was put under strain in the course of last year and early this year, but it kept working. If countries were not to adhere to the Stability and Growth Pact and were to fail to use the economic recovery to improve their fiscal position substantially, the credibility of fiscal policy in the euro area would be seriously impaired. This would not only have adverse consequences for medium-term economic growth, but would also make the monetary policy task of maintaining price stability more difficult.

2001 also marked the tenth anniversary of the conclusion of the negotiations on the Treaty on European Union. The macroeconomic policy framework laid down in this Treaty has served the European Union and the euro area well. Following the ill-fated experiences of the 1970s and 1980s, the drafters of the Treaty realised that monetary and fiscal policy should not be geared towards fine-tuning economic activity, but should rather create a stable macroeconomic environment. Only in this way can they make a lasting contribution to economic growth. For this reason, monetary policy should serve to maintain price stability, while fiscal policy should aim to ensure sound public finances.

In the same vein, the rate of potential growth in the euro area, estimated by the ECB at 2% to 2.5% per annum, can be raised only by structural reforms aimed at improving the functioning of markets. A more flexible labour market and continued wage moderation are also of paramount importance in reducing the unacceptably high level of unemployment, which amounted to 8.3% last year. In the course of last year, a number of initiatives were taken (in particular as regards product markets), some of which stemmed from the Lisbon European Council in March 2000, at which the importance of structural reforms to promote economic growth and reduce unemployment in the European Union was emphasised. However, overall progress in these areas has to be speeded up. Indeed, the main challenge for the European Union and the euro area in the years to come is to make substantial progress with such structural reforms.

d'une importance capitale pour réduire le chômage, dont le niveau élevé, 8,3 % en 2001, est inacceptable. L'an dernier, un certain nombre de mesures ont été prises, en particulier s'agissant des marchés de produits, notamment à la suite du Conseil européen de Lisbonne de mars 2000, qui a mis l'accent sur l'importance des réformes structurelles pour promouvoir la croissance économique et réduire le chômage dans l'Union européenne. Toutefois, il convient d'accélérer l'ensemble du processus. De fait, le principal défi que l'Union européenne et la zone euro devront relever dans les années à venir consiste à réaliser des progrès notables sur le plan des réformes structurelles.

La substitution de l'euro aux anciennes monnaies nationales soulève d'importants enjeux relatifs à la répartition du revenu monétaire au sein de l'Eurosystème, c'est-à-dire la BCE et les banques centrales nationales (BCN) des États membres participant à la zone euro, qui assurent collectivement à l'échelle de la zone euro les missions d'une banque centrale. Dans ce contexte, le Conseil des gouverneurs a pris, en décembre 2001, des décisions relatives à l'émission des billets en euros et à la répartition du revenu monétaire. À compter de 2002, la BCE émettra ainsi 8 % du total des besoins en billets de banque en euros, et l'émission des 92 % restants sera répartie entre les BCN de l'Eurosystème en fonction de leurs parts dans le capital de la BCE. Le revenu de seigneuriage des BCN provenant des billets de banque en euros émis sera inclus dans le revenu monétaire qui doit être mis en commun et réparti conformément aux dispositions énoncées dans les statuts de la BCE et du Système européen de banques centrales (SEBC). Afin de limiter son incidence sur les situations financières relatives des BCN, le nouveau régime sera mis en place progressivement pendant une période de transition qui prendra fin en 2007. À compter de 2008, la totalité du revenu monétaire perçu sera réparti entre les BCN conformément à leurs parts respectives dans le capital de la BCE.

Fin 2001, la BCE employait 1043 personnes ressortissantes des quinze États membres, pour un effectif total budgétisé de 1118,5 personnes. 941 personnes étaient employées à fin 2000. Le budget de la BCE pour 2002 envisage de porter les effectifs à un peu plus de 1150 personnes dans le courant de l'année. À la lumière de l'expérience acquise par la BCE au cours de ses trois ans et demi d'existence, un certain nombre de changements ont été apportés à son organisation. Afin d'accroître les synergies entre les différents secteurs d'activité, le Directoire a décidé de redéfinir les missions dévolues à chacun de ses membres. De plus, les compétences respectives des unités de la BCE ont fait l'objet de certaines modifications. Ces évolutions apparaissent dans le nouvel organigramme de la BCE.

En 2001, la BCE a réalisé un bénéfice net de 1,822 milliard d'euros. Ce *Rapport annuel* présente une vue d'ensemble des activités du Système européen de banques centrales et de l'Eurosystème en 2001. Il rend compte également de la politique monétaire conduite en 2001 et début 2002. Il met l'accent sur les nombreuses questions, parfois de nature technique, qui se sont posées dans le cadre de la mise en place et de la consolidation de l'Eurosystème en tant que « banque centrale» de la zone euro.

Je conclurai cet avant-propos en revenant sur l'événement historique qui a marqué la fin de l'année 2001 et le début de l'année 2002. L'introduction des billets et des pièces en euros ne représente pas uniquement la phase finale du processus d'intégration monétaire, mais donne également une impulsion nouvelle à l'intégration économique et financière de l'Europe. Tout d'abord, la transparence accrue des prix résultant du passage à l'euro fiduciaire encouragera le développement des échanges intra-zone euro et donc de la concurrence. Ensuite, les agents économiques seront davantage conscients de l'inachèvement du Marché unique : il subsiste, en effet, des obstacles réglementaires, administratifs et juridiques aux échanges de biens, aux prestations de services transfrontière et à la mobilité du travail. L'introduction de l'euro, justifiée entre autres par la volonté de parachever la création du Marché unique, contribuera de ce fait à mettre en lumière ces obstacles et à encourager les efforts en vue de leur suppression.

The replacement of national currencies by the euro raises important issues concerning the distribution of monetary income in the Eurosystem, i.e. the ECB and the national central banks (NCBs) of the Member States participating in the euro area, which collectively perform the central banking functions for the area as a whole. Against this background, the Governing Council decided, in December last year, on the issuance of euro banknotes and the allocation of monetary income. According to this decision, the ECB will issue, as from 2002, 8% of the total euro banknote requirement, while the issuance of the remaining 92% is to be divided between the NCBs of the Eurosystem in accordance with their shares in the ECB's capital. The seigniorage income earned by the NCBs on euro banknotes issued will be included in the monetary income, which has to be pooled and redistributed in accordance with the provisions laid down in the Statute of the European System of Central Banks and of the European Central Bank. In order to mitigate its impact on the relative financial positions of the NCBs, the new regime will be phased in progressively during a transitional period which will end in 2007. As from 2008, all monetary income earned will be distributed among the NCBs in accordance with their shares in the ECB's capital.

At the end of 2001 the number of staff employed by the ECB from all 15 Member States stood at 1,043, with total budgeted staff positions at 1,118.5. This compares with 941 staff employed at the end of 2000. The ECB's budget for 2002 envisages increasing the number to slightly over 1,150 in the course of the year. In the light of the experience gathered during the first three and a half years of the existence of the ECB, a number of organisational changes were made. In order to enhance the synergy between business areas, the Executive Board of the ECB decided to change the responsibilities of individual Executive Board members. Moreover, some changes were made in the functions of the ECB business areas. These changes are reflected in the new organisation chart of the ECB.

In 2001 the ECB made a net profit of €1,822 million. This Annual Report summarises the activities of the European System of Central Banks and the Eurosystem in 2001. It also reports on monetary policy in 2001 and early 2002 and highlights the many issues, sometimes of a technical nature, that arose in establishing and consolidating the Eurosystem as the "central bank" of the euro area.

I should like to conclude this foreword by returning to the historic event that closed the past year and marked the beginning of this year. Indeed, the introduction of the euro banknotes and coins not only represents the final phase of the monetary integration process, but also gives fresh impetus to European economic and financial integration. First, the increased price transparency as a result of the euro cash changeover will encourage more cross-border trade and commerce and, therefore, competition. Second, people will become more aware that the Single Market is not complete: regulatory, administrative and legal impediments to trade in goods, to the provision of cross-border services and to the mobility of labour still exist. The introduction of the euro – one reason for which was to "crown" the establishment of the Single Market – will thus help to highlight these obstacles and stimulate attempts to eliminate them. Indeed, now that the governments of the euro area have voluntarily relinquished their national currency, and the citizens of the euro area will be able to reap the economic benefits of using one single currency in an enlarged economic area, these citizens will ask why it is possible to have a single currency but not to eliminate other barriers between the countries of the euro area. In other words, European integration might become more of a "bottom-up" process, initiated by the citizens of Europe, and less of a "top-down" process driven by politicians and experts. It is rare for central bankers to have a hand in events such as the euro cash changeover, which can fundamentally reshape societies and their economies. I have had the great privilege of presiding over the Eurosystem as such events unfolded, and I should like to take this opportunity to express my gratitude to, and

De fait, dès lors que, au sein de la zone euro, les gouvernements ont abandonné volontairement leur monnaie nationale et que les citoyens sont en mesure de tirer parti sur le plan économique de l'utilisation d'une monnaie unique dans une zone économique élargie, ces derniers demanderont pourquoi il est possible d'avoir une monnaie unique, mais non de supprimer les obstacles subsistants entre leurs pays. En d'autres termes, l'intégration européenne pourrait à l'avenir tenir davantage d'un processus issu de la base, à l'initiative des citoyens européens, que d'un processus émanant du sommet, piloté par les hommes politiques et les experts. Il est rare que des dirigeants de banque centrale prennent part à un événement susceptible de remodeler en profondeur les sociétés et leurs économies, tel que le passage à l'euro fiduciaire. J'ai eu le grand privilège de présider l'Eurosystème au moment où ces événements se sont déroulés, et j'aimerais exprimer ici ma gratitude et ma fierté envers tous mes collègues, sans exception, de la BCE et des BCN qui ont transcrit dans la réalité quotidienne le contrat solennel et les projets définis à Maastricht par les nations européennes.

Willem F. Duisenberg

1. L'EUROSYSTÈME ET LE SYSTÈME EUROPÉEN DE BANQUES CENTRALES

Le Système européen de banques centrales (SEBC) se compose de la Banque centrale européenne (BCE) et des banques centrales nationales (BCN) des quinze Etats membres de l'Union européenne, c'est-à-dire qu'il inclut les BCN des quatre Etats membres qui n'ont pas encore adopté l'euro. Afin de renforcer la transparence et de faciliter la compréhension de la structure des banques centrales de l'UE, le Conseil des gouverneurs de la BCE a adopté le terme d' « Eurosystème » pour définir l'ensemble formé par la BCE et les BCN des Etats membres qui ont adopté l'euro. Cette distinction entre l'Eurosystème et le SEBC demeurera tant qu'il y aura des Etats membres n'ayant pas encore adopté l'euro.

La BCE est dotée de la personnalité juridique de droit public international. Elle se trouve au cœur de l'Eurosystème et veille à ce que les missions de l'Eurosystème soient exécutées, soit par ses activités propres, soit par l'intermédiaire des BCN. En ce qui concerne la manière dont les missions du SEBC doivent être accomplies, la BCE est attachée au principe de la décentralisation, conformément aux statuts du SEBC.

Chaque BCN est dotée de la personnalité juridique en vertu du droit national de chaque pays. Bien qu'étant dotées d'une personnalité juridique distincte, les BCN de la zone euro font partie intégrante de l'Eurosystème. A ce titre, les BCN remplissent les missions qui sont confiées à l'Eurosystème conformément aux règles établies par la BCE. Au travers, entre autres, de la participation de leurs représentants respectifs aux divers Comités du SEBC (voir section 4 ci-après), les BCN contribuent également aux travaux du SEBC. Les BCN sont autorisées à assumer des fonctions autres que celles relevant de l'Eurosystème, sauf si le Conseil des gouverneurs juge que ces fonctions interfèrent avec les objectifs et missions de l'Eurosystème.

2. LES ORGANES DE DÉCISION DE LA BCE

L'Eurosystème et le SEBC sont dirigés par les organes de décision de la BCE, à savoir le Conseil des gouverneurs et le Directoire. Sans préjudice de leur rôle, le Conseil général constitue un troisième organe de décision de la BCE, si et tant que certains Etats membres n'ont pas encore adopté l'euro comme monnaie. Le fonctionnement des organes de décision est régi pride in, all the thousands of colleagues in the ECB and NCBs, who have turned the solemn contract and intention of the European nations at Maastricht into an everyday reality.

Willem F. Duisenberg

1. THE EUROSYSTEM AND THE EUROPEAN SYSTEM OF CENTRAL BANKS

The European System of Central Banks (ESCB) is composed of the European Central Bank (ECB) and the national central banks (NCBs) of all 15 EU Member States, i.e. it includes the three NCBs of the Member States which have not yet adopted the euro. In order to enhance transparency and facilitate understanding of the structure of central banking in the euro area, the term "Eurosystem" has been adopted by the Governing Council of the ECB. The Eurosystem comprises the ECB and the NCBs of the Member States which have adopted the euro. As long as there are Member States which have not yet adopted the euro, it will be necessary to make a distinction between the Eurosystem and the ESCB.

The ECB has legal personality under public international law. It has been established as the core of the Eurosystem and ensures that the tasks of the Eurosystem are carried out either through its own activities or via the NCBs. While decision-making within the Eurosystem and the ESCB is centralised, the ECB, in taking its decisions on the way in which the tasks of the ESCB should be carried out, is committed to the principle of decentralisation in accordance with the Statute of the ESCB.

Each of the NCBs has legal personality according to the national law of its respective country. The euro area NCBs, which form an integral part of the Eurosystem, carry out the tasks conferred upon the Eurosystem in accordance with the rules established by the ECB's decision-making bodies. The NCBs also contribute to the work of the ESCB through the participation of their representatives in the various ESCB Committees (see Section 5 below). The NCBs may perform non-Eurosystem functions on their own responsibility, unless the Governing Council finds that such functions interfere with the objectives and tasks of the Eurosystem.

2. THE DECISION-MAKING BODIES OF THE ECB

The Eurosystem and the ESCB are governed by the decision-making bodies of the ECB: the Governing Council and the Executive Board. Without prejudice to this, the General Council is constituted as a third decision-making body of the ECB, if and for as long as there are Member States, which have not yet adopted the euro. The functioning of the decision-par le traité portant création de la Communauté européenne (le « Traité »), les statuts du SEBC et le Règlement intérieur[1].

2.1. Le Conseil des gouverneurs

Le *Conseil des gouverneurs*, qui est l'organe de décision suprême de la BCE, comprend l'ensemble des membres du Directoire ainsi que les gouverneurs des BCN des Etats membres qui ont adopté l'euro. Conformément au Traité, les principales responsabilités du Conseil des gouverneurs sont les suivantes :

- arrêter les orientations et prendre les décisions nécessaires à l'accomplissement des missions confiées au SEBC ; et
- définir la politique monétaire de la zone euro, y compris, le cas échéant les décisions relatives aux objectifs monétaires intermédiaires, aux taux d'intérêt directeurs et à l'approvisionnement de l'Eurosystème en réserves et arrêter les orientations nécessaires à leur exécution.

En prenant les décisions de politique monétaire ou relatives à d'autres missions de l'Eurosystème, les membres du Conseil des gouverneurs n'agissent pas en qualité de représentants nationaux, mais en toute indépendance personnelle. Cela se reflète dans le principe « une personne, une voix ».

En 2001, le Conseil des gouverneurs s'est, en règle générale, réuni tous les quinze jours dans les locaux de la BCE à Francfort sur le Main, Allemagne. Sept réunions, y compris des réunions extraordinaires, ont pris la forme d'une téléconférence. En outre, conformément à la décision prise précédemment de réunir le Conseil des gouverneurs deux fois par an dans un autre pays de la zone euro, une réunion s'est tenue à la Banque centrale d'Irlande, à Dublin, et une autre à la Banque nationale d'Autriche, à Vienne. Le Conseil des gouverneurs a décidé, en novembre 2001, de modifier le déroulement de ses réunions afin de consacrer plus spécifiquement la première réunion du mois à une évaluation approfondie des évolutions monétaires et économiques et aux décisions correspondantes, et la seconde, en règle générale, aux questions relatives aux autres missions et responsabilités de la BCE et de l'Eurosystème.

La composition du Conseil des gouverneurs est la suivante :

Willem F. Duisenberg, président de la BCE ; Christian Noyer, vice-président de la BCE ; Vitor Manuel Ribeiro Constâncio, gouverneur du Banco de Portugal ; Eugenio Domingo Solans, membre du directoire de la BCE ; Antonio Fazio, gouverneur de la Banca d'Italia ; Sirkka Hämäläinen, membre du directoire de la BCE ; Otmar Issing, membre du directoire de la BCE ; Klaus Liebscher, gouverneur de l'Oesterreichische Nationalbank ; Yves Mersch, gouverneur de la Banque centrale du Luxembourg ; Maurice O'Connell, gouverneur de la Central Bank of Ireland ; Tommaso Padoa-Schioppa, membre du directoire de la BCE ; Guy Quaden, gouverneur de la Banque nationale de Belgique ; Jaime Caruana, gouverneur du Banco de España ; Lucas D. Papademos, Banque de Grèce ; Jean-Claude Trichet, gouverneur

[1] Le Règlement intérieur a été publié au Journal officiel des Communautés européennes; voir Règlement intérieur de la Banque centrale européenne, JO L 125 du 19.5.1999, p. 34 ; Règlement intérieur du Conseil général de la BCE, JO L 75 du 20.3.1999, p. 36 et L 156, 23.6.1999, p. 52 ; Décision de la Banque centrale européenne du 12 octobre 1999 concernant le Règlement intérieur du Directoire de la Banque centrale européenne (BCE/1999/7), JO L 314 du 8.12.1999, p. 34. A l'exception de celui de cette dernière, les textes ont été reproduits dans le premier annuaire juridique de la BCE : « Compendium : Recueil d'instruments juridiques, juin 1998 – décembre 2000 », publié en mars 2002, également disponible sur le site web de la BCE.

making bodies is governed by the Treaty establishing the European Community (Treaty), the Statute of the ESCB and the relevant Rules of Procedure.[1]

2.1. The Governing Council

The *Governing Council,* which is the supreme decision-making body of the ECB, comprises all the members of the Executive Board and the governors of the NCBs of the Member States, which have adopted the euro. According to the Treaty, the main responsibilities of the Governing Council are:

- to adopt the guidelines and take the decisions necessary to ensure the performance of the tasks entrusted to the Eurosystem; and
- to formulate the monetary policy of the euro area, including, as appropriate, decisions relating to intermediate monetary objectives, key interest rates and the supply of reserves in the Eurosystem, and to establish the necessary guidelines for their implementation.

When taking decisions on monetary policy and on other tasks of the Eurosystem, the members of the Governing Council do not act as national representatives, but in a fully independent personal capacity. This is reflected in the principle of "one person, one vote".

In 2001 the Governing Council met, as a rule, every other week at the ECB's premises in Frankfurt am Main, Germany. Seven meetings, including some non-scheduled meetings, were held by means of a teleconference. Moreover, in line with the decision taken earlier that the Governing Council would meet twice a year in another euro area country, one meeting was hosted by the Central Bank of Ireland in Dublin and one by the Oesterreichische Nationalbank in Vienna. In November 2001 the Governing Council decided to change the set-up of its meetings in such a way that there would be an in-depth assessment of monetary and economic developments and related decisions specifically at the first meeting in the month, while, as a rule, the second meeting of the month would concentrate on issues related to other tasks and responsibilities of the ECB and the Eurosystem.

The composition of the Governing Council is the following:

Willem F. Duisenberg, President of the ECB; Christian Noyer, Vice-President of the ECB; Vitor Manuel Ribeiro Constâncio, Governor of the Banco de Portugal; Eugenio Domingo Solans, Member of the Executive Board of the ECB; Antonio Fazio, Governor of the Banca d'Italia; Sirkka Hämäläinen, Member of the Executive Board of the ECB; Otmar Issing, Member of the Executive Board of the ECB; Klaus Liebscher, Governor of the Oesterreichische Nationalbank; Yves Mersch, Governor of the Banque centrale du Luxembourg ; Maurice O'Connell, Governor of the Central Bank of Ireland ; Tommaso Padoa-Schioppa, Member of the Executive Board of the ECB ; Lucas D. Papademos, Governor of the Bank of Greece; Guy Quaden, Governor of the Banque Nationale de Belgique ; Jaime Caruana, Governor of the Banco de España ; Jean-Claude Trichet, Governor of the Banque de France ; Matti Vanhala,

---

[1] The Rules of Procedure have been published in the Official Journal of the European Communities, see Rules of Procedure of the European Central Bank, OJ L 125, 19.5.1999, p. 34; Rules of Procedure of the General Council of the ECB, OJ L 75, 20.3.1999, p. 36 and L 156, 23.6.1999, p. 52; Decision of the European Central Bank of 12 October 1999 concerning the Rules of Procedure of the Executive Board of the European Central Bank (ECB/1999/7), OJ L 314, 8.12.1999, p. 34. With the exception of the latter, they have been reproduced in the ECBs first legal yearbook: "Compendium: Collection of legal instruments, June 1998 –December 2000", March 2002, which is also available on the ECB's website.

de la Banque de France ; Matti Vanhala, gouverneur de Suomen Pankki, Banque centrale de Finlande ; Nout Wellink, président de la Nederlandsche Bank ; Ernst Welteke, président de la Deutsche Bundesbank.

2.2. Le Directoire

Le *Directoire* est composé du président, du vice-président et de quatre autres membres, nommés d'un commun accord par les gouvernements des Etats membres de la zone euro, au niveau des chefs d'Etat ou de gouvernement. Les principales responsabilités du Directoire sont les suivantes :

– la préparation des réunions du Conseil des gouverneurs ;
– la mise en œuvre de la politique monétaire au sein de la zone euro conformément aux orientations et aux décisions arrêtées par le Conseil des gouverneurs et, en conséquence, la transmission des instructions nécessaires aux BCN de la zone euro ;
– la responsabilité des affaires courantes de la BCE ; et
– l'exercice de certains pouvoirs qui lui sont délégués par le Conseil des gouverneurs, y compris ceux de nature réglementaire.

En règle générale, le Directoire se réunit au moins une fois par semaine afin de décider de la mise en œuvre de la politique monétaire, de la préparation des réunions du Conseil des gouverneurs et des questions internes à la BCE.

En 2001 le Directoire se composait de la façon suivante :

Willem F. Duisenberg, président de la BCE ; Christian Noyer, vice-président de la BCE ; Eugenio Domingo Solans, Sirkka Hämäläinen, Otmar Issing, Tommaso Padoa-Schioppa, membres du directoire de la BCE.

2.3. Le Conseil général

Le *Conseil général* se compose du président et du vice-président de la BCE, ainsi que des gouverneurs des quinze BCN de l'UE. Il remplit les missions reprises de l'Institut monétaire européen qui, dans la mesure où tous les États membres n'ont pas adopté l'euro, doivent toujours être accomplies par la BCE durant la phase III de l'UEM. La principale responsabilité du Conseil général consiste donc à établir le rapport sur les progrès vers la convergence accomplis par les États membres qui n'ont pas encore adopté l'euro[2] et à donner des conseils dans le cadre des préparatifs nécessaires à la fixation irrévocable des taux de change des monnaies de ces États membres (cf. chapitre IV du Rapport annuel). En outre, le Conseil général concourt à des activités spécifiques du SEBC, telles que les fonctions consultatives (cf. chapitre X du Rapport annuel) et la collecte d'informations statistiques (cf. chapitre IX du Rapport annuel). En 2001, le Conseil général s'est réuni à quatre reprises et deux de ces réunions ont pris la forme d'une téléconférence.

Le Conseil général se compose de la façon suivante :

Willem F. Duisenberg, président de la BCE ; Christian Noyer, vice-président de la BCE ; Bodil Nyboe Andersen, gouverneur de la Danmarks Nationalbank ; Urban Bäckström, gouverneur de la Sveriges Riksbank ; Vitor Manuel Ribeiro Constâncio, gouverneur du Banco de Portugal ; Antonio Fazio, gouverneur de la Banca d'Italia ; Edward A.J. George, gouverneur de la Bank of England ; Klaus Liebscher, gouverneur de l'Oesterreichische Nationalbank ; Yves

[2] Conformément au Protocole relatif à certaines dispositions concernant le Royaume-Uni de Grande-Bretagne et d'Irlande du Nord et au Protocole relatif à certaines dispositions concernant le Danemark, qui figurent tous deux en annexe du Traité, ces rapports devront être établis, dans le cas du Royaume-Uni et du Danemark, uniquement si ces derniers décident d'adopter l'euro.

Governor of the Suomen Pankki ; Nout Wellink, President of De Nederlandsche Bank ; Ernst Welteke, President of the Deutsche Bundesbank.

2.2. *The Executive Board*

The *Executive Board* comprises the President, the Vice-President and four other members, appointed by common accord of the governments of the participating Member States at the level of the Heads of State or Government. The main responsibilities of the Executive Board are:

- to prepare the meetings of the Governing Council;
- to implement monetary policy in accordance with the guidelines and decisions laid down by the Governing Council and, in doing so, to give the necessary instructions to the Eurosystem NCBs;
- to the responsible for the current business of the ECB; and
- to assume certain powers delegated to it by the Governing Council, including those of a regulatory nature.

Current practice is for the Executive Board to meet at least once a week in order to take decisions on the implementation of monetary policy, the preparation of the meetings of the Governing Council and internal ECB matters.

In 2001, the composition of the Executive Board was the following:

Willem F. Duisenberg, President of the ECB; Christian Noyer, Vice-President of the ECB; Eugenio Domingo Solans, Sirkka Hämäläinen, Otmar Issing, Tommaso Padoa-Schioppa, Members of the Executive Board of the ECB.

2.3. *The General Council*

The *General Council* is composed of the President and the Vice-President of the ECB and the governors of all 15 NCBs of the EU. It carries out those tasks taken over from the European Monetary Institute which still have to be performed by the ECB in Stage Three of EMU on account of the fact that not all the Member States have adopted the euro. Therefore, the General Council is primarily responsible for reporting on the progress made towards convergence by the Member States which have not yet adopted the euro[2] and for giving advice on the necessary preparations for irrevocably fixing the exchange rates of the currencies of those Member States (see Chapter IV of the Annual Report). Moreover, the General Council contributes to particular activities of the ESCB, such as advisory functions (see Chapter X of the Annual Report) and the collection of statistical information (see Chapter IX of the Annual Report). In 2001 the General Council met four times. Two of these meetings were held by means of a teleconference.

The composition of the General Council is the following:

Willem F. Duisenberg, President of the ECB; Christian Noyer, Vice-President of the ECB; Bodil Nyboe Andersen, Governor of the Danmarks Nationalbank; Urban Bäckström, Governor of the Sveriges Riksbank; Vitor Manuel Ribeiro Constâncio, Governor of the Banco de Portugal; Antonio Fazio, Governor of the Banca d'Italia; Edward A.J. George, Governor of

---

[2] In accordance with the Protocol on certain provisions relating to the United Kingdom of Great Britain and northern Ireland and the Protocol on certain provisions relating to Denmark, both of which are annexed to the Treaty, this reporting shall be carried out for the United Kingdom and Denmark only if they decide to adopt the euro.

Mersch, gouverneur de la Banque centrale du Luxembourg ; Maurice O'Connell, gouverneur de la Central Bank of Ireland ; Lucas D. Papademos, gouverneur de la Banque de Grèce ; Guy Quaden, gouverneur de la Banque nationale de Belgique ; Jaime Caruana, gouverneur du Banco de España ; Jean-Claude Trichet, gouverneur de la Banque de France ; Matti Vanhala, gouverneur de Suomen Pankki ; Nout Wellink, président_de la Nederlandsche Bank ; Ernst Welteke, président de la Deutsche Bundesbank.

3. L'ORGANISATION DE LA BCE

3.1. Le gouvernement d'entreprise

Outre les organes de décision décrits dans les sections précédentes, le gouvernement d'entreprise de la BCE recouvre également plusieurs niveaux de contrôle, tant internes qu'externes. Deux d'entre eux, les commissaires aux comptes extérieurs et la Cour des comptes européenne, sont prévus dans les statuts du SEBC. Les commissaires aux comptes extérieurs vérifient les comptes annuels de la BCE (Article 27.1 des statuts du SEBC) et la Cour des comptes européenne examine l'efficience de la gestion de la BCE (Article 27.2).

En outre, la Direction de l'audit interne, qui fait rapport directement au président de la BCE, effectue en permanence des missions d'audit en vertu d'un mandat du Directoire. Ce mandat est défini dans la Charte d'audit de la BCE qui repose sur les normes professionnelles appliquées au niveau international[3]. En outre, le Comité des auditeurs internes est responsable des missions d'audit en vertu d'un mandat du Conseil des gouverneurs. La politique du SEBC en matière d'audit a été déterminée par le Conseil des gouverneurs afin de faire en sorte que les projets et les systèmes opérationnels communs au niveau du SEBC soient couverts par des procédures d'audit, conduites par le Comité des auditeurs internes.

La structure de contrôle interne de la BCE repose sur une approche fonctionnelle, en vertu de laquelle chaque unité organisationnelle (Division, Direction ou Direction générale) est responsable de son propre contrôle interne et de son efficacité. À cette fin, les unités mettent en œuvre un ensemble de procédures de contrôle opérationnel dans leur domaine de responsabilité. Outre ces contrôles, certaines unités organisationnelles conseillent le Directoire et lui font des propositions sur des questions de contrôle spécifiques sur un plan horizontal.

Le Code de conduite de la Banque centrale européenne fournit des orientations et établit des critères de référence à l'intention du personnel de la BCE et des membres du Directoire, qui sont tous incités à maintenir une éthique professionnelle élevée dans l'accomplissement de leurs missions à la BCE ainsi que dans leurs relations avec les BCN, les autorités publiques, les opérateurs de marché, les représentants des médias et le public en général[4]. À cet égard, ce code se réfère à l'enquête réalisée à l'initiative du médiateur européen et portant sur un code administratif de bonne conduite destiné aux fonctionnaires de la Communauté pour leurs relations avec le public.

Le Directoire a également adopté un dispositif de contrôles internes, notamment des règles détaillées visant à empêcher l'utilisation abusive d'informations sensibles relatives aux marchés financiers (règles relatives aux délits d'initiés et « murailles de Chine »). Il est par conséquent interdit au personnel de la BCE et aux membres du Directoire de profiter,

---

[3] Les principes et les normes des organismes professionnels appropriés, tels que l'Institut des auditeurs internes et l'Association d'audit et de contrôle des systèmes d'information.

[4] Cf. le Code de conduite de la Banque centrale européenne conforme à l'article 11.3 du Règlement intérieur de la Banque centrale européenne, JO C 76 du 8.3.2001, et le site Internet de la BCE.

the Bank of England; Klaus Liebscher, Governor of the Oesterreichische Nationalbank; Yves Mersch, Governor of the Banque centrale du Luxembourg ; Maurice O'Connell, Governor of the Central Bank of Ireland ; Lucas D. Papademos, Governor of the Bank of Greece ; Guy Quaden, Governor of the Banque Nationale de Belgique ; Jaime Caruana, Governor of the Banco de España ; Jean-Claude Trichet, Governor of the Banque de France ; Matti Vanhala, Governor of Suomen Pankki ; Nout Wellink, President of the Nederlandsche Bank ; Ernst Welteke, President of the Deutsche Bundesbank.

3. THE ORGANISATION OF THE ECB

3.1. Corporate governance

In addition to the decision-making bodies of the ECB described in the previous sections, the corporate governance of the ECB also encompasses a number of external and internal control layers.

The Statute of the ESCB provides for two layers, namely the external auditors and the European Court of Auditors. The external auditors audit the annual accounts of the ECB (Article 27.1 of the Statute of the ESCB). The European Court of Auditors examines the operational efficiency of the management of the ECB (Article 27.2).

Moreover, the Directorate Internal Audit, which reports directly to the President of the ECB, continuously performs audit missions under a mandate from the Executive Board. The mandate of the Directorate Internal Audit is defined in the ECB Audit Charter. The Charter was established on the basis of professional standards which apply internationally[3]. Furthermore, the Internal Auditors Committee is responsible for audit missions under a mandate from the Governing Council. The ESCB audit policy was established by the Governing Council in order to ensure audit coverage for joint projects and joint operational systems at the ESCB level, which is carried out by the Internal Auditors Committee.

The internal control structure of the ECB is based on a functional approach, whereby each organisational unit (Division, Directorate or Directorate General) is responsible for its own internal control and efficiency. In order to ensure this, the business units implement a set of operational control procedures within their area of responsibility. In addition to these controls, certain organisational units advise and make proposals to the Executive Board on specific control issues on a horizontal basis.

The Code of Conduct of the European Central Bank gives guidance to, and sets benchmarks for, the staff of the ECB and the members of the Executive Board, all of whom are encouraged to maintain high standards of professional ethics in the performance of their duties at the ECB as well as in their relations with NCBs, public authorities, market participants, media representatives and the public in general.[4] In this respect, it echoes the inquiry conducted on the European Ombudsman's own initiative into a code of good administrative behaviour for Community officials in their relations with the public.

The Executive Board also adopted a set of internal controls, including detailed rules preventing the abuse of sensitive financial market information ("insider trading rules" and "Chinese walls"). The staff of the ECB and the members of the Executive Board are thereby prohibited from taking advantage, whether directly or indirectly, of inside information to

[3] The principles and standards of the relevant professional institutes, such as the Institute for Internal Auditors (IIA) and the Information Systems Audit and Control Association (ISACA).

[4] See the Code of Conduct of the European Central Bank in accordance with Article 11.3 of the Rules of Procedure of the European Central Bank, OJ C 76, 8.3.2001, and the ECB's website.

directement ou indirectement, des informations internes auxquelles ils ont accès en se livrant à des activités financières à leur propre risque et pour compte propre, ou au risque et pour le compte d'un tiers[5]. En outre, le Directoire a nommé un Conseiller pour les questions d'éthique chargé de donner des orientations sur certains aspects relatifs au comportement et au secret professionnels. Ce Conseiller garantit une interprétation cohérente des règles s'appliquant au personnel, notamment celles concernant les délits d'initiés. L'autorité budgétaire de la BCE est exercée par le Conseil des gouverneurs, qui adopte le budget de la BCE, sur proposition du Directoire. Par ailleurs, le Comité budgétaire assiste le Conseil des gouverneurs pour les questions qui concernent le budget de la BCE. Afin de participer aux efforts des institutions des Communautés européennes et des États membres en matière de lutte contre la fraude et autres pratiques illégales, les structures de contrôle existant initialement au sein de la BCE ont été renforcées, sur la base de la Décision de la BCE sur la prévention de la fraude (BCE/1999/5)[6], par la création d'un Comité antifraude indépendant. Ce comité, qui s'est réuni trois fois en 2001, est régulièrement tenu informé par la Direction de l'audit interne des questions ayant trait à l'accomplissement de ses missions. Conformément au Règlement (CE) n° 45/2001 du Parlement européen et du Conseil, le Directoire a nommé un responsable de la protection des données, avec effet à compter du 1er janvier 2002.

3.2. La gestion des ressources humaines

À fin 2001, 1 043 personnes, issues des quinze États membres, étaient employées par la BCE, au lieu de 941 à fin 2000, pour un total de 1 118,5 personnes prévu dans le budget. Pour 2002, le budget annuel de la BCE prévoit un effectif maximum correspondant à 1 154,5 personnes, en augmentation de 3,2 % par rapport au budget prévu pour 2001 chargés de mission ont signé un contrat pour une durée moyenne de deux mois.

4. LES COMITÉS DU SEBC

Les Comités du SEBC ont continué de jouer un rôle important dans l'accomplissement des missions de l'Eurosystème/SEBC. En juillet 2001, le Conseil des gouverneurs a renouvelé les mandats de ces Comités et reconduit leurs présidents respectifs dans leurs fonctions pour trois années supplémentaires. À la demande du Conseil des gouverneurs et du Directoire, les Comités du SEBC ont apporté une expertise dans leurs domaines de compétence et facilité le processus de prise de décision. Les Comités du SEBC se composent de représentants des banques centrales de l'Eurosystème et, le cas échéant, d'autres organismes compétents, comme les autorités de surveillance nationales dans le cas du Comité de la surveillance bancaire. Les BCN des États membres qui n'ont pas encore adopté l'euro ont également désigné chacune des représentants chargés de participer aux réunions des Comités du SEBC chaque fois que ceux-ci traitent de problèmes relevant du domaine de compétence du Conseil général. Il existe actuellement douze Comités, qui ont tous été créés en application de l'article 9 du Règlement intérieur de la BCE.

Les Comités du SEBC et leurs présidents

- Comité de la comptabilité et du revenu monétaire (AMICO) : Hanspeter K. Scheller
- Comité de la surveillance bancaire (BSC) : Edgar Meister

---

[5] Cf. la partie 1.2 du Règlement concernant le personnel de la BCE qui contient les règles relatives au comportement et au secret professionnels, JO C 236 du 22.8.2001, et le site Internet de la BCE.

[6] Cf. la Décision de la Banque centrale européenne du 7 octobre 1999 concernant la prévention de la fraude (BCE/1999/5), JO L 291, 13.11.1999. Le Règlement intérieur de la Banque centrale européenne a été amendé en conséquence par un nouvel article 9a, JO L 314 du 8.12.1999.

which they have access by conducting private financial activities at their own risk and for their own account, or at the risk and for the account of a third party.[5] Moreover, the Executive Board has appointed an Ethics Adviser to provide guidance on some aspects of professional conduct and professional secrecy. The Ethics Adviser ensures a consistent interpretation of the staff rules, in particular the insider trading rules. The budgetary authority of the ECB is vested in the Governing Council, which adopts the budget of the ECB, acting on a proposal put forward by the Executive Board. In addition, the Budget Committee assists the Governing Council in matters related to the ECB's budget.

In order to join the efforts of the institutions of the European Communities and the Member States to combat fraud and other illegal activities, the originally existing layers of control within the ECB were enhanced by the establishment of an independent Anti- Fraud Committee on the basis of the ECB Decision on fraud prevention (ECB/1999/5).[6] The Anti-Fraud Committee, which held three meetings in 2001, is kept regularly informed by the Directorate Internal Audit with regard to all issues related to the performance of its tasks.

In accordance with Regulation (EC) No. 45/ 2001 of the European Parliament and of the Council, the Executive Board appointed a data protection officer with effect from 1 January 2002.

3.2. Staff developments

At the end of 2001 the number of staff employed by the ECB from all 15 Member States stood at 1,043, with total budgeted staff positions of 1,118.5. This compares with 941 staff employed at the end of 2000. The ECB's annual staff position budget for 2002 was set at a maximum of 1,154.5 – an increase of 3.2% compared to the 2001 annual staff position budget.

4. ESCB COMMITTEES

The ESCB Committees have continued to play an important role in the performance of the tasks of the Eurosystem/ESCB. In July 2001 the Governing Council renewed their mandates and re-appointed their respective chairpersons for a further three years. At the request of both the Governing Council and the Executive Board, the ESCB Committees have provided expertise in their fields of competence and have facilitated the decisionmaking process. The ESCB Committees are composed of representatives from the Eurosystem central banks and, where appropriate, of other competent bodies, such as national supervisory authorities in the case of the Banking Supervision Committee. The NCBs of the Member States which have not yet adopted the euro have also each appointed representatives to take part in the meetings of an ESCB Committee whenever it deals with matters which fall within the field of competence of the General Council. At present there are 12 ESCB Committees, all of which were established under Article 9 of the Rules of Procedure of the ECB.

ESCB Committees and their chairpersons

- Accounting and Monetary Income Committee (AMICO): Hanspeter K. Scheller
- Banking Supervision Committee (BSC): Edgar Meister
- Banknote Committee (BANCO): Antti Heinonen

---

[5] See Part 1.2 of the ECB Staff Rules containing the rules on professional conduct and professional secrecy, OJ C 236, 22.8.2001, and the ECB's website.

[6] See the Decision of the European Central Bank of 7 October 1999 on fraud prevention (ECB/1999/5), OJ L 291, 13.11.1999. In connection with this, the Rules of Procedure of the European Central Bank were amended by a new Article 9a, see OJ L 314, 8.12.1999.

- Comité des billets (BANCO) : Antti Heinonen
- Comité de la communication externe (ECCO) : Manfred J. Körber
- Comité des systèmes d'information (ITC) : Jim Etherington
- Comité des auditeurs internes (IAC) : Michèle Caparello
- Comité des relations internationales (IRC) : Hervé Hannoun
- Comité juridique (LEGCO) : Antonio Sainz de Vicuna
- Comité des opérations de marché (MOC) : Francesco Papadia
- Comité de la politique monétaire (MPC) : Gert Jan Hogeweg
- Comité des systèmes de paiement et de règlement (PSSC) : Jean-Michel Godeffroy
- Comité des statistiques (STC) : Peter Bull.

Outre les Comités du SEBC, le Conseil des gouverneurs a mis en place, en 1998, le Comité budgétaire, sur la base de l'article 15 du Règlement intérieur de la BCE. Il se compose de représentants des banques centrales de l'Eurosystème et assiste le Conseil des gouverneurs sur les questions relatives au budget de la BCE.

En juillet 2001, le Conseil des gouverneurs a adopté le nouveau mandat du Comité budgétaire et reconduit dans ses fonctions son président, Liam Barron, pour une nouvelle période de trois ans.

- External Communications Committee (ECCO): Manfred J. Körber
- Information Technology Committee (ITC): Jim Etherington
- Internal Auditors Committee (IAC): Michèle Caparello
- International Relations Committee (IRC): Hervé Hannoun
- Legal Committee (LEGCO): Antonio Sainz de Vicuna
- Market Operations Committee (MOC): Francesco Papadia
- Monetary Policy Committee (MPC): Gert Jan Hogeweg
- Payment and Settlement Systems Committees (PSSC): Jean-Michel Godeffroy
- Statistics Committee (STC): Peter Bull.

In addition to the ESCB Committees, the Budget Committee was established in 1998 by the Governing Council on the basis of Article 15 of the Rules of Procedure of the ECB. It is composed of representatives of the Eurosystem central banks and assists the Governing Council in matters related to the ECB's budget.

In July 2001 the Governing Council adopted a revised mandate for the Budget Committee and re-appointed its chairman, Liam Barron, for a further three years.

UNION ÉCONOMIQUE BENELUX (BENELUX)

Secrétariat général Benelux
Rue de la Régence 39
1000 Bruxelles
Tél. : 02/519.38.11 - Fax : 02/513.42.06

Site web : http://www.benelux.be/

Secrétaire général : M. B.M.J. Hennekam (Pays-Bas)
Secrétaire général adjoint : M. E. Baldewijns (Belgique)
Secrétaire général adjoint : Mme M.-R. Berna (Luxembourg)

Historique:

L'origine du Benelux remonte à l'année 1944, date à laquelle les gouvernements de la Belgique, des Pays-Bas et du Luxembourg décident d'instaurer entre eux une zone de libre échange. En 1958, le Traité instituant l'Union économique Benelux efface les frontières entre les trois pays. Les changements opérés dans le champ d'action du Benelux ont été formellement confirmés en 1995 par l'organe suprême du Benelux, le Comité de Ministres.

Composition :

3 Etats membres : Belgique, Pays-Bas et Luxembourg.

Objectifs :

- développer la coopération politique Benelux ;
- achever le marché intérieur ;
- intensifier la coopération transfrontalière pratique entre les trois pays ;
- maintenir une approche commune en matière de politique des visas et poursuivre la concertation dans les domaines de la justice, de la police et de l'immigration.

Fonctionnement :

- le Comité des Ministres, composé des ministres des Affaires étrangères, veille à l'application du Traité ;
- le Conseil interparlementaire consultatif, composé de délégués des parlements, donne des avis au Comité des Ministres et aux gouvernements ;
- le Conseil de l'Union économique coordonne les travaux des commissions et met en œuvre les décisions du Comité des Ministres ;
- le Conseil consultatif économique et social est l'organe de consultation des partenaires sociaux ;
- la Cour de Justice Benelux a des attributions juridictionnelles et consultatives ;

BENELUX ECONOMIC UNION (BENELUX)

Secretariat general Benelux
Rue de la Régence 39
1000 Bruxelles
Tel. : 02/519.38.11 – Fax : 02/513.42.06

WEB SITE : http://www.benelux.be/

SECRETARY GENERAL : MR. B.M.J. HENNEKAM (THE NETHERLANDS)
DEPUTY SECRETARY GENERAL: MR. E. GALDEWIJNS (BELGIUM)
DEPUTY SECRETARY GENERAL: MRS. M.-R. BERNA (LUXEMBOURG)

BACKGROUND:

Benelux came into being in 1944, when the governments of Belgium, the Netherlands and Luxembourg decided to set up a free trade area. In 1958, the Treaty instituting the Benelux Economic Union abolished the frontiers between the three countries. The changes made to Benelux' sphere of activity were formally confirmed in 1995 by the supreme Benelux authority, the Committee of Ministers.

MEMBERSHIP:

3 member states: Belgium, The Netherlands and Luxembourg.

AIMS:

- to develop political co-operation between the Benelux countries;
- to achieve a full internal market;
- to increase practical transfrontier co-operation between the three countries;
- to maintain a joint approach to visa policy and pursue consultation in the fields of justice, policing and immigration.

FUNCTIONING:

- the Committee of Ministers, comprising the Ministers of Foreign Affairs, supervises application of the Treaty;
- the Consultative Interparliamentary Council, comprising delegates from the three parliaments, gives opinions to the Committee of Ministers and governments;
- the Council of the Economic Union co-ordinates the work of the committees and implements the Committee of Ministers' decisions;
- the Economic and Social Consultative Council is an advisory body for the social partners;
- the Benelux Court of Justice has a judicial and advisory role;

- le Collège arbitral règle les différends résultant de l'application du Traité et autres conventions.

Le Secrétariat général du Benelux installé à Bruxelles constitue le centre administratif de l'Union économique Benelux. Cet organe offre un soutien actif à la concertation et met quelques membres du personnel à la disposition du greffe de la Cour de Justice Benelux. Un Secrétaire général néerlandais se trouve à la tête de cette organisation. Il est assisté par un Secrétaire général adjoint belge et un Secrétaire général adjoint luxembourgeois.

Le Secrétariat général dispose d'un effectif de personnel d'environ 60 membres, qui sont les seuls fonctionnaires internationaux permanents au sein de l'Union économique.

ACTIVITÉS 2001

INTRODUCTION

A la fin de l'année 1995, le Comité de Ministres a pris une série de décisions concernant les tâches et structures de la coopération Benelux afin d'adapter cette dernière à l'évolution de l'Union. En 1998, le Conseil de l'Union économique en a effectué une première évaluation et a décidé d'ajouter quelques activités – plus particulièrement en rapport avec la concertation dite de Sentence, la coopération transfrontalière en matière de santé publique et le soutien aux Commissions de l'Escaut et de la Meuse – aux tâches traditionnelles effectuées dans le cadre de l'Union économique Benelux.

Le 5 juin 2001, le Conseil de l'Union économique a fait le point de la situation, sur base d'une note préparée par le Secrétariat général et intitulée « L'évaluation de la concertation au sein de l'Union économique Benelux ».

La concertation Benelux continue à se déployer de manière positive et le Benelux demeure un instrument utile pour les pays partenaires dans de multiples domaines, notamment pour promouvoir certaines initiatives dans le cadre communautaire. En outre, le Benelux reste un symbole d'intégration, un cadre de référence pour des Etats souhaitant établir et approfondir des relations de collaboration.

Le marché intérieur et la coopération économique demeurent un des objectifs fondamentaux de l'Union. Les travaux visant à prévenir ou éliminer les entraves subies par les entreprises en développant des affaires de l'autre côté d'une frontière, à approfondir et à intensifier le marché intérieur dans des domaines comme la propriété industrielle, l'assurance qualité dans le secteur de la construction et la normalisation apportent une plus-value aux échanges économiques intra-Benelux. La coopération dans d'autres domaines économiques ayant un lien évident avec le marché intérieur (la promotion des énergies renouvelables, la politique économique régionale ou les questions vétérinaires) continue à donner des résultats tangibles.

La coopération transfrontalière s'intensifie sensiblement, ce qui traduit la volonté d'établir des relations de bon voisinage. Les principaux exemples se situent dans les domaines de l'aménagement du territoire, de la conservation de la nature et des sites, des communications et de l'infrastructure, de la coopération entre autorités locales, de la coopération en matière de santé publique et des travailleurs frontaliers. En matière d'aménagement du territoire, il faut rappeler que les ministres concernés ont signé, le 30 octobre 2000, la Deuxième esquisse de structure Benelux. Celle-ci constitue une donne importante pour de multiples dossiers. Les activités déployées dans ce cadre répondent à une indéniable attente des parties concernées. Elles posent aussi les jalons d'une coopération transfrontalière approfondie, variant de

- the Arbitration Board settles disputes arising from application of the Treaty and other conventions.

The Benelux Secretariat General in Brussels is the administrative headquarters of the Benelux Economic Union. It actively supports consultation, and makes some of its staff available to the Registry of the Benelux Court of Justice. The organisation is headed by a Dutch Secretary General. He is assisted by a Belgian Deputy Secretary General and a Luxembourg Deputy Secretary General.

The Secretariat General has a staff of 60, who are the only permanent international civil servants in the Economic Union.

ACTIVITIES 2001

Note for English readers

The annual report on the activities of the Benelux Economic Union for 2001 exists only in French. What follows is a summary of its activities and opposite is the whole text in French.

INTRODUCTION

At the end of 1995 the Committee of Ministers took a series of decisions designed to adapt the tasks and structures of Benelux co-operation to developments in the Union. In 1998 the Council of the Economic Union made an initial assessment of these measures and decided to add a number of activities - relating in particular to the so-called Senningen co-operation process, transfrontier co-operation in public health matters and support for the Scheldt and Meuse Commissions - to the Benelux Economic Union's traditional tasks.

On 5 June 2001 the Council of the Economic Union reviewed the situation on the basis of a memorandum drawn up by the General Secretariat entitled "Assessment of co-operation within the Benelux Economic Union".

Benelux co-operation continues to develop favourably and Benelux remains a useful instrument for the partner countries in many different fields, particularly for the promotion of certain Community initiatives. Benelux also remains a symbol of integration, a frame of reference for states wishing to establish or intensify co-operative relations.

The internal market and economic co-operation remain one of the Union's fundamental objectives. Work to prevent or remove impediments to the development of cross-border business or to deepen and intensify the internal market in such areas as industrial property, quality assurance in the construction industry and standardisation gives added value to intra-Benelux economic exchanges. Co-operation in other economic sectors having an obvious link with the internal market (promotion of renewable energy sources, regional economic policy or veterinary matters) continues to produce tangible results.

Cross-border co-operation has intensified greatly, reflecting the desire to establish good-neighbourly relations. The main examples are to be found in the fields of spatial planning, nature and landscape conservation, transport and infrastructure, co-operation between local authorities, co-operation in public health matters, and frontier workers. Where spatial planning is concerned, it should be noted that the ministers responsible signed the second Benelux draft strategy on 30 October 2000. This is an important factor for many projects. The activities carried out in this context meet an undeniable demand from the parties concerned. They also point the way towards increased cross-border co-operation on issues ranging from l'infrastructure écologique en zones frontalières à la recherche d'une solution pragmatique pour le fonctionnement transfrontalier des transports ambulanciers.

La concertation Benelux dans le domaine de la circulation des personnes s'est amplifiée depuis le transfert de Schengen à l'Union européenne. Cette évolution est entièrement justifiée car les activités Benelux concernent, d'une part, les éléments de cette politique qui ne sont pas réglés à l'Union européenne et, d'autre part, la gestion concertée des propositions formulées dans le cadre communautaire. La coopération pratique dans les domaines de la police et de la justice se développe progressivement. La concertation dite de Senningen offre de réelles perspectives d'avenir.

La coopération dans le domaine de la jeunesse, de l'enseignement et de la culture tardent à se mettre en place. De récents signaux montrent toutefois que ce nouvel axe de coopération prend progressivement forme.

Le Conseil de l'Union économique s'est également prononcé sur le suivi à donner de nouvelles propositions de travail qui constituent un élargissement naturel des activités de l'Union. Ces propositions concernent l'extension de la coopération sur le plan des contrôles de transports routiers, l'institution d'une Commission d'arbitrage pour les problèmes transfrontaliers en matière d'eaux souterraines et le démarrage d'une concertation concernant la politique des drogues des pays partenaires. Le Conseil de l'Union économique a aussi donné mandat d'étudier si une collaboration Benelux au niveau de la lutte contre la grande fraude fiscale et par rapport à la politique des déchets est souhaitée.

CHAPITRE I : LA COOPERATION TRANSFRONTALIERE A CARACTERE TERRITORIAL

1. L'AMENAGEMENT DU TERRITOIRE

Groupe de travail ministériel pour l'Aménagement du Territoire

Le Groupe de travail ministériel pour l'aménagement du territoire s'est réuni le 30 octobre 2000 à Namur sous la présidence du ministre wallon, Monsieur Foret.

La réunion poursuivait un double objectif :

- d'une part, la prise d'une décision définitive sur la Deuxième esquisse de structure Benelux (DESB) ;
- d'autre part, la fixation de priorités pour la coopération en matière d'aménagement du territoire dans le cadre du Benelux.

Le Groupe de travail ministériel a également pris une décision finale concernant la Deuxième esquisse de structure Benelux.

Dans le dernier rapport, il était déjà mentionné que les ministres avaient souscrit à l'avis de votre Conseil concernant la Deuxième esquisse (doc. 566-4).

Les ministres ont constaté que la Deuxième esquisse a déjà fourni une contribution importante à la réflexion menée dans le domaine de l'aménagement du territoire au niveau d'échelle Benelux et est mise en œuvre dans différents documents nationaux/régionaux.

La Deuxième esquisse offre également un cadre de référence pertinent pour la coordination et la concertation. Dans ce contexte, la Deuxième esquisse doit être considérée comme un processus de réflexion progressif.

Le Groupe de travail ministériel a fixé pour les deux années à venir les priorités de la environmental infrastructure in border areas to the search for a pragmatic solution to the problem of cross-border ambulance services.

Benelux co-operation relating to the movement of persons has expanded since the transfer of Schengen to the European Union. This development is fully justified because the Benelux activities concern, on the one hand, the aspects of this policy area which are not dealt with in the European Union and, on the other, the concerted management of proposals formulated within the Community framework. Practical co-operation in the police and justice fields is gradually developing. The so-called Senningen co-operation process offers genuine prospects.

Co-operation in the youth, educational and cultural fields has been slow to emerge. There have recently been signs, however, that this new area of co-operation is gradually taking shape.

The Council of the Economic Union also decided on the action to be taken regarding proposed new areas of work which represent a natural extension of the Union's activities. These proposals concern increased co-operation in the area of road transport control, the setting up of an arbitration board for cross-border problems relating to ground water and the launching of co-operation in the area of drugs policy. The Council of the Economic Union also commissioned a study on the desirability of Benelux co-operation in combating large-scale tax evasion and in relation to waste policy.

coopération Benelux en matière d'aménagement du territoire qui concerne les trois niveaux suivants: le niveau européen, le niveau Benelux et le niveau régional.

Europe

Les pays et régions du Benelux sont de plus en plus associés à la coopération transnationale au niveau de l'Europe (occidentale) dans le domaine de l'aménagement du territoire, dont le Schéma de développement de l'Espace communautaire (SDEC) élaboré en commun par les pays membres de l'Union européenne constitue dans ce contexte un élément important. Le Benelux apprécie de pouvoir prendre en considération pour le développement politique, les options politiques consignées dans le SDEC. Bien que chaque pays ou région ait ses caractéristiques propres, impliquant une « politique sur mesure », le processus politique acquiert avec des documents comme le SDEC, mais aussi par exemple avec les fonds structurels, un profil de plus en plus international.

Le Groupe de travail ministériel souligne à cet effet l'importance d'une coopération Benelux pour la préparation et la mise en œuvre des initiatives transnationales d'aménagement du territoire en Europe (occidentale).

Dans cet ordre d'idées, le Secrétariat général du Benelux joue un rôle coordinateur et logistique sous les auspices de la Commission spéciale pour l'aménagement du territoire.

La cohésion accrue de la politique Benelux en matière d'aménagement du territoire permet, dans un cadre international plus large, de mieux défendre les intérêts spécifiques des partenaires - par le biais d'échanges d'informations et la coordination des points de vue - durant la phase de préparation politique.

La coordination Benelux offre également une plus-value dans la phase de mise en œuvre de la coopération transnationale. L'exécution coordonnée d'initiatives transnationales favorise la cohérence et permet d'éviter des problèmes de part et d'autre des frontières ainsi qu'une concurrence abusive à propos de l'espace. Dans certains cas, il peut aussi être utile d'initier des projets transnationaux au niveau Benelux.

Si des partenaires le jugent nécessaire, il faut d'autre part permettre une approche individuelle.

C'est dans ce sens que le Groupe de travail ministériel a décidé, pour la période allant jusqu'à 2002, de porter l'attention sur :

- la coordination concernant le développement de la « vision de l'Europe du nord-ouest » qui est actuellement en cours d'élaboration;
- l'harmonisation du concept spatial européen « Eurocorridor » et « Réseaux urbains »;
- l'échange d'informations concernant la préparation et la mise en œuvre de la présidence belge de l'Union européenne durant la seconde moitié de 2001 ;
- la réalisation de projets dans le cadre d'INTERREG IIIB.

Benelux

Au niveau national et régional, des initiatives présentant aussi de l'intérêt pour les partenaires sont régulièrement lancées, telles le « Strategisch Plan Ruimtelijke Economie » (Flandre), Incodelta (Pays-Bas) et le Contrat d'Avenir (Wallonie). Si cela apporte une valeur ajoutée évidente, la politique nationale ou régionale doit être complétée par une approche de suivi au niveau Benelux.

La coopération Benelux doit être complémentaire en ce sens qu'elle ne doit pas contrecarrer les processus nationaux ou régionaux. En même temps, il faut suffisamment de points de rattachement dans les initiatives nationales ou régionales pour une approche Benelux. Ceci souligne du même coup l'importance d'établir à un stade précoce les liaisons nécessaires.

Le Groupe de travail ministériel a décidé de mettre l'accent sur :

- l'examen régulier des politiques de chaque partenaire ;
- la comparaison des législations et des aspects organisationnels en matière d'aménagement du territoire des différents partenaires Benelux ;
- la concrétisation au niveau Benelux des thèmes de « Réseaux urbains », « Développement rural » et « Eurocorridors ».

Ces points prioritaires sont repris dans le premier programme de travail biennal.

Régions frontalières

Une obligation de consultation transfrontalière préalable existe pour les plans régionaux et les plans de secteur. Dans la pratique, celle-ci est interprétée plus largement et une consultation transfrontalière se déroule aussi pour des nombreux autres plans qui ont un impact spatial.

Il a été convenu d'examiner s'il est nécessaire de relancer - à côté de la concertation au sein du groupement de coopération Sar-Lor-Lux - les activités de la Commission frontalière « SUD » pour la région frontalière entre la Wallonie et le Luxembourg. Le besoin d'une concertation frontalière structurée de part et d'autre de la frontière avec le Nord-Pas-de-Calais sera examiné au niveau administratif.

Le Groupe de travail ministériel a souligné l'opportunité de soumettre de préférence les dossiers d'aménagement du territoire présentant un caractère transfrontalier à une procédure d'information et de consultation, via le cadre Benelux, afin d'arriver à un regroupement des informations et à une orientation de la coopération.

COMMISSION SPÉCIALE POUR L'AMÉNAGEMENT DU TERRITOIRE

Les activités de la Commission spéciale pour l'aménagement du territoire (CSAT) se sont concentrées sur la préparation de la réunion du Groupe de travail ministériel et sur la mise en œuvre des résultats découlant de celle-ci.

Réaction Benelux commune à la vision spatiale pour l'Europe du nord-ouest (vision ENO)

Un projet fondé sur le SDEC et axé sur l'établissement d'une vision spatiale pour l'Europe du nord-ouest a été lancé dans le cadre du programme INTERREG IIC. Les partenaires de ce projet sont les sept pays situés dans la zone géographique de l'Europe du nord-ouest (Irlande, Royaume-Uni, Nord de la France, Belgique, Luxembourg, Allemagne occidentale et Pays-Bas). Ce projet a débouché sur une note de discussion « Une vision spatiale pour l'Europe du nord-ouest » (vision ENO) qui a été soumise à consultation à la mi-janvier 2001.

Il a été décidé d'adopter une position commune afin d'éviter toute contradiction avec les principes de base contenus dans l'Esquisse Benelux et afin d'enrichir le processus de conceptualisation ENO au départ de la coopération Benelux.

Cette position peut être résumée comme suit :

- La vision spatiale pour l'Europe du nord-ouest constitue une démarche importante dans le cadre de la coopération internationale en matière d'aménagement du territoire et les expériences acquises grâce à la Deuxième esquisse de structure Benelux peuvent constituer une importante source d'inspiration.

- Des éclaircissements sont explicitement demandés à propos du statut de la « Vision spatiale ». En effet, celle-ci se présente, d'une part, comme un document de discussion n'impliquant aucun engagement, alors que, d'autre part, sa mise en œuvre dans des projets doit tenir compte d'enveloppes financières qui y sont liées.
- La structure spatiale de la région Benelux se caractérise par une structure polycentrique, et se différencie donc sérieusement de l' »Ile de France » ou du « Grand Londres »" par exemple. Dans ce contexte, l'importance des Réseaux urbains transfrontaliers - comme le MHAL ou la Métropole lilloise - et des Réseaux urbains internationaux, tels que la Randstad ou le Réseau urbain belge central, est soulignée.
- En outre, l'attention est attirée sur l'importance de sujets tels que : la coopération portuaire Benelux, la politique de localisation, l'utilisation sélective des nœuds de communication, la complémentarité entre le TGV et la navigation aérienne, l'accessibilité numérique et le passage à des modes de transport respectueux de l'environnement. Ceux-ci devraient être traités dans la Vision spatiale du nord-ouest de l'Europe.

Eurocorridors

En raison d'interprétations divergentes du concept Eurocorridors données dans le SDEC par les différents pays et régions (aussi dans le Benelux), une attention spécifique a été réservée à ce thème. En s'inspirant de la Deuxième esquisse de structure, une série de principes communs ont été retenus concernant entre autres : la fonction de liaison des infrastructures, l'exploitation sélective des sites d'excellence et le passage à des modes de transport durables. Toutefois, il n'est pas envisagé d'étudier l'emplacement géographique des Eurocorridors.

Réaction à la Cinquième note sur l'aménagement du territoire

Une attention particulière a été accordée dans le cadre du Benelux à la Cinquième note sur l'aménagement du territoire qui a été arrêtée, en décembre 2000, par le Gouvernement néerlandais.

Les trois Régions de Belgique, le Luxembourg et les autorités décentralisées de la région frontalière entre la Flandre et les Pays-Bas ont adopté une réaction commune à l'intention du Gouvernement néerlandais.

Son contenu peut être résumé comme suit :

La pression spatiale aux Pays-Bas, mais aussi dans les pays et régions voisins, est généralement très forte, ce qui entraîne des approches de planification très similaires.

La première partie de la Cinquième note présente une analyse et une vision spatiale fortement axées sur l'aspect international. L'on y retrouve des éléments du Schéma de Développement de l'Espace communautaire (SDEC), mais aussi de la Deuxième esquisse de structure Benelux. Les partenaires demandent qu'il soit explicitement fait référence à l'instrument Benelux pour la mise en œuvre de la Cinquième note sur le plan international.

Dans un souci de cohésion entre les métropoles dans le cadre transnational[1], s'il est important de préserver la compétitivité, il est tout aussi nécessaire de mettre l'accent sur la coopération et coordination. Le développement de liaisons doit aller de pair avec la recherche de modes de transport écologiques, l'exploitation de nœuds et la coordination entre les fonctions de liaison et de désenclavement de l'infrastructure.

Les partenaires partagent largement la vision néerlandaise concernant les liaisons écologiques transnationales et les réseaux d'espaces ouverts. Ici aussi, une transposition spatialement intégrée est recommandée.

Un échange intensif d'informations s'avère utile concernant certains points de la Cinquième Note tels que la « politique des contours », la nouvelle mise en œuvre de « la politique de localisation », « l'intensification de l'utilisation de l'espace », la « constitution de réseaux urbains », « l'offensive en matière d'accessibilité » pour la Randstad et « l'eau en tant que principe ordonnateur ».

Les passages de la Cinquième note concernant la partie méridionale du pays sont jugés pertinents, spécifiquement pour les régions frontalières.

Différents concepts à l'origine de conséquences importantes pour la coopération transfrontalière, comme la région centrale du Benelux et le réseau urbain MHAL, ont leur prolongement de l'autre côté de la frontière et présentent des recoupements avec les initiatives et projets de coopération transfrontalière en cours. Ici aussi, il est recommandé de tirer un profit maximum des potentialités de coopération dans les régions frontalières.

Enfin, il est signalé que la matérialisation du principe de subsidiarité dans les régions et pays voisins n'est pas réalisée de manière uniforme ni au même rythme, ce qui génère parfois, en particulier dans les régions frontalières, des rapports inégaux dont la concertation frontalière doit tenir compte.

Régimes légaux

Le Groupe de travail ministériel pour l'aménagement du territoire a demandé de rédiger un document de synthèse pour présenter un aperçu et une comparaison des régimes légaux et des systèmes d'organisation en matière d'aménagement du territoire de chaque partenaire.

INTERREG IIC

Il a été convenu d'examiner, d'une façon intégrée au niveau de la concertation Benelux, les résultats de différents projets INTERREG IIC (finalisés ou sur le plan de l'être). L'examen portera sur leur pertinence au niveau de la politique et de la coopération en matière d'aménagement du territoire, sur leurs liens mutuels et sur leur relation avec la Deuxième esquisse de structure Benelux. Cet exercice peut aussi fournir une base de réflexion pour l'élaboration et l'organisation d'éventuels nouveaux projets dans le cadre d'INTERREG III.

Il est convenu de regrouper les projets à examiner en fonction des thèmes principaux retenus par les ministres, à savoir la constitution de réseaux urbains, les Eurocorridors et le développement rural.

Dans ce cadre, on peut citer entre autres les projets suivants :

---

[1] Il s'agit des thèmes suivants: profil international de la métropole du Delta, renforcement de la cohésion des liaisons principales internationales, désenclavement à l'échelle internationale des réseaux urbains nationaux, création de réseaux logistiques internationaux, coopération au sein des réseaux portuaires transfrontaliers.

- TRADE (Transnational spatial planning policy co-ordination of regional-scale out-of-town retail development)
- la vision spatiale de l'Europe du Nord-Ouest (vision ENO)
- le Sustainable Open Space (SOS)
- l'HST-Urban regions
- l'Eurbanet
- le Corredesign
- le réseau de réseaux (urbains) transfrontaliers
- le transport de marchandises et l'aménagement du territoire
- le Central Network Area.

Présidence belge de l'Union européenne

La Belgique a régulièrement informé la Commission spéciale pour l'aménagement du territoire sur la préparation de la présidence belge durant le 2e semestre 2001. Dans ce contexte, la priorité est accordée à la mise en oeuvre des principes du Schéma de développement de l'espace communautaire suivant le programme d'action de Tampere (1999), ainsi qu'à l'intégration territoriale de la politique sectorielle communautaire.

Bulletin d'information CSAT

Pour répondre au souhait du Groupe de travail ministériel concernant l'intensification des échanges d'informations entre les partenaires, la CSAT publiera, deux fois par an, un bulletin d'information qui sera diffusé largement et contiendra des informations sur la coopération Benelux aux trois niveaux d'échelle : transnational, Benelux, région frontalière.

Commissions frontalières

En vue d'augmenter la transparence et l'efficacité, il est examiné si, et dans l'affirmative, de quelle façon, les commissions frontalières peuvent opérer davantage en tant que plaque tournante de la concertation frontalière en matière d'aménagement du territoire. Dans ce cadre, il faut étudier les relations entre les commissions frontalières et les secteurs, les relations avec d'autres enceintes de concertation telles que la coopération Delta Rhin-Escaut et la concertation des villes MHAL, l'implication des responsables politiques et le retour d'informations de la concertation frontalière vers le niveau administratif central.

L'analyse confirme que la tâche principale des commissions frontalières demeure l'organisation de la coopération transfrontalière dans le domaine de l'aménagement du territoire et de la politique sectorielle zonale, telle qu'elle se déroule régulièrement de façon équilibrée et adéquate.

Pour ce qui est du contenu, les commissions frontalières se concentrent sur la concertation transfrontalière relative aux dossiers politiques débouchant directement sur un processus décisionnel et à propos desquels il est souhaitable de procéder à une concertation de coordination. Ces dossiers politiques concernent des plans en matière d'aménagement du territoire[2], des questions ponctuelles concrètes[3] ainsi que des matières sectorielles spécifiques

---

[2] Des exemples de ceux-ci sont l'établissement de plans politiques en matière d'aménagement du territoire tels que les plans régionaux et schémas de structure provinciaux, le Schéma directeur pour la Flandre, le plan stratégique pour le port du Pays de Waas, la Cinquième Note, etc.

[3] Exemples : implantation d'un Factory Outlet Center, d'un parc à éoliennes devant la côte belge.

ayant un impact spatial. Des décisions ont été prises pour améliorer le flux d'informations provenant des secteurs et destiné aux commissions frontalières.

En outre, différents projets de coopération présentant un intérêt politique indirect se développent. Ceux-ci ne nécessitent pas (encore) de processus décisionnel dans l'immédiat mais font l'objet de points de vue transfrontaliers détaillés qui servent de base à la coordination politique. De tels projets peuvent être abordés par les commissions frontalières (par exemple le projet « Parc des trois Pays » et le projet « Transport de marchandises MHAL) ». D'autres projets sont traités par des enceintes spécifiques. A titre d'exemples concrets, on peut citer le « Delta Rhin-Escaut » et différents projets INTERREG IIC (Eurocorridors, Transport et Infrastructure, Réseau des R(U)T, Trade, etc.). Les commissions frontalières peuvent jouer dans ce cas un rôle de coordination et/ou de soutien. Des décisions ont été prises en ce qui concerne le renforcement des relations entre les commissions frontalières et d'autres enceintes de concertation.

En vue d'impliquer davantage les responsables politiques dans les commissions frontalières, une série de contacts positifs a déjà été établie avec les responsables politiques (députés) des Provinces d'Anvers, de Flandre occidentale, de Flandre orientale, du Limbourg belge et du Limbourg néerlandais. Des contacts sont aussi prévus avec les responsables du Noord-Brabant et de la Zélande ainsi qu'avec des responsables de la région liégeoise.

Commission frontalière Flandre - Pays-Bas

Cette commission s'est occupée d'une série de développements politiques prioritaires.

Au niveau central :

- la Cinquième note (Pays-Bas) ;
- le Plan national sur les communications et transports (Pays-Bas).

Au niveau intermédiaire, pour les provinces frontalières :

- le schéma de structure provincial pour la Flandre occidentale ;
- le schéma de structure provincial pour Anvers ;
- le plan de la politique de l'eau en Zélande ;
- le plan régional pour le Noord-Brabant (les aspects spatiaux de la restructuration de l'élevage intensif et des zones rurales du Noord-Brabant).

La concertation transfrontalière entre la Province du Noord-Brabant et le Limbourg belge a été abordée lors de la préparation du plan régional pour le Noord-Brabant et du schéma de structure pour le Limbourg.

Cette fructueuse coopération a débouché sur des modifications de ces plans, comme la liaison routière entre Turnhout et Tilburg, pour laquelle la concertation s'est traduite par la prise d'un arrêté commun concernant l'aménagement de la route passant par Baarle (Baarle-Hertog et Baarle-Nassau).

Les dossiers suivants ont aussi été examinés :

- le développement le long des rives de l'Escaut, et la modification du plan de secteur Sint-Niklaas - Lokeren ;
- l'avenir à long terme de l'Escaut occidental ;
- l'implantation des Factory Outlet Centers à Hulst et Zelzate ;
- l'éventuelle réalisation d'un parc d'éoliennes devant la côte à Knokke (compétence fédérale du côté belge) ;
- la procédure de l'étude d'impact sur l'environnement (Tracé EIE) pour la Ligne 11 de transport de marchandises ;
- l'avenir des canalisations dans la Province de Zélande.

Commission frontalière « EST »

a. Les textes suivants ont été préalablement soumis aux partenaires :

- la modification du plan de secteur « Limburgs-Maasland » (modification partielle du plan de secteur sur le territoire des communes de Dilsen-Stokkem, Kinrooi, Lanaken, Maaseik et Maasmechelen) ;
- l'avant-projet de schéma de structure provincial pour le Limbourg belge (il ne s'agit pas encore ici d'une consultation formelle de la commission frontalière ; celle-ci aura lieu dès que le plan sera disponible sous forme de projet) ;
- le « Provinciaal Omgevingsplan Limburg » (Pays-Bas) qui concerne en particulier la zone Echt/Roermond/Liège ;
- la Cinquième note sur l'aménagement du territoire (Pays-Bas) ;
- le plan national sur les communications et les transports (Pays-Bas).

b. Les résultats des deux projets INTERREG IIC suivants ont fait l'objet de discussions :

HST-urban regions

La commission frontalière a examiné de façon détaillée le projet pilote « HST-feedering » lancé dans le cadre de ce projet. Celui-ci avait pour objectif d'examiner comment d'une part, optimaliser l'efficacité du réseau TGV et d'autre part, permettre aux zones urbaines de tirer un profit maximum des opportunités offertes par le rattachement à ce réseau.

Dans le cadre de la région MHAL, le renforcement des liaisons entre les villes et un raccordement commun adéquat aux arrêts TGV semblent offrir des perspectives qui sont intéressantes.

En ce qui concerne le trafic ferroviaire transfrontalier, une série d'obstacles, en particulier d'ordre technique, doivent être résolus. Il a été convenu que ces problèmes techniques seraient abordés dans les groupes de concertation Benelux appropriés. L'éventualité d'une prolongation jusqu'à Maastricht de la liaison Luxembourg-Liège sera aussi discutée dans ce contexte.

Le thème des transports en commun régionaux transfrontaliers sera également abordé durant une réunion commune de la commission frontalière et de la concertation des villes MHAL (voir ci-dessous).

TRADE

L'implantation de « Factory Outlet Centers (FOC) » dans les régions frontalières peut entraîner des conséquences transfrontalières considérables. Ainsi, le projet INTERREG IIC TRADE avait-il pour objectif de formuler des recommandations concernant la coordination politique au-delà des frontières. Il s'agissait, d'une part, d'examiner les problèmes sous l'angle de l'aménagement du territoire et, d'autre part, d'éviter une concurrence effrénée entre les autorités de part et d'autre de la frontière en cas d'implantation de telles enceintes. Ce projet est clôturé entre-temps et les recommandations ont été transmises aux différentes instances.

Les partenaires Benelux ont convenu que la commission frontalière devait constituer l'enceinte administrative où les dossiers concernant les Factory Outlet Centers seront abordés en premier lieu.

c. Deux projets sont traités dans des groupes de travail séparés de la commission frontalière:

Projet du Parc des trois Pays

Le projet auquel participent les instances régionales de la région MHAL (Maastricht/ Heerlen-Hasselt/Genk- Aix-la-Chapelle - Liège) a pour but d'établir une vision spatiale pour l'espace ouvert situé entre ces villes.

Le 7 mars 2001, le programme de travail pour le Parc des trois Pays, y compris ses aspects budgétaires et financiers, a été approuvé par les responsables politiques. Il a été convenu de lancer immédiatement le projet sans attendre son approbation définitive en tant que projet INTERREG III. La Province du Limbourg néerlandais assure la conduite du projet.

Projet concernant les transports de marchandises MHAL

Le but du projet est : « de tirer un meilleur profit de l'infrastructure par une utilisation plus efficace des transports par eau et par rail, au lieu des transports routiers de longue distance ». Il s'agit en première instance de réduire la croissance du transport routier. Ceci peut se réaliser moyennant l'amélioration de l'organisation du transport de marchandises et la promotion des transports multimodaux.

Un groupe de travail international a été créé pour concrétiser ce projet. Celui-ci a décidé de faire réaliser un inventaire approfondi de la situation existante, de la politique menée, des tendances et des développements à prévoir afin de disposer d'une base pour l'établissement d'une vision commune. Celle-ci devra permettre d'élaborer des projets concrets. L'inventaire doit déboucher sur la création d'une banque de données accessible à toutes les parties concernées.

Le groupe de travail a élaboré un programme de travail transmis pour approbation aux responsables politiques. C'est la Province du Limbourg néerlandais qui en assure la conduite.

d. Concertations des villes MHAL

La Commission spéciale pour l'aménagement du territoire a souligné la nécessité de surveiller attentivement les connexions entre les commissions frontalières et d'autres enceintes de concertation dans les régions frontalières. Pour la Commission frontalière « EST », la concertation entre les villes MHAL revêt une importance particulière.

Les villes MHAL se réunissent régulièrement au niveau administratif et politique pour débattre du domaine de l'aménagement du territoire. Cette activité s'est intensifiée ces dernières années.

Certains dossiers de l'aménagement du territoire présentent un caractère mixte (local/ régional). Il s'avère donc utile que les villes et instances régionales (représentées au sein de la commission frontalière) se rencontrent régulièrement.

Une première réunion commune, le 18 juin 2001, a permis d'avoir un échange d'informations sur les activités et priorités de chaque partie. On a convenu de se communiquer les ordres du jour et de s'offrir la possibilité d'assister aux réunions des autres parties.

Il a aussi été décidé d'organiser des réunions communes consacrées à certains thèmes. Une réunion aura lieu début 2002 pour débattre sur le thème des transports en commun.

AUTRES ACTIVITÉS

En accord avec la note de mise en œuvre de la coopération future entre les pays du Benelux – R (96) 1 révisé – le Secrétariat général est associé à diverses initiatives de coopération transfrontalière.

Delta Rhin-Escaut

La coopération a porté sur les problèmes de mobilité spatialement intégrés dans la région. Les informations recueillies à propos du projet (néerlandais) AREA ont favorisé la poursuite du projet (transfrontalier) RSD, « RoBrAnt » (Rotterdam, Brabant occidental, Anvers) qui vise à impliquer davantage les pouvoirs centraux.

L'organisme responsable de la coopération RSD a aussi émis un avis concernant la Cinquième note. Le projet RSD-SIG a débouché sur l'ouverture d'un site internet relatif à la coopération Delta Rhin-Escaut (www.rsd.org), dont l'objectif consiste surtout à faire connaître la coopération RSD, et d'un site (www.mainportdelta.org) qui donne l'aperçu détaillé des zonings industriels disponibles dans le Delta Rhin-Escaut. Cet organisme s'est par ailleurs intéressé au projet « Delta vert » concernant le développement des espaces ouverts dans le Delta.

Les autres dossiers retenus concernent le « projet RSD concernant la côte » (un projet intervision sur la gestion de la zone côtière), la coopération RSD dans le domaine portuaire, les « zonings industriels durables » et le projet « TerGent » (la réalisation d'une plus grande cohésion dans le développement de la région gantoise et de la zone zélandaise canalisée).

La participation du Delta Rhin-Escaut au projet « Réseau des R(U)T », plus particulièrement au thème « processus de gestion », a suscité une discussion au niveau du groupe de pilotage concernant la mise en œuvre et l'actualisation de la perspective du Delta RSD (1997).

Projet d'environnement et d'aménagement du territoire de la zone gantoise

En plus d'une meilleure intégration avec la zone zélandaise canalisée, il est question de créer un réseau sous-régional et un organe de concertation sous-régional. Le plan stratégique pour la zone gantoise canalisée, intitulé « Welvarende Kanaalzone », a été adopté et c'est actuellement sa mise en œuvre qui retient l'attention.

2. LA CONSERVATION DE LA NATURE ET LA PROTECTION DES SITES

Concertation Meuse mitoyenne

Aux Pays-Bas, des concertations intensives ont été menées sur l'exécution du projet Meuse mitoyenne. Ce projet concerne le réaménagement de ce fleuve frontière dans le souci d'une plus grande protection contre les inondations et l'assurance d'un développement harmonieux de la nature, et ce grâce aux moyens financiers dégagés par l'extraction du gravier. Il convient à cet égard de faire la balance entre la préservation de la couche de couverture et l'extraction du gravier. Les contraintes pesant sur l'exécution du projet sont la neutralité budgétaire et la réalisation intégrale des objectifs. Les interventions s'échelonneront de 2004, date à laquelle toutes les procédures légales en vue de la réalisation devraient avoir été accomplies, à 2018, où les interventions devraient être achevées dans leur ensemble.

Trois sites flamands (Achterband, Herbricht et Koten) font partie du projet Meuse mitoyenne mais sortent du cadre de l'accord d'exécution néerlandais. Après la prise de décision aux Pays-Bas, une plus ample concertation devra avoir lieu concernant la réalisation et les modalités d'exécution sur les trois sites flamands.

En raison de l'assise régionale restreinte, des nuisances prévisibles sont à attendre pour les riverains suite à la quantité de gravier à extraire, la Province du Limbourg néerlandais a décidé de ne pas prendre de décision avant d'avoir examiné les alternatives éventuelles.

Du côté flamand, une modification du plan de secteur a été réalisée pour le Maasland, qui prévoit entre autres quelques changements d'affectation devant permettre la réalisation des trois sites flamands.

Suite à la déclaration d'intention signée en 1994 par la Flandre et les Pays-Bas, les deux parties travaillent à l'établissement d'une « vision spatiale intégrée ».

Elles coopèrent aussi à une étude cumulative dans laquelle les aspects fluviaux d'interventions éventuelles sont décrits et dont les résultats seront pris en considération dans la vision spatiale.

Cette étude est actuellement à l'arrêt en attendant le résultat des concertations aux Pays-Bas.

Plan de base écologique transfrontalier

La Convention Benelux « Conservation de la nature et protection des paysages » prévoit une coopération concernant les zones naturelles et les sites pour lesquelles une approche commune apporte une valeur ajoutée. La concertation a été axée sur la préparation d'une étude complémentaire de l'approche de la protection et de l'aménagement de quelques zones écologiques transfrontalières de liaison. Huit zones pour lesquelles une approche commune présente une valeur ajoutée notable ont été sélectionnées : Maatjes/Matjes; De Moeren/Ronde Put/Het Goorken; Postel/Boswachterij Hapert; Achelse Kluis/Groote Heide/Leenderbos; Altembroek/Noor formant un ensemble unique avec De Voer et Hoogbos; Hamonterbeek/ Ringselven et Vijverbroek /Itterbeek.

Au niveau du contenu, des aspects tels que la délimitation, les plans d'action en cours et un objectif de référence sous l'angle de la nature et du paysage et la localisation des différentes fonctions dans ce cadre, les points de friction et les orientations de solutions, entrent en ligne de compte.

L'attention se porte aussi sur les aspects financiers, le degré d'acceptation par les intéressés, la structure de l'organisation et l'engagement des parties concernées.

Quant au financement de l'étude complémentaire, des accords ont été conclus avec le ministère néerlandais de l'Agriculture, de la Pêche et de la Gestion de la Nature, les Provinces du Brabant septentrional et du Limbourg ainsi qu'avec la Région flamande. Ceux-ci font office de partenaires de l'étude, tandis que le Secrétariat général est le gestionnaire de l'étude. Les propositions de bureaux d'études sont actuellement attendues pour l'attribution du marché en question.

Parc frontalier « De Zoom – Kalmthoutse Heide »

Après approbation du plan d'action « gestion et aménagement » du parc frontalier « De Zoom-Kalmthoutse Heide » pour la période 2001-2014, une nouvelle commission de concertation a été instauré et un organisme autonome du parc a été créé.

On envisage de donner au parc une personnalité sur base de la Convention Benelux concernant la coopération transfrontalière de droit public.

Des concertations régulières avec divers groupes cibles, notamment dans le secteur des loisirs, ont été organisées afin de préserver les parties vulnérables du parc frontalier de la pression récréative.

Le projet INTERREG IIA pour le parc frontalier a été achevé en décembre 2000.

La Région flamande et le ministère néerlandais de l'Agriculture, de la Pêche et de la

Gestion de la Nature ont promis une intervention dans le financement du parc frontalier. Un plan d'affectation des moyens pour l'année en cours a été approuvé en 2001.

Commission des dommages « Eaux souterraines »

A la demande de la Région flamande, la commission d'arbitrage Benelux doit statuer sur un sinistre découlant d'un captage d'eaux souterraines transfrontalières.

Coopération en matière d'hygiène du milieu

Lors de la réévaluation des tâches Benelux en 1995, il a été décidé d'arrêter la coopération dans le domaine de l'hygiène du milieu. Du côté wallon, il est demandé de réactiver une forme légère de coopération en matière de coordination préalable de la politique européenne de l'environnement et de transports de déchets. Les partenaires seront consultés afin de vérifier s'il importe de relancer la coopération Benelux sur la politique et le transport des déchets.

Coopération le long de la frontière entre la Région wallonne et le Grand-Duché de Luxembourg

Protection et gestion des vallées et rivières transfrontalières des parcs naturels germano-belge et germano-luxembourgeois

Le programme d'action pour le bassin versant de l'Our, initié en 1994 par le Secrétariat général dans le cadre du groupe « SUD » de la Commission spéciale pour l'environnement, est devenu un projet européen INTERREG II et a été réalisé de 1996 à 2001. Des mesures concrètes ont été prises en vue de la réalisation des objectifs de protection et de gestion des vallées et cours d'eau transfrontaliers. La région a été en grande partie cartographiée et les données ont été informatisées pour assurer au mieux la sauvegarde de la faune, de la flore et des sites en collaboration avec toutes les administrations concernées de part et d'autre de la frontière, les stations scientifiques et biologiques, les cantonnements forestiers, les agriculteurs, les propriétaires de parcelles privées et les organisations de protection de la nature.

Protection de la vallée de la Sûre

Reconnaissance de la vallée transfrontalière de la Haute-Sûre comme zone Ramsar

La description concernant le projet de zone Ramsar transfrontalière de la Haute-Sûre est en voie de réalisation. Cette description sera réalisée de manière commune par la Région wallonne et le Grand-Duché de Luxembourg. Elle sera présentée au Secrétariat de la Convention Ramsar dans le courant de l'automne 2001.

Projet de parc naturel transfrontalier de la Haute-Sûre

Grand-Duché de Luxembourg

La gestion du parc naturel luxembourgeois de la Haute-Sûre, créé en avril 1999, est assurée par un syndicat mixte regroupant des représentants de l'Etat et des communes. L'installation d'une station biologique dans le cadre du parc est à l'étude ainsi que des projets de développement de l'éducation à la nature.

Région wallonne

L'étude réalisée par l'intercommunale IDELUX, dans le cadre d'une convention avec la Région wallonne, a conclu à la faisabilité d'un parc naturel wallon de la Haute-Sûre regroupant les communes de Léglise, Fauvillers, Bastogne, Habay, Martelange et Vaux-sur-Sûre.

Le dossier de reconnaissance du futur parc a été déposé auprès du Gouvernement wallon en février 2001.

Les liens étroits existants entre les parcs naturels wallon et luxembourgeois se sont encore renforcés, notamment dans le cadre d'une convention INTERREG II.

A la concertation existante s'ajoutent plusieurs projets de collaboration qui sont à l'étude, à savoir : le développement de circuits touristiques, des projets liés à la gestion de l'eau, un projet de centre de découverte de la nature, etc.

Autres projets

Un inventaire a été dressé des projets pouvant éventuellement être réalisés dans le cadre d'INTERREG III. Ils portent notamment sur un contrat de rivière pour l'Our, sur un contrat de rivière pour la Wiltz (en y incluant Winseler et en prévoyant une prolongation vers Bastogne), sur la protection et sur la gestion de la vallée de la Sûre et de ses affluents.

Education à la nature et à l'environnement

C'est dans le cadre du 25e anniversaire du Centre d'écologie et de la jeunesse de Hollenfels que le Service national de la jeunesse (ministère de la Famille, de la Solidarité sociale et de la Jeunesse du Grand-Duché de Luxembourg) a organisé à Larochette, du 8 au 10 novembre 2000 en collaboration avec la Commission spéciale pour l'environnement du Benelux et plus particulièrement avec le Groupe de travail « Education, Information et Communication » de la Section « Conservation de la nature et protection des paysages », la 14e Conférence Benelux. Le thème choisi pour cette conférence était les « Fermes éducatives et le développement durable ».

Cette conférence était destinée, comme toutes celles qui l'ont précédée, à renforcer la coopération qui existe, dans le Benelux, entre les différents acteurs concernés par l'éducation à la nature afin de faire comprendre, à chaque citoyen, le rôle qu'il peut jouer dans la préservation de l'environnement.

L'accent a été mis sur le triple objectif des fermes éducatives : environnemental, éducatif et social.

L'objectif de la 14e Conférence Benelux sur l'éducation à la nature était de présenter une image positive d'une agriculture souvent attaquée dans l'opinion publique (suite entre autres au problème de l'ESB et de la fièvre aphteuse). L'éloignement entre le fermier producteur et le consommateur, souvent citadin, est accentué par les bouleversements profonds qu'ont subis les méthodes de production agricole et la transformation des produits par l'industrie agro-alimentaire (biotechnologie, génie génétique, food-design).

La Conférence Benelux a permis de réfléchir sur les moyens de rendre à l'agriculture son image de marque en tant que productrice d'aliments de base sains pour la société moderne, tout en respectant les conditions d'un développement durable. Les fermes éducatives constituent certainement un outil de premier choix pour atteindre ce but.

La prochaine conférence sera organisée par la Région wallonne à Mons du 12 au 14 décembre 2001. Elle sera consacrée au thème suivant : « Technologie de l'éducation, environnement et modernité : quels enjeux ? ».

Chasse et oiseaux

Consultation préalable des partenaires Benelux sur l'avant-projet d'arrêté quinquennal d'ouverture de la chasse de la Région wallonne

Conformément à la Convention Benelux en matière de chasse et de protection des oiseaux, les experts des différents pays et régions partenaires à la convention, réunis au sein du Groupe de travail « Chasse et oiseaux » de la Section « Conservation de la nature et protection des paysages », ont procédé à une consultation préalable sur l'avant-projet d'arrêté du Gouvernement wallon fixant les dates de l'ouverture, de la clôture et de la suspension de la chasse pour les cinq prochaines années cynégétiques (1.07.2001 au 30.06.2006).

Cet échange de vues a permis aux délégations de constater le souci de simplification, de clarté et de transparence qui a présidé à la révision de cet avant-projet dans lequel les modifications apportées tiennent compte de la diversité des espèces.

La Région flamande et les Pays-Bas, qui seront bientôt amenés à revoir leur réglementation, s'efforceront d'agir dans le même esprit.

Les délégations ont pris connaissance avec intérêt de la position adoptée par la Région wallonne à l'égard des conseils cynégétiques qui se verront octroyer certains avantages afin de les encourager.

Les partenaires du Benelux poursuivent, par une information suivie, une meilleure harmonisation de leur politique en matière de chasse et de protection des oiseaux et suivent la politique et l'évolution récente en la matière au sein de l'Union européenne. Sous l'impulsion notamment de votre Conseil, il a été procédé à un échange de vues avec les Pays-Bas en vue de maintenir la correspondance entre les dispositions de la nouvelle loi néerlandaise sur la faune et la flore et la Convention Benelux du 10 juin 1970 en matière de chasse et de protection des oiseaux. Les Pays-Bas se sont engagés à adapter les mesures d'exécution de leur loi afin de tenir compte des dispositions de ladite convention.

Plan de base écologique transfrontalier

A l'instar de ce qui se fait dans la zone transfrontalière Pays-Bas/Région flamande, un plan de base écologique transfrontalier (PBET) est en cours d'élaboration dans la zone transfrontalière située entre la Région wallonne et le Grand-Duché de Luxembourg. Toutes les communes situées de part et d'autre de la frontière sont concernées par ce projet.

Une approche expérimentale a été réalisée sur les communes luxembourgeoises de Troisvierges et de Wincrange ainsi que sur les communes wallonnes de Bastogne et de Houffalize. Une séance d'information de quatre communes-pilotes a eu lieu très récemment. La philosophie du projet et la motivation du choix de ces communes ont été commentées ainsi que la méthodologie retenue, les résultats escomptés et les conséquences au niveau de la gestion. Les bourgmestres ou leurs représentants ont manifesté le souhait de collaborer au projet qui a retenu toute leur attention et ont demandé à être informés régulièrement de son évolution. Les informations communiquées seront répercutées aux autres communes intéressées par le projet.

Divers

Le 2e Symposium du Conseil de l'Europe sur le réseau écologique pan-européen, organisé à Rochefort par la Région wallonne en septembre 2000, avait pour thème « Le partenariat des collectivités régionales et locales pour la conservation de la diversité biologique et paysagère ». Le Secrétariat général y a présenté un exposé sur « Le projet de plan de base écologique et paysager transfrontalier dans le Benelux ».

On a souligné le pragmatisme de la Convention Benelux en matière de conservation de la nature et de protection des paysages. Cet outil et d'autres permettront de créer un réseau écologique Benelux qui sera un maillon de la grande chaîne du réseau écologique paneuropéen.

3. LES COMMUNICATIONS

Transports routiers de marchandises

De nombreux dossiers figurant à l'ordre du jour européen, comme les nouvelles propositions en matière de temps de travail, de formation des chauffeurs et des interdictions de conduire, ont fait l'objet d'une concertation préalable au niveau du Benelux. Le retrait éventuel de l'Allemagne du système de l'eurovignette devrait, si elle se concrétise, amener une réaction coordonnée des autres pays. Les partenaires Benelux ont en outre échangé des informations concernant l'introduction de la nouvelle législation belge sur les transports, la réglementation concernant le transport d'engrais et d'autres dossiers concrets.

Transports routiers de personnes

Un premier débat a eu lieu concernant la proposition de révision du règlement sur les obligations de service public, notamment en matière de transports routiers. Dans la concertation entre la Flandre et les provinces du sud des Pays-Bas, la situation des lignes transfrontalières demeure une préoccupation dans le cadre de la mise en adjudication du réseau néerlandais. Des solutions sont recherchées en concertation avec les sociétés de transport. De plus, le coût plus élevé du financement de ces lignes, par rapport à celui des lignes non transfrontalières, reste un obstacle au développement et au maintien de ces liaisons.

Pourparlers avec les Etats baltes dans le domaine des transports routiers

La Commission mixte composée de représentants des six pays, créée par l'accord entre le Benelux et les Etats baltes, s'est réunie en septembre, à Talinn, en Estonie. De nouveaux contingents ont été fixés pour les autorisations de transport et des informations ont été échangées au sujet de l'évolution de la législation sur les transports. En outre, les pays du Benelux ont échangé des informations relatives à leurs pourparlers bilatéraux respectifs avec les pays tiers.

Coopération dans le domaine des contrôles des transports routiers

La coopération en matière de contrôles des transports routiers se déroule dans le cadre de l'Arrangement administratif concernant la coopération entre les services de contrôle des transports routiers, qui a été signé le 5 octobre 1999 par les ministres des Transports des pays du Benelux et de la France. Cet arrangement, qui a formalisé la coopération existante sous la dénomination de « Euro Contrôle Route », prévoit en particulier la coopération dans le domaine de l'échange d'informations sur les infractions constatées, la coordination des activités de contrôle, la formation, la concertation et la prise de positions communes (notamment dans le cadre européen), et la coopération avec des pays tiers. De plus, l'Allemagne a adhéré à l'arrangement, tandis que l'Espagne a rejoint en tant qu'observateur actif le Royaume-Uni et l'Irlande. Un règlement interne garantit un fonctionnement optimal de la coopération entre plusieurs participants et les modalités de financement ont été arrêtées.

Les mesures nécessaires pour rendre ces échanges d'informations opérationnels, comme l'adaptation des programmes informatiques, ont été prises.

En plus de l'organisation de contrôles conjoints sur une base structurelle, il s'est imposé de poursuivre et d'affiner l'initiative prise lors de l'exercice précédent en matière de contrôles ciblés sur les grands axes européens. Des contrôles coordonnés concernant le respect des temps de conduite et de repos dans les transports de personnes sont organisés, au début et à la fin des périodes de vacances, sur les grands axes de et vers les stations de ski en hiver, et, de et vers l'Espagne en période estivale. Cette coopération entre tous les pays concernés permet de surveiller les grands flux de transport des points de départ jusqu'aux points de destination. En outre, le fait que la France ait assumé la présidence d'Euro Contrôle Route, en même temps que celle de l'Union européenne, a permis d'organiser deux contrôles, à grande échelle, à la frontière entre la France et le Benelux afin de sensibiliser les décideurs européens et nationaux aux problèmes du contrôle. Ces deux campagnes ont eu un large écho.

La coopération dans le domaine de la formation des contrôleurs, dont le but est de réaliser une approche coordonnée et uniforme des contrôles sur le terrain, s'est poursuivie avec intensité. Des contrôleurs des trois pays du Benelux ont participé aux différents stages organisés par les pays concernés (Benelux, France, Royaume-Uni et Irlande). Tant la Belgique que les Pays-Bas ont de nouveau organisé des stages. Le Luxembourg examine la possibilité d'organiser un stage dans un proche avenir.

Par l'introduction d'un certificat pour les chauffeurs en provenance de pays non membres de l'Union européenne, on a accru les moyens européens de contrôle sur l'emploi des chauffeurs de pays non membres de l'Union européenne par des entreprises de transport communautaires. Les pays du Benelux et la France avaient insisté sur cette mesure auprès de la Commission européenne.

Transports ferroviaires

Le 5 avril 2001, une réunion ministérielle entre la Belgique, les Pays-Bas et l'Allemagne sur la réactivation du Rhin de Fer a permis à la Belgique et aux Pays-Bas de confirmer le contenu du Mémorandum du 28 mars 2000. Tant la « Trajectnota/MER » néerlandaise que l'Etude internationale concernant les différentes alternatives pour le tracé définitif ont été finalisées en mai 2001. Les résultats de la consultation néerlandaise concernant les différentes alternatives sont désormais attendus. Un projet de double décision sera établi en automne 2001. Après consultation interne, celui-ci devra déboucher sur une décision définitive concernant l'exploitation temporaire du tracé historique et le choix du tracé définitif, probablement en novembre 2001.

Sécurité routière

La réponse à la recommandation de votre Conseil sur la sécurité routière a été finalisée. Une série de thèmes relatifs à la sécurité routière a été traitée dans le cadre de la concertation sur l'agréation des véhicules routiers. C'est ainsi qu'à l'initiative de la Belgique et dans la perspective de la présidence européenne du second semestre 2001, des concertations ont eu lieu sur le problème du rétroviseur « angle mort ». Il s'agit d'un dispositif complémentaire à installer sur les poids lourds et qui permet d'augmenter le champ de vision du chauffeur et ainsi d'éviter des accidents. Les trois pays estiment très important que des normes techniques complètent la directive européenne en la matière. Une lettre commune ainsi qu'une proposition de normes techniques en ce sens seront adressées à la Commission européenne.

AGRÉATION DES VÉHICULES ROUTIERS

La proposition commune des trois pays en vue d'une réglementation communautaire pour les véhicules produits en petites séries a été affinée en concertation avec quelques autres Etats membres afin de mettre au point une réglementation largement soutenue au niveau européen. Les trois pays du Benelux restent d'avis qu'il faut adopter un ensemble minimum d'exigences en la matière au niveau de l'Union européenne. Si la proposition concernant les petites séries de voitures de tourisme est adoptée, les pays du Benelux élaboreront des propositions similaires pour d'autres catégories de véhicules, en commençant par les véhicules à deux et trois roues. Il a aussi été décidé de prolonger provisoirement les Décisions Benelux sur l'agréation en attendant la nouvelle réglementation communautaire. Ces décisions servent, par ailleurs, de base pour l'enregistrement des véhicules individuels, qui ne fait l'objet d'aucune prescription au niveau de l'Union européenne.

La concertation préalable joue également au niveau des réunions de l'Union européenne et de la Commission économique pour l'Europe à Genève. Elle vise notamment à établir les priorités tant pour la concertation de l'Union européenne que de celle de la Commission économique pour l'Europe à Genève.

TRANSPORTS FLUVIAUX

La réunion ministérielle entre la Wallonie et les Pays-Bas concernant la construction de la quatrième écluse de Lanaye/Eijsden a eu lieu le 24 janvier 2001. A cette occasion, les ministres se sont mis d'accord sur les dimensions de la nouvelle écluse (25 mètres sur 225), sur la répartition des coûts des études préparatoires et de construction ainsi que sur la poursuite de la coopération visant à l'inventaire des effets hydrauliques de l'écluse, du barrage et de la centrale hydroélectrique de Lixhe. Le 19 février 2001, les ministres-présidents néerlandais et wallon ont signé une déclaration commune qui reprend ces décisions. Il est à prévoir que la phase d'étude et d'autorisation de ce projet s'étendra jusqu'en 2004 et jusqu'en 2009 pour la phase ultérieure de construction. La construction de cette écluse permet de régler un problème important concernant la navigation mosane. Les chantiers du tronçon néerlandais de la Meuse seront ouverts de 2005 à 2014. Ils auront pour objectif de porter à 3,50 mètres le tirant d'eau pour la navigation, la longueur utile à 2 bacs poussés (12,25 x 225 mètres) et l'adaption de la hauteur sur le tronçon nord de la Meuse au transport de conteneurs sur quatre étages.

Des concertations ont commencé entre les gestionnaires wallons et néerlandais de la Meuse en vue d'une approche commune de la politique à l'égard de la Meuse mitoyenne entre Lixhe et Borgharen. Des décisions ont été prises concernant l'échange de données de cartographies aériennes et la coopération en matière de mesure de la profondeur sur ce tronçon de la Meuse. Par ailleurs, les appels d'offres pour des études relatives à la construction (électromécanique, aspects hydrauliques, aspects d'aménagement du territoire et d'environnement, aspects économiques et coordination/sécurité de projet), de la quatrième écluse ont été coordonnés et publiés à la mi-2001.

POLITIQUE DE MOBILITÉ

Dans le cadre de la concertation entre la Région flamande et les provinces du sud des Pays-Bas, on a poursuivi la coordination des plans de mobilité et des modèles informatiques utilisés pour procéder à la prévision de futurs flux de transport et pour évaluer l'impact de diverses mesures sur la circulation routière. Cette coordination porte sur le classement hiérarchique du réseau routier, l'échange de documents au cours des différentes phases de la planification en matière de mobilité et la promotion de contacts bilatéraux afin de régler des problèmes frontaliers. Des représentants des autorités centrales néerlandaises (Rijkswaterstaat) participent aussi à la concertation. Une nouvelle initiative vise à obtenir des données plus précises concernant la circulation, en particulier la circulation transfrontalière. Enfin, la concertation a aussi évoqué le « Nationaal Verkeers- en Vervoerplan » (plan national de mobilité) que les Pays-Bas ont publié.

4. LA COOPÉRATION TRANSFRONTALIÈRE

LA CONVENTION BENELUX CONCERNANT LA COOPÉRATION TRANSFRONTALIÈRE

Les autorités territoriales des pays du Benelux peuvent engager une coopération transfrontalière de droit public sur la base de la « Convention Benelux concernant la coopération transfrontalière entre les autorités et collectivités locales ». Le Protocole additionnel à cette convention, signé le 22 septembre 1998, vise à étendre le champ d'application de la Convention à d'autres personnes morales de droit public et, sous certaines conditions, également à des personnes morales de droit privé. Le Luxembourg et les Pays-Bas ont déjà ratifié le Protocole additionnel. En Belgique, la procédure d'approbation parlementaire n'est pas encore achevée.

Une dizaine d'applications de cette convention ont déjà été réalisées ces dernières années[4]. Il est à prévoir que quelques autres applications entreront en vigueur dans un proche

---

[4] Au cours des années antérieures les conventions suivantes ont été signées dans le cadre de la Convention Benelux :

– Convention instituant un organe de concertation intercommunal entre la Flandre orientale et la Flandre zélandaise, signée le 22 janvier 1992.

– Convention portant création de l'Organisme public BENEGO signé le 3 décembre 1992.

– Convention concernant un arrangement administratif en matière d'aide ambulancière transfrontalière, signée le 1er avril 1993 entre la commune de Essen et la région du Noord-Brabant.

– Convention instituant un organisme commun, la collectivité interprovinciale Euregio Scheldemond, signée le 13 décembre 1993 entre les provinces de Flandre orientale, de Flandre occidentale et de Zélande.

– Arrangement administratif sur l'aide de voisinage Baarle-Nassau et Hoogstraten du 23 mars 1995.

– Convention pour la réalisation du projet Parc paysager entre la Zélande et la Précampine signée entre les communes Anvers (B), Stabroek (B), Reimerswaal (NL) et Woensdrecht (NL) le 20 avril 1998.

– Mise sur pied d'un organisme commun Baarle transfrontalier, le 21 avril 1998 entre les communes de Baarle-Hertog (B) et Baarle-Nassau (Nl).

– Convention d'exécution entre les communes de Martelange (B) et Rambrouch (L) signée le 6 juillet 1998 concernant l'assainissement international des eaux usées .

– Convention d'exécution entre la commune néerlandaise Sluis-Aardenburg et la province belge Flandre orientale signée le 13 août 1998 concernant la réalisation d'activités dans le cadre du projet INTERREG II "Schone Kreken".⇒

avenir. La coopération intercommunale BENEGO a enregistré des progrès substantiels dans le domaine des soins médicaux urgents et des soins aux personnes âgées. De plus, les communes élaborent un inventaire de projets communs à introduire dans le futur programme INTERREG III. La coopération transfrontalière à Baarle a aussi été intense. De vastes projets dans le domaine de l'égouttage, du traitement de déchets et du tourisme sont exécutés en commun et montrent que la coopération peut avoir une valeur ajoutée évidente. Enfin il y a lieu de mentionner, dans le cadre de Euregio Scheldemond, un nouvel organisme consultatif communal axé sur la coopération interprovinciale concernant un large éventail de domaines tels que l'aménagement du territoire, l'économie, l'environnement et le bien-être.

COOPÉRATION DANS UNE PERSPECTIVE EUROPÉENNE

Une coordination Benelux a lieu au niveau du Conseil de l'Europe. Elle a porté sur divers questionnaires établis par cette instance et visant à se faire une idée plus claire de la coopération entre les autorités territoriales. Le Secrétariat général a préparé une réponse commune qui présente la coopération à Baarle comme un modèle pour le Conseil de l'Europe.

La Convention Benelux concernant la coopération transfrontalière entre collectivités ou autorités territoriales, signée le 12 septembre 1986, est une mise en œuvre de la « Convention-cadre européenne sur la coopération transfrontalière entre les autorités et collectivités territoriales » de Madrid qui est entrée en vigueur le 22 décembre 1981. Les trois pays ont ainsi été les premiers à appliquer cette Convention-cadre. Les pays voisins tels que l'Allemagne et la France ont entre-temps conclus des conventions similaires (Traité d'Anholt, Traité de Karlsruhe, etc.). Au cours d'une réunion de la Commission spéciale pour la coopération transfrontalière, le Professeur Y. Lejeune, de l'Université Catholique de Louvain-la-Neuve, a révélé que la Convention Benelux a entraîné un plus grand nombre d'applications que les autres conventions et que la coopération au niveau du Benelux est plus intense sur le fond.

Les pays du Benelux souhaitent étendre leur coopération aux frontières extérieures des trois pays à l'Euregio Meuse-Rhin et à la frontière franco-belge. A l'heure actuelle, il n'y a pas de base juridique à la coopération transfrontalière de droit public dans ces régions, ce qui pose de grosses difficultés pour les partenaires de l'Euregio Meuse-Rhin, les villes MHAL, et la zone frontalière du Nord-Pas-de-Calais. La ratification du 2e Protocole additionnel à la Convention-cadre de Madrid offre des possibilités à cet égard. Ce Protocole additionnel prévoit cependant, pour les autorités territoriales, une base moins étendue que celle prévue dans la Convention Benelux.

COOPÉRATION TRANSFRONTALIÈRE : LA COMMUNICATION EST UNE NÉCESSITÉ !

La coopération transfrontalière touche beaucoup d'acteurs, ce qui implique qu'une bonne coordination ne se réalise que si un grand nombre de parties (citoyens et élus) sont activement informées et impliquées. Une stratégie bien définie est nécessaire à la promotion et à l'encadrement de la Convention Benelux. Une journée de contact a été organisée à

– Arrangement administratif Delta-tourisme signé le 17 novembre 1998, entre les villes d'Anvers, Breda et Bergen-op-Zoom dans le cadre de la coopération Delta Rhin-Escaut.

– Arrangement administratif Delta-GIS zones d'activités signé le 17 mai 1999, entre les communes d'Anvers, Bruges, Gand, Breda, Rotterdam et les provinces d'Anvers, Flandre orientale, Flandre occidentale, Brabant septentrional et Zélande dans le cadre de la coopération Delta Rhin-Escaut.

– Nouvel accord de l'Organe commun transfrontalier Euregio Scheldemond, signé entre les provinces de Flandre orientale, de Flandre occidentale et de Zélande le 27 octobre 1999.

Troisvierges le 18 mai 2001, en concertation avec les autorités de la Wallonie et du Grand-Duché de Luxembourg, à l'intention des différentes autorités territoriales de la région frontalière entre la Wallonie et le Luxembourg.

Le Secrétariat général a publié le premier Almanach Benelux sur la coopération transfrontalière. Celui-ci fournit des informations dans le domaine de la coopération transfrontalière, les différents acteurs et structures.

Depuis mi-1999, le Secrétariat général gère aussi une base de données sur les contacts transfrontaliers, qui constitue un instrument précieux pour la gestion d'initiatives parallèles et la réalisation de nouvelles initiatives de coopération.

COOPÉRATION TERRITORIALE: PEUT-ÊTRE UN PEU PLUS ?

Sous l'impulsion de la constitution du marché intérieur européen, la coopération transfrontalière s'est nettement développée au cours de ces dernières années. Le Secrétariat général a établi des notes d'inventaire concernant la coopération eurégionale et la coopération au niveau des zonings industriels, à l'intention du Groupe de travail « Coopération transfrontalière » nouvellement créé au sein de votre Conseil.

L'intérêt accru pour la coopération transfrontalière a également débouché dans le courant de l'année 2000, sur une prise de position du Gouvernement néerlandais concernant la coopération politique transfrontalière. Celle-ci a été présentée à votre Conseil lors de la dernière séance plénière de 2000.

Le nouveau programme INTERREG revêt une grande importance dans la mesure où il donne des impulsions à des initiatives de coopération existantes et nouvelles.

Les nouveaux accords conclus entre la Belgique et les Pays-Bas dans le domaine de la fiscalité et de la sécurité sociale ont un impact sur des initiatives de coopération basées sur la Convention Benelux. L'inventaire de ces conséquences sera dressé afin de résoudre d'éventuels problèmes de coopération.

CHAPITRE II : LA COOPERATION TRANSFRONTALIERE A CARACTERE INDIVIDUEL

1. LA SANTE PUBLIQUE

Les dernières années, l'accent est surtout mis sur la coopération transfrontalière pratique, comme la lutte contre les catastrophes et l'aide médicale urgente.

La concertation en matière de santé publique s'est concentrée sur la problématique des transports transfrontaliers en ambulance.

Après le lancement en 1993 d'un premier projet de transports transfrontaliers en ambulance à Essen, un projet similaire a été initié, en 2000, à Riemst. Des projets d'aide médicale urgente sont actuellement mis en œuvre à Hoogstraten et Baarle. Il ressort de l'expérience pratique acquise que nombre de problèmes subsistent pour les transports transfrontaliers en ambulance.

La journée d'étude organisée par votre Conseil, le 6 octobre 2000, à Baarle et consacrée aux « Transports en ambulance dans la région frontalière : vers une solution pratique » ainsi que la recommandation qui en a découlé à l'adresse du Comité de Ministres concernant les transports en ambulance dans la région belgo-néerlandaise, ont servi de base à l'approche pragmatique retenue pour le traitement de cette problématique. La recommandation plaideen faveur d'une approche uniforme pour l'ensemble de la région frontalière et de la création d'une task-force commune pour la suppression des problèmes.

Les instances des trois pays du Benelux reconnaissent la nécessité de rechercher le long des frontières intérieures et extérieures (avec la France et l'Allemagne) du Benelux des solutions pour les problèmes concrets entravant les transports transfrontaliers en ambulance. Des solutions uniformes sont préconisées. Elles devraient s'appliquer à l'ensemble des régions frontalières et pourraient servir de base à des conventions transfrontalières régionales ou locales tenant compte des spécificités régionales ou locales. A problème identique, solution identique. Des solutions spécifiques doivent être prévues pour les problèmes spécifiques.

Un Groupe de travail « Transports par ambulance » a été créé pour trouver des solutions aux problèmes inventoriés dans l'étude « Aide médicale urgente transfrontalière : Belgique–Allemagne–Pays-Bas ».

Le Comité de Ministres tout comme le Conseil de l'Union économique et les fonctionnaires compétents des trois pays ont insisté à plusieurs reprises sur la nécessité d'une coopération entre hôpitaux et établissements de soins de part et d'autre des frontières. Par le biais de contacts bilatéraux avec les ministères compétents, avec les guichets soins de santé le long de la frontière belgo-néerlandaise, avec le Sous-groupe de travail « Santé publique » de l'enceinte de coopération entre la Flandre et les provinces du sud des Pays-Bas et avec différentes instances à l'origine d'initiatives locales en la matière, le Secrétariat général examine comment arriver à une approche pragmatique du problème.

Des réunions du Groupe de travail Benelux « Santé publique » et des experts chargés de l'échange de données et de l'harmonisation des pratiques de recherche et d'analyse pour des hormones et anti-hormones présentes dans les animaux destinés à la consommation humaine, sont prévues durant le second semestre 2001.

Dans le cadre de la concertation Benelux sur la politique des drogues, un groupe de travail sera institué pour approfondir les sujets de prévention, d'aide et d'épidémiologie (voir Chapitre V, partie 1 « Politique de la drogue »), en s'occupant surtout des aspects de santé publique.

2. LES TRAVAILLEURS FRONTALIERS

Concertation sur la sécurité sociale des travailleurs frontaliers

Le Groupe de travail « Sécurité sociale des travailleurs frontaliers » s'est penché sur les développements récents de la législation en matière de sécurité sociale et ce à un double titre. D'une part, parce que les modifications subies par la sécurité sociale dans les pays partenaires ont une incidence sur la situation juridique des travailleurs frontaliers, et, d'autre part, parce qu'il faut s'assurer que ces modifications n'entraînent pas de discriminations à l'égard des travailleurs frontaliers.

La présentation des brochures d'information destinées aux travailleurs frontaliers a été améliorée. Elles ont connu une plus grande demande de la part des diverses instances et des travailleurs frontaliers eux-mêmes.

En ce qui concerne la législation ayant trait directement aux travailleurs frontaliers, les développements importants sont :

En Belgique

Allocations familiales

Les Pays-Bas n'accordent pas d'allocations familiales pour les enfants de plus de 18 ans. La Belgique a voulu remédier au problème auquel les travailleurs frontaliers belges se trouvent à présent confrontés. Les enfants de cet âge des travailleurs frontaliers belges se verront accorder les allocations familiales belges, ce qui a nécessité une adaptation de la législation belge.

Octroi d'une indemnité compensatoire spéciale aux travailleurs frontaliers occupés aux Pays-Bas

L'arrêté royal du 9 juin 1999 accordant une indemnité aux travailleurs frontaliers belges en exécution de l'article 7, par. 1, alinéa 3, de l'arrêté-loi du 28 décembre 1944 concernant la sécurité sociale des travailleurs a été modifié par l'arrêté royal du 5 octobre 2000 (M.B. du 23 novembre 2000). Il s'agit en l'occurrence d'une modification technique devenue indispensable suite à une modification de la réglementation de la sécurité sociale aux Pays-Bas.

En effet, le travailleur qui bénéficie d'une allocation aux termes de la loi néerlandaise sur l'incapacité de travail (WAO) n'est plus soumis, depuis le 1er janvier 2000, aux cotisations sociales pour le système des assurances sociales (Volksverzekeringen) aux Pays-Bas. Parmi les conditions à respecter pour bénéficier de l'indemnité compensatoire spéciale, le travailleur doit être redevable de cotisations aux assurances sociales aux Pays-Bas. Les travailleurs qui bénéficient d'une allocation WAO ne répondent dès lors plus à une des conditions imposées pour avoir droit à l'indemnité compensatoire spéciale.

Pour sauvegarder le droit de ces travailleurs à ladite indemnité, il a été précisé dans l'arrêté royal du 5 octobre 2000 que le travailleur frontalier belge, qui est dans l'incapacité de travailler et qui bénéficie de l'allocation WAO peut continuer de bénéficier de l'indemnité compensatoire spéciale, à condition :

- qu'il ne perçoive pas d'autre prestation de sécurité sociale belge en plus de l'allocation WAO ;
- qu'il apporte la preuve qu'il s'est assuré soit en Belgique (auprès de l'Office national des Pensions, ONP), soit aux Pays-Bas (Sociale Verzekeringsbank, SVB), contre la perte future d'allocations néerlandaises sur la base de la loi générale sur l'assurance vieillesse (AOW) et de la loi générale sur l'assurance des survivants (ANW).

Cette modification est entrée en vigueur, avec effet rétroactif, au 1er janvier 2000.

Aux Pays-Bas

Il existe des projets tendant à modifier la loi sur l'assurance vieillesse (AOW) et la loi sur l'assurance des survivants (ANW), notamment en ce qui concerne la possibilité de s'assurer sur base volontaire pendant une durée indéterminée. La modification consisterait à réserver l'assurance sur base volontaire encore seulement à ceux qui se rendent à l'étranger pour une courte période. Cette période serait limitée à 3 ans. Après en avoir débattu au Parlement, il a été décidé de porter cette période à 10 ans. Il était initialement prévu de faire passer la prime de base pour l'assuré volontaire de 5 % à 25 %, mais après les débats parlementaires ce montant a été fixé à 10 %. La Première Chambre a été saisie de ce projet de loi qui prévoit l'application de la réglementation, avec effet rétroactif, au 1er janvier 2001.

Le rapport gouvernemental sur les travailleurs frontaliers (« Grensarbeidersnotitie ») a suscité diverses questions de la part du Parlement. A la suite du débat parlementaire, le Secrétaire d'Etat a promis :

- d'informer les travailleurs frontaliers: il faudrait relayer l'information vers un service centralisé, en particulier dans le Limbourg ;
- que le délai dans lequel une dispense peut être demandée pour l'assurance obligatoire

AOW, ANW et AKW sans qu'il n'en découle des conséquences au niveau de la perception des primes sera fixé à maximum 1 an.

Les experts ont fait rapport sur la Commission Linschoten instituée en l'an 2000. Cette commission regroupe les employeurs, les salariés et les organisations de travailleurs frontaliers et analysera la problématique des travailleurs frontaliers du point de vue des législations fiscale et sociale. La commission a formulé des recommandations présentées au gouvernement. Après que celui-ci se sera prononcé, la Deuxième Chambre pourra s'exprimer.

Une des difficultés réside dans le manque de dispositions de la législation AOW à l'égard des périodes non assurées pour les partenaires des travailleurs frontaliers, entre 1957 et 1980, suite aux activités de leur partenaire à l'étranger.

La Loi générale sur les frais médicaux spéciaux (AWBZ) est entrée en vigueur le 29 décembre 2000. Celle-ci offre la possibilité aux personnes habitant à l'étranger et bénéficiant d'une allocation de sécurité sociale néerlandaise de longue durée ou d'une allocation assimilée et dont l'assurance obligatoire AWBZ est arrivée à échéance, de s'affilier à l'assurance obligatoire en tant qu'assuré volontaire AWBZ. Ainsi, les conséquences sont adoucies du fait que, suite au décret de 1999 concernant l'extension et la limitation du groupe d'assurés des assurances populaires, les personnes concernées n'étaient plus assurées obligatoires AWBZ (ne pas pouvoir trouver dans le pays de résidence une couverture d'assurance de remplacement adéquate pour les coûts des traitements et soins de longue durée en particulier). Les assurés AWBZ volontaires ont les mêmes droits et obligations que les assurés AWBZ obligatoires.

Au Grand-Duché de Luxembourg

Une loi de coordination des régimes légaux de pension dans le secteur tant public que privé a été approuvée. En ce qui concerne le financement de l'assurance-maladie, les primes et certaines contributions dans les remboursements ont été augmentées. Le Bureau international de travail a fait une étude sur l'évolution future.

Séminaire travailleurs frontaliers

Le 19 juin 2001, un séminaire a été organisé sur le thème « Travail frontalier Belgique–Pays-Bas–Allemagne » au Secrétariat général du Benelux.

Il a été l'occasion de contacts entre les différentes instances qui s'occupent des travailleurs frontaliers dans les régions frontalières concernées et avait pour principal objectif de vérifier si des synergies pouvaient être mises en place entre les différents secteurs. Outre les euroconsultants des régions frontalières, des représentants des ministères belge et néerlandais des Affaires sociales et des Finances, des experts des bureaux spécialisés ainsi que des représentants de l'EURES (European Employment Services) Meuse-Rhin et du Secrétariat général ont pris part au séminaire.

Des informations ont été échangées sur la manière dont les différentes instances abordent la problématique des travailleurs frontaliers. Des réponses ont été apportées notamment aux questions suivantes: comment assure-t-on la fourniture d'informations générales aux travailleurs frontaliers, où peuvent-ils obtenir un conseil personnalisé, où peut-on déposer une plainte, comment peut-on promouvoir la coopération entre les euroconsultants et les autres spécialistes, etc. ?

Des arrangements concrets ont été pris au sujet :

- d'une coopération future à l'occasion de la publication annuelle des brochures Benelux pour les travailleurs frontaliers ;
- de la mise sur pied d'un centre d'information permettant de répondre

téléphoniquement aux questions et d'organiser des sessions d'information pour les travailleurs frontaliers tout en jouant, en outre, un rôle de premier guichet d'information pour les travailleurs frontaliers ;
- de l'organisation de journées d'étude ;
- de l'approche pragmatique d'une coopération entre les différentes instances concernées.

3. LA POLITIQUE DE LA JEUNESSE

Le Groupe de travail « Politique de la jeunesse » se concerte sur l'élaboration et la mise en œuvre de la politique de la jeunesse dans le Benelux et sur des sujets mis à l'ordre du jour des enceintes internationales (Union européenne, Conseil de l'Europe).

Les questions d'actualité politique au niveau international se sont essentiellement focalisées sur deux sujets:
- le Livre blanc de la Commission européenne sur la politique de la jeunesse ;
- la présidence belge de l'Union européenne.

Une note sur le bilan de la coopération Benelux en matière de la jeunesse et un programme de travail ont été élaborés. Après un rappel historique de la coopération Benelux dans le domaine de la « Politique de la jeunesse », la note explique les fondements de cette coopération qui repose sur deux piliers:
- un pilier « interne »: les trois pays échangent des informations sur leur propre politique qu'ils s'efforcent de coordonner et d'établir une coopération concrète grâce à des projets communs à l'intérieur du Benelux;
- un pilier « externe »: la concertation Benelux sur des dossiers importants figurant à l'ordre du jour de l'Union européenne et du Conseil de l'Europe et la mise sur pied de projets communs avec d'autres pays.

Chaque année, le groupe de travail Benelux se propose de réaliser un projet :
- « interne », généralement sous la forme d'un séminaire portant sur un thème spécifique d'actualité et non abordé dans les enceintes européennes (en 2001, Travail interculturel: implications interculturelles et transfrontalières du travail des jeunes);
- « externe », sous la forme d'une coopération interrégionale avec des pays tiers comme les Etats baltes et/ou la Hongrie, la Roumanie et la Pologne.

La conférence internationale sur « l'engagement des jeunes dans le 21e siècle » s'est tenue en novembre 2000. Elle a été lancée et organisée par les structures d'information des jeunes du Benelux, dans le cadre d'Eryica (The European Youth Information and Counselling Agency). Cette conférence a accueilli environ 130 participants regroupant des responsables de mouvements de jeunesse, des officiels et des jeunes.

La réalisation pratique de cette conférence par les organisations de jeunes des trois pays du Benelux a permis :
- à des participants supplémentaires du Benelux de participer à la conférence;
- de tirer profit du rôle d'inspiration des pays du Benelux durant le processus de sélection des projets et pour la détermination du contenu de la conférence;
- d'attirer une attention particulière sur quelques projets provenant du Benelux;
- de demander aux représentants du Benelux de présenter à la conférence l'action du groupe « Jeunesse » du Benelux, et en particulier les résultats du séminaire consacré à la participation des jeunes, qui s'est déroulé en automne 1999.

Une nouvelle conférence a eu lieu, le 15 mars 2001 au Secrétariat général pour finaliser les conclusions de la conférence ERYICA. Le but est d'élaborer un document de travail pour les responsables sur le terrain du secteur jeunesse.

La coopération Benelux avec les Etats baltes et les pays d'Europe centrale et orientale se concrétise par des visites d'étude ou par des échanges de jeunes ou par des stages de formation (stages de formation à l'attention des animateurs de jeunesse en juillet 2000 au Luxembourg entre le Benelux, les pays baltes, la Hongrie, la Pologne et la Roumanie; échange de jeunes d'Estonie participant au projet Interert au Luxembourg, voyage d'étude de quelques jeunes luxembourgeois en août/septembre 2000, etc.)

Les partenaires estiment que la coopération Benelux apporte une valeur ajoutée importante à la mise en œuvre de la politique de la jeunesse dans les trois pays du Benelux.

CHAPITRE III : LE MARCHE INTERIEUR ET LA COOPERATION DANS LE SECTEUR ECONOMIQUE

1. LE GROUPE DE TRAVAIL « MARCHE INTERIEUR » : ELIMINATION DES ENTRAVES ET CONCERTATION SUR DES QUESTIONS RELATIVES AU MARCHE INTERIEUR EUROPEEN

Concertation sur des questions relatives au marché intérieur européen

Conseils européens « Marché intérieur »

Les trois pays ont procédé à une pré-concertation sur les principaux dossiers figurant à l'ordre du jour des réunions du Conseil européen « Marché intérieur ». L'échange de vues a plus particulièrement porté sur les points suivants: la vente à distance de services financiers, la législation alimentaire et l'autorité alimentaire européenne, les marchés publics, le brevet communautaire, les additifs alimentaires.

Vente à distance de services financiers

La proposition de directive sur la vente à distance de services financiers, présentée par la Commission européenne en octobre 1998 et modifiée en juillet 1999, est destinée à compléter la Directive cadre 97/7/CEE du 20 mai 1997 concernant la protection des consommateurs en matière de contrats à distance. Elle prévoit, entre autres, une obligation générale d'information du consommateur préalable à la conclusion d'un contrat et un droit de renonciation unilatérale du contrat dans un délai de deux ou quatre semaines après sa conclusion. Elle doit permettre d'atteindre les trois objectifs suivants :

- faciliter le développement du commerce électronique en renforçant la confiance des consommateurs dans ce nouveau support de transaction ;
- garantir un niveau élevé de protection du consommateur dans l'Union européenne ;
- éviter les distorsions de concurrence entre prestataires de services dues aux différences entre les réglementations nationales.

Bien que la Belgique ait exprimé le souhait d'une clarification concernant le droit applicable et ait émis une réserve à propos du droit de renonciation, aucun des trois pays ne fera obstacle à l'adoption d'un accord politique.

Brevet communautaire

La proposition de règlement sur le brevet communautaire vise à établir un système de brevet valable dans toute l'Union européenne à un coût abordable et offrant toutes les garanties de sécurité juridique. Ce brevet coexisterait avec les brevets nationaux et européens de sorte que les inventeurs pourraient choisir le type de brevet le mieux adapté à leurs besoins.

Cela constitue une des priorités de la présidence belge au sein de l'Union européenne. Celle-ci souhaite poursuivre l'impulsion donnée par la présidence suédoise et faire aboutir ce dossier avant la fin 2001, conformément aux conclusions du Conseil européen de Lisbonne de mars 2000.

Outre les questions relatives au régime linguistique, à l'instance compétente pour délivrer le brevet et aux aspects financiers, celle du traitement juridictionnel du brevet communautaire (juridiction communautaire centralisée ou décentralisée en première instance) constitue une des questions importantes restant à régler. Contrairement aux Pays-Bas, la Belgique et le Luxembourg sont favorables au maintien d'une juridiction communautaire centralisée en première instance et en appel.

Législation alimentaire - Autorité alimentaire européenne

La proposition de règlement du Parlement européen et du Conseil établissant les principes généraux et les prescriptions générales de la législation alimentaire, instituant l'Autorité alimentaire européenne et fixant des procédures relatives à la sécurité des denrées alimentaires, a pour objectif d'assurer un niveau élevé de protection de la vie et de la santé humaine dans l'exécution des politiques communautaires.

Les trois pays partenaires ont évoqué divers éléments tels que le champ d'application, le système d'alerte rapide, la composition du Conseil d'administration de l'Autorité alimentaire et l'entrée en vigueur. On n'a pas constaté de divergences de vues fondamentales entre les trois pays.

Autres questions relatives au marché intérieur européen

D'autres dossiers importants pour l'organisation du marché intérieur européen tels que la présidence belge de l'Union européenne, l'introduction de l'euro, la directive chocolat et ses conséquences, ainsi que certaines entraves soumises au Comité consultatif « Marché intérieur » et concernant directement deux pays du Benelux, ont également été examinés.

Présidence belge de l'Union européenne

Au cours des réunions du Groupe de travail « Marché intérieur », la Belgique a fourni des informations au sujet des priorités de sa présidence et des thèmes propres au marché intérieur comme le brevet communautaire et l'implication des consommateurs dans le marché unique.

Introduction de l'euro

L'échange régulier d'informations sur les mesures prises au niveau national en vue du passage à l'euro s'est poursuivi. Un questionnaire soumis aux Etats membres par la présidence suédoise a fait apparaître que les petits pays, dont ceux du Benelux, sont les plus actifs et les mieux préparés à l'introduction de l'euro.

Directive relative aux produits de cacao et de chocolat destinés à l'alimentation humaine

Cette directive (2000/36/CE du 23.06.2000) autorise la commercialisation dans tous les Etats membres de produits de chocolat contenant des matières grasses végétales autres que le beurre de cacao à concurrence de 5 % maximum. Vu l'intérêt manifesté par les deux autres pays partenaires, la Belgique a exposé les caractéristiques de la marque AMBAO créée par la Belgique en réaction contre cette directive et dans le souci de défendre le chocolat de qualité. L'ASBL « Traditional and quality chocolate association » a été créée afin d'assurer la gestion et la promotion de cette marque.

Entraves soumises au Comité consultatif de l'Union européenne « Marché intérieur » et concernant des pays du Benelux

Une seule entrave restait à examiner : celle-ci concerne une plainte d'un producteur néerlandais de chaises roulantes mécaniques relative aux problèmes d'accès au marché belge. En novembre 2000, la Commission européenne a adressé un avis motivé à la Belgique. La Belgique a transmis sa réponse à la Commission en janvier 2001. Depuis lors, un projet d'arrêté royal modifiant la réglementation actuelle est en cours d'élaboration. Celui-ci prévoit, entre autres, la suppression de l'obligation de disposer d'un réseau de distribution en Belgique. Ce problème d'entrave sera résolu dès que les nouvelles dispositions seront d'application.

DOSSIERS BENELUX SPÉCIFIQUES CONCERNANT LE MARCHÉ INTÉRIEUR

Transport par péniche transitant par la Belgique d'engrais en vrac à haute teneur en nitrate d'ammonium

A l'heure actuelle, une entreprise néerlandaise est autorisée à effectuer ce transport moyennant une limitation de la charge à 80 % de la capacité de chargement. Cette limitation est contestée par cette entreprise qui souligne que les contraintes imposées ne se justifient pas, affectent sa position concurrentielle et compromettent la rentabilité d'une partie de ses activités économiques.

Plusieurs laboratoires ont été consultés à propos de la limitation du chargement à 80 %. Un d'entre eux s'est prononcé en faveur de cette limitation, l'autre en faveur d'un chargement à 100 %. Afin de concilier les points de vue, une rencontre entre les différentes parties concernées a eu lieu dans les derniers jours du mois de juin. Il a été convenu de procéder à un échange de notes entre les différents ministères belges concernés afin de rechercher une position commune. En cas d'échec, le Secrétariat général soumettra le dossier au Conseil de l'Union économique en vue d'une prise de décision par le Comité de Ministres du Benelux, comme cela s'était déjà produit en 1986.

Denrées alimentaires

L'abrogation des décisions du Benelux relatives aux denrées alimentaires encore en vigueur est actuellement à l'étude aux Pays-Bas. Il s'agit en l'occurrence des décisions concernant les amidons ou fécules alimentaires, les pâtes alimentaires, les huiles comestibles, la bière, le thé, le café et la chicorée. Une position formelle n'a pas encore été adoptée au niveau politique aux Pays-Bas. La Belgique et le Luxembourg ont émis des réserves à l'égard de la proposition néerlandaise. Cette question reviendra à l'ordre du jour des concertations lorsque le Gouvernement néerlandais aura pris une décision.

Secteur de la construction

Détachement transfrontalier de travailleurs belges ou néerlandais

L'accord belgo-néerlandais tendant à prévenir le double paiement de cotisations pour les travailleurs détachés dans le secteur de la construction venait à expiration le 31.12.2000. Un projet d'accord définitif a été élaboré. Celui-ci est actuellement soumis aux commissions paritaires. En attendant, l'accord provisoire reste d'application.

Problématique allemande

L'accord-cadre entre les interlocuteurs sociaux belges et allemands du secteur de la construction a été signé le 15 juin 2000. Cet accord est destiné à éviter les doubles paiements dans l'application de certains régimes sociaux sectoriels (régime allemand des vacances annuelles, régimes belges du timbre-intempérie et du timbre-fidélité).

La Convention d'exécution de cet accord, qui détermine la procédure et les conditions d'application du régime de dispense prévu par celui-ci, a également été signée le 15 juin 2000 et est entrée en vigueur le 1er septembre 2000. L'accord-cadre et la Convention d'exécution prennent fin le 31 décembre 2002.

Des concertations sont en cours entre l'Allemagne et le Luxembourg en vue de la conclusion d'un accord similaire.

Fiscalité

Utilisation en Belgique de véhicules immatriculés au Luxembourg

En Belgique, un projet d'arrêté royal portant abrogation de l'arrêté royal du 31.12.1953 relatif à l'immatriculation des véhicules a été promulgué. Il contient entre autres des dispositions destinées à lutter contre l'immatriculation irrégulière des véhicules : il prévoit en effet l'obligation d'immatriculation au nom de l'utilisateur dans certaines circonstances. Néanmoins, l'utilisation en Belgique par un salarié belge d'un véhicule immatriculé à l'étranger au nom de son employeur étranger et mis à sa disposition par son employeur, principalement à des fins professionnelles, n'est pas soumise à cette obligation d'immatriculation au nom de l'utilisateur, moyennant le respect de certaines conditions.

Cet arrêté royal sera transmis aux autorités luxembourgeoises qui modifieront leur législation en conséquence.

Autres dossiers fiscaux

Dans le domaine de la fiscalité, de nombreux autres dossiers ont retenu l'attention des trois pays. On peut citer l'application par le service fiscal néerlandais du droit de consultation des documents et pièces d'entreprises belges appartenant à des Néerlandais, le recouvrement des impôts communaux lorsque les contribuables résident dans un autre pays partenaire, la participation de firmes belges au système d'épargne aux Pays-Bas, la problématique des numéros d'identification TVA des assujettis néerlandais mentionnés sur les déclarations TVA d'assujettis belges ou luxembourgeois.

Application par le service fiscal néerlandais du droit de consultation des documents et pièces d'entreprises belges appartenant à des Néerlandais

Les résultats des investigations entreprises par le Secrétariat général auprès du ministre belge des Finances et du secrétaire d'Etat néerlandais des Finances, tant en ce qui concerne l'obligation de présenter l'original de pièces comptables que l'interdiction de déplacer la comptabilité, ont révélé qu'aucune entrave ne découlait de l'application des législations belge et néerlandaise.

Extension du champ d'application de la Convention Benelux concernant le recouvrement des créances fiscales aux impôts perçus directement par les communes

Les concertations au niveau belge, souhaitées par le ministre belge des Finances, préalablement à l'échange de vues entre les pays du Benelux afin de régler certains problèmes liés à l'extension du champ d'application de cette convention, pourront être organisées à brève échéance.

Participation de firmes belges au système d'épargne aux Pays-Bas

Le Secrétariat général poursuit l'examen du dossier en collaboration avec les Pays-Bas.

Numéros d'identification TVA des assujettis néerlandais mentionnés sur les déclarations TVA d'assujettis belges ou luxembourgeois

La position du ministère néerlandais des Finances au sujet du caractère confidentiel des numéros TVA des assujettis néerlandais et la solution proposée par celui-ci ont été communiquées à la Chambre de Commerce belgo-luxembourgeoise pour les Pays-Bas qui avait attiré l'attention sur ce problème.

Autres dossiers

Assurance-maladie des salariés belges qui travaillent aux Pays-Bas

Le dossier évolue dans l'intérêt des salariés belges puisqu'il apparaît que deux compagnies néerlandaises acceptent d'assurer les salariés belges dont le salaire brut par an dépasse la limite de 65.700 florins.

De nouvelles entraves ont été portées à la connaissance du Secrétariat général et leur examen sera poursuivi au cours du prochain exercice :

- liaisons téléphoniques aux Pays-Bas ;
- délai pour l'obtention d'une autorisation de travail aux Pays-Bas pour du personnel non originaire d'un Etat membre de l'Union ;
- voitures à disposition de salariés néerlandais.

Les petites et moyennes entreprises

Les PME et le commerce

Au sein de la Commission européenne, la nouvelle Direction générale « Entreprise » est opérationnelle depuis le 1er janvier 2001. Cette Direction générale est chargée, entre autres, de la mise en œuvre du nouveau programme pluriannuel en faveur de l'entreprise et de l'esprit d'entreprise 2001-2005.

Les trois pays se sont concertés sur le fonctionnement du Comité de gestion du programme d'entreprise et sur le contenu de son règlement d'ordre intérieur.

En outre, les experts ont procédé à un échange de vues concernant le programme de travail 2001. Celui-ci s'inscrit dans le cadre du programme pluriannuel en faveur de l'entreprise et de l'esprit d'entreprise 2001-2005 de la Commission européenne.

Ce programme comprend une description des actions par domaine principal tel que les instruments financiers, le réseau des Euro Info Centres, les priorités de la procédure Best*, en fonction des cinq objectifs suivants: promouvoir l'esprit d'entreprise, favoriser un meilleur environnement réglementaire pour les entreprises, améliorer l'environnement financier pour les PME, améliorer la compétitivité des PME dans le contexte de l'économie de la connaissance, veiller à la mise en place des réseaux et des services de soutien aux entreprises. Les instruments financiers pour les PME, l'éducation et la formation à l'entreprenariat, les TIC (Technologies de l'Information et de la Communication) et la fonction de surveillance de l'E-business ont fait l'objet d'examens plus minutieux.

L'analyse des différentes actions contenues dans ce programme a révélé l'existence d'une grande convergence quant à l'approche à défendre lors des réunions du Comité de gestion.

La collaboration avec les Euro Info Centres des pays du Benelux

Une collaboration étroite fonctionne avec les Euro Info Centres des pays du Benelux. Celle-ci permet au Secrétariat général de fournir aux entreprises, via le canal des EIC, des informations sur des sujets qui les intéressent. Cette collaboration avec les EIC constitue pour le Secrétariat général un moyen supplémentaire d'être informé d'entraves rencontrées par des entreprises dans l'exercice d'activités transfrontalières.

Dans ce contexte, le Secrétariat général a organisé un séminaire de formation décentralisée pour les EIC sur le commerce électronique et les nouvelles technologies de l'information.

Ce séminaire a permis de faire le point sur les dispositions de la Directive 2000/31/CE du 8 juin 2000 relative à certains aspects juridiques du commerce électronique ainsi que sur les orientations des mesures nationales des trois pays déjà en vigueur ou encore à l'état de projet. Par ailleurs, des exemples d'utilisation par les EIC des nouvelles technologies de l'information dans le cadre de l'assistance aux PME ont été commentés.

Le séminaire s'est achevé par un échange de vues sur l'évolution du réseau des EIC et ses perspectives d'avenir. Plusieurs questions ont particulièrement retenu l'attention: souhait de la Commission européenne de créer un seul réseau d'information, changement de nom des EIC, critères retenus par la Commission pour procéder à l'audit des EIC.

Tous les participants se sont félicités de la réussite de cette manifestation et ont souligné la nécessité de poursuivre la collaboration entre les EIC du Benelux et le Secrétariat général.

ADJUDICATIONS

Paquet législatif

Divers aspects du paquet législatif proposé par la Commission afin de clarifier et de moderniser les dispositions communautaires portant coordination des procédures de passation des marchés publics ont été examinés. Il s'agit en particulier des points pour lesquels on a constaté l'existence de divergences entre les positions adoptées par les trois pays tels que les dispositions relatives au dialogue compétitif et à la procédure négociée, aux accords-cadres, ainsi qu'à l'exclusion obligatoire, la question des marchés des organismes publics du régime classique lorsque leurs activités sont soumises à la concurrence, la question de l'inclusion dans les marchés de critères ou de conditions liés aux aspects sociaux et environnementaux.

---

* Best : plan d'action visant à simplifier l'environnement professionnel des PME dans l'Union européenne.

Comité consultatif CE pour les marchés publics

Certains points mis à l'ordre du jour de réunions du Comité consultatif CE pour les marchés publics - instance devant être consultée par la Commission au sujet de toute proposition de législation émise par celle-ci dans le domaine des marchés publics - ont également fait l'objet d'un échange de vues afin de défendre une position commune. Les discussions ont porté principalement sur les points relatifs aux centrales d'achat, aux offres anormalement basses et aux aspects sociaux et environnementaux.

Transposition de directives européennes

Le groupe « Adjudications » a examiné certaines questions liées à l'interprétation de la Directive 2000/35/CE du 29/6/2000 concernant la lutte contre le retard de paiement dans les transactions commerciales pour ce qui concerne le domaine des marchés publics (délais de paiement, intérêts de retard). Cette directive doit être transposée dans le droit national avant le 8/8/2002. Les échanges de vues se poursuivront.

Le groupe a également fait le point sur les dispositions nationales d'application de la Directive 92/57/CE du 24/6/1992 concernant les prescriptions minimales de santé et de sécurité à mettre en œuvre sur les chantiers temporaires et mobiles.

Cette directive, qui ne concerne pas exclusivement les marchés publics, a été transposée dans la législation des trois pays. L'attention a été attirée sur le fait que les obligations imposées par cette directive affecteront le coût des marchés publics de travaux.

Projet de règlement relatif au vocabulaire commun pour les marchés publics (CPV)[1] *- Projet de directive relative aux formulaires standard*

Les délégations ont soulevé diverses questions et formulé des remarques concernant le projet de règlement relatif au CPV (priorité du CPC[2] sur le CPV en cas de conflit; possibilité de postposer l'entrée en vigueur du CPV jusqu'à ce que celui-ci soit finalisé et disponible dans toutes les langues; souhait de pouvoir disposer d'une nomenclature stable et limitation à des modifications annuelles).

En ce qui concerne le projet de directive relative aux formulaires standard, les délégations ont émis certaines observations et certains souhaits qui ont été transmis à la Commission européenne (nécessité d'utiliser les mêmes termes dans la directive et dans les avis standardisés, report nécessaire de la date d'entrée en vigueur de cette directive fixée au 1/9/2001, longueur des avis de marchés dans le cadre du système électronique, souhait d'éviter les changements constants des formulaires standard).

Communication interprétative de la Commission européenne sur les concessions en droit communautaire

Le 24 février 1999, la Commission européenne a publié un projet de communication interprétative sur les concessions en droit communautaire qui concerne entre autres les marchés publics. Ce projet a été soumis à une large consultation. Sur la base des nombreuses réactions qui lui ont été adressées, entre autres, par le secteur privé et les pouvoirs publics, la

---

[1] CPV : Common Procurement Vocabulary.

[2] CPC : Central Product Classification : nomenclature établie par les Nations Unies et utilisée au niveau internation

Commission a établi une communication interprétative concernant les dispositions du droit communautaire qu'elle estime applicables aux concessions vu le recours de plus en plus fréquent à cette forme d'association avec des opérateurs économiques.

Cette communication a fait l'objet d'un échange de vues entre les trois pays afin d'établir leur position respective avant son examen au niveau communautaire. Des divergences de vues fondamentales entre les pays partenaires n'ont pas été constatées.

Note interprétative de la Commission européenne sur les aspects sociaux dans les marchés publics

Dans son projet, la Commission européenne fait part de son approche sur l'interprétation du droit communautaire des marchés publics en ce qui concerne les aspects sociaux et la passation des marchés publics.

Lors de leur échange de vues sur ce document de la Commission européenne, les trois pays partenaires ont exprimé le souhait de voir la Commission apporter des précisions et clarifications à propos de certains éléments contenus dans cette note tels que la définition des aspects sociaux, l'interprétation du critère de l'offre économiquement la plus avantageuse, la possibilité de laisser jouer un rôle aux aspects sociaux dans le cadre du processus de production, la notion de clauses contractuelles, de critères additionnels et de conditions supplémentaires.

La note interprétative de la Commission est attendue pour le second semestre de 2001.

Note interprétative de la Commission européenne sur les aspects environnementaux dans les marchés publics

Le groupe a examiné le projet de note et a fait part des ses observations à la Commission. Des divergences de vue fondamentales n'ont pas été constatées entre les pays partenaires.

La Communication interprétative de la Commission sur le droit communautaire applicable aux marchés publics et les possibilités d'intégrer les considérations environnementales dans lesdits marchés a été publiée par la Commission le 4/7/2001 (COM (2001) 274 final).

Echange d'informations concernant certaines initiatives nationales

Belgique - Projet d'arrêté royal relatif à la passation des marchés par voie électronique

La Belgique a présenté aux deux autres délégations les lignes directrices du projet destiné à modifier la réglementation belge sur les marchés publics afin d'y introduire le recours à la procédure électronique dans les procédures d'adjudications et d'appels d'offres. Cette nouvelle réglementation n'entrera en vigueur qu'après l'adoption de la nouvelle loi sur la signature électronique avancée. On souhaite en effet vérifier la concordance entre les concepts contenus dans cette loi et ceux repris dans le projet d'arrêté royal.

Pays-Bas - Plan d'action « Acquisitions et mises en adjudication professionnelles »

Ce plan reprend une série d'actions envisagées par le Gouvernement néerlandais afin d'améliorer les achats et les mises en adjudication des pouvoirs publics. Ce plan développe trois approches à cet effet : la mise en adjudication innovatrice (stimuler les entreprises à innover), la mise en adjudication européenne (faire publier l'appel d'offre et améliorer ainsi la concurrence sur le marché), la mise en adjudication électronique (faire publier des avis de marchés et des appels d'offre sur Internet).

Les deux autres pays partenaires se sont déclarés fortement intéressés par le bilan de fonctionnement de ce plan d'action qui sera établi à la fin de l'année 2004.

Marchés avec participation publique et privée

Les trois pays ont évoqué ce système de marchés mixtes en financement ou en occupation qui tend à se développer de plus en plus et qui présente plusieurs modalités différentes. Ce système ne trouve pas nécessairement de réponse précise ou suffisante dans les directives actuelles. Les trois pays partagent des préoccupations identiques à ce sujet. Ils ont exprimé l'intention de faire part à la Commission de leur souhait de disposer de plus de clarté et d'inviter celle-ci à fournir une ligne de conduite aux pouvoirs adjudicateurs à propos de ce type de marché. L'examen de ce problème se poursuivra au niveau du Benelux et au niveau communautaire.

FISCALITÉ

Lutte contre la grande fraude fiscale

Dans une lettre adressée au Secrétaire général de l'Union économique, le Commissaire du gouvernement fédéral belge, adjoint au ministre des Finances, a attiré l'attention sur un certain nombre de sujets prioritaires de son Plan d'action qui vise à lutter contre la grande fraude fiscale. Il a invité le Secrétaire général à prendre les contacts nécessaires avec les Pays-Bas et le Luxembourg afin d'entamer, le plus rapidement possible, des concertations sur cette question.

Lors de sa réunion du 5 juin 2001, le Conseil de l'Union économique a donc invité le Secrétariat général à organiser une réunion exploratoire destinée à déterminer dans quelle mesure les deux autres pays partenaires souhaitent établir une telle collaboration.

Ombudsman Benelux

En collaboration avec des fonctionnaires des administrations fiscales des pays concernés et avec le Secrétariat général, votre Conseil a entamé et poursuivi l'examen de plaintes déposées auprès de l'Ombudsman Benelux par des citoyens qui s'estiment soumis à une double imposition ou qui contestent une décision d'imposition établie par l'Administration fiscale d'un pays. Les plaignants sont avertis par l'Ombudsman, soit de l'évolution de l'examen de leur dossier, soit des conclusions finales auxquelles celui-ci est arrivé.

2. L'APPROFONDISSEMENT BENELUX DU MARCHE INTERIEUR

Le renforcement de la coopération Benelux en matière de marché intérieur porte sur quatre secteurs, à savoir, la construction, la normalisation, la coopération vétérinaire et la protection de la propriété intellectuelle.

LE SECTEUR DE LA CONSTRUCTION

La Commission spéciale pour les qualifications de produits dans la construction (CSQC)

La coopération en matière de système de qualité dans le secteur du bâtiment tend à éviter les essais et les contrôles qui font double emploi et à réduire les coûts avant et après la délivrance d'une qualification.

a. Enregistrement des protocoles

En exécution de la Décision du Comité de Ministres du 27 juillet 1998, le Secrétariat général du Benelux a procédé à l'enregistrement de 13 protocoles de coordination conclus entre un organisme de certification belge et un organisme de certification néerlandais. Les fiches d'information peuvent être consultées sur le site Internet du Secrétariat général.

b. Approfondissement de la coopération dans le cadre des protocoles de coordination

On a examiné la mise sur pied de concertations entre les organismes belges et néerlandais signataires d'un protocole à propos des activités déployées au sein d'un groupe sectoriel d'organismes notifiés au niveau communautaire. Un échange de vues a eu lieu à propos de l'insertion possible dans le protocole modèle d'un passage relatif à la coopération entre les organismes signataires.

c. Audit relatif aux protocoles de coordination

Il est envisagé d'avoir des contacts réguliers avec les organismes certificateurs. Cela se passera par le biais d'un questionnaire adressé aux organismes certificateurs et aux entreprises clients.

d. Reconnaissance des organismes étrangers

La proposition visant à reconnaître des organismes belges pour le Luxembourg dans le cadre de l'application des articles 16 et 17 de la directive sur les produits de la construction (DPC) a été soumise à la Commission administrative belgo-luxembourgeoise (CABL). Il a été convenu de poursuivre l'examen de la question avec les experts techniques au Luxembourg.

e. Directive Benelux « Agrément, attestation et certification des valeurs λ dans le Benelux »

La directive prévoit une méthode commune pour le calcul du coefficient de conductivité thermique. La directive a été approuvée par le secteur concerné des pays et est en vigueur. La Directive Benelux sera publiée après adaptation des prescriptions CEN (Comité européen de normalisation).

f. Extension à la France de la concertation Benelux sur les qualifications de produits dans la construction

La France a manifesté un vif intérêt pour la mise sur pied d'une coopération avec le Benelux. Il a été opté pour une amélioration des relations et de la coopération avec la France sans modification de la Décision. La préférence a été accordée à des contacts informels avec l'AFNOR (Association française de normalisation) et les autres autorités concernées. Pour le moment, il a été convenu d'organiser une fois par an, avec la France, une réunion plénière et de procéder sur base de points de contact.

g. Echange d'informations

Les Pays-Bas ont fourni des commentaires sur l'adaptation de l'arrêté néerlandais relatif à la construction. Il est envisagé de rendre l'arrêté néerlandais sur la construction plus lisible et d'y intégrer le 5e pilier – « Construction durable ». Il a aussi été procédé à un échange de vues sur les développements au niveau de l'Union européenne. Enfin, il a été convenu d'organiser, fin 2001, une séance d'information sur les développements concernant l'arrêté néerlandais sur la construction.

Accord BDLN concernant la reconnaissance réciproque de certaines qualifications et preuves de contrôle dans le secteur de la construction

La concertation BDLN a procédé à un échange de vues sur la coopération entre les pays du Benelux et l'Allemagne concernant l'introduction des marques CE sur la base de normes européennes. Il a été convenu de remédier aux problèmes des marques CE moyennant une adaptation de la coopération BDLN. A cet égard, les marques CE ont retenu une attention particulière en ce qui concerne les produits suivants : ciment, matériaux d'isolation et vitrage.

Les partenaires BDLN ont aussi procédé à un échange de vues concernant quelques dossiers spécifiques. Ils sont déçus des projets de normes EN pour les produits sidérurgiques et l'acier à béton et plaident en faveur d'une nette simplification en la matière. Ils sont positifs en ce qui concerne l'accord qui s'est réalisé sur les guideline EOTA pour les « substances dangereuses ».

Enfin, des informations ont été échangées au cours de la période sous revue concernant des questions nationales, par exemple le « Manuel belge pour l'évaluation de l'équivalence de produits de construction » et son extension au secteur réglementaire, et l'arrêté néerlandais concernant le traitement du bois.

Normalisation dans le secteur de la construction

Le Secrétariat général du Benelux a établi une traduction néerlandaise de la première norme harmonisée EN 197 « Ciment ». Cette traduction sera déposée au CEN en tant que traduction officielle.

Controle et certification

Une concertation a été organisée avec des représentants des ministères des Communications, des sociétés nationales de chemins de fer, des instituts de normalisation et de l'industrie des trois pays partenaires sur les systèmes d'attestation de l'interopérabilité des lignes transeuropéennes de TGV. Il a aussi été procédé à un échange de vues sur les procédures d'agrément des pièces utilisées dans les chemins de fer classiques.

Les trois pays ont commenté la transposition en droit national de la Directive 96/48/CE du Conseil du 23 juillet 1996 concernant l'interopérabilité du système ferroviaire transeuropéen de TGV.

En Belgique, la SNCB (Société Nationale des Chemins de Fer belges) a manifesté de l'intérêt à pouvoir opérer dans une organisation autonome comme NOBO (Notified Body ou organisme notifié). Aux Pays-Bas, 5 organismes se sont présentés en vue d'une reconnaissance en tant que NOBO et les organismes étrangers notifiés peuvent aussi y exécuter déjà en principe des travaux. Au Luxembourg, la SNCTH (Société Nationale de Contrôle Technique et Homologation) sera désignée comme organisme notifié, la SNCTH est déjà reconnue en France. Les pays du Benelux ont décidé de se tenir mutuellement au courant afin d'arriver si possible à des formes de coopération Benelux. Il importe à cet égard que les intéressés puissent se rencontrer dans le cadre de l'UE.

C'est notamment suite à l'unanimité Benelux que des progrès substantiels ont été accomplis concernant les spécifications techniques dans le domaine de l'interopérabilité (TSI).

Il a aussi été question de l'interopérabilité des pièces utilisées pour les lignes de chemins de fer classiques pour lesquelles une directive européenne est en cours d'élaboration.

Questions vétérinaires

Votre Conseil a formulé des recommandations suite aux problèmes aigus de ESB (encéphalopathie spongiforme bovine) et de fièvre aphteuse. Dans le même temps, une attention spéciale a été consacrée dans le cadre de la concertation Benelux au bien-être des animaux et à la sécurité alimentaire au sens le plus large du terme.

La réalisation de l'Accord de coopération du 16 février 1999 entre les services vétérinaires des pays du Benelux relatif aux échanges de données sur les animaux et leurs mouvements entre les différentes bases de données des Etats membres du Benelux s'est poursuivi. Cet accord comporte la mise sur pied d'un interface Benelux entre les bases de données nationales des trois pays. Une approche a été définie en accord avec un bureau de conseil pour l'interconnexion des bases de données. Le développement de l'interface Benelux a été financé par l'ensemble des services vétérinaires des trois pays. Un message type « EDIFACT » a été arrêté pour l'échange entre les bases de données nationales, de manière à permettre une extension à d'autres Etats membres de l'Union européenne. Le Benelux a informé la Commission européenne de cette interconnexion. Compte tenu des modifications structurelles apportées à l'organisation politique et pratique de la base de données néerlandaise, l'interconnexion Benelux devrait être mise en pratique à la fin de l'année 2001.

Aux Pays-Bas, il a été décidé de mettre sur pied une fondation indépendante pour l'identification et l'enregistrement. Les Pays-Bas ont demandé, déjà au cours de la phase préparatoire de l'organisation néerlandaise, de procéder à un échange d'informations Benelux de manière à réaliser l'interface Benelux.

Suite à un échange de vues sur les problèmes de fièvre aphteuse, les trois pays ont fait part de leurs grandes préoccupations à propos des conséquences de cette maladie pour le secteur agricole au sens large.

Dans le cadre d'un échange de vues sur la capacité de destruction qui constitue toujours un problème en cas d'épidémie, les responsables des services vétérinaires ont examiné des alternatives, telles que l'incinération et l'enfouissement qui s'avèrent difficilement réalisables, voire irréalisables dans les pays du Benelux pour diverses raisons. Les accords déjà intervenus antérieurement en la matière entre les pays du Benelux pour l'échange de la capacité de destruction restent en vigueur et sont respectés.

Les problèmes de fièvre aphteuse ont remis la politique de vaccination à l'ordre du jour européen. Les services vétérinaires des pays du Benelux jugent important qu'une discussion ouverte puisse être menée à ce propos. Le Conseil agricole européen sera invité à examiner la politique de vaccination et à réenvisager la possibilité d'utiliser des vaccins marqueurs dans le cadre de l'Union européenne. Les responsables des services vétérinaires ont décidé d'user de toutes les possibilités pour s'appuyer mutuellement dans le cadre du Benelux, entre autres en adoptant une position Benelux dans le Comité vétérinaire permanent.

Enfin, l'attention s'est portée sur le programme de la présidence belge qui poursuivra l'initiative suédoise en matière d'hormones et attachera la plus grande attention à la mise sur pied de l'Agence européenne et de la réglementation relative aux animaux de compagnie. La Belgique espère aussi qu'une position Benelux pourra être définie concernant le bien-être des animaux.

La protection de la propriété industrielle et intellectuelle

Le Groupe de travail Benelux « Propriété intellectuelle et commerciale » a essentiellement travaillé à l'adaptation des lois uniformes Benelux sur les marques et les dessins ou modèles. Pour mémoire, une Convention signée en 1962 a permis d'élaborer une Loi Benelux sur les marques, tandis qu'une Convention signée en 1966 a abouti à la Loi Benelux en matière de dessins ou modèles. La Loi Benelux sur les marques est entrée en vigueur en 1971, celle sur les dessins ou modèles en 1975.

La coopération Benelux en matière de marques

Le groupe a élaboré un projet de protocole portant modification de la loi uniforme sur les marques et le commentaire commun des gouvernements y relatif. Ce protocole, qui a entre-temps été établi par le Comité de Ministres, sera signé prochainement par les trois gouvernements et entrera en vigueur dès que les procédures législatives auront été accomplies.

Le protocole a pour objectif principal d'aligner de manière plus littérale le texte de la loi uniforme Benelux à la législation communautaire et d'y introduire un régime légal pour mandataires ainsi qu'une procédure d'opposition.

L'alignement à la législation communautaire

La Directive du Conseil du 21 décembre 1988 rapprochant les législations des Etats membres sur les marques dispose que les pays de l'Union européenne doivent adapter leurs législations afin d'assurer la coexistence optimale des marques communautaires et nationales.

Dans cette optique, les délégations ont attentivement examiné les articles de la loi uniforme sur les marques qui devaient être modifiés en conséquence et ont élaboré un protocole (Protocole du 2 décembre 1992 portant modification de la loi uniforme Benelux sur les marques).

Le principe retenu à l'époque a été de ne modifier la loi que dans la mesure nécessaire (approche minimale). Il est vite apparu que certaines dispositions maintenues à l'époque n'étaient pas compatibles avec la directive susmentionnée.

Afin d'éviter ces complications, il a été décidé de reproduire plus littéralement le texte de la directive (approche maximale) dans la loi uniforme Benelux sur les marques.

Régime légal pour mandataires

L'objectif poursuivi consiste à instituer un registre de personnes qui, sur base de leur qualification professionnelle, peuvent agir comme mandataires en marques. Ainsi, le public pourra identifier plus facilement ces personnes.

Procédure d'opposition

L'introduction de cette procédure dans la loi uniforme Benelux constitue une étape importante qui a nécessité de nombreuses concertations avec les milieux intéressés des trois pays. Sa mise en place est devenue nécessaire alors que, non seulement tous les Etats communautaires, mais aussi la plupart des autres Etats industrialisés, se sont dotés d'une telle procédure ou d'une procédure équivalente.

La procédure d'opposition peut être définie comme étant une procédure administrative simple et rapide qui permet au titulaire d'une marque antérieure de s'opposer à l'enregistrement d'une marque postérieure qui entre en conflit avec sa propre marque.

L'opposition peut être introduite par les titulaires ou demandeurs d'une marque individuelle ou collective antérieure, valable pour le territoire Benelux ou bénéficiant d'une date de priorité antérieure sur ce territoire.

Un délai de deux mois est prévu pour l'introduction d'une opposition. Les marques déposées sont publiées sans tarder après quoi l'opposition peut être introduite. Cela veut dire que l'opposition ne peut être formée avant que le Bureau Benelux des Marques ait contrôlé le dépôt sur la base des motifs formels et matériels. A partir du dépôt de l'opposition, les parties bénéficient d'un court délai pour examiner la possibilité de régler leur différend à l'amiable. Il s'agit de la période dite de « cooling off » durant laquelle la procédure est suspendue.

A l'issue de cette période commence la procédure d'opposition proprement dite durant laquelle les parties ont l'occasion de développer leur point de vue par écrit dans des délais stricts. Le Bureau Benelux des Marques prend une décision après l'échange des points de vue et des arguments, et après une audition éventuelle.

La décision du Bureau Benelux des Marques est susceptible d'appel devant l'une des cours d'appel des trois pays du Benelux.

L'introduction d'une telle procédure dans la loi uniforme sur les marques constitue une innovation majeure qui permettra un règlement rapide et peu coûteux, à un stade précoce, des conflits entre marques étant donné que le Bureau Benelux sera obligé de prendre une décision endéans des délais bien précis.

La coopération Benelux en matière de dessins ou modèles

Un projet de protocole en vue de modifier la loi uniforme Benelux en matière de dessins ou modèles ainsi qu'un exposé des motifs y relatif sont prêts. Ces documents seront bientôt soumis, pour approbation, au Comité de Ministres.

Ces travaux visent à mettre en œuvre la Directive n° 98/71/CE du Parlement européen et du Conseil du 13 octobre 1998 sur la protection juridique des dessins ou modèles.

L'option choisie est de reprendre autant que possible le texte littéral de la directive afin d'éviter de longues procédures juridiques impliquant des questions d'interprétation avec saisine préjudicielle simultanée de la Cour de Justice Benelux et de la Cour de Justice des Communautés européennes.

Le projet de protocole définit de manière plus circonstanciée ce que l'on entend par « dessin ou modèle ». D'autre part, le fait générateur du droit passe du dépôt à l'enregistrement du dessin ou modèle. Enfin la durée maximale de protection passe de 15 à 25 ans.

Par ailleurs, un certain nombre de modifications ont été apportées afin de mettre la loi uniforme Benelux sur les dessins ou modèles en concordance avec les articles correspondants de la loi uniforme Benelux sur les marques et de compléter le droit Benelux des dessins ou modèles au regard d'autres instruments internationaux. Une base réglementaire pour les mandataires, conformément à ce qui a été fait dans la loi Benelux sur les marques, a aussi été ajoutée.

ENGRAIS

La Décision du Comité de Ministres de l'Union économique Benelux abrogeant et remplaçant la Décision M (78) 10 du 14 novembre 1978 concernant les méthodes d'analyse des engrais, engrais calcaires, amendements organiques du sol et marchandises connexes, telle que complétée par la Décision M (82) 8 du 5 octobre 1982, est entrée en vigueur le 20 septembre 2000. Conformément à l'article 2 de cette décision, le règlement y annexé entre également en vigueur le même jour. Ce règlement, plus communément dénommé « recueil Benelux », décrit des méthodes d'analyse pour une quarantaine de produits se rapportant principalement à l'azote, au phosphore, au potassium, au magnésium, au chlore, au calcium et au sodium.

Les travaux des experts ont essentiellement porté sur la possibilité d'élaborer une nouvelle réglementation Benelux relative au terreau et d'en étendre le champ d'application à l'agriculture biologique.

Les organisations de producteurs de terreau de huit pays (Norvège, Suède, Finlande, Danemark, Allemagne, Pays-Bas, Belgique et France) ont établi ensemble une proposition pour l'harmonisation d'une réglementation en matière de terreau dans le cadre de l'Union européenne. Cette évolution est heureuse car les Etats membres de l'Union européenne disposent de réglementations différentes pour le terreau de sorte que les produits restent fréquemment bloqués aux frontières communes suite à des problèmes d'étiquetage. Tel est également le cas au niveau du Benelux puisque la Belgique pose des exigences au terreau qui n'existent pas aux Pays-Bas.

Sur base de ce qui précède, les membres du Groupe de travail Benelux « Engrais » estiment qu'il serait judicieux de déterminer un projet de réglementation commune Benelux. Celui-ci devrait ensuite être discuté avec les producteurs de terreau des trois pays. En cas de consensus, cette réglementation pourrait être intégrée dans le recueil Benelux des engrais.

Etant d'accord sur cette approche, les délégations se penchent actuellement sur les exigences devant être posées, au niveau du Benelux, à la commercialisation du terreau.

3. LA COOPERATION DANS LE SECTEUR ECONOMIQUE

Politique économique régionale

Le Groupe de travail « Politique économique régionale » s'est principalement penché sur les fonds structurels et la politique de cluster.

Les fonds structurels

Les 25 et 26 janvier 2001 a eu lieu à Ostende le 3e Séminaire Benelux sur les échanges d'expériences concernant l'objectif 2 et INTERREG. Durant cette manifestation, plus de 125 participants associés aux différents programmes FEDER ont échangé leurs expériences et les ont confrontées au point de vue des fonctionnaires Benelux et des fonctionnaires européens compétents. En outre, un échange de vues a eu lieu avec les coordinateurs FEDER et FEOGA des pays et régions du Benelux et avec la Commission européenne au sujet d'une stratégie de programmation efficace pour les régions éligibles au nouvel objectif 2 et les régions entrant en ligne de compte pour une aide au titre d'INTERREG.

Les thèmes spécifiques des échanges d'informations et d'expériences au sein des différentes parties du Benelux ont porté sur: la technologie et l'innovation, le transfert des données électroniques, la sélection de projet et la qualité d'entrepreneur.

Les ateliers ont pu se consacrer de façon plus approfondie à une approche plus globale des aspects urbains, ruraux, transfrontaliers et de la reconversion industrielle.

La politique de cluster

D'un point de vue théorique, le concept de cluster est attrayant comme cadre de référence et outil pour promouvoir la croissance économique d'un territoire. L'objectif d'un cluster consiste, pour les entreprises qui en font partie, à ouvrir l'accès à des marchés qui ne seraient pas accessibles à chacune prise séparément, grâce à une plus grande visibilité, à des développements communs et à une meilleure couverture de la chaîne de valeur ajoutée. Le noyau d'un cluster est constitué d'un ensemble diversifié de relations de coopération et de concurrence entre entreprises de type client-fournisseur, sous-traitant-donneur d'ordre, alliance stratégique entre concurrents portant sur des développements en commun, des initiatives commerciales ou des formations partagées. Une approche en termes de clusters vise aussi à briser l'isolement dont souffrent en particulier les PME et qui les empêche d'accéder aux sources de connaissances indispensables pour progresser dans un marché globalisé.

Trois arguments peuvent être avancés en faveur de la politique de cluster :

1. la politique de cluster permet d'augmenter la productivité ;
2. la puissance innovatrice des entreprises s'en trouve améliorée ;

3. la création de nouveaux emplois est favorisée.

Etant donné qu'il n'existe pas de concept tout fait pour la mise en œuvre de clusters, chaque instance doit développer ses propres concepts en fonction de la situation économique régionale et de ses propres objectifs politiques.

Soucieux de contribuer à la définition d'un cadre conceptuel et opérationnel pour une politique de cluster en Wallonie, le Secrétariat général a organisé une réunion spéciale du Groupe de travail « Politique économique régionale » afin d'initier un exercice de benchmarking de cette politique dans le cadre du Benelux. La meilleure façon de tirer profit de cet exercice consiste en effet à promouvoir un échange direct d'expériences entre tous les acteurs de ce domaine.

Des discussions particulièrement intéressantes et parfois fort techniques ont eu lieu dans ce contexte et ont permis de déboucher sur les conclusions suivantes :

- le ministère néerlandais des Affaires économiques, et plus particulièrement la Direction de la politique technologique, a favorisé l'émergence des clusters, l'initiative étant laissée aux différentes régions ;
- la Région wallonne affine les lignes directrices d'une politique intégrée de clusters en tant qu'outil d'innovation et d'ouverture pour les entreprises wallonnes ;
- la Région flamande dispose sur son territoire d'une série de clusters dans des secteurs-clés, dont le secteur graphique pour la région de Turnhout ;
- le Grand-Duché de Luxembourg a lancé une réflexion sur ce thème et tente principalement de stimuler les possibilités d'interaction entre les réseaux de clusters nationaux.

Politique énergétique

En réponse à une recommandation de votre Conseil relative à la promotion des sources d'énergie renouvelables, le Comité de Ministres s'est engagé à examiner la compatibilité des certificats pour l'électricité verte entre les pays du Benelux.

Dans la recommandation relative à l'énergie renouvelable, votre Conseil recommande aux gouvernements de tendre vers une politique communautaire pour l'énergie renouvelable accompagnée de mesures contraignantes en insistant, une nouvelle fois, sur la possibilité de pouvoir échanger des certificats verts. Les pays du Benelux œuvrent pour la mise sur pied d'un cadre clair et puissant dans l'Union européenne pour la promotion de l'électricité produite à partir de sources d'énergie renouvelables.

La présidence belge défendra la politique communautaire de promotion de l'énergie renouvelable. Les autorités belges estiment que les certificats verts seront à l'avenir un moyen approprié pour promouvoir les sources d'énergie renouvelables. Des efforts considérables ont été consentis pour stimuler l'échange de certificats verts au niveau de la Belgique. Il est aussi apparu clairement que la libéralisation du marché de l'électricité verte pour les petits consommateurs, anticipant sur la libéralisation totale du marché de l'électricité en 2003 ou 2004, est importante. Dans cet ordre d'idées, on a créé un système de certificats verts qui rend le commerce de l'électricité verte plus transparent.

Le ministre néerlandais des Affaires économiques et le secrétaire d'Etat belge à l'Energie ont échangé leurs positions politiques sur la stimulation de l'énergie renouvelable. A cette occasion, il a été convenu d'examiner au niveau administratif les modalités de mise sur pied d'un projet pilote pour les certificats verts négociables. En effet, les systèmes des deux pays accusent des différences. La Belgique va instaurer un système obligatoire avec une amende par kW/heure en cas de non-respect de l'objectif obligatoire. Aux Pays-Bas, un système sur base volontaire sera instauré. Au cours de l'année 2001, il sera procédé à une analyse approfondie des aspects internationaux des certificats verts et de la taxe énergétique régulatrice (TER). Cette dernière peut donner lieu au besoin à une adaptation des conditions fixées pour ce système.

La compatibilité des certificats pour l'électricité verte a aussi fait l'objet d'une concertation dans le cadre du Benelux. Un premier échange de vues a eu lieu sur les lois et les propositions de réglementation existant en matière de promotion de l'électricité verte dans les pays du Benelux et il a été convenu de tendre au plus vite vers une négociabilité des certificats pour l'électricité verte, si possible dans une optique européenne.

Dans le cadre de la concertation entre experts sur les certificats pour l'électricité verte, il a aussi été procédé à un échange de vues sur la proposition de directive de la Commission européenne et du Parlement européen pour la promotion de la production d'électricité générée par des sources d'énergie renouvelables dans le marché intérieur. Il a été constaté que cette directive n'offrira pas de possibilité d'établir un système de certificats négociables. Dès lors, il a été convenu de ne pas attendre le cadre communautaire pour réaliser un projet pilote Benelux.

Le Secrétariat général a prêté son entière coopération à l'organisation d'un symposium à l'intention des parlementaires de votre Conseil, du Conseil nordique et de l'Assemblée balte, le 27 avril 2001, à Bruxelles, sur les changements climatiques. Ce symposium a débouché sur une déclaration unanime concernant la politique climatique.

Produits stratégiques

Le Groupe de travail « Produits stratégiques » s'est réuni pendant la période sous revue en concertation Benelux à la demande des Pays-Bas. Une attention particulière a été accordée à l'attitude des pays du Benelux concernant la politique d'exportation des armes. On a souligné l'importance de la lettre que le ministre néerlandais a envoyée en février au Parlement. Pour l'exportation d'armes, les Pays-Bas procèdent à une vérification sur la base du registre des Nations unies pour les pays de provenance et de destination et la problématique des zones de tensions joue également à cet égard. Les Pays-Bas ont adapté la loi sur les importations et exportations en ce sens que le transit de produits militaires est également mis sous contrôle. Le nouveau régime comporte une licence générique pour le transit de produits restant plus longtemps sur le territoire néerlandais ou y subissant un traitement important, et la possibilité d'instaurer une licence ad hoc pour les produits militaires qui ne restent que peu de temps sur le territoire néerlandais. Les Pays-Bas en présenteront la portée et la motivation au sein du COARM (groupe de travail de l'UE pour l'exportation d'armes conventionnelles).

En Belgique, les licences ont été adaptées. Il existe une obligation d'information pour les produits à double usage avec un consommateur final belge spécifique, tandis que pour l'exportation d'armes vers certaines destinations, la Belgique procède sur base d'un enregistrement et d'une déclaration du ministère, cette déclaration devant être produite pour toute exportation. La Belgique procède par ailleurs sur base de licences individuelles pour les matières ou destinations sensibles et sur base de la licence générique dans le cadre de l'UE. Le Luxembourg procède la plupart du temps sur base de licences individuelles et attache beaucoup d'importance à la déclaration d'utilisation finale.

Les Pays-Bas préparent un projet de loi relatif à la participation au « Framework agreement » et à OCCAR dans le cadre de POLARM (le groupe de travail de l'UEO-UE en matière de politique européenne de l'industrie d'armement). Les Pays-Bas communiqueront à la Belgique des informations sur les procédures d'adhésion.

Dans le cadre du groupe de travail de l'UE COARM, un échange de vues a eu lieu sur les efforts importants fournis par la Suède pour réaliser des progrès pour l'application du principe de « no undercut » lorsqu'il s'agit d'une « essential identical transaction ». Il faut éviter à cet égard que des demandes courent simultanément dans plusieurs pays.

Le règlement de l'UE relatif aux produits à double usage a un effet direct dans les Etats membres. Les Pays-Bas préparent l'incrimination et examinent les biens immatériels. Les pays du Benelux tendront sous la présidence belge vers une simplification de l'annexe IV du règlement.

Le mécanisme de consultation du Benelux en matière d'exportation de produits stratégiques – qui prévoit des consultations entre pays partenaires – fonctionne bien de l'avis des délégations.

Statistiques Benelux de la navigation maritime

Le Secrétariat général du Benelux publie les « Statistiques Benelux de la navigation maritime » en collaboration avec la Centraal Bestuur voor de Statistiek aux Pays-Bas et l'Institut national des statistiques en Belgique. C'est grâce à cette publication que l'on dispose d'une série de données qui sont basées sur les mêmes définitions et méthodes et qui recourent aux mêmes sources. La dernière édition montre qu'après le pic de 575 millions de tonnes enregistré en 1998, les transbordements ont diminué pour atteindre 563 millions de tonnes en 1999. Le Benelux reste toutefois la porte d'accès n° 1 de l'Europe.

Le nombre de passagers transportés a fortement diminué depuis 1994, passant de 3,6 millions à 1,7 million en 1999. Cette évolution peut être attribuée à la forte concurrence livrée par le tunnel sous la Manche.

La croissance des transbordements de conteneurs reste spectaculaire et compense partiellement la diminution des arrivées de marchandises en vrac.

Concertation ad hoc sur les multinationales

Après la révision en juin 2000 des Principes directeurs à l'intention des entreprises multinationales par le Conseil des ministres de l'OCDE, il est apparu nécessaire de relancer les travaux du groupe ad hoc Benelux sur les multinationales.

Il s'avérait en effet judicieux de poursuivre les échanges de vues qui s'étaient instaurés avec succès entre les partenaires du Benelux et de continuer cette coopération qui avait fortement contribué à la décision d'actualiser les principes directeurs. Une réponse a aussi été préparée à la recommandation de votre Conseil sur l'internationalisation de la vie économique dans les trois pays du Benelux et le problème du transfert à l'étranger des centres de décision.

L'activité des points de contact figure depuis longtemps à l'agenda des concertations Benelux. Le Luxembourg s'est d'ailleurs inspiré du modèle belge pour constituer son point de contact national. La coopération Benelux dans ce secteur, où la mondialisation de l'économie engendre sans cesse de nouvelles questions, a contribué à renforcer l'équilibre d'influence entre grands et petits partenaires de l'OCDE. On en trouve l'illustration par le fait que la présidence du groupe de travail chargé de l'actualisation des principes directeurs a été confiée à un fonctionnaire néerlandais du ministère des Affaires économiques. En outre, la présidence de la première réunion annuelle des points de contact nationaux en charge des principes directeurs est revenue au président du point de contact belge.

Sous l'influence du Parlement européen, l'Union européenne se penche de plus en plus sur cette question mais elle ne dispose que d'une compétence limitée en la matière. Ceci explique pourquoi ses fonctionnaires sont fortement intéressés par les résultats de la coopération Benelux.

Durant sa présidence de l'Union européenne, la Belgique attachera une grande importance à l'avancée de certains thèmes inscrits dans les principes directeurs comme les relations professionnelles, l'environnement, le développement durable, la protection du consommateur et la lutte contre la corruption.

CONCERTATION AVEC LES CHAMBRES DE COMMERCE BILATERALES

Le Secrétariat général accueille chaque semestre une réunion des Chambres de commerce bilatérales, à savoir, la Chambre de commerce belgo-luxembourgeoise pour les Pays-Bas (BELUNED) et la Chambre de commerce néerlandaise pour la Belgique et le Luxembourg.

Dans cette concertation, il est question des entraves existantes et nouvelles que le secteur privé rencontre dans les échanges transfrontaliers entre les pays partenaires. Les Chambres sont informées des développements pertinents dans le cadre du Benelux.

L'attention s'est portée particulièrement sur les réorganisations profondes subies par les deux Chambres.

BELUNED a réussi son opération de transformation et un nouveau conseil d'administration a été mis en place tandis qu'une nouvelle politique et une nouvelle stratégie ont été définies. Les priorités sont de faire de BELUNED un centre de promotion commerciale de la Belgique et du Luxembourg aux Pays-Bas, de créer un guichet unique et d'approcher de manière sectorielle du marché néerlandais.

La Chambre de commerce néerlandaise pour la Belgique et le Luxembourg a adopté une approche nouvelle pour guider les entreprises néerlandaises qui souhaitent opérer en Belgique et au Luxembourg. L'élément essentiel est constitué par un site internet interactif dont elle entend se servir comme d'un « one-stop-shopping market place ».

CHAPITRE IV: LA LIBRE CIRCULATION DES PERSONNES ET LA COOPERATION DANS LE DOMAINE DES QUESTIONS POLICIERES ET JUDICIAIRES

1. LA LIBRE CIRCULATION DES PERSONNES

Cette partie n'était pas disponible au moment de la finalisation du présent rapport.

2. LA COOPERATION DANS LE DOMAINE DES QUESTIONS POLICIERES ET JUDICIAIRES

Dans le cadre de la concertation de Senningen, il a été décidé que le Secrétariat général apporterait un soutien logistique à la coopération policière belgo-néerlandaise (BNPS). Ce soutien comportera entre autres l'édition et la diffusion du bulletin d'information BNPS, l'accueil de l'assemblée annuelle de BNPS et des réunions des coordinateurs belge et néerlandais pour la coopération policière internationale.

La politique des drogues fait désormais partie de la concertation Benelux. Les aspects judiciaires et policiers de la concertation Benelux sur les drogues seront traités dans le cadre de la concertation de Senningen (voir Chapitre V, partie 1, « Politique de la drogue »).

CHAPITRE V: LES NOUVELLES TACHES

1. LA POLITIQUE DE LA DROGUE

Votre Conseil a montré à plusieurs reprises l'intérêt qu'il porte à la problématique de la drogue. Il a élaboré une recommandation relative à la prévention, à l'aide et à la lutte dans ce domaine en demandant aux gouvernements des pays du Benelux d'aborder d'une manière plus coordonnée et plus intensive encore la problématique de la toxicomanie en créant un groupe d'experts commun « Drogues Benelux ».

En réponse, le Comité de Ministres s'est engagé à examiner cette demande en tenant compte des activités dans d'autres enceintes auxquelles participent également les partenaires Benelux et qui tendent vers le même but.

Un « Groupe de pilotage DROGUE Benelux », composé d'experts des trois pays, a été instauré. Une première réunion de ce groupe s'est déroulée le 16 mai 2001.

Dans une première phase, chaque délégation a présenté la politique menée au plan national en matière de lutte contre la toxicomanie et dans une seconde phase, la discussion a porté sur la possibilité d'une coopération Benelux en la matière.

La délégation belge a commenté la note relative à la drogue telle qu'adoptée, au début de la nouvelle législature, par le Gouvernement fédéral belge et les principaux points d'actions sont : une approche intégrée et globale dans la mise en œuvre, davantage d'épidémiologie, une politique de prévention basée sur la dissuation, une politique novatrice d'assistance et d'offre de soins aux toxicomanes et une répression pénale plus uniforme par les autorités judiciaires. De plus, les modifications législatives intervenues récemment en Belgique sur la détention de cannabis et allant dans le sens d'une dépénalisation ont été évoquées.

La délégation néerlandaise a présenté la politique néerlandaise en matière de cannabis. Elle a commenté les résultats des dernières études épidémiologiques en matière de consommation de drogues qui mettent en évidence l'efficacité de la politique de prévention aux Pays-Bas. Elle a également décrit plusieurs initiatives mises en œuvre pour le traitement des toxicomanes (méthadone, héroïne, centre de développement). Actuellement, la production de drogues synthétiques préoccupe les autorités néerlandaises qui rencontrent beaucoup de difficultés à identifier les lieux de production.

La délégation luxembourgeoise a exposé le volet pénal de sa nouvelle politique en matière de drogues, axée non seulement sur l'aspect répressif mais également sur l'amélioration de la situation des toxicomanes. Quant à la question du cannabis et de ses dérivés, la nouvelle loi tolère une consommation à titre personnelle tout en gardant un caractère pénalement punissable en cas de poursuite. Elle a aussi précisé les initiatives mises en œuvre en matière de prévention et d'aide aux toxicomanes.

Les trois délégations ont confirmé l'intérêt de se réunir deux fois par an dans la composition actuelle pour pouvoir suivre les développements de cette politique dans les trois pays du Benelux, permettre des échanges d'informations et de vues sur la politique générale en matière de drogues et élaborer, si possible, une approche commune des dossiers européens.

Enfin, elles ont défini les grands thèmes pour lesquels une coopération Benelux sera mise en œuvre à l'avenir sous forme ad hoc. Ainsi, deux nouveaux groupes seront créés :

- le premier aura pour tâche d'approfondir les sujets de prévention, d'aide et d'épidémiologie ;
- le second développera une coordination accrue des aspects judiciaires et policiers dans la répression de la toxicomanie.

Le Conseil de l'Union économique a donné son accord, en date du 5 juin 2001, pour une concertation formelle et régulière à l'avenir en matière de drogues dans le cadre des activités Benelux.

2. L'ENSEIGNEMENT

Le Secrétariat général du Benelux participe aux préparations visant à la création d'une « Formation transnationale Small Business » à la frontière entre la Flandre et les Pays-Bas. Le « Karel de Grote-Hogeschool Antwerpen » et le « Hogeschool Antwerpen » pour la Flandre et le « Brabantse Hogeschool » pour les Pays-Bas sont associés au projet. L'idée est de lancer le projet durant l'année académique 2002-2003.

Le projet comporte le développement de la formation de chefs d'entreprise qui conduit au grade de « Bachelier », conformément aux principes de Bologne. L'élément clé de la déclaration de Bologne est la création d'un espace européen pour l'enseignement supérieur. Le projet comporte deux parties :

1. le développement

Le contenu et le concept pédagogique de formation sont définis de part et d'autre de la frontière en collaboration entre les entreprises et les établissements d'enseignement supérieur.

2. le projet pilote

La formation sera testée à Anvers et à Breda. Chaque thème sera suivi d'une évaluation et d'adaptations. L'enseignement sera ensuite transféré dans les organisations existantes.

Les objectifs de cette formation entrepreneuriale transnationale sont :

- promouvoir un esprit d'entreprise transnational dans la région frontalière entre la Flandre et les Pays-Bas ;
- mettre sur pied une forme de coopération entre l'enseignement supérieur en Flandre et aux Pays-Bas qui doit déboucher sur une formation concrète ;
- encourager la mobilité des étudiants et des enseignants entre la Flandre et les Pays-Bas ;
- encourager la coopération de l'enseignement supérieur en région frontalière avec les entreprises en région frontalière de manière à adapter les qualifications aux besoins du secteur privé et spécifiquement des PME belges et néerlandaises.

3. L'ANNEE EUROPEENNE DES LANGUES 2001

L'Année européenne des langues 2001 (AEL 2001) est une initiative du Conseil de l'Europe et de l'Union européenne, en collaboration avec l'UNESCO. Celle-ci vise :

- la diversité linguistique de l'Europe ;
- l'intérêt d'apprentissage d'une langue étrangère (Life long learning) afin que tous les Européens puissent faire face au défi d'un continent multilingue et multiculturel de plus en plus interactif ;
- la promotion de la compréhension mutuelle, de la tolérance et du respect de la diversité culturelle.

Souhaitant amplifier la portée de cet événement, le Comité de Ministres a fait part de son souhait de travailler, au niveau du Benelux, à la mise en place de projets communs et d'examiner si l'initiative ne pouvait servir de rampe de lancement pour une coopération plus poussée à l'avenir entre les trois pays partenaires. Cette approche s'inscrit parfaitement dans la logique du rapport « Le Benelux sous un jour nouveau » qui plaidait pour la mise en place de structures de coopération formelles dans le domaine de l'enseignement et de la formation, en particulier si ces structures devaient être axées sur la compétitivité et l'infrastructure des connaissances.

Répondant à l'appel du Comité de Ministres, le Secrétariat général a réuni les coordinateurs nationaux des trois pays pour l'AEL 2001. Les concertations ont permis de confirmer quelques partenariats élargis, comme pour le projet néerlandais « Taal over grenzen », le projet des marionnettes de la Communauté germanophone ou le projet « poésie/langue » du Grand-Duché de Luxembourg. Elles ont également mis en lumière la volonté des partenaires de maintenir leurs contacts au-delà de l'AEL 2001.

Le projet néerlandais sur l'enseignement plurilingue dans les zones frontalières

Ayant constaté que l'on utilisait facilement la langue anglaise pour la communication, les autorités néerlandaises ont développé un projet pour soutenir d'autres langues comme l'allemand et le français. Dans le cadre de l'AEL, le projet « Taal over grenzen » se développe autour d'une journée de travail centrée sur l'échange d'informations concernant la « langue voisine ». S'adressant initialement à des écoles allemandes et françaises, le projet a été étendu suite aux contacts Benelux à diverses écoles flamandes, bruxelloises et wallonnes.

Le projet des marionnettes de la Communauté germanophone

L'objectif principal de ce projet est de sensibiliser un public aussi large que possible à la diversité des langues en Europe et de susciter l'envie de commencer ou de continuer l'apprentissage d'une langue. Le projet débouchera sur une tournée de spectacles qui sillonnera les trois communautés belges, mais aussi les régions frontalières des Pays-Bas, de la France, du Luxembourg et de l'Allemagne (sur les territoires couverts par la Grande Région et l'Euregio Meuse-Rhin). Cette tournée verra une dizaine de troupes se produire dans les quatre langues officielles (allemand, français, luxembourgeois et néerlandais) du Benelux.

Le projet « poésie/langue » du Grand-Duché de Luxembourg

Cette initiative présentera une cinquantaine de poèmes, sur affiches, dans leur langue originelle ainsi que dans une langue comprise au Luxembourg (allemand, français, luxembourgeois et anglais). L'objectif est de se servir de l'écriture poétique pour attirer l'attention du grand public sur l'intérêt du multilinguisme, l'importance de la culture dans l'enseignement et l'intérêt d'une traduction. Par le biais d'une affiche rédigée dans les langues officielles du Benelux, cette initiative pourrait encore recevoir une dimension Benelux.

CHAPITRE VI : LA COOPÉRATION ENTRE LE CONSEIL INTERPARLEMENTAIRE CONSULTATIF DE BENELUX ET LE COMITÉ DE MINISTRES

Les sessions plénières de votre Conseil ont été préparées par les commissions compétentes qui ont bénéficié à cette occasion du soutien du Secrétariat général ainsi que des fonctionnaires des ministères concernés.

Au cours de la session d'automne 2000, tenue à la Première Chambre des Etats Généraux à La Haye, les ministres suivants ont participé aux débats au nom du Comité de Ministres: Madame Jorritsma, vice-premier-ministre et ministre des Affaires économiques, Madame Netelenbos, ministre des Communications et de l'Infrastructure, Monsieur Bos, secrétaire d'Etat aux Finances, Monsieur Korthals, ministre de la Justice, Monsieur Hermans, ministre de l'Enseignement, de la Culture et des Sciences, et Monsieur De Vries, secrétaire d'Etat à l'Intérieur et aux Affaires du Royaume. Les débats ont porté notamment sur le problème des écotaxes, la coopération dans le cadre du marché intérieur et plus particulièrement entre les services vétérinaires des trois pays, l'évolution dans la région de la mer du Nord à la lumière du 5e Rapport néerlandais concernant l'aménagement du territoire, l'interaction entre la fiscalité du système bancaire et le secret bancaire, la politique en matière de drogues, l'Année européenne des langues (2001), l'Université transnationale du Limbourg, la coopération transfrontalière et la santé publique, en particulier les transports ambulanciers dans la région frontalière belgo-néerlandaise.

Lors de la session plénière du printemps 2001, tenue à la Chambre des Députés à Luxembourg sous la houlette du nouveau président, Monsieur Schummer (Luxembourg), le Comité de Ministres a été représenté par Madame Polfer, vice-premier ministre et ministre des Affaires étrangères, Monsieur Goerens, ministre de la Coopération, de l'Action humanitaire et de la Défense, Monsieur Boden, ministre de l'Agriculture, de la Viticulture et de Développement rural ainsi que Monsieur Berger, secrétaire d'Etat à l'Environnement. Cette session a été principalement consacrée à la politique extérieure du Benelux, à la problématique de la fièvre aphteuse et de la maladie de la vache folle ainsi qu'aux conséquences des changements climatiques.

La session d'été 2001 a, quant à elle, été rehaussée par la présence de Monsieur Juncker, Premier ministre, ministre d'Etat et ministre des Finances, Madame Polfer, Messieurs Boden et Berger ainsi que Madame Hennicot-Schoepges, ministre de la Culture, de l'Enseignement supérieur et de la Recherche, et ministre des Travaux publics. Outre les enjeux de la présidence belge de l'Union européenne au cours du second semestre de 2001, il a surtout été question de la ratification du protocole de Kyoto, de rapprochements dans les dossiers fiscaux, de la coopération militaire, de la coopération transfrontalière et du multilinguisme. A cette occasion, Madame Polfer, ministre des Affaires étangères qui présidera le Comité de Ministres Benelux à partir du 1er juillet 2001, a rappelé que le Benelux est, pour beaucoup de partenaires et de pays candidats à l'adhésion de l'Union européenne, un modèle de collaboration politique réussie.

Les gouvernements ont répondu à 14 recommandations et questions écrites de votre Conseil. Celles-ci concernaient la coopération transfrontalière en matière de sécurité policière et non policière, la faune et la flore, les règlements sanitaires Benelux, le problème de contrôle intégral de la chaîne alimentaire et de la qualité dans l'agriculture et l'horticulture ainsi que des transferts d'animaux et des contrôles sanitaires, l'immatriculation de véhicules belges à l'étranger, la problématique de la dioxine et l'intégration des agricultures belge et néerlandaise, la fiscalité sur l'énergie, la sécurité routière, la région des Grands Lacs, l'internationalisation de la vie économique dans les trois pays du Benelux et le problème du transfert à l'étranger des centres de décision, la coopération au développement, la chasse aux phoques et l'Année européenne des langues.

BANQUE EUROPÉENNE POUR LA RECONSTRUCTION ET LE DÉVELOPPEMENT (BERD)

One exchange Square
Londres EC2A 2JN
Royaume-Uni
Tél. 00.44.20.7338.6000

Site web: http://www.ebrd.com/

Président : M. Jean Lemierre (France)

Historique :

La Banque européenne pour la reconstruction et le développement (BERD) a été créée en 1991. Son rôle est de favoriser la transition vers une économie de marché des pays d'Europe centrale et orientale et de la Communauté d'Etats indépendants (CEI) qui s'engagent à respecter et à mettre en pratique les principes de la démocratie, du pluralisme et de l'économie de marché, et d'y promouvoir l'initiative privée et l'esprit d'entreprise.

Composition :

60 Etats membres : Albanie, Arménie, Australie, Autriche, Azerbaïdjan, Bélarus, Belgique, Bosnie-Herzégovine, Bulgarie, Canada, Croatie, Chypre, République tchèque, Danemark, Egypte, Estonie, Finlande, ex-République yougoslave de Macédoine, République fédérale de Yougoslavie, France, Géorgie, Allemagne, Grèce, Hongrie, Islande, Irlande, Israël, Italie, Japon, République de Corée, Kazakhstan, Kirghizistan, Lettonie, Liechtenstein, Lituanie, Luxembourg, Malte, Mexique, Moldova, Mongolie, Maroc, Pays-Bas, Nouvelle-Zélande, Norvège, Pologne, Portugal, Roumanie, Fédération de Russie, République slovaque, Slovénie, Espagne, Suède, Suisse, Tadjikistan, Turquie, Turkménistan, Ukraine, Royaume-Uni, Etats-Unis d'Amérique et Ouzbékistan.

2 organisations membres : Communautés européennes et Banque européenne d'investissement.

Objectifs :

Les objectifs principaux consistent à :

- développer un secteur financier performant qui sert les besoins des entreprises et des ménages ;
- encourager la création d'entreprises en finançant de petites entreprises ;
- cibler les infrastructures à travers un programme d'investissement extensif ;
- assister la restructuration de grandes entreprises ;
- accroître l'équité des investissements privés ;
- améliorer l'administration des régions et créer de solides institutions ;

EUROPEAN BANK FOR RECONSTRUCTION AND DEVELOPMENT (EBRD)

One exchange Square
LONDON EC2A 2JN
United Kingdom
Tel. 00.44.20.7338.6000

Web site: http://www.ebrd.com/

President: Mr. Jean Lemierre (France)

Background:

The European Bank for Reconstruction and Development (EBRD) was established in 1991.It aims to foster the transition towards open market-oriented economies and multiparty democracy in 27 countries from central Europe to central Asia.

Composition:

60 Member States: Albania, Armenia, Australia, Austria, Azerbaijan, Belarus, Belgium, Bosnia and Herzegovina, Bulgaria, Canada, Croatia, Cyprus, Czech Republic, Denmark, Egypt, Estonia, Finland, FR Yugoslavia, FYR Macedonia, France, Georgia, Germany, Greece, Hungary, Iceland, Ireland, Israel, Italy, Japan, Kazakhstan, Republic of Korea, Kyrgyz Republic, Latvia, Liechtenstein, Lithuania, Luxembourg, Malta, Mexico, Moldova, Mongolia, Morocco, Netherlands, New Zealand, Norway, Poland, Portugal, Romania, Russian Federation, Slovak Republic, Slovenia, Spain, Sweden, Switzerland, Tajikistan, Turkey, Turkmenistan, Ukraine, United Kingdom, United States of America, Uzbekistan.

2 Member Organisations: European Community and European Investment Bank.

Aims:

The main aims of the EBRD are to:

- develop an efficient financial sector that serves the needs of enterprises and households;
- encourage entrepreneurship by financing small businesses;
- target infrastructure through an extensive investment programme;
- assist in the restructuring of large enterprises;
- expand private equity investments;
- improve governance in the region and create strong institutions;

- sauvegarder l'environnement ;
- améliorer les conditions de vie.

PAYS D'OPÉRATIONS :

Albanie; Arménie; Azerbaïdjan; Bélarus; Bosnie-Herzégovine; Bulgarie; Croatie; ex-République yougoslave de Macédoine; Estonie; Fédération de Russie; Géorgie; Hongrie; Kazakhstan; Kirghizistan; Lettonie; Lituanie; Moldova; Ouzbékistan; Pologne; République fédérale de Yougoslavie; République slovaque; République tchèque; Roumanie; Slovénie; Tadjikistan; Turkménistan; Ukraine.

FONCTIONNEMENT :

Le siège de la Banque européenne pour la reconstruction et le développement se trouve à Londres au Royaume-Uni. Elle a au moins un bureau résident dans chaque pays membre.

La BERD est dotée d'un Conseil des gouverneurs, d'un Conseil d'administration, d'un Président et de 4 Vice-Présidents ainsi que d'un secrétariat de 913 agents au siège de Londres et 247 dans les bureaux résidents.

Tous les pouvoirs de la BERD sont aux mains du Conseil des gouverneurs. Le Conseil des gouverneurs a délégué un grand nombre de ses pouvoirs au Conseil d'administration qui est responsable de la direction des opérations générales de la Banque et qui, entre autres, fixe les politiques et prend les décisions concernant les prêts, les prises de participation et les autres opérations conformément aux orientations générales arrêtées par le Conseil des gouverneurs.

En 2001, Le Président de la Banque est M. Jean Lemierre (France). Il préside le Conseil d'administration et, sous l'égide de ce dernier, conduit les affaires courantes de la Banque. En sa qualité de chef de l'administration, il est responsable de l'organisation de la Banque et des mouvements de personnel.

ACTIVITÉS 2001 – VUE D'ENSEMBLE

Au moment où les pays d'opérations de la BERD abordent la deuxième décennie de leur transition vers la démocratie et l'économie de marché, la Banque a renforcé ses activités d'investissement pour soutenir cette vaste région (27 pays s'étendant de l'Europe centrale à l'Asie centrale) et ses habitants dans un processus de transition sans précédent.

En 2001, les investissements annuels de la BERD ont atteint le niveau record de 3,66 milliards d'euros, soit une augmentation de 37 % par rapport à l'année 2000. La BERD a réagi aux nouveaux défis posés par le processus de réforme en développant de nouvelles formes de financement et en investissant dans de nombreux secteurs économiques de ses 27 pays d'opérations. Dans les pays aux premiers stades du processus de transition, la BERD a accru ses investissements de 14 %, les portant à 1,2 milliard d'euros, grâce principalement à une accélération significative des opérations en Asie centrale et en Europe du Sud-Est. En Russie, la croissance des investissements a atteint 42 %, passant de 579 à 822 millions d'euros. Dans les pays plus avancés d'Europe centrale, 1,6 milliard d'euros ont été investis, soit une augmentation de volume de 57 %.

La BERD adapte ses efforts en fonction des besoins spécifiques des différents pays de la région. En 2001, la BERD a lancé un plan d'action pour la République fédérale de Yougoslavie, qui est devenue en début d'année le 27e pays d'opérations de la Banque. Elle a également maintenu son rôle de premier plan dans le développement régional du secteur privé dans le

- safeguard the environment;
- improve living conditions.

Countries of operations

Albania; Armenia; Azerbaijan; Belarus; Bosnia and Herzegovina; Bulgaria; Croatia; Czech Republic; Estonia; Federal Republic of Yugoslavia; Former Yugoslav Republic of Macedonia; Georgia; Hungary; Kazakhstan; Kyrgyz Republic; Latvia; Lithuania; Moldova; Poland; Romania; Russia; Slovak Republic; Slovenia; Tajikistan; Turkmenistan; Ukraine; Uzbekistan.

Functioning:

The headquarters of the European Bank for Reconstruction and Development is located in London, United Kingdom. It has at least one Resident Office in each country of operations.

The powers of the EBRD are vested in a Board of Governors, consisting of representatives of each of the Bank's members. Responsibility for the direction of the general operations of the Bank has been delegated to a Board of Directors with 23 members, who are elected by Governors for a three-year term. The powers of the Board of Directors include establishing new policies, approving projects and overseeing the budget. The President is elected by the Board of Governors for a four-year term. The EBRD has a regular staff of 913 at its Headquarters and 247 in its Resident Offices.

In 2001, the President of the Bank was Mr. Jean Lemierre (France). The President chairs the Board of Directors. Under the direction of the Board, he conducts the business of the Bank and, as head of staff, is responsible for its organisation and for making staff appointments.

ACTIVITIES 2001 – OVERVIEW

As the countries where the EBRD operates moved into the second decade of transition towards democracy and the market economy, the Bank increased its investment activity to support this vast region (27 countries from central Europe to central Asia) and its people in their unprecedented process of transition.

The EBRD's annual investment reached a record level of €3.66 billion in 2001, a 37 per cent increase over 2000. The EBRD responded to new challenges in the reform process by developing new forms of financing and by investing in all 27 of its countries of operations across a broad range of sectors. In the countries at the earlier stages of the transition process, the EBRD increased its investment by 14 per cent to €1.2 billion. This was due mainly to a significant acceleration of operations in Central Asia and south-eastern Europe. In Russia investment increased by as much as 42 per cent, from €579 million to €822 million. In the more advanced countries of central Europe €1.6 billion was invested, a 57 per cent increase in volume.

The EBRD tailors its efforts to the specific needs of individual countries in the region. In 2001 the EBRD launched an Action Plan for the Federal Republic of Yugoslavia, which earlier in the year had become the Bank's 27th country of operations. It also maintained its lead role in the regional development of the private sector under the Stability Pact for South-eastern Europe, by helping alleviate some of the economic hardship caused by recent conflicts. In cadre du Pacte de stabilité pour l'Europe du Sud-Est, en contribuant à atténuer certaines des difficultés économiques entraînées par les récents conflits. Dans les pays les plus avancés d'Europe centrale, la BERD a accru ses activités, soutenant le processus d'adhésion à l'UE. Ailleurs, elle a continué à promouvoir les investissements en Russie et en Ukraine, où la croissance est restée solide en 2001, ainsi que dans le Caucase. En fin d'année, la Banque a développé un plan d'action pour l'Asie centrale visant à accélérer les projets d'investissement, tout particulièrement pour les petites entreprises et les infrastructures.

La croissance des activités de la BERD en 2001, y compris un niveau record de décaissements, a eu lieu malgré l'incertitude économique mondiale aggravée par les évènements du 11 septembre. Les décaissements bruts ont atteint 2,4 milliards d'euros, soit une augmentation de plus de 60 % par rapport à 2000. Cette tendance a été particulièrement évidente dans l'attribution à la Russie et à l'Asie centrale de financements qui ont dépassé 810 millions d'euros en 2001. Pendant toute l'année, la BERD a mis l'accent sur le développement des opérations afin que le solide élan de 2001 se maintienne. Le nombre de projets en cours s'est considérablement accru, la principale augmentation concernant la Russie et les pays aux premiers stades et aux stades intermédiaires de la transition.

En 2001, la croissance des activités de la BERD a été rendue possible par la résistance de la région face au ralentissement de l'économie mondiale. La croissance ne s'est que faiblement infléchie, la région continuant à progresser vers la libéralisation des marchés et les réformes structurelles. D'autres facteurs ont contribué à ces bons résultats: amélioration de la stabilité politique, progrès vers l'adhésion à l'UE, forts niveaux d'échange pour les économies exportatrices d'énergie, processus de paix en Europe du Sud-Est et poursuite du redressement en Russie. En 2001, pour la deuxième année consécutive, presque tous les pays de la région ont connu une croissance économique, qui s'est élevée en moyenne à 4,3 %.

La BERD a intensifié ses échanges avec des organisations non gouvernementales et d'autres groupes sur la question de l'impact environnemental de ses investissements. En particulier, elle a mis l'accent sur la responsabilité de ses clients en insistant sur l'application de la meilleure pratique internationale en matière de consultation du public. La Banque a renforcé son soutien aux projets susceptibles d'améliorer les conditions sociales dans la région, particulièrement en recherchant le soutien d'autres institutions financières internationales spécialisées dans ce domaine.

En 2001, plus des trois quarts des opérations de la BERD ont été menées avec le secteur privé. Pour promouvoir les réformes, la BERD a intégré dans ses accords de financement des conditions spécifiques visant à améliorer le climat d'investissement et a fermement soutenu le développement de la politique économique en offrant ses conseils aux autorités nationales. La Banque a accompli un effort particulier pour améliorer la qualité de ses opérations en termes d'impact sur le processus de transition.

La BERD applique à ses opérations les principes d'une saine gestion bancaire. Pour structurer ses financements en 2001, la Banque a tenu compte de l'incertitude du climat d'investissement, des limites des autres investisseurs en matière de prises de risques et de l'instabilité des marchés de capitaux. Elle a enregistré un bénéfice après dotation aux provisions de 157,2 millions d'euros, contre 152,8 millions d'euros en 2000. Cette augmentation est principalement due à la hausse du produit net des intérêts, aux importants reversements opérés au titre de projets qui avaient connu des difficultés (en particulier après la crise russe de 1998), à de solides performances de la Trésorerie et à la poursuite de la discipline budgétaire. Au cours de l'année, la Banque a consolidé son retour à des réserves positives, passées de 65,9 millions d'euros fin 2000 à 488,7 millions d'euros fin 2001.

the advanced countries of central Europe the EBRD increased its activities, supporting in the process the EU accession drive. Elsewhere, it further promoted investment in Russia and Ukraine, where growth remained strong in 2001, and in the Caucasus. At the end of the year the Bank developed an Action Plan for Central Asia aimed at accelerating investment projects, especially for small business and infrastructure.

The increase in the EBRD's activities in 2001, including a record level of disbursements, took place in spite of global economic uncertainty exacerbated by the events of 11 September. Gross disbursement reached €2.4 billion, over 60 per cent higher than the total in 2000. This trend was particularly evident in the allocation of funding to Russia and Central Asia, which exceeded €810 million in 2001. Throughout the year the EBRD placed emphasis on business development to ensure that the strong momentum gained in 2001 would be maintained. The number of projects under development grew considerably, with the largest increase being recorded in Russia and countries at the early and intermediate stages of transition.

The increase in EBRD activities in 2001 was made possible by the resilience of the region in the face of global slowdown. Strong growth weakened only slightly as the region continued to benefit from progress towards market liberalisation and structural reforms. Other important factors were an improvement in political stability, progress in EU accession, high levels of trade for the energy-exporting economies, the peace process in south-eastern Europe and Russia's success in maintaining recovery. For the second successive year, in 2001 all countries in the region recorded economic growth, averaging at 4.3 per cent.

The EBRD intensified its discussions with non-governmental organisations and other groups over the environmental impact of its investments. In particular, it stressed the responsibility of its clients by insisting on best international practice in public consultation. The Bank reinforced its support for projects that are expected to improve social conditions in the region, especially by seeking the assistance of other international financial institutions (IFIs) that specialise in this area.

Over three-quarters of the EBRD's business was conducted with the private sector in 2001. To promote reforms, the Bank introduced in its financing agreements specific conditions aimed at improving the investment climate and vigorously supported the development of economic policy by providing advice to national authorities. The Bank made a particular effort to improve the quality of its operations as measured by their expected influence on the transition process.

The EBRD applies sound banking principles to its operations. In structuring its financing in 2001, the Bank took into account the uncertainty in the investment climate, the lower risk appetite on the part of other investors, and the volatility of capital markets. The EBRD recorded a profit after provisions of €157.2 million for 2001 compared with a profit of €152.8 million for 2000. This increase was primarily due to higher net interest income, significant recoveries from projects that had experienced difficulties (in particular following the Russia crisis in 1998), strong Treasury results and continuing budgetary discipline. During the year the Bank consolidated its return to positive reserves, which increased from €65.9 million at the end of 2000 to €488.7 million at the end of 2001.

Une stratégie qui va de l'avant

En avril 2001, le Conseil des Gouverneurs de la BERD a approuvé le deuxième Examen des Ressources en Capital qui a confirmé que la Banque dispose de ressources suffisantes pour mettre en œuvre les priorités définies dans son document stratégique « Comment faire avancer la transition ». L'Examen a constaté qu'après dix années de fonctionnement, la BERD a accompli plusieurs performances :

- elle est devenue un investisseur majeur dans la région, son portefeuille ayant plus que doublé depuis le précédent Examen de 1996 ;
- elle a eu un impact croissant sur le processus de réforme, contribuant à la mise en place d'un système d'économie de marché ;
- elle s'est engagée à investir dans tous les pays qui se conforment aux principes démocratiques et sont déterminés à promouvoir l'économie de marché (Article premier de l'Accord portant création de la BERD) ; et
- elle est parvenue à un contrôle rigoureux des coûts.

L'Examen des Ressources en Capital a confirmé que la BERD devrait disposer d'un capital suffisant pour soutenir un développement solide et équilibré de son portefeuille. Elle pourra, entre autres, accroître le niveau de ses opérations en Russie et dans les pays aux premiers stades et aux stades intermédiaires de la transition et maintenir son niveau d'opérations dans les pays avancés. Le portefeuille de la Banque devrait ainsi dépasser les 17 milliards d'euros en 2005.

Pendant l'année 2001, les priorités institutionnelles définies dans le document « Comment faire avancer la transition » ont continué à fournir les orientations stratégiques des activités de la BERD.

Développement d'un secteur financier efficace

En 2001 la BERD a renforcé les systèmes financiers de la région, reconnaissant leur rôle essentiel dans le développement de l'économie de marché. Elle a continué à fournir des fonds aux institutions financières et à soutenir le renforcement des institutions et l'amélioration de la gestion des entreprises. Pendant l'année, la Banque a investi 1,1 milliard d'euros dans le secteur financier de 23 pays, soit une augmentation de 40 % par rapport à l'année précédente. En particulier, la BERD a participé à la privatisation et à la recapitalisation de banques. Les nouveaux produits comprennent des mécanismes de garantie, de crédit-bail et d'hypothèque.

Soutien à l'esprit d'entreprise

La BERD encourage l'esprit d'entreprise en soutenant les petites et moyennes entreprises (PME) dans toute la région. En 2001, elle a renforcé ce soutien en investissant dans des banques spécialisées dans les PME, en augmentant le nombre de lignes de crédit aux intermédiaires financiers et en développant ses programmes pour micro et petites entreprises. Les nouveaux engagements de financement des PME ont atteint presque 700 millions d'euros. Dans les pays candidats à l'adhésion à l'UE, la BERD a renforcé ses opérations via le mécanisme UE/BERD de financement des PME, engageant un total de 223 millions d'euros dans 17 banques. La taille moyenne des sous-prêts a été de 24.000 euros. La Banque a également développé ses programmes de microcrédit, qui ont accordé pendant l'année 70.000 micro et petits prêts pour une valeur de plus de 650 millions d'euros. Le Fonds pour les petites entreprises de Russie a fourni à lui seul un financement de plus de 280 millions d'euros aux micro et petites entreprises. Fin 2001, les programmes de microcrédit de la BERD avaient accordé plus de 150.000 prêts aux entreprises pour une valeur de plus de 1,4 milliard d'euros.

Driving the Bank's strategy forward

In April 2001 the EBRD's Board of Governors approved the second Capital Resources Review, which confirmed that the Bank has sufficient resources to implement the priorities set out in its strategy document "Moving Transition Forward". The Review noted that after ten years of operations, the EBRD had established a number of benchmarks:

- the Bank had become a major investor in the region, more than doubling its portfolio since the last Review in 1996;
- it had achieved a growing impact on the reform process, helping to establish a market system;
- the Bank was committed to investing in all countries that complied with democratic principles and the promotion of market economics (Article 1 of the Agreement Establishing the EBRD); and
- it had achieved a strong level of cost control.

The Review confirmed that the EBRD is expected to have sufficient capital to support a robust and balanced development of its portfolio. This includes increasing the level of its operations in Russia and countries at the early and intermediate stages of transition and maintaining its level of operations in the advanced transition countries. The Bank's portfolio is projected to exceed €17 billion by 2005.

In the course of 2001 the institutional priorities spelled out in "Moving Transition Forward" continued to provide strategic guidance to the EBRD's activities.

Developing an efficient financial sector

In 2001 the EBRD strengthened the region's financial systems in recognition of their key role in the development of market economies. The Bank continued to provide funding to financial institutions and to support institution-building and improvements in corporate governance. During the year the Bank invested €1.1 billion in the financial sector in 23 countries, an increase of 40 per cent over the previous year. The EBRD participated in particular in the privatisation and recapitalisation of banks. New products included a guarantee facility, leasing facilities and mortgage facilities.

Fostering entrepreneurship

The EBRD encourages entrepreneurship by providing support to small and medium-sized enterprises (SMEs) throughout the region. In 2001 it stepped up this support by investing in banks focusing on SMEs, increasing the number of credit lines to financial intermediaries and by expanding its small and micro business programmes. New commitments for SME financing rose to nearly €700 million. In the EU accession countries, the EBRD expanded its operations through the EU/EBRD SME Finance Facility, committing a total of €223 million to 17 banks. The average sub-loan size was €24,000. The Bank also developed its micro-lending programmes, which disbursed 70,000 micro and small loans worth over €650 million during the year. The Russia Small Business Fund alone provided financing of more than €280 million to micro and small enterprises. By the end of 2001, the EBRD's micro-lending programmes had disbursed over 150,000 business loans worth more than €1.4 billion.

Objectif : les infrastructures

En réponse aux besoins d'investissement dans les infrastructures qui sont d'environ 35 milliards d'euros par an, la BERD a développé son programme d'investissement, en mettant particulièrement l'accent sur les projets dans les secteurs des infrastructures municipales et environnementales (IME), du rendement énergétique, de l'électricité et des transports. Dans le secteur des IME, la BERD a développé des projets dans les domaines du traitement et de la distribution de l'eau, de la collecte et du traitement des eaux usées, de la gestion des déchets solides, du chauffage et des transports urbains. Dans les pays candidats à l'adhésion à l'UE, les investissements de la Banque dans le développement des infrastructures soutiennent les efforts de ces pays pour se conformer aux normes de l'UE.

Aide à la restructuration des entreprises

La BERD a continué à s'attaquer au problème des industries vieillissantes et non rentables de la région en participant à la restructuration dans des domaines tels que l'énergie, les chemins de fer et la construction navale. Pendant l'année, la Banque a joué un rôle important dans le processus de restructuration du secteur russe de production d'électricité grâce à un prêt de 50 millions d'euros à RAO UES, qui contrôle et exploite le réseau national. En Roumanie, la Banque a entrepris son premier grand projet de restructuration avec un investissement de 113 millions d'euros pour soutenir l'aciérie Sidex. En Croatie, la Banque a contribué à relancer la restructuration du secteur de la construction navale par son soutien aux chantiers d'Uljanik.

Soutien aux participations privées

En 2001, la BERD a continué à jouer un rôle important dans le processus de transition par ses prises de participation, même si leur volume est tombé à 476 millions d'euros, contre 695 millions en 2000. En désignant des participants aux Conseils d'administration des entreprises concernées, la Banque contribue à en améliorer la gestion et à apporter une valeur ajoutée à ses investissements. En 2001, une grande partie des prises de participation de la BERD a concerné des banques et des compagnies d'assurance/fonds de pension d'Europe centrale. Ces investissements sont venus compléter des activités importantes dans les secteurs des télécommunications et de l'immobilier. Les investissements dans les fonds de placement sont restés un élément clé des activités de la Banque et plusieurs opérations complémentaires ont été réalisées en faveur de bons gestionnaires de fonds. La BERD a également accru le rythme de ses investissements dans le programme de Fonds régionaux de capital-risque en Russie et en Asie centrale.

Amélioration de la gouvernance dans la région

En contribuant à la création d'un solide cadre réglementaire dans ses pays d'opérations, la BERD encourage une bonne gouvernance et prépare le terrain pour les investissements étrangers. En 2001, la Banque a aidé la Commission fédérale russe du marché boursier à développer un Code de gestion des entreprises adopté en novembre par le Gouvernement russe. Ce code introduit des règles et procédures unifiées qui jetteront les bases d'une politique de l'entreprise et d'une administration des affaires justes et souples. La Banque a également aidé l'Assemblée interparlementaire de la CEI à rédiger une loi type sur les opérations de bourse qui donne aux douze pays de la CEI une norme unique pour établir des règles nationales pour leurs

Targeting infrastructure

In response to investment needs in infrastructure of about €35 billion annually, the EBRD expanded its investment programme, placing particular emphasis on projects in the municipal and environmental infrastructure (MEI) sector, energy efficiency, power and transport. In the MEI sector the Bank developed projects in the areas of water treatment and supply, waste-water collection and treatment, solid waste management, district heating and urban transport. In the EU accession countries the Bank's investment in infrastructure development is supporting these countries' efforts to meet EU standards.

Assisting enterprise restructuring

The EBRD continued to address the problem of the region's obsolete and non-competitive industries by participating in restructuring in areas such as energy, railways and shipbuilding. During the year the Bank played an important role in launching the restructuring process of Russia's power generation sector with a €50 million loan to RAO UES, which owns and operates the national grid. In Romania the Bank undertook its first major restructuring project through its US$ 113 million investment in support of the Sidex steel mill. In Croatia the Bank helped kick-start the restructuring of the shipbuilding sector through its support for the Uljanik Shipyard.

Supporting private equity investments

Through its equity investments, the EBRD continued to play an important role in the transition process in 2001 even though the volume of equity investments declined to €476 million, from €695 million in 2000. By appointing nominees to the Boards of investee companies, the Bank helps to improve corporate governance and bring added value to its investments. In 2001 a large proportion of the EBRD's equity investments were in banks and insurance/pension companies in central Europe. This was in addition to substantial activity in the telecommunications and property sectors. Investment in equity funds remained an important element of the Bank's activities, and a number of follow-on investments were made to support successful fund managers. The EBRD also increased the pace of its investments in the Bank's Regional Venture Funds programme in Russia and Central Asia.

Improving governance in the region

By helping to create a sound regulatory framework in its countries of operations, the EBRD fosters good governance and paves the way for foreign investment. In 2001 the Bank assisted Russia's Federal Commission for the Securities Market in developing a Corporate Governance Code endorsed in November by the Russian Government. The Code introduces unified corporate rules and procedures to form the basis for a fair and flexible corporate policy and business administration. The Bank also helped the CIS Inter-Parliamentary Assembly to draft a Model Securities Law giving the 12 countries of the CIS a single standard by which to draft national rules for their capital markets. In addition, the EBRD helped the countries marchés de capitaux. Par ailleurs, la BERD a aidé les pays d'Europe du Sud-Est et a largement contribué aux mesures visant à améliorer la gouvernance dans ces pays.

LA SAUVEGARDE DE L'ENVIRONNEMENT

La BERD est tenue par son mandat de tenir compte de l'environnement dans toutes ses opérations. En 2001, la Banque a fourni un financement de plus de 240 millions d'euros à l'appui de projets comportant des effets bénéfiques fondamentaux pour l'environnement dans les domaines des infrastructures municipales et de l'efficacité énergétique. Bon nombre d'autres projets comportaient également des composantes environnementales telles que la réduction des émissions et le traitement des eaux d'égouts. Dans le secteur de l'énergie, de nouveaux projets ont été conçus qui encouragent les technologies propres et l'énergie renouvelable ainsi que l'efficacité de l'énergie, la réduction et le recyclage des déchets. Afin d'aider à relever les défis environnementaux considérables dans la région, le Partenariat pour l'environnement de la dimension septentrionale (NDEP) a été lancé en 2001. Ce partenariat vise à renforcer et à coordonner le financement d'importants projets environnementaux en Europe septentrionale ayant des répercussions transfrontalières, notamment en Russie du Nord-Ouest.

Grâce à ses investissements, la Banque continue de jouer un rôle important dans la protection de la région contre les risques occasionnés par les installations nucléaires. A l'heure actuelle, la BERD gère des projets d'un montant total de 1,5 milliard d'euros. Parmi ceux-ci figurent les Fonds pour le sarcophage de Tchernobyl et la fermeture des réacteurs nucléaires de première génération conçus par les Soviétiques en Bulgarie, Lituanie, République slovaque et Ukraine.

AMÉLIORATION DES CONDITIONS DE VIE

Grâce à la forte croissance économique qu'ont connue en 2001 certains des pays les plus pauvres de la région – notamment l'Albanie, l'Arménie, le Bélarus, le Kirghizistan et la Moldova – on a constaté une amélioration générale des niveaux de vie dans la plupart des pays. Toutefois, les inégalités économiques se sont accrues depuis le début des réformes et le nombre de personnes vivant dans la pauvreté reste élevé, particulièrement dans la CEI et en Europe du Sud-Est. La gestion des conséquences sociales des changements structurels et institutionnels reste l'un des principaux défis du processus de transition. Le secteur privé a un rôle essentiel à jouer dans l'atténuation des conséquences sociales de la transition: création de nouveaux emplois, investissements dans des technologies non polluantes et amélioration des services publics, particulièrement dans les secteurs de l'énergie et des infrastructures municipales et environnementales.

Conformément à son mandat qui l'appelle à soutenir les activités du secteur privé, la BERD a continué l'an passé à financer des projets qui améliorent les conditions de vie de nombreux habitants de la région. Ces résultats ont été obtenus par des investissements en faveur des PME (soutien à plus de 600 000 emplois dans la seule Fédération de Russie), de la gestion des déchets et de la distribution de l'eau et du rendement énergétique. Dans certains cas, une aide spécifique a été fournie à de grandes entreprises, telles que les chemins de fer polonais, pour les aider à gérer les suppressions d'emplois rendues nécessaires par le processus de restructuration.

of south-eastern Europe and was in the forefront of measures to improve governance in these countries.

Safeguarding the environment

The EBRD is required by its mandate to take account of the environment in all of its operations. In 2001 the Bank provided financing of over €240 million in support of projects with fundamental environmental benefits in the areas of municipal infrastructure and energy efficiency. Many other projects also included environmental components, such as reductions in emissions and waste-water treatment. In the energy sector, new projects were developed promoting clean technologies and renewable energy as well as energy efficiency, waste reduction and recycling. To help address the considerable environmental challenges in the region, the Northern Dimension Environmental Partnership (NDEP) was launched in 2001. The NDEP aims to strengthen and coordinate financing of important environmental projects in northern Europe with cross-border effects, especially in north-west Russia.

Through its investments, the Bank continues to play an important role in safeguarding the region against risks caused by nuclear facilities. Currently the EBRD manages projects totalling €1.5 billion. These include the Chernobyl Shelter Fund and the decommissioning of first-generation Soviet-designed nuclear reactors in Bulgaria, Lithuania, the Slovak Republic and Ukraine.

Improving living conditions

Following strong economic growth in some of the poorest countries in the region in 2001 – notably Albania, Armenia, Belarus, Kyrgyzstan and Moldova – living standards for the average person have improved in most countries. However, economic inequality has risen since reforms began and the number of poor people, particularly in the CIS and in south-eastern Europe, remains high. Managing the social effects of structural and institutional change remains one of the central challenges of the transition process. The private sector has a key role to play in alleviating the social burden of transition through the creation of new jobs, investments in environmentally friendly technology, and improvements to public services, particularly in the energy sector and in municipal and environmental infrastructure.

Fulfilling its mandate in support of private sector activity, during the past year the EBRD continued to fund projects that lead to improved living conditions for many people in the region. This was achieved through investments in SMEs (supporting over 600,000 jobs in Russia alone), in waste management and water supply, and in energy efficiency. In some cases targeted assistance was provided to large companies, such as Polish Railways, to help manage unavoidable redundancies during the process of restructuring.

DES ACTIONS ADAPTÉES AUX BESOINS RÉGIONAUX

Appui au redressement en Russie

Le volume croissant de ses investissements en Russie témoigne de la volonté de la BERD d'aider ce pays à mettre en valeur les progrès de la réforme. En 2001, la BERD a porté le niveau de ses investissements annuels dans ce pays à 822 millions d'euros, le montant total de ses investissements en Russie atteignant ainsi 4,3 milliards d'euros. Pendant l'exercice, la BERD a cherché à encourager le développement du secteur privé par le biais d'investissements dans le secteur financier, les ressources naturelles, l'agro-industrie, les projets industriels, les infrastructures municipales, les télécommunications et les petites entreprises. La BERD a également poursuivi ses pourparlers avec les pouvoirs publics au sujet de la réforme du secteur bancaire et d'autres secteurs.

Accélération de l'activité en Asie centrale

Au cours de la dernière décennie, la BERD a constitué un portefeuille de plus 1,3 milliard d'euros en Asie centrale, ce qui la place au nombre des plus gros investisseurs dans la région. Par suite du ralentissement de l'économie mondiale, l'intérêt des investisseurs étrangers pour la région a diminué. La région s'est aussi heurtée à des restrictions aux emprunts souverains, à une nouvelle détérioration de la conjoncture et à l'éloignement des marchés mondiaux. Pendant l'exercice, la Banque a dressé un Plan d'action – Accelerating Activity in Central Asia (Accélération de l'activité en Asie centrale) – qui porte en priorité sur le développement du secteur privé et la facilitation du commerce étayés par un mécanisme régional de partage des risques. En collaboration avec d'autres institutions et donateurs, ce plan vise à accélérer l'élaboration des projets, à financer le renforcement des institutions, à accroître les prêts aux PME, à encourager le financement du commerce et à moderniser l'infrastructure de la région. Ce plan contribuera aussi à soutenir la région après les événements du 11 septembre.

Renforcement du processus de réforme dans le Caucase

En 2001, la BERD s'est employée à affermir la réforme économique en Arménie, en Azerbaïdjan et en Géorgie en renforçant le secteur financier de la région, en favorisant le développement du secteur privé par le biais d'une assistance financière aux PME et aux micro-entreprises et en envisageant la possibilité de procéder à des investissements sélectifs dans l'infrastructure. En particulier, la BERD a augmenté son appui au financement des micro, petites et moyennes entreprises.

Transition économique et processus d'adhésion à l'UE

Le processus d'adhésion à l'UE a continué d'offrir à la BERD la possibilité d'accroître ses investissements dans les pays candidats à l'adhésion et de servir les objectifs qui sont communs à son mandat et au processus d'adhésion à l'UE. En 2001, la Banque a encouragé le développement des institutions dans des domaines tels que le droit des sociétés, les règles de la concurrence, les transports, l'énergie et les télécommunications, la réglementation financière et l'agriculture. Le volume des opérations de la BERD est resté conséquent, représentant 54 % de l'ensemble des engagements de la Banque en 2001. La BERD se propose de maintenir un haut niveau d'activité dans ces pays jusqu'à leur adhésion à l'UE et au-delà. Parallèlement, elle

TARGETING RESPONSES TO REGIONAL NEEDS

Supporting Russia's recovery

The increasing volume of EBRD investment in Russia demonstrates the Bank's commitment to help the country capitalise on reform gains. In 2001 the EBRD increased its annual investment level to €822 million, bringing the Bank's total investment in Russia to €4.3 billion. During the year the EBRD sought to promote private sector development through investments in the financial sector, natural resources, agribusiness, industrial projects, municipal infrastructure, telecommunications and small business. The EBRD also continued discussions with the authorities regarding the reform of banking and other sectors.

Accelerating activity in Central Asia

In the past decade the EBRD has built up a portfolio of more than €1.3 billion in Central Asia, becoming one of the most significant investors in the region. As a consequence of the global economic slowdown, the region suffered from declining interest on the part of foreign investors. It also experienced a limit on sovereign borrowing, further weakening of the business climate and isolation from world markets. During the year the Bank drew up an Action Plan – Accelerating Activity in Central Asia – focusing on private sector development and trade facilitation, underpinned by a regional risk-sharing facility. The plan aims to accelerate the development of projects, support institution-building, develop greater lending to SMEs, promote trade financing and modernise the region's infrastructure in collaboration with other institutions and donors. The plan will also help to strengthen the region following the events of 11 September.

Strengthening the reform process in the Caucasus

In 2001 the EBRD sought to bolster economic reform in Armenia, Azerbaijan and Georgia by strengthening the region's financial sector, promoting private sector development through financial assistance to SMEs and micro businesses and by exploring the possibility of selective investment in infrastructure. In particular, the EBRD stepped up its support for micro and SME financing.

Economic transition and the EU accession process

The EU accession process continued to present the EBRD with the opportunity to increase investment in the accession countries and to advance the common aims shared by the Bank's mandate and EU accession. In 2001 the Bank supported the development of institutions in areas such as company law, competition policy, transport, energy and telecommunications, financial regulation and agriculture. The EBRD's volume of business remained strong, representing 54 per cent of the Bank's overall commitments in 2001. The EBRD aims to maintain a high level of activity in these countries up to and beyond EU accession. At the same time it will continue to ensure that its investments do not replace alternative sources of market finance.

continuera de veiller à ce que ses investissements ne se substituent pas à d'autres sources de financement disponibles sur le marché.

Appui continu à l'Europe du Sud-Est

En vertu du Pacte de stabilité pour l'Europe du Sud-Est, la BERD a pris la tête du mouvement en faveur du développement de l'activité dans le secteur privé. La Banque s'est intéressée en particulier à l'appui aux PME et au commerce transfrontière en mobilisant une aide notable auprès de donateurs tels que l'Union européenne. En 2001, la BERD a sensiblement développé ses activités dans la région, prenant des engagements à hauteur de 678 millions d'euros dans 46 nouveaux projets dans les pays ci-après: Albanie, Bosnie-Herzégovine, Bulgarie, ERY de Macédoine, République fédérale de Yougoslavie et Roumanie. En collaboration avec d'autres institutions, la BERD a participé à des privatisations, à la restructuration de grandes entreprises industrielles et au financement de projets d'infrastructure d'une importance vitale. Ne serait-ce qu'en République fédérale de Yougoslavie, la Banque a investi 232,6 millions d'euros, le plus souvent dans des projets d'infrastructure revêtant un caractère urgent dans les secteurs de l'énergie et des transports et dans des projets faisant appel aux municipalités locales et aux services d'utilité publique. La Banque a également constitué un fonds de roulement pour aider un certain nombre d'entreprises industrielles yougoslaves à retrouver leur ancien niveau de production et des marchés d'exportation.

Action sur le plan régional

Pour répondre aux besoins de régions particulières, la BERD a intensifié en 2001 l'aspect régional de ses activités. Vers la fin de l'exercice, elle a mis au point un Plan d'action pour l'Asie centrale afin d'accroître son appui aux pays touchés par le récent conflit en Afghanistan. Agissant en partenariat avec d'autres institutions financières internationales et des donateurs, elle a aussi contribué à lancer le Partenariat pour l'environnement dans le cadre de la Dimension septentrionale afin de s'attaquer aux énormes problèmes écologiques que connaît l'Europe septentrionale et a renforcé sa participation dans les programmes régionaux existants tels que le Pacte de stabilité pour l'Europe du Sud-Est. En Russie, la Banque a élaboré un Plan d'action pour Kaliningrad, qui est un élément central du Partenariat pour l'environnement dont il a été question plus haut, compte tenu des graves problèmes environnementaux de la région.

Soutien aux partenariats dans la transition

En obtenant des fonds de cofinancement, la BERD joue un rôle central dans l'accroissement des ressources mises à la disposition des pays où elle opère. Ce cofinancement permet aux pays d'avoir accès aux marchés internationaux de capitaux, encourage les investissements étrangers directs et met en place un partage approprié des risques. En 2001, la Banque s'est vigoureusement employée à tirer parti de sa solide expérience en mobilisant d'autres sources de financement: le total des fonds de cofinancement a ainsi atteint un total de 2,85 milliards d'euros pour l'exercice. Sur ce montant, 2 milliards d'euros émanaient d'institutions commerciales et 844 millions d'euros d'institutions officielles de cofinancement. Pour atteindre ces volumes, la BERD a mis à profit le rétablissement progressif de la confiance des investisseurs et la multiplication des projets en Russie, la vigueur des opérations pétrolières et gazières et son aptitude permanente à intéresser des banques commerciales à des projets à long terme relatifs aux infrastructures municipales.

Les fonds provenant de donateurs occupent une place importante dans l'appui aux

Continuing support for South-Eastern Europe

Under the Stability Pact for South-eastern Europe, the EBRD has been leading the development of private sector activity. The Bank has focused in particular on support for SMEs and cross-border trade, mobilising significant assistance from donors such as the European Union. In 2001 the EBRD significantly increased its activities in the region, committing €678 million to 46 new projects in Albania, Bosnia and Herzegovina, Bulgaria, FYR Macedonia, FR Yugoslavia and Romania. In cooperation with other institutions, the EBRD participated in privatisations, the restructuring of large industrial enterprises, and financing for critical infrastructure projects. In FR Yugoslavia alone the Bank invested €232.6 million, mostly for urgently needed infrastructure projects in the power and transport sectors and for projects involving local municipalities and public utilities. The Bank also provided working capital to help a number of Yugoslav industrial companies recover lost production and export markets.

Providing a regional response

To address the needs of particular areas, the EBRD increased the regional dimension of its activities during 2001. Towards the end of the year, it developed an Action Plan for Central Asia, with the aim of increasing support for the countries affected by the recent conflict in Afghanistan. In partnership with other IFIs and donors, it also helped initiate the Northern Dimension Environmental Partnership (NDEP) to confront enormous regional environmental challenges in northern Europe and fortified its involvement in existing regional programmes, such as the Stability Pact for South-eastern Europe. In Russia the Bank developed an Action Plan for Kaliningrad, which forms a key part of the NDEP given the region's serious environmental problems.

Fostering partnerships in transition

By attracting funds from co-financiers, the EBRD plays a pivotal role in increasing the resources available to its countries of operations. Co-financing allows the countries to access international capital markets, promotes foreign direct investment and establishes appropriate risk sharing. In 2001 the Bank vigorously sought to build on its strong record for mobilising other sources of finance, generating total co-financing for the year of €2.85 billion. Of this, €2.0 billion came from commercial institutions and €844 million from official co-financing institutions. In achieving these volumes, the EBRD took advantage of a gradual return of investor confidence and growth of projects in Russia, a strong flow of oil and gas transactions, and a continuing success in attracting commercial banks into long-term municipal infrastructure.

Donor funds are important in supporting the EBRD's operations as these resources are used to develop and implement projects and to assist in institution-building, such as improving the legal environment. Projects involving donor funding have been found to have a opérations de la BERD, ces ressources servant à élaborer et à exécuter des projets et à renforcer les institutions (amélioration de l'environnement juridique par exemple). On a constaté que les projets qui nécessitent le financement de donateurs ont un impact beaucoup plus marqué sur le processus de transition que les projets uniquement financés par la BERD. Dans des domaines tels que les infrastructures municipales et environnementales et le financement des PME, bon nombre des projets de la BERD n'auraient pas été réalisables sans la contribution capitale du financement des donateurs. En 2001, la BERD a lancé une initiative spéciale pour le renforcement des institutions dans le dessein d'utiliser le financement des donateurs pour améliorer le climat de l'investissement et relever le niveau des compétences dans les pays où elle opère.

Collaboration avec d'autres institutions

La BERD s'efforce dans toute la mesure du possible de travailler avec d'autres institutions afin d'accroître l'impact de son financement et d'acquérir d'autres domaines de spécialisation. En 2001, la BERD a collaboré avec d'autres institutions financières internationales au titre de 18 projets qui ont nécessité 489 millions d'euros de cofinancement. En collaborant avec des institutions qui ont une mission sociale, comme la Banque mondiale et la Banque de développement du Conseil de l'Europe, la BERD peut contribuer à améliorer les conditions sociales par le biais de projets élaborés conjointement. La collaboration avec les institutions financières internationales renforce également l'impact régional de la BERD. En 2001, la Banque a collaboré avec la Banque asiatique de développement pour des projets en Asie centrale et avec la Banque européenne d'investissement pour des projets en Europe centrale. La Société financière internationale demeure un important partenaire social pour la BERD. La Commission européenne a fourni un cofinancement à hauteur de 193 millions d'euros, essentiellement sous forme de subventions pour des projets portant sur les infrastructures municipales et environnementales, l'électricité et l'énergie et les chemins de fer.

BONNE GESTION DES AFFAIRES PUBLIQUES

Renforcement de la bonne gestion des institutions

En 2001, la BERD a de nouveau renforcé les mesures prises pour améliorer la bonne gestion des institutions. Depuis les événements du 11 septembre, la BERD a adopté comme principe de bonne gestion bancaire de veiller à ce que ses clients appliquent les normes les plus élevées dans ce secteur. La Banque procède à des contrôles d'intégrité avant d'engager des fonds pour s'assurer qu'aucun client éventuel ne figure sur les listes des personnes soupçonnées de fournir un appui aux activités terroristes qui ont été établies par le Conseil de sécurité de l'Organisation des Nations Unies. Une importance particulière a été accordée aux mesures de lutte contre le blanchiment d'argent qui ont été prises par les entreprises et les institutions financières. A cet égard, le rôle du Responsable de la conformité de la BERD et la collaboration avec le groupe d'action financière sur le blanchiment de capitaux – organe international qui contrôle la lutte contre le blanchiment d'argent et le financement de terroristes – revêtent désormais un intérêt particulier.

Transparence dans les activités de la Banque

La politique de l'information est à la base de la volonté de transparence de la BERD dans ses activités. Dans cette optique, la Banque diffuse une part importante de l'information dont much greater impact on the transition process than projects relying solely on EBRD financing. In areas such as municipal and environmental infrastructure and SME financing, many of the EBRD's projects would not have been possible without the vital contribution made by donor funds. In 2001 the Bank launched a special Institution-Building Initiative (IBI) with the objective of using donor funding to improve the investment climate and level of skills in the EBRD's countries of operations.

Working with other institutions

The EBRD seeks to work with other institutions wherever possible to extend the impact of the Bank's financing and to benefit from other areas of specialisation. During 2001 the EBRD cooperated with other IFIs on 18 projects involving €489 million in co-financing. By working with institutions with a social mandate, such as the World Bank and the Council of Europe Development Bank, the EBRD is able to contribute to improving social conditions through mutually developed projects. Cooperation with IFIs also enhances the Bank's regional impact. In 2001 the Bank worked with the Asian Development Bank on projects in Central Asia and with the European Investment Bank in central Europe. The International Finance Corporation continued to be an important equity partner for the EBRD. The European Commission provided co-financing of €193 million, mostly through grants for municipal and environmental infrastructure, power and energy, and railways.

GOVERNANCE

Strengthening institutional governance

In 2001 the EBRD further strengthened measures to improve institutional governance. As a consequence of the events of 11 September, the EBRD ensures as one of its sound banking principles that its clients follow the highest standards of business practice. Integrity checks are undertaken by the Bank before committing any funds to ensure that no prospective client is on the United Nations Security Council lists of those suspected of supporting terrorist activities. Particular emphasis has been placed on measures to combat money-laundering on the part of corporate and financial institutions. In this regard the role of the Bank's Compliance Officer and collaboration with the Financial Action Task Force – the international body that oversees the fight against money laundering and financing of terrorists – have become especially relevant.

Ensuring transparency in the Bank's activities

The Public Information Policy (PIP) underpins the EBRD's commitment to transparency in its activities. As part of this policy, the Bank posts a substantial amount of information on elle dispose sur son site Internet: www.ebrd.com. Tous les projets de politique sectorielle, les stratégies de pays approuvées ainsi que les résumés des rapports financiers et autres documents d'orientation sont publiés, de même que les résumés de projets, avant leur examen par le Conseil d'administration. Pendant l'exercice, deux projets de politique sectorielle, 12 stratégies de pays et 136 résumés de projets ont été diffusés de la sorte. Pour alimenter ce courant croissant d'information, la Banque a renforcé le service chargé de l'actualisation du site web et du contrôle de l'application des orientations choisies. De nouvelles mesures ont été prises en cours d'exercice pour s'assurer que les résumés de projets sont publiés dans les délais prévus par la politique de l'information. Dans le courant de l'été, la BERD a procédé à la première évaluation de la mise en œuvre de la politique de l'information et décidé de la réviser sous peu.

Conformément à un engagement au centre de la politique de l'information qui a été adoptée, la Banque a intensifié ses activités de sensibilisation. C'est ainsi que, pendant tout l'exercice, elle a eu des pourparlers avec les représentants d'organisations non gouvernementales (ONG) et des milieux d'affaires, par exemple à l'occasion de l'Assemblée annuelle, ainsi que dans les pays où elle opère. Afin d'élargir ce dialogue, la Banque a désigné un fonctionnaire spécialement chargé de la sensibilisation et des relations avec les ONG.

Souci d'efficacité

En 2001, la BERD a poursuivi la mise en œuvre du programme énoncé dans Moving Transition Forward (Comment faire avancer la transition), tout en rationalisant le traitement des projets et en relevant le niveau des investissements. La Banque a réussi à améliorer sa productivité en parvenant à un niveau d'opérations record sans accroître ses frais généraux en termes réels. Parallèlement, la BERD s'est employée très activement à améliorer la qualité de ses opérations en augmentant leur impact sur le processus de transition et à relever ses normes en matière de gestion des entreprises.

Sens de l'innovation

La BERD s'efforce d'encourager la souplesse et l'esprit novateur dans toutes ses opérations. En 2001, elle a élargi la gamme des formes de financement pour répondre aux besoins des pays où le processus de transition demeure particulièrement difficile. Parmi les mécanismes nouveaux ou améliorés figurent le Programme de facilitation du commerce, le mécanisme d'investissement direct et le financement en monnaie locale.

EVOLUTION DE L'INSTITUTION

Examen des politiques

En 2001, la BERD a approuvé de nouvelles politiques opérationnelles dans le secteur des transports maritimes et dans le secteur immobilier, qui se sont profondément transformés depuis les premières opérations de la Banque, au début des années 90. Conformément à la politique de l'information qu'elle a adoptée, ces politiques ont été affichées pendant 45 jours sur le site web de la Banque et les observations reçues ont été prises en considération.

Pendant le premier trimestre de 2001, la BERD a mené à bien l'examen annuel de son portefeuille stratégique, qui porte sur l'approche stratégique que la Banque applique à la gestion du portefeuille. Cet examen a comporté un certain nombre d'éléments nouveaux tels que l'analyse élargie de la répartition des risques au sein du portefeuille et l'impact possible des projets de la BERD sur le processus de transition. Cet examen a également porté sur des its Internet site: www.ebrd.com. All draft sectoral policies, approved country strategies, and summaries of financial and other policy papers are published as well as summaries of projects in advance of Board discussion. During the year, two sector policies, 12 country strategies and 136 Project Summary Documents (PSDs) were posted in this way. To provide this increased flow of information, the Bank strengthened the unit responsible for updating the Web site and for tracking compliance with the policy. New measures were introduced mid-year to ensure that PSDs are published in the timeframe specified in the PIP. In the summer the EBRD undertook its first assessment of the implementation of the PIP and agreed to launch a review of the Policy in the near future.

In line with a basic commitment in the PIP, the Bank intensified its outreach. Throughout the year it maintained discussions with representatives of non-governmental organisations (NGOs) and the business community at events such as the Annual Meeting and in the countries in which it operates. To extend this dialogue, the Bank appointed a dedicated staff member for outreach and NGO relations.

In pursuit of efficiency

In 2001 the EBRD continued to implement Moving Transition Forward while streamlining the processing of projects and increasing investment levels. The Bank achieved productivity gains by combining a record level of business with unchanged administrative costs in real terms. At the same time the EBRD placed considerable emphasis on improving the quality of its operations in terms of their impact on the transition process and on strengthening its standards of corporate governance.

Driven by innovation

The EBRD strives to promote flexibility and innovation in all its operations. In 2001 the Bank expanded its forms of financing to respond to the needs of countries where the transition process remains most challenging. New or enhanced facilities included the Trade Facilitation Programme, the Direct Investment Facility, local currency funding, the Risk Sharing Facility and the Term Lending Enhancement Facility.

INSTITUTIONAL DEVELOPMENTS

Review of policies

New policies were approved in 2001 for operations in the shipping sector and in the property sector, which have undergone fundamental changes since the Bank first began operations in the early 1990s. In line with the Public Information Policy, the drafts of both these policies were posted for 45 days on the Bank's Web site, and public comments were taken into account.

In the first quarter of 2001 the EBRD completed its annual Strategic Portfolio Review (SPR), covering the Bank's strategic approach to portfolio management. The SPR included a number of new features, such as an expanded analysis of portfolio risk distribution and the potential impact of the Bank's projects on the transition process. It also covered specific portfolio management topics, including equity portfolio management, disbursements and questions précises de gestion du portefeuille, notamment la gestion des prises de participation, les décaissements et la récupération d'actifs. Les conclusions de cet examen permettront à la BERD de préciser sa gestion du portefeuille dans le cadre de sa stratégie à moyen terme.

Application de l'Article premier

Parmi les institutions financières internationales, le rôle attribué à la BERD est unique en son genre dans la mesure où son mandat, qui consiste à favoriser la transition vers une économie de marché, se double d'une mission politique visant à faciliter l'évolution démocratique. Aux termes de l'Article premier de l'Accord portant création de la BERD, les pays où elle opère sont tenus d'adopter et d'appliquer les principes de la démocratie pluraliste, du pluralisme et de l'économie de marché.

En 2001, dans le cadre de l'examen en cours des opérations et des stratégies de prêt de la BERD, le Conseil d'administration s'est intéressé à la volonté de chaque pays de respecter les obligations qui lui incombent en vertu de l'Article premier. Des préoccupations particulières ont été exprimées au sujet de l'absence de progrès vers la réforme au Bélarus et au Turkménistan. Dans ces deux cas, le Président de la Banque s'est adressé aux autorités en indiquant que la BERD attendait une amélioration de la situation. Dans le cas du Turkménistan, on s'est inquiété de l'application insuffisante des mesures nécessaires pour améliorer le processus politique et économique sur la voie de la démocratie. Au Bélarus, les élections présidentielles en septembre ont été considérées comme ne répondant pas aux normes internationales, ce qui a suscité de graves inquiétudes dont il sera tenu compte dans la prochaine stratégie de la Banque pour le Bélarus.

Ressources humaines

Au fil des ans, un nombre croissant de membres du personnel de la BERD choisissent de faire une longue carrière au sein de l'institution. Afin de maintenir leurs compétences et leur motivation, la Banque s'est attachée pendant l'exercice à accroître les activités de perfectionnement du personnel. Le Département des ressources humaines a été restructuré, un Comité pour le perfectionnement du personnel a été institué pour s'occuper de cette question, un programme de détachements interdépartementaux a été mis sur pied et un certain nombre de postes de direction vacants ont été attribués à des candidats intérieurs. La Banque s'est aussi attachée à améliorer l'équilibre travail/vie de son personnel en créant un Comité de l'équilibre travail/vie. A la fin de décembre 2001, la BERD comptait 913 fonctionnaires permanents au siège, contre 862 en 2000, sous l'effet des efforts réalisés pour pourvoir tous les postes autorisés. Le nombre des agents recrutés localement par les bureaux résidents a atteint un total de 247, contre 238 en 2000. Le rapport homme/femme parmi les administrateurs de la BERD est d'environ 2:1. Les efforts se sont poursuivis pour garantir que la nationalité des fonctionnaires de la Banque correspond à son caractère multinational.

Changements dans la direction générale

En 2001, la direction générale de la BERD a connu de profonds changements. En septembre, Charles Frank a pris sa retraite après avoir occupé le poste de Premier Vice-Président de la Banque pendant quatre ans. Le Conseil d'administration de la Banque a rendu hommage aux réalisations de M. Frank et à l'énorme contribution qu'il avait apportée à l'institution. La BERD a nommé au poste de Premier Vice-Président Noreen Doyle, qui était jusque-là Vice-Présidente et Directrice du Service de gestion des risques. En début d'exercice, Hanna Gronkiewicz-Waltz, asset recovery. The findings will help the EBRD develop its portfolio management as part of its medium-term strategy.

Compliance with Article 1

The role conceived for the EBRD is unique for an international financial institution: to underpin its goal of fostering transition to open market-oriented economies with a political mandate to promote democratic change. Article 1 of the Agreement Establishing the EBRD requires the countries in which the Bank operates to commit to and apply the principles of multiparty democracy, pluralism and market economics.

In 2001, as part of its ongoing examination of the EBRD's operations and lending strategies, the Bank's Board of Directors reviewed the commitment of each country of operations to the obligations of Article 1. The Board expressed particular concern about the continuing lack of progress towards reform in Turkmenistan and Belarus. In both cases the President of the Bank wrote to the authorities regarding the EBRD's expectation that the situation should improve. In the case of Turkmenistan, concern was expressed regarding poor implementation of measures needed to improve the political and economic process towards democracy. In Belarus, the presidential electoral process in September was deemed to have failed to meet international norms, causing serious concern. This will be reflected in the Bank's next strategy for Belarus.

Human resources

As the EBRD matures, a growing number of staff are choosing to pursue a longer-term career in the institution. To ensure that their skills and motivation are maintained, the Bank focused on enhancing staff development during the year. The Human Resources Department was restructured, a Staff Development Committee was established to focus on developing staff, a programme of inter-departmental secondments was introduced and a number of senior vacancies were filled by internal candidates. The Bank also concentrated on improving the work-life balance of its staff with the establishment of a Work-Life Balance Committee. At the end of December 2001, the EBRD had a regular staff of 913 at its Headquarters compared with 862 in 2000, following efforts to fill all authorised positions. Locally hired staff in the Bank's Resident Offices totalled 247 compared with 238 in 2000. The ratio of male/female professional staff in the EBRD is approximately 2:1. Efforts continued to be made to ensure that the nationality of the Bank's staff reflects the multinational nature of the organisation.

Changes in senior management

During 2001 there were significant changes in EBRD senior management. In September Charles Frank retired as First Vice President after four years at the Bank. The Board of Directors paid tribute to Mr Frank's achievements and his major contribution to the institution. The EBRD welcomed as the new First Vice President, Noreen Doyle, who had been Deputy Vice President, Director, Risk Management until her appointment. Early in the year Hanna Gronkiewicz-Waltz, formerly Governor of the Central Bank of Poland, took up her position as qui avait précédemment occupé le poste de Gouverneur de la Banque centrale de Pologne, a pris ses fonctions de vice-présidente, chargée des ressources humaines et de l'administration. Brigid Janssen a été nommée Directrice des communications.

En fin d'exercice, Steven Kaempfer a été confirmé dans le poste de Vice-Président (Finance). Ayesha Shah est devenu le nouveau Trésorier au début de 2002 à la suite de la démission de Marcus Fedder. Mike Williams a été nommé Directeur du Service de gestion des risques.

Défis à venir

La fin de 2001 a marqué la fin d'une décennie pendant laquelle la BERD a joué un rôle décisif dans la mise en place d'une économie de marché et l'amélioration des niveaux de vie dans la région. Pendant la période qui s'ouvre, les fonctions de la Banque seront différentes mais tout aussi difficiles.

Pour pouvoir contribuer à une croissance économique soutenue dans la région, la BERD doit maintenir le niveau élevé de ses engagements dans les pays d'Europe centrale et orientale et intensifier son activité en Russie et dans les autres pays de la CEI. La Banque a constitué une solide réserve de projets destinés à encourager de nouveaux progrès dans la réforme économique, le développement des institutions et la gestion des entreprises, ce qui est indispensable pour attirer des investissements étrangers. En Russie, la réforme du secteur bancaire a été placée parmi les domaines prioritaires, parallèlement à la restructuration et à l'appui aux petites entreprises. La BERD se propose d'aider le gouvernement en procédant à des pourparlers de haut niveau sur le choix des orientations et le renforcement des institutions et en finançant des banques convenablement gérées.

Dans les pays candidats à l'adhésion à l'UE, qui sont les plus avancés sur la voie de la transition, la BERD a encore beaucoup à faire. En maintenant ses nouvelles opérations à un niveau notable, la Banque secondera les efforts faits par ces pays en vue de leur adhésion à l'UE, laquelle fait avancer le processus de transition. Pour bon nombre de ces pays, la restructuration demeure une condition préalable à leur entrée à l'UE, tout comme le renforcement des structures et des institutions financières. En aidant ces pays, la Banque collaborera étroitement avec la Commission européenne et la Banque européenne d'investissement. Ainsi que l'expérience passée de l'élargissement de l'UE l'a démontré, les problèmes liés à l'ajustement structurel et à la transition persisteront pendant plusieurs années.

En 2001, les difficultés auxquelles se heurtent les pays d'Asie centrale sont devenues plus apparentes en raison de la réticence des investisseurs étrangers à prendre des engagements et des capacités d'emprunt limitées de certains gouvernements. Une nouvelle détérioration de la conjoncture, l'éloignement des marchés mondiaux et la persistance des besoins d'investissements d'infrastructure ont créé de nouvelles difficultés. En cherchant à améliorer la stabilité économique et à relever le niveau des investissements dans la région, la BERD accélérera l'exécution des projets, appuiera le renforcement des institutions, augmentera les prêts aux PME, encouragera le financement des échanges et modernisera les infrastructures.

En l'Europe du Sud-Est et au Caucase, la BERD se propose d'accroître ses investissements afin de contribuer à maintenir l'élan en faveur du changement. Dans un certain nombre de ces pays, les problèmes sont énormes. Pour la Banque, il ne s'agira pas seulement de contribuer à favoriser le progrès économique et social, mais aussi de mettre en place les institutions indispensables pour assurer ce progrès.

La BERD s'intéressera tout particulièrement aux problèmes fondamentaux que rencontre la région dans son ensemble sur la voie de la transition. La restructuration de grandes industries monolithiques, qui demeure un élément crucial de la transformation économique, peut aussi comporter un lourd coût social. En conséquence, la Banque collaborera avec d'autres

Vice President, Human Resources and Administration. Brigid Janssen was appointed Director of Communications.

At the end of the year, Steven Kaempfer was reappointed Vice President, Finance. Ayesha Shah was appointed the new Treasurer in early 2002 following the resignation of Marcus Fedder. Mike Williams was appointed Director of Risk Management.

Challenges for the Future

The end of 2001 marked the completion of a decade in which the EBRD has played a key role in building market economies and contributing to better living standards in the region. In the period ahead, the Bank faces different but equally challenging tasks.

In fulfilling its commitment to sustained economic growth in the region, the EBRD must maintain its high level of commitments in the countries of central and eastern Europe and increase its activity in Russia and other CIS countries. The Bank has built a strong pipeline of potential projects, with the aim of supporting further progress in economic reform, institutional development and corporate governance. This is essential to attract foreign investment. In Russia the reform of the banking sector has been identified as a priority along with restructuring and support for small business. The EBRD intends to support the government by conducting high-level discussions on policy and institution-building and by providing financing to well-managed banks.

In the EU accession countries, which have gone farthest down the path of transition, the EBRD still has much to do. By maintaining a significant volume of new business, the Bank will support their efforts towards achieving accession, which in turn advances the transition process. For many of these countries, restructuring remains a prerequisite of entry into the EU, as does the strengthening of financial structures and institutions. In assisting these countries, the Bank will work closely with the European Commission and the European Investment Bank. As the experience of earlier EU enlargement has demonstrated, the challenges of structural adjustment and transition will continue for a number of years.

During 2001 the challenges confronting the countries of Central Asia became more apparent due to greater reluctance on the part of foreign investors to provide financing and because of the limited ability of certain governments to borrow. A further weakening of the business climate, isolation from world markets and a continuing need for investment in infrastructure created further difficulties. In seeking to ensure greater economic stability and a higher level of investment in this region, the EBRD will accelerate the delivery of projects, support institution-building, develop greater SME lending, promote trade financing and modernise infrastructure.

In south-eastern Europe and the Caucasus the EBRD intends to increase its investments to help maintain the momentum of change. In a number of these countries the challenges are formidable. For the Bank the task will be not only to help foster economic and social progress but also to build the institutions necessary to sustain such progress.

The EBRD will especially address key issues that affect the region as a whole in the transition process. The restructuring of large monolithic industries remains a crucial task in economic transformation but it can also take a heavy social toll. Therefore, the Bank will work with other institutions to lessen the hardship caused in the process. The EBRD will continue to emphasise the importance of working jointly with governments and international institutions to promote measures, such as agricultural reforms, that lead to the alleviation of poverty and improvement in living standards.

institutions afin d'atténuer les difficultés liées à ce processus. La BERD continuera à souligner l'importance d'une collaboration avec les gouvernements et les institutions internationales pour faciliter l'adoption de mesures, réformes agricoles par exemple, de nature à réduire la pauvreté et à améliorer les conditions de vie.

DATES REPÈRES

Octobre 1989	Le Président Mitterrand, France, propose au Parlement européen la création d'une banque pour l'Europe de l'Est.
Décembre 1989	Approbation par le Conseil européen de Strasbourg du projet de création de la BERD.
Janvier 1990	Ouverture à Paris des négociations portant sur la création de la BERD.
Mai 1990	Signature à Paris de l'Accord portant création de la Banque.
Avril 1991	Inauguration de la BERD à Londres en présence des gouverneurs représentant les 41 premiers membres de la Banque.
Juin 1991	Approbation du premier projet dans le secteur public – en faveur de la Banque de Poznan (Pologne).
Septembre 1991	Approbation des trois premiers projets dans le secteur privé.
Novembre 1991	Signature de l'accord portant création du premier Bureau résident à Varsovie. Le Conseil des gouverneurs approuve l'admission de l'Estonie, de la Lettonie et de la Lituanie en qualité de membres.
Décembre 1991	Dislocation de l'Union soviétique.
Avril 1992	Première Assemblée annuelle du Conseil des gouverneurs tenue à Budapest (Hongrie).
Juillet 1992	Dislocation de la République socialiste fédérative de Yougoslavie.
Décembre 1992	Les 12 Etats nouvellement indépendants de l'ancienne Union soviétique et la Slovénie achèvent les procédures qui donnent effet à leur adhésion en qualité de membres de la BERD. Dislocation de la Tchécoslovaquie.
Janvier 1993	La République tchèque et la République slovaque sont admises en qualité de membres de la BERD.
Mars 1993	Acceptation par la BERD de l'invitation qui lui est faite par le G7 d'administrer le Compte pour la sûreté nucléaire, programme multilatéral destiné à améliorer la sécurité des centrales nucléaires de la région.
Avril 1993	Assemblée annuelle tenue pour la première fois à Londres. La Croatie et l'ex-République yougoslave de Macédoine sont admis à la BERD en qualité de membres.
Juillet 1993	Lancement du Fonds pour les petites entreprises de Russie, qui vise à apporter un appui aux petites et moyennes entreprises.
Avril 1994	Assemblée annuelle tenue à Saint-Pétersbourg (Russie). Approbation par le Conseil d'administration de la stratégie à moyen terme.
Avril 1995	Assemblée annuelle tenue à Londres. Les gouverneurs demandent au Conseil d'administration d'entreprendre l'étude des besoins financiers futurs de la Banque.
Octobre 1995	Participation de la BERD à la première mission conjointe d'institutions financières internationales en Bosnie-Herzégovine.
Avril 1996	Assemblée annuelle tenue à Sofia (Bulgarie). A l'unanimité, les actionnaires approuvent le doublement de la base de capital de la BERD, qui est portée à 20 milliards d'euros.

KEY DATES

October 1989	President Mitterrand of France proposes to the European Parliament the creation of a bank for Eastern Europe.
December 1989	European Council in Strasbourg endorses proposal to create the EBRD.
January 1990	Negotiations on establishing the EBRD begin in Paris.
May 1990	Agreement Establishing the Bank signed in Paris.
April 1991	Inauguration of the EBRD in London attended by Governors representing the 41 initial members of the Bank.
June 1991	First project approved in the state sector – for Bank of Pozna□ in Poland.
September 1991	First three private sector projects approved.
November 1991	Agreement signed for first Resident Office in Warsaw. Board of Governors approves membership for Estonia, Latvia and Lithuania.
December 1991	Break-up of the Soviet Union.
April 1992	First Annual Meeting of Board of Governors held in Budapest, Hungary.
July 1992	Break-up of the Socialist Federal Republic of Yugoslavia.
December 1992	The 12 newly independent states of the former Soviet Union and Slovenia complete EBRD membership procedures. Break-up of Czech and Slovak Federal Republic.
January 1993	Czech Republic and Slovak Republic admitted to membership of the EBRD.
March 1993	EBRD accepts G7's invitation to administer the Nuclear Safety Account, a multilateral programme to improve safety in the region's nuclear power plants.
April 1993	Annual Meeting held in London for first time. Croatia and the Former Yugoslav Republic of Macedonia admitted to membership of the Bank.
July 1993	Russia Small Business Fund is launched to support small and medium-sized enterprises.
April 1994	Annual Meeting in St Petersburg, Russia. Board of Governors endorses medium-term strategy.
April 1995	Annual Meeting in London. Governors ask the Board of Directors to undertake a study on the Bank's future resource requirements.
October 1995	EBRD participates in the first joint mission by international financial institutions to Bosnia and Herzegovina.
April 1996	Annual Meeting in Sofia, Bulgaria. Shareholders unanimously approve a doubling of the EBRD's capital base to €20 billion.
June 1996	Bosnia and Herzegovina becomes the Bank's 60th member and its 26th country of operations.

Juin 1996	La Bosnie-Herzégovine devient le 60e membre de la Banque et son 26e pays d'opérations.
Décembre 1996	Signature du premier projet au Tadjikistan, ce qui signifie que la Banque a désormais des engagements dans tous ses pays d'opérations.
Avril 1997	Assemblée annuelle tenue à Londres. Le doublement de la base de capital de la BERD, portée à 20 milliards d'euros, prend effet.
Décembre 1997	Le Fonds pour le sarcophage de Tchernobyl devient opérationnel et la BERD en assure l'administration. Les contributions versées au Fonds par les donateurs sont utilisées pour aider l'Ukraine à prendre des mesures de sécurité dans la centrale nucléaire de Tchernobyl.
Mars 1998	Début des négociations pour l'entrée à l'Union européenne de 5 pays membres de la BERD (République tchèque, Estonie, Hongrie, Pologne et Slovénie).
Mai 1998	Assemblée annuelle tenue à Kiev (Ukraine).
Novembre 1998	Ouverture par la BERD d'un bureau à Erevan (Arménie), ce qui complète le réseau de ses Bureaux résidents dans ses pays d'opérations.
Avril 1999	Assemblée annuelle tenue à Londres. Approbation par le Conseil des gouverneurs de la stratégie opérationnelle de la Banque sous sa forme révisée.
Septembre 1999	Au lendemain du conflit au Kosovo, la BERD lance le Plan d'action pour l'Europe du Sud-Est pour promouvoir les investissements et faciliter le redressement économique de la région.
Février 2000	Début des négociations pour l'entrée à l'Union européenne pour la Bulgarie, la Lettonie, la Lituanie, la Roumanie et la République slovaque.
Avril 2000	Assemblée annuelle tenue à Riga (Lettonie).
Juin 2000	La BERD devient l'administrateur de trois fonds pour la sûreté nucléaire en Bulgarie, en Lituanie et en République slovaque.
Juillet 2000	La BERD publie sa nouvelle politique d'information.
Octobre 2000	La Mongolie devient membre de la banque.
Décembre 2000	Fermeture de la centrale nucléaire de Tchernobyl.
Janvier 2001	La République fédérale de Yougoslavie devient le 27e pays d'opérations de la BERD.
Mars 2001	Ouverture du bureau résident à Belgrade.
Avril 2001	Assemblée annuelle à Londres. Suite au second examen des ressources en capital, le Conseil des gouverneurs confirme qu'il n'y a pas de nécessité d'augmenter le capital.

December 1996	Bank signs its first project in Tajikistan, thereby achieving commitments in each of its countries of operations.
April 1997	Annual Meeting in London. Doubling of the EBRD's capital base to €20 billion becomes effective.
December 1997	Chernobyl Shelter Fund becomes operational, with the EBRD acting as its administrator. Under the Fund, donor funding is used to assist Ukraine with safety measures at the Chernobyl Nuclear Power Plant.
March 1998	European Union accession negotiations are initiated with five of the Bank's countries of operations (the Czech Republic, Estonia, Hungary, Poland and Slovenia).
May 1998	Annual Meeting in Kiev, Ukraine.
November 1998	EBRD opens local office in Yerevan, Armenia, completing its network of Resident Offices in each of its countries of operations.
April 1999	Annual Meeting in London. Board of Governors endorses Moving transition Forward, a revised operational strategy for the Bank.
September 1999	In the wake of the Kosovo conflict, the EBRD launches the South Eastern Europe Action Plan to promote investment and assist economic recovery in the region.
February 2000	EU initiates accession negociations with Bulgaria, Latvia, Lithuania, Romania and the Slovak Republic.
April 2000	Annual Meeting in Riga, Latvia.
June 2000	EBRD becomes the administrator of three International Decommissioning Support Funds for nuclear power plants in Bulgaria, Lithuania and the Slovak Republic.
July 2000	EBRD publishes new Public Information Policy.
October 2000	Mongolia becomes member of the Bank.
December 2000	Closure of Chernobyl Nuclear Power Plant.
January 2001	Federal Republic of Yugoslavia becomes the EBRD's 27th country of operations.
March 2001	Resident Office in Belgrade opens.
April 2001	Annual Meeting in London. Following the second Capital Resources Review, the Board of Governors confirms that no capital increase is needed.

COMMISSION CENTRALE POUR LA NAVIGATION DU RHIN (CCNR)

Palais du Rhin
2, place de la République
67082 STRASBOURG Cedex
Tél. : 00 33 (0)3 88 52 20 10 – Fax : 00 33 (0)3 88 32 10 72

SITE INTERNET: http://www.ccr-zkr.org/

PRÉSIDENT : M. JAN DEVADDER (BELGIQUE)

HISTORIQUE :

La Commission Centrale pour la Navigation du Rhin (CCNR) est la doyenne des organisations intergouvernementales. L'Acte final du Congrès de Vienne en 1815 a consacré le principe de la liberté de navigation sur les cours d'eaux internationaux. Des dispositions qui s'ensuivirent, celles concernant le Rhin prévoyaient la création d'une Commission Centrale « afin d'établir un contrôle exact sur l'observation du règlement commun, et pour former une autorité qui puisse servir de moyen de communication entre les Etats riverains, sur tout ce qui regarde la navigation ».

Le 31 mars 1831, la Convention de Mayence est adoptée, instituant un ensemble de dispositions réglementaires pour la navigation du Rhin. Le 17 octobre 1868, la Convention de Mannheim opère une remise à jour des dispositions fondamentales compte tenu de l'évolution des données techniques économiques et politiques de la navigation rhénane. Elle est adaptée et intégrée dans la Convention révisée pour la navigation du Rhin à Strasbourg le 17 octobre 1963.

COMPOSITION :

4 Etats membres : Allemagne, Belgique, Pays-Bas et Suisse.

OBJECTIFS :

- Veiller au respect des principes contenus dans la Convention de Mannheim.
- Assurer la sécurité de navigation.
- Oeuvrer en faveur de l'unité du régime rhénan et plus largement de l'unification du droit fluvial.
- Promouvoir dans le domaine économique, à travers les propositions des gouvernements des Etats membres, la prospérité de la navigation rhénane.
- Délibérer sur les propositions des Etats membres, spécialement sur celles qui auraient pour objet de compléter ou de modifier la Convention.
- Examiner toutes les plaintes auxquelles donnent lieu l'application de la Convention et l'exécution des règlements concertés entre les Gouvernements riverains et des mesures adoptées d'un commun accord ;
- Gèrer l'Accord concernant la sécurité sociale des bateliers rhénans.

CENTRAL COMMISSION FOR THE NAVIGATION OF THE RHINE (CCNR)

Palais du Rhin
2, place de la République
67082 STRASBOURG Cedex
Tel. : 00.33.(0)3.88.52.20.10 - Fax : 00.33.(0)3.88.32.10.72

Web site: http://www.ccr-zkr.org/

President: Mr. Jan Devadder (Belgium)

Background:

The Central Commission for Navigation on the Rhine (CCNR) is the oldest of intergovernmental organisations. In 1815, the Final Act of the Congress of Vienna established the principle of freedom of navigation on international waterways. Among the provisions which followed, the ones concerning the river Rhine held the creation of a Central Commission "in order to ensure a precise control of the enforcement of common rules as well as to provide an authority used as a means of communication between riparian States with regard to all aspects of navigation".

On 31 March 1831, the Convention of Mainz was signed, providing a set of statutory provisions concerning navigation on the Rhine. On 17th of October 1868 the Convention of Mannheim brings about an update of the main regulations, taking into account the evolution of the Rhine navigation in the fields of technique, economy and politics. On 17th of October 1963, the Convention is again amended in Strasbourg and integrated into the Revised Convention for Rhine Navigation.

Composition:

4 Member States: Germany, Belgium, The Netherlands and Switzerland.

Objectives:

- Attend to the respect of the principles embodied by the Convention of Mannheim
- Ensure the safety of navigation.
- Strive for the unity of the Rhine system and on a wider scale for the unification of fluvial law.
- Promote the economical prosperity of the Rhine navigation through proposals made by the governments of the member States.
- Deliberate over proposals made by the member States, particularly those proposals which aim at completing or amending the Convention.
- Examine any complaint linked to the implementation of the Convention and the enforcement of regulations or measures decided and jointly agreed upon by the riparian governments.
- Administer the Agreement concerning social security of boatmen on the Rhine.

FONCTIONNEMENT :

La Commission Centrale est composée par les représentants, appelés Commissaires, des Etats membres. La délégation de chaque Etat membre se compose de 4 représentants (commissaires) et 2 suppléants (commissaires-suppléants) par pays. Les Commissaires se réunissent deux fois par an (printemps et automne) en session plénière de la CCNR.

La présidence est tournante pour 2 ans dans l'ordre alphabétique des Etats. En 2001, M. Jan Devadder (Belgique) présidait la CCNR. Le secrétariat se compose de 18 agents dont 3 fonctionnaires internationaux.

ACTIVITÉS EN 2001

I. COMPOSITION ET PERSONNEL DE LA COMMISSION CENTRALE EN 2001

M. J. Devadder, directeur-général de la Direction générale des affaires juridiques au ministère des Affaires étrangères de la Belgique, chef de la délégation belge, assume les fonctions de Président de la CCNR depuis le 17 avril 2000.

M. R. Abraham, conseiller d'Etat, Directeur des affaires juridiques au ministère des Affaires étrangères de France, chef de la délégation française, assume les fonctions de Vice-Président de la CCNR depuis le 1er janvier 2000.

M. G. Jungmann, sous-directeur auprès du ministère, chef du département « Sécurité et environnement en navigation intérieure » au ministère des Transports, de la Construction et du Logement, a été nommé Commissaire d'Allemagne auprès de la CCNR à compter du 28 février 2001.

M. H. Kaune, chef du département « Politique de la navigation intérieure, économie et droit » est nommé Commissaire-suppléant d'Allemagne auprès de la CCNR à compter du 28 février 2001.

Mme P. Buch, administrateur civil, chef du bureau des affaires européennes et internationales à la Direction des transports terrestres du ministère de l'Equipement, des Transports et du Logement, a été nommée, à compter du 5 février 2001, commissaire de France auprès de la CCNR en remplacement de M. Jean-François Janin, qui est appelé à d'autres fonctions.

M. M. Zahnd, de la Direction du droit international public au Département des affaires étrangères de la Suisse, a été nommé, à compter du 26 novembre 2001, secrétaire de la délégation suisse auprès de la CCNR, en remplacement de Mme Regina Escher, qui est appelée à d'autres fonctions.

En conséquence, la composition de la Commission Centrale était la suivante, à la fin de l'année 2001 :

ALLEMAGNE :

Commissaires :	MM.	Mauch,
		Stamm,
		Hönemann,
		Jungmann
Commissaires-suppléants :	M.	Kaune,
	Mme	Völkel ;

FUNCTIONING:

The Central Commission is composed of the representatives, called Commissioners of the member States. The Delegation of each Member State is composed of 4 representatives (Commissioners) and two substitutes (Deputy-Commissioners). The commissioners assemble twice a year (in spring and autumn) to hold a general assembly of the CCNR.

The President, who is in office for two years, is named following a system of turns in alphabetical order of the member States. In 2001, Mr. Jan Devadder (Belgium) ruled the CCNR. The secretariat comprises 18 employees among them 3 international officers.

ACTIVITIES IN 2001

I. MEMBERSHIP AND STAFF OF THE CENTRAL COMMISSION IN 2001

Mr. J. Devadder, director general of the directorate general of legal affairs at the Ministry of Foreign Affairs, and head of the Belgian delegation, took office as President of the Central Commission on 17 April 2000.

Mr. R. Abraham, maitre des requêtes (legal adviser) to the Conseil d'Etat, director of legal affairs at the Ministry of Foreign Affairs and head of the French delegation, took office as Vice-President on 1 January 2000.

Mr. G. Jungmann, deputy-director, head of the Department of security and environment in inland navigation at the Federal Ministry of Transport, Construction and Housing, was appointed as a Commissioner for Germany with effect from 28 February 2001.

Mr. H. Kaune, head of the department of inland navigation, economy and law, was appointed as a Deputy Commissioner for Germany with effect from 18 February 2001.

Ms P. Buch, civil administrator, head of the Office of European and international affairs at the directory of transport at the Ministry of Equipment, Transport and Housing was appointed from 5 February 2001 on as a Commissioner for France in replacement of Mr. Jean-François Janin, who had been transferred to other duties

Mr; M. Zahnd, directory of international public law at the Department of Foreign Affairs of Switzerland, has been appointed as secretary of the Swiss delegation from 26 November 2001 on in replacement of Ms Regina Escher, who had been transferred to other duties.

Consequently, the members of the Central Commission at the end of the year 2001 were:

GERMANY:

Commissioners:	MM.	Mauch,
		Stamm,
		Hönemann,
		Jungmann;
Deputy Commissioners:	Mr	Kaune,
	Ms	Völkel;

BELGIQUE :		
Commissaires :	MM.	Devadder, *Président*
		Janssens,
		De Lembre,
	Mme	Vanluchene,
Commissaires-suppléants :	MM.	Van Reusel,
		Verschueren;
FRANCE :		
Commissaires :	MM.	Abraham, *Vice-Président*
		Bayle,
	Mme	Buch,
	M.	Meistermann,
Commissaires-suppléants :	MM.	Renoux,
		Segura;
PAYS-BAS :		
Commissaires :	MM.	Van Der Zee,
		Van Dalen,
		Veraart,
		Walthuis,
Commissaires-suppléants :	MM.	E.J. Bos,
		Hofhuizen;
SUISSE :		
Commissaires :	MM.	Höchner,
		Feierabend,
		Furrer,
		Hardmeier,
Commissaire-suppléant :	M.	Chatelain;

Le Secrétariat était, à la même date, composé comme suit :

Secrétaire général :	M.	J.M. Woehrling
Secrétaire général adjoint :	M.	H.A.F. Van Der Werf
Ingénieur en chef :	M.	V. Orlovius

La Chambre des appels comprenait, à partir du 1er janvier 2001, les membres suivants :

Juges :		*Juges-suppléants* :	
MM.	Haegel,	MM.	Villa,
	Bemm,	Mme	Cäsar,
	Craeybeckx,	MM.	De Weerdt,
	Haak,		Vreede,
	Staehelin; *Président*		Rapp;
		MM.	Verstreken
			Savornin-Lohmann

Greffier :M. Bour

BELGIUM:

Commissioners:	MM.	Devadder, *President*
		Janssens,
		De Lembre,
	Ms	Vanluchene,
Deputy Commissioners:	MM.	Van Reusel,
		Verschueren;

FRANCE:

Commissioners:	MM.	Abraham, *Vice-President*
		Bayle,
	Mme	Buch
	M.	Meistermann,
Deputy Commissioners:	MM.	Renoux,
		Segura;

NETHERLANDS:

Commissioners:	MM.	Van Der Zee,
		Van Dalen,
		Veraart,
		Walthuis,
Deputy Commissioners:	MM.	E. J. Bos,
		Hofhuizen;

SWITZERLAND:

Commissioners:	MM.	Höchner,
		Feierabend,
		Furrer,
		Hardmeier,
Deputy Commissioner:	Mr	Chatelain.

At the end of the year 2001, the Secretariat comprised:

Secretary General:	MM.	J. M. Woehrling
Deputy Secretary General:		H. A. F. Van Der Werf
Chief Engineer:		V. Orlovius

With effect from 1 January 2001, the members of the Chamber of Appeal were:

Judges:		*Deputy-Judges*:	
MM.	Haegel,	Mr	Villa,
	Bemm,	Ms	Cäsar,
	Craeybeckx,	MM.	De Weerdt,
	Haak,		Vreede,
	Staehelin; *President*		Rapp;
		MM.	Verstreken
			Savornin-Lohman;

Registrar: Mr. Bour.

II. ACTIVITÉS DE LA COMMISSION CENTRALE

1. Sessions plénières et réunions au sein de la CCNR

a. La Commission Centrale a tenu, sous la présidence de M. Devadder, deux sessions plénières ordinaires le 31 mai et le 29 novembre 2001 à Strasbourg.

b. Les Comités se sont réunis comme suit:

– le Comité du budget, sous la présidence de M. Devadder, le 30 mai et le 28 novembre 2001 à Strasbourg;

– le Sous-Comité administratif, sous la présidence de M. Janssens, le 21 février et le 23 octobre 2001 à Strasbourg;

– le Comité directeur, sous la présidence de M. Abraham, le 30 mai, le 6 novembre et le 28 novembre 2001 à Strasbourg;

– le Comité économique, sous la présidence de M. Meistermann, le 5 avril, le 29 mai, le 9 octobre et le 27 novembre 2001 à Strasbourg;

– le Comité du droit fluvial, sous la présidence de M. Hofhuizen, le 9 janvier, le 15 mai et le 2 octobre 2001 à Strasbourg;

– réunion de consultation des catégories professionnelles et organisations internationales concernées par la navigation intérieure sur la mise au point de dispositions coordonnées sur le plan international en matière de responsabilité pour les dommages liés au transport de matières dangereuses en navigation intérieure (CRDNI), soumises par le VBW et l'IVR, sous la présidence de M. Hofhuizen, le 16 mai 2001 à Strasbourg;

– réunion des experts gouvernementaux sur le projet de Convention CRDNI, sous la présidence de M. Hofhuizen, le 17 mai 2001 à Strasbourg;

– réunion de consultation des organisations d'assurance et de la profession des assurances sur le projet de Convention CRDNI, et notamment sur l'indemnisation pour les dommages liés aux transports, en navigation intérieure, de substances nocives et potentiellement dangereuses, sous la présidence de M. Bour, le 18 décembre 2001 à Strasbourg;

– le Comité économique – Groupe informations statistiques – sous la présidence du Secrétaire général adjoint, le 7 mars et le 20 septembre 2001 à Strasbourg;

– le Comité du règlement de police, sous la présidence de M. Hardmeier et le Comité du règlement de visite, sous la présidence de M. Jungmann : réunions communes les 24 et 25 avril et les 16 et 17 octobre 2001 à Strasbourg;

– le Comité du règlement de police, le Comité du règlement de visite, le Comité des matières dangereuses et le Comité des questions sociales, de travail et de formation professionnelle : réunion commune le 29 mai et le 27 novembre 2001 à Strasbourg;

– le Comité des matières dangereuses, sous la présidence de M. De Lembre, le 23 avril et sous la présidence de M. Stamm, le 15 octobre 2001 à Strasbourg;

– le Comité de l'élimination des déchets et des questions liées à l'environnement en navigation rhénane, sous la présidence de M. Veraart, le 26 avril et le 18 octobre 2001 à Strasbourg;

– le Comité technique permanent, sous la présidence de M. Chatelain, le 26 avril et le 9 novembre 2001 à Strasbourg;

– le Comité des questions sociales, de travail et de formation professionnelle, sous la présidence de Mme Vanluchene le 1er février, le 25 avril et le 17 octobre 2001 à Strasbourg;

– le Comité restreint de navigation, sous la présidence de l'Ingénieur en chef, le 25 janvier à Strasbourg, le 13 juin à Bingen et le 23 octobre 2001 à Strasbourg;

– le Groupe de travail du règlement de police, sous la présidence de M. Koedam, les 6,

II. ACTIVITIES OF THE CENTRAL COMMISSION

1. Plenary sessions and meetings within the CCNR

a. The Central Commission, with Mr. Devadder in the chair, held two ordinary sessions, on 31 May and 29 November 2001 in Strasbourg.

b. The following committee meetings were held:

– Budget Committee, with Mr. Devadder in the chair, on 30 May and 28 November 2001, in Strasbourg;

– Administrative Sub-Committee, with Mr. Janssens in the chair, on 21 February and 23 October 2001, in Strasbourg;

– Steering Committee, with Mr. Abraham in the chair, on 30 May, 6 November and 28 November 2001, in Strasbourg;

– Economic Committee, with Mr. Meistermann in the chair, on 5 April, 29 May, 9 October and 27 November 2001, in Strasbourg;

– River Law Committee, with Mr. Hofhuizen in the chair, on 9 January, 15 May and 2 October 2001;

– Consultation meeting of professional categories and international organisations concerned by inland navigation about coordinated dispositions in international level on the matter of responsibility for damage connected to the transport of dangerous goods in inland navigation (CRDNI), submitted by VBW and IVR, with Mr. Hofhuizen in the chair, on 16 May 2001 in Strasbourg;

– Meeting of governmental experts on the draft CRDNI Convention, with Mr. Hofhuizen in the chair, on 17 May 2001 in Strasbourg;

– Consultation meeting of insurance organisations on the draft CRDNI Convention concerning compensation for damage connected to inland navigation transport of harmful substances and potentially dangerous, with Mr. Hofhuizen in the chair, on 18 December 2001 in Strasbourg;

– Economic Committee Group on Statistics, with the Deputy Secretary General in the chair, on 7 March and 20 September 2001, in Strasbourg;

– Police Regulations Committee, with Mr. Hardmeier in the chair, and Inspection Regulations Committee, with Mr. Jungmann in the chair: joint meetings on 24 and 25 April and on 16 and 17 October 2001, in Strasbourg;

– Police Regulations Committee, Inspection Regulations Committee, Dangerous Substances Committee and Committee on Social, Labour and Training Matters: joint meeting, on 29 May and on 27 November 2001, in Strasbourg;

– Dangerous Substances Committee, with Mr. De Lembre in the chair, on 23 April 2001, and, with Mr. Stamm in the chair, on 15 October 2001, in Strasbourg;

– Committee on Disposal of Waste and Matters relating to the Environment and Rhine Shipping, with Mr. Veraart in the chair, on 26 April and 18 October 2001, in Strasbourg;

– Standing Technical Committee, with Mr. Chatelain in the chair, on 26 April and 9 November 2001, in Strasbourg;

– Committee on Social, Labour and Training Matters, with Ms Vanluchene in the chair, on 1 February, 25 April and 17 October 2001, in Strasbourg;

– Select Committee on Navigation, with the Chief Engineer in the Chair, on 13 June in Bingen and 23 October 2001 in Strasbourg;

– Police Regulations Working Party, with Mr. Koedam in the chair, on 6, 7, 8 February in Strasbourg and with Mr. Van Doorn in the chair, on 4, 5 and 6 September 2001 in Amsterdam (The Netherlands);

7, 8 février à Strasbourg et sous la présidence de M. Van Doorn, les 4, 5 et 6 septembre 2001 à Amsterdam (Pays-Bas);

– le Groupe de travail du règlement de visite, sous la présidence de M. Pauli, du 13 au 15 février, du 15 au 17 mars, du 27 au 29 mars, du 19 au 21 juin à Paris, le 27 août : audition des associations internationales concernées relative aux nouvelles prescriptions pour les systèmes d'extinction d'incendie à bord des bateaux de navigation intérieure à Bonn, du 28 au 30 août à Duisbourg, sous la présidence de M. Jungmann, du 25 au 28 septembre : réunion commune des commissions de visite des Etats membres de la CCNR à Oostende (Belgique), sous la présidence de M. Pauli du 6 au 8 novembre ainsi que du 4 au 7 décembre 2001 à Strasbourg;

– le Groupe de travail des matières dangereuses, sous la présidence de M. Ridder, les 6, 7 et 8 mars à Bonn, sous la présidence de M. Vogelbacher, les 10, 11 mai à Strasbourg : réunion spéciale « formation », sous la présidence de M. Van Lancker, les 12, 13 et 14 juin à Paris, les 18, 19, 20 septembre à Strasbourg, sous la présidence de M. Croo, les 21 et 22 novembre: réunion spéciale « zones de sécurité » à Strasbourg, sous la présidence de M. Van Lancker, les 11, 12, 13 décembre 2001 à Strasbourg;

– le Groupe de travail ad hoc « Organisation de la CCNR », sous la présidence du Secrétaire général, le 10 janvier, sous la présidence de M. Meistermann, le 22 février, le 2 avril, le 14 mai, le 1er octobre et le 5 novembre 2001 à Strasbourg;

– le Groupe de travail ad hoc « dégazage des bateaux-citernes », sous la présidence de M. Veraart, le 23 janvier, le 3 avril et le 13 septembre 2001 à Strasbourg;

– le Groupe de travail ad hoc « Bateaux du futur sur le Rhin », sous la présidence de M. Hönemann, le 4 avril, le 19 septembre à Duisbourg, le 8 novembre à Strasbourg et quatre ateliers thématiques : le 3 mai à Bonn, le 12 juin à Rotterdam, le 29 juin à Paris et le 18 septembre 2001 à Duisbourg;

- le Groupe de travail ad hoc « Bateaux d'une longueur supérieure à 110 m en amont de Mannheim », sous la présidence de M. Dos Santos, le 24 janvier, le 26 mars, le 11 juin et le 18 juillet 2001 à Strasbourg;

– le Groupe de travail « Technique Permanent », sous la présidence de l'Ingénieur en chef, le 26 janvier et le 12 juin 2001 à Bingen (à bord de l'automoteur « Reiher »);

– le Groupe de travail ad hoc « ECDIS Intérieur », sous la présidence de M. Bühler, les 1er et 2 mars, les 5 et 6 avril à Strasbourg, le 27 juin à Mannheim (à bord de l'automoteur « Mainz ») et les 11 et 12 décembre 2001 à Strasbourg;

– le Groupe de travail « du règlement de patentes », sous la présidence de M. Kowallik, le 4 avril et les 11 et 12 septembre 2001 à Strasbourg;

– la Commission centrale et la Commission du Danube ont tenu, sous la présidence de M. Devadder et M. Strasser, une session commune, le 22 juin 2001 à Budapest.

c. La Chambre des appels de la Commission centrale s'est réunie, sous la présidence de M. Staehelin, le 22 mars, sous la présidence de M. Vreede le 14 juin et sous la présidence de M. Staehelin le 7 décembre 2001 à Strasbourg.

2. Le Centre Administratif de la Sécurité Sociale pour les bateliers rhénans s'est réuni, sous la présidence de M. Ewen (Luxembourg), le 25 septembre 2001 à Strasbourg.

3. Relations avec d'autres organisations internationales

a. Le Secrétariat a représenté la Commission centrale:

– à la Commission européenne (réunions des Groupes de travail divers traitant des problèmes liés à la navigation intérieure);

– au Comité des transports intérieurs de la Commission économique des Nations unies

– Inspection Regulations Working Party, with Mr. Pauli in the chair, from 13 to 15 February 2001 from 15 to 17 March, from 19 to 21 June in Paris; on 27 August: audition of international associations in charge of the new stipulations for the fire extinction systems on board of vessels on inland navigation in Bonn; from 28 to 30 August in Duisburg, with Mr. Jungmann; from 25 to 28 September: joint meeting of the Inspection Committees of the member states of the CCNR in Oostende (Belgium) with Mr. Pauli in the chair from 6 to 8 November and 4 to 7 December 2001 in Strasbourg;

– Dangerous Substances Working Party, with Mr. Ridder in the chair, from 6 to 8 March 2001 in Bonn, with Mr. Vogelbacher in the chair, on 10 and 11 May 2001 in Strasbourg: special meeting on training, with Mr. Van Lancker, in the chair, from 12 to 14 June in Paris, from 18 to 20 September 2000 in Strasbourg, with Mr. Croo the 21 and 22 November: special meeting on security areas in Strasbourg, with Mr. Van Lancker, in the chair, from 11 to 13 December in Strasbourg;

– Ad Hoc Working Party on Organisation of the CCNR, with the Secretary General the 10 January in Strasbourg, Mr. Meistermann in the chair, on 22 February, 2 April, 14 May, 1 October and 5 November 2001, in Strasbourg;

– Ad Hoc Working Party on Degassing Tank Vessels, with Mr. Veraart in the chair on 23 January, 3 April and 13 September 2001, in Strasbourg;

– Ad Hoc Working Party on Future Rhine Vessels, with Mr. Hönemann in the chair, on 4 April, 19 September 2001, in Duisburg, on 8 November in Strasbourg and four work shops: on 3 May in Bonn, 12 June in Rotterdam, 29 June in Paris and 18 September in Duisburg;

– Ad Hoc Working Party on Vessels over 110 metres in length upstream from Mannheim, with Mr. Dos Santos in the chair, on 24 January, 26 March, 11 June and 18 July 2001, in Strasbourg;

– Standing Technical Working Party, with the Chief Engineer in the chair, on 26 January and 12 June 2000, in Bingen (on the Vessel "Reiher");

– Ad Hoc Working Party on Inland ECDIS, with Mr. Bühler in the chair, on 1 and 2 March, on 5 and 6 April in Strasbourg, on 27 June in Mannheim (on the Vessel "Mainz") and on 11 and 12 December 2001, in Strasbourg;

– Working Party on Regulations on Boatmasters' Certificates, with Mr. Kowallik in the chair, on 4 April and on 11 and 12 September 2001, in Strasbourg;

– The Central Commission and the Danube Commission held a joint session with MM. Devadder and Strasser in chair, on 22 June 2001 in Budapest.

c. The CCNR Chamber of Appeals met, with Mr. Staehelin presiding on 22 March, with Mr. Vreede presiding on 14 June and with Mr. Staehelin presiding on 7 December 2001, in Strasbourg.

2. The Administrative Centre of Social Security for Rhine Boatmen met in Strasbourg on 25 September 2001, with Mr. Ewen (Luxembourg) in the chair.

3. Relations with other international organisations

a. The Secretariat represented the Central Commission at:

– the Commission of the European Communities (meetings of various working parties dealing with problems of inland water transport);

– the Inland Transport Committee of the United Nations Economic Commission for pour l'Europe à Genève et à ses groupes de travail et Groupes d'experts, lors de l'examen de questions relatives à la navigation intérieure;

– au Comité directeur pour la sécurité sociale du Conseil de l'Europe;
– à la Commission du Danube (réunion des experts techniques et coopération des deux secrétariats);
– à la Commission internationale pour la protection du Rhin;
– à l'Association internationale du registre des bateaux du Rhin;
– à l'Association internationale permanente des Congrès de navigation (AIPCN).

b. La Commission européenne a été représentée à la session plénière ordinaire de printemps et à la session plénière d'automne par M. Maes.

La Commission économique des Nations unies pour l'Europe a été représentée à la session plénière ordinaire de printemps et à la session plénière d'automne par M. Novikov, administrateur.

La Commission du Danube a été représentée à la session plénière d'automne par M. Nedialkov, Directeur général du secrétariat.

La Conférence européenne des ministres des Transports a été représentée à la session plénière d'automne par Mme Fouvez, administrateur principal.

Une Conférence paneuropéenne des transports s'est tenue à Rotterdam les 5 et 6 septembre 2001 et a réuni des représentants des gouvernements de pays européens et des organisations internationales ainsi que des observateurs d'autres pays intéressés par le transport fluvial. La Commission centrale y a été représentée par le Secrétaire général et le Secrétaire général adjoint.

4. Travaux de la Commission Centrale

Ces travaux sont décrits de manière détaillée dans le rapport des activités de la Commission centrale. Un rapport biennal sera publié pour la période 2000-2001.

5. Chambre des appels

La Chambre des appels a rendu en tant que juridiction de dernier ressort 6 jugements en matière civile et 1 jugement en matière pénale.

Europe, in Geneva, and its working parties and groups of experts, when issues relating to inland water transport were being discussed;

- the Council of Europe Steering Committee for Social Security;
- the Danube Commission (meeting of technical experts and co-operation between the two secretariats);
- the International Commission for the Protection of the Rhine;
- the International Association for the Rhine Ships Register;
- the Permanent International Association of Navigation Congresses (PIANC).

b. The Commission of the European Communities was represented at the spring ordinary plenary session and at the autumn plenary session by Mr. Maes.

The United Nations Economic Commission for Europe (UNECE) was represented at the spring ordinary plenary session and at the autumn plenary session by Mr. Novikov, administrator.

The Danube Commission was represented at the autumn plenary session by Mr. Nedialkov, General Director of the secretariat.

The European Conference on Ministers of Transport was represented at the autumn plenary session by Mrs Fouvez, main administrator.

The Pan-European Conference on Transport met in Rotterdam on 5 and 6 September 2001 with representatives of the Governments of the European States and international organisation as well as observers from other country in connexion with water transport. The Central Commission was represented by the Secretary General and the Deputy Secretary General.

4. Work of the Central Commission

A detailed description of this work is given in the CCNR's activity report. A biennial report will be published covering the years 2000 and 2001.

5. Chamber of Appeal

The Chamber of Appeal, acting as a court of last instance, delivered six judgments in civil cases and one in a criminal case.

LE CONSEIL DE L'EUROPE (C de E)

67075 STRASBOURG CEDEX
Tél : +33.(0)3.88.41.20.00 – Fax : +33.(0)3.88.41.27.81

Site internet : http://www.coe.int

Secrétaire Général : M. Walter Schwimmer (Autriche)

Historique :

Créé en 1949 par 10 Etats européens, le Conseil de l'Europe a pour objectif de promouvoir la construction européenne, à travers la création d'un espace démocratique et juridique commun, organisée notamment autour de la Convention européenne des droits de l'homme. Il regroupe 43 Etats européens.

Tout Etat européen peut devenir membre du Conseil de l'Europe à condition qu'il accepte le principe de la prééminence du droit et garantisse la jouissance des droits de l'homme et des libertés fondamentales à toute personne placée sous sa juridiction. Depuis 1989, le Conseil de l'Europe contribue au rapprochement entre les différentes parties de l'Europe.

Composition :

43 Etats membres : Albanie, Allemagne, Andorre, Arménie, Autriche, Azerbaïdjan, Belgique, Bulgarie, Chypre, Croatie, Danemark, Espagne, Estonie, Finlande, France, Georgie, Grèce, Hongrie, Irlande, Islande, Italie, Lettonie, Liechtenstein, Lituanie, Luxembourg, Malte, Moldova, Norvège, Pays-Bas, Pologne, Portugal, République tchèque, « l'ex-République yougoslave de Macédoine », Roumanie, Royaume Uni, Fédération de Russie, Saint Marin, Slovaquie, Slovénie, Suède, Suisse, Turquie, Ukraine.

Invités spéciaux : Bosnie-Herzégovine, Serbie et Monténégro.

Observateurs permanents : Canada, Saint Siège, Japon, Mexique, Etats-Unis.

Objectifs :

- Défendre les droits de l'homme, la démocratie pluraliste et la prééminence du droit ;
- Favoriser la prise de conscience et la mise en valeur de l'identité culturelle de l'Europe et de sa diversité ;
- Rechercher des solutions aux problèmes de société (minorités, xénophobie, intolérance, protection de l'environnement, clonage, sida, drogue, crime organisé, etc.) et préserver la qualité de vie des Européens;
- Développer la stabilité démocratique en Europe en soutenant les réformes politiques, législatives et constitutionnelles.

THE COUNCIL OF EUROPE (C of E)

F-67075 STRASBOURG CEDEX
Phone : +33.(0)3.88.41.20.00 – Fax : +33.(0)3 88.41.27.81

Web site: http://www.coe.int

Secretary General: Mr. Walter Schwimmer (Austria)

Background:

The Council of Europe was founded in 1949 by 10 European States in order to promote European construction through a common democratic and legal area, structured notably around the European Convention on Human Rights. It includes now 43 European countries.

Any European state can become a member of the Council of Europe provided it accepts the principle of the rule of law and guarantees human rights and fundamental freedoms to everyone under its jurisdiction. Since 1989, the Council of Europe has contributed to bringing together the different parts of Europe.

Composition:

43 Member States: Albania, Andorra, Armenia, Austria, Azerbaijan, Belgium, Bulgaria, Croatia, Cyprus, Czech Republic, Denmark, Estonia, Finland, France, Georgia, Germany, Greece, Hungary, Iceland, Ireland, Italy, Latvia, Liechtenstein, Lithuania, Luxembourg, Malta, Moldova, Netherlands, Norway, Poland, Portugal, Romania, Russian Federation, San Marino, Slovakia, Slovenia; Spain, Sweden, Switzerland, the “former Yugoslav Republic of Macedonia”, Turkey, Ukraine, United Kingdom.

Special guests: Bosnia-Herzegovina, Federal Republic of Yugoslavia.

Permanent observers: Canada, Holy See, Japan, Mexico, United States.

Aims:

- To protect human rights, pluralist democracy and the rule of law;
- To promote awareness and encourage the development of Europe’s cultural identity and diversity;
- To seek solutions to problems facing European society (discrimination against minorities, xenophobia, intolerance, environmental protection, human cloning, Aids, drugs, organised crime, etc.);
- To help consolidate democratic stability in Europe by backing political, legislative and constitutional reform.

FONCTIONNEMENT :

Le Conseil de l'Europe siège au Palais de l'Europe à Strasbourg (France) ; les gouvernements, les parlements nationaux et les collectivités locales y sont représentés séparément. Le Conseil de l'Europe a deux organes principaux :

- le Comité des Ministres : organe de décision, formé par les ministres des Affaires étrangères des Etats membres ;
- l'Assemblée Parlementaire : organe délibératif : composé de 286 représentants et suppléants ;

Une troisième instance, le Congrès des pouvoirs locaux et régionaux (CPLRE) représente les collectivités locales et régionales européennes.

Quelque 1300 agents, originaires des 43 Etats membres, constituent le personnel permanent du Secrétariat. Celui-ci est placé sous la direction d'un Secrétaire Général (actuellement M. Walter Schwimmer, Autriche). Elu par l'Assemblée parlementaire pour un mandat de cinq ans, le Secrétaire Général coordonne et oriente les activités du Conseil de l'Europe.

Les langues officielles du Conseil de l'Europe sont le français et l'anglais, mais l'allemand, l'italien et le russe sont utilisés comme langues de travail par l'Assemblée parlementaire.

ACTIVITÉS EN 2001

I. LE CONSEIL DE L'EUROPE

En 2001, le Conseil de l'Europe a poursuivi son évolution pour devenir le Conseil de la Grande Europe. L'Organisation a continué à consolider les changements démocratiques dans les nouveaux états membres et à aider les pays candidats à se conformer aux valeurs fondamentales du Conseil de l'Europe afin de faciliter leur adhésion.

En même temps, le Conseil est resté fidèle à sa vocation originale : réaliser une plus grande union par une coopération entre ses membres dans un large éventail d'activités et construire un espace commun fondé sur les principes de la démocratie, des droits de l'homme et de l'Etat de droit.

ELARGISSEMENT

L'année 2001 a été marquée par un nouvel élargissement du Conseil de l'Europe. L'Arménie et l'Azerbaïdjan ont adhéré le 25 janvier à l'Organisation portant ainsi le nombre total des Etats membres à 43. Suite à cette adhésion, le Comité des Ministres a mis en place une procédure de suivi des engagements souscrits par les deux pays dans le contexte de leur adhésion. Afin d'assister les autorités dans la préparation de projets de loi et de coordonner la coopération du Conseil de l'Europe sur place, le Secrétaire Général a nommé de Conseillers pour les droits de l'homme et l'état de droit. Jusqu'à l'ouverture des Bureaux d'Information du Conseil de l'Europe à Bakou et Erevan en 2002, les conseillers cohabitent avec les missions de l'OSCE dans ces pays et assurent la coordination des activités des deux organisations.

En 2001, le Conseil de l'Europe a également renforcé la coopération avec la Bosnie et Herzégovine dans le cadre du processus d'adhésion. Suite à l'évolution positive, ce pays a adhéré au Conseil de l'Europe en avril 2002.

Le Conseil de l'Europe a également porté une grande attention à la situation en République Fédérale de Yougoslavie, dans le contexte nouveau créé par l'octroi au Parlement fédéral yougoslave du statut d'invité spécial auprès de l'Assemblée parlementaire le 22 janvier. Ce

FUNCTIONING:

The Palais de l'Europe in Strasbourg (France) is the Council of Europe's headquarters. Governments, national parliaments and local and regional authorities are represented separately: The Council of Europe is composed of main bodies:

- the Committee of Ministers: the decision-making body:, which is composed of the Foreign Ministers of the 43 member states (or their Permanent Representatives).
- the Parliamentary Assembly: a deliberative body: composed of 286 members and substitutes.

Another consultative body, the Congress of Local and Regional Authorities of Europe, represents the European local and regional authorities.

The Secretariat has a permanent staff of about 1 300. It is headed by a Secretary General – currently Walter Schwimmer (Austria) – who is elected for a five-year term by the Parliamentary Assembly and who co-ordinates and directs the Council's activities.

The Council of Europe's official languages are English and French, but the Parliamentary Assembly also uses German, Italian and Russian as working languages.

ACTIVITIES 2001

I. THE COUNCIL OF EUROPE

In 2001 the Council of Europe made further progress towards becoming the Council of Greater Europe. The Organisation continued to consolidate democratic change in the new member states and to assist the applicant countries in complying with its fundamental values in order to facilitate their accession.

At the same time the Council remained true to its original aim: to achieve a greater unity through co-operation between its members in a wide range of activities and to build a common area founded on the principles of democracy, human rights and the rule of law.

ENLARGEMENT

The year 2001 was marked by further enlargement of the Council of Europe. Armenia and Azerbaijan joined the Organisation on 25 January, bringing the total number of member states to 43. The Committee of Ministers subsequently initiated monitoring procedures in respect of the commitments entered into by these two countries upon their accession. To assist the authorities in preparing draft legislation and co-ordinate the Council of Europe's co-operation effort on the spot, the Secretary General appointed Advisers on human rights and the rule of law who, pending the opening of Council of Europe information offices in Baku and Yerevan in 2002, are sharing premises with the OSCE missions in the two countries and seeing to co-ordination of the two organisations' activities.

In 2001 the Council of Europe also stepped up co-operation with Bosnia and Herzegovina in the context of that country's membership application. This process has had a positive outcome, with Bosnia and Herzegovina acceding to the Council of Europe in April 2002.

The Council of Europe also focused considerable attention on the situation in the Federal Republic of Yugoslavia in the new context created on 22 January when the Yugoslav Federal Parliament was granted special guest status with the Parliamentary Assembly. This significant progrès important dans la coopération entre le Conseil de l'Europe et ce pays a mené le Secrétaire Général à nommer un Envoyé Spécial et à ouvrir des bureaux du Secrétariat à Belgrade et à Podgorica.

Europe du Sud-Est

Tout au long de 2001, la question de la stabilité démocratique de l'Europe du Sud-Est a continué à retenir l'attention du Comité des Ministres et de l'Assemblée parlementaire. L'évolution de la situation dans « l'ex-République yougoslave de Macédoine » était une préoccupation majeure.

Suite aux violences du mois de mars, le Comité des Ministres a apporté son soutien aux efforts du gouvernement de ce pays pour poursuivre les réformes internes, en particulier pour améliorer les relations inter-communautaires dans le cadre institutionnel du pays. Le Comité des Ministres a donné son feu vert à la participation du Conseil de l'Europe au suivi et à l'observation du recensement de la population (reporté jusqu'en 2003 depuis) et il a mis au point un programme d'assistance spécifique pour contribuer à la mise en œuvre de l'Accord-cadre intervenu le 13 août entre les principales forces politiques du pays. Le Secrétaire Général a nommé un Conseiller juridique auprès du Représentant spécial de l'Union européenne à Skopje avec la tâche supplémentaire de coordonner sur place la mise en œuvre du programme d'assistance en étroite coopération avec les autres organisations internationales présentes dans le pays.

En tant qu'organisation participante, le Conseil de l'Europe a continué en 2001 sa contribution aux activités du Pacte de Stabilité pour l'Europe du Sud-Est. Dans le cadre de la mise en œuvre de la Résolution 1244 du Conseil de sécurité des Nations Unies relative au Kosovo et à la demande de la MINUK et de l'OSCE, il a organisé l'observation du bon déroulement du processus électoral, qui a trouvé son point culminant dans les premières élections générales libres et régulières tenues au Kosovo le 17 novembre.

Tchêtchênie

Tout au long de l´année, le Conseil de l´Europe s´est beaucoup préoccupé de la situation en Tchétchénie. Trois experts du Conseil de l´Europe ont continué à travailler à Znamenskoye, fournissant une expertise consultative au Bureau du Représentant Spécial du Président de la Fédération de Russie pour garantir le respect des droits de l´homme, des droits civils et des libertés dans la République tchétchène. Jusqu´au retour du groupe d´Assistance de l´OSCE, le Conseil de l´Europe était la seule organisation internationale ayant du personnel travaillant et résidant de façon permanente en Tchétchénie.

En mars 2001, l´Assemblée parlementaire et la Douma d´Etat de Russie ont constitué un Groupe de Travail mixte sur la Tchétchénie. Ce groupe s´est avéré être un instrument utile pour aborder les différentes questions en jeu. Lors de la réunion du groupe en novembre, les participants tchétchènes ont décidé d´établir, sous l´égide du groupe, un Conseil Consultatif élargi pour promouvoir la démilitarisation et les procédures démocratiques en Tchétchénie.

Anticipant la réunion du Groupe de Travail mixte en novembre, le Commissaire aux Droits de l´Homme du Conseil de l´Europe a organisé un important séminaire à Strasbourg sur la thème de « La protection et le respect des droits de l´Homme comme base de la reconstruction démocratique de la République de Tchétchénie » avec la participation de représentants de l´administration fédérale russe, de l´administration locale tchétchène, des ONG et de la société civile tchétchène, issus de différentes tendances.

advance in co-operation between the FRY and the Council of Europe led the Secretary General to appoint a Special Envoy and to open Secretariat offices in Belgrade and Podgorica.

South-East Europe

The question of democratic stability in South-East Europe continued to command the attention of both the Committee of Ministers and the Parliamentary Assembly throughout 2001. The developments in the situation in "the former Yugoslav Republic of Macedonia" were a major concern.

Following the violent incidents in March, the Committee of Ministers supported the government's efforts to continue the domestic reform process, in particular with a view to improving inter-community relations within the country's institutional framework. The Committee of Ministers gave the go-ahead for Council of Europe participation in monitoring the population census (since postponed to 2003) and decided on a special programme of assistance to contribute to implementation of the 13 August Framework Agreement between the country's main political forces. The Secretary General appointed a Legal Adviser to the European Union's Special Representative in Skopje with the additional task of co-ordinating implementation of the assistance programme on the spot in close co-operation with the other international organisations present.

As one of the participating organisations, the Council of Europe continued in 2001 to contribute to the activities of the Stability Pact for South-Eastern Europe. As part of the implementation of UN Security Council Resolution 1244 on Kosovo and at the request of UNMIK and the OSCE, it arranged for monitoring of the electoral process, which culminated in the first free and fair elections to be held in Kosovo, on 17 November.

Chechnya

Throughout the year, the Council of Europe remained very concerned by the situation in Chechnya. Three Council of Europe experts continued working in Znamenskoye, provided consultative expertise to the Office of the Special Representative of the President of the Russian Federation for ensuring human and civil rights and freedoms in the Chechen Republic. Until the return of the OSCE Assistance group, the Council of Europe was the only international organisation, which had staff permanently working and residing in Chechnya.

In March 2001, the Parliamentary Assembly and the Russian State Duma set up a Joint Working Group on Chechnya. This group proved to be a useful instrument in addressing the different issues at stake. On the occasion of the group's November meeting, the Chechen participants decided to establish, under the aegis of the group, a broadly-based Consultative Council to promote demilitarisation and democratic procedures in Chechnya.

Preceding the Joint Working Group's meeting in November, the Council of Europe's Commissioner for Human Rights organised an important seminar in Strasbourg on the theme of "The protection of and respect for human rights as the basis for the democratic reconstruction of the Republic of Chechnya" with the participation of representatives from the federal Russian and local Chechen administration, NGOs and Chechen civil society of different tendencies.

11 septembre 2001

Les événements dramatiques du 11 septembre ont créé une onde de choc à l'échelle de la planète. Le jour-même, le Comité des Ministres, dans un communiqué commun avec le Président de l'Assemblée parlementaire et le Secrétaire Général a exprimé sa profonde émotion et sa ferme condamnation.

Le lendemain, le Comité des Ministres s'est saisi de cette question et a adopté une Déclaration sur la lutte contre le terrorisme international, condamnant avec la plus extrême vigueur les attaques terroristes d'une violence sans précédent commises contre le peuple américain, auquel il a exprimé son émotion et sa solidarité. Il a appelé à une réaction résolue de tous les Etats attachés aux valeurs de civilisation, en soulignant que le Conseil de l'Europe, qui unit l'ensemble du continent autour de ces valeurs, à la responsabilité d'apporter une contribution à cette réaction.

Par la suite, le Comité des Ministres a pris une série de décisions à court et à moyen terme en vue de renforcer l'efficacité de la coopération européenne et internationale dans ce domaine. Il a en particulier appelé instamment les Etats qui ne l'avaient pas encore fait à signer et ratifier la Convention européenne pour la répression du terrorisme et les autres instruments pertinents du Conseil de l'Europe. Suite à cet appel, cette Convention est désormais signée par 43 Etats membres.

En outre, le Comité des Ministres a défini trois axes pour l'action du Conseil de l'Europe : le renforcement de la coopération juridique contre le terrorisme, la sauvegarde des valeurs fondamentales et l'investissement dans la démocratie ainsi que la promotion du dialogue multiculturel et inter-religieux. Les travaux du Conseil de l'Europe visant à combattre le terrorisme se sont poursuivis en 2002. Ils sont menés en étroite coopération avec ses principaux partenaires et ont figuré au premier plan de l'ordre du jour des réunions à haut niveau tenues avec les Nations Unies, l'Union européenne et l'OSCE.

Droits de l'homme

La Convention européenne des Droits de l'Homme est l'instrument clé du Conseil de l'Europe. Tous les Etats membres doivent la signer et la ratifier. En vertu de cette Convention, les Etats et 800 millions d'Européens peuvent avoir recours à la Cour européenne des Droits de l'Homme s'ils estiment être victimes d'une violation par les Etats contractants des droits garantis par la Convention. En 2001, la Cour a ouvert 31.393 dossiers provisoires et enregistré 13.858 requêtes. Pendant cette année, 8.989 requêtes ont été déclarées irrecevables ou rayées du rôle et 739 ont été déclarées recevables pour être examinées sur le fond. En outre, la Cour a adopté 888 arrêts, dont 21 par la Grande Chambre et le reste par des Chambres de 7 juges. Ces arrêts concernaient un large éventail de sujets relatifs à presque tous les droits garantis par la Convention et ses Protocoles, et tous les Etats contractants.

En 2001 plusieurs activités multilatérales et bilatérales ont été mises en œuvre dans le cadre du programme « Promotion de la Charte sociale européenne », mené conjointement par le Conseil de l'Europe et la Commission européenne, dont le but essentiel est d'aider les Etats candidats à élaborer le premier rapport national sur l'application de la Charte et à rende effectifs les droits qu'elle garantit.

Tous les pays membres de l'Union européenne sont partie à la Charte sociale européenne et tous les Etats candidats à l'adhésion à l'Union ont soit déjà ratifié, soit signé la Charte.

En 2001, le Conseil de l'Europe a également intensifié ses actions en faveur de l'abolition universelle de la peine de mort. Cette abolition est une condition fondamentale de l'Organisation. Une Campagne de sensibilisation a été menée dans plusieurs pays où cette peine n'a pas encore été abolie et des programmes ont été élaborés pour faciliter les progrès vers l'abolition. Grâce

11 September 2001

The tragic events of 11 September sent shock waves around the world. On the same day, the Committee of Ministers, in a joint press release with the President of the Parliamentary Assembly and the Secretary General, expressed its revulsion at the terrorist attacks and firmly condemned them.

The next day, the Committee of Ministers adopted a Declaration on the fight against international terrorism, condemning with the utmost force the terrorist attacks of unprecedented violence committed against the American people, to whom it expressed sympathy and solidarity. It called for a resolute reaction from all states committed to uphold civilised values, stressing that the Council of Europe, which unites the continent around these values, has a particular interest and responsibility to contribute to such a reaction.

The Committee of Ministers subsequently took a series of short and medium-term decisions designed to increase the effectiveness of European and international co-operation in this field. In particular it called upon those states, which had not yet done so to sign and ratify the European Convention on the Suppression of Terrorism and other relevant Council of Europe instruments. In response to this call, the Convention has now been signed by 43 member states.

The Committee of Ministers also laid down three main lines of action for the Council of Europe: intensifying legal co-operation to combat terrorism, safeguarding fundamental values, and investing in democracy, including the promotion of multicultural and inter-religious dialogue. The Council of Europe's work to combat terrorism has continued in 2002. It is being carried out in close co-operation with the Organisation's main partners and has figured prominently on the agenda of high-level meetings with the UN, the EU and the OSCE.

Human rights

The European Convention on Human Rights is the Council of Europe's key instrument. All member states must sign and ratify it. The Convention allows states and 800 million European citizens to apply to the European Court of Human Rights if they consider themselves to have been the victims of a violation by the contracting states of any of the rights guaranteed therein. In 2001, the Court opened 31,393 provisional files and registered 13,858 applications. During the year, 8,989 applications were declared inadmissible or struck off the list and 739 were declared admissible for examination as to the merits. The Court adopted 888 judgments: 21 of these were adopted by the Grand Chamber and the remainder by chambers of seven judges. These judgments covered a wide range of issues relating to nearly all the rights guaranteed by the Convention and its Protocols, and all the contracting states.

In 2001 several multi- and bilateral activities were implemented under the Council of Europe/ European Commission Joint Programme for Promotion of the European Social Charter, whose main purpose is to help the applicant states to draw up the first national report on application of the Charter and give effect to the rights guaranteed therein.

All the European Union member countries are parties to the European Social Charter and all the states applying for membership of the Union have already either ratified or signed the Charter.

In 2001 the Council of Europe also stepped up its activities aimed at securing universal abolition of the death penalty. Abolition of the death penalty is one of the basic requirements for membership of the Organisation. An awareness-raising campaign was conducted in several countries which have not yet abolished the death penalty and programmes were drawn up to à l'action du Conseil de l'Europe, aucune exécution n'a eu lieu dans les Etats membres depuis 1997.

En 2001, le Conseil de l'Europe a également élaboré un nouveau protocole à la Convention européenne des Droits de l'Homme relatif à l'abolition de la peine de mort en toutes circonstances qui a été ouvert à la signature des Etats membres le 3 mai 2002.

De son côté, l'Assemblée parlementaire a adopté une Résolution et une Recommandation demandant aux pays ayant le statut d'observateur auprès du Conseil de l'Europe de prendre les mesures nécessaires pour abolir la peine de mort.

Congrès des Pouvoirs Locaux et Régionaux de l´Europe

En 2001, le Congrès a continué à contribuer à part entière et de façon significative aux objectifs du Conseil de l´Europe, par le biais de son approche double de renforcement de la démocratie locale et régionale et de promotion de l´échange de bonnes pratiques, et, dans la mesure du possible, d´atteinte d´un consensus politique sur les responsabilités des autorités locales et régionales dans les pays membres.

En ce qui concerne sa contribution aux objectifs plus généraux du Conseil de l´Europe, le Congrès a été actif dans le cadre du Pacte de Stabilité et de la consolidation de la coopération et de la société civile en Europe du Sud-Est, par l´établissement d´une nouvelle association pour ses Agences de la Démocratie Locale; le développement d´un réseau d´associations nationales d´autorités locales pour le secteur ; l´observation des élections et la participation étroite dans le processus électoral au Kosovo, en Serbie, au Monténégro, en Albanie et dans « l´ex-République yougoslave de Macédoine » ; la préparation de rapports nationaux sur la démocratie locale.

Le Congrès a aussi reflété la priorité donnée à la lutte contre le terrorisme, par le biais de sa propre conférence à Enschede sur la criminalité transfrontalière et la préparation d´une conférence majeure qui se tiendra à Luxembourg en septembre 2002 sur le rôle et les responsabilités des autorités locales face au terrorisme.

La réforme interne du Congrès est arrivée à sa fin, avec l´établissement et la gestion cordonnée satisfaisante des nouvelles structures de Comités; avec l´établissement de mini-sessions bisannuelles; et avec l´élection directe par les délégués du Directeur Exécutif et l´amélioration de la situation des hauts fonctionnaires, à l´image d´un Congrès jouissant d´une impulsion politique réaffirmée, et qui s´est à présent fermement établi comme un pilier politique de fait du Conseil de l´Europe.

Année européenne des langues

En 2001 la Campagne de l'Année européenne des langues a été organisée conjointement par le Conseil de l'Europe et la Commission européenne. Cette Année avait pour but de célébrer la diversité des langues et de promouvoir le plurilinguisme. L'Année est partie du principe selon lequel les compétences linguistiques sont essentielles pour la compréhension mutuelle, la stabilité démocratique, l'emploi et la mobilité.

L'ensemble des 48 Etats signataires de la Convention culturelle européenne, ainsi que des villes et des ONG ont participé à l'organisation de l'Année par des milliers d'activités s'ajoutant à des campagnes de grande envergure dans les pays participants. Parmi les actions les plus importantes figuraient la Semaine européenne pour l'apprentissage des langues par les adultes (5-11 mai) et la journée européenne des langues (26 septembre).

A la clôture de la Campagne, le Comité des Ministres a déclaré le 26 septembre « Journée européenne des langues » et recommandé que le Conseil de l'Europe choisisse un thème commun tous les ans et a invité l'Union européenne à se joindre à cette initiative.

facilitate progress towards abolition. As a result of the Council of Europe's efforts, no execution has taken place in the member states since 1997.

In 2001 the Council of Europe drew up a new protocol to the European Convention on Human Rights, relating to the abolition of the death penalty in all circumstances, which was opened for signature by member states on 3 May 2002.

For its part, the Parliamentary Assembly adopted a Resolution and a Recommendation requesting the countries holding observer status with the Council of Europe to take the necessary measures to abolish the death penalty.

Congress of Local and Regional Authorities of Europe

In 2001, the Congress continued to contribute fully and significantly to the objectives of the Council of Europe, through its own twin approaches of reinforcing local and regional democracy and promoting exchange of good practice and, wherever possible, achieving policy consensus on the responsibilities of local and regional authorities in member countries.

In terms of its contribution to wider Council of Europe objectives, the Congress was active within the Stability Pact and the strengthening of cooperation and civic society in South East Europe, through the establishment of a new Association for its Local Democracy Agencies; the development of a network of national associations of local authorities for the area; the observation of elections and close involvement in the electoral process in Kosovo, Serbia, Montenegro, Albania and "the former Yugoslav Republic of Macedonia", the preparation of national reports on local democracy.

The Congress also reflected the priority attached to fighting terrorism, through its own Conference in Enschede on transfrontier crime and the preparation for a major Conference to be held in Luxembourg in September 2002 on the role and responsibilities of local authorities in tackling terrorism.

The internal reform of the Congress was concluded, with the establishment and satisfactory coordinated management of its new Committee structures; in the establishment of its twice yearly mini-Sessions: and with the direct election by its delegates of its Chief Executive and improving the position of its senior officials, as a reflection of the increased political impetus of a Congress which now has firmly established itself as a de facto political pillar of the Council of Europe.

European Year of Languages

The 2001 European Year of Languages Campaign was organised jointly by the Council of Europe and the European Commission with the aim of celebrating the diversity of languages and promoting multilingualism. The Year was based on the idea that language skills are essential for mutual understanding, democratic stability, employment and mobility.

All 48 signatory states to the European Cultural Convention, together with local authorities and NGOs, contributed to the Year by organising thousands of events in addition to the large-scale campaigns mounted by the participating countries. A European Adult Language Learning Week (5-11 May) and European Day of Languages (26 September) were among the highlights of the Year.

At the close of the campaign, the Committee of Ministers declared 26 September "European Day of Languages", recommended that the Council of Europe select a common theme each year and invited the European Union to participate in this project.

NOUVEAUX INSTRUMENTS JURIDIQUES

En 2001, le Comité des Ministres a adopté et ouvert à la signature sept nouvelles conventions et protocoles :

Le deuxième Protocole additionnel à la Convention européenne d'entraide judiciaire en matière pénale a pour but de renforcer la capacité des États à réagir à la criminalité internationale en tenant compte des évolutions politique et sociale et technologique. Il a pour effet d'améliorer et de compléter la Convention d'entraide de 1959 et son Protocole additionnel de 1978 en diversifiant notamment les situations dans lesquelles l'entraide judiciaire peut être demandée, en facilitant cette entraide et en la rendant plus rapide et plus souple.

Le Protocole additionnel à la Convention pour la protection des personnes à l'égard du traitement automatisé des données à caractère personnel concernant les autorités de contrôle et les flux transfrontières de données renforce la protection des données personnelles et de la vie privée en améliorant et complétant la convention de 1981 sur deux points importants :

- établissement d'autorités de contrôle indépendantes chargées d'assurer le respect des lois ou règlements adoptés en application de la Convention ;
- transfert de données vers des pays tiers seulement si l'Etat ou l'organisation internationale destinataire est en mesure de garantir un niveau de protection adapté.

Le Protocole additionnel à l'Accord européen sur la transmission des demandes d'assistance judiciaire de 1977 vise à éliminer les obstacles économiques pour les personnes financièrement défavorisées. Il prévoit, au bénéfice des personnes ayant leur résidence sur le territoire d'une Partie à l'Accord, la possibilité de demander l'assistance judiciaire en matière civile, commerciale ou administrative sur le territoire d'une autre Partie.

L'objectif de la *Convention sur l'information et la coopération juridique concernant les « Services de la Société de l'Information »,* élaborée en étroite collaboration entre le Conseil de l'Europe et l'Union européenne, est d'instaurer un système d'information et de coopération juridique dans le domaine des nouveaux services de communication, en élargissant l'application de la Directive de l'Union européenne sur le même sujet au-delà des frontières de l'Union européenne.

La *Convention sur la cybercriminalité* traite en particulier des infractions portant atteinte aux droits d'auteur, de la fraude liée à l'informatique, de la pornographie enfantine, ainsi que des infractions liées à la sécurité des réseaux. Elle contient également une série de compétences procédurales, tels que la perquisition de réseaux informatiques et l'interception.

Son principal objectif, énoncé dans le préambule, est de poursuivre « une politique pénale commune destinée à protéger la société contre la cybercriminalité, notamment par l'adoption d'une législation appropriée et la stimulation de la coopération internationale ».

La *Convention européenne relative à la protection du patrimoine audiovisuel et son Protocole sur la protection des productions télévisuelles* sont les premiers instruments internationaux contraignants dans ce domaine. Ils sont fondés sur le principe du dépôt légal obligatoire de toutes les productions contenant des images en mouvement et constituant le patrimoine audiovisuel d'un pays. Par dépôt légal, on entend non seulement l'obligation de déposer un exemplaire de référence dans un organisme d'archives désigné à cet effet, mais aussi celle de conserver ces documents et d'effectuer les travaux de conservation et de restauration nécessaires. A ces deux obligations s'ajoute celle de la mise à disposition pour des consultations à des fins scientifiques ou de recherches, tout en respectant les réglementations internationales et nationales en matière de droits d'auteurs.

Pour ce qui est des productions télévisuelles, le Protocole permet aux Parties de mettre en place un système d'évaluation, de sélection ou d'échantillonnage, en particulier pour celles qui sont identiques ou qui font partie d'une série plus large de productions télévisuelles.

NEW LEGAL INSTRUMENTS

In 2001 the Committee of Ministers adopted and opened for signature seven new conventions and protocols:

The second Additional Protocol to the European Convention on Mutual Assistance in Criminal Matters is designed to reinforce the ability of states to respond to international crime, taking due account of developments in the political, social and technological spheres. Its purpose is to improve and supplement the 1959 Convention on Mutual Assistance and the 1978 Additional Protocol thereto, in particular by extending the range of circumstances in which mutual assistance may be requested, facilitating assistance and making it quicker and more flexible.

The Additional Protocol to the Convention for the Protection of Individuals with regard to Automatic Processing of Personal Data regarding supervisory authorities and transborder data flows reinforces the protection of personal data and privacy by improving and supplementing the 1981 Convention in two important respects:

– the setting up of independent supervisory authorities to ensure compliance with laws and regulations adopted pursuant to the Convention;
– the transfer of data to third countries only if the recipient state or international organisation is able to guarantee an appropriate level of protection.

The Additional Protocol to the 1977 European Agreement on the Transmission of Applications for Legal Aid is designed to eliminate the obstacles facing persons in an economically weak position. It provides that persons having their habitual residence in the territory of a Party to the Agreement may apply for legal aid in civil, commercial or administrative matters in the territory of another Party.

The aim of the *Convention on Information and Legal Co-operation concerning "Information Society Services"*, drawn up in close co-operation between the Council of Europe and the European Union, is to establish an information and legal co-operation system in the new communication services field while extending the application of the EU Directive on the same subject beyond the frontiers of the European Union.

The *Convention on Cybercrime* deals in particular with offences related to copyright, computer-related fraud, child pornography, and offences related to network security. It also sets out a series of procedural powers, such as search of computer networks and interception.

Its main aim, as stated in the preamble, is to pursue "a common criminal policy aimed at the protection of society against cybercrime, *inter alia* by adopting appropriate legislation and fostering international co-operation".

The *European Convention on the Protection of the Audiovisual Heritage and its Protocol on the Protection of Television Productions* are the first binding international instruments in this field. They are based on the principle of mandatory legal deposit of all productions containing moving images and constituting a country's audiovisual heritage. Legal deposit means not only the requirement that a reference copy be deposited with an archive body designated for that purpose, but also that of ensuring its preservation, which may entail restoration work. A further requirement is that material should be made available for scientific or research purposes, subject to compliance with national and international rules on the protection of copyright.

Where television productions are concerned, the Protocol makes it possible for the contracting Parties to provide for a system of appraising, selecting or sampling of television productions, notably for those, which are similar or are part of a wider series of productions.

In addition, Protocol No. 1 to the European Convention on the Prevention of Torture came into force on 8 November. Under this Protocol, any non-member state of the Council of Europe may be invited to accede to the Convention. This marks a further stage in the widening of the

En outre, le Protocole n° 1 à la Convention européenne pour la Prévention de la torture est entré en vigueur le 8 novembre. Grâce à ce Protocole, tout Etat non-membre du Conseil de l'Europe pourra être invité par le Comité des Ministres à adhérer à la Convention. Il s'agit là d'une nouvelle étape dans l'extension du champ d'activités du Comité européen pour la prévention de la torture et des peines ou traitements inhumains ou dégradants, le mécanisme de contrôle institué par la Convention.

Depuis le 1er janvier 2001, les informations sur les signatures et ratifications des 185 traités du Conseil de l'Europe sont disponibles sur le site Internet du Bureau des Traités : http: //conventions.coe.int où la rubrique « Changements récents » est mise à jour suite à chacun de ces actes.

Planification stratégique

2001 a été la première année pleine de fonctionnement de la nouvelle Direction de la planification stratégique (DSP), créée le 1er septembre 2000. Cette Direction a notamment pour vocation de développer les liens, d'une part, entre les résultats des différentes procédures de suivi des engagements que tous les Etats membres ont acceptés en adhérant au Conseil de l'Europe et, d'autre part, les programmes de coopération. Dans ce contexte, la DSP a entrepris – sur décision du Comité des Ministres – des missions d'assistance et d'information dans certains Etats membres en vue de développer des programmes d'assistance pour ces pays. Elle aide également le Comité des Ministres à collecter des informations sur le suivi thématique pour tous les Etats membres dans les domaines tels que la liberté d'expression et d'information, la démocratie locale ou l'efficacité des voies de recours juridictionnelles.

L'année 2001 a aussi constitué un tournant en ce sens que le programme d'activités du Conseil de l'Europe pour l'année 2001, qui regroupe dorénavant l'essentiel des programmes intergouvernementaux (y compris les activités de coopération et d'assistance) a été basé sur les priorités à moyen terme 2001-2005 déterminées par le Secrétaire Général. A cet égard, le lancement des deux *projets intégrés* sur la violence et sur les institutions démocratiques a constitué une innovation importante.

Coopération avec d'autres institutions et organisations européennes et internationales

Union européenne

Les relations entre le Conseil de l'Europe et l'Union européenne se sont encore renforcées en 2001. Au niveau politique, les 16e et 17e réunions quadripartites (entre le Président du Comité des Ministres et le Secrétaire Général d'une part et le Président du Conseil de l'Union européenne et le Président de la Commission européenne d'autre part) se sont concentrées tout particulièrement sur la portée du Traité de Nice qui a mis en place le cadre institutionnel pour l'élargissement de l'Union.

Il a été également souligné l'importance de la proclamation conjointe par les institutions de l'Union européenne de la Charte des droits fondamentaux et la nécessité de prendre toutes les mesures appropriées pour garantir la cohérence avec la Convention européenne des Droits de l'Homme.

Les autres sujets importants étaient la mise en œuvre de différents programmes conjoints dans le contexte des activités pour le développement des réformes juridiques et la consolidation de la stabilité démocratique dans les pays de l'Europe de l'Est, du Sud-Est et du Caucase.

Un grand progrès dans l'efficacité de cette coopération a été réalisé avec la signature le 3 sphere of activity of the European Committee for the Prevention of Torture and Inhuman or Degrading Treatment or Punishment, the supervisory body established under the Convention.

Since 1 January 2001, information on signatures and ratifications of the 185 Council of Europe treaties has been available on the Treaty Office's website: http://conventions.coe.int, where the "Recent changes" section is updated after each signature or ratification.

Strategic planning

2001 was the first full year of operation for the new Directorate of Strategic Planning (DSP) set up on 1 September 2000. One of the Directorate's functions is to develop links between the results of the different procedures for monitoring the commitments, which all the member states accepted upon acceding to the Council of Europe, and co-operation programmes. In this context, the DSP, following decisions by the Committee of Ministers, undertook assistance and fact-finding missions to certain member states with a view to developing assistance programmes for them. It also helps the Committee of Ministers to gather information for thematic monitoring of all the member states in such fields as freedom of expression and information, local democracy or the effectiveness of judicial remedies.

2001 was also a turning point in that the Council of Europe's programme of activities, which now incorporates most of the intergovernmental programmes (including co-operation and assistance activities), was based on the medium-term priorities for 2001-2005 established by the Secretary General. In this connection, the launch of two *integrated projects* on violence and democratic institutions represented a major innovation.

Co-operation with other European and international institutions and organisations

European Union

Relations between the Council of Europe and the European Union were further strengthened in 2001. On a political level, the 16th and 17th quadripartite meetings (between the Chairman of the Committee of Ministers and the Secretary General, on the one hand, and the President of the Council of the European Union and the President of the European Commission, on the other) focused in particular on the implications of the Treaty of Nice, which established the institutional framework for enlargement of the Union.

The importance of the joint proclamation by the European Union institutions of the Charter of Fundamental Rights was also underlined, as was the need to take all appropriate measures to ensure coherence with the European Convention on Human Rights.

Other important topics were the implementation of various joint programmes in the context of activities for the development of legal reform and the consolidation of democratic stability in the countries of Eastern Europe, South-East Europe and the Caucasus.

The signing on 3 April of a joint declaration on co-operation and partnership between the Council of Europe and the European Union represented a major step forward. Under the terms of avril d'une déclaration conjointe sur la coopération et le partenariat entre le Conseil de l'Europe et la Commission européenne. Dans le cadre de cette déclaration, les deux institutions s'efforcent d'intensifier leur coopération et coordination afin d'identifier les pays et les objectifs pour lesquels une action commune conférerait à leur action respective une valeur ajoutée.

Nations Unies

La coopération avec les Nations Unies a été particulièrement intensive en 2001. Le 8 février, le Secrétaire Général a participé, à New York, à la réunion des Nations Unies et les organisations régionales. Cette réunion a formulé un certain nombre de mesures visant à augmenter l'efficacité de la coopération entre les Nations Unies et les organisations régionales en matière de prévention des conflits et de la consolidation de la paix.

Le 16 février, le Conseil de l'Europe a participé, à Vienne, à la réunion tripartite de haut niveau entre les Nations Unies, l'OSCE et le Conseil de l'Europe, avec la participation également de la Commission européenne, l'Organisation Internationale pour les Migrations et le Comité international de la Croix Rouge. Cette réunion a permis d'établir une meilleure coopération et une plus grande coordination des activités des organisations participantes, notamment sur le terrain dans les régions touchées par des conflits ou des crises.

Tout au long de l'année, le Conseil de l'Europe a activement contribué à la mise en œuvre de la Résolution 1244 du Conseil de Sécurité relative au Kosovo ainsi qu'aux travaux de la mission des Nations Unies en Bosnie-Herzégovine. La coopération du Conseil de l'Europe s'étend également aux différentes organisations spécialisées et organes des Nations Unies, notamment l'UNESCO, l'OMS, le BIT et les Hauts Commissariats pour les Droits de l'Homme et les Réfugiés.

L'Assemblée générale des Nations Unies a tenu pour la deuxième fois un débat sur la coopération entre les Nations Unies et le Conseil de l'Europe aboutissant à l'adoption d'une Résolution dans laquelle l'Assemblée générale constate avec satisfaction que la coopération et la coordination entre les Nations Unies et le Conseil de l'Europe se sont encore améliorées, tant au niveau des sièges que sur le terrain.

Dans cette résolution, l'Assemblée Générale des Nations Unies se félicite, entre autres, de la contribution du Conseil de l'Europe à la lutte contre le terrorisme, à la Conférence mondiale contre le racisme, et de l'action que mène le Conseil de l'Europe pour aider les Etats à ratifier et appliquer le Statut de Rome de la Cour pénale internationale.

OSCE

2001 a été marqué par de nouvelles améliorations dans la coopération entre le Conseil de l'Europe et l'OSCE. Le 15 février, les Secrétaires Généraux des deux Organisations ont, dans un échange de lettres, confirmé leur volonté de coopérer étroitement en République fédérale de Yougoslavie.

Deux réunions à haut niveau (les deux Présidences en exercice et les deux Secrétaires Généraux) ont eu lieu, respectivement à Bucarest (18 avril) et à Vaduz (30 octobre). Ces réunions, auxquelles se sont joints pour la première fois les Présidents des deux Assemblées parlementaires, se sont concentrées sur la coopération entre les deux organisations sur le terrain et tout particulièrement dans l'Europe du Sud-Est et le Caucase ainsi que la situation politique au Bélarus.

Coopération avec les Etats observateurs

En 2001, la coopération avec les Etats observateurs, le Canada, les Etats Unis d'Amérique, le Japon, le Mexique et le Saint-Siège, s'est intensifiée. En octobre, le Secrétaire Général a effectué une visite officielle au Canada et aux Etats Unis d'Amérique, renforçant ainsi les relations avec le this declaration the two institutions will seek to intensify their co-operation and co-ordination in order to identify areas in which joint action would be of mutual advantage.

United Nations

Co-operation with the United Nations was particularly intense in 2001. The Secretary General participated in the UN meeting with regional organisations in New York on 8 February. This meeting put forward a number of measures for increasing the effectiveness of co-operation between the United Nations and regional organisations in the area of conflict prevention and peace building.

On 16 February the Council of Europe participated in the high-level tripartite meeting in Vienna between the United Nations, the OSCE and the Council of Europe, which was also attended by the European Commission, the International Organization for Migration and the International Committee of the Red Cross. This meeting led to improved co-operation between the participating organisations and more effective co-ordination of their activities, particularly in regions affected by conflict or crisis.

Throughout the year, the Council of Europe contributed actively to the implementation of Security Council Resolution 1244 on Kosovo and the work of the UN mission in Bosnia and Herzegovina. The Council of Europe also co-operated with the UN's various specialised organisations and agencies, such as UNESCO, WHO, ILO and the High Commissioners for Human Rights and Refugees.

For the second time the UN General Assembly held a debate on co-operation between the United Nations and the Council of Europe, leading to the adoption of a Resolution in which the General Assembly noted with satisfaction that co-operation and co-ordination between the United Nations and the Council of Europe had improved further, both at the organisations' headquarters and in the field.

In this resolution the UN General Assembly welcomes, among other things, the Council of Europe's contribution to the fight against terrorism, its contribution to the World Conference against Racism, and its work to help states to ratify and apply the Rome Statute of the International Criminal Court.

OSCE

2001 saw further improvements in co-operation between the Council of Europe and the OSCE. In an exchange of letters on 15 February, the Secretaries General of the two organisations confirmed their wish to co-operate closely in the Federal Republic of Yugoslavia.

Two high-level meetings (the Chairman of the Committee of Ministers of the Council of Europe, the OSCE Chairperson-in-Office and the two Secretaries General) were held, in Bucharest (18 April) and Vaduz (30 October) respectively. These meetings, attended for the first time by the Presidents of the two Parliamentary Assemblies, focused on co-operation between the two organisations in the field, particularly in South-East Europe and the Caucasus, and on the political situation in Belarus.

Co-operation with observer states

Co-operation with the observer states (Canada, the USA, Japan, Mexico and the Holy See) intensified in 2001. In October the Secretary General made an official visit to Canada and the USA, which served to strengthen relations in areas of common interest.

Conseil de l'Europe dans des domaines d'intérêt commun.

Le Canada et les Etats-Unis d'Amérique ont signé le 23 novembre à Budapest la Convention du Conseil de l'Europe sur la Cybercriminalité.

Les Etats Unis d'Amérique ont également adhéré, le 20 septembre, à l'accord établissant le Groupe d'Etats contre la Corruption (GRECO).

Le 8 novembre, tous les Etats observateurs ont participé pour la première fois à une réunion du Comité des Ministres. Cette réunion était essentiellement consacrée à l'action du Conseil de l'Europe contre le terrorisme.

*
* *

A la fin de l'année 2001, le Conseil de l'Europe comptait 43 Etats membres mais l'Organisation préparait déjà activement l'adhésion d'autres Etats (Bosnie et Herzégovine, République Fédérale de Yougoslavie et Monaco). Le Conseil de l'Europe a ainsi confirmé son rôle pan-européen, réunissant la quasi-totalité des pays du continent sur un pied d'égalité et sans clivages.

La coopération intergouvernementale et interparlementaire du Conseil de l'Europe se poursuit quotidiennement entre ses Etats membres pour mieux établir en Europe les valeurs qu'ils partagent : la démocratie pluraliste, les droits de l'homme, le développement de l'Etat de droit et la promotion de l'identité culturelle européenne, dans le respect de la diversité et le maintien de la cohésion sociale.

Pour mener à bien ces activités, le Secrétaire Général a fixé au début de l'année 2001 « Sept chemins du futur » :

1. Renforcer l'impact politique de l'Organisation pour promouvoir les principes démocratiques ;
2. Construire un espace commun des droits de l'homme ;
3. Développer les normes d'une société démocratique et garantir leur mise en œuvre ;
4. Répondre aux attentes des citoyens par des projets de proximité ;
5. Evaluer l'impact des projets et des actions engagées pour être plus performant sur le terrain ;
6. Approfondir les coopérations avec l'Union européenne, l'OSCE et les Nations Unies ;
7. Intensifier la coopération politique avec les Etats observateurs.

Ces lignes directrices orienteront les activités du Conseil de l'Europe dans les années à venir.

II. DROITS DE L'HOMME ET LIBERTÉS FONDAMENTALES

1. CONVENTION EUROPÉENNE DES DROITS DE L'HOMME

La Convention européenne des Droits de l'Homme, ouverte à la signature à Rome le 4 novembre 1950, est entrée en vigueur le 3 septembre 1953, après la dixième ratification. Au 31 décembre 2000, elle était ratifiée par tous les Etats membres du Conseil de l'Europe (quarante et un à cette date).

Les Etats qui ratifient la Convention reconnaissent à toute personne relevant de leur juridiction les droits et les libertés énoncés dans la Convention. Ces droits et libertés sont en majorité des droits civils et politiques.

La Convention avait créé deux organes indépendants – la Commission et la Cour européennes des Droits de l'Homme – chargés d'assurer le respect des engagements pris par les Hautes Parties contractantes. Suite à l'entrée en vigueur le 1er novembre 1998 du Protocole n° 11 à la Convention, prévoyant une réforme du système de garantie collective, une nouvelle Cour européenne des

Canada and the USA signed the Council of Europe's Convention on Cybercrime in Budapest on 23 November.

The USA acceded on 20 September to the Agreement establishing the Group of States against Corruption (GRECO).

On 8 November a meeting of the Committee of Ministers was attended for the first time by all the observer states. The main focus of this meeting was the Council of Europe's action to combat terrorism.

*
* *

At the end of 2001 the Council of Europe had 43 member states, but the Organisation was already preparing actively for further accessions (Bosnia and Herzegovina, the Federal Republic of Yugoslavia and Monaco). The Council of Europe thus confirmed its pan-European role, bringing together nearly all the countries of Europe on an equal footing and without divisions.

Intergovernmental and interparliamentary co-operation between the Council of Europe's member states continues each and every day in an endeavour to consolidate their shared values: pluralist democracy, human rights, development of the rule of law and promotion of the European cultural identity, while respecting diversity and maintaining social cohesion.

To carry out these activities the Secretary General identified at the beginning of 2001 "Seven paths for future action":

1. Promoting democratic principles by enhancing the Organisation's political impact;
2. Building a shared human rights area in Europe;
3. Developing democratic standards and making sure that states apply them;
4. Responding to European citizens' expectations with grass-roots projects;
5. Assessing the results of projects and action, to improve effectiveness on the ground;
6. Forging closer working links with the European Union, the OSCE and the United Nations;
7. Stepping up political co-operation with Observer states.

These will be the guidelines for the Council of Europe's activities in the years ahead.

II. HUMAN RIGHTS AND FUNDAMENTAL FREEDOMS

1. EUROPEAN CONVENTION ON HUMAN RIGHTS

The European Convention on Human Rights, opened for signature in Rome on 4 November 1950, came into force on 3 September 1953, after the tenth ratification. On 31 December 2000, it was ratified by all the Council of Europe member States (forty one at that date).

States ratifying the Convention recognise for everyone within their jurisdiction the rights and freedoms set out in the Convention. Most of these rights and freedoms are of a civil and political character.

The Convention had created two independent bodies – the Commission and Court of Human Rights – which were responsible for guaranteeing respect for the commitments entered into by the high contracting parties. Following the entry into force of Protocol No. 11 to the Convention, which provided for a reform in the system of collective guarantee, a new, permanent European Court of Human Rights was set up. At the same time, the European Commission of Human Rights ceased

Droits de l'Homme, permanente, a été instituée. Dans le même temps, la Commission européenne des Droits de l'Homme a été dissoute, après une période transitoire d'une année pendant laquelle elle a traité des affaires déclarées recevables avant le 31 octobre 1998.

Cette réforme a été rendue nécessaire par l'augmentation du nombre de requêtes, leur complexité croissante et l'extension géographique du Conseil de l'Europe. La Convention ayant été conçue pour dix ou douze Etats membres, il s'est avéré impossible d'assurer un fonctionnement efficace du système de contrôle avec quarante et un Etats parties.

Le système a donc été rationalisé, avec notamment une accélération de la procédure, et les requérants peuvent maintenant accéder directement à la nouvelle Cour. Le nouveau système prévoit que le droit de recours individuel est obligatoire et que la Cour a compétence juridictionnelle sur toutes les affaires inter-étatiques. Le Comité des Ministres n'a plus compétence pour se prononcer sur le fond de ces affaires, mais il conserve son rôle important de contrôle de l'exécution des arrêts de la Cour.

Depuis le 4 novembre 2000, le Protocole n° 12 portant sur une interdiction générale de la discrimination est ouvert à la signature des Etats membres. Ce Protocole élargit d'une manière générale le champ d'application de l'article 14 (interdiction de discrimination) de la Convention.

En 2001, dans le cadre du suivi de la Conférence ministérielle tenue à Rome en 2000, l'élaboration d'un projet de Protocole n° 13 relatif à l'abolition de la peine de mort en temps de guerre a débuté.

Cour européenne des Droits de l'Homme

La Cour européenne des Droits de l'Homme instituée par la Convention telle qu'amendée se compose d'un nombre de juges égal à celui des Etats contractants. Il n'y a aucune restriction quant au nombre de juges possédant la même nationalité. Les juges sont élus, chaque fois pour six ans, par l'Assemblée parlementaire du Conseil de l'Europe.

Les juges siègent à la Cour à titre individuel et ne représentent aucun Etat. Ils ne peuvent exercer aucune activité incompatible avec leurs devoirs d'indépendance et d'impartialité.

En 2001, alors que 13.858 requêtes étaient enregistrées devant la Cour européenne des Droits de l'Homme, celle-ci rendait 888 arrêts.

Contrôle de l'exécution des arrêts de la Cour par le Comité des Ministres

La Convention confie au Comité des Ministres la surveillance de l'exécution des arrêts de la Cour (article 46, paragraphe 2 / ancien[1] article 54). Dans l'exercice de cette fonction le Comité doit s'assurer que les Etats membres respectent leur obligation « de se conformer aux arrêts définitifs de la Cour » (article 46, paragraphe 1 – ancien article 54).

Les mesures à adopter par l'Etat défendeur afin de se conformer à cette obligation varient selon les affaires en fonction des conclusions des arrêts. En ce qui concerne la situation individuelle du requérant, ces mesures comprennent notamment le paiement effectif de toute satisfaction équitable octroyée par la Cour (incluant le paiement d'intérêts en cas de paiement tardif). Dans certaines affaires, le Comité s'assure, en outre, que des mesures spécifiques ont été entreprises en faveur du requérant afin d'arriver, autant que faire se peut, à *restitutio in integrum*, i.e. à la situation existant avant la violation (ces mesures peuvent, par exemple, consister en l'octroi d'un permis de séjour, la ré-ouverture d'un procès pénal et/ou la radiation des condamnations des casiers judiciaires.)

L'arrêt de la Cour impose aussi à l'Etat défendeur l'obligation de prévenir de nouvelles violations

---

[1] Le terme « ancien » renvoie au texte de la Convention avant l'entrée en vigueur du Protocole n° 11.

to function, after a transitory period of one year during which it dealt with cases which had been declared admissible before 31 October 1998.

This reform was necessitated by the increase in the number of applications, their growing complexity and the widening of the Council of Europe's membership. The Convention having been designed for ten or twelve member states, it was quite simply impossible for the existing monitoring arrangements to work effectively with forty-one states parties.

The system was therefore streamlined, in particular with acceleration in the procedure and the possibility for applicants to have direct access to the new Court. The new system also allows that the right of individual petition will be mandatory and that the Court will have jurisdiction over all inter-state cases. The Committee of Ministers no longer has jurisdiction to decide on the merits of these cases, though it will retain its important role of monitoring the enforcement of the Court's judgments.

Since 4 November 2000, Protocol No. 12, dealing with a general prohibition of discrimination, has been open for signature by member States. This Protocol broadens, in a general fashion, the field of application of Article 14 (prohibition of discrimination) of the Convention.

In 2001, in the follow-up to the Ministerial Conference held in Rome in 2000, work was started on a draft Protocol No. 13 concerning the abolition of the death penalty in times of war.

European Court of Human Rights

The European Court of Human Rights set up under the Convention as amended is composed of a number of judges equal to that of contracting states. There is no restriction on the number of judges of the same nationality. Judges are elected by the Parliamentary Assembly of the Council of Europe for a term of six years.

Judges sit on the Court in their individual capacity and do not represent any state. They cannot engage in any activity which is incompatible with their independence or impartiality.

In 2001, whereas 13.858 applications were registered before the European Court of Human Rights, 888 judgments were delivered.

Supervision of the execution of the Court's judments by the Committee of Ministers

The Convention entrusts the Committee of Ministers with the supervision of the execution of the Court's judgments (Article 46, paragraph 2 / former[1] Article 54). In exercising this function, the Committee ensures, that the member States respect their obligation "to abide by the final judgment of the Court" (Article 46, paragraph 1 / former Article 53).

The measures to be adopted by the respondent State to comply with this obligation vary from case to case in accordance with the conclusions contained in the judgment. With regard to the applicant's individual situation, the measures comprise notably the effective payment of any just satisfaction awarded by the Court (including interests in case of late payment). In appropriate cases, the Committee ensures, in addition, that specific measures are taken, in favour of the applicants, in order to achieve, as far as possible, *restitutio in integrum*, i.e. the situation existing before the violation (these measures may, for example, consist in granting of a residence permit, reopening of criminal proceedings and/or striking out of convictions from the criminal records).

---

[1] The term "former" refers to the text of the Convention prior to the entry into force of Protocol No. 11.

du même type que celles constatées par l'arrêt. Afin de respecter cette obligation l'Etat défendeur peut avoir recours à un grand nombre de mesures de caractère général, y compris des changements constitutionnels ou amendements législatifs, changements de la jurisprudence des tribunaux nationaux (grâce à l'effet direct accordé aux arrêts de la Cour européenne par les tribunaux internes lors de l'interprétation du droit national et de la Convention), ainsi que des mesures pratiques, telles que le recrutement de juges ou la construction de centres de détention adéquats pour les délinquants mineurs, etc.

Après s'être assuré que les mesures d'exécution requises ont été adoptées par l'Etat défendeur, le Comité met fin à l'examen de l'affaire par une résolution, qui fait état de toutes les mesures adoptées afin de se conformer à l'arrêt. En 2001 le Comité a clos 170 dossiers parmi lesquels 28 exigeaient la prise de mesures de caractère général. Les autres affaires avaient trait, soit à des problèmes isolés, soit elles s'inscrivaient dans le cadre des réformes déjà adoptées.

Le Comité des Ministres peut aussi être amené à adopter, au cours de l'examen des dossiers, des résolutions intérimaires qui donnent des informations sur les mesures intérimaires prises et les réformes additionnelles projetées et encourager les autorités de l'Etat concerné à progresser dans l'adoption des mesures d'exécution pertinentes. En 2001 le Comité a adopté 5 résolutions de ce genre.

Enfin, en 2001, le Comité des Ministres a été amené à adopter une résolution intérimaire dénonçant la violation de l'obligation de se conformer à l'arrêt de la Cour (résolution intérimaire DH(2001)80 dans l'affaire Loizidou c. Turquie). Dans cette résolution intérimaire le Comité s'est déclaré résolu à assurer, par tous les moyens à la disposition de l'organisation, le respect des obligations de la Turquie en vertu de cet arrêt et en a appelé aux autorités des Etats membres à prendre les mesures qu'elles estiment appropriées à cette fin.

Au 31 décembre 2001, 2624 affaires au total (y compris les affaires en vertu de l'article 46, paragraphe 2 et des anciens articles 32 et 54) demeuraient pendantes devant le Comité des Ministres pour contrôle de l'exécution.

Commissaire aux Droits de l'Homme

Conformément à l'article 3, paragraphes *b* et *e* de la Résolution (99) 50, le Commissaire aux droits de l'homme du Conseil de l'Europe contribue à la promotion du respect effectif et de la pleine jouissance des droits de l'homme dans les Etats membres, identifie d'éventuelles insuffisances dont le droit et la pratique des Etats membres et les aide, avec leur accord, dans leurs efforts visant à remédier à de telles insuffisances.

1. Promotion du respect effectif des droits de l'homme

Conformément à son mandat, le Commissaire a effectué les visites officielles suivantes pendant l'année 2001: en Norvège du 2 au 4 avril, en Slovaquie du 14 au 16 mai, en Finlande du 4 au 7 juin, en Turquie du 3 au 6 décembre et en Bulgarie du 17 au 20 décembre. Le but de ces visites était de se faire une idée précise et indépendante des situations des droits de l'homme dans les Etats membres et de formuler les recommandations qui sont appropriées et que l'autorité du Commissaire autorise. Chaque visite a consisté en rencontres avec les ministres et les chefs d'Etat, des représentants de l'ordre judiciaire et des mécanismes nationaux de protection des droits de l'homme et en entrevues avec les représentants d'organisations non gouvernementales des droits de l'homme. L'inspection personnelle de lieux tels que les prisons, camps de réfugiés et autres sites tendant à méconnaître les droits de l'homme a été au cœur des itinéraires du Commissaire. A son retour de chaque visite, le Commissaire a indiqué, dans un rapport adressé au Comité des Ministres et à l'Assemblée parlementaire et publié sur l'Internet, son avis sur la

The Court's judgment also imposes on the respondent state a duty of preventing new violations of the same kind as that or those found in the judgment. In order to comply with this obligation, the respondent State may have recourse to a great variety of general measures, including constitutional or legislative amendments, changes of the national courts' case-law (through the direct effect granted to the European Court's judgments by domestic courts in their interpretation of the domestic law and of the Convention), as well as practical measures such as the recruitment of judges or the construction of adequate detention centres for young offenders, etc.

Once the Committee has ascertained that the necessary measures have been taken by the respondent state, it closes the case by a Resolution in which it takes note of the overall measures taken to comply with the judgment. In 2001, the Committee closed 170 cases, among which 28 had required the taking of general measures. The other cases concerned either isolated problems or fell within the scope of reforms already adopted.

The Committee of Ministers may also be led to adopt, in the course of the examination of cases, Interim Resolutions which provide information on adopted interim measures and further steps envisaged and invite the authorities of the State concerned to make further progress in the adoption of relevant execution measures. In 2001, the Committee adopted 5 Resolutions of this kind.

Lastly, in 2001, the Committee of Ministers has been compelled to adopt one Interim Resolution denouncing a violation of the obligation to abide by the Court's judgment (Interim Resolution DH (2001) 80 in the Lozidou v. Turkey case). In this Interim Resolution the Committee declared its resolve to ensure, with all means available to the Organization, Turkey's compliance with its obligations under this judgment and called upon the authorities of the member States to take such action as they deem appropriate to this end.

As of 31 December 2001, a total of 2624 cases (including the cases brought under Article 46, paragraph 2 and under former Articles 32 and 54) were pending before the Committee of Ministers for control of execution.

Commissioner for Human Rights

In accordance with Article 3 paragraphs b) and e) of Resolution (99) 50, the Commissioner for Human Rights of the Council of Europe is to promote the effective observance and full enjoyment of human rights, identify possible shortcomings in the law and practice of member states and assist them, with their agreement, in their efforts to remedy such shortcomings.

1. The promotion of the effective observance of human rights

In pursuance of his mandate the Commissioner made the following official visits during the year 2001: to Norway from the 2nd to the 4th of April, to Slovakia from the 14th to the 16th of May, to Finland from the 4th to the 7th of June, to Turkey from the 3rd to the 6th of December and to Bulgaria from the 17th to the 20th of December. The aim of such visits is to gain an accurate, independent view of the human rights situations in member States and to make such recommendations as the appropriate and the Commissioner's authority allows. Each visit consisted of meetings with Ministers and Heads of States, representatives of the judiciary and national human rights protection mechanisms and interviews with the representatives of non-governmental human rights organisations. The personal inspection of sites such as prisons, refugee camps and other areas tending to the undermining of human rights were central to the Commissioner's itineraries. On his return from each visit the Commissioner outlined, in a report addressed to the Committee of Ministers and the Parliamentary Assembly and published on the internet, his opinion of the situation des droits de l'homme dans les pays en question et ses recommandations en vue de leur amélioration possible.

Pour accomplir cet aspect de son mandat, le Commissaire doit également intervenir dans les situations de crise tendant à des violations massives des droits de l'homme. C'est pourquoi le Commissaire s'est consacré à maintes reprises tout au long de l'année 2001 à la situation en République de Tchétchénie, visitant la région en février 2001 en réponse à l'impunité permanente des auteurs de crimes commis par certains éléments apparemment incontrôlés de l'armée russe et des combattants tchétchènes. Cette visite et les recommandations formulées à cette époque ont spécialement porté sur la reconstruction sociale, économique et institutionnelle nécessaire et sur le rétablissement de la prééminence du droit dans cette République de la Fédération de Russie. Concentrant son attention sur la dernière de ces préoccupations, le Commissaire s'est rendu trois fois à Moscou, en juillet, en septembre et en octobre 2001, dans le but d'organiser un séminaire sur le respect effectif des droits de l'homme en Tchétchénie. Ledit séminaire s'est tenu à Strasbourg les 26 et 27 novembre 2001 et a réuni des représentants de la société civile tchétchène, de l'administration fédérale et locale, du Bureau du Procureur et du pouvoir judiciaire afin d'examiner les moyens d'améliorer le respect des droits de l'homme.

De même, à la suite de la première visite du Commissaire en Géorgie en juillet 2000, un séminaire sur le thème «Aspects juridico-étatiques du règlement du conflit» a été organisé par l'ambassadeur Boden, le Commissaire et la commission de Venise à Pitsunda, Abkhazie, les 12 et 13 février 2001.

2. Promotion de l'éducation et de la sensibilisation aux droits de l'homme

Conformément à cette partie de son mandat, le Commissaire organise des séminaires en vue de procéder à des études thématiques de sujets spécifiques relatifs à la protection des droits de l'homme. En 2001, il a organisé un séminaire sur le thème «Principes des droits de l'homme applicables à la rétention des étrangers souhaitant entrer sur le territoire d'un Etat membre du Conseil de l'Europe et à l'exécution des décisions d'expulsion» qui s'est tenu du 20 au 22 juin 2001. A la suite du séminaire et en application de l'article 3.*e* de son mandat, le Commissaire a publié la Recommandation CommDH/Rec(2001)1 – soumise au Comité des Ministres le 19 septembre – sur les droits des étrangers souhaitant entrer sur le territoire d'un Etat membre du Conseil de l'Europe et l'exécution des décisions d'expulsion. La recommandation invite les Etats membres à harmoniser leur législation nationale en ce qui concerne les garanties procédurales offertes aux étrangers qui sont en rétention et la période de détention maximum permise à chaque stade de la procédure et demande aux Etats membres de prendre toutes les mesures nécessaires pour mettre fin à certaines pratiques inhumaines et dangereuses. Du 20 au 23 octobre, un autre séminaire s'est tenu à Neuchâtel, Suisse, en coopération avec l'Institut de droit de la santé de l'université de Neuchâtel sur le thème «La protection des droits de l'homme et la situation particulière des personnes âgées dans des maisons de retraite ou dans des institutions». Ces séminaires ont essayé de réunir toutes les personnes engagées quotidiennement dans la défense des droits de l'homme afin de tirer profit de leur expérience sur le terrain. Ainsi, ont été invités à y assister, notamment des ONG, des représentants gouvernementaux, des spécialistes et des représentants d'autres organisations internationales gouvernementales, dans le but d'identifier, grâce à une discussion ouverte, les problèmes pertinents et de formuler des recommandations fondées directement sur l'expérience du participant.

Afin d'améliorer les relations entre les communautés religieuses elles-mêmes et entre ces communautés et les autorités d'Etat, le Commissaire a également recherché à organiser des réunions annuelles avec des dirigeants religieux en vue de promouvoir le dialogue et d'examiner de manière plus approfondie des sujets spécifiques les intéressant. A cette fin, un séminaire s'est human rights situation in the countries concerned and his recommendations for their possible improvement.

The fulfillment of this aspect of the Commisioner's mandate also requires him to intervene in crisis situations tending to large scale human rights abuses. The Commissioner was, consequently repeatedly engaged throughout 2001 with the situation in the Republic of Chechnya, visiting the region in February 2001 in response to the continuing impunity of the perpetrators of crimes committed both by certain apparently uncontrolled elements of the Russian army and by Chechen combatants. This visit and the recommendations then made, focused especially on the necessary social, economic and institutional reconstruction and the restoration of the rule of law in this Republic of the Russian Federation. Concentrating on the last of these concerns, the Commissioner traveled to Moscow three times, in July, September and October 2001 with the aim of organizing a seminar on the effective respect for human rights in Chechnya. The resulting seminar took place in Strasbourg on the 26 and 27 November 2001 and brought together representatives of Chechen Civil Society, the federal and local administration, the Prosecutor's office and the judiciary to examine ways in which the respect for human rights might be improved.

Similarly, following on from the first visit of the Commissioner to Georgia in July 2000, a seminar on the theme "State legal aspects of the settlement of the conflict" was organized by Ambassador Boden, the Commissioner and the Venice Commission in Pitsunda, Abkhazia, on 12 and 13 February 2001.

2. The promotion of education in and awareness of human rights

In pursuance of this limb of his mandate, the Commissioner organizes seminars with a view to thematically investigating specific topics relating to the protection of human rights. In 2001, the Commissioner organized a seminar on the theme "Human rights standards applying to the holding of aliens wishing to enter a Council of Europe member state and the enforcement of expulsion orders" held from 20 to 22 June 2001. Following the seminar and pursuant to Article 3 e) of his terms of reference, the Commissioner issued Recommendation CommDH/Rec(2001)1 – submitted to the Committee of Ministers on 19 September – on the rights of aliens wishing to enter a Council of Europe member state and the enforcement of expulsion orders. The Recommendation invited member States to harmonize their national legislation in terms of the procedural guarantees available to foreigners being held and the maximum period of detention permitted at each stage in the proceedings and called on member States to take all the necessary steps to put an end to certain inhumane and dangerous practices. From 20 to 23 of October, a further seminar was held in Neuchâtel, Switzerland, in co-operation with the Institute for Health Law of Neuchâtel University on "The protection of human rights and the special situation of elderly people in retirement homes or institutions". These seminars have attempted to gather all those engaged on a daily basis in the defense of human rights, so as to benefit from their experience on the ground. Those invited to attend these seminars, therefore, include NGOs, government representatives, specialists and representatives of other IGOs, the aim being to identify, through an open discussion, the relevant problems and to make recommendations based directly on the participant's experience.

In order to improve relations both between religious communities themselves and between those communities and state authorities, the Commissioner has also sought to organize annual meetings with religious leaders with a view to promoting dialogue and examining specific topics of concern to them in greater detail. To this end, a seminar was held in Strasbourg on the 10 and 11 September 2001 and focused on "Church-State relations in the light of the exercise of the right to freedom of religion". It brought together not only representatives of the main religions tenu à Strasbourg les 10 et 11 septembre 2001, axé sur le thème «les relations Eglises/Etats au regard de l'exercice du droit à la liberté de religion». Il a réuni non seulement des représentants des principales religions d'Europe et des spécialistes respectés en la matière mais aussi des représentants des administrations nationales compétentes.

3. Relations avec les médiateurs, les organisations internationales gouvernementales et les organisations non gouvernementales

L'article 3.*c* de la Résolution (99) 50 déclare que le Commissaire, pour ses contacts avec le public, utilise et coopère, dans toute la mesure du possible, avec les structures «droits de l'homme» dans les Etats membres et là où de telles structures n'existent pas, il encourage leur mise en place. L'article 3.*d* prévoit que le Commissaire favorise l'action des médiateurs nationaux ou autres institutions similaires et l'article 5 qu'il peut intervenir sur la base de toute information pertinente au regard de ses fonctions, y compris les informations que lui adressent les médiateurs nationaux ou autres institutions similaires. En vue de maintenir une coopération étroite, le Commissaire a organisé trois réunions avec des médiateurs nationaux qui ont eu lieu respectivement à Varsovie les 28 et 29 mai, à Strasbourg les 19 et 20 novembre et à Zurich le 21 novembre dans le cadre de la septième table ronde avec des médiateurs européens organisée par la Direction générale des droits de l'homme du Conseil de l'Europe et l'association suisse des médiateurs parlementaires. Ces réunions ont permis un échange de vues général et ont fourni l'occasion d'étudier des questions d'intérêt commun tels que les problèmes liés à l'immigration illégale et à la protection des droits des Roms/tziganes. Une réunion avec des juges et spécialistes de la jurisprudence de la Cour européenne des Droits de l'Homme et de la Charte sociale européenne a également été organisée afin de familiariser les médiateurs de nomination plus récente avec les principes généraux régissant l'interprétation et l'application de ces deux textes essentiels pour la protection des droits de l'homme en Europe.

Activités intergouvernementales, droit et politique en matière de droits de l'homme

Comité directeur pour les droits de l'homme (CDDH)

Le CDDH a la responsabilité générale des travaux intergouvernementaux dans le domaine des droits de l'homme. Au cours de ses 51e (27 février – 2 mars 2001) et 52e (6-9 novembre 2001) réunions, le CDDH s'est concentré sur le suites à donner aux textes adoptés par la Conférence ministerielle européenne sur les droits de l'homme, qui a eu lieu à Rome, les 3 et 4 novembre 2000 à l'occasion du 50ème anniversaire de la Convention européenne des Droits de l'Homme. En 2001, le CDDH, a notamment :

i. adopté le projet de Protocole n° 13 à la Convention européenne des Droits de l'Homme relatif à l'abolition de la peine de mort en toutes circonstances, ainsi que son rapport explicatif (voir DH-DEV ci-dessous);
ii. examiné les travaux de son Comité d'experts pour l'amélioration des procédures de protection des droits de l'homme (DH-PR) et de son Groupe de réflexion sur le renforcement du mécanisme de protection des droits de l'homme (CDDH-GR). Il a transmis au Comité des Ministres le rapport d'activité du Groupe de réflexion (voir DH-PR et CDDH-GR ci-dessous);
iii. examiné sa contribution à la lutte contre le terrorisme international, à la lumière du mandat reçu des Délégués des Ministres (voir DH-S-TER ci-dessous);
iv. adopté le projet de recommandation sur l'accès aux documents publics, ainsi que son

in Europe and respected specialists in the matter, but also representatives of the relevant national administrations.

3. Relations with Ombudsmen, International Governmental Organizations and Non-Governmental Organizations

Article 3.c of Resolution (99) 50 states that the Commissioner, when dealing with the public, shall, wherever possible, make use of and co-operate with human rights structures in the member States and that, where such structures do not exist, he shall encourage their establishment. Article 3 d) provides that the Commissioner shall facilitate the activities of national Ombudsmen or similar institutions and Article 5 that he may act on any information relevant to his functions, including information addressed to him by national Ombudsmen or similar institutions. With a view to maintaining a close cooperation, the Commissioner organized three meetings with national Ombudsmen held respectively in Warsaw on 28 and 29 May, in Strasbourg on 19 and 20 November and in Zurich on the 21st of November in the framework of the 7th Round Table with European Ombudsmen organized by the Council of Europe's Directorate General of Human Rights and the Swiss Association of Parliamentary Ombudsmen. These meetings allowed for a general exchange of views and provided the opportunity to address issues of common concern such as problems related to illegal immigration and the protection of the rights of Roma/gypsies. A meeting with judges and case-law experts of the European Court of Human Rights and the European Social Charter was also organized in order to familiarize the more recently established Ombudsmen with the general principles governing the interpretation and application of these two essential texts for human rights protection in Europe.

HUMAN RIGHTS LAW AND POLICY: INTERGOVERNMENTAL CO-OPERATION IN THE HUMAN RIGHTS FIELD

Steering Committee for Human Rights (CDDH)

The CDDH has general responsibility for the intergovernmental work in the human rights field. In 2001, the CDDH, at its 51st (27 February – 2 March 2001) and 52nd (6-9 November 2001) meetings focused its work on the follow-up to the texts adopted by the European Ministerial Conference on Human Rights held in Rome, 3-4 November 2000, on the occasion of the 50th anniversary of the European Convention on Human Rights. In 2001, the CDDH, *inter alia*:

i. adopted draft Protocol No. 13 to the European Convention on Human Rights, concerning the abolition of the death penalty in all circumstances and the explanatory report thereto (see DH-DEV below);
ii. examined the work of its Committee of Experts for the Improvement of Procedures for the Protection of Human Rights (DH-PR) and its Reflection Group on the Reinforcement of the Human Rights Protection Mechanism (CDDH-GR) and transmitted an activity report of its Reflection Group to the Committee of Ministers (see DH-PR and CDDH-GR below);
iii. examined its contribution to the fight against international terrorism in the light of the terms of reference received from the Ministers' Deputies (see DH-S-TER below);
iv. adopted draft Recommendation on access to official documents, and the explanatory

exposé des motifs, élaboré par son Groupe de spécialistes sur l'accès aux informations officielles (voir DH-S-AC ci-dessous);

v. décidé de former un Groupe de travail sur les questions juridiques et techniques d'une adhésion éventuelle de la CE/UE à la Convention européenne des Droits de l'Homme (voir GT-DH-EU ci-dessous).

Instances relevant du CDDH

Comité d'experts pour le développement des droits de l'homme (DH-DEV)

Sur la base des travaux effectués par le DH-DEV lors de ses 27e (20-2 juin 2001) et 28e (10-12 octobre 2001) réunions, le CDDH a adopté, lors de sa 52e réunion (6-9 novembre 2001), le projet de protocole n° 13 à la Convention européenne des Droits de l'Homme relatif à l'abolition de la peine de mort en toutes circonstances, ainsi que le rapport explicatif y afférent. Il a transmis le projet de protocole au Comité des Ministres pour adoption et ouverture à la signature et il a demandé la déclassification du rapport explicatif.

Suite à la Conférence ministérielle européenne des droits de l'homme, le DH-DEV a reçu des instructions du CDDH de charger un expert consultant d'effectuer une étude sur la la protection des droits de l'home pendants les conflits armés ainsi que dans les cas de troubles et tensions internes, y compris ceux résultant d'actes terroristes. Le CDDH examinera en juin 2002 les suites à donner à cette étude, tant sur le fond que sur la procédure.

Comité d'experts pour l'amélioration des procédures de protection des droits de l'homme (DH-PR)

Lors de ses 49e (25-27 avril 2001) et 50e (26-28 septembre 2001) réunions, le DH-PR a notamment tenu une réunion conjointe avec le Groupe de réflexion du CDDH sur le renforcement du mécanisme de protection des droits de l'homme et a fourni un avis circonstancié sur les questions soulevées par l'Assemblée parlementaire dans sa Recommendation 1477 (2000) relative à l'exécution des arrêts de la Cour européenne des Droits de l'Homme.

Groupe de réflexion sur le renforcement du mécanisme de protection des droits de l'homme(CDDH-GR)

Le Groupe de réflexion s'est réuni à trois reprises au cours de l'année (1er mars, 23-25 avril et 5-8 juin 2001). Il a préparé un rapport d'activité contenant une liste de propositions/idées qui ont été retenues à la suite de ses travaux. Le CDDH a transmis ce rapport pour examen au Groupe d'évaluation institué par les Délégués des Ministres en février 2001 chargé de faire des propositions sur les moyens de garantir l'éfficacité à long terme de la Cour Européenne des Droits de l'Homme.

Le Groupe d'évaluation a publié son rapport en septembre 2001 *(EGCourt (2001) 9)* dans lequel il appelle les Etats membres à entreprendre immédiatement une action urgente pour sauvegarder l'autorité et la crédibilité de la Cour. Sur cette base, le CDDH poursuivra ses travaux en 2002.

Groupe de spécialistes sur les Droits de l'Homme et la lutte contre le terrorisme (DH-S-TER)

Suite à la décison prise par les Délégués des Ministres lors de leur 765e bis réunion le 21 septembre 2001, le CDDH a décidé de créer un nouveau Groupe de spécialistes des droits de l'homme et de la memorandum thereto, prepared by its Group of Specialists on Access to Official Information (see DH-S-AC below);

v. decided to set up a Working Group on Legal and Technical issues of possible EC/EU Accession to the European Convention on Human Rights (see GT-DH-EU below).

Bodies answerable to the CDDH

Committee of Experts for the Development of Human Rights (DH-DEV)

On the basis of the work done by the DH-DEV during its 27th meeting (20-22 June 2001) and 28th meeting (10-12 October 2001), the CDDH adopted at its 52nd meeting (6-9 November 2001), draft Protocol No. 13 to the European Convention on Human Rights concerning the abolition of the death penalty in all circumstances, as well as an explanatory report thereto. The CDDH transmitted the draft Protocol to the Committee of Ministers for adoption and opening for signature and it requested that the explanatory report be declassified.

In the follow-up to the European Ministerial Conference on Human Rights, the DH-DEV received instructions from the CDDH to commission a study to be carried out by an expert consultant on the question of the protection of human rights during armed conflict as well as during internal disturbances and tensions, including as a result of terrorist acts. The CDDH will examine all questions concerning the follow-up to be given to the study, as concerns both the substance and procedural decisions in June 2002.

Committee of Experts for the Improvement of Procedures for the Protection of Human Rights (DH-PR)

At its 49th (25-27 April 2001) and 50th (26-28 September 2001) meetings the DH-PR, in particular, met with representatives of the CDDH Reflection Group on the reinforcement of the human rights protection mechanism and gave an in-depth opinion on the issues raised by the Parliamentary Assembly in its Recommendation 1477 (2000) concerning the execution of judgments of the European Court of Human Rights.

Reflection Group on the Reinforcement of the Human Rights Protection Mechanism (CDDH-GDR)

The Reflection Group met three times during the year (1 March, 23-25 April, 5-8 June 2001). It prepared an Activity Report, containing a list of proposals/ideas which were retained as a result of its work. The CDDH transmitted this report, for consideration, to the Evaluation Group which was set up by the Ministers' Deputies in February 2001 to make proposals on the means of guaranteeing the continued effectiveness of the European Court of Human Rights.

The Evaluation Group published its report in September 2001 *(EGCourt (2001) 9)* in which it calls on member states to take immediate and urgent action, to safeguard the Court's credibility and authority. On this basis, the CDDH will continue its work in 2002.

Group of Specialists on human rights and the fight against terrorism (DH-S-TER)

Further to the decisions taken by the Ministers' Deputies at their 765bis meeting on 21 September 2001, the CDDH decided to set up a new Group of Specialists on human rights and the fight against terrorism (DH-S-TER). The DH-S-TER held its first meeting on 26-28 November lutte contre le terrorisme (DH-S-TER). Il a tenu sa première réunion les 26-28 novembre 2001, au cours de laquelle il a élaboré un rapport d'activité intérimaire. Ce document a été envoyé, en tant que contribution à ses travaux, au Groupe multidisciplinaire sur l'action internationale contre le terrorisme (GMT), institué par le Comité des Ministres lors de sa 109ᵉ session (7-8 novembre 2001) et chargé d'améliorer l'efficacité des instruments existants au sein du Conseil de l'Europe pour combattre le terrorisme, ou de suggérer le cas échéant de nouveaux instruments dans ce domaine.

Groupe de spécialistes sur l'accés aux informations officielles (DH-S-AC)

Le DH-S-AC a parachevé en 2001 l'élaboration d'un projet de recommandation du Comité des ministres aux Etats membres sur l'accès aux documents publics. Ce texte a été adopté par le CDDH lors de sa 52ᵉ réunion (6-9 novembre 2001) et a été transmis au Comité des ministres pour adoption.

Groupe de travail sur les questions juridiques et techniques d'une adhésion éventuelle de la CE/UE à la Convention européenne des Droits de l'Homme (GT-DH-EU)

Le CDDH a decidé de créer un Groupe de travail sur les questions juridiques et techniques d'une adhésion éventuelle de la CE/UE à la Convention européenne des Droits de l'Homme. Il l'a chargé de mener une étude des questions juridiques et techniques que le Conseil de l'Europe devrait traiter dans le cas d'une éventuelle adhésion des Communautés européennes/de l'Union européenne à la Convention européenne des Droits de l'Homme, ainsi que des autres moyens d'éviter des contradictions entre le système juridique des Communautés européennes/de l'Union européenne et le système de la Convention européenne des Droits de l'Homme, conformément au mandat occasionnel donné au CDDH par les Délégués des Ministres lors de leur 747ᵉ réunion le 28 mars 2001.

Autres activités

Par ailleurs, lors de ses 51ᵉ (27 février – 2 mars 2001) et 52ᵉ (6-9 novembre 2001) réunions, le CDDH a adopté des avis à l'intention du Comité des Ministres concernant:

- la Recommandation 1418 (1999) de l'Assemblée parlementaire relative à la protection des droits de l'homme et de la dignité des malades incurables et des mourants (52ᵉ réunion du CDDH);
- la Recommandation 1477 (2000) de l'Assemblée parlementaire relative à l'exécution des arrêts de la Cour européenne des Droits de l'Homme (52ᵉ réunion du CDDH);
- la Recommandation 1479 (2000) de l'Assemblée parlementaire relative à la Charte des droits fondamentaux de l'Union européenne (51ᵉ réunion du CDDH);
- la Recommandation 1492 (2001) de l'Assemblée parlementaire relative aux droits des minorités nationales(52ᵉ réunion du CDDH);

Enfin, il a adopté un rapport d'activites sur les droits additionnels des personnes privées de leur liberté.

7ᵉ Table ronde avec les Ombusmen européens

La septième Table ronde s'est tenue à Zurich en novembre 2001, les thèmes principales de laquelles étaient: i. Principes clés d'une bonne gouvernance, à la lumière de la jurisprudence de la Cour européenne des Droits de l'Homme, ii. Respect des droits de l'homme par la police et les

2001 during which it drew up an interim activity report. This was forwarded as a contribution to the work of the Multidisciplinary Group on international action against terrorism (GMT) set up by the Committee of Ministers at its 109th session (7-8 November 2001) with the task of improving the efficiency of the Council of Europe's existing instruments for combating terrorism, or of suggesting, if necessary, new instruments in this field.

Group of Specialists on access to official information (DH-S-AC)

The DH-S-AC completed in 2001 the preparation of a draft recommendation of the Committee of Ministers to member States on access to official documents. This text was adopted by the CDDH at its 52nd meeting (6-9 November 2001) and transmitted to the Committee of Ministers for adoption.

Working Group on legal and technical issues of possible EC/EU accession to the European Convention on Human Rights (GT-DH-EU)

The CDDH set up a working group on legal and technical issues of possible EC/EU accession to the European Convention on Human Rights which it instructed to carry out a study of the legal and technical issues that would have to be addressed by the Council of Europe in the event of possible accession by the European Communities/European Union to the European Convention on Human Rights, as well as of the other means to avoid any contradiction between the legal system of the European Communities/Union and the system of the European Convention on Human Rights, in accordance with the ad hoc terms of reference given to the CDDH by the Ministers' Deputies at their 747th Meeting, 28 March 2001.

Other activities

Furthermore, the CDDH adopted at its 51st (27 February – 2 March 2001) and 52nd (6-9 November 2001) meetings, for the attention of the Committee of Ministers, its Opinions concerning :

- Recommendation 1418 (1999) of the Parliamentary Assembly on the protection of the human rights and dignity of the terminally ill and the dying (52nd meeting);
- Recommendation 1477 (2000) of the Parliamentary Assembly on the execution of judgments of the European Court of Human Rights (52nd meeting);
- Recommendation 1479 (2000) of the Parliamentary Assembly on the Charter of Fundamental Rights of the European Union (51st meeting);
- Recommendation 1492 (2001) of the Parliamentary Assembly on the rights of national minorities (52nd meeting).

Finally, it adopted an activity report on additional rights for persons deprived of their liberty.

Seventh Council of Europe Round Table with European Ombudsmen

A Seventh Round Table took place in November 2001 in Zurich, the main themes of which were: i. Key principles of good governance in the light of the case-law of the European Court of Human Rights, ii. Respect of human rights by the police and other law enforcement officers and autres agents responsables de l'application des lois et iii. Coopération et échange d'informations entre les ombudsmen des Etats membres et entre ceux-ci et le Conseil de l'Europe.

Documentation

Le Secrétariat de la Division du droit et de la politique des droits de l'homme a préparé, en octobre 2001, un document mis à jour (H (2001) 5) contenant la contribution du Conseil de l'Europe au rapport du Secrétaire Général des Nations Unies sur les progrès accomplis dans la mise en oeuvre de la Déclaration de Vienne et du Plan d'action, après la Conférence mondiale de 1993. La première version de ce document date de 1998 (H (98) 6).

Les Actes de la 6e Table ronde avec les Ombudsmen européens (Malte, 7-9 octobre 1998) ont été publiés en novembre 2001. Les thèmes examinés ont été les suivants :

- les droits des réfugiés et demandeurs d'asile;
- les droits des personnes privées de leur liberté ;
- la coopération entre les Ombudsmen des Etats membres et entre ceux-ci et le Conseil de l'Europe, en particulier à la lumière des nouveaux développements des mécanismes du Conseil de l'Europe en matière de droits de l'homme.

2. CHARTE SOCIALE EUROPÉENNE

La Charte sociale européenne énonce des droits et libertés et établit un système de contrôle qui garantit leur respect par les Etats parties. Elle a fait l'objet d'une révision récente et la Charte sociale européenne révisée de 1996, entrée en vigueur en 1999, remplace progressivement le traité initial de 1961.

En 2001, le nombre de ratifications de la Charte sociale et de la Charte sociale révisée est passé de 27 à 30 et plusieurs des 13 derniers signataires préparent activement la ratification. Ce chiffre montre l'impact direct qu'ont eues les activités d'assistance déployées au cours des dernières années pour promouvoir la signature et la ratification du traité.

En 2001, le Comité européen des Droits sociaux a examiné les rapports sur la mise en œuvre d'une série de dispositions de la Charte par tous les Etats concernés. Cet examen a mis en évidence un certain nombre de problèmes à résoudre :

- travail illégal des enfants de moins de 15 ans dans certains secteurs de l'économie ;
- modicité des prestations de maternité ; absence de congé de maternité de six semaines obligatoires ou refus de faire bénéficier de ce droit certaines catégories de personnels ;
- réglementation complexe ou discriminatoire des permis de travail accordés aux ressortissants d'Etats parties à la Charte mais non membres de l'Union européenne ;
- défaut d'incorporation expresse dans la législation nationale du concept « à travail égal, salaire égal ».

En outre, en 2001, deux réclamations collectives sont arrivées au terme de la procédure. L'une des réclamations concernait le service civil de remplacement du service militaire réservé aux objecteurs de conscience qui porte atteinte « au droit pour le travailleur de gagner sa vie par un travail librement entrepris ». Deux rapports contenant les décisions sur le bien-fondé adoptées par le Comité européen des Droits sociaux dans deux autres réclamations ont été transmises au Comité des Ministres. Enfin, une nouvelle réclamation a été enregistrée.

Une base de données en ligne a été organisée pour marquer le 40ème anniversaire de la Charte. Cette base de données permet de consulter les conclusions adoptées par le Comité européen des Droits sociaux ainsi que les décisions sur la recevabilité et le bien-fondé adoptées dans le cadre de la procédure de réclamations collectives.

and iii. Co-operation and exchange of information between ombudsmen of member States and between them and the Council of Europe.

Documentation

The Secretariat of the Human Rights Law and Policy Division prepared, in October 2001, an updated document (H (2001) 5) containing the Council of Europe's contribution to the UN Secretary General's report on progress made to the implementation of the Vienna Declaration and Programme of Action, after the World Conference in 1993. A first such document was prepared in 1998 (H (98) 6).

The Proceedings of the 6th Round Table with the European Ombudsmen (Malta, 7-9 October 1998) were published in November 2001. The themes addressed during the Round Table were:

- the rights of refugees and asylum-seekers;
- the rights of persons deprived of their liberty;
- co-operation between Ombudsmen of member States and between them and the Council of Europe, particularly in the light of new developments in the human rights mechanisms of the Council of Europe.

2. EUROPEAN SOCIAL CHARTER

The European Social Charter sets out rights and freedoms and establishes a supervisory mechanism guaranteeing their respect by the States Parties. It was recently revised, and the 1996 revised European Social Charter, which came into force in 1999, is gradually replacing the initial 1961 treaty.

In 2001, the number of ratifications of the Social Charter and of the Revised Social Charter rose from 27 to 30 with several of the remaining 13 signatories actively preparing ratification. This shows the direct impact of assistance activities carried out over the last few years to promote the signature and ratification of the treaty.

In 2001, the European Committee of Social Rights examined implementation reports from all reporting states on a series of Charter provisions. This revealed a number of problems to be resolved such as:

- Legal or illegal child labour under 15 in certain sectors of the economy,
- poor maternity pay; no compulsory six weeks post-natal maternity leave or denial of that right to some categories of employees;
- complex or discriminatory rules governing work permits for nationals of states party to the Charter but not members of the European Union;
- the concept of equal pay for work of equal value not expressly incorporated in national legislation.

In addition, two further collective complaints completed the procedure in 2001. One of the cases related to alternative forms of military service for conscientious objectors not respecting "the right of the worker to earn his living in an occupation freely entered upon". Two more were transmitted to the Committee of Ministers. Finally, one new complaint was registered.

An on-line database was launched to mark the 40th anniversary of the Charter. It contains conclusions adopted by the European Committee of Social Rights and the decisions on the admissibility and on the merits in each collective complaint published up to the end of 2001 (also available on CDRom).

3. CONVENTION EUROPÉENNE POUR LA PRÉVENTION DE LA TORTURE ET DES PEINES OU TRAITEMENTS INHUMAINS OU DÉGRADANTS

La Convention européenne pour la prévention de la torture et des peines ou traitements inhumains ou dégradants a été ouverte à la signature le 26 novembre 1987. Elle est entrée en vigueur le 1er février 1989 et lie, au 31 décembre 2001, 41 des 43 Etats membres du Conseil de l'Europe. Elle a été signée par les deux autres Etats membres (Arménie et Azerbaïdjan).

Le Comité européen pour la prévention de la torture et des peines ou traitements inhumains ou dégradants (CPT), instauré par la Convention, s'est réuni pour la première fois en novembre 1989. Il est composé d'un membre indépendant au titre de chaque Partie à la Convention, élu par le Comité des Ministres et siégeant à titre individuel. Les membres du Comité viennent d'horizons différents: juristes, médecins (y compris psychiatres), experts des questions pénitentiaires, etc.

La tâche du Comité est d'examiner le traitement des personnes privées de liberté par une autorité publique (par exemple dans les prisons, les postes de police, les établissements psychiatriques, etc.) en vue de renforcer, si nécessaire, leur protection contre la torture et les peines ou traitements inhumains ou dégradants. Dans ce but, le Comité effectue des visites à caractère périodique, ainsi que des visites « lui paraissant exigées par les circonstances ». Il lui est aussi possible d'organiser des visites de suivi.

En 2001, le Comité a effectué des visites en Albanie, Belgique, Géorgie, Grèce, Malte, Moldova, Roumanie, Fédération de Russie (1 visite en République tchétchène, 1 visite en Extrême-Orient), Slovénie, Espagne, Suisse, « l'ex-République yougoslave de Macédoine », Turquie (3 visites) et au Royaume-Uni.

Le CPT envisage d'organiser, en 2002, des visites à caractère périodique en Arménie, Azerbaïdjan, Bulgarie, République Tchèque, Danemark, Irlande, Lettonie, Pays-Bas, Roumanie, « l'ex-République yougoslave de Macédoine » et Ukraine. Des visites dans d'autres pays pourront être organisées, si les circonstances l'exigent.

Les rapports que le Comité élabore à l'issue des visites sont, en principe, confidentiels. Cependant, un grand nombre de ces rapports ont été rendu publics par les Etats concernés. En 2001 ont ainsi été publiés les rapports du Comité relatifs aux visites effectuées en Autriche, Croatie, France, Grèce (3 rapports de visite), Hongrie, Lettonie, Lituanie, Portugal, République slovaque, « l'ex-République yougoslave de Macédoine », Turquie (3 rapports de visite) et au Royaume-Uni, ainsi que des réponses des gouvernements.

En juillet 2001, le CPT a fait une déclaration publique relative à la République tchétchène de la Fédération de Russie.

Tous les documents rendus publics par le CPT sont accessibles sur Internet (http: //www.cpt.coe.int); les réponses publiées par les gouvernements sont également accessibles, à condition qu'elles aient été transmises au CPT sous forme électronique. Le site internet du CPT contient aussi des informations sur des développements récents, telles que nouvelles signatures et ratifications de la Convention, visites récemment effectuées (avec l'indication de la composition de la délégation et des établissements visités) et listes actualisées des noms et des curricula vitae abrégés des membres du Comité.

En mai 2001, le CPT a inauguré sa nouvelle base de données (http://hudoc.cpt.coe.int/). Celle-ci contient le texte intégral de tous les rapports publics du Comité, soit environ 5000 pages de texte. Le moteur de recherche a été rendu aussi convivial et puissant que possible: les utilisateurs peuvent non seulement chercher n'importe quel mot, mais aussi faire leur choix dans des listes préétablies de mots-clés, de lieux de détention, de catégories de détenus et d'États.

Enfin, il convient de mentionner qu'en novembre 1993, deux Protocoles portant amendement à la Convention ont été ratifiés par l'Ukraine ; à présent, toutes les Parties à la Convention ont désormais ratifié ces deux instruments qui entreront en vigueur le 1er mars 2002. Le Protocole n°

3. EUROPEAN CONVENTION FOR THE PREVENTION OF TORTURE AND INHUMAN OR DEGRADING TREATMENT OR PUNISHMENT

The European Convention for the Prevention of Torture and Inhuman or Degrading Treatment or Punishment was opened for signature on 26 November 1987. It entered into force on 1 February 1989. As at 31 December 2001, 41 of the 43 member states of the Council of Europe are bound by the Convention, and it has been signed by the remaining two states (Armenia and Azerbaijan).

The European Committee for the Prevention of Torture and Inhuman or Degrading Treatment or Punishment (CPT), set up under the Convention, met for the first time in November 1989. It is composed of one independent member in respect of each party to the Convention, elected by the Committee of Ministers and serving in his or her individual capacity. The members are drawn from a variety of backgrounds: lawyers, doctors (including psychiatrists), prison experts, etc.

The CPT's task is to examine the treatment of persons deprived of their liberty by a public authority (for example, in prisons, police stations, mental health institutions, etc.) with a view to strengthening, if necessary, their protection from inhuman or degrading treatment and punishment. For this purpose, the CPT carries out both periodic visits and visits which appear to it "to be required in the circumstances". It may also organise follow-up visits.

In 2001, the CPT carried out visits to Albania, Belgium, Georgia, Greece, Malta, Moldova, Romania, Russian Federation (1 visit to the Chechen Republic, 1 visit to the Far East), Slovenia, Spain, Switzerland, "the former Yugoslav Republic of Macedonia", Turkey (3 visits) and to the United Kingdom.

In 2002, the CPT envisages carrying out periodic visits to Armenia, Azerbaijan, Bulgaria, Czech Republic, Denmark, Ireland, Latvia, Netherlands, Romania, "the former Yugoslav Republic of Macedonia" and Ukraine. Visits to other countries may be organised if circumstances so require.

The reports drawn up by the CPT after visits are, in principle, confidential. However, a considerable number of these reports have been made public by the States concerned. In 2001, the Committee's reports on visits to the Austria, Croatia, France, Greece (3 visit reports), Hungary, Latvia, Lithuania, Portugal, Slovak Republic, "the former Yugoslav Republic of Macedonia", Turkey (3 visits reports) and the United Kingdom, together with the responses of the governments.

In July 2001, the CPT issued a public statement concerning the Chechen Republic of the Russian Federation.

All documents published by the CPT' are accessible via the Internet (http://www.cpt.coe.int); published responses by Governments are also accessible provided that they have been forwarded to the CPT in electronic format. The CPT's web site also contains information on recent developments, such as new signatures and ratifications of the Convention, visits which have recently been carried out (indicating the composition of the delegation and establishments visited) and updated lists of the names and abridged curricula vitae of the Committee's members.

In May 2001, the CPT has launched its new database (http://hudoc.cpt.coe.int/). It contains the full texts of all published CPT reports, amounting to some 5000 pages of text. Searching has been made as easy and powerful as possible: users can search for any words, but can also select from pre-established lists of keywords, detention places, categories of detained persons and States.

Finally, it should be mentioned that the two Protocols amending the Convention were ratified by Ukraine in November 2001. Thus, all State Parties to the Convention have ratified these two instruments, which will enter into force on 1 March 2002. Protocol No. 1 "opens" the Convention by providing that the Committee of Ministers may invite any non-member State to accede to it (at present only member States of the Council of Europe may become Parties to the Convention). Protocol No. 2 introduces amendments to the Convention of a more technical nature. Provision is made for members of the CPT to be placed into one of two groups for election purposes, the aim being to ensure that one

1 « ouvre » la Convention en habilitant le Comité des Ministres à inviter tout Etat non membre à y adhérer (actuellement, seuls les Etats membres du Conseil de l'Europe peuvent devenir Parties à la Convention). Le Protocole n° 2 introduit des amendements à la Convention de nature plus technique. Il permet de répartir les membres du CPT en deux groupes constitués pour les besoins des élections, afin d'assurer le renouvellement d'une moitié du Comité tous les deux ans. Ce protocole prévoit également que les membres du Comité sont rééligibles deux fois, alors qu'actuellement ils ne le sont qu'une fois.

4. LA CONVENTION-CADRE POUR LA PROTECTION DES MINORITÉS NATIONALES

La Convention-cadre pour la protection des minorités nationales a été adoptée par le Comité des Ministres le 10 novembre 1994, à l'occasion de la 95e Session ministérielle. Elle a été ouverte à la signature le 1er février 1995 et est entrée en vigueur le 1er février 1998.

Il n'y a pas eu de ratification en 2001. Au 31 décembre 2001, la Convention-cadre était signée par 40 Etats membres (sur quarante-trois) parmi lesquels trente-deux l'ont déjà ratifiée. Un Etat non membre, la République fédérale de Yougoslavie, a également ratifié la Convention-cadre au courant de l'année 2001.

Alors que, lorsqu'on parle de Convention-cadre, le mot « convention » fait référence à un instrument juridiquement obligatoire selon le droit international, l'addition du mot « cadre » indique que les principes contenus dans l'instrument ne sont pas directement applicables dans les ordres juridiques internes des Etats membres, mais qu'ils devront être mis en œuvre par le biais de la législation nationale et de politiques gouvernementales appropriées. Les rédacteurs ont décidé d'adopter une approche pragmatique et de ne pas inclure de définition de la notion de « minorité nationale » dans la Convention-cadre. En effet, il s'est révélé impossible, à ce stade, de parvenir à une définition capable d'obtenir le soutien de tous les Etats membres du Conseil de l'Europe.

Le Titre I énonce un certain nombre de principes généraux, notamment celui d'après lequel la protection des minorités nationales et des personnes appartenant à ces minorités fait partie intégrante de la protection internationale des droits de l'homme. Il stipule en outre que toute personne appartenant à une minorité nationale a le droit de choisir librement d'être ou non traitée comme telle, et qu'aucun désavantage ne doit résulter de ce choix.

Le Titre II constitue l'essentiel du dispositif de la Convention-cadre, puisque y figurent les dispositions énonçant des principes plus spécifiques. Ces principes couvrent une vaste série de questions, notamment:

- non-discrimination et interdiction d'assimilation forcée;
- promotion de l'égalité effective;
- promotion des conditions propres à conserver et à développer la culture des minorités nationales et à préserver leur religion, leur langue et leurs traditions;
- libertés de réunion pacifique, d'association, d'expression, de pensée, de conscience et de religion;
- accès et utilisation des médias;
- libertés linguistiques ;
- utilisation de la langue minoritaire en privé comme en public ainsi que devant les autorités administratives ;
- utilisation du nom ;
- présentation d'informations de caractère privé ;
- indications topographiques dans la langue minoritaire ;
- éducation : apprentissage de la langue minoritaire et instruction dans cette langue;
- liberté de créer des établissements d'enseignement;

half of the Committee's membership is renewed every two years. Protocol No. 2 also provides that members of the CPT may be re-elected twice, instead of only once as at present.

4. FRAMEWORK CONVENTION FOR THE PROTECTION OF NATIONAL MINORITIES

The Framework Convention for the Protection of National Minorities was adopted on 10 November 1994 by the 95th session of the Committee of Ministers. It was opened for signature on1 February 1995 and entered into force on 1 February 1998.

There were no new ratifications in 2001. As at 31 December 2002, it had been signed by 40 of the 43 member states, 32 of which had also ratified it. In addition, the Federal Republic of Yugoslavia, which is not a member state, acceded to the Framework Convention in 2001.

Whilst a Framework Convention is a Convention in the sense that it is a legally binding instrument under international law, the addition of the word "Framework" indicates that the principles contained in the instrument are not directly applicable in the domestic legal orders of the member States, but will have to be implemented through national legislation and appropriate governmental policies. The drafters decided to adopt a pragmatic approach and not to include a definition of the notion of a "national minority" in the Framework Convention as, at this stage, it was impossible to arrive at a definition capable of mustering general support of all Council of Europe member States.

Section I sets out some general principles including the principle that the protection of national minorities and of persons belonging to national minorities is part of the international protection of human rights. It also establishes that every person belonging to a national minority is free to choose to be treated or not to be treated as such, with no disadvantage arising from the choice.

Section II is the main operative part of the Framework Convention as it contains the provisions laying down more specific principles. These principles cover a wide range of issues, inter alia :

- non-discrimination and prohibition of forced assimilation;
- promotion of effective equality;
- promotion of the conditions regarding the preservation and development of the culture and preservation of religion, language and traditions;
- freedoms of assembly, association, expression, thought, conscience and religion;
- access to and use of media;
- linguistic freedoms:
- use of the minority language in private and in public as well as its use before administrative authorities;
- use of one's own name;
- display of information of a private nature;
- topographical names in the minority language;
- education : learning of and instruction in the minority language;
- freedom to set up educational institutions;
- international and trans-frontier co-operation;
- participation in public life, economic, cultural and social life.

– à encourager la coopération transfrontalière et internationale;
– à favoriser la participation à la vie publique, économique, culturelle et sociale.

Les Titres III-V traitent de l'interprétation, du suivi (voir plus bas) et, respectivement, des dispositions finales.

En conformité avec les articles 24 à 26 de la Convention-cadre et la Résolution (97) 10 du Comité des Ministres, l'évaluation de la mise en œuvre de cette Convention-cadre est assurée par le Comité des Ministres, assisté à cette fin par un Comité consultatif composé d'experts indépendants. Les Parties sont invitées à soumettre un rapport comportant des informations complètes sur les mesures, législatives et autres, prises pour donner effet aux principes de la Convention-cadre, et ce dans un délai d'un an suivant son entrée en vigueur.

Les rapports étatiques sont d'abord examinés par le Comité consultatif, qui adopte un avis sur les mesures prises par chaque Partie. Après réception de l'avis du Comité consultatif, le Comité des Ministres se prononce (par des «conclusions») sur l'adéquation des mesures prises par l'Etat partie concerné. Il peut également, le cas échéant, adopter des recommandations à l'égard de cette partie.

A l'issue des nominations effectuées par le Comité des Ministres, le Comité consultatif comptait au 31 décembre 2001 dix-huit membres ordinaires.

Les premiers rapports étatiques ont été présentés en février 1999. Au 31 décembre 2001, le Comité consultatif avait reçu 28 rapports étatiques dans l'une des langues officielles du Conseil de l'Europe, émanant des Etats parties suivants: Albanie, Arménie, Autriche, Croatie, Chypre, République tchèque, Danemark, Estonie, Finlande, Allemagne, Hongrie, Irlande, Italie, Liechtenstein, Lituanie, Malte, Moldova, Norvège, Roumanie, Fédération de Russie, Saint-Marin, République slovaque, Slovénie, Espagne, Suède, Suisse, Ukraine et Royaume-Uni.

Au 31 décembre 2001, le Comité consultatif a adopté des avis sur Croatie, Chypre, République tchèque, Danemark, Estonie, Finlande, Hongrie, Italie, Liechtenstein, Malte, Roumanie, Saint-Marin, République slovaque et le Royaume-Uni. Au cours de l'année 2001, le Comité a reçu, de plusieurs Etats ayant présenté leur rapport, des invitations à participer à des rencontres. C'est ainsi que des délégations du Comité consultatif se sont rendues dans les sept Etats suivants: Estonie (28 mai – 1 juin), Royaume-Uni (4 – 8 juin), Allemagne (26 – 29 juin), Moldova (31 octobre – 5 novembre), Ukraine (4 – 6 décembre), Arménie (10 – 14 décembre) et l'Autriche (18 – 21 décembre).

Lors de sa 10e réunion, en avril 2001, le Comité consultatif adopte des avis sur Chypre, Croatie, Roumanie et République tchèque. Lors de sa 11e réunion, en septembre 2001, il adopte deux nouveaux avis sur l'Italie et l'Estonie. Lors de sa 12e réunion, en novembre 2001, il adopte l'avis sur le Royaume-Uni. Ces avis ont été transmis au Comité des Ministres à qui il appartient de rédiger ses premières conclusions et, éventuellement, ses premières recommandations, à l'égard des Etats parties concernés. Les avis seront rendus publics en même temps que les conclusions et recommandations du Comité des Ministres, sauf décision contraire du Comité des Ministres dans un cas spécifique.

Le 31 octobre 2001, lors de sa 771e réunion, le Comité des Ministres adopte pour la première fois, des conclusions et des recommandations sur la mise en oeuvre de la Convention-cadre pour la protection des minorités nationales dans deux Etats Parties. Les deux Etats concernés sont le Danemark et la Finlande. Le 21 novembre 2001, lors de sa 773e session, le Comité des Ministres adopte des conclusions et des recommandations sur Hongrie et République slovaque. Le 27 novembre 2001, lors de sa 774e session, le Comité des Ministres adopte des conclusions et des recommandations sur Liechtenstein, Malta et Saint-Marin.

En mai 2000 a eu lieu le lancement du site web du Secrétariat de la Convention-cadre (http: //www.humanrights.coe.int/minorities/index.htm). Ce site contient des informations complètes et à jour sur la Convention-cadre et son suivi, y compris le texte *in complet* des rapports étatiques,

Sections III–V deal with interpretation, monitoring (see below) and final clauses respectively.

Under Articles 24 to 26 of the Framework Convention and Committee of Ministers Resolution (97) 10, it is the Ministers who monitor the convention's implementation, with the assistance of an Advisory Committee of independent experts. States Parties are asked to submit reports containing comprehensive information on their legislative or other measures to put the principles of the Framework Convention into effect. This is to be done within one year of its entry into force.

State reports are first considered by the Advisory Committee, which adopts an opinion on the measures taken by each Party. After receipt of the Advisory Committee's opinion, the Committee of Ministers delivers findings ("conclusions") concerning the appropriateness of the national measures. It may also adopt recommendations in respect of the Party concerned.

On 31 December 2001, the Advisory Committee had eighteen ordinary members.

The first state reports were submitted in February 1999. As at 31 December 2001, the Advisory Committee had received twenty-eight state reports in an official language of the Council of Europe from the following Parties: Albania, Armenia, Austria, Croatia, Cyprus, Czech Republic, Denmark, Estonia, Finland, Germany, Hungary, Ireland, Italy, Liechtenstein, Lithuania, Malta, Moldova, Norway, Romania, Russian Federation, San Marino, Slovak Republic, Slovenia, Spain, Sweden, Switzerland, Ukraine and United Kingdom.

By 31 December 2001, the Advisory Committee had adopted opinions on Croatia, Cyprus, Czech Republic, Denmark, Estonia, Finland, Hungary, Italy, Liechtenstein, Malta, Romania, San Marino, Slovak Republic and the United Kingdom. During 2001 it received meeting invitations from several Parties which had presented reports, as a result of which it sent delegations to seven countries: Estonia (28 May – 1 June), United Kingdom (4-8 June), Germany (26-29 June), Moldova (31 October – 5 November), Ukraine (4-6 December), Armenia (10-14 December) and Austria (18-21 December).

At its 10th meeting, in April 2001, the Advisory Committee adopted opinions in respect of Cyprus, Croatia, Romania and the Czech Republic. At its 11th meeting, in September 2001, it adopted two further opinions, on Italy and Estonia. At its 12th meeting, in November 2001, it adopted the opinion on the United Kingdom. These were forwarded to the Committee of Ministers so that it could draw up initial conclusions and, where appropriate, recommendations in respect of these Parties. Unless the Committee of Ministers decides otherwise in a particular case, the opinions, conclusions and recommendations will all be published at the same time.

On 31 October 2001, at its 771st session, the Committee of Ministers adopted for the first time, conclusions and recommendations on the implementation of the Framework Convention for the Protection of National Minorities in two States Parties. The States Parties concerned were Denmark and Finland. On 21 November 2001, at its 773rd session, the Committee of Ministers adopted conclusions and recommendations in respect of Hungary and Slovakia. On 27 November 2001, at its 774th session, the Committee of Ministers adopted conclusions and recommendations in respect of Liechtenstein, Malta and San Marino.

The website of the Framework Convention Secretariat: (http://www.humanrights.coe.int/minorities/index.htm) contains complete and up-to-date information on the convention and monitoring of it, including state reports, public opinions, comments by the States Parties, recommendations of the Committee of Ministers, in full, and news items related to the convention.

les avis publics, les commentaires des Etats parties et les conclusions et recommandations du Comité des Ministres, ainsi que des actualités en rapport avec la Convention-cadre.

5. ECRI – COMMISSION EUROPÉENNE CONTRE LE RACISME ET L'INTOLÉRANCE

La Commission européenne contre le racisme et l'intolérance (ECRI), créée en 1993 par décision du 1er Sommet des Chefs d'Etat et de gouvernement des Etats membres du Conseil de l'Europe et renforcée lors du 2e Sommet en 1997, a pour tâche de lutter contre le racisme, la xénophobie, l'antisémitisme et l'intolérance au niveau pan-européen, sous l'angle de la protection des droits de l'homme.

Ses membres, désignés par leur gouvernement sur la base de leurs connaissances approfondies dans le domaine de la lutte contre l'intolérance, siègent à titre indépendant et en leur capacité personnelle.

Son action couvre toutes les mesures nécessaires pour combattre la violence, les discriminations et les préjugés auxquels doivent faire face des personnes ou groupes de personnes pour des raisons liées, entre autres, à la race, la couleur, la langue, la religion, la nationalité ou l'origine nationale ou ethnique. Son programme d'activités comprend trois volets : l'approche pays par pays, les travaux sur des thèmes généraux, les activités en lien avec la société civile.

a. Approche pays par pays

Le premier volet des activités de l'ECRI est son approche pays-par-pays, une méthode par laquelle l'ECRI analyse la situation dans chacun des Etats membres du Conseil de l'Europe pour ce qui est du racisme et de l'intolérance et formule des suggestions et propositions pour le traitement des problèmes identifiés.

Les rapports établis par l'ECRI sont d'abord transmis sous forme de projets de textes aux Etats membres concernés et font l'objet d'un dialogue confidentiel avec les autorités nationales de ce pays. Le contenu du rapport est revu à la lumière de ce dialogue. Le rapport est ensuite adopté dans sa forme définitive et transmis par l'ECRI au gouvernement de l'Etat membre concerné, par l'intermédiaire du Comité des Ministres du Conseil de l'Europe. Le rapport est rendu public deux mois après cette transmission, à moins que le gouvernement concerné ne s'y oppose expressément.

L'approche pays par pays de l'ECRI concerne l'ensemble des Etats membres du Conseil de l'Europe, sur un pied d'égalité. Les travaux se déroulent suivant des cycles de quatre ans, à raison de dix pays couverts chaque année. L'ECRI a achevé, fin 1998, le premier cycle de ses rapports pays par pays et est engagée, depuis janvier 1999 jusqu'en décembre 2002, dans le deuxième cycle des travaux pays par pays en vue d'assurer, par l'élaboration d'un nouveau rapport sur chacun des Etats membres, le suivi des propositions contenues dans les premiers rapports, la mise à jour des informations qui y figuraient et une analyse plus approfondie de certaines questions présentant un intérêt particulier dans les pays en question. Afin d'obtenir la vision la plus détaillée et complète possible de la situation en ce qui concerne le racisme et l'intolérance dans les pays en question, une nouvelle procédure dans l'élaboration des seconds rapports est constituée par l'organisation d'une visite de contact pour les rapporteurs de l'ECRI préalablement à l'élaboration des nouveaux rapports.

En l'an 2001, l'ECRI a effectué dix visites de contact et élaboré dix nouveaux rapports sur les pays suivants : l'Estonie, la Finlande, la Géorgie, l'Irlande, l'Italie, la Lettonie, Malte, le Portugal, la Roumanie et l'Ukraine. Par ailleurs, l'ECRI a rendu publics en 2001 ses seconds rapports sur

5. ECRI – EUROPEAN COMMISSION AGAINST RACISM AND INTOLERANCE

The European Commission against Racism and Intolerance (ECRI) was set up in 1993 by a decision of the first Summit of Heads of State and Government of Council of Europe member States, and strengthened by the second Summit in 1997, to combat racism, xenophobia, antisemitism and intolerance at the pan-European level, from the perspective of the protection of human rights

ECRI's members, appointed by their governments on the basis of their in-depth knowledge in the field of combating intolerance, act as independent members and in their personal capacity.

ECRI's action covers all necessary measures to combat violence, discrimination and prejudices faced by persons or groups of persons on grounds notably related to ace, colour, language, religion, nationality or national or ethnic origin. Its programme of activities comprises three aspects: the country-by-country approach, work on general themes and activities in relation with civil society.

a. Country-by-country approach

The first aspect of ECRI's activities is its country by country approach, whereby ECRI closely examines the situation in each of the Council of Europe member States and draws up suggestions and proposals as to how any problems of racism and intolerance identified might be overcome.

ECRI's reports are first transmitted in the form of draft texts to the member States concerned for a process of confidential dialogue with the national authorities of these countries. The content of the report is reviewed in the light of this dialogue. The report is then adopted in its final form and transmitted by ECRI to the government of the member State concerned, through the intermediary of the Committee of Ministers of the Council of Europe. The report is made public two months after this transmission, unless the government in question expressly opposes its publication.

ECRI'scountry-by-country approach concerns all Council of Europe member States on an equal footing. The country-by-country work takes place in four-year cycles, covering ten countries per year. ECRI completed, at the end of 1998, the reports of the first round. In January 1999 work began on the second round of country-by-country approach and will continue until December 2002. A new report is drawn up on each member States which monitors the proposals and update the information contained in the first report, as well as provides an in-depth analysis of issues of particular concern within the country. In order to obtain as detailed and comprehensive a picture as possible of the situation as regards racism and intolerance in the countries in question, a new process in the preparation of second reports includes the organisation of a contact visit to the country for the ECRI Rapporteurs.

In the year 2001, ECRI carried out ten contact visits and drafted ten new reports on the following countries: Estonia, Finland, Georgia, Ireland, Italy, Latvia, Malta, Portugal, Romania and Ukraine. ECRI also made public its second reports on Albania, Austria, Croatia, Cyprus, Denmark, Germany, the Netherlands, the Russian Federation, "the Former Yugoslav Republic of Macedonia", Turkey and the United Kingdom in 2001.

The publication of ECRI's country reports constitutes an important step in the development of an ongoing active dialogue between ECRI and the authorities of the member States, in order to identify solutions to the problems of racism and intolerance with which the latter are confronted.

l'Albanie, l'Autriche, la Croatie, Chypre, le Danemark, l'Allemagne, les Pays-Bas, la Fédération de Russie, « l'ex-République yougoslave de Macédoine », la Turquie et le Royaume-Uni.

La publication des rapports pays-par-pays de l'ECRI représente une étape importante dans le développement d'un dialogue continu et actif entre l'ECRI et les autorités des Etats membres afin d'identifier des solutions pour résoudre les problèmes de racisme et d'intolérance auxquels ces derniers doivent faire face. Les apports des organisations non gouvernementales et d'autres instances ou personnes individuelles actives en ce domaine sont les bienvenues dans ce processus pour assurer que les travaux de l'ECRI soient aussi constructifs et utiles que possible.

b. Travaux sur des thèmes généraux

Le second volet du programme d'activités de l'ECRI est consacré à des travaux sur des thèmes généraux et à des activités spécifiques axées sur ces thèmes afin d'amener une contribution véritable à la construction et au renforcement des institutions qui sont essentielles pour le renforcement de la société civile. Ces travaux couvrent principalement l'adoption de recommandations de politique générale et la diffusion d'exemples de « bonnes pratiques ».

En 2001, l'ECRI a décidé de consacrer sa prochaine recommandation de politique générale aux législations nationales en matière de lutte contre le racisme et la discrimination raciale et a chargé un « groupe de travail sur les législations anti-discriminatoires » d'élaborer un projet de recommandation détaillant les éléments-clés de telles législations.

En octobre 2001, l'ECRI a publié, dans sa série d'exemples de « bonnes pratiques », un recueil consacré aux « exemples pratiques de lutte contre le racisme et l'intolérance à l'égard des Roms/Tsiganes ». Cette publication présente des exemples sélectionnés dans différents Etats membres du Conseil de l'Europe portant sur des initiatives pour lutter contre le racisme et l'intolérance envers les Roms/Tsiganes, dans les trois domaines de priorité suivants : a. l'émancipation des Roms, b. l'éducation et la jeunesse, et c. la police et la justice. Une série d'exemples sont fournis pour chacun de ces domaines ainsi que les coordonnées pour obtenir des informations additionnelles sur ces exemples. En général, les exemples choisis peuvent être adaptés à d'autres contextes locaux et nationaux.

c. Relations avec la société civile

Consciente du fait que la lutte contre le racisme dépend largement de la sensibilisation de la société civile en général au message anti-raciste, l'ECRI attache une importance particulière à ce troisième volet de son programme d'activités.

En 2001, les efforts ont porté sur une diffusion aussi large que possible des résultats des travaux de l'ECRI, notamment celle de ses rapports pays-par-pays, de ses recommandations de politique générale et de ses recueils d'exemples de « bonnes pratiques ». Ces textes ont été traduits, autant que possible, dans les langues nationales des Etats membres. Pour la distribution de ses documents, l'ECRI utilise une liste d'adresses ciblée, comprenant plus d'un millier de destinataires en Europe : organisations intergouvernementales, administrations nationales et locales, organes nationaux spécialisés, institutions nationales de protection et de promotion des droits de l'homme, ombudsmen, universités et instituts de recherche, points de contact dans les milieux juridiques. La catégorie la plus large est constituée d'organisations non-gouvernementales : ONG internationales, et, surtout, nationales et locales.

Un instrument important dans les moyens de communication de l'ECRI est le site web « Lutte contre le racisme et l'intolérance » (www.coe.int/ecri). Il s'agit d'un site anti-raciste, bilingue (anglais-français), de plus de 4000 pages, qui s'adresse à un public diversifié : organisations

The input from non-governmental organisations and other institutions or individuals active in this field is a welcome part of this process and should ensure that ECRI's work is as constructive and useful as possible.

b. Work on general themes

The second aspect of ECRI's programme of activities includes work on general themes and activities specifically based on these themes, with a view to making a real contribution to the setting up and strengthening of those institutions which underpin the functioning of civil society. This work covers mainly the adoption of general policy recommendations and the dissemination of examples of "good practices".

In 2001, ECRI decided that its next general policy recommendation would be on national legislation to combat racism and racial discrimination and entrusted a "working group on anti-discrimination legislation" with the task of preparing a draft recommendation listing the key elements of such legislation.

In October 2001, ECRI published a booklet entitled "Practical examples in combating racism and intolerance against Roma/Gypsies", which presents selected examples from different member States of the Council of Europe of initiatives set up to combat racism and intolerance against Roma/ Gypsies. The booklet focuses on the following three priority fields: (a) Roma empowerment, (b) education and youth and (c) policing and justice. A set of main examples have been outlined for each field, and contact details have been provided for further information. In general, examples have been chosen which could be adapted to other local and national contexts.

c. Relations with civil society

Aware that combating racism depends to a large extent on promoting awareness among the general public of the anti-racist message, ECRI attaches particular importance to this third aspect of its programme of activities.

In 2001, priority was given to disseminating as broadly as possible the results of ECRI's activities, in particular its country-by-country reports, general policy recommendations and its collections of examples of "good practices". All these have, wherever possible, been translated into the national languages of member States. When distributing its documents, ECRI uses a targeted mailing list, containing over a thousand addressees throughout Europe: intergovernmental organisations, national and local authorities, national specialised bodies, national institutions for the protection and promotion of human rights, ombudsmen, universities and research institutions and contacts in the legal field. The largest category is that of non-governmental organisations at international or, in most cases, national or local level.

An important instrument in ECRI's communication strategy is its "Combating racism and intolerance" website (www.coe.int/ecri). This bilingual (English/French) anti-racist site contains over 4,000 pages and is aimed at a wide-ranging audience: organisations and individuals involved in combating racism and intolerance, researchers, students, journalists, young people, etc.

et personnes actives dans la lutte contre le racisme et l'intolérance, chercheurs, étudiants, journalistes, jeune public, etc.

Pour ce qui concerne plus spécifiquement la coopération de l'ECRI avec les ONG, elle s'est surtout centrée en 2001 sur les relations et échanges d'informations à l'occasion des visites de contact antérieurement à l'élaboration des seconds rapports pays-par-pays. L'ECRI a également soutenu activement un certain nombre de manifestations organisées par des ONG, que ce soit par une participation directe ou par l'envoi de communications sur les résultats de ses travaux.

d. Autres activités

Conférence mondiale contre le racisme, la discrimination raciale, la xénophobie et l'intolérance qui y est associée

L'ECRI a participé au sein de la délégation du Conseil de l'Europe à la Conférence mondiale contre le racisme, la discrimination raciale, la xénophobie et l'intolérance qui y est associée, qui s'est tenue à Durban, du 31 août au 8 septembre 2001. Le Conseil de l'Europe avait contribué à la Conférence mondiale en accueillant une conférence préparatoire régionale européenne (Conférence européenne contre le racisme *Tous différents, tous égaux : de la théorie à la pratique*) tenue à Strasbourg en octobre 2000. Le Conseil de l'Europe a rappelé à Durban qu'il était prêt à se joindre aux efforts collectifs au niveau européen pour assurer l'action nécessaire à la mise en œuvre des recommandations de la Conférence mondiale.

6. ACTIVITÉS INTERGOUVERNEMENTALES SUR LA PROTECTION DES MINORITÉS NATIONALES

A la suite des activités de coopération menées dans le cadre des deux programmes communs consécutifs avec la Commission européenne (1996-2000) et dans leur prolongement, toute une série d'activités en rapport avec la protection des minorités nationales sont mises en œuvre dans le cadre du programme de co-opération et d'assistance du Conseil de l'Europe : le secrétariat organise des réunions d'information afin de donner des informations détaillées sur la Convention-cadre pour la protection des minorités nationales (et d'autres instruments juridiques européens) et promouvoir sa signature et ratification ou, pour les Etats déjà Parties, discuter de façon plus approfondie, des évolutions intervenues au niveau national et de la mise en œuvre de la Convention-cadre. Ces réunions s'adressent aux parlementaires, fonctionnaires nationaux et représentants des minorités. Des expertises législatives sont également menées dans plusieurs Etats membres et non-membres sur des questions relatives à la protection des minorités nationales. Enfin, des séminaires de formation sur la rédaction des rapports étatiques sont également organisés afin d'améliorer l'efficacité du mécanisme de contrôle.

Dans la continuité des activités de coopération susmentionnées, trois projets concernant les minorités nationales ont été conçus et sont actuellement mis en oeuvre dans le cadre du Pacte de stabilité pour l'Europe du Sud-Est.

Ces projets incluent une étude sur la non-discrimination dont le but est d'identifier les dispositions discriminatoires que ce soit au niveau de la législation, de la politique ou de la pratique des pays de la région et de recommander l'adoption de mesures de mise en conformité de la législation et la pratique avec les normes européennes. Un deuxième projet concerne l'acceptation et la mise en œuvre des normes existantes. Ce projet vise à encourager les pays de la région à signer et ratifier toutes les normes internationales pertinentes ainsi qu'à assurer leur application effective tant sur le plan national que local. Enfin, un troisième projet intitulé « Accords de coopération bilatérale », a pour objectif de renforcer et de développer la coopération

Specific co-operation between ECRI and NGOs in 2001 focused above all on developing relations and exchanging information during the contact visits prior to the drawing up of the second-stage country-by-country reports. ECRI also provided active support for a number of NGO-organised events, either via direct participation or by providing the results of its own activities.

d. Other activities

World Conference against Racism racial discrimination, xenophobia and related intolerance

ECRI participated within the Council of Europe delegation to the World Conference against racism, racial discrimination, xenophobia and related intolerance, which took place in Durban from 31 August to 8 September 2001. The Council of Europe had contributed to the World Conference by hosting the European regional preparation conference (European Conference against Racism All different all equal: from principle to practice) held in Strasbourg in October 2000. It recalled in Durban its readiness to join collective efforts at the European level to ensure the action needed to implement the recommendations of the World Conference.

6. INTERGOVERNMENTAL ACTIVITIES ON PROTECTION OF NATIONAL MINORITIES

In line with and following up on the activities carried out within the framework of the two consecutive Joint Programmes with the European Commission (1996-2000), a range of activities pertaining to the protection of national minorities are being implemented in the framework of the Council of Europe co-operation and assistance programmes: the Secretariat organises information meetings to give detailed information on the Framework Convention for the Protection of National Minorities (and other legal European instruments) and encourage the process of its signature and ratification or, for those States already party, to discuss in more detail domestic developments and implementation of the Framework Convention. These meetings are directed to parliamentarians, government officials and representatives of national minorities. Legislative expertise in several member and applicant states on questions relating to the protection of national minorities are also carried out by Council of Europe experts. Finally, with a view to increase the effectiveness of the supervisory mechanism of the Framework Convention, training seminars on the drafting of state reports are also organised.

Building on the above-mentioned co-operation activities, three projects have been designed and are being implemented under the Stability Pact for South-Eastern Europe concerning minorities.

These projects include a non-discrimination review aimed at identifying discriminatory provisions in the legislation, policies and practices of the countries of the region and recommending action to bring legislation and practice into line with European standards. There is also a project concerning acceptance and implementation of existing standards. This project is geared towards encouraging the countries in the region to sign and ratify all relevant international standards and also ensure that these standards are fully implemented in practice at national level and local level. Finally there is a project concerning bilateral co-operation agreements aimed at reinforcing and developing bilateral co-operation in the field of minorities in a way that is bilatérale dans le domaine des minorités nationales dans une approche coordonnée et qui soit en accord avec les traités multilatéraux existants, et en particulier, la Convention-cadre pour la protection des minorités nationales. Ces trois projets sont étroitement liés à un autre projet mis en oeuvre par le Conseil de l'Europe dans le cadre du Pacte de stabilité pour l'Europe du sud-est, à savoir la Campagne de sensibilisation intitulée « Link Diversity ».

7. EGALITÉ ENTRE LES FEMMES ET LES HOMMES

1. La lutte contre la traite des êtres humains aux fins d'exploitation sexuelle

Deux réunions du Groupe de spécialistes sur l'impact de l'utilisation des nouvelles technologies de l'information sur la traite des êtres humains aux fins d'exploitation sexuelle (EG-S-NT) ont eu lieu. Ce groupe multisectoriel est composé d'expert(e)s de trois comités du Conseil de l'Europe, sous la direction du CDEG. Le groupe est chargé de préparer une étude sur l'impact de l'utilisation des nouvelles technologies de l'information sur la traite, basée sur les techniques utilisées et leur fonctionnement, les utilisateurs et leur motivation, ainsi que sur la législation existante. Il étudiera également les effets de l'utilisation de ces nouvelles technologies sur les victimes de la traite et les violations des droits de la personne humaine qui en découlent.

Plusieurs activités liées au suivi de la Recommandation n° R (2000) 11 du Conseil de l'Europe sur la lutte contre la traite des êtres humains aux fins d'exploitation sexuelle ont été organisés dans le cadre des programmes de coopération de l'Organisation. Le Conseil de l'Europe joue également un rôle actif dans la coordination et la mise en œuvre des activités de lutte contre la traite dans le cadre du *Groupe d'action sur la traite des êtres humains*, créé sous le Pacte de stabilité pour l'Europe du Sud-Est.

2. La lutte contre la violence à l'égard des femmes

Le CDEG a finalisé ses travaux de rédaction d'un projet de recommandation du Comité des Ministres aux Etats membres sur la protection des femmes contre la violence. Le texte sera transmis au Comité des Ministres en 2002, en vue de son adoption.

3. Les femmes et la prévention des conflits

Le Comité directeur pour l'égalité entre les femmes et les hommes (CDEG) a organisé un Séminaire sur la participation des femmes à la prévention et au règlement des conflits à Strasbourg les 20 et 21 septembre. L'objectif principal du séminaire était d'étudier et de faire connaître l'implication des femmes des Etats membres du Conseil de l'Europe dans la pacification, la construction de la paix et dans des activités visant la prévention des conflits au niveau des groupements de base, ainsi qu'au niveau de la prise de décisions formelles. Le séminaire constituait également un événement préparatoire à la 5e Conférence ministérielle européenne sur l'égalité entre les femmes et les hommes, qui se tiendra à Skopje en juin 2002.

4. Une approche intégrée de l'égalité

a. L'approche intégrée de l'égalité au sein des comités du Conseil de l'Europe

L'approche intégrée de l'égalité entre les femmes et les hommes demeure l'une des priorités du CDEG, y compris au sein du Conseil de l'Europe. Le comité a lancé un projet pilote en 2001 en coopération avec quatre autres comités directeurs: Cohésion sociale; Santé; Sports; Asile consistent and co-ordinated with existing multilateral standards, and in particular those of the Framework Convention for the Protection of National Minorities. These three projects are closely linked with another project being carried out by the Council of Europe under the Stability Pact for South-Eastern Europe, namely the awareness raising campaign "Link-Diversity".

7. EQUALITY BETWEEN WOMEN AND MEN

1. Combating trafficking in human beings for the purpose of sexual exploitation

The Group of specialists on the impact of the use of new information technologies on trafficking in human beings for the purposes of sexual exploitation (EG-S-NT) held two meetings. This multisectoral group comprises experts from three Council of Europe committees and is headed by the CDEG. The group is preparing a study on the impact of new technologies on trafficking, looking at the techniques used and how they work, the users and their motives, as well as the existing legislation. It will also study the effects of the use of these new technologies on the victims of trafficking and the resulting violations of human rights.

Several activities linked to the follow-up of Recommendation No. R (2000) 11 of the Council of Europe on action against trafficking in human beings for the purpose of sexual exploitation were organised in the framework of the Organisation's co-operation programmes. The Council of Europe is also playing an active role in co-ordinating and implementing anti-trafficking activities in the framework of the Task Force on Trafficking in Human Beings created under the Stability Pact for South-Eastern Europe (see below).

2. Combating violence against women

The CDEG finalised its work on drafting a recommendation from the Committee of Ministers to member states on the protection of women against violence. The text will be forwarded to the Committee of Ministers in 2002, with a view to its adoption.

3. Women and conflict prevention

The Steering Committee for Equality between Women and Men (CDEG) organised a Seminar on the participation of women in the prevention and resolution of conflicts in Strasbourg on 20-21 September. The main objective was to explore and draw attention to the involvement of women in the Council of Europe member states in peacemaking, peacebuilding and conflict prevention activities at the grassroot level, as well as at the level of formal decision-making. The seminar was also a preparatory event for the 5th European Ministerial Conference on equality between women and men, which will be held in Skopje in June 2002.

4. Mainstreaming the gender perspective

a. Gender mainstreaming in Council of Europe committees

Gender mainstreaming remains one of the CDEG's priorities, including within the Council of Europe. A pilot project was launched by the committee in 2001 in co-operation with four other steering committees: Social Cohesion; Health; Sport; Territorial Asylum, Refugees and territorial, réfugiés et apatrides. Lors d'une réunion organisée à Strasbourg le 5 septembre, les président(e)s et les secrétaires de ces comités et le CDEG ont étudié les rapports existant entre l'égalité entre les femmes et les hommes et les domaines traités par les différents comités, ainsi que la manière dont la perspective de l'approche intégrée pourrait être incluse dans leurs travaux. Une experte-consultante a dressé une fiche comportant une déclaration d'intention pour chaque comité, qui sera examinée lors de leurs prochaines réunions.

b. Réseau sur l'approche intégrée de l'égalité

Une réunion informelle d'expert(e)s travaillant dans le domaine de l'approche intégrée de l'égalité entre les femmes et les hommes a été organisée par le CDEG, à Strasbourg, le 3 octobre. Les objectifs de la réunion étaient de permettre aux expert(e)s de se réunir et d'échanger des expériences et de dynamiser le développement de réseaux à l'échelon national, régional et international. Le site Web de la Division Egalité sera développé afin de devenir une source d'informations sur les expert(e)s en matière d'approche intégrée de l'égalité, sur les projets organisés, sur les documents publiés, etc.

c. L'approche intégrée de l'égalité à l'école

La première réunion d'un Groupe de spécialistes sur la promotion de l'approche intégrée de l'égalité entre les femmes et les hommes à l'école (EG-S-GS) s'est tenue à Strasbourg, les 18 et 19 octobre. Le groupe, qui comprend des représentantes des Comités Egalité et Education, ainsi que des expert(e)s en matière d'égalité et/ou éducation, se penchera sur la pertinence des politiques et des pratiques dans le domaine de l'égalité entre les sexes dans l'éducation et sur la manière dont ces dernières pourraient être adaptées aux situations nouvelles. Le groupe préparera un rapport sur la manière dont la stratégie de l'approche intégrée de l'égalité peut être promue à l'école, notamment dans le cadre de la formation initiale et continue des enseignant(e)s, de l'introduction de nouvelles méthodes d'enseignement et de nouveaux contextes d'apprentissage, de la révision des programmes scolaires et du matériel éducatif, accompagné d'exemples de bonnes pratiques. Le groupe est également chargé de préparer un projet de recommandation aux Etats membres qui contiendra des lignes directrices pour des politiques à mettre en place et des mesures à prendre dans ce domaine.

5. La participation équilibrée en matière de prise de décision

Le Groupe de spécialistes sur la participation équilibrée des femmes et des hommes à la prise de décision dans la vie politique et publique (EG-S-BP) a poursuivi ses travaux de rédaction d'un projet de recommandation du Comité des Ministres aux Etats membres sur ce thème. Le projet de recommandation aura pour objectif de fournir aux Etats membres une base pour l'élaboration ou l'actualisation de leurs législations et pratiques nationales. Le groupe a également préparé une étude sur les bonnes pratiques en matière de participation équilibrée des femmes et des hommes à la prise de décision, ainsi qu'un inventaire des techniques de sensibilisation utilisées pour promouvoir cette participation.

Le Comité directeur pour l'égalité entre les femmes et les hommes (CDEG) tient régulièrement à jour un document présentant des statistiques sur le nombre de femmes occupant des postes au gouvernement, le pourcentage de femmes élues aux niveaux national, régional et local et les mesures visant à faciliter la participation des femmes à la vie politique.

Stateless Persons. At a meeting held in Strasbourg on 5 September, the chairs and secretaries of these committees and the CDEG discussed how gender equality relates to the fields dealt with by the different committees and how a gender perspective could be introduced into their work. A consultant expert has prepared a mission statement for each committee to be discussed at their forthcoming meetings.

b. Network on gender mainstreaming

An informal meeting of experts working in the field of gender mainstreaming was organised by the CDEG in Strasbourg on 3 October. The aim of the meeting was to enable experts to meet and exchange experiences and provide an impetus to develop networks at national, regional and international levels. The web site of the Equality Division will be developed to provide a source of information on experts in the field of gender mainstreaming, projects organised, documents published, etc.

c. Gender mainstreaming in schools

The first meeting of a Group of specialists on promoting gender mainstreaming in schools (EG-S-GS) took place in Strasbourg on 18-19 October. The group, which includes representatives of the Equality and Education Committees and experts in the field of equality and/or education, will be looking at the relevance of existing policies and practices in the field of gender equality in education and how these can be adapted to new challenges. The group will prepare a report on how gender mainstreaming can be promoted in schools through, inter alia, initial and continuous teacher training, introduction of new teaching methods and learning contexts, revision of curricula and teaching materials, including examples of good practice. The group is also responsible for preparing a draft recommendation to member states containing guidelines for policies and measures to be taken in this area.

5. Balanced participation in decision-making

The Group of specialists on balanced participation of women and men in political and public decision-making (EG-S-BP) continued the drafting of a recommendation from the Committee of Ministers to member states on this subject. The aim of this recommendation is to provide member states with a basis to draft or update their legislation and national practices. The group has also prepared a study of good practices to achieve gender-balanced representation in decision-making and an inventory of awareness-raising techniques used.

The Steering Committee for Equality between Women and Men (CDEG) regularly updates a document containing statistics on the number of women holding government posts, the percentage of women in elected positions at national, regional and local level and measures designed to facilitate women's participation in political life.

6. Pacte de Stabilité pour l'Europe du Sud-Est

Grâce à une contribution financière du Gouvernement canadien (Agence canadienne de développement international) dans le cadre du Groupe d'action sur l'égalité des sexes (*Gender Task Force)* du Pacte de Stabilité, plusieurs documents du Conseil de l'Europe dans le domaine de l'approche intégrée de l'égalité entre les femmes et les hommes et les processus de prise de décision ont été traduits et publiés dans les langues de l'Europe du Sud-Est. Un manuel sur les mécanismes nationaux pour promouvoir l'égalité a été préparé à l'intention des pays de l'Europe du Sud-Est qui sont en train de créer un mécanisme pour l'égalité ou de rédiger une législation en matière d'égalité.

En tant que contribution du Conseil de l'Europe aux objectifs du Groupe d'action du Pacte de Stabilité sur la traite des êtres humains ainsi qu'à l'Initiative contre le crime organisé (SPOC) du Pacte de Stabilité, le Conseil de l'Europe (Direction Générale des Droits de l'Homme en partenariat avec la Direction Générale I – Affaires Juridiques / Programme PACO) a mis en œuvre un projet pilote en Roumanie et en Moldova. Ce projet, intitulé «réforme du droit pénal en matière de traite des êtres humains en Europe du Sud-Est» contribuera à la criminalisation effective de la traite des êtres humains au niveau régional et à assurer la protection des droits fondamentaux des victimes, en conformité avec les normes européennes et internationales. Le premier des trois séminaires prévus a eu lieu à Bucarest du 24 au 26 octobre et le deuxième à Chisinau du 12 au 14 décembre.

Le Conseil de l'Europe a organisé, les 23 et 24 novembre à Belgrade, un cours de formation régional sur la réforme du droit pénal en matière de traite des êtres humains en Europe du Sud-Est. Le but de ce cours de formation était d'établir le cadre pour les réformes législatives nécessaires, en tenant compte des instruments internationaux pertinents. L'objectif principal était d'assurer la préparation, l'adoption et la mise en œuvre d'une législation exhaustive couvrant tous les aspects de la traite des êtres humains conformément aux critères européens et internationaux.

8. ACTIVITÉS DE COOPÉRATION ET DE SENSIBILISATION EN MATIÈRE DE DROITS DE L'HOMME

Les activités de coopération et de la sensibilisation en matière de droits de l'homme se sont poursuivis en 2001 à une vaste échelle géographique, dans le cadre d'activités bilatérales et multilatérales relatives aux droits de l'homme et de programmes communs à la Commission européenne et au Conseil de l'Europe. Ils ont été mis en œuvre eu égard à la spécificité de chaque pays et avec la participation active d'experts du Conseil de l'Europe connaissant ces pays et, autant que possible, maîtrisant la langue locale. En outre, des experts locaux de plus en plus nombreux ont contribué aux activités.

III. MEDIA

Les activités menées dans le secteur des médias sont placées sous la responsabilité générale du Comité directeur sur les moyens de communication de masse (CDMM), assisté d'un certain nombre d'instances subordonnées à composition restreinte ayant reçu pour mandat d'étudier des questions spécifiques relevant de la compétence du Comité directeur.

Les activités du CDMM ont été largement orientées en l'an 2001 autour de la mise en œuvre du Plan d'Action adopté lors de la 6e Conférence ministérielle européenne sur la politique des communications de masse (Cracovie, 15-16 juin 2000), dont le thème général était « Une politique de la communication pour demain ». Pour ce faire, le CDMM a créé au début de 2001 trois nouveaux Groupes de spécialistes concernant respectivement : i. l'équilibre entre la liberté d'expression et

6. *Stability Pact for South-Eastern Europe*

Thanks to a financial contribution from the Canadian Government (Canadian International Development Agency) under the Stability Pact Gender Task Force, a certain number of documents in the field of gender mainstreaming and decision-making processes were translated and published in the languages of South-East Europe. A handbook on national gender equality machinery was prepared to help those countries of South-East Europe in the process of establishing national machinery or drafting legislation on equality issues.

As a part of the Council of Europe contribution to the aims of the Stability Pact Task Force on Trafficking in Human Beings as well as of the Stability Pact Initiative against Organised Crime (SPOC), the Council of Europe (Directorate General for Human Rights in partnership with Directorate General I – Legal Affairs/PACO Programme) implemented a pilot project in Romania and Moldova. This project, entitled "criminal law reform on trafficking in human beings in South-Eastern Europe" aimed at contributing to the effective criminalisation of trafficking in human beings at the regional level and ensuring the protection of victims' human rights in accordance with European and other international standards. The first of the three scheduled meetings took place in Bucharest on 24-26 October and the second in Chisinau on 12-14 December.

The Council of Europe organised a regional training course on criminal law reform on trafficking in human beings in South Eastern Europe on 23-24 November in Belgrade. This training course aimed at establishing a framework for the necessary legislative reforms taking into account relevant international instruments. The main objective was to ensure that the preparation, adoption and implementation of comprehensive legislation cover all aspects of trafficking in human beings according to European and other international standards.

8. *CO-OPERATION AND AWARENESS RAISING ACTIVITIES IN THE FIELD OF HUMAN RIGHTS*

Co-operation and awareness raising activities in the field of human rights continued to be carried out on a large geographic scale, in 2001, within the framework of bilateral and multilateral activities in the field of human rights, Joint Programmes between the European Commission and the Council of Europe. They were implemented taking into consideration the specificity of each country and with the active participation of Council of Europe experts with knowledge of these countries, and as far as possible, with the knowledge of the local language. Also, more and more local experts contributed to these activities.

III. MEDIA

The media activities are conducted under the overall responsibility of the Steering Committee on the Mass Media (CDMM), assisted by a number of smaller subordinate bodies mandated to examine specific issues within the Steering Committee's sphere of competence.

The activities carried out by the CDMM in 2001 were to a large extent structured around the implementation of the Action Plan adopted at the 6th European Ministerial Conference on Mass Media Policy (Kracow, 15-16 June 2000), the general theme of which was "A media policy for tomorrow". For this purpose, the CDMM created at the beginning of 2001 three new Groups of Specialists concerning respectively: i. the balance between freedom of expression and other fundamental rights (right to privacy, right to a fair trial, etc.); ii. on-line services and democracy;

d'autres droits fondamentaux (droit au respect de la vie privée, droit à un procès équitable, etc.) ; ii. les services en ligne et la démocratie ; et iii. les implications démocratiques et sociales de la radiodiffusion numérique. Par ailleurs, le CDMM a mis en place trois Panels consultatifs, composés d'experts indépendants, chargés de surveiller les développements concernant : i. la convergence des technologies et services de communication et son impact sur la régulation des médias ; ii. les questions posées, sous l'angle du pluralisme et de la diversité des médias, par le développement de la concentration et des nouvelles technologies et nouveaux services de communication ; iii. les défis nouveaux concernant la protection du droit d'auteur et des droits voisins.

Nouveaux services de communication

Le Groupe de spécialistes sur les services en ligne et la démocratie (MM-S-OD) a concentré ses travaux en 2001 sur l'autorégulation dans le cadre de ces services, afin de restreindre la diffusion de contenus illicites (contenus à caractère raciste par exemple) et de limiter l'impact que certains contenus préjudiciables mais pas illicites (contenus à caractère violent ou pornographique en particulier) peuvent avoir, spécialement sur certains groupes vulnérables comme les mineurs.

Ce faisant, le Groupe a cherché à répondre aux préoccupations grandissantes exprimées dans les Etats membres face à ces différents types de contenus, en offrant aux gouvernements des pistes d'actions qu'ils pourraient entreprendre ou promouvoir auprès de l'industrie d'Internet, en complément aux mesures de régulation contenues dans la Convention sur la cybercriminalité. Ces travaux ont abouti à l'élaboration de la Recommandation (2001) 8 du Comité des Ministres aux Etats membres sur l'autorégulation des cyber-contenus, qui a été adoptée par les Délégués des Ministres le 5 septembre 2001. En complément, afin de promouvoir l'application de la Recommandation dans les Etats membres, le MM-S-OD a organisé un Forum européen sur le même sujet à Strasbourg en novembre 2001. Un site web destiné à fournir à toutes personnes intéressées des informations sur les initiatives d'autorégulation de l'industrie d'Internet (codes de conduite, lignes d'alerte, mécanismes de plainte, etc.) a été lancé à cette occasion. Ce site web peut être consulté à l'adresse suivante : www.coe.int/t/e/human_rights/cyberforum.

Concentrations des media et pluralisme

Le Panel consultatif sur la diversité des médias (AP-MD) mis en place par le CDMM au début de 2001 s'est concentré sur l'impact que l'évolution des concentrations des médias en Europe et le développement des nouvelles technologies et des nouveaux services de communication pourraient avoir sur l'expression pluraliste des points de vues et des opinions à travers les moyens de communication publique. Un rapport en préparation par le Panel devrait être soumis au CDMM dans le courant de l'année 2002. Ce rapport sera assorti, le cas échéant, de propositions d'actions que les gouvernements des Etats membres ou le Conseil de l'Europe devraient prendre pour préserver le pluralisme.

Liberté d'expression et autres droits fondamentaux

Le Groupe de Spécialistes sur la liberté d'expression et les autres droits fondamentaux (MM-S-FR) créé par le CDMM en 2001, pour faire suite au Plan d'action de la Conférence ministérielle de Cracovie, a parachevé un projet de Déclaration du Comité des Ministres sur la liberté du discours politique dans les médias, dont la préparation avait été motivée par le fait que, dans certains Etats membres, il a été noté que des journalistes et des médias sont empêchés de mener leur travail d'investigation et d'information sur les activités des pouvoirs publics, contrairement aux exigences d'une société réellement démocratique, telles que soulignées par la Cour européenne des Droits and iii. the democratic and social implications of digital broadcasting. Furthermore, the CDMM set up three Advisory Panels, comprised of independent experts responsible for monitoring developments concerning: i. the convergence of communications technologies and services and its impact on media regulation; ii. the questions raised, from the point of view of media pluralism and diversity, by the development of concentrations and new communications technologies and services; and iii. the new challenges concerning the protection of copyright and neighbouring rights.

New communications services

The Group of Specialists on on-line services and democracy (MM-S-OD) focused in 2001 on self-regulation within the context of these services, in order to limit the impact which the dissemination of illicit content (for example, racist content), as well as certain content which are harmful but not illicit (in particular, content of a violent or pornographic nature) may have, especially on vulnerable groups such as minors.

In so doing, the Group aimed at responding to growing concerns expressed in member States with regard to these different types of content, by offering to governments possible lines of action which they could undertake or promote vis-à-vis the Internet industry, in addition to the regulatory measures contained in the Convention on cyber-crime. This work led to the preparation of Recommendation (2001) 8 of the Committee of Ministers to member States on self-regulation concerning cyber-content, which was adopted by the Ministers' Deputies on 5 September 2001. In addition, in order to promote the application of the Recommendation in member States, the MM-S-OD organised a European Forum on the same subject in Strasbourg in November 2001. A web site aimed at providing information on self-regulatory initiatives by the Internet industry (codes of conduct, hotlines, complaints mechanism, etc.) to all interested persons was launched on that occasion. The web site can be consulted at the following address: www.coe.int/t/e/human_rights/cyberforum.

Media concentrations and pluralism

The Advisory Panel on media diversity (AP-MD) established by the CDMM at the beginning of 2001 has focused on the impact which the evolution of media concentrations in Europe and the development of new communications technologies and services might have on the expression of a plurality of views and opinions via means of public communication. A report under preparation by the Panel should be submitted to the CDMM in the course of 2002. The report will be accompanied, as appropriate, by proposals for action which the governments of member States or the Council of Europe should take in order to preserve pluralism.

Freedom of expression and other fundamental rights

The Group of Specialists on freedom of expression and other fundamental rights (MM-S-FR) created by the CDMM in 2001 to follow up the Action Plan of the Krakow Ministerial Conference finalised a draft Declaration of the Committee of Ministers on freedom of political debate in the media. The preparation of this text was motivated by the fact that, in certain member States, it has been noted that some journalists and media are prevented from carrying out their investigative and informative work on the activities of public authorities, contrary to the requirements of a genuine democratic society, as underlined by the European Court of Human Rights in its case law de l'Homme dans sa jurisprudence sur l'article 10 (liberté d'expression et d'information) de la Convention européenne des Droits de l'Homme. Après avoir été approuvé par le CDMM, le projet de déclaration a été transmis aux Délégués des Ministres pour adoption. Toutefois, lors de leur 762e réunion (5 septembre 2001), ces derniers ont décidé de demander l'avis du Bureau du Comité européen pour les problèmes criminels (CDPC) avant de se prononcer sur le texte. L'avis du Bureau du CDPC devrait être transmis aux Délégués des Ministres en avril 2002.

Par ailleurs, le MM-S-FR a entrepris d'élaborer un projet de Recommandation et un projet de Déclaration du Comité des Ministres sur la question de la fourniture d'informations à travers les médias en relation avec des procédures pénales, le but étant en particulier de fournir des orientations aux gouvernements des Etats membres sur les mesures à prendre pour assurer un équilibre entre le droit à la liberté d'expression et d'information, le droit à un procès équitable et le respect de la présomption d'innocence et enfin le droit au respect de la vie privée. Ces textes devraient être parachevés et soumis aux Délégués des Ministres pour adoption en 2002.

Protection des droits d'auteurs et droits voisins

La Recommandation qui avait été préparée sous l'autorité du CDMM en l'an 2000 sur la question des mesures que devraient prendre les gouvernements des Etats membres pour accroître la protection du droit d'auteur et du droit voisin et lutter contre la piraterie, à la lumière des développements techniques en cours dans le secteur des moyens de communication, a été adoptée par les Délégués des Ministres lors de leur 762e réunion (5 septembre 2001). En revanche, le CDMM n'est pas parvenu à trouver un accord sur le projet de Recommandation concernant la protection des droits voisins des organismes de radiodiffusion. De ce fait, la transmission de ce texte aux Délégués des Ministres pour adoption a été reportée à l'année 2002.

Le Panel consultatif sur la propriété intellectuelle (AP-IP) mis en place par le CDMM au début de 2001 continue à suivre les questions qui se posent au niveau paneuropéen en matière de protection du droit d'auteur et des droits voisins, par exemple du fait de la piraterie, en tenant compte des initiatives en cours dans d'autres enceintes telles que l'Union européenne et l'Organisation mondiale de la propriété intellectuelle (OMPI).

Protection juridique des services à accès conditionnel

La Convention européenne sur la protection juridique des services à accès conditionnel (services de radio et de télévision cryptés, services en ligne à péage), qui avait été adoptée par le Comité des Ministres le 6 octobre 2000, a été ouverte à la signature à compter du 24 janvier 2001. Cet instrument vise à lutter contre l'accès illicite à différents services (services de radio et de télévision, services en ligne) offerts moyennant rémunération, à travers l'adoption par les Parties à la convention de mesures en droit pénal ou administratif contre tout un éventail d'actes à caractère commercial permettant cet accès illicite. La Convention, qui complète au niveau paneuropéen une directive adoptée sur le même sujet dans le cadre de l'Union européenne, entrera en vigueur lorsque 3 Etats auront exprimé leur consentement à être liés par cet instrument.

A la date du 31 décembre 2001, la convention avait été signée par six Etats (France, Luxembourg, Moldova, Norvège, Roumanie et Suisse).

Convention européenne sur la télévision transfrontière

La Convention européenne sur la télévision transfrontière était en vigueur dans 23 Etats européens à la fin de l'an 2001, douze autres Etats l'ayant signée à cette date.

Suite à la révision de la Directive « Télévision sans frontières » de l'Union européenne en on Article 10 (freedom of expression and information) of the European Convention on Human Rights. Following its approval by the CDMM, the draft Declaration was forward to the Ministers' Deputies for adoption. However, at their 762nd meeting (5 September 2001), the latter decided to request an opinion from the Bureau of the European Committee on Crime Problems (CDPC) before taking a decision on the text. The opinion of the Bureau of the CDPC is expected to be transmitted to the Ministers' Deputies in April 2002.

Furthermore, the MM-S-FR embarked on the preparation of a draft Recommendation and a draft Declaration of the Committee of Ministers on the question of the provision of information through the media in relation to criminal proceedings. The aim of these texts is in particular to provide the governments of member States with guidance as concerns the measures which they should take in order to strike a balance between freedom of expression and information, the right to a fair trial and respect for the presumption of innocence and finally, the right to privacy. The text should be finalised and submitted to the Ministers' Deputies for adoption in 2002.

Protection of copyright and neighbouring rights

The Recommendation which had been prepared under the authority of the CDMM in 2000 on the question of the measures which the governments of member States should take in order to enhance the protection of copyright and neighbouring rights and to fight piracy, in the light of the technological developments under way in the sector of means of communication, was adopted by the Ministers' Deputies at their 762nd meeting (5 September 2001). On the other hand, the CDMM was not able to reach an agreement on the draft Recommendation concerning the protection of the neighbouring rights of broadcasting organisations. Therefore, the transmission of the text to the Ministers' Deputies for adoption was postponed to 2002.

The Advisory Panel on intellectual property (AP-IP) set up by the CDMM at the beginning of 2001 is continuing to follow the questions at the pan-European level regarding the protection of copyright and neighbouring rights, concerning for example piracy, bearing in mind the initiative under way in other fora such as the European Union and the World Intellectual Property Organisation (WIPO).

Legal protection of conditional access services

The European Convention on the legal protection of conditional access services (encrypted radio and television services, on-line pay services) which was adopted by the Committee of Ministers on 6 October 2000 was opened for signature as from 24 January 2001. This instrument aims at fighting against illicit access to various services (radio and television services, on-line services) offered against remuneration through the adoption by the Parties to the Convention of measures under penal or administrative law against a range of commercial activities allowing such illicit access. The Convention, which supplements at the pan-European level a Directive which has been adopted on the same subject within the framework of the European Union, will enter into force when three States have expressed their consent to be bound by this instrument.

As at 31 December 2001, the Convention has been signed by six States (France, Luxembourg, Moldova, Norway, Romania and Switzerland).

European Convention on Transfrontier Television

The European Convention on Transfrontier Television was in force in 23 European countries at the end of 2001, with 12 other States having signed the instrument.

Following the revision of the "Television without Frontiers" Directive of the European Union juin 1997, le Comité des Ministres a adopté le 9 septembre 1998 un protocole d'amendement à la convention visant à maintenir une cohérence entre cet instrument et la directive révisée, à travers la révision d'un certain nombre de dispositions de la convention (en particulier les règles concernant les critères de compétence des Etats à l'égard des services de télévision transfrontières, la publicité et le parrainage, l'accès du public aux événements d'importance majeure pour la société).

Le Protocole d'amendement est entré en vigueur le 1er mars 2002, après que la France ait déposé son instrument d'acceptation du Protocole en février 2002.

Le Comité permanent chargé de superviser l'application de la convention a poursuivi en l'an 2001 ses travaux en vue de pourvoir à la mise en oeuvre de la convention amendée. Ces travaux portent en particulier sur les mesures propres à garantir l'accès du public aux événements d'importance majeure face à l'acquisition par les radiodiffuseurs de droits d'exclusivité pour la retransmission de tels événements (article 9bis de la convention amendée). Par ailleurs, le Comité permanent a également entrepris l'examen d'un certain nombre de pratiques nouvelles en matière de publicité télévisée (publicité interactive, publicité virtuelle, publicité sur écran partagé) afin d'évaluer si elles sont ou non conformes aux règles de la convention concernant la publicité et si, le cas échéant, des recommandations devraient être adressées aux Etats Parties à la convention pour veiller au respect de ces règles.

Activités d'assistance

Comme les années précédentes, un très grand nombre d'activités d'assistance dans le domaine du droit et de la politique des médias ont été menées en l'an 2001 dans les Etats membres et les pays candidats à l'adhésion, en vue de promouvoir la mise en place d'un cadre de régulation des médias conforme aux standards de l'Organisation, ainsi que le développement d'une pluralité de médias indépendants et autonomes.

En particulier, un Plan d'action concernant les médias en Ukraine a commencé à être mis en œuvre, après son adoption par le Comité des Ministres en avril 2001, afin d'assister les autorités ukrainiennes dans la mise en place d'un système de médias libres, indépendants et pluralistes. Ce Plan d'action comprend à la fois des activités à destination des pouvoirs publics (assistance législative en vue de la mise en conformité des lois ukrainiennes avec les standards du Conseil de l'Europe, actions de formation des magistrats, assistance au Conseil national de la radio-télévision, etc.) et des mesures en faveur des professionnels des médias (activités de formation professionnelle). La mise en œuvre du Plan d'action doit se poursuivre jusqu'à la fin de 2002.

Par ailleurs, l'année 2001 a été marquée par la mise en place de deux initiatives conjointes entre le Conseil de l'Europe et l'Agence européenne de reconstruction visant à fournir une assistance à la réforme du cadre de régulation de la liberté d'expression et d'information et des médias en Serbie et au Monténégro. Ces Initiatives doivent aussi se prolonger en 2002.

Enfin, grâce à des contributions financières volontaires reçues des autorités allemandes et luxembourgeoises, des efforts tout particuliers ont été menés dans le cadre du Pacte de stabilité du Sud-Est de l'Europe. Les activités d'assistance menées dans ce contexte ont inclus des expertises législatives (concernant des textes législatifs et réglementaires sur la presse, la radio-télévision, l'accès à l'information, les droits et responsabilités des journalistes), des activités de formation et d'information pour les milieux officiels (décideurs politiques, magistrats, régulateurs) et des activités de formation pour les professionnels des médias.

L'ensemble des activités d'assistance sont menées en concertation étroite avec d'autres instances internationales intéressées, en particulier l'OSCE.

in June 1997, the Committee of Ministers adopted on 9 September 1998 a Protocol amending the Convention aimed at maintaining a coherence between this instrument and the revised Directive, through the revision of a number of provisions of the Convention (in particular the rules concerning the criteria to determine the jurisdiction of States vis-à-vis transfrontier television services, advertising and sponsorship, access by the public to events of major importance to society).

The amending Protocol entered into force on 1 March 2002, after France had deposited its instrument of acceptance of the Protocol in February 2002.

The Standing Committee responsible for monitoring the application of the Convention continued in the year 2001 its work towards the implementation of the amended Convention. This work concerns in particular the ways of guaranteeing access by the public to events of major importance in view of the acquisition by broadcasters of exclusive rights for the retransmission of such events (Article 9a of the amended Convention). Furthermore, the Standing Committee also undertook the examination of a certain number of new practices concerning television advertising (interactive advertising, virtual advertising, split-screen advertising) in order to evaluate whether or not they are in conformity with the rules of the Convention as concerns advertising and whether, if necessary, any recommendations should be addressed to the Parties to the Convention to ensure respect of these rules.

Assistance Activities

As with previous years, a large number of assistance activities in the area of media law and policy were conducted in 2001 in member States and applicant countries in order to promote the establishment of a regulatory framework for the media which complies with the standards of the Organisation, as well as the development of a plurality of independent and autonomous media.

In particular, the implementation of an Action Plan for the media in Ukraine was started, after its adoption by the Committee of Ministers in April 2001, in order to assist the Ukrainian authorities with the setting up of a free, independent and pluralistic media system. This Action Plan comprises activities destined for both public authorities (legislative assistance in order to bring Ukrainian laws into line with the standards of the Council of Europe, training for magistrates, assistance to the National Council for Radio and Television, etc.) and for media professionals (professional training activities). The implementation of the Action Plan will continue until the end of 2002.

Furthermore, the year 2001 witnessed the establishment of two Joint Initiatives between the Council of Europe and the European Agency for Reconstruction aimed at providing assistance in the reform of the regulatory framework of freedom of expression and information and of the media in Serbia and in Montenegro. The Initiatives will also continue in 2002.

Finally, as a result of voluntary financial contributions received from the German and Luxembourg authorities, particular efforts were made in the context of the Stability Pact for South-Eastern Europe. The assistance activities carried out in this context included legislative expertises (concerning laws and regulation on the press, radio and television, access to information, the rights and responsibilities of journalists), training and information activities for official circles (policy makers, magistrates, regulators) and training activities for media professionals.

All these assistance activities are carried out in close consultation with other interested international fora, in particular the OSCE.

IV. COHESION SOCIALE ET QUALITE DE LA VIE

I. Service des politiques sociales

A. Cohésion sociale

Le Comité européen pour la cohésion sociale (CDCS) a poursuivi son action pour la mise en place d'une stratégie de cohésion sociale, en particulier dans le domaine de l'accès aux droits sociaux. Le Comité a eu des discussions à propos des indemnités de chômage en tant que moyen de combattre la pauvreté ainsi que sur les tendances actuelles en matière de sécurité sociale.

1. Code européen de sécurité sociale

Le Comité d'experts normatif dans le domaine de la sécurité sociale (CS-CO) a tenu sa 3e réunion en septembre 2001. Sous la supervision du CDCS, le CS-CO exerce des responsabilités étendues concernant d'une part l'application du Code de sécurité sociale par les Parties contractantes de cet instrument, d'autre part la promotion du Code et du Code révisé.

L'effort particulier pour assister plusieurs pays qui envisagent de ratifier le Code et le Code révisé a continué en 2001. En promulguant une législation compatible avec les deux instruments en question, ces pays devraient être en mesure de ratifier l'un d'eux dès que leur situation économique le permettra.

Les études de compatibilité sur la conformité de la législation actuelle et prévue en matière de sécurité sociale avec les instruments normatifs (Code européen de sécurité sociale et Code européen (révisé) de sécurité sociale) ou les conseils sur la manière de rendre la législation conforme à ces instruments pour l'Albanie, l'Arménie, la Bulgarie, la Croatie, l'Estonie, la Géorgie, la Hongrie, la Lettonie, la Roumanie, la Moldova, la Fédération de Russie, la République Slovaque et l'Ukraine ont été achevées en 2001. Ce programme d'assistance a un effet important dans la mesure où il favorise l'adhésion des États membres d'Europe centrale et orientale aux instruments normatifs du Conseil de l'Europe dans le domaine de la sécurité sociale. Un certain nombre de pays se préparent à le signer ou à le ratifier.

2. Coordination dans le domaine de la sécurité sociale

Le Comité d'experts pour la coordination dans le domaine de la sécurité sociale (CS-CR) est chargé de favoriser une meilleure coordination des législations nationales de sécurité sociale et de promouvoir les instruments juridiques du Conseil de l'Europe en la matière.

Les instruments les plus importants sont la Convention européenne de sécurité sociale et les Accords intérimaires européens concernant les régimes de sécurité sociale. Au cours de sa troisième réunion en juillet 2001 le CS-CR a décidé de préparer une contribution pour la 8e Conférence des Ministres européens responsables de la sécurité sociale (Bratislava, 22-23 mai 2002) sur le thème de la migration de la main-d'œuvre et des réformes de sécurité sociale.

3. Programme «Accès aux droits sociaux»

Le Groupe éditorial sur l'Accès aux droits sociaux (CS-ASR) a été mis en place dans le but de formuler des propositions susceptibles d'améliorer l'accès aux droits sociaux en Europe, en suivant une approche intersectorielle et intégrée. Pour ce faire, le Groupe éditorial a été chargé d'élaborer un rapport sur l'Accès aux droits sociaux, dans lequel seront mis en commun les résultats des activités sur l'accès à la protection sociale, l'accès à l'emploi et l'accès au logement,

IV. SOCIAL COHESION AND QUALITY OF LIFE

I. Department of social policies

A. Social Cohesion

The European Committee for Social Cohesion (CDCS) continued to put into effect the strategy for social cohesion. In particular, it continued its activities on access to social rights. The Committee held debates on unemployment benefits as a means of preventing poverty and on current trends in social security.

1. European Code of Social Security

The Committee on Standard-setting in the Field of Social Security (CS-CO), held its 3rd meeting in 2001. Under the supervision of the CDCS, the CS-CO has comprehensive responsibility for all matters relating to the application of the European Code of Social Security by its Contracting Parties and the promotion of the Code and the revised Code.

The special effort to assist several countries considering ratification of the Code or the revised Code continued in 2001. By introducing legislation compatible with these Council of Europe instruments, these countries should be able to ratify one of them as soon as their economic situation permits.

Compatibility studies on the conformity of current and planned social security legislation with the standard-setting instruments (European Code of Social Security and European Code of Social Security (Revised)) or advice on ways of bringing the legislation into line with these instruments were carried out in 2001 for Albania, Armenia, Bulgaria, Croatia, Estonia, Georgia, Hungary, Latvia, Lithuanian, Moldova, Romania, the Russian Federation, the Slovak Republic and Ukraine. This programme of assistance is having an important effect in promoting the accession of the central and eastern European member States to the standard setting instruments of the Council of Europe in the social security field. A number of countries are known to be preparing for signature or ratification.

2. Coordination in the social security field

The Committee of Experts for Coordination in the field of social security (CS-CR) is responsible for fostering better coordination of national social security legislations and promoting the ratification of the legal instruments of the Council of Europe in the field of social security.

The most important instruments are the European Convention on Social Security and the European Interim Agreements on social security schemes. During its third meeting in 2001, the CS-CR decided to prepare a contribution for the 8th Conference of European Ministers responsible for Social Security (Bratislava, 22-23 May 2002) on the theme of "labour migration and social security reforms".

3. Programme on "Access to Social Rights"

The Editorial Group on Access to Social Rights (CS-ASR) was set up with a view to making proposals which could improve access to social rights in Europe. It was to use an integrated and intersectorial approach. Bearing this in mind, the Editorial Group was given the task of drawing up a report on Access to Social Rights and incorporating the results from activities carried out under the European Committee for Social Cohesion (CDCS) between 1999 and 2001 on access menées sous l'égide du Comité européen pour la cohésion sociale (CDCS) entre 1999 et 2001. Le rapport tiendra également compte de travaux relatifs à l'accès à la santé et à l'éducation, conduits récemment au sein du Conseil de l'Europe.

Composé d'experts gouvernementaux, de chercheurs dans le domaine social et de représentants d'organisations non gouvernementales, le Groupe éditorial CS-ASR est invité à enrichir le rapport élaboré par le Professeur Mary Daly (Queen's University, Belfast), consultante principale dans le cadre de cette activité.

La 1re réunion du Groupe CS-ASR a eu lieu au mois de décembre 2001 à Strasbourg. Cette activité sera poursuivie en 2002 et il est envisagé de présenter le Rapport sur l'accès aux droits sociaux à Malte, à l'occasion d'une Conférence qui portera sur le thème du rapport.

4. Conférence des ministres européens responsables de la Sécurité sociale

La 8e Conférence des ministres européens responsables de la Sécurité sociale aura lieu à Bratislava les 22 et 23 mai 2002. Elle sera consacrée au thème «Répercussions de la migration de main-d'œuvre sur les systèmes de sécurité sociale des pays européens». La 1re réunion préparatoire du Comité des hauts fonctionnaires chargés de l'organisation de la Conférence (MSS-8-HF) a eu lieu à Strasbourg les 3 et 4 mai 2001.

5. Conférence des ministres européens responsables des Affaires familiales

La XXVIIe session de la Conférence a eu lieu à Portoroz en juin 2001 sur l'invitation du ministre slovène. Elle a été consacrée au thème «Conciliation de la vie familiale et professionnelle». 33 délégations sur 43 États membres du Conseil de l'Europe ont participé à cet exercice. Le thème de la Conférence, qui figurait dans des rapports nationaux, a été discuté sous trois sous-thèmes : « Conciliation de la vie familiale et professionnelle : objectif de la politique et défis » ; « Rôle de État et des autorités publiques » ; « Faire partager les tâches entre les mères et les pères ». La Conférence a reconnu la nécessité de poursuivre et d'intensifier la mise en œuvre des mesures qui permettraient aux femmes et aux hommes de concilier plus efficacement la vie familiale et professionnelle. Elle a souligné que cela doit se faire sans aucune discrimination et au profit de l'enfant.

6. Programme du Conseil de l'Europe pour l'enfance et la famille

Le nouveau Forum pour l'Enfance et la Famille a tenu sa première réunion les 9 et 10 avril 2001 à Strasbourg. Il a été décidé de prêter une attention particulière dans son programme de travail aux enfants, à la démocratie et à la participation ainsi qu'aux enfants à risque vivant en institution. Deux réunions d'experts *ad hoc* ont eu lieu à cet effet en novembre 2001. Le CDCS a approuvé plus tard le mandat de deux groupes de travail qui s'occupent de ces deux thèmes.

Un groupe de rédaction qui doit préparer le projet d'une recommandation sur l'accueil de jour des enfants, a tenu deux réunions en 2001. Le groupe devra présenter ses propositions pour cette recommandation au Forum pour l'Enfance et la Famille en avril 2000.

La deuxième réunion du Forum, qui a eu lieu en novembre 2001, a été consacrée essentiellement à la discussion sur la suite à donner à la Conférence des ministres responsables des Affaires familiales sur le thème « Conciliation de la vie professionnelle et familiale ».

Un programme d'activités d'assistance a été mené à bien. En particulier, le programme STAART (Stratégie de formation en faveur des adolescents en difficulté) s'est poursuivi dans la Fédération de Russie. Ce programme conjoint avec la Commission européenne comprend une série de séminaires de formation et de visites d'experts dans la région de Sverdlovsk afin social protection, access to employment and access to housing. The report will also use relevant work from activities on access to health and education carried out recently in the Council of Europe.

The Editorial Group (CA-ASR) is composed of governmental experts, researchers in the social field and representatives of non-governmental organizations. It is invited to make any relevant additions to the report drawn up by Professor Mary Daly (Queen's University, Belfast), the principal consultant for this activity.

The first meeting of the CS-ASR Group took place in December 2001 in Strasbourg. This activity will be continued in 2002 and it is envisaged to present the Report on Access to Social Rights in Malta at a Conference on the same theme as the report.

4. Conference of European Ministers responsible for Social Security

The 8th Conference of European Ministers responsible for Social Security will take place in Bratislava on 22 and 23 May 2002. The theme of the Conference will be "Implications of labour migration for social security systems in Europe". The first preparatory meeting of the Committee of senior officials responsible for the organization of the Conference (MSS-8-HF) took place in Strasbourg on 3 and 4 May 2001.

5. Conference of European Ministers responsible for Family Affairs

The XXVIIth session of the Conference took place in Portoroz, Slovenia on 20-22 June 2001 under the theme "Reconciling working and family life." The Conference was attended by delegations from 33 of the 43 member States of the Council of Europe. The Conference theme had been subject of national reports, and was discussed under three sub-themes: "Reconciling working and family life: policy objective and challenges", "The role of the state and public authorities" and "Fair share of responsibilities between mothers and fathers". The Conference recognised the need to continue and intensify the implementation of measures to enable women and men to reconcile family and working life more effectively, and emphasised that "this should be done without any discrimination whatsoever, and to the advantage of the child".

6. The Council of Europe Programme for Children and Families

The new Forum for Children and Families held its first meeting on 9-10 April 2001, and decided to give particular attention in its work programme to children, democracy and participation, as well as to children at risk and in care. To this effect two ad hoc meetings of experts took place in November and the CDCS later approved the terms of reference for two working groups on address these topics. A drafting group to prepare a preliminary draft recommendation on child day care met twice in 2001, and will present its proposal for a recommendation to the Forum for Children and Families in April 2002. The second meeting of the Forum, which took place in November 2001, was mainly devoted to discussing the follow up to the Conference of European Ministers responsible for Family Affairs on reconciling work and family life.

A programme of assistance activities was carried out successfully. In particular the STAART programme ("Strategic Training for the Advancement of At Risk Teens") continued in the Russian Federation. This joint programme with the European Commission includes a series of training seminars and visits by experts in the Sverdlovsk Region aimed at integrating young people into society by making them competitive on the labour market. Technical assistance continued in the d'intégrer les jeunes dans la société en leur donnant des compétences négociables sur le marché du travail. Une assistance technique s'est poursuivie en Ukraine dans le but de protéger les droits des enfants vivant en institution et de les réinsérer dans la société.

7. Emploi

Les travaux du Comité d'experts pour la promotion de l'accès à l'emploi (CS-EM) se sont achevés en 2001 par deux réunions en mai et en octobre. Le CS-EM a approuvé à sa réunion finale en octobre les lignes directrices sur le développement de l'emploi au niveau local sous les titres de partenariat local, d'égalité, de non-discrimination, d'esprit d'entreprise, d'éducation, de formation et d'apprentissage tout au long de la vie. Le rapport explicatif contenait des exemples de bonnes pratiques, recueillis par le Comité, et l'identification des obstacles à l'emploi. Ces lignes directrices ont été approuvées par le CDCS en novembre avec les lignes directrices élaborées par le Groupe de spécialistes sur l'accès à la protection sociale (CS-PS) et le Groupe de spécialistes sur l'accès au logement. Le CDCS a donné son accord à cette réunion pour une nouvelle activité en matière d'emploi. Il s'agit de l'emploi pour les groupes marginalisés. Un groupe de spécialistes sera crée en 2002.

Les activités d'assistance technique concernant l'accès à l'emploi comprenaient :

a. deuxième étape de formation consistant à mettre en œuvre un modèle de formation et de plan d'action pour le marché du travail à Pskov (Fédération de Russie) ;
b. atelier sur l'égalité et la participation des femmes au marché du travail, organisé à Tirana en novembre en coopération avec le Service de l'emploi de l'Albanie. Un plan d'action en la matière a été élaboré par cet atelier.

B. Division pour le développement de la cohésion sociale 2001

La Division pour le développement de la cohésion sociale a été créée en 2000, avec pour mission d'entreprendre des activités de suivi, de comparaison et de recherche sur des questions touchant la cohésion sociale.

1. Réseau de chercheurs en sciences sociales

Le réseau de chercheurs en sciences sociales a été créé en 2001 afin de rendre opérationnels des concepts que pourront utiliser les dirigeants pour élaborer une politique sociale efficace de lutte contre la pauvreté et l'exclusion. Il vise à clarifier les concepts sous-tendant les politiques entre les chercheurs des pays d'Europe occidentale et orientale. Lors de ses deux réunions en 2001, le réseau a souligné les grands problèmes sociaux et programmes de recherche qui modèlent actuellement le débat sur la politique sociale en Europe. Ses conclusions ont été publiées comme premier volume dans la série Tendances de la cohésion sociale intitulé « Promouvoir d'un point de vue comparatif le débat politique sur l'exclusion sociale ».

2. Responsabilité sociale

Un Forum « Nouvelles attentes sociales et gouvernance » a eu lieu en octobre 2001, rassemblant des représentants des gouvernements, des élaborateurs de politiques et des chercheurs en politique sociale venant d'institutions tant publiques que privées, des membres de la société civile et du secteur privé afin de partager et échanger des idées sur les nouvelles attentes sociales et la gouvernance. Les actes du Forum seront publiés en 2002 Une conférence de suivi sur la

Ukraine with the aim of protecting the rights of children living in institutions and of reintegrating them into society.

7. Employment

The work of the committee of experts on promoting access to employment (CS-EM) was completed in 2001 with two meetings in May and October. At their final October meeting, CS-EM agreed guidelines on local employment development under the headings of local partnership, equality and non-discrimination, entrepreneurship and education training, and lifelong learning. The accompanying report contained examples of good practice gathered by the Committee and identification of barriers to employment. The guidelines were adopted along with those produced by the Specialist Groups on Access to Social Protection (CS-PS) and Housing (CS-LO) by the European Committee on Social Cohesion (CDCS) at their 7th Meeting in November 2001. A new employment activity was agreed at this meeting of CDCS on employment for marginalised groups on which a specialist group will be set up in 2002.

Activities on access to employment included:

a. the second training phase of the implementation of the draft model training and action plan for the local labour market of Pskov (Russian Federation);

b. a further assistance activity with national Employment Service of Albania in the form of a workshop on equality and women's participation in the labour market, held in Tirana in November. This produced an action plan on women's equality and participation in the employment field.

B. Social Cohesion Development Division 2001

The Social Cohesion Development Division was set up in 2000 to undertake monitoring, comparison and research into issues concerning social cohesion.

1. Network of social researchers

The Network of Social Researchers was set up in 2001 with a view to operationalising concepts for use by policy makers to develop effective social policy to fight poverty and exclusion. It aims to clarify concepts underlying policies between researchers coming from Western and Eastern European countries. In 2001 it held two meetings which emphasized key social problems and research programmes shaping the social policy debate in Europe. The findings of the Network have been published as the first volume in the series Trends in Social Cohesion entitled "Promoting the policy debate on social cohesion from a comparative perspective".

2. Social demands

A Forum on New Social Demands and Governance took place in October 2001 bringing together government representatives, policy makers and researchers in social policy from both public and private institutions, members of the civil society and the private sector to share and exchange ideas on new social demands and governance. The proceedings of the Forum will be published in 2002. A follow-up Conference on "New social responsibility in a globalised world: state, markets and civil society" will take place in 2002.

« Nouvelle responsabilité sociale dans un monde globalisé : État, marchés et société civile » aura lieu en 2002.

3. Stratégies de lutte contre la pauvreté

Une Conférence sur le thème « Accès aux droits sociaux dans les stratégies de lutte contre la pauvreté: les partenariats sociaux comme facteur de développement » a eu lieu en novembre 2001 à Tbilissi, en Géorgie. Les participants provenaient des trois pays du Caucase du Sud et représentaient différentes organisations (administrations nationales et locales, syndicats, associations d'employeurs, ONG et chercheurs). La réunion a examiné les partenariats sociaux en tant qu'outils de développement et a passé en revue des exemples et de bonnes pratiques en provenance de l'Union européenne et des pays candidats. La réunion a connu un vif succès et un projet de développement social et économique dans les régions de montagne est prévu pour 2002. Ce projet permettra des confrontations d'expériences entre les régions de montagne du Caucase et d'Europe.

4. Indicateurs sociaux

Un guide sur l'utilisation d'indicateurs sociaux pour la cohésion sociale est en cours de préparation sur la base de la définition du Conseil de l'Europe de la cohésion sociale. Le guide présente des manières d'utiliser des indicateurs sociaux comme moyen d'évaluer l'incidence des politiques sociales, notamment de celles qui visent à assurer la cohésion sociale. Au nombre des questions abordées figurent les besoins fondamentaux, les droits légaux, l'accès pour les sous-groupes, la dignité et la confiance sociale, les indicateurs de progrès.

5. Prestations sociales

Une recherche sur les prestations sociales et leur incidence sur la pauvreté et l'exclusion sociale a été entreprise. Une analyse comparée des prestations sociales de tous les États membres a été réalisée, à l'aide des données disponibles au niveau international. Un rapport de synthèse des études de cas de sept pays, comportant des descriptions détaillées de leur recours aux prestations sociales pour lutter contre la pauvreté sera publié début 2002.

6. Bulletin

La Division pour le Développement de la cohésion sociale a réalisé quatre éditions du bulletin « Cohésion sociale: développements », dont un numéro spécial sur les migrants.

7. Publications

Le premier volume dans la série Tendances de la Cohésion Sociale intitulé « Promouvoir d'un point de vue comparatif le débat politique sur l'exclusion sociale » a été publié. La préparation du deuxième volume intitulé « Le financement des systèmes de retraite et de santé en Europe : réformes et tendances au cours des années 90 » a été lancée.

3. Anti-poverty strategies

A conference on Access to Social Rights in Anti-Poverty Strategies: Social Partnerships as a Factor for Development took place in Tbilissi, Georgia in November 2001. The participants came from the three South Caucasian countries and represented different organisations (national and local governments, trade unions, associations of entrepreneurs, NGOs and researchers.) The meeting examined social partnerships as a tool for development and reviewed examples and good practices coming from the European Union and candidate countries. The meeting was highly successful and a Project of Social and Economic Development in Mountain Regions is planned in 2002 to provide exchanges of experiences between the mountain regions of the Caucasus and other mountain regions in Europe.

4. Social indicators

A Guide on using social indicators for social cohesion is under preparation based on the Council of Europe definition of social cohesion. The Guide offers ways of using social indicators as a means to assess the impact of social policies, especially those aiming at social cohesion. Issues addressed include basic needs, legal rights, access for sub-groups, dignity and social trust, progress indicators.

5. Social benefits

Research into social benefits and their impact on poverty and social exclusion has been undertaken. A comparative analysis of social benefits of all the member States has been drawn up using available data at the international level. A synthesis report of the case studies of seven countries with detailed descriptions of their use of social benefits for fighting poverty will be published in early 2002.

6. Newsletter

The Social Cohesion Development Division produced four editions of the Newsletter "Developments in Social Cohesion" of which one was a special issue on migrants.

7. Publications

The first volume of the series Trends in Social Cohesion entitled "Promoting the policy debate on social cohesion from a comparative perspective" has been published. The preparation of the second volume entitled "Trends and developments in old age pension and health care financing in Europe during the 1990's" has been launched

C. Population

Les études relatives à l'impact de l'évolution démographique en Europe sur les politiques sociales dans divers domaines se sont poursuivies en 2001. Toutes les trois nouvelles activités entamées en 1999 :

1. les incidences démographiques de l'exclusion sociale ;
2. les conséquences démographiques de la transition économique dans les pays d'Europe centrale et orientale ; et
3. les caractéristiques démographiques des populations immigrées en Europe – représentant la contribution du Comité européen sur la population (CAHP), se sont achevées en 2001. Trois études ont été approuvées pour la publication. Elles paraîtront dans la série « Études démographiques » courant 2002.

Le Comité a lancé a sa dernière réunion quatre nouvelles activités (elles devront s'achever en 2002) :

1. population économiquement active ;
2. une très basse fécondité et ses incidences ;
3. vieillissement actif ; et
4. comportement des jeunes européens en matière de contraception.

Les quatre études sont consacrées aux aspects de la cohésion sociale et elles doivent reprendre les éléments débattus dans les autres Comités du Conseil de l'Europe.

Le CAHP a participé en 2001 aux travaux liés au Pacte de stabilité. Le Comité a été un partenaire actif pour ce qui est des missions de surveillance et d'observation, concernant le recensement en « l'ex-République yougoslave de Macédoine ». Ces missions ont été effectuées conjointement avec l'Union européenne, l'UNECE et l'OSCE.

Le Comité a participé activement au cours de 2001 aux travaux d'autres organes du Conseil de l'Europe afin de propager les résultats de ses activités de recherches qui ont une importance pour les activités du Conseil visant la cohésion sociale accrue. Le CAHP a présenté, par exemple, les résultats de ses travaux de recherche et il a participé aux débats au sein du CDCS. Il a participé aux auditions, organisées par le Sous-Comité sur la Démographie et les Migrations de l'Assemblée Parlementaire du Conseil de l'Europe. Le Comité a également coopéré avec le Comité européen sur les migrations dans le cadre de la préparation par celui-ci de la Conférence des ministres responsables de la Migration qui devrait être organisée en 2002. Ce travail devrait être poursuivi dans les années à venir.

Comme par le passé, le CAHP s'est montré actif en matière de publication des résultats de ses travaux. Deux nouveaux volumes ont été publiés dans la série « Études démographiques » :

n° 35 « Fécondité et nouveaux modes de création des foyers et des familles en Europe » ;

n° 36 « Tendances de la mortalité et mortalité différentielle ».

Comme dans les années précédentes, les caractéristiques principales de la population dans les 46 Etats européens ont été décrites dans l'édition de 2001 du rapport « Évolutions récentes démographiques en Europe ». Cet annuaire reflète des évolutions en matière de fécondité, de mortalité, d'espérance de vie, de mariage /divorce, de migration etc. La publication en question est utilisée par tous ceux qui sont concernés par les évolutions démographiques en Europe.

C. Population

The studies concerning the impact of demographic developments in Europe on social policies in various areas continued in 2000. The three activities initiated in 1999:

1. The demographic implications of social exclusion;
2. The demographic consequences of economic transition in countries of Central and Eastern Europe; and
3. The demographic characteristics of immigrant populations in Europe – representing the European Population Committee's (CAHP) contribution to the Council of Europe's project on social cohesion, were all been completed in 2001. The three studies were approved for publication and will appear in the Population studies series in the course of 2002.

At its last meeting in 2001 the committee launched its new activities (to be completed in 2002). The four new activities are:

1. the economically active population;
2. very low fertility and its implications;
3. active ageing, and
4. contraceptive behaviour of young Europeans.

The four studies have all been designed to address aspects of social cohesion and integrate elements from the ongoing debates in other Committees in the Council of Europe.

In 2002 the CAHP contributed to the work of the stability pact. It is an active partner in the monitoring and observation mission in relation to the census in the "Former Yugoslav Republic of Macedonia" together with the European Union, UNECE, and the OSCE.

The committee has in the course of 2001 participated actively in the work of other bodies of the Council of Europe with a view to diffusing the result of its research activities that have implications for the Council's work on social cohesion. It has, for example, presented the result from its research activities and participated in the debates of the Committee for Social Cohesion. It has participated in hearings organized by the Parliamentary Assembly's subcommittee on demography and migration, and it has cooperated with the Committee on Migration in their preparations for the Ministerial conference on migration to be organized in 2002. This work will be increased in the years to come.

As in past years the Committee has been active in publishing the results from its activities. Two new volumes have been published in the Population Studies series:

No. 35 "Fertility and new types of households and family formation in Europe"

No. 36 "Trends in mortality and differential mortality"

As in previous years, the main demographic characteristics of the populations of forty-six European states are described in the 2001 edition of the report "Recent demographic developments in Europe". This yearbook highlights, for example, developments in fertility, mortality, life expectancy, marriage/divorce, migration, etc. This publication is used by all those who are concerned with Europe's demographic developments.

II. Service des migrations et des Roms/Tsiganes

A. Division des migrations

1. Activités du CDMG et de ses organes subsidiaires

Promotion des rapports « Diversité et cohésion : de nouveaux défis pour l'intégration des immigrés et des minorités » et « Cadre pour les politiques d'intégration »

Le Comité européen sur les migrations (CDMG) a poursuivi la promotion des rapports publiés en 2000. Le rapport est actuellement disponible en russe, tchèque, allemand, néerlandais, danois et norvégien. En Finlande une synthèse du rapport « Diversité et cohésion » a été traduite et diffusée en même temps que la version anglaise.

2. Préparation de la 7e Conférence ministérielle

Lors de sa 43e réunion, le CDMG a décidé de tenir la prochaine Conférence ministérielle les 16 et 17 septembre 2002, à Helsinki. Il a été convenu que la Conférence fera le point sur l'évolution de la situation au niveau national depuis la conférence de Varsovie sur les deux thèmes prioritaires guidant l'action du CDMG, à savoir l'intégration des immigrés et la gestion des migrations. Il est entendu que les ministres discutent des nouveaux enjeux dans ces deux domaines, en tenant compte des projections démographiques en Europe. Il a été décidé que les ministres adoptent comme document final de la Conférence une déclaration et un plan d'action.

3. L'emploi des non-ressortissants dans le secteur public (MG-IN)

Une étude est en cours au sein du MG-IN pour faire l'état sur l'accès des non-ressortissants aux emplois dans le secteur public. Elle devrait mettre en exergue les avantages que présente l'ouverture des emplois du secteur public aux étrangers, mais également les mesures prises dans les différents pays pour faciliter l'accès effectif à ces postes (naturalisation, etc.)

4. Gestion des migrations dans une optique « droits de l'homme » (MG-FL)

Dans le cadre de cette activité, les priorités étaient :

- prévention des migrations irrégulières ;
- dialogue et partenariat avec les pays d'origine.

Ces priorités ont été reflétées dans la conférence d'Athènes sur la «migration irrégulière et dignité des migrants : Coopération dans la région méditerranéenne» 3-4 octobre 2001.

Les objectifs de la Conférence étaient les suivants :

- évaluer la situation dans les pays européens sur la base du rapport sur la gestion des flux migratoires comme document de base ;
- examiner l'efficacité des stratégies de gestion et des politiques de prévention actuelles ;
- explorer avec certains Etats de l'Afrique du Nord et avec d'autres partenaires, les possibilités de coopération et de lutte contre les causes profondes des migrations irrégulières dans les pays d'origine.

La conférence a ouvert un processus de coopération permanent entre les Etats membres dans le domaine de migrations irrégulières. Il a été décidé d'organiser comme suite de la Conférence une série des tables rondes régionales sur les questions des migrations spécifiques à chaque région et auxquelles seront associés les pays non membres du Conseil de l'Europe concernés (en tant que pays d'origine et de transit).

II. Migration and Roma/Gypsies Department

A. Migration division

1. Migration: Activities of the CDMG and subsidiary bodies

Promotion of the reports on "Diversity and cohesion: new challenges for the integration of immigrants and minorities" and "Framework for integration policies"

The CDMG continued its promotion of the reports published in 2000. The report on "Diversity and cohesion" was translated into German, Norwegian, Danish, Czech, Russian and Dutch. In Finland, a summary of the report was translated and distributed at the same time as the English version.

2. Preparation of the 7th Ministerial Conference

At its 43rd meeting, the CDMG decided to hold the next Ministerial Conference in Helsinki on 16 and 17 September 2002. It was agreed that the conference would take stock of developments in the situation at national level since the Warsaw conference regarding the two main thrusts of the CDMG action, i.e. the integration of immigrants and migration management. The ministers are expected to discuss new challenges in these two areas, taking account of demographic projections for Europe. They will adopt a declaration and plan of action as the final conference document.

3. The employment of non-nationals in the public sector (MG-IN)

A study based is being prepared by the MG-IN Committee to take stock of access by non-nationals to public-sector posts. It should highlight the advantages of opening up public-sector posts to foreigners and indicate the measures taken in the various countries to facilitate actual access to such posts (naturalisation, etc.)

4. Managing migration from a human rights perspective

The priorities under this activity were:

- preventing irregular migration;
- dialogue and partnership with countries of origin.

These priorities were reflected in the Conference held in Athens on irregular migration and dignity of migrants: Co-operation in the Mediterranean region, 3-4 October 2001.

The aims of the conference were as follows:

- to assess the situation in European countries on the basis of the report on managing migration flows;
- to examine the effectiveness of existing management strategies and prevention policies;
- to explore with certain North African states and other partners the possibilities for co-operating and combating the underlying causes of irregular migration in countries of origin.

The conference initiated a process of ongoing co-operation between member states in the field of irregular migration. It was agreed that it would be followed up by a series of regional roundtables on migration issues specific to each region, in which the non-member countries concerned would be involved (as countries of origin/transit).

5. Statut juridique des migrants

Dans ce cadre, les activités du CDMG ont été centrées sur l'élaboration d'un projet de recommandation sur le droit au regroupement familial récemment soumis au Comité des Ministres. L'objectif de la Recommandation est d'harmoniser les règles dans ce domaine en garantissant aux personnes venant dans le cadre du regroupement familial les standards minima.

Le MG-ST a entrepris une étude sur l'évolution des caractéristiques de la migration du travail en Europe.

Il est prévu, sur la base de ses conclusions, de préparer un projet de recommandation sur la migration de la main d'œuvre.

B. Division des Roms/Tsiganes

Le Groupe de spécialistes sur le Roms/Tsiganes a tenu deux réunions en 2001, une à Strasbourg et la seconde à Helsinki, à l'invitation du Gouvernement finlandais. Les principaux sujets traités par le Groupe en 2001 étaient les suivants : les problèmes économiques et de chômage des Roms/Tsiganes (une recommandation sur ce sujet a été adoptée par le Comité des Ministres en novembre 2001), problèmes touchant au logement (un projet de recommandation sera soumis prochainement pour approbation), faire face aux besoins des groupes itinérants (une étude sur la situation actuelle est en préparation), les femmes Rom et la santé (une conférence importante se déroulera en novembre 2002), des politiques cohérentes et intégrées pour les Roms/Tsiganes.

Le Groupe de spécialistes a aussi échangé des informations sur les développements récents concernant les Roms/Tsiganes en Europe, et particulièrement dans les Balkans.

En 2001 plusieurs activités ont été soit organisées soit soutenues dans le cadre du Projet pour les Roms/Tsiganes en Europe et ont été financées grâce à des contributions volontaires de la Grande Bretagne, des Pays-Bas, de la Norvège et de la Finlande. Il s'agissait des activités suivantes :

- mission d'information en Grèce, qui a fourni une vision globale de la situation actuelle de la population Rom en Grèce (10-12 juin, 2001). Des recommandations ont été faites au gouvernement grec ;
- cinquième session de formation pour les personnes impliquées dans l'assistance juridique aux Roms/Tsiganes, a Strasbourg (18-20 juin, 2001) pour familiariser les participants avec les mécanismes de la Convention européenne des droits de l'homme du Conseil de l'Europe ;
- Table Ronde sur la situation des Roms dans la région de Saint-Pétersbourg (25-26 juin, 2001). Cette table ronde avait comme objectif de donner suite a la discussion entre les Roms et les autorités, initiée a la première table ronde.

Les activités suivantes ont reçu des subventions dans le cadre du programme :

- une réunion du Parlement de l'Union Internationale Romani, a Bratislava (3-4 mars 2001) ;
- conférence sur la situation actuelle des Roms en Europe centrale avec des représentants des ONG de la Slovaquie, de la République tchèque et de la Pologne ;
- une table ronde pour présenter les activités entreprises par l'Union Roma et Sinti a Hambourg (19-21 novembre, 2001).

5. Legal status of migrants (MG-ST)

CDMG activities in this area focused on the preparation of a draft recommendation on the right to family reunification, which was recently submitted to the Committee of Ministers. The aim of the recommendation was to harmonise rules in this area and guarantee minimum standards for people arriving under family reunification schemes.

The MG-ST launched a study on trends in labour migration characteristics in Europe.

A draft recommendation on workforce migration is due to be drawn up on the basis of the study's conclusions.

B. Roma/Gypsies Division

The Specialist Group on Roma/Gypsies held two meetings in 2001, one in Strasbourg and the other in Helsinki, at the invitation of the Finnish Government.

The main topics dealt with by the Group in 2001 were as follows: economic and unemployment problems facing Roma/Gypsies (a recommendation on the subject was adopted by the Committee of Ministers in November, 2001), problems in the field of housing (a draft recommendation is being submitted for approval), meeting the needs of itinerant groups (a study of the current situation is under preparation), Roma women and health (a major conference is planned for November 2002), coherent and integrated policies for Roma/Gypsies.

The Specialist Group also exchanged information on recent developments concerning Roma/ Gypsies in Europe and particularly in the Balkans.

A number of activities were organised or supported in 2001 within the Project for Roma/ Gypsies in Europe and were funded thanks to voluntary contributions from the United Kingdom, the Netherlands, Finland and Norway. These were:

- a fact-finding mission to Greece, providing a comprehensive picture of the current situation of the Roma population in Greece (10-12 June 2001). Recommendations have been made to the Greek government;
- the 5th human rights training session for persons involved in legal assistance to Roma/Gypsies, in Strasbourg (18-20 June, 2001), to familiarise participants with the mechanisms of the Council of Europe's Human Rights Convention;
- round table on the situation of the Roma in the Saint-Petersburg region (25-26 June 2001). This was intended to follow-up discussion between Roma and the authorities, initiated at a first roundtable.

The following activities were financially supported under the programme:

- a meeting of the Parliament of the International Romani Union, in Bratislava (3-4 March, 2001);
- conference on the current situation of Roma in Central Europe with representatives of NGO's from Slovakia, Czech Republic and Poland;
- a round table to present the activities undertaken by the Roma and Sinti – Union in Hamburg (19-21 November, 2001).

III. Concernant le service de la santé et de l'accord partiel dans le domaine social et de la santé publique

A. Division de la santé

Le Comité européen de la santé (CDSP) a pour objectif de proposer aux Etats membres des mesures qui garantissent l'accès équitable à des soins de santé de bonne qualité, ainsi que la participation active et responsable des patients et des citoyens.

Il a par conséquent axé ses travaux sur la dimension éthique de la santé et plus particulièrement sur:

- la promotion des politiques de santé qui assurent aux groupes les plus vulnérables un accès équitable aux soins de bonne qualité tout en diminuant la discrimination due à l'état de santé de l'individu ;
- la promotion des systèmes d'organisation et de gestion qui assurent une utilisation optimale des ressources et allant vers les besoins des patients et des citoyens.

1. Accès équitable aux soins de santé de bonne qualité – Equité et droits des patients

En 2001, le Comité des Ministres a adopté la Recommandation n° R (2001) 12 sur l'adaptation des services de soins de santé à la demande de soins et de services des personnes en situation marginale. Cette Recommandation considère qu'il est de la responsabilité de l'Etat de s'assurer que les politiques de la santé seraient développées de manière cohérente afin d'augmenter le potentiel de progrès en la matière et d'éviter les effets indésirables sur la santé.

Le Comité des Ministres a également adopté la Recommandation n° R (2001) 13 sur le développement d'une méthodologie dans l'élaboration de lignes directrices pour de meilleures pratiques médicales. Ces lignes directrices ont pour principal objectif de soutenir et de promouvoir une bonne pratique clinique, pour servir au mieux l'intérêt des patients.

Programme d'assistance

Le projet d'une durée de deux ans en Géorgie avec pour objectif de développer l'évaluation de la technologie, conduit conjointement avec l'OMS, a débuté en 2000 avec un séminaire sur le même thème. En 2001, un atelier sur le développement d'une politique de l'évaluation des technologies de soins de santé s'est tenu à Tbilissi du 12 au 14 décembre.

L'important projet de deux ans qui a débuté en Fédération de Russie, s'est poursuivi en 2001 avec pour objectif la mise en place d'un programme spécial de formation professionnelle à l'intention des administrateurs des secteurs de la santé en Russie, en vue de renforcer leurs moyens de prévention de la tuberculose et l'élaboration de politiques de lutte contre cette maladie. Les experts du Conseil de l'Europe et de la Russie ont élaboré un programme de formation et un curriculum pour cette formation est en préparation. Un cours pour le renforcement de la formation professionnelle des administrateurs russes pour la prévention et la lutte contre la tuberculose s'est tenu à Moscou du 27 au 30 mars.

Dans le cadre de l'Initiative du pacte de stabilité pour la cohésion sociale, le réseau de santé pour l'Europe orientale a été mis en place. Ce réseau a mené une enquête sur l'accès à la santé des populations vulnérables, enquête qui a contribué au Forum des Ministres de la Santé, organisé par l'OMS et le Conseil de l'Europe a Dubrovnik. L'« Engagement de Dubrovnik » engage les ministres à répondre aux besoins des populations vulnérables.

III. Department of Health and of the Partial Agreement in the Social and Public Health Field

A. Health Division

The European Health Committee (CDSP) aims at proposing to member states policies which ensure equitable access to good quality health care, as well as full and responsible participation of patients and citizens.

It has therefore centred its work on the ethical dimension of health and particularly:

- on promoting health policies which ensure for the more vulnerable groups an equitable access to good quality care, and which diminish discrimination on the grounds of the state of health of the individual;
- on promoting organisational and managerial systems which ensure an optimal and effective use of resources and meet the needs of patients and citizens.

1. Access to safe and good quality in health care services – Equity and patients' rights

In 2001 the Committee of Ministers approved the Recommendation No. R (2001) 12 on the adaptation of health care services to the demand for health care and health care services of people in marginal situations. The Recommendation considers that it is the responsibility of the state to ensure that policies affecting health are developed in a coherent way to increase the potential for health gain and to avoid adverse effects on health.

The Committee of Ministers also approved Recommendation No. R (2001) 13 on developing a methodology for drawing up guidelines on best medical practices. The main aim of the guidelines is to support and promote good clinical practice in the best interest of patients.

Assistance Programme

In 2001 a two-year project continued in Georgia to develop technology assessment. The project, which was launched in 2000 with a seminar on the subject, is being run jointly with WHO. A workshop on developing a national health technology assessment policy took place in Tbilisi on 12-14 December 2001.

In the Russian Federation a major two-year project was continued in 2001 to strengthen the professional training and public education components of the Russian policy on tuberculosis prevention and control. Council of Europe and Russian experts drew up a programme for a training course and are preparing a training curriculum. A course to develop professional training for health administrators on the prevention and control of Tuberculosis in Russia was held in Moscow from 27 to 30 March 2001.

As a contribution to the Stability Pact Initiative for Social Cohesion, the South East Europe Health Network was set up, which performed a survey on access to health for vulnerable populations. This contributed to the Health Ministers Forum in Dubrovnik, set up by WHO and the Council of Europe. The "Dubrovnik Pledge" commits ministers to meet the needs of vulnerable populations.

2. Position et rôle de l'individu : choix du patient et avis du citoyen

La promotion de la santé et la prévention des maladies sont à la base d'une politique de santé et le CDSP attache une grande importance au développement de nouvelles méthodes de la promotion de la santé. Parmi ces méthodes sont inclus l'éducation pour la santé des jeunes pour développer des styles de vie sains et la responsabilité envers sa propre santé, et l'encouragement du développement des structures institutionnelles qui assurent la participation démocratique du citoyen et du patient dans les décisions qui touchent les soins de santé.

Le Réseau européen d'écoles pour la promotion de la santé dans les écoles constitué conjointement avec l'OMS (Europe), la Commission européenne et le Conseil de l'Europe a pour objectif de faire en sorte que l'ensemble de la population scolaire ait un mode de vie sain, en mettant en place des environnements favorables à la promotion de la santé. En 2001, une réunion des coordinateurs nationaux s'est tenue à Vicenza, Italie du 26 au 28 juin et un « deuxième atelier sur la pratique de l'évaluation de l'école-santé – modèles, expériences et perspectives » a été organisé à Nottwil (Suisse) du 22 au 24 septembre.

3. Disponibilité et assurance de qualité de substances d'origine humaine

L'utilisation thérapeutique des substances d'origine humaine (sang, organes, tissus) soulève des questions majeures concernant la qualité, la sécurité et la disponibilité. L'explosion de nouvelles techniques et de nouvelles technologies dans les systèmes de soins de santé demande un développement de la qualité et de l'assurance de qualité en vue d'une utilisation efficace et appropriée de ces techniques et technologies.

a. Transfusion sanguine

En 2001, le Comité des Ministres a approuvé la Recommandation n° R (2001) 4 sur la prévention du risque de transmission de la forme nouvelle de la maladie de Creutzfeldt-Jakob (vMCJ) par transfusion sanguine.

La 7e édition du Guide sur la préparation, l'utilisation et l'assurance de qualité des composants sanguins a été publiée en 2001. Le Guide est devenu un livre de référence de premier plan pour les services de transfusion sanguine dans le monde entier. L'Australie, par exemple, l'a adopté en tant que référence pour les composants sanguins.

Le Comité européen de la santé (CDSP) a publié un rapport sur l'inactivation de produits sanguins labiles qui diminuent les risques par transfusion sanguine. Le rapport donne des arguments en faveur et contre cette procédure ainsi que des conseils pour aboutir à une décision équilibrée.

En ce qui concerne les activités bilatérales, une mission d'expertise a eu lieu en Bulgarie afin de fournir des conseils pour la restructuration des services de transfusion sanguine dans le cadre de la collaboration avec la Banque de Développement du Conseil de l'Europe.

En 2001, le Conseil de l'Europe a institutionnalisé la coopération avec la Commission européenne par un échange de lettres d'engagement.

b. Transplantation d'organes

En 2001, le Comité des Ministres a approuvé la Recommandation n° R (2001) 5 sur la gestion des listes d'attente et des délais d'attente en matière de transplantation d'organe en vue d'assurer l'accès équitable quand la demande dépasse la disponibilité.

Un Guide sur l'assurance de qualité des organes, des tissus et des cellules dans le domaine de la transplantation a été publié en 2001. Ce Guide sera le premier texte international en la matière.

2. Position and role of the individual: Patient's choice and citizen's choice

Health promotion and disease prevention are basic in a health policy and the CDSP gives great importance to developing new methods of health promotion. These include educating young people to develop healthy lifestyles and be responsible for their own health, and encouraging the development of institutional structures which ensure the democratic participation of citizens and patients in decisions affecting health care.

The European Network for Health Promoting Schools set up by the World Health Organisation, the European Union and the Council of Europe aims to achieve healthy lifestyles for the whole school population by developing supportive environments conducive to the promotion of health. It offers opportunities for and requires commitments to the provision of a safe and health-enhancing social and physical environment. In 2001, a meeting of national coordinators of the network was held in Vicenza, Italy from 26 to 28 June 2001 and the second "workshop on practice of evaluation of the Health Promoting School – models, experiences and perspectives" was organised in Nottwil, Switzerland from 22 to 24 September 2001.

3. Availability, safety and quality standards of substances of human origin

The therapeutic use of substances of human origin (blood, organs, tissues) raises major issues concerning quality, safety and availability. The explosion of new techniques and technologies within the health care system calls for quality development and quality assurance for the safe and proper use of these techniques and technologies.

a. Blood transfusion

In 2001 the Committee of Ministers approved the Recommendation No. R (2001) 4 on measures to be taken to prevent possible transmission of variant Creutzfeldt-Jakob disease (vCJD) by blood transfusion.

The 7th edition of the Guide to the preparation, use and quality assurance of blood components was published in 2001. The Guide has become the "golden standard" for blood transfusion services worldwide. For example, Australia has mandated the Guide in its standard for blood components.

The European Health Committee (CDSP) published a report on the inactivation of labile blood products which diminishes the risks of transfusion-transmitted diseases. The report gives the arguments in favour and against this procedure and gives advice on reaching a balanced decision.

Bilateral activities included an expert's visit to Bulgaria to advise on the restructuring of blood transfusion services under the framework of co-operation with the Council of Europe Development Bank.

In 2001, the Council of Europe institutionalised cooperation with the European Commission through an exchange of letters of commitment.

b. Organ transplantation

In 2001 the Committee of Ministers approved the Recommendation No. R (2001) 5 on the management of waiting lists and waiting times for organ transplantation to ensure equity in access when the demand exceeds availability.

A Guide on the safety and quality assurance for organs, tissues and cells in transplantation was completed in 2001. The Guide will be the first international text on the subject.

The Group of Specialists on Quality Assurance for Organs, Tissues and Cells (SP-S-QA),

Le Groupe de spécialistes sur l'assurance de qualité des organes, des tissus et des cellules (SP-S-QA) chargé par le CDSP de l'élaboration des lignes directrices sur la sécurité et des normes d'assurance de qualité concernant le prélèvement, la préservation, le traitement et la distribution des organes, tissus et cellules d'origine humaine, utilisés à des fins de transplantation, s'est réuni à Strasbourg les 28-30 juin 2001 afin d'examiner les commentaires reçus suite à une période de consultation publique. Les lignes directrices révisées ont été adoptées par le CDSP les 27-28 novembre 2001.

Xénotransplantation

Le projet de lignes directrices sur la xénotransplantation y inclus les critères à respecter avant l'autorisation des essais cliniques a été examiné par le CDBI (Comité Directeur de Bioéthique) et par le CDSP (Comité européen de la Santé).

B. Division de l'Accord partiel dans le domaine social et de la santé publique

1. Cohésion sociale et qualité de la vie

a. Alimentation et hygiène alimentaire

En ce qui concerne les additifs alimentaires utilisés intentionnellement, l'activité principale de l'Accord partiel dans le domaine social et de la santé publique consiste à établir des listes de substances aromatisantes dont l'utilisation est admissible dans les denrées alimentaires et ne présente pas de risques pour la santé du consommateur.

La réévaluation toxicologique de plus de 1000 substances aromatisantes chimiquement définies a été achevée et publiée en 1994. Des travaux sont en cours concernant l'évaluation toxicologique d'environ 600 sources naturelles de matières aromatisantes. Le premier rapport, contenant 101 fiches de données, a été publié en 2000.

L'étude de l'impact sur la santé d'additifs alimentaires provenant de matières d'emballages destinées à entrer en contact avec des denrées alimentaires, ainsi que les constituants utilisés lors de la fabrication de ces matières, est une tâche importante pour la protection du consommateur.

Des résolutions, lignes directrices ou rapports toxicologiques concernant les papiers et cartons, encres d'imprimerie, métaux et alliages, caoutchoucs, liège, colorants, etc. sont en cours d'élaboration. Le Comité des Ministres a déjà adopté plusieurs résolutions dans ce domaine.

La nutrition, la sécurité alimentaire et la santé du consommateur constituent un domaine important de la santé publique. Des résolutions, rapports toxicologiques et technologiques, sont élaborées dans ce domaine. Des lignes directrices sur la justification scientifique des allégations santé des aliments fonctionnels et un rapport sur l'alimentation et les soins nutritionnels dans les hôpitaux ont été publiés en 2001. Un forum européen sur l'alimentation et les soins nutritionnels dans les hôpitaux a été organisé en novembre 2001.

Le programme de travail comprend aussi les activités suivantes : protection des produits stockés, compléments alimentaires et l'alimentation dans les écoles.

b. Auditions

Tout le programme de travail réalisé dans le domaine de la protection du consommateur par les divers comités d'experts nécessite un dialogue quasi permanent entre les experts nationaux et l'industrie, pour atteindre des résultats concrets de dimension politique. Ce dialogue trouve sa concrétisation dans l'organisation d'auditions entre experts et représentants de l'industrie sur les sujets précis du programme de travail.

mandated by the CDSP to draw up guidelines on safety and quality assurance standards of procurement, preservation, processing and distribution of organs, tissues and cells of human origin used for transplantation purposes, met on 28-30 June 2001 to examine the comments received after a period of public consultation. The revised set of guidelines was adopted by the CDSP on 27-28 November 2001.

Xenotransplantation

Draft guidelines on xenotransplantation which will include criteria to be met before clinical trials are allowed to proceed have been examined by both the CDBI (Steering Committee on Bioethics and the CDSP (European Health Committee).

B. Partial Agreement Division in the Social and Public Health Field

1. Protection of public health

a. Food and food hygiene

With regard to intentional food additives, the main activity of the Partial Agreement in the social and public health field is to draw up lists of flavouring substances the use of which is permissible in foodstuffs and does not involve risks for consumers' health.

The toxicological re-evaluation of more than 1 000 chemically defined flavouring substances was completed and published in January 1994. Work is being done on the toxicological evaluation of 600 or so natural sources of flavouring substances. The first report, containing 101 datasheets, was published in 2000.

Studying the health impact of food additives originating from packaging materials intended to come into contact with foodstuffs, as well as the components used in the manufacture of such materials, is an important aspect of consumer protection.

Resolutions, guidelines or toxicological reports on paper and board, printing inks, metals and alloys, rubber, cork, colorants, solvents etc, are under preparation. The Committee of Ministers has already adopted several resolutions concerning these issues.

Nutrition, food safety and consumer health make up another important field of the public health. Resolutions, guidelines, toxicological and technological reports are prepared on these issues. Guidelines concerning scientific substantiation of health-related claims for functional food and a report on food and nutritional care in hospitals were published in 2001. A European Forum on food and nutritional care in hospitals was organised in November 2001.

In addition, the present work programme includes the following activities: stored product protection, food supplements, and food and nutrition in schools.

b. Hearings

The whole work programme carried out by the various committees of experts in the field of consumer protection necessitates a virtually continuous dialogue between national experts and the industry in order to achieve practical results of political significance. The dialogue takes the form of hearings between experts and industrial representatives on precise subjects covered by the work programme.

c. Questions pharmaceutiques

Les activités dans ce domaine ont pour but d'encourager les citoyens à l'usage rationnel des médicaments, par le biais d'une harmonisation des réglementations, qui est basée sur l'échange continu d'informations concernant : listes de synthèse annuelle des molécules nouvelles ou des NIT, pharmacovigilance, médicaments génériques, produits vitaminiques, importation de médicaments non enregistrés, rôle des pharmaciens dans le choix, l'utilisation, la validation et la vigilance des dispositifs médicaux, pharmacie clinique, application des nouvelles technologies de l'information à la pharmacie et sur l'évolution des législations et pratiques nationales en matière de suivi pharmaceutique et de bonnes pratiques de fabrication. Par ailleurs, l'étude et la préparation d'une réglementation européenne concernant la vente de médicaments sur Internet sont envisagées.

Dans le cadre de la révision des annexes de la Résolution AP(2000)1, a été publiée l'édition annuelle relative à la classification des médicaments dont la délivrance est soumise à ordonnance, comportant, d'une part, une liste alphabétique de principes actifs et leur classification anatomico-thérapeutico-chimique et, d'autre part, des recommandations concernant leur classification au regard du renouvellement de l'ordonnance.

d. Produits cosmétiques

L'élaboration de lignes directrices définissant les critères pour contrôler la sécurité dans l'utilisation des ingrédients constitue l'objectif principal de ce secteur. Une étude comparative sur les produits frontières et les situations frontières a conduit à une publication en 2000 sous le titre « Produits cosmétiques – situations frontières ».

En 2001, une étude des plantes et des préparations à base de plantes utilisées en tant qu'ingrédients dans les produits cosmétiques a été publiée. Une étude sur les principes actifs dans les produits cosmétiques, les substances ayant une possibilité d'effets secondaires, la publicité et les allégations pour les cosmétiques, les huiles essentielles des plantes utilisées en tant qu'ingrédients dans les cosmétiques et l'évaluation du risque dérivé de l'usage des produits utilisés pour le maquillage permanent et le tatouage est en cours de préparation.

e. Protection de la santé contre les dangers de l'amiante

Un groupe *ad hoc* a révisé la Résolution AP(81)5 sur les mesures techniques et de protection individuelle pour prévenir l'exposition des travailleurs aux poussières d'amiante. Ce travail de révision a fini par l'adoption par le Comité des Ministres, le 6 octobre 2000, de la Résolution AP(2000)2 sur la prévention des risques dérivés de l'exposition des travailleurs aux poussières d'amiante.

2. Réadaptation et intégration des personnes handicapées

Comité pour la réadaptation et l'intégration des personnes handicapées (CD-P-RR)

L'Accord partiel dans le domaine social et de la santé publique a été conclu en 1959 pour œuvrer en faveur de la protection et de la promotion de la santé des consommateurs, de la prévention des accidents et des maladies industrielles, et de l'intégration des personnes handicapées.

Dix-huit Etats membres ont actuellement ratifié l'Accord partiel. De plus, sept Etats observateurs, notamment le Canada (depuis 1988), participent aux activités du Comité pour la réadaptation et l'intégration des personnes handicapées (CD-P-RR). Les grandes organisations gouvernementales internationales y participent en qualité d'observateurs. L'ensemble des organes subordonnés coopèrent avec un large éventail d'ONG européennes, notamment les partenaires *c. Pharmaceutical questions*

The activities on this topic are intended to improve the rational use of medicines, dealing with the harmonisation of regulations, which is based on a regular exchange of information in several fields: consolidated annual list of new molecules or NTI, pharmaco-vigilance, generic medicines, vitamin products, importation of unregistered medicines, pharmacists' role in the choice, use, validation and vigilance of medical devices, clinical pharmacy, new information technologies applied to pharmacy, and on the development of national legislation and practices concerning pharmaceutical monitoring and good manufacturing practices. Moreover, the study and the preparation of a European regulation concerning the selling of medicines by Internet are envisaged.

In the framework of the review of the appendices of the Resolution AP (2000) 1, the annual edition of the classification of medicines that are obtainable only on medical prescription was published. This publication set out, on the one hand, an alphabetical list of active principles and their anatomical-therapeutic-chemical classification and, on the other hand, recommendations on their classification as regards the renewal of medical prescription.

d. Cosmetic products

The elaboration of toxicological guidelines defining the criteria for testing the safety in use of ingredients is the main aim of the working sector. A comparative study on borderline products was carried out, resulting in a book published in 2000 with the title of "Cosmetic products – Borderline situations."

In 2001 a study on plants and plant preparations used as ingredients for cosmetic products was published. Study on active principles used in cosmetics, adverse reactions to cosmetics, advertising and claims of cosmetics, essential oils from plants used as ingredients for cosmetics and study of risks arising from the use of permanent make-up and tattooing products are presently carried out.

e. Health protection against dangers of asbestos

An ad hoc group revised Resolution AP (81) 5 on technical and personal protective measures for the prevention of workers to asbestos dust. The revised resolution would be submitted for adoption in 2000. This task of revision ended with the adoption by the Committee of Ministers, the 6 October 2000, of the Resolution AP (2000) 2 on the prevention of asbestos-induced health risks for workers.

2. Rehabilitation and integration of people with disabilities

Committee on the Rehabilitation and Integration of People with disabilities

The Partial Agreement in the Social and Public Health Field was concluded in 1959 to work for the protection and promotion of consumer health, the prevention of industrial accidents and diseases and the integration of people with disabilities.

It has presently 18 member States. In addition, 7 observer States, including Canada, participate in the activities of the Committee on the Rehabilitation and Integration of People with disabilities (CD-P-RR). Major international governmental organisations take part as observers. All the subordinate bodies co-operate with a wide range of European NGOs, including the social partners as well as organisations of and for people with disabilities.

It aims, inter alia, at integrating people with disabilities into the community: defining and contributing to the implementation at European level of a model coherent policy for people sociaux et les organisations composées de personnes handicapées et œuvrant en faveur de celles-ci.

Il vise notamment à intégrer les personnes handicapées dans la société : définir et favoriser la mise en œuvre au niveau européen d'une politique cohérente modèle destinée aux personnes handicapées qui prenne en considération simultanément les principes de citoyenneté à part entière et de vie indépendante et contribue à éliminer les obstacles à l'intégration, quelle que soit leur nature.

Le Comité CD-P-RR vise à renforcer la dignité humaine en garantissant l'indépendance et la citoyenneté à part entière des personnes handicapées. Il a élaboré des principes généraux pour la réadaptation et l'intégration des personnes handicapées, qui sont consacrés dans la Recommandation n° R (92) 6 relative à une politique cohérente pour les personnes handicapées, adoptée par le Comité des Ministres de l'ensemble des Etats membres du Conseil de l'Europe en avril 1992. Cette recommandation, disponible dans la plupart des langues européennes, y compris celles d'Europe centrale et orientale, comporte un programme modèle pour une politique cohérente. Elle recommande aux gouvernements de tous les Etats membres d'élaborer une politique globale et coordonnée au niveau national tenant compte de toutes les étapes successives du processus d'intégration et de tous les domaines de la vie sociale comme la prévention, le diagnostic, le traitement, l'éducation, la formation professionnelle, l'emploi, l'intégration sociale, la protection sociale, l'information et la recherche. Cette recommandation a défini des points de référence, que ce soit au niveau national ou international, ce qui a incité les Etats membres à modifier sur bien des points leur législation.

En 2001, le Comité a approuvé un projet de résolution ainsi que des rapports, et a passé en revue ses activités dans les domaines suivants :

a. Accessibilité

La Résolution AP(2001)1 sur l'introduction des principes de conception universelle dans les programmes de formation de l'ensemble des professions travaillant dans le domaine de l'environnement bâti a été adoptée par le Comité des Ministres le 15 février 2001. Elle vise à améliorer l'accessibilité pour toute personne en élaborant des formations et des cours dans un esprit volontariste à l'intention de toutes les professions travaillant dans le domaine de l'environnement bâti, notamment les ingénieurs, les architectes et les urbanistes.

b. Voyages en avion

Le Comité a examiné les problèmes des personnes handicapées voyageant en avion.

c. Evaluation du handicap

Les conclusions du Groupe de travail sur l'évaluation des critères individuels régissant l'octroi d'allocations et d'aides personnelles aux personnes handicapées ont été présentées au 7ème Congrès européen de recherche en réadaptation, Madrid, avril 2001.

La publication de l'analyse comparative « Evaluation du handicap en Europe : similitudes et différences » était en cours de préparation. Ce rapport sur des méthodes d'évaluation du handicap passe en revue les différents critères régissant l'octroi de prestations aux personnes handicapées dans vingt-deux Etats membres du Conseil de l'Europe. Quatre grandes approches d'évaluation ont été recensées et examinées : les méthodes fondées sur des barèmes ; l'évaluation axée sur les besoins d'assistance ; la détermination des capacités fonctionnelles ; ou l'estimation des pertes économiques. Le rapport décrit aussi le rôle des équipes multidisciplinaires dans la détermination de l'octroi d'allocations et d'aides personnelles, notamment dans l'évaluation du potentiel de (ré)adaptation et de (ré)intégration sociale et professionnelle de la personne (« réadaptation avant la retraite »). Pour faciliter la participation active des personnes handicapées à la vie de la société, le rapport encourage la communication transfrontalière et l'harmonisation des méthodes d'évaluation du handicap en Europe.

with disabilities, which takes into account, simultaneously, the principles of full citizenship and independent living; contribution to eliminate barriers to integration, whatever their nature.

The Committee on the Rehabilitation and Integration of People with disabilities (CD-P-RR) aims at enhancing human dignity by guaranteeing independence and full citizenship to persons with disabilities. It has drawn up the general policy principles for the rehabilitation and integration of people with disabilities, which are enshrined in Recommendation No. R (92) 6 on a coherent policy for people with disabilities, adopted by the Committee of Ministers of all member States of the Council of Europe in April 1992. This Recommendation, which is available in most European languages, including those of central and eastern Europe, contains a model programme for a coherent policy. It recommends to governments of all member states to develop comprehensive and co-ordinated national disability policies taking account of all successive stages in the integration process and all areas of community life, such as prevention, diagnosis, treatment, education, vocational training, employment, social integration, social protection, information and research. This Recommendation has set benchmarks both nationally and internationally, thus prompting numerous amendments to legislation in member States.

In 2001, the Committee approved a draft resolution as well as several reports, and reviewed its activities in the following areas:

a. Accessibility

The Resolution AP (2001) 1 on the introduction of the principles of universal design into the curricula of all occupations working on the built environment was adopted by the Committee of Ministers on 15 February 2001. It aims at improving accessibility for everybody by pro-actively developing training and education of all occupations working on the built environment, in particular engineers, architects and town planners.

b. Air Travel

The Committee examined the situation of persons with disabilities travelling by air.

c. Assessment of Disability

The findings of the Working Group on the assessment of person-related criteria for allowances and personal assistance for people with disabilities were presented at the 7th European Congress of Research in Rehabilitation, Madrid, April 2001.

The publication of the comparative analysis "Assessing disability in Europe – similarities and differences" was being prepared. This study of disability assessment methods analyses the various criteria governing the granting of benefits for people with disabilities in 22 Council of Europe member states. Four basic approaches to assessment have been identified and examined: Barema methods; care needs assessment; functional capacity determination; or economic loss estimation. The report also describes the role of multidisciplinary teams in determining the allocation of allowances and personal assistance and, more particularly, in evaluating the person's potential for professional and social (re)habilitation and (re)integration ("rehabilitation before pension"). To facilitate active participation of people with disabilities in the life of the community the report promotes more cross-border communication and further harmonisation of disability assessment methods in Europe.

d. Activités d'assistance

Les programmes d'assistance élaborés sur mesure pour les pays d'Europe centrale et orientale mettent l'accent sur les points suivants :

- réforme de la législation, formulation de critères précis pour définir les divers handicaps et mise en œuvre d'une politique globale d'intégration des personnes handicapées ;
- aide offerte aux pays intéressés pour leur permettre d'acquérir les capacités administratives, techniques, scientifiques indépendantes nécessaires afin de mettre en place des centres de réadaptation, notamment des centres pour la fabrication, l'assemblage et la pose de prothèses et d'orthèses ;
- encouragement des personnes handicapées à devenir indépendantes à l'école, à domicile et au sein de la société.

e. Implants cochléaires

Le rapport sur « Les implants cochléaires chez les enfants sourds » a été publié en mai 2001. Il donne un aperçu de la politique et de la pratique actuelles dans dix pays européens et analyse les conséquences psychologiques et psychosociales de la pose d'implants cochléaires dans l'oreille d'enfants sourds. Il conclut qu'une (ré)adaptation intensive est nécessaire pour garantir le succès de l'opération et que l'utilisation d'implants cochléaires doit être associée à l'apprentissage d'une langue des signes.

f. Vie en société

Un Groupe de spécialistes sur la vie sociale des personnes handicapées nécessitant une assistance renforcée étudie actuellement les différents systèmes d'aide et de prise en charge existants, analyse les obstacles à la pleine participation des personnes handicapées à la vie de la société et ceux qui la favorisent afin de proposer des instruments, mesures et actions appropriés permettant de les optimiser.

g. Rapport sur la législation

Le rapport « Intégration des personnes handicapées : politique et législation », un recueil de textes législatifs décrivant les situations nationales actuelles, aide à faire le point sur les acquis et les lacunes des politiques nationales d'intégration. Il est donc un complément indispensable à la Recommandation n° R(92)6 relative à une politique cohérente. La publication de ce rapport est en cours de préparation.

h. Conférences ministérielles

La première Conférence ministérielle des ministres responsables des politiques d'intégration des personnes handicapées s'est réunie sur le thème « Mener une vie indépendante quand on est handicapé » les 7 et 8 novembre 1991 à Paris.

La deuxième Conférence, qui a pour thème « Améliorer la qualité de vie des personnes handicapées : poursuivre une politique cohérente pour et par une pleine et entière participation » aura lieu les 7 et 8 mai 2003 à Malaga en Espagne. Les sous-thèmes seront :

1. Promouvoir la citoyenneté et la pleine et entière participation en élaborant une politique et des dispositions juridiques visant à assurer l'égalité des chances des personnes handicapées, et
2. Développer dans les services fournis des approches novatrices destinées à répondre aux besoins de la personne handicapée en tant que consommateur. De plus, il est proposé de présenter conjointement une étude critique de la mise en œuvre de la Recommandation n° R(92)6, et des propositions pour encourager l'intégration des femmes handicapées et celle des personnes qui en raison de leur handicap ont besoin d'une assistance renforcée.

Les ministres de l'ensemble des Etats membres et observateurs du Conseil de l'Europe seront invités à assister à cette conférence.

i. Nouvelles technologies

Le 24 octobre 2001, le Comité des Ministres a adopté la Résolution AP (2001) 3 « Vers une *d. Assistance Activities*

Tailor-made assistance programmes for Central and Eastern European countries put emphasis on:

- reform of legislation, formulation of precise criteria for the definition of various disabilities, and implementation of a comprehensive policy for integration of people with disabilities;
- helping the countries concerned to acquire the independent scientific, technological and administrative capacity needed to develop rehabilitation centres, including centres for the manufacture, assembly and fitting of prostheses and orthoses;
- helping people with disabilities to become independent at school, at home and in the community.

e. Cochlear Implants

The Report "Cochlear implants in deaf children" was published in May 2001. It provides an overview of the current policy and practice in 10 European countries and analyses the psychological and psychosocial consequences of cochlear implantations in deaf children. It concludes that intensive (re)habilitation is needed to guarantee a successful outcome and the use of cochlear implants should be combined with the learning of a sign language.

f. Community Living

A Group of specialists on community living for people with disabilities in need of a high level of support is currently studying the different care and support systems in operation, analysing obstacles to and facilitators of full participation of people with disabilities in the life of the community, with a view to proposing appropriate instruments, measures and actions to optimise them.

g. Legislation Report

The Report "Integration of people with disabilities: policy and legislation", a compendium of legislative texts describing current national situations, helps to identify achievements as well as shortcomings of national integration policies. It is thus an indispensable complement to the Recommendation No R (92) 6 on a coherent policy. The publication of the report was being prepared.

h. Ministerial Conferences

The First European Conference of Ministers responsible for Integration Policies for People with Disabilities "Independent living for people with disabilities" took place in Paris, 7-8 November 1991.

The Second European Conference of Ministers responsible for Integration Policies for People with Disabilities "Improving the quality of life of people with disabilities: enhancing a coherent policy for and through full participation" will take place in Malaga, Spain, 7-8 May 2003. Sub-themes will be:

1. Promoting citizenship and full participation by developing effective legal and policy provisions to ensure equality of opportunities for people with disabilities, and
2. Developing innovative approaches in services, intended to meet the needs of people with disabilities as consumers. Furthermore, it is proposed to include a critical study of the implementation of Recommendation No. R (92) 6 and proposals to enhance the integration of women with disabilities and that of people with disabilities in need of a high level of support as cross-cut issues. Ministers from all member and observer States of the Council of Europe will be invited to attend that Conference.

i. New technologies

On 24 October 2001, the Committee of Ministers adopted Resolution AP (2001) 3 "Towards pleine citoyenneté des personnes handicapées grâce à de nouvelles technologies intégratives », a examiné le rapport explicatif, et autorisé sa publication. La résolution recommande l'élaboration de stratégies nationales pour veiller à ce que les personnes handicapées bénéficient des nombreuses opportunités offertes par les nouvelles technologies, notamment dans les domaines prioritaires que sont l'éducation, la formation professionnelle, l'emploi, l'intégration sociale, l'environnement, la prévention, l'identification, le diagnostic, la réadaptation médicale et les systèmes d'assistance électronique. L'ensemble des produits et services destinés aux personnes handicapées doit tenir compte des principes suivants: disponibilité, accessibilité, coût abordable, sensibilisation aux besoins, adéquation, attrait, adaptabilité, possibilités d'utilisation et compatibilité. A cette fin, un ensemble coordonné de mesures doit être élaboré pour appliquer les instruments suivants: législation et réglementation, conception universelle, participation des usagers, standardisation, centres d'excellence, politiques d'achats publics, évaluation, échanges internationaux d'informations et suivi à l'échelle internationale.

Le rapport « L'impact des nouvelles technologies sur la qualité de vie des personnes handicapées » a été adopté par le Comité qui a autorisé sa publication.

j. Prévention

Un comité d'experts étudie actuellement les modalités de prévention des handicaps causés par les maladies chroniques.

k. Langues des signes

Le Comité a préparé un avis sur la Recommandation 1492 (2001) de l'Assemblée Parlementaire sur les droits des minorités nationales, en particulier sur l'article 12.xiii relatif aux langues des signes.

l. Violence

Un rapport intitulé « Protection des adultes et des enfants handicapés contre les abus » a été adopté et sa publication autorisée. Il vise à faire ressortir l'étendue et la nature de ces mauvais traitements et à permettre que les personnes handicapées soient protégées contre les sévices délibérés et/ou les agressions évitables du moins dans la même mesure que les autres personnes et, sur les points où elles sont particulièrement vulnérables, à favoriser l'adoption de mesures complémentaires pour assurer leur sécurité.

m. Femmes

Un groupe de spécialistes recense et analyse actuellement les facteurs de discrimination a l'égard des femmes handicapées afin de proposer des instruments, mesures et actions appropries permettant d'assurer l'égalité des chances des femmes handicapées.

IV. Secrétariat de l'Accord partiel Groupe Pompidou

Créé en 1971, le Groupe Pompidou est depuis 1980 un Accord partiel au sein du Conseil de l'Europe et réuni actuellement 34 pays. Sa mission est de promouvoir et de soutenir, dans un contexte paneuropéen, l'élaboration et la mise en œuvre des politiques et des programmes nationaux et de renforcer la coopération internationale en adoptant une approche multidisciplinaire pour combattre les problèmes liés aux drogues illicites.

L'amélioration de l'épidémiologie de l'abus de drogues et le développement de méthodologies de collecte de données est un des objectifs depuis plusieurs années. Parmi les résultats obtenus figurent :

- la collecte annuelle de données clés par un réseau de 30 villes (un rapport de synthèse pour la période 1992-1997 a été publié en 2000) ;
- développement et test d'un formulaire de sortie de traitement pour les patients en traitement ; une étude sur l'usage de drogues en milieu carcéral ;
- le soutien des études ESPAD de 1995 et 1999 (enquêtes en milieu scolaire sur base

full citizenship of persons with disabilities through inclusive new technologies", examined the explanatory memorandum thereto, and authorised its publication. The Resolution recommends drawing up national strategies to ensure that persons with disabilities benefit from the manifold opportunities of new technologies, particularly in the priority policy areas education, vocational training, employment, social integration, environment, prevention, identification and diagnosis, medical rehabilitation and electronic government. All products and services for people with disabilities should take account of the following principles: availability, accessibility, affordability, awareness, appropriateness, attractiveness, adaptability, usability and compatibility. To that end, a co-ordinated set of measures should be developed, applying the following instruments: legislation and regulations, design for all, user involvement, standardisation, centres of excellence, public procurement policies, evaluation, international exchange of information and international follow-up.

The report "The impact of new technologies on the quality of life of persons with disabilities" was adopted by the Committee and its publication authorised.

j. Prevention

The prevention of disabilities linked to chronic diseases was being studied.

k. Sign Languages

The Committee prepared an opinion on Parliamentary Assembly Recommendation 1492(2001) on the Rights of National Minorities, in particular paragraph 12.xiii on sign languages.

l. Violence

The report "Safeguarding adults and children with disabilities against abuse" was adopted and its publication authorised. It aims to make visible the extent and nature of such abuse and to ensure that people with disabilities are safeguarded against deliberate and/or avoidable harm at least to the same extent as other citizens and that where they are especially vulnerable additional measures are put in place to assure their safety.

m. Women

A Group of specialists is currently identifying and analysing factors causing discrimination against women with disabilities, with a view to proposing appropriate instruments, measures and actions to achieve equality of opportunity for women with disabilities.

IV. Secretariat of the Partial Agreement Group Pompidou

Created in 1971, the Pompidou Group was incorporated into the Council of Europe in 1980 in a Partial Agreement which unites 34 countries. Its role is to empower and support, in a pan-European context, the development and the implementation of national policies and programmes and to strengthen international co-operation in adopting a multi-disciplinary approach to combat the problems linked to illicit drugs.

The improvement of the epidemiology of drug abuse and the development of methods for the data collection has been, for many years, one of the Group's objectives. Among the results obtained:

– the annual collection of key data by a network of 30 cities (a summary report for the period 1992-1997 was published in 2000);

– development and testing of an exit from treatment form for clients in drug treatment units; a study on drug use in prison;

comparable dans respectivement 25 et 30 pays) basées sur une méthodologie élaborée par le groupe ;
- des programmes de formation et d'assistance pour la création de systèmes de collecte régulière de données et l'initiation de recherches qualitatives en Europe centrale et orientale, notamment le réseau multi-villes russe.

Le groupe d'experts en épidémiologie a lancé un nouveau projet consacré à la surveillance pluridisciplinaire en matière de drogues au niveau local qui s'attachera à proposer des outils d'aide à la décision pour permettre aux responsables politiques locaux ne disposant pas de collecte systématique de données de mieux adapter leur stratégie globale d'intervention.

Une réunion du Réseau méditerranéen auquel s'associent la plupart des pays non-Européens de la région, s'est tenue en mai à Malte. Dans un premier temps, des enquêtes-pilote en milieu scolaire sur la consommation d'alcool, de drogues et de tabac seront lancées auprès des jeunes de 15-16 ans dans trois pays non-européens. Une coopération avec le Programme des Nations Unies pour le contrôle international des drogues a été établie afin d'évaluer la situation et d'identifier les réseaux d'information dans la partie non-européenne de cette région.

En matière de réduction de la demande, les préoccupations principales sont le ciblage et la qualité des services, la coordination multi-sectorielle et l'élaboration de matériels techniques spécifiques. Une attention particulière est portée aux questions d'éthique et de déontologie posées par le travail auprès des toxicomanes et un groupe spécifique d'experts a été créé pour se pencher sur ces aspects.

Le Manuel de prévention du Groupe Pompidou est maintenant disponible en treize langues dont le russe et la traduction pour une utilisation en Bosnie-Herzégovine est en cours. Une évaluation du manuel a été démarrée.

Un séminaire s'est tenu en octobre sur le développement et l'amélioration des programmes de substitution qui a permis de démontré que de tels programmes sont maintenant bien acceptés en tant que forme légitime de traitement dans la plupart des pays d'Europe et que de nombreuses études scientifiques ont étudié leurs avantages et leurs inconvénients. Les conclusions contiennent des propositions sur des thèmes de recherche, telle que l'amélioration de la qualité à travers la formation, l'information et le suivi des programmes, telle qu'une meilleure prise en compte dans l'ensemble des politiques de soins pour renforcer la sensibilisation tant du monde politique, du grand public que du milieu professionnel.

Des séminaires sur la réduction de la demande ont été organisés en Fédération de Russie (prévention pour les scolaires), en Azerbaïdjan (modalités de traitement) et en Arménie (programmes de prévention). Une mission d'évaluation des besoins a été menée au Monténégro en décembre pour répondre à une demande de mise en place d'un dispositif de soins pour les toxicomanes incarcérés.

La deuxième phase du programme de formation pour des professionnels travaillant dans la réduction de la demande dans 12 pays d'Europe centrale et orientale est sur le point d'être achevée. Celui-ci visait à soutenir les activités de formation nationale à long terme par l'élaboration de programmes et de matériels de formation. En septembre 2001 s'est tenue à Strasbourg, une réunion des responsables de projet des équipes nationales et des consultants internationaux qui a permis de vérifier les supports pédagogiques et le contenu didactique conçus par les acteurs du programme et de définir les règles en matière de publication.

Aspects législatifs, pénaux, de régulation et de contrôle

Une réunion s'est déroulée en janvier 2001 portant sur « l'usage raisonné de benzodiazépines » dont les discussions ont porté sur les aspects sociologiques et réglementaires de la prescription de benzodiazépines, les modes de consommation et les mesures à prendre pour réduire la demande et

- support for the 1995 and 1999 ESPAD surveys (comparable school surveys from respectively 25 and 30 countries) based on a methodology prepared by the Group;
- training and assistance programmes to create routine data collection and initiate qualitative research in Central and Eastern Europe, and particularly in the Russian multi-city network.

The group of experts in epidemiology has launched a new project devoted to the inter-disciplinary local monitoring of drug problems, the results of which will assist local policy-makers who do not have access to a systematic collection of data, to be better informed before the decision-making process.

A meeting of the Mediterranean network, an association of the majority of the non-European countries of the region, was held in Malta in May. Primarily, pilot studies are being conducted in schools, in three non-European countries, on the consumption of alcohol, drugs and tobacco with young people of 15-16 years. A co-operation with the United Nations Drug Control Programme was established to evaluate the situation and identify the information networks in the non-European part of this region.

As far as demand reduction is concerned, the principal pre-occupations are the targeting and quality of services, the co-ordination of different sectors and the development of specific technical materials. Particular attention has been paid to ethical and deontological questions raised by the work with drug users and a specific group of experts has been created to study these points.

The Handbook on Prevention of the Pompidou Group is now available in thirteen languages. Currently, it is being translated into Russian as well as for use in Bosnia Herzegovina. An evaluation of the Handbook has begun.

A Seminar was held in October on the development and improvement of substitution programmes which demonstrated that such programmes are now well accepted as a legitimate form of treatment in the majority of European countries and a number of scientific studies have looked at their advantages and shortcomings. The conclusions contain proposals on research subjects, such as, the improvement of quality through training, information and the follow-up of these programmes; and the enhancement of the perception of policy-makers, professionals and the public at large to be more sensitive to these methods of care.

Some seminars on demand reduction were organised in: the Russian Federation (Prevention in Schools); in Azerbaijan (Methods of Treatment) and in Armenia (Prevention Programmes.) A mission to evaluate needs was carried out in Montenegro in December. This was the result of a demand to establish care services for drug users in prison.

The second phase of the training programme for professionals working in demand reduction in twelve Central and Eastern European countries is nearing completion. This programme sought to support the national and long term training activities by the development of training programmes and training material. In September 2001 in Strasbourg, the national team leaders of this project and international consultants met to validate the educational methods and the technical content of the programme and to establish the rules for publishing.

Regulation and control of legislative and penal aspects

A meeting was held in January 2001 on "The Sensible use of Benzodiazepines" where discussion centred on the statutory procedures and sociological aspects of the prescription of benzodiazepines, their methods of consumption, the measures taken to reduce demand and the les effets néfastes de leur consommation abusive. Sur la base des conclusions de cette réunion, un projet de résolution a été présenté à la 44e session de la Commission des Stupéfiants des Nations unies qui l'a adopté. Les Actes de la réunion ont été publiés.

Une conférence conjointe a été organisée avec l'OMS Réseau « *Health in Prisons Project* » à Berne pour se pencher sur la manière dont les prisons gèrent les questions relatives à la toxicomanie et à la délinquance des toxicomanes. La déclaration de consensus est sur le point d'être publiée.

La réunion annuelle de coopération des responsables d'aéroports s'est tenue au Danemark en mai et a de nouveau évoqué le problème du contrôle de l'aviation générale.

Titres des Actes récemment publiés :

Comment calculer le coût social des drogues illicites – Démarches et outils pour l'estimation du coût social lié à la consommation de substances psychotropes – par Pierre Kopp [ISBN 92-871-4733-7].

Missing Pieces – Developing drug information systems in Central and Eastern Europe-Technical reports par Michael Stauffacher, coordinateur, Septembre 2001 (joint PG / UNDCP Project: extension of the Multi-city network to Central and Eastern European Europe) (anglais uniquement).

3e étude multi-villes – évolution des tendances de l'usage de drogues dans les villes européennes au cours des années 90 – par Ruud Bless, coordinateur (août 2001) [ISBN 92-871-4458-3].

V. Banque de développement du Conseil de l'Europe

Créée par le Conseil de l'Europe en 1956 pour aider à résoudre les problèmes des réfugiés, la Banque de développement du Conseil de l'Europe est la plus ancienne des banques multilatérales de développement d'Europe. Tout en restant fidèle à sa mission d'origine d'aide aux réfugiés, aux migrants ainsi que l'aide aux victimes de catastrophes naturelles, la Banque finance aujourd'hui également des projets dans les domaines suivants: création d'emplois, éducation, santé, protection de l'environnement, modernisation rurale, amélioration de la qualité de vie dans les quartiers défavorisés, logements sociaux et réhabilitation du patrimoine historique.

Trois tendances principales ont caractérisé l'activité de la Banque en 2001, notamment le renforcement de la structure financière de la Banque, le redéploiement de l'activité de prêts en faveur des pays en transition et la concentration des financements sur des projets avec une importante valeur sociale ajoutée.

La solidité financière de l'institution s'est accrue suite à la souscription effective de la cinquième augmentation de capital, approuvé en décembre 1999 est devenue effective en mars 2001. L'augmentation du capital, auquel 90% des membres a participé jusqu'à présent, a engendré une augmentation de plus de 60% des fondes propres par rapport au passé, qui ont atteint le niveau de € 4 milliards. En plus, bien qu'il soit légèrement diminué par rapport à l'exercice précédent, le bénéfice net est resté à un très haut niveau et s'est établit à € 88,3 millions.

Parallèlement, les plafonds des principaux ratios financiers ont été révisés à la baisse. Le plafond fixé pour le ratio de *gearing* a été diminué de 6 à 2,5, celui d'endettement de 6 à 4 et celui de portefeuille de 2,5 à 1,5, afin de les aligner sur les meilleurs standards prudentiels internationaux. Les trois principales agences de notation, Fitch Ratings, Moody's et Standard and Poor's ont continué à accorder à la Banque la meilleure notation (AAA), confirmant ainsi la qualité de la structure financière de l'institution.

La Banque s'est également engagée dans une politique de modération volontaire de son harmful effects of benzodiazepine abuse. On the basis of the conclusions of this meeting a Resolution was presented and adopted at the 44th Session of the United Nations Commission on Narcotic Drugs. The proceedings of this meeting have been published.

A joint conference in Bern was organised with the World Health Organisation – "Health in Prisons Project" network – to focus on the way in which prisons manage with drug use and drug offenders. The declaration of consensus is soon to be published.

The annual meeting of co-operation of the airports co-operation Group was held in Denmark in May and again the problems of the control of general aviation were raised.

Titles of proceedings recently published:

Calculating the social cost of illicit drugs – Method and tools for estimating the social cost of the use of psychotropic substances by Pierre KOPP [ISBN 92-871-4734-5].

Missing Pieces – Developing drug information systems in Central and Eastern Europe – Technical reports by Michael STAUFFACHER, co-ordinator, September 2001 (joint PG/UNDCP Project: extension of the Multi-city network to Central and Eastern Europe).

Third Multi-city study: Drug use trends in European cities in the 1990s by Ruud BLESS, co-ordinator [ISBN 92-871-4459-1].

V. Council of Europe Development Bank

Set up by the Council of Europe in 1956 to help solve refugee problems, the Council of Europe Development Bank (CEB) is the oldest of the European multilateral development banks. Today, while remaining faithful to its original role in favour of refugees, migrants and helping those affected by natural disasters, the Bank also finances projects in the fields of job creation, education, health, social housing, improvement of the quality of life in disadvantaged urban areas, environmental protection, rural modernisation and the protection and rehabilitation of the historic heritage.

The CEB's action in 2001 followed three main guidelines: consolidating the Bank's financial structure, redeploying the lending activity in favour of countries in transition and heightening the focus on projects with high social value.

The institution's financial soundness has been strengthened by the completion of the fifth capital increase, launched in December 1999 and come into force in March 2001. The capital increase, to which more than 90% of shareholders have participated to date, brought the level of the CEB's own funds to € 4 billion, a 60% increase with respect to the past. In addition net profits have remained at a high level, standing at € 88.3 million.

At the same time, the main prudential ratios, namely the gearing ratio, the indebtedness ratio and the portfolio ratio, have been reduced to bring them into line with the best international prudential standards. The three major rating agencies, Fitch, Moody's and Standard & Poor's, have continued to award the Bank the best rating (AAA), thus confirming the financial quality of the institution.

Furthermore, the CEB undertook a policy of deliberate limitation of activity growth. After the peak reached in 2000, the CEB decided to avoid a further increase in the volume of loans approved per year. The total amount of loans disbursed also decreased from € 1.75 million in 2000 to € 1.66 billion in 2001.

volume d'activité. Après le sommet atteint en 2001, la Banque a décidé d'éviter une croissance ultérieure du volume des prêts approuvés. Le montant total des fonds décaissés a diminué de € 1,75 milliard en 2000 à € 1,66 milliard en 2001.

Toutes ces mesures ont créé la base pour un substantiel redéploiement des activités en faveur des pays en transition. En 2001 26% des projets approuvés dans l'année sont localisés dans cette région. Presque 40% du montant total de € 1 108 millions approuvés pour les pays en transition dès 1995 a été déjà décaissé, dont plus de la moitié pour 2001 seulement. Le Compte Fiduciaire Sélectif (CFS), l'instrument spécifique de la CEB pour la bonification de taux d'intérêt, a été utilisé pour 21 projets depuis sa création, pour une contribution totale de € 30 millions. Le CFS a aussi financé trois dons exceptionnels à des fins humanitaires: le premier en faveur des minorités au Kosovo (€ 0,3 millions), le deuxième en faveur des réfugiés dans l' « ex-République yougoslave de Macedoine » (€ 1 million) et le troisième en Bosnie et Herzégovine pour la reconstruction du vieux pont dans la ville de Mostar (1 million de dollars USA). Enfin, en juin 2001, la CEB est devenue partenaire officiel du Pacte de Stabilité pour l'Europe du Sud-Est, région où elle était engagée pour 318 millions d'euros fin 2001.

Un autre trait marquant l'activité de la Banque en 2001 a été l'intensification de sa vocation sociale. Cette tendance s'est manifestée d'un côté par la poursuite d'un effort de mettre à disposition les ressources pour répondre aux situations d'urgences résultant des catastrophes naturelles or écologiques et, d'un autre côté, par un souci d'identification de projets à vocation sociale qui ne trouverait pas autrement les ressources financières nécessaires sur le marché. Les méthodes et les structures pour la sélection et la mise en œuvre des projets ont été renforcé par un recours plus fréquent à l'adoption de stratégies par pays et par secteur afin d'accroître la qualité du processus de préparation des projets, aussi que par la création d'une unité d'évaluation ex post qui deviendra opérationnelle en 2002.

Après les accords signés dans les années précédentes avec la Banque mondiale et la BERD, en 2001 la CEB a finalisé un accord similaire avec la *Nordic Investment Bank,* signé en janvier 2002. La collaboration avec la BEI et avec la Commission européenne dans le domaine du financement des PME dans les pays en transition s'est renforcé.

Au cours de l'exercice 2001 la Banque a approuvé 31 projets concernant 19 pays membres, représentant un montant total de € 1 664 millions. Les projets individuels représentent 41 % du total approuvé, ce qui indique une augmentation significative par rapport à l'année précédente.

La répartition des projets approuvés en 2001 montre une distribution équilibrée entre les différents domaines d'intervention. Les projets relevant des priorités statutaires (aide aux réfugiés et migrants, aide aux victimes des catastrophes naturelles) ont bénéficié de € 269 millions en projets approuvés, représentant 16 % du montant total. La plus large partie des fonds a été mobilisée pour des projets dans le domaine des nouvelles priorités politiques (création et maintien de l'emploi dans les PME, formation professionnelle, logements sociaux, santé et éducation), qui représentent 70 % du total. Les autres domaines d'action, telles que la protection de l'environnement, la modernisation rurale et la protection du patrimoine historique ont atteint 14 % des projets approuvés, pour un montant total de € 246 millions. Les décaissements de la Banque ont totalisé plus que € 1,7 milliards, par rapport au montant de 2000 qui s'est établi à € 1,9 milliards. Plus d'un tiers du total a concerné des projets approuvés dans l'année. Au total, 57 projets ont été financés à travers le décaissement de 75 tranches.

Au 31 décembre 2001, l'encours des prêts s'élevait à € 8,6 milliards. Le portefeuille de 119 projets en attente de financement représente un montant de € 3,3 milliards, dont 2,6 milliards engagés.

La distribution des projets approuvés et des prêts décaissés par pays et par domaine d'intervention est présenté en détail dans le tableau ci dessus :

All those measures have laid the basis for a significant redeployment of activities in favour of the transition countries. In 2001, 26% of the projects approved are located in those countries. Almost 40% of the overall amount of € 1.108 billion approved for countries in transition since 1995 has already been disbursed, of which more than half in 2001 alone. The Selective Trust Account (STA), the CEB's specific instrument for providing interest rates subsidies, has been used for 21 projects since its creation, totalling over € 30 million. STA funds have also provided the resources for three exceptional donations for humanitarian purposes: one in favour of minorities in Kosovo (€ 0,3 million), another in favour of refugees in "The former Yugoslav Republic of Macedonia" (€ 1million) and a third in Bosnia and Herzegovina for the reconstruction of the old bridge in Mostar (1 million US dollars). Finally, the CEB became an official partner of the Stability Pact for South Eastern Europe in June 2001, to which it has committed € 318 million at the end of 2001.

Another trend of relevance in 2001 was the enhancement of the CEB's social vocation. On one hand the Bank continued to ensure funding for emergency responses to situations produced by natural or ecological disasters. On the other hand there has been a renewed effort to seek out projects supporting social initiatives that would not otherwise find the necessary resources on the market. The CEB also strengthened its methods and structures for project selection and implementation, by recurring more frequently to the adoption of "sector and country strategies" to shape up the preparation of projects and by setting up an ex post evaluation unit which will become operational in 2002.

After the agreements concluded in previous years with the World Bank and the EBRD, in 2001 the CEB finalised a cooperation arrangement with the Nordic Investment Bank, signed in January 2002. The collaboration with the EIB and with the European Commission in the field of financing SME's development in transition countries has been stepped up.

Overall, in 2001 the Bank approved 31 projects spread over 19 countries, representing a total of € 1.664 billion. Individual projects represent 41% of the total approved with a substantial increase against the previous year.

The breakdown of projects approved in 2001 shows a balanced distribution among the various sectors of activity. Projects corresponding to statutory priorities (aid to refugees and migrants, aid to victims of natural disasters) received € 269 million of loans approved, representing 16% of the total amount. The largest share of funds was earmarked for projects in the field of new political priorities (job creation and preservation in SMEs, vocational training, social housing, health and education), which accounted for 70% of the total. Other fields of action, such as protection of the environment, rural modernisation and protection of historic heritage made up 14% of the projects approved, for a total of € 246 million. CEB' disbursements totalled over € 1.7 billion, compared to nearly € 1.9 billion in 2000. In all, 57 projects received financing through the disbursements of 75 instalments.

As at 31 December 2001, loans outstanding totalled € 8.6 billion. The portfolio of the 119 projects awaiting financing represents an amount of € 3.3 billion, € 2.6 billion of which is already committed.

The distribution of projects approved and loans disbursed by country and sector is presented in detail in the table below:

Activité par pays et par domaine d'intervention, en 2001 et de 1997 à 2001 en millions d'euros

	Projets approuvés				Prets décaissés			
	Année 2001		Total 1997-2001		Année 2001		Total 1997-2001	
	Montant	%	Montant	%		%		%
ALBANIE	6	0,4	6	0,1	-	-	-	-
Allemagne	215	12,9	2 095	20,9	204	11,6	1 488	20,6
Belgique	-	-	294	2,9	30	1,7	188	2,6
Bosnie et Herzégovine (non membre)	-	-	1	<0,1	-	-	5	0,1
Bulgarie	5	0,3	24	0,2	2	0,1	10	0,1
Chypre	73	4,4	170	1,7	49	2,8	200	2,8
Croatie	9	0,6	111	1,1	15	0,8	40	0,5
Espagne	48	2,9	1 976	19,7	259	14,8	1 702	23,5
Estonie	-	-	10	0,1	2	0,1	2	<0,1
Finlande	250	15,0	500	5,0	168	9,6	316	4,4
France	200	12,0	1 255	12,5	200	11,4	1 027	14,2
Grèce	-	-	330	3,3	96	5,5	475	6,6
Hongrie	60	3,6	190	1,9	27	1,5	84	1,2
Islande	-	-	45	0,5	12	0,7	25	0,3
Italie	109	6,6	1 432	14,3	253	14,5	648	9,0
« ex-République yougoslave de Macédoine »	-	-	20	0,2	-	-	5	0,1
Lettonie	19	1,1	19	0,2	-	-	-	-
Lituanie	3	0,2	5	0,1	1	0,1	6	0,1
Malte	-	-	54	0,5	17	1,0	34	0,5
Norvège	123	7,4	123	1,2				
Pologne	166	10,0	308	3,1	127	7,3	200	2,8
Portugal	50	3,0	216	2,2	5	0,3	82	1,1
République Slovaque	3	0,2	41	0,4	27	1,5	50	0,7
République Tchèque	-	-	1	<0,1	-	-	-	-
Roumanie	71	4,3	134	1,3	-	-	1	<0,1
Saint-Marin	-		19	0,2	10	0,6	16	0,2
Slovénie	14	0,9	74	0,7	22	1,3	38	0,5
Suède	-	-	58	0,6	27	1,5	27	0,4
Turquie	240	14,4	503	5,0	196	11,2	567	7,8
TOTAL	1 664	100,0	10013	100,0	1 749	100,0	7 233	100,0
	Montant	%	Montant	%	Montant	%	Montant	%
Priorités statutaires								
Aide aux réfugiés et migrants	-	-	96	1,0	12	0,7	63	0,9
Aide aux régions frappées par des catastrophes naturelles ou écologiques	269	16,2	1 842	18,4	447	25,5	1 139	15,8
Nouvelles priorités								
Création d'emplois dans les PME	42	2,5	1 256	12,5	200	11,5	1 186	16,4
Formation professionnelle	-	-	223	2,2	418	23,9	102	1,4
Logement social	781	47,0	2 010	20,1	150	8,6	1 400	19,4
Santé	128	7,7	1 292	12,9	279	16,0	721	10,0
Éducation	187	11,3	1 050	10,5	116	6,6	813	11,2
Amélioration de la qualité de vie en milieu urbain défavorisé	9	0,5	398	4,0	200	11,5	265	3,7
Autres domaines d'intervention								
Protection de l'environnement	97	5,8	1 390	13,9	72	4,1	1 123	15,5
Modernisation rurale	133	8,0	355	3,5	28	1,6	275	3,8
Protection du patrimoine historique	16	0,9	101	1,0	12	0,7	48	0,7
Création d'infrastructure					15	0,8	98	1,4
TOTAL	1664	100,0	10 013	100,0	1 749	100	7 233	100,0

Projects approved and loans disbursed by country and by sector in 2001 and from 1997 to 2001 in million euros

	Projets approved				Loans disbursed			
	2001		Total 1997-2001		2001		Total 1997-2001	
COUNTRY	Amount	%	Amount	%	Amount	%	Amount	%
Albania	6	0.4	6	0.1	-	-	-	-
Belgium	-	-	294	2.9	30	1.7	188	2.6
Bosnia and Herzegovina* **Non-member state*	-	-	1	< 0.1	-	-	5	0.1
Bulgaria	5	0.3	24	0.2	2	0.1	10	0.1
Cyprus	73	4.4	170	1.7	15	0.8	40	0.5
Croatia	9	0.6	111	1.1	49	2.8	200	2.8
Czech Republic	-		1	< 0.1	-	-	-	-
Estonia	-	-	10	0.1	2	0.1	2	< 0.1
Finland	250	15.0	500	5.0	168	9.6	316	4.4
France	200	12.0	1 255	12.5	200	11.4	1 027	14.2
Germany	215	12.9	2 095	20.9	204	11.6	1 488	20.6
Greece	-	-	330	3.3	96	5.5	475	6.6
Hungary	60	3.6	190	1.9	27	1.5	84	1.2
Iceland	-	-	45	0.5	12	0.7	25	0.3
Italy	109	6.6	1 432	14.3	253	14.5	648	9.0
Latvia	19	1.1	19	0.2	-	-	-	-
Lithuania	3	0.2	5	0.1	1	0.1	6	0.1
Malta	-	-	54	0.5	17	1.0	34	0.5
Norway	123	7.4	123	1.2	-	-	-	-
Poland	166	10.0	308	3.1	127	7.3	200	2.8
Portugal	50	3.0	216	2.2	5	0.3	82	1.1
Romania	71	4.3	134	1.3	-	-	1	< 0.1
San Marino	-	-	19	0.2	10	0,6	16	0.2
Slovak Republic	3	0.2	41	0.4	27	1.5	50	0.7
Slovenia	14	0.9	74	0.7	22	1.3	38	0.5
Spain	48	2.9	1 976	19.7	259	14.8	1 702	23.5
Sweden	-	-	58	0.6	27	1.5	27	0.4
"The former Yugoslav Republic of Macedonia"	-	-	20	0.2	-	-	5	0.1
Turkey	240	14.4	503	5.0	196	11.2	567	7.8
TOTAL	1 664	100.0	10 013	100.0	1 749	100.0	7 233	100.0
Sector	Amount	%	Amount	%	Amount	%	Amount	%
Statutory priorities								
Aid to refugees and migrants	-	-	96	10	12	0.7	63	0.9
Aid to regions hit by natural or ecological disasters	269	16.2	1842	18.4	447	25.5	1 139	15.8
New priorities								
Job creation in SMEs	42	2.5	1256	12.5	200	11.5	1 186	16.4
Vocational training	-	-	223	2.2			102	1.4
Social housing	781	47.0	2 010	20.1	418	23.9	1 400	19.4
Health	128	7.7	1 292	12.9	150	8.6	721	10.0
Education	187	11.3	1 050	10.5	279	16.0	813	11.2
Improving living conditions in disadvantaged urban areas	9	0.5	398	4.0	116	6.6	265	3.7
Other fields of action								
Protection of the environment	97	5.8	1 390	13.9	72	4.1	1123	15,5
Rural modernisation	133	8.0	355	3.5	28	1.6	275	3,8
Protection of historic heritage	16	0.9	101	1.0	12	0.7	48	0.7
Infrastructure	-	-	-	-	15	0.8	98	1.4
Total	1664	100	10 013	100	1 749	100.0	7 233	100.0

VI. Qualité du médicament

Dans ce domaine, un partenariat a été développé avec l'Union européenne en évitant toute duplication. Deux principales activités ont été développées :

1. la Pharmacopée européenne basée sur une convention internationale qui a été signée par l'Union européenne ; des activités annexes se sont greffées autour du cadre central d'élaboration des normes harmonisées de la Pharmacopée européenne ;
2. le réseau européen des laboratoires nationaux de contrôle des médicaments basé sur un contrat de collaboration.

1. La Pharmacopée européenne

La Commission européenne de Pharmacopée, créée en 1964, élabore des spécifications et des méthodes de contrôle de la qualité concernant la gamme très diversifiée de substances thérapeutiques d'excipients pour usage humain ou vétérinaire, y compris les préparations pharmaceutiques.

La 4e Édition a été publiée en 2001 et mise en application le 1er janvier 2002 pour une période de cinq ans. La fréquence des mises à jour a été augmentée à 3 suppléments annuels (suivant chaque session de la Commission européenne de pharmacopée). Il faut rappeler que la Pharmacopée européenne comprend des méthodes générales d'analyse (environ 280) ; les prescriptions générales relatives à l'interprétation des textes, des critères de qualité pour les réactifs (800) ; des monographies concernant des substances médicamenteuses, des principes actifs et des excipients, des monographies générales concernant toutes les formes pharmaceutiques, des monographies concernant des préparations radiopharmaceutiques, des produits dérivés du sang, des vaccins à usage humain, des vaccins, des préparations pharmaceutiques et d'autres articles (environ 1 700). Au cours de l'année 2001 a été publié le premier Supplément de la quatrième édition avec mise en application au 1er avril 2002.

Au 31 décembre 2001, avec l'adhésion de la République de Yougoslavie vingt-huit pays participaient aux travaux de la Pharmacopée européenne et en appliquaient directement les spécifications à leurs territoires : l'Autriche, la Belgique, la Bosnie-Herzégovine, la République tchèque, la Croatie, Chypre, le Danemark, la Finlande, « l'ex-République yougoslave de Macédoine », la France, l'Allemagne, la Grèce, la Hongrie, l'Islande, l'Irlande, l'Italie, le Grand Duché du Luxembourg, les Pays-Bas, la Norvège, le Portugal, la Slovaquie, la Slovénie, l'Espagne, la Suède, la Suisse, le Royaume-Uni, la Turquie et la République de Yougoslavie ainsi que la Communauté européenne. La Communauté européenne met en application la Pharmacopée européenne dans ses directives, en particulier 2001/83/CE concernant les médicaments pour usage humain et 2001/82/CE concernant les médicaments pour usage vétérinaire.

Dix-sept pays d'Europe et hors Europe ont le statut d'observateur : l'Albanie, l'Algérie, l'Australie, la Bulgarie, le Canada, la Chine, l'Estonie, la Lettonie, la Lituanie, la Malaisie, Malte, le Maroc, la Pologne, la Syrie, la Roumanie, la Tunisie, l'Ukraine ainsi que l'OMS (Organisation mondiale de la santé).

Les activités de la Pharmacopée s'étendent parallèlement aux besoins de ses utilisateurs, c'est-à-dire les autorités d'enregistrement et les industries pharmaceutiques qui produisent les médicaments. En outre la Commission européenne de Pharmacopée a développé son activité de communication par l'organisation de congrès scientifiques ou de séminaires sur les sujets suivants :

- « Certification des produits présentant un risque d'ESB (encéphalopathie spongiforme bovine) », Strasbourg (France), 11 janvier 2001

VI. Quality of medicines

A partnership has been established with the European Union in this area, to avoid any duplication. Two main activities have been developed:

1. The European Pharmacopoeia, based on an international convention, which has been signed by the European Union; related activities have been developed which supplement the central objective, which is the elaboration of harmonised European Pharmacopoeia standards.

2. The European network of Official Medicines Control Laboratories based on a contract for collaboration.

1. The European Pharmacopoeia

The European Pharmacopoeia Commission, created in 1964, elaborates specifications and quality control methods for a very diverse range of therapeutic substances for human and veterinary use, including pharmaceutical preparations.

The 4th Edition was published in 2001 and implemented on 1 January 2002 for a period of five years. The number of new supplements published each year has been increased to three (after each session of the European Pharmacopoeia Commission). It should be noted that the European Pharmacopoeia comprises general methods of analysis (about 280). The general notices on the interpretation of texts, quality criteria for reagents (800); monographs on medicinal substances, active substances and excipients, general monographs on all dosage forms, monographs on radiopharmaceutical preparations, blood products, vaccines for human use, vaccines, pharmaceutical preparations and other articles (about 1700). The first Supplement of the 4th edition was also published in 2001, with an implementation date of 1 April 2002.

On 31 December 2001, with the accession of the Republic of Yugoslavia, twenty-eight countries were participating in the work of the European Pharmacopoeia and directly applying its specifications on their territories: Austria, Belgium, Bosnia and Herzegovina, Croatia, Cyprus, Czech Republic, Denmark, Finland, "the former Yugoslav Republic of Macedonia", France, Germany, Greece, Hungary, Iceland, Ireland, Italy, Luxembourg, Netherlands, Norway, Portugal, Slovakia, Slovenia, Spain, Sweden, Switzerland, United Kingdom Turkey and the Republic of Yugoslavia, as well as the European Community. The European Community implements the European Pharmacopoeia in its Directives, in particular 2001/83/EC for medicines for human use and 2001/82/EC for veterinary medicines.

Seventeen European and non-European countries are observers: Albania, Algeria, Australia, Bulgaria, Canada, China, Estonia, Latvia, Lithuania, Malaysia, Malta, Morocco, Poland, Syria, Rumania, Tunisia, Ukraine as well as WHO (World Health Organization).

The activities of the Pharmacopoeia are growing with the needs of its users, i.e., the licensing authorities and the pharmaceutical industries that produce the medicines. The European Pharmacopoeia Commission reinforced its communication activities by organising international scientific conferences or seminars on the following subjects:

- Conference on "Certification for TSE-risk products (bovine spongiform encephalopathy)", Strasbourg (France), 11 January 2001
- Conference on "Current developments in pharmaceutical analysis ", Cannes Mandelieu (France), 8-9 February 2001
- Symposium on "Pestivirus contamination of bovine sera", Paris (France), 29-30 March 2001
- Conference on "Certification of suitability of monographs of the European Pharmacopoeia. New developments of the procedure – how to apply for a CEP?", Athens (Greece), 8-9 November 2001

- « Evolutions actuelles en matière d'analyse pharmaceutique », Cannes Mandelieu (France), 8-9 février 2001
- Symposium « Contaminations des sérums bovins par le Pestivirus », Paris (France), 29-30 mars 2001
- « Procédure de certification de conformité aux monographies de la Pharmacopée européenne. Nouveaux développements de la procédure – Comment déposer une demande de certificat ? », Athènes (Grèce), 8-9 novembre 2001
- Conférence « Contrôle de qualité des vaccins de la grippe équine », Budapest (Hongrie), 10-11 décembre 2001
- Symposium de travail sur les Impuretés, Strasbourg (France), 19-20 décembre 2001

Le programme de coopération avec la Communauté européenne dans le domaine de la standardisation biologique, mis au point en 1992, a conduit à la mise en place d'études collaboratives internationales destinées à mettre au point des méthodes substitutives à l'utilisation des animaux pour le contrôle des médicaments biologiques. Au cours de l'année 2001 s'est poursuivi le développement d'une vingtaine d'études collaboratives permettant la validation de méthodes immunologiques destinées à remplacer des essais sur les animaux pour des vaccins ou des immunosérums (voir les conférences sur le vaccin de la grippe équine à Budapest et sur la contamination des sérums bovins par les pestivirus et antivirus à Paris). En outre, ont été élaborées de nouvelles préparations biologiques de référence.

En réponse à la globalisation des marchés, la Pharmacopée européenne participe à l'élaboration d'un programme d'harmonisation avec les pharmacopées des États-Unis et du Japon et à la mise en place d'un groupe de travail permanent (PDG : *Pharmacopoeial Discussion Group*). Des réunions régulières se développent en partenariat au Japon, aux Etats-Unis ou au siège de la Pharmacopée européenne. Elles visent à prévoir l'harmonisation notamment des formes pharmaceutiques ainsi que la qualité de certains excipients destinés à la fabrication des médicaments. Au cours de 2001, des accords ont été obtenus sur une dizaine de monographies et de méthodes.

La DEQM participe aux études internationales d'harmonisation développées par l'Union européenne avec les États-Unis et le Japon dans le cadre du cycle de conférences ICH (Conférence internationale d'harmonisation des dossiers d'enregistrement des médicaments humains) et VICH (Conférence internationale d'harmonisation des dossiers d'enregistrement des médicaments vétérinaires).

Certification de conformité à la Pharmacopée européenne

La procédure de certification a été instaurée en 1994 après d'intenses discussions impliquant les autorités d'enregistrement, les autorités de la Pharmacopée européenne et les représentants des associations des industries pharmaceutiques et des industries produisant des principes actifs et des matières premières pour usage pharmaceutique.

Elle a pour but de faciliter et de simplifier les échanges entre les partenaires afin de garantir la qualité des substances et leur conformité à la Pharmacopée européenne.

La procédure permet d'éviter la duplication de travaux non seulement pour les producteurs de matières premières et les fabricants de médicaments (produits finis) lors de la préparation de leurs dossiers d'enregistrement, mais également pour les autorités d'enregistrement et les autorités de Pharmacopée lorsqu'elles évaluent ces dossiers.

En outre, des différences d'approche et d'évaluation de la conformité aux monographies de la Pharmacopée européenne entre les différentes autorités d'enregistrement en Europe sont également évitées, et des communications plus transparentes sont facilitées.

- Conference on "Quality control of equine influenza vaccines", Budapest (Hungary), 10-11 December 2001
- Workshop on Impurities, Strasbourg (France), 19-20 December 2001

The programme for co-operation with the European Community in the area of biological standardisation, set up in 1992, has led to the establishment of international collaborative studies to develop alternatives to the use of animals in the testing of biologicals. During 2001, about 20 collaborative studies were underway to validate immunological methods to replace animal tests for vaccines or immunosera (see the conferences on equine influenza vaccine in Budapest and on pestivirus contamination of bovine sera in Paris). In addition, biological reference preparations were elaborated.

In response to the globalisation of markets, the European Pharmacopoeia participates in a harmonisation programme with the pharmacopoeias of the United States and Japan and a permanent working group (PDG: Pharmacopoeial Discussion Group). Regular meetings were organised jointly in Japan, the United States or on the premises of the European Pharmacopoeia. They are aimed at harmonisation, especially of dosage forms and the quality of certain excipients used to manufacture medicines. In 2001, agreements were obtained on about 10 monographs and methods.

The EDQM participates in the international studies on harmonisation set up by the European Union with the United States and Japan within the framework of the cycle of ICH conferences (International Conference on Harmonisation of licensing dossiers for medicines for human use) and VICH conferences (International Conference on Harmonisation of licensing dossiers for veterinary medicines)

Certification of suitability of the European Pharmacopoeia

The certification procedure was set up in 1994 after intense discussions involving the licensing authorities, the European Pharmacopoeia authorities and the representatives of the associations of the pharmaceutical industries and the industries that manufacture active substances and raw materials for pharmaceutical use.

It is aimed at facilitating and simplifying exchanges between the partners to ensure that the quality of substances is guaranteed and that these substances comply with the European Pharmacopoeia.

The procedure makes it possible to avoid duplication of work not only by manufacturers of raw materials and manufacturers of medicines (finished products) when they prepare licensing dossiers but also by the licensing authorities and Pharmacopoeia authorities when they assess these dossiers.

Differences among the various European licensing authorities in approach and in the assessment of compliance with European Pharmacopoeia monographs are also avoided, and more transparent communications are facilitated.

Enfin, la procédure permet la constante mise à jour des monographies de la Pharmacopée européenne afin de les maintenir au niveau des évolutions observées sur le marché mondial.

Bien que la procédure portât initialement sur des exigences relatives aux principes actifs, il est rapidement apparu qu'elle pourrait également être utile au contrôle de la qualité de certains excipients (ex : contrôle d'impuretés spécifiques liées au procédé de fabrication ; solvants résiduels, etc.).

La procédure de certification a été révisée (AP-CSP-98/2) pour qu'y soient introduites des exigences relatives aux BPF et pour l'adapter au champ d'application de la réglementation révisée de l'UE sur la variation (produits de fermentation et micro-organismes modifiés). Elle a également été récemment révisée (AP-CSP-99/4) pour faciliter la mise en application des directives amendées 715/318/CEE et 81/552/CEE destinées à réduire au minimum le risque de transmission des encéphalopathies spongiformes. Un nombre très important de dossiers a été reçu et instruit conduisant à l'octroie des premiers certificats permettant de garantir la qualité des substances susceptibles de comporter un risque de transmission d'encéphalopathie spongiforme.

La procédure continue de se développer avec beaucoup d'intérêt de la part des utilisateurs. Au cours de l'année 2001, près de 215 nouveaux dossiers pour la qualité générale auront été reçus et 220 dossiers pour la prévention du risque de transmission d'encéphalopathie spongiforme. Environ 100 nouveaux certificats auront été octroyés pour la qualité générale et 190 pour le risque TSE.

2. Réseau européen des Laboratoires officiels de contrôle des médicaments (OMCL)

La création d'un réseau européen des laboratoires de contrôle des médicaments (OMCL) a fait l'objet d'une première discussion en juin 1994 à l'initiative conjointe du Conseil de l'Europe et de la Commission des Communautés européennes. C'est dans le but d'explorer les besoins d'échanges et moyens de mise en place d'un réseau régulier de communication entre les différents partenaires que près de 80 experts, directeurs, chimistes et biologistes des laboratoires officiels de contrôle des médicaments, des représentants des autorités nationales d'enregistrement, des inspections nationales et de la Pharmacopée européenne se sont rencontrés à Strasbourg.

Si la création du réseau européen des OMCL a été favorisée par les besoins et la dynamique de la communauté, qui a mis en application une nouvelle réglementation pour les procédures centralisées relatives à l'autorisation de mise sur le marché de nouveaux médicaments, la conception de ce réseau s'est cependant organisée à l'image de la Pharmacopée européenne sur l'ouverture à une collaboration européenne et internationale la plus large possible.

Il fut ainsi décidé de la création du réseau en 1995 : il est ouvert aux OMCL de l'ensemble des pays parties à la Convention de Pharmacopée européenne et à certains observateurs auprès de la Commission européenne de Pharmacopée. Deux niveaux de collaboration sont organisés :

- le niveau des activités d'intérêt général qui rassemble l'ensemble des pays membres de la Convention et les pays observateurs,
- le niveau plus restreint de l'Espace économique européen.

À ce jour, le réseau se compose donc des OMCL chargés du contrôle des médicaments à usage humain et vétérinaire des pays suivants :

- les pays membres de l'Union européenne et de l'EEE,
- les pays membres de la Convention sur l'élaboration d'une Pharmacopée européenne,
- les pays européens et (certains) non européens observateurs à la Commission européenne de pharmacopée.

Les travaux concernent soit des activités spécifiques aux pays de l'Union européenne ou de

Finally, the procedure allows European Pharmacopoeia monographs to be constantly updated to keep up with new developments in the world market.

Although the procedure was initially focused on requirements in relation to active substances, it soon became apparent that it might also be useful for the quality control of some excipients (e.g. control of specific impurities related to a manufacturing process; residual solvents, etc.).

The certification procedure has been revised (AP-CSP-(98)/2) in order to introduce requirements for GMP and to adapt it to the scope of the revised EU regulation on variation (fermentation products and modified micro-organisms). Recently, it was revised again (AP-CSP-(99)/4) to facilitate the implementation of the amended directives 75/318/EEC and 81/852/EEC to minimise the risk of transmitting spongiform encephalopathies. Very many dossiers have been received and assessed, and this has led to the first certificates being granted to guarantee the quality of products with risk of transmitting agents of spongiform encephalopathies.

The procedure continues to grow and it arouses great interest among users. In 2001, nearly 250 new dossiers were received on general quality and 220 dossiers were received on the prevention of risk of transmitting spongiform encephalopathy. About 100 new certificates were granted on general quality and 190 on TSE risk.

2. European Network of Official Medicines Control Laboratories (OMCLs)

The creation of a European Network of official medicines control laboratories (OMCLs) was first discussed in June 1994 on the initiative of both the Council of Europe and the Commission of the European Communities. A meeting was organised in Strasbourg to bring together nearly 80 experts, directors, chemists and biologists from official medicines control laboratories, and representatives from national licensing authorities, national inspection authorities and the European Pharmacopoeia to investigate the need for exchanges and the means of setting up a regular communication network.

While the creation of the European network of OMCLs was favoured by the needs and impetus of the Community, which has implemented new regulations for centralised procedures for the marketing authorisation of new medicinal products, this network was nevertheless set up in the image of the European Pharmacopoeia, which welcomes European and international collaboration.

It was therefore decided to create the network in 1995: it is open to the OMCLs of all the countries that have signed the European Pharmacopoeia Convention and also to certain observers at the European Pharmacopoeia Commission. There are two levels of collaboration:

- activities of general interest involving all the member states of the Convention and the observer states,
- activities restricted to the European Economic Area.

Today, the network consists of the OMCLs responsible for the quality control of medicines for human and veterinary use in the following countries:

- member states of the European Union and the EEA,
- member states of the Convention on the Elaboration of a European Pharmacopoeia,
- European and certain non-European observer states at the European Pharmacopoeia Commission.

The work involves either activities that are specific to the countries of the European Union l'Espace Économique Européen, soit des activités communes d'intérêt général impliquant tous les membres du réseau.

Activités spécifiques à la CE basées sur la reconnaissance mutuelle des contrôles :

– La procédure de libération des lots de vaccins et dérivés sanguins.

Le procédé de libération des lots est obligatoire dans la plupart des pays et fait l'objet d'une procédure de reconnaissance mutuelle au sein des pays de l'UE et de l'EEE, comme le prévoient l'Article 4.3 de la Directive européenne 89/381/EEC pour les dérivés du sang et l'Article 4.3 de la Directive européenne 89/342/EEC pour les vaccins. Les spécifications communes sont définies dans les dossiers d'enregistrement et dans les monographies de la Pharmacopée européenne. L'objectif principal de la mise en place du réseau des OMCL des pays membres de l'UE et de l'EEE est de permettre la reconnaissance mutuelle des contrôles effectués au niveau national.

À la demande de la Commission des Communautés européennes, la DEQM a pris en charge la coordination de cette procédure qui s'applique avant la commercialisation des produits biologiques.

Des procédures communes ont été élaborées en 2001 :

- Procédure technique relative à l'accord sur une réduction des essais d'activité in vivo par les OMCL lors de la libération des lots.
- Procédure relative à la libération des lots des autorités officielles de contrôle pour les produits médicaux immunologiques et les produits médicaux dérivés du sang ou du plasma humain ayant fait l'objet d'une autorisation centralisée.
- Procédure relative à la mise en application des documents techniques concernant le réseau des autorités officielles de contrôle pour la libération des lots.

Pour les produits du sang et dérivés du plasma, 4 *guidelines* spécifiques d'un produit ont été adoptés, 1 nouveau et 3 révisés. Ces *guidelines* sont disponibles dans un guide publié par la DEQM ainsi que sur le site web de la DEQM.

Pour les vaccins humains, 32 guidelines spécifiques d'un produit ont été adoptés, 15 nouveaux et 17 révisés. Ces guidelines sont disponibles dans un guide publié par la DEQM ainsi que sur le site web de la DEQM.

– L'organisation du contrôle des médicaments ayant fait l'objet d'une Autorisation de mise sur le marché européenne (procédure centralisée).

Depuis 1995 les nouveaux médicaments font l'objet d'une autorisation de mise sur le marché communautaire. L'octroi de cette autorisation communautaire permet ipso facto la commercialisation dans l'ensemble des pays de l'UE et de l'EEE. Une approche coordonnée du contrôle de la qualité sur les différents marchés s'impose en conséquence, en impliquant le réseau des OMCL de l'Union européenne. Des échantillons sont prélevés par les inspecteurs nationaux au niveau des sites de fabrication, des sites de distribution en gros ou au détail, dans les officines ou encore dans les hôpitaux, puis ils sont analysés par le laboratoire de contrôle national.

Un programme spécifique concernant les nouveaux médicaments couverts par la procédure centralisée de l'Union européenne a été mis en place en 1998 et a conduit en 1999 à la signature d'un contrat entre la DEQM (Conseil de l'Europe) et l'Agence européenne d'évaluation des médicaments (EMEA). Ce contrat a pour but de coordonner les activités de contrôle de la qualité des médicaments de ce type ayant été commercialisés.

Un nouvel avenant au contrat existant avec l'Agence européenne d'évaluation du médicament (EMEA) a été signé en décembre 2001 pour poursuivre le programme de coopération en 2002.

Domaines d'activité d'intérêt général :

La réunion plénière annuelle a rassemblé 133 représentants, près de 50 laboratoires nationaux de 30 pays européens. Elle avait pour objectif de présenter :

or the European Economic Area or common general activities concerning all the members of the network.

Specific EC activities based on mutual recognition of testing:

– The batch release procedure for vaccines and blood products.

The batch release process is mandatory in most countries and is the subject of a procedure for mutual recognition in the countries of the EU and the EEA as specified in Article 4.3 of European Directive 89/381/EEC on blood products and Article 4.3 of European Directive 89/342/EEC on vaccines. The common specifications are defined in the licensing dossiers and in the monographs of the European Pharmacopoeia. The establishment of the network of OMCLs is primarily aimed at allowing mutual recognition of national quality control tests in the countries of the EU and the EEA.

As requested by the Commission of the European Communities, the EDQM has taken responsibility for co-ordinating this procedure, which is applied before biological products are marketed. Common procedures were elaborated in 2001:

- Technical procedure for agreement to reduce in vivo potency testing by OMCLs during the batch release procedure.
- Procedure for official control authority batch release of centrally authorised immunological medicinal products and medicinal products derived from human blood and plasma.
- Procedure for implementation of technical documents for the official control authority batch release network.

Blood products and plasma derivatives, 4 product-specific guidelines were adopted, 1 new and 3 revised. These guidelines are available in a booklet published by the EDQM and on the EDQM web site.

Human vaccines, 32 product-specific guidelines were adopted, 15 new and 17 revised. These guidelines are available in a booklet published by the EDQM and on the EDQM web site.

- Organising the testing of medicines that have received a European marketing authorisation (centralised procedure).

European marketing authorisations have been granted for new medicines since 1995. Products that receive such an authorisation can ipso facto be marketed throughout the EU and the EEA. A co-ordinated approach to quality control in the various markets then becomes necessary and involves the OMCL network of the European Union. Samples are collected on manufacturing sites, wholesale and retail distribution sites and in community or hospital pharmacies by national inspectors. The samples are then analysed by the national control laboratory.

A specific programme for new medicines covered by the centralised procedure of the European Union was set up in 1998 and led to the signature of a contract between the EDQM (Council of Europe) and the European Agency for the Evaluation of Medicinal Products (EMEA) in 1999 to co-ordinate quality control activities for such medicines on the market.

An amending clause to this contract with the European agency for the Evaluation of Medicinal Products (EMEA) was signed in December 2001 to continue the program for co-operation in 2002.

Activities of general interest

The annual plenary meeting of the network was attended by 133 representatives, nearly 50 national laboratories, from 30 European countries. The following were presented:

- Les rapports annuels d'activités de chaque laboratoire.
- Les résultats de contrôle après mise sur le marché des médicaments à usage humain et à usage vétérinaire (études « MSS ») et la mise en place d'un plan d'action pour 2001. Ces études collaboratives organisées par la DEQM remplissent un véritable rôle d'indicateur de la qualité des produits du marché pharmaceutique européen.
- Des projets de conférences spécialisées dans le domaine des nouvelles techniques analytiques.
- Des guidelines spécifiques aux activités de contrôle des OMCL.

– *Système général d'assurance qualité*

Un programme d'audits et de visites intra-laboratoires destiné à organiser un échange de savoir-faire entre les différents laboratoires partenaires du réseau a été mis en place. Les visites Audit de 6 laboratoires ont eu lieu en Belgique, Allemagne, France et Chypre.

– *Études collaboratives de surveillance du marché*

Ces études sont effectuées sur des médicaments déjà commercialisés. Afin de pouvoir s'assurer de la comparabilité de ces différents médicaments, des études multilatérales sont mises en place sur une base volontaire des OMC concernés. Elles impliquent également les inspecteurs et les contrôleurs nationaux des différents États.

V. ÉDUCATION, CULTURE ET PATRIMOINE, JEUNESSE ET SPORT

Les activités du Conseil de l'Europe, en particulier dans les domaines de l'éducation, de la culture et du patrimoine culturel, sont définies par la Convention culturelle européenne. Quarante-huit Etats européens y adhèrent[2].

I. EDUCATION SCOLAIRE, EXTRA-SCOLAIRE ET ENSEIGNEMENT SUPERIEUR

CONFÉRENCES MINISTÉRIELLES

La 2e Conférence informelle des Ministres de l'Education de l'Europe du sud-est s'est tenue à Strasbourg, les 19 et 20 novembre 2001, réunissant douze ministres et représentants d'organisations partenaires. Le thème principal a été « Perspectives et obstacles des réformes de l'éducation : de la fuite des cerveaux à la mobilisation des compétences ». La Déclaration finale inclut tant des recommandations concrètes sur des mesures politiques que des orientations pour la coopération régionale à l'avenir.

1. Education à la citoyenneté démocratique (ECD)

L'éducation à la citoyenneté démocratique (ECD) est une approche multidimensionnelle et «globale» qui porte sur les aspects politiques, sociaux, économiques, culturels, environnementaux et éthiques des sociétés démocratiques modernes. En 1997 le projet Education à la citoyenneté démocratique a été mis en place afin de réévaluer le concept de démocratie participative et le

---

2 Les 43 Etats membres du Conseil de l'Europe plus Belarus, Bosnie et Herzégovine, Monaco, Saint-Siège et République Fédérale de Yougoslavie.

- The annual reports of activities of each laboratory.
- The results of tests on marketed medicines for human use and veterinary use (MSS studies) and the implementation of an action plan for 2001. These collaborative studies organised by the EDQM give a real indication of the quality of products on the European pharmaceutical market.
- Projects for specialised conferences in the area of new analytical techniques.
- Specific guidelines for testing by OMCLs.

– *General system for quality assurance*

A program of audits and intra-laboratory visits was set up to exchange know-how between the various partner laboratories in the network. Six laboratories were audited in Belgium, Germany, France and Cyprus.

– *Collaborative market surveillance studies*

These studies are carried out on medicines that are already marketed. They are multilateral and carried out by the OMCLs on a voluntary basis to ensure that the various medicines are comparable. They also involve inspectors and quality control personnel in the various countries.

V. EDUCATION, CULTURE AND HERITAGE, YOUTH AND SPORT

The Council of Europe's activities, in particular in the fields of Education, Culture, and Cultural Heritage, are defined by the European Cultural Convention, to which forty-eight European states have so far acceded[2]

I. SCHOOL, OUT-OF-SCHOOL AND HIGHER EDUCATION

Ministerial Conferences

The second informal conference of Ministers of Education from South-East Europe was held in Strasbourg on 19-20 November, attended by 12 Ministers and partner organisations. The main theme was "Perspectives and obstacles in educational reform: from brain drain to brain gain". The final declaration included both concrete policy recommendations and guidelines for further regional cooperation.

1. Education for democratic citizenship (EDC)

Education for democratic citizenship (EDC) is a comprehensive concept that touches upon the political, social, economic, cultural environmental and ethical aspects of modern democratic societies. In 1997 a project on "Education for democratic citizenship" was implemented to reassess the meaning of participatory democracy and the status of the citizen in democratic

---

[2] The 43 member States of the Council of Europe plus Belarus, Bosnia and Herzegovina, Holy See, Monaco and Federal Republic of Yugoslavia.

rôle du citoyen dans la société démocratique. Le projet, achevé an 2000, a déterminé quelles compétences étaient nécessaires pour une citoyenneté active et responsable et comment ces compétences pouvaient être acquises et transmises par le moyen de différents types de contextes d'enseignement et apprentissage, y compris celui de la famille.

Pour conclure ce premier projet, une recommandation sur l'ECD du Comité des Ministres a été préparée fin 2001. Elle souligne particulièrement que l'ECD devrait être un objectif prioritaire de toute politique et reforme éducative dans tous les pays membres du Conseil de l'Europe et elle propose des lignes directrices appropriées concernant les objectifs et le contenu d'ECD, les méthodologies, la formation du personnel éducatif, ainsi que le rôle des médias.

Comme suivi de ce projet, un nouveau programme d'activités d'ECD (2001-2004) a été mis en place afin de mettre en pratique les résultats du projet, tout en poursuivant la même approche globale et multidimensionnelle. Les trois domaines de travail principaux sont: l'élaboration de politiques, l'établissement de réseaux et les activités de communication / sensibilisation.

En 2001, les activités suivantes ont été menées :

- lancement d'une étude pan-européenne sur les politiques de l'ECD et de la préparation d'un document commun de référence sur les options de politiques de l'ECD ;
- organisation du premier séminaire sur les politiques de l'ECD ;
- nomination de coordinateurs de l'ECD dans les pays membre et création du réseau des coordinateurs ;
- restructuration et mise à jour du site internet de l'ECD et publication de matériel pédagogique.

Par ailleurs, les activités suivantes d'assistance bilatérale ont eu lieu :

- séminaires d'assistance à l'élaboration d'une politique de l'ECD dans la Fédération de Russie et en République fédérale de Yougoslavie-Serbie ;
- formations en ECD à l'intention d'enseignants tchétchènes ;
- formations en éducation aux droits de l'homme à l'intention d'enseignants de Bosnie-Herzégovine.

Dans le cadre des efforts de coopération régionale en Europe du sud-est, deux projets financés via le Pacte de Stabilité ont été mis en œuvre : l'inventaire des politiques de l'ECD en Europe du sud-est (qui a servi de modèle pour l'étude pan-européenne sus-mentionnée) et le jumelage de sites de citoyenneté dans l'Europe du sud-est. Le Conseil de l'Europe a continué de coordonner le groupe de travail sur l'ECD et la gestion de la diversité de la Task Force « éducation et jeunesse » du Pacte de Stabilité et a organisé un important séminaire régional comme élément de cette fonction.

2. Enseignement Supérieur pour une société démocratique

Les Universités comme sites de citoyenneté

Le projet pilote « Universités comme sites de citoyenneté » s'est poursuivi en 2001 par l'analyse des études de cas effectuées en 2000 et la rédaction du rapport de synthèse.

Le projet pilote s'est déroulé en 1999-2000 avec la participation d'une quinzaine d'établissements européens d'enseignement supérieur et un nombre similaire d'établissements aux Etats-Unis.

Le projet était axé sur les activités mises en place par ces établissements d'enseignement supérieur dans l'intention expresse de promouvoir les valeurs et pratiques démocratiques ; il comportait une évaluation de leur capacité et disposition à encourager une culture politique démocratique sur les campus, dans la communauté locale et la société au sens large.

Les résultats du projet affirment l'idée que les universités peuvent devenir des institutions-society. Completed in 2000, it determined which skills were necessary for active and responsible citizenship and how these skills could be acquired and transmitted through various types of learning and educational environments, including that of the family.

To conclude this first project, a Committee of Ministers recommendation was prepared in late 2001. It particularly emphasises that EDC should be a priority objective of all education policy and reform throughout the Council of Europe member states, and provides the appropriate guidelines to do so, covering objectives and content of EDC, methodologies, training for educational staff and the role of the media.

As follow up to this project, a new EDC programme of activities (2001-2004) is being implemented to put into practice the project's conclusions, keeping the same holistic and multidimensional approach. The three key working areas are policy development, networking and communication/awareness raising.

In 2001, the following activities were carried out:

- launch of an all European study on EDC policies and of the preparation of a common reference document on EDC policy options;
- organisation of the first EDC policy seminar;
- nominations of EDC coordinators in member countries and establishment of the coordinators' network;
- restructuration and updating of the EDC website and publication of educational materials.

In addition, the following took place as part of bilateral assistance activities:

- EDC policy development seminars in the Russian Federation and in FRY-Serbia;
- Training in EDC for Chechen teachers;
- Teacher training in human rights education in Bosnia and Herzegovina.

In the framework of regional cooperation efforts in Southeast Europe, two Stability Pact funded projects were implemented : the stocktaking research on EDC policies in Southeast Europe (which became the model for the above-mentioned all European study) and the twinning of sites of citizenship in South-East Europe. The Council of Europe continued to coordinate the working group on education for democratic citizenship and management of diversity of the Stability Pact Task Force "education and youth" and organised a large regional seminar as part of this task.

2. Higher education for a democratic society

The University as site of citizenship

The pilot project "The Universities as sites of citizenship" continued in 2001 with an analysis of the results of the case studies carried out in 2000 and the drafting of a synthesis report.

The pilot project covered the period from March 1999 to December 2000 with the involvement of 15 European higher education institutions and a similar number of institutions in the United States.

It focused on activities of higher education institutions that support democratic values and practices; an assessment of their capabilities and measures to promote democracy; and dissemination of resources to improve the contributions of higher education to democracy on the campus, to the local community, and to society.

This Project endorses the notion that universities can become key institutions for the clés dans la transmission des valeurs démocratiques par le biais de la participation directe aux activités démocratiques et à l'éducation à la démocratie.

Les études européennes pour une citoyenneté démocratique

Le projet sur les études européennes pour une citoyenneté démocratique s'est achevé en 2000. Parmi d'autres résultats il a mené à l'adoption de la Recommandation R (2000) 24 du Comité des Ministres.

Le projet a par ailleurs donné lieu a deux initiatives intéressantes : la mise en place d'un Réseau universitaire ouvert pour les Etudes européennes en Europe du Sud-Est, basé à Sofia et le lancement au mois de juin 2001 d'une Association européenne pour les Etudes européennes (AIEE)

La première Assemblée générale annuelle de l'AIEE, qui a marqué aussi son lancement, a eu lieu à l'Université du Surrey, Guildford, Royaume-Uni, avec une aide logistique et financière fournie par le Conseil de l'Europe.

L'Association est établie dans l'esprit de la Recommandation n° R (2000) 24 du Comité des Ministres aux Etats membres sur le développement d'études européennes pour une citoyenneté démocratique du Conseil de l'Europe, et elle obéit tout particulièrement aux principes énoncés dans l'annexe à cette recommandation.

L'AIEE agira en tant qu'organisation non gouvernementale, avec les objectifs suivants:

i. promouvoir l'enseignement des études européennes en tant que discipline autonome, encourager les recherches dans ce domaine et la généralisation des bonnes pratiques, afin de créer une base pour des programmes d'enseignement supérieur débouchant sur des diplômes de deuxième et troisième cycle;
ii. en accord avec les objectifs mentionnés en i., fournir des services à ses membres et à toute personne, association ou institution intéressée;
iii. attirer l'attention du public sur les études européennes dans les pays membres du Conseil de l'Europe et dans le monde entier.

3. Apprendre et enseigner l'histoire

Apprendre et enseigner l'histoire de l'Europe du 20e siècle

La Conférence finale du Projet « Apprendre et enseigner l'histoire de l'Europe du 20e siècle » s'est tenue au *Haus der Geschichte* à Bonn (Allemagne) du 22 au 24 mars 2001 et a réuni quelque 200 participants des Etats européens, d'Israël et du Japon.

Le Comité des Ministres a adopté le 31 octobre la Recommandation (2001) 15 sur « l'enseignement de l'histoire au 21e siècle, premier instrument normatif en matière d'histoire du Conseil de l'Europe.

La réforme de l'enseignement de l'histoire et la préparation de nouveaux manuels d'histoire

Le Conseil de l'Europe a mené une série de programmes de coopération dans les domaines de l'élaboration de nouveaux programmes d'enseignement de l'histoire, de la préparation de nouveaux manuels d'histoire et de la formation initiale et continue des professeurs d'histoire.

Ce travail est en cours de réalisation à travers une série d'initiatives régionales:

- dans diverses régions de la Fédération de Russie, où des professeurs d'histoire sont réunis pour discuter de différents aspects de l'enseignement de cette matière. Certaines transmission of democratic values through direct engagement in democratic activities and democratic education.

European Studies for Democratic Citizenship

The project on European Studies for Democratic Citizenship was completed in 2000 and, among other outcomes, led to the adoption by the Committee of Ministers of Recommendation No. R (2000) 24.

The project has further given rise to two interesting initiatives: on the one hand, the setting up of an European Studies Open Academic Network for South-East Europe, based in Sofia and on the other hand an International Association for European Studies (IAES), formally launched in June 2001.

The first Annual General Meeting of the Association, which marked the start of its existence, took place at the University of Surrey, Guildford, United Kingdom in June 2001 with logistical and financial support from the Council of Europe.

According to the Constitution adopted, "The Association is established in the spirit of Council of Europe, Recommendation No. R (2000) 24 of the Committee of Ministers to member states on the Development of European Studies for Democratic Citizenship and, more particularly, with the principles set out in the Appendix to the Recommendation".

The IAES will operate as an international non-government organisation with the following objectives:

i. promoting teaching, research and dissemination of good practice in European Studies as an autonomous field of scholarship, which provides the basis for higher education programmes leading to undergraduate and postgraduate degrees;
ii. providing services in keeping with i. above to its members and to other interested individuals, associations and institutions;
iii. developing public awareness of European Studies among the Council of Europe's member states and worldwide

3. Teaching and learning history

Teaching and learning the history of the 20th century

The final conference of the project on "Teaching and learning the history of the 20th century" was held in the Haus der Geschichte in Bonn (Germany) on 22-24 March 2001. About 200 participants attended from European states, Israel and Japan.

On 31 October, the Committee of Ministers adopted Recommendation No. R (2001) 15 on history teaching in twenty-first-century Europe, the first standard-setting instrument on history within the Council of Europe.

The reform of history teaching and the preparation of new history textbooks

The Council of Europe has been carrying out a series of co-operation programmes aimed at the development of new history curricula, the preparation and publication of new history textbooks and the initial and in-service training of history teachers.

This work is being carried out through a series of regional initiatives:

– in different regions of the Russian Federation where history educators are brought together to discuss different aspects of history education. There are also activities being activités sont également réalisées dans le cadre du Programme joint de coopération entre la Commission européenne et le Conseil de l'Europe en vue de renforcer la stabilité démocratique dans le Caucase du Nord, ainsi qu'avec les autorités japonaises, par le biais de réunions organisées pour examiner de quelle manière l'histoire nationale est présentée dans les manuels d'histoire d'autres pays. Une réunion d'experts sur « L'enseignement de l'histoire et les nouvelles technologies de l'information », organisée par le Conseil de l'Europe et l'Institut de l'UNESCO pour l'application des technologies de l'information à l'éducation a ouvert de nouvelles perspectives de coopération entre les deux organisations;

– dans le Caucase, par le biais de l'« Initiative de Tbilissi » – la préparation et la publication d'un manuel commun d'histoire du Caucase par des équipes d'auteurs d'Arménie, d'Azerbaïdjan, de Géorgie et de Fédération de Russie. Ce manuel devrait être publié fin 2002;
– l'Initiative de la mer Noire sur l'histoire, dont les travaux visent actuellement à terminer la préparation d'un dossier pédagogique sur l'histoire de la mer Noire qui touchera à sa fin en 2002. Un éditeur norvégien est intéressé dans la publication de ce dossier.

En raison des travaux du Conseil de l'Europe sur la réforme de l'enseignement de l'histoire et sur la préparation de nouveaux manuels d'histoire, l'Organisation a été invitée à coordonner le Groupe de travail sur l'histoire et l'enseignement de l'histoire en Europe du Sud-Est dans le cadre du Pacte de stabilité. Le Conseil avait également obtenu des fonds pour son propre programme d'activités en 2001, et il a concentré en particulier son attention sur la formation initiale et continue des professeurs d'histoire. Trois séminaires régionaux de formation à l'intention des professeurs d'histoire se sont tenus :

– « Outils d'enseignement : sujets controversés et sensibles, approches diversifiées », Ohrid, « ex-République yougoslave de Macédoine», mai 2001 ;
– « Séminaire régional sur « enseigner le début de la deuxième guerre mondiale », Bled, Slovénie, octobre 2001 ;
– « les défis des enseignants d'histoire dans le 21e siècle dans un contexte régional », Budapest, Hongrie, novembre 2001.

4. Partenariats pour le renouveau de l'éducation

Les partenariats pour le renouveau de l'éducation couvrent à la fois la coordination des activités d'assistance dans le domaine de l'éducation et un programme d'activités axé sur la réforme des politiques éducatives et de la législation.

Dans le cadre des activités de coordination, les partenariats pour le renouveau de l'éducation relient les différents secteurs de l'éducation entreprenant des travaux d'assistance. Afin d'optimiser la valeur du soutien apporté par le Conseil de l'Europe à la réforme de l'éducation dans les Etats membres les plus récents et futurs, les Comités de l'éducation et de l'enseignement supérieur et de la recherche (CC-ED et CC-HER) ont décidé de mener à bien leurs projets d'assistance ciblée dans le cadre d'une stratégie commune. Ils ont examiné le premier rapport annuel détaillé qui leur a été soumis par le groupe de travail conjoint en octobre (document CC-HER 2001 37/CC-ED (2001) 38), et ont adopté une « déclaration de mission » pour les activités de partenariats. Cette mission est actuellement remplie par le biais d'une élaboration de stratégies communes d'assistance ou de programmes-cadres de coopération avec des pays ou des régions spécifiques. Elle est complétée par des Plans d'action annuels qui transforment ces stratégies en une mise en œuvre concrète de projets. Dans cette perspective, les partenariats pour le renouveau de l'éducation fournissent également coordination et soutien à une mise en œuvre des projets implemented within the framework of the Joint Programme of Cooperation between the European Commission and the Council of Europe to strengthen democratic stability in the North Caucasus as well as with the Japanese Authorities through meetings to discuss the way in which the history of each country is presented in the history textbooks of the other. A Meeting of Experts on "History teaching and the New Information Technologies" organised by the Council of Europe and the UNESCO Institute for the Information Technologies in Education initiated possible new areas of cooperation between two organisations;

- in the Caucasus through "The Tbilisi Initiative" – the preparation and publication of a Joint Caucasian History Textbook with teams of authors from each of the countries working together (Armenia, Azerbaijan, Georgia and the Russian Federation). The textbook should be published towards the end of 2002;
- the Black Sea Initiative on History where the work is now focusing on the finalisation of a teaching pack on the history of the Black Sea which should be achieved in 2002. A Norwegian Publisher is interested in publishing it.

Because of the Council of Europe's work on the reform of history teaching and the preparation of new history textbooks, the Organisation was invited to coordinate the Working Group on History and History Teaching in South East Europe within the framework of the Stability Pact. It also received financing in 2001 for its own programme of activities and focused in particular on the initial and in-service training of history teachers. Three Regional Training Seminars for History Teachers took place:

- "Teaching controversial and sensitive issues, multiperspectivity", Ohrid, "the former Yugoslav Republic of Macedonia", May 2001;
- "Teaching the beginning of World War II", Bled, Slovenia, October 2001;
- "The challenges facing history teachers in the 21st Century in a regional context", Budapest, Hungary, November 2001.

4. Partnerships for educational renewal

"Partnerships for Educational Renewal" (PER) is both an umbrella structure, co-ordinating assistance activities in the field of education, and a programme of activities, focussing on reform of educational policy and legislation.

As an umbrella or co-ordinating structure, the "Partnerships for educational renewal" provides linkage between the various education sectors undertaking assistance work. In order to maximise the value of COE support to education reform in newer and future Member States, he Education and Higher Education and Research Committees (CC-ED and CC-HER) have decided to bring their targeted assistance projects within a common strategy. They reviewed the first comprehensive annual report of a joint working party submitted in October (CC-HER 2001 37/CC-ED (2001) 38), and adopted a "mission statement" for partnerships activities. This mission is being fulfilled through the elaboration of common strategies for assistance, or Framework Programmes of Co-operation, with specific countries or regions. These are complemented by annual Plans of Action which translate the strategies into concrete project implementation. In this perspective the Partnerships for educational renewal also provides co-ordination and support for the implementation of educational projects within four Joint Programmes between the European Commission and the Council of Europe for the North Caucasus, Moldova, South Caucasus and Ukraine.

éducatifs dans le cadre de quatre programmes joints entre la Commission européenne et le Conseil de l'Europe pour le Caucase du Nord, Moldova, le Caucase du Sud et l'Ukraine.

Si l'on considère la zone géographique principalement concernée, les activités en Europe du Sud-Est sont essentiellement concentrées en République Fédérale de Yougoslavie (Serbie et Kosovo principalement, Monténégro dans une moindre mesure), ainsi qu'en Bosnie-Herzégovine. Dans ce dernier pays, le Conseil de l'Europe soutient la Conférence des ministres de l'Education, le Conseil de coordination de l'enseignement supérieur et plusieurs initiatives concernant le développement de nouveaux curricula et la réforme du cadre législatif de l'éducation. En Yougoslavie, les travaux couvrent la réforme de tout le secteur de l'éducation grâce au développement au Kosovo de la législation dans l'éducation primaire et secondaire et dans l'enseignement supérieur conformément aux meilleures normes européennes. Ces activités sont non seulement exécutées en coopération étroite avec les ministères concernés mais également avec des partenaires internationaux tels que l'Association européenne de l'Université (EUA) et la Conférence des Recteurs allemands.

La deuxième zone prioritaire reste l'ex-Union Soviétique. En Fédération de Russie, deux projets sont en cours qui ont pour but de soutenir la mise en œuvre des principales réformes politiques à la fois sur le plan fédéral et régional. Un projet pilote concernant la principale initiative régionale sur « Les politiques éducatives et les minorités » a été exécuté avec l'Ukraine en 2000 et 2001 ; ce projet va s'étendre aux autres pays de la région. Dans le Caucase du Sud (Arménie, Azerbaïdjan, Géorgie), le projet régional « Cadres législatifs pour l'assurance de la qualité en Arménie, Azerbaïdjan et Géorgie » qui a été lancé en 2000, a atteint une nouvelle phase en se concentrant sur le développement d'une coordination régionale pour l'assurance de la qualité dans la région et une troisième conférence régionale aura lieu à Tbilissi au printemps 2002.

Les partenariats pour le renouveau de l'éducation conservent cependant un élément essentiel de flexibilité pour s'adapter et répondre, dans toute la mesure du possible, de manière aussi rapide qu'efficace aux nouvelles ou urgentes demandes d'assistance. Tous les travaux de coopération et d'assistance ciblée du Conseil de l'Europe sont exécutés dans le but de fournir un soutien réel à une totale adhésion et pleine participation à l'espace éducatif européen, fondée sur les principes d'accès, de qualité et d'égalité des chances.

5. La dimension européenne dans la formation des enseignants et les échanges des lycéens

Trois activités à caractère opérationnel ont intégré la dimension européenne dans l'éducation à l'échelle scolaire:

- Le Programme pour la formation continue du personnel éducatif a organisé la participation de 650 enseignants provenant de 44 Etats plus le Kosovo à 67 stages de formation tenus dans 22 pays hôtes. Les stages se sont concentrés sur des priorités actuelles du programme du Conseil de l'Europe, notamment l'Année européenne des Langues 2001.
- Le concours annuel "Europe à l'école" sous l'égide du Conseil de l'Europe avec l'Union européenne et la Fondation européenne de la Culture a eu lieu sur le thème: « Nos histoires, notre futur européen » ; y ont participé environ 1 million d'enfants pour 33 pays.
- La dernière année prévue du programme ESSSE (Echanges européens de lycéens) a impliqué environ 60 jeunes provenant de 19 pays.

In terms of geographical focus, activities for South East Europe are fairly heavily concentrated in the Federal Republic of Yugoslavia (Serbia and Kosovo, to a lesser extent Montenegro) and in Bosnia and Herzegovina. In Bosnia and Herzegovina, the Council of Europe supports the Conference of Ministers of Education, the Higher Education Coordination Board and several initiatives related to developing new curricula and reform of the legal framework of education. In Yugoslavia, the work covers the reform of the entire education sector by developing education and higher education legislation for Kosovo in accordance with the highest European standards. The activities are carried out in close cooperation not only with the Ministries concerned but also with international partners, such as the European University Association and the German Rectors' Conference.

The second priority region continues to be the former Soviet Union. In the Russian Federation, two projects are underway which aim to support the implementation of major policy reforms at both Federal and Regional levels. A Pilot Project for the major regional initiative on "Education Policy and Minorities" was carried out with Ukraine in 2000-2001 and will now be extended to other countries of the region. In South Caucasus (Armenia, Azerbaijan, Georgia), the regional project "Legislative Frameworks for Quality Assurance in Armenia, Azerbaijan and Georgia", launched in 2000, has moved into a new phase focussed on developing a regional co-ordination for quality assurance in the region, and a third regional conference will be held in Tbilisi (spring 2002).

Partnerships for Educational renewal retains however an essential element of flexibility to respond as rapidly and effectively possible to new or urgent requests for assistance. All of the Council of Europe's targeted co-operation or assistance work is carried out with the goal of providing real support to full membership and participation in the European education space, based on the principles of access, quality and equal opportunities.

5. The European dimension in teacher training and student exchange

Three operational activities brought the European dimension into education at the school level:

- The In-Service Training Programme for Educational Staff organised the participation of 650 teachers from 45 states and Kosovo in 67 training courses held in 22 host states. The courses were focused on current priorities of the Council's programme, including European Year of Languages 2001.
- The annual "Europe at School" competition, co-sponsored by the Council of Europe with the European Union and the European Cultural Foundation, was held on the theme of "Our histories, our European future"; about 1 million children from 33 countries took part.
- The final year of the initial ESSSE programme (European Secondary School Student Exchanges) involved about 60 young people from 19 countries.

6. La rénovation de l'Enseignement supérieur en Europe : Processus de Bologne, reconnaissance, éducation tout au long de la vie

Politiques et instruments pour la reconnaissance des qualifications et la mobilité

Le Comité de la Convention de reconnaissance de Lisbonne a tenu sa deuxième session à Riga le 6 juin 2001, lors de laquelle il a adopté une « Recommandation sur les critères et procédures d'évaluation des qualifications étrangères » ainsi qu'un «Code de bonne pratique pour la prestation d'un enseignement transnational».

La Recommandation souligne clairement le droit des demandeurs à ce que leurs qualifications étrangères soient évaluées selon des procédures et des critères transparents, cohérents et fiables. Elle s'inspire également des progrès très importants de la reconnaissance internationale des qualifications au cours des dernières années et précise nombre de principes énoncés dans la Convention de Lisbonne.

Le Code est destiné énoncer les principes de base pour la prestation de l'éducation transnationale y compris en ce qui concerne l'assurance de la qualité, l'information et le recrutement d'étudiants. Son contenu est considéré comme complémentaire à la Convention de reconnaissance de Lisbonne, offrant ainsi un cadre normatif à prendre comme référence par les organismes nationaux de reconnaissance dans leurs engagements respectifs.

Le Processus de Bologne pour la réforme de l'enseignement supérieur en Europe

Trois manifestations majeures entrant dans le cadre du processus de Bologne et auxquelles des représentants du Conseil de l'Europe ont participé, ont eu lieu au cours du printemps 2001 : la deuxième réunion ministérielle (Prague, 18-19 mai) qui s'est appuyée sur les conclusions de la Convention académique (des établissements d'enseignement supérieur) (Salamanque, 29-30 Mars) et de la Convention étudiante (Göteborg, 24-25 Mars).

Le Conseil de l'Europe et le Comité de l'enseignement supérieur et de la recherche (CC-HER) ont contribué au processus de Bologne depuis son lancement en juin 1999, en participant au groupe de suivi et aux séminaires thématiques et en oeuvrant dans des secteurs spécifiques, notamment la reconnaissance des qualifications. Signalons en particulier le Rapport sur les questions relatives à la reconnaissance dans le processus de Bologne et le Code Unesco/Conseil de l'Europe de bonnes pratiques dans la prestation d'un enseignement transnational, adopté en juin 2001 par le Comité sur la Convention de Lisbonne relative à la Reconnaissance.

En ce qui concerne l'élargissement ultérieur du processus, le Conseil de l'Europe et le CC-HER ont joué un rôle majeur en ce que toutes les éventuelles parties au Processus de Bologne sont d'ores et déjà membres à part entière du CC-HER, qui fournit en outre la seule plate-forme conjointe comprenant à la fois des représentants ministériels et universitaires. En ce sens, le CC-HER a informé les délégations sur l'évolution du Processus de Bologne et formulé des avis sur la réforme de l'enseignement supérieur, notamment en Europe du Sud-Est où le Conseil est profondément impliqué dans les politiques et la réforme de l'enseignement supérieur.

L'éducation tout au long de la vie au service de l'équité et de la cohésion sociale

Le projet du CC-HER sur l'éducation tout au long de la vie pour l'équité et la cohésion sociale a touché à son terme avec la Conférence finale qui s'est tenue à Paris du 15 au 17 novembre et la rédaction d'un avant-projet de recommandation sur les politiques relatives à l'enseignement supérieur dans le contexte de l'éducation tout au long de la vie.

La Conférence finale du projet s'était fixée comme objectifs de faire le point sur les

6. Renewal of European higher education: Bologna Process, recognition, lifelong learning

Policies and instruments for recognition of qualifications and mobility

The Lisboa Recognition Convention Committee held its second meeting in Riga on 6 June, at which it adopted a "Recommendation on Criteria and Procedures for the Assessment of Foreign Qualifications" as well as a "Code of Good Practice in the Provision of Transnational Education".

The Recommendation clearly stipulates the right of holders of foreign qualifications for an assessment according to procedures and criteria, which should be transparent, coherent and reliable. It also follows the example of important progresses made in the field of international recognition of qualifications during the last decade and states many principles stipulated by the Lisbon Convention.

The Code is designed to present the basic principles for the provision of transnational education, including quality assurance, information and recruitment of students. Its contents are to be seen as complementary to the Lisbon Recognition Convention thus providing a normative framework to be taken as reference by the national recognition bodies in their specific undertakings.

The Bologna process for higher education reform in Europe

Three major events in the Bologna Process, at which the Council of Europe was represented, were held in the course of spring 2001: the second Ministerial meeting (Praha, 18 – 19 May), which built on the outcomes of the Academic Convention (Salamanca, 29 – 30 March) and the Student Convention (Göteborg, 24 – 25 March).

The Council of Europe and the CC-HER have contributed to the Bologna Process since its inception in June 1999, both by participating in the follow up group and the thematic seminars and in specific areas, notably the recognition of qualifications. Particular mention is made of the Report on Recognition Issues in the Bologna Process and the UNESCO/Council of Europe Code of Good Practice in the Provision of Transnational Education, adopted by the Lisboa Recognition Convention Committee in June 2001.

As concerns the further enlargement of the Process, the Council of Europe and the CC-HER can continue to play an important role in that all potential parties to the Bologna Process are already full members of the CC-HER, which provides the only discussion platform made up of both governmental and academic representatives. In this sense, the CC-HER can play a role in keeping delegations up to date with developments in the Bologna Process and in giving advice on higher education reform, in particular in South East Europe, where the Council is deeply involved in higher education policies and reform.

Lifelong learning for equity and social cohesion

The project on Lifelong Learning for Equity and Social Cohesion: a New Challenge to Higher Education came to an end by the Final Conference of the project held in Paris on 15-17 November 2001 and the writing of a first draft recommendation on higher education policies on lifelong learning.

The final conference of the project held in Paris and hosted by French authorities had as résultats atteints durant le projet et de disséminer notamment les conclusions de ses trois ateliers thématiques et les recommandations soumises au Comité des Ministres pour adoption.

Les discussions ont été basées sur les rapports généraux/publications des résultats des ateliers qui se sont déroulés tout au long du projet :

- Répondre aux besoins de tous les étudiants dans une société en transformation,
- Application des technologies de l'information et de la communication dans l'éducation tout au long de la vie,
- Structures et qualifications dans l'éducation tout au long de la vie.

Le patrimoine des universités européennes (projet conjoint avec CC-PAT)

Le projet sus-mentionné, partie composante de la Campagne « l'Europe, notre patrimoine commun » s'est poursuivi en 2001 par la rédaction d'une publication composée des rapports et des exposés élaborés dans le cadre du projet, ainsi que d'articles écrits spécialement pour cette publication par les rédacteurs, afin d'expliquer les modalités et l'articulation des différents sujets. La publication est prévue pour mi-2002.

Les résultats du projet ont été présentés, non seulement lors de la conférence de clôture de la Campagne « L'Europe, un patrimoine commun » à Riga (7-9 décembre 2000), mais aussi en avril 2001 (Alcalá) et au Congrès international de l'ICOM (Conseil international des musées) à Barcelone en juillet 2001.

7. Cohésion sociale et sécurité démocratique : stratégies éducatives pour l'école de demain

Plusieurs activités ont repris des problèmes spécifiques de politiques éducatives développant les conclusions de la 20e session de la Conférence permanente des ministres européens de l'éducation (Cracovie, octobre 2000) sur le thème de « Politiques éducatives pour la citoyenneté démocratique et la cohésion sociale ».

Des réunions de planification ont eu lieu afin d'élaborer des propositions pour un suivi des travaux sur l'éducation des Roms/Tsiganes ainsi que sur la violence à l'école. Ces deux matières seront poursuivies en 2002 comme activités transversales.

Deux séminaires bilatéraux ont eu lieu en Fédération de Russie sur les questions de politique éducative: Kirov, 7-9 juin sur la formation des enseignants et l'évaluation des compétences dans l'éducation continue; Rostov/Don, 17-21 octobre sur la restructuration de l'éducation en Tchéchénie. Dans le cadre de l'assistance d'urgence au nouveau gouvernement démocratique de la République fédérale de Yougoslavie, une conférence a été organisée à Belgrade sur les stratégies des réformes éducatives en Serbie.

8. Apprendre et enseigner dans la société de communication

Ce projet conjoint du Comité de l'Education et du Comité de l'enseignement supérieur et de la recherche a été lancé en 2001 ayant pour objectifs :

- d'établir un état des lieux sur les politiques nationales concernant l'introduction et le développement de l'utilisation des technologies de l'information et de la communication (TIC) dans les systèmes éducatifs ;
- de mettre en évidence les problèmes rencontrés dans les différents pays en ce qui

principal aim to take stock of and disseminate the results achieved within the project and in particular the conclusions of its three thematic workshops and recommendations submitted to the Committee of Ministers for adoption.

The discussion has been based on a number of case studies, expert reports, national papers, a Draft Recommendation and three specialised workshops on the following themes carried out within the framework of the project:

- Meeting the needs of all students in a changing society,
- Application of new information and communication technologies in lifelong learning,
- Structures and qualifications in lifelong learning.

The heritage of European universities (joint project with CC-PAT)

The aforementioned project, is one of the transversal projects carried out under the "Europe, a common heritage" Campaign. The project continued in 2001 with the compilation of a publication based on a series of reports and presentations of the project as well as articles written specifically for the publication by the editors explaining the processes and articulation of the topics. The work on the publication is now in its final stages and it is hoped the publication will come out by mid 2002.

The results of the project were presented at the closing conference of the "Europe, a common heritage" Campaign in Riga on 7-9 December 2000. In addition, the project has been presented in a good number of contexts, including UNESCO Fora in July 1999 (Paris) and April 2001 (Alcalá) and the International Congress of ICOM (international Council of Museums) in Barcelona in July 2001.

7. Social cohesion and democratic security: educational strategies for the school of tomorrow

Several activities addressed specific policy issues arising from the conclusions of the 20th session of the Standing Conference of European Ministers of Education (Cracow, October 2000) on its theme of "educational policies for democratic citizenship and social cohesion".

Planning meetings were held to develop proposals for further action on the education of Roma/Gypsies and on violence in schools. Work on these topics will be taken forward in 2002 as transversal activities.

Two bilateral seminars on policy issues were held in the Russian Federation: Kirov, 7-9 June, on teacher training and the evaluation of competences in lifelong learning; Rostov-on-Don, 17-21 October, on the restructuring of education in Chechnya. As part of the early assistance to the new democratic government in the Federal Republic of Yugoslavia, a conference was held in Belgrade on 2-4 June on strategies of educational reform in Serbia.

8. Learning and teaching in the communication society

In 2001 the Education Committee and the Higher Education and Research Committee launched a new project entitled "Learning and teaching in the communication society". Three clearly defined objectives were chosen for the project:

- to draw up a situation report on national policies concerning the introduction and the development of ICT within educational systems based on (a) the work already carried

concerne les orientations et les mesures d'ores et déjà prises pour l'introduction des technologies de l'information et de la communication dans les systèmes éducatifs ;
- d'élaborer des propositions et des orientations de politiques éducatives plus particulièrement en matière de développement de la profession enseignante et de sa formation initiale et continue en tenant compte notamment de l'impact des technologies de l'information et de la communication.

Afin de réaliser le premier objectif du projet, à savoir l'établissement de l'état des lieux, plusieurs activités ont eu lieu en 2001 :

- Un colloque conjoint Conseil de l'Europe/Commission française de l'Unesco « Winds of change » sur le nouveau métier d'enseignant à Strasbourg les 18-19 juin 2001 ;
- Une université européenne d'automne organisée en coopération avec le Centre des études européennes de Strasbourg sur le thème "Apprendre et enseigner dans la société de communication" à Strasbourg du 7 au 10 novembre 2001 ;
- Quatre séminaires régionaux sur le thème « Apprendre et enseigner dans la société de communication » ont été organisés à Strasbourg, les 22-23 novembre 2001 et 29-30 novembre 2001, en Andorre du 4 au 5 décembre 2001 et à Budapest du 9 au 10 décembre 2001.

Les technologies de l'information et de la communication constituent un des défis principaux des politiques futures en matière éducative. Elles se situent dans un contexte général de mutation, d'innovations et de profondes transformations de la demande sociale à l'égard du système éducatif.

9. Politiques linguistiques pour une Europe multilingue et multiculturelle

L'année 2001 a été marquée par la mise en œuvre de la campagne de l'Année européenne des langues 2001 et par le lancement et la diffusion des instruments clés pour la promotion du plurilinguisme.

Année européenne des langues

Evénement majeur de l'année 2001 dans le domaine de l'éducation, cette campagne visait à faire prendre conscience du riche patrimoine linguistique de l'Europe. L'objectif était aussi d'encourager les citoyens européens à développer le plurilinguisme, notamment du point de vue d'un apprentissage des langues tout au long de la vie.

Cette campagne conjointement organisée avec la Commission européenne était coordonnée, pour le Conseil de l'Europe, par la Division des politiques linguistiques (Strasbourg). Du matériel d'information a été produit et diffusé (par exemple des dépliants, un Guide pour l'apprentissage des langues par les adultes, un dossier d'information) ainsi que de publicité (posters, autocollants, bande sonore multilingue, jeu sur le site Internet etc.). Les pays ont largement diffusé ces produits et les ont souvent adaptés aux besoins nationaux. La mise en œuvre de l'AEL s'est traduite par plus de 25.000 activités dans les 45 Etats participant à cette campagne.

La plupart des pays s'étaient dotés d'un Comité national ou d'une structure équivalente chargée de la coordination de cette campagne impliquant le grand public et comportant des activités ciblant des groupes spécifiques. Des échanges permanents ont été assurés avec les coordinateurs nationaux et avec la Commission européenne.

Trois événements européens majeurs ont été co-organisés avec la Commission européenne, rassemblant des représentants de l'ensemble des 45 états : manifestations de lancement de l'AEL (Suède) et de clôture (Belgique) et une conférence majeure aux Pays-Bas co-organisée avec les autorités nationales. A l'adresse du grand public, une Semaine européenne de l'apprentissage des

out on these issues by the Committees and other international organisations, and (b) national studies or seminars;
- to highlight the problems encountered in the various countries with regard to steps and measures already taken for the introduction of ICT in education;
- to draft proposals for educational policies on, in particular, the development of the teaching profession and basic and further training taking into account the impact of ICT.

In order to carry out the first phase of the project (review of the situation), the following activities took place in 2001:
- A Joint colloquy organised by the Council of Europe and the French National Commission for Unesco on "The winds of change in the teaching profession" in Strasbourg (18-19 June 2001);
- An European Autumn University on "Learning and teaching in the communication society", 7-10 November 2001;
- Four Regional Seminars on "Learning and teaching in the communication society" in Strasbourg (22-23 November and 29-30 November), in Andorra (4-5 December) and in Budapest (9-10 December).

ICT based education is one of the principal challenges facing future education policies. They form part of a general context of change, innovation and far-reaching transformations of the demands made by society on the education system.

9. Language Policies for a Multilingual and Multicultural Europe

The year 2001 was marked by the implementation of the European Year of Languages campaign and by the launch and dissemination of key Council of Europe instruments for the promotion of plurilingualism.

European Year of Languages

This campaign was the major event of the year 2001 in the education field. It aimed at raising awareness of the rich linguistic heritage of Europe. The Year also aimed to motivate European citizens to develop plurilingualism, particularly in the context of lifelong learning.

The campaign was jointly organised with the European Commission and co-ordinated, for the Council of Europe, by the Language Policy Division (Strasbourg). Information material was produced and widely disseminated (for example leaflets, Guide for adult language learners, information pack) as well as publicity material (posters, stickers, multilingual sound track, game on the website etc.). Countries widely disseminated this material which was also often adapted to national needs. The implementation of the EYL resulted in over 25,000 activities in the 45 participating States.

Most countries set up national committees (or a similar structure) to co-ordinate the campaign, resulting in a range of initiatives involving the general public with particular activities for specific target groups. There were ongoing exchanges with national co-ordinators and the European Commission.

Three major events were co-organised with the European Commission, with the participation of representatives from all 45 States: the EYL launch event (Sweden), the closing event (Belgium) and a major conference in the Netherlands, co-organised with the Dutch authorities. The Adult language-learning week (5-11 May), targeted at adults, and the European Day of Languages (26 September) were two key events of the Year.

langues par les adultes (5-11 mai) et une Journée européenne des langues (26 septembre) ont été deux points forts de l'Année.

La campagne a lancé en Europe une dynamique de sensibilisation et de coopération, aboutissant par exemple à de nouveaux partenariats dans plus de 80% des pays. Le suivi se traduira entre autres par la célébration dorénavant annuelle d'une Journée européenne des langues, le 26 septembre, comme en a décidé le Comité des Ministres du Conseil de l'Europe, Journée qui sera organisée de manière flexible et décentralisée (http://www.coe.int – Langues vivantes). L'Union européenne a été invitée à se joindre à cette initiative.

Des rapports sur « L'évaluation de l'AEL à mi-parcours » et sur la « Journée européenne des langues 2001 » ont été publiés ainsi qu'un « Livre de la campagne de l'AEL » qui sera mis à jour en 2002.

Pour de plus amples détails sur les résultats de cette campagne on se réfèrera au rapport final sur l'évaluation de l'AEL qui sera publié à la mi-2002.

Portfolio européen des langues (PEL)

Le PEL était le thème le plus souvent mentionné par les coordinateurs nationaux dans leur évaluation de l'Année européenne des langues : un succès pour ce concept dont l'introduction dans tous les pays a été initiée en 2001. Le PEL est un instrument dans lequel les apprenants en langues de tout âge et de tout niveau peuvent enregistrer leurs compétences en langues et leurs expériences interculturelles. Il facilite, au niveau national et européen, la cohérence et la transparence durant le processus d'apprentissage de l'apprenant, ainsi que la mobilité éducative et professionnelle.

Le Comité européen de Validation a validé 19 nouveaux modèles de PEL en 2001, ce qui porte le nombre total de modèles validés à 25. Le nombre de modèles soumis est donc en croissance rapide.

Des séminaires européens et régionaux ont été organisés en 2001 : l'ensemble des Etats membres a donc eu l'occasion de participer au projet d'un Portfolio européen des langues.

Le site Internet http://culture.coe.int/portfolio offre une information régulièrement mise à jour sur les modèles de PEL validés et renseigne sur le processus de validation. Il permet en outre la consultation en ligne et le téléchargement du « Cadre européen commun de référence pour les langues » ainsi que de plusieurs guides, études et autres documents liés au PEL.

« Un Cadre européen commun de référence pour les langues »

Cet instrument de planification des politiques linguistiques servant tant à la formation des enseignants et au développement de curricula que pour la certification a été publié par les Editions Didier et Cambridge University Press à l'occasion du lancement de l'AEL. Une douzaine de traductions ont été entreprises ou publiées.

Le Cadre a été largement utilisé lors de séminaires nationaux et régionaux sur les curricula et la certification ainsi que pour la formation des enseignants. Il a été adopté par l'Union européenne qui invite ses états membres à élaborer des systèmes d'évaluation de compétences en langues basés sur le Cadre européen commun de référence.

Autres instruments de planification

Les travaux se sont poursuivis concernant le développement d'instruments de planification pour la promotion de l'enseignement/apprentissage de langues spécifiques nationales ou

The campaign launched a dynamic process of awareness raising and co-operation which resulted for example in new partnerships in over 80% of countries. As part of the follow-up, a European Day of Languages will be celebrated each year on 26 September, as decided by the Committee of Ministers of the Council of Europe. This Day will be organised in a flexible and decentralised manner (www.coe.int – Modern languages). The European Union was invited to join this initiative.

Reports on the "Interim evaluation of the EYL" and on the "European Day of Languages 2001" were produced and a "EYL campaign book" was developed which will be updated in 2002.

Further details on the results of this campaign will be provided in a final evaluation report to be published by mid-2002.

European Language Portfolio (ELP)

The ELP was the theme most frequently mentioned by national co-ordinators in their evaluation of the European Year of Languages, highlighting the success of this concept which was introduced by all member States in 2001. The ELP has been developed as an instrument in which language learners at any age and at all levels can record their language competences as well as their learning and intercultural experiences. It promotes coherence and transparency in an individual's learning path at both national and European level, and facilitates educational and vocational mobility.

The European Validation Committee validated 19 new ELPs models in 2001, which brings the total number of validated models to twenty-five; the quantity of submitted models is growing rapidly.

European and regional seminars were organised in 2001, in order to offer all member States the opportunity to take part in the European Language Portfolio scheme.

The web site http://culture.coe.int/portfolio provides regularly updated information on ELP validated models and on the validation process. In addition, the Common European Framework of Reference for Languages can be consulted on-line and downloaded, as well as several guides, studies, and relevant documents linked to the ELP.

"Common European Framework of Reference for Languages" (CEF)

The Framework is used as a language policy-planning instrument in teacher training, in curriculum development and in testing and certification. It was published by Cambridge University Press and Editions Didier for the launch of the European Year of Languages. Translations in twelve languages were prepared or published.

The CEF was widely used during national and regional seminars for curricula and certification purposes as well as for teacher training. It has been adopted by the European Union, which invites its member states to set up systems of validation of competence in language knowledge based on the CEF.

Other planning instruments

Work continued on the development of planning instruments for the promotion of teaching/learning specific national or regional languages. Definitions of language learning objectives were published for the Czech and Greek languages and work continued for other languages.

régionales. Des définitions d'objectifs d'apprentissage de langues ont été publiées pour la langue tchèque et la langue grecque et les travaux se sont poursuivis pour d'autres langues.

Un projet de « Guide pour les politiques linguistiques éducatives » a été élaboré. Il offrira aux décideurs politiques un instrument d'analyse pouvant servir de document de référence à l'élaboration ou à la réorganisation des enseignements de langue dans les Etats membres. Un certain nombre d'études sur des questions-clés en matière de politiques linguistiques ont été préparées.

Minorités

Les activités portant sur l'intégration des minorités se sont poursuivies, concernant notamment les politiques linguistiques éducatives ; selon le cas, cela s'est fait en coopération avec d'autres secteurs du Conseil de l'Europe et dans le cadre d'un programme joint avec l'Union européenne.

10. Accord Partiel du Centre européen pour les Langues vivantes (CELV) à GRAZ

Ce Centre a été créé à Graz (Autriche) dans le cadre d'un Accord partiel élargi. Après une période d'essai de 3 ans, il a été décidé en juillet 1998 de le pérenniser. Aujourd'hui 31 Etats sont membres de l'Accord partiel.[3]

L'accroissement du Centre en terme d'Etats membres a été poursuivi en 2001 avec l'accueil au sein du CELV de trois nouveaux membres : la Bosnie-Herzégovine, l'Albanie et l'Arménie.

L'année 2000 avait permis la mise en place du premier programme à moyen terme. Lors de sa réunion extraordinaire en novembre 2000, le Comité de direction a décidé de rallonger sa durée en passant de 3 à 4 ans afin de lui donner toute son efficacité. 2001 a permis la mise en place d'un site web vraiment adapté au programme à moyen terme : www.ecml@at et un ensemble de réflexions constructives sur l'utilisation la plus efficace du Centre de documentation et de ressources envers ce programme.

Afin d'atteindre ses objectifs stratégiques, le Centre a, cette année, organisé 9 ateliers à Graz regroupant 260 participants, 5 ateliers régionaux avec environ 185 personnes et une vingtaine de réunions d'experts avec environ 255 personnes, tous originaires des pays membres et choisis en fonction de leur rôle de multiplicateur des bonnes pratiques mises en valeur par le CELV et des enseignements en matière de politique linguistique du Conseil de l'Europe. A cela s'ajoute l'événement de la Journée européenne des Langues (au Centre 40 personnes de 10 pays).

Par ailleurs, le CELV a publié et diffusé 4 ouvrages de référence en matière de didactique des langues et 6 rapports d'atelier. Il a lancé officiellement une Gazette des langues sous format papier et électronique.

Le partenariat avec la Division des politiques linguistiques a été fortement renforcé, notamment en raison de l'organisation de « l'Année européenne des Langues », ainsi que la coopération avec le Congrès des pouvoirs locaux et régionaux dans le cadre du projet sur les « Jumelages et les langues ». Citons également la collaboration avec la Division de l'information documentaire par le biais du développement du propre Centre de ressources et de documentation du Centre.

---

[3] Albanie, Allemagne, Principauté d'Andorre, Arménie, Autriche, Bosnie-Herzégovine, Bulgarie, Croatie, Chypre, Espagne, Estonie, Finlande, France, Grèce, Hongrie, Islande, Lettonie, Liechtenstein, Lituanie, Luxembourg, Malte, Norvège, Pays-Bas, Pologne, Roumanie, République slovaque, République tchèque, Slovénie, Suède, Suisse, "l'ex-République yougoslave de Macédoine".

A draft Guide for Language Education Policies was elaborated. It will offer policy deciders an analytical instrument which can serve as a reference document for the formulation or reorganisation of language teaching in member States. A number of studies on key issues in language policy were prepared.

Minorities

Activities concerning the integration of minorities, and in particular concerning language education policies, were continued, where appropriate in co-operation with other sectors of the Council of Europe and in the framework of a joint programme with the European Union.

10. Partial Agreement of the European Centre for Modern Languages (ECML) in Graz

This Centre was created in Graz (Austria) within the framework of an Enlarged Partial Agreement. Following a 3-year trial period, it was decided in July 1998 to grant the Centre permanent status. Currently there are 31 member States of the Partial Agreement.[3]

The growth of the Centre in terms of member states continued in 2001 with the ECML welcoming three new members: Bosnia-Herzegovina, Albania and Armenia.

The year 2000 had enabled the implementation of the 1st medium-term working programme. At its extraordinary meeting in November 2000, the Governing Board decided to extend the programme's duration from 3 to 4 years in order to achieve greater efficiency. 2001 has enabled the implementation of a website perfectly adapted to the medium-term working programme: www.ecml@at as well as the shaping of a number of constructive considerations concerning the most effective use of the Documentation and Resource Centre directed towards this programme.

The Centre organised 9 workshops in Graz with 260 participants, 5 regional workshops with approximately 185 participants and over twenty expert meetings involving 255 persons from the member countries, persons which were chosen due to their role as multipliers of good practice as promoted by the ECML in order to implement these strategic objectives. Additionally, there was the European Day of Languages event (40 persons from 10 countries attended the Centre).

Furthermore, the ECML has published and disseminated 4 reference works on language didactics and 6 workshop reports. The European Language Gazette was officially launched and diffused on both paper and electronic versions.

The partnership with the Language Policy Division was greatly reinforced in particular through the common organisation of the "European Year of Languages", as well as through the co-operation with the Congress of Local and Regional Authorities within the project concerning "Twin cities and languages". This co-operation was also reinforced with the Documentation and Information Division, through the development of the Centre's own Documentation and Resource Centre.

---

[3] Albania, Andorra, Armenia, Austria, Bosnia-Herzegovina, Bulgaria, Croatia, Cyprus, Czech Republic, Estonia, Finland, France, Germany, Greece, Hungary, Iceland, Latvia, Liechtenstein, Lithuania, Luxembourg, Malta, Netherlands, Norway, Poland, Romania, Slovak Republic, Slovenia, Spain, Sweden, Switzerland, "the former Yugoslav Republic of Macedonia".

II. CULTURE ET PATRIMOINE CULTUREL ET NATUREL

1. Culture

a. Activités normatives

Le projet de Convention européenne sur la protection du patrimoine audiovisuel et de son protocole concernant les productions télévisuelles ont été adoptés par le Comité des Ministres du Conseil de l'Europe en 2001.

b. Analyses des politiques culturelles nationales et politiques sectorielles

i. Le programme d'examen des politiques culturelles

Lancé en 1986, ce programme évalue, à la demande d'un Etat membre, ses politiques culturelles. Outre son utilité pour les pays étudiés, il apporte une contribution à la coopération culturelle européenne, à la connaissance des différentes réalités sur le continent et à l'élaboration de stratégies culturelles communes.

Un rapport national est établi par les autorités du pays étudié, le Conseil de l'Europe désigne, en consultation avec les autorités nationales, un groupe d'experts qui étudie ce rapport, effectue plusieurs visites d'information dans le pays concerné et établit son propre rapport, qui inclut une évaluation approfondie de la politique culturelle du pays ainsi que des recommandations ; le rapport national et celui des experts font l'objet d'une discussion lors d'une réunion au Conseil de l'Europe, à Strasbourg, et d'un débat national dans le pays concerné.

Les pays déjà examinés sont les suivants : France (1988), Suède (1989), Autriche (1993), Pays-Bas (1994), Finlande (1994), Italie (1995), Estonie (1995), Fédération de Russie (1996), Slovénie (1996), Bulgarie (1997), Lituanie (1997), Lettonie (1998), Croatie (1998), Portugal (1998), Roumanie (1999), Albanie (2000), Arménie (2001) et Moldova (2001).

Des études sont en cours dans les pays ci-après : Andorre, Azerbaïdjan, Bosnie-Herzégovine, Géorgie, Slovaquie et « l'ex-République yougoslave de Macédoine ». Trois pays ont demandé l'examen de leurs politiques culturelles : Chypre, Malte et Turquie.

ii. Les politiques et la diversité culturelles

Le projet du Conseil de l'Europe sur les politiques et la diversité culturelles a été lancé en 1999 avec la participation de sept Etats : Autriche, Belgique, Bulgarie, Canada, Luxembourg, Suisse et Royaume-Uni. Le projet a essentiellement pour but de comprendre et de soutenir l'élaboration de politiques culturelles démocratiques dans le cadre de sociétés marquées par la diversité culturelle. Il est axé plus particulièrement sur deux aspects de la diversité : d'une part, les formes de diversité culturelle en rapport avec les migrations internationales, notamment après 1945 et, d'autre part, les formes de différence culturelle qui ont résisté à l'assimilation dans le cadre des cultures nationales dominantes sur de longues périodes. La première phase des activités (1999-2000) a donné lieu à la réalisation d'un vaste ensemble d'études et d'analyses, à l'élaboration de sept rapports nationaux et à l'engagement de tous les participants à poursuivre les travaux.

Le rapport final de la première phase, élaboré par Tony Bennett, chercheur et praticien éminent en matière de politiques culturelles, développe un thème clé des travaux de la phase initiale du projet, mettant l'accent sur l'évolution des relations entre les citoyens et l'Etat dans le contexte de la mondialisation. Cette évolution privilégie le concept de la citoyenneté culturelle et un ensemble de droits associés à ce statut.

II. CULTURE AND CULTURAL AND NATURAL HERITAGE

1. CULTURE

a. Standard setting activities

The Council of Europe Committee of Ministers adopted the European Convention on the protection of the audio-visual heritage and its Protocol on television productions in 2001.

b. National cultural policy reviews and sectorial policies

i. Cultural Policy Review Programme

Initiated in 1986, this programme assesses, at the request of a member State, its cultural policies. It not only benefits the country studied, but also represents a contribution to European cultural co-operation, to the understanding of different European realities and to the elaboration of common cultural strategies.

A national report is drawn up by the authorities of the country under review, a group of examiners, appointed by the Council of Europe in consultation with the national authorities, examines this report, conducts several information visits to the country concerned and writes up its own report, which critically assesses the cultural policy of the country and makes recommendations; the national report and the experts' report are then discussed at a meeting at the Council of Europe in Strasbourg, as well as at a national debate in the country concerned.

Reviews have been carried out in: France (1988) Sweden (1989), Austria (1993), the Netherlands (1994), Finland (1994), Italy (1995), Estonia (1995), the Russian Federation (1996), Slovenia (1996), Bulgaria (1997), Lithuania (1997), Latvia (1988), Croatia (1998), Portugal (1998), Romania (1999), Albania (2000), Armenia (2001) and Moldova (2001).

Reviews are in progress in: Andorra, Azerbaijan, Bosnia and Herzegovina, Georgia and in "the Former Yugoslav Republic of Macedonia". Three countries have requested a review of their cultural policy: Cyprus, Malta and Turkey.

ii. Cultural policy and cultural diversity

The Council of Europe's Project on Cultural Policy and Cultural Diversity was launched in 1999 with the participation of seven states: Austria, Belgium, Bulgaria, Canada, Luxembourg, Switzerland and the United Kingdom. The overriding goal of the Project is to understand and support the development of democratic cultural policy in the context of culturally diverse societies. It focuses specifically on two facets of diversity: the forms of cultural diversity associated with the international movements of peoples, particularly post 1945; and forms of cultural differences that have resisted assimilation within dominant national cultures over extended periods. Phase one of the activities (1999-2000) produced a substantial body of research and analysis, as well as seven National Reports and a commitment by all participants to continue the work.

The final report of phase one, written by Tony Bennett, a leading scholar and practitioner in the field of cultural policy, articulated a key theme of the work of the first phase of the project, namely, the focus on the changing relationship between the citizen and the state in the context of globalisation. This changing relationship is bringing to the fore the concept of cultural citizenship and a body of entitlements associated with this status.

The Bennett report proposed follow-up work in a number of areas. In light of these proposals,

Le rapport Bennett propose des actions de suivi dans un certain nombre de domaines. Au vu de ces propositions et à la demande des Etats membres concernés, la deuxième phase du projet (2001-2002) se concentrera sur une série d'ateliers qui élaboreront des stratégies et des instruments et réaliseront des études de cas, tels que :

- entrepreunariat et diversité culturels,
- communication interculturelle et prévention des conflits,
- culture, diversité et vie quotidienne,
- diversité et grandes institutions publiques, et
- décentralisation et stratégies de planification culturelle en faveur de la diversité.

Ces activités aideront les Etats membres à mettre en place une approche globale des politiques culturelles en faveur de la diversité culturelle. Les principes élaborés seront intégrés dans des recommandations et soumis au Comité Directeur de la Culture et au Comité des Ministres.

iii. Unité de recherche et de développement de politiques culturelles (URD)

L'objectif principal de l'Unité, créée en 1997, est d'améliorer l'efficacité, la pertinence et la diffusion des travaux entrepris par le Service des politiques et actions culturelles. En 2001 les activités se sont concentrées sur le développement du Compendium – le premier système d'information électronique sur les politiques culturelles en Europe (http://www.culturalpolicies.net/) -, réalisé en coopération avec ERICarts (Allemagne) et un groupe d'experts nationaux ainsi qu'avec les gouvernements concernés. Ceci a donc impliqué la mise à jour des vingt profils nationaux déjà disponibles, la préparation de cinq nouveaux profils, le développement de modalités de recherche (recherche par mots-clés, navigation transversale par pays, vue comparative interactive) et la création d'un nouveau design plus convivial. En 2001, la version web du « Compendium » a compté 15 000 utilisateurs à travers le monde. Pour traiter ce projet de plus en plus complexe (l'intention est de faire une analyse de tous les Etats membres), un guide sur les procédures de réalisation et la méthodologie a été préparé. Des efforts ont été concentrés sur le développement du contenu grâce aux observations reçues de certains auteurs et des gouvernements concernés. Des synergies avec d'autres systèmes d'information internes et externes au Conseil de l'Europe ont été créées. Les activités de service et de diffusion de l'information (par exemple via les Notes politiques) et les activités de liaison avec les institutions partenaires ont été poursuivies par l'URD tout au long de l'année.

c. Dialogue interculturel et prévention des conflits

En ce début de troisième millénaire, nous nous trouvons dans un environnement multiculturel à la fois riche de promesses mais aussi porteur de conflits.

En Europe, tout comme dans d'autres continents, la culture est parfois détournée pour justifier des conflits inter-culturels et inter-religieux qui peuvent toucher tant l'Europe de l'Ouest que l'Europe de l'Est. Les événements du 11 septembre 2001 ont démontré que cette problématique peut mener à des événements tragiques à l'échelle mondiale.

Certes, la politique culturelle ne résoudra pas tous les problèmes de la société, mais le Conseil de l'Europe est convaincu que la culture, en tant qu'instrument de communication privilégié, est un facteur essentiel à considérer soit pour la prévention de situations de conflit, soit pour assurer une meilleure cohésion sociale post-conflictuelle, un meilleur « vivre-ensemble ».

Par son projet « Dialogue interculturel et Prévention des Conflits », le Service des politiques et actions culturelles propose d'analyser les sources et les mécanismes qui sont à l'origine de conflits inter-culturels et inter-religieux pour les prévenir mais aussi de mettre en œuvre des actions de réconciliation à mener dans la phase post-conflit. Une coopération inter-villes et inter-

and at the request of the member States involved, the focus of phase two (2001-2002) of the project will be a series of workshops on strategies and tools and case studies on subjects like :

- cultural entrepreneurship and diversity,
- intercultural communication and conflict prevention,
- culture, diversity and everyday life,
- diversity and mainstream public institutions and
- decentralisation and cultural planning approaches to diversity.

These activities should assist member States in the development of a comprehensive approach to cultural policy for cultural diversity. These principles will be incorporated into recommendations and submitted to the Steering Committee for Culture and the Committee of Ministers.

iii. Cultural Policies Research and Development Unit (RDU)

Set up in 1997, the main objective of the Unit is to improve the efficiency, policy relevance and dissemination of the work carried out by the Cultural Policy and Action Department. In 2001, work focussed on the further development of the Compendium – the first electronic cultural policy information system in Europe (http://www.culturalpolicies.net)-, realised in co-operation with ERICarts (Germany) and a group of national experts as well as the governments concerned. This involved updating of 20 cultural policy country profiles and the preparation of five new profiles, the enlargement of retrieval functionalities (keyword search, country crossover, interactive comparative view) and the creation of a new and user-friendly web design. In 2001, the Compendium web-version counted 15,000 users worldwide. To handle the increasingly complex project (coverage of all member States is intended) a guide on procedures and methodology was produced. Efforts were made towards further content development in reply to individual authors' and governments' observations. Synergies with ongoing Council of Europe- and external information systems were created. Information services, dissemination of information (e.g. via Policy Notes) and liaison with partners are run by the RDU on a continuous basis.

c. Intercultural dialogue and conflict prevention

As the third millennium gets under way, we find ourselves in a multicultural environment, which is laden with both promise and conflicts.

In Europe, as in other continents, culture is sometimes diverted to justify inter-cultural and inter-religious conflicts that touch both Western and Eastern Europe. The events of 11 September 2001 showed that this range of problems might lead to tragic events on a world scale.

Although cultural policy cannot solve all society's problems, the Council of Europe is convinced that culture, as a favoured instrument of communication, is an essential factor to be considered both in prevention of conflict situations and in post-conflict social reconciliation.

By this project on "Intercultural dialogue and conflict prevention", the Cultural Policy and Action Department intends to analyse the sources and mechanisms that are at the origin of inter-cultural or inter-religious conflicts in order to prevent them, but also reconciliation actions to be carried out in the post-conflict phase. A co-operation between towns and regions will be set up in member States and, as far as possible, in the wider framework of the Mediterranean.

régions sera mise en place dans les Etats membres et dans toute la mesure du possible dans le cadre plus large de la Méditerranée.

Ce projet se décline en activités de recherche, en analyse d'exemples de bonne pratique et en soutien d'actions culturelles de terrain. Un plan d'action décrit les activités en les regroupant sous quatre thèmes : concepts et normes, réseaux de coopération, dimension interculturelle dans les projets culturels, initiatives emblématiques.

d. Nouvelles technologies de l'information

Les résultats des activités en 2001 sont énumérés ci-après, pour chacun des axes de travail du projet :

Diversité culturelle et développement durable

Organisation d'un atelier sur « Diversité culturelle et industries culturelles » à Moscou (25-26 juin 2001) pour des experts de la Fédération de Russie, de l'Ukraine et d'autres pays de la région du Caucase.

Accès public et liberté d'expression

Publication des Lignes directrices « Accès public et liberté d'expression dans les réseaux d'information: lignes directrices pour une politique culturelle européenne » et de la compilation « Vital links for a knowledge culture: Public access to new information and communication technologies »(disponible uniquement en anglais).

Nouvelles technologies de l'information et créativité

Finalisation d'une enquête sur la place de la culture dans les plans nationaux pour la société de l'information de 11 Etats membres, avec l'accent sur la question de la créativité.

Formation, qualifications et profils professionnels

Adoption du texte « Le travail culturel dans la société de l'information: lignes directrices pour une politique culturelle européenne » par le Conseil de la coopération culturelle.

Nouvelles technologies de l'information et les jeunes

Publication du livre « New information technologies and the young » (disponible uniquement en anglais).

Le projet, conçu pour trois ans (1999-2001), a été clôturé avec une conférence *« Les industries culturelles et les nouvelles technologies de l'information »* (Strasbourg, 19-20 novembre 2001). La conférence, organisée en coopération avec l'UNESCO et avec la participation de M. Walter Schwimmer, Secrétaire Général du Conseil de l'Europe, et de M. Koichiro Matsuura, Directeur Général de l'UNESCO, ainsi que d'une centaine d'experts de la Grande Europe, le Mexique et le Canada, a traité des sujets suivants :

- la place de la culture dans la société de l'information,
- l'accès public et la liberté d'expression dans les institutions culturelles,
- la diversité et la mondialisation,
- les industries culturelles face aux nouvelles technologies de l'information,
- l'impact de celles-ci sur les jeunes.

e. Archives

L'activité est actuellement concentrée sur le programme « Reconstitution de la mémoire de Pologne » conduit sous forme de partenariat avec plusieurs Etats membres (Autriche, France, Allemagne, Italie, Fédération de Russie, Ukraine) et leurs archives. L'objectif principal de ce projet pilote est le recueil et la digitalisation des fonds d'archives concernant l'histoire de la Pologne entre 1772 et 1918. En ligne avec la Recommandation n° R (2000) 13 du Comité des Ministres sur une politique européenne en matière de communication des archives, il est prévu

This project is declined in research activities, in good practices analysis and in support to cultural actions. An Action Plan describes those activities, which are brought together in four themes: concepts and standards, co-operation networks, intercultural dimension in cultural projects, flagship initiatives.

d. New information technologies

The following is a list of the results, in 2001, for each of the working axes of the project.

Cultural diversity and sustainable development

Organisation of an awareness raising workshop on "Cultural diversity and cultural industries" in Moscow (25-26 June 2001) for experts from the Russian Federation, Ukraine and the countries of the Caucuses region.

Public access and freedom of expression

Publication of the Guidelines on "Public access and freedom of expression in networked information: guidelines for European cultural policy" and of the compilation "Vital links for a knowledge culture: Public access to new information and communication technologies".

New information technologies and creativity

Finalisation of a survey on the provisions made in the national plans for new information technologies of 11 member States in the field of culture, with special emphasis on the issue of creativity.

Training, qualifications and professional profiles

Adoption of the text "Cultural work in the information society: Guidelines for European cultural policy" by the Council for Cultural Co-operation.

New information technologies and the young

Publication of the book "New information technologies and the young".

The project, intended to run for a three-year period (1999-2001), closed with the Conference "Cultural industries and new information technologies" (Strasbourg, 19-20 November 2001), organised in co-operation with UNESCO and with the participation of Mr Walter Schwimmer, Secretary General of the Council of Europe and Mr Koichiro Matsuura, Director General of UNESCO, as well as around one hundred experts from Greater Europe, Mexico and Canada, dealt with the following issues:

- provision for culture in the information society,
- public access and freedom of expression in cultural industries,
- diversity and globalisation,
- cultural industries in the face of new information technologies environment,
- the impact of the nits on the young.

e. Archives

The activity is presently focussed on the programme "Reconstitution of the memory of Poland", run in partnership with several member States (Austria, France, Germany, Italy, the Russian Federation, Ukraine) and their archives. The principal objective is the gathering and digitalisation of archival fonds on the history of Poland from 1772 to 1918. In line with the Committee of Ministers' Recommendation No. R (2000) 13 on a European policy on access to de rendre les fonds accessibles sur Internet. En plus, des archivistes polonais ont été reçus en Autriche, France, Allemagne et Italie pour des séjours de formation et de travail.

f. Assistance technique

Des programmes spécifiques d'assistance sont en cours : le projet MOSAIC (1998-2001) est un plan de développement culturel destiné à l'Europe du Sud-Est et un plan similaire – le projet STAGE – a été lancé en 2000 pour les pays du Caucase.

i. MOSAIC

Lancé par le Service des politiques et actions culturelles du Conseil de l'Europe en octobre 1998, le projet MOSAIC (Managing an Open and Strategic Approach in Culture) a pour double objectif de développer les échanges et la coopération entre les pays de l'Europe du Sud-Est et de les assister dans la transition de leurs politiques culturelles.

L'espace couvert par MOSAIC comprend l'Albanie, la Bosnie-Herzégovine, la Bulgarie, la Croatie, la Moldova, la Roumanie, la Slovénie, l'« ex-République Yougoslave de Macédoine », la République Fédérale de Yougoslavie et le Kosovo.

Différents types d'activités sont organisés au niveau multilatéral et au niveau national. L'objectif des séminaires multilatéraux est de favoriser l'échange d'expérience entre les pays de la région et de contribuer au développement de réseaux informels de décideurs, d'administrateurs et de professionnels de la culture. Au niveau national, MOSAIC s'efforce d'apporter une réponse rapide aux demandes spécifiques des pays participants sous forme d'assistance d'experts, de séminaires, d'ateliers ou de formations.

En 2001, 19 activités ont été organisées au total. Parmi celles-ci, on peut citer :

- les séminaires multilatéraux sur les institutions culturelles en transition ou l'entreprise culturelle,
- le débat national sur les politiques culturelles de Moldova,
- les séminaires « société civile et culture » en Roumanie et en Bulgarie,
- les formations pour les bibliothécaires du Kosovo ou les administrateurs culturels de Croatie,
- l'assistance pour la création et le développement de centres culturels indépendants en Bosnie-Herzégovine, en Croatie et en République Fédérale de Yougoslavie, et
- l'assistance législative dans le domaine des arts de la scène au Kosovo.

A ces activités il faut ajouter la publication de cinq textes sur les politiques culturelles, dont l'un (*Cultural policy – a short guide* par S. Mundy) a été traduit dans l'ensemble des langues des pays participants.

La première phase du projet MOSAIC (1998-2001) s'est achevée en décembre 2001. Le projet a été très positivement évalué lors de deux séminaires d'évaluation à Innsbruck et à Amsterdam. Les résultats de cette évaluation sont disponibles dans une série de sept rapports. Suite à l'évaluation positive de la première phase du projet, et à la demande des pays participants, une seconde phase intitulée MOSAIC II (2002-2003) sera lancée en janvier 2002.

ii. STAGE

Au carrefour de l'Europe, de l'Asie et du Proche-Orient, le Caucase est un creuset de culture et de religion où se côtoient musulmans, orthodoxes russes, catholiques, protestants, orthodoxes géorgiens et adeptes d'autres religions. La région transcaucasienne, qui inclut l'Arménie, l'Azerbaïdjan et la Géorgie, se distingue par une grande diversité ethnique et linguistique ; on y archives, it is planned to make the fonds accessible on the Internet. In addition, Polish archivists are being invited to Austria, France, Germany and Italy for training and work sessions.

f. Technical assistance

Special assistance programmes are carried out: the MOSAIC project (1998-2001) is a plan for cultural development in South-East Europe and a similar plan – the STAGE project – was launched in 2000 for the countries of the Caucasus.

i. MOSAIC

The MOSAIC project (Managing an Open and Strategic Approach in Culture) was launched by the Cultural Policy and Action Department of the Council of Europe in October 1998 with the double objective of fostering exchanges and co-operation amongst countries in South-East Europe and of assisting them in the transition of their cultural policy.

The geographical area covered by MOSAIC encompassed: Albania, Bosnia & Herzegovina, Bulgaria, Croatia, Moldova, Romania, Slovenia, "the Former Yugoslav Republic of Macedonia", the Federal Republic of Yugoslavia and the Kosovo.

Different types of activities were organised at a multilateral and at a national level. The objective of the multilateral seminars was to foster the exchange of experiences amongst the countries of the region and to contribute to the development of informal networks of decision-makers, administrators and cultural professionals. At a national level, MOSAIC tried to provide a rapid response to the specific demands of the participating countries through the means of experts' assistance, seminars, workshops or training.

In 2001, a total of 19 activities were organised, e.g.:

- multilateral seminars on cultural institutions in transition or the cultural enterprise,
- national debate on cultural policy in Moldova,
- seminars on 'civil society and culture' in Romania and Bulgaria,
- training seminar for librarians in Kosovo or cultural administrators in Croatia,
- assistance in establishing and managing independent cultural centres in Bosnia & Herzegovina, Croatia, Federal Republic of Yugoslavia, and
- legislative assistance in the field of performing arts in Kosovo.

In addition, five texts on cultural policy were published, one of which (Cultural policy – a short guide by S. Mundy) was translated into all of the languages of the participating countries.

The first phase of MOSAIC (1998-2001) was completed in December 2001. The project was very positively evaluated at the evaluation seminars in Innsbruck and Amsterdam. The results of this evaluation are available in a series of seven reports. Following the positive evaluation of the first part of the project and at the request of the participating countries, a second phase of the project named MOSAIC II (2002-2003) will be launched in January 2002.

ii. STAGE

At the crossroads of Europe, Asia and the Middle East, the Caucasus region is a melting pot of cultures and religions (such as Islam, Russian Orthodox, Catholicism, Protestantism and the Orthodox church of Georgia). Three countries in the Transcaucasia region – Armenia, Azerbaijan and Georgia, with a wide range of ethnic backgrounds and over forty spoken languages, – are parle une quarantaine de langues. Ces trois pays travaillent en coopération étroite avec le Conseil de l'Europe. La Géorgie a rejoint le Conseil en 1999, l'Arménie et l'Azerbaïdjan l'ont suivie en 2001. Depuis leur indépendance en 1991, tous trois mènent un travail de réforme de l'État et de la politique culturelle.

Le projet STAGE (Soutien à la Transition dans les Arts et la culture dans la Grande Europe), lancé en 2000 par le Service des politiques et actions culturelles du Conseil de l'Europe, a pour but d'instaurer un cadre qui facilite les échanges et la coopération entre les trois pays du Caucase, et d'assister ceux-ci dans la transition de leurs politiques culturelles. C'est une initiative importante, apte à renforcer la démocratie dans les pays concernés.

Les activités sont les suivantes :

- évaluation des politiques culturelles et étude des secteurs culturels par des équipes d'experts,
- ateliers et séminaires sur les principaux aspects de la politique culturelle (législation, finances, décentralisation, diversité culturelle, encouragement de la créativité, emploi, participation, etc.), réunissant des responsables politiques, des représentants d'institutions culturelles et d'ONG ainsi que des artistes, dans le but de trouver des solutions adaptées et concrètes aux problèmes communs,
- activités de formation et programmes d'aide visant à répondre aux principales questions et attentes des acteurs impliqués dans la transition de la politique culturelle,
- encouragement des échanges artistiques et de la création de réseaux par les artistes, et
- aide à la publication de documents sur les résultats du projet et à la traduction de textes du Conseil de l'Europe dans les langues locales.

Ces activités visent à instaurer une conception plus transparente et stratégique de la politique culturelle, en tenant compte des intérêts de la population locale et de la société civile des pays participants. D'autre part, elles encouragent la créativité et garantissent la participation de tous aux activités culturelles dans les meilleures conditions possibles.

En apportant le savoir-faire d'experts de toute l'Europe, le projet STAGE entend faciliter la redéfinition des politiques et stratégies culturelles en fonction des nouvelles orientations et réalités de la période de transition de l'ancien système communiste vers la démocratie.

g. Formation et réseaux

Formation d'administrateurs culturels

Lancé en 1992, ce programme entend répondre à la nécessité de former une nouvelle génération d'administrateurs culturels sensibles à la fois à l'expression locale et à la vision européenne, et à même de démontrer le degré élevé de professionnalisme que requiert de nos jours la gestion culturelle. En 2001, ce projet a inclus les activités suivantes:

Système de bourses de voyage

48 bourses pour stagiaires et experts ont été octroyées à travers ce système, conçu pour promouvoir la mobilité et les échanges dans le secteur de la formation au management culturel. La diminution dans le nombre de bourses allouées en 2001 par rapport à 2000 est dû à une diminution de 50% du budget de l'activité.

Soutien au Certificat européen en administration de projets culturels

Il s'agit d'un programme de formation auquel participent chaque année environ vingt-cinq professionnels européens du secteur culturel qui souhaitent se spécialiser en management culturel et parfaire leurs connaissances de la coopération culturelle en Europe. En 2001, les sessions de formation se sont déroulées au Luxembourg, en France et au Portugal ainsi qu'en Grèce (Centre culturel européen de Delphes).

working closely with the Council of Europe. Georgia joined the Council in 1999, Armenia and Azerbaijan in 2001. Since they became independent in 1991, these three states have been working towards political and cultural policy reform.

Launched by the Cultural Policy and Action Department of the Council of Europe in 2000, the STAGE project (Support for Transition in the Arts and Culture in Greater Europe) aims to create a framework for exchange and co-operation amongst the three countries of the Caucasus area and to assist them in the transition of their cultural policies. It is an important initiative, which has the potential to foster democracy in countries involved.

The activities are:

- cultural policies reviews and sectorial assessments carried out by teams of experts,
- workshops and seminars on the main aspects of cultural policy (legislation, financing, decentralisation, cultural diversity, encouragement in creativity, work, participation, etc.) bringing together the persons responsible for policy, representatives of cultural institutions NGOs, and artists with the aim of finding appropriate and concrete solutions for common problems,
- training activities and assistance programmes aimed at answering the most pertinent questions and needs of the cultural workers involved in the transition of the cultural policy,
- encouragement of artistic exchanges and creation of networks of artists, and
- support of publications on project findings and translation of the Council of Europe documents into the countries' languages.

All of these activities ensure that a more transparent and strategic approach to cultural policy is implemented, which does not neglect the interests of the local community and of the civil society in the countries covered by the STAGE Project. They also support creativity and ensure that everyone can participate at the cultural life under the best conditions.

By providing technical know-how from experts from throughout Europe, the project aims to ease the process of changing cultural strategies and cultural policies in accordance with the new mentalities and realities of the period of transition from the former communist system to democracy.

g. Training and networks

Training of cultural administrators

Launched in 1992, this programme is intended to respond to the need to train a new generation of cultural administrators, who are sensitive to local needs, but also have a European vision, and are able to meet the high standards of professionalism required today in cultural management. In 2001, this project included the following activities:

Travel Bursary System

In 2001, 48 bursaries for trainees and experts were granted through this system, designed to promote mobility and exchanges in the field of arts management training. The fall in bursaries allocated is due to a cut of over 50% in the activity's budget.

Support to the European Diploma in Cultural Project Management

This course is attended every year by some twenty-five European professionals working in the cultural field and wishing to acquire specialised skills and knowledge in arts management and in European cultural co-operation. In 2001, the training sessions were held in Luxemburg, France and Portugal as well as in Greece (European Cultural Centre in Delphi).

Soutien au Réseau européen des Centres de formation d'administrateurs culturels (ENCATC)

Le réseau, qui compte aujourd'hui 95 centres de formation en Europe et aux Etats Unis, a tenu son assemblée générale à St. Petersbourg du 27 avril au 1er mai 2001. Un séminaire thématique, d'une journée, a été dédié au thème « Comment utiliser la théorie pour enseigner la réalité? Des exemples pour apprendre » a été organisé dans le contexte de l'assemblée générale, en coopération avec Interstudio – Institute for Professional Development in Culture. En 2001 le réseau a lancé un nouveau site www.encatc.org <http://www.encatc.org> avec une base de données sur les centres de formation à l'administration culturelle. Il a également continué, en coopération avec le Conseil de l'Europe, le Thomassen Fund, un fonds spécial pour le soutien de la mobilité de formateurs dans le secteur du management culturel.

Coopération technique avec les réseaux culturels et assistance

Le Forum des réseaux culturels européens a organisé du 4 au 6 octobre 2001 à Bruxelles, en coopération avec le Ministère de la culture de la Communauté flamande (Belgique), la Fondation Marcel Hicter (Belgique) et la Fondation Interarts (Espagne), une conférence sur « Culture et globalisation ». Environ 80 participants de réseaux et ONGs ont participé à la conférence.

2. Patrimoine Culturel

Conférences ministérielles

5e Conférence européenne des ministres responsables du Patrimoine culturel (Portorož, Slovénie, 5- 7 avril 2001)

Consacré au thème « Le patrimoine culturel et le défi de la mondialisation », la Conférence a réuni 130 participants de la quasi-totalité des 48 Etats adhérents à la Convention culturelle. Les débats se sont articulés selon trois sous-thèmes : « Patrimoine et dynamique de marché », « patrimoine, dialogue et cohésion », « patrimoine, participation et partenariat ».

La problématique du patrimoine abordée par la Conférence a situé le programme en matière de patrimoine dans le cadre des objectifs politiques du Conseil de l'Europe. A cet égard de meilleures connaissances et compréhension du patrimoine de chaque communauté culturelle et la prise de conscience d'un « patrimoine commun », matériel et immatériel, comprenant les valeurs et idéaux sur lesquels repose d'aileurs le Conseil de l'Europe, ne peut que favoriser la prévention des conflits grâce au dialogue interculturel et au partage d'activités de coopération.

A l'issue de la Conférence, les Ministres ont adopté 2 résolutions et d'une déclaration (CC-PAT (2001) 39 rev. 3) :

- la Résolution n° 1 sur le « rôle du patrimoine culturel face au défi de la mondialisation » rappelle les valeurs spécifiques s'attachant aux biens culturels et un certain nombre de principes éthiques. Elle insiste sur la contribution du domaine au développement de la citoyenneté et de la démocratie ;
- la Résolution n° 2 sur « les activités futures du Conseil de l'Europe en matière de patrimoine culturel (2002-2005) » indique les axes de développement du programme de coopération à promouvoir par le Conseil de l'Europe en mettant en exergue :
- l'importance de la fonction normative avec l'élaboration de nouveaux textes de référence. Il s'agira par exemple d'établir les responsabilités nécessaires à l'identification, l'entretien et l'accès aux biens culturels, indépendamment du contexte politique du moment, dans un esprit de réciprocité des droits et des obligations vis-à-vis de tous les patrimoines en Europe et en encourageant l'action et la coopération transnationale pour leur conservation ;
- la mise en œuvre d'une fonction « d'observatoire européen du patrimoine » rassemblant

Support to the European Network of Cultural Administration Training Centres (ENCATC)

The network, which now has a membership of 95 training centres across Europe and in the U.S.A., held its annual general assembly in St. Petersburg from 27 April to 1 May 2001. A one-day thematic seminar on "How far can we use theory to teach about the real world? Examples to learn from" was held in the context of the general assembly, in cooperation with Interstudio – Institute for Professional Development in Culture. In 2001 the network launched a new website www.encatc.org <http://www.encatc.org> with a database of cultural administration training centres; it also continued, in co-operation with the Council of Europe, the Thomassen Fund, a special mobility fund for trainers in the field of arts management.

Technical co-operation with cultural networks and assistance

The Forum of European Cultural Networks organised from 4 to 6 October 2001 in Brussels, in co-operation with the Ministry of Culture of the French Community (Belgium), the Fondation Marcel Hicter (Belgium) and the Interarts Foundation (Spain), a conference on "Culture and globalisation". Some 80 participants from networks and NGOs attended the conference.

2. *Cultural Heritage*

Ministerial Conferences

5th European Conference of Ministers responsible for the cultural heritage (Portorož, Slovenia, 6-7 April 2001)

One hundred and thirty participants from virtually all the 48 states parties to the Cultural Convention attended the conference which had as its main theme "Cultural heritage and the challenge of globalisation". This was broken down into three sub-themes: "Heritage and market dynamics", "Heritage, dialogue and cohesion" and "heritage, participation and partnership".

The conference theme was first addressed by situating heritage co-operation in the context of the Council of Europe's political objectives In this regard, improved knowledge and understanding of the heritage of each cultural community and awareness of a physical and non-physical "common heritage" incorporating the values and ideals on which the Council of Europe is built cannot help but contribute to conflict prevention by means of intercultural dialogue and the sharing of co-operation activities.

At the close of the conference, the ministers adopted 2 resolutions and a declaration (CC-PAT (2001) 39 rev. 3):

- Resolution No. 1 on the role of cultural heritage and the challenge of globalisation draws attention to the specific values of the cultural heritage and a number of ethical principles. It emphasises the contribution of the heritage sector to the development of citizenship and democracy;
- Resolution No. 2 on the Council of Europe's future activities in the cultural heritage field (2002-2005) indicates in which areas the Council of Europe should seek to develop the co-operation programme and focuses on:
- the importance of setting standards by drawing up new reference texts. For example, effort must be made to establish responsibility for identifying, sustaining and facilitating access to the cultural heritage, regardless of the political context of the moment, using an approach based on reciprocal rights and duties in respect of the entire European heritage, by encouraging trans-national activities and co-operation to ensure that it is preserved;
- the functions of a "European heritage observatory", gathering data on the implementation

les données relatives à l'application des politiques du patrimoine et permettant un échange sur la mise en œuvre des conventions et recommandations du Conseil de l'Europe dans les pays membres ;

- la poursuite de la coopération technique et la conduite d'intervention sur le terrain en répondant notamment aux demandes spécifiques exprimées par les pays en matière d'assistance législative et de progrès du cadre institutionnels ;
- la redéfinition des actions en matière de formation, de pédagogie et de sensibilisation pour répondre aux défis politiques actuels en Europe, notamment favoriser la compréhension mutuelle et la tolérance. La Conférence s'est également attachée à des thèmes nouveaux : la prévention des conflits, le dialogue interculturel, l'enseignement de l'histoire auxquels le secteur du patrimoine pourra apporter une contribution significative.

La « Déclaration sur le rôle des organisations bénévoles dans le domaine du patrimoine culturel » qui trouve ses origines dans une conférence organisée en septembre 2000 à Oslo dans le cadre de la campagne « l'Europe, un patrimoine commun ».

Stratégies du patrimoine et projet de société

Suite à la 5e Conférence ministérielle, le Bureau du Comité du patrimoine culturel a conduit une réflexion sur la mise en œuvre des orientations de la conférence au cours d'une période de trois années.

Une première thématique faisant suite à l'activité « patrimoine, identité, diversité » mise en œuvre dans les années précédentes concerne les travaux à effectuer sur les conventions en matière de patrimoine culturel. Des consultations préliminaires entre experts et avec plusieurs organisations internationales sont intervenues sur la conception d'un nouvel instrument répondant au mandat du Comité des Ministres sur le principe universel de protection des patrimoines des diverses communautés culturelles attachées à l'histoire d'un territoire ou y coexistant aujourd'hui. Il est apparu des travaux effectués en 2001 que le texte devra à la fois traiter des droits culturels et du « droit au patrimoine » des citoyens, du dialogue interculturel et de l'amélioration des relations intercommunautaires à travers l'explication du patrimoine culturel. De même ce texte devra viser le progrès des méthodes de gouvernance liées aux fonctions sociales du patrimoine dans le contexte de la mondialisation. Par ailleurs le rapport « prospective : fonctions du patrimoine dans une Europe en changement » a été publié en 2001 et trace un certain nombre de perspectives sur le nouveau rôle du patrimoine dans la société européenne.

Une autre réflexion a porté sur le rôle du patrimoine dans la promotion de la citoyenneté et la pratique de la démocratie à travers la participation et l'implication du mouvement associatif.

Coopération technique, assistance et formation

La structure du plan d'action 2001, telle qu'adoptée par le Groupe de Travail (CC-PAT) chargé de la gestion de ce programme, répond à l'objectif de rationaliser les méthodes de travail pour mieux prendre en compte l'acquis des expériences passées et contribuer au développement des activités normatives et prospectives. L'activité s'est articulée en 3 sous-éléments :

a. « Projets transversaux » : projets multidisciplinaires, couvrant plusieurs secteurs, échelonnés sur un moyen et long terme et reposant sur un décloisonnement des administrations concernées et sur un financement endogène des phases préalables.

Dans ce cadre, se sont poursuivis le Projet Pilote pour Rostov Veliky (Fédération de Russie) – revitalisation des petites et moyennes villes historiques – et le Projet Pilote pour le Karst (Slovénie) – développement régional basé sur l'affirmation des valeurs patrimoniales et la of heritage policies and monitoring the implementation of the Council of Europe's conventions and recommendations in member states;

- the importance of continuing to provide technical co-operation and conduct fieldwork, in response to member states' specific requests for assistance in drawing up legislation and improving their organisational structure;
- the need to review teaching, training and awareness-raising activities to meet the political challenges currently facing Europe, and in particular to promote mutual understanding and tolerance. The conference also looked at a number of new themes: conflict prevention, intercultural dialogue and history teaching, to which the heritage sector could make a significant contribution.

The "Declaration on the role of voluntary organisations in the field of cultural heritage", which first originated in a conference held in Oslo in September 2000 as part of the "Europe, a common heritage" campaign.

Heritage strategies and blueprints for society

Following up on the 5th Ministerial Conference, the Bureau of the Cultural Heritage Committee discussed implementation of the policy guidelines which emerged from the conference over a three-year period.

A first sub-theme, following on from the previous activity on "heritage, identity, diversity", concerned work to be done on the conventions in the cultural heritage field. Preliminary consultations between experts and with several international organisations have taken place in order to map out a new instrument to comply with the terms of reference given by the Committee of Ministers relating to the universal principle for protecting the heritages of the various historical or present-day cultural traditions specific to a territory. The work carried out in 2001 showed that the text would need to address citizens' cultural rights and the "right to heritage", intercultural dialogue and improving intercommunity relations through an explanation of cultural heritage. In addition, the text should focus on progress made in methods of governance geared to the social role of heritage in the context of globalisation. Furthermore, the report on "The role of heritage in a changing Europe", setting out the prospects for the new role of heritage in European society, was published in 2001.

Thought was also given to the role of heritage in promoting citizenship and democracy through the participation and involvement of the voluntary sector.

Technical co-operation, Assistance and Training

The structure of the action plan implemented in 2001, as adopted by the Working Group (CC-PAT) is in charge of managing this programme. It responds to the need to rationalize working methods by taking into account what has been learned from past experiences and thereby targeting the best direction to be taken for a new project. This method contributes to the development of normative and prospective activities. The programme is divided into three different parts:

a. Transversal Projects: multidisciplinary projects, covering several sectors, are rated as an average or long-term project and based on decompartimentalization of concerned administrations and on an endogenous funding of the preliminary phases.

Within this framework, the Pilot Project for Rostov Veliky (Russian Federation) – revitalization of small and middle size historical cities – and the Pilot Project for Karst (Slovenia) participation effectives des habitants. Le Projet Pilote pour Rostov Veliky a notamment bénéficié du soutien de l'Agence canadienne pour le développement international. Par ailleurs, les résultats des actions menées au Kosovo pour établir une évaluation de la situation du patrimoine culturel ont été publiés et transmis à l'UNMIK et aux partenaires internationaux du projet (Union européenne, UNESCO, etc.). Enfin, plusieurs missions d'experts ont permis d'établir les objectifs et les principes du Plan Spécifique d'Action pour « l'ex-République yougoslave de Macédoine » (PSA). Le projet, élaboré conjointement avec la Banque Mondiale, porte sur l'accompagnement du processus de réformes législatives et administratives visant à définir une politique nationale pour le patrimoine. Il est conçu dans la perspective d'une extension des actions aux autres pays de la région ainsi que la participation des experts de ces pays dans le PSA qui vise à devenir l'amorce d'un projet transnational pour l'ensemble des pays du Sud-est.

Ces projets ont donné lieu à des missions d'expertise, des échanges professionnels, des ateliers et des formations de spécialistes.

b. « Coopération technique » : actions portant sur la protection, la conservation, la mise en valeur, la gestion, l'utilisation et la réutilisation du patrimoine architectural et archéologique, la sauvegarde et l'aménagement des sites et des paysages, les problèmes d'urbanisme qui y sont liés et la sauvegarde et la restauration du patrimoine mobilier.

Le groupe ad hoc d'experts sur les inventaires et la documentation a finalisé l'ouvrage de référence intitulé « Orientations pour l'inventaire et la documentation du patrimoine culturel». Par ailleurs, le groupe ad hoc d'experts sur la réhabilitation des logements dans les centres anciens comme facteur de cohésion sociale et de développement économique a poursuivi ses travaux en vue d'établir des principes pour la réhabilitation urbaine qui devront par la suite faire l'objet d'un débat européen des villes historiques et d'une validation politique sous forme de recommandations aux Etats.

« Assistances législatives » : projets répondant aux demandes de pays d'Europe centrale et orientale visant à obtenir des expertises ou des conseils en matière de législation ou d'administration relative à la protection du patrimoine culturel.

La Cellule d'appui législatif a notamment réalisé plusieurs expertises dans « l'ex-République yougoslave de Macédoine » dans le cadre du nouveau projet de loi sur le patrimoine culturel.

Journées européennes du patrimoine

En 2001 a eu lieu la onzième édition des Journées européennes du patrimoine (JEP), initiative conjointe du Conseil de l'Europe et de l'Union européenne organisées avec la collaboration d'un Bureau de liaison (le Centro Nacional de Cultura de Lisbonne/Portugal).

Les JEP été officiellement lancées le 8 septembre 2001 à Riga (Lettonie), dans le cadre des célébrations des 800 ans de sa fondation, en la présence de la Présidente de la République et de la ministre de la Culture de la république de Lettonie. L'événement a été axé sur les « Centres historiques des villes ».

47 pays signataires de la Convention culturelle européenne ont pris part à cette 11e édition des JEP, sous le slogan fédérateur permanent « L'Europe, un patrimoine commun ». Même si le nombre d'Etat était identique à celui de l'année précédente, le niveau de fréquentation des monuments et sites ouverts pour l'occasion a connu une baisse significative – de 20.000.000 en 2000 à un peu plus de 7.180.000 en 2001, du fait de l'annulation – suite aux événements du 11 septembre – des JEP en France, pays ayant le nombre le plus élevé de visiteurs.

La réunion annuelle des Coordinateurs des JEP s'est tenue à Strasbourg les 29 et 30 novembre 2001. Le renforcement de la dimension européenne et de la perception commune des Journées

– regional development based on the recognition of heritage values and the commitment of the inhabitants – were pursued. The Pilot Project for Rostov Veliky benefited from the support of the Canadian International Development Agency. Thereafter, the results of the work achieved in Kosovo, aimed at evaluating the status of their cultural heritage, was published and transmitted to UNMIK, as well as to international partners of the project (European Union, UNESCO, etc.). Finally, a synthesis of several expert missions enabled the definition of objectives and principles for the Specific Action Plan in "the former Yugoslav Republic of Macedonia" (SAP). The project, undertaken jointly with the World Bank and with the support of the European Commission, concerns the legislative and administrative reform process, and is aimed at defining a national policy for heritage. It is framed within the objective of eventually carrying out interventions in other countries within the region and to involve experts of these countries within the coursework of the SAP. The goal of this project is to define a programme which will become the starting point of a trans-national project concerning all countries of South-East Europe.

These projects lead to further expert missions, professional exchange, workshops and professional training.

b. Technical Co-operation: involves activities concerning protection, conservation, enhancement, and management, the utilisation and re-utilisation of available architectural and archaeological heritage, the safeguarding and development of sites and landscapes, the resolution of related problems of urban planning and finally, the safeguarding and restoration of appropriate mobile heritage.

The ad hoc group on inventories and documentation completed the reference book entitled "Guidance on Inventory and Documentation of the Cultural Heritage". In addition, the ad hoc expert group explored the theme of housing rehabilitation in ancient centres as a factor of social cohesion and economic development. It pursued this work with the objective of debating and establishing principles for urban rehabilitation of historical European cities to be validated on a political level and to eventually provide recommendations to the States.

Legislative Assistance: is provided for projects corresponding to requests from Eastern and Central European countries which are seeking to obtain expertise or advice in the field of legislation or administration related to the protection of cultural heritage.

The Legal Support Task Force completed several expert interventions in "the former Yugoslav Republic of Macedonia" in the light of the new draft law on cultural heritage.

European Heritage Days

The 11th edition of the European Heritage Days (EHD), a joint Council of Europe/European Union activity run with the help of a Liaison Office (the Centro Nacional de Cultura in Lisbon, Portugal), took place in 2001.

The EHD were officially launched in Riga (Latvia) on 8 September 2001 as part of the celebrations of the city's 800th anniversary, in the presence of the President of the Republic and the Minister for Cultural Affairs of the Republic of Latvia. The event focused on "historic town centres".

Forty-seven signatory countries to the European Cultural Convention took part in the 11th edition of the EHD under the permanent unifying slogan "Europe, a common heritage". Although the number of countries was the same as in the previous year, the number of visitors to the sites and monuments open for the occasion dropped significantly from 20,000,000 in 2000 to a little over 7,180,000 in 2001 because the EHD were cancelled in France – the country with the largest number of visitors – in the wake of the 11 September attacks.

The EHD Coordinators' meeting was held in Strasbourg on 29 and 30 November 2001. The discussions centred on reinforcing the European dimension and the common perception of the européennes du Patrimoine, avec un accent particulier sur le dialogue interculturel et inter-religieux a été au centre des travaux. Pour le développement du site Internet et des banques de données, la collaboration avec le réseau HEREIN est envisagée.

A cette occasion a eu lieu la remise des 145 diplômes européens aux jeunes lauréats de la 6ème édition du concours photographique «Expérience Photographique Internationale des Monuments » (EPIM), auquel ont participé cette année dix-neuf pays, dix-sept européens et deux non-européens. Cela représente 15.521 jeunes et 109.324 photographies.

Pédagogie du Patrimoine

Le projet-pilote « L'Europe, d'une rue à l'Autre », visant un travail de pédagogie du patrimoine sur une rue dans l'environnement immédiat des jeunes concernés, a connu en 2000 une phase expérimentale et se déroule au cours de l'année scolaire 2001-2002. Une école par pays devrait y prendre part.

Le projet « Une école, un monument » mis en place avec la collaboration du Conseil de l'Europe dans « l'ex-République yougoslave de Macédoine », avec la France, l'Italie et la Bulgarie a connu un développement avec la participation de nouveau pays, comme la République fédérale de Yougoslavie. Ce projet impliquant des enfants macédoniens appartenant à différentes communautés vise, à travers une approche interculturelle du patrimoine de proximité, une meilleure connaissance de l'Autre.

Un séminaire sur « Les enfants, les jeunes et le patrimoine culturel du Sud-Est de l'Europe » s'est tenu à Sofia (Bulgarie) en septembre 2001 au moment des Journées européennes du patrimoine, dont le thème en Bulgarie correspondait au titre de ce séminaire, qui visait une réflexion sur la mise en œuvre d'actions et la création d'un réseau de pédagogie du patrimoine dans cette partie de l'Europe.

Développement du projet HEREIN en partenariat avec l'Union européenne

En réponse à la Résolution n° 2 de la 5e Conférence qui prévoyait l'institution du Réseau européen du patrimoine dans le cadre du Conseil de l'Europe l'extension du projet HEREIN a été lancée avec l'appui financier de l'Union Européenne. L'implication d'une vingtaine de pays a été acquise en 2001 dans ce système facilitant l'échange d'information entre administrations publiques sur les politiques du patrimoine et offrant un certain nombre de services (ex. Forum professionnel). L'exploitation de cet outil pour le suivi de la mise en œuvre des conventions et recommandations du Conseil de l'Europe a été étudiée dans la perspective d'un observatoire européen des politiques du patrimoine. Une collaboration avec l'Union européenne a été engagée sur un programme à développer en matière de méthodes et d'éthique sur la numérisation des biens culturels.

3. *Patrimoine naturel*

Convention relative à la conservation de la vie sauvage et du milieu naturel

La Convention de Berne compte au 1er janvier 2002 quarante-cinq Parties contractantes. Son rôle dans le domaine de la protection de la diversité biologique en Europe et dans le Nord de l'Afrique a été redéfini à la suite du Sommet de Rio, en 1992.

La Convention de Berne s'occupe d'appliquer au continent européen les stratégies générales de conservation de la diversité biologique qui découlent de la Convention sur la diversité biologique adoptée à Rio en 1992 dans le cadre des Nations Unies. La convention œuvre pour

European Heritage Days, with the accent on dialogue between cultures and religions. It was planned to cooperate with the HEREIN network to develop the website and databases.

That was also when the 145 European diplomas were awarded to the young winners of the 6th edition of the "International Monuments Photographic Experience" photography competition (EPIM), in which nineteen countries – seventeen European and two non-European – took part this year, totalling 15,521 young people and 109,324 photographs.

Heritage education

The pilot project "Europe, from one street to the Other", which involves heritage education work on a street in the immediate environment of the young people concerned, is being carried out during the 2001-2002 academic year after an experimental phase in 2000. One school per country should be taking part.

The "One school, one monument" project set up in "the former Yugoslav Republic of Macedonia" in cooperation with the Council of Europe and with France, Italy and Bulgaria has expanded with the participation of new countries such as the Republic of Yugoslavia. It involves Macedonian children from different communities and aims to help them gain a better understanding of others through an intercultural approach to the local heritage.

A seminar on "Children, young people and cultural heritage in south-east Europe" was held in Sofia (Bulgaria) in September 2001 during the European Heritage Days. The EHD theme in Bulgaria matched the title of the seminar, which was intended to discuss the setting up of heritage education activities and a heritage education network in that part of Europe.

Development of the HEREIN project in partnership with the European Union

In response to the 5th Conference's Resolution No. 2 which referred to the setting up of a European Heritage Network in the Council of Europe, the HEREIN project was extended with the financial support of the European Union. Some twenty countries were involved in 2001, enabling an exchange of information on heritage policies between public authorities and providing an opportunity for a number of services (e.g. the professional forum). Some thought has also been given to using this network as a European observatory of heritage policies as a means of monitoring the implementation of the Council of Europe's conventions and recommendations. A co-operation with the European Union has been established to set up a programme on the elaboration of working methods and ethical codes in the field of digitalisation of cultural properties.

3. Natural heritage

Convention on the Conservation of European Wildlife and Natural Habitats

At 1st January 2002 the Convention counts forty-five contracting parties. Its activities for the protection of biological diversity in Europe and some countries of Africa have been oriented towards meeting the objectives of the 1992 Rio Earth Summit.

The Bern Convention implements at the European level the general strategies on conservation of biological diversity of the United Nations Convention on Biological Diversity adopted in Rio in 1992. The Bern Convention co-ordinates the action of European states in adopting common coordonner l'action des pays européens dans l'adoption de standards et de politiques communs pour la gestion durable de la diversité biologique, contribuant ainsi à la qualité de vie des citoyens européens et à leur développement soutenu.

L'action de la Convention de Berne dans le domaine de la conservation d'espèces a pour but de promouvoir une action européenne concertée en faveur des espèces insuffisamment protégées et de leurs habitats. Un moyen d'action habituel est l'élaboration de plans d'actions en faveur des espèces de flore et de faune menacées, et le suivi de la mise en œuvre par les Etats de ces plans d'action. Ces travaux sont menés par des groupes d'experts qui travaillent en étroite collaboration avec un grand nombre d'organisations non gouvernementales.

Un objectif de cette Convention est d'inverser la tendance au déclin de la diversité génétique des espèces sauvages, de leur nombre et de leur répartition et promouvoir une action européenne concertée en faveur des espèces non encore ou insuffisamment protégées par les mesures concernant les habitats, et de lutter contre la chasse ou le commerce illicite. Des plans ont été établis pour exécuter les activités dans cinq secteurs : liste des espèces européennes ; élaboration de livres rouges et de listes rouges ; élaboration, mise en œuvre et suivi des plans d'action en faveur des espèces menacées ; et, sensibilisation du public.

En l'an 2001, la Convention de Berne a été particulièrement active dans les projets suivants : les espèces envahissantes non indigènes, les tortues marines en méditerranéenne, préparation d'une Stratégie européenne de conservation des plantes, suivi des plans d'action pour les grands carnivores.

Un Mémorandum de coopération a été signé le 13 mars 2001 entre le Secrétariat de la Convention sur la diversité biologique et le Conseil de l'Europe, en sa capacité de secrétariat de la Convention de Berne. Le mémorandum a pour objectif une meilleure coopération entre les deux Conventions, exploitant leurs synergies et fixant conjointement des priorités.

Un deuxième mémorandum de coopération a été signé le 3 juillet 2001 entre le Conseil de l'Europe et l'Agence européenne de l'environnement afin de mieux partager les banques de données et d'entamer une coopération technique approfondie sur les réseaux écologiques et les espèces et les habitats.

La Convention de Berne a continué en l'an 2001 la mise en œuvre du Réseau émeraude des zones d'intérêt spécial pour la conservation. Le Réseau Emeraude identifie les principales zones d'intérêt écologique en Europe. Ses objectifs coïncident parfaitement avec ceux des Directives communautaires et étendent au-delà des frontières de l'Union européenne une philosophie commune de la protection de la nature. Le Réseau Emeraude constitue la continuation dans les pays non-membres de l'Union européenne ou dans les Etats en voie d'accession, du programme communautaire du Réseau Natura 2000 ainsi qu'un travail important de préparation à la mise en conformité de ces pays avec les acquis communautaires.

Un programme de projets pilotes lancé en 1999 s'est poursuivi en 2001 afin d'aider les pays d'Europe centrale et orientale à lancer les travaux de mise en œuvre du Réseau. En 2001, l'Ukraine, la Lituanie, Chypre, Malte, la Hongrie et la Suisse ont entamé les travaux préparatoires à la désignation des sites du Réseau. Des ateliers d'information et de promotion de ce programme se sont tenus dans chacun de ces pays, en présence de représentants des différentes institutions nationales parties prenantes au Réseau.

Le Comité permanent de la convention assure sa mise en œuvre et peut ouvrir des dossiers dans des cas litigieux et faire des recommandations aux Parties contractantes. Le Bureau du Comité a examiné plus de trente cas de non-respect présumé de la Convention, donnant lieu à l'examen par le Comité permanent de dix dossiers (ou dossiers éventuels) en Bulgarie, Chypre, Grèce, Islande, Maroc, Norvège, Espagne et Turquie. Le Comité a examiné le suivi de plusieurs recommandations adoptées lors de précédentes réunions concernant la Grèce, la Hongrie, l'Italie et le Royaume-Uni. Lors de sa réunion de décembre 2001, le Comité permanent a ouvert deux standards and policies for the sustainable use of biological diversity, thus contributing to the improvement of the quality of life of Europeans and the promotion of sustainable development.

Bern Convention action in the field of species conservation aims to promote co-ordinated European action on species which do not receive enough protection or on their habitats. A tool frequently used is the drafting and adopting of Action Plans for threatened flora and fauna which are then implemented by states. Such work is carried out in specialised groups of experts where governments work closely with non-governmental organisations.

The aim of the Convention is to reverse declining trends in the genetic diversity of wild, domesticated and cultivated species, their numbers and distribution, and to promote concerted European action for species not, or not yet, sufficiently protected by habitat measures, and to combat illegal hunting and trade. Plans have been drawn up to carry out activities in five sectors: list of European species; the elaboration of Red Books and Red Lists; the elaboration, implementation and follow-up of Action Plans for threatened species; public awareness.

In 2001 the Bern Convention has been particularly active on the following topics: invasive alien species, marine turtles in the Mediterranean, preparation of a European Plant Conservation Strategy and monitoring of action plans for large carnivores.

A Memorandum of Co-operation was signed on 13 March 2001 between the Secretariat of the Convention on Biological Diversity and the Council of Europe, in its capacity as secretariat to the Bern Convention. The memorandum aims to improve co-operation between both Conventions, exploiting its synergies and fixing joint priorities.

A second Memorandum of Co-operation was signed on 3 July 2001 between the Council of Europe and the European Environment Agency aimed at sharing data banks and reinforcing technical co-operation concerning ecological networks and habitats.

The Bern Convention has continued in 2001 the setting-up of its Emerald Network of Areas of Special Conservation Interest. The Emerald Network of the Bern Convention identifies the most important areas of ecological interest in Europe. The objectives of the Network have a complete coincidence with the aims of the relevant EU Directives and thus take farther than the borders of the European Union a common nature conservation philosophy. In that sense, the Emerald Network constitutes the widening of the EU Natura 2000 programme to non-EU members and accession countries and is considered as a tool for accessing countries for the preparatory work to adapt to the EU in this field.

A programme of pilot projects, started in 1999, in order to support the launching of the Emerald Network in a number of countries of Central and Eastern Europe has been pursued. In 2001, the implementation of the Emerald Network has started in Ukraine, Lithuania, Cyprus, Hungary, Malta and Switzerland. Workshops gathering representatives of the relevant national institutions have been organised in these countries for the official launching of the programme.

The Standing Committee to the Convention follows the implementation of the Convention, opening files in cases where the Convention may not be properly implemented, and making appropriate recommendations to Parties. The Bureau of the Committee examined over thirty cases of presumed breach of the Convention, giving rise to the examination by the Standing Committee of ten files or possible files in Bulgaria, Cyprus, Greece, Iceland, Morocco, Norway Spain and Turkey. The Standing Committee examined the follow-up of several recommendations from previous meetings concerning Greece, Hungary, Italy and the United Kingdom. At its meeting in December 2001 the Standing Committee opened two new files cases for presumed non-respect of the Convention and address six recommendations, on the conservation of Lithophaga lithophaga, on the conservation of the Black Sea bottle-nosed dolphin, on the conservation of the European Lynx in the Alps, adopting the European Plant Conservation Strategy, adopting five new action plans for globally threatened birds in Europe and on the catching, killing or trading of protected birds in Cyprus.

nouveaux dossiers pour non-respect de la convention et a adressé six recommandations aux Parties contractantes, concernant la conservation de *Lithophaga lithophaga*, la conservation du Grand dauphin de la mer Noire, la conservation du lynx européen dans les Alpes, adoptant une Stratégie européenne de conservation des plantes, adoptant deux plans d'action pour la conservation en Europe des oiseaux mondialement menacés et concernant la capture, la mise à mort et au commerce des oiseaux protégés à Chypre.

Les activités menées au niveau paneuropéen : la Stratégie paneuropéenne de la diversité biologique et paysagère

L'action menée par le Conseil de l'Europe s'inscrit dans le processus de prise en compte de l'environnement au niveau ministériel dans un cadre paneuropéen. Le Conseil de l'Europe joue à la fois un rôle de coordonnateur en tant que Secrétariat conjoint de l'ensemble de la Stratégie paneuropéenne avec le Programme des Nations unies pour l'environnement (PNUE), et d'acteur en tant qu'organe responsable de la mise en œuvre de certains de ses Domaines d'action. Il apporte aussi une contribution à la mise en œuvre d'autres Domaines d'action dont l'application relève de la responsabilité d'autres organisations.

Développement de la Stratégie paneuropéenne

Le principal objectif de la Stratégie paneuropéenne est de trouver une solution cohérente pour enrayer et inverser le processus de dégradation de la diversité biologique et paysagère en Europe et d'assurer une gestion durable de l'environnement naturel. Un accent particulier est mis sur une action européenne concertée dans le cadre de la Convention sur la diversité biologique et, à maints égards, la Stratégie peut être considérée comme un instrument régional de mise en œuvre de la convention; elle intègre les principes de la Déclaration de Rio et prête aussi pleinement attention aux paysages menacés.

La période de vingt ans sur laquelle s'étend la mise en œuvre de la Stratégie paneuropéenne se décompose en plans d'action quinquennaux. Le premier, approuvé pour la période 1996-2000, porte sur douze domaines d'action prioritaires, à savoir : «Constituer une 'Task Force' paneuropéenne de coordination des actions au titre de la Stratégie» et «Contribuer à la mise en place de stratégies nationales pour la biodiversité dans tous les pays d'Europe d'ici l'an 2000» ; «Constitution du réseau écologique paneuropéen» ; «Prise en compte des considérations relatives à la diversité biologique et paysagère dans les politiques sectorielles» ; «Sensibilisation des décideurs et du public et obtention de leur soutien» ; «Conservation des paysages» ; «Ecosystèmes côtiers et marins» ; «Ecosystèmes de cours d'eau et de leurs zones humides» et «Ecosystèmes de zones humides intérieures» ; «Ecosystèmes de prairies» ; «Ecosystèmes forestiers » ; «Ecosystèmes de montagnes » ; et «Action en faveur des espèces menacées».

A l'horizon 2016, la Stratégie paneuropéenne a pour ambition d'atteindre les buts suivants : réduire sensiblement les menaces qui pèsent actuellement sur la diversité biologique et paysagère de l'Europe, consolider cette diversité, renforcer la cohérence écologique de l'Europe dans son ensemble et, assurer la pleine participation du public à la conservation des différents aspects de la diversité biologique et paysagère.

Les activités menées en vue de mettre en œuvre la Stratégie paneuropéenne se déroulent dans le cadre géographique des 55 Etats membres de la CEE-NU et sous la responsabilité du Conseil de l'Europe et du PNUE, qui assurent conjointement son secrétariat. Les organes suivant a été créé : le Conseil pour la Stratégie paneuropéenne de la diversité biologique et paysagère (STRA-CO), composé des représentants de 55 Etats membres de la CEE-NU et d'un certain

Actions at Pan-European Level: the Pan-European Biological and Landscape Diversity Strategy

The Council of Europe's action is part of the process of integrating environment concerns at ministerial level within a pan-European framework. It has a double role: joint co-ordinator of the Secretariat of the Pan-European Strategy, a role it shares with the United Nations Programme for the Environment (UNEP), and participant, as an organisation responsible for implementing certain Action Themes. It also contributes to the implementation of other Action Themes that are under the responsibility of other organisations.

Development of the Pan-European Strategy

The main objective of the Pan-European Strategy is to find a coherent solution to stop and reverse the degradation of biological and landscape diversity in Europe and to ensure sustainable management of the natural environment. Particular emphasis is placed on joint European action in the framework of the Convention on Biological Diversity and in many respects the Strategy may be considered as a regional instrument for implementation of the Convention: it incorporates the principles of the Rio Declaration and also takes special account of threatened landscapes.

The twenty-year implementation period of the Pan-European Strategy is composed of five-year plans. The first one, approved for the period 1996-2000, focuses on twelve priority action themes, namely: "Develop a pan-European task force for co-ordinating action under the Strategy" and "Assist introduction of national biodiversity strategies and action plans in all countries of Europe by the year 2000"; "Establishing the Pan-European Ecological Network"; "Integration of biological and landscape diversity considerations into sectors"; "Raising awareness and support with policy makers and the public"; "Conservation of landscapes"; "Coastal and marine ecosystems"; "River ecosystems and related wetlands"; "Inland wetland ecosystems"; "Grassland ecosystems"; "Forest ecosystems"; "Mountain ecosystems" and "Action for threatened species".

Looking ahead to 2016, the Pan-European Strategy aims to achieve the following goals: to reduce considerably the current threats to biological and landscape diversity in Europe, to consolidate this diversity, to increase the ecological coherence of Europe as a whole and to ensure full public participation in the conservation of the various aspects of biological and landscape diversity.

The actions to implement the Pan-European Strategy are being conducted in the geographical framework of 55 UN/ECE member states, under the responsibility of the Council of Europe and the UNEP, which provide the joint secretariat. The following body has been set up: the Council for the Pan-European Biological and Landscape Diversity Strategy (STRA-CO), composed of representatives of 55 UN/ECE member states and a number of international organisations and non-governmental organisations, including the World Conservation Union (IUCN).

The Council for the Pan-European Strategy held its 5th meeting on 10-11 May 2001 in Strasbourg and adopted the following decisions:

- the Pan-European Strategy will be further developed as a regional forum for promoting nombre d'organisations internationales et d'organisations non gouvernementales, dont l'Union mondiale pour la nature (UICN). Celui-ci est doté d'un Bureau de cinq membres

Le Conseil pour la Stratégie paneuropéenne a tenu sa 5e réunion les 10-11 mai 2001 à Strasbourg et a adopté les décisions suivantes :

- la Stratégie paneuropéenne sera désormais développée en tant que forum régional pour la promotion de la conservation et de l'utilisation durable de la biodiversité en Europe, selon l'approche de la CBD, tout en conservant les priorités régionales fixées par le processus « Un Environnement pour l'Europe » ;
- le PNUE fournira un coordinateur au Secrétariat conjoint, de 2001 jusqu'à la première réunion du Conseil après la Conférence ministérielle de Kyiv ;
- le budget du Secrétariat conjoint comportera une section couverte par le PNUE, une autre par le Conseil de l'Europe et la dernière par les gouvernements conformément à un barème de contributions décidé. La partie du budget couverte par les gouvernements sera administrée par l'organisation qui fournira le coordinateur du Secrétariat conjoint ;
- le Conseil adopte les objectifs globaux et opérationnels et la structure du programme de travail et décide des critères de sélection des activités et des conditions de fixation des priorités ;
- le Conseil accepte avec gratitude l'offre généreuse du Gouvernement hongrois d'accueillir la seconde Conférence sur « La biodiversité en Europe » en préparation de la 6e Conférence des Parties à la Convention sur la diversité biologique ;
- le Secrétariat conjoint établira une proposition concernant la préparation de la Conférence ministérielle de Kyiv à travers le processus de la Stratégie paneuropéenne.

Le Conseil de l'Europe et le PNUE agissent en étroite collaboration avec l'UICN et le Centre européen pour la conservation de la nature (CECN), directement responsables ou co-responsables de certains domaines d'action de la Stratégie. Bien d'autres organisations gouvernementales et non-gouvernementales, institutions et instances apportent chacune leur pierre à l'édifice et contribuent ainsi à renforcer les fondements de la conservation du patrimoine naturel de l'Europe.

Les domaines d'action relevant de la responsabilité du Conseil de l'Europe

La constitution du Réseau écologique paneuropéen (REP)

L'objectif de ce domaine d'action de la Stratégie paneuropéenne de la diversité biologique et paysagère est d'assurer la conservation des écosystèmes, des habitats, des espèces, de leur diversité génétique et des paysages de grand intérêt à l'échelle européenne, en veillant à ce que les habitats soient suffisamment vastes pour favoriser la conservation des espèces, en contribuant à la restauration des éléments dégradés des systèmes clefs, et en mettant en réseau ces espaces de grande importance naturelle par des couloirs écologiques La création du Réseau écologique paneuropéen constitue l'une des activités prioritaires de la Stratégie.

En 2001, les travaux ont porté sur un aspect essentiel du développement du Réseau : la création et la restauration des corridors écologiques. Des études spécifiques ont été réalisées et soumises au Comité d'experts pour la constitution du Réseau écologique paneuropéen (STRA-REP), en vue de soutenir les initiatives de réseaux nationaux et transfrontaliers, notamment en Europe du sud-est.

Une réunion conjointe du STRA-REP avec le Groupe d'experts sur l'établissement du Réseau Emeraude a été organisée à Istanbul les 3-4 octobre 2001 à l'invitation des autorités turques. Les résultats principaux de cette réunion portent sur le rapprochement du STRA-REP avec cette initiative issue de la Convention de Berne. La réunion a permis de promouvoir la complémentarité the conservation and sustainable use of biodiversity in Europe, based on the CBD approach while maintaining regional priorities set by the "Environment for Europe" process;

- UNEP will provide a Co-ordinator of the Joint Secretariat from 2001 until the first meeting of the Council after the Kyiv Ministerial Conference;
- the budget of the Joint Secretariat will comprise of a section covered by UNEP, a section covered by the Council of Europe, and a section covered by Governments in accordance with an agreed contributions scale. The part of the budget covered by Governments, will be administered by the organisation providing the Co-ordinator of the Joint Secretariat;
- the Council adopted the overall and operational objectives and structure of the Work Programme and agreed on the criteria for selection of activities and requirements for priority settings;
- the Council accepted with thanks the kind offer of the Government of Hungary to host the second "Biodiversity in Europe" Conference preparing for the 6th Conference of the Parties to the CBD;
- the Joint Secretariat will prepare proposals for the preparation to the Kyiv Ministerial Conference through the Strategy process.

The Council of Europe and UNEP work in close partnership with IUCN, the Secretariat of the Ramsar Convention on Wetlands and the European Centre for Nature Conservation (ECNC), which are directly or jointly responsible for certain of the Strategy's Action Themes. Many other governmental and non-governmental organisations, institutions and bodies make their own contribution to the common project and thus help to strengthen the foundations of the conservation of Europe's natural heritage.

The Action Themes for which the Council of Europe is responsible

Establishing the Pan-European Ecological Network (PEEN)

The objective of this Action Theme of the Pan-European Biological and Landscape Diversity Strategy is to ensure the conservation of ecosystems, habitats, species, their genetic diversity and landscapes of European importance by ensuring that habitats are large enough to foster species conservation, that damaged elements of the key systems are restored and areas important natural areas are networked by a system of ecological corridors. The Pan-European Ecological Network represents one of the priority activities of the Pan-European Biological and Landscape Diversity Strategy.

In 2001, the work implemented within this programme focused at one of the main topic of the Network: the creation and the restoration of ecological corridors. Specific studies were submitted to the Committee of Experts for the development of the Pan-European Ecological Network (STRA-REP) with a view to supporting the creation of national networks and transboundary networks, especially in South-East of Europe.

A joint meeting of the STRA-REP and the Group of Experts for the setting-up of the Emerald Network has been organised in Istanbul on 3-4 October 2001 at the invitation of the Turkish authorities. The meeting aimed at the harmonization of the REP with this Bern Convention initiative and enabled the complementarity and the synergy of both networks. The et la synergie des deux réseaux, notamment en ce qui concerne la stratégie de communication et d'information, le financement de leur mise en œuvre dans les pays d'Europe centrale et orientale et le soutien aux initiatives de coopération bilatérale.

Les travaux relevant du Comité pour les activités du Conseil de l'Europe dans le domaine de la diversité biologique et paysagère (CO-DBP)

Le CO-DBP a tenu sa 5e réunion le 9 mai 2001 à Strasbourg.

Lors de sa 769e réunion, tenue à Strasbourg le 17 octobre 2001, le Comité des Ministres du Conseil de l'Europe a examine le rapport abrégé de la 5e réunion du CO-DBP et, en particulier :

- il a adopté la Charte européenne des ressources en eau révisée pour sa transmission aux Etats membres du Conseil de l'Europe afin qu'ils l'appliquent dans leurs politiques et pratiques nationales ;
- il a pris acte du Code de pratiques sur la prise en compte de la diversité biologique et paysagère dans les infrastructures de transport pour le transmettre à la Conférence ministérielle « Un environnement pour l'Europe » (Kyiv, mai 2003) pour approbation.

Groupe de travail « Agriculture et environnement »

Le Groupe de travail sur l'agriculture et l'environnement a tenu sa 4e réunion le 5 décembre 2001 à Strasbourg. Le Groupe a discuté de la préparation de la Conférence paneuropéenne à haut niveau sur « l'agriculture et la biodiversité : vers une intégration de la diversité biologique et paysagère pour une agriculture durable en Europe », qui se tiendra à Paris du 5 au 7 juin 2002. Les participants ont discuté des points suivants : projet de programme de la Conférence, projet de déclaration finale et de recommandations, institutions et participants devant être invités et organisation y relative.

Diplôme européen des espaces protégés

Destiné à protéger les sites naturels les plus prestigieux de l'Europe de par leur valeur internationale et leurs qualités scientifiques, culturelles, esthétiques et/ou récréatives, le «Diplôme européen» a été créé en 1965. Octroyé pour une période de cinq ans, renouvelable, il a jusqu'à présent été décerné à soixante sites répartis dans vingt-trois Etats européens.

Le réseau des zones titulaires du Diplôme européen des espaces protégés compte 60 zones diplômés réparties dans 23 pays.

Le Groupe de spécialistes chargé de sa gestion a, lors de sa réunion annuelle (1er et 2 mars 2001), examiné:

- les rapports annuels des zones diplômées;
- les rapports d'expertises réalisés dans le cadre du renouvellement du Diplôme européen et recommandé la prorogation de la période de validité aux zones suivantes:
- Réserve naturelle des Hautes Fagnes, Belgique,
- Parc national de Seitseminen, Finlande,
- Parc national d'Ekenäs, Finlande,
- Réserve nationale de Camargue, France,
- Parc national de la Vanoise, France,
- Parc national du Bayerischer Wald, Allemagne,

communication and information strategy of the networks, the funding of their implementation in Central and Eastern European countries and the promotion of bilateral co-operation were among the main topics of the meeting. A Resolution to be submitted to the Ministerial Conference "An environment for Europe" (Kyiv, 2003) was also prepared by the Committee of experts in order to formalise the Ministers' support to the implementation of this priority activity.

Work under the Committee for the Activities of the Council of Europe in the field of Biological and Landscape Diversity (CO-DBP)

The CO-DBP held its 5th meeting on 9 May 2001 in Strasbourg.

At its 769th Meeting, held in Strasbourg on 17 October 2001, the Committee of Ministers of the Council of Europe examined the abridged report of the 5th Meeting of the CO-DBP and in particular it:

- adopted the Revised European Water Charter for its transmission to the Council of Europe member States so that they may apply it as appropriate in their national policies and practice;
- took note of the Code of practice for the introduction of biological and landscape diversity considerations into the transport sector and transmit it to the Ministerial Conference "An Environment for Europe" (Kyiv, May 2003) for endorsement.

Working Group on Agriculture and Environment

The Working Group on Agriculture and Environment held its 4th Meeting on 5 December 2001 in Strasbourg. The Group discussed the preparation of the "High-level Pan-European Conference on Agriculture and Biodiversity: towards integrating biological and landscape diversity for sustainable agriculture in Europe", which will be held in Paris on 5-7 June 2002. Participants discussed the following topics: draft programme of the Conference, draft of the final declaration and recommendations, institutions and participants to be invited and organisation matters.

The European Diploma for protected areas

Designed to protect Europe's most prestigious natural sites and awarded by virtue of the latter's international value and scientific, cultural, aesthetic and/or recreational qualities, the "European Diploma" was created in 1965. Awarded for a renewable five-year period, it has so far been granted to 60 sites in 23 European states.

The network of European Diploma sites comprises 60 areas in 23 countries.

At its annual meeting (1-2 March 2001), the Group of Specialists responsible for the management of the network examined:

- the annual reports of the European Diploma sites;
- the reports of appraisals carried out in view of the renewal of the European Diploma and recommended the extension of the validity period to the following areas:
- Haute Fagnes Nature Reserve, Belgium;
- Seitseminen National Park, Finland;
- Ekenäs Archipelago National Park, Finland;
- Camargue National Reserve, France;
- Vanoise National Park, France;
- Bayerischer Wald National Park, Germany;
- Siebengebirge Nature Reserve, Germany;

- Réserve naturelle du Siebengebirge, Allemagne,
- Parc national du Peak District, Royaume-Uni;

Il a proposé la non-reconduction pour une période limité du Diplôme européen au Parc national de Kuşcenneti Manyas, Turquie.

- le rapport de l'expertise réalisé suite à une demande de candidature et s'est prononcé pour le rejet motivé de la candidature au Diplôme européen de la Péninsule de Tihany, Hongrie.

Les différents projets de résolutions ont été adoptés par le Comité des Ministres.

Publications parues en 2000:

Série Sauvegarde de l'environnement

118. Methods to control and eradicate non-native terrestrial vertebrate species (English only)
119. Textes adoptés par le Comité permanent de la Convention relative à la conservation de la vie sauvage et du milieu naturel de l'Europe 1997-2000
120. Résolutions adoptées par le Comité des Ministres dans le domaine de l'Environnement (version russe uniquement)
121. The micro-reserves as a tool for conservation of threatened plants in Europe (English only)

Série Rencontres environnement

45. Atelier sur les corridors écologiques pour les invertébrés: stratégie de dispersion et de recolonisation dans le paysage agrosylvicole moderne (Neuchâtel, 10-12 mai 2000)
48. La diversité biologique et de droit à l'environnement (Paris, 30-31 mars 2000)
50. 2e symposium international du Réseau écologique paneuropéen: "Le partenariat des collectivités local et régionales pour la conservation de la diversité biologique et paysagère" (Rochefort, 18-19 septembre 2000)
52. Conférence internationale « Tourisme durable, environnement et emploi » (Berlin, 11-13 octobre 2000)

Autres publications

Série Questions et Réponses "Le Diplôme européen"

4. Développement durable du territoire et paysage

Conférence européenne des ministres responsables de l'aménagement du territoire (CEMAT)

Les « Principes directeurs pour le développement territorial durable du continent européen », tels qu'adoptés par la Résolution n° 1 relative au Programme en dix points pour une plus forte intégration des régions de l'Europe lors de la 12e Session de la Conférence européenne des ministres responsables de l'Aménagement du territoire, tenue à Hanovre (Allemagne) les 7 et 8 septembre 2000, constituent, en tant que vision d'une Europe intégrée, un document politique de référence pour les nombreuses actions et initiatives d'aménagement territorial sur le continent

– Peak District National Park, United Kingdom;

It proposed the non-renewal for a limited period of the European Diploma to the Ku□cenneti Manyas National Park, Turkey.

– the expertise report carried out following an application request and pronounced for the dismissal with reasons of the application for the European Diploma of the Tihany Peninsula, Hungary.

The different draft resolutions were adopted by the Committee of Ministers.

Publications in 2001:

Nature and Environment Series

118. Methods to control and eradicate non-native terrestrial vertebrate species

119. Texts adopted by the Standing Committee of the Convention on the conservation of European wildlife and natural habitats 1997-2000

120. Resolutions adopted by the Committee of Ministers in the field of the environment (Russian version only)

121. The micro-reserves as a tool for conservation of threatened plants in Europe

Environmental Encounter Series

45. Workshop on the ecological corridors for invertebrates – strategies of dispersal and recolonisation in today's agriculture and forestry landscapes (Neuchâtel, 10-12 May 2000)

48. Biological diversity and environmental law (Paris, 30-31 March 2000)

50. 2nd International Symposium on the Pan-European Ecological Network: "The partnership of local and regional authorities in the conservation of biological and landscape diversity" (Rochefort, 18-19 September 2000)

52. International Conference "Sustainable tourism, environment and employment" (Berlin, 11-13 October 2000)

Other publications

Questions and Answers Series: The European Diploma

4. *Sustainable Development and Landscape*

European Conference of Ministers responsible for Regional Planning (CEMAT)

As a vision of an integrated Europe, the "Guiding Principles for Sustainable Spatial Development of the European Continent" adopted by Resolution No. 1 on a ten-point programme for greater cohesion among the regions of Europe at the 12th Session of the European Conference of Ministers responsible for Regional Planning held in Hanover (Germany) on 7 and 8 September 2000, represent the policy reference document for numerous spatial development measures and initiatives made on the European continent, and in particular for transnational and international co-européen et, en particulier, pour la coopération transnationale et internationale. Les activités politiques d'aménagement du territoire de la Conférence européenne des ministres responsables de l'Aménagement du territoire (CEMAT) au sein du Conseil de l'Europe sont une condition importante pour la poursuite d'une intégration harmonieuse du continent européen, dans la mesure où elles attirent l'attention sur la dimension territoriale de la politique de cohésion sociale. L'adoption des « Principes directeurs » et leur prise en considération dans les décisions relatives à l'aménagement contribuent nettement à faciliter la coopération dans l'ensemble de l'Europe en visant à créer une Europe régionalement plus équilibrée et plus durable.

Le Comité des hauts fonctionnaires de la CEMAT met en œuvre le Programme de travail 2001-2003 en vue de la préparation de la 13e Session de la CEMAT qui se tiendra à Ljubljana (Slovénie) les 11 et 12 septembre 2003 sur le thème de « La mise en œuvre des stratégies et perspectives pour le développement territorial durable du continent européen. »

Décisions du Comité des Ministres

- Lors de sa 76e Réunion, le Comité des hauts fonctionnaires de la CEMAT a pris connaissance des décisions du Comité des Ministres concernant les résolutions adoptées par la 12e Session de la CEMAT (Hanovre, 7-8 septembre 2000) et les recommandations de l'Assemblée parlementaire 1430 (1999), 1431 (1999), 1433 (1999) et 1274 (1995), 1461 (2000), 1471 (2000) et 1483 (2000) et a décidé de prendre dûment en considération leur contenu dans le cadre de ses activités (Thessalonique (Grèce), 27 juin 2001).
- Lors de sa 77e Réunion, le Comité des hauts fonctionnaires de la CEMAT a pris note des décisions prises par le Comité des Ministres du Conseil de l'Europe concernant la CEMAT (*762e Réunion, 5 septembre 2001,* CM/Del/Dec(2001)761/12.1) relative à la 8e Session plénière (Strasbourg, 29-31 mai 2001) du Congrès des Pouvoirs Locaux et Régionaux de l'Europe (Lisbonne (Portugal), 28 novembre 2001).

Réunions et projets

- Séminaire international CEMAT sur « L'intégration des grands espaces européens », Thessalonique (Grèce), 25-26 juin 2001
- 76e Réunion du Comité des hauts fonctionnaires de la CEMAT, Thessalonique (Grèce), 27 juin 2001
- Conférence « Aménagement du territoire dans l'Oblast de Leningrad – présentation des concepts de développement et lancement du Projet CEMAT », Saint-Pétersbourg, 4-5 octobre 2001
- Conférence « Aménagement du territoire dans l'Oblast de Moscou – lancement du Projet CEMAT », Moscou, 8 octobre 2001
- Séminaire international CEMAT sur « Patrimoine paysager, aménagement du territoire et développement durable », 26-27 novembre 2001
- 77e Réunion du Comité des hauts fonctionnaires de la CEMAT, Lisbonne (Portugal), 28 novembre 2001
- 1e Réunion du Groupe d'experts concernant un projet d'accord sur le développement territorial durable du bassin hydrographique de la Tisza/Tissa, Strasbourg, 14 décembre 2001

operation. The spatial development activities of the European Conference of Ministers responsible for Regional Planning (CEMAT), within the Council of Europe, establish an important basis for Europe's harmonious integration by drawing attention to the territorial dimension of democracy and social cohesion. Adopting the "Guiding Principles" and taking them into consideration in spatial development policy decisions will significantly facilitate Europe-wide co-operation aimed at creating a regionally-balanced and sustainable Europe.

The Committee of Senior Officials of the CEMAT is implementing the Work Programme 2001-2003 in view of the preparation of the 13th Session of the CEMAT which will be held in Ljubljana (Slovenia) on 11 and 12 September 2003 on the topic "Implementation of strategies and visions for sustainable spatial development of the European continent".

Decisions of the Committee of Ministers of the Council of Europe

- At its 76th Meeting, the CEMAT Committee of Senior Officials took cognisance of the Committee of Ministers decisions concerning the resolutions adopted by the 12th Session of the CEMAT (Hanover, 7-8 September 2000) and the Parliamentary Assembly recommendations 1430 (1999), 1431 (1999), 1433 (1999) and 1274 (1995), 1461 (2000), 1471 (2000) and 1483 (2000) and decided to take due account of them in its activities (Thessalonica (Greece), 25-26 June 2001).
- At its 77th Meeting, the CEMAT Committee of Senior Officials took note of the decisions concerning the CEMAT taken by the Committee of Ministers of the Council of Europe (762nd meeting, 5 September 2001, CM/Del/Dec(2001)762/12.1) following the 8th plenary Session (Strasbourg, 29-31 May 2001) of the Congress of Local and Regional Authorities of Europe (Lisbon (Portugal), 28 November 2001).

Meetings and Projects

- International CEMAT Seminar on "Integration of the Greater European spaces", Thessalonica (Greece), 25-26 June 2001
- 76th Meeting of the CEMAT Committee of Senior Officials, Thessalonica (Greece), 25-26 June 2001
- Conference "Regional planning in Leningrad Oblast – presentation of municipal developments concepts and presentation of the CEMAT project", Saint-Petersburg, 4-5 October 2001
- Conference "Regional Planning in Moscow Oblast – presentation of the CEMAT project", Moscow, 8 October 2001
- International CEMAT Seminar on "Spatial Planning, Landscape and Sustainable development", Lisbon (Portugal), 26-27 November 2001
- 77th Meeting of the CEMAT Committee of Senior Officials, Lisbon (Portugal), 28 November 2001
- 1st Meeting of the Group of Experts on a draft Agreement on the Sustainable Spatial Development of the Tisza/Tisa river basin, Strasbourg, 14 December 2001

Présentation des activités

- Réunion entre le Comité du développement spatial de l'Union européenne et les représentants des États voisins sur l'aménagement du territoire et le développement, Bruxelles, 20-21 juin 2001
- Session régulière du Comité des politiques d'environnement de l'OCDE, 14 mai 2001
- Forum 2001 de l'OCDE "Développement durable et nouvelle économie", 14-16 mai 2001
- Réunion du Comité des politiques d'environnement de l'OCDE au niveau ministériel, 16 mai 2001
- IIIe Congrès international de l'aménagement du territoire – Politique régionale, urbanisme et environnement, Gijon (Espagne), 6 juillet 2001
- 31e Symposium international de la Faculté européenne des Sciences du Foncier sur "Les régions face à l'aménagement du territoire, du droit du foncier et de la protection de l'environnement", Strasbourg, 25-26 octobre 2001
- Rencontres organisées par l'Accord EUR-OPA Risques majeurs du Conseil de l'Europe sur « La sécurité environnementale », Strasbourg, 19-21 novembre 2001

Publication

« Modèles pour le financement de projets régionaux d'infrastructures et de développement d'intérêt particulier pour les Pays de l'Europe centrale et orientale – Partenariats publics-privés dans la politique d'aménagement du territoire » Conseil de l'Europe, Série « *Aménagement du territoire européen » (CEMAT)*, n° 63.

Convention européenne du paysage

Adoptée à Florence, en Italie, le 20 octobre 2000 dans le cadre de la Campagne du Conseil de l'Europe « L'Europe, un patrimoine commun, la Convention européenne du paysage a pour objet de promouvoir la protection, la gestion et l'aménagement des paysages européens et d'organiser la coopération européenne dans ce domaine. La Convention constitue le premier traité international exclusivement consacré à la protection, à la gestion et à la mise en valeur du paysage européen. Elle s'applique à tout le territoire des Parties et porte sur les espaces naturels, ruraux, urbains et périurbains. Elle concerne donc de la même façon les paysages pouvant être considérés comme remarquables, que les paysages du quotidien et les paysages dégradés. La Convention représente une importante contribution à la mise en œuvre des objectifs du Conseil de l'Europe, qui sont de promouvoir la démocratie, les droits de l'homme, la prééminence du droit ainsi que de rechercher des solutions communes aux grands problèmes de société de l'Europe. Il s'agit de préserver la qualité de vie et le bien-être des Européens en prenant en compte les valeurs paysagères, naturelles et culturelles.

Première Conférence des Etats contractants et signataires de la Convention européenne du paysage, Strasbourg, 22-23 novembre 2001

Les représentants de 26 États européens et de 16 organisations internationales gouvernementales et non gouvernementales se sont retrouvés à Strasbourg, au Palais de l'Europe les 22 et 23 novembre 2001 pour la première Conférence des États contractants et signataires de la Convention européenne du paysage. Les participants à la Conférence ont montré le grand intérêt

Presentation of activities

- Meeting between the Committee of Spatial Development of the European Union and representatives of neighbouring countries on spatial management and development, Brussels, 20-21 June 2001
- Regular Session of the OECD Environment Policy Committee, 14 May 2001
- Forum 2001 of the OECD "Sustainable development and new economy", 14-16 May 2001
- Meeting of the OECD Environment Policy Committee at ministerial level, 16 May 2001
- IIIrd International Congress of Spatial Planning – Regional Policy, Urbanism and Environment, Gijon (Espagne), 6 July 2001
- Forum organised by the EUR-OPA Major Hazards Agreement on "Environmental Security", Strasbourg, 19-21 November 2001
- 31rd International Symposium of the European Faculty of Land Use and Development on "Functions of Regions in the Realm of spatial Planning, Landed Property and Environmental Protection", Strasbourg, 25-26 October 2001

Publication

"Models for financing regional infrastructures and development projects, with a particular attention to the countries of Central and Eastern Europe – Public-Private Partnership in spatial development policy", Council of Europe, "European Regional Planning" Series (CEMAT), 2001, No 63.

European Landscape Convention

Adopted at Florence, Italy, on 20 October 2000 in the framework of the Council of Europe Campaign "Europe, a common heritage", the European Landscape Convention aims to promote the protection, management and planning of European landscapes and to organise European co-operation on landscape issues. It is the first international treaty to be exclusively concerned with the protection, management and enhancement of European landscape. The Convention applies to the Parties' entire territory and covers natural, rural, urban and peri-urban areas. It deals with ordinary or degraded landscapes as well as those that can be considered outstanding. The Convention represents an important contribution to the implementation of the Council of Europe's objectives, aimed at promoting democracy, human rights and the rule of law and at finding common solutions to the main problems facing European society today. By taking into account landscape, cultural and natural values, the Council of Europe seeks to protect the quality of life and well-being of Europeans.

First Conference of the Contracting and Signatory States to the European Landscape Convention, Strasbourg, 22-23 November 2001

The representatives of 26 European States and of 16 international governmental and non-governmental organisations met in Strasbourg on 22 and 23 November 2001 for the First Conference of Contracting and Signatories States to the European Landscape Convention. The participants of the Conference expressed their great interest in looking after the myriad qu'ils ont à prendre soin des mille facettes des paysages européens et ont lancé un processus de coopération tendant à promouvoir l'entrée en vigueur de la Convention.

Au 31 décembre 2001, 22 États ont signé la Convention – Belgique, Bulgarie, Chypre, Croatie, Danemark, Espagne, Finlande, France, Grèce, Italie, Lituanie, Luxembourg, Malte, Moldova, Norvège, Portugal, Roumanie, Saint-Marin, Slovénie, Suède, Suisse et Turquie – et l'un d'entre eux, la Norvège, l'a approuvée. Les Régions de la Catalogne et de la Wallonie ont également approuvé la Convention. La Convention entrera en vigueur après que 10 États l'aient ratifiée, approuvée ou acceptée.

Présentation des activités

- Colloque international « Patrimoine et paysages culturels », Saint-Emilion, 30 mai 2001
- Séminaire « L'Institut méditerranéen du Paysage, un outil pour l'action en régions méditerranéennes », Castries, 26 octobre 2001
- 4e Journée environnementale de la Fondation Cour internationale de l'environnement (ICEF) sur « L'intégration du système juridique national, communautaire et international en liaison avec la gouvernance mondiale de l'environnement », Rome, 16 novembre 2001
- Séminaire international CEMAT sur « Patrimoine paysager, aménagement du territoire et développement durable », 26-27 novembre 2001

Publications

- Brochure sur la Convention européenne du paysage
- « La Convention européenne du paysage », L'Observateur des Nations Unies, N° 11, 2001

NATUROPA

Publications

- Publication de deux numéros de la revue *Naturopa* :
- *« Le patrimoine rural européen »* (n° 95)
- *« L'arbre, entre nature et culture »* (n° 96)
- Retirage de la brochure « Questions et réponses » n° 4 sur « Le Réseau écologique paneuropéen »

Campagne « L'Europe, un patrimoine commun »

Réalisation d'une affiche à partir des photos primées lors du concours de photographies ainsi que préparation d'une exposition photographique.

Site Internet

Mise à jour réalisée sur le site internet du Conseil de l'Europe, établissement de liens avec des partenaires extérieurs et mise en ligne de la plupart des publications pour accélérer la diffusion de l'information.

of facets of European landscapes and launched a co-operation process aimed at promoting the Convention's entry in force.

At 31 December 2001, 22 States had signed the Convention – Belgium, Bulgaria, Croatia, Cyprus, Denmark, Finland, France, Greece, Italy, Lithuania, Luxembourg, Malta, Moldova, Norway, Portugal, Romania, San Marino, Slovenia, Spain, Sweden, Switzerland and Turkey – and one of them, Norway, had ratified it. Catalonia and Walloon regions had also approved it. The Convention will come into force when ten signatories have ratified, approved or accepted it.

Presentation of activities

- International Conference on "Heritage and Cultural Landscape", Saint-Emilion, 30 May 2001
- Seminar "Mediterranean Institute of Landscape, a tool for action in Mediterranean regions", Castries, 26 October 2001
- 4th Environmental Day of the International Court of the Environment Foundation on "Integration of national, community and international legal system and the global governance of the environment", Rome, 16 November 2001
- International CEMAT Seminar on "Spatial Planning, Landscape and Sustainable development", Lisbon (Portugal), 26-27 November 2001

Publications

- Brochure on the European Landscape Convention
- "La Convention européenne du paysage", L'Observateur des Nations Unies, N° 11, 2001

NATUROPA

Publications

- Publication of two Naturopa magazines:
- "European rural heritage" (No. 95)
- "Trees, between nature and culture" (No. 96)
- Re-printing of "The Pan-European Ecological Network", No 4 of the "Questions and answers" series

"Europe, a Common Heritage" Campaign

A poster has been printed using the prize-winning photographs of the photographic competition and an exhibition has been organised.

Internet site

Updating the Council of Europe Internet site and, in particular, the policy of establishing links with outside partners and the availability on line of most of its publications is an effort to disseminate information more quickly.

Documentation

La bibliothèque du Centre Naturopa a été centralisée, la collection faisant désormais partie de la bibliothèque centrale de l'Organisation.

Réunion du Bureau du Réseau des Agences nationales Naturopa, 17 décembre 2001.

5. *Accord Partiel Ouvert « EUR-OPA Risques Majeurs »*

Le Comité des Ministres du Conseil de l'Europe a adopté la Résolution (87) 2 établissant un Accord intergouvernemental partiel ouvert appelé « Accord EUR-OPA Risques Majeurs » en mars 1987. Cet Accord a pour objectif de renforcer la coopération entre les Etats membres d'un point de vue pluridisciplinaire dans le domaine de la gestion des risques majeurs naturels et technologiques. Il compte actuellement 24 Etats membres.

On distingue plusieurs niveaux d'action :

Niveau politique :

- création d'un forum des responsables de la gestion des risques : prévention des risques, gestion des crises et réhabilitation ;
- création d'un Réseau permanent de centres Euro-Méditérranéens (23) permettant aux Etats membres de participer concrètement et de façon continue à des programmes concertés dans le domaine de la gestion des risques ;
- coopération continue avec les autres Organisations internationales et européennes pour des recherches de synergie au travers de programmes communs (Commission européenne, Agence spatiale européenne, UNESCO, ISDR (International Strategy for Risk Reduction,Comité Européen de l'Assurance, Banque Européenne de Développement, Banque Européenne d'Investissement)

KOSOVO: A la demande du Représentant Spécial du Secrétaire Général des Nations Unies à Prishtina, réalisation de l'analyse des risques dans cette région (mars -avril 2000), participation à la création de l'Ecole de Protection Civile au Kosovo permettant de transformer l'UCK en un système de protection civile: le KPC. Organisation de 6 mois de cours pour former les cadres de cette nouvelle Ecole: Production d'un Handbook pour la formation des enseignants d'une Ecole de Protection Civile: Participation de 9 centres Euro-méditerranéens à cette initiative.

Niveau technique :

- Sensibilisation des responsables de la gestion des risques à l'utilisation des technologies spatiales au service de la gestion des risques sur le plan des télécommunications, de l'utilisation de l'imagerie spatiale et des techniques de positionnement: Programme STRIM.
- Mise en place d'un réseau expérimental de télécommunications spatiales (intranet) entre les responsables de la gestion des risques par la circulation de «connaissances» (informations traitées) pour l'aide à la décision dans la gestion des risques et l'aide à la coopération: Programme EDRIM mis en œuvre en coopération avec la Commission européenne (RIMS).
- Initiatives visant à mobiliser la communauté scientifique internationale pour dégager les « produits » nouveaux pouvant immédiatement et sans perturber les systèmes existants, être introduits dans le système EDRIM (Intranet).

Documentation

The Naturopa Centre library has been centralised and the whole collection is now housed in the Organisation's central library.

Meeting of the Bureau of the Naturopa National Agencies, 17 December 2001.

5. "EUR-OPA Major Hazards" Open Partial Agreement

In March 1987 the Committee of Ministers of the Council of Europe adopted Resolution (87) 2 establishing an intergovernmental Open Partial Agreement known as the "EUR-OPA Major Hazards Agreement". The main objective of this Agreement is to reinforce co-operation between member States in a multi-disciplinary context in the field of major natural and technological risk management. The Agreement counts to date 24 members.

Activities are carried out at several levels :

Political level:

- establishing a forum for risk managers to deal with risk prevention, crisis management and rehabilitation issues;
- setting up of a permanent network of Euro-Mediterranean centres (23), allowing member states to play a concrete, ongoing role in co-operation programmes in the risk management field;
- ongoing co-operation with other international and European organisations (the European Commission, the European Space Agency, UNESCO, ISDR (International Strategy for Risk Reduction)) with a view to identifying opportunities for synergy through joint programmes;

KOSOVO: at the request of the Special Representative of the Secretary General of the United Nations based in Pristina, a risk analysis was carried out in the Kosovo area (March-April 2000). The Agreement participated in the setting up of the Kosovo School of Civil Protection, with a view to transforming the UCK into a civil defence system- the Kosovo Protection Corps (KPC). A six-month course was organised to train the staff of this new school. A Handbook for the training of the instructors of the School of Civil Protection was published. Nine of the Agreement's Euro-Mediterranean Centres participated in this initiative.

Technical level:

- Raising awareness among risk managers of the potential uses of space technology in the risk management sphere: telecommunications systems, processed space imagery and positioning techniques (the STRIM programme);
- Implementing an experimental space telecommunications network (Intranet) between risk managers, which circulates "knowledge" (processed data) to assist decision-making and co-operation in the risk management field : the EDRIM programme implemented in conjunction with the European Commission (RIMS project);
- Initiatives to motivate the international scientific community to develop new "products" that can immediately be deployed within the EDRIM (Intranet) system without disrupting the existing systems.

Niveau de la formation :

– Niveau scolaire:

Création d' un réseau euro-méditerranéen d'écoles pour lesquelles dans une approche concertée (plan SESAM) des actions de sensibilisation des enfants à la prévention des risques sont engagées (la cible des enfants a été jugée prioritaire car elle permet par ricochet de toucher les familles d'où effet multiplicateur).

– Niveau universitaire:

Création d'un DESS sur la science du risque (domaine pluridisciplinaire nouveau qui pour la première fois a reçu l'habilitation du Ministère de l'Education en France pour l'Université de Montpellier.

Mise en œuvre d'un Mastère Européen de Médecine des Catastrophes à partir du Centre européen de médecine des atastrophes de Saint-Marin.

Mastères en voie de création dans d'autres spécialités.

Lancement du Doctorat Européen en Science du Risque.

Publications :

En 2002 trois livres seront publiés:
- Le livre sur l'éthique et la médecine des catastrophes,
- Le manuel sur la formation des formateurs dans les Ecoles de Protection Civiles,
- Un livre sur dix années de recherche sur la protection du patrimoine culturel dans les zones à risque sismique.

Réalisations audio-visuelles :
- vidéo : gestion concertée de feux de forêts (EDRIM/RIMS)
- film : action de l'Accord au Kosovo.

6. Eurimages

Eurimages est le Fonds du Conseil de l'Europe pour l'aide à la coproduction, à la distribution et à l'exploitation d'œuvres cinématographiques européennes. Créé en 1989 sur la base d'un Accord partiel, il réunit à l'heure actuelle 26 Etats membres. A partir du 1er janvier 2002, la Lettonie sera le 27e Etat à rejoindre le fonds.

Trois programmes d'aide ont été développés dans le cadre d'Eurimages :
- une aide à la coproduction (s'adresse aux longs métrages de fiction, d'animation et documentaires d'une durée minimum de 70 minutes, en fonction de deux guichets, le premier étant fondé sur le potentiel de circulation internationale et le deuxième sur la diversité culturelle et économique du cinéma européen) ;
- une aide à la distribution (concerne les Etats membres qui ne peuvent bénéficier de l'aide à la distribution accordée par le Programme Media de l'Union européenne) ;
- une aide aux salles (concerne les Etats membres qui ne peuvent bénéficier de l'aide aux salles du Programme Media de l'Union européenne).

Depuis sa création, Eurimages a soutenu la coproduction de plus de 838 longs métrages et documentaires.

Training:

- In schools:

Setting up of a Euro-Mediterranean network of schools, implementing a joint approach (the SESAM plan) to foster risk prevention awareness among children (regarded as a prime target for such activities, as through children it is possible to reach entire families, giving the project a snowball effect);.

- In universities:

Introduction of a DESS diploma in risk science (a new multi-disciplinary course of study, approved by the French Ministry of Education, on offer at Montpellier University).

Introduction of a European master's degree in disaster medicine at the instigation of the European Centre for Disaster Medicine in San Marino.

Master's degree courses are being established in other specialist areas.

Launching of a European Risk Science Doctorate.

Publications:

Three books will be brought out before the end of 2002:

- a book on ethics and disaster medicine,
- the Handbook for the training of instructors of the Schools for Civil Protection,
- a book on ten years of research into safeguarding the cultural heritage in seismic risk areas.

Audio-visual productions:

- a video on co-operation in the field of forest fire management (EDRIM/RIMS),
- a film on the Agreement's activities in Kosovo.

6. Eurimages

Eurimages is the Council of Europe Fund for the co-production, distribution and exhibition of European cinematographic works. Set up in 1989 as a Partial Agreement, it currently has 26 member States. As from 1 January 2002 Latvia will become the Fund's 27th member state.

Eurimages has developed three support programmes :

- assistance for co-production (Eurimages supports full-length feature and animation films as well as documentaries, of a minimum length of 70 minutes, and according to two schemes, the first being based on the international circulation potential and the second on the cultural and economic diversity of the European cinema.);
- assistance for distribution (this programme is available to member States which do not have access to the distribution support of the MEDIA Programme of the European Union);
- assistance for cinemas (this programme is available to member States which do not have access to the cinema support projects of the MEDIA Programme of the European Union).

III. JEUNESSE ET SPORT

Tenant compte des priorités inscrites dans la Résolution (98) 6 du Comité des Ministres sur la politique de jeunesse du Conseil de l'Europe ainsi que des conclusions des différents organes statutaires du secteur jeunesse, il a été décidé que dans la période des trois années 2000-2002, les activités du secteur jeunesse devraient se concentrer sur les priorités suivantes : 1. l'éducation non-formelle ; 2. la participation des jeunes ; 3. la stabilité en Europe du Sud-Est ; 4. l'éducation aux droits de l'homme.

Les événements majeurs des quatre domaines prioritaires étaient :

- un séminaire de spécialistes sur «*Les jeunes contre la violence et l'exclusion sociale*» dans le cadre du Programme Education aux droits de l'homme qui a réuni 70 participants représentant principalement des associations et des projets locaux s'attachant à l'éducation contre la violence par l'entourage. Un des résultats du séminaire devrait être la création d'un réseau européen de projets locaux d'éducation contre la violence par l'entourage ;
- le symposium sur « *Les jeunes, acteurs du changement social?* », dans le cadre de la priorité sur la participation, a rassemblé plus de 100 représentants des ONG de jeunesse, jeunes chercheurs et politiques au niveau gouvernemental qui ont posé la question de savoir si les jeunes contribuent au changement social, comment ils y font face et quels sont les obstacles auxquels ils sont confrontés ;
- le stage de formation sur « *La citoyenneté européenne dans le domaine de la jeunesse* » et la première activité du stage de formation de longue durée intitulée « *Formation avancée pour les formateurs en Europe* » dans le cadre de l'Accord de partenariat avec l'Union européenne et du programme pour l'éducation non formelle ;
- une série de stages de formation, séminaires et visites de pays en Europe du Sud-Est, ainsi qu'un grand nombre de projets pilotes de jeunesse dans cette région subventionnés par le Fonds Européen pour la Jeunesse dans le cadre du domaine prioritaire concernant l'Europe du Sud-Est.

Le programme intergouvernemental d'activités en 2001 s'inscrit également dans la poursuite des priorités de travail du secteur jeunesse pour la période 2000-2002. Dans ce cadre, il s'est principalement articulé autour des deux principaux thèmes fixés par le Comité Directeur Européen pour la Jeunesse (CDEJ), à savoir « La participation des jeunes et la citoyenneté démocratique active » et « L'éducation non formelle et la cohésion sociale ». Ces thèmes incluent le suivi de la Recommandation n° R (94) 4 sur la promotion du service volontaire et de la Convention européenne sur la promotion d'un service volontaire transnational à long terme pour les jeunes ainsi que la préparation de lignes directrices en vue d'une recommandation sur la promotion de l'éducation non formelle et d'une étude sur les liens entre l'éducation non formelle et l'éducation formelle. De plus, parallèlement aux travaux menés sur ces deux thèmes, le CDEJ a poursuivi la mise en œuvre de son programme annuel d'analyse des politiques nationales de jeunesse ainsi que les activités inscrites dans le cadre de son partenariat avec l'Agence européenne pour l'information et le Conseil aux jeunes (ERYICA).

Les sessions d'études, organisées par des ONG de jeunesse internationales en coopération avec les Centres européens de la Jeunesse (CEJs) sur un thème relevant de leur développement, constituent un outil important pour atteindre les objectifs du secteur. 1.030 jeunes venant de tous les Etats membres du Conseil de l'Europe et de certains Etats non membres ont pris part aux 29 sessions d'étude tenues aux CEJs en 2001. Etant donné que les sessions d'études traitent de plus d'un domaine spécifique, il est difficile de les classifier par thèmes entrant dans un seul domaine prioritaire. Il est néanmoins possible de tirer les conclusions suivantes relatives aux 29 sessions d'études en 2001 :

III. YOUTH AND SPORT

Having regard to the priorities set in the Committee of Ministers' Resolution (98) 6 on the Council of Europe youth policy and to the conclusions of the different statutory organs of the youth sector, it has been decided that in the three-year period 2000-2002, the youth sector should focus on the following priorities: 1. non-formal education; 2. youth participation; 3. stability in south-east Europe; 4. human rights education.

Key events in the four priority field were:

- The seminar "Youth against violence and social exclusion" within the Human Rights Education Youth Programme which brought together 70 participants, representing mainly local associations and projects active in peer-education against violence. One result of the seminar promises to be the creation of a European network of local peer-education projects against violence.
- The symposium "Youth – Actor of Social Change?" within the participation priority, involving more than 100 representatives of youth NGOs, youth researchers and policy makers at the governmental level who addressed the questions of whether young people are involved in bringing about social change, how they do so and the obstacles that they come up against in attempting to do so.
- The training course "European citizenship in youth work" and the first seminar of the long-term training course "Advanced Training for Trainers in Europe" within the Partnership Agreement with the European Union as part of the Non-Formal Education Programme.
- A whole range of training courses, seminars and country visits in south-east Europe as well as numerous youth pilot projects in this region supported by the European Youth Foundation, part of the south-east Europe work priority.

Also the intergovernmental programme of activities in 2001 reflected the youth sector's work priorities for the 2000 to 2002 period. It focused on the two main themes identified by the Steering Committee for Youth (CDEJ), namely "youth participation and active democratic citizenship" and "non-formal education and social cohesion". This included a follow up to Recommendation (94) 4 on the promotion of a voluntary service and to the European Convention on the Promotion of a Transnational Long-Term Voluntary Service for Young People as well as the preparation of guidelines for a recommendation on the promotion of non-formal education and of a study on the links between non-formal and formal education. In addition to the work on these two themes, the CDEJ has continued with its annual programme of national youth policy reviews and the activities forming part of its partnership with the European Youth Information and Counselling Agency (ERYICA).

The study sessions which are organised by international youth NGOs in co-operation with the European Youth Centres (EYCs) on a subject of relevance to their organisational development constitute a key tool in fulfilling the objectives of the sector. 1 030 young people from all members states of the Council of Europe and from some non-member states participated in the 29 study sessions held in the EYCs in 2001. As the study sessions deal with more than one specific area, it is difficult to codify them by subject within one priority area exclusively. It is nevertheless possible to conclude that among the 29 study sessions in 2001:

10 % dealt with south-east Europe;
28 % dealt with human rights education;
34 % dealt with non-formal education;
28 % dealt with participation issues.

Similarly, most of the 10 training courses organised and run by the Directorate of Youth and Sport (DYS) in 2001 worked on topics linked at different degrees with the priority areas. Some

10 % ont traité de l'Europe du Sud-Est ;
28 % ont traité de l'éducation aux droits de l'homme ;
34 % ont traité de l'éducation non formelle ;
28 % ont traité de la participation.

De même, la plupart des 10 stages de formation organisés par la Direction de la jeunesse et du sport (DJS) en 2001 ont traité, à des degrés différents, de sujets liés aux domaines de priorité. Quelque 250 jeunes venant de tous les Etats membres du Conseil de l'Europe et de certains Etats non membres ont participé à ces stages de formation. Une attention particulière a été donnée au développement du pool de formateurs de la DJS qui comprend à présent quelque 75 formateurs dans le domaine jeunesse. Ce pool de formateurs représente une ressource précieuse fournissant l'expertise et la qualité afin de soutenir les activités éducatives de jeunesse organisées par la DJS. Une réunion consultative, à laquelle 35 formateurs ont participé, a été organisée en décembre 2001.

La coopération établie entre la Direction de la jeunesse et du sport du Conseil de l'Europe et de la Direction Générale de l'Education et de la Culture de la Commission européenne dans le cadre du programme de partenariat sur la formation de travailleurs de jeunesse en Europe a continué à être d'une importance capitale. Deux nouveaux stages de formation ont été développés en 2001 dans le cadre de ce partenariat : un stage de formation sur *« La citoyenneté européenne dans le travail de jeunesse »* mis en œuvre pour la première fois en octobre 2001 et un stage de formation de longue durée *« Formation avancée pour les formateurs en Europe »* qui a débuté en novembre 2001 et qui doit s'étendre sur deux ans comprendra quatre séminaires en internat, représentant au total 35 jours de séminaire, deux périodes de formation pratique, un système de tutorat (mentoring) et une communauté d'apprentissage ouverte (open learning community) sur internet. De plus, un forum de formateurs intitulé « Ponts pour la formation » (Bridges for training) rassemblant l'équipe de formateurs de la DJS ainsi que des formateurs et spécialistes participant au Programme jeunesse de la Commission européenne, s'est tenu en septembre 2001. Mis à part les activités de formation en tant que telles, cette coopération permet l'élaboration de différentes normes pédagogiques. Les publications réalisées dans ce cadre contribuent à la circulation d'informations parmi un réseau de formateurs et de travailleurs de jeunesse (grâce à la revue « Coyote ») et leur offre de nouveaux outils de formation (dossiers pédagogiques « T-Kits »).

Comme par le passé, le Fonds européen pour la Jeunesse (FEJ) a continué à apporter son soutien aux ONG de jeunesse en soutenant leurs divers projets tels que réunions de jeunes, publications, campagnes, expositions, production de matériels audio-visuels (développement de sites web), recherche et également en contribuant à leur fonctionnement administratif lié aux activités internationales de jeunesse. Les demandes d'aide adressées au FEJ ont augmenté : 306 demandes concernant le financement d'activités ont été déposées en 2001. On a compté 50 demandes émanant d'organisations qui s'adressaient pour la première fois au FEJ, la plupart d'entre elles d'organisations de pays de l'Europe du Sud-Est. 197 projets ont été soutenus par le FEJ en 2001 et 53 ONG de jeunesse ont reçu une subvention administrative. Le montant total des subventions accordées s'élevait à 2 526 764.

Enfin, dans le cadre des « projets pilotes » qui permettent une intervention rapide du FEJ avec une procédure flexible, 35 activités de jeunesse, dont 26 en Europe du Sud-Est, ont reçu un soutien financier du Fonds pour un montant total de 240.400. Le Fonds de solidarité pour la mobilité des jeunes, fruit de la coopération entre le Conseil de l'Europe et l'Union internationale des chemins de fer, a apporté son soutien à 29 projets de jeunes, principalement des échanges ainsi que des réunions internationales de jeunesse, en prenant en charge les frais de voyage par train d'un nombre moyen de 30 à 35 participants par projet.

Les activités menées dans le cadre du Programme d'Assistance et qui sont aussi soutenues

250 young people from all member states of the Council of Europe and from some non-member states participated in these training courses. Special attention was given to the development of the DYS Trainers' Pool which now includes some 75 trainers in the youth field. This Trainers' Pool is a valuable resource providing expertise and quality to support the educational youth activities of DYS. A consultative meeting attended by 35 trainers was organised in December 2001.

The co-operation between the Directorate of Youth and Sport of the Council of Europe and of the Directorate General for Education and Culture of the European Commission in the framework of the Partnership Programme on European Youth Worker Training has continued to be of fundamental importance. Two new training courses were developed within this partnership in 2001: A training course on "European Citizenship in Youth Work" which was implemented for the first time in October 2001 and a long-term training course "Advanced Training for Trainers in Europe" which started in November 2001 and which is designed for a two-year period including four residential seminars totalling 35 seminar days, two practice periods, a mentoring system and an "Open Learning Community" in the internet. Furthermore, a trainers forum under the name "Bridges for Training" involving the DYS trainers pool as well as trainers and specialists involved in the Youth Programme of the European Commission was held in September 2001. Added to training activities as such, this co-operation allows the elaboration of different pedagogical standards. Publications realised in this framework contribute to circulate information among a network of trainers and youth workers (via "Coyote" magazine) and offers them new training tools (pedagogical files "T-Kits").

As in previous years, the European Youth Foundation (EYF) continued supporting youth NGOs in their various projects such as youth meetings, publications, campaigns, exhibitions, production of audio visual materials, development of websites, research and also by contributing to their administrative expenses related to international youth activities. There was an increasing demand for support by the EYF: 306 applications were submitted for activities in 2001. 50 organisations applied for the first time to the EYF, many of them from countries in south-east Europe. 197 projects were supported by the EYF in 2001 and 53 NGYOs received an administrative grant. The total amount of grants awarded in 2001 was € 2 526 764.

Finally, through the so-called "pilot projects" which allow within a flexible procedure quick interventions of the EYF, a total number of 35 youth activities, 26 of them in south-east European, received a financial support of the EYF for a total amount of 240 400 €. The "Solidarity Fund for Youth Mobility" run in co-operation between the Council of Europe and the International Union of Railways, supported 29 youth projects, mainly exchanges and international youth meetings, by covering the travel costs by rail of an average of 20 to 30 participants per project.

The activities carried out in the framework of the Assistance Programme and also supported by the EYF focused mainly on the south-east Europe region. Aiming at supporting the development of youth policy, at strengthening the youth NGO sector as a key element of the democratisation processes of societies concerned and at developing international contacts of youth groups, these activities covered a variety of topics (youth policy development, project development, intercultural learning and dialogue, training for trainers). Approximately 350 youth leaders and youth workers from various countries benefited from ten field activities run in 2001 by the DYS.

par le FEJ se sont concentrées principalement en Europe du Sud-Est. Ayant pour but de soutenir le développement de politiques de jeunesse, de renforcer le secteur non gouvernemental de jeunesse en tant qu'élément essentiel des processus de démocratisation des sociétés concernées et de développer des contacts internationaux entre groupes de jeunes, ces activités ont couvert un large éventail de thèmes (développement de politiques de jeunesse, élaboration et mise en œuvre de projets, apprentissage et dialogue interculturels, formation de formateurs). Environ 350 responsables d'organisations de jeunesse et travailleurs de jeunesse de différents pays ont bénéficié des dix activités sur le terrain organisées en 2001 par la DJS.

VI. MUNICIPALITES ET REGIONS

1. Congrès des pouvoirs locaux et régionaux de l'Europe (CPLRE)

Dans le cadre de sa 8e Session plénière, le Congrès a adopté plusieurs rapports préparés par ses 4 Commissions statutaires (Institutionnelle, Développement durable et environnement, Cohésion sociale, Culture et éducation).

Le Congrès a continué à jouer son rôle de monitoring en élaborant des rapports sur l'état de la démocratie locale et régionale dans les pays candidats à l'adhésion au Conseil de l'Europe. Le CPLRE a également poursuivi le développement de ses activités dans toute une série de domaines concernant les collectivités locales et/ou régionales d'Europe.

Depuis 1995, treize associations internationales de collectivités locales et régionales ont obtenu le statut d'observateur au CPLRE, de même que d'autres associations : l'Union des autorités locales en Israël et l'Association des collectivités locales pour les relations internationales (CLAIR, Japon), l'association des Municipalités du Kosovo, l'Organisation des Villes arabes et la Fondation du Belarus pour les réformes démocratiques.

2. Comité directeur des autorités locales et régionales (CDLR)

Le nouveau site web sur les activités du Conseil de l'Europe dans le domaine de la démocratie locale et régionale au niveau intergouvernemental (www.local.coe.int) a été lancé le 13 juin 2001. Il présente non seulement les activités mais aussi les instruments juridiques (conventions et recommandations) et les publications du Conseil de l'Europe dans ce domaine.

S'agissant des activités intergouvernementales, menées sous l'égide du Comité directeur pour la démocratie locale et régionale (CDLR), plusieurs comités d'experts et groupes de spécialistes ont été créés, notamment sur des sujets tels que « le cadre et les structures » du gouvernement local, « les finances locales », la « modernisation de la fourniture de services publics » au niveau local, et l'« éthique publique ».

Des rapports sur la démocratie locale en République Tchèque ainsi que sur « Relation entre taille des collectivités locales et régionales et efficacité et économie de leur action », « Services de proximité dans les zones urbaines défavorisées et dans les zones à faible densité de population », « Redressement des collectivités locales en difficulté financière » et « Risques liés aux engagements financiers des collectivités locales » ont été publiés.

La base de données « Loreg » (www.loreg.org) contenant des textes juridiques et des documents sur la législation, les actes et la pratique administratifs dans différents domaines d'activités relevant des pouvoirs et responsabilités des collectivités locales a été ouverte.

Le Comité directeur a achevé son travail préparatoire sur le projet d'instrument juridique sur l'autonomie régionale, en élaborant six modèles d'autonomie régionale ainsi que les synthèses et esquisses y afférent, et que les principes centraux de l'autonomie régionale. Tous ces modèles et principes ont été transmis au Comité des Ministres.

VI. MUNICIPALITIES AND REGIONS

1. Congress of Local and Regional Authorities of Europe (CLRAE)

During its 8th Plenary Session, the Congress has adopted few reports prepared by its 4 Statutory Committees (Institutional; Sustainable Development and Environment; Social Cohesion; Culture and Education).

The Congress continued to play its monitoring role by preparing reports on the state of local and regional democracy in applicant states. The Congress has also continued to develop its activities in a number of fields concerning European local and regional authorities.

Since 1995, thirteen international associations of local and regional authorities have obtained observer status with the CLRAE, along with other associations: the Union of Local Authorities in Israel and the Council of Local Authorities for International Relations (CLAIR, Japan), the Association of Kosovo municipalities, the Organisation of Arab Towns and the Belarus Foundation for democratic reforms.

2. Steering Committee on Local and Regional Democracy (CDLR)

The new website on the Council of Europe's activities in the field of local and regional democracy at intergovernmental level (http://www.local.coe.int/) was launched on 13 June 2001. It presents not only the activities, but also the legal instruments (conventions and recommendations) and publications of the Council of Europe in this field.

As regards the intergovernmental activities, conducted under the aegis of the Steering Committee on Local and Regional Democracy (CDLR), several committees of experts and groups of specialists were set up, in particular in the fields of "framework and structures" of local government, "local finance", "modernisation in public service delivery at local level" and "public ethics".

Reports on local democracy in the Czech Republic as well as on "The size of local authorities and the effectiveness and economy of their action", "Neighbourhood services in disadvantaged urban areas and areas of low population", "Recovery of local authorities in financial difficulty" and "Risks arising from local authorities' financial obligations" were published.

The "Loreg" database (www.loreg.org) comprising legal texts and documentation on legislation, administrative decisions and practice in various fields of activities related to local authorities' powers and responsibilities was launched.

The Steering Committee finished its preparatory work on the draft legal instrument on regional self-government, by establishing six models of regional self-government, accompanied by a synthesis and an outline for each of them and by drafting the core principles of regional self-government. These models and principles were forwarded to the Committee of Ministers.

The Steering Committee also approved the draft recommendation on the participation of

Le Comité directeur a également approuvé le projet de recommandation sur la participation des citoyens à la vie publique au niveau local que le Comité des Ministres a ultérieurement adopté, le 6 décembre 2001, en tant que Recommandation n° R (2001) 19 sur la participation des citoyens à la vie publique au niveau local. Un mémorandum explicatif à ladite recommandation a aussi été adopté.

Le CDLR a mené ses travaux en ayant présent à l'esprit le besoin de relier plus étroitement ses activités intergouvernementales aux résultats et aux conclusions des procédures de monitoring menées par le Comite des Ministres et par le Congrès des Pouvoirs Locaux et Régionaux de l'Europe respectivement dans le domaine de la démocratie locale, afin de répondre à des besoins effectifs.

Dans ce contexte, le Comité directeur a examiné avec attention les conclusions de la Conférence internationale sur la démocratie locale à l'aube du 21e siècle, qui s'est tenue à Riga (Lettonie) les 3-4 mai 2001, sous les auspices de la Présidence lettone du Comité des Ministres.

La Conférence a été suivie par plus de 150 participants en provenance de toute l'Europe, représentant des gouvernements, des pouvoirs locaux et régionaux, des associations de municipalités et collectivités territoriales et des organisations non gouvernementales. M. Walter Schwimmer, Secrétaire Général du Conseil de l'Europe, M. Indulis Berzins, Ministre des affaires étrangères de la Lettonie et M. Llibert Cuatrecasas, Président du CPLRE ont prononcé des discours à l'ouverture. Les conclusions de la Conférence ont été transmises au Comité des Ministres qui a pris note avec satisfaction de l'intention du Comité directeur pour la démocratie locale et régionale de les prendre pleinement en compte dans le cadre du programme d'activités pour 2002. Les conclusions ont également été communiquées au Congrès des pouvoirs Locaux et régionaux de l'Europe et à l'Assemblée parlementaire, pour information.

Plusieurs activités de coopération et d'assistance ont été effectuées dans le pays du Pacte de Stabilité dans les domaines de la démocratie locale, de la participation des citoyens et des finances locales.

3. Coopération transfrontalière

En 2001, le Comité des Ministres a élu ou nommé les membres du Comité de conseillers pour le développement de la coopération transfrontalière en Europe centrale et orientale. Les nouveaux membres, dont le mandat expire le 1er juillet 2004 sont : Mme Judith Rosemary Batt et M. Silvo Devetak, nommés par le Secrétaire Général, M. Jan Olbrycht et M. Jan Mans en tant que membres titulaires, et M. Lubomir Plai et M. Hans Tschudi, en tant que membres suppléants désignés par le Congrès des Pouvoirs Locaux et Régionaux de l'Europe (CPLRE), et M. Sergueï Artobolevskiy et M. Alfred Rüegg au titre du Comité des Ministres.

Le Comité des Ministres a exprimé son appréciation pour le travail du Comité dans le domaine de la coopération transfrontalière et convenu de tenir un échange de vues sur la coopération transfrontalière, avec la participation d'un membre du Comité de Conseillers, au cours du premier trimestre 2002. Il a également invité le Comité de Conseillers à lui soumettre un rapport couvrant les activités, réalisations et évaluation du travail effectué durant l'année 2001.

Plusieurs séminaires et conférences ont été organisés dans différents Etats membres et non-membres, avec la participation des autorités municipales et régionales concernées ainsi que celle des autorités centrales de l'Etat. Les zones prioritaires ont été : la Russie du Nord-Ouest et les Etats baltes, l'Europe du Sud-Est et les Balkans, les pays du Pacte de Stabilité.

Le CDLR a adopté un rapport et un projet de recommandation du Comité des Ministres aux Etats membres sur « Coopération transfrontalière en matière de protection civile et d'entraide en cas de désastres naturels et technologiques survenant dans les zones frontalières », un rapport sur « Etat actuel du cadre administratif et juridique de la coopération transfrontalière en Europe » citizens in public life at local level, which the Committee of Ministers subsequently adopted on 6 December 2001 as Recommendation No. R (2001) 19on the participation of citizens in local public life. The explanatory memorandum thereto was also adopted.

The CDLR pursued its work bearing in mind the need to relate more closely its intergovernmental activities to the findings and conclusions of the Committee of Ministers' and the Congress of Local and Regional Authorities of Europe's respective monitoring procedures in the field of local democracy, in order to respond to real needs.

In this connexion, the Steering Committee paid special attention to the conclusions of the International Conference on "Local Democracy at the dawn of the 21st Century", held in Riga (Latvia) on 3-4 May 2001, under the auspices of the Latvian Presidency of the Committee of Ministers.

The Conference was attended by more than 150 participants from all over Europe, representing governments, local and regional authorities, associations of municipalities and territorial entities, and non-governmental organisations.

Mr Walter Schwimmer, Secretary General of the Council of Europe, Mr Indulis Berzins, Minister of Foreign Affairs of Latvia and Mr Llibert Cuatrecasas, Chairman of the CLRAE gave introductory speeches. The Conference's conclusions were transmitted to the Committee of Ministers, which took note with approval of the intention of the Steering Committee on Local and Regional Democracy to take them fully into account in the context of the programme of activities for 2002. The conclusions were also transmitted to the Congress of Local and Regional Authorities of Europe and to the Parliamentary Assembly, for information.

Various assistance and co-operation activities were conducted in the Stability Pact countries, in the fields of local democracy, citizen participation and local finance.

3. Transfrontier co-operation

In 2001, the Committee of Ministers elected or appointed the members of the Committee of Advisers for the Development of Transfrontier Co-operation in Central and Eastern Europe, in an enlarged composition. The new members, whose terms of office will expire on 1 July 2004, are Ms Judith Rosemary Batt and Mr Silvo Devetak following their nomination by the Secretary General, Mr Jan Olbrycht and Mr Jan Mans, as full members, and Mr Lubomir Plai and Mr Hans Tschudi, as their substitutes, following their nomination by the Congress of Local and Regional Authorities of Europe, and Mr Serguei Artobolevskiy and Mr Alfred Rüegg on behalf of the Committee of Ministers.

The Committee of Ministers expressed its appreciation for the work of the Committee in the field of transfrontier co-operation and agreed to hold an exchange of views on transfrontier co-operation, with the participation of a member of the Committee of Advisers, in the first quarter of 2002. It invited the Committee of Advisers to submit a report outlining the activities, achievements and evaluation of the work conducted during the year 2001.

Several seminars and conferences were held in various member and non-member States, with the participation of local and regional authorities as well as of central state administration. Priority areas included: the North-West of Russia and the Baltic States, South-Eastern Europe and the Balkans, the Stability Pact countries.

The CDLR adopted a report and a draft recommendation of the Committee of Ministers to member states on "Transfrontier co-operation in civil protection and mutual assistance in natural / technological disasters occurring in frontier areas", a report on "Current state of the et un rapport sur « Etat de l'application de la convention-cadre européenne sur la coopération transfrontalière des collectivités ou autorités territoriales ».

VII. COOPERATION JURIDIQUE

24e Conférence des ministres européens de la Justice

La 24e Conférence des ministres européens de la Justice s'est tenue à Moscou les 4 et 5 octobre 2001 à l'invitation du Gouvernement russe.

Les Ministres ont adopté, à l'issue de cette Conférence, des résolutions appelant le Conseil de l'Europe à entreprendre ou à développer plusieurs actions dans les domaines qui ont fait l'objet de leurs discussions, à savoir :

- «Lutte contre le terrorisme international » (*résolution n° 1*),
- « Mise en œuvre des décisions de justice en conformité avec les normes européennes» :
    a. Exécution des peines d'emprisonnement de longue durée (*résolution n° 2*),
    b. Approche générale et moyens d'atteindre une mise en œuvre efficace des décisions de justice civile – renforcement ou réduction du rôle de l'Etat (*résolution n° 3*).

Tout d'abord, suite au plan d'action proposé pour combattre le terrorisme visant à adapter les instruments internationaux existants, à élaborer de nouveaux instruments et à renforcer la coopération juridique internationale dans ce domaine, l'Organisation doit adopter toutes les mesures nécessaires afin d'aider les Etats à prévenir, détecter, poursuivre et punir les actes de terrorisme.

D'ailleurs, les Etats membres et Observateurs du Conseil de l'Europe ont été appelés à devenir Parties, dès que possible, aux traités internationaux relatifs au terrorisme – en particulier, la Convention internationale pour la répression du financement du terrorisme de 1999 – , ainsi qu'au Statut de la Cour pénale internationale.

En outre, devant la nécessité de mesures législatives et pratiques destinées à améliorer l'exécution des décisions judiciaires, tant en matière pénale qu'en matière civile, commerciale, administrative et sociale, le Conseil de l'Europe doit désormais définir des standards et des principes européens communs pour la mise en œuvre de ces décisions.

Des propositions ont également été formulées quant à la mise en œuvre des peines d'emprisonnement de longue durée eu égard aux réformes des systèmes pénitentiaires qui se poursuivent. Celles-ci permettraient de réduire une grande partie des problèmes de gestion des condamnés et d'améliorer leurs conditions de détention. D'ailleurs, le Comité d'experts du Conseil de l'Europe sur la gestion des condamnés à perpétuité et d'autres détenus de longue durée, chargé de l'élaboration de lignes directrices pour de bonnes pratiques dans ce domaine, a été encouragé à mener à terme son travail avant la fin 2002.

Enfin, les programmes de coopération visant à promouvoir les réformes des systèmes pénitentiaires se doivent également d'être poursuivis.

* * *

A l'occasion de la Conférence, le Protocole additionnel (STE n° 179) à l'Accord européen sur la transmission des demandes d'assistance judiciaire (STE n° 092) ainsi que la Convention sur l'information et la coopération juridique concernant les « Services de la société de l'information » (STE n° 180) ont été ouverts à la signature.

administrative and legal framework of transfrontier co-operation in Europe" and a report on "Progress in implementation of the European Outline Convention on Transfrontier Co-operation between Territorial Communities or Authorities".

VII. LEGAL CO-OPERATION

24TH CONFERENCE OF EUROPEAN MINISTERS OF JUSTICE

The 24th Conference of European Ministers of Justice was held in Moscow on 4 and 5 October 2001 at the invitation of the Russian Government.

At the end of the Conference, the Ministers adopted Resolutions urging the Council of Europe to undertake or develop many actions in the areas they discussed, that is to say:

- "Fight against International Terrorism" (Resolution No. 1),
- "Implementation of judicial decisions in conformity with European standards":
    a. Implementation of long-term prison sentences (Resolution No. 2),
    b. General approach and means of achieving effective enforcement of civil judicial decisions – strengthening or reducing the role of the state (Resolution No. 3).

First of all, following the action plan proposed to fight terrorism, aimed at adapting existing international treaties, elaborating new ones, and boosting international legal co-operation in this field, the Organisation must adopt all necessary measures for assisting states in preventing, detecting, prosecuting and punishing terrorist acts.

Besides, the Council of Europe Member and Observer states were called on to become Parties, as soon as possible, to the relevant international treaties on terrorism – particularly the 1999 International Convention for the Suppression of the Financing of Terrorism – and to the Statute of the International Criminal Court.

Furthermore, facing to the need for legislative and practical measures to improve the enforcement of judicial decisions, not only in criminal but also in civil, commercial, administrative and social matters, the Council of Europe should now draw up common European standards and principles for the implementation of such decisions.

Proposals have also been made concerning the implementation of long-term sentences in relation to the reform of prison systems underway. They should enable to reduce a great part of management problems of prisoners and to improve their detention conditions. Besides, the Council of Europe's Committee on the management of life-sentenced and other long-term prisoners, charged with elaborating guidelines for good practice in this field, has been encouraged to complete this work before the end of 2002.

Finally, co-operation programmes to promote the reform of prison systems have also to be continued.

* * *

During the Conference, the Additional Protocol (ETS No. 179) to the European Agreement on the Transmission of Applications for Legal Aid (ETS No. 092) and the Convention on Information and Legal Cooperation concerning "Information Society Services" (ETS No. 180) were opened for signature.

Conventions (2001)

Ouvertures :

- de la Convention européenne sur la protection juridique des services à accès conditionnel et des services d'accès conditionnel (STE n° 178) le 24 janvier 2001;
- du Protocole additionnel à l'Accord européen sur la transmission des demandes d'assistance judiciaire (STE n° 179) le 4 octobre 2001;
- de la Convention sur l'information et la coopération juridique concernant les « Services de la Société de l'Information » (STE n° 180) le 4 octobre 2001;
- du Protocole additionnel à la Convention pour la protection des personnes à l'égard du traitement automatisé des données, concernant les autorités de contrôle et les flux transfrontières de données (STE n° 181) le 8 novembre 2001;
- du Deuxième Protocole additionnel à la Convention européenne d'entraide judiciaire en matière pénale (STE n° 182) le 8 novembre 2001;
- de la Convention européenne relative à la protection du patrimoine audiovisuel (STE n° 183) le 8 novembre 2001;
- du Protocole à la Convention européenne relative à la protection du patrimoine audiovisuel, sur la protection des productions télévisuelles (STE n° 184) le 8 novembre 2001;
- de la Convention sur la cybercriminalité (STE n° 185) le 23 novembre 2001.

Entrées en vigueur :

- du Protocole n° 2 à la Convention-cadre européenne sur la coopération transfrontalière des collectivités ou autorités territoriales relatif à la coopération interterritoriale (STE n° 169) le 1er février 2001.
- du Protocole additionnel à la Convention pour la protection des Droits de l'Homme et de la dignité de l'être humain à l'égard des applications de la biologie et de la médecine, portant interdiction du clonage d'êtres humains (STE N° 168) le 1er mars 2001.

NATIONALITÉS

La Convention européenne sur la nationalité est entrée en vigueur le 1er mars 2000. Ce texte qui constitue un standard important dans le domaine de la nationalité, vise à contribuer au développement du droit international et, notamment, à éviter l'apatridie.

En 2001, le Comité d'experts sur la nationalité, qui est le seul organe inter-gouvernemental européen qui s'occupe exclusivement des questions de la nationalité, a :

- finalisé et adopté un projet d'étude de faisabilité sur la nécessité d'un instrument additionnel à la Convention européenne sur la nationalité concernant l'apatridie en relation avec la succession d'Etats ;
- entrepris un premier examen d'un projet de rapport sur les conditions d'acquisition et de perte de la nationalité ;
- finalisé et adopté un avis sur la Recommandation 1443 (2001) de l'Assemblée parlementaire intitulée: « Pour un respect des droits de l'enfant dans l'adoption internationale » ;
- finalisé et adopté un avis sur la Recommandation 1500 (2001) de l'Assemblée parlementaire relative à la participation des immigrés et des résidents étrangers à la vie politique dans les Etats membres du Conseil de l'Europe.

Conventions (2001)

Opening for signature of :

- the European Convention on the Legal Protection of Services based on, or consisting of, Conditional Access (ETS No. 178) on 24 January 2001;
- the Additional Protocol to the European Agreement on the Transmission of Applications for Legal Aid (ETS No. 179) on 4 October 2001;
- the Convention on information and legal co-operation concerning "Information Society Services" (ETS No. 180) on 4 October 2001;
- the Additional Protocol to the Convention for the Protection of Individuals with regard to Automatic Processing of Personal Data, regarding supervisory authorities and transborder data flows (ETS No. 181) on 8 November 2001;
- the Second Additional Protocol to the European Convention on Mutual Assistance in Criminal Matters (ETS No. 182) on 8 November 2001;
- the European Convention on the protection of the Audiovisual Heritage (ETS No. 183) on 8 November 2001;
- the Protocol to the European Convention on the protection of the Audiovisual Heritage, on the protection of Television Productions (ETS No. 184) on 8 November 2001;
- the Convention on Cybercrime (ETS No. 185) on 23 November 2001.

Entries into force :

- Protocol No. 2 to the European Outline Convention on Transfrontier Co-operation between Territorial Communities or Authorities concerning interterritorial co-operation (ETS No. 169) on 1 February 2001;
- the Additional Protocol to the Convention for the Protection of Human Rights and Dignity of the Human Being with regard to the Application of Biology and Medicine, on the Prohibition of Cloning Human Beings (ETS No. 168), on 1 March 2001.

NATIONALITY

The 1997 European Convention on Nationality entered into force on 1 March 2000. This text, which constitutes an important standard in the field of nationality, aims to contribute to the progressive development of international law and, in particular, to avoid cases of statelessness.

In 2001, the Committee of Experts on Nationality (CJ-NA), which is the only European inter-governmental body dealing exclusively with issues of nationality:

- finalised and adopted a draft feasibility study on the necessity of an additional instrument to the European Convention on Nationality on statelessness in relation to State succession;
- undertook a preliminary examination of a draft report on conditions for acquisition and loss of nationality;
- finalised and adopted an opinion on Parliamentary Assembly Recommendation 1443 (2001) on international adoption: respecting children's rights;
- finalised and adopted an opinion on Parliamentary Assembly Recommendation 1500 (2001) on the participation of immigrants and foreign residents in political life in the Council of Europe member States.

Efficacité de la justice

Le Comité d'experts sur l'efficacité de la justice (CJ-EJ) a été établi suite aux propositions faites par les Ministres européens de la Justice, lors de leur XXe Conférence (Budapest, 1996, voir Résolution n° 1) afin d'identifier les mesures, en particulier des mesures d'un bon rapport coût/efficacité, visant à améliorer l'efficacité de la justice tout en respectant la nécessité d'assurer l'équité, et en prenant également en considération la jurisprudence de la Cour et de la Commission de Droits de l'Homme.

Le Comité d'experts sur l'efficacité de la justice (CJ-EJ) et ses Groupes de travail ont entamé leurs travaux sur les points indiqués dans le mandat du CJ-EJ et notamment:

- Groupe de travail n° 1 – Instrument international (CJ-EJ-INT) a élaboré des principes directeurs visant à améliorer l'efficacité de la justice dans toute l'Europe ainsi qu'un mécanisme éventuel, et examinera, lors de sa prochaine réunion, un projet d'instrument international sur ce sujet.
- Groupe de travail n° 2 – Procédures alternatives de règlement des litiges(CJ-EJ-ADR) a mis au point, à l'attention du CJ-EJ en 2002, le projet de Recommandation sur la médiation en matière civile et son projet d'Exposé des motifs.
- Groupe de travail n° 3 – Consultation et assistance juridique(CJ-EJ-LA) a mis au point, à l'attention du CJ-EJ en 2002, le projet de Plan d'action sur les systèmes d'assistance juridique.

En outre, le groupe de travail du Comité d'experts sur l'efficacité de la justice (CJ-EJ-INT) a adopté, à sa deuxième réunion, le document intitulé « Commission européenne pour l'efficacité de la justice (CEPEJ) – projet de résolutions pour un Accord partiel élargi ».

Le CJ-EJ-INT a transmis ce document au CJ-EJ en vue de son adoption lors de sa prochaine réunion du 27 février au 1er mars 2002 à Bayonne (France). Le texte ainsi adopté sera ensuite transmis au Comité européen de coopération juridique (CDCJ) pour adoption lors de sa prochaine réunion (pendant la semaine du 27 au 31 mai 2002) avant sa transmission au Comité des Ministres.

Le CJ-EJ-INT a également eu une discussion préliminaire avec le Dr Pierre Lamothe, consultant du CJ-EJ, sur l'élaboration du rapport (et des recommandations) sur la situation dans les Etats membres en ce qui concerne l'accès à un juge pour les personnes internées dans une institution psychiatrique. Le CJ-EJ-INT a décidé d'examiner ces textes lors de sa prochaine réunion en 2002, avant de les transmettre pour adoption au CJ-EJ réuni en séance plénière.

La Convention sur l'information et la coopération juridique concernant les « Services de la Société de l'Information » [STE n° 180] a été ouverte à la signature à Moscou le 4 octobre 2002 lors de la 24e Conférence des ministres européens de la Justice.

Technologies de l'information dans le secteur de la justice

Concernant les technologies de l'information dans le secteur de la justice, le Comité des Ministres a adopté, le 28 février 2001, la Recommandation n° R (2001) 2 « concernant la conception et la re-conception rentables des systèmes judiciaires et des systèmes d'information juridique » et la Recommandation n° R (2001) 3 « sur les services des tribunaux et d'autres institutions juridiques fournis aux citoyens par de nouvelles technologies ». En 2001, le Comité d'experts sur les technologies de l'information et le droit (CJ-IT) a également adopté un rapport « sur l'utilisation des documents électroniques dans le secteur de la justice » et a lancé deux nouvelles activités concernant l'interopérabilité des systèmes de l'information et l'archivage des documents électroniques dans le secteur de la justice.

EFFICIENCY OF JUSTICE

The Committee of Experts on Efficiency of Justice (CJ-EJ), was set up following the proposals made by the European Ministers of Justice at their 20th Conference (Budapest 1996, see Resolution N° 1), in order to identify measures, in particular cost effective measures, to increase the efficiency of justice, while respecting the need to ensure its fairness, having regard also to the case law of the European Commission and Court of Human Rights.

In 2001, the Committee of experts on efficiency of justice (CJ-EJ) and its Working Parties began their work on the matters indicated in the terms of reference of the CJ-EJ and in particular:

- Working Party No. 1 – International Instrument (CJ-EJ-INT) prepared guidelines for principles aiming at improving the efficiency of justice throughout Europe and a possible mechanism and will examine, at its next meeting, a draft international instrument on this subject.
- Working Party No. 2 – Alternative Dispute Resolution procedures (CJ-EJ-ADR) finalised for the attention of the CJ-EJ in 2002 the draft Recommendation on mediation in civil matters and its draft Explanatory Memorandum.
- Working Party No. 3 – Legal Advice and Assistance (CJ-EJ-LA) finalised for the attention of the CJ-EJ in 2002 the draft Action Plan on Legal Assistance Systems.

Furthermore, the Working Party of the Committee of experts on efficiency of justice (CJ-EJ-INT) adopted, at its second meeting, the "European Commission for the Efficiency of Justice (CEPEJ) – draft Resolutions for an Enlarged Partial Agreement".

The CJ-EJ-INT transmitted this document to the CJ-EJ with a view to its adoption the meeting taking place from 27 February to 1st March 2002 in Bayonne (France). The text adopted by the CJ-EJ will then be transmitted to the European Committee on Legal Cooperation (CDCJ) for adoption at its next meeting (during the week beginning 27 May 2002) before its transmission to the Committee of Ministers.

The CJ-EJ-INT also held a preliminary discussion with Dr Pierre Lamothe, consultant to the CJ-EJ, on the preparation of the Report (and the recommendations) on the situation in member States with respect to access to a judge by persons detained in psychiatric institutions. It agreed to examine these texts at the next CJ-EJ-INT meeting in 2002, before transmitting them to the CJ-EJ plenary for adoption.

The Convention on Information and Legal Co-operation concerning "Information Society Services" [ETS No. 180] was opened for signature on 4 October 2001 at the 24th Conference of European Ministers of Justice in Moscow.

INFORMATION TECHNOLOGY IN THE JUSTICE SECTOR

Regarding information technology in the justice sector, on 28 February 2001, the Committee of Ministers adopted Recommendation No. R (2001) 2 "Concerning the design and re-design of court systems and legal information systems in a cost-effective manner" and Recommendation No. R (2001) 3 "On the delivery of court and other legal services to the citizen through the use of new technologies". In 2001, the Committee of Experts on Information Technology and Law (CJ-IT) also adopted a Report "On the use of electronic documents in the justice sector" and launched two new activities concerning the interoperability of information systems and archiving of electronic documents in the justice sector.

Les Juges

Le Conseil consultatif de juges européens (CCJE) a tenu sa 2e réunion du 21 au 23 novembre 2001 au siège du Conseil de l'Europe à Strasbourg.

Le CCJE a pour principale mission de préparer des avis à l'attention du Comité des Ministres sur des questions de caractère général concernant l'indépendance, l'impartialité et la compétence des juges, ainsi que de contribuer à la mise en œuvre du programme cadre d'action global pour les juges en Europe adopté par le Comité des Ministres lors de sa 740e réunion.

Suite à cette réunion, le CCJE invite le Comité des Ministres:

a. à prendre note que conformément à son mandat spécifique il a élaboré à son attention :

i. l'Avis n° 1 (2001) sur les normes relatives à l'indépendance et l'inamovibilité des juges (Recommandation n° R (94) 12 sur l'indépendance, l'efficacité et le rôle des juges et pertinence des normes qu'elle consacre et de toutes autres normes internationales pour les problèmes présents dans ces domaines) et

ii. l'Avis n° 2 (2001) sur le financement et la gestion des tribunaux au regard de l'efficacité de la justice et au regard des dispositions de l'article 6 de la Convention européenne des Droits de l'Homme ;

b. à prendre note qu'il a communiqué l'Avis n° 1 (2001) et l'Avis n° 2 (2001) au Comité européen de coopération juridique (CDCJ), au Comité européen pour les problèmes criminels (CDPC) et au Comité directeur pour les droits de l'homme (CDDH).

Le CCJE a également adopté un questionnaire relatif à la formation des juges et un questionnaire relatif à la conduite, l'éthique et la responsabilité des juges.

Droit de la famille et Droits des enfants

En 2001, le Comité d'experts sur le droit de la famille a notamment :

- examiné et adopté le projet de convention sur les relations personnelles concernant les enfants. Il invite le CDCJ à l'examiner et à l'approuver, avec son projet de Rapport explicatif, sous réserve des modifications éventuelles qu'il pourrait souhaiter lui apporter ;
- estimé que les consultations sur les principes relatifs à l'établissement et aux conséquences juridiques du lien de filiation, devraient être poursuivies et élargies, afin de permettre aux gouvernements d'approfondir leurs consultations et de tenir compte des évolutions attendues dans ce domaine. Il invite le CDCJ à autoriser la diffusion d'un Livre Blanc sur ce sujet ;
- commencé l'organisation en 2002 de la 6e Conférence européenne sur le droit de la famille sur le thème de la protection juridique de la famille dans le domaine des successions.

Droit administratif

En ce qui concerne l'activité sur solutions alternatives aux litiges entre les autorités administratives et les personnes privées, initiée lors de la Conférence multilatérale sur le sujet ayant eu lieu à Lisbonne en 1999, le Comité des Ministres a adopté la Recommandation n° R (2001) 9 sur les modes alternatifs de règlement des litiges entre les autorités administratives et les personnes privées et son exposé des motifs, tous deux préparés par le Groupe de projet sur le droit administratif (CJ-DA).

Dans le cadre de l'activité sur l'exécution des décisions dans le domaine du droit administratif,

Judges

The Consultative Council of European Judges (CCJE) held its 2nd Meeting on 21-23 November 2001 at the Council of Europe's headquarters in Strasbourg.

The CCJE's main task is to prepare opinions for the attention of the Committee of Ministers on general questions concerning the independence, impartiality and competence of judges and to contribute to implementation of the framework global action plan for judges in Europe, which the Committee of Ministers adopted at its 740th Meeting.

Following this meeting, the CCJE invited the Committee of Ministers:

a. to note that, in accordance with its specific terms of reference, it has prepared for the Ministers' attention:

i. Opinion no. 1 (2001) on standards concerning the independence of the judiciary and the irremovability of judges (Recommendation No. R (94) 12 on the independence, efficiency and role of judges and the relevance of its standards and any other international standards to current problems in these fields); and

ii. Opinion No. 2 (2001) on the funding and management of courts with reference to the efficiency of the judiciary and to Article 6 of the European Convention on Human Rights;

b. to note that it has forwarded Opinion Nos. 1 (2001) and 2 (2001) to the European Committee on Legal Co-operation (CDCJ), the European Committee on Crime Problems (CDPC) and the Steering Committee for Human Rights (CDDH);

The CCJE also adopted a questionnaire on judges' training and another on the conduct, ethics and responsibility of judges.

Family Law and Children's Rights

In 2001 the Committee of experts on family law (CJ-FA):

- examined and adopted the draft Convention on contact concerning children. It invited the CDCJ to examine and approve it and the draft Explanatory Report, subject to any changes it might wish to make ;
- considered that consultations on the principles concerning establishment and legal consequences of parentage should be continued and extended to enable governments themselves to hold more detailed consultations and take account of the changes expected in this field. It asked the CDCJ to authorise the dissemination of a White Paper on this subject ;
- began preparations for the 6th European Conference on Family Law in 2002 on the topic of legal protection of the family in the field of succession.

Administrative law

Concerning the activity on alternatives to litigation between administrative authorities and private parties, launched by the multilateral Conference held in Lisbon, June 1999, the Project Group on Administrative Law (CJ-DA) prepared a draft Recommendation adopted by the Committee of Ministers in 2001, Recommendation No. R (2001) 9 on Alternatives to litigation between administrative authorities and private parties, together with the explanatory memorandum relating thereto.

In the framework of the activity on the execution of decisions in the field of administrative le CJ-DA a adopté un questionnaire destiné aux Etats membres et observateurs. Sur la base des réponses reçues à ce questionnaire de la part de 31 Etats membres et observateurs, un expert consultant a rédigé un rapport, qui a permis au CJ-DA de décider de la suite à donner à cette activité. Sur la base de ces informations, le CJ-DA a donné instruction à son groupe de travail de préparer un avant-projet de recommandation sur l'exécution des décisions administratives et judiciaires dans le domaine du droit administratif

Par ailleurs, le Comité européen de Coopération juridique (CDCJ) a adopté un nouveau mandat du CJ-DA pour 2002-2003, comprenant la poursuite de l'activité consacrée à l'exécution des décisions dans le domaine du droit administratif, ainsi qu'une nouvelle activité sur la possibilité et la portée d'un contrôle juridictionnel des décisions administratives, à la lumière de la jurisprudence de la Cour européenne des droits de l'homme.

Les activités suivantes ont eu lieu en 2001 dans le cadre du programme pour le développement et la consolidation de la stabilité démocratique dans le domaine du droit et de la justice administrative: un séminaire régional pour les pays du Caucase et de l'Europe du Sud-Est sur des questions actuelles liées à l'administration publique a eu lieu à Spetses (Grèce) en septembre ; une expertise du projet de loi sur la fonction publique a été réalisée en Arménie ; un séminaire sur l'organisation judiciaire dans le domaine du droit administratif a eu lieu en Bulgarie ; un séminaire sur l'exécution des décisions dans le domaine du droit administratif a été organisé en Croatie ; une expertise du projet de loi fédéral sur l'administration publique en République Fédérale de Yougoslavie ; des commentaires sur le projet de régulation sur la fonction publique du Kosovo ; une expertise du projet de loi sur l'administration étatique du Montenegro ; une table ronde sur la mise en œuvre de la législation dans le domaine du droit administratif en Moldova ; en Fédération de Russie, des réunions ont eu lieu dans le cadre du projet sur la justice administrative ; en Ukraine, une visite d'étude a été organisée en France et en Allemagne sur la résolution extra-judiciaire des litiges administratifs.

Le cadre juridique et le fonctionnement des organisations non gouvernementales

Durant l'année 2001, les travaux d'élaboration d'une Charte sur le statut des ONG en Europe ont été poursuivis. L'avant projet préparé par un expert consultant a été examiné par une réunion élargie des parties contractantes à la Convention européenne sur la reconnaissance de la personnalité juridique des organisations internationales non gouvernementales (STE n° 124), les 19 et 20 novembre 2001.

En outre, les activités suivantes ont été réalisées dans le cadre des programmes de coopération pour le renforcement de l'Etat de droit : en Azerbaïdjan, une expertise et une réunion d'experts ont eu lieu, en coopération avec l'UNHCR, dans sur le projet de loi sur l'enregistrement des associations ; une table ronde d'experts sur le cadre juridique de la société civile a été organisée à Strasbourg en juillet, en coopération avec l'UNHCR.

Coopération renforcée dans le domaine du droit international public – Le Comité des conseillers juridiques sur le droit international public (CAHDI)[4]

Au cours de l'année 2001, le Comité des conseillers juridiques sur le droit international public (CAHDI) a tenu deux réunions afin d'examiner les questions de droit international public,

[4] Site du CAHDI www.legal.coe.int suivre *CAHDI.*

law, the CJ-DA adopted a questionnaire addressed to the member and observer States of the Council of Europe. On the basis of replies to the questionnaire received by 31 member and observer States, an expert consultant prepared a draft report, enabling the CJ-DA to decide on the pursuance of the activity. On the basis of this information, the CJ-DA instructed its working party to prepare a preliminary draft Recommendation on the execution of administrative and judicial decisions in the field of administrative law.

Furthermore, the European Committee on Legal Co-operation (CDCJ) adopted new specific terms of reference for the CJ-DA for 2002-2003, to continue carrying out the activity on the execution of decisions in the field of administrative law and to pursue a new activity on the possibility and scope of judicial review of administrative decisions, in the light of the case-law of the European Court of Human Rights.

The following activities took place in 2001 in the framework of the development and consolidation of democratic stability in the field of administrative law and justice programme: a regional seminar for south-eastern Europe and Caucasus countries on current key issues regarding public administration took place in Spetses (Greece) in September; an expert appraisal on the draft law on civil service in Armenia; a seminar on the judicial organisation in administrative matters in Bulgaria; a seminar on the execution of decision in the administrative field in Croatia; a written expert appraisal on the federal draft law on public administration in the Federal Republic of Yugoslavia; comments on the draft regulation on Civil Service in Kosovo, an written expert appraisal followed by an expert meeting on the draft law on State administration in Montenegro; a round table on the application of legislation in the administrative field in Moldova; meetings in the framework of a project on administrative justice in the Russian Federation; a study visit in France and Germany of an Ukrainian delegation on extra-judicial resolution of administrative litigations.

The legal framework and functioning of non-governmental organisations

During 2001 the preparatory work for the elaboration of a draft Charter on the legal status of NGOs in Europe was pursued. A preliminary draft prepared by an expert consultant was examined by an enlarged meeting of contracting parties to the European Convention on the recognition of the legal personality of international non-governmental organisations (ETS No 124), on 19 and 20 November 2001

Furthermore, the following activities took place within the framework of the Cooperation Programme to strengthen the Rule of Law: a written expert appraisal followed by an expert meeting took place in Azerbaijan in co-operation with UNHCR on the draft law on the registration of associations; a round table of experts on the legal framework of civil society in the CIS countries was organised in Strasbourg in July, in co-operation with UNHCR.

Strengthened co-operation in public international law – The Committee of Legal Advisers on Public International Law (CAHDI)[4]

In 2001 the Committee of Legal Advisers on Public International Law (CAHDI) held two meetings in order to examine questions of public international law, to exchange and, if appropriate,

---

[4] For further information consult www.legal.coe.int follow CAHDI.

d'échanger et, le cas échéant, de coordonner les vues des Etats membres à la demande du Comité des Ministres, des Comités directeurs, des Comités ad hoc et à sa propre initiative.

Le CAHDI a continué à fonctionner en tant qu'Observatoire européen des réserves aux traités internationaux et a examiné les réserves aux traités internationaux conclus au sein et à l'extérieur du Conseil de l'Europe susceptibles d'objection.

En ce qui concerne l'activité sur le consentement des Etats à être liés par un traité, un rapport analytique a été préparé sous l'égide du CAHDI par l'Institut britannique de droit international et comparé sur la base des contributions fournies par les Etats membres et observateurs du comité. Ce rapport a été ensuite publié[5].

Le Comité a eu des échanges de vues sur les points suivants: l'application des instruments internationaux pour la protection des victimes de conflits armés ; les développements concernant la Cour pénale internationale (à cet égard, le CAHDI a organisé avec le CDPC une deuxième réunion de consultation multilatérale sur les implications de la ratification du Statut de Rome dans l'ordre juridique des Etats membres) ; la mise en œuvre et fonctionnement des Tribunaux créés par les Résolutions 827 (1993) et 955 (1994) du Conseil de Sécurité des Nations unies ; la protection du patrimoine culturel en temps de guerre ; l'activité de l'Assemblée générale des Nations unies, de la Sixième commission et de la Commission de droit international (CDI).

Le Comité a entrepris la mise en œuvre d'un Projet pilote du Conseil de l'Europe sur la pratique des Etats concernant les immunités des Etats.

Le Comité eu un échange de vues avec Monsieur Guillaume, Président de la Cour internationale de Justice et avec le professeur Crawford, membre de la CDI et rapporteur spécial sur la responsabilité des Etats.

La norme juridique

Dans le cadre du Programme commun entre la Commission européenne et le Conseil de l'Europe, une conférence sur la Transparence juridique s'est tenue en Albanie en février 2001 à l'occasion de l'inauguration officielle de l'Office de Publications d'Etat de Albanie, établi avec l'aide du Programme commun. Poursuivant sa coopération avec la Douma d'Etat de l'Assemblée fédérale de la Fédération de Russie, le Conseil de l'Europe a organisé une Table ronde à Irkoutsk (Sibérie) sur l'accès aux actes juridiques des Sujets de la Fédération de Russie, et un séminaire a été tenu à Saint-Pétersbourg sur l'application des nouvelles technologies de l'information pour faciliter l'accès au droit.

Dans le cadre du Programme commun entre la Commission européenne et le Conseil de l'Europe pour la région du Nord Caucase de la Fédération de Russie, un séjour d'tudes a été organisé en Belgique sur la rédaction des lois dans les états fédéraux pour des représentants des parlements locaux de la région du Caucase du Nord. Un séminaire de formation sur les techniques de rédaction des lois a été organisé en Azerbaïdjan. Le Conseil de l'Europe a fourni au ministère de la Justice de la Fédération de Russie des informations sur les pratiques dans d'autres pays européens concernant les activités normatives des autorités administratives.

Le Conseil de l'Europe a coopéré pour le développement de l'évaluation de l'efficacité de la législation en Albanie et en Ukraine.

---

[5] *Treaty Making – Expression of Consent by States to be Bound by a Treaty – Conclusion des traités, Expression du consentement par les Etats du consentement à être liés par un traité,* Kluwer Law International – The Hague – joint publication with the Council of Europe – September 2001, ISBN 90-411-1692-3

to co-ordinate the views of member States at the request of the Committee of Ministers, Steering Committees and Ad Hoc Committees and at its own initiative.

The CAHDI continued to operate as a European Observatory of Reservations to International Treaties and considered outstanding reservations to international treaties concluded within and outside the Council of Europe.

Concerning the activity on consent by States to be bound by a treaty, an analytical report was prepared under the aegis of the CAHDI by the British Institute of International and Comparative Law on the basis of the contributions provided by the Committee member and observer States. This report was subsequently published[5]

The Committee also held exchanges of views concerning the following issues: implementation of international instruments protecting the victims of armed conflicts; developments concerning the International Criminal Court (in this connection, the CAHDI organized jointly with the CDPC a second multilateral consultation meeting on the implications of the ratification of the Rome Statute in the legal order of member States); implementation and functioning of the Tribunals established by UN Security Council Resolutions 827 (1993) and 955 (1994); protection of Cultural Heritage in times of War; the activity of the General Assembly of the United Nations, of the Sixth Committee, and of the International Law Commission (ILC).

The Committee undertook the implementation of a Pilot Project of the Council of Europe on State practice regarding State immunities.

The CAHDI held exchanges of views with Mr Guillaume, President of the International Court of Justice and Professor Crawford, member of the ILC and Special rapporteur on State responsibility.

Legal norm

In the framework of the Joint Programme between the European Commission and the Council of Europe, a conference on Legal Transparency was organised in Albania in February 2001 on the occasion of the official inauguration of the State Publication Centre, set up with the assistance of the Joint Programme. In continuation of the co-operation with the State Duma of the Federal Assembly of the Russian Federation, a Round Table was organised in Irkutsk (Siberia) to examine access to legal acts of the entities of the Russian Federation, and a seminar was organised in St. Petersburg on the application of new information technology to facilitate access to law.

In the framework of the Joint Programme between the European Commission and the Council of Europe for North Caucasus of the Russian Federation, a study visit was organised in Belgium on law making in federal states for representatives of the local parliaments of the North Caucasus region. A training seminar on law drafting techniques was organised in Azerbaijan. The Ministry of Justice of the Russian Federation was provided with information on practices in other European States concerning normative activities of administrative authorities.

The Council of Europe provided assistance for developing the evaluation of effectiveness of legislation in Albania and Ukraine

---

[5] *Treaty Making – Expression of Consent by States to be Bound by a Treaty – Conclusion des traités, Expression du consentement par les Etats du consentement à être liés par un traité,* Kluwer Law International – The Hague – joint publication with the Council of Europe – September 2001, ISBN 90-411-1692-3.

PROTECTION DES DONNÉES

Convention pour la protection des personnes à l'égard du traitement automatisé des données à caractère personnel (STE n° 108) :

La convention qui fut ouverte à la signature le 28 janvier 1981 et entra en vigueur le 1er octobre 1985 fut le premier instrument international juridique contraignant dans le domaine de la protection des données. Aux termes de cette Convention, les parties doivent prendre les mesures nécessaires en droit interne pour en appliquer les principes afin d'assurer, sur leur territoire, le respect des droits fondamentaux de la personne humaine à l'égard du traitement des données à caractère personnel. En 2001, quatre Etats membres ont ratifié la Convention (Lettonie, Lituanie, République tchèque et Estonie), ce qui amène le nombre de ratifications à 25 en tout, et deux autres états membres ont signé la Convention (Géorgie et la Fédération de Russie) ce qui amène le nombre d'Etats signataires à sept.

La convention met en place un Comité consultatif de la Convention pour la protection des personnes à l'égard du traitement automatisé des données à caractère personnel (T-PD), constitué de représentants des parties à la convention, qui se réunit régulièrement afin d'interpréter les dispositions et d'assurer sa mise en œuvre correcte.

Le projet de protocole additionnel à la Convention 108 portant sur les autorités de contrôle et les flux transfrontaliers de données élaboré par le T-PD a été adopté par le Comité des Ministres le 23 mai 2001 lors de la 753e réunion des Délégués des Ministres et a été ouvert à la signature le 8 novembre 2001 à l'occasion de la 109e Session ministérielle. Au cours de l'année 2001, le T-PD a poursuivi l'examen et la révision du projet de Guide sur la préparation des clauses contractuelles régissant la protection des données lors du transfert de données à caractère personnel à des tiers non soumis à un niveau de protection des données approprié.

Le T-PD a également organisé la Conférence européenne sur la Protection des Données en coopération avec l'Inspecteur Général de la Pologne pour la protection des données qui a eu lieu sous les auspices du Président de la République de Pologne à Varsovie les 19 et 20 novembre 2001. Le thème de la Conférence était « Présent et avenir de la Convention 108 du Conseil de l'Europe pour la protection des données à l'égard du traitement automatisé des données à caractère personnel ».

Le Groupe de projet sur la protection des données (CJ-PD) a transmis le projet de recommandation sur la protection des données à caractère personnel collectées et traitées à des fins d'assurance au CDCJ et le texte a été adopté le 31 mai 2001. Le projet de recommandation sera transmis au Comité des Ministres qui devrait l'examiner en vue de son approbation et autoriser la publication de son exposé des motifs en 2002. Le CJ-PD a poursuivi l'examen du projet de principes directeurs pour la protection des personnes par rapport à la collecte et au traitement de données au moyen de la vidéo-surveillance et le Projet des principes directeurs sur la protection des individus à l'égard de l'utilisation des cartes à puce. Le CJ-PD a également examiné les incidences des principes de la protection des données sur les données judiciaires en matière pénale et a commencé à préparer la troisième évaluation de la Recommandation n° R (87) 15 visant à réglementer l'utilisation de données à caractère personnel dans le secteur de la police. Des représentants du CJ-PD ont également participé aux travaux des autres comités, tels que les comités dans le domaine de l'accès aux informations officielles et la génétique humaine.

De nombreuses contributions du Conseil de l'Europe dans le cadre du « Programme de coopération pour le renforcement de l'état de droit » ont eu lieu dans le domaine de la protection des données:

– une réunion d'experts sur la législation sur la protection des données de Bosnie-Herzégovine à Vienne (Autriche) les 14 et 15 mai 2001 en coopération avec le *Office of the High Representative (OHR)*;

Data protection

Convention for the Protection of Individuals with regard to Automatic Processing of Personal Data (ETS No. 108) :

The Convention, which was opened for signature on 28 January 1981 and entered into force on 1 October 1985, was the first legally binding international instrument in the data protection field. Under this Convention, the parties are required to take the necessary steps in their domestic legislation to apply the principles it lays down in order to ensure respect in their territory for the fundamental human rights of all individuals with regard to processing of personal data. In 2001, a further four member states ratified the Convention (Latvia, Lithuania, Czech Republic and Estonia) bringing the total number of ratifications to 25 and a further two member states signed (Georgia and the Russian Federation) bringing the number of signatures to 7.

The Convention establishes a Consultative Committee of the Convention for the Protection of Individuals with regard to Automatic Processing of Personal Data (ETS No. 108) [T-PD], consisting of representatives of Parties to the Convention, which meets regularly in order to interpret its provisions and to ensure its proper implementation.

The draft Additional Protocol to this convention concerning supervisory authorities and transfrontier flows of data prepared by the T-PD was adopted by the Committee of Ministers on 23 May 2001 during the 753rd Meeting of the Ministers' Deputies and was opened for signature on 8 November 2001 at the 109th ministerial session. During 2001, the T-PD continued to examine and revise a draft Guide to the preparation of contractual clauses governing data protection during the transfer of personal data to third parties not bound by an adequate level of data protection .

The T-PD also organised the European Conference on Data Protection in co-operation with the Inspector General of Poland for the protection of personal data which was held under the patronage of the President of Poland in Warsaw on 19 and 20 November 2001 on the occasion of the 20th anniversary of Convention ETS No. 108. The theme of the Conference was "Council of Europe Convention 108 for the Protection of Individuals with regard to Automatic Processing of Personal Data: Present and Future".

The Project Group on Data Protection (CJ-PD) submitted the draft recommendation on the protection of personal data collected and processed for insurance purposes to the CDCJ and it was adopted on 31 May 2001. The draft recommendation will be transmitted to the Committee of Ministers for examination with a view to its approval and to authorisation of the publication of its explanatory report in 2002. The CJ-PD continued to examine a set of draft Guiding principles for the protection of individuals with regard to the collection and processing of data by means of video surveillance and draft Guiding principles for the protection of individuals with regard to the use of smart cards. The CJ-PD also examined the impact of the data protection principles on judicial and police data and began to prepare the third evaluation of Recommendation No. R (87) 15 regulating the use of personal data in the police sector. Representatives of the CJ-PD also participated in the work of other committees such as those working in the fields of access to official documents and human genetics.

A number of contributions were made by the Council of Europe to the 'Co-operation programme to strengthen the rule of law' in the field of data protection:

- Expert meeting held on the data protection legislation of Bosnia and Herzegovina in Vienna (Austria) on 14 and 15 May 2001 in co-operation with the Office of the High Representative (OHR);
- Regional Seminar on Data Protection held in Tbilisi (Georgia) on 5 and 6 June 2001 with the participation of experts from Armenia, Azerbaijan and Georgia and this was followed by an Expert meeting on identity cards and data protection in Georgia on 7 and 8 June 2001;

- un Séminaire régional sur la protection des données à Tbilisi (Géorgie) les 5 et 6 juin 2001 avec la participation d'experts de l'Arménie, l'Azerbaïdjan et la Géorgie ; ce séminaire a été suivi par une réunion d'experts sur les cartes d'identité et la protection des données en Géorgie les 7 et 8 juin 2001 ;
- une Réunion sur la compatibilité du projet de loi maltais sur la protection des données à caractère personnel avec la Directive 95/46/CE et la Convention STE n° 108 à Valetta (Malte) les 14 et 15 juin 2001 ;
- une Réunion d'experts sur la nouvelle version de la loi de la Lituanie sur la protection juridique des données à caractère personnel et sur le projet de loi contenant les amendements et suppléments à certains articles de cette loi à Vilnius (Lituanie) les 20 et 21 septembre 2001 ;
- une Réunion d'experts sur le projet de loi roumain sur la protection des personnes à l'égard du traitement automatisé des données à caractère personnel et la libre circulation de ces données à Bucarest (Roumanie) les 22 et 23 octobre 2001.

Une expertise écrite a été préparée sur la nouvelle version de la loi de la Lituanie sur la Protection juridique des données à caractère personnel et sur la loi sur la Protection des données à caractère personnel de la Fédération de Russie, sur le projet de loi sur l'Etablissement d'un service d'intelligence et de sécurité de Bosnie-Herzégovine et sur la Loi de l'Ukraine sur le Registre d'Etat des personnes physiques.

Bioéthique

La recherche en biologie et en médecine a permis des avancées spectaculaires en matière de santé, mais en même temps, elle met en jeu des valeurs fondamentales: l'individu, la famille, la santé, la vie privée, les droits de l'homme et la dignité humaine.

L'objectif du Conseil de l'Europe est de protéger la personne dans sa dignité et ses droits fondamentaux dans le domaine de la médecine conventionnelle et des nouvelles découvertes médicales (génétique, assistance médicale à la procréation, etc.). Son but est de trouver un équilibre entre la liberté de recherche et la protection des personnes en suscitant la réflexion et le débat, tout en veillant au respect des valeurs fondamentales. Le Conseil de l'Europe joue aussi le rôle d'arbitre entre les différents points de vue et intérêts à travers l'élaboration de principes et des règles de droit qui soutiennent ces valeurs.

Pour ce faire, les travaux du Comité directeur pour la bioéthique (CDBI) ont abouti à la Convention sur les droits de l'homme et la biomédecine (STE n° 164), le premier traité international en la matière, auquel les instruments additionnels suivants ont déjà été adjoints :

- un Protocole additionnel portant interdiction du clonage des êtres humains (STE n° 168) qui est entré en vigueur le 1er mars 2001. Il s'agit du seul instrument juridique international contraignant en la matière ;
- un Protocole additionnel relatif à la transplantation d'organes et de tissus d'origine humaine (STE n° 186) qui a été ouvert à la signature le 24 janvier 2002.

Par ailleurs, d'autres Protocoles sont en cours de préparation sur la protection de l'embryon et du fœtus humain, la génétique humaine et la recherche biomédicale ; le projet de Protocole additionnel sur la recherche biomédicale ayant déjà été déclassifié pour consultation.

De plus, un avant-projet de recommandation sur la xénotransplantation a été finalisé par un groupe de travail établi pour préparer des lignes directrices en cette matière. Le document est en cours d'examen par le Comité directeur de bioéthique et le Comité européen de la santé qui sont conjointement responsables pour ce travail.

Un Groupe de travail sur la psychiatrie et les droits de l'homme continue d'élaborer un nouvel instrument juridique visant à assurer que les droits de l'homme et la dignité des personnes

- Meeting on the compatibility of the Maltese draft law on protection of personal data with Directive 95/46/EC and with Convention ETS No. 108 held in Valletta (Malta) on 14 and 15 June 2001;
- Expert meeting on the new version of the Lithuanian Law on Legal Protection of Personal Data and on the draft law containing amendments and supplements to some articles of this Law held in Vilnius (Lithuania) on 20 and 21 September 2001;
- Expert meeting on the Romanian draft Law on the protection of individuals with regard to the processing of personal data and the free movement of such data held in Bucharest, Romania, 22-23 October 2001.

A written expertise was carried out on the new version of the Lithuanian Law on Legal Protection of Personal Data and expertise were also carried out on the data protection legislation of the Russian Federation, the draft Law on the establishment of the Federation of Bosnia and Herzegovina intelligence and security service and on the Law of Ukraine on state register of physical persons.

Bioethics

Biological and medical research has resulted in spectacular advances in the health field, but it also raises questions concerning a number of fundamental values, such as the individual, the family, human health, private life, human rights and human dignity.

The Council of Europe's aim is to protect the individual's dignity and fundamental rights in the fields of conventional medicine and the new medical discoveries (genetics, medically assisted procreation, etc.). It seeks to strike a balance between the freedom to undertake research and the protection of persons while fostering reflection and discussion, ensuring respect for fundamental values. The Council of Europe also arbitrates between different positions and interests by drawing up principles and legal standards which reflect these values.

To do this, the work of the Steering Committee on Bioethics (CDBI) resulted in the Convention on Human Rights and Biomedicine (ETS No. 164) – the first international agreement on these issues – to which the following additional instruments have already been adjoined:

- An Additional Protocol on the Prohibition of Cloning Human Beings (ETS No. 168) which came into force on 1 March 2001 and is the only binding international legal instrument on the subject;
- An Additional Protocol concerning the Transplantation of Organs and Tissues of Human Origin (ETS No.186) which was opened for signature on the 24 January 2002.

Additionally, other protocols on the protection of the human embryo and foetus, human genetics and biomedical research are currently being prepared; the draft Additional Protocol on Biomedical Research having already been declassified for consultation.

Furthermore, a preliminary draft Recommendation on Xenotransplantation has been finalised by a Working Party set-up to prepare guidelines on this procedure. The document is currently being considered by the Steering Committee on Bioethics and the European Health Committee which are both responsible for this work.

A Working Party on Psychiatry and Human Rights is continuing to prepare a new legal instrument designed to ensure that the human rights and dignity of people affected by mental atteintes de troubles mentaux, en particulier celles placées comme patients involontaires dans un établissement psychiatrique, sont protégées dans tous les Etats membres du Conseil de l'Europe.

Un avant-projet d'instrument sur l'utilisation dans la recherche biomédicale de matériel biologique d'origine humaine et de données à caractère personnel énonçant des principes qui seront élaborés ultérieurement en lignes directrices est aussi en cours d'examen par le CDBI.

Un groupe de travail sur la biotechnologie constitué pour examiner les questions éthiques, sociales et juridiques soulevées par les applications de la biotechnologie, y compris les aspects de propriété intellectuelle, et identifier une liste des domaines susceptibles d'une coopération paneuropéenne, a présenté son rapport final. Dans ce document, l'établissement d'un forum consultatif de la Grande Europe sur les biotechnologies a été proposé.

Le Conseil de l'Europe organise régulièrement la Conférence européenne des comités nationaux d'éthique. La 6e Conférence s'est tenue à Chypre en novembre 2001 sur le thème « génétique et société : opportunités et menaces ».

Dans le cadre du programme de coopération DEBRA, le Conseil de l'Europe assiste ses Etats membres dans la mise en place et le développement de comités d'éthique ainsi que dans d'autres questions bioéthiques spécifiques.

Commission européenne pour la démocratie et le droit

Il s'agit d'un accord partiel du Conseil de l'Europe, établi en mai 1990. Son champ d'action est celui des garanties offertes par le droit au service de la démocratie. A ce jour, la Commission compte quarante trois membres à part entière, 3 membres associés et 11 observateurs. En février 2002, le Comité des Ministres a adopté un statut révisé et a décidé que la Commission sera dorénavant un Accord Elargi.

Au cours de l'année 2001, la Commission de Venise a continué ses travaux sur les réformes constitutionnelles et le fonctionnement efficace des institutions démocratiques. Les activités de la Commission ont porté sur l'ensemble du continent, mais les Balkans et le Caucase sont demeurés au centre de son attention et ont occupé une grande partie de ses travaux. Entre autres, la Commission a :

- poursuivi sa coopération avec la Croatie concernant la révision de la loi constitutionnelle sur la protection des droits de l'homme et des droits des minorités nationales ainsi que concernant les modifications à la Constitution et a adopté deux avis y relatifs ;
- rendu plusieurs avis sur le régime constitutionnel en Bosnie-Herzégovine, notamment en ce qui concerne la décision de la Cour constitutionnelle de la Bosnie-Herzégovine dans l'affaire relative à la question des « peuples constituants », la loi organique sur l'Institution de l'Ombudsman de la Fédération de Bosnie-Herzégovine, les lois relatives aux droits des minorités nationales de Bosnie-Herzégovine, la loi électorale de Bosnie-Herzégovine et la loi sur la fusion de la chambre des Droits de l'Homme et de la Cour constitutionnelle de la Bosnie-Herzégovine ;
- rendu des avis sur le projet de réforme constitutionnelle de l'Ukraine et sur le projet de loi ukrainienne sur l'élection des députés du peuple ;
- rendu un avis sur la loi sur les élections régionales en Slovaquie ;
- rendu un avis sur le droit électoral du Canton du Tessin ;
- rendu des avis sur le projet de loi constitutionnelle de la République d'Azerbaïdjan sur la motion de censure, le projet de loi constitutionnelle sur la mise en œuvre des droits et des libertés de l'homme en République d'Azerbaïdjan et sur le projet de loi sur la Cour constitutionnelle de Azerbaïdjan ;
- rendu des avis sur la révision de la Constitution de l'Arménie, le projet de loi sur la fonction publique de la République d'Arménie et la ratification de la Convention

disorders, in particular those committed as involuntary patients to psychiatric institutions, are protected in all Council of Europe member states.

A preliminary draft instrument on the use of human biological materials and personal data in biomedical research is also being examined by the CDBI which contains principles that would be further elaborated in guidelines.

A Working Party on Biotechnology established to examine ethical, social and legal issues arising from the application of biotechnology, including its intellectual property aspects, and to identify a list of areas of possible Pan-European cooperation has presented its final report. In this document, the setting-up of a Greater European consultative forum on biotechnologies was proposed.

The Council of Europe convenes the European Conference of National Ethics Committees at regular intervals. The 6th Conference was held in November 2001, in Cyprus, on the following topic: "Genetics and Society: opportunities and threats".

Under its DEBRA co-operation programme, the Council of Europe helped member states to set-up and develop ethics committees in addition to providing assistance with respect to some specific bioethical topics.

European Commission for Democracy through Law

The Commission was set up under a Council of Europe Partial Agreement dating from May 1990. Its activity relates to the guarantees provided by law in the service of democracy. To date, the Commission totals 43 full members, 3 associate members and 11 observers. In February 2002 the Committee of Ministers adopted a revised statute and decided that the Commission shall henceforth be an Enlarged Partial Agreement.

During 2001 the Venice Commission continued its work on constitutional reform and the effective functioning of democratic institutions. The Commission was active on the whole continent but the Balkans and the Caucasus were naturally a major part of its work. The Commission, among others:

- continued its co-operation with Croatia on the revision of the constitutional law on the protection of human rights and national minorities as well as on the amendments to the Constitution and adopted opinions on these matters;
- gave several opinions on the constitutional regime in Bosnia and Herzegovina, in particular concerning the decision of the Constitutional Court of Bosnia and Herzegovina on the issue of the "constituent peoples", the Organic law on the Institution of the Ombudsman of the Federation of Bosnia and Herzegovina, the draft laws on the rights of national minorities, the electoral law of Bosnia and Herzegovina and the law on the merger of the Human Rights chamber and the Constitutional Court of Bosnia and Herzegovina ;
- gave opinions on the Ukrainian Constitutional reform project and on the draft law of Elections of People's Deputies in Ukraine ;
- gave an opinion on the law on regional elections in Slovakia ;
- gave an opinion on electoral legislation in the Ticino Canton, Switzerland ;
- gave opinions on the draft constitutional Law of Azerbaijan on the vote of no-confidence, on the draft constitutional law on the implementation of human rights and freedoms in Azerbaijan, and on the draft law on the Constitutional Court of Azerbaijan ;
- gave opinions on the revision of the constitution of Armenia, the draft civil service law and the constitutional issues which could be raised under the Constitution in Force by Armenia's ratification of the European Convention of Human Rights ;

européenne des Droits de l'Homme sous l'angle de la Constitution de la République d'Arménie ;
- adopté un rapport intérimaire sur la situation constitutionnelle de la République Fédérale de Yougoslavie ;
- mis en place, à la demande de l'Assemblée parlementaire, un groupe de travail sur les questions électorales, auquel participeraient des représentants de l'Assemblée parlementaire, du CPLRE et, éventuellement, d'autres organisations ayant une expérience en la matière, dans le but d'élaborer un code de bonne conduite en matière électorale et de réfléchir de façon régulière aux questions électorales ;
- tenu quatre séminaire dans le cadre du programme Campus UniDem pour la formation juridique de la fonction publique ;
- adopté un rapport sur les décisions des cours constitutionnelles et des instances équivalentes et leur exécution, les lignes directrices sur le financement des partis politiques, les lignes directrices sur le référendum constitutionnel à l'échelle nationale et un rapport sur le traitement préférentiel des minorités nationales par leur Etat-parent ;
- rendu une assistance juridique au Représentant spécial de l'Union européenne, François Léotard, pendant les négociations de l'accord-cadre d'Ohrid pour « l'ex République yougoslave de Macédoine ».

La Charte européenne des langues régionales ou minoritaires

La Charte européenne des langues régionales ou minoritaires prévoit la protection et la promotion des langues régionales et minoritaires historiques d'Europe. Son élaboration est justifiée, d'une part, par le souci de maintenir et de développer les traditions et le patrimoine culturels européens, d'autre part, par la volonté de garantie la pratique des une langues régionales ou minoritaires dans la vie privée et publique.

La Charte énonce les objectifs et principes que les Etats Parties s'engagent à respecter pour toutes les langues régionales ou minoritaires existant sur leur territoire. Ces principes et objectifs comprennent la reconnaissance des langues régionales et minoritaires comme étant un attribut communautaire ; le respect de l'aire géographique de chacune de ces langues ; la nécessité d'une promotion, facilité et/ou encouragement de leur usage oral et écrit dans la vie publique et privée (par des moyens adéquats d'enseignement et d'étude, par des échanges transnationaux pour ces langues qui sont pratiqués sous une forme identique ou proche dans d'autres Etats).

En outre, la Charte énumère toute une série de mesures à prendre pour favoriser l'emploi des langues régionales ou minoritaires dans la vie publique. Ces mesures couvrent les domaines suivants : l'enseignement, la justice, les autorités administratives et les services publics, les médias, les activités et équipements culturels, la vie économique et sociale et les échanges transfrontaliers. Chaque article est construit de sorte à permettre aux Etats de choisir entre différents niveaux d'options pour protéger et promouvoir chaque langue d'une façon qui s'adapte le mieux à la situation réelle de celle-ci, étant entendu que l'Etat choisira pour chaque langue un minimum de 35 paragraphes.

Afin d'assurer un suivi efficace des engagements contractés par chaque Etat, une disposition de la Charte prévoit la mise en place d'un Comité d'experts indépendants. Le Comité examine des rapports nationaux qui décrivent la situation des langues régionales ou minoritaires sur le territoire de l'Etat contractant, ainsi que la législation pertinente et les politiques adoptées par le gouvernement pour satisfaire à ses engagements contractés au moment de la ratification. Ce processus a lieu tous les trois ans. Le Comité peut recevoir des informations de la part d'organisations non-gouvernementales. En vue d'obtenir de plus amples informations, une délégation du Comité visite l'Etat afin de s'entretenir avec des organisations non-gouvernementales, des collectivités

- adopted an interim report on the constitutional situation in the Federal Republic of Yugoslavia ;
- set up, at the request of the Parliamentary Assembly, a working group on electoral questions comprising representatives of the Parliamentary Assembly, the CLRAE and possibly other organisations with experience in the matter, with the aim of drawing up a code of good practice in electoral matters and discussing electoral issues on a regular basis;
- held four seminars within the framework of the UniDem campus for the legal training of civil servants from South-East Europe;
- adopted a report on the judgments of constitutional courts and the execution thereof, guidelines on the financing of political parties, guidelines on constitutional referendums and a report on the preferential treatment of national minorities by their kin-State;
- provided legal advice to the European Union Special Representative, François Léotard during the negotiations of the Ohrid Framework Agreement for "the former Yugoslav Republic of Macedonia".

The European Charter for Regional or Minority Languages

The European Charter for Regional or Minority Languages aims to protect and promote the historical regional or minority languages of Europe. It was adopted, on the one hand, in order to maintain and to develop Europe's cultural traditions and heritage, and on the other, to ensure the use of regional or minority language in private and public life.

The Charter enunciates the aims and principles for all regional or minority languages spoken on a given territory, which are to be the States' long-term policy targets. These aims and principles include, in particular, recognition of the regional and minority languages as an attribute of community, respect for the geographical area in which each language is spoken; the need for promotion; the facilitation and/or encouragement of the use of regional or minority languages in speech and writing, in public and private life (by appropriate measures of teaching and study, by transnational exchanges for languages used in identical or similar form in other states).

Furthermore, the Charter outlines a series of positive measures to be taken in order to protect and promote the use of regional or minority languages in public life. These measures cover the following fields: education, justice, administrative authorities and public services, media, cultural activities and facilities, economic and social activities and transfrontier exchanges. Each article is constructed in such a way that the State has different levels of options to choose from in order for each language to be protected and promoted in a way that best suits its real situation, provided that for each language the State chooses a minimum of 35 paragraphs.

To ensure that the implementation of each State's undertaking is effectively monitored, a provision is made in the Charter for an independent Committee of Experts. This Committee examines national reports in which the situation of regional or minority languages within it's the Contracting State's territory is described, together with the relevant legislation and policies that the government has adopted in order to comply with the undertakings accepted at the time of ratification. This procedure takes place on a three yearly basis. The Committee may receive information from non governmental organisations. To gather further information, a delegation of the Committee visits the state, to meet with non governmental organisations, local and regional authorities and representatives of national authorities. Finally the Committee presents a report to the Committee of Ministers with suggestions for recommendations to be addressed to one or more locales et régionales et des représentants des autorités nationales. Enfin, le Comité soumet un rapport au Comité des Ministres accompagné des propositions de recommandations susceptibles d'être adressées à un ou plusieurs Etats contractants. Par ailleurs, le Secrétaire Général du Conseil de l'Europe est tenu de présenter un rapport régulier détaillé à l'Assemblée Parlementaire sur l'application de la Charte par les Parties contractantes.

Criminalité économique et corruption

A la suite du 2e Sommet des Chefs d'Etat et de gouvernement et de la 21e Conférence des ministres européens de la Justice, la corruption, le crime organisé et le blanchiment des produits du crime ont été identifiés comme les nouvelles menaces pesant sur la sécurité des citoyens et les fondements d'une société démocratique. Dès lors, la lutte contre ces phénomènes est devenue l'une des priorités du Conseil de l'Europe. Les travaux dans ces domaines s'orientent principalement dans trois directions : l'élaboration de normes, le suivi de l'application des normes et de l'efficacité des mesures nationales, ainsi que les activités d'assistance, principalement destinées aux nouveaux Etats membres et aux Etats candidats.

Lutte contre la corruption

Le Groupe multidisciplinaire sur la corruption (GMC) a été créé en 1994. Au cours de l'année 1995, le GMC a préparé le Programme d'action contre la corruption qui traite de tous les aspects de la lutte internationale contre ce phénomène. Les travaux déjà entrepris par le GMC sont sans cesse intensifiés. Des instruments juridiques majeurs ont été adoptés :

- la Résolution (97) 24 portant vingt principes directeurs pour la lutte contre la corruption, qui définit les axes d'action prioritaire pour conduire une action globale, sérieuse et efficace contre la corruption;
- la Convention pénale sur la corruption (STE n° 173) qui vise à harmoniser les législations nationales en ce qui concerne l'incrimination des infractions de corruption, à mettre en place des mesures pénales complémentaires (telles que, par exemple, la responsabilité des entreprises pour des faits de corruption) et à améliorer la coopération internationale dans la poursuite desdites infractions; à ce jour, elle a été signée par 29 Etats et ratifiée par 12 Etats ;
- la Convention civile sur la corruption (STE n° 174) qui concerne la réparation des préjudices subis par les victimes de la corruption, et qui traite de l'indemnisation, les dommages, la responsabilité (y compris la responsabilité de l'Etat), la faute concurrente, les délais de prescription, la validité des contrats de corruption ou conclus grâce à celle-ci, la protection des employés, l'établissement du bilan et la vérification des comptes, les mesures conservatoires et la coopération internationale; à ce jour, elle a été signée par 27 Etats et ratifiée par 4 Etats ;
- la Recommandation (2000) 10 portant sur les codes de conduite pour les agents publics, contenant en annexe un code de conduite modèle pour les agents publics.

Groupe d'Etats contre la corruption

L'adoption de ce dispositif juridique a été accompagnée par l'adoption d'un accord qui a mis sur pied un organe international de suivi: le Groupe d'Etats contre la corruption (GRECO). L'Accord instituant le GRECO a été établi le 1er mai 1999 par la Résolution (99) 5 adoptée par les 14 Etats. A ce jour, le GRECO compte 33 Etats membres. La Bosnie-Herzégovine et les Etats-of the Parties as required. The Secretary General of the Council of Europe is furthermore required to present to the Parliamentary Assembly of the Council of Europe a regular detailed report on the application of the Charter by the Contracting Parties.

Combating economic crime and corruption

Following the 2nd Summit of Heads of State and Government and the 21st Conference of European Ministers of Justice, corruption, organised crime and the laundering of the proceeds of crime were pinpointed as new threats to the security of citizens and the foundations of democracy. As a result, action to curb and eliminate these problems has become one of the Council of Europe's priorities. Its work in this area has three main emphases: laying down standards, monitoring their application and also the effectiveness of national measures, and providing assistance, mainly for new member states and applicant countries.

Combating corruption

The Multidisciplinary Group on Corruption (GMC) was set up in 1994. In 1995, it drew up the Programme of Action against Corruption, covering all aspects of the international effort to combat this problem. The activities launched by the GMC were being stepped up continually. A number of major legal instruments have been adopted:

- Resolution (97) 24 including twenty guiding principles to fight corruption, which defines the priority activities for a comprehensive, serious and efficient action against corruption;
- the Criminal Law Convention on Corruption (ETS No. 173) which sets out to harmonise national laws on the definition of corruption offences, to set up complementary penal measures (such as the liability of firms for corruption facts) and to improve international co-operation in bringing offenders to justice; the convention has so far been signed by 29 States and ratified by 12 States.
- the Civil Law Convention on Corruption (ETS No. 174) which covers the definition of corruption, compensation for damage, liability (including state liability), contributory negligence, limitation periods, validity of contracts, protection of employees, accounts and audits, interim measures and international co-operation; the convention has so far been signed by 27 States and ratified by 4 States.
- Recommendation (2000) 10 on codes of conduct for public officials, which complements Resolution (97) 24 on the twenty guiding principles for the fight against corruption, which includes in its appendix a model Code of conduct for public officials.

Group of States against corruption

The adoption of this battery of legal instruments was coupled with the setting-up of a monitoring body, the Group of States against Corruption (GRECO). The GRECO was set up on 1 May 1999 by Resolution (99) 5 adopted by the 14 States. 33 States have so far become member of the GRECO. Bosnia and Herzegovina and United States of America were the first non-Member States of the Council of Europe to become members of GRECO.

Unis d'Amérique ont été les deux premiers Etats non membre du Conseil de l'Europe, à rejoindre le GRECO.

Le GRECO a été conçu comme un mécanisme souple et efficace, chargé de contrôler, par le biais d'un processus dynamique d'évaluation et de pression mutuelles, l'application des principes directeurs pour la lutte contre la corruption et la mise en œuvre des instruments juridiques internationaux, adoptés en application du Programme d'action contre la corruption. Le GRECO a pour objet d'améliorer la capacité de ses membres à lutter contre la corruption en veillant à la mise en œuvre des engagements que les Etats ont pris dans ce domaine. Il contribue ainsi à identifier les lacunes et les insuffisances dans les dispositifs nationaux contre la corruption et à provoquer les réformes législatives, institutionnelles et pratiques qui s'avèrent nécessaires pour mieux prévenir et combattre la corruption.

Pour son premier cycle d'évaluation entamé en 2000, le GRECO a choisi d'évaluer l'application des principes directeurs 3, 6 et 7, portant sur les institutions chargées de la lutte contre la corruption – indépendance, impartialité, système d'enquête, recueil de preuves, formation, moyens, etc. -, leur spécialisation et les immunités d'enquête ou poursuite. Jusqu'à présent, le GRECO a évalué 23 pays et a adopté 14 rapports d'évaluation lors de ses réunions plénières.

LUTTE CONTRE LE BLANCHIMENT DES CAPITAUX

Le Comité restreint d'experts sur l'évaluation des mesures de lutte contre le blanchiment des capitaux (PC-R-EV) est responsable de l'examen, par le biais d'une procédure d'évaluation mutuelle et de pression par les pairs, des lois et pratiques contre le blanchiment des produits du crime dans les Etats membres du Conseil de l'Europe et non-membres, appartenant au Groupe d'Action Financière (GAFI). Il a pour objectif d'assurer l'harmonisation des mesures juridiques, financières et répressives dans tous les Etats membres du Conseil de l'Europe avec les normes internationales applicables en la matière. Il formule pour chaque Etat des recommandations très détaillées concernant les moyens de rendre la lutte plus efficace. Ce travail est notamment fondé sur la Convention relative au blanchiment, au dépistage, à la saisie et à la confiscation des produits du crime (STE n° 141).

Le PC-R-EV a conclu en 2001 son premier cycle d'évaluation et entamé son deuxième. Outre le suivi de la mise en oeuvre des recommandations émanant du premier cycle, le PC-R-EV se penche aussi, lors du 2e cycle, sur le respect par ses Etats membres des critères relatifs aux Etats et territoires non-coopératifs et sur les recommandations en matière de financement du terrorisme, tels qu'approuvés par le GAFI.

LUTTE CONTRE LE CRIME ORGANISÉ

Le CDPC a crée, sous son autorité, un Groupe de spécialistes sur les aspects de droit pénal et les aspects criminologiques du crime organisé (PC-S-CO). Ce Groupe d'experts établit des rapports annuels sur la situation du crime organisé qui contiennent une analyse des caractéristiques, activités, ressources, méthodes, extension géographique, influence et tendances des groupes criminels organisés qui opèrent en Europe. Ces rapports, de nature confidentielle, complètent au niveau paneuropéen celui réalisé au sein d'Europol. En 2001, le PC-S-CO a adopté le rapport annuel sur la situation du crime organisé en Europe pour l'année 2001.

D'autre part le PC-S-CO prépare des « études de bonnes pratiques » relatives aux mesures de lutte contre le crime organisé. Ces études ont notamment porté sur les programmes de protection des témoins, les questions juridiques et pratiques posées par le renversement de la charge de la

The GRECO was conceived as a flexible and efficient mechanism, to monitor, through a process of mutual evaluation and peer pressure, the observance of the Guiding Principles in the Fight against Corruption and the implementation of international legal instruments adopted in pursuance of the Programme of Action against Corruption. Full membership of the GRECO is reserved to those who participate fully in the mutual evaluation process and accept to be evaluated.

The aim of the GRECO is to improve its members' capacity to fight corruption by monitoring the compliance of States with their undertakings in this field. In this way, it contributes to identifying deficiencies and insufficiencies of national mechanisms against corruption, and to prompting the necessary legislative, institutional and practical reforms in order to better prevent and combat corruption.

For its first evaluation round which began in 2000, the GRECO selected to evaluate the implementation of Guiding principles 3, 6 and 7 which deal, respectively, with the institutions in charge of fighting corruption – independence, impartiality, investigation system, gathering evidence, training, means –, of their specialisation and the immunities concerning the investigation and the prosecution. 23 countries have been, so far, evaluated by the GRECO teams evaluation. 14 evaluation reports have been, so far, adopted by the GRECO at its plenary meetings.

ANTI-MONEY LAUNDERING MEASURES

The Select Committee of Experts on the Evaluation of Anti-Money Laundering Measures (PC-R-EV) uses a mutual evaluation and peer pressure system to review the anti-money laundering measures adopted by the Council of Europe member states, which are not member of the Financial Action Task Force (FATF) to combat money-laundering. Its aim is to harmonise legal, financial and punitive measures throughout the member states, relying on the relevant international standards for this purpose. It gives every state highly detailed recommendations on ways of optimising its anti-laundering measures. Its work is based in particular on the Convention on laundering, search, seizure and confiscation of the proceeds from crime (ETS No. 141).

In 2001, the PC-R-EV completed its first round of evaluations and began its second round. In addition to the implementation of the recommendations from the first evaluation round, the PC-R-EV will also deal, during the second round, with its member States' compliance with the criteria related to non co-operative states and territories and with the recommendations relating to the financing of terrorism, as approved by the FATF.

THE FIGHT AGAINST ORGANISED CRIME

The CDPC has created, under its authority, a Group of Specialists on criminal law and criminological aspects of organised crime (PC-S-CO). This Group prepares annual reports on organised crime, analysing the characteristics, activities, resources, methods, geographical coverage, influence and trends of organised criminal groups operating in Europe. These reports are confidential, and complement the Europol reports at pan-European level. In 2001, the PC-S-CO adopted the annual report on the organised crime situation in Europe in 2000.

In addition, PC-S-CO, prepared a series of "best practice" studies on action to combat organised crime. Subjects covered so far included witness protection programmes, legislative and practical issues raised by reversal of the burden of proof in confiscation proceedings, and telephone tapping and other forms of "intrusive surveillance" in the investigation of organised crime.

preuve en matière de confiscation de biens ou les interceptions téléphoniques et d'autres formes de « surveillance intrusive » dans le cadre d'enquêtes sur le crime organisé.

Sur la base de ce travail ont également été établis des Principes directeurs pour la lutte contre le crime organisé, incorporés dans la Recommandation (2001) 11, adoptée par le Comité des Ministres le 19 septembre 2001.

Lutte contre la criminalité dans le cyberespace

L'évolution rapide des nouvelles technologies de l'information et leur utilisation à des fins criminelles est devenue un problème sérieux, difficile à régler par les moyens traditionnels de la coopération internationale. Le Comité d'experts sur la criminalité dans le cyberespace a été créé pour traiter les questions portant sur la criminalité dans le cyberespace et les problèmes de procédure pénale liés à la technologie de l'information. Le Comité a reçu pour mandat de rédiger un instrument juridiquement contraignant. Le texte de Convention sur la cybercriminalité a été adopté le 8 novembre 2001 par le Comité des Ministres. La convention a été ouverte à la signature le 23 novembre 2001, lors d'une cérémonie qui s'est déroulé à Budapest. A ce jour, elle a été signée par 31 Etats dont 4 sont non-membres du Conseil de l'Europe (Afrique du Sud, Canada, Etats-Unis et Japon).

Programmes de coopération

Octopus

Le Programme Octopus contre la corruption et le crime organisé a débuté en 1996 sous la forme d'un programme commun entre la Commission européenne et le Conseil de l'Europe et est actuellement poursuivi par le seul Conseil de l'Europe. Après la phase initiale (1996 – 1998), Octopus 2 (1999 – 2000) a aidé 18 pays d'Europe centrale et orientale à formuler des recommandations pour actions bien ciblées, à former les participants et à développer un réseau de professionnels. Lors de la Conférence finale d'évaluation qui s'est tenue à Strasbourg en décembre 2000, il a été convenu que les objectifs d'Octopus 2 avaient été atteints et que le programme avait contribué de manière significative à l'adoption de l'acquis pertinent de l'Union européenne et du Conseil de l'Europe. La poursuite du programme a également été proposée lors de la Conférence avec pour objectif principal de suivre la mise en oeuvre des recommandations formulées dans le cadre d'Octopus 2, par le biais de projets spécifiques à chaque pays et d'activités régionales. Ainsi, le Programme Octopus a continué en 2001, soutenu par des contributions du budget du Conseil de l'Europe.

Le Programme continue en 2002, financé toujours par le Conseil de l'Europe, avec une série d'activités précises par pays. Le Programme assiste les pays d'Europe centrale et orientale dans l'adoption des normes européennes relatives à la lutte contre la corruption, le crime organisé et le blanchiment des capitaux. Ces normes consistent en l'acquis du Conseil de l'Europe et de l'Union européenne dans ces domaines. Il bénéficie du réseau de contacts établi au cours d'Octopus 2, non seulement entre les pays d'Europe centrale et orientale, mais aussi entre ces mêmes pays et les Etats membres de l'Union européenne.

Programme contre la corruption et le crime organisé en Europe du Sud-Est (PACO)

Le Programme PACO vient en soutien de la mise en oeuvre de l'Initiative Anti-Corruption du Pacte de Stabilité (SPAI) et de l'Initiative du Pacte de Stabilité contre le Crime Organisé (SPOC). Le Programme PACO est ainsi complémentaire aux autres activités dans les domaines de

This work also served as the basis for the Guiding principles for the fight against organised crime, which are included in the Recommendation (2001) 11, adopted by the Committee of Ministers on 19 September 2001.

Combating cybercrime

The rapid growth of the new information technologies and their use for criminal purposes have created serious problems, which cannot easily be solved, using traditional international co-operation methods. The Committee of Experts on Crime in Cyberspace was set up to deal with cybercrime and criminal procedure problems linked with information technology. It was given the task of preparing a legally binding instrument. On 8 November 2001, the Convention on Cybercrime was adopted by the Committee of Ministers. The Convention was opened for signature on 23 November 2001, on the occasion of a ceremony which took place in Budapest. The convention has so far been signed by 31 States including 4 non-member States of the Council of Europe (Canada, Japan, South Africa and the United States).

Co-operation Programmes

Octopus

The Octopus Programme against corruption and organised crime started as a joint programme of the European Commission and the Council of Europe and is now continued by the Council of Europe.

Following an initial phase (1996-1998), Octopus 2 (1999-2000) helped 18 countries from central and eastern Europe develop targeted recommendations for action, train participants and develop a network of professionals. The final evaluation conference held in Strasbourg in December 2000, concluded that Octopus 2 has achieved its objectives and made a significant contribution to the adoption of the relevant acquis of the European Union and the Council of Europe. The conference also proposed the continuation of the programme with a focus on the implementation of Octopus 2 recommendations through country-specific as well as regional projects. The Octopus Programme was thus carried out in 2001 with funding from the Council of Europe.

The Programme is still carried out in 2002 with funding from the Council of Europe budget for a series of country-by-country activities. The programme helps countries of central and eastern Europe adopt European standards which are of relevance in the fight against corruption, organised crime and money laundering. These standards consist of the acquis of the Council of Europe and the European Union in these fields. The programme benefits from the network of contacts established during Octopus 2 not only among the countries of central and eastern Europe but also between them and member States of the European Union.

Programme against corruption and organised crime in South-eastern Europe (PACO)

The PACO Programme supports the implementation of the Stability Pact Anti-corruption Initiative (SPAI) as well as the Stability Pact Initiative against Organised Crime (SPOC). It complements other activities in the fields of standard setting (conventions and recommendations), la mise en application des normes (conventions et recommandations), du suivi et de l'évaluation (GRECO pour la corruption et le PC-R-EV pour le blanchiment des capitaux), et de la coopération technique (Programme Octopus).

Après une phase préparatoire d'évaluation de décembre 1999 à avril 2001, le programme PACO consiste en une série de projets spécifiques tant au niveau national que régional visant à renforcer les capacités dans les quatre domaines « politique », « efficacité de la justice », « produit du crime » et « coopération régionale » : *PACO Albanie*, *PACO Saisies* et *PACO Réseau*. D'autres propositions de projets sont à l'étude, mais requièrent un financement au travers de contributions volontaires supplémentaires.

Les partenaires participant au programme sont aussi bien les institutions de la justice pénale et celles chargées de faire appliquer la loi (incluant des juges, des procureurs, des policiers spécialisés, les douanes, les services fiscaux) que des autorités gouvernementales (ministres de l'intérieur, de la justice et des finances) responsables des mesures contre la corruption, le crime organisé et le blanchiment des capitaux. A cet égard, le programme PACO compte sur un réseau vaste de contacts et d'homologues établi tant par le programme Octopus que par d'autres activités du Conseil de l'Europe.

Problèmes criminels

Le Comité européen pour les problèmes criminels (CDPC) a tenu sa 50e session plénière à Strasbourg du 18 au 22 juin 2001, sous la présidence de M. M. Grotz (Allemagne).

Lors de cette réunion, le CDPC a approuvé :

- le projet de Convention sur la cybercriminalité ;
- le projet de Deuxième Protocole additionnel à la Convention européenne d'entraide judiciaire en matière pénale ;
- le projet de Recommandation sur les principes directeurs pour la lutte contre le crime organisé ;
- le projet de Recommandation sur le Code européen d'éthique de la police ;
- le projet de Recommandation sur la protection des enfants contre l'exploitation sexuelle ;

Le CDPC a adopté les mandats:

- du Comité d'experts sur la détention provisoire et ses conséquences sur la gestion des établissements pénitentiaires (PC-DP) ;
- du Comité d'experts sur l'incrimination des actes de nature raciste ou xénophobe à travers les réseaux informatiques (PC-RX) qui sera chargé de préparer un projet de Protocole additionnel à la Convention sur la cybercriminalité.

Le CDPC a complété le mandat du Groupe de spécialistes sur les services de sécurité intérieure (PC-S-SEC).

Le CDPC a approuvé le rapport établi par son groupe de travail sur le suivi du « monitoring » du Comité des Ministres concernant le fonctionnement des systèmes judiciaires des Etats membres (PC-WG-Monitor/JS).

Le CDPC a approuvé le rapport élaboré par le Comité d'experts sur l'éthique de la police et les problèmes liés à l'exercice de la police (PC-PO) au sujet du suivi du « monitoring » du Comité des Ministres concernant les forces de police et de sécurité.

Le CDPC a décidé, sous réserve de l'allocation des ressources nécessaires en 2002/2003, d'inclure une nouvelle activité dans son futur programme de travail :

- questions liées à la police, y compris le suivi du « monitoring » des forces de police (à examiner par un Conseil pour les questions de police (PC-PM), qui sera établi sous forme d'un organe consultatif du CDPC).

monitoring and evaluation (GRECO for corruption and PC-R-EV for money laundering) and technical cooperation (Octopus Programme).

Following a preparatory and assessment phase from December 1999 to April 2001, the PACO Programme now consists of a series of country-specific as well as regional projects to strengthen capacities in the four fields of "policies", "effectiveness of justice", "proceeds from crime" and "regional cooperation" : PACO Albania, PACO Proceeds and PACO Network. Other project proposals are under consideration but would require funding through additional voluntary contributions.

Partners participating in the Programme are primarily criminal justice and law enforcement institutions (including judges, prosecutors, specialised police officers, customs, fiscal authorities) as well as government authorities (such as ministries of interior, justice and finance) responsible for measures against corruption, organised crime and money laundering. In this respect, the PACO Programme can rely on an extensive network of contacts and counterparts established through the Octopus Programme and other Council of Europe activities.

Crime problems

The European Committee on Crime Problems (CDPC) held its 50th plenary session in Strasbourg from 18 to 22 June 2001 with Mr M. Grotz (Germany) in the chair.

At that meeting the CDPC approved:

- the draft Convention on Cybercrime;
- the draft Second Additional Protocol to the European Convention on Mutual Assistance in Criminal Matters;
- the draft Recommendation concerning guiding principles on the fight against organised crime;
- the draft Recommendation on the European Code of Police Ethics;
- the draft Recommendation concerning the protection of children against sexual exploitation.

The CDPC adopted terms of reference:

- for a Committee of Experts on pre-trial detention and its implications for the management of penal institutions (PC-DP).
- for a Committee of Experts on the criminalisation of acts of a racist or xenophobic nature committed through computer networks (PC-RX), to prepare a draft Additional Protocol to the Convention on Cybercrime.

The CDPC complemented the specific terms of reference for the Group of Specialists on Internal Security Services (PC-S-SEC).

The CDPC approved a report prepared by its working group on follow-up action to the Committee of Ministers' monitoring of member States' judicial systems (PC-WG-Monitor/JS).

The CDPC approved a report prepared by the Committee of Experts on police ethics and problems of policing (PC-PO) on follow-up action to the Committee of Ministers' monitoring of police and security forces.

The CDPC agreed, subject to the availability of the necessary resources in 2002/2003, to include as a new activity in its future work programme:

- police matters, including follow-up action to the monitoring of police forces (to be examined by a Council for Police Matters (PC-PM), to be set up as an advisory body to the CDPC);

Moreover, the CDPC decided to assign ad hoc terms of reference to the Council for

De plus, le CDPC a décidé de donner un mandat occasionnel au Conseil de coopération pénologique (PC-CP) afin de réviser les Règles pénitentiaires européennes, contenues dans la Recommandation N° R (87) 3.

Le CDPC a décidé d'ajourner, pour l'instant, les travaux concernant le traitement des délinquants sexuels dans les établissements pénitentiaires et dans la société, travaux pour lesquels il avait décidé, lors de sa 48e session plénière (juin 1999), de créer un comité d'experts (PC-DS). Cependant, en raison de contraintes budgétaires, ce comité n'a pas encore été réuni.

Le CDPC a pris acte des propositions du Comité PC-SE concernant les suites à donner aux activités en matière de lutte contre l'exploitation sexuelle des enfants et il a invité le Bureau à les examiner afin de soumettre des recommandations au CDPC lors de sa prochaine session plénière.

Le CDPC a pris note des conclusions adoptées à la deuxième Conférence paneuropéenne des Procureurs Généraux d'Europe (Bucarest, 12-16 mai 2001). Il a également pris note des préparations pour la deuxième réunion de consultation sur le Statut de la Cour pénale internationale (Strasbourg, 13-14 septembre 2001), la 24e Conférence des ministres européens de la Justice (Moscou, 4-5 octobre 2001), la 13e Conférence des Directeurs d'administration pénitentiaire (Strasbourg, 2002) et la 22e Conférence de recherches criminologiques (Strasbourg, 2003) qui sera consacrée au thème « Peur de la criminalité, médias et attitudes du public face à la criminalité et à la justice pénale ».

Le CDPC a pris note des travaux du Groupe multidisciplinaire sur la corruption (GMC), en particulier du projet de Protocole additionnel à la Convention pénale sur la corruption et du projet de Recommandation sur des règles communes en matière de prévention de la corruption dans le financement des partis politiques et des campagnes électorales, ainsi que des activités réalisées dans le cadre du Pacte de Stabilité pour l'Europe du Sud-Est, en particulier l'initiative de lutte contre la corruption (SPAI) et l'initiative de lutte contre la criminalité organisée (SPOC).

Penological Co-operation (PC-CP) for the purpose of revising the European Prison Rules, contained in Recommendation N° R (87) 3.

The CDPC decided to postpone, for the time being, work on the treatment of sex offenders in penal institutions and in the community for which it had agreed at its 48th plenary session (June 1999) to set up a Committee of Expert (PC-DS); however, due to budgetary constraints this committee has not yet been convened.

The CDPC took note of the proposals made by Committee PC-SE for future work in the field of combating sexual exploitation of children and invited the Bureau to examine them, with a view to submitting recommendations to the CDPC at its next plenary session.

The CDPC took note of the conclusions adopted at the second Pan-European Conference of Prosecutors General of Europe (Bucharest, 12-16 May 2001). It also took note of the preparations for the second consultation meeting on the Statute of the International Criminal Court (Strasbourg, 13-14 September 2001), the 24th Conference of European Ministers of Justice (Moscow, 4-5 October 2001), the 13th Conference of Directors of Prison Administration (Strasbourg, 2002) and the 22nd Criminological Research Conference on the theme 'Fear of crime, mass media, and public attitudes to crime and criminal justice' (Strasbourg, 2003).

The CDPC took note of the work of the Multidisciplinary Group on Corruption (GMC), in particular the draft Additional Protocol to the Criminal Law Convention and the draft Recommendation on common rules for the prevention of corruption in the funding of political parties and electoral campaigns, as well as the activities carried out within the Stability Pact for South-Eastern Europe, in particular the anti-corruption initiative (SPAI) and the anti-organised crime initiative (SPOC).

QUELQUES FAITS ET CHIFFRES

REPRESENTANTS PERMANENTS DES ETATS MEMBRES EN 2001

Albanie	M. Shpëtim Caushi
Andorre	Mme Imma Tor Faus
Arménie	M. Ter Stepanian (à partir du 26.04.2001)
Autriche	M. Ulrich Hack
Azerbaïdgan	M. Agshin Mehdiyev (à partir du 26.02.2001)
Belgique	M. Benoît Cardon de Lichtbuer
Bulgarie	Mme Ludmila Bojkova M. Yuri Sterk (à partir du 26.07.2001)
Croatie	M. Neven Madey
Chypre	M. Christophoros Yiangou
République tchèque	M. Jirí Mucha
Danemark	M. Arne Belling M. Nils-Jörgen Nehring (à partir du 04.09.2001)
Estonie	M. Ants Frosch
Finlande	M. Erkki Kourula
France	M. Jacques Warin
Géorgie	Mme Lana Gogoberidze
Allemagne	M. Johannes Dohmes M. Johann Adorf Cohausz (à partir du 03.07.2001) M. Roland Michael Wegener (18.07.2001)
Grèce	M. Anthanássios Theodoracopoulos
Hongrie	M. János Perényi
Islande	M. Sveinn Björnsson M. Hörður H. Bjornason (à partir du 09.07.2001)

SOME FACTS AND FIGURES

PERMANENT REPRESENTATIVES OF MEMBER STATES IN 2001

Albania	Mr. Shpëtim Caushi
Andorra	Mrs Imma Tor Faus
Armenia	Mr. Ter Stepanian (as from 26.04.2001)
Austria	Mr. Ulrich Hack
Azerbaijan	M. Agshin Mehdiyeov (as from 26.02.2001)
Belgium	Mr. Benoît Cardon de Lichtbuer
Bulgaria	Mrs Ludmila Bojkova M. Yuri Sterk (as from 26.07.2001)
Croatia	Mr. Neven Madey
Cyprus	Mr. Christophoros Yiangou
Czech Republic	Mr. Jirí Mucha
Denmark	Mr. Arne Belling M. Nils-Jögen Nehring (as from 04.09.2001)
Estonia	Mr. Ants Frosch
Finland	Mr. Erkki Kourula
France	Mr. Jacques Warin
Georgia	Mrs Lana Gogoberidze
Germany	Mr. Johannes Dohmes Mr. Johann Adorf Cohausz (as from 03.07.2001) Mr. Roland Michael Wegener (18.07.2001)
Greece	Mr. Anthanássios Theodoracopoulos
Hungary	Mr. János Perényi
Iceland	Mr. Sveinn Björnsson M. Hörður H. Bjornason (as from 09.07.2001)

Irlande	M. Justin Harman
Italie	M. Pietro Ercole Ago
Lettonie	M. Georgs Andrejevs
Liechtenstein	M. Josef Wolf
Lituanie	M. Rokas Bernotas
Luxembourg	M. Gérard Philipps
Malte	M. Joseph Licari
Moldova	Mme Iuliana Gorea-Costin M. Serghei Mihov (à partir du 28.09.2001) M. Vitalie Gordas (à partir du 7.11.2001)
Pays-Bas	M. Hendrik Wagenmakers M. Cees Meeuwis (à partir du 01.11.2001) M. Johannes C. Landman (à partir du 12.11.2001)
Norvège	M. Torbjørn Aalbu
Pologne	M. Marcin Rybicki M. Krzysztof Kocel (à partir du 10.09.2001)
Portugal	M. Paulo Castilho
Roumanie	M. Sabin Pop Mme Roxana Iftimie (à partir du 31.01.2001) M. Daniel Tanase (à partir du 01.08.2001) M. Gheorghe Magheru (à partir du 31.10.2001)
Fédération de Russie	M. Andrey V. Vdovin M. Mark Entin (à partir du 14.04.2001) M. Alexandre K. Orlov (à partir du 26.07.2001)
Saint Marin	M. Guido Ceccoli
République Slovaque	Mme Eva Garajova
Slovénie	Mme Milena Šmit Mme Darja Lavižar Bebler (à partir du 19.04.2001)
Espagne	M. Guillermo Kirkpatrick
Suède	M. Håkan Wilkens M. Mats Åberg (à partir du 31.10.2001)

Ireland	Mr. Justin Harman
Italy	Mr. Pietro Ercole Ago
Latvia	Mr. Georgs Andrejevs
Liechtenstein	Mr. Josef Wolf
Lithuania	Mr. Rokas Bernotas
Luxembourg	Mr. Gérard Philipps
Malta	Mr. Joseph Licari
Moldova	Mrs Iuliana Gorea-Costin M. Serghei Mihov (as from 28.09.2001) M. Vitalie Gordas (as from 07.11.2001)
Netherlands	Mr. Hendrik Wagenmakers Mr. Cees Meeuwis (as from 01.11.2001) Mr. Johannes C. Landman (as from 12.11.2001)
Norway	Mr. Torbjørn Aalbu
Poland	Mr. Marcin Rybicki Mr. Krzysztof Kocel (as from 10.09.2000)
Portugal	Mr. Paulo Castilho
Romania	Mr. Sabin Pop Ms Roxana Iftimie (as from 31.01.2001) Mr. Daniel Tanase (as from 01.08.2001) Mr. Gheorghe Magheru (as from 31.10.2001)
Russian Federation	Mr. Andrey V. Vdovin Mr. Mark Entin (as from 14.04.2001) Mr. Alexandre K. Orlov (as from 26.07.2001)
San Marino	Mr. Guido Ceccoli
Slovak Republic	Mrs Eva Garajova
Slovenia	Ms Milena Šmit Ms Darja Lavižar Bebler (as from 19.04.2001)
Spain	Mr. Guillermo Kirkpatrick
Sweden	Mr. Håkan Wilkens Mr. Mats Åberg (as from 31.10.2001)

Suisse	M. Alfred Rüegg M. Jean-Claude Joseph (à partir du 5.04.2001)
«l'ex-République yougoslave de Macédoine»	Mme Veska Sotirovska Mme Sanja Zografska-Krsteska (à partir du 9.07.2001) M. Sasko Todorovski (à partir du 10.10.2001)
Turquie	M. Alev Kiliç M. Numan Hazar (à partir du 29.11.2001)
Ukraine	M. Olexandre Kupchyshyn M. Olexandre Chalyi (à partir du 23.01.2001) Mme Suzanna Stanik (à partir du 18.12.2001)
Royaume-Uni	M. Andrew Carter

ASSEMBLEE PARLEMENTAIRE

Président Lord Russell-Johnston, Royaume-Uni

Vice-Présidents

M.	Erik Jurgens, Pays-Bas
Mme	Josette Durrieu, France
M.	Terry Davis, Royaume-Uni
M.	Wolfgang Behrendt, Allemagne
M.	Marcin Libicki, Pologne
M.	László Surjan, Hongrie
M.	José Medeiros Ferreira, Portugal
M.	Theodoros Kotsonis, Grèce
M.	Uluç Gürkan, Turquie
M.	Tom Thoresen, Norvège
M.	Gabino Puche, Espagne
Mme	Renate Wohlwend, Liechtenstein
M.	Revaz Adamia, Géorgie
M.	Viorel Hrebenciuc, Roumanie
M.	Fabio Evangelisti, Italie (jusqu'en juin 2001)
M.	Mikhail Prusak, Russie
M.	John Browne, Irlande
M.	Andrei Neguta, Moldova
M.	Claudio Azzolini, Italie (depuis septembre 2001)
Mme	Vaira Paegle, Lettonie (depuis septembre 2001)

Switzerland	Mr. Alfred Rüegg Mr. Jean-Claude Joseph (as from 05.04.2001)
"the former Yugoslav Republic of Macedonia"	Mrs Veska Sotirovska Mrs Sanja Zografska-Krsteska (as from 09.07.2001) M. Sasko Todorovski (as from 10.10.2001)
Turkey	Mr. Alev Kiliç Mr. Numan Hazan (as from 29.11.2001)
Ukraine	Mr. Olexandre Kupchyshyn Mr. Olexandre Chalyi (as from 23.01.2001) Ms Suzanna Stanik (as from 18.12.2001)
United Kingdom	Mr. Andrew Carter

PARLIAMENTARY ASSEMBLY

Chairman Lord Russell-Johnston, United Kingdom

Vice-Presidents

Mr.	Erik Jurgens, Netherlands
Mrs	Josette Durrieu, France
Mr.	Terry Davis, United Kingdom
Mr.	Wolfgang Behrendt, Germany
Mr.	Marcin Libicki, Poland
Mr.	László Surjan, Hungary
Mr.	José Medeiros Ferreira, Portugal
Mr.	Theodoros Kotsonis, Greece
Mr.	Uluç Gürkan, Turkey
Mr.	Tom Thoresen, Norway
Mr.	Gabino Puche, Spain
Mrs	Renate Wohlwend, Liechtenstein
Mr.	Revaz Adamia, Georgia
Mr.	Viorel Hrebenciuc, Romania
Mr.	Fabio Evangelisti, Italy (until June 2001)
Mr.	Mikhail Prusak, Russia
Mr.	John Browne, Ireland
Mr.	Andrei Neguta, Moldova
Mr.	Claudio Azzolini, Italie (from September 2001)
Mrs	Vaira Paegle, Latvia (from September 2001)

PRÉSIDENTS DES COMMISSIONS DE L'ASSEMBLÉE

Commission des questions politiques	
M. Terry Davis	Royaume-Uni
Commission des questions économiques et du développement	
Mme Rosemarie Zapfl-Helbling	Finlande
Commission des questions sociales, de la santé et de la famille	
Mme Lara Margret Ragnarsdottir	Islande
Commission des questions juridiques et des droits de l'homme	
M. Gunnar Jansson	Finlande
Commission de la culture, de la science et de l'éducation	
M. Anatoliy Rakhansky	Ukraine
Commission des migrations, des réfugiés et de la démographie	
M. Tadeusz Iwinski	Pologne
Commission du règlement et des immunités	
M.Cyril Svoboda	République tchèque
Commission de l'environnement et de l'agriculture	
M. Wolfgang Behrendt	Allemagne
Commission sur l'égalité des chances pour les femmes et les hommes	
Mme Lydie Err	Luxembourg
Commission pour le respect des obligations et engagements des Etats membres du Conseil de l'Europe	
M. João Mota Amaral	Portugal
Commission ad hoc des Présidents des Groupes politiques	
Lord Russel-Johnston	Royaume-Uni

SECRETARIAT

M. Walter Schwimmer, *Secrétaire Général*
M. Hans-Christian Kruger, *Secrétaire Général adjoint*

M. Bruno Haller, Secrétaire Général de l'Assemblée parlementaire
M. Constantinos Pilavachi, Directeur Général de la Cohésion sociale (jusqu'au 30 avril) ;
Mme Gabriella Battaini-Dragoni (à partir du 1er juillet)
M. Jean-Luc Gianardi, Directeur Général de l'Administration et de la Logistique
M. Guy de Vel, Directeur Général des Affaires Juridiques
M. Pierre Imbert, Directeur Général des Droits de l'Homme

CHAIRMEN OF THE ASSEMBLY COMMITTEES

Political Affairs Committee	
Mr. Terry Davis	United Kingdom
Committee on Economic Affairs and Development	
Mrs Rosemarie Zapfl-Helbling	Finland
Social, Health and Family Affairs Committee	
Mrs Lara Margret Ragnarsdottir	Iceland
Committee on Legal Affairs and Human Rights	
Mr. Gunnar Jansson	Finland
Committee on Culture, Science and Education	
Mr. Anatoliy Rakhansky	Ukraine
Committee on Migration, Refugees and Demography	
Mr.Tadeusz Iwinski	Poland
Committee on Rules of Procedure and Immunities	
Mr. Cyril Svoboda	Czech Republik
Committee on the Environment and Agriculture	
Mr. Wolfgang Behrendt	Germany
Committee on Equal Opportunities for Women and Men	
Mrs Lydie Err	Luxembourg
Committee on the Honouring of Obligations and Commitments by Member States of the Council of Europe	
Mr. João Mota Amaral	Portugal
Ad hoc Committee of Chairmen of Political Groups	
Lord Russel-Johnston	United Kingdom

SECRETARIAT

Mr. Walter Schwimmer, *Secretary General*
Mr. Hans-Christian Kruger, *Deputy Secretary General*

Mr. Bruno Haller, Secretary General of the Parliamentary Assembly
Mr. Constantinos Pilavachi, Director General of Social Cohesion (until 30 April); Mrs Gabriella Battaini-Dragoni (as from 1 July)
Mr. Jean-Luc Gianardi, Director General of Administration and Logistics
Mr. Guy de Vel, Director General of Legal Affairs
Mr. Pierre Imbert, Director General of Human Rights

M. Léonard Davies, Secrétaire du Comité des Ministres
M. Michel de Salvia, Greffier de la Cour européenne des Droits de l'Homme (jusqu'au 27 mai ; Juris Consult à partir du 28 mai) ;
M. Paul Mahoney (à partir du 28 mai)
M. Klaus Schumann, Directeur Général des Affaires politiques
M. Raymond Weber, Directeur de la Culture et du Patrimoine culturel et naturel (jusqu'au 15 septembre)
M. Rinaldo Locatelli, Directeur exécutif du Secrétariat du Congrès des Pouvoirs locaux et régionaux d'Europe
M. Bendik Rugaas, Directeur Général de l'Education, Culture et Patrimoine, Jeunesse et Sport (à partir du 1er septembre)
M. Francis Rosenstiel, Directeur de la Communication et de la Recherche (jusqu'au 30 septembre)
M. Ekkehart Muller-Rappard, Directeur du Bureau du Commissaire aux Droits de l'Homme
M. Jean-Louis Laurens, Directeur de la Planification stratégique
M. Norbert Prill, Directeur de la Communication et de la Recherche (à partir du 1/12)

COUR EUROPÉENNE DES DROITS DE L'HOMME

Composition par ordre de préséance (au 31 décembre 2001

M. Luzius Wildhaber, président, suisse
M. Christos Rozakis, vice-président, grec
M. Jean-Paul Costa, vice-président, français
M. Georg Ress, président de section, allemand
Sir Nicolas Bratza, président de section, britannique
M. Antonio Pastor Ridruejo, espagnol
M. Gaukur Jörundsson, islandais
M. Giovanni Bonello, maltais
Mme Elisabeth Palm, suédoise
M. Lucius Caflisch, suisse[1]
M. Loukis Loucaides, cypriote
M. Jerzy Makarczyk, polonais
M. Pranas Kuris, lituanien
M. Ireneu Cabral Barreto, portugais
M. Riza Türmen, turc
Mme Françoise Tulkens, belge
Mme Viera Stráznická, slovaque
M. Corneliu Bîrsan, roumain
M. Peer Lorenzen, danois
M. Karel Jungwiert, tchèque
M. Marc Fischbach, luxembourgeois
M. Volodymyr Butkevych, ukrainien
M. Josep Casadevall, andorran

---

[1] Élu au titre de Liechtenstein

Mr. Leonard Davies, Secretary to the Committee of Ministers
Mr. Michel de Salvia, Registrar of the European Court of Human Rights (until 27 May; Juris Consult as from 28 May);
Mr Paul Mahoney (as from 28 May)
Mr. Klaus Schumann, Director General of Political Affairs
Mr. Raymond Weber, Director of Culture and Cultural and Natural Heritage (until 15 September)
Mr. Rinaldo Locatelli, Chief Executive of the Congress of Local and Regional Authorities of Europe
Mr. Bendik Rugaas, Director General of Education, Culture and Heritage, Youth and Sport (as from 1 September)
Mr. Francis Rosenstiel, Director of Communication and Research (until 30 September)
Mr. Ekkehart Muller-Rappard, Director of the Office of the Commissioner of Human Rights
Mr. Jean-Louis Laurens, Director of Strategic Planning
Mr. Norbert Prill, Director of Communication and Research (as from 1 December)

EUROPEAN COURT OF HUMAN RIGHTS

Composition in order of precedence (at 31 December 2001)

Mr. Luzius Wildhaber, President, Swiss
Mr. Christos Rozakis, Vice-President, Greek
Mr. Jean-Paul Costa, Vice-President, French
Mr. Georg Ress, Section President, German
Sir Nicolas Bratza, Section President, British
Mr. Antonio Pastor Ridruejo, Spanish
Mr. Gaukur Jörundsson, Icelandic
Mr. Giovanni Bonello, Maltese
Mrs Elisabeth Palm, Swedish
Mr. Lucius Caflisch, Swiss[1]
Mr. Loukis Loucaides, Cypriot
Mr. Jerzy Makarczyk, Polish
Mr. Pranas Kuris, Lithuanian
Mr. Ireneu Cabral Barreto, Portuguese
Mr. Riza Türmen, Turkish
Mrs Françoise Tulkens, Belgian
Mrs Viera Strážnická, Slovakian
Mr. Corneliu Bîrsan, Romanian
Mr. Peer Lorenzen, Danish
Mr. Karel Jungwiert, Czech
Mr. Marc Fischbach, Luxemburger
Mr. Volodymyr Butkevych, Ukrainian
Mr. Josep Casadevall, Andorran

---

[1] Elected as the judge in respect of Liechtenstein

M. Bostjan Zupancic, slovène
Mme Nina Vajic, croate
M. John Hedigan, irlandais
Mme Wilhelmina Thomassen, néerlandaise
M. Matti Pellonpää, finlandais
Mme Margarita Tsatsa-nikolovska, ressortissante de « ex-République yougoslave de Macédoine »
Mme Hanne Sophie Greve, norvégienne
M. András Baka, hongrois
M. Rait Maruste, estonien
M. Egils Levits, letton
M. Kristaq Traja, albanais
Mme Snejana Botoucharova, bulgare
M. Mindia Ugrekhelidze, géorgien
M. Anatoly Kovler, russe
M. Vladimiro Zagrebelsky, italien
Mme Antonella Mularoni, saint-marinaise
Mme Elisabeth Steiner, autrichienne
M. Stanislav Pavlovschi, moldave

M. Paul Mahoney, greffier, britannique
Mme Maud De Boer-Buquicchio, greffière adjointe, néerlandaise

Composition des sections

Le 31 décembre 2001 les Sections étaient composées comme suit (par ordre de préséance):

Section 1

M.	C. Rozakis, *président*
Mme	F. Tulkens
M.	G. Bonello
M.	P. Lorenzen
Mme	N. Vajic
M.	E. Levits
Mme	S. Botoucharova
M.	A. Kovler
M.	V. Zagrebelsky
Mme	E. Steiner
M.	E. Friberg, *greffier*

Section 2

M.	J.-P. Costa, *président*
M.	A. B. Baka
M.	L. Wildhaber
M.	G. Jörundsson
M.	L. Loucaides
M.	C. Bîrsan
M.	J. Jungwiert
M.	H. Butkevych
Mme	W. Thomassen
M.	M. Ugrekhelidze
Mme	A. Mularoni
Mme	S. Dollé, *greffière*

Section 3

M.	G. Ress, *président*
M.	I. Cabral Barreto
M.	L. Caflisch

Section 4

Sir	Nicolas Bratza, *président*
M.	M. Pellonpää
M.	A. Pastor Ridruejo

Mr. Bostjan Zupancic, Slovenian
Mrs Nina Vajic, Croatian
Mr. John Hedigan, Irish
Mrs Wilhelmina Thomassen, Netherlands
Mr. Matti Pellonpää, Finnish
Mrs Margarita Tsatsa-Nikolovska, citizen of "the Former Yugoslav Republic of Macedonia"
Mrs Hanne Sophie Greve, Norwegian
Mr. András Baka, Hungarian
Mr. Rait Maruste, Estonian
Mr. Egils Levits, Latvian
Mr. Kristaq Traja, Albanian
Mrs Snejana Botoucharova, Bulgarian
Mr. Mindia Ugrekhelidze, Georgian
Mr. Anatoly Kovler, Russian
Mr. Vladimiro Zagrebelsky, Italian
Mrs Antonella Mularoni, San Marinese
Mrs Elisabeth Steiner, Austrian
Mr. Stanislav Pavlovschi, Moldovan

Mr. Paul Mahoney, Registrar, British
Mrs. Maud De Boer-Buquicchio, Deputy Registrar, Netherlands

Composition of the Sections

On 31 December 2001 the composition of the was as follows (in order of precedence):

Section 1

Mr.	C. Rozakis, *President*
Mrs	F. Tulkens
Mr.	G. Bonello
Mr.	P. Lorenzen
Mrs	N. Vajic
Mr.	E. Levits
Mrs	S. Botoucharova
Mr.	A. Kovler
Mr.	V. Zagrebelsky
Mrs	E. Steiner
Mr.	E. Friberg, *Registrar*

Section 2

Mr.	J.-P. Costa, *President*
Mr.	A. B. Baka
Mr.	L. Wildhaber
Mr.	G. Jörundsson
Mr.	L. Loucaides
Mr.	C. Bîrsan
Mr.	J. Jungwiert
Mr.	H. Butkevych
Mrs	W. Thomassen
Mr.	M. Ugrekhelidze
Mrs	A. Mularoni
Mrs	S. Dollé, *Registrar*

Section 3

Mr.	G. Ress, *President*
Mr.	I. Cabral Barreto
Mr.	L. Caflisch

Section 4

Sir	Nicolas Bratza, *President*
Mr.	M. Pellonpää
Mr.	A. Pastor Ridruejo

M. P. Küris
M. R. Türmen
M. B. Zupancic
M. J. Hedigan
Mme Tsatsa-Nikolovska
Mme H.S. Greve
M. K. Traja

M. V. Berger, *greffier*

Mme E. Palm
M. J. Makarczyk
Mme V. Strážnicka
M. M. Fischbach
M. J. Casadevall
M. R. Maruste
M. S. Pavlovschi

M. M. O'Boyle, *greffier*

Le texte intégral des documents mentionnés ci-après, qu'il s'agisse de recommandations du Comité des Ministres, de recommandations ou de résolutions de l'Assemblée parlementaire, ou de conventions, est disponible sur les différents sites web du Conseil de l'Europe.

RECOMMANDATIONS DU COMITÉ DES MINISTRES AUX ÉTATS MEMBRES ADOPTÉES EN 2001

R (2001) 1 sur les travailleurs sociaux

R (2001) 2 concernant la conception et la reconception rentables des systèmes judiciaires et des systèmes d'information juridique

R (2001) 3 sur les services des tribunaux et d'autres institutions juridiques fournis aux citoyens par de nouvelles technologies

R (2001) 4 sur la prévention du risque de transmission de la forme nouvelle de la maladie de Creutzfeldt-Jakob (vMCJ) par transfusion sanguine

R (2001) 5 sur la gestion des listes d'attente et des délais d'attente en matière de transplantation d'organes

R (2001) 6 sur la prévention du racisme, de la xénophobie et de l'intolérance raciale dans le sport

R (2001) 7 sur des mesures visant à protéger le droit d'auteur et les droits voisins et à combattre la piraterie

R (2001) 8 sur l'autorégulation des cyber-contenus

R (2001) 9 sur les modes alternatifs de règlement des litiges entre les autorités administratives et les personnes privées

Mr. P. Küris
Mr. R. Türmen
Mr. B. Zupancic
Mr. J. Hedigan
Mrs Tsatsa-Nikolovska
Mrs H.S. Greve
Mr. K. Traja

Mr. V. Berger, *Registrar*

Mrs E. Palm
Mr. J. Makarczyk
Mrs V. Strǎžnicka
Mr. M. Fischbach
Mr. J. Casadevall
Mr. R. Maruste
Mr. S. Pavlovschi

Mr. M. O'Boyle, *Registrarr*

The full texts of the documents mentioned below – recommendationas of the Committee of Ministers, recommendations or resolutions of the Parliamentary Assembly, or conventions – are available on the different Web sites of the Council of Europe.

RECOMMENDATIONS OF THE COMMITTEE OF MINISTERS TO MEMBER STATES ADOPTED IN 2001

R (2001) 1 on social workers

R (2001) 2 concerning the design and re-design of court systems and legal information systems in a cost-effective manner

R (2001) 3 on the delivery of court and other legal services to the citizen through the use of new technologies

R (2001) 4 on the prevention of the possible transmission of variant Creutzfeldt-Jakob Disease (vCJD) by blood transfusion

R (2001) 5 on the management of organ transplant waiting lists and waiting times

R (2001) 6 on the prevention of racism, xenophobia and racial intolerance in sport

R (2001) 7 on measures to protect copyright and neighbouring rights and combat piracy, especially in the digital environment

R (2001) 8 on self-regulation concerning cyber content

R (2001) 9 on alternatives to litigation between administrative authorities and private parties

R (2001) 10 on the European Code of Police Ethics

R (2001) 11 concerning guiding principles on the fight against organised crime

R (2001) 10 sur le Code européen d'éthique de la police

R (2001) 11 concernant des principes directeurs pour la lutte contre le crime organisé

R (2001) 12 sur l'adaptation des services de soins de santé à la demande de soins et de services des personnes en situation marginale

R (2001) 13 sur le développement d'une méthodologie dans l'élaboration de lignes directrices

R (2001) 17 sur l'amélioration de la situation économique et de l'emploi des Roms/Tsiganes et des « voyageurs » en Europe

R (2001) 18 relative à la protection subsidiaire

Recommandations relatives à la Charte sociale européenne (R ChS)

R ChS (2001) 1 Réclamation collective n° 6/1999 Syndicat national des Professions du tourisme contre la France

R ChS (2001) 2 sur l'application de la Charte sociale européenne par l'Irlande pendant la période 1997-1998

R ChS (2001) 3 sur l'application de la Charte sociale européenne par Malte pendant la période 1997-1998

Recommandations relatives à la Charte européenne pour les langues régionales ou minoritaires (R ChL)

R ChL (2001) 1 sur l'application de la Charte européenne pour les langues régionales ou minoritaires par les Pays Bas

R ChL (2001) 2 sur l'application de la Charte européenne pour les langues régionales ou minoritaires par la Croatie

R ChL (2001) 3 sur l'application de la Charte européenne pour les langues régionales ou minoritaires par la Finlande

TEXTES ADOPTÉS PAR L'ASSEMBLÉE PARLEMENTAIRE EN 2001

1. Avis statutaires au Comité des Ministres

Avis n° 224 (2001) sur le budget du Conseil de l'Europe pour l'exercice 2002

Avis n° 225 (2001) sur les dépenses de l'Assemblée pour l'exercice 2002

R (2001) 12 on the adaptation of health care services to the demand for health care and health care services of people in marginal situation

R (2001) 13 on developing a methodology for drawing up guidelines on best medical practices

R (2001) 17 on improving the economic and employment situation of Roma/Gypsies and Travellers in Europe

R (2001) 18 on subsidiary protection

European Social Charter Recommendations (R ChS)

R ChS (2001) 1 on Collective complaint No. 6/1999 Syndicat national des Professions du tourisme against France

R ChS (2001) 2 on the application of the European Social Charter by Ireland during the period 1997-1998

R ChS (2001) 3 on the application of the European Social Charter by Malta during the period 1997-1998

European Charter for Regional or Minority Languages Recommendations (R ChL)

R ChL (2001) 1 on the application of the European Charter for Regional or Minority Languages by the Netherlands

R ChL (2001) 2 on the application of the European Charter for Regional or Minority Languages by Croatia

R ChL (2001) 3 on the application of the European Charter for Regional or Minority Languages by Finland.

TEXTS ADOPTED BY THE PARLIAMENTARY ASSEMBLY IN 2001

1. Opinions to the Committee of Ministers

Opinion No. 224 (2001) on the budget of the Council of Europe for the financial year 2002

Opinion No. 225 (2001) on the expenditure of the Assembly for the financial year 2002

Avis n° 226 (2001) sur le projet de convention sur la cybercriminalité

Avis n° 227 (2001) sur le projet de protocole additionnel à la Convention sur les droits de l'homme et la biomédecine, relatif à la transplantation d'organes et de tissus d'origine humaine

Avis n° 230 (2001) sur le projet de convention européenne relative à la protection du patrimoine audiovisuel et projet de protocole sur la protection des productions télévisuelles

Avis n° 231 (2001) sur le projet de deuxième protocole additionnel à la Convention européenne d'entraide judiciaire en matière pénale

2. Recommandations

Recommandation 1489 (2001) sur la migration de transit en Europe centrale et orientale

Recommandation 1490 (2001) sur le respect des obligations et engagements de la Lettonie

Recommandation 1491 (2001) sur la République fédérale de Yougoslavie – développements récents

Recommandation 1492 (2001) sur les droits des minorités nationales

Recommandation 1493 (2001) sur le Pacte de stabilité pour l'Europe du Sud-Est : mise en œuvre du volet économique

Recommandation 1494 (2001) sur les stratégies technologiques pour la reconstruction et le développement économique de l'Europe du Sud-Est

Recommandation 1495 (2001) sur les conséquences de la guerre en Yougoslavie pour l'environnement de l'Europe du Sud-Est

Recommandation 1496 (2001) pour améliorer le statut et le rôle des volontaires dans la société : contribution de l'Assemblée parlementaire à l'Année internationale des volontaires – 2001

Recommandation 1497 (2001) sur la liberté d'expression et fonctionnement de la démocratie parlementaire en Ukraine

Recommandation 1498 (2001) sur le conflit en République tchétchène – développements récents

Recommandation 1499 (2001) sur la situation humanitaire des réfugiés et des personnes déplacées de Tchétchénie

Recommandation 1500 (2001) sur la participation des immigrés et des résidents étrangers à la vie politique dans les Etats membres du Conseil de l'Europe

Recommandation 1501 (2001) sur la responsabilité des parents et des enseignants dans l'éducation des enfants

Opinion No. 226 (2001) on the draft Convention on cyber-crime

Opinion No. 227 (2001) on the draft additional Protocol to the Convention on Human Rights and Biomedicine, concerning transplantation of organs and tissues of human origin

Opinion No. 230 (2001) on the draft European Convention for the Protection of the Audiovisual Heritage and the draft Protocol on the Protection of Television Productions to the draft European Convention for the Protection of the Audiovisual Heritage

Opinion No. 231 (2001) on the draft second additional Protocol to the European Convention on Mutual Assistance in Criminal Matters

2. Recommendations

Recommendation 1489 (2001) on transit migration in central and eastern Europe

Recommendation 1490 (2001) on the honouring of obligations and commitments by Latvia

Recommendation 1491 (2001) on the Federal Republic of Yugoslavia – recent developments

Recommendation 1492 (2001) on rights of national minorities

Recommendation 1493 (2001) on the implementation of the economic aspects of the Stability Pact for South eastern Europe

Recommendation 1494 (2001) on technological strategies for the reconstruction and economic development of Southeastern Europe

Recommendation 1495 (2001) on the environmental impact of the war in Yugoslavia on Southeast Europe

Recommendation 1496 (2001) on improving the status and role of volunteers as a contribution by the Parliamentary Assembly to the International Year of Volunteers 2001

Recommendation 1497 (2001) on the freedom of expression and the functioning of parliamentary democracy in Ukraine

Recommendation 1498 (2001) on the conflict in the Chechen Republic – recent developments

Recommendation 1499 (2001) on the humanitarian situation of refugees and internally displaced persons (IDPs) from Chechnya

Recommendation 1500 (2001) on the participation of immigrants and foreign residents in political life in the Council of Europe member states

Recommendation 1501 (2001) on parents' and teachers' responsibilities in children's education

Recommandation 1502 (2001), sur la coopération interparlementaire dans les bassins de la Méditerranée et de la mer Noire (6e Conférence des bassins de la Méditerranée et de la mer Noire – Varna, Bulgarie, 19-21 octobre 2000)

Recommandation 1506 (2001) sur la liberté d'expression et d'information dans les médias en Europe

Recommandation 1507 (2001) sur la lutte de l'Europe contre la criminalité économique et le crime organisé transnational: progrès ou recul?

Recommandation 1508 (2001) sur la situation au Kosovo et dans les régions limitrophes

Recommandation 1509 (2001) sur les droits de l'homme et l'état de droit au Kosovo

Recommandation 1510 (2001) sur la situation humanitaire des personnes rapatriées au Kosovo

Recommandation 1511 (2001) sur la situation culturelle au Kosovo

Recommandation 1512 (2001) sur la protection du génome humain par le Conseil de l'Europe

Recommandation 1513 (2001) sur le respect des obligations et engagements de l'Ukraine

Recommandation 1514 (2001) sur le conflit du Proche-Orient

Recommandation 1515 (2001) sur le changement démographique et le développement durable

Recommandation 1522 (2001) sur l'abolition de la peine de mort dans les pays ayant un statut d'observateur auprès du Conseil de l'Europe

Recommandation 1523 (2001) sur l'esclavage domestique

Recommandation 1524 (2001) sur la Banque de développement du Conseil de l'Europe: vers une Europe caractérisée par une plus grande cohésion sociale

Recommandation 1525 (2001) sur le HCR et le 50e anniversaire de la Convention de Genève

Recommandation 1526 (2001) sur une campagne contre le trafic des mineurs pour désarmocer la filière de l'est de l'Europe: le cas de la Moldova

Recommandation 1527 (2001) sur le fonctionnement de la Convention du Conseil de l'Europe sur le transfèrement des personnes condamnées – analyse critique et recommandations

Recommandation 1528 (2001) sur la situation dans « l'ex-République yougoslave de Macédoine »

Recommandation 1529 (2001) sur le respect des obligations et engagements de la Turquie

Recommandation 1530 (2001) sur la situation et les perspectives de la jeunesse rurale

Recommendation 1502 (2001) on interparliamentary co-operation in the Mediterranean and Black Sea basins (6th Interparliamentary Conference of the Mediterranean and Black Sea Basins – Varna, Bulgaria, 19-21 October 2000)

Recommendation 1506 (2001) on the freedom of expression and information in the media in Europe

Recommendation 1507 (2001) on Europe's fight against economic and transnational organised crime: progress or retreat ?

Recommendation 1508 (2001) on the situation in Kosovo and the neighbouring regions

Recommendation 1509 (2001) on human rights and rule of law in Kosovo

Recommendation 1510 (2001) on the humanitarian situation of returnees to Kosovo

Recommendation 1511 (2001) on the cultural situation in Kosovo

Recommendation 1512 (2001) on the protection of the human genome by the Council of Europe

Recommendation 1513 (2001) on the honouring of obligations and commitments by Ukraine

Recommendation 1514 (2001) on the Middle East conflict

Recommendation 1515 (2001) on demographic change and sustainable development

Recommendation 1522 (2001) on abolition of the death penalty in Council of Europe observer states

Recommendation 1523 (2001) on domestic slavery

Recommendation 1524 (2001) on the Council of Europe Development Bank: toward a Europe of greater social cohesion

Recommendation 1525 (2001) on UNHCR and the 50th anniversary of the Geneva Convention

Recommendation 1526 (2001) on a campaign against trafficking in children to put a stop to the east European route: the example of Moldova

Recommendation 1527 (2001) on the operation of the Council of Europe Convention on the Transfer of Sentenced Persons – critical analysis and recommendations

Recommendation 1528 (2001) on the situation in "the former Yugoslav Republic of Macedonia"

Recommendation 1529 (2001) on the honouring of obligations and commitments by Turkey

Recommandation 1531 (2001) sur la sécurité et la prévention de la criminalité dans les villes : création d'un observatoire européen

Recommandation 1532 (2001) sur une politique sociale dynamique en faveur des enfants et adolescents en milieu urbain

Recommandation 1533 (2001) sur le respect des obligations et engagements de la Géorgie

Recommandation 1534 (2001) sur les démocraties face aux terrorisme

Recommandation 1535 (2001) sur les structures, procédures et moyens de la Cour européenne des Droits de l'Homme

Recommandation 1536 (2001) sur l'évolution de la procédure de suivi de l'Assemblée (2000-2001)

Recommandation 1537 (2001) sur la situation dans « l'ex-République yougoslave de Macédoine »

Recommandation 1538 (2001) sur le respect des obligations et engagements de l'Ukraine

Recommandation 1539 (2001) sur l'Année européenne des langues

Recommandation 1540 (2001) sur l'enseignement supérieur en Europe du Sud-Est

Recommandation 1541 (2001) sur les jeunes chercheurs en Europe

3. Résolutions

Résolution 1236 (2001) sur le respect des obligations et engagements de la Lettonie

Résolution 1237 (2001) sur la République fédérale de Yougoslavie – développements récents

Résolution 1238 (2001) sur l'Euro et la Grande Europe

Résolution 1239 (2001) sur la liberté d'expression et fonctionnement de la démocratie parlementaire en Ukraine

Résolution 1240 (2001) sur le conflit en République tchétchène – développements récents

Résolution 1241 (2001) sur les pouvoirs de la délégation de la Fédération de Russie

Résolution 1242 (2001) sur la coopération interparlementaire dans les bassins de la Méditerranée et de la mer Noire (6e Conférence des bassins de la Méditerranée et de la mer Noire – Varna, Bulgarie, 19-21 octobre 2000)

Recommendation 1530 (2001) on the situation and prospects of young people in rural areas

Recommendation 1531 (2001) on security and crime prevention in cities: setting up a European observatory

Recommendation 1532 (2001) on a dynamic social policy for children and adolescents in towns and cities

Recommendation 1533 (2001) on the honouring of obligations and commitments by Georgia

Recommendation 1534 (2001) on democracies facing terrorism

Recommendation 1535 (2001) on structures, procedures and means of the European Court of Human Rights

Recommendation 1536 (2001) on the progress of the Assembly's monitoring procedure (2000-2001)

Recommendation 1537 (2001) on the situation in "the former Yugoslav Republic of Macedonia"

Recommendation 1538 (2001) on the honouring of obligations and commitments by Ukraine

Recommendation 1539 (2001) on the European year of Languages

Recommendation 1540 (2001) on higher education in South-Eastern Europe

Recommendation 1541 (2001) on young scientists in Europe

3. Resolutions

Resolution 1236 (2001) on the honouring of obligations and commitments by Latvia

Resolution 1237 (2001) on the Federal Republic of Yugoslavia – recent developments

Resolution 1238 (2001) on the Euro and the Greater Europe

Resolution 1239 (2001) on the freedom of expression and the functioning of parliamentary democracy in Ukraine

Resolution 1240 (2001) on the conflict in the Chechen Republic – recent developments

Resolution 1241 (2001) on the credentials of the delegation of the Russian Federation

Resolution 1242 (2001) on interparliamentary co-operation in the Mediterranean and Black Sea basins (6th Interparliamentary Conference of the Mediterranean and Black Sea Basins – Varna, Bulgaria, 19-21 October 2000)

Résolution 1243 (2001) sur le Protocole de Kyoto sur les changements climatiques: la nécessité d'un engagement international solidaire

Résolution 1244 (2001) sur le respect des obligations et engagements de l'Ukraine

Résolution 1245 (2001) sur le conflit du Proche-Orient

Résolution 1246 (2001) sur quinze ans après Tchornobyl – le financement d'une solution durable

Résolution 1253 (2001) sur l'abolition de la peine de mort dans les pays ayant un statut d'observateur auprès du Conseil de l'Europe

Résolution 1254 (2001) sur la Banque européenne pour la reconstruction et le développement (BERD) et l'état de la transition en Europe centrale et orientale

Résolution 1255 (2001) sur la situation dans « l'ex-République yougoslave de Macédoine »

Résolution 1256 (2001) sur le respect des obligations et engagements de la Turquie

Résolution 1257 (2001) sur le respect des obligations et engagements de la Géorgie

Résolution 1258 (2001) sur les démocraties face aux terrorisme

Résolution 1259 (2001) sur l'OCDE et l'économie mondiale

Résolution 1260 (2001) sur l'évolution de la procédure de suivi de l'Assemblée (2000-2001)

Résolution 1261 (2001) sur la situation dans « l'ex-République yougoslave de Macédoine

Résolution 1262 (2001) sur le respect des obligations et engagements de l'Ukraine

Résolution 1263 (2001) sur le développement scientifique et technologique en Europe centrale et orientale

4. Directives

Directive n° 568 (2001)sur les droits des minorités nationales

Directive n° 569 (2001) sur la coopération interparlementaire dans les bassins de la Méditerranée et de la mer Noire (6e Conférence des bassins de la Méditerranée et de la mer Noire – Varna, Bulgarie, 19-21 octobre 2000)

Directive n° 572 (2001) sur les droits de l'homme et l'état de droit au Kosovo

Directive n° 573 (2001) sur la situation humanitaire des personnes rapatriées au Kosovo

Resolution 1243 (2001) on the Kyoto Protocol on climate change: the need for committed international solidarity

Resolution 1244 (2001) on the honouring of obligations and commitments by Ukraine

Resolution 1245 (2001) on the Middle East conflict

Resolution 1246 (2001) on fifteen years after Chornobyl: financing a lasting solution

Resolution 1253 (2001) on abolition of the death penalty in Council of Europe observer states

Resolution 1254 (2001) on the European Bank for Reconstruction and Development (EBRD) and the state of transition in central and eastern Europe

Resolution 1255 (2001) on the situation in "the former Yugoslav Republic of Macedonia"

Resolution 1256 (2001) on the honouring of obligations and commitments by Turkey

Resolution 1257 (2001) on the honouring of obligations and commitments by Georgia

Resolution 1258 (2001) on democracies facing terrorism

Resolution 1259 (2001) on OECD and the world economy

Resolution 1260 (2001) on the progress of the Assembly's monitoring procedure (2000-2001)

Resolution 1261 (2001) on the situation in "the former Yugoslav Republic of Macedonia"

Resolution 1262 (2001) on the honouring of obligations and commitments by Ukraine

Resolution 1263 (2001) on Scientific and technological development in central and eastern Europe

4. Orders

Order No. 568 (2001) on rights of national minorities

Order No. 569 (2001) on interparliamentary co-operation in the Mediterranean and Black Sea basins (6th Interparliamentary Conference of the Mediterranean and Black Sea Basins – Varna, Bulgaria, 19-21 October 2000)

Order No. 572 (2001) on human rights and rule of law in Kosovo

Order No. 573 (2001) on the humanitarian situation of returnees to Kosovo

Directive n° 574 (2001) sur l'abolition de la peine de mort dans les pays ayant un statut d'observateur auprès du Conseil de l'Europe

Directive n° 575 (2001) sur l'esclavage domestique

Directive n° 576 (2001) sur la sécurité et la prévention de la criminalité dans les villes : création d'un observatoire européen

Directive n° 577 (2001) sur les structures, procédures et moyens de la Cour européenne des Droits de l'Homme

Directive n° 578 (2001) sur l'évolution de la procédure de suivi de l'Assemblée (2000-2001)

TEXTES ADOPTÉS PAR LA COMMISSION PERMANENTE EN 2001

1. Avis statutaire au Comité des Ministres

Avis n° 223 (2001) sur le projet de recommandation du Comité des Ministres sur « le Code européen d'éthique de la police »

Avis n° 228 (2001) sur le projet de convention sur l'information et la coopération juridique concernant les « services de la société de l'information »

Avis n° 229 (2001) sur le projet de Protocole additionnel à l'Accord européen sur la transmission des demandes d'assistance judiciaire

Avis n° 232 (2001) sur le projet de recommandation du Comité des Ministres aux Etats membres sur « la participation des citoyens à la vie publique au niveau local »

2. Recommandations

Recommandation 1503 (2001) sur les conditions sanitaires des migrants et des réfugiés en Europe

Recommandation 1504 (2001) sur le non-expulsion des immigrés de longue durée

Recommandation 1505 (2001) sur l'amélioration des zones urbaines défavorisées

Recommandation 1516 (2001) sur le financement des partis politiques

Recommandation 1517 (2001) sur le Comité européen pour la prévention de la torture (CPT) : méthodes de travail du comité

Recommandation 1518 (2001) sur l'exercice du droit à l'objection de conscience au service militaire dans les Etats membres du Conseil de l'Europe

Recommandation 1519 (2001) sur la coexistence de la Convention des droits de l'homme et des

Order No. 574 (2001) on abolition of the death penalty in Council of Europe observer states

Order No. 575 (2001) on domestic slavery

Order No. 576 on security and crime prevention in cities: setting up a European observatory

Order No. 577 (2001) on structures, procedures and means of the European Court of Human Rights

Order No. 578 (2001) on the progress of the Assembly's monitoring procedure (2000-2001)

TEXTS ADOPTED BY THE STANDING COMMITTEE IN 2001

1. Opinions to the Committee of Ministers

Opinion No. 223 (2001) on the Committee of Ministers draft recommendation on "the European Code of Police Ethics"

Opinion No. 228 (2001) on the draft convention on information and legal co-operation concerning "Information Society Services"

Opinion No. 229 (2001) on the draft additonal Protocol to the European Agreement on the transmission of applications for legal aid

Opinion No. 232 (2001) on the draft recommendation of the Committee of Ministers to member states on "participation of citizens in local public life"

2. Recommendations

Recommendation 1503 (2001) on health conditions of migrants and refugees in Europe

Recommendation 1504 (2001) on the non-expulsion of long-term immigrants

Recommendation 1505 (2001) on the amelioration of disadvantaged urban areas

Recommendation 1516 (2001) on the financing of political parties

Recommendation 1517 (2001) on the European Committee for the Prevention of Torture (CPT): working methods of the Committee

Recommendation 1518 (2001) on the exercise of the right of conscientious objection to military service in Council of Europe member states

Recommendation 1519 (2001) on the co-existence of the Convention on Human Rights libertés fondamentales de la Communauté des Etats indépendants et la Convention européenne des droits de l'homme

Recommandation 1520 (2001) sur les possibilités technologiques pour atteindre les buts du Protocole de Kyoto (à la Convention-cadre des Nations Unies sur les changements climatiques)

Recommandation 1521 (2001) sur la culture de la minorité csango en Roumanie

Recommandation 1542 (2001) sur la composition de la Commission européenne pour la démocratie par le droit (« Commission de Venise »)

Recommandation 1543 (2001) sur le racisme et xénophobie dans le cyberespace

Recommandation 1544 sur le système de la propiska appliqué aux migrants, demandeurs d'asile et réfugiés dans les Etats membres du Conseil de l'Europe : effets et remèdes

3. Résolutions

Résolution 1247 (2001) sur les mutilisations sexuelles féminines

Résolution 1248 (2001) sur le Comité européen pour la prévention de la torture (CPT) : composition du comité

Résolution 1249 (2001) sur la coexistence de la Convention des droits de l'homme et des libertés fondamentales de la Communauté des Etats indépendants et la Convention européenne des Droits de l'Homme

Résolution 1250 (2001) sur les possibilités technologiques pour atteindre les buts du Protocole de Kyoto (à la Convention-cadre des Nations Unies sur les changements climatiques)

Résolution 1251 (2001) sur la contribution de l'AELE à l'économie européenne et mondiale

Résolution 1252 (2001) sur les technologies des transports et l'intégration européenne

Résolution 1264 (2001) sur le code de bonne conduite en matière électorale

Résolution 1265 (2001) sur le rôle de la coopération interrégionale pour le développement agricole et rural

Résolution 1266 (2001) sur la simplification de la procédure d'inscription des élections sur l'ordre du jour des parties de session de l'Assemblée

4. Directives

Directive n° 570 (2001)sur le non-expulsion des immigrés de longue durée

Directive n° 571 (2001) sur l'amélioration des zones urbaines défavorisées and Fundamental Freedoms of the Commonwealth of Independent States and the European Convention on Human Rights

Recommendation 1520 (2001) on technological possibilities for fulfilling the targets of the Kyoto Protocol (to the United Nations Framework Convention on Climate Change)

Recommendation 1521 (2001) on Csango minority culture in Romania

Recommendation 1542 (2001) on the composition of the European Commission for Democracy through Law ("Venice Commission")

Recommendation 1543 (2001) on racism and xenophobia in cyberspace

Recommendation 1544 (2001) on the propiska system applied to migrants, asylum seekers and refugees in Council of Europe member states: effects and remedies

3. Resolutions

Resolution 1247 (2001) on female genital mutilation

Resolution 1248 (2001) on the European Committee for the Prevention of Torture (CPT): composition of the Committee

Resolution 1249 (2001) on the co-existence of the Convention on Human Rights and Fundamental Freedoms of the Commonwealth of Independent States and the European Convention on Human Rights

Resolution 1250 (2001) on technological possibilities for fulfilling the targets of the Kyoto Protocol (to the United Nations Framework Convention on Climate Change)

Resolution 1251 (2001) on EFTA's contribution to the European and world economy

Resolution 1252 (2001) on transport technologies and European integration

Resolution 1264 (2001) on the code of good practice in electoral matters

Resolution 1265 (2001) on the role of interregional co-operation for agricultural and rural development

Resolution 1266 (2001) on the simplification of the procedure for placing elections on the agenda of Assembly part-sessions

4. Orders

Order No. 570 (2001) on the non-expulsion of long-term immigrants

Order No. 571 (2001) on the amelioration of disadvantaged urban areas

CONVENTIONS ET ACCORDS CONCLUS AU SEIN DU CONSEIL DE L'EUROPE

Depuis sa création en 1949, et jusqu'à la fin de 2001, le Conseil de l'Europe a élaboré 185 conventions ouvertes à la signature de ses Etats membres et, dans certains cas et sous certaines conditions, à l'adhésion des Etats non membres de l'Organisation. Elles participent à la réalisation du but que s'est fixé le Conseil de l'Europe: «réaliser une union plus étroite entre ses membres».

Préparés au sein du Conseil de l'Europe, les textes révèlent l'empreinte de celui-ci et certains traits communs les caractérisent de ce fait.

Il est utile de rappeler la définition de convention donnée par l'article 2 de la Convention de Vienne sur le Droit des traités:

a. l'expression «traité» s'entend d'un accord international conclu par écrit entre Etats et régi par le droit international, qu'il soit consigné dans un instrument unique ou dans deux ou plusieurs instruments connexes, et quelle que soit sa dénomination particulière.

Ainsi que cette définition l'indique, les conventions et accords conclus au sein du Conseil de l'Europe doivent leur existence au consentement individuellement exprimé des Etats. Non seulement les conventions ne lient donc pas automatiquement les Etats membres, mais encore, ceux-ci n'ont pas l'obligation juridique de consentir à être liés par ces instruments.

Par conséquent, il faut souligner que les conventions conclues au sein du Conseil de l'Europe ne sont pas des actes juridiques de l'Organisation elle-même mais des instruments régis par le droit international général.

Toutefois, si les conventions sont des instruments juridiquement autonomes, des liens existent entre elles et le Conseil de l'Europe.

Le premier lien entre le Conseil de l'Europe et les conventions est constitué par le fait que ces conventions sont élaborées dans le cadre de l'Organisation par des comités d'experts gouvernementaux composés en général d'une personne par Etat membre. Lorsque la rédaction du projet est terminée, celui-ci est transmis au Comité des Ministres.

Le second lien est constitué par le fait que les conventions sont approuvées et ouvertes à la signature par le Comité des Ministres du Conseil de l'Europe. Cependant, le fait que la convention constitue, pour ainsi dire, le contenu d'un acte du Comité des Ministres ne suffit pas à faire de la convention un «acte» du Conseil de l'Europe.

En effet, pour être parfaite, la convention doit être signée et ratifiée par les Etats membres. L'engagement de ces derniers est subordonné à une expression individuelle de consentement et peut être accompagné de réserves, c'est-à-dire de déclarations par lesquelles un Etat vise à exclure ou modifier l'effet juridique de certaines dispositions du traité dans leur application à son égard.

Un autre lien organique est constitué par le fait que parfois ces conventions utilisent, pour atteindre leurs fins, un organe du Conseil de l'Europe.

On trouve des exemples de cette situation dans certaines conventions pénales qui utilisent

CONVENTIONS AND AGREEMENTS CONCLUDED WITHIN THE COUNCIL OF EUROPE

Between its inception in 1949 and the end of 2001 the Council of Europe drew up 185 conventions open for signature by its member states and, in certain cases and under certain conditions, accession by states not members of the Organisation. These conventions contribute to the aim of the Council of Europe, which is "to achieve a greater unity between its members".

As the conventions are drafted at the Council of Europe and bear its hallmark, they have some features in common.

It is worth drawing attention to the definition of a convention given in Article 2 of the Vienna Convention on the Law of Treaties:

a. "treaty" means an international agreement concluded between states in written form and
governed by international law, whether embodied in a single instrument or in two or more related
instruments and whatever its particular designation.

As this definition indicates, the Council of Europe conventions and agreements owe their existence to the consent of individual states. Not only, therefore, are the conventions not automatically binding on the member states, but these states are not legally obliged to consent to be bound by them.

It should therefore be stressed that the conventions concluded at the Council of Europe are not instruments of the organisation itself, but are governed by general international law.

Yet, although the conventions are independent legal instruments, they are linked with the Council of Europe.

The first link with the Council of Europe is that the conventions are drawn up in the organisations by committees of government experts, generally comprising one person per member state. When a draft has been completed it is forwarded to the Committee of Ministers.

The second link is that the Committee of Ministers of the Council of Europe approves the conventions and opens them for signature. Yet the fact that the convention is, as it were, the content of a Committee of Ministers act is not sufficient to make it a Council of Europe "act".

Indeed, to be complete, the convention must be signed and ratified by the member states. It is binding on these only subject to their individual consent and, possibly, to reservations, i.e. declarations whereby a state rules out or modifies the legal implications of certain provisions of the convention, as applicable to that state.

Another inherent link is the fact that the conventions sometimes use a Council of Europe body to achieve their ends. Examples are provided by some of the conventions in the criminal le Comité européen pour les problèmes criminels comme organe chargé de suivre l'application de la convention et coopérer au règlement amiable des problèmes qui peuvent éventuellement se poser. Mais cela non plus ne signifie pas que la convention est devenue un «acte» du Conseil de l'Europe. On peut dire seulement que l'organe en question agit tantôt comme organe du Conseil de l'Europe et tantôt comme organe de la convention.

Un dernier lien est présenté par le fait que les signatures des conventions, les ratifications, les notifications, etc. sont faites auprès du Secrétaire Général du Conseil de l'Europe, qui, en sa qualité de dépositaire de ces conventions, est également chargé de leur enregistrement auprès des Nations Unies.

Le contrôle de l'exécution des conventions fait l'objet de mécanismes qui varient selon les différents textes. Le contrôle juridictionnel est l'exception (Cour européenne des Droits de l'Homme et tribunal en matière d'immunité des Etats). Dans la plupart des cas, lorsqu'un contrôle est explicitement prévu, il a un caractère non juridictionnel et est confié à des organes de type comité, généralement chargés de suivre l'application de la convention.

La multiplication des conventions et la diversité des sujets qu'elles traitent concourent à l'élaboration d'un ordre juridique européen reposant sur l'adhésion volontaire des Etats. Elles traduisent l'appartenance de ces derniers à une communauté qui cherche à «sauvegarder et (...) promouvoir les idéaux et les principes qui sont leur patrimoine commun».

CONVENTIONS OUVERTES À LA SIGNATURE EN 2001

179. Protocole additionnel à l'Accord européen sur la transmission des demandes d'assistance judiciaire
adoption : 8 juin 2001
ouvert à la signature : 4 octobre 2001

180. Convention sur l'information et la coopération juridique concernant les « Services de la Société de l'Information »
adoption : 2 octobre 2001
ouverte à la signature : 4 octobre 2001

181. Protocole additionnel à la Convention pour la protection des personnes à l'égard du traitement automatisé des données à caractère personnel
adoption : 23 mai 2001
ouvert à la signature : 8 novembre 2001

182. Deuxième Protocole additionnel à la Convention européenne d'entraide judiciaire en matière pénale
adoption : 19 septembre 2001
ouvert à la signature : 8 novembre 2001

183. Convention européenne relative à la protection du patrimoine audiovisuel

field, which use the European Committee on Crime Problems to supervise the application of the convention and help achieve a friendly settlement of any problems that arise. Yet this does not mean that the conventions have become Council of Europe "acts" either. It can only be said that the body in question acts sometimes as a Council of Europe body and sometimes as an organ of the convention.

The last link is the fact that signatures of conventions, ratifications, notifications, etc, are sent to the Secretary General of the Council of Europe, who, in his capacity as depository for these conventions, is also responsible for registering them with the United Nations.

Implementation of the conventions is monitored by machinery, which varies according to the convention. Control by the courts (European Court of Human Rights and Tribunal in matters of state immunity) is the exception. In most cases where there is specific provision for supervision, it is not carried out by a court but entrusted to committee-type bodies responsible for supervising the application of the convention.

The increase in the number of conventions and the diversity of the subjects covered are helping to create a European legal system based on voluntary accession by states. The conventions reflect the fact that these states belong to a community seeking to safeguard and realise "the ideals and principles which are their common heritage".

CONVENTIONS OPENED FOR SIGNATURE IN 2001

179. Additional Protocol to the European Agreement on the Transmission of Applications for Legal Aid
adopted: 8 June 2001
opened for signature: 4 October 2001

180. Convention on Information and Legal Co-operation concerning "Information Society Services"
adopted: 2 October 2001
opened for signature: 4 October 2001

181. Additional Protocol to the Convention for the Protection of Individuals with regard to Automatic Processing of Personal Data regarding supervisory authorities and transborder data flows
adopted: 23 May 2001
opened for signature: 8 November 2001

182. Second Additional protocol to the European Convention on Mutual Assistance in Criminal Matters
adopted: 19 September 2001
opened for signature: 8 November 2001

183. European Convention for the Protection of the Audiovisual Heritage and its Protocol on the protection of television productions

184. Protocole sur la protection des productions télévisuelles
adoptions : 19 septembre 2001
ouverts à la signature : 8 novembre 2001

185. Convention sur la cybercriminalité
adoption : 8 novembre 2001
ouverte à la signature : 8 novembre 2001

SÉRIE DES TRAITÉS EUROPÉENS

Les conventions et accords ont été numérotés dans l'ordre chronologique de leur ouverture à la signature. La liste s'arrête au n° 178. Les conventions les plus récentes sont indiquées ci-dessus.

1. Statut du Conseil de l'Europe (1949)

2. Accord général sur les privilèges et immunités du Conseil de l'Europe (1949)

3. Accord spécial relatif au siège du Conseil de l'Europe (1949)

4. Accord complémentaire à l'Accord général sur les privilèges et immunités du Conseil de l'Europe (1950)

5. Convention de sauvegarde des Droits de l'Homme et des Libertés fondamentales (1950)

6. Amendements au Statut (mai 1951)

7. Amendements au Statut (décembre 1951)

8. Textes de caractère statutaire adoptés en mai et en août 1951

9. Protocole additionnel à la Convention de sauvegarde des Droits de l'Homme et des Libertés fondamentales (1952)

10. Protocole additionnel à l'Accord général sur les privilèges et immunités du Conseil de l'Europe (1952)

11. Amendement au Statut du Conseil de l'Europe (1953)

12. Accord intérimaire européen concernant les régimes de sécurité sociale relatifs à la vieillesse, à l'invalidité et aux survivants, et protocole additionnel (1953)

13. Accord intérimaire européen concernant la sécurité sociale à l'exclusion des régimes relatifs à la vieillesse, à l'invalidité et aux survivants, et protocole additionnel (1953)

14. Convention européenne d'assistance sociale et médicale et protocole additionnel (1953)

184. Protocol on the Protection of Television Productions
adopted: 19 September 2001
opened for signature: 8 November 2001

185. Convention on Cyber-Crime
adopted: 8 November 2001
opened for signature: 8 November 200

EUROPEAN TREATY SERIES

Conventions and agreements have been numbered in chronological order of their opening for signature. The list ends at No. 178. The most recent conventions are listed above.

1. Statute of the Council of Europe (1949)

2. General Agreement on Privileges and Immunities of the Council of Europe (1949)

3. Special Agreement Relating to the Seat of the Council of Europe (1949)

4. Supplementary Agreement to the General Agreement on Privileges and Immunities of the Council of Europe (1950)

5. Convention for the Protection of Human Rights and Fundamental Freedoms (1950)

6. Amendments to the Statute (May 1951)

7. Amendment to the Statute (December 1951)

8. Texts of a Statutory Character adopted in May and August 1951

9. Protocol to the Convention for the Protection of Human Rights and Fundamental Freedoms (1952)

10. Protocol to the General Agreement on Privileges and Immunities of the Council of Europe (1952)

11. Amendment to the Statute of the Council of Europe (1953)

12. European Interim Agreement on Social Security Schemes relating to Old Age, Invalidity and Survivors, and Protocol thereto (1953)

13. European Interim Agreement on Social Security other than Schemes for Old Age, Invalidity and Survivors, and Protocol thereto (1953)

14. European Convention on Social and Medical Assistance, and Protocol thereto (1953)

15. Convention européenne relative à l'équivalence des diplômes donnant accès aux établissements universitaires (1953)

16. Convention européenne relative aux formalités prescrites pour les demandes de brevets (1953)

17. Convention européenne sur la classification internationale des brevets d'invention (y compris annexe amendée) (1954)

18. Convention culturelle européenne (1954)

19. Convention européenne d'établissement (1955)

20. Accord sur l'échange des mutilés de guerre entre les pays membres du Conseil de l'Europe aux fins de traitement médical (1955)

21. Convention européenne sur l'équivalence des périodes d'études universitaires (1956)

22. Deuxième Protocole additionnel à l'Accord général sur les privilèges et immunités du Conseil de l'Europe (1956)

23. Convention européenne pour le règlement pacifique des différends (1957)

24. Convention européenne d'extradition (1957)

25. Accord européen sur le régime de la circulation des personnes entre les pays membres du Conseil de l'Europe (1957)

26. Accord européen relatif à l'échange de substances thérapeutiques d'origine humaine (1958)

27. Arrangement européen sur l'échange des programmes au moyen de films de télévision (1958)

28. Troisième Protocole additionnel à l'Accord général sur les privilèges et immunités du Conseil de l'Europe (1959)

29. Convention européenne relative à l'assurance obligatoire de la responsabilité civile en matière de véhicules automoteurs (1959)

30. Convention européenne d'entraide judiciaire en matière pénale (1959)

31. Accord européen relatif à la suppression des visas pour les réfugiés (1959)

32. Convention européenne sur la reconnaissance académique des qualifications universitaires (1959)

33. Accord pour l'importation temporaire en franchise de douane, à titre de prêt gratuit et à

15. European Convention on the Equivalence of Diplomas leading to Admission to Universities (1953)

16. European Convention relating to the Formalities required for Patent Applications (1953)

17. European Convention on the International Classification of Patents for Invention (including Annexe as amended) (1954-1961)

18. European Cultural Convention (1954)

19. European Convention on Establishment (1955)

20. Agreement on the Exchange of War Cripples between Member Countries of the Council of Europe with a view to Medical Treatment (1955)

21. European Convention on the Equivalence of Periods of University Study (1956)

22. Second Protocol to the General Agreement on Privileges and Immunities of the Council of Europe (1956)

23. European Convention for the Peaceful Settlement of Disputes (1957)

24. European Convention on Extradition (1957)

25. European Agreement on Regulations governing the Movement of Persons between Member States of the Council of Europe (1957)

26. European Agreement on the Exchange of Therapeutic Substances of Human Origin (1958)

27. European Agreement concerning Programme Exchanges by means of Television Films (1958)

28. Third Protocol to the General Agreement on Privileges and Immunities of the Council of Europe (1959)

29. European Convention on Compulsory Insurance against Civil Liability in respect of Motor Vehicles (1959)

30. European Convention on Mutual Assistance in Criminal Matters (1959)

31. European Agreement on the Abolition of Visas for Refugees (1959)

32. European Convention on the Academic Recognition of University Qualifications (1959)

33. Agreement on the Temporary Importation, Free of Duty, of Medical, Surgical and

des fins diagnostiques ou thérapeutiques, de matériel médico-chirurgical et de laboratoire destiné aux établissements sanitaires (1960)

34. Arrangement européen pour la protection des émissions de télévision (1960)

35. Charte sociale européenne (1961)

36. Quatrième Protocole additionnel à l'Accord général sur les privilèges et immunités du Conseil de l'Europe (1961)

37. Accord européen sur la circulation des jeunes sous couvert du passeport collectif entre les pays membres du Conseil de l'Europe (1961)

38. Accord européen concernant l'entraide médicale dans le domaine des traitements spéciaux et des ressources thermo-climatiques (1962)

39. Accord européen relatif à l'échange des réactifs pour la détermination des groupes sanguins (1962)

40. Accord entre les Etats membres du Conseil de l'Europe sur l'attribution aux mutilés de guerre militaires et civils d'un carnet international de bons de réparation d'appareils de prothèse et d'orthopédie (1962)

41. Convention sur la responsabilité des hôteliers quant aux objets apportés par les voyageurs (1962)

42. Arrangement relatif à l'application de la Convention européenne sur l'arbitrage commercial international (1962)

43. Convention sur la réduction des cas de pluralité de nationalités et sur les obligations militaires en cas de pluralité de nationalités (1963)

44. Protocole n° 2 à la Convention de sauvegarde des Droits de l'Homme et des Libertés fondamentales, attribuant à la Cour européenne des Droits de l'Homme la compétence de donner des avis consultatifs (1963)

45. Protocole n° 3 à la Convention de sauvegarde des Droits de l'Homme et des Libertés fondamentales, modifiant les articles 29, 30 et 34 de la Convention (1963)

46. Protocole n° 4 à la Convention de sauvegarde des Droits de l'Homme et des Libertés fondamentales, reconnaissant certains droits et libertés autres que ceux figurant déjà dans la Convention et dans le premier Protocole additionnel à la Convention (1963)

47. Convention sur l'unification de certains éléments du droit des brevets d'invention (1963)

48. Code européen de sécurité sociale et Protocole au Code européen de sécurité sociale (1964)

Laboratory Equipment for use on Free Loan in Hospitals and other Medical Institutions for Purposes of Diagnosis or Treatment (1960)

34. European Agreement on the Protection of Television Broadcasts (1960)

35. European Social Charter (1961)

36. Fourth Protocol to the General Agreement on Privileges and Immunities of the Council of Europe (1964)

37. European Agreement on Travel by Young Persons on Collective Passports between the Member Countries of the Council of Europe (1961)

38. European Agreement on Mutual Assistance in the Matter of Special Medical Treatments and Climatic Facilities (1962)

39. European Agreement on the Exchanges of Blood-Grouping Reagents (1962)

40. Agreement between the Member States of the Council of Europe on the issue to Military and Civilian War-Disabled of an International Book of Vouchers for the repair of Prosthetic and Orthopaedic Appliances (1962)

41. Convention on the Liability of Hotel-keepers concerning the Property of their Guests (1962)

42. Agreement relating to Application of the European Convention on International Commercial Arbitration (1962)

43. Convention on the Reduction of Cases of Multiple Nationality and on Military Obligations in Cases of Multiple Nationality (1963)

44. Protocol No. 2 to the Convention for the Protection of Human Rights and Fundamental Freedoms, conferring upon the European Court of Human Rights competence to give advisory opinions (1963)

45. Protocol No. 3 to the Convention for the Protection of Human Rights and Fundamental Freedoms, amending Articles 29, 30 and 34 of the Convention (1963)

46. Protocol No. 4 to the Convention for the Protection of Human Rights and Fundamental Freedoms, securing certain rights and freedoms other than those already included in the Convention and in the first Protocol thereto (1963)

47. Convention on the Unification of Certain Points of Substantive Law on Patents for Invention (1963)

48. European Code of Social Security, and Protocol to the European Code of Social Security (1964)

49. Protocole additionnel à la Convention européenne relative à l'équivalence des diplômes donnant accès aux établissements universitaires (1964)

50. Convention relative à l'élaboration d'une pharmacopée européenne (1964)

51. Convention européenne pour la surveillance des personnes condamnées ou libérées sous condition (1964)

52. Convention européenne pour la répression des infractions routières (1964)

53. Accord européen pour la répression des émissions de radiodiffusion effectuées par des stations hors des territoires nationaux (1965)

54. Protocole à l'Arrangement européen pour la protection des émissions de télévision (1965)

55. Protocole n° 5 à la Convention de sauvegarde des Droits de l'Homme et des Libertés fondamentales, modifiant les articles 22 et 40 de la Convention (1966)

56. Convention européenne portant loi uniforme en matière d'arbitrage (1966)

57. Convention européenne d'établissement des sociétés (1966)

58. Convention européenne en matière d'adoption des enfants (1967)

59. Accord européen sur l'instruction et la formation des infirmières (1967)

60. Convention européenne relative aux obligations en monnaie étrangère (1967)

61. Convention européenne sur les fonctions consulaires (1967)
    61.(i) Protocole relatif à la protection des réfugiés
    61.(ii) Protocole en matière d'aviation civile

62. Convention européenne dans le domaine de l'information sur le droit étranger (1968)

63. Convention européenne relative à la suppression de la législation des actes établis par les agents diplomatiques ou consulaires (1968)

64. Accord européen sur la limitation de l'emploi de certains détergents dans les produits de lavage et de nettoyage (1968)

65. Convention européenne sur la protection des animaux en transport international (1968)

66. Convention européenne pour la protection du patrimoine archéologique (1969)

67. Accord européen concernant les personnes participant aux procédures devant la Commission et la Cour européennes des Droits de l'Homme (1969)

68. Accord européen sur le placement au pair (1969)

49. Protocol to the European Convention on the Equivalence of Diplomas Leading to Admission to Universities (1964)

50. Convention to the Elaboration of a European Pharmacopoeia (1964)

51. European Convention on the Supervision of Conditionally Sentenced or Conditionally Released Offenders (1964)

52. European Convention on the Punishment of Road Traffic Offences (1964)

53. European Agreement for the Prevention of Broadcasts transmitted from Stations outside National Territories (1965)

54. Protocol to the European Agreement on the Protection of Television Broadcasts (1965)

55. Protocol No. 5 to the Convention for the Protection of Human Rights and Fundamental Freedoms, amending Articles 22 and 40 of the Convention (1966)

56. European Convention providing a Uniform Law on Arbitration (1966)

57. European Convention on Establishment of Companies (1966)

58. European Convention on the Adoption of Children (1967)

59. European Agreement on the Instruction and Education of Nurses (1967)

60. European Convention on Foreign Money Liabilities (1967)

61. European Convention on Consular Functions (1967)
    61. (i) Protocol concerning the Protection of Refugees
    61. (ii) Protocol in respect of Civil Aircraft

62. European Convention on Information on Foreign Law (1968)

63. European Convention on the Abolition of Legislation of Documents executed by Diplomatic Agents or Consular Officers (1968)

64. European Agreement on the Restriction of the Use of certain Detergents in washing and cleaning Products (1968)

65. European Convention for the Protection of Animals during International Transport (1968)

66. European Convention on the Protection of the Archaeological Heritage (1969)

67. European Agreement relating to Persons participating in Proceedings of the European Commission and Court of Human Rights (1969)

68. European Agreement on "au pair" Placement (1969)

69. Accord européen sur le maintien du paiement des bourses aux étudiants poursuivant leurs études à l'étranger (1969)

70. Convention européenne sur la valeur internationale des jugements répressifs (1970)

71. Convention européenne sur le rapatriement des mineurs (1970)

72. Convention relative à l'opposition sur titres au porteur à circulation internationale (1970)

73. Convention européenne sur la transmission des procédures répressives (1972)

74. Convention européenne sur l'immunité des Etats et protocole additionnel (1972)

75. Convention européenne relative au lieu de paiement des obligations monétaires (1972)

76. Convention européenne sur la computation des délais (1972)

77. Convention relative à l'établissement d'un système d'inscription des testaments (1972)

78. Convention européenne de sécurité sociale et Accord complémentaire pour l'application de la Convention européenne de sécurité sociale (1972)

79. Convention européenne sur la responsabilité civile en cas de dommages causés par des véhicules automoteurs (1973)

80. Accord sur le transfert des corps des personnes décédées (1973)

81. Protocole additionnel au protocole à l'Arrangement européen pour la protection des émissions de télévision (1974)

82. Convention européenne sur l'imprescriptibilité des crimes contre l'humanité et des crimes de guerre (1974)

83. Convention européenne relative à la protection sociale des agriculteurs (1974)

84. Accord européen sur l'échange de réactifs pour la détermination des groupes tissulaires (1974)

85. Convention européenne sur le statut juridique des enfants nés hors mariage (1975)

86. Protocole additionnel à la Convention européenne d'extradition (1975)

87. Convention européenne sur la protection des animaux dans les élevages (1976)

88. Convention européenne sur les effets internationaux de la déchéance du droit de conduire un véhicule à moteur (1976)

89. Protocole additionnel à l'Accord européen sur l'échange de réactifs pour la détermination des groupes tissulaires (1976)

69. European Agreement on continued Payment of Scholarships to students studying abroad (1969)

70. European Convention on the International Validity of Criminal Judgements (1970)

71. European Convention on the Repatriation of Minors (1970)

72. Convention relating to Stops on Bearer Securities in International Circulation (1970)

73. European Convention on the Transfer of Proceedings in Criminal Matters (1972)

74. European Convention on State Immunity and Additional Protocol (1972)

75. European Convention on the Place of Payment of Money Liabilities (1972)

76. European Convention on the Calculation of Time-limits (1972)

77. Convention on the Establishment of a Scheme of Registration of Wills (1972)

78. European Convention on Social Security and Supplementary Agreement for the application of the European Convention on Social Security (1972)

79. European Convention on Civil Liability for Damage caused by Motor Vehicles (1973)

80. Agreement on the Transfer of Corpses (1973)

81. Additional Protocol to the Protocol to the European Agreement on the Protection of Television Broadcasts (1974)

82. European Convention on the Non-Applicability of Statutory Limitation to Crimes against Humanity and War Crimes (1974)

83. European Convention on the Social Protection of Farmers (1974)

84. European Agreement on the Exchange of Tissue-Typing Reagents (1974)

85. European Convention on the Legal Status of Children born out of Wedlock (1975)

86. Additional Protocol to the European Convention on Extradition (1975)

87. European Convention for the Protection of Animals kept for Farming Purposes (1976)

88. European Convention on the International Effects of Deprivation of the Right to Drive a Motor Vehicle (1976)

89. Additional Protocol to the European Agreement on the Exchange of Tissue-Typing Reagents (1976)

90. Convention européenne pour la répression du terrorisme (1977)

91. Convention européenne sur la responsabilité du fait des produits en cas de lésions corporelles ou de décès (1977)

92. Accord européen sur la transmission des demandes d'assistance judiciaire (1977)

93. Convention européenne relative au statut juridique du travailleur migrant (1977)

94. Convention européenne sur la notification à l'étranger des documents en matière administrative (1977)

95. Protocole portant modification à la Convention sur la réduction des cas de pluralité de nationalités et sur les obligations militaires en cas de pluralité de nationalités (1977)

96. Protocole additionnel à la Convention sur la réduction des cas de pluralité de nationalités et sur les obligations militaires en cas de pluralité de nationalités (1977)

97. Protocole additionnel à la Convention européenne dans le domaine de l'information sur le droit étranger (1978)

98. Deuxième protocole additionnel à la Convention européenne d'extradition (1978)

99. Protocole additionnel à la Convention européenne d'entraide judiciaire en matière pénale (1978)

100. Convention européenne sur l'obtention à l'étranger d'informations et de preuves en matière administrative (1978)

101. Convention européenne sur le contrôle de l'acquisition et de la détention d'armes à feu par des particuliers (1978)

102. Convention européenne sur la protection des animaux d'abattage (1979)

103. Protocole additionnel à la Convention européenne sur la protection des animaux en transport international (1979)

104. Convention relative à la conservation de la vie sauvage et du milieu naturel de l'Europe (1979)

105. Convention européenne sur la reconnaissance et l'exécution des décisions en matière de garde des enfants et le rétablissement de la garde des enfants (1980)

106. Convention-cadre européenne sur la coopération transfrontalière des collectivités ou autorités territoriales (1980)

107. Accord européen sur le transfert de la responsabilité à l'égard des réfugiés (1980)

90. European Convention on the Suppression of Terrorism (1977)

91. European Convention on Products Liability in regard to Personal Injury and Death (1977)

92. European Agreement on the Transmission of Applications for Legal Aid (1977)

93. European Convention on the Legal Status of Migrant Workers (1977)

94. European Convention on the Service Abroad of Documents relating to Administrative Matters (1977)

95. Protocol amending the Convention on the Reduction of Cases of Multiple Nationality and Military Obligations in Cases of Multiple Nationality (1977)

96. Additional Protocol to the Convention on the Reduction of Cases of Multiple Nationality and Military Obligations in cases of Multiple Nationality (1977)

97. Additional Protocol to the European Convention on Information on Foreign Law (1978)

98. Second Additional Protocol to the European Convention on Extradition (1978)

99. Additional Protocol to the European Convention on Mutual Assistance in Criminal Matters (1978)

100. European Convention on the Obtaining Abroad of Information and Evidence in Administrative Matters (1978)

101. European Convention on the Control of the Acquisition and Possession of Firearms by Individuals (1978)

102. European Convention for the Protection of Animals for Slaughter (1979)

103. Additional Protocol to the European Convention for the Protection of Animals during International Transport (1979)

104. Convention on the Conservation of European Wildlife and Natural Habitats (1979)

105. European Convention on Recognition and Enforcement of Decisions concerning Custody of Children and on Restoration of Custody of Children (1980)

106. European Outline Convention on Transfrontier Co-operation between Territorial Communities or Authorities (1980)

107. European Agreement on Transfer of Responsibility for Refugees (1980)

108. Convention pour la protection des personnes à l'égard du traitement automatisé des données à caractère personnel (1981)

109. Protocole additionnel à l'Accord européen relatif à l'échange de substances thérapeutiques d'origine humaine (1983)

110. Protocole additionnel à l'accord pour l'importation temporaire en franchise de douane, à titre de prêt gratuit et à des fins diagnostiques ou thérapeutiques, de matériel médico-chirurgical et de laboratoire destiné aux établissements sanitaires (1983)

111. Protocole additionnel à l'accord européen relatif à l'échange des réactifs pour la détermination des groupes sanguins (1983)

112. Convention sur le transfèrement des personnes condamnées (1983)

113. Protocole additionnel au Protocole à l'arrangement européen pour la protection des émissions de télévision (1983)

114. Protocole n° 6 à la Convention de sauvegarde des Droits de l'Homme et des Libertés fondamentales concernant l'abolition de la peine de mort (1983)

115. Protocole portant amendement à l'Accord européen sur la limitation de l'emploi de certains détergents dans les produits de lavage et de nettoyage (1983)

116. Convention européenne relative au dédommagement des victimes d'infractions violentes (1983)

117. Protocole n° 7 à la Convention de sauvegarde des Droits de l'Homme et des Libertés fondamentales (1984)

118. Protocole n° 8 à la Convention de sauvegarde des Droits de l'Homme et des Libertés fondamentales (1985)

119. Convention européenne sur les infractions visant des biens culturels (1985)

120. Convention européenne sur la violence et les débordements de spectateurs lors de manifestations sportives et notamment de matches de football (1985)

121. Convention pour la sauvegarde du patrimoine architectural de l'Europe (1985)

122. Charte européenne de l'autonomie locale (1985)

123. Convention européenne sur la protection des animaux vertébrés utilisés à des fins expérimentales ou à d'autres fins scientifiques (1986)

124. Convention européenne sur la reconnaissance de la personnalité juridique des organisations internationales non gouvernementales (1986)

125. Convention européenne pour la protection des animaux de compagnie (1987)

108. Convention for the Protection of Individuals with regard to Automatic Processing of Personal Data (1981)

109. Additional Protocol to the European Agreement on the Exchange of Therapeutic Substances of Human Origin (1983)

110. Additional Protocol to the Agreement on the Temporary Importation, Free of Duty, of Medical, Surgical and Laboratory Equipment for Use on Free Loan in Hospitals and other Medical Institutions for Purposes of Diagnosis or Treatment (1983)

111. Additional Protocol to the European Agreement on the Exchanges of Blood-Grouping reagents (1983)

112. Convention on the Transfer of Sentenced Persons (1983)

113. Additional Protocol to the Protocol to the European Agreement on the Protection of Television Broadcasts (1983)

114. Protocol No. 6 to the Convention for the Protection of Human Rights and Fundamental Freedoms concerning the Abolition of the Death Penalty (1983)

115. Protocol amending the European Agreement on the restriction of the Use of certain Detergents in Washing and Cleaning Products (1983)

116. European Convention on the Compensation of Victims of Violent Crimes (1983)

117. Protocol No. 7 to the Convention for the Protection of Human Rights and Fundamental Freedoms (1984)

118. Protocol No. 8 to the Convention for the Protection of Human Rights and Fundamental Freedoms (1985)

119. European Convention on offences relating to Cultural Property (1985)

120. European Convention on Spectator Violence and Misbehaviour at Sports Events and in particular at Football Marches (1985)

121. Convention for the Protection of Architectural Heritage of Europe (1985)

122. European Charter of Local Self-Government (1985)

123. European Convention for the Protection of Vertebrate Animals used for Experimental and other Scientific Purposes (1986)

124. European Convention on the Recognition of the Legal Personality of International Non-Governmental Organisations (1986)

125. European Convention for the Protection of Pet Animals (1987)

126. Convention européenne pour la prévention de la torture et des peines ou traitements inhumains ou dégradants (1987)

127. Convention concernant l'assistance administrative mutuelle en matière fiscale (1988)

128. Protocole additionnel à la Charte sociale européenne (1988)

129. Arrangement pour l'application de l'Accord européen du 17 octobre 1980 concernant l'octroi des soins médicaux aux personnes en séjour temporaire (1988)

130. Convention sur les opérations financières des «initiés» (1989)

131. Troisième protocole additionnel au Protocole à l'arrangement européen pour la protection des émissions de télévision (1989)

132. Convention européenne sur la télévision transfrontière (1989)

133. Protocole à la Convention sur les opérations financières des «initiés» (1989)

134. Protocole à la Convention relative à l'élaboration d'une pharmacopée européenne (1989)

135. Convention contre le dopage (1989)

136. Convention européenne sur certains aspects internationaux de la faillite (1990)

137. Cinquième protocole additionnel à l'Accord général sur les privilèges et immunités du Conseil de l'Europe (1990)

138. Convention européenne sur l'équivalence générale des périodes d'études universitaires (1990)

139. Code européen de sécurité sociale (révisé) (1990)

140. Protocole n° 9 à la Convention de sauvegarde des Droits de l'Homme et des Libertés fondamentales (1990)

141. Convention relative au blanchiment, au dépistage, à la saisie et à la confiscation des produits du crime (1990)

142. Protocole portant amendement à la Charte sociale européenne (1991)

143. Convention européenne pour la protection du patrimoine archéologique (révisée) (1992)

144. Convention sur la participation des étrangers à la vie publique au niveau local (1992)

145. Protocole d'amendement à la Convention européenne sur la protection des animaux dans les élevages (1992)

126. European Convention for the Prevention of Torture and Inhuman or Degrading Treatment or Punishment (1986)

127. Convention on Mutual Administrative Assistance in Tax Matters (1988)

128. Additional Protocol to the European Social Charter (1988)

129. Arrangement for the Application of the European Agreement of 17 October 1980 concerning the Provision of Medical Care to Persons during Temporary residence (1988)

130. Convention on Insider Trading (1989)

131. Third Additional Protocol to the Protocol to the European Agreement on the Protection of Television Broadcasting (1989)

132. European Convention on Transfrontier Television (1989)

133. Protocol to the Convention on Insider Trading (1989)

134. Protocol to the Convention on the Elaboration of a European Pharmacopoeia (1989)

135. Anti-Doping Convention (1989)

136. European Convention on Certain International Aspects of Bankruptcy (1990)

137. Fifth Protocol to the General Agreement on Privileges and Immunities of the Council of Europe (1990)

138. European Convention on the General Equivalence of Periods of University Study (1990)

139. European Code of Social Security (Revised) (1990)

140. Protocol No. 9 to the Convention for the Protection of Human Rights and Fundamental Freedoms (1990)

141. Convention on Laundering, Search, Seizure and Confiscation of the Proceeds from Crime (1990)

142. Protocol amending the European Social Charter (1991)

143. European Convention on the Protection of the Archaeological Heritage (Revised) (1992)

144. Convention on the Participation of Foreigners in Public Life at Local Level (1992)

145. Protocol of Amendment to the European Convention for the Protection of Animals kept for Farming Purposes (1992)

146. Protocole n° 10 à la Convention de sauvegarde des Droits de l'Homme et des Libertés fondamentales (1992)

147. Convention européenne sur la coproduction cinématographique (1992)

148. Charte européenne des langues régionales ou minoritaires (1992)

149. Deuxième Protocole portant modification à la Convention sur la réduction des cas de pluralité de nationalités et sur les obligations militaires en cas de pluralité de nationalités (1993)

150. Convention sur la responsabilité civile des dommages résultant d'activités dangereuses pour l'environnement (1993)

151. Protocole n° 1 à la Convention européenne pour la prévention de la torture et des peines ou traitements inhumains ou dégradants (1993)

152. Protocole n° 2 à la Convention européenne pour la prévention de la torture et des peines ou traitements inhumains ou dégradants (1993)

153. Convention européenne concernant des questions de droit d'auteur et de droits voisins dans le cadre de la radiodiffusion transfrontière par satellite (1994)

154. Protocole à la Convention européenne de sécurité sociale (1994)

155. Protocole n° 11 à la Convention de sauvegarde des Droits de l'Homme et des Libertés fondamentales, portant restructuration du mécanisme de contrôle établi par la Convention (1994)

156. Accord relatif au trafic illicite par mer, mettant en œuvre l'article 17 de la Convention des Nations Unies contre le trafic illicite de stupéfiants et de substances psychotropes (1995)

157. Convention-cadre pour la protection des minorités nationales (1995)

158. Protocole additionnel à la Charte sociale européenne prévoyant un système de réclamations collectives (1995)

159. Protocole additionnel à la Convention-cadre européenne sur la coopération transfrontalière des collectivités ou autorités territoriales (1995)

160. Convention européenne sur l'exercice des droits des enfants (1996)

161. Accord européen concernant les personnes participant aux procédures devant la Cour européenne des Droits de l'Homme (1996)

162. Sixième Protocole additionnel à l'Accord général sur les privilèges et immunités du Conseil de l'Europe (1996)

163. Charte sociale européenne (révisée) (1996)

146. Protocol No. 10 to the Convention for the Protection of Human Rights and Fundamental Freedoms (1992)

147. European Convention on Cinematographic Co-Production (1992)

148. European Charter for Regional or Minority Languages (1992)

149. Second Protocol amending the Convention on the Reduction of Cases of Multiple Nationality and Military Obligations in Cases of Multiple Nationality (1993)

150. Convention on Civil Liability for Damage Resulting from Activities Dangerous to the Environment (1993)

151. Protocol No. 1 to the European Convention for the Prevention of Torture and Inhuman or Degrading Treatment or Punishment (1993)

152. Protocol No. 2 to the European Convention for the Prevention of Torture and Inhuman or Degrading Treatment or Punishment (1993)

153. European Convention relating to questions on Copyright Law and Neighbouring Rights in the Framework of Transfrontier Broadcasting by Satellite (1994)

154. Protocol to the European Convention on Social Security (1994)

155. Protocol No. 11 to the Convention for the Protection of Human Rights and Fundamental Freedoms, restructuring the control machinery established thereby (1994)

156. Agreement on illicit traffic by sea, implementing Article 17 of the United Nations Convention against illicit traffic in narcotic drugs and psychotropic substances (1995)

157. Convention for the Protection of National Minorities (1995)

158. Additional Protocol to the European Social Charter Providing for a System of Collective Complaints (1995)

159. Additional Protocol to the European Outline Convention on Transfrontier Co-operation between Territorial Communities or Authorities (1995)

160. European Convention for the Exercise of Children s Rights (1996)

161. European Agreement relating to persons participating in proceedings of the European Court of Human Rights (1996)

162. Sixth Protocol to the General Agreement on Privileges and Immunities of the Council of Europe (1996)

163. European Social Charter (revised) (1996)

164. Convention pour la protection des droits de l'homme et de la dignité de l'être humain à l'égard des applications de la biologie et de la médecine: Convention sur les droits de l'homme et la biomédecine (1997)

165. Convention sur la reconnaissance des qualifications relatives à l'enseignement supérieur dans la région européenne (1997)

166. Convention européenne sur la nationalité (1997)

167. Protocole additionnel à la Convention sur le transfèrement des personnes condamnées (1997)

168. Protocole additionnel à la Convention pour la protection des droits de l'homme et de la dignité de l'être humain à l'égard des applications de la biologie et de la médecine, portant interdiction du clonage d'êtres humains (1998)

169. Protocole n° 2 à la Convention-cadre européenne sur la coopération transfrontalière des collectivités ou autorités territoriales relatif à la coopération interterritoriale (1998)

170. Protocole d'amendement à la Convention européenne sur la protection des animaux vertébrés utilisés à des fins expérimentales ou à d'autres fins scientifiques (1998)

171. Protocole portant amendement à la Convention européenne sur la télévision transfrontière (1998)

172. Convention sur la protection de l'environnement par le droit pénal (1998)

173. Convention pénale sur la corruption (1999)

174. Convention civile sur la corruption (1999)

175. Convention sur la promotion d'un service volontaire transnational à long terme pour les jeunes (2000)

176. Convention européenne du paysage (2000)

177. Protocole n° 12 à la Convention européenne des Droits de l'Homme concernant l'interdiction générale de la discrimination (2000)

178. Convention européenne sur la protection juridique des services à accès conditionnel et des services d'accès conditionnel (2000)

164. Convention for the protection of Human Rights and dignity of the human being with regard to the application of biology and medicine: Convention on Human Rights and Biomedicine (1997)

165. Convention on the Recognition of Qualifications concerning Higher Education in the European Region (1997)

166. European Convention on Nationality (1997)

167. Additional Protocol to the Convention on the Transfer of Sentenced Persons (1997)

168. Additional Protocol to the Convention for the Protection of Human Rights and Dignity of the Human Being with regard to the Application of Biology and Medicine, on the Prohibition of Cloning Human Beings (1998)

169. Protocol No. 2 to the European Outline Convention on Transfrontier Co-operation between Territorial Communities or Authorities concerning interterritorial co-operation Convention on the Recognition of Qualifications concerning Higher Education in the European Region (1998)

170. Protocol of Amendment to the European Convention for the Protection of Vertebrate Animals used for Experimental and other Scientific Purposes (1998)

171. Protocol amending the European Convention on Transfrontier Television (1998)

172. Convention on the Protection of Environment through Criminal Law (1998)

173. Criminal Law Convention on Corruption (1999)

174. Civil Law Convention on Corruption (1999)

175. Convention on the promotion of a transnational long-term voluntary service for young people (2000)

176. European Landscape Convention (2000)

177. Protocol No. 12 to the European Convention on Human Rights on the general prohibition of discrimination (2000)

178. European Convention on the Legal Protection of Services based on, or consisting of, conditional access (2000)

ÉTAT DES RATIFICATIONS DES CONVENTIONS ET ACCORDS CONCLUS AU SEIN DU CONSEIL DE L EUROPE AU 31.12.2001
CHART SHOWING RATIFICATIONS OF CONVENTIONS AND AGREEMENTS CONCLUDED WITHIN THE COUNCIL OF EUROPE AS AT 31.12.2001

CONVENTION N°	Date d'entrée en vigueur / Date of entry into force	Albania / Albanie	Andorra / Andorre	Armenia / Arménie	Austria / Autriche	Azerbaijan / Azerbaïdjan	Belgium / Belgique	Bulgaria / Bulgarie	Croatia / Croatie	Cyprus / Chypre	Czech Republic / République Tchèque	Denmark / Danemark	Estonia / Estonie	Finland / Finlande	France / France	Georgia / Géorgie	Germany / Allemagne	Greece / Grèce	Hungary / Hongrie	Iceland / Islande
2	10.09.1952	■	■	■	■		■	■	■	■	■	■	■	■	■	■	■	■	■	■
5	03.09.1953	■	■		■		■	■	■	■	■	■	■	■	■	■	■	■	■	■
5(i)	05.07.1955	■			■		■	■	■	■	■	■		■	■		■	■	■	■
5(ii)	03.09.1958	■			■		■	■	■	■	■	■		■	■		■	■	■	■
9	18.05.1954	■			■		■	■	■	■	■	■	■	■	■		■	■	■	■
10	11.07.1956	■	■	■	■		■	■	■	■	■	■	■	■	■	■	■	■	■	■
12	01.07.1954						■			■	■	■			■		■	■		■
12A	01.10.1954						■			■	■	■			■		■	■		■
13	01.07.1954						■			■	■	■			■		■	■		■
13A	01.10.1954						■			■	■	■			■		■	■		■
14	01.07.1954						■					■			■		■	■		■
14A	01.07.1954						■					■			■		■	■		■
15	20.04.1954				■		■		■	■	■	■		■	■		■	■		■
16*	01.06.1955				■		■					■		■	■		■	■		■
17**	01.08.1955						■					■			■		■			
18	05.05.1955	■	■		■		■	■	■	■	■	■	■	■	■	■	■	■	■	■
19	23.02.1965						■					■					■	■		
20	01.01.1956				■		■			■		■			■		■	■		
21	18.09.1957				■		■		■		■	■		■	■		■			■
22	15.12.1956	■			■		■		■	■	■	■		■	■		■	■	■	■
23	30.04.1958				■		■					■					■			
24	18.04.1960	■	■		■		■	■	■	■	■	■	■	■	■	■	■	■	■	■
25	01.01.1958				■		■								■		■	■		
26	01.01.1959						■			■		■		■	■		■	■		
27	01.07.1961						■			■		■			■			■		
28	15.03.1963						■			■	■	■	■		■		■	■		■
29	22.09.1969				■							■					■	■		
30	12.06.1962	■			■		■	■	■	■	■	■	■	■	■	■	■	■	■	■
31	04.09.1960						■		■		■	■		■	■		■			■
32	27.11.1961				■		■				■	■		■	■		■			■
33	29.07.1960				■		■			■		■			■		■	■		■
34***	01.07.1961						■			■		■			■		■			

CONVENTION N°	Date d'entrée en vigueur / Date of entry into force	Ireland / Irlande	Italy / Italie	Latvia / Lettonie	Liechtenstein	Lithuania / Lituanie	Luxembourg	Malta / Malte	Moldova	Netherlands / Pays-Bas	Norway / Norvège	Poland / Pologne	Portugal	Romania / Roumanie	Russia / Russie	San Marino / Saint-Marin	Slovakia / Slovaquie	Slovenia / Slovénie	Spain / Espagne	Sweden / Suède	Switzerland / Suisse	TFYROMacedonia / LERYMacédoine	Turkey / Turquie	Ukraine	United Kingdom / Royaume Uni
2	10.09.1952	■	■	■	■	■	■	■	■	■	■	■	■	■	■	■	■	■	■	■	■	■	■	■	■
5	03.09.1953	■	■	■	■	■	■	■	■	■	■	■	■	■	■	■	■	■	■	■	■	■	■	■	■
5(i)	05.07.1955	■	■	■	■	■	■	■	■	■	■	■	■	■		■	■	■	■	■	■	■	■		■
5(ii)	03.09.1958	■	■	■	■	■	■	■	■	■	■	■	■	■		■	■	■	■	■	■	■	■		■
9	18.05.1954	■	■	■	■	■	■	■	■	■	■	■	■	■	■	■	■	■	■	■		■	■	■	■
10	11.07.1956	■	■	■	■	■	■	■	■	■	■	■	■	■	■	■	■	■	■	■	■	■	■	■	■
12	01.07.1954	■	■	■		■	■			■	■		■						■	■			■		■
12A	01.10.1954	■	■	■		■	■			■	■		■						■	■			■		■
13	01.07.1954	■	■	■		■	■			■	■		■						■	■			■		■
13A	01.10.1954	■	■	■		■	■			■	■		■						■	■			■		■
14	01.07.1954	■	■				■	■		■	■		■						■	■			■		■
14A	01.07.1954	■	■				■			■	■		■						■	■			■		■
15	20.04.1954	■	■	■	■	■	■	■	■	■	■	■	■	■	■	■	■	■	■	■	■	■	■		■
16*	01.06.1955	■	■				■				■								■	■	■	■	■		■
17**	01.08.1955	■	■							■	■								■	■	■				■
18	05.05.1955	■	■	■	■	■	■	■	■	■	■	■	■	■	■	■	■	■	■	■	■	■	■	■	■
19	23.02.1965	■	■				■			■	■									■			■		■
20	01.01.1956	■	■				■	■		■	■									■			■		■
21	18.09.1957	■	■		■		■	■		■	■	■	■	■	■		■	■	■	■	■	■	■		■
22	15.12.1956	■	■	■	■		■	■		■	■	■	■	■	■	■	■	■	■	■	■		■		■
23	30.04.1958		■		■		■	■		■	■						■			■	■				■
24	18.04.1960	■	■	■	■	■	■	■	■	■	■	■	■	■			■	■	■	■	■	■	■	■	■
25	01.01.1958		■		■		■	■		■			■					■	■		■		■		
26	01.01.1959	■	■		■		■	■		■	■						■	■	■	■	■		■		■
27	01.07.1961	■					■			■	■								■	■			■		■
28	15.03.1963		■	■	■	■	■	■		■								■	■	■	■		■		
29	22.09.1969										■									■			■		
30	12.06.1962	■	■	■	■	■	■	■	■	■	■	■	■	■			■	■	■	■	■	■	■	■	■
31	04.09.1960	■	■		■		■	■		■	■		■	■					■	■	■	■			■
32	27.11.1961	■	■		■			■		■	■	■	■	■	■		■	■	■	■	■				■
33	29.07.1960	■	■				■	■		■	■		■				■	■	■	■	■		■		■
34***	01.07.1961										■									■					■

ÉTAT DES RATIFICATIONS DES CONVENTIONS ET ACCORDS CONCLUS AU SEIN DU CONSEIL DE L EUROPE AU 31.12.2001

CHART SHOWING RATIFICATIONS OF CONVENTIONS AND AGREEMENTS CONCLUDED WITHIN THE COUNCIL OF EUROPE AS AT 31.12.2001

<--- CONVENTION N°	Date of entry into force / <-- Date d'entrée en vigueur	Albania / Albanie	Andorra / Andorre	Armenia / Arménie	Austria / Autriche	Azerbaijan / Azerbaïdjan	Belgium / Belgique	Bulgaria / Bulgarie	Croatia / Croatie	Cyprus / Chypre	Czech Republic / République Tchèque	Denmark / Danemark	Estonia / Estonie	Finland / Finlande	France / France	Georgia / Géorgie	Germany / Allemagne	Greece / Grèce	Hungary / Hongrie	Iceland / Islande	Ireland / Irlande	Italy / Italie	Latvia / Lettonie	Liechtenstein / Liechtenstein	Lithuania / Lituanie	Luxembourg / Luxembourg	Malta / Malte	Moldova / Moldova	Netherlands / Pays-Bas	Norway / Norvège	Poland / Pologne	Portugal / Portugal	Romania / Roumanie	Russia / Russie	San Marino / Saint-Marin	Slovakia / Slovaquie	Slovenia / Slovénie	Spain / Espagne	Sweden / Suède	Switzerland / Suisse	TFYROMacedonia / LERYMacédoine	Turkey / Turquie	Ukraine / Ukraine	United Kingdom / Royaume-Uni
35	26.02.1965	■			■		■			■	■	■		■	■		■	■	■	■	■	■				■	■		■	■	■	■				■		■	■			■		■
36	16.12.1961				■		■		■	■	■	■		■	■		■	■	■	■	■	■	■	■		■	■		■	■	■	■	■	■	■	■	■	■	■	■		■		■
37	17.01.1962						■					■			■			■		■	■	■		■		■	■		■	■		■						■	■	■	■	■		■
38	15.06.1962						■					■									■	■								■								■	■	■		■		■
39	14.10.1962						■			■		■		■	■		■	■			■	■		■		■	■		■	■					■	■	■	■	■		■	■		■
40	27.12.1963						■								■		■				■	■				■			■															■
41	15.02.1967						■		■	■					■		■				■	■				■	■				■						■				■			■
42	25.01.1965				■		■					■			■		■					■				■		■				■						■	■			■		■
43	28.03.1968				■		■					■			■		■				■	■				■			■	■								■						■
44	21.09.1970	■	■		■		■	■	■	■	■	■	■	■	■		■	■	■	■	■	■	■	■	■	■	■	■	■	■	■	■	■	■	■	■	■	■	■	■	■	■	■	■
45	21.09.1970	■	■		■		■	■	■	■	■	■	■	■	■		■	■	■	■	■	■	■	■	■	■	■		■	■	■	■	■	■	■	■	■	■	■	■	■	■	■	■
46	02.05.1968	■			■		■	■	■	■	■	■	■	■	■	■	■		■	■	■	■	■		■	■		■	■	■	■	■	■	■	■	■	■		■		■		■	
47	01.08.1980						■					■			■		■				■	■		■		■			■										■	■	■			■
48	17.03.1968						■			■	■	■			■		■	■			■	■				■			■	■		■						■	■	■		■		■
48A	17.03.1968						■										■									■			■	■		■							■					
49	04.07.1964				■		■		■		■	■		■	■		■					■		■		■	■		■	■	■	■	■	■		■	■		■	■	■			■
50	08.05.1974				■		■		■	■	■	■		■	■		■	■	■	■	■	■				■			■	■		■				■	■	■	■	■	■	■		■
51	22.08.1975	■			■		■		■						■							■				■			■			■					■		■		■		■	
52	18.07.1972									■		■			■																		■						■					
53	19.10.1967						■			■		■			■		■	■			■	■		■					■	■	■	■						■	■	■		■		■
54	24.03.1965						■					■			■		■													■								■	■			■		■
55	20.12.1971	■	■		■		■	■	■	■	■	■	■	■	■		■	■	■	■	■	■	■	■	■	■	■	■	■	■	■	■	■	■	■	■	■	■	■	■	■	■	■	■
56	°						■																																					
57	°																									■																		
58	26.04.1968				■						■	■					■	■			■	■	■	■			■			■	■	■	■						■	■				■
59	07.08.1969				■							■			■		■				■	■					■				■									■				■
60	°																									■																		
61	°																	■												■		■				■								
61A	°																													■		■												
61B	°																															■						■						
62	17.12.1969	■			■		■	■		■	■	■	■	■	■	■	■	■	■	■		■	■	■	■	■	■		■	■	■	■	■	■		■	■	■	■	■		■	■	■
63	14.08.1970				■					■	■				■		■	■			■	■		■		■			■	■	■	■						■	■	■		■		■

ÉTAT DES RATIFICATIONS DES CONVENTIONS ET ACCORDS CONCLUS AU SEIN DU CONSEIL DE L EUROPE AU 31.12.2001
CHART SHOWING RATIFICATIONS OF CONVENTIONS AND AGREEMENTS CONCLUDED WITHIN THE COUNCIL OF EUROPE AS AT 31.12.2001

<------ CONVENTION N°	<-- Date d'entrée en vigueur / Date of entry into force	Albania / Albanie	Andorra / Andorre	Armenia / Arménie	Austria / Autriche	Azerbaijan / Azerbaïdjan	Belgium / Belgique	Bulgaria / Bulgarie	Croatia / Croatie	Cyprus / Chypre	Czech Republic / République Tchèque	Denmark / Danemark	Estonia / Estonie	Finland / Finlande	France / France	Georgia / Géorgie	Germany / Allemagne	Greece / Grèce	Hungary / Hongrie	Iceland / Islande	Ireland / Irlande	Italy / Italie	Latvia / Lettonie	Liechtenstein / Liechtenstein	Lithuania / Lituanie	Luxembourg / Luxembourg	Malta / Malte	Moldova / Moldova	Netherlands / Pays-Bas	Norway / Norvège	Poland / Pologne	Portugal / Portugal	Romania / Roumanie	Russia / Russie	San Marino / Saint-Marin	Slovakia / Slovaquie	Slovenia / Slovénie	Spain / Espagne	Sweden / Suède	Switzerland / Suisse	TFYROMacedonia / LERYMacédoine	Turkey / Turquie	Ukraine / Ukraine	United Kingdom / Royaume-Uni
64	16.02.1971						■					■			■		■					■				■			■									■		■				■
65	20.02.1971				■		■			■	■	■		■	■		■	■		■	■	■				■			■	■		■	■	■				■	■	■		■		■
66**	20.11.1970				■		■	■	■	■		■			■		■	■		■		■		■		■								■				■	■	■	■			
67	17.04.1971				■		■			■	■	■		■	■		■		■	■	■	■		■		■	■		■	■	■	■	■		■		■	■	■	■				■
68	30.05.1971											■			■							■				■				■								■						
69	02.10.1971				■					■				■	■		■			■				■		■	■		■								■	■	■	■	■			■
70	26.07.1974				■				■	■		■	■							■					■				■	■			■					■	■			■		
71	o																					■																				■		
72*	11.02.1979				■		■								■											■																		
73	30.03.1978	■			■					■	■	■	■										■		■				■	■			■			■		■	■			■	■	
74	22.05.1985				■		■			■							■									■			■											■				■
74A	22.05.1985				■		■			■																■			■											■				
75	o																																											
76	28.04.1983				■																			■		■														■				
77	20.03.1976						■			■			■		■							■				■			■			■						■				■		
78	01.03.1977				■		■															■				■			■			■						■				■		
78A	01.03.1977				■		■															■				■			■			■						■				■		
79	o																																											
80	11.11.1975				■		■			■				■	■			■		■			■			■			■	■		■				■	■	■	■	■		■		
81	31.12.1974						■			■		■			■		■													■								■	■			■		■
82	o																												■				■											
83	17.06.1977				■		■															■		■		■			■									■		■				■
84	23.04.1977						■			■		■		■	■			■			■	■		■		■			■							■	■			■				■
85	11.08.1978				■					■	■	■						■			■			■	■	■				■	■	■	■						■	■				■
86	20.08.1979	■	■				■	■	■	■	■	■	■			■			■	■			■		■	■	■	■	■	■	■	■	■			■	■	■	■	■	■		■	
87	10.09.1978				■		■		■	■	■	■		■	■		■	■		■	■	■				■	■		■	■		■					■	■	■	■	■			■
88	28.04.1983								■									■				■		■									■				■			■	■			
89	23.04.1977						■			■		■		■	■			■			■	■		■		■			■							■				■				■
90	04.08.1978	■			■		■	■		■	■	■	■	■	■	■	■	■	■	■	■	■	■	■	■	■	■	■	■	■	■	■	■	■		■	■	■	■	■		■		■
91	o																																											
92	28.02.1977	■			■		■	■			■	■	■	■	■			■			■	■	■		■	■			■	■	■	■						■	■	■		■		■
93	01.05.1983														■							■							■	■		■						■	■			■		

ÉTAT DES RATIFICATIONS DES CONVENTIONS ET ACCORDS CONCLUS AU SEIN DU CONSEIL DE L'EUROPE AU 31.12.2001

CHART SHOWING RATIFICATIONS OF CONVENTIONS AND AGREEMENTS CONCLUDED WITHIN THE COUNCIL OF EUROPE AS AT 31.12.2001

<-- CONVENTION N°	Date of entry into force / <-- Date d'entrée en vigueur	Albania / Albanie	Andorra / Andorre	Armenia / Arménie	Austria / Autriche	Azerbaijan / Azerbaïdjan	Belgium / Belgique	Bulgaria / Bulgarie	Croatia / Croatie	Cyprus / Chypre	Czech Republic / République Tchèque	Denmark / Danemark	Estonia / Estonie	Finland / Finlande	France / France	Georgia / Géorgie	Germany / Allemagne	Greece / Grèce	Hungary / Hongrie	Iceland / Islande	Ireland / Irlande	Italy / Italie	Latvia / Lettonie	Liechtenstein / Liechtenstein	Lithuania / Lituanie	Luxembourg / Luxembourg	Malta / Malte	Moldova / Moldova	Netherlands / Pays-Bas	Norway / Norvège	Poland / Pologne	Portugal / Portugal	Romania / Roumanie	Russia / Russie	San Marino / Saint-Marin	Slovakia / Slovaquie	Slovenia / Slovénie	Spain / Espagne	Sweden / Suède	Switzerland / Suisse	TFYROMacedonia / LERYMacédoine	Turkey / Turquie	Ukraine / Ukraine	United Kingdom / Royaume-Uni
94	01.11.1982				■		■						■		■		■					■				■												■						
95	08.09.1978						■					■														■			■	■								■	■					■
96	17.10.1983						■																			■			■	■														
97	31.08.1979				■		■	■		■	■	■	■	■	■	■	■	■	■	■		■	■			■	■		■	■	■	■	■			■		■	■	■			■	■
98	05.06.1983	■			■		■	■	■	■	■	■	■	■		■	■		■	■		■	■		■		■	■	■	■	■	■	■			■	■	■	■	■	■	■	■	■
99	12.04.1982	■			■			■	■	■	■	■	■	■	■		■	■	■	■	■	■	■		■	■		■	■	■	■	■	■			■	■	■	■		■	■	■	■
100	01.01.1983						■										■					■				■						■												
101	01.07.1982									■		■					■			■		■				■			■			■	■				■		■					
102	11.06.1982								■			■		■			■	■			■	■				■			■	■		■					■		■	■	■			
103	07.11.1989				■		■			■	■	■		■	■		■	■		■	■	■				■			■	■		■	■	■				■	■	■		■		■
104	01.06.1982	■	■		■		■	■	■	■	■	■	■	■	■		■	■	■	■	■	■	■	■	■	■	■	■	■	■	■	■	■			■	■	■	■	■	■	■	■	■
105	01.09.1983				■		■			■	■	■	■	■	■		■	■		■	■	■		■		■	■		■	■	■	■				■		■	■	■		■		■
106	22.12.1981	■			■		■	■			■	■		■	■		■		■		■	■	■	■	■	■		■	■	■	■	■				■		■	■	■		■	■	
107	01.12.1980											■		■			■					■							■	■		■	■					■	■	■				■
108	01.10.1985				■		■				■	■		■	■		■	■	■	■	■	■	■		■	■			■	■		■				■	■	■	■					■
109	01.01.1985						■			■		■		■	■		■	■			■	■		■		■	■		■	■						■	■		■	■		■		■
110	01.01.1985				■		■			■		■			■		■	■		■	■	■				■	■		■	■		■						■	■	■		■		■
111	01.01.1985						■			■		■		■	■		■	■			■	■		■		■	■		■	■								■	■	■		■		■
112	01.07.1985	■	■	■	■	■	■	■	■	■	■	■	■	■	■	■	■	■	■	■	■	■	■	■	■	■	■		■	■	■	■	■			■	■	■	■	■		■	■	■
113	01.01.1985						■			■		■			■		■													■								■	■			■		■
114	01.07.1985	■	■		■		■	■	■	■	■	■	■	■	■	■	■	■	■	■	■	■	■	■	■	■	■	■	■	■	■	■	■		■	■	■	■	■	■	■		■	■
115	01.11.1984											■														■			■									■						■
116	01.02.1988									■	■	■		■	■		■									■			■	■								■	■	■				■
117	01.11.1988	■			■			■	■	■	■	■	■	■	■	■		■	■	■	■	■	■		■	■		■		■			■	■	■	■	■		■	■	■		■	
118	01.01.1990	■	■		■		■	■	■	■	■	■	■	■	■		■	■	■	■	■	■	■	■	■	■	■	■	■	■	■	■	■	■	■	■	■	■	■	■	■	■	■	■
119	o																																											
120	01.11.1985	■			■		■	■	■	■	■	■		■	■			■	■	■		■			■	■			■	■	■	■	■	■		■	■	■	■	■	■	■		■
121	01.12.1987		■				■	■	■	■	■	■	■	■	■	■	■	■	■		■	■		■		■	■	■	■	■		■	■	■		■	■	■	■	■	■	■		■
122	01.09.1988	■			■			■	■	■	■	■	■	■			■	■	■	■		■	■	■	■	■	■		■	■	■	■	■	■		■	■	■	■		■	■	■	■
123	01.01.1991						■			■		■		■	■		■	■											■	■								■	■	■				■
124	01.01.1991				■		■								■			■														■					■			■	■			■
125	01.05.1992				■		■			■	■	■		■			■	■								■				■		■							■	■				

ÉTAT DES RATIFICATIONS DES CONVENTIONS ET ACCORDS CONCLUS AU SEIN DU CONSEIL DE L EUROPE AU 31.12.2001
CHART SHOWING RATIFICATIONS OF CONVENTIONS AND AGREEMENTS CONCLUDED WITHIN THE COUNCIL OF EUROPE AS AT 31.12.2001

<---- CONVENTION N°	<-- Date d'entrée en vigueur / Date of entry into force	Albanie / Albania	Andorre / Andorra	Arménie / Armenia	Autriche / Austria	Azerbaïdjan / Azerbaijan	Belgique / Belgium	Bulgarie / Bulgaria	Croatie / Croatia	Chypre / Cyprus	République Tchèque / Czech Republic	Danemark / Denmark	Estonie / Estonia	Finlande / Finland	France / France	Géorgie / Georgia	Allemagne / Germany	Grèce / Greece	Hongrie / Hungary	Islande / Iceland	Irlande / Ireland	Italie / Italy	Lettonie / Latvia	Liechtenstein / Liechtenstein	Lituanie / Lithuania	Luxembourg / Luxembourg	Malte / Malta	Moldova / Moldova	Pays-Bas / Netherlands	Norvège / Norway	Pologne / Poland	Portugal / Portugal	Roumanie / Romania	Russie / Russia	Saint-Marin / San Marino	Slovaquie / Slovakia	Slovénie / Slovenia	Espagne / Spain	Suède / Sweden	Suisse / Switzerland	LERYMacédoine / TFYROMacedonia	Turquie / Turkey	Ukraine / Ukraine	Royaume-Uni / United Kingdom
126	01.02.1989	■	■		■		■	■	■	■	■	■	■	■	■	■	■	■	■	■	■	■	■	■	■	■	■	■	■	■	■	■	■	■	■	■	■	■	■	■	■	■	■	■
127	01.04.1995											■		■						■									■	■	■								■					
128	010.9.1992										■	■		■				■				■							■	■						■		■	■					
129	o																																											
130	01.10.1991									■	■			■												■			■	■									■					■
131	o											■			■		■													■									■			■		■
132	01.05.1993				■			■	■	■			■	■	■		■		■			■	■	■	■		■			■	■				■	■	■	■		■		■		■
133	01.10.1991									■	■			■												■			■	■									■					■
134	01.11.1992				■		■		■	■		■		■	■		■	■		■	■	■				■			■	■		■				■	■	■	■	■	■	■		■
135	01.03.1990				■		■	■	■	■	■	■	■	■	■		■	■	■	■		■	■	■	■	■			■	■	■	■	■	■	■	■	■	■	■	■	■	■	■	■
136	o									■																																		
137	01.11.1991	■			■				■		■	■		■			■	■	■	■	■	■	■			■					■	■	■	■		■	■			■		■		■
138	01.01.1991				■					■				■	■		■				■	■		■			■		■	■	■		■	■					■	■				
139	o																																											
140	01.10.1994				■		■			■	■	■	■	■			■		■		■	■		■		■			■	■	■	■	■	■	■	■	■		■	■				
141	01.09.1993	■	■		■		■	■	■	■	■	■	■	■	■		■	■	■	■	■	■	■	■	■	■	■		■	■	■	■		■	■	■	■	■	■	■	■		■	■
142	o				■		■			■	■			■	■			■			■	■					■		■	■	■	■				■		■	■					
143	25.05.1995		■					■		■	■		■	■	■	■			■		■			■			■	■		■	■	■				■	■		■	■		■		■
144	01.05.1997													■								■							■	■									■					
145	o				■					■		■		■			■													■		■						■	■	■				■
146	o				■		■			■	■	■	■	■			■				■	■		■		■	■		■	■	■	■	■	■	■	■	■		■	■				■
147	01.04.1994				■					■	■	■	■	■	■		■		■	■	■	■	■		■	■	■		■			■		■		■		■	■	■				■
148	01.03.1998				■				■			■		■			■		■										■	■						■	■	■	■	■				■
149	24.03.1995														■							■		■					■															
150	o																																											
151	o	■	■		■		■	■	■	■	■	■	■	■	■	■	■	■	■	■	■	■	■	■	■	■	■	■	■	■	■	■	■	■	■	■	■	■	■	■	■	■	■	■
152	o	■	■		■		■	■	■	■	■	■	■	■	■	■	■	■	■	■	■	■	■	■	■	■	■	■	■	■	■	■	■	■	■	■	■	■	■	■	■	■	■	■
153	o									■																				■														
154	o																																											
155	01.11.1998	■	■		■		■	■	■	■	■	■	■	■	■		■	■	■	■	■	■	■	■	■	■	■	■	■	■	■	■	■	■	■	■	■	■	■	■	■	■		■
156	01.05.2000				■					■							■													■							■							
157	01.02.1998	■			■			■	■	■		■	■	■			■		■			■		■	■		■	■		■	■		■	■	■	■	■	■	■	■	■		■	■

ÉTAT DES RATIFICATIONS DES CONVENTIONS ET ACCORDS CONCLUS AU SEIN DU CONSEIL DE L EUROPE AU 31.12.2001
CHART SHOWING RATIFICATIONS OF CONVENTIONS AND AGREEMENTS CONCLUDED WITHIN THE COUNCIL OF EUROPE AS AT 31.12.2001

<----- CONVENTION N°	<-- Date d'entrée en vigueur / Date of entry into force	Albania / Albanie	Andorra / Andorre	Armenia / Arménie	Austria / Autriche	Azerbaijan / Azerbaïdjan	Belgium / Belgique	Bulgaria / Bulgarie	Croatia / Croatie	Cyprus / Chypre	Czech Republic / République Tchèque	Denmark / Danemark	Estonia / Estonie	Finland / Finlande	France / France	Georgia / Géorgie	Germany / Allemagne	Greece / Grèce	Hungary / Hongrie	Iceland / Islande	Ireland / Irlande	Italy / Italie	Latvia / Lettonie	Liechtenstein / Liechtenstein	Lithuania / Lituanie	Luxembourg / Luxembourg	Malta / Malte	Moldova / Moldova	Netherlands / Pays-Bas	Norway / Norvège	Poland / Pologne	Portugal / Portugal	Romania / Roumanie	Russia / Russie	San Marino / Saint-Marin	Slovakia / Slovaquie	Slovenia / Slovénie	Spain / Espagne	Sweden / Suède	Switzerland / Suisse	TFYROMacedonia / LERYMacédoine	Turkey / Turquie	Ukraine / Ukraine	United Kingdom / Royaume-Uni
158	01.07.1998									■				■	■			■			■	■								■		■							■					
159	01.12.1998	■													■		■				■			■		■		■	■							■			■	■				
160	01.07.2000										■							■					■								■						■							
161	01.01.1999		■		■		■	■		■	■	■		■	■	■	■		■	■	■	■		■		■		■	■	■			■				■	■	■	■				■
162	01.11.1998	■	■		■		■	■	■	■	■	■	■	■	■		■	■	■	■	■	■	■	■	■	■		■		■			■	■		■	■	■	■	■				■
163	01.07.1999							■		■			■		■						■	■			■			■		■			■				■		■					
164	01.12.1999										■	■				■		■							■							■	■		■	■	■	■						
165	01.07.1999				■			■		■			■			■			■		■		■	■		■		■		■		■	■	■		■	■		■	■			■	
166	01.03.2000				■														■									■	■			■				■			■					
167	01.06.2000				■					■		■	■	■		■			■	■					■					■	■		■						■		■			
168	01.03.2000										■					■		■														■	■			■	■	■						
169	01.02.2000	■															■									■		■	■							■			■					
170	o									■				■	■				■										■										■	■				■
171	o							■	■	■			■											■	■												■							
172	o																																											
173	o							■	■	■	■	■	■										■													■	■				■			
174	o	■						■						■																														
175	o																																											
176	o																													■														
177	o															■																												
178	o	■																																										
179	o																																											
180	o																																											
181	o																																						■					
182	o																																											
183	o																																											
184	o																																											
185	o																																											
186	o																																											
187	o																																											
188	o																																											
189	o																																											

LISTE DES ORGANISATIONS INTERNATIONALES NON GOUVERNEMENTALES (ONG) DOTEES DU STATUT CONSULTATIF AUPRES DU CONSEIL DE L'EUROPE

LIST OF INTERNATIONAL NON-GOVERNMENTAL ORGANISATIONS (NGOs) ENJOYING CONSULTATIVE STATUS WITH THE COUNCIL OF EUROPE

A

Académie européenne d'Ecologie
European Academy of Environmental Affairs

Prof. Dr Dr h c Helmut METZNER, Président
Derendinger Strasse 41-45, D – 72072 TÜBINGEN
Tél.: (49) 7071 787 83, fax: (49) 7071 729 39

Académie internationale de Médecine légale (AIML)
International Academy of Legal Medicine (IALM)

Prof. Pekka SAUKKO,
Representative to the Council of Europe
Dept. of Forensic Medicine, Kiinamyllynkatu 10, FIN – 20520 TURKU

Action européenne des Handicapés (AEH)
European Action of the Disabled (AEH)

Mr Walter HIRRLINGER, President
General Secretariat, Wurzerstr. 4a, D – 53175 BONN
Tél.: (49) 228 82093-0, fax: (49) 228 820 93 46
E-mail: aeh_europe@t-online.de
Mr Ulrich LASCHET, General Secretary
General Secretariat, Wurzerstr. 4a, D – 53175 BONN
Tél.: (49) 228 82093-0, fax: (49) 228 820 93 46
E-mail: aeh_europe@t-online.de

Action jeunesse pour la Paix (ACP)[1]
Youth Action for Peace (YAP)

Mr Roel FORCEVILLE, President
Mr Helmut WARMENHOVEN, International Secretary
3, avenue du Parc Royal, B – 1020 BRUXELLES
Tél.: (32) 2 478 94 10, fax: (32) 2 478 94 32
E-mail: yapis@xs4all.be
http://www.yap.org
M. Frédéric DURET
7, allée des Feuillants F – 86240 FONTAINE LE COMTE
Tél. : (33) (0)5 49 53 64 86
E-mail : zarathous@caramail.com

---

[1] Anciennement «Mouvement chrétien pour la Paix (MCP)»/Formerly "Christian Movement for Peace (CMP)"

Alliance coopérative internationale (ACI)
International Co-operative Alliance (ICA)

Mr Lars HILLBOM, vice-President Europe
Mr Karl-Johan FOGELSTROM, Secretary General
Route des Morillons 15, CH – 1218 GRAND-SACONNEX/GENEVE
Tél.: (41) 22 929 88 88, fax: (41) 929 88 31 ou (41) 22 798 41 22
E-mail: icaeurope@coop.org
http://www.coop.org/europe
Ms Gabriella SOZANSKI, Regional Director for Europe
Route des Morillons 15, CH – 1218 GRAND-SACONNEX/GENEVE
Tél.: (41) 22 929 88 31, fax: (41) 22 798 41 22
E-mail: icaeurope@coop.org

Alliance européenne des Unions chrétiennes féminines (European YWCA)
European Young Women's Christian Association (European YWCA)

Ms Nina SOLBERG NYGAARD, President
European YWCA, ELG Secretariat
Avenue Brugmann 94, B – 1060 BRUXELLES
Tél.: (32) 2 344 98 61, fax: (32) 2 346 59 46
Mme Inge DEGOUT, Représentante auprès du Conseil de l'Europe
7, rue du Chanoine Grünenwald, F – 67100 STRASBOURG
Tél.: (33) (0)3 88 39 47 43

Alliance internationale des Femmes (AIF)
International Alliance of Women (IAW)

Mrs Pat GILES, President
Mrs Priscilla TODD, Secretary General
10, Queen Street, MELBOURNE, Vic. 3000 AUSTRALIA
Mrs Marieluise WEBER, Board Member, Representative to the Council of Europe
Neue Strasse 10, D – 79194 GUNDELFINGEN
Tél.: (49) 761 55 22 90, fax: (49) 761 563 15
E-mail: marieluise.weber@planet-interkom.de
Ms Anje WIERSINGA, Honorary Treasurer
PO Box 614, NL – 3700 AP ZEIST
Tél./fax: (31) 30 69 58 078
E-mail: anjew@hetnet.nl

Alliance internationale «Save the Children» – Groupe européen
International Save the Children Alliance – Europe Group

Ms Diana SUTTON, European Officer
39 rue Montoyer, B – 1000 BRUSSELS

Tél.: (32) 2 512 78 51, fax: (32) 2 513 49 03
E-mail: savechildbru@skynet.be
http://savechildren.or.jp/alliance
Ms Marianne BORGEN, Head of Domestic Programmes
Redd Barna (Save the Children Norway), Hammersborg Torg 3, N – 0130 OSLO
Tél.: (47) 22 99 09 00, fax: (47) 22 99 08 60
E-mail: marianne.borgen@reddbarna.no

Alliance internationale de Tourisme (AIT)
International Touring Alliance (AIT)

Mr Antonio NUZZO, Administrator, Legal Commission
Chemin de Blandonnet 2, PO Box 111, CH – 1215 GENEVA 15
Tél.: (41) 22 544 45 00, fax: (41) 22 544 45 50
E-mail: anuzzo@aitfia.ch
http://www.atigva.ch
Me Bernard LOITRON
36, rue Chardon-Lagache, F – 75016 PARIS
Tél.: (33) (0)1 42 88 96 53 E, R, S, V

Alliance universelle des UCJG (Unions chrétiennes de jeunes Gens)
World Alliance of YMCA's (Young Men's Christian Associations)

Mr Nick NIGHTINGALE, Secretary General
12 Clos-Belmont, CH – 1208 GENEVE
Tél.: (41) 22 8495 100, fax: (41) 22 8495 110
E-mail: office@ymca.int
Mr Johan Vilhelm ELTVIK, Secretary General European Alliance of YMCA's
Secretariat, Na Porici 12, CZ – 115 30 PRAGUE 1
Tél.: (420) 2 2487 2020, fax: (420) 2 2487 2025
E-mail: eay@eay.org
http://www.eay.org

Alzheimer Europe

Mr Jeannot KRECKE, Chairperson
145, route de Thionville, L – 2611 LUXEMBOURG
Tél.: (352) 29 79 70, fax: (352) 29 79 72
E-mail: info@alzheimer-europe.org
http://www.alzheimer-europe.org
Mr Jean GEORGES, Secretary General
145, route de Thionville, L – 2611 LUXEMBOURG
Tél.: (352) 29 79 70, fax: (352) 29 79 72
E-mail: info@alzheimer-europe.org

Amnesty International (AI)

Documentation Centre, International Secretariat
1, Easton Street, GB – LONDON WC1X 8DJ
Tél.: (44) 171 413 5500, fax: (44) 171 956 1157
E-mail: amnestyis@gn.apc.org
Mme Sylvie KLEINBERG, Représentante auprès du Conseil de l'Europe
6, rue d'Oslo, F – 67000 STRASBOURG

Assemblée des Citoyens d'Helsinki (HCA)
Helsinki Citizen's Assembly (HCA)

Mrs Radha KUMAR, Director
Secretariat, Kroftova 18/340, CZ – 150 00 PRAHA 5
Tél./fax: (42) 2 54 52 55

Assemblée internationale des Parlementaires de Langue française (AIPLF)
International Assembly of French Language Parliamentarians

Mme Nicole RENAULT-HENNEKINNE, Secrétaire Général Administratif
235, boulevard St-Germain, F – 75007 PARIS
Tél.: (33) (0)1 47 05 26 87, fax: (33) (0)1 45 51 11 47

Assemblée des Régions d'Europe
Assembly of European Regions

M. Hans de BELDER, Représentant plénipotentiaire du Ministre Président de la Flandre
Immeuble Europe, 20, place des Halles, F – 67054 STRASBOURG Cedex
Tél.: (33) (0)3 88 22 07 07, fax: (33) (0)3 88 75 67 19
E-mail: aeradm@sdv.fr

Association catholique internationale pour la Radio, la Télévision et l'Audiovisuel (UNDA)
International Catholic Association for Radio, Television and Audiovisuals (UNDA)

Miss Angela Ann ZUKOWSKI, President
Mr Pierre BELANGER, Secretary General
Rue du Saphir, 15 B – 1030 BRUXELLES (siège)
Tél.: (32) 2 734 97 08, fax: (32) 2 734 70 18
Email: Undaworld@compuserve.com
http://www.unda.org
M. Gabriel NISSIM, Représentant auprès du Conseil de l'Europe
42, rue de l'Université, F – 67000 STRASBOURG
Tél.: (33) (0)3 88 35 49 82, fax: (33) (0)3 88 21 24 00
E-mail: gabriel@nissim.org

Association catholique internationale des Services de la Jeunesse féminine (ACISJF)
International Catholic Society for Girls (ACISJF)

Mme Marie-Claire de BOISDEFFRE, Présidente générale
15, avenue Robert Schuman, F – 75007 PARIS
Tél./fax: (33) (0)1 47 05 12 49
Mme Colette SIMONNET, Représentante auprès du Conseil de l'Europe
21, quai Rouget de Lisle, F – 67000 STRASBOURG
Tél.: (33) (0)3 88 35 74 58
Secrétariat international, Maison des Associations, 15 rue des Savoises,
CH – 1205 GENEVE
Tél.: (41) 22 800 08 35, fax: (41) 22 800 08 36
E-mail:acisjf@freesurf.ch

Association des Chambres de Commerce et d'Industrie européennes (EUROCHAMBRES)
Association of European Chambers of Commerce and Industry (EUROCHAMBERS)

M. Arnaldo ABRUZZINI, Secrétaire Général
5, rue Archimède, Bte 4, B – 1000 BRUXELLES
Tél.: (32) 2 282 0850, fax: (32) 2 230 0038
E-mail: eurochambres@eurchambres.be
http://eurochambres.be
M. François FRIEH, Directeur Général
Chambre de Commerce et d'Industrie de Strasbourg et du Bas-Rhin, 10, place Gutenberg,
F – 67081 STRASBOURG cedex
Tél.: (33) (0)3 88 75 25 25, fax: (33) (0)3 88 22 31 20
E-mail: direction@strasbourg.cci.fr
http://www.strasbourg.cci.fr

Association des Communautés de Travail des Régions alpines
Association of Working Communities of the Alpine Regions

M. Marco BORRADORI, Président
Residenza governative, CH – 6500 BELLINZONA
Dr Fritz STAUDIGL, Secretary General
Geschäftsstelle der Vereiningung der Arbeitsgemeinschaften des Alpenraums,
Landhaus, A – 6010 INNSBRUCK
Tél.: (43) 512 508 2340, fax: (43) 512 508 2345
E-mail: f.staudigl@tirol.gv.at
http://www.argealp.org, http://www.alpeadria.org,
http://www.unil.ch/cotrao/docs/homepeng.htm

Association des Ecoles de Santé publique de la Région européenne (ASPHER)
Association of Schools of Public Health in the European Region (ASPHER)

Mr Jacques AY BURY, Executive Director
14, rue du Val d'Osne, F – 94415 SAINT MAURICE cedex
Tél.: (33) (0)1 43 96 64 59, fax: (33) (0)1 43 96 64 63
E-mail: aspher@aspher.ensp.fr
http://www.ensp.fr/aspher

Association des Etats généraux des Etudiants d'Europe (AEGEE-Europe)

Ms Karina HAEUSLMEIER, President
Mr Stefan HAUK, Secretary General
Rue Nestor du Tière, 15, B – 1030 BRUXELLES
Tél.: (32) 2 245 2300, fax: (32) 2 245 6260
E-mail: headoffice@aegee.org
http://www.aegee.org
Mrs Agnieszka WILK
PO BOX 72, B – 1040 BRUSSELS-ETTERBEEK 1
Tél.: (32) 2 245 2300, fax: (32) 2 245 6260
E-mail: agnieszka.wilk@aegee.org/agnieszka.wilk@vip.net.pl

Association pour l'Etude du Problème mondial des Réfugiés (AWR)
Association for the Study of the World Refugee Problem (AWR)

Mr Bernd SCHLEGEL
c/o Deutsche Ausgleichsbank, DtA, Ludwig-Erhard-Platz 3, D – 53179 BONN
Tél.: (49) 228 831 26 70, fax: (49) 228 831 30 35
E-mail: schlegel@dta16.bn.unnet.de or bernd.schlegel@dta.de
Prof Dr Michael WOLLENSCHLÄGER, President of the Scientific Council
An den Forstäckern 15, D – 97204 HÖCHBERG
Tél.: (49) 931 31 23 05, (49) 931 49196, fax: (49) 931 40 73 74
General Secretariat, Piazzale Porta Pia 121, I – 00198 ROME
Tél.: (39) 06 44 25 01 59

Association des Etudiants en Pharmacie (EPSA)
European Pharmaceutical Students' Association (EPSA)

Mrs Ema Isabel PAULINO, Secretary General
C/o ESCP Theda Mansholtstraat 5b, NL – 2331 JE LEIDEN
Tél./fax: (31) 71 576 96 05
E-mail: epsa@pharm.uu.nl
http://www2.pharmweb.net/epsa.html
Mr Diogo RODRIGUES DA CRUZ, President
Av. Pinhal do Caldas n°52 Verdizela, P – 2855-609 CORROIOS SEIXAL

Tél.: (351) 21 297 17 70, fax: (351) 21 796 87 94
E-mail: diogocruz@mailandnews.com

Association EUROPA (Entretiens universitaires réguliers pour l'administration en Europe)
Association EUROPA (Regular academic conferences for administration in Europe)

M. Bernard VAREILLE, Président
Faculté de Droit et des Sciences Economiques de Limoges, Hotel de la Bastide (Bureau 204),
32, rue Turgot, F – 87000 LIMOGES
Tél.: (33) (0)5 59 27 46 11, fax : (33) (0)5 59 27 46 11
E-mail : europa@unilim.fr
http://www.unilim.fr/prospeur
M. Michel SENIMON, Secrétaire Général
12, rue d'Etigny, F – 64000 PAU
Tél.: (33) (0)5 59 27 46 11, fax: (33) (0)5 59 27 46 11
E-mail: michel.senimon@wanadoo.fr
http://www.unilim.fr/prospeur ou www.prospeur.unilim.fr

Association of European Journalists (AEJ)

Mr Miguel Angel AGUILAR, Secretary General
c/Cedaceros, 11, 3°-F, E – 28014 MADRID
Tél.: (34) 91 429 68 69, fax: (34) 91 429 27 54
E-mail: aguilar.ape@mad.com
Mr Carlos Luis ALVAREZ, President
c/Cedaceros, 11, 3°-F, E – 28014 MADRID
Tél.: (34) 91 429 68 69, fax: (34) 91 429 27 54

Association européenne des Agences de Publicité
European Association of Advertising Agencies (EAAA)

Mr Stig G CARLSON, Director General
152, boulevard Brand Whitlock, B – 1000 BRUXELLES
Tél.: (32) 2 740 0710, fax: (32) 2 740 0717
E-mail: info@eaaa.be
Mrs Annick WALGRAEF, Head of Information
152, boulevard Brand Whitlock, B – 1000 BRUXELLES
Tél.: (32) 2 740 0710, fax: (32) 2 740 0717
E-mail: info@eaaa.be

Association européenne d'Archéologie (AEA)
European Association of Archaeologists (EAA)

Mr Willem J H WILLEMS, President

c/o Riksantikvarieämbetet, Box 1025g, S – 43423 KUNGSBACKA
Tél.: (31) 79 323 60 14, fax: (31) 79 323 49 45
E-mail: w.j.h.willems@minocw.nl
http://www.e-a-a.org
Mrs Cecilia ÅQUIST, Treasurer
Riksantikvarieämbetet, Box 5405, S – 11484 STOCKHOLM
Tél.: (46) 851 91 85 40, fax: (46) 851 91 85 25
E-mail: cecilia.aqvist@raa.se

Association européenne des Assistants sociaux hospitaliers et de la Santé (AEASHS)
European Association of Hospital and Health Services Social Workers (AEASHS)

Mme Jacqueline HENS-SALVE, Présidente
Centre hospitalier Hutois, Rue des Trois Ponts, B – 4500 HUY
Tél.: (32) 85 27 21 02, fax: (32) 85 27 22 22
Mme Claude-Marie LAEDLEIN-GREILSAMMER, Présidente d'Honneur
Hôpitaux universitaires de Strasbourg, Hôpital civil – Direction générale,
1, place de l'Hôpital, F – 67091 STRASBOURG cedex
Tél.: (33) (0)3 88 11 50 06/7, fax: (33) (0)3 88 11 67 88
E-mail: Claude.Laedlein@chru-strasbourg.fr

Association européenne des Centres de Formation au Travail socio-éducatif (FESET)
European Association of Training Centres for Socio-Educational Care Work (FESET)

M. Alfons SOMERS, Président
Plantijn Hogeschool, Dep. B.O., Meistraat 5, B – 2000 ANTWERPEN
Tél.: (32) 3 221 07 29, fax: (32) 3 221 07 21
E-mail: alphons.somers@plantijn.provent.be, asomers@be.packardbell.org
Mme Leonor RONDA ORTIN, 1ère vice-Présidente
c/o Fondazione C Feyles, via delle Rosine, 5, I – 10123 TURIN
Tél.: (39) 011 812 25 64, fax: (39) 011 88 82 11
E-mail: feyles@ipsnet.it
http://www.feset.dk

Association européenne des Cheminots (AEC)
European Association of Railwaymen

M. Lucien WALDMAN, Représentant auprès du Conseil de l'Europe
13, rue des Frères Stoeffler, F – 67000 STRASBOURG
Tél.: (33) (0)3 88 31 01 66

Association européenne des Directeurs d'Hôpitaux (AEDH)
European Association of Hospital Administrators (EAHA)

M. Asger HANSEN, Président
M. Willy HEUSCHEN, Secrétaire Général
Hufengasse 4-6, B – 4700 EUPEN
Tél.: (32) 87 599 210, fax: (32) 87 599 260

Association européenne pour le Droit de l'Alimentation (AEDA)
European Food Law Association (EFLA)

M. Dietrich ZORNY, Président
C/o Cabinet COUTRELIS & ASSOCIES
Rue de la Loi, 235, B – 1040 BRUXELLES
Tél. : (32) 2 230 48 45, fax : (32) 2 230 82 06
M. Karl MARQUARDT, Représentant auprès du Conseil de l'Europe
3, rue Laurent Goetz, F – 67000 STRASBOURG
Tél. : (33) (0)3 88 35 04 27

Association européenne de Dyslexie
European Dyslexia Association (EDA)

M. Paul MAGER, Représentant auprès du Conseil de l'Europe
Directeur de l'Institut St Charles, 47, rue des Malteries (BP 162),
F – 67304 SCHILTIGHEIM
Tél.: (33) (0)3 88 62 27 15, fax: (33) (0)3 88 83 46 01

Association européenne des Ecoles d'Hôtellerie et de Tourisme (AEHT)
European Catering and Tourist Schools Association

Dr John REES SMITH, Secretary General
BP 71 Rue Joseph Merten, L – 9257 DIEKIRCH
Tél.: (352) 26 80 30 03, fax: (352) 26 80 31 03
E-mail: secretariat@aeht.lu
http://www.aeht.lu

Association européenne des Editeurs de Journaux (ENPA)
European Newspaper Publishers' Association (ENPA)

Mr Dietmar WOLFF, Director
Rue des Pierres 29 (Bte 8), B – 1000 BRUXELLES
Tél.: (32) 2 551 01 90, fax: (32) 2 551 01 99
E-mail: enpa@enpa.be
http://www.enpa.be

M. Jean-Lazare LOUY, Représentant auprès du Conseil de l'Europe
3, rue Gottfried, F – 67000 STRASBOURG
Tél.: (33) (0)3 88 35 61 15, fax: (33) (0)3 88 24 03 64

Association européenne pour l'Education des Adultes (AEEA)[2]
European Association for Adult Education (AEEA)

M. Lucien BOSSELAERS, Secrétaire Général
86, rue Galleit, B – 1030 BRUXELLES
Tél.: (32) 2 215 82 14, fax: (32) 2 215 80 75
E-mail: lucien.bosselaers@vevo.be
http://www.eaca.org
Prof Paolo FEDERIGHI, Président
Via Fillungo 152, I – 55100 LUCCA
Tél./fax: (39) 058 349 6000
E-mail: federighi@cesit1.unifi.it

Association européenne pour l'Education aux Media audiovisuels (AEEMA)
European Association for Education in the Audiovisual Media (EAAME)

M. Didier SCHRETTER, Président
54, avenue Maréchal Foch, B – 1030 BRUXELLES
Tél./fax: (32) 2 241 20 03
E-mail: didier.schretter@ping.be
http://www.datanet.be/aeema
M. Christiaan COLPAERT, délégué permanent auprès du Conseil de l'Europe
Mgr Ladeuzeplein 4B4, B – 3000 LEUVEN
Tél./fax: (32) 2 762 33 63, 16 23 32 98, fax: (32) 16 23 32 47

Association européenne pour l'Education en Milieu pénitentiaire (EPEA)
European Prison Education Association (EPEA)

Mme Janine DUPREY KENNEDY, Présidente
19, rue E Delacroix, BP 16, F – 67035 STRASBOURG cedex 2
Tél.: (33) (0)3 88 56 81 43, fax: (33) (0)3 88 28 30 65
E-mail: Janine.Duprey-Kennedy@justice.fr
http://www.users.tibus.com/epea
Mr Paddy ROCKS, Assistant Director
Northern Ireland Prison Service, Dundonald House, GB – BELFAST BT4 3SU
Tél.: (44) 1232 525 145, fax: (44) 1232 525 141
E-mail: p.rocks@tibus.com

---

[2] Formerly "European Bureau of Adult Education (BEEP)"/anciennement « Bureau européen de l'Education populaire (BEEP)»

Association européenne pour l'Education spéciale (EASE)
European Association for Special Education (EASE)

Prof Harry DANIELS, President
School of Education, University of Birmingham, Edgbaston,
GB – BIRMINGHAM B15 2TT
Tél.: (44) 121 414 6482, fax: (44) 121 414 4865
E-mail: H.R.J.Daniels@bham.ac.uk
Mr Till SACHSENHEIMER, Representative to the Council of Europe
Inselweg 8, D – 79249 MERZHAUSEN
Tél.: (49) 761 404 868, fax: (49) 7661 399295
E-mail: IFW_sachsenh@semsos.fr.bw.schule.de

Association européenne des Elus de Montagne (AEM)
European Association of Elected Representatives from Mountain Regions (AEM)

M. Louis ALTHAPÈ, Président
Hôtel du Département du Bas-Rhin, F – 67964 STRASBOURG CEDEX 9
Tél.: (33) (0)3 88 24 00 36, fax: (33) (0)3 88 36 99 95

Association européenne des Enseignants (AEDE)
European Association of Teachers (EAT)

M. Jean-Claude GONON, Président régional Alsace, Représentant au Conseil de l'Europe
68, rue du Faubourg National, F – 67000 STRASBOURG
Tél.: (33) (0)3 88 32 63 67
E-mail: aede.alsace@wanadoo.fr
http://www.aede.org
Mme Lucienne SCHMITT, Présidente d'honneur de la section Alsace

Association européenne pour l'Etude de la Population (EAPS)
European Association for Population Studies (EAPS)
Mr Guillaume WUNSCH, President
Mr Nico van NIMWEGEN, Secretary General
Secretariat, PO Box 11676, NL – 2502 AR THE HAGUE
Tél.: (31) 70 35 65 200, fax: (31) 70 36 47 187
E-mail: eaps@nidi.nl
http://www.nidi.nl/eaps

Association européenne des Etudiants en Droit (ELSA)
European Law Students' Association (ELSA)
M. Michael Ellul SULLIVAN, President
M. Michael Zammit MAEMPEL, Secretary General
Bvd Général Jacques 239, B – 1050 BRUSSELS

Tél.: (32) 2 646 2626, fax: (32) 2 646 2923
E-mail: elsa@nic.inbe.net
http://this.is/elsa

Association européenne pour l'Information et les Bibliothèques de Santé
European Association for Health Information and Libraries (EAHIL)

Mr Tony McSEAN, President
BMA House, Library, Tavistock Square, GB – LONDON WC1H9JP
http://www.eahil.org
Secretariat
Plompetorengracht 11, NL – 3512 CA UTRECHT
Tél.: (31) 30 261 9663, fax: (31) 30 231 1830
E-mail: eahl-secr@nic.surfnet.nl
http://www.eahil.org

Association européenne des Institutions de Loisirs des Enfants et des Jeunes (EAICY)
European Association for Leisure Time Institutions of Children and Youth (EAICY)

M. Antony WEYSSENHOFF, Président
M. Bretislav HOFBAUER, Secrétaire Général
Dum Deti A Mladeze HL M Prahy, Karlinske Namesti c 7, CZ – 180-00 PRAGUE 8
Tél.: (420) 2 231 62 10, fax: (420) 2 24 81 57 40
E-mail: eaicy@volny.cz
http://www.ddmpraha.cz
M. Jean-Philippe DURRENBERGER, Président de la Commission de Contrôle
16, rue du Champ de Manœure, F – 67200 STRASBOURG
Tél./fax: (33) (0)3 88 32 98 31

Association européenne du Loisir et de la Récréation (Euroleisure)[3]
European Leisure and Recreation Association (Euroleisure)

Dr E. BRULS, President
Stichting Recreatie, Liesure Innovation Centre, Raamweg 19, NL – 2596 HL THE HAGUE
Tél.: (31) 70 4275 454, fax: (31) 70 4275 413
Mr Rudy SNIPPE, General Secretary
C/o Hogeschool Holland, Amsterdam School of Leisure Management,
PO BOX 261, NL – 1110 AG DIEMEN
Tél.: (31) 20 495 15 39, fax: (31) 20 495 19 20
E-mail: ELRA@hsholland.nl
http://www.elra.net

---

[3] Formerly "European Leisure and Recreation Association (ELRA)"/anciennement «Association européenne du Loisir et de la Récréation (ELRA)»

Association européenne d'Organisations d'Aides et de Soins à Domicile
European Association of Organisations for Home Care and Help at Home

M. Roland SEUTIN, Directeur Général
Av Ad Lacomblé 69, B – 1030 BRUXELLES
Tél.: (32) 2 736 79 72, fax: (32) 2 736 74 98
E-mail: eachh@skynet.be

Association européenne des Parents d'Elèves (EPA)
European Parents' Association (EPA)

Mrs Milena SAIANI, Treasurer
1a, rue du Champ de Mars, B – 1050 BRUXELLES
E-mail: infos@epa.be
http://www.epa-parents.org

Association européenne de Pédagogues d'Instruments à Cordes (ESTA)
European String Teachers Association (ESTA)

Central Secretariat, 49, avenue René Gobert, B – 1180 BRUSSELS
Tél./fax: (32) 2 375 27 78
E-mail: 113250.2033@compuserve.com
Mrs Ursula MEYER, Représentante auprès du Conseil de l'Europe
Musikschule Konservatorium Bern, Kramgasse 36, CH – 3011 BERN
Tél.: (41) 31 326 53 78, fax: (41) 31 312 20 53
e-mail: u.meyer@mskonsibe.ch

Association européenne de Psychiatrie (AEP)
Association of European Psychiatrists (AEP)

Prof Leonard SINGER, membre du comité exécutif
Clinique psychiatrique, Hôpitaux universitaires, F – 67091 STRASBOURG Cedex
Tél.: (33) (0)3 88 11 54 06/24, fax: (33) (0)3 88 11 61 89
E-mail: aep.strasbourg@wanadoo.fr

Association européenne de Psychothérapie (EAP)
European Association for Psychotherapy (EPA)

Prof Dr Alfred PRITZ, Secretary General
EAP Head Office, Rosenbursenstraße 8/3/8, A – 1010 VIENNA
Tél.: (43) 1 513 1729, fax: (43) 1 5122 604
E-mail: eap-headoffice@magnet.at
Prof Emmy van DEURZEN, External Relations Officer
Dilemma, 3 Hollow Meadows Mews, Hollow Meadows, GB – SHEFFIELD, S6 6GJ

Tél./fax: (44) 114 23 09 990
E-mail: emmy@compuserve.com

Association européenne des Régies de Quartier (AERDQ)
European Association of Régies de Quartier (AERDQ)

M. François REISSER, Président
40, rue Paul Landowski, F – 45100 ORLEANS
Tél.: (33) (0)6 83 09 09 15, fax: (33) (0)2 38 64 09 82
Mme Françoise CALONGER, Chargée de Mission
10, rue François Bovesse, B – 6100 MONTIGNY-LE-TILLEUL
Tél.: (32) 477 181 107, fax: (32) 71 51 89 65
Siège social, 34-36, rue Bréguet, F – 75011 PARIS
Tél.: (33) (0)1 48 05 29 29, fax: (33) (0)1 48 05 73 75

Association européenne pour la Santé publique (EUPHA)
European Public Health Association (EPEA)

Ms Desiree DAVIDSE
Vereniging voor Volksgezondheid en Wetenschap, Admiraal Helfrichlaan 1, NL – 3527 KV UTRECHT
Tél./fax: (33) 70 303 00 45
E-mail: euphavw@knoware.nl
http://www.home.wanadoo.nl/venw

Association européenne de Soins palliatifs (EAPC-Onlus)
European Association for Palliative Care (EAPC-Onlus)

M. Maurice CHAUSSON, représentant auprès du Conseil de l'Europe
Association Pierre Clément-Strasbourg, 5, rue Jacques, F – 67000 STRASBOURG
Tél.: (33) (0)3 88 31 42 75, fax: (33) (0)3 88 31 28 04
E-mail: ass.pclement@free.fr
Mme Heidi BLÜMHUBER, Executive Officer
National Cancer Institute, via Venezian 1, I – 20133 MILAN
Tél.: (39) 02 23 90 792, fax: (39) 02 70 60 04 62
E-mail: eapchoh@istitutotumorio.mi.it

Association européenne des Spécialités pharmaceutiques grand public (AESGP)
Association of the European Self-Medication Industry (AESGP)

Dr Alessandro BANCHI, President
Dr Hubertus CRANZ, Director General
Avenue de Tervuren 7, B – 1040 BRUXELLES (siège)
Tél.: (32) 2 735 51 30, fax: (32)2 735 52 22

E-mail: info@aesgp.be
http://www.aesgp.be

Association pour la Formation des Enseignants en Europe
Association for Teacher Education in Europe (ATEE)
Prof Kieran R BYRNE, President
Ms Mara GAROFALO, Secretary General
60, rue de la Concorde, B – 1050 BRUXELLES
Tél.: (32) 2 512 74 05, fax: (32) 2 512 84 25
E-mail: atee@euronet.be
http://www.atee.or

Association francophone d'Amitié et de Liaison (AFAL)

M. Xavier DENIAU, Président d'honneur
5, rue de la Boule Rouge, F – 75009 PARIS
Tél.: (33) (0)1 47 70 10 83, fax: (33) (0)1 47 70 07 69
M. Louis BOUROUX, Délégué général
5, rue de la Boule Rouge, F – 75009 PARIS
Tél.: (33) (0)1 47 70 10 83, fax: (33) (0)1 47 70 07 69
E-mail : afal-France@voilà.fr
http://site.voilà.fr/afal_france

Association des Infirmières des Pays du Nord
Northern Nurses' Federation (NNF)

Ms Marit HELGERUD, Secretary
P.O. Box 456 Sentrum, NO – 0104 OSLO
Tél.: (47) 22 04 33 04/32 68/41 08 29, fax: (47) 22 41 48 68
E-mail: marit.helgerud@nosf.no

Association des Instituts d'Etudes européennes (AIEE)
Association of Institutes for European Studies

Prof Dusan SIDJANSKI, Secrétaire Général
Chemin de la Rippaz 16, CH – 1223 COLOGNY-GENEVE
Tél./fax (41) 22 752 43 24

Association for Interbalkan Women's Co-operation Societies (AIWCS)
Mrs Marie-Aikaterini PAPACHRISTOPOULOU-TZITZIKOSTA, President
30, Ploutonos – G Papandreou St, GR – 548 55 THESSALONIKI
Tél.: (30) 31 422 270, fax: (30) 31 422 271
E-mail: unescenter@the.forthnet.gr

Association internationale des Arts plastiques (AIAP)
International Association of Art (IAA)

M. Jean-Claude de SALINS, Secrétaire exécutif
UNESCO, 1, rue Miollis, F – 75732 PARIS cedex 15
Tél.: (33) (0)1 45 68 44 53, fax: (33) (0)1 45 67 22 87
Mme Sima KOUBAN, Représentante auprès du Conseil de l'Europe
21, rue du 22 Novembre, F – 67000 STRASBOURG
Tél.: (33) (0)3 88 75 59 87

Association internationale des Auteurs de l'Audiovisuel (AIDAA)
International Association of Audio-Visual Writers and Directors (AIDAA)

M. Joào CORREA, Secrétaire Général
87, rue du Prince Royal, B – 1050 BRUXELLES
Tél.: (32) 2 551 03 50, fax: (32) 2 551 03 55
E-mail: secretariat@aidaa.org
http://www.aidaa.org

Association internationale Autisme-Europe (AIAE)
International Association Autism-Europe (IAAE)

Mme Maria HOFFMANN, Secrétaire Général
Mme Donata VIVANTI PAGETTI, Présidente
Avenue E. Van Becelaere 26B (Bte 21), B – 1170 BRUXELLES
Tél.: (32) 2 675 75 05, fax: (32) 2 675 72 70
E-mail: autisme.europe@arcadis.be
http://www.autismeurope.arc.be

Association internationale du Barreau (AIB)
International Bar Association (IBA)
Mr Paul HODDINOTT, Executive Director
271, Regent Street, GB – LONDON W1R 7PA
Tél.: (44) 171 629 1206, fax: (44) 171 409 0456
E-mail: paul.hoddinott@int-bar.org
http://www.ibanet.org

Association internationale des Charités (AIC)
International Association of Charities (AIC)

Mme Andrée THOMANECK, vice-Présidente et responsable des représentations
Albertgasse 19/14, A – 1080 VIENNA
Tél./fax: (43) 1 40 72 312
Mme Maritchu RALL, Représentante auprès du Conseil de l'Europe

3, rue Stimmer, F – 67000 STRASBOURG
Tél.: (33) (0)3 88 60 45 21, fax: (33) (0)3 88 15 68 96, mobile: 06 62 09 45 21

Association internationale pour le Conseil psychologique (AICP)[4]
International Association for Counselling (IAC)

Dr William A. BORGEN, President
University of British Columbia, 2125 Main Mall, Vancouver, BC, CANADA, V6T IZ4
Tél.: (604) 822 5261, fax: (604) 822 2328
E-mail: borgen@interchange.ubc.ca
Dr Courtland C. LEE DEAN, Secretary
School of Education, Hunter College of the City University of New York,
695 Park Ave, 1000W, USA – NY 10021
Tél.: (212) 772 4065, fax: (212) 650 3959
E-mail: colee@shiva.hunter.cuny.edu
http://www.educ.sfu.ca/iac/

Association internationale pour la Défense de la Liberté religieuse (AIDLR)
International Association for the Defence of Religious Liberty (IADRL)

M. Maurice VERFAILLIE, Secrétaire Général
Schosshaldenstrasse 17, CH – 3000 BERNE 32
Tél.: (41) 31 359 15 27, fax: (41) 31 359 15 66
E-mail: 102555@compuserve.com
M. Jean-Paul BARQUON, Secrétaire national
68, avenue Emile Zola, BP 102, F – 77193 DAMMARIE LES LYS Cedex
Tél.: (33) (0)1 64 79 87 05, fax: (33) (0)1 64 79 87 19
E-mail: barquon@aol.com

Association internationale de Droit pénal (AIDP)
International Association of Penal Law (IAPL)

Mme Renée KOERING-JOULIN, Représentante auprès du Conseil de l'Europe
Professeur de droit pénal, Université de Strasbourg III, Faculté de droit et sciences politiques
Place d'Athènes, F – 67084 STRASBOURG cedex
Tél.: (33) (0)3 88 61 18 18

---

[4] Formerly "International Round Table for the Advancement of Counselling (IRTAC)"/anciennement «Table ronde internationale pour le Développement de l'Orientation (TRIDO)»

Association internationale des Ecoles de Voiles (ISSA)
International Sailing Schools Association (ISSA)

Mr Steven COLGATE, President
Mr John JAMESON, Executive Director
41 Barnhill Road, GB – DALGETY BAY, Fife KY11 9LL
Tél./fax: (44) 1383 822 311
E-mail: issa@int-sailing-schools.org
http://int-sailing-schools.org
Mr Jean-Yves COTTY, Treasurer
41 Barnhill Road, GB – DALGETY BAY, Fife KY11 5LL
Tél./fax: (44) 1383 822 311
E-mail: issa@int-sailing-schools.org

Association internationale d'Educateurs de Communauté (ICEA)
International Community Education Association (ICEA)

Mr Colin McMILLAN, Chief Executive Officer
GB Learling Partnerships, The Old House Conference Centre, Warren Hills Road,
GB – COALVILLE, Leicestershire LE67 4UX
Tél.: (44) 01530 815800, fax: (44) 01530 815900
E-mail: Zerlini@aol.com

Association internationale pour l'Education interculturelle (AIEI)
International Association for Intercultural Education (IAIE)

Mr Lars STENSBORG, Secretary General
Köpmangatan 7, S – 151 71 SÖDERTALJE
Tél.: (46) 8 550 179 72, fax: (46) 8 550 100 81
E-mail: iaie@lix.oxbacksskolon.se
Mr Jagdish GUNDARA, President
International Centre for Intercultural Studies, University of London, Institute of Education,
20 Bedford Way,
GB – LONDON WC1H OAL
Tél.: (44) 171 612 6721, fax: (44) 171 612 6733
E-mail: a.henfield@ioe.ac.uk

Association internationale des Etudes et Recherches sur l'Information (AIERI)
International Association for Mass Communication Research (IAMCR)

Mme Annie MEAR, Acting Treasurer
Université de Montreal, Département de Communication, Case postale 6128, SWCC « A »,
MONTREAL, Quebec, H3C 3J7
Tél.: (1) 514 343 1808, fax: (1) 514 343 2298
E-mail: mear@com.umontreal.ca

E-mail: mear@com.umontreal.ca
Mr Manuel PARES I HALAS, President
Universidad Autonoma de la Communicacion, E – 08193 BELLATERRA
Tél.: (34) 9 3 581 1945, fax: (34) 9 3 581 2005
E-mail: iamcr@selene.uab.es

Association internationale d'Experts scientifiques du Tourisme (AIEST)
International Association of Scientific Experts in Tourism (AIEST)

M. Vincent PLANQUE, Vice-Président
55, boulevard de la Villette, F – 75010 PARIS

Association internationale des Femmes et Hommes homosexuels – Région européenne (ILGA)
International Lesbian and Gay Association –European Region (ILGA)

Mr Steffen JENSEN, Head of Division
Gl. Kongevej 31, 4th, DK – 1610 COPENHAGEN V
Tél.: (45) 33 24 64 35, fax: (45) 40 49 52 97
E-mail: steff@inet.uni2.dk
http://www.ilga.org
Mr Nigel WARNER
141 Cloudesley Road, GB – LONDON N1 OEN
Tél./fax: (44) 171 278 1496
E-mail: nwarner@gn.apc.org

Association internationale des jeunes Avocats (AIJA)
Young Lawyers' International Association (AIJA)

Mme Michelle SINDLER, Présidente
M. Etienne ROCHER, Secrétaire Général
Avenue Louis Lepoutre, 59/20, B – 1050 BRUXELLES
Tél. : (32) 2 347 33 34, fax : (32) 2 347 55 22
E-mail : aija@pophost.eunet.be
http://www.aija.org
Me Patrick PEGUET, Représentant auprès du Conseil de l'Europe
22, rue du Général de Castelnau (B.P. 395), F – 67010 STRASBOURG CEDEX
Tél.: (33) (0)3 88 56 56 49, fax: (33) (0)3 88 35 54 71
E-mail: ppg@asa-avocats.com

Association internationale des Magistrats de la Jeunesse et de la Famille
International Association of Juvenile and Family Court Magistrates
M. Hervé HAMON, Secretary General
Tribunal pour Enfants de Paris, F – 75055 PARIS-LOUVRE RP-SP
Tél.: (33) (0)1 44 32 65 13, fax: (33) (0)1 47 70 90 29

M. Daniel PICAL
Conseiller en cour d'appel de Versailles, 6/A, rue de la Ceinture, F – 78000 VERSAILLES
Tél.: (33) (0)1 39 50 89 96, fax: (33) (0)1 39 49 68 87
E-mail: danpical@club-internet.fr

Association internationale des Mouvements familiaux de formation rurale (AIMFR)

M. Juan CANO, Président
36, allée Vivaldi, F – 75012 PARIS
Tél.: (33) (0)1 40 01 12 12, fax: (33) (0)1 40 04 93 56
E-mail: aimfr@mfr.asso.fr
M. Aimé CAEKELBERGH, Secrétaire Général
36, allée Vivaldi, F – 75012 PARIS
Tél.: (33) (0)1 40 01 12 12, fax: (33) (0)1 40 04 93 56
E-mail: aimfr@mfr.asso.fr

Association internationale de la Mutualité (AIM)
Mr Timothy NATER, Secretary General
8-10, rue de Hesse, CH – 1204 GENEVE
Tél.: (41) 22 311 45 28, fax: (41) 22 311 45 41

Association internationale d'Orientation scolaire et professionnelle (AIOSP)
International Association of Educational and Vocational Guidance (IAEVG)

Ms Linda TAYLOR, Secretary General
Director, Kent Careers Service, Head Office, 2nd Floor, 35 Earl Street, GB – MAIDSTONE, Kent, ME14 1LG
Tél.: (44) 1622 200711, fax: (4) 1622 751157
E-mail: Linda.Taylor@kentcareers.co.uk
Dr Bernhard JENSCHKE, President
Landesarbeitsamt Berlin-Brandenburg, D – 10958 BERLIN
Tél.: (49) 30 2532 2600, fax: (49) 30 2532 4995

Association internationale de Police (AIP)
International Police Association (IPA)
M. Daniel Georges CONDAMINAS, 2ème Vice-Président international
144, Bd de l'Hôpital, F – 75013 PARIS
Tél. : 33 (0)1 40 79 03 00, fax : 33 (0)1 40 79 05 84, mobile : 06 07 44 53 77
E-mail: condami@aol.com

Association internationale pour la Protection de la Propriété industrielle (AIPPI)
International Association for the Protection of Industrial Property (AIPPI)
Mr Vincenzo PEDRAZZINI, Secretary General

Secrétariat Général, Tödistrasse 16, CH – 8027 ZURICH
Tél.: (41) 1 280 58 80, fax: (41) 1 280 58 85
E-mail: mail@aippi.org
http://www.aippi.org

Association internationale pour la Recherche en Hygiène hospitalière (AIRHH)
International Association for Research in Hospital Hygiene (IARHH)

Prof Maurice MAISONNET, Président honoraire, délégué auprès du Conseil de l'Europe
15, rue Buffon, F – 75005 PARIS
Tél.: (33) (0)1 45 35 99 17

Association internationale «Ruralité-Environnement-Développement» (RED)
International Association "Rurality-Environment-Development" (RED)

M. Patrice COLLIGNON, Directeur
Rue des Potiers, 304, B – 6717 ATTERT
Tél.: (32) 63 23 04 90, fax: (32) 63 23 04 99
E-mail: red@skynet.be

Association Internationale des Universités du Troisième Age (AIUTA)
International Association of the Third-Age Universities

M. Xavier GILLIOT, Représentant auprès du Conseil de l'Europe
U.3.A de Strasbourg, Institut Le Bel, 4, rue Blaise Pascal,
F – 67070 STRASBOURG CEDEX
M. Georges HENRY, Représentant Adjoint auprès du Conseil de l'Europe
48, quai des Alpes, F – 67000 STRASBOURG
Tél.: (33) (0)3 88 61 17 49

Association internationale des Urbanistes (AIU)
International Society of City and Regional Planners (ISoCaRP)

Mme Judith van HEMERT, Directrice executive
Mauritskade 23, NL – 2514 THE HAGUE
Tél.: (31) 70 346 2654, fax: (31) 70 361 7909
E-mail: secretariat@isocarp.org
http://www.isocarp.org
M. Jean DICK, membre de la délégation française de l'AIU
8, rue de Lens, F – 67000 STRASBOURG
Tél.: (33) (0)3 88 61 04 36, fax: (33) (0)3 88 60 72 13
E-mail: jdick@magic.fr

Association littéraire et artistique internationale
International Literary and Artistic Association

M. André FRANÇON, Secrétaire Général
55, rue des Mathurins, F – 75008 PARIS
Tél.: (33) (0)1 42 65 04 45, fax: (33) (0)1 49 24 05 56

Association MAP.TV (Mémoire-Archives-Programmes)
Association MAP.TV (Memory-Archives-Programmes)

Secrétariat, c/o France 3
1, place de Bordeaux (B.P. 428), F – 67005 STRASBOURG CEDEX
Tél.: (33) (0)3 88 56 67 68, fax: (33) (0)3 88 36 78 37

Association mondiale des Amis de l'Enfance (AMADE)
World Association of Children's Friends (AMADE)

M. Jacques DANOIS, Secrétaire Général
16, boulevard de Suisse, MC – 98000 MONACO
Tél.: (377) 97 70 52 60, fax: (377) 97 70 52 72
E-mail: amade@monte-carlo.mc
http://www.monte-carlo.mc/amade
Mme Anne MILLET, Représentante auprès du Conseil de l'Europe
16, boulevard de Suisse, MC – 98000 MONACO
Tél.: (377) 97 70 52 60, fax: (377) 97 70 52 72
E-mail: amade@monte-carlo.mc

Association mondiale pour l'Ecole Instrument de Paix (EIP)
World Association for the School as an Instrument of Peace (EIP)

Mrs Monique PRINDEZIS, Secrétaire Générale
5, rue du Simplon, CH – 1207 GENEVE
Tél.: (41) 22 735 24 22, fax: (41) 22 735 06 53
E-mail: cifedhop@mail-box.ch
http://www.eip-cifedhop.org

Association mondiale des Journaux (AMJ)
World Association of Newspapers (WAN)

Mr Timothy BALDING, Director General
25, rue d'Astorg, F – 75008 PARIS
Tél.: (33) (0)1 47 42 85 00, fax: (33) (0)1 47 42 49 48
E-mail: tbalding@wan.asso.fr
http://www.wan-press.org

Ms Anne-Marie STOTT, Policy Adviser
25, rue d'Astorg, F – 75008 PARIS
Tél.: (33) (0)1 47 42 85 00, fax: (33) (0)1 47 42 49 48
E-mail: a.stott@wan.asso.fr

Association des Pharmaciens Inspecteurs Européens (IRPEPS)
Association of European Pharmaceutical Inspectors

M. Yves Marie TSCHIRHART, Secrétaire
4, place St-Nicolas aux Ondes, F – 67000 STRASBOURG
Tél.: (33) (0)3 88 24 04 95

Association pour la Prévention de la Torture (APT)
Association for the Prevention of Torture (APT)

Mr Mark THOMSON, Secretary General
10, rte de Ferney, CP 2267, CH – 1211 GENEVA 2
Tél.: (41) 22 734 20 88, fax: (41) 22 734 56 49
E-mail: mthomson@apt.ch
http://www.apt.ch
Ms Barbara BERNATH, Programme Officer for Europe
10, rte de Ferney, CP 2267, CH – 1211 GENEVA 2
Tél.: (41) 22 734 20 88, fax: (41) 22 734 56 49
E-mail: apt@apt.ch

Association des Régions frontalières européennes (ARFE)
Association of European Border Regions (AEBR)

Mr Jens GABBE, Secretary General
Enscheder Strasse 362 (Postfach 1164), D – 48572 GRONAU
Tél.: (49) 2562 70219, fax: (49) 2562 702 59
E-mail: m.perou@aebr-ageg.de
http://www.aebr-ageg.de
Joan VALLUE, President
Enscheder Strasse 362 (Postfach 1164), D – 48572 GRONAU
Tél.: (49) 2562 70219, fax: (49) 2562 702 59

Association universelle d'Esperanto (UEA)
Universal Esperanto Association (UEA)

Mr Hans ERASMUS, Representative to the Council of Europe
Laan van Oostenburg 40, NL – 2271 AP VOORBURG
Tél.: (31) 70 386 35 29, fax: (31) 70 386 35 29
E-mail: erasmusz@worldonline.nl

Association pour le Volontariat en Europe (AVE)
Association for Voluntary Action in Europe (AVE)

Mme Maria-Sofia BALBARETTI DI PRUN, Présidente
Mme Odile BOISSON de CHAZOURNES, Secrétaire Générale
55, montée de Choulaus, F – 69005 LYON
Tél.: (33) (0)4 72 56 49 19, fax: (33) (0)4 78 42 13 52
E-mail: info@ave-europe.org
http://www.ave-europe.org
M. Michel TARLET, Vice-Président
55, rue de Charonne, F – 75011 PARIS
Tél./fax: (33) (0)1 49 23 92 62
M. Jean GUINAMANT, Représentant auprès du Conseil de l'Europe
333, route de Fabrégas, F – 83500 LA SEYNE sur MER
Tél.: (33) (0)4 94 94 76 81, fax: (33) (0)4 94 30 85 88

B

Birdlife International
Mrs Canan ORHUN, Head of European Division
Droevendaalsesteeg 3a, PO Box 127, NL – 6700 AC WAGENINGEN
Tél.: (31) 7 47 88 31, fax: (31) 7 47 88 44
E-mail: birdlife@birdlife.agro.nl

B'Nai B'Rith «Conseil international» (ICBB)
International Council of B'Nai B'Rith (ICBB)

Mr Richard HEIDEMANN, President
Mr Daniel MARIASHIN, Secretary General
1640 Rhode Island Avenue, NW, USA – Washington, DC 20036
Tél.: (01) 202 857 6500, fax: (01) 202 296 0638
http://bnaibrith.org/index.html
M. Georges M. BLOCH, Président d'Honneur
23, boulevard de l'Orangerie, F – 67000 STRASBOURG
Tél.: (33) (0)3 88 35 49 01, fax: (33) (0)3 88 24 03 48
E-mail: gmbloch@cybercable.tm.fr
Mr Peter GOLDMAN
Jungfrugatan 36, S – 11444 STOCKHOLM
Tél.: (46) 8 665 49 49, fax: (46) 8 753 44 44

Bureau européen de l'Environnement (BEE)
European Environmental Bureau (EEB)

Mr Ralph HALLO, President
Mr John HONTÉL.EZ, Secretary General

Mr John HONTÉL.EZ, Secretary General
34 Bld de Waterloo, B – 1000 BRUXELLES
Tél.: (32) 2 289 10 90, fax: (32) 2 289 10 99
E-mail: secretariat@eeb.org
http://www.eeb.org
Mme Edith WENGER, Représentante auprès du Conseil de l'Europe
33, route du Polygone, F – 67100 STRASBOURG
Tél.: (33) (0)3 88 44 16 53, (49) 7222 380720, fax: (49) 7222 380799
E-mail: wenger@wwf.de

Bureau européen pour les Langues moins répandues
European Bureau for Lesser Used Languages

Mr Bojan BREZIGAR, President
C/o Primoski Dnevnik, Aurisina 150, I – 34011 TRIESTE
Tél.: (39) 040 778 63 00, fax: (39) 040 772 418
E-mail: direktor@up.spin.it
Mr Tom MORING, Secretary General
Rue Saint Josse 49, B – 1210 BRUXELLES
Tél. : (32) 2 218 25 90, fax : (32) 2 218 19 74
E-mail : eblul@eblul.org
http://www.eblul.org
M. Fred URBAN
Conseil régional d'Alsace, 24, avenue de la Paix, F – 67000 STRASBOURG
Tél.: (33) (0)3 88 14 31 20, fax: (33) (0)3 88 14 31 29

Bureau européen de l'Objection de Conscience (BEOC)
European Bureau for Conscientious Objection (EBCO)

Mr Sam BIESEMANS, President
Mr Gerd GREUNE, Secretary General
Calàbria, 147, E – 08019 BARCELONA
Tél.: (34) 93 483 83 76, fax : (34) 93 483 83 56
E-mail : beoc.ebco@suport.org
http://teleline.terra.es/personal/beoc.ebco/
Mr Friedhelm SCHNEIDER, Member of the Board of Directors
C/o Arbeitsstelle Friedensdienst
Grosse Himmelsgasse 3, D – 67346 SPEYER
Tél.: (49) 6232 67150, fax: (49) 6232 671567
E-mail: friedensdienst@abo.ron.de
Mr Tim BROWN, Member of the Board of Directors
33 Windsor Road, GB – CAMBRIDGE CB4 3JJ
Tél.: (44) 1223 564 260

Bureau international catholique de l'Enfance (BICE)
International Catholic Child Bureau (ICCB)

M. Jacques de PREUX, Secrétaire Général
11, rue de Cornavin, CH – 1201 GENEVE
Tél.: (41) 22 731 32 48, fax: (41) 22 731 77 93
E-mail: bice.geneve@bice.org

Bureau d'Organisation européen des Syndicats d'Elèves (OBESSU)
Organising Bureau of European School Student Unions (OBESSU)

Ms Josiane MEIER, Secretary General
OBESSU, Westermarkt 2II, NL – 1016 DK AMSTERDAM
Tél.: (31) 20 623 47 13, (31) 20 625 58 14
E-mail: obessu@doessu.org
http://www.obessu.org

C

Caritas Internationalis (Confédération internationale des Charités catholiques)
Caritas Internationalis (International Confederation of Catholic Charities)

Me Marc LEYENBERGER, Délégué permanent
26, rue Aubry et Rau, F – 67000 STRASBOURG
Tél.: (33) (0)3 88 41 14 94, (33) (0)3 88 35 55 30, fax: (33) (0)3 88 35 54 87
E-mail: mleyenberger1@noos.fr
Headquarters, Palazzo San Calisto, V – 00120 CITTA DES VATICANO
Piazza San Calisto 16, I – 00153 ROME
Tél.: (39) 06 69 87 97 99, fax: (39) 06 69 88 72 37
E-mail: ci.comm@caritas.va

Centre d'Etudes internationales de la Propriété industrielle (CEIPI)
Centre for International Patent Rights (CEIPI)

M. Pierre NUSS, Chargé de mission auprès du Directeur Général
10, rue Jacques Kablé, F – 67000 STRASBOURG
Tél.: (33) (0)3 88 35 18 37

Centre européen d'Aide à la Vie associative (CEAVA)
European Help Centre for Non-Profit Organisations

M. Daniel ZIELINSKI, Président
Mme Anne SCHUMANN, Secrétaire Générale
23, rue Jeanne d'Arc, F – 67000 STRASBOURG

Tél.: (33) (0)3 88 31 38 90, fax: (33) (0)3 88 41 54 56
E-mail: aschukop@aol.com

Centre européen du Conseil international des Femmes (CECIF)
European Centre of the International Council of Women (ECICW)

Mme Lily BOEYKENS, Présidente
Boulevard du Triomphe 109, boîte 2, B – 1160 BRUXELLES
Tél.: (32) 2 646 29 27, fax: (32) 2 648 49 76
E-mail: lily.boeykens@skynet.be
Mme Marguerite BLANCKE, Représentante auprès du Conseil de l'Europe
Boulevard Brand Whitlock 139, B – 1200 BRUXELLES
Tél.: (32) 2 733 74 10, fax: (32) 2 732 35 23
E-mail: blancke.desmet@swing.be

Centre européen pour la Promotion et la Formation en milieu agricole et rural (CEPFAR)
European Training and Development Centre for Farming and Rural Life (CEPFAR)

M. A. HARDT, Secrétaire Général
Rue de la Science 23/25, B – 1040 BRUXELLES
Tél.: (32) 2 230 32 63

Centre international d'Etudes du Projet urbain
International Centre for Studies in Urban Architecture

Prof Piero PAOLI, Président
Via Ricasoli 66, I – 50122 FIRENZE
Tél.: (39) 055 28 39 16, fax: (39) 055 64 26 53
E-mail: cisdu@fionline.it, ppaoli@cesitl.UNIFI.it
Mr René TABOURET, Président du Comité scientifique
8, rue des Arquebusiers, F – 67000 STRASBOURG
Tél./fax: (33) (0)3 88 35 61 32
E-mail: stekatab@mail.club-internet.fr

Centre international de Formation européenne (CIFE)
International Centre for European Training (CIFE)

M. Ferdinand KINSKY, Directeur Général
10, avenue des Fleurs, F – 06000 NICE
Tél.: (33) (0)4 93 97 93 97, fax: (33) (0)4 93 97 93 98
E-mail: kinsky.cife@wanadoo.fr
M. Arnaud MARC LIPIANSKY, Directeur administratif
10, avenue des Fleurs, F – 06000 NICE
Tél.: (33) (0)4 93 97 93 97, fax: (33) (0)4 93 97 93 98

Centre international de Recherches et d'Etudes sociologiques, pénales et pénitentiaires (INTERCENTER)
International Centre of Sociological, Penal and Penitentiary Research and Studies (INTERCENTER)

M. Claudio ZANGHI, Président
M. Andrea ROMANO, Secrétaire Général
Via Ghibellina 59, I – 98100 MESSINA
Tél. : (39) 090 710554, fax : (39) 090 719262
E-mail : intercenter@tin.it
M. Giuseppe GUARNERI, Représentant permanent auprès du Conseil de l'Europe
18, rue Eugène Carrière
F-67000 STRASBOURG
Tél./fax: (33) (0)3 88 60 25 48
E-mail: guarnieri.cybercable@tm.fr

Chambre de Commerce internationale (CCI)
International Chamber of Commerce (ICC)

Mrs Maria LIVANOS CATTANI, Secretary General
38, Cours Albert 1er, F – 75008 PARIS
Tél.: (33) (0)1 49 53 28 28, fax: (33) (0)1 49 53 29 42
E-mail: icc@iccwbo.org
http://iccwbo.org

CIVICUS Alliance mondiale pour la participation des citoyens
CIVICUS World Alliance for Citizenship Participation

Dr Kumi NAIDOO, Secretary General and CEO
919 18th Street, NW Third Floor, WASHINGTON DC, 20006, USA
Tél.: (1) 202 331 8518, fax: (1) 202 331 8774
E-mail: kumi@civicus.org
http://www.civicus.org
Mr John RICHARDSON, Chief Executive
European Foundation Centre, 51, rue de la Concorde, B – BRUSSELS
Tél.: (32) 2 512 8938, fax: (32) 2 512 3265
E-mail: john@efc.be

CIVITAS International

Mr David DORN, President
8, rue des Ecrivains, F – 67000 STRASBOURG
Tél.: (33) (0)3 88 24 71 00, fax: (33) (0)3 88 24 71 09
E-mail : civitas@club-internet.fr
http://www.civnet.org

http://www.civnet.org
Club européen de la Santé (CLES)
European Health Club

Mr Dimitri KASKASSIADES, Chargé de mission
15, rue de l'Ecole de Médecine, F – 75006 PARIS
Tél.: (33) (0)1 43 26 01 23, fax: (33) (0)1 43 26 01 91
E-mail: clubesfr@aol.com
Mme Natali CARRARA, Chargée d'études
15, rue de l'Ecole de Médecine, F – 75006 PARIS
Tél.: (33) (0)1 43 26 01 23, fax: (33) (0)1 43 26 01 91
E-mail: clubesfr@aol.com

Colloque européen des Paroisses (CEP)
European Colloquy of Parishes (CEP)

M. Marc FEIX, Secrétaire Général adjoint
1, rue du Fossé des Tailleurs, F – 67000 STRASBOURG
Tél.: (33) (0)3 88 78 06 61, portable: 06 08 99 25 60
E-mail : marc.feix@free.fr
M. Ottfried SELG, Secrétaire Général
Haindelstrasse 9a, D – 83451 PIDING
Tél./fax: (49) 865 171 341

Comité européen d'Action spécialisée pour l'Enfant et la Famille dans leur Milieu de Vie (EURO-CEF)
European Committee for Home-based Priority Action for the Child and the Family

M. Jean-Marie HEYDT, Représentant permanent
11, rue du Château, F – 67120 KOLBSHEIM
Tél./fax: (33) (0)3 88 96 54 80
E-mail: comite.europeen.euro-cef@estelefree.net, jean-marie.heydt@wanadoo.fr
Mme France LEBOUC, membre du bureau
42a, route d'Altenheim, F – 67100 STRASBOURG
Tél.: (33) (0)3 88 65 91 62

Comité européen de l'Association mondiale des Guides et des Eclaireuses (AMGE – Région Europe)
European Committee of the World Association of Girl Guides and Girl Scouts (Europe Region, WAGGGS)

Ms Marianne KARSTENSEN, Executive for Europe
Avenue de la Porte de Hal, 38, bte 1, B – 1060 BRUXELLES
Tél.: (32) 2 541 0880, fax: (32) 2 54 0899
E-mail: mkarstensen@wagggseurope.org

http://www.wagggseurope.org
Ms Heather ROY, External Relations Executive
Avenue de la Porte de Hal, 38, bte 1, B – 1060 BRUXELLES
Tél.: (32) 2 541 0880, fax: (32) 2 54 0899
E-mail: hroy@wagggseurope.org

Comité européen des Assurances (CEA)
European Insurance Committee (CEA)

Mr Jean-Marie RUTSAERT, Secrétaire Général adjoint
Square de Menia 29, B – 1000 BRUXELLES
Tél.: (32) 2 547 5811, fax: (32) 2 547 5819
Miss Anne-Françoise LEFEVRE, Chargé des Affaires européennes
Square de Menia 29, B – 1000 BRUXELLES
Tél.: (32) 2 547 5813, fax: (32) 2 547 5819

Comité européen de Droit rural (CEDR)
European Council for Agricultural Law (CEDR)

M. Augustin LUNA SERRANO, Président
Abogado, Catedratico de Derecho Civil, Pau Claris 87 atico, E – 06010 BARCELONA
Tél.: (34) 9 3 302 12 24, fax: (34) 9 3 317 18 11
M. Marc HEYERICK, Secrétaire Général
Avenue de la Toison d'Or 72, B – 1060 BRUXELLES (siège)
Tél.: (32) 2 543 72 08, fax: (32) 2 543 73 99
E-mail: marc.heyerick@vlm.be
http://www.iar.nl/cedr

Comité européen pour l'Education des Enfants et Adolescents précoces, surdoués, talentueux (EUROTALENT)
European Committee for the Education of Children and Adolescents who are Intellectually Advanced, Highly Gifted, Talented (EUROTALENT)

M. Jean BRUNAULT, Président-fondateur
15, rue Barillet Deschamps, F – 37000 TOURS
Tél.: (33) (0)2 47 20 91 25, fax: (33) (0)2 47 64 82 07
E-mail: brunault@creaweb.fr
Mme Adriana MELO SALINAS, Présidente en exercice
M. Pierre MORIN, Secrétaire Général
Siège: 93, rue de la Roquette, F – 75011 PARIS
Tél.: (33) (0)2 47 20 91 25, (33) (0)2 43 79 49 97, (33) (0)2 47 38 04 81, fax: (33) (0)2 47 64 82 07, (33) (0)1 43 79 89 36, (33) (0)2 47 38 04 81
E-mail: eurotal@club-internet.fr, brunault@creaweb.fr, anpeip.centre@wanadoo.fr
http://www.eurotalent.org
M. Justin SCHLEGEL, Représentant auprès du Conseil de l'Europe

55, allée de la Robertsau, F – 67000 STRASBOURG
Tél.: (33) (0)3 88 36 14 06, fax: (33) (0)3 88 37 96 75

Comité européen des Jeunes Agriculteurs et des "4H Clubs"
European Committee for Young Farmers' and 4H Clubs

R F GREGOR MBE, FR Ag.S, Secretary General
11 Queensferry Road; GB – EDINBURGH EH4 3HB
Tél.: (44) 131 332 1874

Comité des Instituts nationaux des Agents en Brevets (CNIPA)
Committee of National Institutes of Patent Agents (CNIPA)

Dr Eugen POPP, Secretary General
c/o Meissner, Bolte & Partner, PO Box 86 06 24, D – 81633 MÜNCHEN
Tél.: (49) 89 21 21 860, fax: (49) 89 22 17 21
E-mail: ip-law@mbp.de

Comité international catholique des Infirmières et Assistantes médico-sociales (CICIAMS)
International Catholic Committee of Nurses and Medico-Social Assistants (CICIAMS)

Mme Charlotte BEVERNAGE-PAUWELYN, Représentante, tresorière
Gemslaan 63, B – 3090 OVERIJSE
Tél./fax: (32) 2 687 83 18
E-mail: bev.pauwelyn@planetinternet.be
Mrs Christa NOWAKIEWITSCH, Secrétaire Général
Caritas Gemeinschaft, Adelheid Testa Haus, Maria Theresia Strasse 10, D – 79102 FREIBURG i Br
Tél.: (49) 761 70 861-0, fax: (49) 761 70861-116

Comité permanent des Hôpitaux de l'Union Européenne (HOPE)
Standing Committee of Hospitals of the European Union (HOPE)

Ms Jorma BACK, Président
Prof Christian SCHUTYSER, Secrétaire Général
Kapucijnenvoer 35, B – 3000 LEUVEN
Tél.: (32) 16 33 69 02, fax: (32) 16 33 69 06
E-mail: hope@aries.eu.int, sg@hope.be
http://www.hope.be
M. Paul CASTÉL, Représentant auprès du Conseil de l'Europe
Hôpitaux Universitaires de Strasbourg
1, Place de l'Hôpital, BP 0°426, F – 67091 Strasbourg Cedex
Tél. : 33 (0)3 88 11 61 68, fax: 33 (0)3 88 11 64 84
E-mail: Castel@chru-strasbourg.fr

Comité permanent des Infirmier(e)s de l'UE
Standing Committee of Nurses of the EU

M. Claude KUFFER, Représentant auprès du Conseil de l'Europe
Bureau attention Jyoti Bahadur, Rue de la Concorde 53, B – 1050 BRUXELLES
Tél.: (32) 2 512 74 19, fax: (32) 2 512 35 50

Comité permanent des Médecins de l'Union européenne (CP)
Standing Committee of Doctors of the European Union (CP)

Mme Nathalie MARCHANT, Secretariat
66, ave de Cortenbergh, Box 2, B – 1000 BRUXELLES
Tél.: (32) 2 732 7202, fax: (33) 2 732 7344
E-mail: cp@euronet.be
http://www.come.be

Comité syndical européen de l'Education (CSEE)
European Trade Union Committee for Education (ETUCE)

Mr Jörgen LINDHOLM, Secrétaire Général
M. Alain MOUCHOUX, Assistant
5, bd du Roi Albert II, B – 1210 Bruxelles
Tél.: (32) 2 224 06 91/92, fax: (32) 2 224 06 94
E-mail: amouchoux@club-internet.fr

Commission des Eglises auprès des Migrants en Europe (CEME)
Churches' Commission for Migrants in Europe (CCME)

Ms Doris PESCHKE, General Secretary
174, rue Joseph II, B – 1000 BRUSSELS
Tél.: (32) 2 234 68 00, fax: (32) 2 231 14 13
E-mail: ccme@wanadoo.be

Commission intereuropéenne Eglise et Ecole (ICCS)
InterEuropean Commission on Church and School (ICCS)

Mr Hans SPINDER, President
Landelijk Dienstencentrum, Kerkopbouw, Theologie en Opleiding,
Postbus 8505, NL – 3503 RM UTRECHT
Tél.: (31) 30 880 1558/1512
E-mail: j.spinder@sowkerken.nl
Mr James J BARNETT, Representative
16, rue Riehl, F – 67100 STRASBOURG

Tél.: (33) (0)3 88 40 36 15, fax: (33) (0)3 88 39 07 58
E-mail: anglican.strasbourg@wanadoo.fr

Commission internationale catholique pour les Migrations (CICM)
International Catholic Migration Commission (ICMC)

Dr André N. VAN CHAU, Secrétaire Général
37-39, rue de Vermont, Case Postale 96, CH – 1211 GENEVE 20 CIC
Tél.: (41) 22 733 41 50

Commission internationale de Juristes (CIJ)
International Commission of Jurists (ICJ)

Ms Nathalie PROUVEZ, Legal Officer for Europe
81A, avenue de Châtelaine, PO Box 216, CH – 1219 CHATELAINE/GENEVE
Tél.: (41) 22 979 38 16, fax: (41) 22 979 38 01
E-mail: prouvez@icj.org

Commission internationale pour la Protection des Alpes (CIPRA)
International Commission for the Protection of the Alps (CIPRA)

Mr Andreas WEISSEN, President,
Im Bretscha 22, Postfach 142, FL – 9494 SCHAAN
Tél.: (423) 237 40 30, fax: (423) 237 40 31
E-mail: cipra@cipra.org
http://www.cipra.org

Commissons Justice et Paix d'Europe (Justitia et Pax)
European Commissions Justice and Peace (Justitia et Pax)

Mr Gerhard BITTNER, President
Mr Norbert WECHTL, Secretary General
Boltzmanngasse 14, A – 1090 VIENNE
Tél.: (43) 1 317 35 17, fax: (43) 1 317 35 17 32
E-mail: jupax.autria@churchnet.at
http://www.jupax-eu.org

Communauté démocratique de la Jeunesse européenne
Democrat Youth Community of Europe (DEMYC Europe)
Miss Nataša KAVAŠ, Secretary General
Lichtenfelsgasse 7, A – 1010 VIENNA
Tél.: (43) 1 401 26 630, fax: (43) 1 401 26 639
E-mail: demyc@oevp.at

Confédération des Compagnonnages européens (CCEG)
Confederation of European Companions (CCEG)

M. Peter SCHWARZBICH, Secrétaire Général
Lindenlaan 8, NL – 4641 EZ OSSENDRECHT
Tél.: (31) 164 67 28 73, fax: (31) 35 68 80 03
Mr Erwin GÖTZ, President
Carossaweg 33, D – 90471 NÜRNBERG
Tél./fax: (49) 911 86 34 39

Confédération européenne de l'Agriculture (CEA)
European Confederation of Agriculture

M. Christophe HEMARD, Secrétaire Général
Rue de la Science 23, B – 1040 BRUXELLES
Tél.: (32) 2 230 43 80, fax: (32) 2 230 46 77

Confédération européenne des anciens Combattants (CEAC)
European Confederation of War Veterans (ECWV)

M. Fernand SUPPER, Président
M. Vincent MARION, Secrétaire Général
7, rue de Poissy, F- 75005 PARIS
Tél.: (33) (0)1 40 46 71 40, fax: (33) (0)1 40 46 71 41

Confédération europeénne des coopératives de production et de travail associé, des coopératives sociales et des entreprises participatives (CECOP)
European Confederation of Workers' Co-operatives, Social Co-operatives and Participative Enterprises (CECOP)

Mr Felice SCALUINI, President
Mr Rainer SCHLÜTER, Secretary General, Representative
Rue Guillaume Tél.l 59b, B – 1060 BRUXELLES
Tél. : (32) 2 543 10 33, fax : (32) 2 543 10 37
E-mail : cecop@cecop.org
http://www. Cecop.org

Confédération européenne des Organisations de Centres de Jeunes (CEOCJ)
European Confederation of Youth Club Organisations (ECYC)

Mr Rainer LENZE, Secretary General
Ornevej. 45, DK – 2400 KØBENHAVN NV

Confédération européenne des Relations publiques (CERP)
European Confederation of Public Relations (CERP)

M. Patrick ALVAREZ, Secrétaire Général
51, rue de Verdun, F – 92158 SURESNES CEDEX
Tél.: (33) (0)1 46 97 20 00, fax: (33) (0)1 46 97 20 10
M. Augusto FERRER FORNS, Représentant auprès du Conseil de l'Europe
San Elias, 11-19 Apart. 103, E – 08006 BARCELONA
Tél.: (34) 3 209 43 55

Confédération européenne des Syndicats (CES)
European Trade Union Confederation (ETUC)

M. Emilio GABAGLIO, Secrétaire Général
155, bd Emile Jacqmain, B – 1210 BRUXELLES
Tél.: (32) 2 224 04 11, fax: (32) 2 224 04 54
E-mail: etuc@etuc.org
M. Gérard FONTENEAU, Conseiller
155, bd Emile Jacqmain, B – 1210 BRUXELLES
Tél.: (32) 2 224 04 11, fax: (32) 2 224 04 54
E-mail: etuc@etuc.org

Confédération européenne des syndicats indépendants (CESI)
European Confederation of Independent Trade Unions (CESI)

M. Massimo CESARINI, Président
M. Bernd RUPP, Secrétaire Général
M. Guy LEMOINE, Directeur, Représentant auprès du Conseil de l'Europe
Avenue de la Joyeuse Entrée, 1-5, B – 1040 BRUXELLES
Tél. : (32) 2 282 18 70, fax : (32) 2 282 18 71
E-mail : cesi.bx@skynet.be
http://www.cesi-bxl.be

Confédération internationale des anciens Prisonniers de Guerre (CIAPG)
International Confederation of Former Prisoners of War (CIAPG)

M. Werner KIESSLING, Président
Konstantinstrasse 17, D – 53179 BONN 2
Tél.: (49) 228 957 14 21, fax: (49) 228 358 483
M. Jean-Marie NICOLAS, représentant auprès du Conseil de l'Europe
13, rue Bouleaux le Nid, F – 54270 ESSEY LES NANCY
Tél.: (33) (0)3 83 29 19 56
Secrétariat, 46, rue Copernic, F – 75782 PARIS CEDEX 16
Tél.: (33) (0)1 53 64 20 00, fax: (33) (0)1 53 64 20 20

Confédération internationale des Cinémas d'Art et d'Essai (CICAE)
International Art Cinemas Confederation (IACC)

M. Pierre TODESCHINI, Président
13, square Gabrièle Fauré, F – 75017 PARIS
Tél.: (33) (0)1 56 33 13 20, fax: (33) (0)1 43 80 41 14
E-mail: afcae@art-et-essai.org

Confédération internationale des Parents (CIP)
International Confederation of Parents (CIP)
M. le Président
Résidence de la Presqu'Île, 13, rue Claude Pons, F – 06400 CANNES
Mme Claudette VILLANUEVA, Secrétaire Général
3, Villa de la Faisanderie, F – 75016 PARIS
Tél.: (33) 1 45 53 86 31, fax: (33) 1 47 56 09 67, portable: 06 08 33 70 60

Confédération internationale des Travailleurs intéllectuels (CITI)
International Confederation of Professional and Intellectual Workers (CITI)

M. Maurice LETULLE, Président
17, rue Rubens, F – 75013 PARIS
Tél.: (33) (0)1 55 43 39 41, fax : (33) 1 55 43 39 49
M. Claude-Laurent GENTY, Secrétaire Général, Président d'Honneur de la Commission de Liaison des ONG dotées du statut consultatif auprès du Conseil de l'Europe
35, rue du Général Faidherbe, F – 94130 NOGENT sur MARNE
Tél./fax: (33) (0)1 48 73 29 92

Confédération mondiale des anciens élèves de Don Bosco (CONEA)
World Confederation of Past Pupils of Don Bosco (CONEA)

M. Antonio PIRES, Président
M. Tomaso NATALE, Secrétaire Général
Via Della Pisana 1111, I – 00163 ROME
Tél.: (39) 06 656 12 605, fax: (39) 06 656 12 604
E-mail: exallievi@sdb.org
M. Alex DOCKERS, 1er Vice-Président, Représentant auprès du Conseil de l'Europe
Gentse Heerweg 100, B – 8790 WAREGEM
Tél.: (32) 56 62 61 60, fax: (32) 56 61 69 23
E-mail: dockers.waregem@skynet.be

Conférence des Eglises européennes (KEK)
Conference of European Churches (CEC)

General Secretariat, PO box 2100, 150 route de Ferney, CH – 1211 GENEVA

Tél.: (41) 22 791 61 11, fax: (41) 22 791 62 27
E-mail: reg@wcc-coe.org
Pasteur Richard FISCHER, Secrétaire exécutif
8, rue du Fossé des Treize, F – 67000 STRASBOURG
Tél.: (33) (0)3 88 15 27 60, fax: (33) (0)3 88 15 27 61
E-mail: eeccs@media-net.fr
Revd Rüdiger NOLL, Executive Secretary
KEK, 150, route de Ferney, BP 2100, CH – 1211 GENEVA 2
Tél.: (41) 22 791 64 69, fax: (41) 22 791 62 27
E-mail: rud@wcc-coe.org

Conférence européenne de la Musique (CEM)
European Conference of Music (CEM)

M. Daniel MOREAU, Président d'Honneur
31, rue Jacques Baudry, F – 75015 PARIS
Tél.: (33) (0)1 48 42 16 12
M. Italo GOMEZ, 1er Vice-Président
Via Cantoni, 1, Villa "Olmo", I – 22100 COMO
Tél.: (39) 031 57 05 40

Conférence européenne des Radios chrétiennes (CERC)
European Conference of Christian Radios (CERC)

M. Magelhes CRESPO, Président
M. Emmanuel PAYEN, Secrétaire Géréral
7, place St Irénée, F – 69321 LYON Cedex 05
Tél.: 33 (0)4 72 38 74 28, fax: 33 (0)4 78 36 34 42
E-mail: rcf@cef.fr
http://www.cef.fr/zcf/
M. Paul HUOT-PLEUROUX, vice-Président
15, rue du Chapitre, F – 25000 BESANÇON
Tél.: (33) (0)3 81 81 58 63, fax: (33) (0)3 81 81 58 63
Mr Antonio CORREA D'OLIVEIRA, membre du Bureau
14, rue Ivens, P – LISBON
Tél.: (351) 1 323 92 00, fax: (351) 1 323 92 20
E-mail: rr.sg@mail.Tél.epac.pt

Conférence internationale pour l'Etude et l'Encouragement de la Philanthropie (INTERPHIL)
International Standing Conference on Philanthropy (INTERPHIL)

Mme Anne SFORZA, Présidente
4, rue de la Carpe haute, F – 67000 STRASBOURG
Tél.: (33) (0)3 88 31 08 57, fax: (33) (0)3 88 31 48 62
E-mail: sforzanne@wanadoo.fr

Mr Cyril RITCHIE, Executive Secretary
CIC Case 20, CH – 1211 GENEVA 20
Tél.: (41) 22 733 6717, fax: (41) 22 734 7082

Conférence permanente européenne de la Probation (CEP)
Permanent European Conference on Probation and Aftercare (CEP)

Mrs Martine VELDKAMP, Executive officer
CEP – Secretariat, Postbus 8215, St Jacobsstraat 135, NL – 3503 RE UTRECHT
Tél.: (31) 30 232 49 00, fax: (31) 30 232 49 50
E-mail: cep@srn.minjus.nl
http://www.cep-probation.org
Postal address: CEP Secretariat, Postbus 8215, NL – 3503 RE UTRECHT

Conférence des Rabbins européens (CER)
Conference of European Rabbis (CER)

M. Joseph SITRUK, Président
Mme Rose MOCHE, Secrétaire Générale
Grand Rabbin G.R. GOLDMANN, Représentant auprès du Conseil de l'Europe
19 rue Saint Georges, F – 75009 PARIS
Tél. : 01 49 70 88 00, fax : 01 40 16 06 11
E-mail : spgrf@infonie.fr

Conférence des Régions périphériques maritimes d'Europe (CRPM)
Conference of Peripheral Maritime Regions of Europe (CPMR)

M. Vanino CHITI, Président
M. Xavier GIZARD, Secrétaire Général
35, boulevard de la Liberté, F – 35000 RENNES
Tél.: (33) (0)2 99 79 39 39, fax: (33) (0)2 99 78 12 21
E-mail: secretariat@crpm.org
http://www.crpm.org
M. François DESRENTES, Chargé de mission
35, boulevard de la Liberté, F – 35000 RENNES
Tél.: (33) (0)2 99 79 39 39, fax: (33) (0)2 99 78 12 21
E-mail: francois.desrentes@crpm.org

Conférence scientifique internationale sur les Minorités dans l'Europe de Demain (ISCOMET)
International Scientific Conference Minorities for Europe of Tomorrow (ISCOMET)

Mr Silvo DEVETAK, President
Mladinska 9, SI – 2000 MARIBOR
Tél.: (386) 62 221 709, fax: (386) 62 222 240

E-mail: devetak@uni-mb.si
Mr Joseph KOMLOSSY, vice-President
Högler str 53, CH – 8600 DÜBENDORF
Tél.: (41) 1 821 10 35, fax: (41) 821 10 67
E-mail: jvkomlossy@compuserve.com

Congrès juif européen (CJE)
European Jewish Congress (EJC)

M. Gilbert ROOS, Délégué auprès du Conseil de l'Europe
20, rue Gottfried, F – 67000 STRASBOURG
Tél. (33) (0)6 08 21 10 09, fax: (33) (0)3 88 36 88 64
E-mail: gilroos@cybercable.tm.fr
M. Jean-Pierre WEIL, Suppléant
23, quai Rouget de Lisle, F – 67000 STRASBOURG
Tél.: (33) (0)3 88 35 12 44

Conseil des Associations européennes des professionnels de l'informatique (CEPIS)
Council of European Professional Informatics Societies (CEPIS)

Mr Peter MORROGH, President
Ms Peta WALMISLEY, Administrative Head
7, Mansfield Mews, GB – LONDON, W1M 9FJ
Tél./fax: (44) 207 637 5607
E-mail: cepis@cepis.org, secretary@cepis.org
http://www.cepis.org

Conseil des Barreaux de l'Union européenne (CCBE)
Council of the Bars and Law Societies of the European Union (CCBE)

Dag WERSEN, President
Ms Valérie BAUER, Secretary General
45, rue de Trèves, B – 1040 BRUSSELS
Tél.: (32) 2 234 65 10, fax: (32) 2 234 65 11/234 65 12
E-mail: ccbe@ccbe.org
http://www.ccbe.org

Conseil des Communes et Régions d'Europe (CCRE)
Council of European Municipalities and Regions (CEMR)
Mme Elisabeth GATEAU, Secrétaire Générale
14, rue de Castiglione, F – 75001 PARIS
Tél.: (33) (0)1 44 50 59 59, fax: (33) (0)1 44 50 59 60
E-mail: cemr@ccre.org
http://www.ccre.org

Conseil consultatif des Organisations juives (CCJO)
Consultative Council of Jewish Organisations (CCJO)

Me Louis BLOCH, Délégué auprès du Conseil de l'Europe
14, rue Silbermann, F – 67000 STRASBOURG
Tél./fax: (33) (0)3 88 60 72 93

Conseil européen d'Associations nationales d'Ecoles indépendantes (ECNAIS)
European Council of National Associations of Independent Schools (ECNAIS)

Mr Carlos Diaz MUNIZ, President (Spain)
Mr K P Ahlmann OLESEN, Secretary General
Mr Simon J. STEEN, Treasurer
Secretariat, Japanvej 36, DK – 4200 SLAGELSE
Tél.: (45) 58 53 18 45, fax: (45) 58 53 25 88
E-mail: secretariat@ecnais.org
http://www.ecnais.org
Dr Bruno SANDKÜHLER, Délégué auprès du Conseil de l'Europe
Hohenzollernstrasse 19, D – 70178 STUTTGART
Tél.: (49) 711 607 64 28, fax: (49) 607 64 28
E-mail: Brunosassa@aol.com.de

Conseil européen des Chambres de Commerce américaines (ECACC)
European Council of American Chambers of Commerce (ECACC)

Mr J.P. RUSSELL, E C Affairs Manager
American Chamber of Commerce in Belgium, Avenue des Arts 50 (Bte 2),
B – 1040 BRUXELLES
Tél.: (32) 2 513 68 92/513 67 70, fax: (32) 2 513 79 28

Conseil européen des Communautés juives
European Council of Jewish Communities (ECJC)

M. Jacob BENATOFF, Président
M. Michel MONTREUIL, Directeur exécutif
23, rue Olivier Metra, F – 75020 PARIS
Tél.: (33) (0)1 43 15 85 00, fax: (33) (0)1 43 15 85 05
E-mail: ecjc@ecjc.org
Ms Karine SACHS, European Co-ordinator
23, rue Olivier Metra, F – 75020 PARIS
Tél.: (33) (0)1 43 15 85 00, fax: (33) (0)1 43 15 85 05
E-mail: ecjc@ecjc.org
http://www.ecjc.org

Conseil européen des Fédérations WIZO (CEFW)
European Council of WIZO Federations (ECWF)

Mme Esther SHARELL, Secrétaire Générale adjointe
Myliusstr. 31, D – 60323 FRANKFURT
Tél.: (49) 69 62 34 43, fax: (49) 69 24 70 66 44
E-mail: esther.sharell@t-online.de
Dr Joyce FRAZER, Secretariat
7 The Drive, Alwoodley, GB – LEEDS LS17 7QB
Tél.: (33) (0)1 42 22 45 16, fax: (33) (0)1 45 49 27 46
Mme Monique BOUAZIZ, Représentante auprès du Conseil de l'Europe
20 Bd de la République, F – 92210 ST CLOUD
Tél./fax: (33) (0)1 47 71 34 23

Conseil européen pour les grandes Aptitudes (ECHA)
European Council for High Ability (ECHA)

Dr Javier TOURÓN, President
Dept. of Education, University of Navarra, E – 31080 PAMPLONE
Mr Harald WAGNER, Secretary and Treasurer
C/o Bildung une Begabung e.V., Godesberger Allee 90, D – 53175 BONN
Tél.: (49) 228 95915-10, fax: (49) 228 95915-19
E-mail: bubev@compuserve.com
Mme Sophie CÔTE, Présidente de l'Association française pour les enfants précoces, déléguée auprès du Conseil de l'Europe
13bis, rue Albert Joly, F – 78110 LE VESINET
Tél.: (33) (0)1 39 76 74 28Fax: (33) (0)1 30 53 68 20
E-mail: cote@afep.asso.fr
http://www.afep.asso.fr

Conseil européen pour l'homéopathie classique (ECCH)
European Council for Classical Homeopathy (ECCH)

Mr Stephen Joseph GORDON, General Secretary
School House, Market Place, Kenninghall, GB – NORFOLK NR16 2AH
Tél./fax: (44) 1953 888 163
E-mail: ecch@homeopathy-ecch.org
http://www.homeopathy-ecch.org

Conseil européen de l'Industrie chimique (CEFIC)
European Chemical Industry Council (CEFIC)

Mr Jean-Marie DEVOS, General Secretary
Avenue E van Nieuwenhuyse 4, bte 1, B -1160 BRUXELLES
Tél.: (32) 2 676 72 03, fax: (32) 2 676 73 00

Ms Maria CABOARA, Legal Counsellor
Avenue E van Nieuwenhuyse 4, bte 1, B -1160 BRUXELLES
Tél.: (32) 2 676 72 03, fax: (32) 2 676 73 00

Conseil européen des Organisations de Conscrits (ECCO)
European Council of Conscripts Organisations (ECCO)

Mr Johan ASBERG, Secretary General
Sehlstedtsgatan 7, S – 115 28 STOCKHOLM
Tél.: (46) 8 782 69 12, fax: (46) 8 782 67 66
E-mail: ecco@home.se
http://www.xs4all.nl

Conseil européen sur les Réfugiés et Exilés (ECRE)[5]
European Council on Refugees and Exiles (ECRE)

Ms Clara ODOFIN, Legal Officer
Clifton Centre, Unit 22, 3rd floor, 110 Clifton Street, GB – LONDON, EC2A 4HT
Tél.: (44) 20 77 29 51 52, fax: (44) 20 77 29 51 41
E-mail: ecre@ecre.org
http://www.ecre.org/
Mr Simon RUSSELL, Policy Officer
Clifton Centre, Unit 22, 3rd floor, 110 Clifton Street, GB – LONDON, EC2A 4HT
Tél.: (44) 20 77 29 51 52, fax: (44) 20 77 29 51 41
E-mail: ecre@ecre.org

Conseil européen des Syndicats de Police (CESP)
European Council of Police Trade Unions (CESP)

M. Michel ALBIN, Président
CESP/SNOP/FGAF, 58, rue Jacques Hillairet, BP 19, F – 75560 PARIS CEDEX 12
Tél.: (33) (0)1 44 67 83 30, fax: (33) (0)1 44 67 76 80
E-mail: albin.michel@accesinter.com
M. Gérard GRENERON, Secrétaire Général
39 bis, rue de Marseille, F – 69007 LYON (siège)
Tél.: (33) (0)4 78 72 44 13, fax: (33) (0)4 78 61 13 60
E-mail: sec.gen.cesp@wanadoo.fr

---

5 Formerly "European Consultation on Refugees and Exiles (ECRE)"/anciennement «Consultation européenne sur les Réfugiés et Exilés (ECRE)»

Conseil européen des Urbanistes (CEU)
European Council of Town Planners (ECTP)

Miss Judith Tamsin EVERSLEY, Administrator in the Secretariat
26 Portland Place, GB – LONDON W1N 4BE
Tél.: (44) 171 636 9107, fax: (44) 171 323 1582
E-mail: j-eversley@internat.rtpi.org.uk
http://www.ceu-ectp.org

Conseil européen pour le Village et la petite Ville (ECOVAST)
European Council for the Village and Small Town (ECOVAST)

Mme Gesine DESERBAIS
Cours des Frères, F – 67520 WANGEN
Tél.: (3) (0)3 88 87 56 45
Mr Angus FOWLER, President
C/o Förderkreis Alte Kirchen, Pf. 200584, D – 35018 MARBURG/LAHN
Fax: (49) 6421 161255
Mr Helmut KORZONNEK
Projektgruppe Landforum, Sandlingen zur Laake, D – 29358 EICKLINGEN
Tél.: (49) 51 49 8734, fax: (49) 51 49 82 43

Conseil international de l'Action sociale (CIAS)
International Council on Social Welfare (ICSW)

London Office
5 Tavistock Place, GB – LONDON WC1H 9SN
Tél.: (44) 20 7383 5381, fax: (44) 20 7388 5363
E-mail: icsw@icsw.org
http://www.icsw.org
Mrs Solveig ASKJEM, President of the European Region
c/o Network Norway Council, Postboks 8150 Dep., N – 0033 OSLO
Tél.: (47) 21 02 18 22, fax: (47) 21 02 18 01
E-mail: Solveig.Aksjem@nnr.no
Mr Dirk JARRÉ, Immediate Past President
Deutscher Verein für öffentliche und private Fürsorge
Am Stockborn 1-3, D – 60439 FRANKFURT AM MAIN
Tél.: (49) 69 958 07 135, fax: (49) 69 958 07 161
http://www.icsw.org

Conseil international des Agences bénévoles (ICVA)
International Council of Voluntary Agencies (ICVA)

Coordinator, 48, chemin du Grand-Montfleury, CH – 1290 VERSOIX
Tél.: (41) 22 950 96 00, fax: (41) 22 950 96 09

Tél.: (41) 22 950 96 00, fax: (41) 22 950 96 09
E-mail: secretariat@icva.ch
http://www.icva.ch

Conseil international des Associations de Design graphique (ICOGRADA)
International Council of Graphic Design Associations (ICOGRADA)

Secretariat
Mr Guy SCHOCKAERT, President
PO Box 398, GB – LONDON WII 4QS
Tél.: (44) 171 603 8494, fax: (44) 171 371 6040
E-mail: icograda@compuserve.com
E-mail: guy.schockaert@euronet.be
http://icograda.com
Mr Michael HARDT, Directeur des relations extérieures pour l'Europe
Kantstrasse 23A, D – 66111 SAARBRÜCKEN
Tél.: (49) 681 93657 0, fax: (49) 681 93657 11
E-mail: michael_hardt@saarmail.de

Conseil international de la Chasse et de la Conservation du Gibier (CIC)
International Council for Game and Wildlife Conservation (CIC)

Mr Dieter SCHRAMM, President
Budakeszi PO Box 74, H – 2092 BUDAPEST
Tél.: (36) 23 45 38 30, fax: (36) 23 45 38 32
E-mail: cicbp@mail.wesTél.hu
M. Olivier CHAVANE de DALMASSY, vice-Président
15, rue du Conseiller Conlignon, F – 75116 PARIS
Tél.: (33) (0)1 47 66 06 09, fax: (33) (0)1 47 66 47 61
E-mail: admcic@aol.com

Conseil international du Cinéma, de la Télévision et de la Communication audiovisuelle (CICT)
International Council for Film, Television and Audiovisual Communication (IFTC)

Mr Robert E. KALMAN, Secretary General
UNESCO, 1, rue Miollis, F – 75732 PARIS
Tél.: (33) (0)1 45 68 48 55/56, fax : (33) (0)1 45 67 28 40
E-mail : r.kalman@unesco.org ou cict@unesco.org

Conseil international du Droit de l'Environnement (CIDE)
International Council of Environmental Law (ICEL)

Dr Wolfgang E BURHENNE, Executive Governer
Godesberger Allee 108-112, D – 53175 BONN

E-mail: 100651.317@compuserve.com
http://www.law.pace.edu/env/ice/site/ice/home.html
Mr Alexandre Ch KISS, Regional Governer for Europe
29, rue du Conseil des XV, F – 67000 STRASBOURG
Tél./fax: (33) (0)3 88 61 36 39
E-mail: achkiss@aol.com

Conseil international des Femmes juives (ICJW)
International Council of Jewish Women (ICJW)

Mrs June JACOBS, President
24-32 Stephenson Way, GB – LONDON NW1 2JW
Tél.: (44) 0207 388 8311, fax: (44) 0207 387 2110
E-mail: hq@icjw.demon.co.uk
http://www.icjw.org.uk
Mme Nicole KAHN, Représentante auprès du Conseil de l'Europe
9, quai Jacques Sturm, F – 67000 STRASBOURG
Tél.: (33) (0)3 88 35 35 34, fax: (33) (0)3 88 25 64 47
E-mail: netjkahn@cybercable.fr

Conseil international des Infirmières (CII)
International Council of Nurses (ICN)

Mrs Judith A. OULTON, Chief Executive Officer
3, place Jean-Marteau, CH – 1201 GENEVE
Tél.: (41) 22 908 01000, fax: (41) 22 908 0101
E-mail: icn@uni2a.unige.ch
http://www.icn.ch

Conseil international de la Philosophie et des Sciences humaines (CIPSH)
International Council for Philosophy and Humanistic Studies (CIPSH)

Prof Julio LASBASTIDA MARTIN del CAMPO, Président
Prof Jean BINGEN, Secrétaire Général
1, rue Miollis, F – 75732 PARIS, cedex 15
Tél.: (33) (0)1 45 68 26 85/6/7/8, fax: (33) (0)1 40 65 94 80
E-mail: cipsh@unesco.org

Conseil international de Réadaptation pour les Victimes de la Torture (CIRT)
International Rehabilitation Council for Torture Victims (IRCT)

Ms Inge GENEFKE, Secretary General
Borgergade 13, DK – 1300 COPENHAGEN K
Tél.: (45) 33 76 06 00, fax: (45) 33 76 05 00

E-mail: irct@irct.org
http://www.irct.org
Ms Mi Hanne CHRISTIANSEN, Legal Adviser/Co-ordinator Institutional Relations
Borgergade 13, DK – 1300 COPENHAGEN K
Tél.: (45) 33 76 06 00, fax: (45) 33 76 05 00
E-mail: mi_Christiansen@irct.org

Conseil international pour la Science (ICSU)[6]
International Council for Science (ICSU)

Mr Larry R. KOHLER, Executive Director
51, boulevard de Montmorency, F – 75016 PARIS
Tél.: (33) (0)1 45 24 03 29, fax: (33) (0)1 42 88 94 31
E-mail: secretariat@icsu.org
http://www.icsu.org

Conseil international des Services juifs de Bienfaisance et d'Assistance sociale (INTERCO)
International Council on Jewish Social and Welfare Services (INTERCO)

Mrs Cheryl R MARINER, Executive Secretary
CBF World Jewish Relief, Drayton House, 30, Gordon Street, GB – LONDON WC 111 OAN
Tél.: (44) 171 387 3925, fax: (44) 171 383 4810

Conseil Quaker pour les Affaires européennes (QCEA)
Quaker Council for European Affairs (QCEA)

Mr Neville KEERY, President
Mr John WELTON, Director
Quaker House, Square Ambiorix 50, B – 1000 BRUXELLES (siège)
Tél.: (32) 2 230 49 35, fax: (32) 2 230 63 70
E-mail: qcea@ngonet.be
http://www.quaker.org/qcea

Consumers International (CI)

Ms Anna FIELDER, Director of Programmes
24 Highbury Crescent, GB – LONDON N5 1RX
Tél.: (44) 171 226 6663, ext 216, fax: (44) 171 354 0607
E-mail: afielder@consint.org
http://www.consumerinternational.org

---

[6] Formerly "International Council for Scientific Unions (ICSU)" /anciennement «Conseil international des Unions Scientifiques (ICSU)»

Croix verte internationale (GCI)
Green Cross International (GCI)

Mikhail GORBACHEV, President, Alexander LIKHOTAL, Vice-President
160a, route de Florissant, CH – 1231 CONCHES
Tél.: (41) 22 789 16 62, fax: (41) 22 789 16 95
E-mail: secretariat@gci.ch, alexander.likhotal@gci.ch
http://www.gci.ch
Mr Bertrand CHARRIER, Executive Director
160a, route de Florissant, CH – 1231 CONCHES
Tél.: (41) 22 789 16 62, fax: (41) 22 789 16 95
E-mail: bertrand.charrier@gci.ch

D

Défense des Enfants – International (DEI)
Defence for Children International (DCI)

M. Jean-Pierre BARTHOLOMÉ, Président
16, rue Charles Steenebruggen, B – 4020 LIEGE
Tél.: (32) 43 42 61 01, fax: (32) 43 42 99 82
E-mail: jobj@skynet.be
Mr Benoit VAN KEIRSBILCK
30, rue Marché aux Poulets, B – 1000 BRUXELLES
Tél.: (32) 2 209 61 62, fax: (32) 2 209 61 60
E-mail: sdjbxl@skynet.be

E

Etudiants démocrates européens,
Fédération des Etudiants démocrates-chrétiens, centristes et libéraux
European Democrat Students,
Federation of Christian-Democratic, Conservative and Liberal Students

Mr Holger THUSS, Secretary General
Friesdorfer Strasse 149, D – 53175 BONN
Tél./fax: (49) 3641 42 67 46
E-mail: hthuss@aol.com, eds@rcds.de
http://www.edsnet.org
Mr Gustaf CASPARSSON, Chairman
Saentra Torg 16, S – 12738 SKAERHOLMEN

EUROGROUP pour la Protection des Animaux
EUROGROUP for Animal Welfare

Mr Henk SMID, President
Mr David WILKINS, Director
6, rue des Patriotes, B – 1000 BRUXELLES
Tél.: (32) 2 740 08 20, fax: (32) 2 740 08 29
E-mail: info@eurogroupanimalwelfare.org
Mrs Sonja van TICHELEN, Deputy Director
6, rue des Patriotes, B – 1000 BRUXELLES
Tél.: (32) 2 740 08 20, fax: (32) 2 740 08 29
E-mail: info@eurogroupanimalwelfare.org

EUROCLIO

Mr Joke van der LEEUW, Executive Director
Juliana van Stolberglaan 41, NL – 2595 CA DEN HAAG
Tél./fax: (31) 70 3853 669
E-mail: joke@euroclio.nl
Ms Sue BENNETT, President
137 Rusthall Avenue, GB – CHISWICK W4 1BL LONDON

Eurolink Age

Ms Elizabeth MORRALL, Responsable international
1268 London Road, GB – LONDON SW16 4ER
Tél.: (44) 20 8765 7717, fax: (44) 20 8679 6727
E-mail: eurolink@ace.org.uk
http://www.eurolinkage.org/euro/
M. Karl-Heinrich MARQUARDT
3, rue Laurent Goetz, F – 67000 STRASBOURG
Tél.: (33) (0)3 88 35 04 27

EUROPAN

M. Didier REBOIS, Secrétaire Général
Arche de la Défense, Pilier Nord, F – 92044 PARIS-LA DEFENSE cedex 41
Tél.: (33) (0)1 40 84 24 50, fax: (33) (0)1 40 81 24 58
E-mail: europan@club-internet.fr
http://www.europan.gamswv.arch.fr
Mme Sylvie CHIRAT, Communication/relations publiques
Grande Arche de la Défense, Paroi nord, F – 92044 PARIS-LA DEFENSE cedex 41
Tél.: (33) (0)1 40 84 24 50, fax: (33) (0)1 40 81 24 58

Europa Nostra / IBI

Mr Antonio MARCHINI CAMIA, Secretary General
Lange Voorhout 35, NL – 2514 EC THE HAGUE
Tél.: (31) 70 302 4050, fax: (31) 70 361 7865
E-mail: office@europanostra.org
Mrs Sneska QUAEDVLIEG-MIHAILOVIC, Deputy Secretary Geneal
Lange Voorhout 35, NL – 2514 EC THE HAGUE
Tél.: (31) 70 302 4056/57, fax: (31) 70 361 7865
E-mail: dsg@europanostra.org

Europe 2000

Mme Marise GOLDSMITH-DANSAERT, Vice-Présidente internationale, Présidente Comité français
8, rue Jean Mermoz, F – 78100 St-GERMAIN-EN-LAYE
Tél.: (33) (0)1 34 51 40 61, fax: (33) (0)1 34 51 14 21
Mme Annette CHATEAUVIEUX, Rapporteur Général
5, rue Jean Mermoz, F – 78100 SAINT-GERMAIN-EN-LAYE
Tél.: (33) (0)1 34 51 06 62, fax: (33) (0)1 34 51 14 21

European Palaeontological Association (EPA)

Professeur Jean-Claude GALL
Institut de Géologie, 1, rue Blessig, F – 67084 STRASBOURG Cedex
Tél./fax: (33) (0)3 88 35 85 68
E-mail: jcgall@illite.u-strasbg.fr

European Roma Rights Centre (ERRC)

Ms Petrova DIMITRINA, Executive Director
PO Box 906/93, H – 1386 BUDAPEST 62
Tél.: (36) 1 428 2351, fax: (36) 1 428 23 56
E-mail: dimitrina.petrova@compuserve.com
http://www.errc.org
Ms Veronika Leila SZENTE, Legal Advocacy Co-ordinator
PO Box 906/93, H – 1386 BUDAPEST 62
Tél.: (36) 1 428 2351, fax: (36) 1 428 23 56
E-mail: vszente@errc.org

EURORAI

M. José Antonio NOGUERA DE ROIG, Secrétaire Général
C/San Vicente,4, E – 46002 VALENCIA

Tél. : (34) 96 387 64 50, fax : (34) 96 387 64 17/19
E-mail : eurorai@sindicom.gva.es
M. Bernard LEVALLOIS, Président
14, rue du Faubourg de Pierre, F – 67000 STRASBOURG

Expérience de Vie internationale (EVI)
Experiment in International Living (EIL)
Mr Kevin HICKEY, President
1 Empress Place, Summerhill North, IR – CORK
Tél.: (353) 21 551535, fax: (353) 21 551587
E-mail: kevin@eilireland.org
http://www.experiment.org
Ms Robin BITTERS, Director, International Office
PO Box 595, 67 Main Street, USA – PUTNEY VT 05346
Tél.: (1) 802 387 4210, fax: (1) 802 387 5783
E-mail: federation@experiment.org

F

Fédération abolitionniste internationale (FAI)
International Abolitionist Federation (IAF)

Ms Dorit OTZEN, President
M. Benoît OMONT, Secrétaire Général
16 rue Cassette, F – 75006 PARIS
Tél. : 33 (0)1 42 70 71 95, Fax : 33 (0)1 42 70 01 34
Secrétariat
BP 63, F – 92114 CLICHY Cedex
nidnational@europost.org
M. Roger BEAUFILS, Délégué
145, chemin de Nicol, F – 31200 TOULOUSE
Tél.: (33) (0)5 61 48 30 61
M. José DILLENSEGER, Délégué suppléant
29, rue Henri Laurerin, F – 21000 DIJON
Tél./fax: (33) (0)3 80 43 06 17

Fédération des Associations de Chasseurs de l'UE (FACE)
Federation of Field Sports Associations of the EU (FACE)

M. Yves LECOCQ, Secrétaire Général
82, rue Frédéric Pelletier, B – 1030 BRUXELLES
Tél.: (32) 2 732 69 00, fax: (32) 2 732 70 72
E-mail: face.europe@infoboard.be
Mme Caroline de BOVIS, Assistante Affaires juridiques

82, rue Frédéric Pelletier, B – 1030 BRUXELLES
Tél.: (32) 2 732 69 00, fax: (32) 2 732 70 72

Fédération des Associations européennes de la Science des Animaux de Laboratoire (FELASA)
Federation of European Laboratory Animal Science Associations (FELASA)

Prof Jann HAU, President
Division of Comparative Medecine, Dept of Physiology, University of Uppsala, BMC, Box 570, S – 75123 UPPSALA
Tél.: (46) 18 471 46 22, fax: (46) 18 50 17 40
E-mail: jann.hau@bmc.uu.se

Fédération des Associations Familiales Catholiques en Europe (FAFCE)
Federation of Catholic Family Associations in Europe (FAFCE)

Dr Christine VON STEFENELLI, President
Miss Monica BETTA, Secretary General
FAFCE, C/o Katholischer Familienverband Südtirol, Dr Streitergasse 10/B, I – 39100 BOZEN
Tél.: (39) 047 197 4778, fax: (39) 047 197 38 23
E-mail: eu.fed.fam@kfs.bz.it
M. Georges NOTHHELFER, Secrétaire Général, Représentant auprès du Conseil de l'Europe
455, chemin du Haut, F – 83210 LA FARLEDE
Tél./fax : (33) (0)4 94 33 44 71
E-mail :fed.afc.europe@wanadoo.fr

Fédération des Barreaux d'Europe
European Bars Federation

M. Bruno BERGER-PERRIN, Président
Ordre des Avocats, 18a, rue de Villiers, F – 92300 LEVALLOIS-PERRET
Tél.: (33) (0)1 46 39 47 47, fax: (33) (0)1 47 57 49 90
M. le Bâtonnier Denis ATZENHOFFER, Président de la Commission en relation avec le Conseil de l'Europe
3, quai Jacques Sturm, F – 67000 STRASBOURG
Tél.: (33) (0)3 88 37 22 66, fax: (33) (0)3 88 36 87 52

Fédération européenne pour l'Apprentissage interculturel (EFIL)
European Federation for Intercultural Learning (EFIL)

Mr Patrick WORMS, President
Mrs Elisabeth HARDT, Secretary General
c/o EFIL, Kolonienstraat 18-24, rue des Colonies, B – 1000 BRUSSELS

Tél.: (32) 2 514 52 50, fax: (32) 2 514 29 29
E-mail: info@efil.be
http://www.afs.org/efil

Fédération européenne des Associations de Diététiciens (EFAD)
European Federation of the Associations of Dietitians (EFAD)

Mme Mireille SIMON, Représentante auprès du Conseil de l'Europe
13, rue du Fort, F – 54840 VILLEY-LE-SEC
Tél.: (33) (0)3 83 63 64 33
Mrs Renate FRENZ, Honorary President
Neuhaus 22, D – 40883 RATINGEN

Fédération européenne des Associations des Etudiants Chrétiens (EKV)
European Federation of Christian Student Associations (EKV)

Mr Janklaas GILLIS, President
Het Overnest 2, B – 9280 LEBBEKE
Tél./fax: (32) 52 411 439
E-mail: janklaasgillis.ekv@village.uunet.be
http://ekv.home.pages.de
M. Tobias TEUSCHER, représentant auprès du Conseil de l'Europe
31, boulevard de l'Orangerie, F – 67081 STRASBOURG cedex
Tél.: (33) (0)6 74 46 30 99
E-mail: tobias.teuscher@gmx.net

Fédération européenne des Associations de l'Industrie pharmaceutique (EFPIA)
European Federation of Pharmaceutical Industries' Associations (EFPIA)

Mr Brian AGER, Director General
Avenue Louise 250 (Bte 91), B – 1050 BRUXELLES
Tél.: (32) 2 626 25 55, fax: (32) 2 626 25 66
E-mail: mariacuratolo@efpia.org
Mrs Magdalena de AZERO, Government Affairs Manager
Avenue Louise 250 (Bte 91), B – 1050 BRUXELLES
Tél.: (32) 2 626 25 55, fax: (32) 2 626 25 66
E-mail: mra@efpia.org

Fédération européenne d'Associations nationales des Ingénieurs (FEANI)
European Federation of National Engineering Associations (FEANI)

Mr Bernard LAFITTE, Acting President
21, rue du Beau-Site, B – 1050 BRUXELLES
Tél.: (32) 2 639 03 90, fax: (32) 2 639 03 99

E-mail: barbel.hakimi@feani.org
http://feani.org
Mr Pierre MAROYE, Legal Representative
21, rue du Beau-Site, B – 1050 BRUXELLES
Tél.: (32) 2 639 03 90, fax: (32) 2 639 03 99
E-mail: barbel.hakimi@feani.org

Fédération européenne des Associations nationales d'Orthopédie et Traumatologie (EFORT)
European Federation of National Associations of Orthopaedics and Traumatology (EFORT)

Dr Maurice KATZNER, Représentant auprès du Conseil de l'Europe
21, rue Erwin, F – 67000 STRASBOURG
Tél.: (33) (0)3 88 36 14 37

Fédération européenne d'Associations nationales travaillant avec les Sans-Abri (FEANTSA)
European Federation of National Organisations Working with the Homeless (FEANTSA)

Mr John EVANS, President
1, rue Defacqz, B – 1000 BRUXELLES
Tél.: (32) 2 538 66 69, fax: (32) 2 539 41 74
E-mail: office@feantsa.org
http://feantsa.org
M. Freek SPINNEWIJN, Secrétaire Général
1, rue Defacqz, B – 1000 BRUXELLES
Tél.: (32) 2 538 66 69, fax: (32) 2 539 41 74
E-mail: office@feantsa.org

Fédération européenne des Associations au Service de la Jeunesse (EFYSO)
European Federation of Youth Service Organisations (EFYSO)

Mr Horst DREIMANN, President
Burgstraße 106, D – 60334 FRANKFURT AM MAIN
Tél.: (49) 69 945 45 190, fax: (49) 69 945 45 280
E-mail: horst.dreimann@internationaler-bund.de
M. Alec GUIRAL, vice-Président
3, rue Récamier, F – 75341 PARIS cedex 07
Tél.: (33) (0)1 43 58 97 97, fax: (33) (0)1 43 58 97 88
E-mail: sri@laligue.fr
http://www.fan.at/efyso
Mr Heinz HARTL, Secretary General
Headquarters
Mittelgasse 16, A – 1060 VIENNA
Tél.: (43) 1 869 1043 22, fax: (43) 1 869 1043 32
E-mail:h.hartl@fan.at

Fédération européenne des Ecoles (FEDE)
European Federation of Schools (FEDE)

M. Edouard JAGODNIK, Président
9 quai Tilsitt, BP 2223, F – 69213 LYON CEDEX 02
Tél.: (33) (0)4 72 56 75 35, fax: (33) (0)4 72 72 56 75 30
E-mail : fede@fede.org
http://www.fede.org
M. Rinaldo ROSSO, Délégué aux Organisations européennes
FEDE c/o European, Corso XXIII Marzo 126, I – 28100 NOVARA
Tél.: (39) 0321 338700, fax: (39) 0321 620525

Fédération Européenne pour l'Education Catholique des Adultes (FEECA)
European Association for Catholic Adult Education (FEECA)

Mr Bruno SANTINI-AMGARTEN, President
Centre pédagogique des catholiques suisses, Hirschengraben 13, case postale 2069, CH – 6002 LUCERNE
Tél.: (41) 41 210 50 55, fax: (41) 41 210 50 56 (heures de bureau)
E-mail: feeca@bluewin.ch
http://www.absk.ch/feeca

Fédération européenne du Marketing Direct (FEDMA)
Federation of European Direct Marketing (FEDMA)

Mr Alastair TEMPEST, Director General
439 avenue de Tervuren, B – 1150 BRUXELLES
Tél.: (32) 2 778 99 20, fax: (32) 2 778 99 24
E-mail: info@fedma.org
http://www.fedma.org
Fédération européenne de Médecine physique et Réadaptation (FEMPR)
European Federation of Physical Medicine and Rehabilitation (EFPMR)
Prof Dr M. JESEL, Représentant auprès du Conseil de l'Europe
40, rue d'Altkirch, F – 67100 STRASBOURG
Tél.: (33) (0)3 88 34 51 44

Fédération européenne du Personnel des Services publics (EUROFEDOP)
European Federation of Employees in Public Services (EUROFEDOP)

Mr Guy RASNEUR, President
Mr Bert Van CAELENBERG, Secretary General
Mr Ludo VEKEMANS, Project Manager
Rue de Treves 33, B – 1040 Bruxelles (headquarters)
Tél.: (32) 2 230 36 65, fax: (32) 2 231 14 72
Email: Info@infedop-eurofedop.com

http://www.eurofedop.org
M. Victor BOLLEY, délégué permanent
74, avenue des Vosges, F – 67000 STRASBOURG
Tél.: (33) (0)3 88 36 43 26

Fédération européenne des Personnes agées (EURAG)
European Federation of the Elderly (EURAG)

Mme Edmée MANGERS- ANEN, Président, M. Gregor HAMMERL, Secrétaire Général
Wielandgasse 9, A – 8010 GRAZ
Tél.: (43) 316 81 46 08, fax: (43) 316 81 47 67
E-mail: eurag.europe@aon.at
http://www.eurag.org

Fédération européenne de la Randonnée pédestre (FERP)
European Ramblers' Association (ERA)

Mr Ingemund HÄGG, Member of the Board
Labygatan 8, SE – 75239 UPPSALA
Tél.: (46) 18 471 1390
E-mail: ingemund.hagg@fek.uu.se
http://www.era-ewv-ferp.org

Fédération européenne des Réalisateurs de l'Audiovisuel (FERA)
European Federation of Film Directors (FERA)

M. Joào CORREA, Secrétaire Général
59, ave Everard, B – 1090 BRUXELLES
Tél.: (32) 2 551 03 50, fax; (32) 2 551 03 55
E-mail: secretariat@fera-matin.org
http://www.fera-matin.org

Fédération européenne pour le Transport et l'Environnement (T & E)
European Federation for Transport and Environment (T & E)

Prof Pierre BERMOND, Président Honoraire
Binningerstrasse 12, CH – 4123 ALLSCHWIL
Tél.: (41) 61 481 05 90, fax: (41) 61 481 04 02

Fédération internationale des Acteurs (FIA)
International Federation of Actors (FIA)

Miss Katherine SAND, General Secretary

Guild House, Upper St Martin's Lane, GB – LONDON WC2H 9EG
Tél.: (44) 207 379 0900, fax: (44) 207 379 8260
E-mail: office@fia-actors.com
Mr Dominick LUQUER, Assistant General Secretary
c/o UNI-EUROPA, 31, rue de l'Hôpital – Box 9, B – 1000 BRUSSELS
Tél.: (32) 2 234 5653, fax: (32) 2 235 0861
E-mail: FIA.bxl@win.be

Fédération internationale de l'Action des Chrétiens pour l'Abolition de la Torture (FIACAT)
International Federation of Action of Christians for the Abolition of Torture (IFACAT)

Mlle Estelle DROUVIN, Secrétaire internationale
27, rue de Maubeuge, F – 75009 PARIS
Tél.: (33) (0)1 42 80 01 60, fax: (33) (0)1 42 80 20 89
E-mail: fi.acat@wanadoo.fr
Mme Anne-Cécile ANTONI, Représentante auprès du Conseil de l'Europe
47, rue du Maréchal Foch, F – 67000 STRASBOURG
Tél./fax: (33) (0)3 88 52 94 54
E-mail: anne-cecile.antoni@caramail.com
http://www.Fiacat.org

Fédération internationale des Architectes paysagistes (IFLA)
International Federation of Landscape Architects (IFLA)

Ms Tuula-Maria MERIVUORI, Secretary General
Mariankatu 24 H 70, SF – 00170 HELSINKI
Tél./fax: (358) 9 135 2058
E-mail: Tuula-Maria.Merivuori@kolumbus.fi
http://www.ifla.kee.hu/ifla
Mr Heiner RODEL, Treasurer
Via San Gottardo 61, CH – 6900 MASSAGNO/LUGANO
Tél.: (41) 91 966 11 61, fax: (41) 91 966 72 61
E-mail: studiorodel@swissonline.ch
Headquarters, 4, rue Hardy, F – 78009 VERSAILLES cedex
Fax: (33) (0)1 39 53 53 16

Fédération internationale des Assistants sociaux (FIAS)
International Federation of Social Workers (IFSW)

Mr Tom JOHANNESEN, Secretary General
Postfach 6875, Schwarztorstrasse 20, CH – 3000 BERN 1
E-mail: secr.gen@ifsw.org
http://www.ifsw.org
Mme Marie-Thérèse PAILLUSSON, Déléguée auprès du Conseil de l'Europe

53, rue des Dervallières, F – 44000 NANTES
Tél./fax: (33) (0)2 40 73 16 76

Fédération internationale des Associations de Personnes âgées (FIAPA)
International Federation of Associations of the Elderly (FIAPA)

M. Giuseppe BERTOLDI, Président
M. Albert MAGARIAN, Délégué général
24, rue d'Anjou, F – 75413 PARIS cedex 08
Tél.: (33) (0)1 44 56 84 31/50, fax: (33) (0)1 44 56 85 35
E-mail: fia.pa@libertysurf.fr

Fédération internationale de l'Automobile (FIA)
International Automobile Federation (FIA)

Mr. Antonio NUZZO, Administrator, Legal Commission
Chemin de Blandonnet, 2, PO Box 111, CH – GENEVA 15
Tél.: (41) 22 544 45 21, fax: (41) 22 544 45 50
E-mail : anuzzo@aitfia.ch
http://www.fia.com
Me Bernard LOITRON
36, rue Chardon-Lagache, F – 75016 PARIS
Tél.: (33) (0)1 42 88 96 53

Fédération internationale Balint
International Balint Federation

Prof Dr Dr h c Boris LUBAN-PLOZZA, Représentant auprès du Conseil de l'Europe
CH – 6612 ASCONA/COLLINA

Fédération internationale des Centres d'Entraînement aux Méthodes d'Education active (FICEMEA)
International Federation of the Training Centres for the Promotion of Progressive Education

M. Claude VERCOUTERE, Secrétaire Général
24, rue Marc Seguin, F – 75883 PARIS Cedex 18
Tél.: (33) (0)1 53 26 24 24, fax: (33) (0)1 53 26 24 19

Fédération internationale des Centres sociaux et communautaires (IFS)
International Federation of Settlements and Neighbourhood Centres (IFS)

Mme Martine EGELÉ, Présidente de l'Euro-Groupe
1, rue de Saint Quentin, F – 67000 Strasbourg

Tél.: (33) (0)6 10 31 15 43
E-mail: martine.egele@centres-sociaux.asso.fr

Fédération internationale des Communautés éducatives (FICE)
International Federation of Educative Communities (FICE)

M. Robert SOISSON, Président
17, rue Mathias Koener, L – 4174 ESCH SUR ALZETTE
Tél.: (352) 57 03 68, fax; (352) 57 33 70
Mr François Richard JOUBERT, Trésorier, représentant auprès du Conseil de l'Europe
15a, bvd Joffre, F – 54000 NANCY
Tél.: (33) (0)3 83 37 91 33, fax: (33) (0)3 83 30 18 42

Fédération internationale des Conseils en Propriété industrielle (FICPI)
International Federation of Industrial Property Attorneys (FICPI)

M. Pierre NUSS, Représentant auprès du Conseil de l'Europe
10, rue Jacques Kablé, F – 67000 STRASBOURG
Tél.: (33) (0)3 88 35 18 37

Fédération internationale pour l'Economie familiale (FIEF)
International Federation for Home Economics (IFHE)

Dr Gertraud PICHLER, President Elect
c/o Federal Ministry of Agriculture, Stubenring 1, A – 1010 VIENNA
Tél.: (43) 1 711 00 6814, fax: (43) 1 711 00 6695
E-mail: Gertraud.Pichler@bmlf.gv.at
http://www.ifhe.org
Mme Chantal HUEBER, Représentante auprès du Conseil de l'Europe
28, rue Daguerre, F – 68200 MULHOUSE
Tél.: (33) (0)3 89 60 18 98

Fédération internationale pour l'Education des Parents (FIEP)
International Federation for Parent Education (IFPE)

M. Jacques VAN DAMME, vice-Président, responsable de la région Europe
Rue Berkendael 132, bte 11, B – 1050 BRUXELLES
Tél./fax: (32) 2 344 36 15
Mme Monique LABOUREUR, Administratrice
Avenue de la Clairière 11c, B – 1000 BRUXELLES
Tél./fax: (32) 2 375 28 23

Fédération internationale des Femmes de Carrières libérales et commerciales (IFBPW)
International Federation of Business and Professional Women (IFBPW)

Ms Livia RICCI, Past President
Via 4 Novembre 28, I – 37126 VERONA
Tél.: (39) 045 8349197, fax : (39) 045 8349197
E-mail : cesricc@tin.it
Mme Angèle ADRIAN, Représentante auprès du Conseil de l'Europe
12, Boulevard Tauler, F – 67000 STRASBOURG
Tél.: (33) (0)3 88 36 48 69

Fédération internationale des Fonctionnaires supérieurs de Police (FIFSP)
International Federation of Senior Police Officers (FIFSP)

M. G. RAUCHS, Président
M. Jean-Pierre HAVRIN, Secrétaire Général
Mme Hélène DESGARDINS, Secrétaire Général adjoint
FIFSP, Ministère de l'Intérieur, 127, rue du Faubourg Saint Honoré, F – 75008 PARIS
Tél.: (33) (0)1 49 27 40 67, fax: (33) (0)1 45 62 48 52

Fédération internationale pour l'Habitation, l'Urbanisme et l'Aménagement des Territoires (FIHUAT)
International Federation for Housing and Planning (IFHP)

M. Robert LAFONT, Président COFHUAT
18/26, rue Goubet, F – 75019 PARIS
Tél.: (33) (0)1 40 40 70 83, fax: (33) (0)1 40 40 70 74
E-mail: cofhuat@wanadoo.fr
Mme Elsbeth VAN HYLCKAMA VLIEG, Secrétaire Générale
43, Wassenaarseweg, NL – 2596 CG LA HAYE (siège)
Tél.: (31) 70 324 45 57, fax: (31) 70 328 20 85
E-mail: IFHP.NL@inter.NL.net

Fédération internationale d'Helsinki pour les Droits de l'Homme
International Helsinki Federation for Human Rights (IHF)

Dr Aaron RHODES, Executive Director
Wickenburggasse 14/, A – 1080 VIENNA
Tél.: (43) 1 408 88 22, fax: (43) 1 408 88 22 50
E-mail: office@ihf-hr.org
http://www.ihf-hr.org
Ms Brigitte DUFOUR, Deputy Executive Director
Wickenburggasse 14/, A – 1080 VIENNA
Tél.: (43) 1 408 88 22, fax: (43) 1 408 88 22 50
E-mail: office@ihf-hr.org

Fédération internationale de l'Industrie du Médicament (FIIM)
International Federation of Pharmaceutical Manufacturers' Associations (IFPMA)

Dr Harvey BALE, Director General
Secretariat, 30, rue de St Jean, PO Box 9, CH – 1211 GENEVE 18
Tél.: (41) 22 340 12 00, fax: (41) 22 340 13 80
E-mail: admin@ifpma.org
http://www.ifpma.org

Fédération internationale de l'Industrie phonographique (IFPI)
International Federation of the Phonographic Industry (IFPI)

Elisabeth ILES, Head of Library Services
IFPI Secretariat, 54 Regent Street, GB – LONDON WIR 5PJ
Tél.: +44 (0)20 7 878 7900, fax: +44 (0)20 7 878 7950
E-mail: info@ifpi.org
http://www.ifpi.org

Fédération internationale des Jeunes Bons Templiers (IGTYF)
International Good Templar Youth Federation (IGTYF)

Mr Bruce HEILMER, Administrative Director
Elmgren House, 1 The Quay St. Ives, GB – CAMBRIDGESHIRE PE17 4AS
Tél./fax (44) 1480 66 766

Fédération internationale de la Jeunesse pour l'Etude et la Conservation de l'Environnement (IYF)
International Youth Federation for Environmental Studies and Conservation (IYF)

Secretariat, Oudegracht 42, NL – 3511 AR UTRECHT
Tél.: (31) 30 311 537, fax: (31) 30 343 986

Fédération internationale des Jeunesses libérales et radicales (FIJLR)
International Federation of Liberal and Radical Youth (IFLRY)

Mr Jonas RENZ, President
Mr Emil KIRJAS, Secretary General
PO Box 781, B – 1000 BRUXELLES 1
Tél.: (32) 2 512 44 57, fax: (32) 2 502 41 22
E-mail: office@iflry.org
http://www.iflry.org
Miss Anne TILLEMA, Executive Director
PO Box 781, B – 1000 BRUXELLES

Tél.: (32) 2 512 44 57, fax: (32) 2 502 41 22
E-mail: office@iflry.org

Fédération internationale des Journalistes (FIJ)
International Federation of Journalists (IFJ)

Mr Aidan WHITE, Secretary General
Rue Royale 266, B – 1210 BRUXELLES
Tél.: (32) 2 223 22 65, fax: (32) 2 219 29 76
E-mail: APCIFJSAFENET@GN

Fédération internationale des Ligues des Droits de l'Homme (FIDH)
International Federation of Human Rights (FIDH)

Maître Patrick BAUDOUIN, Président
Secrétariat, 17 Passage de la Main d'Or, F – 75011 PARIS
Tél.: (33) (0)1 43 55 25 18, fax: (33) (0)1 43 55 18 80
http://www.fidh.org
M. Pierre BOULAY, Représentant auprès du Conseil de l'Europe
40, rue Principale, F – 67300 SCHILTIGHEIM
Tél./fax: (33) (0)3 88 83 27 29
E-mail: p.j.boulay@libertysurf.fr

Fédération internationale des Maisons de l'Europe (FIME)
International Federation of Europe-Houses (FIME)

M. Daniel ZIELINSKI, vice-Président
4, rue du Bois Leval, F – 59249 AUBERS
Tél.: (33) (0)3 20 52 72 07, fax: (33) (0)3 20 52 25 01
E-mail: ceava@wanadoo.fr
Mr Arno KRAUSE, President
Mme Roswitha JUNGFLEISCH, Secrétaire Générale
M. Christophe LANGENBRINK, Secrétaire Général adjoint
FIME – General Secretariat, Pestelstrasse 2, D – 66119 SAARBRÜCKEN
Tél.: (49) 681 954 52 22, fax: (49) 681 954 52 50
E-mail: info@fime.org
http://www.fime.org

Fédération internationale des Musiciens (FIM)
International Federation of Musicians (FIM)

Dr Yvonne BURCKHARDT, Secretary General
Hofackerstrasse 7, CH – 8032 ZÜRICH
Tél.: (41) 1 422 66 11, fax: (41) 1 422 65 02

Fédération internationale des Organisations de Donneurs de Sang (FIODS)
International Federation of Blood Donors Organisations (IFBDO)

Mr Niels MIKKELSEN, Secretary General
C/Bloddonorerne I Danmark
Vesterbrogade 191, DK – 1800 FREDERIKSBERG C
Tél.: (45) 7013 7014, fax: (45) 7013 7010
E-mail: mikkelsen@bloddonor.dk

Fédération internationale des Personnes atteintes d'Hydrocéphalie et de Spina-Bifida
International Federation for Hydrocephalus and Spina Bifida (IFHSB)

M. Pierre MERTENS, Président
Cellebroersstraat 16, B – 1000 BRUXELLES
Tél.: (32) 02 502 04 13, fax: (32) 02 502 11 29
E-mail: if@wanadoo.be

Fédération internationale des Personnes handicapés physiques (FIMITIC)[7]
International Federation of Persons with Physical Disability (FIMITIC)

Mr Marcel ROYEZ, President
Ms Marija STIGLIC, Secretary General
FIMITIC, Beethovenallee 56-58, D – 53173 BONN
Tél.: (49) 228 9564-130, fax: (49) 228 9564-130
E-mail: FIMITIC@t-online.de
http://www.fimitic.org

Fédération internationale pour le Planning familial – Réseau européen (IPPF EN)
International Planned Parenthood Federation – European Network (IPPF EN)

Ms Barbro LENEER-AXELSEN, President
Ms Lyn THOMAS, Regional Director
Rue Royale 146, B – 1000 BRUSSELS
Tél.: (32) 250 0950, fax: (32) 2 250 0960
E-mail: lthomas@ippfen.org
http://www.ippf.org
Mr Neil DATTA, Assistant Manager, Parliamentarians Project
Rue Royale 146, B – 1000 BRUSSELS
Tél.: (32) 2 250 0950, fax: (32) 2 250 0961/69
E-mail: ndatta@ippfen.org

---

7 Formerly "International Federation of Disabled Workers and Civilian Handicapped (FIMITIC)/ anciennement «Fédération internationale des Mutilés, des Invalides du Travail et des Invalides civils (FIMITIC)»

Fédération internationale de la Presse périodique (FIPP)
International Federation of the Periodical Press Limited (FIPP)

Mr Per R MORTENSEN, President
Queens House, 55/56 Lincoln's Inn Fields, GB – LONDON WC2A 3LJ
Tél.: (44) 171 404 4169, fax: (44) 171 404 4170
E-mail: info@fipp.com
http://www.fipp.com
Ms Helen BLAND, General Manager
Queens House, 55/56 Lincoln's Inn Fields, GB – LONDON WC2A 3LJ
Tél.: (44) 171 404 4169, fax: (44) 171 404 4170
E-mail: info@fipp.com

Fédération internationale des Producteurs agricoles (FIPA)
International Federation of Agricultural Producers (IFAP)

M. David KING, Secrétaire Général
60, rue St Lazare, F – 75009 PARIS
Tél.: (33) (0)1 45 26 05 53
E-mail : ifap@ifap.org

Fédération internationale des Professeurs de Français (FIPF)
International Federation of Teachers of French (FIPF)

M. Peter EHRHARD, Représentant auprès du Conseil de l'Europe
Ringstrasse 6, CH – 4614 HAEGENDORF
Tél./fax: (41) 62 216 54 43
E-mail: peter.ehrhard@bluewin.ch
http://www.fipf.com

Fédération internationale des Professeurs de Langues vivantes (FIPLV)
World Federation of Modern Language Associations
Mr Denis CUNNINGHAM, President
PO Box 216, AU – BELGRAVE 3160, Australia
Fax: (61) 3 9690 9019
E-mail: djc@netspace.net.au
Mr Dieter HEROLD, Treasurer General, Contact for the Council of Europe
Kulenkampstrasse 15 H, D – 23566 LÜBECK
Tél.: (49) 451 327 91, fax: (49) 451 355 43
E-mail: DieterHerold@t-online.de

Fédération internationale des Résistants (FIR)
International Federation of Resistance Movements

Lassallestrasse 40/Stg 2/6, A – 1020 WIEN
Tél./fax: (43) 1 726 30 91
M. François AMOUDRUZ, représentant permanent de la FIR auprès du Conseil de l'Europe
1, place Golbéry, F – 67000 STRASBOURG
Tél.: (33) (0)3 88 61 58 19, fax: (33) (0)3 88 60 69 33

Fédération internationale Terre des Hommes (FITDH)
International Federation Terre des Hommes (FITDH)

Ms Eylah KADJAR-HAMOUDA, International Relations Officer
31, chemin Frank-Thomas, CH – 1208 GENEVA
Tél.: (41) 22 736 33 72, fax: (41) 22 736 15 10
E-mail: intl-rel@iftdh.org
http://www.iftdh.org
Ms Heike SPIELMANS, Advocay Director
Terre des Hommes, Postfach 4126, D – 49031 OSNABRÜCK
Tél.: (49) 541 710 11 67, fax : (49) 541 70 72 33
E-mail: epn@tdh.de

Fédération internationale des Universités Catholiques (FIUC)
International Federation of Catholic Universities (IFCU)

M. Jan PETERS, Président, M. Vincent HANSSENS, Secrétaire Général
Mrs Odile MOREAU
21, rue d'Assas, F – 75270 PARIS cedex 06
Tél.: (33) (0)1 44 39 52 26, fax: (33) (0)1 44 39 52 28
E-mail: sgfiuc@club-internet.fr
http://www.fiuc.org

Fédération internationale de la Vieillesse (FIV)
International Federation on Ageing (IFA)

Mrs Sally GREENGROSS, Vice-President for Europe
Astral House, 1268 London Road, GB – LONDON SW16 4ER
Tél.: (44) 171 679 80 00, fax: (44) 171 679 60 69

Fédération mondiale des anciens Combattants (FMAC)
World Veterans Federation (WVF)

M. Serge WOURGAFT, Président
17, rue Nicolo, F – 75116 PARIS

Tél.: (33) (0)1 40 72 61 00, fax: (33) (0)1 40 72 80 58
E-mail: fmacwvf@cybercable.fr
http://www.wvf-fmac.com
M. Felix LICHTOR, Représentant
28, rue d'Orsey, F – 67100 STRASBOURG
Tél.: (33) (0)3 88 84 10 89

Fédération mondiale des Annonceurs (FMA)
World Federation of Advertisers (WFA)

Mr Bernhard ADRIAENSENS, Managing Director
Mr Stephan LOERKE, EU Affairs Consultant
120, avenue Louise, Bte 6, B – 1050 BRUSSELS
Tél.: (32) 2 502 57 40, fax: (32) 2 502 56 66
E-mail: info@worldadvertisers.org
E-mail: s.loerke@wfa.be
http://www.worldadvertisers.org

Fédération mondiale des Cités unies et Villes jumelées (FMCU)
United Towns Organisation (UTO)

Mme Yveline MOEGLEN, Maire adjoint, ville de Strasbourg, Membre du Conseil FMCU
Hôtel de Ville, Centre administratif, 1, place de l'Etoile, BP 1049-1050F,
F – 67070 STRASBOURG Cedex
Tél.: (33) (0)3 88 60 90 90, fax: (33) (0)3 88 60 91 00
M. Michel BESCOND, Secrétaire Général
60, rue de la Boétie, F – 75008 PARIS
Tél.: (33) (0)1 53 96 05 80, fax: (33) (0)1 53 96 05 81
E-mail: cités.unies@wanadoo.fr

Fédération des ONG balkaniques (FEBANGO)
Federation of Balkan NGOs (FEBANGO)

M. Christos MARCOPOULOS, Président
8, Diocharous street, GR – 115 28 ATHENS
Tél.: (30) 1 7297018-9/(30) 1 7211929, fax: (30) 1 7211035
E-mail : febango@otenet.gr
M. Jean-André TSIMARATOS, Secrétaire Général
13, rue Picot, F – 75116 PARIS
Tél.: (33) (0)1 53 70 81 69
E-mail: jat@jat-bs.com

Fédération des Représentants des Usagers du Transport aérien dans la Communauté européenne (FATUREC)
Federation of Air Transport User Representatives in the European Community (FATUREC)

M. Charles FLOCARD, Président
AFUTA, 86, rue de la Fédération, F – 75015 PARIS
Tél.: (33) (0)1 45 67 22 89, fax: (33) (0)1 47 34 16 07
Mr George ECONOMOU, vice-Président
c/o Air Transport Users Committee, 126, Kolkotroni Street, GR – 18535 LE PIREE
Tél.: (30) 1 428 23 83, fax: (30) 1 418 20 21

Fédération routière internationale (IRF)
International Road Federation (IRF)

Mr Willem WESTERHUIS, Director General
2 chemin de Blandonnet, CH – 1214 VERNIER/GENEVE
Tél.: (41) 22 306 02 60, fax: (41) 22 306 02 70
E-mail: info@irfnet.org
http://www.irfnet.org

Femmes Chefs d'Entreprises mondiales (FCEM)
World Association of Women Entrepreneurs (FCEM)

Mme Leïla KHAYAT, Présidente
Mme Colette SCHREIBER, vice-Présidente France
4, rue de Turckheim, F – 68000 COLMAR
Tél.: (33) (0)3 89 30 11 00, fax: (33) (0)3 89 30 11 09
E-mail: info@colena.com

Fondation Centres européens Langues et Civilisations (EUROCENTRES)
Foundation for European Languages and Educational Centres (EUROCENTRES)

Mr Brian NORTH, Pedagogic Co-ordinator
Seestrasse 247, CH – 8038 ZÜRICH
Tél.: (41) 1 485 52 45, fax: (41) 1 481 61 24
E-mail: bnorth@eurocentres.com
http://www.eurocentres.com
Mr Michael GERBER, Chief Executive
Seestrasse 247, CH – 8038 ZÜRICH
Tél.: (41) 1 485 52 13, fax: (41) 1 481 61 24
E-mail: mgerber@eurocentres.com

Fondation pour l'Economie et le Développement durable des Régions d'Europe (FEDRE)
Foundation for the Economy and Sustainable Development of the Regions of Europe (FEDRE)

M. Claude HAEGI, Président
Rue de l'Arquebuse 12, CH – 1204 GENEVE
Tél. : (41) 22 807 17 15, fax : (41) 22 807 17 18
E-mail : fedre@bluewin.ch
http://www.fedre.org

Fondation de l'Europe des Sciences et des Cultures
Foundation of the Europe of Sciences and Cultures (FESAC)

Mr Robert PARIENTI, President
19, avenue du Président Wilson, F – 75116 PARIS
Tél.: (33) (0)1 47 20 57 77, fax: (33) (0)1 47 23 70 82
M. Claude Salvador SALIS, Délégué Général-Europe
19, avenue du Président Wilson, F – 75116 PARIS
Tél.: (33) (0)1 47 20 57 77, fax: (33) (0)1 47 23 70 82

Fondation européenne Antonio Bana «IL NIBBIO» pour la recherche ornithologique sur les migrations et pour la sauvegarde de l'environnement (FEIN)
European Foundation Antonio Bana «IL NIBBIO» for Ornithological Research into Migrations and Natural Habitats Conservation (EFIN)

M. Giovanni BANA, President
Via Sant Antonio nr 11, I – 20122 MILAN
Tél.: (39) 02 583 039 74, fax: (39) 02 583 050 05
E-mail: fein@nibbio.org
http://www.nibbio.org
Ms Paola MAGNANI, Research Assistant
Via Sant Antonio nr 11, I – 20122 MILAN
Tél./fax: (39) 031 762 162, fax: (39) 02 583 050 05

Fondation du Forum universale
Universal Forum Foundation

M. Jean-Paul CARTERON, Président
WTC No 1, CH – 1215 GENEVE 15
Tél.: (41) 22 791 70 40, fax: (41) 22 791 70 41
E-mail: summit@webstore.mc
http://www.cmf.ch

Fondation Marangopoulos pour les droits de l'homme (FMDH)
Marangopoulos Foundation for Human Rights (MFHR)

Mrs Alice YOTOPOULOS MARANGOPOULOS, Présidente
1, rue Lycavittou, GR – 106 72 ATHENES
Tél.: (30) 1 3637 455, 3613 527, fax: (30) 1 3622 454
E-mail: mfhr@forthnet.gr
Mr Linos-Alexandre SICILIANOS, Directeur scientifique
1, rue Lycavittou, GR – 106 72 ATHENES
Tél.: (30) 1 3637 455, 3613 527, fax: (30) 1 3622 454
Mme Irène KITSOU-MILONAS, Représentante auprès du Conseil de l'Europe
16, rue Stoeber, F – 67000 STRASBOURG
Tél.: (33) (0)3 88 37 00 73

Forum européen pour la Liberté dans l'Education (EFFE)
European Forum for Freedom in Education (EFFE)

Dr Manfred BORCHERT, President
Prof Dr Reija WILENIUS, President
Annener Berg 15, D – 58454 WITTEN
Tél.: (49) 2302 699 442, fax: (49) 2302 699 443
E-mail: effe.witten@t-online.de
Mrs Kaisa LANGE, Chairwoman
Alppikatu 7a, SF – 00530 HELSINKI
Tél.: (358) 9 191 8165
Mme Annette ROBERT, Représentante auprès du Conseil de l'Europe
2, rue Copernic, F – 67200 STRASBOURG
Tél. : (33) (0)3 88 27 75 22, fax : (33) (0)3 88 29 01 40
E-mail : AMEROBERT@iFrance.Com

Forum européen des Personnes handicapées (EDF)
European Disability Forum (EDF)

Mr Yannis VARDAKASTANIS, President
32 square Ambiorix, BTE 2/A, B – 1000 BRUSSELS
Tél.: (32) 2 282 46 00, fax: (32) 2 282 46 09
E-mail: secretariat@edf.feph.org
http://www.edf-feph.org
Mr Stefan TRÖMEL, Director
32 square Ambiorix, BTE 2/A, B – 1000 BRUSSELS
Tél.: (32) 2 282 46 06, fax: (32) 2 282 46 09
E-mail: director@edf-feph.org

Forum européen pour la Protection de l'Enfance (EFCW)
European Forum for Child Welfare (EFCW)

Miss Eleni ANDRIKOPOULOU, Secretary General
53, rue de la Concorde, B – 1050 BRUSSELS
Tél.: (32) 2 511 70 83, fax: (32) 2 511 72 98
E-mail: efcw@dproducts.be
http://www.efcw.org

Forum européen pour la Sécurité urbaine
European Forum for Urban Security

M. Michel MARCUS, Secrétaire Général
38, rue Liancourt, F – 75014 PARIS
Tél.: (33) (0)1 40 64 49 00, fax: (33) (0)1 40 64 49 10
E-mail: fesu@urbansecurity.org
http://www.urbansecurity.org

Forum européen des Services d'Aide aux Victimes (EFVS)
European Forum for Victim Services (EFVS)

Ms Helen REEVES, General Secretary
Victim Support, Cranmer House, 39 Brixton Road, GB – LONDON SW9 6DZ
Tél.: (44) 171 735 9166, fax: (44) 171 582 5712

Forum européen du Volontariat pour le Développement (FORUM)
European Forum on Development Service (FORUM)

M. Yves de CHOLLES, Secrétaire Général
Rue du Collège St Michel 38, B – 1150 BRUXELLES
Tél.: (32) 2 230 33 32

Forum international du Développement urbain
International Network for Urban Development (INTA)

Mr Michel SUDARSKIS, Secretary General
Nassau Dillenburgstraat 44, NL – 2596 AE S'GRAVENHAGE
Tél.: (31) 70 324 45 26, fax: (31) 70 328 07 27

Forum des Migrants de l'Union européenne (EMF)
European Migrants Forum (EMF)

Secrétariat, Rue Belliard, 23A, B – 1040 BRUXELLES

Tél.: (32) 2 230 28 60, fax: (32) 2 230 22 70
E-mail: forum.migrants.ue@skynet.be

Frank Internationale Kinderhilfe E.V

Ms Nina KOSTINA, President
Sophienstr. 12, D – 76530 BADEN-BADEN
Tél. : (49) 721 94 92 06, fax : (49) 721 94 92 08
Mme Eva Maria FISCHER, Représentante auprès du Conseil de l'Europe
8, rue des Jardiniers, F – 67000 STRASBOURG
Tél./fax : 33 (0)3 88 31 68 22
E-mail : drevafischer@aol.com

Front uni pour l'Action interculturelle
United for Intercultural Action

Ms Saskia DARU
Postbus 413, NL – 1000 AK AMSTERDAM
Tél.: (31) 20 683 47 78, fax: (31) 20 683 45 82
E-mai: united@united.non-profit.nl
http://www.united.non-profit.nl
Mr Geert ATES
Postbus 413, NL – 1000 AK AMSTERDAM
Tél.: (31) 20 683 47 78, fax: (31) 20 683 45 82
E-mai: united@united.non-profit.nl
http://www.united.non-profit.nl

G

Groupe européen des Femmes diplômées des Universités (GEFDU)
University Women of Europe (UWE)

Mme Karine HENROTTE-FORSBERG, Présidente
Avenue de Thiervaux 99, B – 4802 HEUSY
E-mail: Karine.Henrotte@skynet.be
Mrs Kathleen WILSON, vice President
Wayside, Sway Road, GB – BROCKENHURST, Hampshire SO42 7SG
Tél./fax: (44) 1590 62 32 63

Groupe européen de la Publicité Télévisée (EGTA)
European Group of Television Advertising (EGTA)

Ms Laëtitia SEDOU, EU Affairs & Communication Adviser
50, rue Wiertz, B – 1050 BRUSSELS

Tél.: (32) 2 286 91 20, fax: (32) 2 286 91 24
E-mail: egta.sedou@ebu.ch

Groupe de Travail permanent des Jeunes Médecins hospitaliers européens (PWG)
Permanent Working Group of European Junior Hospital Doctors (PWG)

Dr Eduardo MARQUES, President
Avenida Almirante Gago Cutinho, 151, P – 1749-084 LISBOA
Tél.: (351) 1 842 71 54, fax: (351) 1 842 71 99
E-mail: pwg@ordemmedicos.pt
http://pwg.sitepoc.pt
Ms Sandra CONCHA, Secretary
Avenida Almirante Gago Cutinho, 151, P – 1749-084 LISBOA
Tél.: (351) 1 842 71 54, fax: (351) 1 842 71 99
E-mail: pwg@ordemmedicos.pt

Groupement européen des Médecins en Pratique libre (EANA)
European Working Group of General Practitioners and Specialists in Free Practice (EANA)

Mrs Ute LEUTLOFF-SIMONS, Secretary
c/o NAV-Virchowbund, Belfortstrasse 9, D – 50668 KÖLN
Tél.: (49) 221 97 30 05 33, fax: (49) 221 7 39 12 39
E-mail: uleutloff-simons@nav-widi.de

Groupement industriel européen d'Etudes spatiales (EUROSPACE)
European Industrial Space Study Group (EUROSPACE)

M. Y. DEMERLIAC, Secrétaire Général
48, rue de Turenne, F – 75003 PARIS
Tél.: (33) (0)1 42 71 18 66, fax: (33) (0)1 42 71 18 11

Groupement du Nursing européen (GNE)
European Nursing Group (ENG)

Mrs Barbara SCHWOCHERT, President
Post Box 1184, L – 1011 LUXEMBOURG
M. Gérard WAGNER, Représentant auprès du Conseil de l'Europe
44A, rue des Moulins, F – 57600 FORBACH
Tél.: (33) (0)3 87 98 48 10

I

INCLUSION INTERNATIONAL

Mr G Donald WILLS, President
Mr John O'GORMAN, Secretary General
Ms Nancy BREITENBACH, Chief Executive Officer
13d chemin du Levant, F – 01210 FERNEY-VOLTAIRE (headquarters)
Tél.: (33) (0)4 50 40 01 97, fax: (33) (0)4 50 40 01 07
E-mail: inclus@club-internet.fr
Mme Françoise JAN, Chargée des relations avec le Conseil de l'Europe, Trésorière
18, rue Stéphane Leduc, F – 44300 NANTES
Tél./fax: (33) (0)2 40 59 29 44
E-mail: jancfcg@aol.com

Institut européen de l'Ombudsman (EOI)
European Ombudsman Institute (EOI)

Mr Anton CANELLAS, President
Josep Anselm Clavé 31, E – 08002 BARCELONA
Secretariat, Salurnerstrasse 4/8, A – 6020 INNSBRUCK
Tél.: (43) 512 56 69 10, fax: (43) 512 57 59 71
E-mail: eoi@tirol.com
http://www.tirol.com/eoi

Institut international pour les Droits des Groupes éthniques et pour le Régionalisme (INTEREG)
International Institute for Ethnic Group Rights and Regionalism (INTEREG)

Prof Dr Josef STINGL, President
Heßtrasse 26, Postfach 34 01 61, D – 80098 MÜNCHEN
Tél.: (49) 89 272 94 222, fax: (49) 89 272 94 240
Prof Dr Dieter BLÜMENWITZ, President
Universität Würzburg, Domerschulstr 16, D – 97070 WÜRZBURG
Tél.: (49) 931 31 23 08, fax: (49) 931 31 27 93

Institut international de Droit humanitaire (IIDH)
International Institute of Humanitarian Law (IIHL)

Siège, Villa Ormond Corso Cavallotti 113, I – 18038 SANREMO
Tél.: (39) 0184 54 18 48, fax: (39) 0184 54 16 00
E-mail: sanremo@iihl.org
Liaison Office, Avenue de la Paix, 7 bis, CP 301, CH – 1211 GENEVA
Tél.: (41) 22 730 86 30, 730 86 34, fax: (41) 22 730 86 33
E-mail: geneve@iihl.org
http://www.iih.org

M. Jovan PATRNOGIC, Président
M. Giuseppe GUARNERI, Représentant permanent auprès du Conseil de l'Europe
18, rue Eugène Carrière, F – 67000 STRASBOURG
Tél./fax: (33) (0)3 88 60 25 48
E-mail: guarneri@cybercable.tm.fr

Institut international d'Etudes des Droits de l'Homme (IIDH)
International Institute for Human Rights Studies (IIHRS)

M. Guido GERIN, Président
Via Cantù 10, I – 34127 TRIESTE
Tél.: (39) 040 52121, fax: (39) 040 5700200
E-mail: info@istitutodirittiuomo.net
http://www. Istitutodirittiuomo.net
M. Giuseppe GUARNERI, Secrétaire Général
18, rue Eugène Carrière, F – 67000 STRASBOURG
Tél.: (33) (0)3 88 60 25 48, fax: , fax: (33) (0)3 88 60 25 48
E-mail: guarneri@cybercable.tm.fr

Institut international de la Presse (IIP)
International Press Institute (IPI)

Mr Johann P. FRITZ, Director
Spiegelgasse 2, A – 1010 WIEN
Tél.: (43) 1 512 90 11, fax: (43) 1 512 90 14
E-mail:ipi@freemedia.at
http://www.freemedia.at
Ms Barbara TRIONFI, Press Freedom Adviser
Spiegelgasse 2, A – 1010 WIEN
Tél.: (43) 1 512 90 11, fax: (43) 1 512 90 14
E-mail: info@freemedia.at
http://www.freemedia.at

Institut international du Théâtre (IIT)
International Theatre Institute (ITI)

M. André-Louis PERINETTI, Secrétaire Général
1, rue Miollis, F – 75732 PARIS CEDEX

Institut Robert Schuman pour l'Europe (IRSE)
The Robert Schuman Institute for Europe (IRSE)

M. Maurice RIEUTORD, S.J., Secrétaire Général
3, avenue des Sources, F – 84000 AVIGNON

Tél.: (33) (0)4 90 14 71 54, fax: (33) (0)4 90 14 71 55
E-mail: Maison.Europe@europe-avignon.com
Dr Soumeya ABDELATIF, vice-Présidente
5, rue Jean Jaurès, F – 92800 PUTEAUX
Tél. : (33) (0)6 20 41 29 07
E-mail : Soumeya@club.internet
M. Jean-Pierre RAUSIS, Délégué Général aux Affaires financières, Directeur Général de BERSY
Rue Pierrefleur, 15 , CH – 1938 UVRIER/SION
Tél.: (41) 27 203 73 30, fax: (41) 27 203 73 32
E-mail: jprausis@swissonline.ch

Institut Supérieur International des Sciences Criminelles (ISISC)
International Institute of Higher Studies in Criminal Sciences (ISISC)

Mr Cherif BASSIOUNI, President
Via Agati 12, I – 96100 SIRACUSA
Tél.: (39) 0931 414 515, fax: (39) 0931 442605
E-mail: isisc@ibmsnet.it
M. Alfredo NUNZI, Directeur des Etudes
Via Agati 12, I – 96100 SIRACUSA
Tél.: (39) 0931 414 516, fax: (39) 0931 442605
E-mail: isisc@ibmsnet.it

International Centre for the Legal Protection of Human Rights (INTERIGHTS)

Lord Lester of Herne Hill QC, President
Ms Emma PLAYFAIR, Executive Director
Lancaster House, 33 Islington High Street, GB – LONDON N1 9LH
Tél.: (44) 207 278 3230, fax: (44) 207 278 4334
E-mail: eplayfair@interights.org, ir@interights.org
http://www.interights.org
Mr Borislav PETRANOV, Legal Officer for Central and Eastern Europe
Lancaster House, 33 Islington High Street, GB – LONDON N1 9LH
Tél.: (44) 207 278 3230, fax: (44) 207 278 4334
E-mail: bpetranov@interights.org

International Fragrance Association (IFRA)

Dr Friedrich GRUNDSCHOBER, Scientific Director
5, chemin de la Parfumerie, CH – 1214 VERNIER
Tél.: (41) 22 34 14 140, fax: (41) 22 34 14 142
E-mail: iofi@dial.eunet.ch

Internationale des Amis de la Nature (IAN)
International Friends of Nature (IFN)

Mr Herbert BRÜCKNER, President
Mr Manfred PILS, Secretary General
Diefenbachgasse 36, A – 1150 VIENNA (headquarters)
Tél.: (43) 1 892 38 77, fax: (43) 1 812 97 89
E-mail: nfi@nfi.at
http://www.nfi.at

Internationale de l'Education (IE)
Education International (EI)

M. Fred VAN LEEUWEN, Secrétaire Général
5, boulevard du Roi Albert II (8), B – 1210 BRUXELLES
Tél.: (32) 2 224 06 11, fax: (32) 2 224 06 06
E-mail: headoffice@ei-ie.org
http://www.ei-ie.org

Internationale des Jeunes Amis de la Nature (IJAN)
International Young Nature Friends (IYNF)

Ms Rosa GALLEGO, Secretary General
Hamerstraat 19, B – 1000 BRUSSELS
Tél.: (32) 2 217 62 82, fax: (32) 2 217 81 33
E-mail: iynf@iynf.org
http://www.iynf.org

Internationale libérale (IL)
Liberal International (LI)

Mr Frits BOLKESTEIN, President
1 Whitehall Place, GB – LONDON SW1A 2HD
Tél.: (44) 171 839 5905, fax: (44) 171 925 2685
E-mail: li@worldlib.org
http://www.worldlib.org
Mr Jan WEIJERS, Programme Officer
1 Whitehall Place, GB – LONDON SW1A 2HD
Tél.: (44) 171 839 5905, fax: (44) 171 925 2685
E-mail: li@worldlib.org
http://www.worldlib.org

Internationale des Services publics (ISP)
Public Services International (PSI)

Mr Hans ENGELBERTS, General Secretary
Mr Alan LEATHER, Deputy General Secretary
45, avenue Voltaire, BP 9, F – 01211 FERNEY-VOLTAIRE Cedex
Tél.: (33) (0)4 50 40 64 64, fax: (33) (0)4 50 40 73 20
E-mail: psi@world-psi.org

Internationale socialiste (SI)
Socialist International (SI)

Mr Luis AYALA, Secretary General
Maritime House, Old Town, Clapham, GB – LONDON SW4 OJW
Tél.: (44) 171 627 4449, fax: (44) 171 720 4448/498 1293
E-mail: secretariat@socialistinternational.org
http://www.socialistinternational.org

Internationale Socialiste des Femmes (ISF)
Socialist International Women (SIW)

Ms Marlène HAAS, Secretary General
Maritime House, Old Town, Clapham, GB – LONDON SW4 OJW
Tél.: (44) 171 627 4449, fax: (44) 171 720 4448, 171 498 1293
E-mail:socintwomen@gn.apc.org

J

Jeune Chambre internationale (Jaycees International/JCI)
Junior Chamber International (Jaycees International/JCI)

Mr Benny ELLERBE, Secretary General
400, University Drive, PO Box 140577, Coral Gables, FL 33114-0577, USA
Tél.: (1) 305 446 7608, fax: (1) 305 442 0041
Mr Theo De BEIR, Representative to the Council of Europe
Ave, Winston Churchill laan 51, B – 1180 BRUSSELS
Tél.: (32) 2 340 2400, fax: (32) 2 343 8303
E-mail: lawfirm.debeir@belgavoka.be
M. Didier LUCES, Représentant auprès du Conseil de l'Europe
119, route du Général de Gaulle, F – 67300 SCHILTIGHEM
Tél./fax: (33) (0)3 88 33 20 73
E-mail: Luces.Family@wanadoo.fr

Jeunesse pour le Développement et la Coopération (JDC)
Youth for Development and Co-operation (YDC)

International Secretariat, Rijswijkstraat 141 G, NL – 1062 ES AMSTERDAM
Tél.: (31) 20 614 25 10, fax: (31) 20 617 55 45

Jeunesse étudiante catholique internationale – Mouvement international des Etudiants catholiques, Coordination européenne JECI-MIEC
International Young Catholic Students – International Movement of Catholic Students, European Co-ordination IYCS – IMCS

M. Luis PINTO, Melle Anna PALLARES, Secrétaires européens
Rue du Marteau 19, B – 1040 BRUXELLES
Tél.: (32) 2 218 54 37
E-mail: mjecieur@mail.beon.be

Jeunesse européenne fédéraliste (JEF)
Young European Federalists (YEF)

Ms Laura DAVIS, Secretary General
Secrétariat Européen, Chaussée du Wavre, 214D, B – 1050 BRUXELLES
Tél.: (32) 2 512 00 53, fax: (32) 2 626 95 01
E-mail: jef.europe@euronet.be
http://www.jef.europe.org

Jeunesse ouvrière chrétienne internationale (JOC Intern)
International Young Christian Workers (Intern YCW)

M. Marcel SCHILLEBEEKS, Secrétaire
Rue des Moucherons, 3, B – 1000 BRUXELLES
Tél.: (32) 2 426 21 49, fax: (32) 2 426 41 72
E-mail: joceurope@skynet.be
Mr Antonio GOMEZ, Secrétaire
Rue des Moucherons, 3, B – 1000 BRUXELLES
Tél./fax: (32) 2 426 21 49
E-mail: joceurope@skynet.be

K

Kiwanis international, Fédération européenne
Kiwanis International, European Federation

Dr Dieter WEBER
Warmbaderstraße 83, A – 9504 VILLACH

Tél.: (43) 4242 370 350, fax: (43) 4242 370 354
Dieter KRAUSS
Gundelheimerstraße 73, D – 74076 HEILBRONN
Tél.: (49) 07131 980 810, fax: (49) 07131 955 344

L

Les Amis de CESO (Coopération européenne et Solidarité)
Friends of ECSO (European Co-operation and Solidarity Support Group)

M. Ménotti BOTTAZZI, Coordinateur
c/o Secours Populaire, 9-11, rue Froissart, F – 75140 PARIS Cedex 03
Tél.: (33) (0)1 44 78 21 42, fax: (33) (0)1 44 78 22 44
E-mail: spfmonde@aol.com

L'Europe contre la Drogue (EURAD)
Europe against Drugs (EURAD)

Mrs Katarina CNATTINGIUS, Vice-Chair
Skogsvägen 26, S – 18355 TABY
Tél.: (46) 08 768 72 99, fax: (46) 08 792 24 84
E-mail: pro.cna@mbox300.swipnet.se
Mr Jan KROGH, Council member
c/o Stiftelsen Ieon, Fridtjof Nansens vei 2, N – 0369 OSLO
Tél.: (47) 22 69 84 80, fax: (47) 22 56 67 67
http://www.iol.ie/~eurad/

Ligue des Bibliothèques européennes de Recherche (LIBER)
Association of European Research Libraries

Prof Dr Hans-Albrecht KOCH, Secretary
Universität Bremen, FB 10, GW1, B 1200, Postfach 33 04 40, D – 28334 BREMEN

Ligue européenne de Coopération économique (LECE)
European League for Economic Co-operation (ELEC)

M. Pierre BAKEEFF, Secrétaire Général
Rue de Ligne 11, B – 1000 BRUXELLES
Tél.: (32) 2 219 82 50, fax: (32) 2 219 06 63
E-mail: elec@honet.be
M. Albert MURSCH, Représentant auprès du Conseil de l'Europe,
Directeur Général Honoraire de la SOGENAL
8, rue du Dôme, F – 67000 STRASBOURG
Tél.: (33) (0)3 88 77 60 03

Ligue internationale de l'Enseignement, de l'Education et de la Culture populaire (LIEECP)
International League for Child and Adult Education

Mme Anne-Marie FRANCHI, Secrétaire Général
3, rue Récamier, F – 75007 PARIS
Tél.: (33) (0)1 43 58 97 48/97, fax: (33) (0)1 43 58 97 02
E-mail:amfranchi@laligue.org
http://wwwf.média.ligue.org
M. Roland BIACHE, Responsable des questions Nord/Sud et du développement
3, rue Récamier, F – 75007 PARIS
Tél.: (33) (0)1 43 58 97 98, fax: (33) (0)1 43 58 97 88
E-mail: rbiache@laligue.org

Ligue internationale contre le Racisme et l'Antisémitisme (LICRA)
International League against Racism and Antisemitism (LICRA)

M. Patrick GAUBERT, Président
M. Richard SERERO, Secrétaire Général
42, rue du Louvre, F – 75001 PARIS
Tél.: (33) (0)1 45 08 08 08, fax: (33) (0)1 45 08 18 18
E-mail: Licra@Licra.com
http://www.Licra.com
M. Raphaël NISAND, Représentant auprès du Conseil de l'Europe
59, route de Bischwiller, F – 673000 SCHILTIGHEIM
Tél.: (33) (0)3 88 62 10 77, fax: (33) (0)3 88 83 38 67

Lions Clubs international, Districts européens (LCI)
Lions Clubs International, European Districts (LCI)

Mr James ERWIN, President
Mrs Elsa VAINTZETTEL
300 22nd street OAK BROOK ILLINOIS, 60523/8842 USA
http://www.lionsclub.org
M. Marcel MENGEOT, past Directeur international
Rue du Palais 11, B – 6000 CHARLEROI
Tél.: (32) 71 31 37 64, fax: (32) 71 32 33 05
M. Giovanni RIGONE
Via S. Ennodio 18, I – 27100 PAVIA
Tél.: (39) 0382 530 201, fax: (39) 0382 530 204
E-mail: gnrigone@tin.it

Lobby européen des Femmes
European Women's Lobby

Ms Denise FUCHS, Président

18, rue Hydraulique, B – 1210 BRUXELLES
Tél.: (32) 2 217 90 20, fax: (32) 2 219 84 51
E-mail: ewl@womenlobby.org
http://www.womenlobby.org
Ms Barbara HELFFERICH, Secretary General
18, rue Hydraulique, B – 1210 BRUXELLES
Tél.: (32) 2 217 90 20, fax: (32) 2 219 84 51
E-mail: ewl@womenlobby.org

M

Magistrats européens pour la Démocratie et les Libertés (MEDEL)
European Judges for Democracy and Liberties (MEDEL)

Mr Orlando AFONSO, President
Rua General Humberto Delgado, 43 2° E Cora da Piedade, P – 2800 ALMADA
Tél.: (351) 1 259 4883, fax: (351) 1 259 7674

MEMORIAL – Société internationale historique, éducative et caritative des droits de l'homme
MEMORIAL – International Historical and Educational Human Rights and Charity Society

Ms Tatjana KASATKINA, Executive Director
12 Maliy Karetnyi, RU – 105051 MOSCOW
Tél.: (7) 095 200 65 06, fax: (7) 095 209 57 79

Mobility international

Mr Wolfgang TIGGES, President
Bd Baudoin 18, B – 1000 BRUXELLES
Tél.: (32) 2 201 57 11, fax: (32) 2 201 57 63
E-mail: mobint@arcadis.be
http://www.mobility.international
Mrs Josyane PIERRE, Director
Bd Baudoin 18, B – 1000 BRUXELLES
Tél.: (32) 2 201 57 11, fax: (32) 2 201 57 63
E-mail: mobint@arcadis.be

Mouvement catholique international pour la Paix – Pax Christi
Pax Christi – International Catholic Peace Movement

M. Jean-Pierre RIBAUT, Représentant auprès du Conseil de l'Europe
27, rue Ralié, F – 33250 PAUILLAC
Tél.: (33) (0)5 56 59 13 64, fax: (33) (0)5 56 59 68 80
E-mail: marie.cais@wanadoo.fr

Patriarch Michel SABBAH, President
Etienne DE JONGHE, Secretary General
Mr Paul LANSU
International Secretariat, 21, rue du vieux Marché aux Grains, B – 1000 BRUXELLES
Tél.: (32) 2 502 55 50, fax: (32) 2 502 46 26
E-mail: hello@paxchristi.net, paul@paxchristi.net
http://www.paxchristi.net

Mouvement européen
European Movement

M. Pier Virgilio DASTOLI, Secrétaire Général
Square de Meeûs, 25, B – 1000 BRUXELLES
Tél.: (32) 2 512 30 88, fax: (32) 2 508 30 89
E-mail: european.movement@skynet.be
http://www.europeanmovement.org
Mme Marie-Claude VAYSSADE, membre du Bureau
107, rue Charles III, F – 54000 NANCY
Tél.: (33) (0)3 83 35 62 79, fax: (33) (0)3 83 35 42 61

Mouvement international d'Apostolat en milieux sociaux indépendants (MIAMSI)
International Movement of Apostolate in Middle and Upper Classes (MIAMSI)

M. Jean-Paul MATHERN
15, rue des Frères Matthis, F – 67540 OSWALD
Tél.: (33) (0)3 88 29 98 45
E-mail: mathern5@club-internet.fr
Mme Véronique BOBEY
18, rue des Crécerelles, F – 67800 HOENHEIM
Tél.: (33) (0)3 88 18 86 73
E-mail: VBOBEY@hotmail.com

Mouvement international ATD – Quart Monde
International Movement ATD – Fourth World

Mme Annelise OESCHGER, Déléguée auprès du Conseil de l'Europe
Krozingerstrasse 58-10, D – 79114 FREIBURG
Tél./fax: (49) 761 476 18 02
E-mail: atd.regio@debiTél.net
M. François-Paul DEBIONNE, Délégué adjoint auprès du Conseil de l'Europe
39, rue du Général Conrad, F – 67000 STRASBOURG
Tél./fax: (33) (0)3 88 61 27 84
E-mail:francois.paul.debionne@sante.gouv.fr

Mouvement international des Faucons (MIF)
International Falcon Movement (IFM)

Mrs Odette LAMBERT, Secretary General
Rue Quinaux 3, B – 1030 BRUXELLES (siège)
Tél.: (32) 2 215 79 27, fax: (32) 2 245 00 83
E-mail: ifm-sei@infonie.be

Mouvement international de la Jeunesse agricole et rurale catholique (MIJARC)
International Movement of Catholic Agricultural and Rural Youth (MIJARC)

Miss Thérèse WILLOT, Secrétaire Générale
Rue Joseph Coosmans 53, B – 1030 BRUXELLES
Tél.: (32) 2 426 28 29, fax: (32) 2 426 41 76
E-mail: mijarc.europe@skynet.be
http://www.mijarc.org
Mr Michael SCHMITT, Délégué
53, rue des Renaudes, F – 75017 PARIS
Tél.: (33) (0)1 42 27 74 18, fax: (33) (0)1 47 66 38 67

O

Observatoire des Missions publiques en Europe (OMIPE)[8]

M. Marcel PIQUEMAL, Délégué général
CNP/CMO, 4 place Raoul Dautry, Bur 5A27, F – 75116 PARIS CEDEX 15
Tél.: (33) (0)1 42 18 81 03, fax: (33) (0)1 42 18 86 66

Oeuvre internationale de Kolping (OIK)
International Kolping Society (IKS)

Mr Heinrich FESTING, President
Mr Hubert TINTELOTT, Secretary General
Kolpingplatz 5-11, D – 50667 COLOGNE
Tél.: (49) 221 20701 49, fax: (49) 221 20701 46
E-mail : ikw@kolping.de
http://www.kolping.de/ikw/
Mr Anton SALESNY, Representative to the Council of Europe
Schaumanngasse 70/4/8, A – 2000 STOCKERAU bei WIEN
Tél.: (43) 2266 659 16, fax: (43) 2266 634 01-20
http://www.kolping.de

---

[8] Anciennement « Rencontres européennes des Fonctions publiques (REFP) »/formerly "European Meetings of Civil Services (REFP)"

Office international du Coin de Terre et des Jardins familiaux
International Office of Allotments and Leisure Garden Societies

Mme Malou WEIRICH, Secrétaire Générale
20, rue de Bragance, L – 1255 LUXEMBOURG
Tél.: (352) 45 32 31, fax: (352) 45 34 12
E-mail: office-international@jardins-familiaux.org
M. Wilhelm WOHATSCHEK, Président du Comité exécutif
Zentralverband der Kleingärtner, Siedler und Kleintierzüchter Österreichs,
Getreidemarkt 11/10, A – 1060 VIENNA
Tél.: (43) 1 587 07 85, fax: (43) 1 587 07 85 30
E-mail: zvpraesident@chello.at

Office international de l'Enseignement catholique (OIEC)
Catholic International Education Office (OIEC)

Abbé Gilbert CAFFIN, Prêtre, Représentant auprès du Conseil de l'Europe
5, rue Trubner, F – 67000 STRASBOURG
Tél.: (33) (0)3 88 35 03 90, fax: (33) (0)3 88 36 70 74
E-mail: gcaffin@mail.sdv.fr
http://www.ciateq.mx/maria/oiec
Mme Anne Bénédicte de SAINT-AMAND
5, rue de l'Outre, F – 67000 STRASBOURG
Tél.: (33) (0)3 88 22 08 50, fax: (33) (0)3 88 75 98 13
E-mail: absa@club-internet.fr

Oiseaux migrateurs du Paléarctique occidental (OMPO)
Migratory Birds of the Western Palearctic (OMPO)

M. Frédéric CHEVALLIER, Coordonnateur
5, rue des Chasseurs, F – 75017 PARIS
Tél.: (33) (0)1 44 01 05 10, fax: (33) (0)1 44 01 05 11
E-mail: ompo@dyadel.net
M. Hervé LETHIER, Conseiller scientifique
5, rue des Chasseurs, F – 75017 PARIS
Tél.: (33) (0)1 44 01 05 10, fax: (33) (0)1 44 01 05 11
E-mail: ompo@dyadel.net

Open Society Institute (OSI)

Mr Aryeh NEIER, President
Ms Mabel WISSE SMIT, Executive Director
26, rue des Minimes, B – 1000 BRUXELLES
Tél. : (32) 2 505 46 46, fax : (32) 2 502 46 46

E-mail : osi@osi-brussels.be
http://www.soros.org

Organisation du Baccalauréat international (OBI)
International Baccalaureate Organisation (IBO)

Dr Ian HILL, Regional Director
15, route des Morillons, CH – 1218 GRAND SACONNEX/GENEVE
Tél.: (41) 22 791 02 74, fax: (41) 22 791 02 77
E-mail: ibea@ibo.org
http://www.ibo.org
Ms Nelida ANTUNA, Associate Regional Director
15, route des Morillons, CH – 1218 GRAND SACONNEX/GENEVE
Tél.: (41) 22 791 02 74, fax: (41) 22 791 02 77
E-mail: ibea@ibo.org

Organisation catholique internationale du Cinéma et de l'Audiovisuel (OCIC)
International Catholic Organisation for Cinema and Audiovisual (OCIC)

M. Daniel van ESPEN, Directeur
15, rue du Saphir, B – 1030 BRUXELLES
Tél.: (32) 2 734 42 94, fax: (32) 2 734 32 07
E-mail: ocic.bru@compuserve.com
http://www.ocic.org

Organisation européenne des Associations militaires (EUROMIL)
European Organisation of Military Associations (EUROMIL)

Mr Jens Christian ROTBØLL, President
33, avenue du Général de Gaulle, B – 1050 BRUXELLES
Tél.: (33) 2 626 06 83, fax: (32) 2 626 06 99
E-mail: euromil@glo.be

Organisation européenne de la Confédération syndicale mondiale des Enseignants
European Organisation of the World Confederation of Teachers

M. Gaston de la HAYE, Secrétaire Général
Rue de Trèves 33, B – 1040 BRUXELLES
Tél.: (32) 2 230 60 90/230 87 22
M. Jean-Luc MASUY
Digue des Peupliers 108, B – 7000 MONS
Tél./fax: (32) 65 36 38 76
E-mail: jl.masuy@skynet.be

Organisation européenne – Groupement international d'Associations de Parents de l'Enseignement catholique (OE-GIAPEC)
European Organisation – International Group of Catholic Parents' Associations (OE-GIAPEC)

M. Valter BOERO, Président
Via Giovanni Prati, 1, I – 10121 TURIN
M. Christian MALAVIELLE, Délégué
6, rue Werinhar, F – 67000 STRASBOURG
Tél.: (33) (0)3 88 36 26 15, fax: (33) (0)3 88 52 11 56
E-mail: christian.malavielle@wanadoo.fr

Organisation européenne non gouvernementale des Sports (ENGSO)
European Non-Governmental Sports Organisation (ENGSO)

Mr Bengt SEVELIUS, President
Ms Marlis RYDZY-GÖTZ, Secretary General
ENGSO Secretariat, c/o Deutscher Sportbund, Otto-Fleck-Schneise 12, D – 60525 FRANKFURT
Tél.: (49) 69 6700 349, fax: (49) 69 96 74 0595
E-mail: rydzy-goetz@dsb.de
http://www.engso.com

Organisation européenne de la Propriété rurale (ELO)
European Landowners' Organisation (ELO)

Mr Johan NORDENFALK, President
M. Thierry de L'ESCAILLE, Secrétaire Général
M. Bernard de GALEMBERT, Directeur de la Communication
Avenue Pasteur, 23, B – 1300 WAVRE
Tél. : (32) 10 23 29 02, fax : (32) 10 23 29 09
E-mail : elo@skynet.be
http://www.elo.org

Organisation internationale pour le Développement de la Liberté d'Enseignement (OIDEL)
International Organisation for the Development of Freedom of Education (OIDEL)

M. Alfred FERNANDEZ, Director General
32, rue de l'Athénée, CH – 1206 GENEVE
Tél.: (41) 22 789 29 49, fax: (41) 22 789 29 22
E-mail: dg@oidel.ch
http://www.oidel.ch
M. Jean Daniel NORDMANN, Directeur Adjoint
32, rue de l'Athénée, CH – 1206 GENEVE
Tél.: (41) 22 789 29 49, fax: (41) 22 789 29 22
E-mail: dg@oidel.ch

Organisation internationale des Droits de l'Homme pour le Droit à l'Alimentation (FIAN)
International Human Rights Organisation for the Right to Feed Oneself (FIAN)

Mr Michael WINDFUHR, Executive Director
Im Schumachergewann 14A, D – 69123 HEIDELBERG
Postal address: PO Box 102243, D – 69012 HEIDELBERG
E-mail: fian@fian.org; Web site: http://www.fian.org
Mr Rolf KÜNNEMANN, Secretary General
PO Box 102243, D – 69012 HEIDELBERG
Tél.: (49) 6221 830 620, fax: (49) 6221 830 545

Organisation internationale de l'Industrie des Produits aromatiques (IOFI)
International Organisation of the Flavour Industry (IOFI)

Dr Friedrich GRUNDSCHOBER, Scientific Director
5, chemin de la Parfumerie, CH – 1214 VERNIER
Tél.: (41) 22 34 14 140, fax: (41) 22 34 14 142
E-mail: iofi@dial.eunet.ch
http://ifraorg.org
Mr Maurice WAGNER, Executive Director
49, square Marie-Louise, B – 1000 BRUXELLES
Tél.: (32) 2 238 99 05, fax: (32) 2 230 02 65
E-mail: effa@pophost.eunet.be

Organisation mondiale pour l'Education préscolaire (OMEP)
World Organisation for Early Childhood Education (OMEP)

M. Alain HOUCHOT, Président Bas-Rhin
Inspection Académique du Bas-Rhin, 65, avenue de la Forêt Noire,
F – 67083 STRASBOURG cedex
Tél.: (33) (0)3 88 45 92 35, fax: (33) (0)3 88 61 43 15
Mme Marlène SIX, vice-présidente France et Bas-Rhin
9, rue de la Chapelle, F – 67540 OSTWALD
Tél.: (33) (0)3 88 30 39 69

Organisation mondiale de la Famille (OMF)[9]
World Family Organisation (WFO)

Mme Françoise MEAUZÉ, Présidente
c/o Bureau régional de la Région européenne de l'OMF
Celsiusstraße 112, D – 53125 BONN
Tél.: (49) 228 258 464, fax: (49) 228 254 179

---

9 anciennement «Union internationale des Organismes familiaux (UIOF)» / formerly "International Union of Family Organisations (IUFO)"

Organisation mondiale du Mouvement Scout (OMMS)
World Organisation of the Scout Movement (WOSM)

Mr David BULL, Président du Comité de la Région européenne
M. Dominique BENARD, Directeur du Bureau européen
Siège: 5, rue Henri-Christiné, DH – 1205 GENEVA
Tél.: (41) 22 705 11 00, fax: (41) 22 705 11 09
E-mail: eurobureau@euro.scout.org
http://www.scout.org/europe
Mr Richard AMALVY, Director External Relations
European Scout Office, Avenue Porte de Hal 39, B – 1060 BRUSSELS
Tél.: (32) 2 534 33 15, fax: (32) 2 706 52 67
E-mail: ramalvy@euro.scout.org

Organisation mondiale contre la Torture (OMCT)
World Organisation Against Torture (OMCT)

M. Eric SOTTAS, Directeur
case postale 21, CH – 1211 GENEVE 8
Tél.: (41) 22 809 49 39, fax: (41) 22 809 49 29
E-mail: omct@omct.org
http://www.omct.org
Mrs Johanna MAC VEIGH, Secretary General
91, rue de l'Enseignement, B – 1000 BRUSSELS
Tél.: (32) 2 218 37 19, fax: (32) 2 223 43 79
E-mail : omcteurope@skynet.be

Organisation pour les Relations économiques internationales (IER)
Organisation for International Economic Relations (IER)

Konsul Dr Wilhelm HENDRICKS, President
Donaueuropäisches Institut, Rudolfsplatz 5, A – 1010 WIEN 1
Tél.: (43) 1 533 81 05/533 43 61, fax: (43) 1 533 35 68

Organisation des Villes du Patrimoine mondial (OVPM)
Organisation of World Heritage Cities (OWHC)

M. Denis RICARD, Secrétaire Général
15, rue Saint-Nicolas, CAN – QUEBEC (QUEBEC) G1K 1M8
Tél.: (1 418) 692 00 00, fax: (1 418) 692 55 58
E-mail: secretariat@ovpm.org
http://ovpm.org

Oxfam (GB)

Mrs Patricia FEENEY, Senior Policy Adviser
274, Banbury Road, GB – OXFORD OX2 7DZ
Tél.: (44) 1865 312127, fax: (44) 1865 312245
E-mail: tfeeney@oxfam.org.uk
Mr Sandy RUXTON, Policy Adviser
274, Banbury Road, GB – OXFORD OX2 7DZ
Tél.: (44) 1865 312127, fax: (44) 1865 312417
E-mail: sruxton@oxfam.org.uk

P

PAX ROMANA Mouvement international des Intéllectuels Catholiques (MIIC)
PAX ROMANA International Catholic Movement for Intellectual and Cultural Affairs (ICMICA)

Mr Anselmo LEE SEONG-HOON, Secretary General
General Secretariat, 15, rue du Grand-Bureau, CP 315, CH – 1211 GENEVA 24
Tél.: (41) 22 823 0707, fax: (41 22 823 0708
E-mail: miicmica@paxromana.int.ch
http://www.pax-romana.org
Dr Gabriele PEUS-BISPINCK, Representative to the Council of Europe
Am Schlossgarten 23, D – 48149 MÜNSTER
Tél.: (49) 251 81167, fax: (49) 251 845308
E-mail: gabi.peus@t-online.de
Mme Monique BECKER, Représentante auprès du Conseil de l'Europe
20, quai Mullenheim, F – 67000 STRASBOURG
Tél.: (33) (0)3 88 36 32 38, fax: (33) (0)3 88 36 32 88

Penal Reform International (PRI)

Ms Vivien STERN, Secretary General
Unit 114, The Chandlery, 50 Westminster Bridge Rd, GB – LONDON SE1 7 QY
Tél.: (44) 20 772107678, fax: (44) 20 7721 8785
E-mail: headofsecretariat@pri.org.uk
http://www.penalreform.org

Prévention routière internationale (PRI)
International Prevention of Road Accidents (PRI)

M. José Miguel TRIGOSO, Secrétaire Général
Prevenção Rodoviària Portuguesa – PRP, Estrada da Luz, 90-1° Edificion Atlanta parque,
P – 1600 LISBONNE
Tél.: (351) 1 7272406, fax: (351) 1 7272399
E-mail: ip226431@ip.pt

Dr Joop GOOS, Director
Veilig Verkeer Nederland – VVN, Postbus 423, NL – 1270 AK HUIZEN
Tél.: (31) 355 24 88 00, fax: (31) 355 24 88 98
Headquarters, Estrada da Luz, 90 1°, P – 1600-600 LISBOA
Tél.: (351) 21 351 37 40, fax: (351) 21 358 26 71
E-mail: info@lapri.org
http://www.lapri.org

Project on Ethnic Relations (PER)

Mrs Livia PLAKS, Executive Director
15, Chambers St, Princeton, USA – NJ 08542
Tél.: (1) 609 683 5666, fax: (1) 609 683 5888
E-mail: ethnic@compuserve.com
http://www.netcom.com/ethnic/per.html
Mr Allen H KASSOF, President
15, Chambers St, Princeton, USA – NJ 08542
Tél.: (1) 609 683 5666, fax: (1) 609 683 5888
E-mail: ethnic@compuserve.com

R

Rehabilitation International (RI)

Dr Arthur O'REILLY, President
David HENDERSON, Secretary General
25 East 21st Street, NEW YORK, NY 100 10, USA
Tél.: (1) 212 420 1500, fax: (1) 212 505 0871
E-mail: regabintl@aol.com
Mr Hennig KIRSTEN, Deputy Managing Director, National Secretary for Germany
Dr Ulrich GERKE, Department of International Affairs
Bundesarbeitsgemeinschaft für Rehabilitation, Walter-Kolb-Strasse 9-11,
D – 60594 FRANKFURT am MAIN
Tél.: (49) 69 60 50 18 10, fax: (49) 69 60 50 18 37 (Kirsten)
Tél.: (49) 69 60 50 18 26, fax: (49) 69 60 50 18 29 (Gerke)
E-mail: BAR-Frankfurt@t-online.de

Reporters sans Frontières

M. Robert MENARD, Secrétaire Général
5, rue Geoffroy Marie, F – 75009 – PARIS
Tél.: (33) (0)1 44 83 84 84, fax: (33) (0)1 45 23 11 51
E-mail: direction@rsf.fr
http://www.rsf.fr

Réseau européen des Associations de Lutte contre la Pauvreté et l'Exclusion sociale (EAPN)
European Anti Poverty Network (EAPN)

Mr Fintan FARRELL, President
Ms Marie-Françoise WILKINSON, Director
Rue du Congrès 37-41 (Bte 2), B – 1000 BRUXELLES
Tél.: (32) 2 230 44 55, fax: (32) 2 230 97 33
E-mail: eapn@euronet.be
http://www.eapn.org
Mrs Anita MORHARD, Executive Committee Member
Arbeiterwohlfahrt Bundesverband, Oppelnerstr 130, D – 53119 BONN
Tél.: (49) 228 66 85 169, fax: (49) 228 6685 209
E-mail: mor@awobu.awo.org

Réseau européen des Associations de Professeurs de Géographie (EUROGEO)
European Network of Geography Teachers' Associations (EUROGEO)

Mr Georg MAESCHIG, Secretary
Im Runnenwieschen 12, D – 54568 GEROLSTEIN
Tél.: (49) 6591 4550
E-mail: eurogeo@web.de
M. Roger DIRRIG
2, avenue du Général de Gaulle, F – 67000 STRASBOURG
Tél.: (33) (0)3 88 61 60 83

Réseau européen contre le racisme (ENAR)
European Network against racism (ENAR)

Mrs Sukhvinder Kaur STUBBS, Chair
Mrs Vera EGENBERGER, Director
43, rue de la Charité, B – 1210 BRUXELLES
Tél. : (32) 02 229 35 70, fax : (32) 02 229 35 75
E-mail : vera@enar-eu.org, info@enar-eu.org
http://www.enar-eu.org

Réseau européen des Institutions de Formation pour les Collectivités territoriales (ENTO)
European Network of Training Organisations for Local and Regional Authorities (ENTO)

Mr Gernot JOERGER, Vice-President and Secretary General
1, rue Sainte Marguerite, F – 67000 STRASBOURG
Tél.: (33) (0)3 88 21 45 28, fax: (33) (0)3 88 21 45 29

Rotary international (RI)

USA – One Rotary Centre – 1560
Sherman Avenue, EVANSTON 60201-3698, USA
Tél.: (1) 847 866 3387, fax: (1) 847 866 8237
E-mail: wenerm@rotaryintl.org
http://www.rotary.org
M. Jacques BERTHET, Directeur 1996 – 1998, Délégué permanent
16, allée des Haras, F – 92420 VAUCRESSON
Tél.: (33) (0)1 47 41 32 96, fax: (33) (0)1 47 51 84 11
M. Gérard CAEN, Suppléant
17, boulevard Tauler, F – 67000 STRASBOURG
Tél.: (33) (0)3 88 35 75 75, fax: (33) (0)3 88 24 27 72

S

Santé mentale Europe[10] *– Mental Health Europe*

Dr Aart-Jan VRIJLANDT, President
M. Claude DEUTSCH, Secrétaire de l'Association
Bd Clovis 7, B – 1000 BRUXELLES
Tél.: (32) 2 280 04 68, fax: (32) 2 280 16 04
E-mail: info@mhe-sme.org
http://www.mhe-sme.org
Mrs Josée VAN REMOORTEL, Executive Director
Bd Clovis 7, B – 1000 BRUXELLES
Tél.: (32) 2 280 04 68, fax: (32) 2 280 16 04
E-mail: info@mhe-sme.org

Secrétariat européen pour les Publications scientifiques (SEPS)
European Secretariat for Scientific Publications (SEPS)

Prof Fabio ROVERSI MONACO, President
Via Val d'Aposa 7, I – 40123 BOLOGNA (Headquarters)
Tél.: (39) 051 271992, fax: (39) 051 265983
E-mail: seps@alma.unibo.it
http://www.seps.it
Ms Chiara SEGAFREDO, Secretary General
Via Val d'Aposa 7, I – 40123 BOLOGNA
Tél.: (39) 051 271992, fax: (39) 051 265983
E-mail: seps@alma.unibo.it

---

10 Formerly "European Regional Council of the World Federation for Mental Health"/anciennement «Conseil régional européen de la Fédération mondiale pour la Santé mentale»

Service civil international (SCI)
International Civil Service (IVS)

Ms Helen HONEYMAY, President
Ms Isabelle VANDENBERGEN, Secretary General
St-Jacobsmarkt 82, B – 2000 ANTWERPEN
Tél.: (32) 3 226 57 27, fax: (32) 3 232 03 44
E-mail: sciic@xs4all.be
http://www.ines.org.sci

Service social international (SSI)
International Social Service (ISS)

M. Damien NGABONZIZA, Secrétaire Général
32, quai du Seujet, CH – 1201 GENEVE
Tél.: (41) 22 906 77 00, fax: (41) 22 906 77 01
E-mail: iss.gs@span.ch
http://www.childhub.ch/iss
Mme Marie-Madeleine BARTH, Assistante sociale
SSAE, Bureau départemental du Bas-Rhin, 9, rue du Général Gouraut,
F – 67000 STRASBOURG
Tél.: (33) (0)3 88 36 34 26, fax: (33) (0)3 88 36 86 92

Société européenne pour la Formation des Ingénieurs (SEFI)
European Society for Engineering Education (SEFI)

Mrs Françoise CÔME, Secretary General
60, rue de la Concorde, B – 1050 BRUXELLES
Tél.: (32) 2 502 36 09/8760, fax: (32) 2 502 96 11
E-mail: sefi.come@euronet.be
http://www.ntb.ch/sefi

Société européenne de Reproduction humaine et d'Embryologie (ESHRE)
European Society of Human Reproduction and Embryology (ESHRE)

Prof. P G CROSIGNANI, Chair
Mr Bruno VAN DEN EEDE, Assistant Secretary
AZ – Vrije Universiteit Brussel, Laarbeeklaan 101, B – 1090 BRUXELLES
Tél.: (32) 2 477 57 61

Société internationale pour le Développement (SID)
Society for International Development (SID)

Prof Dr Uwe HOLTZ, Representative to the Council of Europe, Chair of SID Bonn Chapter

In der Wehrhecke 23, D – 53125 BONN
Tél.: (49) 228 255032, fax: (49) 228 259485
E-mail: uholtz@aol.com
http://www.sidint.org

Société internationale pour la Didactique de l'Histoire (ISHD)
International Society for History Didactics (ISHD)

Mme Danielle NOTTARA-MINNE, Déléguée
37, rue Erckmann-Chatrian, F – 67000 STRASBOURG
Tél.: (33) (0)3 88 24 16 73
E-mail: nottara@umb.u-strasbg.fr

Société internationale pour les Droits de l'Homme (ISHR)
International Society for Human Rights (ISHR)

Mr Hans BORN, Chief Administration Officer, International Secretariat
Borsigallee 16, D – 60388 FRANKFURT AM MAIN
Tél.: (49) 69 42 01 08 0, fax: (49) 69 42 01 08 30
E-mail: is@ishr.org
http://www.ishr.org
Mme Anne-Marie GOUSSARD, Vice-Présidente ISHR International Council of Europe
42 bd du 14 Juillet, F – 10000 TROYES
Tél. : 06 08 99 02 14, fax : +(33) (0)1 45 00 40 21

Société internationale pour l'Education, la Formation et la Recherche interculturelles (SIETAR)
International Society for Intercultural Education, Training and Research (SIETAR)

M. André CRESSON, Président de SIETAR-France
2, rue Saint Denis, F – 28400 NOGENT-LE-ROTROU
Tél./Fax: (33) (0)2 37 54 92 30
E-mail: secretariat@sietar-france.org
http://www.sietar-france.org
Mme Marie-Thérèse CLAES, Présidente de SIETAR-EUROPA
C/o ICHEC, Boulevard Brand Whitlock 2, B – 1150 BRUSSELS
Tél.: (32) 2 739 37 43, fax: (32) 2 739 37 43
E-mail : sietar.ichec@euronet.be

Société de Législation comparée (SLC)
Society of Comparative Legislation (SLC)

M. Xavier BLANC-JOUVAN, Président
28, rue Saint Guillaume, F – 75007 PARIS

Tél.: (33) (0)1 44 39 86 23, fax: (33) (0)1 44 39 86 28
E-mail: slc@sky.fr

Société mondiale pour la Protection des Animaux (WSPA)
World Society for the Protection of Animals (WSPA)

Mr Paul IRWIN, President, Mr Andrew DICKSON, Secretary General
Mr Dragan NASTIC, Regional Manager for Europe
2 Langley Lane, GB – LONDON SW8 1TJ (headquarters)
Tél.: (44) 207 793 0540, fax: (44) 207 793 0208
E-mail: dragannastic@wspa.org.uk, wspa@wspa.org.uk
http://www.wspa.org.uk

Soroptimist international d'Europe (SI/E)
Soroptimist International of Europe (SI/E)

Ms Ayla SELCUK, President
Ms Marie-Irène PALEOLOGUE, Secretary General
72, route Florissant, CH – 1026 GENEVA
Tél.: (41) 22 346 0880, fax: (41) 22 789 0443
E-mail: sie@bluewin.ch
http://www.titan.glo.be/bea/index.html
Ms Kathy KAAF, Representative to the Council of Europe
Am Römerlager 15, D – 53117 BONN
Tél.: (49) 228 677967, fax: (49) 228 678647
E-mail: kaaf@tronet.de
http://www.soroptimist.de
Ms Bea RABE, Divisional manager (retired), Internal Audit Division
Jos Ratin Ckxstraat 1 3, B – 2600 BERCHEM
Tél.: (32) 3 449 8359
E-mail: bea@geo.be

T

The National Unions of Students in Europe (ESIB)[11]
Ms Manja KLEMENČiČ, Director
Liechtensteinstrasse 13, A – 1090 WIEN
Tél.: (43) 1 310 888 048, fax: (43) 1 310 888 /012036
E-mail: esib@oeh.ac.at
http://www.sora.student.kuleuven.ac.be/esib

---

11 Formerly "European Student Information Bureau (ESIB)"/anciennement «Bureau d'Information pour les Etudiants européens (ESIB)»

The Howard League for Penal Reform

Ms Frances CROOK, Director
Sir John Mortimer, President
1 Ardleigh Road, GB – LONDON N1 4HS
Tél.: (20) 7249 7373, fax: (20) 7249 7788
E-mail: howardleague@ukonline.co.uk
http://www.howardleague.org

Tourisme en Europe rurale (EUROTER)
Tourism in Rural Europe (EUROTER)

Mme Suzanne THIBAL, Secrétaire Général
82, rue François Rolland, F – 94130 NOGENT-SUR-MARNE
Tél.: (33) (0)1 45 14 64 21, fax: (33) (0)1 43 94 91 44

U

Union d'Associations européennes de Demeures historiques
Union of European Historic Houses Associations

Mr Lloyd WARBURTON, Director General
13 Grove Terrace, GB – TEDDINGTON TW11 8AU

Union européenne des anciens et anciennes Elèves de l'Enseignement catholique (UNAEC-EUROPE)
European Union of Former Students of Catholic Teaching (UNAEC-EUROPE)

Secrétariat, COFAEC, 48, rue de Richelieu, F – 75001 PARIS
Tél.: (33) (0)1 42 60 89 03
M. Raymond KROMER, Représentant auprès du Conseil de l'Europe
82, rue des Quelles, F – 67130 ALBET-LA-BROQUE
Tél.: (33) (0)3 88 97 02 03

Union européenne des Aveugles (UEA)
European Blind Union (EBU)

Mr John WALL, President
c/o RNIB, 224 Great Portland Street, GB – LONDON W1N 6AA
Tél.: (44) 207 388 1266, fax: (44) 207 383 0508
E-mail: cbird@rnib.org.uk
http://www.euroblind.org
Prof Tommaso DANIELE, Vice-President
Unione Italiana Ciechi, Via Borgognona 38, I – 00187 ROME, Italy

Tél.: (39) 06 699 88 375, fax: (39) 06 699 88 328
E-mail: inter@uiciechi.it
E-mail: ebu_uea@compuserve.com

Union européenne des Chambres de Commerce et d'Industrie (Rhin, Rhône,Danube, Alpes) (UECC)
Union of European Chambers of Commerce and Industry (Rhine, Rhone, Danube, Alps) (UECC)

M. Rainer FÜEG, Secrétaire Général
c/o Handelskammer beider Basel, Postfach 1548, CH – 4001 BASEL
Tél.: (41) 61 272 18 88, fax: (41) 61 272 80 60
E-mail: fueeg@ubaclu.unibas.ch
http://www.union-ihk.org

Union européenne des Concours nationaux de Musique pour la Jeunesse (EMCY)
European Union of National Music Competitions for Youth (EMCY)

Dr Eckart ROLFS, Secretary General
Postfach 662205, D – 81219/Trimburgstrasse 2, D – 81249 MUNICH
Tél.: (49) 89 871 002-50, fax: (49) 89 871 002-90
E-mail: jumu.emcy@t-online.de
http://www.deutscher-musikrat.de/jumu.htm
Ms Eleonore VAN DER LINDEN, Executive Secretary
Postfach 662205, D – 81219/Trimburgstrasse 2, D – 81249 MUNICH
Tél.: (49) 89 871 002-50, fax: (49) 89 871 002-90
E-mail: jumu.emcy@t-online.de

Union européenne des Ecoles de Musique (UEEM)
European Union of Music Schools (EUMS)

Mr Jan VAN MUILEKOM, President
Lucasbolwerk 11, NL – 3512 EH UTRECHT
Tél.: (31) 30 231 34 24, fax: (31) 30 232 29 50
E-mail: emu@vkv.nl
Mr Louis VOGT, Secretary General
St Florinsgasse 1, FL – 9490 VADUZ
Tél.: (423) 232 46 20, fax: (423) 232 46 42
E-mail: louis.vogt@lms.llv.li

Union européenne des Etudiants juifs (UEEJ)
European Union of Jewish Students (EUJS)

Miss Joelle FISS, Chairperson
3, avenue Antoine Depage, B – 1000 BRUSSELS

Tél.: (32) 2 647 72 79, fax: (33) 2 648 24 31
E-mail: eujsoffice@compuserve.com
http://www.eujs.org

Union européenne féminine (UEF)
European Union of Women (EUW)

Mme Marie-Louise LEPELLETIER, Représentante auprès du Conseil de l'Europe
16, rue Boecklin, F – 67000 STRASBOURG
Tél./fax: (33) (0)3 88 31 51 11
Secrétariat international
Mme Fanny PALLI-PETRALIA, Présidente internationale
28 Akademias Street, GR – 10671 ATHENES
Tél.: (30) 1 331 48 47, fax: (30) 1 331 48 17
E-mail: fpetralia@parliament.gr

Union européenne des Forestiers (UEF)
Union of European Foresters (UEF)

Mr Kees MOL, President
Gapingseweg 7, NL – 4353 JA SEROOSKERKE
Tél.: (31) 1180 73255, fax: (31) 1180 24440

Union européenne des Greffiers de Justice (EUR)
European Union of Rechtspfleger (EUR)

M. Jean-Jacques KUSTER, Représentant auprès du Conseil de l'Europe
Conseil de Prud'hommes, 19, avenue de la Paix, F – 67000 STRASBOURG
Tél.: (33) (0)3 88 76 70 71, fax: (33) (0)3 88 35 66 34
Mr Paul STURM, Président
Gewerkschaft öffentlicher Dienst, Teinfaltstrasse 7, A – 1010 VIENNE
Tél.: (43) 1 53 454 234, fax: (43) 1 53 454 326

Union européenne des Magistrats statuant en matière commerciale (UEMC)
European Union of Judges in Commercial Matters

M. Pierre GOETZ, Secrétaire Général
23, Rond Point de l'Esplanade, F – 67000 STRASBOURG
Tél.: (33) (0)3 88 75 27 27
M. Georges HOX, Président
Leopoldplein 18/b-8, B – 3500 HASSELT

Union européenne des Médecins spécialistes (UEMS)
European Union of Medical Specialists (UEMS)

Dr Robert PEIFFER, Secrétaire Général
20, avenue de la Couronne, B – 1050 BRUXELLES
Tél.: (32) 2 649 51 64, fax: (32) 2 640 37 30
E-mail: uems@skynet.be
http://www.uems.be

Union européenne des Praticiens en Médecine dentaire (UEPMD)
European Union of Dentists (EUD)

Dr Ingeborg KLEINOW, Président
Dr Derek WATSON, Dr Alec LUPIN, Secrétaires généraux
62b North Gate, Regent's Park, GB – LONDON, NW8 7EH
Tél.: (44) 171 586 4056, fax: (44) 171 586 4096
E-mail: webmaster@europeandentists.org; aleclupin@ukgateway.net
http://www.europeandentists.org
Mr Joachim JOSCH, vice-Président, délégué permanent
Hauptstrasse 70, D – 21729 FREIBURG/ELBE
Tél.: (49) 4779 81 66, fax: (49) 4779 13 73

Union fédéraliste des Communautés éthniques européennes (UFCE)
Federal Union of European Nationalities (FUEN)

M. Pierre LE MOINE, Président honoraire, Vice-Président chargé des relations avec les OINT
Grouville Court, Grouville, GB – JERSEY, JE3 9GA
Tél.: (44) 1534 85 41 40, fax: (44) 1534 85 67 10
E-mail: piwanlemoine@minitel.net
M. Romedi ARQUINT, Président
Chapella, CH – 7526 CINUOS-CHEL
Tél.: (41) 46 11 28 55, fax: (41) 81 85 40 189
E-mail: info@fuen.org
http://www.fuen.org

Union foraine européenne (UFE)
European Showmen's Union (ESU)

M. Charles HOERMANN, Vice-Président
25, Grand'Rue, F – 67120 DORLISHEIM
Tél.: (33) (0)3 88 38 12 09

Union internationale des Architectes (UIA)
International Union of Architects (UIA)

M. Alfred KRONENBERGER, Président de la Section française
3, rue des Bois, F – 67380 LINGOLSHEIM
Tél.: (33) (0)3 88 76 05 49

Union internationale des Avocats (UIA)
International Association of Lawyers (UIA)

Mr Luis DELGADO DE MOLINA, Président
Mme Marie-Pierre RICHARD, Directeur administratif
Siège : 25, rue du Jour, F – 75001 PARIS
Tél. : (33) (0)1 44 88 55 66, fax : (33) (0)1 44 88 55 77
E-mail : uiacentre@wanadoo.fr
http://www.uianet.org
Me François RUHLMANN, Représentant auprès du Conseil de l'Europe
14, quai Mullenheim, F – 67000 STRASBOURG
Tél.: (33) (0)3 88 76 44 55, fax: (33) (0)3 88 14 02 03
E-mail: alsea@media-net.fr

Union internationale des Guides et Scouts d'Europe (UIGSE)
International Union of European Guides and Scouts (IUEGS)

M. Attilio GRIECO, Président
Mme Pierrette GIVELET, Commissaire fédérale
Le Relais de la Poste, BP 17, Route de Montargis, F – 77570 CHATEAU-LANDON
Tél.: (33) (0)1 64 45 53 68, fax: (33) (0)1 64 29 44 56
E-mail: uigse@scouts-europe.org
M. Georges Bernard KRANTZ, Délégué du Commissaire fédéral
7, rue de Lorraine, F – 67520 MARLENHEIM
Tél./fax: (33) (0)3 88 87 54 46
E-mail: bernard.krantz@free.fr ou bernard-krantz@scouts-europe.org

Union internationale des Huissiers de Justice et Officiers judiciaires (UIHJ)
International Union of Bailiffs and Law Officers (UIHJ)

M. B GIELEN, Président
44, rue de Douai, F – 75009 PARIS

Union internationale humaniste et laïque (UIHL)
International Humanist and Ethical Union (IHEU)

Prof Dr Alexandre Marius DÉES de STERIO, Représentant auprès du Conseil de l'Europe

39, rue de Hollerich, L – 1741 LUXEMBOURG
Tél.: (352) 480 610, fax: (352) 498 754
E-mail: alexandre.dees-de-sterio@ci.educ.lu
Dr Georges LIENARD, Adjoint
Case postale 236, Centre d'action laïque, Campus de la Plaine, Université libre de Bruxelles, B – 1050 BRUXELLES
Fax: (32) 2 627 68 01
E-mail: cal@ulb.ac.be

Union internationale des jeunesses socialistes (IUSY)
International Union of Socialist Youth (IUSY)

Ms Lisa PELLING, Secretary General
Neustiftgasse 3/13, A – 1070 WIEN
Tél.: (43) 1 523 12 67, fax: (43) 1 523 12 679
E-mail: iusy@iusy.org
http://www.iusy.org

Union internationale des Journalistes et de la Presse de Langue française (UIJPLF)
International Union of French-Language Journalism (UIJPLF)

M. Georges GROS, Secrétaire Général
3, Cité Bergère, F – 75009 PARIS
Tél.: (33) (0)1 47 70 02 80, fax: (33) (0)1 48 24 26 32
E-mail: union@presse-francophone.org
http://www.presse-francophone.org

Union internationale des Magistrats (UIM)
International Association of Judges (IAJ)

M. Enzo MERIGGIOLA, Secrétaire Général adjoint
44, rue Cantarini, I – 61100 PESARO
Tél.: (39) 0721 695 93, fax: (39) 0721 355 78

Union internationale du Notariat latin (UINL)
International Union of Latin Notaries (IULN)

M. Helmut FESSLER, Président
Ostwall 160-164, D – 47798 KREFELD
Tél.: (49) 2151 67097, fax: (49) 2151 801 097
E-mail: 0215167097-0001@t-online.de
Secrétariat administratif, via Flaminia 158, Pal A, I – 00196 ROMA
Tél.: (39) 06 320 83 84, fax: (39) 06 321 22 69
Me Edmond GRESSER, Représentant auprès du Conseil de l'Europe

9, rue de la Gare, F – 67610 LA WANTZENAU
Tél.: (33) (0)3 88 59 24 24, fax: (33) (0)3 88 59 24 00

Union internationale de la Propriété immobilière (UIPI)
Property Owner International Union (UIPI)

M. Jean-Yves QUEVY, Secrétaire Général
8,rue Warocqué, B – 7100 LA LOUVIERE
Tél./fax (32) 64 21 23 85

Union internationale des Syndicats de Police (UISP)
International Union of Police Federations

M. Hermann LUTZ, Président
617, rue de Neudorf, L – 2220 LUXEMBOURG
Tél.: (352) 43 49 61, fax: (352) 43 51 82
E-mail: uisp@online.lu

Union internationale des Transports routiers (IRU)
International Road Transport Union (IRU)

Mr David C GREEN, President
Mr Martin MARMY, Secretary General
3, rue de Varembé, BP 44, CH – 1211 GENEVE 20
Tél.: (41) 22 918 27 00, fax: (41) 22 918 27 41
E-mail: iru@iru.org
http://www.iru.org
M. Søren RASMUSSEN, Délégué Général ad intérim
32-34, avenue de Tervuren, Bte 37, B – 1040 BRUXELLES
Tél.: (32) 2 743 25 80, fax: (32) 2 743 25 99
Délégation permanente à Moscou (Mr Hubert LINSSEN, Délégué général)
Gilyarovskogo Str 4, RUS – 129090 MOSCOU
Tél.: (7) 502 937 45 54, fax: (7) 502 937 53 35
E-mail: starke@workmail.com

Union internationale des Villes et Pouvoirs locaux
International Union of Local Authorities (IULA)

Cllr Max M NG'ANDWE (Zambia)
Mr Jacques JOBIN, Secretary General
Laan Copes van Cattenburch 60A, PO Box 90646, NL – 2509 LP THE HAGUE
Tél.: (31) 70 30 66 066, fax: (31) 70 35 00 496
E-mail: iula@iula-hq.nl
http://www.iula.org

Représentation Permanente des Collectivités Locales et Régionales auprès de l'Union Européenne
22 – 24 rue d'Arlon, B – 1040 BRUXELLES

Union mondiale des Enseignants catholiques (UMEC)
World Union of Catholic Teachers

Councillor Gertrud SCHÜRMEYER
Rudolf-Hahn-Str 102, D – 53225 BONN
Tél.: (49) 228 46 31 84, fax: (49) 228 97 64 798
E-mail: ge.he.schuermeyer@t-online.de

Union mondiale pour la Nature (UICN)
World Conservation Union (IUCN)

Ms Elizabeth A HOPKINS, Regional Director
Bredaseweg 387, NL – 5037 LD TILBURG
Tél.: (31) 13 590 03 47, fax: (31) 13 590 03 45
E-mail: office@iucn-ero.nl
http://www.iucn.org

Union mondiale des Organisations féminines catholiques (UMOFC)
World Union of Catholic Women's Organisations (WUCWO)

Mme Helga SOUREK, Représentante auprès du Conseil de l'Europe
Spee-Str 6, D – 50937 KÖLN
Tél./fax: (49) 221 43 20 56
Mme Colette FREYBURGER, Suppléante
35, avenue de Lattre, F – 68000 COLMAR
Tél.: (33) (0)3 89 41 44 52
Service des Relations avec les Organisations internationales
18, rue Notre-Dame-des-Champs, F – 75006 PARIS
Tél.: (33) (0)1 45 44 27 65, fax: (33) (0)1 42 84 04 80
E-mail: wucwoparis@wanadoo.fr
http://www.umofc.org

Union Mondiale ORT (Organisation-Reconstruction-Travail)
World ORT Union (Organisation for Educational, Resources and Technological Training)

Mr Robert SINGER, Director General
ORT House, 126, Albert Street, GB – LONDON NW1 7NE (headquarters)
Tél.: (44) 171 446 4500, fax: (44) 171 446 8050
E-mail: wou@ort.org
http://www.ort.org/ortnet.htm

M. Jean-Hugues LEOPOLD-METZGER, Vice-Président
3, rue des Arquebusiers, F – 67000 STRASBOURG
Tél.: (33) (0)3 88 35 30 59, fax: (33) (0)3 88 35 20 66
E-mail: hugues@sdv.fr

Union pour la culture et l'avenir professionnel en Europe (UCAPE)
Union for Cultural and Professional Future in Europe (UCAPE)

M. Jacques DANDOIS, Président
M . Serge de LABRUSSE, Secrétaire Général
C/o Institut Saint Joseph, Bd de l'Yser, 12, B – 6000 CHARLEROI
Tél. : (32) 71 20 72 65, fax : (32) 71 20 72 73
E-mail : ucape@be.tf
http://www.ucape.be.tf

Union des Praticiens européens en Propriété industrielle
Union of European Practitioners in Industrial Property (UEPIP)

M. Alain GALLOCHAT, Secrétaire Général
c/o Institut Pasteur, 28, rue du Docteur Roux, F – 75724 PARIS CEDEX 15
Tél.: (33) (0)1 45 68 81 82, fax: (33) (0)1 45 68 81 85

Union professionnelle internationale des Gynécologues et Obstétriciens (UPIGO)
International Professional Union of Gynaecologists and Obstetricians (UPIGO)

Dr Nicolas TSATSARIS, Président
Siège social : DOMUS MEDICA, 60, boulevard Latour Maubourg, F – PARIS 75007
http://www.upigo.org
Prof Guy SCHLAEDER, Secrétaire Général
1, rue de Firminy, F – 67370 DINGSHEIM
Tél.: (33) (0)3 88 56 17 77, (33) (0)3 88 12 74 94, fax: (33) (0)3 88 12 75 00
E-mail: schlaeder.guy@evc.net

V

Villages internationaux d'Enfants (CISV)
Children's International Summer Villages (CISV)

Ms Gabrielle MANDELL, Secretary General
MEA House, Ellison Place, GB – NEWCASTLE UPON TYNE, NE1 8XS
Tél.: (44) 191 232 4998, fax: (44) 191 261 4710
E-mail: international@cisv.ort
http://cisv.org

VOLONTEUROPE – Comité de Promotion de l'Action volontaire dans les Pays d'Europe
VOLONTEUROPE – Committee to Encourage Unpaid Voluntary Action in Countries of Europe

Ms Elisabeth HOODLESS, President
Belgin WINGROVE, Secretary General
Ms Sandra TURNER, European Officer
237 Pentonville Road, GB – LONDON N1 9NJ
Tél.: (44) 171 643 1327, fax: (44) 171 278 1020
E-mail: sturner@csv.org.uk
http://www.newnet.org.uk/epcsv.htm

Y

Youth of the European People's Party (YEPP)[12]

Mr Michael HAHN, President, Mr Rutger-Jan HEBBEN, Secretary General
Mr Filip VANCRAENENDONCK, Executive Officer
European Parliament, Wirtzstraat 47-53, Bureau 6C88, B – 1047 BRUSSELS
Tél.: (32) 2 284 36 73, fax: (32) 2 284 49 40
E-mail: yepp@europarl.eu.int
http://www.yepp.org

Z

Zonta International

557, West Randolph, CHICAGO IL 60661
Ms Jackie SHAPIRO, UN Committee Chair
220 East 72nd Street, #15B, NEW YORK, NY 10021-4528
Fax: (1) 212 327 1012
Ms Karin NORDMEYER, UN Committee Member, Representative
Birkenrain 26, D – 79271 St PETER
Tél.: (49) 7660 541, fax: (49) 7660 541
E-mail: knordmeyer@aol.com

---

12 Formerly "European Young Christian Democrats (EYCD)"/anciennement «Jeunes Démocrates chrétiens européens (JDCE)»

CONFÉRENCE EUROPÉENNE DE L'AVIATION CIVILE (CEAC)

3, bis Villa Emile-Bergerat
F-92522 Neuilly sur Seine Cedex
Tél : 00 (33 1) 46 41 85 44
Fax : 00 (33 1) 46 24 18 18 et 00 (33 1) 47 38 13 67

Site web : http://www.ecac-ceac.org/

Secrétaire exécutif : M. Raymond Benjamin (France)

Historique :

Fondée en 1955 comme organisation intergouvernementale, la CEAC a pour objectif de promouvoir le développement d'un système de transport aérien européen sûr, efficace et durable. Dans cette perspective, la CEAC s'emploie à:

- harmoniser les politiques et pratiques dans le domaine de l'aviation civile au sein de ses États membres ;
- promouvoir un rapprochement sur des questions de politique entre ses États membres et d'autres régions du monde.

Composition :

38 Etats membres: Albanie, Allemagne, Arménie, Autriche, Belgique, Bulgarie, Chypre, Croatie, Danemark, Espagne, Estonie, Finlande, France, Grèce, Hongrie, Irlande, Islande, Italie, ex-République yougoslave de Macédoine, Lettonie, Lituanie, Luxembourg, Malte, Moldova, Monaco, Norvège, Pays-Bas, Pologne, Portugal, République slovaque, République tchèque, Roumanie, Royaume-Uni, Slovénie, Suède, Suisse, Turquie, Ukraine.

Objectifs :

- Etre un forum de discussion pour toutes les grandes questions qui touchent l'aviation civile.
- Se doter d'arrangements pragmatiques et coopératifs qui permettent des consultations avec d'autres organisations internationales.
- Chercher activement à négocier et à promouvoir des arrangements et des ententes et à nouer des contacts avec d'autres organisations régionales et États sur un large éventail de sujets d'intérêt commun en matière d'aviation civile.
- Elaborer des résolutions, des recommandations et des déclarations de politique qui sont ensuite mises en œuvre par ses États membres.
- Offrir aux ministres des Transports européens un forum de discussions et de décisions.

EUROPEAN CIVIL AVIATION CONFERENCE (ECAC)

3, bis Villa Emile-Bergerat
F-92522 Neuilly sur Seine Cedex
Tel: 00 (33 1) 46 41 85 44
Fax: 00 (33 1) 46 24 18 18 et 00 (33 1) 47 38 13 67

Web site: http://www.ecac-ceac.org/

Executive Secretary: Mr. Raymond Benjamin (France)

Background:

Founded in 1955 as an intergovernmental organisation, ECAC's objective is to promote the continued development of a safe, efficient and sustainable European air transport system. In so doing, ECAC seeks to:

- harmonise civil aviation policies and practices amongst its Member States;
- promote understanding on policy matters between its Member States and other parts of the world.

Composition:

38 Member States: Albania, Armenia, Austria, Belgium, Bulgaria, Croatia, Cyprus, Czech Republic, Denmark, Estonia, Finland, France, Germany, Greece, Hungary, Iceland, Ireland, Italy, Latvia, Lithuania, Luxembourg, Malta, Moldova, Monaco, Netherlands, Norway, Poland, Portugal, Romania, Slovakia, Slovenia, Spain, Sweden, Switzerland, The former Yugoslav Republic of Macedonia, Turkey, Ukraine, United Kingdom.

Objectives:

- To be a forum for discussion of every major civil aviation topic.
- To have pragmatic and co-operative arrangements in place for consultation with other international organizations.
- To seek and promote actively arrangements, understandings and contacts with other regional organisations and States on a range of civil aviation issues of common interest.
- To issue resolutions, recommendations and policy statements which are brought into effect by its Member States.
- To offer a forum for discussion and decision to European Ministers of Transport.

Fonctionnement :

La CEAC se réunit en Session plénière tous les trois ans ou plus fréquemment, si nécessaire. Les Directeurs généraux de l'Aviation civile se rencontrent à intervalles réguliers pour discuter et résoudre des questions de politique.

Les travaux courants sont gérés par un Comité de coordination, formé du Président de la CEAC, M. Alfredo Roma (Italie), élu pour un mandat de trois ans, de trois Vice-présidents et de Points focaux, qui sont des Directeurs généraux de l'Aviation civile.

Le Secrétariat de la CEAC, sous la direction de son Secrétaire exécutif, M. Raymond Benjamin (France), est composé d'une équipe multinationale d'experts dotés d'une vaste expérience dans tous les aspects de l'aviation civile.

La CEAC a son siège à Paris et ses langues de travail sont l'anglais et le français.

ACTIVITÉS EN 2001

INTÉGRATION

Une haute priorité est allouée dans le programme de travail de la CEAC à l'intégration des États membres ayant adhéré depuis 1990 – Albanie, Arménie, Bulgarie, Croatie, Estonie, Hongrie, Lettonie, l'ex-République yougoslave de Macédoine, Lituanie, Moldova, Pologne, République tchèque, Roumanie, Slovaquie, Slovénie et Ukraine.

Principes fondateurs

Les principes de base du programme d'intégration de la CEAC ont été fixés par les Directeurs généraux en 1995.

C'est un programme essentiellement multilatéral, ouvert à l'ensemble des États précités (ainsi que, sur décision des Directeurs généraux, aux experts des États candidats à la CEAC), et destiné à compléter les coopérations bilatérales existantes. Son objectif d'ensemble est d'encourager la participation aux activités de l'organisation et de faciliter la mise en œuvre de normes homogènes au sein de la CEAC. Il comprend l'organisation d'ateliers, de séminaires et de cours, définis et réalisés avec le soutien des États membres et des institutions internationales concernées, telles les JAA (Autorités conjointes de l'aviation), EUROCONTROL et la Commission européenne.

Il comprend également des visites d'intégration dans ces États, qui permettent d'apprécier les défis relevés et de réaffirmer l'engagement de la CEAC dans le processus d'intégration, de préciser les besoins spécifiques de l'administration visitée et d'y répondre en conséquence.

Ce programme est défini et mis en œuvre sur une base annuelle, sous l'autorité du Point focal pour les questions d'intégration, M. H.-J. Froböse, Directeur général de l'Aviation civile, des Affaires aérospatiales et maritimes (Allemagne).

Réalisations du programme d'intégration 2001 – 2002

Les progrès de l'accession des États membres les plus récents aux institutions européennes spécialisées doivent d'abord être soulignés. Trois États — la Croatie, la Lituanie et l'Ukraine — ont été admis dans la période comme États membres candidats des JAA, lesquelles réunissent maintenant trente-six des trente-huit États CEAC ; l'Albanie est devenue en avril 2002 le trente et unième État membre d'EUROCONTROL.

Functioning:

ECAC meets in Plenary Session triennially and more frequently, if required. Directors General of Civil Aviation meet at regular intervals to discuss and resolve policy issues.

Day to day work is managed by a Co-ordinating Committee, comprising the President of ECAC, Mr Alfredo Roma (Italy), who is elected for a three-year term of office, three Vice-Presidents, and Focal Points, who are Directors General of Civil Aviation.

The ECAC Secretariat, under the direction of its Executive Secretary, Mr Raymond Benjamin (France), comprises a multinational team of experts with wide experience in all aspects of civil aviation.

ECAC is based in Paris and its working languages are English and French.

ACTIVITIES IN 2001

INTEGRATION

High priority is given in the ECAC work programme to the integration of Member States having joined since 1990 – Albania, Armenia, Bulgaria, Croatia, Czech Republic, Estonia, Hungary, Latvia, Lithuania, Moldova, Poland, Romania, Slovakia, Slovenia, The former Yugoslav Republic of Macedonia and Ukraine.

Founding principles

The founding principles of the ECAC integration programme were laid down by Directors General in 1995.

The programme is essentially multilateral, open to all the above-mentioned States (and also, as Directors General decide, to ECAC candidate States), and aimed at complementing existing bilateral co-operation. Its overall objective is to encourage participation in the organisation's activities and to help States to implement common ECAC standards. It includes the organisation of workshops, seminars and courses which are defined and carried out with the support of the Member States and international institutions concerned, such as JAA (Joint Aviation Authorities), EUROCONTROL and the European Commission.

It also includes integration visits to these States, in order to assess the challenges which have been met and to reaffirm ECAC's commitment to the integration process, to identify the specific needs of the administration visited and to meet these needs as required.

This programme is defined and implemented on an annual basis, under the authority of the Focal Point for Integration Matters, Dr H.-J. Froböse, Director General for Civil Aviation, Aerospace and Shipping (Germany).

Achievements of the 2001-2002 integration programme

The progress made towards accession of the newer Member States to specialised European institutions should first of all be underlined. Three States – Croatia, Lithuania and Ukraine — were admitted during that period as candidate Member States to JAA, the latter now having a membership of 36 States out of ECAC's present 38. Albania became, in April 2002, the thirty-first Member State of EUROCONTROL.

Actions de formation

Les actions de formation organisées en 2001 ont porté d'abord sur les questions de sécurité aérienne.

Cours JAR (Joint Aviation Requirements)

Le soutien apporté à la participation d'experts des administrations éligibles au programme de cours annuel organisé par les JAA a été poursuivi, dans le cadre de l'accord CEAC/JAA assurant deux places à titre gratuit dans chacun des cours organisés, ainsi que des indemnités journalières de subsistance aux stagiaires sélectionnés. A ce jour, plus de cinq cents sièges au total ont été alloués depuis le début de cette coopération en 1996.

Ateliers multilatéraux sur la mise en œuvre des JARs

Trois grands ateliers multilatéraux sur la mise en œuvre des JARs ont été spécialement organisés en 2001/2002 pour les États membres les plus récents. Conduits par des experts nationaux de haut niveau, ils ont respectivement traité de l'application des JARs dans les domaines de la maintenance (Budapest, 23-25 janvier 2001), des opérations aériennes (Bucarest, 15-17 mai 2001) et des licences de personnel (Bled, 26-28 février 2002).

Ces ateliers ont bénéficié du soutien essentiel des administrations des États membres et des JAA, ainsi que de celui de la Commission européenne à travers son bureau d'assistance technique TAIEX. Au total, plus de cent-quatre-vingts experts venant de la quasi-totalité des États éligibles y ont participé.

Atelier et Séminaire multilatéraux organisés dans d'autres domaines

En outre, deux actions multilatérales ont été organisées dans les domaines de l'environnement et de la facilitation: un atelier sur la mise en œuvre des limitations de nuisances sonores aux abords des aéroports, organisé avec le soutien d'experts du groupe ANCAT (Kiev, 3-4 juillet 2001), et un séminaire sur la mise en œuvre de la facilitation du transport aérien, conduit par le Groupe de travail sur la Facilitation (Chisinau, 4-5 septembre 2001).

Visites d'intégration et actions de suivi

Le programme des visites d'intégration entrepris par le Secrétariat a été poursuivi, ainsi que l'organisation d'actions de formation en réponse aux demandes spécifiques exprimées durant ces visites. Dans ce cadre ont été visités en 2001 et début 2002 la Moldova, l'Estonie, la Slovénie, la Croatie et l'Albanie.

Consultation des Directeurs généraux des États éligibles

A l'invitation du Point focal, une réunion spéciale au niveau des Directeurs généraux sur les questions d'intégration s'est tenue à Bonn-Bad Honnef (Allemagne) les 27 et 28 mai 2002. Les Directeurs généraux des États membres les plus récents, ainsi qu'EUROCONTROL et les JAA, y ont exprimé leur soutien unanime aux réalisations et à la poursuite du programme d'intégration, en particulier dans le contexte persistant des ressources limitées des administrations bénéficiaires.

Training events

Training events organised in 2001 focused mainly on aviation security matters.

JAR courses (Joint Aviation Requirements)

Continued support was provided for experts from eligible administrations to participate in the annual programme of courses organised by JAA, within the framework of the ECAC/JAA agreement providing two free seats on each of the courses, as well as daily subsistence allowances for selected trainees. To date, more than five hundred seats in all have been allocated since the beginning of this co-operation in 1996.

Multilateral workshops on the implementation of JARs

Three large multilateral workshops on the implementation of JARs were specially organised in 2001/2002 for the benefit of newer Member States. They were led by high-level national experts and dealt respectively with JAR implementation in the fields of maintenance (Budapest, 23-25 January 2001), operations (Bucharest, 15-17 May 2001) and flight crew licensing (Bled, 26-28 February 2002).

These workshops benefited from the essential support of administrations from Member States and the JAA, as well as that of the European Commission through its TAIEX technical assistance bureau. In all, more than one hundred and eighty experts from almost all eligible States participated in them.

Multilateral workshop and seminar organised in other fields

Two multilateral events were, furthermore, organised in the fields of environment and facilitation: a workshop on implementing aircraft noise limitation in the vicinity of airports, organised with the support of experts from the ANCAT Working Group (Kiev, 3-4 July 2001), and a seminar on implementing air transport facilitation, co-ordinated by the Working Group on Facilitation, (Chisinau, 4-5 September 2001).

Integration visits and follow-up actions

The programme of integration visits undertaken by the Secretariat continued, as well as the organisation of training events in response to specific requests expressed during these visits. Within this framework, visits were carried out in 2001 and beginning 2002 to Moldova, Estonia, Slovenia, Croatia and Albania.

Consultation of Directors General of eligible States

At the invitation of the Focal Point, a Special meeting at Director General level on Integration issues was held in Bonn-Bad Honnef (Germany) on 27 and 28 May 2002. Directors General of newer Member States, as well as EUROCONTROL and JAA, expressed their unanimous support for the achievements and for the continuation of the integration programme, in particular in the context of the continuing limited resources of the recipient administrations.

Plan d'action

Sur la base des suggestions faites, un plan d'action détaillé, portant sur les modalités du programme et les sujets à traiter en priorité jusqu'au terme de la présente période triennale (décembre 2003), a été approuvé par les Directeurs généraux. Il retient en particulier les actions suivantes :

Dans le domaine de la sécurité aérienne :
- La poursuite des cours JARs
- Une seconde série d'ateliers multilatéraux sur la mise en œuvre des JARs
- Un atelier multilatéral sur la mise en œuvre des inspections SAFA
- Un atelier multilatéral sur l'organisation et le fonctionnement d'une structure d'enquêtes accident.

Dans le domaine de la sûreté aérienne :
- Un soutien à la participation d'experts des États éligibles aux formations et certification d'auditeurs CEAC, en coordination avec l'Institut européen de la formation à la sûreté de l'aviation
- Des ateliers de formation sur la mise en œuvre du Programme national de Sûreté de l'aviation, et sur l'assurance-qualité dans le domaine de la sûreté.

Dans le domaine des questions juridiques:
- Un séminaire sur les aspects juridiques de la reprise des normes européennes, telles les JARs, dans un cadre national.

Dans le domaine des questions environnementales:
- Un atelier sur la recertification des appareils aux normes du Chapitre 3, en coordination avec les JAA
- Un atelier sur les procédures opérationnelles de réduction de la consommation de carburant (et donc des émissions gazeuses et du bruit) aux abords des aéroports.

Dans le domaine des questions de gestion du trafic aérien (ATM):
- Un atelier sur les relations de l'administration de l'aviation civile, dans ses fonctions de régulateur, avec le prestataire national des services de navigation aérienne.

Visites d'une équipe d'évaluation CEAC

Dans le cadre des procédures à employer lors des demandes d'adhésion à la CEAC, des visites d'évaluation conduites par M. H.-J. Froböse auxquelles participaient le Secrétaire exécutif et des experts CEAC et EUROCONTROL, ont eu lieu dans les États candidats suivants :
- Bosnie-Herzégovine (22-26 octobre 2001). L'étape suivante, c'est-à-dire la tenue de discussions au niveau politique entre le Président de la CEAC et les hauts responsables du pays, s'est déroulée les 27-28 juin 2002.
- Géorgie (6-9 mars 2002)
- République fédérale de Yougoslavie (15-17 avril 2002).

Le Point focal pour les questions d'intégration :
Hans-Jürgen Froböse,
Directeur général de l'Aviation civile, des Affaires aérospatiales et maritimes, Allemagne

Action plan

On the basis of the suggestions made, a detailed action plan, focusing on the modalities of the programme and on priority subjects to be considered until the end of the present triennial period (December 2003), was approved by Directors General. The plan consists of the following actions:

In the field of aviation safety:

- Continuation of JAR training courses
- Development of a second series of multilateral workshops on JAR implementation
- Organisation of a multilateral workshop on the implementation of SAFA inspections
- Organisation of a multilateral workshop on the organisation and functioning of an accident investigation unit.

In the field of aviation security:

- Support for the participation of experts from eligible States in the ECAC AVSEC auditors training courses and certification, in co-ordination with the European Aviation Security Training Institute
- Training workshops on the implementation of the National Aviation Security Programme, and on insurance quality control in security matters.

In the field of legal matters:

- A seminar on the legal aspects of the incorporation of European standards, such as JARs, into national legislation.

In the field of environmental matters:

- A workshop on the recertification of aircraft to Chapter 3 standards, in co-ordination with the JAA
- A workshop on operational procedures to reduce fuel consumption (and therefore gaseous emissions and noise) in the vicinity of airports.

In the field of air traffic management:

- A workshop on the relations between the Civil Aviation Administration, in its regulator role, and the national Air Traffic Services provider.

ECAC visits by an evaluation team

Within the framework of the procedures to be used in considering applications for membership of ECAC, an evaluation visit led by Dr H.-J. Froböse, in which participated the Executive Secretary and ECAC and EUROCONTROL experts, was held in the following candidate States:

- Bosnia and Herzegovina (22-26 October 2001). The following stage, that is the holding of policy-level discussions between the President of ECAC and high-level officials from the country, took place on 27-28 June 2002.
- Georgia (6-9 March 2002)
- Federal Republic of Yugoslavia (15-17 April 2002).

The Focal Point for Integration Matters:
Hans-Jürgen Froböse,
Director General for Civil Aviation, Aerospace and Shipping, Germany

GESTION DE LA CIRCULATION AÉRIENNE (ATM) ET AÉROPORTS AUGMENTER LA CAPACITÉ DE L'ESPACE AÉRIEN ET DES AÉROPORTS

Conformément à son mandat, la CEAC supervise et veille à la mise en œuvre des initiatives prises pour soulager l'encombrement de l'espace aérien et des aéroports et pour réduire les retards du trafic aérien.

C'est ainsi que, donnant suite à la sixième réunion CEAC des ministres des Transports sur le système de la circulation aérienne en Europe (MATSE/6) qui s'est tenue en 2000, la CEAC a pris l'initiative d'accueillir la première réunion du Forum de collaboration des partenaires qui a réuni les prestataires de services de navigation aérienne, les directions aéroportuaires, les exploitants d'aéronefs et les instances de réglementation. Ce Forum a étudié les suites à donner à l'Étude sur les contraintes à la croissance qui avait été exécutée à la demande des ministres.

Cette étude avait démontré qu'il existait, de façon alarmante, un déséquilibre croissant entre l'offre et la demande. Elle avait révélé, notamment, que d'ici 2015 notre système en Europe serait dans l'incapacité totale de traiter 25% de la demande, et que les effets de réseaux démontraient qu'il était peu utile de vouloir améliorer isolément la capacité des compagnies aériennes, des aéroports ou de l'ATM.

Le but du Forum est de réunir tous les protagonistes sur un même pied d'égalité et de les amener à travailler en partenariat pour parvenir à remédier au manque de capacité.

Le Forum a mis sur pied une équipe de travail de haut niveau, travaillant sous l'égide du Groupe d'action du transport aérien (ATAG), afin de rechercher et de proposer des solutions durables permettant de surmonter les problèmes de capacité en Europe

Cette équipe de travail, dans son rapport soumis au Forum de collaboration des partenaires en décembre 2001, a mis en évidence les principaux obstacles à la croissance du transport aérien. Elle a proposé un plan d'action en huit points pour supprimer ces obstacles, avec un échéancier définissant les délais de réalisation pour chacun des points.

ACTION LIÉE AUX CONSTATATIONS ET DÉLAI DE RÉALISATION

- Projet de plan d'action aéroportuaire européen : décembre 2002 ;
- Projet de réglementations sur le plan d'occupation des sols et la gestion : décembre 2002 ;
- Mettre en place des groupes de contacts dans les 50 principaux aéroports d'Europe : décembre 2002 ;
- Promouvoir l'élaboration rapide du Ciel Unique européen : 1er trimestre 2004 ;
- Encourager l'entrée en vigueur rapide de la Convention Révisée d'EUROCONTROL et l'adhésion de l'UE à EUROCONTROL : juin 2003 ;
- Promouvoir l'autonomie des prestataires de services de navigation aérienne (par ex la corporatisation) et établir une séparation entre la réglementation et l'exploitation : juin 2003 ;
- Promouvoir l'adoption d'une licence de contrôleurs de la circulation aérienne (ATC) européenne commune : décembre 2002 ;
- Assurer la mise en œuvre rapide de l'harmonisation des usages civils et militaires de l'espace aérien : juin 2003.

Conjointement avec l'association des aéroports européens (ACI-EUROPE), la CEAC travaille à la rédaction d'un plan d'action pour les aéroports européens et les règlements sur les plans d'occupation des sols et l'aménagement du territoire au voisinage des aéroports.

AIR TRAFFIC MANAGEMENT AND AIRPORTS INCREASING AIRSPACE AND AIRPORT CAPACITY

In accordance with its policy leadership role, ECAC oversees and monitors the implementation of initiatives to alleviate airspace and airport congestion and to reduce air traffic delays.

Against this background and as follow-on activity to the Sixth meeting of ECAC Transport Ministers on the air traffic system in Europe (MATSE/6), held in 2000, ECAC took the initiative to host the first meeting of the Collaborative Forum of Stakeholders which brought together air navigation service providers, airports, aircraft operators and regulators. This Forum considered next steps to be taken as a follow-up to the Study on Constraints to Growth which had been commissioned by Ministers.

The study had demonstrated an alarming growing mismatch between supply and demand. In particular, it had revealed that by 2015 our system in Europe will simply not be able to cope with 25% of demand, and that network effects mean that there is little value in improving airline, airport or ATM capacity in isolation.

The main reason for setting up the Collaborative Forum of Stakeholders was therefore to bring the industry together, all stakeholders on the same footing, and to encourage participating organisations to establish a close working partnership when exploring means to tackle capacity shortages.

The Forum established a high-level Task Force, working under the auspices of the Air Transport Action Group (ATAG), to research and propose sustainable solutions to overcome capacity problems in Europe.

This Task Force, in its report submitted to the Collaborative Forum of Stakeholders in December 2001, identified main barriers to air transport growth. It proposed an eight-point action plan and associated target dates to remove these barriers:

Action in relation to findings and Deadline for completion

- Draft European action plan for airports: December 2002;
- Draft land-use planning and management regulations: December 2002;
- Institute contact groups at some 50 major airports: December 2002;
- Accelerate realisation of a Single European Sky: 1st quarter 2004;
- Encourage rapid entry into force of the revised EUROCONTROL Convention and EU membership of EUROCONTROL: June 2003;
- Promote Air navigation services providers' (ANSPs) autonomy (e.g. corporatisation) and separation of regulation and operation: June 2003;
- Promote the adoption of a single European air traffic controllers (ATC) license: December 2002;
- Ensure the swift implementation of military airspace harmonisation: June 2003.

ECAC is working in co-operation with the airport organisation ACI-EUROPE with a view to drafting an action plan for European airports and land-use planning and management regulations.

Il sera rendu compte des résultats de ces travaux lors de la prochaine réunion du Forum de collaboration des partenaires qui est prévue vers la fin 2002.

Le Point focal pour les questions ATM :
Mikko Talvitie, Directeur général, Finlande

Le Point focal pour les questions aéroportuaires :
Lazlo Kiss, Directeur général de l'Aviation civile, Hongrie

ENVIRONNEMENT

L'implication de la CEAC dans les questions environnementales liées à l'aviation remonte à 1974 et, depuis lors, le sujet a toujours été prioritaire sur son ordre du jour, le raisonnement de base étant — l'Étude sur les contraintes à la croissance le démontre — que le développement d'un système de transport aérien européen durable exige le respect de l'environnement. Les travaux sont entrepris par l'intermédiaire du Groupe d'experts de l'atténuation des nuisances du transport aérien (ANCAT), présidé par G. Bekebrede (Pays-Bas) composé de représentants des administrations et de l'industrie.

Outre son rôle en Europe, la CEAC a une fonction tout aussi importante de liaison avec l'OACI, l'instance mondiale reconnue pour l'établissement de normes, en particulier en ce qui concerne les questions environnementales en aviation.

Les activités entreprises en 2001 ont porté principalement sur la coordination des positions européennes lors de la 33e Assemblée de l'OACI qui a eu lieu en automne l'année dernière. Il était important pour la CEAC de réussir à convaincre la communauté aéronautique internationale de procéder à une nouvelle étape : vers la nouvelle norme de certification plus rigoureuse adoptée au printemps 2001, comme l'avait recommandé la cinquième réunion du Comité OACI pour la protection de l'environnement en aviation (CAEP/5). Cette étape comporte le retrait progressif des avions Chapitre 3 les plus bruyants. Cette mesure était attendue de manière pressante en Europe, afin de soulager l'encombrement des aéroports, permettant ainsi un nombre de mouvements d'avions plus élevés, sans pour autant augmenter l'exposition au bruit des riverains des aéroports.

En conclusion l'Assemblée a adopté la Résolution A33-7 qui préconise une approche, dite « approche équilibrée », fondée sur quatre éléments, pour gérer l'impact du bruit aux aéroports. Les États peuvent résoudre les situations nationales en ayant recours à l'élément qui lui convient le mieux parmi les quatre, à savoir, la réduction à la source, la planification et l'utilisation des terrains, les procédures d'exploitation et les restrictions d'exploitation. Ces dernières, en dépit de l'opposition rencontrée antérieurement, peuvent maintenant être mises en œuvre, sous certaines conditions, dans certains aéroports.

D'autres activités environnementales essentielles en cours à la CEAC ont porté, par l'intermédiaire d'ANCAT, sur:

– l'élaboration d'une méthode normalisée de calcul des émissions d'aéronefs conforme aux pratiques internationales, afin de fournir aux États les outils harmonisés requis liés aux comptes rendus nationaux des inventaires d'émissions ;
– le suivi du retrait progressif des avions Chapitre 2 en cours, lequel a mis en évidence l'impact environnemental de certaines procédures utilisées lors de la recertification des aéronefs des normes du Chapitre 2 à celles du Chapitre 3. Des éléments indicatifs sur cette dernière question ont été élaborés, en coopération avec les JAA et leur groupe de travail JAR 36, afin de parvenir à une plus grande uniformité et homogénéité

The outcome of this work will be reported to the next meeting of the Collaborative Forum of Stakeholders which is scheduled to meet towards the end of 2002.

The Focal Point for ATM Matters:
Mikko Talvitie, Director General, Finland

The Focal Point for Airport Matters:
Lazlo Kiss, Director General of Civil Aviation, Hungary

ENVIRONMENT

ECAC's involvement in aviation environmental matters goes back to 1974 and, since then, the topic has always been high on its agenda, the underpinning rationale — as demonstrated by the Study on Constraints to Growth — being that the development of a European air transport system in a sustainable manner requires respect for the environment. The work is taken forward through the Group of Experts on the Abatement of Nuisances Caused by Air Transport (ANCAT), chaired by G. Bekebrede (The Netherlands), in which administrations and the industry are represented.

In addition to its role in Europe, ECAC has an equally important liaison function with ICAO, the recognised world-wide standard-setting body, in particular for aviation environmental matters.

Activities undertaken in 2001 focused on co-ordinating European positions for the 33rd ICAO Assembly held in autumn last year. Of particular significance for ECAC was the need to convince the international aviation community to take a follow-on step to the new more stringent certification standard adopted in spring 2001, as recommended by the fifth meeting of ICAO Committee on Aviation Environmental Protection (CAEP/5). The step in question was the phasing-out of the noisiest Chapter 3 aeroplanes. This measure was urgently needed in Europe, not least to relieve airport congestion, to allow a higher number of movements without increasing the noise exposure of citizens living in the vicinity of airports.

The Assembly concluded in adopting Resolution A33-7 which promotes a four-track approach, known as the "balanced approach", to manage the noise impact at airports. States can resolve national situations by having recourse to the best-suited track amongst the four ones, namely, reduction at source, land-use and zoning, operating procedures and operational restrictions. The latter ones, unlike previous opposition to their introduction, may now be implemented, under certain conditions, at particular airports.

Other key environmental activities underway in ECAC have focused, through ANCAT, on:

- the completion of the development of a standard aircraft emissions calculation method consistent with international practices, in order to provide States with harmonised tools required in connection with the reporting of national emissions inventories;
- the monitoring of the ending phase-out of Chapter 2 aeroplanes which brought to light the environmental impact of certain procedures used in re-certification of aircraft from Chapter 2 to Chapter 3 standards. Guidance material on the latter issue was developed, in co-operation with the JAA and its JAR 36 Working Group, to achieve greater uniformity and consistency in States' practices which would also be monitored concerning re-certification to the new Annex 16 standards;
- the exploration of the scope for a harmonised framework and associated methodology

dans les pratiques des États qui seraient également surveillées en ce qui concerne la recertification aux nouvelles normes de l'Annexe 16 ;

- l'examen des possibilités d'élaborer un cadre harmonisé et une méthodologie associée pour aider les États, si et quand ils le souhaitent, à établir des redevances d'atterrissage liées aux émissions.

La protection de l'environnement est aujourd'hui un des paramètres significatifs du développement de l'aviation. Le bruit des aéronefs était encore tout récemment la question la plus importante à régler. Le prochain sujet qui préoccupe de plus en plus le public se rapporte aux émissions, un domaine où il faudra développer davantage les connaissances scientifiques si la CEAC veut maintenir son rôle de pionnier.

Le Point focal pour les questions environnementales :
Eric Bussink, Directeur général de l'Aviation civile, Pays-Bas

SÉCURITÉ

La sécurité est une partie majeure du programme de travail technique de la CEAC, reflétant l'intérêt croissant du public pour un système de transport aérien sûr et fiable en Europe.

SAFA (Évaluation de la sécurité des aéronefs étrangers)

Au cours des dix dernières années, la mondialisation a eu un impact sur l'aviation civile comme sur de nombreux autres domaines. Ceci a accru le besoin pour chaque État d'être assuré de la supervision de la sécurité exercée par les autres États.

En 1996, l'OACI a entrepris un programme volontaire d'évaluations des autorités nationales. Par la suite la 32e Session de l'Assemblée en 1998 a renforcé le programme afin qu'il fonctionne sur une base universelle, transparente et obligatoire. Il vise à ce que tous les États contractants de l'OACI fassent l'objet d'un audit portant sur leur capacité à se conformer aux normes et pratiques recommandées de l'Organisation relatives à la sécurité.

En 1996 également, la CEAC a lancé son propre Programme SAFA (Évaluation de la sécurité des aéronefs étrangers), en tant que complément aux audits de l'OACI. Le Programme SAFA est fondé sur une approche ascendante, prenant comme point de départ les inspections sur l'aire de trafic des aéronefs qui atterrissent dans les États CEAC, et procédant ensuite à différentes étapes allant jusqu'à l'implication des États d'immatriculation, ainsi que celle de l'OACI, lorsque les circonstances l'exigent.

Des liens puissants sont maintenus entre les deux programmes ci-dessus au moyen d'un Mémorandum d'entente entre l'OACI et la CEAC, signé en novembre 1997 au niveau présidentiel et amendé en 1999 afin de l'aligner sur le programme de l'OACI et de parvenir à un soutien et une coopération mutuels.

Le suivi du programme est assuré par le Comité directeur SAFA, qui comptent des représentants de plusieurs États membres ainsi que de la Communauté européenne et des Autorités conjointes de l'aviation, cette dernière se chargeant de la coordination des aspects pratiques du programme. Le Comité, sous la présidence de Maxime Coffin (France), est responsable de la formulation de la politique d'ensemble de la CEAC à l'égard de la supervision de la sécurité et de la proposition de mesures à prendre dans des cas spécifiques.

Une des principales caractéristiques du Programme SAFA est sa nature non discriminatoire – SAFA s'applique aussi bien aux aéronefs des États CEAC que non CEAC. Les principes du programme sont simples : dans chaque État CEAC, des aéronefs étrangers (CEAC ou non CEAC) peuvent faire l'objet d'une inspection sur l'aire de trafic, celle-ci portant principalement to assist States, if and when requiring so, in the establishment of emissions-related landing charges.

Aviation environmental protection has now become a significant parameter governing the development of aviation. Aircraft noise has been until recently the first and foremost issue. The next issue which is of increasing public concern relates to emissions, an area where scientific knowledge should be developed further if ECAC is to maintain the pioneering role.

The Focal Point for Environmental Matters:
Eric Bussink, Director General of Civil Aviation, The Netherlands

SAFETY

Safety is a major part of the technical work programme of ECAC, reflecting the growing public interest in a safe and reliable air transport system in Europe.

SAFA (Safety Assessment of Foreign Aircraft)

During the last ten years, globalisation has had an impact on civil aviation as well as on many other areas. This has increased the need for each State to be able to maintain confidence in the safety oversight provided by other States.

In 1996, ICAO began a voluntary programme of assessments of national authorities. Subsequently, the 32nd Session of the Assembly in 1998 strengthened the programme to operate on a universal, transparent and mandatory basis. It calls for ICAO Contracting States to be audited as to their ability to conform to the safety-related Standards and Recommended Practices of the Organisation.

Also in 1996, ECAC launched its own SAFA (Safety Assessment of Foreign Aircraft) Programme, as a complement to the ICAO audits. The SAFA Programme is based on a bottom-up approach, taking as its starting point ramp inspections of aircraft landing in ECAC States, and progressing through further steps to the involvement of States of Registry, as well as of ICAO, when circumstances so require.

Strong ties are maintained between the above two programmes by means of a Memorandum of Understanding between ICAO and ECAC, signed in November 1997 at presidential level and amended in 1999 to be kept in line with the ICAO Programme, to achieve mutual support and co-operation.

The ECAC programme is supervised by the SAFA Steering Committee, with representation from several Member States as well as the European Community and the Joint Aviation Authorities, the latter undertaking the co-ordination of practical aspects of the programme. The Committee, under the chairmanship of Maxime Coffin (France), is responsible for the formulation of overall ECAC policy with regard to safety oversight and to the proposal of action to be taken in specific cases.

A major feature of the SAFA Programme is its non-discriminatory nature – SAFA applies equally to aircraft from ECAC and non-ECAC States. The principles of the programme are simple: in each ECAC State, foreign aircraft (ECAC or non-ECAC) can be subject to a ramp inspection, chiefly concerned with the aircraft and crew documents, the apparent state of the sur les documents relatifs à l'aéronef et son équipage, l'état apparent de l'aéronef et sur la présence et l'état des équipements obligatoires dans la cabine. Ces inspections prennent pour références les normes des annexes 1, 6 et 8 de l'OACI.

Les inspections sont effectuées suivant une procédure commune à tous les États membres de la CEAC et font ensuite l'objet de rapports qui suivent un format également commun. Dans le cas d'anomalies importantes, contact est pris avec l'exploitant et l'autorité compétente afin de parvenir à ce que les mesures correctives soient prises non seulement à l'égard de l'aéronef inspecté, mais également à l'égard d'autres aéronefs susceptibles d'être concernés dans le cas d'une anomalie d'ordre générique. Toutes les données des rapports, ainsi que les informations complémentaires (par exemple une liste d'actions entreprises et menées à bien suite à une inspection) sont centralisées dans une base de données centrale informatisée mise en place par les Autorités conjointes de l'aviation, l'organe associé de la CEAC.

Au cours de l'année 2001, au moins 25 États ont effectué quelque 2 700 inspections de quelque 490 différents transporteurs de 118 États exploitant 181 différents (sous)types d'appareils. En outre, la base de données (qui contenait fin 2001 quelque 12 000 rapports en totalité) est devenue pleinement opérationnelle, un nombre croissant d'États y étant connecté en ligne. Ce développement permet une diffusion rapide de l'information aux États CEAC et contribue à leur fournir une vue plus complète de la situation concernant certains aéronefs, types d'aéronefs ou exploitants. De plus, quelque 200 inspecteurs de 32 États membres ont été formés, cette formation contribuant à une approche commune à la manière dont les inspections sont réalisées.

Les prochaines étapes consisteront à revoir régulièrement les procédures d'inspection afin qu'elles soient toujours actuelles et d'y inclure les « leçons apprises » à partir de leur utilisation régulière. De plus, le développement d'outils d'analyse sera poursuivi parallèlement aux améliorations qui continueront à être apportées au programme au fur et à mesure où davantage d'outils informatisés seront disponibles.

ACC (Groupe d'experts des enquêtes sur les accidents)

Le Groupe d'experts des enquêtes sur les accidents (ACC), établi en 1991, a pour objectif principal d'harmoniser les procédures pour les enquêtes sur les accidents et les incidents d'aviation. C'est un outil de coordination et de coopération entre les services responsables des enquêtes en Europe, et d'intégration dans ce domaine des États membres les plus récents.

Ce Groupe, présidé par Paul-Louis Arslanian (France), se réunit une fois par an dans un des États membres. Ces réunions sont l'occasion d'une présentation de l'équipe d'enquête du pays hôte, des structures nationales et d'un débat entre collègues sur les difficultés éventuellement rencontrées lors des enquêtes de ce pays. En outre, chaque organisme présente les enquêtes conduites au cours des derniers mois, ceci conduisant généralement à débattre de points spécifiques de sécurité aérienne.

ACC est également l'organe privilégié, au niveau européen, de préparation des réunions de l'OACI à l'échelon division — en dernier lieu AIG/99, présidée par K. Smart (Royaume-Uni), et de coordination de la mise en œuvre de leurs suites, ainsi que des recommandations correspondantes de l'Assemblée de l'OACI.

En conséquence, les pistes de travail actuelles du groupe ACC sont les suivantes :

- Suivi de la mise en œuvre de la circulaire OACI sur l'assistance aux victimes des accidents d'aviation et à leurs familles (ACC avait apporté sa contribution aux travaux OACI dans ce domaine au travers des conclusions du Symposium CEAC organisé à Tallinn à l'automne 2000).
- Amélioration de la coopération entre les services d'enquête européens, de façon à

aircraft and the presence and condition of mandatory cabin equipment. The references for these inspections are contained in the Standards of ICAO Annexes 1, 6 and 8.

Inspections are carried out according to a common procedure to all ECAC Member States and are then the subject of reports which also follow a common format. In the case of significant irregularities, the operator and the Appropriate Authority are contacted in order to arrive at the corrective measures to be taken not only with regard to the aircraft inspected, but also with regard to other aircraft which could be concerned in the case of an irregularity of a generic nature. All data from the reports, as well as supplementary information (for example a list of actions undertaken and finalised following an inspection) are centralised in a computerised central database set up by the Joint Aviation Authorities, the Associated Body of ECAC.

During the year 2001, at least twenty-five States performed around 2,700 inspections of approximately 490 different carriers from 118 States operating 181 different (sub)types of aircraft. In addition, the database (containing at the end of 2001 some 12 000 reports in total) has become fully operational with an increasing number of States connected to it on line. This development allows the rapid flow of information to ECAC States and contributes to their gaining a more complete picture about certain aircraft, aircraft types or operators. Also, some 200 inspectors from 32 Member States have been trained, which contributes to a common approach to the way inspections are performed.

Next steps shall consist of reviewing regularly the inspection procedures to keep them current and to incorporate in them "lessons learned" from their day to day usage. Also, the development of analytic tools will be pursued along with continued improvements of the programme as more and more e-tools become available.

ACC (Group of Experts on Accident Investigation)

Established in 1991, the main objective of the Group of Experts on Accident Investigation is to harmonise the procedures for aircraft accident and incident investigation. It serves as a tool for co-operation and co-ordination between accident investigation services in Europe, and for the integration of newer Member States in this field.

This Group meets, under the chairmanship of Paul-Louis Arslanian (France), once a year in one of the Member States. These meetings provide the opportunity to present the investigation teams of the host country and national structures, and to discuss among colleagues the possible difficulties encountered during investigations in that country. Furthermore, each organisation presents the investigations which have been carried out over the last months, this generally leading to discussions on specific aviation safety points.

ACC is also the main forum for the preparation, on the European level, of ICAO Accident Investigation and Prevention Divisional Meetings, the most recent one being AIG/99, chaired by K. Smart (United Kingdom), and for the co-ordination of the follow-up work to be implemented, as well as of the corresponding ICAO Assembly recommendations.

Consequently, the items on which the ACC Group is working at present are the following:

- Monitoring implementation of the ICAO Circular on assistance to victims of aviation accidents and their families (ACC had contributed to ICAO work in this area through the conclusions of the ECAC Symposium organised in Tallinn in autumn 2000).
- Enhancement of co-operation between European investigation services, in order to

augmenter au moindre coût l'efficacité de chaque organisme et l'utilité des enquêtes pour une amélioration de la sécurité.

- Considération des différentes voies possibles pour améliorer la protection des données confidentielles recueillies au cours des enquêtes.

Enfin, il est prévu qu'un atelier multilatéral sur l'organisation et le fonctionnement d'une structure enquête accident se tienne en 2002 dans le cadre du programme d'intégration de la CEAC, sous la conduite du Groupe ACC.

Le Point focal pour la sécurité :
Pierre Graff, Directeur général de l'Aviation civile, France

SÛRETÉ

La CEAC a consacré des ressources humaines et financières importantes pour le lancement de son Programme d'audit dont le principal objectif est d'évaluer le niveau de conformité au Doc. 30, dans les États membres. Ces derniers peuvent, à titre individuel et sur une base volontaire, inviter des équipes d'auditeurs certifiés par la CEAC à effectuer des audits de sûreté dans des aéroports spécifiés afin de s'assurer que les recommandations du Doc. 30 ont bien été respectées.

Plus de cinquante-cinq aéroports ont été proposés pour faire l'objet d'un audit au cours des prochaines années. Depuis le lancement du programme à la mi-mai 2001, treize audits ont déjà été effectués dans onze États membres. Sept aéroports seront audités avant la fin de 2002 pour répondre à l'objectif fixé par les Directeurs généraux. Afin de pouvoir disposer d'un nombre suffisant d'auditeurs, six cours de formation ont été organisés par l'Institut européen de formation à la sûreté de l'aviation (EASTI). Cela a permis la certification par la CEAC de 34 auditeurs de sûreté de l'aviation originaires de 14 États membres.

Outre le Programme d'audit, la CEAC a continué ses travaux visant la mise en œuvre à 100% de l'inspection/filtrage des bagages de soute, et l'élaboration des éléments d'orientation appropriés s'y rapportant, notamment les spécifications pour les systèmes de détection de traces d'explosif. Dans ce domaine essentiel, les États membres de la CEAC ont confirmé qu'ils avaient déjà mis en œuvre cette mesure ou qu'ils allaient pouvoir respecter la date butoir fixée par les Directeurs généraux de la CEAC, à savoir le 31 décembre 2002. De plus, un certain nombre d'éléments d'orientation ont été adoptés comprenant les méthodes d'inspection/filtrage du fret et de la poste, les points d'inspection/filtrage, les systèmes de projection d'images fictives, ces éléments étant destinés à apporter un soutien aux États membres lors de la mise en application.

Les événements du 11 septembre ont influencé considérablement les activités de sûreté de la CEAC au cours du deuxième semestre de 2001 et ont conduit à l'adoption d'une série de mesures de sûreté supplémentaires. Ces mesures, qui prennent en compte le 10e Amendement de l'Annexe 17 de l'OACI, ont été adoptées par les Directeurs généraux et incluses ensuite dans la 9e édition du Doc. 30 qui a été publiée en décembre 2001.

Ces travaux ont été menés sous l'égide du Groupe de travail sur la sûreté, auquel rendent compte cinq Équipes spécialisées en charge d'élaborer des propositions détaillées sur les tâches spécifiques qui leur ont été confiées. Les cinq équipes sont :

- Équipe de travail sur la sûreté en vol ;
- Équipe de travail sur les mesures essentielles de sûreté de l'aviation ;
- Équipe de travail sur la gestion de la qualité ;
- Équipe de travail sur les questions opérationnelles ;
- Équipe de travail sur les questions techniques.

increase at minimum cost the efficiency of each organisation and the contribution of investigations towards improving safety.

- Consideration of various possible ways to improve the protection of confidential data collected during investigations.

Finally, a multilateral workshop on the organisation and functioning of an accident investigation unit, guided by ACC, is foreseen in 2002 within the framework of the ECAC integration programme.

The Focal Point for Safety:
Pierre Graff, Director General of Civil Aviation, France

SECURITY

ECAC has devoted considerable human and financial resources for the launch of the ECAC Audit Programme, the main objective of which is to assess the level of compliance with Doc. 30 in Member States. On a voluntary basis, individual Member States may invite teams of ECAC certified auditors to perform security audits at specified airports to ensure that the recommendations of Doc. 30 are met.

More than fifty-five airports have been volunteered to be audited over the next few years. Since the launch of the programme in mid-May 2001, thirteen audits have already been performed in eleven Member States. Seven airports will be audited before the end of 2002 to meet the objective set by Directors General. To ensure a sufficient number of auditors, six training courses were organised by the European Aviation Security Training Institute (EASTI). This led to the certification by ECAC of 34 ECAC aviation security auditors originating from 14 Member States.

Besides the Audit Programme, ECAC continued its work on the implementation of 100% screening of hold baggage, and the development of appropriate relevant guidance material e.g., specifications for explosive trace detection systems. In this essential area, ECAC Member States confirmed that they had already implemented this measure or will do so by the target date set by ECAC Directors General, i.e. 31 December 2002. In addition, a significant number of guidelines were adopted such as screening methods for cargo and mail, screening checkpoints, threat image projection systems with the purpose of supporting implementation by Member States.

The 11 September events greatly influenced ECAC security activities in the second half of 2001 and led to the adoption of a set of additional security measures. Taking into consideration the 10th Amendment to ICAO Annex 17, these measures were adopted by Directors General and subsequently incorporated in the 9th edition of Doc. 30, which was issued in December 2001.

This work was carried out under the aegis of the Security Working Group, to which report five specialised Task Forces responsible for developing detailed proposals on specific tasks assigned to each of them. The five Task Forces are:

- Task Force on in-flight security;
- Task Force on baseline aviation security measures;
- Task Force on quality control;
- Operational Task Force;
- Technical Task Force.

ECAC activities are carried out in co-operation with both non-ECAC States and observer organisations. Meetings of the Security Working Group provide ECAC with a unique opportunity to exchange views with a wide range of interested participants such as the United

Les activités de la CEAC sont menées en coopération à la fois avec les États non CEAC et les organisations participant en qualité d'observateur. Les réunions du Groupe de travail sur la sûreté fournissent à la CEAC l'occasion unique d'échanger des avis avec une gamme étendue de participants intéressés tels que les États-Unis, le Canada, Israël, la Fédération de Russie et les principales organisations qui représentent tous les secteurs du transport aérien, c'est-à-dire les transporteurs aériens, les aéroports, ou les intégrateurs fret. Les États candidats à la CEAC sont également invités à participer à ces réunions. L'OACI et la Commission européenne participent également, des contacts étroits avec la Commission étant considérés comme essentiels afin d'éviter toute duplication des efforts dans ce domaine dans la région.

Il y a lieu d'ajouter que l'EASTI à Bruxelles organise des cours de formation pour auditeurs, en étroite coopération avec la CEAC et les instructeurs nationaux, et des ateliers couvrent un éventail de questions liées à la sûreté de l'aviation.

Le Point focal pour la facilitation et la sûreté
Toomas Peterson, Directeur général de l'Aviation civile, Estonie

FACILITATION

Le Groupe de travail sur la facilitation (FAL), présidé par Yves Toffin (France), s'est réuni en octobre 2001 à Athènes et en février 2002 au siège de la CEAC. Sa prochaine réunion aura lieu en octobre 2002 à Bled (Slovénie). Ce Groupe de travail pluridisciplinaire comprend des délégués et observateurs venant de tous les secteurs de l'aviation civile, y compris les utilisateurs, mais aussi des spécialistes des douanes, de l'immigration, de la sûreté, de la santé publique, du contrôle des stupéfiants. Une relation étroite est maintenue avec le Groupe de travail sur la sûreté, dont le président est invité systématiquement à ses réunions, et avec la Commission européenne qui a un intérêt particulier, compte tenu des questions de compétence communautaire comme les affaires de douane et de l'intégration de l'acquis de Schengen dans le traité d'Amsterdam.

Les objectifs 2002 en matière de facilitation ont été, suite aux décisions prises par le Comité de coordination de la CEAC en décembre 2001 :

- Évaluation et consolidation du projet pilote ECFALIS sur l'immigration clandestine;
- Recherche de la mise en œuvre des engagements des compagnies aériennes et des aéroports en ce qui concerne les PRMs. Engager le dialogue avec les constructeurs aéronautiques au sujet de la prise en compte des besoins des PRMs dans la conception des aéronefs;
- Étude d'amendements au Doc. 30, Partie I, section 3, sur le fret. Évaluation des implications de la Convention de Kyoto révisée sur l'annexe 9 de l'OACI et le Doc. 30, Partie I;
- Information du groupe de travail FAL par l'IATA et les compagnies aériennes européennes en ce qui concerne les nouvelles méthodes de pratiques en relation avec les cartes à mémoire et la délivrance électronique des billets d'avion.

Le groupe s'est félicité que ces questions soient en cours de traitement par les trois sous-groupes FAL (immigration, personnes à mobilité réduite et fret).

Compte tenu des événements tragiques du 11 septembre 2001, le Groupe de travail FAL a été particulièrement attentif aux relations facilitation/sûreté, réaffirmant sa conviction qu'une bonne facilitation ne peut que contribuer à une bonne sûreté.

FAL a présenté conjointement avec le Groupe de travail SEC une note relative à une Directive du service des douanes des États-Unis sur une pré-information sur les passagers

States, Canada, Israel, the Russian Federation and the major organisations representing all sectors of the air transport industry, i.e. air carriers, airports, or cargo integrators. States which applied for ECAC membership are also invited to participate in these meetings. In addition, ICAO and the European Commission attend, and close contact with the Commission is regarded as essential to avoid any duplication of efforts in the region.

The European Aviation Security Training Institute in Brussels organises training courses for auditors, in close co-operation with ECAC and national instructors, and workshops covering a wide range of aviation security matters.

The Focal Point for Facilitation and Security:
Toomas Peterson, Director General of Civil Aviation, Estonia

FACILITATION

The Working Group on Facilitation (FAL), chaired by Yves Toffin (France), met in October 2001 in Athens and in February 2002 at ECAC headquarters. The next meeting of the Group will be held in Bled (Slovenia). This multidisciplinary Working Group comprises not only delegates and observers from all civil aviation sectors, including users, but also customs, immigration, security, public health and drug-control specialists. A close relationship is maintained with the Working Group on Security, whose chairman is systematically invited to attend its meetings, and with the European Commission which has a particular interest in view of Community competency such as customs matters and the integration of the Schengen acquis into the Amsterdam Treaty.

The goals in the facilitation field for 2002, following the decisions taken by the ECAC Co-ordinating Committee in December 2001, are the following:

- Evaluation and consolidation of the pilot project ECFALIS on illegal immigration.
- Pursue implementation of airline and airport commitments concerning PRMs. Engage dialogue with aircraft manufacturing industry on meeting the needs of PRMs in aircraft design.
- Review possible amendments to Doc. 30, Part I, Section 3 on cargo. Evaluation of implications of the revised Kyoto Convention on ICAO Annex 9 and Doc. 30, Part I.
- Information of FAL Working Group by IATA and European airlines implementing new methods or practices in relation with smart cards and the issuing of electronic airline tickets.

The group welcomed the fact that these matters were under consideration by the three FAL sub-groups (immigration, persons with reduced mobility and cargo).

The FAL Working Group, taking into account the tragic events of 11 September 2001, paid particular attention to the facilitation/security relations, reaffirming its belief that good facilitation contributed to good security.

FAL jointly presented with the SEC Working Group a paper on a Directive from the United States Customs Services on Advance Passenger Information (API) to Directors General (DGCA/115, Paris, 14-15 March 2002) who endorsed the remarks and concerns expressed in that paper.

(API) aux Directeurs généraux (DGCA/115, Paris, 14-15 mars 2002). Ceux-ci ont endossé les remarques et préoccupations exprimées dans cette note.

Les travaux du Groupe FAL ont été préparés par ses trois sous-groupes, qui travaillent aussi à la mise en œuvre des recommandations adoptées, et à leur adaptation sur le terrain, avec une attention particulière portée aux États membres de la CEAC les plus récents.

Le sous-groupe FAL sur l'immigration s'est réuni sous la présidence de Robert Eugster (Suisse) à Zurich en septembre 2001 et à Paris en février 2002. Sa prochaine réunion se tiendra à Gatwick en septembre 2002. Il s'est consacré au développement du système d'information de facilitation sur l'immigration clandestine (ECFALIS), qui constitue un des objectifs prioritaires du programme de travail de la CEAC pour le triennat 2001-2003. Il a proposé au groupe FAL, qui l'a acceptée, une nouvelle disposition et une annexe au Doc. 30, Partie I, concernant l'information aux États de transit sur les passagers non admissibles.

Le sous-groupe FAL sur le transport des personnes à mobilité réduite s'est réuni, sous la présidence de Ann Frye (Royaume-Uni), à Glasgow en octobre 2001 et à Hambourg en février 2002, mettant l'accent sur l'application des recommandations en situation concrète. Sa prochaine réunion se tiendra à Schiphol en septembre 2002. Le groupe a suivi activement la question de l'établissement et de la mise en œuvre de « Codes de bonne conduite » auxquels les compagnies aériennes et aéroports ont souscrit lors du Dialogue CEAC/UE de Lisbonne en mai 2001.

Le sous-groupe FAL sur le fret s'est réuni, sous la présidence de Mario Amelio (Italie), à Londres en décembre 2001 et à Schiphol le 26 avril 2002. Il a finalisé une révision complète de la section 3 du Doc. 30, Partie I, consacrée au fret, et présentera ses travaux pour adoption au Groupe de travail FAL en octobre, puis aux Directeurs généraux de la CEAC en novembre 2002.

Le Point focal pour la facilitation et la sûreté :
Toomas Peterson, Directeur général de l'Aviation civile, Estonie

ACTIVITÉS ÉCONOMIQUES ET DE RÉGLEMENTATION

L'Équipe de travail sur la politique des transports aériens intra-européens (EURPOL), présidée par Anders Gradin (Suède) s'est réunie pour examiner la mise en œuvre de la Résolution CEAC/25-1 sur le niveau minimum de couverture d'assurance adoptée par la vingt-cinquième session plénière (spéciale) de la CEAC (CEAC/25(SP) – 13 décembre 2000). Elle a aussi procédé à un nouvel examen de cette résolution, en s'attachant particulièrement aux limites de couverture d'assurance spécifiées, à la couverture des risques de guerre et d'actes de terrorisme suite aux événements tragiques du 11 septembre 2001, et à la question des éventuels aspects extraterritoriaux de son application aux compagnies aériennes de pays tiers.

L'Équipe de travail EURPOL est assistée d'un groupe restreint, « working party », présidé par Anders Gradin, auquel participent des experts d'Allemagne, de Belgique, de Finlande, de France, d'Italie, du Royaume-Uni, de la Slovaquie et de la Suisse, de la Commission européenne et du Secrétariat de la CEAC. Ce groupe restreint s'est réuni à Paris le 22 mai 2002, et la finalisation de ses propositions s'effectuera à Berlin le 11 septembre 2002.

L'Équipe de travail EURPOL se réunira encore le 22 octobre 2002 afin d'adopter des recommandations qui seront présentées à la DGCA des 27-28 novembre 2002.

Le 14 février 2002, lors d'une cérémonie au siège du Conseil de l'Europe à Strasbourg, a eu lieu le lancement officiel des Engagements volontaires des compagnies aériennes et des aéroports à l'égard des services aux passagers.

Les compagnies aériennes et aéroports en Europe avaient élaboré ces engagements

FAL's work was prepared by its three sub-groups, which considered also the implementation of recommendations adopted, and their adaptation in the field, particular attention being paid to the newer ECAC Member States.

The FAL Sub-Group on Immigration met under the chairmanship of Robert Eugster (Switzerland) in Zurich in September 2001 and in Paris in February 2002. The next meeting will be held in Gatwick in September 2002. It focused its work on the development of a facilitation information system on illegal immigration (ECFALIS), which is one of the priority objectives on the ECAC work programme for the 2001-2003 triennium. It proposed a new provision and an Annex to Doc. 30, Part I, concerning information to transit States on inadmissible passengers. This proposal was accepted by the FAL Group.

The FAL Sub-Group on the Transport of Persons with Reduced Mobility met, under the chairmanship of Ann Frye (United Kingdom), in Glasgow in October 2001 and in Hamburg in February 2002, focusing its work on the implementation of recommendations in concrete situations. Its next meeting will be held in Schiphol in September 2002. The group actively pursued the matter of the establishment and implementation of a "Code of good practice" to which airlines and airports subscribed at the ECAC/EU Dialogue in Lisbon in May 2001.

The FAL Sub-Group on Cargo met, under the chairmanship of Mario Amelio (Italy), in London in December 2001 and in Schiphol on 26 April 2002. It finalised a complete revision of Section 3 of Doc. 30, Part I, devoted to cargo, and will present its work for adoption to the FAL Working Group in October, and then to ECAC Directors General in November 2002.

The Focal Point for Facilitation and Security:
Toomas Peterson, Director General of Civil Aviation, Estonia

ECONOMIC AND REGULATORY ACTIVITIES

The Task Force on intra-European air transport policy (EURPOL), met under the chairmanship of Anders Gradin (Sweden) to consider the status of implementation of Resolution ECAC/25-1 on minimum level of insurance cover, adopted by the twenty-fifth Plenary Session (Special) of ECAC (ECAC/25(SP) – 13 December 2000). It also reviewed this Resolution, with particular reference to the limits of insurance cover set down, to the cover for war risks and acts of terrorism following the tragic events of 11 September 2001, and to the question of possible extra-territorial aspects of its application to third country airlines.

The EURPOL Task Force is assisted by a small working party, under the chairmanship of Anders Gradin, composed of experts from Belgium, Finland, France, Germany, Italy, Slovakia, Switzerland and the United Kingdom, the European Commission and the ECAC Secretariat. This small group met in Paris on 22 May 2002, and its proposals will be finalised in a meeting in Berlin on 11 September 2002.

The EURPOL Task Force will meet again on 22 October 2002 in order to adopt recommendations which will be presented to the DGCA meeting on 27-28 November 2002.

On 14 February 2002, at a ceremony in the Council of Europe headquarters in Strasbourg, the voluntary Airport and Airline Passenger Service Commitments were launched officially.

Airlines and airports in Europe had developed the Voluntary Passenger Service Commitments following consultation with representatives of Air Travellers, European Governments, the European Commission and the air transport industry. It was back in May volontaires suite à des consultations avec des représentants des voyageurs aériens, des gouvernements européens, de la Commission européenne et de l'industrie du transport aérien. Les engagements volontaires sur les services au passager aérien avaient été dévoilés en mai 2001 à Lisbonne. Des représentants européens de compagnies aériennes, d'aéroports, d'organisations de consommateurs, de voyagistes et d'associations de personnes à mobilité réduite s'étaient réunis à l'occasion d'un Dialogue CEAC/UE avec l'industrie du transport aérien européen afin d'applaudir les efforts consentis par les organisations de compagnies aériennes et d'aéroports pour poser les bases des codes de pratiques volontaires destinés à améliorer les conditions de voyage du passager aérien européen.

La forte concurrence a mis les voyageurs aériens en Europe devant un plus grand choix de compagnies aériennes, d'aéroports, de prix et de services. Les engagements volontaires, juridiquement non contraignants, contiennent des engagements à offrir au voyageur aérien des niveaux de services définis. Ceux-ci se partagent en trois catégories : avant le voyage, pendant le voyage et après le voyage, et décrivent le niveau de service auquel le voyageur peut s'attendre systématiquement de la part des compagnies aériennes et des aéroports. Ils permettent aux voyageurs aériens de faire des choix plus informés lorsqu'ils planifient leur voyage.

Les compagnies aériennes et aéroports qui sont signataires de ces engagements continuent à se concurrencer afin de répondre aux besoins des clients en offrant plusieurs produits différents et différents niveaux de services. Ils s'efforcent de répondre aux normes établies dans ces engagements sur une base systématique.

Les compagnies aériennes et aéroports signataires ont développé chacun de leur côté des plans de services dans lesquels ils ont incorporé les engagements.

Les noms de tous les aéroports et de toutes les compagnies aériennes qui ont signé peuvent être consultés sur le site Web de la CEAC. À ce jour, plus de 300 aéroports et 100 compagnies aériennes de 33 États sur les 38 États membres de la CEAC se sont engagés à améliorer le sort des passagers d'Europe.

Pour l'instant, le suivi de ces engagements est entrepris par les administrations de la CEAC, l'intention à long terme étant que les compagnies aériennes et aéroports qui ont élaboré et proposé les engagements mettent en œuvre leur propre suivi, étant donné le caractère volontaire de ceux-ci.

L'Équipe de travail chargée d'examiner la stratégie et les priorités de la CEAC dans le domaine économique (ECOSTRAT) s'est réunie deux fois l'été dernier sous la présidence de Michael Smethers du Royaume-Uni. ECOSTRAT s'est vu confier la tâche de préparer, en coordination avec la Commission européenne, des projets de notes de travail susceptibles d'être présentées, au nom de l'Europe, à la Conférence de transport aérien de l'OACI en 2003.

Cette tâche comprend la préparation d'une note détaillée sur tous les aspects de l'expérience de la libéralisation du marché du transport aérien. Cette note sera rédigée en pleine coopération avec la Commission européenne.

Il est prévu, par ailleurs, de préparer des notes sur les intérêts des consommateurs et les aspects sécurité et sûreté de la libéralisation. Des travaux sont en cours en coopération avec les organisations partenaires de la CEAC, notamment AEA, ACI, ERA et IATA, et une consultation suivie a lieu avec les organisations de consommateurs.

Le Point focal pour les questions économiques :
Roy Griffins, Directeur général de l'Aviation civile, Royaume-Uni

2001 that the voluntary commitments on air passenger service were unveiled in Lisbon on the occasion of an ECAC/EU Dialogue with the European air transport industry. Representatives from Europe's airlines, airports, consumer organisations, the travel trade and reduced mobility associations gathered to applaud the efforts of airline and airport organisations to lay down a basis for voluntary codes of practice aimed at giving the European air traveller a better deal.

Strong competition has provided Europe's air travellers with an increased choice of airline, airport, price and service. The voluntary passenger service commitments contain non-legally binding commitments to deliver defined standards of service to air travellers. They fall into three categories, before travel, during travel and after travel and describe the level of service air travellers may expect consistently from signatory airlines and airports. They enable air travellers to make more informed choices when planning their travel arrangements.

The airlines and airports that are signatories to these passenger service commitments continue to compete to meet the needs of customers by offering different products and different levels of customer service. They endeavour to achieve the standards set out in these commitments on a consistent basis.

Signatory airlines and airports each developed their own individual service plans incorporating the passenger service commitments.

The names of all airports and airlines which have signed up to these commitments can be found on ECAC's Web site. To date, over 300 airports and over 100 airlines from 33 of ECAC's 38 Member States have committed themselves to improve the lot of Europe's passengers.

For the moment, monitoring of the commitments is undertaken by ECAC's administrations, the long-term intention being that since these are voluntary commitments, developed and offered by airlines and airports, a process of self-monitoring should be installed.

The Task Force to consider ECAC Strategy and Priorities in the Economic Field (ECOSTRAT) met twice since last summer under the chairmanship of Michael Smethers from the United Kingdom. ECOSTRAT has been given the task of preparing, in co-ordination with the European Commission, draft papers that might be submitted on behalf of Europe to the 2003 ICAO Air Transport Conference.

This task includes preparation of a paper detailing all aspects of European experience of liberalisation of the air transport market, a paper which will be drafted in full co-operation with the European Commission.

In addition, papers are planned on consumer interests and the safety and security aspects of liberalisation. Work is proceeded in co-operation with ECAC partner organisations such as AEA, ACI, ERA and IATA. Consumer organisations are being fully consulted.

The Focal Point for Economic Matters:
Roy Griffins, Director General of Civil Aviation, United Kingdom

RELATIONS EXTÉRIEURES

La CEAC joue un rôle très actif dans le domaine des relations extérieures. Que cette responsabilité soit confiée au Président de la CEAC, en tant que Point focal, témoigne de son importance. Ce rôle comporte l'élaboration d'arrangements, d'ententes et l'établissement de contacts avec d'autres organisations et des États non membres de la CEAC, ce qui implique normalement plusieurs initiatives présidentielles chaque année.

Ces contacts couvrent toute une gamme de questions d'intérêt commun en matière d'aviation civile et ont conduit à la conclusion de Mémorandums d'entente (MOU) qui ont été conclus avec la Commission africaine de l'Aviation civile (CAFAC), la Commission latino-américaine de l'Aviation civile (LACAC) et la Commission arabe de l'Aviation civile (CAAC) afin de renforcer encore les relations interrégionales.

En 2001, une initiative a été lancée destinée à améliorer les relations de la CEAC avec la Fédération de Russie, dont le succès s'est trouvé confirmé par la signature le 1er février 2002 par le Premier vice-ministre des Transports de l'Autorité d'état de l'Aviation civile de la Fédération de Russie, M. A. Neradko, et le Président de la CEAC d'un Protocole d'intention exprimant l'intérêt de l'autorité russe à adhérer à l'organisation.

Dès avant cette signature, deux groupes de travail conjoints se réunissaient régulièrement afin de discuter des aspects environnement et sécurité de l'aviation civile, et dans les mois qui ont suivi la signature, un troisième groupe, traitant de l'importante question de la sûreté de l'aviation civile, a commencé ses travaux.

Dans le contexte des événements du 11 septembre 2001, les bonnes relations établies de longue date avec les États-Unis se sont intensifiées au moyen de nombreuses consultations et réunions de coopération.

La CEAC entretient, bien entendu, une relation de travail privilégiée avec l'OACI puisqu'elle représente les intérêts de ses États membres lors des Assemblées de l'OACI et aussi lors d'événements spéciaux tels que la Conférence ministérielle de haut niveau sur la sûreté de l'aviation au siège de l'OACI à Montréal les 19 et 20 février 2002, où elle joue un rôle de coordination très actif.

En ce qui concerne les relations avec les organisations qui jouent un rôle dans l'aviation civile européenne, celles-ci ont toujours bénéficié de contacts réguliers à haut niveau et d'invitations systématiques à participer aux réunions CEAC.

Les relations de la CEAC avec les organisations telles que la Commission européenne, EUROCONTROL et les associations qui représentent les compagnies aériennes et les aéroports sont étroites et cette coopération, qui apporte des bénéfices tangibles à toutes les parties concernées, continuera à l'avenir.

Le Point focal pour les relations extérieures :
Alfredo Roma, Président ENAC, Italie

ACTIVITÉS JURIDIQUES

La CEAC s'appuie pour son expertise dans ce domaine, sur l'Équipe de travail juridique, qui est présidée par Alan Jones du Royaume-Uni. L'Équipe de travail juridique a pour particularité de rendre compte à différents Points focaux, suivant le sujet du rapport qu'elle doit soumettre.

L'Équipe de travail juridique s'est réunie en 2002 (Londres, 11 janvier et Paris, 5 avril), pour traiter, à la demande des Directeurs généraux, de la divulgation et de la confidentialité des informations relatives à la sécurité et des données du Programme SAFA. Elle a à cet égard procédé à l'analyse des réponses à un questionnaire portant sur ce sujet, auquel 21

EXTERNAL RELATIONS

ECAC plays a very active external affairs role and the importance of this role is evidenced by the fact that responsibility for it, as Focal Point, rests with the President of ECAC. This role involves making contacts, arrangements, understandings with other organisations and non-ECAC States, normally involving several presidential initiatives every year.

Contacts covering a whole range of civil aviation issues of common interest have led to the conclusion of Memoranda of Understanding (MOU) with the African Civil Aviation Commission (AFCAC), the Latin American Civil Aviation Commission (LACAC) and the Arab Civil Aviation Commission (ACAC) in order to further strengthen interregional relations.

In 2001, an initiative was launched to enhance ECAC's relationship with the Russian Federation and was brought to a successful outcome when the First Deputy Minister of Transport of the State Civil Aviation Authority of the Russian Federation, Mr A. Neradko, and the ECAC President signed a Protocol of Intention on 1 February 2002, expressing the Russian Authority's interest in joining the organisation.

Already before this signature, two joint ECAC/Russia working groups met regularly to discuss environmental and safety aspects of civil aviation and in the months following the signature, a third group, dealing with the important issue of civil aviation security, took up its work.

In the context of the events on 11 September 2001, the already well-established and functioning relations with the United States were further intensified by way of numerous consultation and co-operation meetings.

ECAC has, of course, an especially close working relationship with ICAO as it represents the interests of its Member States at ICAO Assemblies and also at special events such as the High-level, Ministerial Conference on Aviation Security at ICAO Headquarters in Montreal on 19 and 20 February 2002, where it plays an active co-ordinating role.

As far as relations with organisations playing a role in European civil aviation are concerned, these have always been characterised by regular contacts at senior level and invitations on a systematic basis to ECAC meetings.

ECAC's relationship with organisations such as the European Commission, EUROCONTROL and the associations representing airlines and airports is close and co-operative and these relationships, which deliver tangible benefits to all parties involved, will continue in the future.

The Focal Point for External Relations:
Alfredo Roma, President ENAC, Italy

LEGAL ACTIVITIES

ECAC relies for its expertise in this field on the Legal Task Force, which is chaired by Alan Jones, United Kingdom. The Legal Task Force has the special attribute of reporting to various ECAC Focal Points, depending on the subject matter of the report being submitted.

The Legal Task Force met in 2002 (London, 11 January and Paris, 5 April) in order to consider, at the request of Directors General, the matter of the disclosure and confidentiality of safety information and of data under the SAFA Programme. In this respect it analysed the replies to a questionnaire on the subject, which had been received from 21 Member

États membres ont répondu. Les travaux devraient être finalisés au second trimestre 2002, et devraient comprendre un Mémorandum d'Entente (MOU) entre les États CEAC qui sont aussi membres de l'Union européenne, et les États CEAC non membres.

En dehors de cette question, l'Équipe de travail juridique a été saisie pour avis par le Groupe de travail sur la sûreté d'une demande de l'IFALPA, relative aux implications juridiques pour le commandant de bord et l'équipage de l'introduction de mesures additionnelles de sûreté. L'Équipe de travail, qui s'est approchée de l'OACI, est en cours de finalisation d'une étude basée sur l'expérience des États membres.

States. Work should be completed during the second quarter of 2002 and should include a Memorandum of Understanding (MOU) between ECAC States which are also members of the European Union, and ECAC States which are not members.

Besides this matter, the Legal Task Force was asked by the Working Group on Security for advice on a request received from IFALPA concerning the legal implications for the pilot-in-command and the crew of the introduction of additional security measures. The Task Force, which has approached ICAO, is finalising a study based on Member States' experience.

CONFÉRENCE EUROPÉENNE DES MINISTRES DES TRANSPORTS (CEMT)

Bureaux : 2-4 rue Louis David, F-75016 PARIS, France
Adresse postale : 2 rue André Pascal, F-75775 PARIS Cedex 16, France
Tél. : +(33-1) 45 24 97 10 – Fax : +(33-1) 45 24 97 42 / 45 24 13 22

SITE INTERNET : http://www.oecd.org/cem/

SECRÉTAIRE GÉNÉRAL : M. JACK SHORT (IRLANDE)

HISTORIQUE :

La Conférence Européenne des Ministres des Transports (CEMT) est une organisation intergouvernementale, créée par un Protocole signé à Bruxelles le 17 octobre 1953. La CEMT constitue un forum de coopération politique pour les ministres chargés des Transports, et plus précisément des transports terrestres. Elle leur offre notamment la possibilité de tenir un débat ouvert sur les problèmes d'actualité et de définir les orientations communes en vue d'une meilleure utilisation et d'un développement rationnel des systèmes de transport européen d'importance internationale.

COMPOSITION :

41 Etats membres : Albanie, Allemagne, Autriche, Azerbaïdjan, Bélarus, Belgique, Bosnie Herzégovine, Bulgarie, Croatie, Danemark, ERY Macédoine, Espagne, Estonie, Fédération de Russie, Finlande, France, Géorgie, Grèce, Hongrie, Irlande, Islande, Italie, Lettonie, Liechtenstein, Lituanie, Luxembourg, Moldavie, Norvège, Pays-Bas, Pologne, Portugal, République Fédérale de Yougoslavie, République slovaque, République tchèque, Roumanie, Royaume-Uni, Slovénie, Suède, Suisse, Turquie et Ukraine.

6 Etats associés : Australie, Canada, Corée, Etats-Unis, Japon et Nouvelle-Zélande.

2 Etats observateurs : Arménie et Maroc.

OBJECTIFS :

- Faciliter la mise en place, à l'échelle du continent européen, d'un système intégré de transport qui soit économiquement et techniquement efficace, et réponde aux normes les plus rigoureuses de sécurité et de protection de l'environnement, en faisant à la dimension sociale la place qui lui revient.
- Aider à assurer la liaison, au niveau politique, entre l'Union européenne et le reste du continent européen dans le secteur des transports.
- Offrir aux pays concernés un cadre d'analyse et de réflexion résolument tourné vers l'avenir pour aborder les questions de fond concernant les transports.

EUROPEAN CONFERENCE OF MINISTERS OF TRANSPORT (ECMT)

Offices : 2-4 rue Louis David, F-75016 PARIS, France
Postal Address : 2 rue André Pascal, F-75775 PARIS Cedex 16, France
Tel. : +(33-1) 45 24 97 10 – Fax : +(33-1) 45 24 97 42 / 45 24 13 22

Web site : http://www.oecd.org/cem/

Secretary General: Mr. Jack Short (Ireland)

Background:

The European Conference of Ministers of Transport (ECMT) is an intergovernmental organisation established by a Protocol signed in Brussels on 17 October 1953. It is a forum in which Ministers responsible for transport, and more specifically the inland transport sector, can co-operate on policy. Within this forum, Ministers can openly discuss current problems and agree upon joint approaches aimed at improving the utilisation and at ensuring the rational development of European transport systems of international importance.

Composition:

41 Member States: Albania, Austria, Azerbaijan, Belarus, Belgium, Bosnia and Herzegovina, Bulgaria, Croatia, Czech Republic, Denmark, Estonia, Federal Republic of Yugoslavia, Finland, France, FYR Macedonia, Georgia, Germany, Greece, Hungary, Iceland, Ireland, Italy, Latvia, Liechtenstein, Lithuania, Luxembourg, Moldova, The Netherlands, Norway, Poland, Portugal, Romania, Russian Federation, Slovak Republic, Slovenia, Spain, Sweden, Switzerland, Turkey, Ukraine and United Kingdom.

6 Associate Members: Australia, Canada, Japan, Korea, New Zealand and United States.

2 Observers: Armenia and Morocco.

Aims:

- Helping to create an integrated transport system throughout the enlarged Europe that is economically and technically efficient meets the highest possible safety and environmental standards and takes full account of the social dimension.
- Helping also to build a bridge between the European Union and the rest of the continent at a political level.
- Providing a forum for analysis and discussion on forward-looking transport policy issues for the countries involved.

FONCTIONNEMENT :

Principal organe de la Conférence, le Conseil est composé des ministres des Transports. Son Président, nommé chaque année parmi les membres du Conseil, est secondé par deux vice-présidents, qui forment avec lui le Bureau et sont nommés pour un an à compter du 1er juillet. Les vice-présidents assument la présidence à tour de rôle de façon à assurer la continuité de la Conférence. Le Conseil des Ministres tient sa session annuelle dans le pays qui assume la présidence de la Conférence.

Le Secrétariat, dirigé par le Secrétaire général, M. Jack Short (Irlande), seconde les organes officiels. Il comprend trois divisions : la Division de la politique des transports, la Division de la recherche économique, et la Division Communications et administration.

ACTIVITÉS 2001

LE CONSEIL DE LISBONNE EN BREF

La 85e session du Conseil des Ministres s'est tenue les 29 et 30 mai 2001 à Lisbonne sous la présidence de M. Eduardo Ferro Rodrigues, ministre de l'Equipement social du Portugal et président en exercice de la Conférence. Une trentaine de ministres et secrétaires d'Etat ont participé à cette réunion ainsi que le Commissaire européen en charge du secteur des transports. Les secrétaires d'Etat aux transports des Etats-Unis et du Canada étaient également présents.

INTÉGRATION PANEUROPÉENNE DANS LES TRANSPORTS

Le Conseil a adopté une Résolution sur la politique des transports dans les Pays d'Europe centrale et orientale. Cette résolution, et le rapport qui l'accompagne, comportent toute une série de recommandations destinées à faciliter l'instauration de politiques efficaces de transport dans les PECO, notamment en relation avec l'intégration des marchés des transports à l'échelle du continent européen et l'harmonisation du cadre légal des transports dans toute l'Europe.

SCÉNARIO POUR LES TRANSPORTS EN EUROPE

Le Conseil des Ministres a examiné et validé un scénario d'évolution des transports en Europe. Ce scénario est destiné à servir de cadre de référence pour l'analyse des évolutions de trafic et pour l'évaluation des mesures de politique des transports susceptibles d'infléchir ces évolutions. Les ministres ont également pris acte d'un Rapport sur les prévisions de trafic transalpin qui comporte un certain nombre de recommandations relatives à la mise en place d'un système international d'observation des trafics transalpins.

TRANSPORT ROUTIER

Les ministres des Transports ont procédé à un débat général sur la politique à développer au niveau paneuropéen à l'égard des transports routiers de marchandises. Ils ont pris acte d'un Rapport sur la réforme réglementaire des transports routiers de marchandises.

Le Conseil a également adopté une Résolution sur les aspects sociaux du transport routier qui prévoit notamment pour les chauffeurs routiers (à l'exception des conducteurs

FUNCTIONING:

The Council of the Conference comprises the Ministers of Transport, the main body of the Conference. A Chairman is appointed annually from the Council. He is assisted by two vice-chairs in a Bureau appointed for a year from 1st July. The Vice-Chairmen take over the chairmanship in successive years so as to maintain the continuity of the Conference. An annual Ministerial Session of the Conference is hosted by the country holding the chairmanship.

The Secretary General, Jack Short (Ireland), heads the Secretariat, in its role of assisting the statutory bodies. The Secretariat consists of three Divisions: Transport Policy, Economic Research and Statistics, and Communications and Administration.

ACTIVITIES 2001

THE LISBON COUNCIL IN BRIEF

Under the Chairmanship of Mr. Eduardo Ferro Rodrigues, Minister for Infrastructure of Portugal and Chairman in Office of the Conference, the Council of Ministers held its 85th Session on 29th – 30th May 2001 in Lisbon. The meeting was attended by 30 Ministers as well as the European Commissioner for Transport and the Secretaries of State for Transport of Canada and the United States.

PAN EUROPEAN INTEGRATION OF TRANSPORT

Council adopted a Resolution on Transport Policies in the Countries of Central and Eastern Europe. This, and its accompanying report, includes a series of recommendations designed to facilitate the introduction of more effective transport policies in the CEECs notably in relation to the integration of transport markets across the continent and harmonisation of the legal frameworks for transport in different parts of Europe.

SCENARIO FOR TRANSPORT IN EUROPE

Council examined a baseline scenario for European transport. It endorsed the need for an internationally agreed scenario as a reference framework for the analysis of traffic trends and for assessment of transport policy measures that might influence these trends. Ministers also noted a Report on Transalpine Traffic Flow Forecasts. This report sets out recommendations dealing with the creation of an international monitoring system for transalpine traffic flows.

ROAD TRANSPORT

Ministers discussed road freight transport issues with a pan-European dimension and took note of a Report on Regulatory Reform of Road Freight Transport.

Council adopted a Resolution on the Social Aspects of Road Transport which specifies that the average working week of drivers (with the exception of independent drivers) must not exceed an average of 48 hours in a reference period of 4 months. The text adopted by indépendants) une durée moyenne hebdomadaire de travail de 48 heures maximum pour une période de référence de quatre mois, ainsi que la mise en place d'un système d'assistance mutuelle entre les pays membres pour l'application des dispositions juridiques en vigueur dans ce domaine.

Le Conseil a pris plusieurs dispositions relatives à l'évolution du contingent multilatéral qui prendra effet à compter du 1er janvier 2002. Ces décisions concernent :

- le taux de conversion (6 pour 1 autorisation traditionnelle) et le bonus pour les camions « EURO3 sûrs » ;
- l'abolition des contingents spéciaux (alloués pour aider les zones affectées par des conflits ou d'autres circonstances particulières) ;
- le contingent de base (120 autorisations) alloué au Liechtenstein, devenu récemment pays membre de la CEMT.

Une nouvelle version du Manuel à l'usage des fonctionnaires et des transporteurs utilisant le contingent multilatéral CEMT a été approuvée par les ministres. Cette version comporte notamment des dispositions nouvelles quant aux conditions d'utilisation des autorisations et carnets de route. Le Conseil a demandé que soit préparé un rapport d'évaluation du système actuel de répartition du contingent avec des recommandations sur une restructuration éventuelle de ce système.

Carburants sans soufre

Les ministres ont pris acte d'un Rapport sur les carburants sans soufre qui recommande notamment que soit assurée dans l'ensemble des pays européens une disponibilité suffisante des carburants désulfurés en fonction de l'arrivée sur le marché de véhicules nécessitant ce type de carburant. Ce document préconise en outre la mise en œuvre de mesures d'incitation à la production et à la distribution de carburants à basse teneur en soufre ou sans soufre, ainsi que l'harmonisation des normes nationales relatives à la teneur en soufre des carburants.

Transports urbains durables

Le Conseil des Ministres a approuvé les Recommandations sur la mise en œuvre de politiques de transports urbains durables. Ces recommandations trouvent leur fondement dans les résultats d'une étude conjointe de la CEMT et de l'OCDE qui a duré trois années et porté sur plus de 160 villes, ainsi que de cinq ateliers thématiques et d'un examen approfondi de diverses politiques nationales de transports urbains.

Accessibilité des transports et vieillissement de la population

Le Conseil des Ministres a approuvé les propositions d'actions contenues dans un rapport intitulé « Transport et vieillissement de la population ». Les mesures préconisées impliquent une réforme importante de la politique des transports afin de satisfaire les besoins de mobilité des personnes âgées.

Les ministres ont adopté une Résolution d'ensemble sur les transports accessibles qui invite les gouvernements à prendre diverses mesures ayant trait aux véhicules personnels (facilités de stationnement, dispositions juridiques sur le port des ceintures de sécurité, conception des véhicules, permis de conduire), les transports aériens, les réseaux ferrés, tramways et métros, les transports publics (autobus, autocars, services spécialisés) et les taxis.

Lors de la session de Lisbonne, le Conseil a approuvé les conclusions et recommandations contenues dans un rapport sur les aspects économiques de l'accessibilité des taxis qui

Ministers also recommends the establishment of a system of mutual assistance between Member countries for implementation of the regulations.

Council took a number of decisions with regard to the evolution of the ECMT multilateral permit quota system. These decisions, which will enter into force from 1st January 2002, relate to the following points:

- A conversion rate (6 for 1 conventional licence) and a bonus when licences are used for high quality « EURO3 safe » lorries;
- Ending of all existing special quotas (awarded to assist areas affected by conflicts and other special circumstances);
- A basic quota (120 licences) for new member Liechtenstein.

Ministers approved a new version of the Guide for Government Officials and Carriers on the Uses of the ECMT Multilateral Quota, setting out conditions for the use of permits and log-books, and requested that a report be prepared to evaluate the present quota distribution system with recommendations for a potential restructuring of the system.

Sulphur-Free Fuels

Ministers endorsed a report on sulphur-free fuels. This document recommends, among other things, that as new vehicles requiring sulphur-free fuels enter the market, sufficient quantities of such fuels are available. It also recommends the implementation of measures to encourage the production and distribution of low-sulphur and sulphur-free fuels as well as the harmonisation of national standards relating to the sulphur content of fuels.

Sustainable Urban Transport

Ministers approved Recommendations on the Implementation of Sustainable Urban Travel Policies, based on the findings of a three-year ECMT-OECD project, which included a survey of over 160 cities, a series of five thematic workshops and a series of national urban travel policy reviews.

Accessible Transport and Ageing of the Population

Council noted a report entitled Transport and Ageing of the Population and approved the comprehensive strategy developed in it to improve access to transport and safety for elderly people. The Council formally endorsed the proposals set out in the report, which call for major reforms to transport policies in order to meet the mobility needs of elderly people.

Ministers adopted a Consolidated Resolution on Accessible Transport which asks governments to introduce a number of measures regarding private vehicles (parking facilities, legal requirements for seatbelt wearing, vehicle design and driving licences), air travel, rail, light rail and tram systems, public transport (buses, coaches, specialised services) and taxis.

Council also approved the Conclusions and Recommendations of a Report on the Economic Aspects of Taxi Accessibility which recommends a series of measures to facilitate the use of this mode of transport by disabled people.

préconise tout un ensemble de mesures pour faciliter l'utilisation de ce mode par les personnes à mobilité réduite.

Lutte contre la délinquance et la fraude dans les transports

Les Ministres ont formellement adopté les Conclusions et Recommandations sur la lutte contre la délinquance et la fraude contenues dans deux rapports qui ont été portés à leur connaissance. L'un de ces rapports porte sur le vol de marchandises et des véhicules transportant des marchandises. L'autre intitulé Amélioration de la sécurité des véhicules dans le transport de marchandises par route analyse principalement le rôle que les systèmes antivol et les systèmes de localisation des véhicules peuvent jouer dans la lutte contre le vol des véhicules de transport de marchandises.

Orientation future de la CEMT

Le Conseil des Ministres a pris acte d'un rapport traitant des orientations futures de la CEMT qui constitue la première étape d'un processus initié par le Conseil qui vise à développer une réflexion sur le rôle futur de la CEMT.

Nomination d'un nouveau Secrétaire général de la CEMT

Le Conseil des Ministres a élu Jack Short comme nouveau Secrétaire Général de la CEMT afin de remplacer Gerhard Aurbach qui fera prochainement valoir ses droits à la retraite. Jack Short qui était jusque là Secrétaire général adjoint de la Conférence est de nationalité irlandaise.

Election du Bureau de la CEMT

Le Conseil des Ministres a procédé à l'élection de son nouveau Bureau qui entrera en fonction le 1er juillet 2001 pour une période de douze mois. Le ministre des Transports de la Roumanie a été élu Président de la Conférence pour cette période. Le ministre des Communications et de l'Infrastructure de la Belgique a été nommée premier Vice-Président, la seconde Vice-Présidence incombant désormais au ministre des Transports de la Slovénie.

La prochaine session du Conseil des Ministres aura lieu à Bucarest (Roumanie) en mai 2002.

ACTIVITÉS DES GROUPES DE TRAVAIL EN 2001

Groupe sur l'accès et l'inclusion

Lors de leur Conseil à Lisbonne en mai 2001, les ministres des Transports ont adopté une *Résolution d'ensemble sur les transpoets accessibles* et ont approuvé les Conclusions et Recommandations sur la politique des transports et le vieillissement de la population. Ce travail a été entrepris par le Groupe CEMT sur l'Accès et l'Inclusion (anciennement Groupe sur les Transports pour les Personnes à Mobilité Réduite). Un rapport sur l'Accès aux taxis, préparé conjointement avec l'IRU, a également été approuvé par les ministres à Lisbonne.

En 2002 les travaux du Groupe portent sur la préparation d'orientations, destinées aux ministres, sur l'évaluation de l'impact potentiel des politiques de transport et d'aménagement

Combating Crime in Transport

Ministers formally endorsed the conclusions and recommendations on Combating Crime in Transport that emerged from two reports submitted to the Council. The first of these reports deals with the Theft of Goods and Goods Vehicles. The second, entitled Improving Security for Road Freight Vehicles, primarily analyses the role which anti-theft and vehicle- tracking systems can play in combating the theft of goods vehicles.

Future Direction of ECMT

Ministers took note of a report outlining future directions for the work of ECMT as the first stage in a process of review of the future role of ECMT.

Appointment of a new Secretary General

The Council of Ministers elected Jack Short to be the new Secretary General of ECMT, replacing Gerhard Aurbach who retired in 2001. Jack Short who was previously Deputy Secretary General of ECMT and is Irish.

Election of the Bureau of the ECMT

Officers of the Council were elected to take up duties from 1st July 2001 for a period of 12 months. The Minister for Transport of Romania was elected Chairman of the Conference. The Minister for Communications and Infrastructure of Belgium and the Minister of Transport of Slovenia were respectively appointed First and Second Vice-Chairmen.

The next session of the Council of Ministers will take place in Bucharest, Romania, in May 2002.

ACTIVITIES OF THE WORKING GROUPS IN 2001

Access and Inclusion

At their Council in Lisbon in May 2001, Ministers of Transport adopted a *Consolidated Resolution on Accessible Transport* and agreed to the Conclusions and Recommendations arising from a comprehensive body of work on Transport and Ageing of the Population undertaken by the Group on Access and Inclusion (formerly Transport for People with Mobility Handicaps). A report prepared jointly with the IRU on Access to Taxis was also approved by Ministers.

In 2002 the Group on Access and Inclusion will begin the preparation of guidance to Ministers on the evaluation of the potential impact of transport and land use planning policies du territoire sur la sécurité et l'accessibilité, spécialement pour les personnes âgées (audits de sécurité et d'accessibilité); et le développement de lignes directrices pour la mise en œuvre, au niveau national, de politiques promouvant l'accessibilité et la sécurité.

Une Task Force conjointe CEMT-UITP a été créé en 2001 pour étudier comment des partenariats entre les opérateurs et les autorités peuvent aider à améliorer l'accessibilité des transports publics. Les travaux seront menés tout au long de l'année 2002.

La lutte contre la délinquance et la fraude dans les transports

Le Groupe d'orientation multidisciplinaire sur la lutte contre la délinquance et la fraude dans les transports, créé à la fin de 1999, a achevé trois rapports en 2001 :

Rapport sur le vol de marchandises et des véhicules transportant des marchandises en Europe

Des données sur les années 90 ont été recueillies auprès de 23 pays membres et révèlent que le vol de marchandises et de véhicules pose un problème grave qui coûte des millions d'euros.

Amélioration de la sécurité dans le transport de marchandises par route

Le rapport montre que la diversité et la sophistication des dispositifs antivol et des systèmes après vol disponibles sur le marché augmentent rapidement. Un nombre croissant de véhicules de transport de marchandises sont équipés de tels dispositifs, mais la criminalité visant ces véhicules continue néanmoins d'augmenter.

Conclusions et recommandations sur la lutte contre la délinquance et la fraude dans les transports

Les rapports susmentionnés ont été présentés au Conseil des Ministres de la CEMT à Lisbonne en mai 2001. Les ministres des Transports ont adopté ces conclusions et recommandations et sont convenus de redoubler d'efforts pour réduire la délinquance et la fraude dans les transports en accélérant la mise en œuvre des deux Résolutions adoptées par la CEMT (n°s 97/2 et 99/3), en mettant en application les recommandations énoncées dans les nouveaux rapports [CEMT/CM(2001)18/FINAL, 19 et 20], en améliorant la coordination et la coopération avec les autres acteurs et autorités concernés, ainsi qu'en désignant un point de contact afin de coordonner les activités des ministères dans la lutte contre la délinquance et la fraude dans les transports.

Les ministres sont également convenus de poursuivre les travaux en la matière, notamment en assurant un suivi de la mise en œuvre des recommandations spécifiques énoncées dans les rapports susmentionnés, en examinant les problèmes et les conséquences du suivi électronique des marchandises ainsi qu'en abordant la question de la sécurité des voyageurs.

Les attaques terroristes perpétrées à New York et à Washington en septembre 2001 ont conféré une nouvelle dimension à ce thème. Le Groupe a entamé l'examen des aspects économiques et internationaux de la vulnérabilité des transports terrestres à ce type d'attaques. Il préparera, en 2002, un document sur la sécurité des transports et le terrorisme. Le mandat, les priorités et les méthodes de travail du Groupe seront également passés en revue.

on safety and accessibility for older people (Safety and Accessibility audits), and developing guidelines on implementation at a national level for policies promoting accessibility and safety.

In 2001, ECMT and the International Public Transport Union established a Joint Task Force on Improving Access to Public Transport to identify and draw up guidance on improved partnerships between public transport operators and local authorities to deliver accessible transport systems and interchanges. This work will continue through 2002.

Combating Crime in Transport

The multidisciplinary Steering Group on Combating Crime in Transport, which was established at the end of 1999, completed three reports in 2001:

Theft of Goods and Goods Vehicles

Data were collected from 23 member countries for the nineties, and they show that theft of goods and vehicles is a significant problem costing many millions of Euro.

Improving Security in Road Freight Transport

The report shows that the range and sophistication of anti-theft devices and after theft systems available on the market is increasing rapidly. More goods vehicles are being equipped with such devices but goods vehicle crime is still increasing.

Conclusions and Recommendations on Combating Crime in Transport

The above Reports were presented to the ECMT Council of Ministers in Lisbon in May 2001. Ministers adopted Conclusions and Recommendations and agreed to strengthen efforts to reduce crime in transport by: accelerating the implementation of the two earlier resolutions adopted by ECMT (No. 97/2 and 99/3); implementing the recommendations set out in the new reports [CEMT/CM(2001)18/FINAL, 19 and 20]; improving co-ordination and co-operation with the other actors and authorities concerned; nominating a point of contact to co-ordinate Ministries activities on Combating Crime in Transport.

Ministers also agreed to continue work on this topic, in particular by following up the specific recommendations in the above reports; examining the issues and implications of the electronic tracking of goods and starting to examine passenger security.

The terrorist attacks in New York and Washington in September 2001 have added a new dimension to this subject. The Group has started discussion on the topic, concerning vulnerability of inland transport, economic and international aspects. A document on Transport Security and Terrorism is to be prepared by the Group in 2002. The terms of reference, priorities and working methods of the Task Force will also be examined.

Transports combinés

Le Groupe de travail Intersecrétariat CEMT, CEE-ONU, UE a publié en 2001 la version finalisée (français-anglais-allemand-russe) de la *Terminolgie en transports combinés*.

Par ailleurs, le Groupe de travail sur les transports combinés prépare une résolution d'ensemble qui fera la synthèse des résolutions adoptées dans le passé par les ministres de la CEMT, ainsi qu'une mise à jour des mesures nationales mises en œuvre pour la promotion de ce type de transport qu'il compte présenter aux ministres en 2002.

Le travail du Groupe est également étroitement lié à celui du Groupe sur les chemins de fer, dans la mesure où, en tant qu'alternative au transport routier, le développement de l'un dépend dans une large mesure de la propre situation de l'autre.

Intégration des nouveaux pays membres

Un « Forum sur la politique des transports dans les pays d'Europe centrale et orientale – Dix ans d'intégration : réalisations et nouveaux défis » a été organisé à Paris en février 2001 afin de procéder à un échange de vues de haut niveau et de vaste portée sur l'intégration des systèmes et des politiques de transports, en faisant le point des défis nouveaux et persistants relatifs à l'intégration. Pour plus d'informations se reporter à la section « Autres événements majeurs en 2001 » ci-dessus.

En 2001, la mise à jour des principales résolutions de la CEMT s'est poursuivie afin de s'assurer que les nouveaux pays membres soient intégrés de manière appropriée, et également pour consolider les acquis. Le processus devrait être complété pour le Conseil des Ministres qui se tiendra Bruxelles en 2003.

Une Etude régionale sur les infrastructures de transport (TIRS) dans les Balkans a été préparée en 2001 sous la supervision de la CEMT. Cette étude, financée par le Gouvernement français, sera terminée en mars 2002. Pour plus d'informations voir le site Internet: http:\\tirsproject.org

Une Conférence internationale « Les systèmes de transport intelligents dans les pays d'Europe centrale et orientale » a été organisée par le ministère tchèque des Transports et des Communications en coopération avec la CEMT, l'OCDE, le projet TEM de la CEE-ONU et l'ERTICO. Elle s'est tenue à Brno les 17-18 septembre 2001. Pour plus d'informations se reporter à la section « Autres événements majeurs en 2001 » ci-dessus.

Après l'adoption en 2001 par le Conseil des Ministres de la Résolution sur la politique des transports dans les PECO et vu la nécessité de poursuivre les activités en prolongement de la Conférence d'Helsinki, des échanges de vues ont commencé ayant pour but de formuler des stratégies de modernisation et de développement de l'infrastructure de transport de base dans les pays de la CEMT, en mettant un accent particulier sur les besoins des pays candidats à l'adhésion et sur l'amélioration nécessaire des liaisons entre l'Union élargie et ses pays limitrophes. Une possibilité serait d'organiser un séminaire sur ce thème à une date ultérieure en 2002, en coopération avec la CE et la CEE-ONU.

Comité des recherches économiques

La CEMT réalise des recherches relevant de l'économie des transports pour appuyer et compléter ses travaux dans le domaine politique. Les travaux de recherches économiques sont supervisés par le Comité des recherches économiques. Dans ce cadre, un programme

Combined Transport

The Intersecretariat Working Group of the ECMT, UN/ECE and EU published in 2001 an English-French-German-Russian lexicon of terms in a revised and updated version of *Terminology on Combined Transport.*

The Working Group on Combined Transport is working on a Consolidated Resolution of former Resolutions adopted to date by ECMT Ministers and an update of national measures implemented to promote the development of Combined transport, which it intends to produce for the Ministers in 2002.

The work of the Group is closely linked to the work of the Group on railways in so far as, being a substitute to road transport, combined transport s development is to a large extent dependent on the perspectives for the other mode.

Integration of New Member States

A Forum on « Transport Policies in the Countries of Central and Eastern Europe – A Decade of Integration: Results and New Challenges » was organised in Paris in February 2001 to enable a high level exchange of views on the integration of transport systems and policies, reviewing continuing and emerging challenges for integration. For more information see the section "Other Major Events in 2001" above.

Updating of Key ECMT Resolutions continued in 2001 to ensure the newer member countries are adequately incorporated and at the same time consolidate the acquis. The process should be completed for Brussels Council in 2003.

A Transport Infrastructure Regional Study (TIRS) in the Balkans Region was undertaken in 2001 under the supervision of ECMT. This study, financed by the French Government, will be completed in March 2002. (For more information on this subject see http://tirsproject.org)

An International Conference "Intelligent Transport Systems in CEE Countries" was arranged by the Czech Ministry of Transport and Communications together with ECMT, OECD, Project TEM and ERTICO and took place in Brno on 17-18 September 2001. For more information see the section "Other Major Events in 2001" above.

Following the adoption of the Resolution on Transport Policies in the CEEC by the Council of Ministers in 2001 and the need to continue to follow up the Helsinki Conference, discussions began on formulating strategies for upgrading and developing the basic transport infrastructure in the ECMT countries, with a special accent on the needs of accession countries and for improved links between the enlarged Union and neighbouring countries. One possibility is that a seminar on the subject will be organised in 2002, in co-operation with the EC and UN/ECE.

Economic Research Committee

The ECMT carries out research relating to transport economics in order to back up and supplement its work on policy-making. Its economic research is overseen by the Economic Research Committee, and it is in this framework that a research programme establishing a de recherches, fixant certains thèmes prioritaires, est régulièrement établi ; il a donné lieu en 2001 à trois Tables Rondes :

- Table ronde 119 : Transports et développement économique (Paris, 29 et 30 mars 2001) ;
- Table ronde 120 : Quel rôle pour les chemins de fer à l'Est (Cambridge, 12 et 13 septembre 2001) ;
- Table ronde 121 : La gestion par les entreprises des choix de déplacement domicile-travail de leur personnel (Paris, 29 et 30 novembre 2001).

Les Tables rondes sont des réunions d'experts où un nombre restreint de participants sélectionnés (sur invitation personnelle) discute en profondeur de sujets spécifiques d'économie des transports. Les conclusions de chaque Table Ronde sont publiées et regroupent les rapports préparés par des experts. Un résumé des discussions est également publié.

Environnement

Lors du Conseil de Lisbonne en mai 2001 les ministres ont approuvé un rapport sur la stratégie à adopter pour promouvoir les carburants sans soufre [CEMT/CM(2001)11final]. La réduction de la teneur en soufre de l'essence et du gazole constitue l'un des moyens les plus efficaces pour réduire davantage les émissions des principaux polluants produites par les véhicules routiers. Les travaux sont poursuivis en étroite collaboration avec le Parlement européen et la Commission européenne. Une résolution visant à s'assurer que les carburants désulfurés sont disponibles dans l'ensemble des pays européens est en préparation. Une attention particulière est apportée au développement des stratégies efficaces pour la Russie et les autres pays de l'Est.

Les travaux en cours concernent la préparation d'un prochain débat ministériel qui portera sur l'amélioration de la prise de décision en matière de projets et de politiques de transport. Cela va au cœur d'une approche intégrée de planification et de politique en matière de transport et d'environnement. Les résultats de travaux récents sur l'évaluation environnementale stratégique et l'évaluation des avantages des transports seront rassemblés. Une résolution sur « la bonne pratique d'évaluation » est en préparation et l'étape finale du projet consiste à identifier les expériences porteuses en matière d'amélioration de la présentation des résultats des évaluations économiques et environnementales qui est faite aux ministres et autres décideurs clés, et à faire ressortir les résultats des évaluations dans les décisions prises d'une façon plus transparente.

Aspects fiscaux et financiers du transport

La CEMT a développé une méthodologie et rassemblé des données pour établir des comparaisons internationales bien fondées entre les systèmes nationaux de taxes et redevances liées au transport et pour les mettre en rapport avec les taxes sur le travail et l'investissement en capital. Neuf pays ont été étudiés dans un premier temps avec une attention particulière donnée au transport routier. L'analyse permet d'évaluer l'impact de la fiscalité sur la compétitivité des industries du transport routier et constitue une base pour mesurer l'écart entre les structures actuelles et les niveaux de taxation par rapport à une situation idéale efficiente d'internalisation des coûts externes des transports. Au Conseil de Prague en 2000, les ministres ont approuvé les principes (présentés dans le rapport *Taxation efficiente des transports*) d'une fiscalite efficiente.

Les travaux actuels comprennent la mise à jour et l'affinage des données afin de refléter l'évolution des redevances en 2000 et 2001 ainsi qu'une extension du champ géographique number of priority topics is drawn up on a regular basis; in 2001, it gave rise to three Round Tables:

- Round Table 119: Transport and Economic Development (Paris, 29 and 30 March 2001);
- Round Table 120: What Role for the Railways in Eastern Europe? (Cambridge, 12 and 13 September 2001) ;
- Round Table 121: Management of Staff s Commuting Travel Choices at Company Level (Paris, 29 and 30 November 2001).

Round Tables are meetings of experts at which a limited number of participants (personally invited) discuss in detail specific issues of transport economics. The Proceedings of each Round Table are published as a collection of the reports prepared by expert rapporteurs, together with a summary of the discussions.

Environment

At the Lisbon Council in May 2001 Ministers approved a report setting out a strategy for reducing conventional and CO2 emissions from road vehicles by removing sulphur from petrol and diesel [CEMT/CM(2001)11final]. This work is being pursued in close co-operation with the European Parliament and the European Commission. A Resolution is now under preparation to promote the availability of sulphur-free fuels throughout the continent. Particular attention is being paid to promoting effective strategies in Russia and other eastern markets.

Work is also underway to prepare a future Ministerial debate on improving decision making on transport projects and policies. This goes to the heart of integrated transport and environment policy making and project planning. The aim is to bring together several earlier reports on strategic environmental assessment and assessment of the benefits of transport. A resolution on good assessment practice is in preparation and the focus for the final stage of the work will be on improving the presentation of the results of economic and environmental assessments to Ministers and other key decision makers, and on reflecting the results of assessments in the decisions taken in a more transparent way.

Fiscal and Financial Aspects of Transport

ECMT has developed a methodology and data for making meaningful international comparisons of national systems of transport taxes and charges and their relation to taxes on labour and capital investment. Nine countries were examined in the initial phase of the work, focusing on road haulage. The analysis enables the impact of taxation on the international competitiveness of haulage industries to be assessed and lays the foundation for gauging the gap between current structures and levels of taxation and an efficient ideal that includes the internalisation of the external costs of transport. Ministers agreed to the principles for efficient taxation set out in the report *Efficient Transport Taxes and Charges* at the Prague Council in 2000.

The work is currently being extended to cover fifteen or more countries, refined and updated to follow changes in the level of taxation in 2000 and 2001. The existing web page for this work will be renewed with an interactive set of spreadsheets that will both provide pour couvrir 15 pays. La page web créée pour ce travail va être transformée en outil interactif comprenant les données collectées et permettant aux utilisateurs de refaire les calculs faits pour la CEMT. Le travail théorique de comparaison entre les taxes efficientes et celles en cours à travers les différents modes sera renforcé, en coopération avec la Commission européenne, et mis à jour suivant les résultats des études récentes réalisées pour les ministères des Transports de certains pays membres.

Chemins de fer

A Prague en 2000, lors d'un débat sur le développement des politiques de transport durable, les ministres ont souligné l'importance du report du fret de la route vers le rail. Les travaux actuels portent sur les investissements et les mesures requises pour transformer ces aspirations en résultats concrets. Il s'agit notamment d'examiner le paquet de mesures adéquates : de la mise en application des réglementations routières à la tarification de l'usage des infrastructures en passant par de lourds investissements en infrastructure ferroviaire et l'amélioration de la qualité des services ferroviaires. Au Conseil de Bucarest en 2002, les résultats ainsi qu'un projet de résolution basé sur les conclusions des travaux de la CEMT sur la réforme ferroviaire seront discutés par les ministres.

Améliorer la qualité et l'efficacité des services ferroviaires est un élément clef pour le développement des systèmes de transport durable. Le projet de résolution portera sur les trois piliers principaux nécessaires à la réforme en Europe : interopérabilité, concurrence dans le secteur du rail et mise en place des conditions cadres pour une concurrence efficiente entre modes. Etant donné la diversité des membres de la CEMT, l'accent est mis sur la saisie des principes économiques qui sont à la base de la réforme laissant une certaine liberté pour parvenir à ces buts. L'accent est mis également sur une bonne gestion de la transition envers le nouveau cadre réglementaire. La résolution se base sur le compte rendu des expériences dans les régions CEMT et OCDE de réformes ferroviaires passées en revue dans la publication « La Réforme Ferroviaire » de 2001 ainsi que sur le travail récent réalisé pour le Congrès ferroviaire mondial de Vienne en 2001, la Table ronde de la CEMT « Quel rôle pour les chemins de fer à l'Est ?» ainsi que des travaux en cours sur la concurrence et la coopération entre les chemins de fer européens.

Sécurité routière

Le Groupe de travail sur la sécurité routière poursuit ses travaux sur la sécurité sur les routes rurales, principalement à partir du rapport établi par l'OCDE/RTR.

Le groupe travaille également sur la qualité de la politique de sécurité des transports. Sous ce large thème, les travaux incorporeront la recherche sur l'efficacité par rapport aux coûts des politiques de sécurité routière avec de nouvelles idées (comme la Vision Zéro suédoise) afin d'avoir une vision stratégique sur les possibilités d'amélioration de la sécurité. Cet objectif exige de rassembler beaucoup d'idées développées dans le passé et de les coordonner dans un cadre politique qui soit une base pour les pays. Ceci touche aussi bien les transports publics que les transports individuels et contribue à la façon de concilier une politique des transports qui soit à la fois efficace et sûre pour tous les usagers. Ce projet est ambitieux et nécessite de construire à partir des travaux entrepris par diverses instances (UE-Phare, WB-GRSP [Projet de sécurité routière globale de la Banque mondiale], CEE-ONU/WP1, OCDE/RTR), de telle sorte que les manières respectives d'aborder ce problème et de fixer les priorités soient toutes prises en considération.

En outre, la CEMT a décidé d'étendre à la sécurité routière la pratique des examens par the input data collected and allow users to repeat the calculations made. The work comparing theoretically efficient charges with current taxes across the modes will be strengthened and updated with the results of recent studies produced for transport ministries in a number of member countries in co-operation with the European Commission.

Railways

In Prague in 2000, during a debate on sustainable transport policies, Ministers highlighted the importance of shifting freight from road to rail and current work focuses on the investments and policy measures required to turn these aspirations into concrete results. It examines the full package of measures required from enforcement of road regulations through pricing of infrastructure use to heavy investments in rail infrastructure and improving the quality of rail services. The results will be discussed by Ministers at the Bucharest Council in 2002 together with a draft Resolution based on the conclusions of ECMT work on regulatory reform.

Improving the quality and efficiency of rail services is key to ensuring the development of sustainable transport systems. The draft resolution will address the three main pillars for reform in Europe: interoperability, competition in the rail sector and the framework conditions for competition between the modes. Given the diversity of ECMT s membership the emphasis is on upholding the economic principles that should guide regulatory reform whilst enabling some freedom in the way these goals are met. Effective management of the transition to new regulatory environments is also an important consideration. The resolution draws on the review of rail reform in the ECMT and OECD regions published in 2001 under the title Railway Reform together with recent work for the 2001 Vienna World Railway Congress and the ECMT Round Table What Role for the Railways in Eastern Europe ? and ongoing work on competition and co-operation between European railways.

Road Safety

The Group on Road Safety pursued its work on Safety on Rural Roads, developing policy recommendations on the basis of the report on this subject published by OECD/RTR.

The group is also working on the Quality of Transport Safety Policies. Under this broad theme, work will bring together research on cost-effective road safety policies, but will also incorporate new ideas (like the Swedish Vision Zero) in order to take a strategic view of how safety can be improved. It requires bringing together many of the ideas developed in the past and meshing them into a policy framework which countries can draw from. This concerns public transport as well as private transport and contributes to the examination of how to reconcile a safe and efficient transport policy for all users. It is ambitious and needs to build on the work undertaken in various bodies (EU-Phare, WB-GRSP [World Bank-Global Road Safety Project], UN/ECE-WP1, OECD/RTR) so that different ways in which this problem is approached, and priorities set, can all be considered.

ECMT has decided to extend the practice of Peer reviews, such as those undertaken for urban transport, to road safety. The first country to be reviewed will be Lithuania.

les pairs tels que ceux entrepris pour les transports urbains. Le premier pays qui sera ainsi étudié est la Lituanie.

Transports routiers

Le travail du Groupe part des constatations suivantes : les progrès réalisés dans la voie d'une plus grande ouverture des marchés peuvent être favorisés par un nouvel accroissement du contingent, respectant les normes les plus élevées de sécurité et de protection de l'environnement. Par ailleurs, il faut se rendre à l'évidence qu'il existe une étroite relation entre la libéralisation des transports et l'élimination des distorsions de concurrence faussant cette libéralisation et que toute augmentation future du contingent CEMT sera d'une manière ou d'une autre liée directement à une harmonisation plus marquée des conditions de concurrence entre les transporteurs des différents pays membres.

Dans ce contexte, une priorité est actuellement donnée aux conditions sociales du transport routier international. L'harmonisation sociale ne concerne pas seulement l'application de définitions communes aux différents pays membres mais également l'instauration et l'application de normes qualitatives d'attribution de licences au niveau national, permettant une harmonisation des conditions d'accès à la profession. Une résolution a d'ailleurs été adoptée par les ministres en ce sens à Lisbonne (document CEMT/CM(2001)6/FINAL).

A partir du 1er janvier 2002, les autorisations du contingent multilatéral de la CEMT concernent soit des véhicules « verts », soit « plus verts et sûrs », soit « EURO3 sûrs ». Les règles à suivre dans ce contexte ont été décidées lors du dernier Conseil des Ministres à Lisbonne (mai 2001) et ont été publiées dans la « Résolution du Conseil sur le Manuel à l'usage des fonctionnaires et des transporteurs utilisant le contingent multilatéral CEMT » (document CEMT/CM(2001)9/FINAL, 26 novembre 2001). Cette résolution comprend des normes d'émissions sonores et polluantes et de sécurité, spécifiées pour chaque catégorie de véhicules concernés. Ces normes, retranscrites dans les différents certificats CEMT, assurent que chaque autorisation du contingent multilatéral CEMT est utilisée par un véhicule bon pour l'environnement et la sécurité.

Statistiques

Depuis 1991, la coopération dans le domaine statistique entre la Commission économique pour l'Europe des Nations Unies (CEE/ONU), l'Office statistique des Communautés européennes (EUROSTAT) et la CEMT s'est considérablement renforcée avec la constitution d'un Groupe de travail intersecrétariat auquel participe activement le Secrétariat de la CEMT sous le contrôle du Groupe des experts statisticiens. En 2001, le Secrétariat a travaillé à la préparation des documents statistiques suivants :

- Le glossaire des statistiques de transport qui inclut deux nouveaux chapitres concernant les accidents de la route et le transport aérien ;
- Le questionnaire commun des statistiques de transports terrestres qui collecte les données 2000 ;
- Le volume des AnnalessStatistiques de transport portant sur la période 1990-1997 ;
- La brochure annuelle «Evolution des transports, 1970-2000» ;
- Le rapport statistique sur les accidents de la route en 2000.

Le Secrétariat a également mis à jour de façon régulière les banques de données sur la conjoncture dans le secteur des transports terrestres. Les enquêtes destinées à alimenter cette base visent à recueillir, tous les trimestres, des informations pour chaque pays sur les marchandises et les voyageurs transportés par le rail, les marchandises transportées par la route

Road Transport

The Road Group is charged with fostering progress towards more open markets by developing the quota of ECMT licences for international haulage and at the same time promote the highest safety and environmental standards. As liberalisation of the transport market requires elimination of all competitive distortions any future increase in the ECMT quota will also, in one way or another, be directly linked to closer harmonisation of the conditions of competition between hauliers from different Member countries.

In this context, priority is at present given to social conditions in international road transport. Social harmonisation does not only require common definitions applied in each Member country but also the introduction and implementation of quality licensing standards at national level, allowing harmonisation of the conditions of access to the profession. A Resolution on these issues was adopted by Ministers in Lisbon (document CEMT/CM(2001)6/FINAL).

As of 1 January 2002, all licences issued under the multilateral quota of the ECMT are linked to environmental and safety performance according to whether trucks are classified as either "green", "greener and safe" or "Euro3 safe" vehicles. The rules to be followed in this context were decided by Ministers in Lisbon and have been published in the "Resolution of the Council on the Guide for Government Officials and Carriers on the Use of the ECMT Multilateral Quota" (document CEMT/CM(2001)9/FINAL, 26 Nov. 2001). This resolution covers noise, emissions and safety standards for vehicles, specified with regard to the different categories of vehicles concerned. These standards, reflected in the relevant ECMT certificates, ensure that the licences issued under the ECMT multilateral quota are used only by environment friendly and safe vehicles.

Statistics

Since 1991, co-operation between the United Nations Commission for Europe (UN/ECE), the Statistical Office of the European Communities (EUROSTAT) and the ECMT has been strengthened considerably by the establishment of an Intersecretariat Working Group in which the ECMT Secretariat participates actively under the supervision of the Group of Statisticians. During 2001, the Secretariat prepared the following statistical documents:

- The third edition of the Glossary for Transport Statistics with two new chapters on road accidents and air transport;
- The Common Questionnaire for Inland Transport Statistics to collect data for the year 2000;
- A volume of the Statistical Trends in Transport for the period 1990-1997;
- The annual leaflet Trends in the Transport Sector 1970-2000;
- The Statistical Report on Road Accidents in 2000.

The Secretariat also carried out regular up-dates of the database on Short-Term Trends in the Inland Transport Sector. Surveys were carried out in order to complete this database, aiming at collecting every quarter, information for each individual country on goods and passenger transported by rail, goods transported by road and inland waterways, data on road traffic, first registration of brand new road vehicles, motor fuel deliveries, number of road et la voie navigable, des données sur la circulation automobile, les premières immatriculations de véhicules routiers, les livraisons de carburants, le nombre de tués sur la route ainsi que des renseignements statistiques sur l'état général de l'économie (importations, exportations, production industrielle). Au cours de l'année 2001, quatre enquêtes trimestrielles ont été réalisées et les informations ainsi recueillies ont été rendues accessibles sur le site WEB de la CEMT : http://www.oecd.org/cem/stat/conjonct/3rdQ.htm

Une enquête sur les investissements dans les infrastructures de transport a également été mise en œuvre. L'objectif est d'élaborer, sur la base des données ainsi collectées, un rapport qui sera présenté au Conseil des Ministres et décrira les grandes tendances enregistrées dans le développement des infrastructures, y compris les dépenses d'investissement et d'entretien pour la période 1987-2000.

Transports urbains durables

En 2001, la CEMT en collaboration avec l'OCDE a terminé son projet de trois ans intitulé Transports urbains durables : la mise en œuvre des politiques. Ce travail a eu pour objectif d'examiner pourquoi les pays éprouvent tant de difficultés à mettre en œuvre des stratégies intégrées de transport urbain, et comment les pays et les villes peuvent surmonter ces barrières. Le projet comprenait trois principaux éléments : une série d'ateliers thématiques, une enquête sur les tendances et schémas de déplacements urbains dans plus de 160 villes et des examens de politiques nationales. Le rapport final qui rassemble les conclusions sur la mise en œuvre de chacun des différents volets du projet, ainsi qu'un document résumant les « Messages clés aux gouvernements » ont été approuvés par les ministres des Transports à leur Conseil de Lisbonne en mai 2001.

Les ministres à Lisbonne ont mandaté une suite à ce projet, dont l'examen des implications des recommandations du projet dans des groupes de pays spécifiques ; l'étude des moyens d'améliorer la cohérence dans la collecte et le suivi des données urbaines ; et l'élaboration d'un guide de bonnes pratiques qui propose des lignes directrices aux gouvernements nationaux sur la mise en œuvre.

Les tendances du trafic international

Le groupe de la CEMT sur les tendances du trafic international analyse les principaux facteurs de développement des transports terrestres internationaux pour les mettre en relation avec les capacités infrastructurelles en vue de saisir les points d'incompatibilité. Plus récemment, le travail de ce groupe a consisté en l'élaboration d'un scénario de référence pour les transports internationaux à l'échelle de la CEMT.

Le point de départ de ce travail a été le constat que de nombreux pays se lancent dans un exercice de définition de scénarios nationaux qui servent de base à des mesures de politique des transports. Pour élaborer ces scénarios nationaux, les responsables doivent intégrer les évolutions prévisibles dans d'autres pays. Or, les hypothèses nationales retenues sont très disparates, ce qui peut engendrer des incohérences.

Il est ainsi apparu indispensable de définir au niveau international un scénario pouvant être utilisé comme référence par tous les pays. Ceci est un gage de cohérence minimum au niveau des différentes prévisions. Ce travail a ainsi consisté à replacer, dans un cadre d'ensemble, les prévisions et scénarios qui sont disponibles dans différentes enceintes et à en déduire un scénario de tendance commun à tous les pays. Ce scénario a reçu l'aval du Conseil des Ministres lors de la session de Lisbonne en mai 2001.

fatalities, and also general economy information (imports, exports, industrial production). During the year 2001, four quarterly surveys were undertaken and the information is available on the ECMT web site http://www.oecd.org/cem/stat/conjonct/3rdQ.htm.

A survey on Investment in Transport Infrastructures was also launched. The aim is to compile data and prepare a report for Council to describe trends in infrastructure development, covering maintenance and investment in the period 1987-2000.

Sustainable Urban Travel

In 2001, ECMT in association with OECD completed a three-year project in Implementing Sustainable Urban Travel Policies. This work examined why implementation of integrated sustainable policies has proven to be so difficult, and how countries and cities can overcome these barriers. The project included a series of workshops on particular topics, an urban travel survey of 168 cities, and a series of national policy reviews. The final report bringing together the findings on implementation from each of the different parts of the project, along with a document summarising “Key Messages for Governments“, were approved by Ministers of Transport at their Council in Lisbon in May 2001.

Ministers in Lisbon mandated follow-up work to this project, which will include examining the implications of the project recommendations in specific groups of countries; exploring ways to improve consistency in urban data collection and monitoring; and developing a Guide to Good Practice for National Governments on implementation.

Trends in International Traffic

The ECMT s Group on Trends in International Traffic analyses the main factors contributing to the development of international surface transport, comparing them with infrastructure capacity and identify areas of potential incompatibility. The Group s work has also involved drawing up a baseline scenario for international transport in the ECMT countries.

The starting point of this work was the fact that a lot of countries are embarking on an exercise aimed at defining national traffic forecast scenarios which will serve as a basis for transport policy measures. In order to draw up these national scenarios, officials have to incorporate foreseeable trends in other countries, but so far the assumptions adopted in each country are very disparate, giving rise to serious inconsistencies.

This was why it was vital to establish a scenario at international level, which every country can use as a reference, thereby guaranteeing a minimum degree of consistency in the different forecasts. This meant building into an overall framework the forecasts and scenarios available from different organisations and deriving a scenario common to every country. The scenario developed was approved by the Council of Ministers at the Lisbon session.

CONFÉRENCE EUROPÉENNE DES ADMINISTRATIONS DES POSTES ET TÉLÉCOMMUNICATIONS (CEPT)

Bureau européen des Télécommunications
Midtermolen 1
DK – 2100 Copenhagen – Danemark
Tél.: + 45 35 25 03 00 – Fax: + 45 35 25 03 30

Site internet : http://www.cept.org/

Président jusqu'au 30 septembre 2001 : M. Per Sanderud (Norvège)
Président du 1er octobre 2001 au 30 septembre 2002 : M. David Hendom (Royaume-Uni)

Historique :

La Conférence européenne des Administrations des Postes et des Télécommunications (CEPT) a été créée à Montreux (Suisse) le 26 juin 1959. Elle est née des mouvements d'intégration en Europe occidentale qui ont caractérisé les années 50. Sa création est le résultat des efforts déployés par une vingtaine de pays pour instaurer au niveau régional une large coopération dans le domaine des postes et des télécommunications. Ces efforts ont abouti à la mise en place d'une organisation à structure souple et légère, ouverte à toutes les Administrations européennes des postes et des télécommunications des Pays-membres de l'Union postale universelle (UPU) ou de l'Union internationale des télécommunications (UIT).

Lors de son Assemblée plénière à Bergen les 20 et 21 septembre 2001, la Conférence européenne des Administrations des Postes et des Télécommunications a pris un certain nombre d'importantes mesures pour renforcer l'organisation.

Pour ce faire, les instruments de base, l'Arrangement de Montreux et le Règlement de la CEPT ont été modifiés. Pour lui permettre de jouer un rôle plus actif en tant qu'instance de planification stratégique, de prise de décisions et de préparation des conférences de l'Union internationale des Télécommunications, il a été décidé d'instituer une présidence et d'adopter un agenda politique.

Pour répondre à la convergence des activités dans le secteur des télécommunications et aux exigences de la société de l'information, les deux comités distincts chargés l'un, des radiocommunications, l'autre, des télécommunications, ont été remplacés par un unique Comité des communications électroniques. Le Comité européen de réglementation postale (CERP), quant à lui, n'a pas été concerné par cette réorganisation. Par ailleurs, l'Assemblée plénière a approuvé la création d'un Bureau permanent unique pour appuyer le travail de la CEPT.

Composition :

44 Etats membres: Albanie, Allemagne, Andorre, Autriche, Azerbaïdjan, Belgique, Bosnie-Herzégovine, Bulgarie, Chypre, Croatie, Danemark, Espagne, Estonie, Finlande, France, Grèce, Hongrie, Irlande, Islande, Italie, Lettonie, ex-République yougoslave de Macédoine,

EUROPEAN CONFERENCE OF POSTAL AND TELECOMMUNICATIONS ADMINISTRATIONS (ECPT)

European Telecommunications Office
Midtermolen 1
DK – 2100 Copenhagen – Denmark
Tel.: + 45 35 25 03 00 – Fax: + 45 35 25 03 30

Web site: http://www.cept.org/

Chairman until 30 September 2001: Mr. Per Sanderud (Norway)
Chairman from 1 October 2001 until 30 September 2002: Mr. David Hendom (UK)

Background:

The European Conference of Postal and Telecommunications Administrations (CEPT) was established by formal Agreement reached at Montreux, Switzerland, on 26 June 1959. It sprang from the integration movements in Western Europe that marked the 1950s. Its establishment was the result of the efforts of some 20 countries to introduce broad regional co-operation in the field of posts and telecommunications. These efforts led to the creation of an organization flexible and light in structure, open to all European postal and telecommunications administrations of member countries of the Universal Postal Union (UPU) and the International Telecommunication Union (ITU).

At its Plenary Assembly meeting in Bergen 20-21 September 2001 the CEPT has taken a number of important steps to strengthen the organisation.

As such the basic instruments, the CEPT Arrangement and Rules of Procedure, have been amended. A Presidency has been created, and policy agenda has been adopted, to give CEPT a more active role as a forum for strategic planning, decision-making, and preparing for conferences of the International Telecommunications Union.

As a response to the convergence in the telecommunications sector, and the requirements of the information society, the new Electronic Communications Committee has replaced the two committees dealing separately with radiocommunicaitons and telecommunications. The committee dealing with postal services, CERP, has not been affected by this change. Furthermore the Assembly endorsed the creation of a single permanent office to support the work of CEPT.

Composition:

44 Member States: Albania, Andorra, Austria, Azerbaijan, Belgium, Bosnia and Herzegovina, Bulgaria, Croatia, Cyprus, Czech Republic, Denmark, Estonia, Finland, France, Germany, Great Britain, Greece, Hungary, Iceland, Ireland, Italy, Latvia, Liechtenstein,

Liechtenstein, Lituanie, Luxembourg, Malte, Moldova, Monaco, Norvège, Pays-Bas, Pologne, Portugal, Roumanie, Royaume-Uni, Fédération de Russie, Saint-Marin, Slovaquie, Slovénie, Suède, Suisse, Tchèque République, Turquie, Ukraine, Vatican.

Objectifs :

– Etablir un forum européen sur les questions de réglementation et de compétence nationale dans le domaine des postes et des télécommunications;

– Instituer une assistance mutuelle entre ses membres en ce qui concerne le règlement des questions de compétence nationale/réglementation;

– Exercer une influence sur les buts et priorité dans le domaine des postes et télécommunications européennes en adoptant des positions communes;

– Imprimer son orientation, dans le domaine des postes et télécommunications européennes, aux questions relevant de sa compétence;

– Mener ses activités à l'échelon paneuropéen;

– Renforcer et favoriser plus énergiquement la coopération avec les pays d'Europe centrale et orientale;

– Promouvoir et faciliter les relations entre les instances de réglementation européennes (par exemple, par des contacts personnels);

– Influer, par l'adoption de positions communes, sur les développements au sein de l'Union internationale des Télécommunications (UIT) et de l'Union postale universelle (UPU) en conformité avec les objectifs européens;

– Apporter aux situations nouvelles des réponses non bureaucratiques, efficaces et rentables et mener ses activités à bien dans les délais impartis;

– Résoudre les problèmes communs au niveau des comités en s'appuyant sur leur étroite collaboration ;

– Si la situation l'exige, conférer un caractère plus contraignant que par le passé à ses activités ;

– Créer une seule Europe dans les secteurs des postes et des télécommunications;

– Renforcer les relations entre les Administrations membres pour favoriser leur coopération et contribuer à la création d'un marché dynamique dans le domaine des postes et des communications électroniques européennes.

Les fonctions de la CEPT englobent en particulier:

– L'élaboration de positions communes sur les priorités et les objectifs définis dans le domaine des postes et des communications électroniques ;

– L'examen, dans un contexte européen, des problèmes d'ordre public et des questions réglementaires pertinentes en ce qui concerne les postes et les communications électroniques, y compris l'utilisation du spectre radio ;

– La poursuite de l'harmonisation en Europe, notamment en ce qui concerne l'utilisation du spectre radio, en s'attachant plus particulièrement aux modalités pratiques de la coopération des pays européens afin de réaliser l'harmonisation à l'échelle de l'Europe;

– L'établissement des contacts et de la coopération qui s'imposent avec la Commission européenne, le Secrétariat de l'Association européenne de libre échange et les diverses organisations et associations européennes (industrie, opérateurs, usagers, consommateurs, etc.) traitant des questions liées aux postes et aux communications électroniques;

– La mise en place d'un forum pour l'élaboration, l'adoption et la promotion de propositions communes européennes au sein de l'UIT et de l'UPU, y compris des contacts avec les organisations régionales, selon qu'il conviendra ;

Lithuania, Luxembourg, Malta, Moldova, Monaco, Netherlands, Norway, Poland, Portugal, Romania, Russian Federation, San Marino, Slovakia, Slovenia, Spain, Sweden, Switzerland, The former Yugoslav Republic of Macedonia, Turkey, Ukraine, Vatican.

AIMS:

– Establishing a European forum for discussions on sovereign and regulatory issues in the field of post and telecommunications issues;

– Providing mutual assistance among members with regard to the settlement of sovereign/regulatory issues;

– Exerting an influence on the goals and priorities in the field of European Post and Telecommunications through common positions;

– Shaping, in the field of European posts and telecoms, those areas coming under its responsibilities;

– Carrying out its activities at a pan- European level;

– Strengthening and fostering more intensively co-operation with Eastern and Central European countries;

– Promoting and facilitating relations between European regulators (e.g. through personal contacts);

– Influencing, through common positions, developments within ITU and UPU in accordance with European goals;

– Responding to new circumstances in a non-bureaucratic and cost-effective way and carrying out its activities in the time allocated;

– Settling common problems at committee level, through close collaboration between its committees;

– Giving its activities more binding force, if required, than in the past;

– Creating a single Europe on posts and telecommunications sectors;

– Strengthen relations between Members Administrations, to promote their cooperation and to contribute to creating a dynamic market in the field of European posts and electronic communications.

Its functions include in particular:

– Working out common views on the priorities and aims set in the field of posts and electronic communications;

– Examining, in a European context, public policy and appropriate regulatory issues regarding posts and electronic communications, including the use of radio spectrum;

– Promoting further European harmonisation, inter alia of the radio spectrum, with an emphasis on practical cooperation between European countries to help realise Europe-wide regulatory harmonisation;

– Establishing necessary contacts and cooperation with the European Commission, the Secretariat of the European Free Trade Association and European Organisations and associations (industry, operators, users, consumers etc.) dealing with postal and electronic communications matters;

– Providing a forum for developing, adopting and promoting European common proposals in ITU and UPU, including contacts with regional organisations, as appropriate;

– Contributing to establish prospective views (scenarios) of the future regulatory environment, taking into account technology and market development.

– La contribution à l'élaboration d'approches futures (scénarios) du cadre réglementaire ultérieur en tenant compte de l'évolution des technologies et du marché.

FONCTIONNEMENT:

Conformément aux décisions prises à Bergen, l'organe principal de la CEPT est l'Assemblée plénière qui se réunit au moins deux par an. Dans l'intervalle, l'expédition des affaires courantes incombe à la présidence, assistée dans sa tâche par une Troïka composée d'anciens et futurs présidents. Les travaux sont essentiellement effectués par les deux comités suivants:

– le comité européen de réglementation postale (CERP);
– le comité des communications électroniques (ECC).

FUNCTIONING:

In accordance with the decisions at the Bergen Assembly, the main body of CEPT is its Assembly, which meets at least twice a year. In the interval, day-to-day business is handled by the presidency assisted by a troika which gathers the previous and the future presidency,. The work is essentially dealt with by the following two Committees:

- European Committee on Postal Regulation (CERP);
- Electronic Communications Committee (ECC).

ORGANISATION EUROPÉENNE POUR LA RECHERCHE NUCLÉAIRE (CERN)

CH-1211 Genève 23 (Suisse)
Tél. + 41 22 76 761 11 – Fax: +41-22-78-50247

Site internet: http://www.cern.ch

Directeur général : Dr L. Maiani (Italie)

Historique :

La Convention constitutive de l'Organisation Européenne pour la Recherche Nucléaire (CERN) a été signée en 1953 par 12 Etats et entrée en vigueur en 1954. Le CERN est le plus grand centre mondial de recherche en physique des particules. Fondé en 1954, le laboratoire a été l'une des premières entreprises communes à l'échelle européenne et est devenu un exemple éclatant de collaboration internationale.

Composition :

20 Etats membres : Allemagne, Autriche, Belgique, Bulgarie, Danemark, Espagne, Finlande, France, Grèce, Hongrie, Italie, Norvège, Pays-Bas, Pologne, Portugal, République tchèque, République slovaque, Royaume-Uni, Suède, Suisse.

Statut d'observateur : Etats-Unis d'Amérique, Fédération de Russie, Israël, Japon, Turquie, Union européenne et Unesco.

Objectifs :

- Etudier ce qu'est la matière, ce dont elle est faite et les forces qui la maintiennent agglomérée ;
- Construire et mettre en oeuvre: 1) des accélérateurs (machines énormes qui accélèrent des particules jusqu'à des vitesses très proches de la vitesse de la lumière, et qui les font entrer en collision avec d'autres particules) et 2) des détecteurs (instruments de grande taille pour observer ce qui se passe dans ces collisions).

Fonctionnement :

L'Organisation est conçue de manière à fonctionner avec souplesse et à maintenir le laboratoire perméable à l'influence des milieux scientifiques qu'il est censé servir. Plusieurs Organisations scientifiques européennes créées après le CERN se sont données des structures semblables: c'est notamment le cas de l'ESO, de L'EMBL et de JET, qui reprennent, sur certains points, les propres termes de la Convention du CERN.

L'organe principal du CERN est le Conseil caractérisé par une représentation bicéphale (gouvernement et communauté scientifique) de chaque Etat membre, y compris dans ses deux comités subsidiaires (Comité des finances, Comité des directives scientifiques). La direction du

EUROPEAN ORGANIZATION FOR NUCLEAR RESEARCH (CERN)

CH-1211 Geneva 23 (Switzerland)
Tel. + 41 22 76 761 11 – Fax: +41-22-78-50247

Web site: http://www.cern.ch

Director-General: Mr. L. Maiani (Italy)

Background:

The Convention instituting the European Organization for Nuclear Research (CERN) was signed in 1953 by 12 States and entered into force in 1954. CERN is the world's largest particle physics centre. Founded in 1954, the laboratory was one of Europe's first joint ventures, and has become a shining example of international collaboration.

Composition:

20 Member States: Austria, Belgium, Bulgaria, Czech Republic, Denmark, Finland, France, Germany, Greece, Hungary, Italy, Netherlands, Norway, Poland, Portugal, Slovak Republic, Spain, Sweden, Switzerland, United Kingdom.

Observer status: Israel, Japan, Russian Federation, Turkey, United States of America, European Commission and Unesco.

Aims:

- To explore what matter is made of, and what forces hold it together;
- To build and to operate : 1) accelerators (huge machines to speed up particles very, very close to the speed of light, and then to let them collide with other particles) and 2) detectors (big instruments to observe what happens in these collisions).

Functioning:

The structure of CERN is designed to allow flexible operation and to ensure that it remains responsive to the needs of the scientific community it serves. CERN has served as the prototype for several subsequently created European scientific organizations such as ESO, EMBL and JET, which adopted some of the provisions of the CERN Convention.

The CERN's main body is the Council characterised by a two-member representation of each Member State (governments and scientists), including in its two subordinate committees (Finance Committee, Scientific Policy Committee). The Director-General, Mr L. Maiani (Italy), is the head of the CERN management. The daily activities are carried out in the laboratoire est assurée par le Directeur général, M. L. Maiani (Italie). Les activités quotidiennes sont accomplies au sein de divisions groupées en quatre secteurs par un personnel hautement qualifié. Le CERN emploie environ 2700 personnes.

ACTIVITES EN 2001

Présentation succincte

Depuis 1954, le CERN constitue un pôle pour la recherche nucléaire et, plus récemment, pour la recherche en physique des particules. Il fournit des faisceaux de particules de haute énergie à des équipes de chercheurs pour leurs expériences. Ces faisceaux sont produits par un ensemble d'accélérateurs de particules qui s'est au fil des ans progressivement agrandi et perfectionné. L'accélérateur qui était le porte-drapeau du CERN, le Grand collisionneur électron-positon (LEP), en service depuis 1989, s'est fermé à la fin de l'année 2000. En 2007, une nouvelle machine, le Grand collisionneur de hadrons (LHC), prendra la relève du LEP.

Le LEP et le LHC sont des machines de pointe conçues pour la recherche pure aux frontières des connaissances humaines sur les particules fondamentales et les forces qui s'exercent entre elles. Toutefois, l'ensemble d'accélérateurs du CERN fournit également une série de faisceaux de particules pour des expériences dans des domaines aussi variés que la recherche biomédicale ou l'astrophysique des supernovae.

Etats membres

Le CERN compte actuellement 20 Etats membres.

Pays	*Date d'adhésion*	*Contribution au budget 2001 (en %)*
Allemagne	1953	22,33
Autriche	1959	2,23
Belgique	1953	2,68
Bulgarie	1999	0,16
Danemark	1953	1,83
Espagne	1961	6,93
Finlande	1991	1,32
France	1953	16,04
Grèce	1953	0,98
Hongrie	1992	0,52
Italie	1953	11,75
Norvège	1953	1,59
Pays-Bas	1953	4,37
Pologne	1991	1,76
Portugal	1986	1,16
Rép. slovaque	1993	0,21
Rép. tchèque	1993	0,53
Royaume-Uni	1953	17,66
Suède	1953	2,45
Suisse	1953	3,50

divisions grouped in four sectors by highly qualified personnel. CERN employs just under 2700 people.

ACTIVITIES IN 2001

Brief summary

Since 1954, CERN has provided a focus for European nuclear and, more recently, particle physics research. It provides high-energy particle beams for research teams to use. These beams are produced by a complex of particle accelerators that has gradually expanded and developed over the years. CERN's most recent flagship accelerator, the Large Electron Positron collider (LEP) has been operational since 1989 and closed down at the end of the year 2000. In 2007, a new machine, the Large Hadron Collider (LHC), will assume the role left vacant by LEP.

LEP and the LHC are frontier machines designed for blue-sky research at the limits of mankind's knowledge of fundamental particles and the forces that act between them. CERN's accelerator complex, however, also provides a range of particle beams for experiments in fields as diverse as biomedical research and supernova astrophysics.

Membership

CERN currently has 20 member states.

Country	*Joined*	*% budget contribution (2001)*
Austria	1959	2.23
Belgium	1953	2.68
Bulgaria	1999	0.16
Czech Republic	1993	0.53
Denmark	1953	1.83
Finland	1991	1.32
France	1953	16.04
Germany	1953	22.33
Greece	1953	0.98
Hungary	1992	0.52
Italy	1953	11.75
Netherlands	1953	4.37
Norway	1953	1.59
Poland	1991	1.76
Portugal	1986	1.16
Slovak Republic	1993	0.21
Spain	1961	6.93
Sweden	1953	2.45
Switzerland	1953	3.50
United Kingdom	1953	17.66

En outre, la Commission européenne, les Etats-Unis d'Amérique, Israël, le Japon, la Fédération de Russie, la Turquie et l'Unesco ont le statut d'observateur auprès de l'organe de tutelle du Laboratoire, le Conseil du CERN. Les Etats non membres contribuant officiellement au projet LHC sont le Canada, les Etats-Unis d'Amérique, la Fédération de Russie, l'Inde, Israël et le Japon.

En 1953, le CERN comptait 12 Etats membres fondateurs. La Yougoslavie s'est retirée en 1961.

Direction

Le Conseil est l'organe directeur du CERN. Il se réunit deux fois par an. Le Conseil porte la responsabilité finale de toutes les décisions importantes. Chaque Etat membre y dispose d'une voix et s'exprime par l'intermédiaire de deux délégués, l'un représentant le gouvernement et l'autre les milieux scientifiques nationaux. La plupart des décisions sont prises à la majorité simple, bien que le Conseil tende à un consensus aussi proche que possible de l'unanimité.

Le Conseil est assisté dans sa tâche par deux comités. Le Comité des directives scientifiques étudie les options qui s'offrent à la physique et fait des recommandations quant à la stratégie scientifique de l'Organisation. Ses membres, dont certains sont ressortissants d'Etats non membres, sont élus sur la base de leurs hautes compétences scientifiques et nommés par le Conseil. Le Comité des finances réunit des représentants des administrations nationales. Il traite toutes les questions relatives au budget et aux dépenses de l'Organisation.

La direction de l'Organisation est confiée à un Directeur général nommé par le Conseil pour un mandat de cinq ans. Le Directeur général est assisté d'un directoire, composé en général d'une demi-douzaine de membres dont il propose la nomination au Conseil. Le Directeur général a pouvoir pour agir au nom de l'Organisation et il est directement responsable devant le Conseil. Les activités courantes du laboratoire sont menées à bien dans plusieurs divisions.

Le Directeur général dispose de deux organes consultatifs chargés des relations avec la communauté scientifique. La Commission de la recherche étudie les recommandations émanant de comités de pairs qui examinent et évaluent de manière critique les propositions d'expériences au CERN formulées par la communauté scientifique des Etats membres. Le Comité consultatif des utilisateurs du CERN couvre les besoins logistiques des utilisateurs, des visiteurs et de leurs familles.

Le Comité européen sur les futurs accélérateurs (ECFA), fondé en 1963, est un outil de communication indépendant et sans équivalent dans les autres organisations scientifiques. Il étudie les objectifs à long terme des laboratoires européens de physique des particules, dont le CERN, et recommande les programmes de recherche auxquels les scientifiques accordent le plus leur soutien. L'ECFA établit un lien direct en termes de politique entre les instituts nationaux, les universités et le Conseil du CERN. Le Comité international sur les futurs accélérateurs joue un rôle identique sur le plan mondial.

L'actuel Directeur général est le professeur Luciano Maiani (Italie), qui a pris ses fonctions le 1er janvier 1999. La plus importante contribution du professeur Maiani à la physique moderne concerne la prédiction des particules dites charmées avec S. Glashow et J. Iliopoulos en 1970. Cette proposition, connue sous le nom de mécanisme de Glashow – Iliopoulos – Maiani (GIM), a été déterminante pour la formulation de la théorie unifiée des interactions électrofaibles. Les particules charmées ont été découvertes quelques années plus tard, en 1976, avec des propriétés très similaires à celles prédites dans la communication initiale sur le mécanisme de GIM.

In addition, the European Commission, Israel, Japan, the Russian Federation, Turkey, UNESCO, and the USA have observer status at the Laboratory's governing body, the CERN Council. Non-Member-States making formalized contributions to the LHC project are Canada, India, Israel, Japan, the Russian Federation and the USA.

CERN had 12 founder members in 1953. Yugoslavia withdrew in 1961.

Management

CERN's governing body is the Council, which meets twice a year. Council is the ultimate authority for all important decisions. Each Member State has a single vote and two delegates, one representing government the other representing national scientific interests. Most decisions require a simple majority, although Council aims at a consensus as close as possible to unanimity.

Council is assisted by two Committees. The Scientific Policy Committee examines physics options and recommends the scientific strategy of the Organization. Members, some from non-Member States, are elected for their scientific eminence and appointed by Council. The Finance Committee is composed of representatives from national administrations. It deals with all issues concerning budgets and spending.

Management of the Organization is entrusted to a Director General appointed by Council with a five-year mandate. The Director General is assisted by a Directorate, generally consisting of around half a dozen members, whose appointment he proposes to Council. The Director General is empowered to act in the name of the Organization, and is directly answerable to Council. The day-to-day activities of the Laboratory are carried out in a number of Divisions.

The Director General has two advisory bodies for relations with the scientific community. The Research Board examines recommendations from peer review committees that make critical assessments of proposals for CERN experiments coming from the scientific community of the Member States. The Advisory Committee of CERN Users covers the logistical needs of users, visitors and their families.

The European Committee for Future Accelerators (ECFA), set up in 1963, is an independent communication channel that is unique among scientific organisations. It studies the long-term objectives of European particle physics laboratories, including CERN, and recommends those research programmes that receive the most support from scientists. ECFA forms a direct policy link between national institutes, universities, and CERN's Council. The International Committee for Future Accelerators plays the same role on a global scale.

The current Director General is Professor Luciano Maiani of Italy, whose term of office began on 1 January 1999. Professor Maiani's most important contribution to modern physics is the prediction of so-called charmed particles with S. Glashow and J. Iliopoulos in 1970. The proposal, known as the Glashow – Iliopoulos – Maiani (GIM) mechanism, has been critical to the formulation of the unified theory of electro weak interactions. Charmed particles were discovered a few years later in 1976 with properties very close to those anticipated in the original GIM paper.

Histoire

On peut attribuer l'idée de créer un Laboratoire européen de portée mondiale au physicien français Louis de Broglie, qui présenta un exposé sur ce sujet à l'occasion de la Conférence européenne de la culture en 1949 à Lausanne. Durant la guerre, le prestige scientifique de l'Europe fut mis à mal par l'émigration de scientifiques de premier plan. Pour de Broglie, la solution était la création d'un laboratoire scientifique européen. Un an plus tard, lors de la cinquième Conférence générale de l'Unesco à Florence, le physicien américain et prix Nobel Isidor Rabi proposa une résolution, adoptée à l'unanimité, autorisant l'Unesco à « fournir assistance et à encourager la formation et l'organisation de centres et de laboratoires régionaux afin d'accroître et de rendre la collaboration internationale entre scientifiques plus fructueuse ». En 1952, onze gouvernements européens décidèrent la mise en place, à titre provisoire, d'un Conseil européen pour la Recherche Nucléaire (CERN). Lors d'une réunion à Amsterdam du tout nouveau Conseil du CERN, un site proche de Genève fut sélectionné pour accueillir le futur laboratoire. En 1954, après la ratification initiale de la Convention par ses Etats membres un an auparavant, l'Organisation européenne pour la Recherche nucléaire vit le jour le 29 septembre. Bien que le CERN provisoire ait été dissous, l'acronyme est demeuré. Les douze Etats membres fondateurs sont : la Belgique, le Danemark, la France, la Grèce, l'Italie, la Norvège, les Pays-Bas, la République fédérale d'Allemagne, le Royaume-Uni, la Suisse et la Yougoslavie.

L'Unesco conserve un statut d'observateur au Conseil du CERN, et, conformément à l'article XVIII de la Convention d'établissement du CERN, les instruments de ratification de cette convention par les Etats membres doivent être déposés à l'Unesco.

Aujourd'hui, le CERN abrite le projet de Grand collisionneur de hadrons (LHC), une entreprise mondiale visant à construire un nouvel accélérateur de particules et les détecteurs correspondants en utilisant toute l'infrastructure existante du Laboratoire. Outre les vingt Etats membres du CERN, le Canada, les Etats-Unis, la Fédération de Russie, l'Inde, Israël et le Japon participent à la construction de l'accélérateur. Les collaborations pour les expériences qui construisent et utiliseront les détecteurs de particules du LHC réunissent quelque 4500 chercheurs du monde entier.

Fonctions et activités

La Convention du CERN dispose que « l'Organisation assure la coopération entre les Etats européens pour les recherches nucléaires de caractère purement scientifique et fondamental, ainsi que pour d'autres recherches en rapport essentiel avec celles-ci. L'Organisation s'abstient de toute activité à fins militaires et les résultats de ses travaux expérimentaux et théoriques sont publiés ou de toute autre façon rendus généralement accessibles ».

Au cours des années et en raison des progrès réalisés dans l'accélération des particules et les technologies de détection, la recherche au CERN s'est caractérisée par une évolution constante vers le secteur de la physique fondamentale des particules, bien que la recherche nucléaire traditionnelle soit toujours d'actualité au Laboratoire. Les exigences que la recherche pure au CERN impose à la technologie ont conduit à une collaboration toujours plus étroite entre le Laboratoire et l'industrie. Cette tendance se poursuivra avec le LHC, le prochain grand accélérateur de l'Organisation.

Le CERN est l'un des plus grands laboratoires de recherche scientifique au monde et attire quelque 7000 scientifiques, soit la moitié environ de la communauté mondiale des physiciens des particules, représentant 500 universités et plus de 80 nationalités. Le Laboratoire a pour rôle de fournir des installations de recherche de premier plan qui sont utilisées par les équipes de visiteurs scientifiques, et ce rôle est reflété par la structure des effectifs, quelque

History

The idea of creating a world-class European laboratory can be traced to French physicist Louis de Broglie, whose paper on the subject was presented at the 1949 European Cultural Conference in Lausanne. Europe's scientific prestige had suffered through the war years through the emigration of influential scientists. De Broglie saw the creation of a European science laboratory as the solution. One year later, at the 5th General Conference of UNESCO in Florence, the American physicist and Nobel prize-winner Isidor Rabi put forward a resolution, unanimously adopted, authorizing Unesco 'to assist and encourage the formation and organization of regional centres and laboratories in order to increase and make more fruitful the international collaboration of scientists'. In 1952, eleven European governments agreed to set up a provisional Conseil européen pour la recherche nucléaire (CERN). At a meeting of the new CERN Council in Amsterdam, a site near Geneva was selected for the planned laboratory. In 1954, after initial ratification of the Convention by its Member States the previous year, the European Organization for Nuclear Research formally came in to being on 29 September. The provisional CERN was dissolved, but the acronym was retained. The twelve founding Member States are the Federal Republic of Germany, Belgium, Denmark, France, Greece, Italy, Norway, the Netherlands, the United Kingdom, Sweden, Switzerland and Yugoslavia.

Unesco remains an observer at CERN Council, and, in conformity with Article XVIII of CERN's constitutive Convention, the Member States' instruments of ratification of that Convention must be deposited with Unesco.

Today, CERN is host to the Large Hadron Collider (LHC) project, a global undertaking to build a new particle accelerator and associated detectors making full use of existing infrastructure at the Laboratory. As well as the 20 Member States of CERN, Canada, India, Israel, Japan, the Russian Federation, and the USA are all involved in building the accelerator. The experimental collaborations that are building and that will operate the LHC's particle detectors involve some 4500 researchers from all over the world.

Functions and activities

The CERN convention states that 'the Organization shall provide for collaboration among European States in nuclear research of a pure scientific and fundamental character, and in research essentially related thereto. The Organization shall have no concern with work for military requirements and the results of its experimental and theoretical work shall be published or otherwise made generally available.

Over the years, with advances in particle acceleration and detection technologies, CERN's research has moved steadily towards the domain of fundamental particle physics, although traditional nuclear research is still carried out at the Laboratory. The demands that pure research at CERN places on technology have led to an ever-closer collaboration between the Laboratory and industry. This trend will continue with the Laboratory's next major accelerator, the LHC.

CERN is one of the world's largest scientific research laboratories attracting some 7000 scientists, about half the world's particle physicists, representing 500 universities and over 80 nationalities. The Laboratory's function is to provide world-class research facilities for teams of visiting scientists to use. Its staff, just under 2700 people at the end of 2001, reflect this role with around three quarters being involved directly with the accelerator complex while just under 100 are directly involved in nuclear or particle physics research.

2700 personnes à la fin 2001, puisque les trois quarts environ sont directement affectés au complexe d'accélérateurs alors que moins d'une centaine seulement participent directement à la recherche nucléaire ou en physique des particules.

Le programme d'expérimentation du Laboratoire est fonction des spécificités des différents accélérateurs. Les chercheurs travaillant sur quatre grandes expériences au grand collisionneur électron – positon (LEP), qui s'est fermé en 2000, concluraient leurs analyses en 2001. Ces expériences ont été conçues pour étudier l'interaction faible – responsable de certaines formes de radioactivité et principal facteur de la combustion des étoiles. Dans la dernière année d'exploitation du LEP, l'énergie de l'accélérateur a été poussée à son maximum afin d'optimiser les chances de découvertes des expériences et de tenter de détecter l'insaisissable particule de Higgs, afin de donner aux futures expériences un objectif bien défini. La particule de Higgs est le résultat d'un mécanisme théorique qui explique pourquoi les particules fondamentales possèdent les différentes masses qu'on leur connaît. Sa découverte constituerait une grande avancée pour notre compréhension de l'Univers à un niveau fondamental.

La détermination du nombre de particules fondamentales existant dans la matière constitue le résultat le plus important obtenu avec le LEP. Les physiciens regroupent ces particules en « familles ». Bien qu'une famille suffise pour constituer toute la matière ordinaire, il en existe plusieurs dans la Nature. Au début de l'exploitation du LEP, on ignorait le nombre de familles de particules de matière. On sait désormais qu'il n'en existe que trois. L'objectif des futures expériences sera de déterminer pourquoi il en est ainsi.

Le Super synchrotron à protons (SPS), qui faisait partie de la chaîne d'injection pour le LEP, est également le support de toute une série d'expériences. Les succès récents incluent la découverte d'un nouvel état de la matière dans lequel les quarks et les gluons, normalement confinés dans d'autres particules, se déplacent librement. On pense que la matière existait sous cet état peu de temps après le Big Bang. Un autre axe de recherche au SPS porte sur le déséquilibre entre la matière et l'antimatière dans l'Univers actuel.

Il convient de mentionner également Isolde, une installation à faisceaux radioactifs du CERN dont le programme de recherche inclut aussi bien la production de nouveaux isotopes médicaux que l'astrophysique des supernovae. La physique nucléaire classique des noyaux hautement instables, pour éprouver les limites des modèles nucléaires, constitue le cœur du programme d'Isolde.

Ressources financières et humaines

En 2001, le budget annuel du CERN se décompose de la manière suivante: personnel 44,5%, matériel 50,8% (dont dépenses pour l'LHC 28,8% et autres dépenses 22,0%), énergie 2,4%, remboursement des dettes 2,3%.

Au 31 décembre 2001, le CERN comptait 2663 membres du personnel, dont 979 ingénieurs et scientifiques travaillant sur le complexe d'accélérateurs du Laboratoire et 88 autres impliqués directement dans la recherche en physique des particules, ainsi que 911 techniciens, 241 ouvriers professionnels et 441 membres du personnel administratif.

The Laboratory's experimental programme divides along the lines of the different accelerators. Researchers on four big experiments at the Large Electron Positron collider (LEP), which closed in 2000, were completing their analyses in 2001. These experiments were designed to study the weak interaction – responsible for some forms of radioactivity and a key element in stellar burning. In LEP's final year of running, the accelerator is being operated at its highest possible energy to maximise the experiments' discovery potential and to home in on the elusive Higgs particle, giving future experiments a well-defined target to aim for. The Higgs particle is a consequence of a theoretical mechanism to explain why fundamental particles have the range of masses they are observed to have. Its discovery would be a major step forward in our understanding of the Universe at a fundamental level.

LEP's most significant result is a measurement of the number of fundamental particles of matter that exist. Physicists group these particles into 'families'. Just one family is needed to make up all of everyday matter, yet nature has provided more than one. When LEP started up, we did not know how many families of matter particles there were. Now we know that there are just three. Finding out why this should be the case is a task for future experiments.

The Super Proton Synchrotron (SPS), which formed part of the injector-chain for LEP, also supports a range of experiments. Recent highlights include the discovery of a new state of matter in which the quarks and gluons normally locked up inside other particles roam freely. This is how matter is believed to have existed in the first instants of the Big Bang. Another line of research at the SPS studies the imbalance of matter and antimatter in the Universe today.

ISOLDE is the name of a radioactive beam facility at CERN whose research programme ranges from producing new medical isotopes to supernova astrophysics. ISOLDE's core programme is classical nuclear physics of highly unstable nuclei – testing nuclear models to their limits.

Financial and Human Resources

The annual budget of CERN is broken down as follows (figures for 2001): personnel 44.5%, materials 50.8% (of which LHC 28.8%, non-LHC 22.0%), energy 2.4% and debt repayment 2.3%.

CERN had a staff complement of 2663 as at 31/12/2001. Of these, 979 are engineers and scientists involved with the Laboratory's accelerator complex, and a further 88 are directly involved in particle physics research. 911 are technicians, 244 are craftsmen, and 441 are involved with the administration of the Organization.

COMMISSION INTERNATIONALE DE L'ETAT CIVIL (CIEC)

3 place Arnold
F-67000 STRASBOURG
Tél. 00.33.(0)3.88.61.18.62 – Fax 00.33.(0)3.88.60.58.79

Site internet : http://www.ciec1.org/

Président : M. Georges Koumantos (Grèce)

Historique :

Fondée à Amsterdam en septembre 1948, la Commission internationale de l'Etat Civil (CIEC) est une organisation intergouvernementale chargée de promouvoir la coopération internationale en matière d'état civil et d'améliorer le fonctionnement des services nationaux d'état civil. Elle a été reconnue en décembre 1949 par échange de lettres entre la Belgique, la France, le Luxembourg, les Pays-Bas et la Suisse. Pour compléter cette reconnaissance, les Hautes Parties contractantes ont signé un Protocole à Berne le 25 septembre 1950 et un Protocole additionnel à Luxembourg le 25 septembre 1952.

Composition :

16 Etats membres : Allemagne, Autriche, Belgique, Croatie, Espagne, France, Grèce, Hongrie, Italie, Luxembourg, Pays-Bas, Pologne, Portugal, Royaume-Uni, Suisse et Turquie.

6 Etats avec le statut d'observateur : Chypre, Lituanie, Fédération de Russie, Saint-Siège, Slovénie et Suède.

Objectifs :

- Constituer et tenir à jour une documentation en matière d'état civil ;
- Fournir aux Etats des renseignements et des expertises ;
- Effectuer des études juridiques et techniques ;
- Editer des publications ;
- Elaborer des conventions et des recommandations.

Fonctionnement :

Chaque Etat membre constitue une section nationale chargée d'assurer la liaison avec d'autres sections par l'intermédiaire du Secrétaire général. Les sections nationales se réunissent en Assemblée générale chaque année au mois de septembre dans l'un des pays membres. Cette Assemblée, organe de direction de la Commission, prend en principe toutes les décisions concernant la CIEC.

Le Bureau, composé des Présidents des sections nationales, se réunit au printemps, normalement à Strasbourg, et à l'occasion de l'Assemblée générale. Il exerce certaines fonctions,

INTERNATIONAL COMMISSION ON CIVIL STATUS (ICCS)

3 place Arnold
F-67000 STRASBOURG
Tel. 00.33.(0)3.88.61.18.62 – Fax 00.33.(0)3.88.60.58.79

Web site : http://www.ciec1.org/

President: Mr Georges Koumantos (Greece)

Background:

Founded in Amsterdam in September 1948, the International Commission on Civil Status (ICCS) is an international intergovernmental organisation, which aims: at promoting the international co-operation in civil status matters and improving the national civil status services. It was recognised in December 1949 by an exchange of letters between Belgium, France, Luxembourg, The Netherlands and Switzerland. To complete this recognition, the High Contracting Parties have signed a Protocol in Bern on 25 September 1950 and an additional Protocol in Luxembourg on 25 September 1952.

Composition:

16 Member States: Austria, Belgium, Croatia, France, Germany, Greece, Hungary, Italy, Luxembourg, The Netherlands, Poland, Portugal, Spain, Switzerland, Turkey and United-Kingdom.

6 States with Observer status: Cyprus, Holy See, Lithuania, Russian Federation, Slovenia and Sweden.

Aims:

- To keep up to date a documentation in civil status matters;
- To provide to the Member States information and expert appraisal;
- To seek legal and technical means;
- To edit publications;
- To draw up conventions and recommendations.

Functioning:

Each Member States establishes a National Section responsible for promoting the aims of the ICCS and liaison with the other sections trough the Secretary General. The National Sections meet each year in a General Assembly, usually in September in one of the Member States. This Assembly, directory organ of the Commission, takes all decisions concerning the ICCS.

The Bureau, made up by the chairs of the National Sections, meets at least twice a year, once during spring generally in Strasbourg, and once during the annual General Assembly. The Bureau takes some decisions such as appointing the President, Mr Georges Koumantos (Greece), telles que la désignation du Président, M. Georges Koumantos (Grèce), du Vice-Président, M. Miguel Teixeira de Sousa (Portugal), et du Secrétaire général, M. Paul Lagarde (France), et l'admission d'observateurs. Le Secrétariat général exécute les décisions prises par la CIEC, assure la liaison avec et entre les sections nationales, conserve les archives et coordonne les publications.

PRÉSIDENTS DES SECTIONS NATIONALES :

Allemagne

M. Rainer Frank,
Professeur à l'Université de Fribourg

Autriche

Mme Helga Wagner,
Ministerialrat au ministère fédéral de l'Intérieur

Belgique

Mme Roseline Demoustier,
Directeur d'administration au ministère de la Justice

Croatie

M. Želimir Brala,
Ministre Conseiller, ministère des Affaires étrangères

Espagne

M. Diego Espín Cánovas,
de la Royale Académie de jurisprudence et législation

France

M. Jean Mazars,
Conseiller à la Cour de Cassation

Grèce

M. Georges Koumantos,
Professeur émérite à l'Université d'Athènes

Hongrie

Mme Zsuzsanna Vègh,
Directeur général de l'Office de l'immigration et de la nationalité du ministère de l'Intérieur, Direction de la nationalité

Italie

M. Aldo Dainotto,
Préfet

Luxembourg

M. Marc Mathekowitsch,
Premier Conseiller de Gouvernement au ministère de la Justice

the Deputy President, Mr Miguel Teixeira de Sousa (Portugal), and the Secretary General, Mr Paul Lagarde (France), and the admission of Observers. The Secretariat General carries out the decisions taken by the ICCS, assumes the liaison with and between the National Sections, keeps the archives and coordinates the publications.

Presidents of the National Sections:

Germany

Mr Rainer Frank,
Professor at the University of Freiburg

Austria

Mrs Helga Wagner,
Ministerialrat at the Federal Ministry of the Interior

Belgium

Mrs Roseline Demoustier,
Head of Administration at the Ministry of Justice

Croatia

Mr Želimir Brala,
Ministerial Adviser, Ministry of Foreign Affairs

Spain

Mr Diego Espín Cánovas,
Of the Royal Academy of Jurisprudence and Legislation

France

Mr Jean Mazars,
Adviser at the Court of Cassation

Greece

Mr Georges Koumantos,
Emeritus Professor at the University of Athens

Hungary

Mrs Zsuzsanna Vègh,
Director General of Immigration and Nationality Office, Ministry of the Interior,
Nationality Directorate

Italy

Mr Aldo Dainotto,
Prefect

Luxembourg

Mr Marc Mathekowitsch,
Principal government adviser at the Ministry of Justice

Pologne
Mme Malgorzata Pysiak-Szafnicka,
Professeur à l'Université de Lódz

Pays-Bas
M. Erik Lukács,
Conseiller au ministère de la Justice, Juge à la Cour d'appel d'Amsterdam

Portugal
M. Miguel Teixeira de Sousa,
Professeur à la Faculté de droit de l'Université de Lisbonne

Royaume-Uni
M. Brian Philp,
Deputy Registrar General for Scotland

Suisse
M. Martin Jäger,
Chef de l'Office fédéral de l'état civil à Berne

Turquie
M. Ilhan Atis,
Directeur général du Service de la population et de la nationalité au ministère de l'Intérieur

ACTIVITÉS 2001

INSTRUMENTS ET PUBLICATIONS

Depuis 1948, la Commission internationale de l'état civil a élaboré 30 conventions (A), dont 23 sont actuellement en vigueur, et 8 recommandations (B). En règle générale les Conventions sont ouvertes à la signature non seulement des Etats membres de la CIEC mais aussi des autres Etats qui sont membres du Conseil de l'Europe et de l'Union européenne.

A. Conventions

a. Liste des Conventions

(pour l'état des signatures et des ratifications des conventions, voir le tableau à la fin du document)

1. Convention relative à la délivrance de certains extraits d'actes de l'état civil destinés à l'étranger (signée à Paris le 27 septembre 1956)
2. Convention relative à la délivrance gratuite et à la dispense de légalisation des expéditions d'actes de l'état civil (signée à Luxembourg le 26 septembre 1957)
3. Convention concernant l'échange international d'informations en matière d'état civil (signée à Istanbul le 4 septembre 1958)

Poland

Mrs Malgorzata Pysiak-Szafnicka,
Professor at the University of Lódz

Netherlands

Mr Erik Lukács,
Adviser at the Ministry of Justice, Judge at the Amsterdam Court of Appeal

Portugal

Mr Miguel Teixeira de Sousa,
Professor at the Faculty of Law of the University of Lisbon

United Kingdom

Mr Brian Philp,
Deputy Registrar General for Scotland

Switzerland

Mr Martin Jäger,
Head of the Federal Civil Status Department, Bern

Turkey

Mr Ilhan Atis,
Senior Director of the Population and Nationality Division at the Ministry of the Interior

ACTIVITIES 2001

INSTRUMENTS AND PUBLICATIONS

Since 1948 the International Commission on Civil Status has drawn up 30 Conventions (A), 23 of which are currently in force, and 8 Recommendations (B). The Conventions are generally open to signature not only by ICCS member States but also by other States, which are members of the Council of Europe and the European Union.

A. Conventions

a. List of Conventions

(for the state of signature and ratification of the Conventions, see the table at the end of this document)

1. Convention on the issue of certain extracts from civil status records for use abroad (signed at Paris on 27 September 1956)
2. Convention on the issue free of charge and the exemption from legalisation of copies of official records of civil status (signed at Luxembourg on 26 September 1957)
3. Convention on the international exchange of information relating to civil status (signed at Istanbul on 4 September 1958)

4. Convention relative aux changements de noms et de prénoms (signée à Istanbul le 4 septembre 1958)
5. Convention portant extension de la compétence des autorités qualifiées pour recevoir les reconnaissances d'enfants naturels (signée à Rome le 14 septembre 1961)
6. Convention relative à l'établissement de la filiation maternelle des enfants naturels (signée à Bruxelles le 12 septembre 1962)
7. Convention tendant à faciliter la célébration des mariages à l'étranger (signée à Paris le 10 septembre 1964)
8. Convention concernant l'échange d'informations en matière d'acquisition de nationalité (signée à Paris le 10 septembre 1964)
9. Convention relative aux décisions de rectification d'actes de l'état civil (signée à Paris le 10 septembre 1964)
10. Convention relative à la constatation de certains décès (signée à Athènes le 14 septembre 1966)
11. Convention sur la reconnaissance des décisions relatives au lien conjugal (signée à Luxembourg le 8 septembre 1967)
12. Convention sur la légitimation par mariage (signée à Rome le 10 septembre 1970)
13. Convention tendant à réduire le nombre des cas d'apatridie (signée à Berne le 13 septembre 1973)
14. Convention relative à l'indication des noms et prénoms dans les registres de l'état civil (signée à Berne le 13 septembre 1973)
15. Convention créant un livret de famille international (signée à Paris le 12 septembre 1974)
16. Convention relative à la délivrance d'extraits plurilingues d'actes de l'état civil (signée à Vienne le 8 septembre 1976)
17. Convention portant dispense de légalisation pour certains actes et documents (signée à Athènes le 15 septembre 1977)
18. Convention relative à la reconnaissance volontaire des enfants nés hors mariage (signée à Munich le 5 septembre 1980)
19. Convention sur la loi applicable aux noms et prénoms (signée à Munich le 5 septembre 1980)
20. Convention relative à la délivrance d'un certificat de capacité matrimoniale (signée à Munich le 5 septembre 1980)
21. Convention relative à la délivrance d'un certificat de diversité de noms de famille (signée à La Haye le 8 septembre 1982)
22. Convention relative à la coopération internationale en matière d'aide administrative aux réfugiés (signée à Bâle le 3 septembre 1985)
23. Protocole additionnel à la Convention concernant l'échange international d'informations en matière d'état civil signée à Istanbul le 4 septembre 1958 (signé à Patras le 6 septembre 1989)
24. Convention relative à la reconnaissance et à la mise à jour des livrets d'état civil (signée à Madrid le 5 septembre 1990)
25. Convention relative au codage des énonciations figurant dans les documents d'état civil (signée à Bruxelles le 6 septembre 1995)
26. Convention concernant l'échange international d'informations en matière d'état civil (signée à Neuchâtel le 12 septembre 1997)
27. Convention relative à la délivrance d'un certificat de vie (signée à Paris le 10 septembre 1998)

4. Convention on changes of surnames and forenames (signed at Istanbul on 4 September 1958)
5. Convention extending the competence of authorities empowered to receive declarations acknowledging natural children (signed at Rome on 14 September 1961)
6. Convention on the establishment of maternal descent of natural children (signed at Brussels on 12 September 1962)
7. Convention to facilitate the celebration of marriages abroad (signed at Paris on 10 September 1964)
8. Convention on the exchange of information relating to acquisition of nationality (signed at Paris on 10 September 1964)
9. Convention on decisions concerning the rectification of civil status records (signed at Paris on 10 September 1964)
10. Convention relating to the establishment of death in certain cases (signed at Athens on 14 September 1966)
11. Convention on the recognition of decisions relating to the matrimonial bond (signed at Luxembourg on 8 September 1967)
12. Convention on legitimation by marriage (signed at Rome on 10 September 1970)
13. Convention to reduce the number of cases of statelessness (signed at Bern on 13 September 1973)
14. Convention on the recording of surnames and forenames in civil status registers (signed at Bern on 13 September 1973)
15. Convention introducing an international family record book (signed at Paris on 12 September 1974)
16. Convention on the issue of multilingual extracts from civil status records (signed at Vienna on 8 September 1976)
17. Convention on the exemption from legalisation of certain records and documents (signed at Athens on 15 September 1977)
18. Convention on the voluntary acknowledgement of children born out of wedlock (signed at Munich on 5 September 1980)
19. Convention on the law applicable to surnames and forenames (signed at Munich on 5 September 1980)
20. Convention on the issue of a certificate of legal capacity to marry (signed at Munich on 5 September 1980)
21. Convention on the issue of a certificate of differing surnames (signed at The Hague on 8 September 1982)
22. Convention on international co-operation in the matter of administrative assistance to refugees (signed at Basle on 3 September 1985)
23. Additional Protocol to the Convention on the international exchange of information relating to civil status signed at Istanbul on 4 September 1958 (signed at Patras on 6 September 1989)
24. Convention on the recognition and updating of civil status books (signed at Madrid on 5 September 1990)
25. Convention on the coding of entries appearing in civil status documents (signed at Brussels on 6 September 1995)
26. Convention on the international exchange of information relating to civil status (signed at Neuchâtel on 12 September 1997)
27. Convention on the issue of a life certificate (signed at Paris on 10 September 1998)
28. Convention on the issue of a certificate of nationality (signed at Lisbon on 14 September 1999)

28. Convention relative à la délivrance d'un certificat de nationalité (signée à Lisbonne le 14 septembre 1999)
29. Convention relative à la reconnaissance des décisions constatant un changement de sexe (signée à Vienne le 12 septembre 2000)
30. Convention relative à la communication internationale par voie électronique (signée à Athènes le 17 septembre 2001)

b. Conventions récentes

i. Convention (n° 27) relative à la délivrance d'un certificat de vie, signée à Paris le 10 septembre 1998 par cinq Etats (Allemagne, Espagne, France, Italie, Turquie)

L'objet de cette convention est de faciliter, par l'établissement d'une même formule délivrée et acceptée par tous les Etats contractants, la preuve de la vie d'une personne, quelle que soit sa nationalité, lorsque cette preuve doit être fournie dans un Etat autre que celui dans lequel elle réside. Pourraient notamment -mais pas uniquement- tirer bénéfice de cette convention les nombreux travailleurs migrants qui, au moment de leur retraite, retournent dans leur pays d'origine, mais qui sont tenus, périodiquement, de prouver qu'ils sont encore en vie auprès des caisses de pension ou de sécurité sociale du pays où ils ont exercé leur activité. La Convention prévoit qu'un tel certificat pourra être délivré non seulement par les autorités compétentes désignées par chaque Etat mais aussi, sous certaines conditions, par les autorités diplomatiques et consulaires. Le certificat est rédigé dans la langue de l'autorité qui le délivre et dans la langue française, les énonciations invariables qui figurent au recto de la formule étant pourvues de codes numériques conformément à la nouvelle orientation prise avec l'adoption de la Convention n° 25.

ii. Convention (n° 28) relative à la délivrance d'un certificat de nationalité, signée à Lisbonne le 14 septembre 1999 par cinq Etats (Allemagne, Grèce, Italie, Portugal, Turquie)

Cette Convention a pour objet de permettre la délivrance d'un document uniforme destiné à apporter la preuve de la nationalité des ressortissants d'un Etat auprès des autorités d'un autre Etat, une telle preuve étant souvent nécessaire pour pouvoir accéder à certains droits. Tel est en particulier le cas dans l'Union européenne en ce qui concerne le droit de résidence et d'exercice de certaines professions ainsi que l'admission aux concours pour exercer certaines fonctions. Par ailleurs, la Convention européenne sur la nationalité du 6 novembre 1997 consacre, notamment, comme droit fondamental de la personne, le droit à la nationalité et prévoit la délivrance d'une attestation de nationalité.

Ce certificat de nationalité, délivré et accepté par tous les Etats contractants, devrait faciliter la preuve de la nationalité dans la mesure où il n'exige ni légalisation ni traduction tout en offrant de plus grandes garanties aux organismes publics ou privés auxquels il est présenté. Il est rédigé dans la langue de l'autorité qui le délivre et dans la langue française, les énonciations invariables qu'il contient étant pourvues des codes numériques conformément à l'orientation prise avec l'adoption de la Convention n° 25.

iii. Convention (n° 29) relative à la reconnaissance des décisions constatant un changement de sexe, signée à Vienne le 12 septembre 2000 par quatre Etats (Allemagne, Autriche, Grèce, Pays-Bas)

Cette Convention prévoit la reconnaissance, dans un Etat contractant, des décisions judiciaires et administratives définitives constatant le changement de sexe d'une personne prises dans un autre Etat contractant lorsque l'intéressé était, au moment de la demande, ressortissant de cet Etat ou y avait sa résidence habituelle. La reconnaissance de ces décisions ne peut être

29. Convention on the recognition of decisions recording a sex reassignment (signed at Vienna on 12 September 2000)
30. Convention on international communication by electronic means (signed at Athens on 17 September 2001)

b. Recent Conventions

i. Convention (No. 27) on the issue of a life certificate, signed at Paris on 10 September 1998 by five States (France, Germany, Italy, Spain and Turkey)

The purpose of this Convention is to make it easier for persons, whatever their nationality, to prove their existence, when so required by a country other than the one in which they are residing, by the use of a single form issued and accepted by all the Contracting States. Among those who would benefit from this Convention are numerous migrant workers who on retirement may wish to return to their country of origin but are obliged, periodically, to prove that they are still alive in order to obtain their pension from the pension or social security office of the country where they used to work. Under the Convention life certificates can be issued not only by the competent authorities designated by each country but also, under certain conditions, by diplomatic and consular authorities. Certificates are drawn up in the language of the issuing authority and in French, and the standard items of information shown on the front of the form are number-coded in accordance with the policy introduced following the adoption of Convention No. 25.

ii. Convention (No. 28) on the issue of a certificate of nationality, signed at Lisbon on 14 September 1999 by five States (Germany, Greece, Italy, Portugal, Turkey)

The purpose of this Convention is to provide for the issue of a standard document that nationals of one State can use to prove their nationality to the authorities of another, given that such proof is often a condition for access to certain rights, particularly, in the case of the European Union, the right of residence, the right to engage in certain professions and the right to sit competitive examinations governing entry to certain jobs. The European Convention on Nationality of 6 November 1997 moreover enshrines the right to a nationality as a fundamental human right and envisages the issue of a nationality certificate.

This nationality certificate, which is issued and accepted by all the Contracting States, should make it easier to prove nationality in so far as it requires neither legalisation nor translation yet offers more solid guarantees to the public or private bodies to which it is presented. It is drawn up in two languages: the language of the issuing authority and French. Its standard entries are number-coded in accordance with the policy introduced following the adoption of Convention No. 25.

iii. Convention (No. 29) on the recognition of decisions recording a sex reassignment, signed at Vienna on 12 September 2000 by four States (Austria, Germany, Greece an the Netherlands)

This Convention provides that a Contracting State shall recognise final court or administrative decisions recording a person's sex reassignment taken in another Contracting State if, at the time when the application was made, the person concerned was a national of or a habitual resident in that other State. Recognition of such decisions may be refused in only three cases: when the physical adaptation has not been carried out and has not been recorded in the decision; when refusée que dans trois cas : lorsque l'adaptation physique n'a pas été réalisée et constatée dans la décision, lorsque la reconnaissance est contraire à l'ordre public de l'Etat dans lequel la décision est invoquée et lorsque la décision a été obtenue par fraude. Un Etat peut toutefois se réserver le droit de ne pas appliquer la Convention aux décisions administratives. La Convention se limite à fixer les conditions de la reconnaissance de telles décisions et ne règle pas les conséquences juridiques et pratiques qui en dérivent, sauf en ce qui concerne l'état civil puisque la Convention dispose que l'Etat qui reconnaît une telle décision mettra à jour l'acte de naissance de l'intéressé dressé ou transcrit sur ses registres de l'état civil.

La Convention est ouverte aux Etats membres de la CIEC et aux Etats membres de l'Union européenne. Tout autre Etat pourra adhérer à la Convention après son entrée en vigueur mais cette adhésion n'aura d'effet que dans les rapports entre cet Etat et les Etats contractants qui auront déclaré accepter cette adhésion. Enfin, un Etat peut se réserver le droit de ne pas appliquer la Convention aux décisions administratives.

iv. Convention (n° 30) relative à la communication internationale par voie électronique, signée à Athènes le 17 septembre 2001 par six Etats (Allemagne, France, Grèce, Italie, Portugal, Turquie)

La Section néerlandaise ayant fait part d'une expérience en cours dans les services de l'état civil d'Amsterdam visant à donner aux intéressés la possibilité de demander par Internet la délivrance d'extraits de l'état civil, la question a été inscrite à l'ordre du jour de la CIEC en mars 1997. Un échange de vues intéressant sur la question a eu lieu, montrant que ces nouveaux modes de communication étaient déjà assez largement utilisés dans la matière de l'état civil. Il a été convenu d'engager une réflexion afin d'établir une liste des problèmes posés par les transmissions télématiques des actes authentiques, en étudiant notamment les moyens permettant d'adapter les règles juridiques aux nouvelles techniques de transmission tant pour les demandes que pour la délivrance de documents d'état civil et de définir certains critères communs dont pourrait s'inspirer chacun des Etats. Un groupe de travail s'est réuni à plusieurs reprises, des Journées d'étude ayant notamment été organisées à Bologne à la fin de l'année 1998, avec divers exposés techniques sur les signatures digitales et la mise en place de réseaux, et des démonstrations d'échanges télématiques d'informations entre les services d'état civil de Bologne et d'Amsterdam. Des informations sur les législations des Etats membres ont également été réunies.

Après plusieurs ébauches élaborées par le groupe de travail entre septembre 1999 et septembre 2000, un projet de Convention relative à la communication internationale par voie électronique a été adopté le 14 septembre 2000 à l'Assemblée générale de Vienne et signé un an plus tard à Athènes.

L'objet de cette Convention est de permettre la transmission par voie électronique (au lieu des voies traditionnelles) des données dont les échanges ou la délivrance sont prévus par les conventions conclues ou à conclure au sein de la CIEC (article 1), une liste des conventions conclues à la date du 14 septembre 2000 étant annexée au rapport explicatif de la convention.

La Convention ne crée aucune obligation nouvelle d'échanger ou de délivrer des informations mais les Etats ont la possibilité d'étendre son application à des données autres que celles énumérées à l'article 1 (article 5).

En principe, l'échange s'applique aux données relatives à l'état des personnes et à la nationalité et la transmission a lieu entre autorités ou officiers de l'état civil des Etats contractants ; toutefois, pour faciliter les démarches des usagers, notamment pour les conventions prévoyant la délivrance d'un document, la Convention crée une compétence pour que les officiers de l'état civil ou une autre autorité puissent agir pour le compte de particuliers (article 4).

Les Etats reconnaissent aux données transmises par voie électronique la même valeur juridique qu'aux données transmises sur un support matériel (article 3) à condition que la recognition is contrary to public policy in the State in which the decision is relied on; or when the decision was obtained by fraudulent means. The Convention is limited to laying down the conditions of recognition of sex reassignment decisions; it does not deal with the legal and practical consequences deriving there from, save as regards civil status, in that it provides that a State recognising such a decision shall update the birth certificate of the person concerned that has been drawn up or transcribed in its civil status registers.

The Convention is open to member States of the ICCS or of the European Union; any other State may accede to the Convention after its entry into force, but such accession will have effect only as regards the relations between that State and the Contracting States that have declared their acceptance of the accession. Finally, a State may reserve the right not to apply the Convention to administrative decisions.

iv. Convention (No. 30) on international communication by electronic means, signed at Athens on 17 September 2001 by six States (France, Germany, Greece, Italy, Portugal and Turkey)

Following a report from the Netherlands Section on an experiment being conducted by the Amsterdam civil status department, allowing the public to apply for civil status certificates via the Internet, the matter was included on the agenda of the ICCS in March 1997. This led to an interesting discussion which revealed that the new methods of communication were already used widely in the civil status field. It was agreed to continue the debate with a view to drawing up a list of the problems raised by the electronic transmission of officially recorded acts, paying particular attention to ways of adapting existing rules of law to the use of new transmission techniques for both applications for and the issuing of civil status documents and identifying certain common criteria to which all countries could refer. A working party held several meetings, and a symposium was organised in Bologna at the end of 1998, at which a number of presentations on technical aspects of digital signatures and network creation were made and demonstrations of electronic information exchanges between civil status departments in Bologna and Amsterdam were given. Information was also gathered on relevant legislation in the member States.

After several preliminary drafts had been prepared by the working party between September 1999 and September 2000, the Vienna General Assembly adopted, on 14 September 2000, the draft of a Convention on international communication by electronic means, which was signed at Athens one year later.

The purpose of this Convention is to enable electronic means (instead of those traditionally used) to be utilised to transmit data whose exchange or issue are provided for in existing or future ICCS Conventions (Article 1), a list of the Conventions concluded as at 14 September 2000 being appended to the explanatory report on this Convention.

The Convention creates no new obligation to exchange or issue information, but the States have the option of extending its application to data other than those referred to in Article 1 (Article 5).

In principle, the data exchanged will relate to the status of persons or to nationality and transmission will take place between authorities or civil registrars of the Contracting States; however, in order to facilitate the steps to be taken by users, notably as regards the Conventions that envisage the issue of documents, this Convention provides that civil registrars or another authority may be empowered to act on behalf of individuals (Article 4).

The Contracting Sates are to attribute to data transmitted electronically the same value in law as they do to data transmitted in a material form (Article 3), provided that the electronic transmission électronique assure l'intégrité et l'authenticité du contenu ainsi que la sécurité et la confidentialité de la communication (article 2).

La Convention est ouverte à la signature des Etats membres de la CIEC (article 7) et entrera en vigueur après sa ratification par deux Etats (article 9). Après l'entrée en vigueur de la Convention, tout autre Etat pourra y adhérer pour la communication des données prévues par une convention CIEC à laquelle il est partie (article 8).

Le texte de la Convention est publié à la suite de la présente note, étant précisé que seule la version originale française fait foi.

B. Recommandations

1. Recommandation relative à la délivrance et à la reconnaissance des documents délivrés aux réfugiés en application de la Convention de Genève du 28 juillet 1958 (adoptée à Luxembourg le 8 septembre 1967)
2. Recommandation relative au droit du mariage (adoptée à Vienne le 8 septembre 1976)
3. Recommandation relative à l'identification des réfugiés de l'Asie du Sud-Est (adoptée à Munich le 3 septembre 1980)
4. Recommandation relative à la publicité des registres et des actes de l'état civil (adoptée à Rome le 5 septembre 1984)
5. Recommandation relative à l'harmonisation des actes de l'état civil (adoptée à Lisbonne le 10 septembre 1987)
6. Recommandation relative à la coopération internationale en matière d'aide administrative aux demandeurs d'asile (adoptée à Patras le 8 septembre 1989)
7. Recommandation relative à l'harmonisation des extraits d'actes de l'état civil (adoptée à Madrid le 7 septembre 1990)
8. Recommandation relative à l'informatisation de l'état civil (adoptée à Strasbourg le 21 mars 1991)

C. Documentation

a. Guide pratique international de l'état civil

Dans le cadre de sa mission documentaire, la CIEC a élaboré un important ouvrage intitulé « Guide pratique international de l'état civil ». Ce volume de plus de 500 pages contient les réponses, rédigées en langue française, faites par les Sections nationales des Etats membres de la Commission (à l'exception du Royaume-Uni, de la Pologne, de la Croatie et de la Hongrie) à un questionnaire recensant tous les problèmes que pose la pratique de l'état civil. Etude de droit comparé de la matière de l'état des personnes, il a pour ambition, outre son intérêt doctrinal, de faciliter la tâche des officiers de l'état civil des différents pays membres de la CIEC qui ont besoin de connaître les principes qui régissent le statut personnel des étrangers lorsqu'ils sont appelés à recevoir des actes les concernant et, par voie de conséquence, de dispenser ces étrangers de fournir des renseignements et justifications sur le contenu de leurs droits nationaux.

L'ouvrage a été complété en 1995 par une introduction générale donnant, en suivant un même plan et précédant leurs réponses au questionnaire, un rapide aperçu de l'organisation de l'état civil dans chaque pays membre. Les Etats observateurs auprès de la CIEC ont été invités à s'associer à cette mission documentaire en rédigeant, selon le plan retenu pour les introductions générales, une note de présentation de l'organisation des services d'état civil concernant leur pays. On trouve ainsi, regroupées à la fin de l'ouvrage, les notes relatives à Chypre, la Lituanie, la Slovénie, le Saint-Siège et la Suède et les notes relatives aux Etats qui ont adhéré à la CIEC depuis 1996 transmission ensures the integrity and authenticity of the contents and the security and confidentiality of the communication (Article 2).

The Convention is open to signature by member States of the ICCS (Article 7) and will enter into force after ratification by two States (Article 9). After entry into force of the Convention, any other State may accede thereto for the communication of data provided for in an ICCS Convention to which it is party (Article 8).

The text of the Convention is set out at the end of this note; attention is drawn to the fact that only the French text is authentic.

B. Recommendations

1. Recommendation on the issue and recognition of documents issued to refugees under the Geneva Convention of 28 July 1958 (adopted in Luxembourg on 8 September 1967)
2. Recommendation relating to the law of marriage (adopted in Vienna on 8 September 1976)
3. Recommendation on the identification of refugees from South-East Asia (adopted in Munich on 3 September 1980)
4. Recommendation relating to the publicity of civil status registers and records (adopted in Rome on 5 September 1984)
5. Recommendation relating to the harmonisation of civil status records (adopted in Lisbon on 10 September 1987)
6. Recommendation relating to international co-operation in the matter of administrative assistance to asylum-seekers (adopted in Patras on 8 September 1989)
7. Recommendation on the harmonisation of extracts from civil status records (adopted in Madrid on 7 September 1990)
8. Recommendation on the computerisation of civil status (adopted in Strasbourg on 21 March 1991)

C. Documentation

a. International practical guide on civil status

As part of its documentation work, the ICCS has produced a large volume entitled Guide pratique international de l'état civil (International practical guide on civil status). This work of more than 500 pages contains the answers, in French, submitted by the National Sections of the Commission's member States (other than the United Kingdom, Poland, Croatia and Hungary) to a questionnaire covering all problems concerning practice in the civil status sphere. The guide thus constitutes a comparative-law study in the field of personal status and, besides being of interest to academics, aims to facilitate the task of civil registrars in the different ICCS member States: when they have occasion to receive documents concerning foreigners, registrars need to know the principles governing the personal status of those foreigners so that the latter do not have to provide information on and proof of the contents of their national laws.

In 1995 the guide was completed by inserting, before each Member State's replies to the questionnaire, a standard-form general introduction presenting a brief overview of the organisation of civil status in that country. The States holding observer status with the ICCS were invited to become associated with the Commission's documentary work by drawing up, on the same plan as the general introductions, a memorandum presenting the organisation of civil status departments in their respective countries. Thus, there can be found, grouped together at the end of the work, notes concerning Cyprus, the Holy See, Lithuania, Slovenia and Sweden and also,

(Croatie, Hongrie, Pologne, Royaume-Uni) dans l'attente de la rédaction des réponses complètes les concernant.

Pour tenir compte de l'évolution du droit dans les différents Etats membres de la CIEC en la matière, cet ouvrage est mis à jour annuellement. La 14e mise à jour établie sur la base de l'état du droit au 1er janvier 2000 est parue à la fin de l'année 2000.

Le « Guide pratique international de l'état civil » a été publié aux Editions Berger Levrault (Paris) de 1985 à 2000 mais l'éditeur a décidé, au mois de mars 2001, de renoncer à sa publication. La CIEC a décidé de poursuivre la mise à jour de l'ouvrage et d'en assurer la diffusion par sa mise sur le site Internet de la CIEC.

b. Etude sur la « Fraude en matière d'état civil »

A la fin de l'année 1996, une étude de la CIEC sur la « Fraude en matière d'état civil » a fait l'objet d'une publication en langue française dans la Revue Critique de Droit International Privé (Editions Dalloz-Sirey, Paris, 1996, p. 541-571). Des traductions, notamment en anglais, espagnol, italien, néerlandais et polonais de l'étude ont été faites depuis lors et publiées.

Cette étude a été reprise en 2000. Actualisée et complétée par une note sur « la compatibilité des dispositions législatives et réglementaires prises par les Etats pour lutter contre la fraude en matière d'état civil avec la Convention européenne des droits de l'Homme », elle a été publiée en décembre 2000 par le Secrétariat général de la CIEC, en version bilingue (français et anglais). Les deux versions peuvent être consultées sur le site Internet de la CIEC.

c. Etude sur l'Application en matière d'état civil des principes posés par la Convention européenne des Droits de l'Homme

La Convention européenne des Droits de l'Homme, qui garantit le respect de la vie privée et familiale et dont l'application donne lieu à des arrêts de la Cour européenne des Droits de l'Homme, n'est pas sans conséquences pour la législation et la pratique en matière d'état civil. Une étude a été entreprise au sein de la CIEC pour étudier la conformité des législations nationales aux principes posés par cette convention et comparer les modalités retenues dans les différents Etats pour la mise en œuvre de ces principes.

C'est ainsi que depuis la fin de l'année 1990, la CIEC a procédé à des études pour déterminer comment le respect de la vie privée et familiale est assuré concrètement dans le domaine de l'état civil, tant du point de vue du contenu et de la publicité des registres que sur le plan du fonctionnement du service de l'état civil. La rédaction d'une note de synthèse, basée sur les renseignements fournis par les Sections nationales et prenant la forme d'une étude comparée du droit des Etats membres de la CIEC au regard des dispositions de la Convention européenne des Droits de l'Homme, et notamment de son article 8, a été achevée en juin 1996. L'Assemblée générale de 1996 à Rome a approuvé ce rapport dans son principe et a décidé sa publication, après quelques compléments.

La version finale de cette étude, mise au point en mars 1997, a été publiée dans la Revue Trimestrielle de Droit Européen (Editions Dalloz-Sirey, Paris, 1997, p. 653-684). Elle peut être consultée sur le site Internet de la CIEC.

d. Etude sur le transsexualisme

Dans le cadre de ses travaux tendant à élaborer une convention de nature à faciliter la reconnaissance dans un pays des décisions rendues dans un autre pays en matière de transsexualisme (voir supra A.b.iii.), la CIEC a envisagé de procéder à l'établissement et à pending the preparation of complete replies for the States that have joined the ICCS since 1996 (Croatia, Hungary, Poland and the United Kingdom), notes concerning these four countries.

The publication is updated every year so as to take into account changes in the legislation of the ICCS member States. The 14th update, based on the state of legislation at 1 January 2000, was published at the end of 2000.

The Guide pratique international de l'état civil was published and sold by Editions Berger Levrault (Paris) from 1985 to 2000, but in March 2001 they decided to cease publication of the work. The ICCS has decided to continue to update the guide and to make it available to the public by including it on the ICCS Internet site.

b. Study on "Fraud with respect to civil status"

At the end of 1996, the ICCS published, in French, a study on "Fraud with respect to civil status" in the Revue Critique de Droit International Privé (Dalloz-Sirey, Paris, 1996, pp. 541-571). Translations of this study, into inter alia English, Spanish, Italian, Dutch and Polish, have since been prepared and published.

The study was revised and updated in 2000 and supplemented by a note on "the compatibility with the European Convention on Human Rights of legislative and regulatory measures taken by States to combat fraud with respect to civil status". The updated version was published by the ICCS Secretariat General, in English and French, in December 2000; both versions can be consulted on the ICCS Internet site.

c. Study on "The application in the civil status sphere of the principles set out in the European Convention on Human Rights"

The European Convention on Human Rights, which guarantees respect for private and family life and whose application is the subject of judgments of the European Court of Human Rights, is not irrelevant to legislation and practice in the civil status sphere. The ICCS has investigated the extent to which different countries' national legislation complies with the principles set out in the Convention and compared their methods of implementing these principles.

At the end of 1990 the ICCS began a series of studies to ascertain the practical arrangements for guaranteeing respect for private and family life in the civil status field, from the angle of the content of and public access to registers as well as in terms of the operation of the civil status service. A synopsis, based on information supplied by the National Sections and drafted in the form of a comparative study of the law in the ICCS member States in the light of the provisions of the European Convention on Human Rights, and in particular Article 8, was completed in June 1996. The 1996 General Assembly in Rome approved the principle of the report and decided to publish it, after a number of additions.

The final version of the study was completed in March 1997 and published, in French, in the Revue trimestrielle de droit européen (Dalloz-Sirey, Paris, 1997, pp. 653-684). It can be consulted on the ICCS Internet site.

d. Study on transsexualism

As part of its work to prepare a Convention that would facilitate the recognition in one country of decisions on sex reassignment taken in another (see point III.A.b.iii above), the ICCS envisaged the preparation and publication of a study on transsexualism. The study, drafted by la publication d'une étude sur le transsexualisme. Les informations fournies par les Sections nationales ont servi de base pour la rédaction par le Secrétariat général de l'étude, approuvée par l'Assemblée générale réunie à Paris en 1998.

L'étude « Transsexualisme, état civil, vie privée et familiale dans les Etats de la CIEC » a fait l'objet d'une publication dans la Revue Droit de la famille (Editions du Juris-Classeur, Paris, 1998, n° 12, p. 3-9).

A la demande du Conseil de l'Europe, la CIEC a entrepris la rédaction d'une note sur « Le transsexualisme en Europe », faisant la synthèse des informations fournies par les Etats membres de la CIEC et par les Etats membres du Conseil de l'Europe. Cette note, complétée par les textes des dispositions législatives ou administratives, des instruments internationaux et des arrêts de la Cour européenne des Droits de l'Homme, a été publiée, en français et en anglais, en 2000 (Editions du Conseil de l'Europe, Strasbourg, juin 2000).

e. Etude relative à l'enregistrement des enfants sans vie

Dans le cadre des travaux de refonte de l'Instruction générale relative à l'état civil, la Section française a exprimé le souhait d'obtenir des informations sur les pratiques suivies dans les autres Etats de la CIEC en ce qui concerne l'enregistrement d'enfants sans vie. Les renseignements communiqués par les Sections nationales ont été harmonisés et, ont servi de base pour la rédaction d'une note de synthèse.

L'étude « Etat civil et décès périnatal dans les Etats de la CIEC » a été publiée dans Private International Law Review (N. Sakkoulas Publishers, Athènes, 1998/4B, p. 291-302) et dans JCP-La Semaine Juridique-Edition Générale (Paris, 1999, n° 13, p. 613-616). Une publication bilingue (français-anglais) a été préparée et diffusée par le Secrétariat général en décembre 1999. Les deux versions peuvent être consultées sur le site Internet de la CIEC.

f. Colloque CIEC sur les « Questions d'actualité en droit des personnes dans les Etats de la CIEC »

Pour marquer ses cinquante ans d'existence, la Commission Internationale de l'Etat Civil a organisé le 26 mars 1999 à Strasbourg un Colloque au cours duquel ont notamment été traitées, par des personnalités françaises et étrangères, des questions relatives au droit des personnes en mariage (nom des époux et des enfants) et hors mariage (partenaires enregistrés, contrats de concubinage), au lien légal entre l'enfant né hors mariage et ses auteurs (incidence de l'accouchement dans l'anonymat, adoption, établissement de la paternité naturelle en droits germaniques, romanistes et anglo-saxons). Une publication bilingue (français-anglais) des Actes du Colloque a été préparée et diffusée par le Secrétariat général en janvier 2000. Les deux versions peuvent être consultées sur le site Internet de la CIEC.

g. International Commission on Civil Status (ICCS)

Cette monographie a été publiée, en langue anglaise, dans l'Encyclopédie des Organisations Intergouvernementales (Kluwer Law International, The Hague, London, Boston, International Encyclopaedia of Laws, « Intergovernmental Organizations », Supplement 4, January 1999 et « Family and Succession Law », Supplement 14, September 2001). L'étude présente la CIEC et les travaux réalisés par la Commission depuis sa création, décrit ses réalisations en matière d'échange de documentation, de circulation des actes et des décisions, de coopération entre autorités et sa contribution à l'harmonisation du droit des personnes et de la famille. Avec l'autorisation de l'éditeur, le Secrétariat général a préparé et diffusé, de manière restreinte, en the Secretariat General on the basis of the information supplied by the National Sections, was approved by the 1998 General Assembly in Paris.

The study, "Transsexualisme, état civil, vie privée et familiale dans les Etats de la CIEC" (Transsexualism, civil status and private and family life in ICCS States) was published in the Revue Droit de la Famille (Juris-Classeur, Paris, 1998, No. 12, pp. 3-9).

At the request of the Council of Europe, the ICCS prepared a memorandum on "Transsexualism in Europe", combining the information supplied by its own and Council of Europe member States. A bilingual (English-French) version of this memorandum, supplemented with legislative or administrative texts, international instruments and judgments of the European Court of Human Rights, was published in 2000 (Council of Europe, Strasbourg, June 2000).

e. Study on registration of lifeless children

In the context of the revision of the General Instruction on Civil Status, the French Section had requested information on the practice in other ICCS States concerning the registration of lifeless children. The information obtained from the National Sections was harmonised and reproduced in a consolidated summary.

The study "Etat civil et décès périnatal dans les Etats de la CIEC" (civil status and perinatal death in ICCS States) was published in French in the Private International Law Review (N. Sakkoulas Publishers, Athens, 1998/4B, pp. 291-302) and in La Semaine Juridique, Edition générale (JCP [Juris-Classeur Périodique], Paris, 1999, No. 13, pp. 613-616). A bilingual version (English-French) was prepared and published by the Secretariat General in December 1999; both versions can be consulted on the ICCS Internet site.

f. ICCS Colloquy on "Current problems in the law of persons in the ICCS States"

On 26 March 1999, to mark its fifty years of existence, the International Commission on Civil Status organised a Colloquy in Strasbourg, at which French and foreign speakers addressed legal issues relating to married couples (spouses' and children's surname) and unmarried couples (registered partners, cohabitation contracts), the legal relationship between children born out of wedlock and their parents and how that relationship is affected when a woman gives birth anonymously, when a child is adopted, and when paternity is established under Germanic, Romanist and Anglo-Saxon law. The Colloquy Proceedings were prepared and published by the Secretariat General, in English and French, in January 2000; both versions can be consulted on the ICCS Internet site.

g. International Commission on Civil Status (ICCS)

This monograph was published, in English, in the International Encyclopaedia of Laws, "Intergovernmental Organizations", Supplement 4, January 1999 (Kluwer Law International, The Hague, London, Boston) and "Family and Succession Law", Supplement 14, September 2001). It presents the ICCS and its activities since its creation and describes its achievements in the areas of exchange of documentation, circulation of records and decisions and co-operation between authorities and its contribution to the harmonisation of the law of persons and family law. In March 2000 the Secretariat General, with the publisher's authorisation, prepared and distributed, mars 2000, une version bilingue (français-anglais) de l'étude. La version française peut être consultée sur le site Internet de la CIEC.

h. Le site Internet de la CIEC

Au début de l'année 2001, la CIEC a ouvert son site Internet, qui peut être librement consulté à l'adresse « http://www.ciec1.org». Le site offre en ligne des informations générales sur la CIEC, le texte des conventions et recommandations conclues sous son égide, les études déjà publiées ainsi que, pour les dernières années, les rapports annuels du Secrétaire général, présentés à l'Assemblée générale, qui mettent en évidence les modifications législatives intervenues dans les Etats membres. Ces documents sont présentés en français, seule langue officielle de la Commission, mais on trouvera aussi sur le site une traduction anglaise pour la plupart des travaux.

TRAVAUX EN COURS

a. Fraude en matière d'état civil (voir aussi C.b supra)

Un groupe de travail se réunit régulièrement en vue d'échanger des informations relatives, notamment, aux cas de fraude (déclarations mensongères, falsification d'actes, mariages simulés et reconnaissances de complaisance) et aux mesures mises en œuvre tant sur le plan juridique que technique (papier sécurisé, multiplication des échanges directs entre administrations). Il a entrepris une recherche afin de déterminer si certaines mesures prises ou envisagées par les Etats (possibilité de s'opposer à des mariages de complaisance ou de lutter contre l'établissement de filiations fictives par des tests génétiques) ne risquent pas de se heurter aux principes admis en matière de Droits de l'Homme (droit au respect de la vie privée et familiale, liberté du mariage, respect du corps humain, etc.).

b. Guide pratique international de l'état civil

Outre la mise à jour annuelle des réponses et l'ajout de notes présentant l'organisation des services de l'état civil d'Etats ayant le statut d'observateur auprès de la CIEC, une révision plus générale du Guide pratique a été entreprise, en vue de revoir tant le questionnaire (en complétant certains chapitres, par exemple sur les incapacités, la publicité ou les règles essentielles de conflit de lois) que les réponses fournies par les différents Etats, et d'aboutir à une harmonisation la plus grande possible. La tâche entreprise est d'une ampleur considérable (d'autant que les travaux de révision et la rédaction des réponses des nouveaux Etats membres -Croatie, Hongrie, Pologne et Royaume-Uni- sont menés parallèlement), le Secrétariat général effectuant un travail préparatoire, proposant des réponses harmonisées et sollicitant un certain nombre de précisions ou de renseignements complémentaires des Sections nationales. Une partie importante des travaux est sur le point d'aboutir.

c. Projet de convention sur la reconnaissance des noms

Du fait de la diversité des législations, il arrive de plus en plus fréquemment qu'une même personne porte des noms différents dans des Etats différents, ce qui entraîne de nombreux problèmes pratiques pour les intéressés lorsqu'ils doivent prouver leur identité. La Section allemande de la CIEC a proposé d'étudier la question, en complétant les Conventions CIEC qui on a limited basis, a bilingual (English-French) version of the study. The French version can be consulted on the ICCS Internet site.

h. The ICCS Internet site

At the beginning of 2001 the ICCS opened its Internet site, which can be freely consulted at the address "http://www.ciec1.org". The site offers on line general information on the ICCS, the text of the Conventions and Recommendations drawn up under its auspices, the studies already published and, for the most recent years, the annual reports of the Secretary General, which are submitted to the General Assembly and highlight the changes made to legislation in the member States. These documents are presented in French, the Commission's only official language, but an English translation of the greater part of the materials can also be found on the site.

WORK IN PROGRESS

a. Fraud with respect to civil status (see also point C.b above)

A working group meets regularly to exchange information, notably on cases of fraud (false declarations, falsification of records, bogus marriages or fraudulent acknowledgments of paternity) and on legal and technical measures implemented (use of protected paper, an increase in direct exchanges of information between administrative authorities). It has undertaken research into the question whether there is any risk of certain measures taken or envisaged by the States (possibility of refusing to celebrate marriages of convenience or of using genetic tests to prevent the creation of fictitious relationships by descent) being at variance with accepted human-rights principles (right to respect for private and family life, freedom to marry and respect for the human body, etc.).

b. International practical guide on civil status

In addition to the annual updating of replies and the addition of notes describing how civil status departments are organised in States holding observer status with the ICCS, a fuller revision of the practical guide is in hand, involving a revision of both the questionnaire (by supplementing specific chapters, for example those on incapacities, public access and the principal rules on conflict of laws) and the replies from the various countries, with a view to achieving the greatest possible harmonisation. This is no small task (inasmuch as the revision is being carried out concurrently with the drafting of the replies of the new member States – Croatia, Hungary, Poland and the United Kingdom), with the Secretariat General undertaking preparatory work, proposing harmonised replies and seeking a certain number of details and additional information from the National Sections. A substantial part of the work is nearing completion.

c. Draft convention on the recognition of surnames

Owing to differences in legislation, it is increasingly common for the same person to have different surnames in different countries, as a result of which he or she will encounter many practical problems when required to prove his or her identity. The German Section of the ICCS proposed that this question be examined with a view to either incorporating additional provisions existent déjà en la matière (notamment Conventions nos 19 et 21) ou en élaborant un nouvel instrument qui s'efforcerait de régler les divergences auxquelles conduit aujourd'hui l'application des législations nationales en matière de nom des époux et de nom des enfants.

Il a été demandé dans un premier temps que les Sections nationales exposent les dispositions applicables en la matière par leur droit interne et prennent parti sur l'opportunité de l'étude de la question. Un groupe de travail s'est réuni à Lisbonne en septembre 1999 et l'Assemblée générale a décidé d'inscrire le sujet à l'ordre du jour des travaux futurs. Le groupe a poursuivi ses travaux en 2000, renonçant à aboutir à une solution d'unification du droit matériel des Etats membres en matière d'attribution du nom ou d'harmonisation des règles de conflit de lois pour étudier la possibilité d'établir des règles pour la reconnaissance dans un Etat du nom attribué dans un autre Etat (notamment à la naissance, dans les cas de double nationalité, ou lors d'un changement de nom ultérieur du fait de l'adoption ou du mariage) et de définir les critères d'une telle reconnaissance.

Par la suite, mandat a été donné au groupe de travail d'élargir la réflexion, notamment aux effets de la dissolution d'un mariage sur le nom des ex-époux et aux dispositions de droit transitoire. Une esquisse d'une convention, élaborée par le groupe, a été examinée par l'Assemblée générale d'Athènes de septembre 2001, qui a fixé les orientations pour la poursuite des travaux.

d. Harmonisation et centralisation des informations relatives à l'état civil

Une étude, menée par la CIEC en 2000, sur les moyens permettant à une personne de faire la preuve de son état civil, a abouti à la conclusion qu'il convenait de mener une réflexion en vue de parvenir à une plus grande harmonisation et centralisation des informations relatives à l'état civil. Le groupe de travail constitué à cette fin réfléchit notamment à l'informatisation et à l'utilisation des nouvelles technologies et à leurs conséquences pour l'établissement, la conservation et la transmission des actes.

TRAVAUX FUTURS

L'Assemblée générale d'Athènes de septembre 2001 a approuvé certaines propositions en matière de travaux futurs, à savoir :

- une étude sur les questions posées par la maternité (bioéthique, maternités de substitution, mères porteuses, accouchement anonyme, etc.);
- un examen des problèmes pouvant se poser dans l'application des Conventions de la CIEC au regard de la protection des données personnelles;
- un examen des incidences de dispositions nationales (par exemple, une législation sur les partenariats enregistrés) sur les Conventions de la CIEC et leurs annexes.

RELATIONS AVEC LES ETATS NON MEMBRES ET LES AUTRES ORGANISATIONS INTERNATIONALES

a. Etats non membres

En septembre 1973, la CIEC avait organisé une Conférence sur « les problèmes actuels de l'état civil » à Interlaken, à laquelle étaient représentés, en plus des Etats membres, des Etats européens (Finlande, Royaume-Uni -Angleterre et Ecosse-, Suède, Yougoslavie) et du Maghreb (Maroc, Tunisie). Depuis lors, des représentants de certains de ces Etats ont régulièrement participé, en qualité d'observateur, aux Assemblées générales de la CIEC.

into existing ICCS conventions dealing with this question (notably Conventions Nos. 19 and 21) or drawing up a completely new instrument that would attempt to iron out the differences currently resulting from the application of different national laws governing spouses' and children's surnames.

The National Sections were first asked to explain their domestic-law rules governing surnames and to say whether or not they thought a study should be carried out. In September 1999, a working group met in Lisbon and the General Assembly decided to include the question on the agenda. Continuing its work in 2000, the group decided not to aim at a solution involving the unification of the member States' substantive law on the attribution of surnames or the harmonisation of conflict-of-laws rules, but rather to examine the possibility of drawing up rules on the recognition in one State of the surname attributed in another (for example, at birth, in cases of dual nationality or on the occasion of a subsequent change of surname on account of adoption or marriage) and of fixing the criteria for such recognition.

Instructions were subsequently given to the working group to broaden the scope of its study, so as to include, in particular, the effects of the dissolution of a marriage on the surname of the ex-spouses and transitional provisions. A preliminary draft of a convention prepared by the group was examined by the Athens General Assembly (September 2001), which set guidelines for the continuation of the work.

d. Harmonisation and centralisation of civil-status information

A study carried out by the ICCS in 2000 into the means whereby an individual can prove his or her civil status led to the conclusion that there was a need to arrive at increased harmonisation and centralization of civil-status information. The working group set up for this propose is looking at, amongst other things, computerisation and the use of new technologies and their consequences as regards the drawing up, storage and transmission of records.

FUTURE WORK

The Athens General Assembly (September 2001) approved the following proposals for future work:

- a study on questions relating to maternity (bioethics, surrogate mothers and surrogacy arrangements, anonymous childbirth, etc.);
- examination of the problems that the protection of personal data may entail for the application of the ICCS Conventions;
- examination of the effects of domestic provisions (for example, legislation on registered partnerships) on the ICCS Conventions and their appendices.

RELATIONS WITH NON-MEMBER STATES AND OTHER INTERNATIONAL ORGANISATIONS

a. Non-member States

In September 1973 the ICCS organised a conference in Interlaken on current problems of civil status, at which not only member States but also other European (Finland, the United Kingdom -England and Scotland-, Sweden and Yugoslavia) and North African countries (Morocco and Tunisia) were represented. Since then representatives of some of these countries have regularly attended the ICCS General Assemblies as observers.

En 1990, la CIEC a élaboré un projet à moyen et long terme afin de nouer des relations avec l'ensemble des pays d'Europe, et notamment les pays de l'Europe centrale et orientale, puisque c'est avec ces pays que la circulation des personnes allait s'intensifier, et avec elle les problèmes traités par la CIEC. Outre des contacts bilatéraux et des missions de coopération ponctuelles, la CIEC a organisé à Berlin le 9 septembre 1992 une « Journée internationale de l'état civil », à laquelle avaient été conviés les pays européens non membres de l'organisation. Certains de ces Etats ont depuis lors établi une coopération plus étroite en souhaitant adhérer à la CIEC ou obtenir le statut d'observateur.

b. Autres organisations internationales

La CIEC a conclu des accords de coopération avec d'autres organisations internationales, par échange de lettres précisant les modalités de cette coopération, en particulier avec le Conseil de l'Europe (échange de lettres des 28 et 31 octobre 1955), la Conférence de La Haye de droit international privé (échange de lettres des 17 et 28 octobre 1969), le Haut-Commissariat des Nations Unies pour les Réfugiés (échange de lettres des 4 et 17 mai 1981) et la Communauté économique européenne (échange de lettres des 14 et 26 juillet 1983). Ces différentes organisations sont régulièrement invitées à participer, en qualité d'observateur, aux Assemblées Générales de la CIEC, et la Commission est régulièrement représentée, en qualité d'observateur, dans les Comités d'experts traitant de problèmes qui entrent dans le domaine de sa compétence, de ces différentes organisations.

Une coopération étroite s'est ainsi poursuivie avec la Conférence de La Haye de droit international privé et avec le Conseil de l'Europe, la CIEC participant à de nombreuses réunions (Comité de coopération juridique, Comités spécialisés traitant du droit de la famille, du droit de la nationalité, de la bioéthique, de la protection des données, et des nouvelles technologies d'information et le droit; Conférences sur la nationalité). Un rapport sur « Le partenariat enregistré et l'état civil » a notamment été présenté lors de la 5e Conférence européenne sur le droit de la famille organisée par le Conseil de l'Europe, en coopération avec la Conférence de La Haye de droit international privé et la Commission Internationale de l'Etat Civil (La Haye, mars 1999) examinant les conséquences pratiques, dans tous les Etats, qui pourraient découler des législations existant en la matière dans certains pays européens. Pendant la même période des contacts ont été renoués avec le Haut-Commissariat des Nations Unies pour les réfugiés et avec l'Union européenne.

CIEC – LISTE DES CONVENTIONS

ETAT DES SIGNATURES, DES RATIFICATIONS ET DES ADHÉSIONS AU 31 DÉCEMBRE 2001

Tableau récapitulatif *(voir page 13)*

In 1990 the ICCS drew up a medium and long-term plan to establish relations with all European countries, especially in central and eastern Europe, as the movement of persons from and to the latter would be increasing, and therefore also the problems dealt with by the ICCS. Besides bilateral contacts and occasional visits for the purposes of co-operation, the ICCS organised an International Civil Status Day in Berlin on 9 September 1992, to which European countries that were not members of the Organisation were invited. Some of these countries have since established closer ties with the Commission by applying to accede to it or seeking observer status.

b. Other international organisations

The ICCS has entered into co-operation agreements with other international organisations -by exchanging letters setting out the arrangements-, in particular with the Council of Europe (exchange of letters on 28 and 31 October 1955), the Hague Conference on Private International Law (exchange of letters on 17 and 28 October 1969), the United Nations High Commissioner for Refugees (exchange of letters on 4 and 17 May 1981) and the European Economic Community (exchange of letters on 14 and 26 July 1983). These organisations are regularly invited to attend the ICCS General Assemblies as observers and the Commission is regularly represented as an observer on the committees of experts of these various organisations which deal with problems falling within its sphere of responsibility.

Close co-operation has thus been maintained with the Hague Conference on Private International Law and the Council of Europe, with the ICCS attending numerous meetings (Committee on Legal Co-operation, specialist Committees on family law, nationality law, bioethics, data protection, and new information technology and law; Conferences on nationality). Amongst other things, at the 5th European Conference on Family Law, organised by the Council of Europe in co-operation with the Hague Conference on Private International Law and the International Commission on Civil Status (The Hague, March 1999), a report was presented on "Registered Partnership and Civil Status", which examined the practical consequences that might be entailed, in all States, by the legislation that existed on this matter in certain European countries. During this period there have also been renewed contacts with the United Nations High Commissioner for Refugees and the European Union.

ICCS – LIST OF CONVENTIONS

State of signatures, ratifications and accessions at 31 December 2001

Summary (see page 13)

TABLEAU RÉCAPITULATIF

Etats membres de la CIEC

Conventions	n° 1	n° 2	n° 3	n° 4	n° 5	n° 6	n° 7	n° 8	n° 9	n° 10	n° 11	n° 12	n° 13	n° 14	n° 15	n° 16	n° 17	n° 18	n° 19	n° 20	n° 21	n° 22	n° 23	n° 24	n° 25	n° 26	n° 27	n° 28	n° 29	n° 30
Allemagne	A	R	R	R	R	R	R		R		S	S	R	R		A	S	S	S	A			R		S		S	S	S	S
Autriche	A	A	A	A				R			R	R		R		R	A		S	R		R	R						S	
Belgique	R	R	R	S	R	S	S	R	S		S	S	S	S	S	R	S	S	S	S	S	R	R							
Croatie (1999)	A															A														
Espagne			A	A	A	A	A		A	A						R	R	S	R	R	R	R	A	R	S		R			
France	R	R	R	R	R	S	S		R	S	S	R			S	R	R	R			R	R	R	R		S	S			S
Grèce					R	R	R	R	S	R	S	R	R	A	R	S	S	S	S	S	S	S		S	R	S		S	S	S
Hongrie (1999)																														
Italie	A	A	A	A	R	S		R				R		A	R	R	R		R	R	R	R	R	R	S	S	S	S		S
Luxembourg	R	R	R	A		A		R	R			R	R	R	R	R	R	S	S	R	S	S	S							
Pays-Bas	R	R	R	R	R	R	R	R	R	R	R	R	D	R		R	R		R	R	R	R	R						S	
Pologne (1998)																														
Portugal	A	A	A	A	A			A		A					S	R	R	S	R	R	S		S	S	S	S		S		S
Royaume-Uni (1996)																														
Suisse	R	R			R	R			R	S		S	R			R	S			R		S			S					
Turquie	R	R	R	R	R	R	R	R	R	R	R	R	R	R	R	R	R	R		R	S		S	S	S	S	S	S		S
Date d'entrée en vigueur Jo Mo An	15/ 03/ 1958	03/ 01/ 1960	16/ 04/ 1961	24/ 12/ 1961	29/ 07/ 1963	23/ 04/ 1964	29/ 05/ 1968	30/ 09/ 1965	06/ 04/ 1966	31/ 07/ 1977	10/ 12/ 1977	08/ 02/ 1976	31/ 07/ 1977	16/ 02/ 1977	01/ 03/ 1979	30/ 07/ 1983	01/ 05/ 1981		01/ 01/ 1990	01/ 02/ 1985	01/ 07/ 1988	01/ 03/ 1987	01/ 03/ 1991	01/ 07/ 1992						

Autres Etats

Conventions	n° 1	n° 2	n° 3	n° 4	n° 5	n° 6	n° 7	n° 8	n° 9	n° 10	n° 11	n° 12	n° 13	n° 14	n° 15	n° 16	n° 17	n° 18	n° 19	n° 20	n° 21	n° 22	n° 23	n° 24	n° 25	n° 26	n° 27	n° 28	n° 29	n° 30
Slovénie	A															A														
Ex-Rép. Yougos. de Macédoine	DS															DS														
Bosnie-Herzégovine	DS															DS														
Rép. fédérale de Yougoslavie	DS															DS														

R = ratifié S = signé A = adhésion ultérieure **DS = déclaration de succession**

Summary

ICCS Member States

Conventions	n° 1	n° 2	n° 3	n° 4	n° 5	n° 6	n° 7	n° 8	n° 9	n° 10	n° 11	n° 12	n° 13	n° 14	n° 15	n° 16	n° 17	n° 18	n° 19	n° 20	n° 21	n° 22	n° 23	n° 24	n° 25	n° 26	n° 27	n° 28	n° 29	n° 30
Germany	A	R	R	R	R	R	R		R		S	S	R	R		A	S	S	S	A			R		S		S	S	S	S
Austria	A	A	A	A				R			R	R		R		R	A		S	R		R	R						S	
Belgium	R	R	R	S	R	S	S	R	S		S	S	S	S	S	R	S	S	S	S	S	R	R							
Croatia (1999)	A															A														
Spain			A	A	A	A	A		A	A						R	R	S	R	R	R	R	A	R	S		R			
France	R	R	R	R	R	S	S		R	S	S	R			S	R	R	R			R	R	R	R		S	S			S
Greece					R	R	R	R	S	R	S	R	R	A	R	S	S	S	S	S	S	S		S	R	S		S	S	S
Hungary (1999)																														
Italy	A	A	A	A	R	S		R				R		A	R	R	R		R	R	R	R	R	R	S	S	S	S		S
Luxembourg	R	R	R	A		A		R	R			R	R	R	R	R	R	S	S	R	S	S	S							
Netherlands	R	R	R	R	R	R	R	R	R	R	R	R	D	R		R	R		R	R	R	R	R						S	
Polen (1998)																														
Portugal	A	A	A	A	A			A		A					S	R	R	S	R	R	S		S	S	S	S		S		S
United Kingdom (1996)																														
Switzerland	R	R			R	R			R	S		S	R			R	S			R		S			S					
Turquie	R	R	R	R	R	R	R	R	R	R	R	R	R	R	R	R	R	R		R	S		S	S	S	S	S	S		S
Date of entry Into force JDa Mo Ye	15/ 03/ 1958	03/ 01/ 1960	16/ 04/ 1961	24/ 12/ 1961	29/ 07/ 1963	23/ 04/ 1964	29/ 05/ 1968	30/ 09/ 1965	06/ 04/ 1966	31/ 07/ 1977	10/ 12/ 1977	08/ 02/ 1976	31/ 07/ 1977	16/ 02/ 1977	01/ 03/ 1979	30/ 07/ 1983	01/ 05/ 1981		01/ 01/ 1990	01/ 02/ 1985	01/ 07/ 1988	01/ 03/ 1987	01/ 03/ 1991	01/ 07/ 1992						

Other States

Conventions	n° 1	n° 2	n° 3	n° 4	n° 5	n° 6	n° 7	n° 8	n° 9	n° 10	n° 11	n° 12	n° 13	n° 14	n° 15	n° 16	n° 17	n° 18	n° 19	n° 20	n° 21	n° 22	n° 23	n° 24	n° 25	n° 26	n° 27	n° 28	n° 29	n° 30
Slovenia	A															A														
Former Yugoslav Rep. Maced.	DS															DS														
Bosnia and Herzegovina	DS															DS														
Fed. Rep. of Yugoslavia	DS															DS														

R: ratified **S: signed** **A: acceded** DS: declaration of succession

CONVENTION RELATIVE À LA COMMUNICATION INTERNATIONALE PAR VOIE ÉLECTRONIQUE

signée à Athènes le 17 septembre 2001
(seule la version originale française fait foi)

Les Etats signataires de la présente Convention, membres de la Commission Internationale de l'Etat Civil,

Désireux de faciliter la communication internationale de données relatives à l'état des personnes et à la nationalité,

Convaincus de l'importance des échanges dématérialisés,

Sont convenus des dispositions suivantes:

Article 1

La présente Convention a pour objet de permettre la transmission par voie électronique, d'un Etat contractant à un autre, des données dont l'échange ou la délivrance sont prévus par les Conventions conclues ou à conclure au sein de la Commission Internationale de l'Etat Civil.

Article 2

La transmission des données doit assurer l'intégrité et l'authenticité du contenu ainsi que la sécurité et la confidentialité de la communication.

Article 3

Les Etats contractants reconnaissent aux données transmises par voie électronique dans les conditions prévues à l'article précédent la même valeur juridique qu'aux données transmises sur un support matériel.

Article 4

1. Les Etats contractants peuvent habiliter certaines autorités à demander, transmettre et recevoir par voie électronique des données à la requête de particuliers ayant qualité pour se faire délivrer celles-ci.
2. Les Etats contractants peuvent également autoriser les autorités destinataires des données transmises par voie électronique à délivrer au requérant une copie certifiée de la transmission.

Article 5

1. Tout Etat membre de la Commission Internationale de l'Etat Civil pourra déclarer qu'il étendra l'application de la Convention à des données relatives à l'état des personnes et à la nationalité autres que celles visées dans les Conventions mentionnées à l'article 1.
2. Cette extension n'aura d'effet que dans les rapports avec les Etats qui auront déclaré l'accepter.

Article 6

La Commission Internationale de l'Etat Civil adoptera toutes les mesures destinées à favoriser la communication internationale des données par voie électronique, conformément aux conditions indiquées à l'article 2.

Article 7

1. La présente Convention est ouverte à la signature des Etats membres de la Commission Internationale de l'Etat Civil.

CONVENTION ON INTERNATIONAL COMMUNICATION BY ELECTRONIC MEANS

signed at Athens on 17 September 2001
(only the French original is authentic)

The signatory States to this Convention, members of the International Commission on Civil Status,

Being desirous of facilitating the international communication of data relating to the status of persons or to nationality,

Being convinced of the importance of exchanges in a dematerialised form,

Have agreed as follows:

Article 1

The object of this Convention is to permit data the exchange or issue whereof are provided for in Conventions concluded or to be concluded within the International Commission on Civil Status to be transmitted electronically from one Contracting State to another.

Article 2

Transmission of data must be effected in such a way as to ensure the integrity and authenticity of the contents and the security and confidentiality of the communication.

Article 3

The Contracting States shall attribute to data transmitted electronically in conformity with the conditions set out in the preceding Article the same value in law as they do to data transmitted in a material form.

Article 4

1. The Contracting States may empower certain authorities to ask for, transmit and receive data electronically at the request of individuals entitled to have those data issued to them.
2. The Contracting States may also authorise authorities receiving data transmitted electronically to issue a certified copy of the transmission to the individual who made the request.

Article 5

1. Any member State of the International Commission on Civil Status may declare that it will extend the application of the Convention to data relating to the status of persons or to nationality other than those referred to in the Conventions mentioned in Article 1.
2. Such extension shall have effect only as regards relations with those States that have declared that they accept it.

Article 6

The International Commission on Civil Status will adopt all measures designed to facilitate the international communication of data by electronic means, in conformity with the conditions indicated in Article 2.

Article 7

1. This Convention is open to signature by the member States of the International Commission on Civil Status.

2. La Convention sera ratifiée, acceptée ou approuvée et les instruments de ratification, d'acceptation ou d'approbation seront déposés auprès du Conseil Fédéral Suisse.

Article 8

1. Tout autre Etat pourra adhérer à la présente Convention pour la communication des données prévues par une Convention de la Commission Internationale de l'Etat Civil à laquelle il est partie.

2. Les instruments d'adhésion seront déposés auprès du Conseil Fédéral Suisse.

Article 9

1. La présente Convention entrera en vigueur le premier jour du quatrième mois qui suit celui du dépôt du deuxième instrument de ratification, d'acceptation ou d'approbation.

2. A l'égard de l'Etat qui ratifiera, acceptera, approuvera ou adhérera après son entrée en vigueur, la Convention prendra effet le premier jour du quatrième mois qui suit celui du dépôt par cet Etat de l'instrument de ratification, d'acceptation, d'approbation ou d'adhésion.

Article 10

1. Tout Etat membre de la Commission Internationale de l'Etat Civil pourra, au moment de la signature, de la ratification, de l'acceptation ou de l'approbation ou à tout autre moment par la suite, déclarer qu'il étendra l'application de la présente Convention conformément à l'article 5, paragraphe 1.

2. Tout Etat contractant membre de la Commission Internationale de l'Etat Civil pourra à tout moment déclarer accepter la déclaration d'un autre Etat mentionnée au paragraphe précédent.

3. Tout Etat pourra, au moment de la signature, de la ratification, de l'acceptation, de l'approbation ou de l'adhésion ou à tout autre moment par la suite, déclarer que la présente Convention s'étendra à l'ensemble des territoires dont il assure les relations sur le plan international, ou à l'un ou plusieurs d'entre eux.

4. Ces déclarations seront notifiées au Conseil Fédéral Suisse. Elles prendront effet au moment de l'entrée en vigueur de la Convention pour ledit Etat ou, ultérieurement, le premier jour du quatrième mois qui suit celui de la réception de la notification.

5. Toute déclaration d'extension territoriale faite en vertu du paragraphe 3 pourra être retirée par notification adressée au Conseil Fédéral Suisse. La Convention cessera d'être applicable au territoire désigné le premier jour du quatrième mois qui suit celui de la réception de ladite notification.

Article 11

Aucune réserve à la présente Convention n'est admise.

Article 12

Tout Etat, au moment de la signature, de la ratification, de l'acceptation, de l'approbation ou de l'adhésion ou à tout autre moment par la suite, communiquera au Conseil Fédéral Suisse la liste des autorités habilitées à agir pour le compte de particuliers conformément à l'article 4.

Article 13

1. La présente Convention demeurera en vigueur sans limitation de durée.

2. Tout Etat partie à la présente Convention aura toutefois la faculté de la dénoncer à tout moment après l'expiration d'un délai d'un an à partir de la date de l'entrée en vigueur de la Convention à son égard. La dénonciation sera notifiée au Conseil Fédéral Suisse et prendra effet le

2. The Convention shall be ratified, accepted or approved and the instruments of ratification, acceptance or approval shall be deposited with the Swiss Federal Council.

Article 8

1. Any other State may accede to this Convention for the communication of data provided for in a Convention of the International Commission on Civil Status to which it is party.
2. The instruments of accession shall be deposited with the Swiss Federal Council.

Article 9

1. This Convention shall enter into force on the first day of the fourth month following the month of deposit of the second instrument of ratification, acceptance or approval.
2. In respect of a State ratifying, accepting, approving or acceding after its entry into force, the Convention shall take effect on the first day of the fourth month following the month of deposit by that State of the instrument of ratification, acceptance, approval or accession.

Article 10

1. Any member State of the International Commission on Civil Status may, at the time of signature, ratification, acceptance or approval or at any later date, declare that it will extend the application of this Convention in accordance with Article 5, paragraph 1.
2. Any Contracting State which is a member of the International Commission on Civil Status may at any time declare that it accepts the declaration by another State mentioned in the preceding paragraph.
3. Any State may, at the time of signature, ratification, acceptance, approval or accession or at any later date, declare that this Convention shall extend to all of the territories for whose international relations it is responsible, or to one or more of them.
4. The Swiss Federal Council shall be notified of such declarations. They shall take effect when the Convention enters into force for that State or, subsequently, on the first day of the fourth month following the month of receipt of the notification.
5. Any declaration of territorial extension made pursuant to paragraph 3 may be withdrawn by notification to the Swiss Federal Council. The Convention shall cease to apply to the designated territory on the first day of the fourth month following the month of receipt of that notification.

Article 11

No reservations to this Convention shall be permitted.

Article 12

Each State shall, at the time of signature, ratification, acceptance, approval or accession or at any later date, communicate to the Swiss Federal Council a list of the authorities empowered to act on behalf of individuals in accordance with Article 4.

Article 13

1. This Convention shall remain in force indefinitely.
2. However, any State party to this Convention shall have the option of denouncing it at any time after the expiry of a period of one year from the date of entry into force of the Convention in respect of that State. Denunciation shall be notified to the Swiss Federal Council and shall take

premier jour du quatrième mois qui suit celui de la réception de cette notification. La Convention restera en vigueur entre les autres Etats.

Article 14

1. Le Conseil Fédéral Suisse notifiera aux Etats membres de la Commission Internationale de l'Etat Civil et à tout autre Etat ayant adhéré à la présente Convention:
 a. le dépôt de tout instrument de ratification, d'acceptation, d'approbation ou d'adhésion;
 b. toute date d'entrée en vigueur de la Convention;
 c. toute déclaration d'extension prévue à l'article 10, paragraphe 1;
 d. toute déclaration d'acceptation prévue à l'article 10, paragraphe 2;
 e. toute déclaration concernant l'extension territoriale de la Convention ou son retrait, avec la date à laquelle elle prendra effet, prévue à l'article 10, paragraphes 3 et 5;
 f. toute dénonciation de la Convention prévue à l'article 13, paragraphe 2, et la date à laquelle elle prendra effet ;
 g. la liste des autorités habilitées à agir pour le compte de particuliers conformément à l'article 4, prévue à l'article 12.
2. Le Conseil Fédéral Suisse avisera le Secrétaire général de la Commission Internationale de l'Etat Civil de toute notification faite en application du paragraphe 1.
3. Dès l'entrée en vigueur de la présente Convention, une copie certifiée conforme sera transmise par le Conseil Fédéral Suisse au Secrétaire général des Nations Unies aux fins d'enregistrement et de publication, conformément à l'article 102 de la Charte des Nations Unies.

En foi de quoi, les soussignés, dûment autorisés à cet effet, ont signé la présente Convention.

Fait à Athènes le 17 septembre 2001 en un seul exemplaire, en langue française, qui sera déposé dans les archives du Conseil Fédéral Suisse, et dont une copie certifiée conforme sera remise, par la voie diplomatique, à chacun des Etats membres de la Commission Internationale de l'Etat Civil et aux Etats adhérents. Une copie certifiée conforme sera également adressée au Secrétaire général de la Commission Internationale de l'Etat Civil.

RAPPORT EXPLICATIF

A. Généralités

La Commission Internationale de l'Etat Civil (CIEC), compte tenu du développement considérable des possibilités de transmissions électroniques, a souhaité étendre la faculté d'utiliser ce nouveau moyen de communication aux échanges de données relatives à l'état des personnes et à la nationalité entre les Etats.

A cette fin, la CIEC considère que des données transmises par voie électronique avec signature électronique devraient avoir la même force probante que celles transmises par les voies habituellement utilisées par les officiers de l'état civil dès lors que la signature électronique permet de rapporter la preuve de l'émission et de la réception des données.

La CIEC a estimé nécessaire de fixer un cadre juridique. Elle s'est inspirée à cette fin des principes de la Directive 1999/93/CE du Parlement européen et du Conseil du 13 décembre 1999 sur un cadre communautaire pour les signatures électroniques ainsi que des lois déjà existantes dans des Etats membres de la CIEC.

Ce mode de transmission par voie électronique s'applique aux données dont l'échange et la délivrance sont prévus par les Conventions de la CIEC (voir annexe). La Convention en permet à certaines conditions l'extension à d'autres données.

effect on the first day of the fourth month following the month of receipt of that notification. The Convention shall remain in force among the other States.

Article 14

1. The Swiss Federal Council shall notify the member States of the International Commission on Civil Status and any other State which has acceded to this Convention of:
   a. the deposit of any instrument of ratification, acceptance, approval or accession;
   b. any date of entry into force of the Convention;
   c. any declaration of extension provided for in Article 10, paragraph 1;
   d. any declaration of acceptance provided for in Article 10, paragraph 2;
   e. any declaration concerning the territorial extension of the Convention or its withdrawal, provided for in Article 10, paragraphs 3 and 5, together with the date on which it will take effect;
   f. any denunciation of the Convention, provided for in Article 13, paragraph 2, and the date on which it will take effect;
   g. the list, provided for in Article 12, of the authorities empowered to act on behalf of individuals in accordance with Article 4.
2. The Swiss Federal Council shall inform the Secretary General of the International Commission on Civil Status of any notification made in pursuance of paragraph 1.
3. On the entry into force of this Convention, a certified copy shall be transmitted by the Swiss Federal Council to the Secretary General of the United Nations for the purposes of registration and publication, in accordance with Article 102 of the United Nations Charter.

In witness whereof the undersigned, duly authorised to this end, have signed this Convention.

Done at Athens, on 17 September 2001, in a single copy in the French language, which shall be deposited in the archives of the Swiss Federal Council and a certified copy of which shall be transmitted, through diplomatic channels, to each of the member States of the International Commission on Civil Status and to the acceding States. A certified copy shall also be sent to the Secretary General of the International Commission on Civil Status.

EXPLANATORY REPORT

A. General remarks

In view of the significant growth in the possibilities of effecting transmissions electronically, the International Commission on Civil Status (ICCS) was desirous of extending the option of utilising this new method of communication to exchanges between States of data relating to the status of persons or to nationality.

To this end, the ICCS is of the opinion – given that electronic signatures enable the despatch and receipt of the data to be proved – that data transmitted by electronic means with an electronic signature should have the same evidential value as data transmitted by the means habitually used by civil registrars.

The ICCS considered it necessary to establish a legal framework. For this purpose it drew on the principles found in Directive 1999/93/CE of the European Parliament and of the Council of 13 December 1999 on a Community framework for electronic signatures and in the laws already existing in the ICCS member States.

Under this Convention, such transmission by electronic means is applicable to data the exchange and issue whereof are provided for in ICCS Conventions (see the Appendix), but can be extended to other data on certain conditions.

La présente Convention ne porte pas préjudice aux dispositions des Etats parties concernant la délivrance et l'utilisation de données, ni aux accords et conventions internationaux en la matière.

B. Commentaire des articles

Article 1

La présente Convention est destinée à permettre aux Etats contractants d'utiliser la voie électronique pour la communication entre eux de données. Il en est de même des demandes d'informations et des réponses qui leur sont apportées. Sous réserve de l'article 5, la présente Convention s'applique aux données dont l'échange ou la délivrance sont déjà prévus dans d'autres Conventions de la CIEC et ne crée aucune obligation nouvelle d'échanger ou de délivrer des informations. Il a été décidé qu'elle doit s'appliquer automatiquement aux conventions futures de la CIEC ayant le même objet.

Article 2

Cet article énonce les conditions à satisfaire pour qu'une transmission par voie électronique soit reconnue comme ayant la même valeur juridique qu'une transmission sur un support matériel. La technique en ce domaine est en constante évolution, mais il s'agit des conditions de base indispensables nonobstant tout développement ultérieur. Ces conditions, pour correspondre aux normes internationales, sont à interpréter de la façon suivante:

- la transmission par voie électronique doit garantir l'intégrité et l'authenticité des informations transmises : le contenu de la communication ne doit pas pouvoir être modifié au cours de la transmission. L'expéditeur tout comme le récepteur doivent être identifiés de manière irréfutable et doivent être sûrs que les données transmises par l'un et reçues par l'autre sont identiques;
- la transmission par voie électronique doit garantir la sécurité et la confidentialité de la communication : le message doit être protégé contre toute destruction ou altération, accidentelle ou intentionnelle, au cours de la transmission et accessible aux seuls expéditeur et destinataire identifiés.

L'application de la Convention doit respecter les dispositions en vigueur en matière de protection des données et notamment la Convention pour la protection des personnes à l'égard du traitement automatisé des données à caractère personnel, faite à Strasbourg le 28 janvier 1981, et, pour les Etats membres de l'Union européenne, les dispositions de la Directive n° 95/46/CE du Parlement européen et du Conseil du 24 octobre 1995 relative à la protection des personnes physiques à l'égard du traitement des données à caractère personnel et à la libre circulation de ces données.

Article 3

Cet article renferme l'engagement pris par les Etats contractants: si les conditions énoncées à l'article 2 sont remplies, les Etats doivent reconnaître aux données communiquées par voie électronique exactement la même valeur juridique que si elles avaient été transmises sur un support matériel.

Article 4

La présente Convention prévoit, à l'article 1, que la transmission électronique s'applique aux échanges et à la délivrance de données prévus par des Conventions de la CIEC, conclues ou à conclure. En général, les transmissions auront lieu entre autorités ou officiers de l'état civil des Etats contractants. Toutefois, certaines Conventions (par exemple, n° 16 sur la délivrance d'extraits plurilingues d'actes de l'état civil, n° 20 sur la délivrance d'un certificat de capacité

This Convention does not affect the provisions in force in the Contracting States concerning the issue and utilisation of data, or the international agreements and conventions on the subject.

B. Commentary on the Articles

Article 1

The Convention is designed to enable the Contracting States to utilise electronic means for communicating data to each other. This also holds good for requests for information and replies thereto. Subject to Article 5, the Convention is applicable to data the exchange and issue whereof are already provided for in other ICCS Conventions; it creates no new obligation to exchange or issue information. It was decided that the Convention should apply automatically to future ICCS Conventions having the same object.

Article 2

This Article sets out the conditions that must be satisfied before a transmission by electronic means can be recognised as having the same value in law as a transmission in a material form. Technology in this area is constantly evolving, but these are basic conditions that are indispensable notwithstanding any subsequent developments. The conditions should, in order to correspond to international norms, be interpreted in the following way:

- a transmission by electronic means must guarantee the integrity and authenticity of the information transmitted: the contents of the communication must not be capable of modification during the transmission. Both the sender and the recipient must be irrefutably identified and they must be sure that the data transmitted by the one and received by the other are identical.
- a transmission by electronic means must guarantee the security and confidentiality of the communication: the message must be protected against any destruction or alteration, whether accidental or intentional, during the transmission and must be accessible only to the identified sender and addressee.

The Convention must be applied in such a way as to comply with the provisions in force regarding data protection and notably the Convention for the Protection of Individuals with regard to Automatic Processing of Personal Data, done at Strasbourg on 28 January 1981, and, for the member States of the European Union, the provisions of Directive 95/46/EC of the European Parliament and of the Council of 24 October 1995 on the protection of individuals with regard to the processing of personal data and on the free movement of such data.

Article 3

This Article contains the undertaking entered into by the Contracting States: if the conditions set out in Article 2 are satisfied, the States must attribute to data communicated electronically exactly the same value in law as if they had been transmitted in a material form.

Article 4

Article 1 of the Convention states that electronic transmission may be used in the case of data the exchange and issue whereof are provided for in existing or future ICCS Conventions. Transmissions will generally take place between authorities or civil registrars of the Contracting States. However, some Conventions (for example, No. 16, on the issue of multilingual extracts from civil status records, No. 20, on the issue of a certificate of legal capacity to marry, No. 27, matrimoniale, n° 27 sur la délivrance d'un certificat de vie ou n° 28 sur la délivrance d'un certificat de nationalité) prévoient la délivrance de documents à des particuliers. Afin de faciliter les démarches des usagers dans ces cas, il est apparu nécessaire de créer une compétence pour que les officiers de l'état civil ou une autre autorité puissent agir pour le compte de particuliers.

L'article 4, paragraphe 1, permet ainsi à un Etat contractant d'habiliter certaines de ses autorités (par exemple, une mairie, un bureau d'état civil ou un notaire) à effectuer ou à recevoir une transmission électronique à la demande de particuliers ayant qualité à cette fin. Le texte ne précise pas selon quelle loi cette qualité doit être appréciée. En pratique, l'autorité sollicitée de transmettre la demande s'y refusera si son droit ne reconnaît pas au particulier qualité pour se faire délivrer la donnée demandée. De même, l'autorité de l'Etat requis refusera de transmettre la donnée si son droit s'y oppose.

La liste des autorités ainsi habilitées doit faire l'objet d'une communication au Conseil Fédéral Suisse (voir article 12).

Afin de favoriser l'utilisation par les particuliers des données ainsi transmises, l'article 4, paragraphe 2, permet à un Etat contractant d'habiliter les autorités qui reçoivent une communication par voie électronique à en délivrer, dans la forme prévue par sa législation nationale, une copie papier certifiée conforme. La certification ne porte cependant que sur la transmission elle-même : l'autorité se borne à certifier qu'elle a reçu les données reproduites dans le document papier mais pas l'exactitude de celles-ci.

Article 5

Bien que la présente Convention ne se soit voulue à l'origine que la « servante » de Conventions élaborées par la CIEC, on a estimé souhaitable de prévoir une extension facultative de son application à des données dont l'échange ou la délivrance n'est pas prévue par ces conventions, comme par exemple des formules, actes ou extraits nationaux établis conformément à des recommandations de la CIEC ou munis des codes approuvés par la CIEC, ou encore des données figurant dans des registres de la population. Une telle extension a semblé utile compte tenu des développements prévisibles dans l'utilisation de ces nouvelles technologies et des services pouvant être rendus ainsi tant aux administrations qu'aux usagers. La faculté d'extension est ouverte aux seuls Etats membres de la CIEC et ne crée d'obligation qu'envers un Etat contractant membre de la CIEC ayant déclaré l'accepter .

Article 6

Cet article est destiné à permettre à la CIEC de faciliter l'utilisation de la voie électronique. Parmi les mesures qui pourraient être envisagées figure un annuaire de l'adresse électronique des autorités concernées, mis à la disposition des Etats contractants.

Articles 7-14

Les clauses finales figurant dans ces articles ont été alignées sur la pratique d'autres organisations internationales et, à la différence de Conventions antérieures de la CIEC, la notion d'adhésion n'est utilisée ici que pour les Etats non membres.

Les articles 7 à 14 appellent peu de commentaires. D'après l'article 9, l'entrée en vigueur de la Convention est subordonnée à la ratification, l'acceptation ou l'approbation par deux Etats membres de la CIEC. En vertu de l'article 8, tout Etat non membre de la CIEC pourra adhérer à la Convention après son entrée en vigueur à condition d'être déjà partie à une ou plusieurs Conventions de la CIEC prévoyant la communication internationale de données. Dans un tel cas, la Convention s'appliquerait, pour cet Etat, non pas à toutes les données, mais uniquement à celles visées par la Convention ou les Conventions liant déjà l'Etat adhérent.

La communication de la liste visée à l'article 12 a pour but de permettre à un Etat qui reçoit on the issue of a life certificate, and No. 28, on the issue of a certificate of nationality) envisage the issue of documents to individuals. In order to facilitate the steps to be taken by users in such cases, it appeared necessary to confer on civil registrars or another authority power to act on behalf of individuals.

Accordingly, Article 4, paragraph 1, enables a Contracting State to empower certain of its authorities (for example, a town hall, a civil registration office or a notary) to make or receive an electronic transmission at the request of duly entitled individuals. The text does not specify under which law such entitlement is to be determined. In practice, the authority asked to transmit the request will refuse to do so if the individual is not entitled under its law to obtain the data sought. Likewise, the authority of the requested State will refuse to transmit the data if this would be contrary to its law.

A list of the authorities so empowered must be communicated to the Swiss Federal Council (see Article 12).

In order to facilitate the use by individuals of data transmitted in this way, Article 4, paragraph 2, enables a Contracting State to empower authorities receiving a communication by electronic means to issue a certified paper copy thereof, in the form provided by its national law. However, the certification will relate only to the transmission itself: the authority will certify solely that it has received the data reproduced in the paper document and not that those data are correct.

Article 5

Although this Convention was originally intended to be no more than the "handmaid" of Conventions drafted by the ICCS, it was considered desirable to include an option of extending its application to data the exchange or issue whereof are not provided for in those Conventions: examples would be national forms, records or extracts drawn up in conformity with ICCS Recommendations or bearing codes approved by the ICCS, or data appearing in population registers. Such an extension appeared useful in view of the foreseeable developments in the utilisation of these new technologies and the services that can thereby be rendered to both administrative departments and users. The optional extension can be made only by member States of the ICCS and will create an obligation solely as regards a Contracting State that is a member of the ICCS and has declared that it accepts the extension.

Article 6

This Article is intended to enable the ICCS to facilitate the use of electronic means of communication. Measures that might be envisaged include a directory of the electronic addresses of the authorities concerned that would be made available to the Contracting States.

Articles 7-14

The final clauses contained in these Articles have been brought into line with the practice of other international organisations; thus, unlike earlier ICCS Conventions, the notion of accession is used here only for non-member States.

Articles 7 to 14 call for few comments. Under Article 9, entry into force of the Convention is conditional on ratification, acceptance or approval by two ICCS member States. Under Article 8, any State which is not a member of the ICCS may accede to the Convention, after it has entered into force, provided that it is already party to one or more ICCS Conventions providing for the international communication of data. In that event, the Convention would apply, for the acceding State, not to all data but only to those covered by the Convention or Conventions by which it is already bound.

The communication of the list referred to in Article 12 is designed to enable a State that d'une autorité d'un autre Etat une demande de données pour le compte d'un particulier de s'assurer de la régularité de celle-ci.

ANNEXE :

Instruments de la CIEC qui prévoient l'échange ou la délivrance de données
(état à la date du 14 septembre 2000)

A. Conventions qui prévoient un échange automatique entre autorités

Convention	Documents ou renseignements communiqués	Expéditeur	Destinataire
Conventions n°s 3 et 23	Avis de mariage ou de décès.	L'officier de l'état civil qui dresse ou transcrit l'acte de mariage ou de décès.	L'officier de l'état civil du lieu de naissance de chaque conjoint ou du défunt.
Convention n° 8	Avis d'acquisition de nationalité.	Prévoit une transmission directe par l'Etat dont la nationalité est acquise sans préciser l'expéditeur.	Autorité désignée par l'Etat dont l'intéressé avait la nationalité.
Convention n° 9	Expédition d'une décision de rectification d'un acte de l'état civil et de l'acte rectifié.	Autorité désignée par l'Etat où la décision a été rendue.	Autorité désignée par l'Etat où la décision doit également être exécutée.
Convention n° 12	Avis de légitimation par mariage	L'officier de l'état civil du lieu du mariage ou toute autre autorité compétente.	L'officier de l'état civil du lieu où l'acte de naissance de l'enfant a été dressé ou transcrit.
Convention n° 18	Avis de reconnaissance volontaire d'un enfant.	Autorité qui reçoit ou transcrit la reconnaissance.	L'officier de l'état civil du lieu où l'acte de naissance de l'enfant a été dressé ou transcrit.
Convention n° 26	Extrait d'un acte de mariage, de décès et de reconnaissance. Avis de dissolution de mariage. Extrait rectifié d'un acte de naissance, de mariage, de décès et de reconnaissance.	L'officier de l'état civil qui inscrit l'événement ou qui rectifie l'acte.	L'officier de l'état civil du lieu, selon le cas, de la naissance, du mariage, du décès, de la reconnaissance de la (ou des) personne(s) concernée(s).

receives from an authority of another State a request for data on behalf of an individual to check the regularity of the request.

APPENDIX:

ICCS instruments providing for the exchange or issue of data
(situation as at 14 September 2000)

A. Conventions providing for an automatic exchange between authorities

Convention	Documents or information communicated	Sender	Addressee
Conventions Nos. 3 and 23	Notice of marriage or of death	The civil registrar who draws up or transcribes the record of marriage or of death	The civil registrar for the place of birth of each spouse or of the deceased
Convention No. 8	Notice of acquisition of nationality	Provides, without specifying the sender, for direct transmission by the State the nationality of which is acquired	Authority designated by the State the nationality of which was held by the person concerned
Convention No. 9	Copy of a decision rectifying a civil status record and of the rectified record	Authority designated by the State where the decision was taken	Authority designated by the State where the decision has also to be implemented
Convention No. 12	Notice of legitimation by marriage	The civil registrar for the place of marriage or any other competent authority	The civil registrar for the place where the record of the child's birth was drawn up or transcribed
Convention No. 18	Notice of voluntary acknowledgment of a child	Authority which receives or transcribes the acknowledgment	The civil registrar for the place where the record of the child's birth was drawn up or transcribed
Convention No. 26	Extract from a record of marriage, death or acknowledgment Notice of dissolution of marriage Rectified extract from a record of birth, marriage, death or acknowledgment	The civil registrar who enters the event in the register or rectifies the record	The civil registrar for the place, as the case may be, of the birth, marriage, death or acknowledgment of the person(s) concerned

B. Conventions qui prévoient une communication sur demande d'une autorité

Convention	Documents ou renseignements communiqués	Autorité requérante	Autorité requise
Convention n° 2	Expédition littérale ou extrait d'un acte de l'état civil.	Mission diplomatique ou consul de l'Etat dont l'intéressé est ressortissant.	Autorité désignée par l'Etat où l'acte a été dressé.
Convention n° 14	Communications relatives à des divergences dans l'indication des noms et des prénoms dans les registres.	Autorité compétente.	Autorité compétente.
Convention n° 17	Demande de vérification d'un acte ou d'un document non légalisés et n'ayant pas été transmis par voie diplomatique ou officielle.	Autorité à laquelle l'acte ou le document est présenté.	Autorité qui a délivré l'acte ou le document.
Convention n° 22	Demande d'informations concernant l'identité et l'état civil d'un réfugié.	Autorité centrale désignée par l'Etat de résidence du réfugié.	Autorité centrale désignée par l'Etat de résidence antérieure du réfugié.
Convention n° 24	Demande, en cas de doute, de vérification d'un livret d'état civil.	Autorité à laquelle est présenté le livret.	Autorité qui a délivré ou mis à jour le livret ou autorité centrale désignée.
Convention n° 27	Demande, en cas de doute, de vérification du certificat de vie.	Autorité à laquelle est présenté le certificat.	Autorité qui a délivré le certificat.
Convention n° 28	Demande, en cas de doute, de vérification de la nationalité ou d'un nouveau certificat de nationalité.	Autorité de l'Etat où le certificat est utilisé.	Autorité qui a délivré le certificat.

B. Conventions providing for a communication at the request of an authority

Convention	Documents or information communicated	Requesting authority	Requested authority
Convention No. 2	Verbatim copy of or extract from a civil status record	Diplomatic mission or consul of the State of which the person concerned is a national	Authority designated by the State where the record was drawn up
Convention No. 14	Communications relating to divergencies in the indication of surnames and forenames in the registers	Competent authority	Competent authority
Convention No. 17	Request for verification of a non-legalised record or document that was not transmitted through a diplomatic or official channel	Authority to which the record or document is produced	Authority which issued the record or document
Convention No. 22	Request for information concerning the identity and civil status of a refugee	Central authority designated by the refugee's State of residence	Central authority designated by the State where the refugee was previously resident
Convention No. 24	Request, in case of doubt, for verification of a civil status booklet	Authority to which the booklet is produced	Authority which issued or updated the booklet or designated central authority
Convention No. 27	Request, in case of doubt, for verification of a life certificate	Authority to which the certificate is produced	Authority which issued the certificate
Convention No. 28	Request, in case of doubt, for verification of the nationality or for a fresh certificate of nationality	Authority of the State where the certificate is being used	Authority which issued the certificate

C. Conventions qui prévoient la délivrance d'un document sur demande d'une personne

Convention	**Documents ou renseignements communiqués**	**Demandeur et destinataire du document**	**Destinataire de la demande et expéditeur du document**
Convention n° 1	Extraits plurilingues d'actes de naissance, de mariage ou de décès.	La personne ayant qualité pour obtenir une copie littérale.	L'officier de l'état civil qui détient l'acte.
Convention n° 16	Extraits plurilingues d'actes de naissance, de mariage ou de décès.	La personne ayant qualité pour obtenir une copie littérale.	L'officier de l'état civil qui détient l'acte.
Convention n° 20	Certificat de capacité matrimoniale.	La personne qui veut se marier à l'étranger et qui remplit, au regard de l'Etat dont elle est le ressortissant, les conditions pour contracter ce mariage.	Autorité désignée par l'Etat dont le demandeur est ressortissant.
Convention n° 21	Certificat de diversité de noms de famille.	Tout intéressé.	Autorité désignée soit par l'Etat dont le demandeur est ressortissant, soit par l'Etat dont la loi attribue à l'intéressé un nom de famille différent.
Convention n° 27	Certificat de vie.	La personne dont l'existence doit être prouvée dans un Etat autre que celui de sa résidence.	Autorité désignée par l'Etat de résidence du demandeur, ou les autorités diplomatiques et consulaires.
Convention n° 28	Certificat de nationalité.	La personne dont la nationalité doit être prouvée dans un Etat autre que celui dont elle est le ressortissant ou une personne justifiant d'un intérêt juridique légitime. Sur demande du requérant, le certificat est envoyé directement à l'autorité qui en a sollicité la production.	Autorité désignée par l'Etat dont le demandeur est ressortissant.

C. Conventions providing for the issue of a document at the request of a person

Convention	Documents or Information communicated	Applicant for and addressee of the document	Addressee of the request and sender of the document
Convention No. 1	Multilingual extracts from records of birth, marriage or death	The person entitled to obtain a verbatim copy	The civil registrar having custody of the record
Convention No. 16	Multilingual extracts from records of birth, marriage or death	The person entitled to obtain a verbatim copy	The civil registrar having custody of the record
Convention No. 20	Certificate of legal capacity to marry	The person who wishes to marry abroad and satisfies, as regards the State of which he or she is a national, the conditions for entering into that marriage	Authority designated by the State of which the applicant is a national
Convention No. 21	Certificate of differing surnames	Any person concerned	Authority designated either by the State of which the applicant is a national or by the State whose law attributes a different surname to the person concerned
Convention No. 27	Life certificate	The person whose existence has to be proved in a State other than the one of his or her residence	Authority designated by the applicant's State of residence, or diplomatic or consular authorities
Convention No. 28	Certificate of nationality	The person whose nationality has to be proved in a State other than the one of which he or she is a national, or a person establishing a legitimate legal interest At the request of the applicant, the certificate is sent directly to the authority seeking its production	Authority designated by the State of which the applicant is a national

D. Autres instruments

Outre les Conventions créant une obligation de communiquer des informations, plusieurs Recommandations de la CIEC établissent des formules harmonisées qui pourraient faire l'objet d'une transmission par voie électronique si ces Recommandations étaient suivies par les Etats : il s'agit notamment des Recommandations n°s 5 et 7 relatives à l'harmonisation des actes de l'état civil et des extraits d'actes de l'état civil et de la Recommandation n° 6 relative à la coopération internationale en matière d'aide administrative aux demandeurs d'asile.

D. Other instruments

Besides the Conventions imposing an obligation to communicate information, several ICCS Recommendations have created harmonised forms which, if the Recommendations were followed by the States, could be the object of a transmission by electronic means: they include Recommendations Nos. 5 and 7 on the harmonisation of civil status records and of extracts from civil status records and Recommendation No. 6 relating to international co-operation in the matter of administrative assistance to asylum-seekers.

CONSEIL NORDIQUE ET CONSEIL NORDIQUE DES MINISTRES (CN)

Conseil Nordique
PO Box 3043
DK-1021 Copenhagen K – Denmark
Tél.: +45 33 96 04 00 – Fax: +45 33 11 18 70

Secrétaire général: Mme Frida Nokken (Norvège)

Conseil Nordique des ministres
Store Strandstræde 18
DK-1255 Copenhagen K – Denmark
Tél.: +45 33 96 02 00 – fax: +45 33 96 02 02

Secrétaire général: M. Søren Christensen (Danemark)

Web site: http://www.norden.org/

Historique:

La coopération nordique s'articule autour de deux organisations : le Conseil Nordique et le Conseil Nordique des ministres.

Le *Conseil Nordique* a été créé en 1952 sur la base d'un Statut établi par les gouvernements du Danemark, de l'Islande, la Norvège, la Suède. La Finlande y a adhéré en 1955. Ce Statut a été remplacé par le Traité d'Helsinki de 1962, amendé en 1971. Le Conseil Nordique est le forum de la coopération interparlementaire.

Le *Conseil Nordique des ministres* a été institué par la révision du Traité d'Helsinki en 1971. Il est le forum de la coopération intergouvernementale.

Composition:

5 Etats membres : Danemark, Islande, Norvège, Suède et Finlande et 3 régions autonomes : les îles Féroé, les îles Åland et le Groenland.

Objectifs:

- Promouvoir la coopération entre les Etats membres ;
- Promouvoir la coopération entre les pays nordiques et l'Europe/Union européenne/ Espace économique européen ;
- Promouvoir la coopération entre les pays nordiques et les régions avoisinantes.

NORDIC COUNCIL AND NORDIC COUNCIL OF MINISTERS (NC)

Nordic Council
PO Box 3043
DK-1021 Copenhagen K – Denmark
Tel.: +45 33 96 04 00 – Fax: +45 33 11 18 70

SECRETARY GENERAL: MS. FRIDA NOKKEN (NORWAY)

Nordic Council of Ministers
Store Strandstræde 18
DK-1255 Copenhagen K – Denmark
Tel.: +45 33 96 02 00 – fax: +45 33 96 02 02

SECRETARY GENERAL: M. SØREN CHRISTENSEN (DENMARK)

WEB SITE: http://www.norden.org/

BACKGROUND:

Nordic co-operation is channelled through two organisations: the Nordic Council and the Nordic Council of Ministers.

The *Nordic Council* was established in 1952 on the basis of a Statute drawn up by the Governments of Denmark, Iceland, Norway and Sweden. Finland adhered in 1955. This Statute has been replaced by the Helsinki Treaty signed in 1962 and revised in 1971. The Nordic Council is the forum for inter-parliamentary co-operation.

The *Nordic Council of Ministers*, established in 1971 in an amendment to the Helsinki Treaty, is the forum for inter-governmental co-operation.

COMPOSITION:

5 Member States: Denmark, Finland, Iceland, Norway and Sweden, and 3 autonomous territories: Faeroe Islands, Greenland and Åland.

AIMS:

- To promote intra-nordic co-operation;
- To promote co-operation between the Nordic countries and Europe/EU/EEA;
- To promote co-operation between the Nordic region and adjacent areas.

FONCTIONNEMENT:

Le *Conseil Nordique* est composé de l'Assemblée plénière, la Présidence et trois comités permanents. L'Assemblée, qui se réunit annuellement, comprend 87 membres, représentant les parlements nationaux des 5 Etats membres et des trois régions autonomes. Les membres sont nommés par leurs partis politiques et élus par les Parlements nationaux.

Le Conseil Nordique est dirigé par la Présidence composée de 12 membres. Mme Sigriður Anna Þórðardóttir exerçait les fonctions de Présidente jusqu'au 31 octobre 2001 et a été remplacé par Mme Outi Ojala qui exercera les fonctions de Présidente jusqu'à fin 2002.

Les travaux du *Conseil Nordique des Ministres* sont coordonnés par les ministres de la coopération nordique. La composition du Conseil Nordique des Ministres dépend de la nature des questions examinées (culture, éducation, environnement, etc.).

Le *Conseil Nordique* et le *Conseil Nordique des Ministres* ont leur propre secrétariat, au total une centaine d'employés. En outre les délégations nationales du Conseil Nordique sont assistées par les secrétariats des parlements nationaux.

ACTIVITÉS 2001

NOTE AUX LECTEURS :

Le rapport annuel sur les activités du Conseil nordique des ministres et du Conseil nordique 2001 n'existe qu'en anglais. Vous trouverez ci-contre l'intégralité de ce texte.

Les informations sur les activités du Conseil nordique et du Conseil nordique des ministres en 2001 sont extraites du rapport annuel 2001, accessible (en anglais) à l'adresse suivante : *http://www.norden.org/web/2-3-aarsb/uk/aarsber_2001_eng.pdf.*

FUNCTIONING:

The *Nordic Council* consists of the Plenary Assembly, the Presidium and three committees. The Assembly, which meets annually, has 87 members, representing the national parliaments of the five countries and three autonomous territories. The members are nominated by their respective political parties and elected by the parliaments.

The Nordic Council is led by a Presidium, consisting of 12 members. Ms Sigriður Anna Þórðardóttir held the function of President until 31 October 2001 and has been replaced by Ms Outi Ojala who shall hold the function of President until end of October 2002.

The work of the *Nordic Council of Ministers* is co-ordinated via the Nordic ministers for co-operation. The composition of the Council of Ministers varies, depending on the nature of the issues to be treated, e.g. culture, education, the environment, etc.

The *Nordic Council* and *Nordic Council of Ministers* have their own secretariats, representing together one hundred employees. Moreover, the Nordic Council has national secretariats in the Nordic parliaments, attached to the delegations of the respective countries.

ACTIVITIES 2001

Information on the Nordic Council and Nordic Council of Ministers activities for 2001 have been taken from the *Annual report 2001*, which can be accessed at *http://www.norden.org/web/2-3-aarsb/uk/aarsber_2001_eng.pdf*

NORDIC BENEFIT

The five Nordic countries Denmark, Finland, Iceland, Norway and Sweden, and the three autonomous areas the Faeroe Islands, Greenland and the Åland Islands enjoy a unique cultural and political cooperation covering a wide spectrum.

A large part of the cooperation goes on within the framework of the Nordic Council and the Nordic Council of Ministers.

The overall aim of the cooperation is to develop Nordic solidarity, and to increase proficiency and competitive strengths.

Nordic experience shows that pooled solutions can offer increased effectiveness and better results than when projects are carried out by the Nordic countries separately. Thus they can work for the benefit of the Nordic region as a whole.

Cooperation also aims to make dealings between the citizens of these countries as smooth as possible with the aid of Nordic agreements. Good examples are exemption from passport requirements, free labour markets and the possibility of studying in other Nordic countries.

The Nordic countries also have many mutual interests in relation to neighbouring countries and organisations in the region. Today a considerable amount of the activities of the Nordic Council and Nordic Council of Ministers is directed towards neighbours in the Baltic States, North West Russia, the Arctic regions and the EU.

DEMOCRATIC ANCHORAGE – BASIS OF NORDIC COOPERATION

After World War Two, Europe was divided into two large blocks facing each other. The threat of a new war, now between east and west, hung over us.

The Nordic countries wanted a place in this new world. Various ideas for closer cooperation between the five Nordic brotherlands were discussed. This resulted in the establishment of the Nordic Council in 1952.

The Nordic Council is a collaborative organ for the five Nordic parliaments and governments in Denmark, Finland, Iceland, Norway and Sweden, and for the three autonomous areas of the Faeroe Islands, Greenland and the Åland Islands.

Regulations for the Nordic cooperation were laid down in the Helsinki agreement of 1962, when the countries pledged themselves to develop cooperation in the legal, cultural, social and financial fields.

Members are elected by the respective Parliaments

The 87 members of the Council are elected by the parliaments of the respective countries. Sweden, Denmark, Finland and Norway have 20 members each. Iceland has seven.

The Danish delegation includes two members from respectively Greenland and the Faeroe Islands. Finland has two members from the Åland Islands in its delegation.

The composition of the various delegations must as far as is feasible reflect the political situation in the national parliament. Within the Nordic Council there are four political groups which collaborate across national boundaries. These are the Social Democratic Group, the Conservative Group, the Centre Group and the Left-wing Socialist and Green Group. A party group must include at least five members and be represented in at least three Nordic countries. Some of the council members are not members of a party group.

Five committees carry out the work of the Nordic Council to a great extent. These are the Culture and Education and Training Committee, the Welfare Committee, the Citizens' and Consumer Rights Committee, the Environment and Natural Resources Committee, and the Business and Industry Committee.

It is important that there should be support from the national parliaments for the Council's measures. Questions that arise from the political agenda are defined through committee meetings and via the various party groups and their counterparts in the Nordic parliaments.

The Presidium forms the directorship of the Council. It consists of a president and 12 members. The president is elected for one year. The role of the Presidium is that of a steering committee. It also deals with foreign and political security matters.

The supreme decision-making organ of the Nordic Council is the plenary session. A session is held once a year alternating among the Nordic countries, and it consists of the 87 members and the representatives of the governments.

Proposals and Questions

The actual work of the Council resembles that carried out by the parliaments of the various countries. Proposals for Nordic cooperation within various areas are either made by the Nordic Council of Ministers or submitted by committees, party groups or individual members. The groups and individuals can also put questions to the Nordic Council of Ministers or to one or more governments.

The Presidium refers proposals to a committee, from where they often go on to the organisation or authority in question for an expert opinion. The committee puts forward the revised proposal to the plenary session where it is adopted or rejected. When the plenary session is not involved the Presidium itself can arrive at a decision on questions that require a quick ruling.

If the proposal is adopted it passes to the Nordic Council of Ministers or to the governments with a recommendation that the measure be effected. A council proposal is equivalent to a recommendation. The Council also functions as an opinion-forming body through statements, hearings, seminars and theme meetings.

NORDIC COUNCIL OF MINISTERS INFLUENCES DEVELOPMENT

The Nordic Council of Ministers was formed in 1971. It holds meetings for representatives of the Nordic governments to treat questions of mutual Nordic interest. The autonomous areas also take part in the work of the Council of Ministers.

The constitution of the Council of Ministers varies according to the theme to be dealt with. In all there are almost 20 different councils – responsible for, among other things, culture, the environment, education and research, energy and employment.

The five Nordic Prime Ministers are ultimately responsible for the activities of the Council of Ministers. However, responsibility is delegated to the Nordic ministers for cooperation and the Nordic Committee for Cooperation.

The chairmanship of the Nordic Council of Ministers alternates between the Nordic Countries.

All decisions must be unanimous

Most of the ministerial councils meet several times a year. They are assisted by committees of civil servants who in cooperation with the secretariat prepare decisions for the Council of Ministers.

The Council of Ministers takes decisions on activities ranging from research projects and development work to negotiations on Nordic agreements and conventions.

Decisions in the Council of Ministers must be unanimous since they are binding on the member states. In certain cases the decision must also be approved by the parliaments of the respective countries.

Financing in proportion to the size of the countries

The secretariat of the Nordic Council of Ministers is situated in Copenhagen and employs a staff of approximately 90.

A secretary general directs day-to-day work. The secretariat prepares those questions that are later dealt with by the ministers for cooperation, other ministers or committees of civil servants.

The secretariat is also responsible for seeing that decisions are effected.

The financing of the Nordic Council of Ministers is calculated in relation to the population in the Nordic countries and their gross national product, GNP, per head.

New Nordic agenda

In detailed discussions between the Nordic Council of Ministers and the Nordic Council a New Nordic Agenda and a strategy for Nordic cooperation were evolved early in 2000.

Five areas were pin-pointed which separately and together were of particular interest for development in the Nordic region:

- Technological development, with special reference to information society and Nordic research.
- Social security and the possibility for Nordic citizens to live, work and study in another Nordic country. Questions of demography and migration.
- The internal Nordic market and cooperation for abolishing border obstacles.
- Cooperation with neighbouring countries and neighbouring regions.
- The environment and sustainable development in energy, transport, forestry, fishery and trade and industry.

CONTINUING SUCCESSFUL COOPERATION

A quarter of a million Nordic citizens live in another Nordic country and 10,000 people move and commute from country to country within the Nordic region every year.

This great mobility across Nordic borders is stimulated by the similarity among the Nordic languages and culture. But during the last 50 years the increase in official Nordic cooperation has also brought about further mobility.

Nordic people have been able to cross the border to another Nordic country as a matter of course for so long that hardly anyone gives it a thought. But freedom from passport regulations is a comparatively new measure and in its time it was revolutionary.

It was after the Second World War that the question of a closer cooperation between the Nordic countries arose. One result was that both the demand for passport control and the system of checking people at borders between the countries were abolished in the 1950s.

When Denmark and later Sweden and Finland joined the European Union, EU, special agreements made it possible to retain passport freedom within the Nordic countries. This has been in force since the Schengen agreement took effect.

Work where you like

Nowadays fellow citizens of the EU are at liberty to work freely all over the union. But here too the Nordic countries were forerunners. The free labour market, without formalities such as residence and work permits, was introduced as early as 1954. Financial considerations underlay the idea.

By allowing greater mobility it was considered partly that greater employment potential would be available for workers, partly that it would provide a more experienced and highly trained work force.

Studying in the Nordic countries

For many young people studying abroad is a dream. It is simple for Nordic citizens. The principle of equal access to education throughout the Nordic countries has been in force for a long time.

The agreements rule that applicants living in another Nordic country should be subject to the same or equivalent conditions as applicants from that country seeking admission to educational institutions.

Through the NORDPLUS programme it is also possible for young people to be awarded grants to study in another Nordic country.

You may speak your own language

The Nordic countries have signed a language agreement. This pledges the countries to allow Nordic citizens to be able to use their own language if needed when in contact with the authorities in the Nordic countries.

This applies to legal proceedings but also to contacts with health services, taxation, police and educational authorities.

In 2001 the agreement was extended to cover Faeroese, Greenlandic and Sami.

The right to vote applies – everywhere

Nordic citizens can both vote and stand as candidates in municipal elections everywhere in the Nordic countries.

One condition is that a candidate must have resided for a specific time in the country where s/he wishes to vote or be elected.

However, to take part in the election to parliament and the presidency the candidate must be a citizen of the country where one wishes to vote.

Nordic means security

Any Nordic citizen in another Nordic country has access to the same social security as the citizens of that country.

The first Nordic convention on social security was signed in 1955.

Questions on social security were ruled in several later conventions which dealt with pensions, unemployment allowances, social services, child support and health services but also benefits for the disabled, the elderly and in case of death. In cases of need application can be made for maintenance allowance and maintenance advance.

Help when you need it

Legal aid allows you to apply for aid to meet lawyers' costs in various situations. Legal aid is chiefly given for legal proceedings.

In the Nordic countries you can get help no matter which country you happen to be living in.

Hallo Norden

It is easy to move around in the Nordic countries. They are very alike in many ways, but occasionally there may be hitches.

New arrivals must keep the rules of the country they immigrate into. You need to prepare yourself before a move. Unfortunately it may happen that the local bureaucracy has inadequate knowledge of regulations brought in by central government or that their application varies from one country to another. This was why, on the initiative of the Nordic Council of Ministers, Hallo Norden was set up in 1998.

Hallo Norden is a Nordic information service that helps individuals moving or commuting between two or more Nordic countries. Here anyone with questions can turn to get general information on what applies or help if s/he is bogged down in bureaucracy.

Hallo Norden aims to lessen border hold-ups in the Nordic countries. It works to map out and solve the problems that hinder free movement.

For more information: www.norden.org/hallonorden

NORDIC CULTURE

Shared history, religion and language are some of the cornerstones, which built the cultural affinity and the community of which the Nordic region is composed.

But there has been a constant exchange between the regions and between the Nordic countries and the outside world. Numerous important elements in our culture, such as the alphabet, Christianity and the potato, have come to us from elsewhere.

Our own time has involved substantial movement of peoples and with them new languages and new cultural manifestations have come to stay.

The understanding of cultural variations and of the situation of the traditional minorities has increased and also the realisation that new cultural impulses need to be considered.

Globalisation and new information technology have influenced the Nordic countries. The increased flow of information and IT have lessened distances in time and space. Centre and periphery have lost their old significance. The Nordic region is no longer on the periphery, and people in Kauto-keino in northern Norway have as much access to information as Copenhageners.

Culture is a Cornerstone

Ever since the foundation of the Nordic Council in 1952, cultural co-operation has been a vital part of official Nordic cooperation.

The cultural agreement, in which the Nordic governments all participated, took effect in 1972. It is the basis of Nordic cooperation in the sphere of culture.

By working together the aim is to develop and share cultural activity and increase the combined effect of Nordic achievement in culture – both within and outside the area.

Nordic cultural institutions are widespread all over the Nordic countries, but have powerful bases in the various homelands through their governments.

Cooperation and exchange in the fields of art, design and architecture are supported by the Nordic Institute for Contemporary Art, NIFCA, in Helsinki. The secretariat of the Nordic Centre for the Performing Arts is in Copenhagen; it is responsible for drama, dance and musical theatre in various forms. Behind the abbreviation NOMUS stands the Nordic Music Committee, which has its secretariat in Stockholm and is responsible, among other things, for the Music Prize of the Nordic Council.

Prioritised Areas – Children and Young People and Cultural Diversity

Children and young people have long been a major concern in cultural cooperation in the Nordic countries. The aim is to increase their knowledge of and interest in Nordic culture and their international awareness.

Valhalla – valhalla.norden.org – disseminates information on projects with children and young people taking place in local, regional, national and Nordic venues.

Valhalla also covers the three Baltic States and North West Russia and facilitates the exchange of information on cultural activities with neighbouring regions.

Another vital issue in the Nordic cooperation applies to cultural diversity, the culture of the new arrivals and exchanges between different cultures.

Nordic film – A saga of success

Nordic films have enjoyed great success in recent years. Titles like 'Pelle the Conqueror', 'Ravens Fly', 'Dancer in the Dark' and 'Elling' were all most successful, not only in their homelands and in the other Nordic countries but all over the world. But it would not have been possible to produce and distribute many Nordic films were it not for the Nordic Film and Television Fund.

The fund is based on an agreement between the Nordic film institutes, several Nordic television companies and the Nordic Council of Ministers. Its purpose is to promote the production and distribution of Nordic films and television fiction. Also, here are included productions for children and young people.

The ambition of the fund is to further the Nordic region as a home market and ensure that Nordic films are shown in cinemas and on television throughout the region.

The Nordic countries are also well to the fore in the fields of information and communication technology. Where culture is concerned the new technology is used to make libraries, archives and various national collections accessible to all. The next challenge is to produce new material with the new technology.

Cooperation produces input

Every year the Nordic Cultural Fund distributes about 26 million Danish kroner to various projects for art, drama, music, dance, literature and new media in the Nordic countries.

The fund gives support, often in the form of part-financing, to projects in which at least three Nordic countries or autonomous areas participate.

Cultural cooperation between the Nordic countries, the Baltic States and North West Russia is also eligible for support.

The foundation also gives grants for collaborative projects for research and education and for projects run by voluntary organisations.

The cooperation assumes that the participants know each other. In the cultural field there is therefore a scholarship system – Sleipnir – which awards travel grants to young artists under 36. Sleipnir also includes young artists from the Baltic States and North West Russia.

Nordic houses

There are four Nordic Houses – in Reykjavik, Tórshavn, Nuuk and Mariehamn. They were established to consolidate contacts and affinity with the rest of the Nordic region.

The houses serve as meeting places with a rich programme of exhibitions, concerts and other performances. All the houses have comprehensive libraries of Nordic literature and periodicals.

Prizes for the arts

A conspicuous part of the work for Nordic culture is the two prizes– i.e. the Nordic Council's Prize for Literature and for Music. Both consist of 350,000 Danish kroner. The Literature Prize was inaugurated in 1961 and the first author to receive the prize was Eyvind Johnson from Sweden for the novel 'In the time of His Grace'. Since then the greatest Nordic writers have received the prize one after another.

The prize list covers a significant section of modern literary history. Among the prize-winners are Väinö Linna, Klaus Rifbjerg, Tua Forsström, Sven Delblanc, Nils-Aslak

Valkeapää and Einar Már Gumundsson. In 2002 the prize went to the Norwegian writer Lars Saabye Christensen for his novel 'The Half Brother'.

The Nordic Council's Music Prize aims to increase interest in Nordic music. The prize was inaugurated by the governments of the Nordic countries in 1964 and was presented every other year.

Since 1988 the prize has been awarded every other year to a practising artist, every other to a composer. It covers a wide range – Palle Mikkelborg, trumpeter, Björk, singer, and Eric Ericson, choir conductor, are among recent winners.

The Nordic Countries outside the Nordic Region

Since the end of the 1980s the Nordic Council of Ministers has carried out a number of pan-Nordic cultural projects outside the region.

In these projects the Nordic countries profile as a region consisting of five countries varying in their cultural expression but wanting to collaborate, not only with each other but also with the outside world.

Here too the range is wide and during recent years projects have looked towards South Africa, the USA and Britain. The exhibition 'Vikings – the North Atlantic Saga' was launched in Washington in the summer of 2000 and since then has been seen by several million people in the USA and Canada.

A SUSTAINABLE NORDIC REGION

The entire Nordic region must be alive. That was the import of the message sent out by the Nordic Prime Ministers in 1998.

The Nordic region from Greenland in the west to the Barents Sea and Baltic Sea regions in the east must achieve balance and flourish financially, ecologically and socially.

It was at a meeting in Oslo in November 1998 that the Prime Ministers drew up the guiding principles for a sustainable Nordic region.

They agreed on eleven aims for development and commissioned the Nordic Council of Ministers to elaborate a cross-sector strategy. The focus was to be on areas where Nordic interests were mutual and the prerequisites good, and where cooperation could create increased value.

The Nordic strategy 'Sustainable Development – New Bearings for the Nordic Countries' includes six sectors considered especially important for sustainable development – energy, transport, agriculture, forestry, fishing, and food. Subjects dealt with are climate change, bio-diversity, the sea, chemicals and food safety.

From Land and Sea to the Table

Good safe foodstuffs concern all humanity and the risk of dying from unsafe food is now a disturbing reality for many people, not least in the wake of the outbreak of BSE, mad cow disease, in Europe.

In 1997 at the suggestion of the Nordic Council of Ministers, the Nordic Council laid down a plan of action for food safety to improve security and to enable concrete measures to be taken.

In the summer of 2000 a ministerial conference was held on the subject and the next year it was followed up at a theme meeting of ministers in Reykjavik. A project on labelling food showed that consumers want better marking than currently.

Work continues in the Nordic countries with salmonella, antibiotics in animal foods, ethical questions and with improved knowledge for young people of food safety and the enjoyment of food.

Clean Seas Produce Good Fish

The Nordic region is among the largest fish suppliers in the world. About half of all fish eaten in the EU comes from Nordic waters. A reason for this is that the North Atlantic is one of the most productive and clean seas in the world.

This good oceanic environment must not only be retained but also improved. The Nordic aim is to cleanse the waters of dangerous elements by 2020, e.g. of the heavy metals that leach into the sea.

For several years the Nordic Council of Ministers has pursued another project, dealing with selective fishing equipment. The final aim is a sustainable and rational use of the sea, in waters that will be clean and have a satisfactory ecological balance.

Field and Forest – Nordic Livelihoods from Time Immemorial

Globalisation and competition from outside have led to questions being asked about the work methods employed in agriculture and forestry. Especially in agriculture, producers have been accused of thinking more about profit than quality and of damaging natural processes by their working methods.

But there has also been criticism of the destructive effects of mass forestry.

Guidelines have been drawn up to effect better agricultural and forestry methods in the Nordic countries. Sustainable farming, good management of genetic resources, village development and sustainable forestry are the priorities.

Investment in research is being undertaken in fields of mutual Nordic interest. Considerable resources have been earmarked partly from Nordic funds, partly from the national financing of the organisations Nordic Joint Committee for Agricultural Research and Nordic Forest Research Cooperation Committee.

Towards a Sustainable Use of Energy

The Nordic countries were quick to establish cooperation in the energy field.

Nuclear power, wind power, waterpower, biomass, oil, coal and gas are used in the region. In 1997 the Nordic Prime Ministers agreed on cooperation to bring about a sustainable energy supply in the Baltic region.

The following year the ministers presented a proposal for a sustainable Nordic region where the environmental aspects of energy supply were stressed. Among other points they urged the importance of new ideas for achieving a more effective use of energy and natural resources.

The aim of the strategy is therefore to consolidate cooperation in energy trade and to achieve an increased and more effective use of energy in the region. This would lead to a reduction of the use of coal and oil and the discharge of climatic gases and other air pollutants.

TRANSPORT – IMPORTANT AND PROBLEMATIC

Great areas of the Nordic countries are so thinly populated that possibilities for public transport are limited and economically difficult. This means that a large proportion of the transport of people and goods is dependent on private cars and lorries.

This is worrying because carbon dioxide is one of the most serious threats to the environment. It contributes to the greenhouse effect, which heats up the earth and hastens the melting of polar ice.

The Nordic countries work to reduce the energy used by the transport sector and the discharge of such substances as carbon dioxide, not least through cooperation between the energy and transport sectors. Moreover, the Nordic countries will follow the obligations of the Kyoto protocol for a reduction of the discharge of climatic gases up to 2008–2012.

SPECIAL NEEDS OF THE ARCTIC

Nowhere is the importance of a sound interplay between human beings and the environment more obvious than in the Arctic regions. Nowhere can we more clearly see the consequences if the balance is disturbed.

For all the West Nordic area – Iceland, Greenland, the Faeroes – and Northern Norway, the marine environment of the North Atlantic plays a special role. The harvest of the sea is the very lifeblood of the region's economy.

Therefore a sustainable use of the resources in the Arctic has to focus on biological diversity and a local Agenda 21.

In 2001 the ministers for cooperation adopted a programme of Nordic cooperation for the Arctic, which includes measures concerning the indigenous population, social services and sustainable development.

One objective of the Nordic cooperation is to ensure that the indigenous population is able to retain their traditional livelihoods while new sources of income are created. To this end investments are made in the natural world, eco-tourism and outdoor pursuits.

THE ENVIRONMENT KNOWS NO FRONTIERS

Environmental problems do not come to an end at borders. So solutions must be international. In the Nordic countries we have come far thanks to our open borders and our shared opinion on the nature of environmental problems and realisation that they have to be controlled.

Environmental questions arrived early on in the Nordic cooperation. The first agreement was signed in 1974.

Responsibility for the work rests with the various ministers of the environment while different working committees plan out and co-ordinate the work. The groups work within the areas of air and sea, chemicals, natural life, outdoor life and cultural environment, products and waste products, and also environmental surveillance and data.

The cooperation within the Nordic countries includes the protection of the natural world, preservation of biological diversity, landscapes, cultural heritage and the cultural environment, all regarded as high priority.

In the neighbouring regions, like the Arctic, high priority is given to solving environmental problems. Among other things this includes support for educational qualifications and the dissemination of information. In relation to the EU the aim is to increase the integration of environmental matters with EU legislation and sector work.

Consumers must also be guaranteed good foodstuffs and information.

By using Nordic surveys as the basis for national decisions, time and money can be saved.

PRIZE FOR A GOOD ENVIRONMENT

The Nordic Council awards an annual environment prize of 350,000 Danish kroner. The prize may be given to private or public enterprises, a research institution or an individual making a significant contribution towards the reduction of environmental damage.

The prize-winners have represented a variety of specialities and interests. In 2000 the Norwegian environmental foundation Bellona won the prize.

This foundation engaged in a project to study the environmental problems in North West Russsia, with special reference to whether the Barents Sea is polluted by radioactive fallout. Bellona's work also seems to have inspired the emergence of Russian environment groups.

In 2001 the prize was awarded to Mats Segnestam for his far-sighted and decisive role in actively introducing environmental questions to development programmes as the basis for sustainable development.

VIOLATION OF THE ENVIRONMENT

During the past 20 years opinion on environmental violation has changed, not least against the background of the realisation that the environment and health are the bases of human well-being. In the Nordic countries discussion is under way on how a more effective follow-up of legal environmental commitments may be accomplished and observed.

A goal of the environmental action programme is to improve the dialogue on questions of the environment and the seas and to move towards better cooperation with international institutes financing environmental projects.

ENVIRONMENT THREATS AT OUR NEIGHBOURS

When the Eastern Block collapsed, weak spots were exposed in our neighbours' environments.

Since then the Nordic countries have put money into East European projects, chiefly in the Baltic States and North West Russia. These include numerous activities from clean drinking water in Murmansk to the modernisation of paper works in Latvia.

Much of the money has come from the Nordic Environment Finance Company, NEFCO, founded in 1990, and its environmental development fund. Most of the environmental projects are in North West Russia.

One important question concerns nuclear safety. The Nordic Council has requested the Nordic countries to cooperate for improved safety in the nuclear power works in Lithuania and North West Russia to counteract the risks of radioactive leaching from, among other places, stores of used nuclear fuel and laid-up atom-powered ships.

SUFFOCATING CLIMATE CHANGES

The Arctic environment is threatened from many different directions. POPS, Persistent Organic Polluters, is the collective name for various environmental poisons carried to the Arctic regions on sea and air currents.

A characteristic of POPS is that they generally break down slowly. In the cold climate of the Arctic the process is still slower than in warmer latitudes. The poisons affect immune defences and fertility in both animals and humans. They are also suspected of causing cancer.

Greenhouse gases pose another threat. Carbon dioxide, CO_2, is the gas that most affects the Earth's climate. Since 1900 the mean temperature has risen by 0.6 o C and this development continues. It can lead to the melting of the polar region ice with unforeseeable consequences in the future.

At the Kyoto meeting many of the world's nations agreed to try to keep the discharges down. The Nordic countries are working now to meet the demands of the Kyoto agreement. The Nordic Council has also recommended the Nordic countries to draw up a common system of trade with CO_2 quotas and eventually to include all the countries in the Baltic region.

NORDIC GENDER EQUALITY

Gender equality is about fundamental issues such as respect, equal values, understanding, quality of life and identity. The shared history, culture and democratic traditions of the Nordic countries have made it possible to develop a close and constructive cooperation within the sphere of gender equality.

Equality implies that power and influence are evenly distributed and that women and men have the same potentials, rights and obligations in all spheres of life. The achievement of an equal and just society demands an overall policy including both women and men.

Nordic Path to Gender Equality

The individual Nordic countries have chosen different ways to work on questions of equality, and today they are leading countries in political decision-making on these questions.

For example, in Finland since 1995 there has been a quotient ruling in the gender equality act that provides for the equality of women in decision-making.

But What About Men?

The labour market in the Nordic countries is strongly marked by sex segregation. Up to now attention to equality questions has first and foremost been directed towards improving the position of women in working life and on the labour market.

Today both women and men must seek a satisfactory balance between professional and working life, in which pay and reward, status and position and the private obligations of family life may be combined. To achieve results it is necessary to ensure that men's link with working life and the masculine world is taken into account.

The inclusion of men in the work towards equality and the integration of questions concerning the man's role are significant challenges.

How free are men to choose their occupation? What guides their choice? Why are men so often absent from day care, school and the caring professions?

Nordic families need different forms of leisure time that can further equality in the family. Both men and women know the conflict between the expectations, demands and competition of working life on one hand and their children's need for parental time and attention on the other.

A Flexible and Equal Working Life

It is important that there should be a flexible working life on equal terms in which the conscientious responsibility of both men and women is clear, respected and valued. This can help to ensure that more fathers see it as natural and sensible to make time for the daily care of their children from the first years of their lives.

Iceland has passed an act on parental free time, which makes it possible for both parents to stay at home with the children when they are small. Denmark has had a law on equal pay for 25 years and has several ongoing projects around this theme. A Nordic working group is to describe structural changes in the past decade and factors opposing equal pay in the Nordic countries.

Domestic Violence

Violence in the family is the most common form of violence in society. In the Nordic countries one man in three has beaten or threatened a woman.

The women most at risk are those undergoing divorce or already separated. They can be terrorised, persecuted and even murdered by their former partner. The violence is often the expression of unbalance in the power struggle between women and men.

Preventing violence against women is an important part of the work for equality. The Women's Movement and voluntary helpers have established a comprehensive network of crisis centres for women and children at risk. The Nordic research programme 'Sex and Violence' aims to spread knowledge on sex, violence and culture. For ten years Norway has worked actively on questions of men's violence towards women and evolved methods to bring about change.

Trafficking in Women – A Growing Problem

The Nordic Council of Ministers also combats the trafficking occurring in the neighbouring regions of the Nordic countries and is trying to find methods to deal with the phenomenon.

According to reports from the Swedish police, 200–500 women work as prostitutes in Sweden – women brought to Sweden from other countries. There is a similar situation in the other Nordic countries. Today it is also thought that men from Denmark, Finland, Norway and Sweden regularly visit brothels in Russia and the Baltic States. Organised gangs are behind the activity.

Women often live in conditions of slavery, with degradation, violence and daily risk of injury and disease. A campaign against trafficking was undertaken in the Nordic countries and Baltic States during 2002.

Equality for All

The Nordic Council of Ministers is working to improve the situation of the large group of immigrant and refugee women now in the Nordic countries.

About a quarter of them are of non-European origin. This group can experience the worst forms of discrimination in society. The discrimination is not only based on sex but also on skin colour and cultural or ethnic backgrounds. Interest in conditions of equality for women from minorities is increasing in the Nordic countries, but there is still a very long way to go before equality and a realistic integration of immigrant and refugee women is to be achieved.

It is important for the development in the Nordic countries to reflect the new challenges in our pluralistic societies and that the necessary socio-economic, political and legal changes are carried through. Second-generation immigrants and their living conditions are also discussed from a perspective of equality in Nordic projects.

LIFELONG LEARNING

The Nordic countries form a leading region in the sphere of education. Most people are well educated and the countries are far ahead in the application and understanding of new technologies and ideas for lifelong learning.

The Nordic countries are small and have low population counts, even when the entire region is considered. In the future there is likely to be a shortage of work force in many fields.

In order to keep up and compete with the leading nations the Nordic countries are looking to four vital areas of growth:

- Lifelong learning, essential skills and research, mobility and Nordic agreements, information and communication technology.

Students and scholars will be further stimulated to work with Nordic colleagues and to make use of shared knowledge to build essential skills in important areas. Greater mobility and developing networks will benefit the Nordic countries and also help the region to attract students and scholars from outside its borders.

Another important aim is a continued extension of educational facilities so that people can go on learning as adults, ideally throughout life.

Grants to Provide a Nordic Education

The Nordic Council of Ministers finances over 3,000 grants every year through the programme NORDPLUS for students and teachers who wish to spend a term or two at a university or college in another Nordic country. NORDPLUS awards are also available to teachers in higher education in the Nordic countries.

When NORDPLUS was introduced in 1988 the aim was to create a network between Nordic universities and colleges, and to make it easier to assess degrees and qualifications within the Nordic countries. One way is to give direct financial support to students and teachers, another to make it possible to receive financial aid from one's homeland even when studying abroad.

For several years NORDPLUS Junior has supported upper secondary school students from 16–19 years.

NORDPLUS Mini is a pilot project. Here too support is given for exchange between the countries in order to increase linguistic skills and knowledge of Nordic culture. Pupils and teachers in comprehensive schools can obtain travel grants.

Through the Nordic grant legislation, Estonians, Latvians, Lithuanians and North West Russians can also take part in the NORDPLUS network, the Nordic Academy for Advanced Study (NorFA), adjacent areas project, the Nordic Folk Academy (NFA) and networks in the voluntary sector. In the academic networks the emphasis is on Nordic languages, culture, society and environmental technology.

Education That Never Ends

Popular education has long traditions in the Nordic countries and the trend goes on. Nowhere in the world are there as many adult students as in the Nordic countries.

And to study throughout life is an approach that suits our times. The need for knowledge changes so fast that it is necessary to complete, further develop and enlarge the basic education.

People must not stop learning, they need to continue to develop skills. In the future it will be absolutely necessary to be able to retrain and perhaps change careers to a field where there is a shortage of workforce.

It is also important to be able to evaluate and document both formal and informal knowledge all over the Nordic countries.

But education also has a democratic dimension. It qualifies the individual to influence his situation just as popular education creates the basis for participation in society and working life.

Nordic Research

The national and the Nordic should enrich each other in areas where Nordic cooperation produces most benefit. The Nordic Council of Ministers collaborates with research institutions, research programmes and the Nordic Academy for Advanced Study, NorFA.

The Nordic research institutions are highly specialised in areas such as maritime law, theoretic physics, volcanology, Asian social development and other fields where the Nordic Council of Ministers sees strength in the utilisation of a composite body of Nordic knowledge and skills.

A new concept of developing Nordic Centres of Excellence (CoE) and networks of research units was set up in 2002. The intention is to make research sufficiently comprehensive and advanced to retain and entice scholars.

To enhance the quality of research training in the Nordic countries but also to enable researchers to collaborate across frontiers, NorFA, the Nordic Academy for Advanced Study was founded in 1990.

Its chief task is to support Nordic research networks and courses. In 2000 about 6,700 scholars and students from all over the region, with 350 attendants from the Baltic States and North West Russia, took part in 45 research networks, 34 research courses, workshops, travel grants and other activities.

The aim of the cooperation is to raise the quality of research training through increased flexibility and by making research and its results more accessible.

Language Came First

When the Nordic Council was created one important aim was that Nordic people should understand each other's languages. It still is.

There are several collaborating organs and projects in the region working to help citizens of the Nordic countries to understand each other better. The Nordic Language Council promotes inter-Nordic understanding as the premise for political, cultural and financial cooperation.

NORDKURS offers intensive courses to university students.

NIFIN, the Nordic Institute in Finland, acts as a bridge between Finnish speaking Finland and the rest of the Nordic countries.

NORDMÅL takes language initiatives in regions using the non-Scandinavian languages Finnish, Greenlandic (Inuit) and Sami but also in the Faeroese and Icelandic regions.

The Future is Spelt ICT

Information and communication technology (ICT) is an important concept in a swiftly growing, powerful international network. It will be vitally important in the future for pupils to have a working knowledge of data skills and ICT.

To meet the new demands the Nordic countries are working to develop ICT-based instruction with new teaching materials, new pedagogic tools and new teacher training, and to produce virtual teaching environments.

A special IT Policy Group has been set up by the Nordic Council of Ministers and a whole series of projects is already under way. Since 1994 a Nordic School Data Network (ODIN) has facilitated cooperation between Nordic teachers and pupils.

NORDUnet2 has supplied the Nordic countries with common technical solutions, whereas in IDUN2 the countries collaborate in the application of ICT and pedagogy in comprehensive school, upper secondary school, teacher training and adult education.

WORKING IN THE NORDIC COUNTRIES

To be able to choose freely where one will work in the Nordic countries is a reality. Regulations for a common labour market were brought in as early as in 1954.

This freedom is of great significance for how people understand cooperation and identity. But the Nordic labour market is not only a right for the individual, it is also an important competitive factor for the industry in the region.

Globalisation and strong international competition during the last ten years have led to a vigorous increase in business integration in the Nordic countries.

By making it easy for people to cross borders, the unemployment rate can be kept down and workers with wide and international experience can be obtained.

It is possible too to send qualified workers where they are most needed, which is an important factor in enabling Nordic businesses to compete in larger markets such as the EU.

Occupational Health

The Nordic countries' importance as a dynamic growth area depends on cultural bonds and the greatest possible mobility.

But cooperation involves not only freedom and mobility but also confidence. The Nordic countries have signed an agreement on the working environment, physical as well as psychological. The scope of the agreement is covered by the Nordic Institute for Advanced Training in Occupational Health, NIVA.

Its charge is to work for Nordic co-ordination in occupational health training, but also to arrange training for researchers and specialists in occupational health and working life.

NORDIC FINANCING

Industrial cooperation, investments, the export of projects and work on the environment are all areas of particular importance in the Nordic countries.

But this requires money. To deal with the problem, institutions such as the Nordic Finance Group and the Nordic Industrial Fund have been set up.

The Nordic Finance Group is made up of the Nordic Investment Bank, Nordic Development Fund, Nordic Environment Finance Corporation and the Nordic Project Fund.

The Nordic Investment Bank, NIB, is the Nordic countries' joint international financial institution. NIB offers its customers – firms and organisations within both the private and public sectors – long-term loans on highly competitive, commercial conditions.

NIB can help to finance projects showing satisfactory security and a good risk classification both in and outside the Nordic countries. High priority is given to investments encouraging economic cooperation in the Nordic countries. NIB's credits are well suited to investments which safeguard energy supply, improve infrastructure, support the environment or aid research and development.

All the loans offered by the bank undergo a systematic environmental assessment. In order to finance its loans NIB annually borrows over 2.5 billion euros on the international capital market.

Over 1,000 projects

Since the start of 1976 NIB has financed more than 1,000 projects, 80% of them in the Nordic countries, the rest international.

During the 1990s the bank financed over 170 environment projects in the Nordic region. Now there is increased investment in the adjacent areas, where NIB prioritises investment and environment loans to the private sector and states. Since 1996 the bank has been able to make use of a special environment loan facility for the financing of environment-related projects in the adjacent areas. With over 100 employees NIB is the largest institution of Nordic cooperation. The NIB head office is in Helsinki and it has branch offices in Copenhagen, Oslo, Reykjavik and Stockholm. The bank also runs an office in Singapore.

Nordic development fund

The Nordic Development Fund (NDF) grants very long-term credit on easy terms to poor countries.

These credits are granted to high priority projects encouraging economic and social development. The principles of the Nordic countries' international development aid cooperation, and especially the fight against poverty, guide NDF's lending strategy.

NDF's capital fund amounts to a total of a billion euros received from the Nordic countries' development aid budgets.

Rent-free loans

The Nordic Environment Finance Corporation, NEFCO, finances environment projects in East Europe. Prioritised areas are the Baltic region and the Barents Sea. As a rule projects are carried out through business enterprises.

The Nordic Project Fund, Nopef, grants conditional loans to preliminary studies in connection with projects and internationalisation in countries outside the EU and Efta. Conditional loans to preliminary studies can be granted for among other things the setting up of business plans, investment in an enterprise, cooperation contracts, mutual risk undertakings and project exports.

Conditional loans may be remitted on receipt of a report and accounts when a preliminary study does not lead to the realisation of a project. If a project is realised the loan is repaid. The loans are interest free.

Nordic Industrial Fund

The Nordic Industrial Fund has changed its emphasis several times to keep pace with the demands of new times.

At the beginning of 1973 support was given to cooperation within the industrial sector in the Nordic countries, i.e. joint Nordic projects received financial aid.

During the 1990s industries in biotechnology, environment technology and foodstuffs technology were encouraged. Now aid is given according to the so-called synergy model.

The Synergy Model

The object of the synergy model is to develop a mutual, integrated information market in the first instance on industrial innovations for commercial use.

The total sum of Nordic knowledge is thought to be greater than that which the countries can acquire on their own. A way of achieving this is to simplify and co-ordinate the Nordic rules and regulations.

The fund is able to finance up to 50% of various projects. There is a prerequisite that at least three Nordic countries – preferably five – should join in the project and that a plan is evolved for how the result is to be distributed.

With a budget of approximately 7.4 million Euros the Industrial Fund is one of the largest Nordic institutions. Its head office is in Oslo.

COOPERATION WITHIN NARROW FIELDS BRING INCREASED COMPETENCE

In a number of fields Nordic cooperation has shown itself capable of fulfilling the demand for Nordic benefit through a co-ordinated use of the joint resources of the countries.

The cooperation may well have forwarded the Nordic countries' ability to set up undertakings in these fields.

The cultivated plants of today are high performers but sensitive. The narrower their genetic background is, the greater is the risk of diseases with disastrous consequences.

This was not the fate of the seed our forefathers used. The yields may not have been so good, but on the other hand they could survive much better.

In order to discover the reasons for this, researchers need to go back to examine older types of plants.

Both Past and Future Exist in a Gene Bank

The answer may be found in the Swedish village of Alnarp, 10 km outside Lund.

The Nordic Gene Bank was set up in 1979. From 1984 it has been located at the University of Agricultural Sciences in Alnarp. It houses a collection of over 30,000 different species. The plants contain the DNA, the genetic information, with the key to the plants' composition.

The Gene Bank also functions as a living museum, where plants no longer cultivated are preserved. The material, with all its documented gene variations, are available to scholars from various institutions and enterprises for crop development but also to botanical gardens and open air museums. The Gene Bank attracts great interest from all over the world.

Almost all the Nordic region is within the same climate zone, and this makes for an excellent base for cooperation.

To ensure the material is not lost the Gene Bank has set up safety stores in Svalbard. It is situated in a mine 300 metres underground, protected by the eternal permafrost.

In 1984 the Nordic Gene Bank Farm Animals was set up in Ås, Norway. It preserves and utilises the genetic resources found in Nordic farm animals.

Volcanological Institute

You often hear rumbling in Iceland as the country has more than 40 active volcanoes.

Eruptions occur at regular intervals. Surtsey was born from the sea after an eruption in 1963. Krafla had a series of eruptions in the 1970s and 1980s. Hekla made herself heard in 1991, and the summit of Vatnajökull flew into the air in 1998.

So it is not strange that the Nordic Volcanological Institute, NORDVULK, was placed in Reykjavik when it was founded in 1974 on the initiative of the Nordic Council of Ministers.

Today researchers come from all over the world to learn about volcanoes and volcanic eruptions. Iceland is a natural laboratory for the study of active geological processes.

Research provides the potential to understand not only volcanoes but also how the earth is constituted and how the global climate functions.

The reason for all these volcanoes is that Iceland lies on the dividing line between the European and the North American tectonic plates. In the area around the plates molten material flows up to the surface, where it forms new land. As a result the oldest rock type on Iceland is 16 million years old while the youngest was formed after the latest volcanic eruption in 1998.

An important task of NORDVULK is to predict when eruptions will occur. The threat of eruptions is a peril hanging over many people around the world.

The institute has become very popular with young geologists in the Nordic countries thanks to a grant that allows them to participate in researching volcanic processes.

NORDVULK enjoys a strong position in the world, and through professional journals, the Internet and participation in various conferences the Nordic scholars report on their experiences and discoveries.

Learning to Live Without Sight and Hearing

Some people can see a little, others hear a little but many are completely deaf and blind. Some are born with their handicap, others are struck down later in life.

There are about 5,500 deaf-blind people in the Nordic countries. They have a mutual need to learn to communicate with the world around them and to enjoy as much independence as possible.

The Nordic Staff Training Centre for Deafblind Services, NUD, is situated in Dronninglund, Denmark. The work of this institution is to offer training, which supports and complements the training on the national level.

Information is assembled on deaf-blindness and there is a contact network in and outside the Nordic countries which takes advantage of the latest information and contributes to international research on the subject.

SAMI AND INUIT – INDIGENOUS PEOPLES OF THE NORDIC REGION

Generation after generation the populations of the Nordic countries have lived, worked, traded and fought for the right to their homelands.

About 10,000 years ago the inland ice finally retreated northwards. At the same time nomadic people moved in from the south, across Denmark up to Sweden, Norway and Finland. But they were not alone. The Sami migrated from the east and settled in the North Calotte.

A long time later the story would repeat itself in the west. Scandinavians ventured across the Atlantic, first to Iceland and later to Greenland. There they came upon the Inuit who had settled earlier and were already established in the region.

Today we live side by side. The ambition of earlier times to assimilate has been replaced by understanding and the desire to preserve the unique character of the Sami and Inuit.

Language Important for Identity

An important means of retaining Sami culture and identity is the language. Or rather languages. There are no less than eight Sami dialects, some of which cannot be understood by the others.

The Nordic Sami Institute, NSI, in Kautokeino, Norway, thus has a department of philology too.

Nowadays Sami is known as a minority language in Sweden, Norway and Finland. In 2001 the Nordic ministers for cooperation took the decision to include Sami in the Nordic Language Convention.

Open borders make it possible for the Sami to collaborate across national boundaries. Teaching material for Swedish Sami can be produced in Norway, and Sami children's programmes can be made in one country and later broadcast on Sami TV across Sweden, Norway, Finland and Russia.

Inuit Means People

There is no doubt that the Inuit came to Greenland first. They presumably came from the west, from what is now Canada. Scholars believe they had already been settled for several thousand years when Vikings from Iceland first landed their ships on the island.

In the 15th century the Vikings' descendants mysteriously disappeared from Greenland. No one knows why. Perhaps they succumbed to some epidemic, perhaps the climate grew harsher.

Not until several hundred years later did people from Iceland, Norway and Denmark arrive and settle on the island.

The newcomers called the indigenous people Eskimos. They themselves used the name Inuit–people.

Greenland became a Danish colony. Rich natural resources made investment profitable.

In the struggle between the industrial society and the traditional fishing and hunting communities the Inuit were to be the losers.

In 1979 Greenland became self-governing and national pride flourished. Today the Greenlanders carefully guard their distinctive characteristics and put much effort into adapting ideas from outside to Greenlandic conditions.

The Inuit are also represented in the Arctic Council through ICC – Inuit Circumpolar Conference – together with the Sami, indigenous minorities from Russia and the Aleutian, an American island group off Alaska. The Arctic Council will continue to forward cooperation between the countries in the region as well as sustainable development and good care of the environment.

NORDIC SUPPORT TO YOUNG DEMOCRATIES

The newly independent Baltic States had great hopes for rapid financial and democratic development.

A good deal was realised but considerable economic rifts, lower living standards for many, increased criminality and deteriorated social services were also a result of the changes.

An important task faces the Nordic countries – with direct and indirect help but also as a democratic example.

The Soviet Union collapsed almost overnight, and with it a whole world of ideas. A new social system had to be built from the ground in all areas of society.

Public services were severely damaged when the old social system crashed.

Now the Nordic countries work to forward and strengthen democratic values in the Baltic States and North West Russia.

Democratic models

The Baltic Assembly was founded in 1991 with the Nordic Council as a model, and since then the Baltic Council has also been formed. They have close cooperation with their Nordic counterparts.

Support for democracy spans wide areas. One area is journalism. Nordic newspapers, radio and TV stations have arranged discussions on topics such as business ethics, self-censorship, transparency and the media's role in developing the democratic process.

In the legal sphere there is a comprehensive exchange of experience too. It covers everything from legislation and the training of legal personnel to further education for police and customs officers.

The grants programme for parliamentarians offers details of Nordic parliamentarianism, representative democracy and the party system.

There is also close cooperation in the social sector and education between public servants in state, municipal and regional positions, with close contacts right down to the grass-roots level.

The goal of the Nordic grants programme for the Baltic States and North West Russia is to develop long-term cooperation projects in higher education and academic research, but also to support non-governmental organisations.

Through the mobility programme Nordpraktik young people from the neighbouring regions may gain professional training in the Nordic countries.

Nordic information offices

An important role is played by the Nordic Council of Ministers information offices in Estonia, Latvia, Lithuania and North West Russia.

The offices offer information on the Nordic countries and Nordic cooperation. Stress is laid on questions of democracy and welfare, culture, the sustainable use of resources and on market economy development.

Offices in North West Russia also have programmes focussing on the protection of the environment and on children and young people.

FIGHT AGAINST SERIOUS DISEASES

Infectious diseases are a large and swiftly increasing problem in the neighbouring regions. Hospital epidemics and bacteria immune to antibiotics are other problems local authorities have to battle with.

The Nordic countries help through the information offices – among other things with prevention, money for vaccines and the transfer of professional skills. The measures are intended to help control the dangerous development but also to prevent the spread of disease.

In addition, several courses for hospital staff are held and lectures are arranged in the various Nordic countries and adjacent areas. Each year further training in epidemiology is available to participants from the Baltic States and North West Russia.

A contact network has been established between Nordic hospitals and hospitals in North West Russia, Estonia, Latvia and Lithuania. Another network links the state epidemiologists in the region.

NEW ENERGY

The Nordic cooperation intends to further an effective, strongly competitive, safe and sustainable supply of energy.

In recent years the Nordic energy cooperation has come to include the countries around the Baltic Sea, among other things through the Baltic Sea Region Energy Co-operation, BASREC.

Energy is a basic essential for economic development and welfare, and a driving force for stability in the entire region. Alternative forms of energy are also seen as a prerequisite for dismantling part of the nuclear power plants in the neighbouring regions.

The development of new energy sources is a task for technical development work. The Nordic Energy Research Institute is the Nordic co-ordinator of the work with promoting new energy solutions and with finding a cost-effective reduction of energy consumption.

The development can also create new markets for the Nordic countries, as the energy sector has to be modernised and restructured.

In addition to the neighbouring region – Estonia, Latvia, Lithuania and North West Russia – the energy cooperation also engages, via the Baltic Sea Council, Poland and Germany, and the EU. It is considered vitally important to include the Russian producers of natural gas.

NORDIC PEOPLE AND EUROPEANS

There are a number of distinctions between the Nordic countries' relations with Europe and the EU.

Sweden, Denmark and Finland are members of the EU while Iceland and Norway are not.

These differences make it particularly important for the Nordic countries to work together and to help and occasionally represent each other.

Thanks to the unique relationships between the Nordic countries it was possible for Norway and Iceland to become members of Schengen, despite the fact that they are not members of the EU. Denmark has taken on the exterior border controls for Greenland and the Faeroe Islands. This enabled the Nordic countries to continue with no interior border controls, although they take part in the Schengen cooperation and the EU.

Through their membership of the European Economic Area, EEA, Iceland and Norway really are part of the internal market of the EU, but unlike EU members they cannot join in decision-making.

Increased need for cooperation

More and more, Europe begins to be synonymous with the EU. From an initial membership of six countries the union has expanded several times. At present the expansion is eastwards and soon the organisation will number 30 states.

As the EU grows, so does the need for cooperation between countries with similar values. Regionalisation makes it necessary for the Nordic countries to confer with each other so that their influence is not lost.

Already now topical EU questions such as sustainable development, safer food and gender equality are on the agenda of the Nordic ministers.

The Nordic countries also have a great influence on EU environment policy. In this sphere the countries maintain that the highest levels of ambition should hold sway. The Nordic countries argue for the enforcement of the principle of minimum rules. Those countries wishing to introduce stricter rules should be able to do so.

The Nordic Countries as bridge builders

The Nordic cooperation is a bridge builder to the Nordic countries who have chosen to stay outside the EU, and also to the east, to the countries on their way into the EU and to those which choose not to join in time to come.

It is important that the Baltic Sea region enjoy stability. The Nordic EU members collaborate to safeguard the expansion of the EU, to help newcomers to act, but also to support democracy in countries electing to stay outside the union, for example Russia, Belarus and Ukraine.

AGENCE SPATIALE EUROPEENNE (ESA)

8-10 rue Mario Nikis
F-75738 Paris Cedex 15

Département des communications
Tél.: + 33 (0)1 5369 7155 – Fax: + 33 (0)1 5369 7690

Site web : http://www.esa.int/

Directeur général : M. Antonio Rodotà (Italie)

Historique :

Créée par une convention signée en 1975 et entrée en vigueur en 1980, l'Agence spatiale européenne (ESA) résulte de la fusion de deux organisations antérieures : l'Organisation européenne de recherches spatiales (CERS) et l'Organisation européenne pour la mise au point et la construction de lanceurs d'engins spatiaux (CECLES). Elle a pour mission d'orienter le développement des capacités européennes dans le domaine spatial et de garantir que les citoyens de l'Europe bénéficient des investissements effectués dans le domaine l'espace.

Composition:

15 Etats membres : Allemagne, Autriche, Belgique, Danemark, Espagne, Finlande, France, Irlande, Italie, Norvège, Pays-Bas, Royaume-Uni, Suède et Suisse. Le Canada bénéficie d'un statut particulier et participe à certains projets conformément aux termes d'un accord de coopération.

Objectifs:

- Mieux connaître la terre, son environnement spatial immédiat, le système solaire et l'univers ;
- Développer les technologies liées aux satellites ;
- Promouvoir les industries européennes ;
- Partager les connaissances acquises dans le domaine de l'espace avec les organisations spatiales non-européennes.

Fonctionnement :

Le siège social de l'ESA est à Paris mais celle-ci dispose de divers centres en Europe, ayant chacun une vocation spécifique : à Noordwijk (Pays-Bas); à Darmstadt, et Cologne (Allemagne); à Frascati (Italie).

L'ESA dispose de bureaux de liaison aux Etats-Unis, en Russie et en Belgique; d'une base de lancement en Guyane française ainsi que de géostations et de stations de poursuite dans diverses régions du monde.

EUROPEAN SPACE AGENCY (ESA)

8-10 rue Mario Nikis
F-75738 Paris Cedex 15

Communication Department
Tel: + 33 1 5369 7155 – Fax: + 33 1 5369 7690

Web Site : http://www.esa.int/

Director General: Mr Antonio Rodotà (Italy)

Background:

Established by a convention signed in 1975 and entered into force in 1980, the European Space Agency (ESA) is the result of the merging of two preceding organisations: the European Space Research Organisation (ESRO) and the European Space Vehicle Launcher Development ((ELDO). Its mission is to shape the development of Europe's space capability and ensure that investment in space continue to deliver benefits to the people of Europe.

Composition:

15 Member States: Austria, Belgium, Denmark, Finland, France, Germany, Ireland, Italy, the Netherlands, Norway, Portugal, Spain, Sweden, Switzerland and the United Kingdom.

Canada has special status and participates in some projects under a cooperation agreement.

Aims:

- To find out more about the earth, its immediate space environment, the solar system and the universe;
- To develop satellite-based technologies;
- Promote European industries;
- To share the benefits of space with space organisations outside Europe.

Functioning :

ESA has its headquarters in Paris as well as different centres in Europe, each of which has different responsibilities : in Noordwijk (the Netherlands); in Darmstadt and Cologne (Germany); in Frascati (Italy).

In addition, ESA has liaison offices in the United States, Russia and Belgium, a launch base in French Guiana, and ground and tracking stations in various areas of the world.

ESA's governing body is Council. Council provides the basic policy guidelines within

L'ESA est dirigé par un Conseil qui définit les grands axes du plan spatial européen. Chaque Etat membre est représenté et dispose d'un vote, quel que soit sa taille ou le montant de sa contribution financière.

L'Agence est placée sous la responsabilité d'un Directeur général qui est élu par le Conseil tous les quatre ans. Chaque secteur de recherche dispose d'un organe de direction qui lui est propre et qui rend compte au Directeur général.

ACTIVITÉS 2001

AVANT-PROPOS

L'exercice 2001, très stimulant pour l'Agence et les activités spatiales européennes, s'est globalement soldé par des succès et des progrès substantiels. Nous avons engrangé bon nombre de résultats positifs. A l'occasion du Conseil ministériel d'Édimbourg (14-15 novembre), principal événement de l'année, les ministres ont approuvé des investissements avoisinant les 8 milliards d'euros sur les cinq ans à venir pour de nouveaux programmes concernant les lanceurs, la navigation, les télécommunications, les sciences spatiales, l'observation de la Terre et l'utilisation de la Station spatiale internationale. Ils ont également confirmé et renforcé les relations établies avec l'Union européenne dans le cadre de l'élaboration d'une politique spatiale européenne cohérente, le Président de la Commission européenne, Romano Prodi, assistant pour la première fois à un Conseil de l'ESA.

Cette session au niveau ministériel – présidée par Edelgard Bulmahn, ministre allemande chargée de l'espace – s'est tenue dans un contexte difficile pour le secteur spatial mondial : modification des priorités nationales à la suite des attentats perpétrés aux Etats-Unis le 11 septembre, incertitudes pesant sur la Station spatiale internationale, pressions s'exerçant sur certains pays membres pour satisfaire aux critères de Maastricht, évolution de la structure de l'industrie spatiale européenne, sans oublier la situation politique complexe du secteur des lanceurs et de Galileo.

Malgré ce contexte contraignant pour l'engagement de nouveaux investissements, le Conseil d'Édimbourg a donné, de l'avis général, de très bons résultats. De fait, on peut y voir une étape très importante pour le devenir de l'Agence mais aussi pour la consolidation de l'Europe spatiale. Je suis convaincu que les importantes décisions politiques et programmatiques d'Edimbourg, présentées plus en détail dans les chapitres ci-après, vont renforcer la coopération spatiale en Europe et profiter aux citoyens européens.

Outre les décisions prises au niveau des ministres, je tiens également à évoquer les points suivants :

- le 27 novembre: huitième et dernier lancement de l'année pour Ariane-4 (vol 146), le 65e d'une suite ininterrompue de tirs réussis de ce lanceur depuis 1995 !
- le 12 juillet: lancement par Ariane-5 du satellite de télécommunications Artemis, qui n'a malheureusement pas été injecté sur l'orbite souhaitée. Je suis toutefois convaincu qu'Artemis, grâce à son système de propulsion de technologie avancée, rejoindra l'orbite géostationnaire à la mi-2002 et que sa mission pourra alors se dérouler de façon satisfaisante.
- Dans le domaine scientifique, le Pr. Roger Bonnet, directeur du Programme scientifique depuis 1983, a quitté l'Agence fin avril après avoir accompli un travail fantastique. Au nom du Conseil, je tiens à lui exprimer notre estime et notre gratitude pour ses remarquables résultats. Son successeur, le Pr. David Southwood, qui a pris ses fonctions

which the Agency develops the European space plan. Each Member State is represented on the Council and has one vote, regardless of its size or financial contribution.

The agency is headed by a Director General, elected by Council every four years. Each individual research sector has its own Directorate that reports to the Director General.

ACTIVITIES 2001

FOREWORD

2001 was a very challenging year for the Agency and for European space activities. I believe that globally it was a year of substantial achievements and progress. We had many positive results. The main event was, of course, the Ministerial Council held in Edinburgh on 14-15 November. Ministers approved nearly 8 billion Euros worth of investments over the next five years in new programmes in the areas of launchers, navigation, telecommunications, space science, Earth observation and utilisation of the International Space Station. The meeting also confirmed and reinforced the relationship with the European Union in developing a coherent European space policy, with Mr Romano Prodi, the President of the European Commission, attending an ESA Ministerial Council for the first time.

The meeting, chaired by Minister Edelgard Bulmahn of Germany, was held at a time when space activities worldwide are faced with a difficult environment. This is due to the changes in national priorities following the 11 September events in the United States, uncertainties surrounding the International Space Station, constraints in some member countries linked to the fulfilment of the Maastricht criteria, the evolving structure of the European space industry, and not least the complex political situation in the launcher sector and for Galileo.

Despite these difficult boundary conditions for deciding on new investments, the outcome of the meeting has been widely seen as a great success. It can indeed be regarded as a very important step not only in the further development of the Agency, but also in the creation of a stronger Europe in space. I am convinced that the important programmatic and policy decisions taken at the meeting, details of which appear in the various chapters of this report, will strengthen space cooperation in Europe and benefit its citizens.

Besides the decisions at the Ministerial Council, I would like to mention as other highlights:

- The year's eighth and final launch of Ariane-4 (flight 146) on 27 November. It was the 65th straight success of the Ariane-4, dating to 1995!
- In telecommunications, we had the launch on 12 July of Artemis, which unfortunately was not put into the right orbit by Ariane-5. Nevertheless, I am confident that, thanks to its advanced propulsion capabilities, the satellite will indeed reach its intended geostationary orbit by mid-2002 and be able to perform a meaningful mission.
- In science, Prof. Roger Bonnet who had directed the Science Programme since 1983, left the Agency at the end of April. He did a superb job and, on behalf of Council, I would like to express our esteem and gratitude for his outstanding work. His successor, Prof. David Southwood, who took up duty on 1 May, will have the challenging task of implementing the Science Programme within the budget approved by the Ministers in Edinburgh.
- In April, Umberto Guidoni became the first European astronaut to set foot on the International Space Station, and in October Claudie Haigneré made history as the

le 1er mai, aura pour tâche difficile de mettre en œuvre le programme scientifique dans les limites du budget approuvé par les ministres à Édimbourg.

– En avril, Umberto Guidoni a été le premier astronaute européen à séjourner à bord de la Station spatiale internationale. En octobre, Claudie Haigneré a été la première femme européenne à se rendre à bord de la station mais aussi la première astronaute non russe de sexe féminin à occuper les fonctions d'ingénieur de bord dans une capsule Soyouz.
– Dans le courant de l'année, le Conseil a nommé trois nouveaux directeurs: Gaele Winters (NL) en qualité de Directeur Soutien technique et opérationnel; Jean-Pol Poncelet (B) au poste de Directeur Stratégie et Relations extérieures; José Achache (F) en tant que Directeur des Programmes d'observation de la Terre. Je leur adresse mes meilleurs vœux de réussite dans leurs nouvelles fonctions.

Bien que le Conseil ministériel soit aujourd'hui derrière nous, l'Agence a beaucoup à faire pour mettre en œuvre ses décisions et préparer l'avenir. Les différents programmes de l'ESA s'emploient, bien entendu, à examiner les conséquences des décisions ministérielles sur leurs activités futures. Certains secteurs, comme le Programme scientifique ou l'Observation de la Terre, devront réorganiser les missions à venir pour les adapter aux enveloppes financières approuvées ou souscrites à Édimbourg.

L'année 2002 s'annonce tout à fait exceptionnelle pour l'Agence. Le Programme scientifique s'apprête en effet à lancer trois satellites au cours des 12 mois à venir: Integral en octobre 2002, Smart-1 fin 2002 et Rosetta en janvier 2003. Les lancements d'Envisat et MSG (Météosat de seconde génération) constitueront les deux autres événements marquants de l'exercice.

La reprise des vols Ariane-5 pour le lancement d'Envisat comptera parmi les étapes majeures de 2002. Compte tenu de l'enjeu qu'elle représente pour le secteur spatial européen et son nouveau lanceur, la réussite de cette mission revêt une importance capitale pour l'avenir de l'Europe spatiale. De plus, les installations de Kourou sont préparées à assurer le premier lancement d'Ariane-5 Evolution ainsi que le premier essai à feu du nouveau moteur Vinci.

En ce qui concerne Galileo, j'espère qu'à la date de publication du présent rapport, cet important projet aura été approuvé par les ministres des Transports de l'UE. Galileo illustre la complexité des situations que l'Agence peut avoir à gérer, comme je l'ai dit plus haut: il s'agit en effet d'un projet commun avec l'UE, qui fait intervenir l'industrie et la notion de partenariat public/privé et dont le financement public n'est pas assuré par les ministres de la Recherche avec qui nous avons coutume de traiter mais par les ministres des Transports.

Au-delà de l'exécution des nouveaux programmes approuvés à Édimbourg, une des priorités de 2002 réside dans la poursuite des relations ESA/UE et la coordination des activités visant à établir un accord-cadre qui précisera les modalités de coopération entre les deux organisations afin de consolider la position de l'Europe dans le secteur spatial.

Pour conclure, je suis convaincu que l'Agence relèvera avec succès les défis qui se présenteront à elle en 2002 et qu'elle restera l'organisation efficace, tournée vers l'avenir, autour de laquelle se construira l'avenir de l'Europe spatiale.

Alain Bensoussan
Président du Conseil

COUP D'ŒIL SUR L'ANNÉE

L'année qui vient de s'achever a été, une fois encore, particulièrement chargée et je crois qu'on peut la considérer, dans l'ensemble, comme une excellente année pour l'Agence. De nombreux événements positifs se sont produits, dont les moindres ne sont pas les décisions prises first European woman to visit the Space Station and also as the first non-Russian woman astronaut to fly in a Soyuz spacecraft as Flight Engineer.

– Council appointed three new Directors during the year: Gaele Winters (NL) as Director of Technical and Operational Support; Jean-Pol Poncelet (B) as Director of Strategy and External Relations, and José Achache (F) as Director for Earth Observation Programmes. I wish them well in their new and challenging roles.

Although the Ministerial Council is now behind us, the Agency has plenty of work to do in order to implement its decisions and to prepare for the future. The various ESA programmes are, of course, assessing the consequences of the ministerial decisions for their future work. Some, such as Science and Earth Observation, will have to reorganise their future missions to adapt them to the financial envelopes approved or subscribed to in Edinburgh.

2002 promises to be a quite exceptional year for the Agency. In Science, three satellite launches are planned over the next 12 months: Integral in October 2002, followed by the launch of Smart-1 at the end of 2002, and that of Rosetta in January 2003. The launches of Envisat and MSG (Meteosat Second Generation) will be the other two highlights of the year.

One of the key events in 2002 will be the resumption of the flights of Ariane-5 and the launch of Envisat. Much is at stake for Europe's space activities and its new launcher and it is imperative for the future space development of Europe that the mission succeeds. Moreover, Kourou is being readied for the first launch of Ariane-5 Evolution and for the first test firing of the new Vinci engine.

As regards Galileo, I hope that by the time this report is published, this important project will have been approved by the EU Transport Ministers in March 2002. Galileo is one of the examples where we have to deal with a complex situation that I mentioned earlier: it is a joint project with the EU, it involves industry and the concept of a private-partnership, with the public funding being provided not by the research ministries with whom we deal normally, but by the transport ministries.

Besides the execution of the new programmes approved in Edinburgh, one of the other main priorities in 2002 will be the continuation of the ESA/EU relationship and coordination towards the development of a Framework Agreement specifying how the two organisations should co-operate in order to have a stronger European presence in space.

To conclude, I am convinced that the Agency will tackle the challenges ahead in 2002 successfully and that it will remain the efficient and forward-looking organisation around which the future of European space activity will be built.

Alain Bensoussan
Chairman of Council

THE YEAR IN REVIEW

We are once again at the end of a very busy year, a year that I believe was a very good one for the Agency as a whole. It had many positive events, not least the many decisions taken at the Ministerial Council in Edinburgh in November, which gave ESA a renewed and expanded mandate for the coming years.

en novembre par le Conseil ministériel d'Édimbourg qui a renouvelé et élargi le mandat de l'ESA pour les prochaines années.

Ces décisions récompensent les efforts très importants que l'Agence a consenti pour assurer la mise en œuvre réussie des mesures adoptées par les ministres en 1999 et 2000. L'ESA a parallèlement renforcé la position de l'Europe spatiale en élargissant sa coopération avec l'Union européenne, en établissant une Stratégie européenne pour l'espace, en progressant dans la mise sur pied d'un réseau de centres techniques spécialisés et en fixant de nouvelles priorités en matière de politique industrielle.

L'établissement d'une Stratégie européenne pour l'espace et son approbation par les Conseils de l'Agence spatiale européenne et de l'Union européenne en novembre 2000 ont permis de développer considérablement la coopération entre l'ESA et l'UE. Cette stratégie n'a pas seulement permis d'adopter des objectifs et des principes communs, elle a également débouché sur des actions conjointes dans les domaines programmatiques (Galileo et GMES) et institutionnels (établissement de la Task Force conjointe ESA/CE et du Groupe consultatif commun sur la stratégie spatiale). Le développement en 2001 de stratégies sectorielles et intersectorielles conformes à la Stratégie européenne pour l'espace a contribué à façonner l'avenir de l'Europe spatiale et à renforcer le rôle de l'ESA.

Des réseaux pilotes ont été mis sur pied dans le cadre du plan d'action visant à établir un réseau de centres techniques spécialisés en Europe. L'ESA contribue également à l'initiative de la Commission européenne pour l'Espace européen de la Recherche dont l'objectif est d'intégrer les moyens dont dispose l'Europe en matière de recherche au sein de l'EIROForum (Organisation de recherche intergouvernementale européenne). Celui-ci réunit déjà l'ESA, l'ESO, le CERN, l'EMBL, l'ESRF, l'ILL et le JET parmi les principaux organismes de recherche européens.

Les excellents résultats obtenus par les maîtres d'œuvre européens sur le marché commercial témoignent de la compétitivité d'ensemble de l'industrie spatiale européenne. Le soutien que leur apporte l'Agence grâce à ses programmes technologiques et de développement vise à renforcer encore cette excellente position et à préserver une structure industrielle équilibrée en Europe. La définition d'un certain nombre de principes, de règles et de procédures applicables aux nouveaux programmes – au sein desquels on favorisera davantage le partenariat entre les secteurs public et privé – devrait également ouvrir de nouveaux débouchés dans les secteurs commerciaux correspondants.

L'ESA est devenue plus efficace dans tous les domaines. La modernisation et l'adaptation des procédures financières et de gestion des ressources humaines de l'Agence a permis d'obtenir d'importants résultats.

En ce qui concerne la réforme des systèmes financiers:

- une plus grande efficacité a permis de réaliser d'importantes économies en matière de frais de fonctionnement ;
- le système d'ajustements pour variations du niveau des prix a été réformé et relié aux indices européens des prix à la consommation ;
- une réforme ambitieuse de la structure budgétaire de l'ESA a été mise en route, avec pour objectif de rationaliser encore le cadre réglementaire et financier de l'Agence. Le nouveau Règlement financier, qui a été unanimement approuvé lors du Conseil ministériel de l'Agence en novembre, représente un autre élément important de la politique de modernisation de l'ESA.

Dans le domaine des ressources humaines, l'adoption de nouvelles règles et de nouvelles procédures a permis d'améliorer l'efficacité de l'Agence sur le plan de l'acquisition, du déploiement et du développement des compétences. L'accent a été mis sur la gestion active des ressources humaines, en tenant compte de l'évolution de l'environnement de l'Agence. Cette politique s'est traduite en 2001 par une augmentation de 5% des effectifs de l'ESA par rapport

Those decisions came as a result of the Agency's great efforts to ensure successful implementation of the earlier decisions taken by Ministers in 1999 and 2000. In the meantime, ESA had reinforced Europe's position in space by enhancing its cooperation with the Union, by developing a European Strategy for Space, by moving towards a network of specialised technical centres, and by setting new priorities for industrial policy. In particular:

The development of a European Strategy for Space and its approval by the ESA and EU Councils in November 2000 significantly enhanced ESA/EU cooperation. Besides identifying common goals and principles, this Strategy set out joint actions in the programmatic (Galileo and GMES) and institutional areas (formation of the Joint ESA/EC Task Force and the Joint Space Strategy Advisory Group). The development in 2001 of sectorial and cross-sectorial strategies consistent with the European Strategy for Space has contributed to shaping the future of space in Europe and to reinforcing ESA's role.

Within the required plan of action for moving towards the networking of specialised technical centres in Europe, pilot networks have been started. ESA is also contributing to the EC's European Research Area initiative, aimed at integrating European research capabilities through the European Intergovernmental Research Organisation (EIROforum), which brings together the major European research organisations of ESA, ESO, CERN, EMBL, ESRF, ILL and JET.

The excellent results being achieved by European prime contractors in the commercial market are testimony to the competitiveness of European space industry as a whole. Support by the Agency through its technology and development programmes aims at further improving such a first-class position and at safeguarding a balanced industrial structure in Europe. The identification of principles, rules and procedures to be applied to new programmes, in which there will be more private-public collaborative efforts, will also lead to new opportunities in commercially related areas.

ESA has enhanced its efficiency in all areas. Substantial results have been achieved by modernising and adapting the Agency's financial processes and human-resource policies.

In terms of reforming financial systems:

- Substantial savings have been made in the Agency's running costs through greater efficiency.
- The system of adjustment for price-level variations has been overhauled and linked to European consumer price indices.
- A far-reaching review and reform of ESA's budgetary structure is on the way, with a view to further streamlining the Agency's regulatory and financial framework. The new Financial Regulations, which were unanimously approved by the Ministerial Council in November, are another important element in the modernisation of ESA.

In the human-resources field, new policies and procedures have been adopted to improve the Agency's efficiency in acquiring, deploying and developing competencies. Emphasis has been placed on the active management of human resources, taking into account the evolving environment of the Agency. As a result of that evolution, there was a 5% increase in staff during 2001 compared to 2000. A new initiative to develop a stronger female presence in the Agency, especially in top positions, was given full support by the Council in Edinburgh.

These and other structural reforms instituted during the year have strengthened the central role of ESA as the space agency for Europe, putting it in a better position to manage the large and challenging space programmes of tomorrow in a way that ensures maximum benefit for the citizens of Europe.

At the end of the day, however, or in this case the end of the year as we look back at 2001, it is the success or failure in conducting those, always challenging, space programmes that determines how our efforts will be judged. The Chairman of Council, Mr Bensoussan, in his à 2000. Une nouvelle initiative, visant à accroître sensiblement la présence des femmes au sein de l'Agence, notamment aux fonctions d'encadrement, a reçu le plein soutien du Conseil Édimbourg

Cette évolution et les autres réformes structurelles, mises en œuvre au cours de l'année, ont renforcé le rôle central de l'ESA en tant qu'agence spatiale de l'Europe, la mettant en meilleure position pour gérer demain d'importants et ambitieux programmes spatiaux avec le souci d'en faire bénéficier au maximum le citoyen européen.

Mais c'est aux résultats obtenus en fin d'exercice – c'est-à-dire dans le cas présent à la fin de 2001 – qu'on peut juger du succès ou de l'échec des efforts déployés pour mener à bien des programmes spatiaux qui représentent toujours un défi. Dans son avant-propos, le Président du Conseil de l'ESA, M. Bensoussan, cite les nombreux succès qui ont couronné cette année les programmes et les missions de l'Agence. Je voudrais compléter ce bilan par quelques réflexions personnelles.

Le lancement d'Artemis, le 12 juillet, représente certainement une étape importante. Conçu comme un laboratoire orbital pour la mise au point de nouvelles technologies de pointe et le soutien de futurs systèmes de télécommunications spatiales, ce satellite contribuera grandement au développement des capacités européennes en matière de nouveaux services et de nouvelles applications. Les manœuvres en cours pour rectifier l'orbite de ce satellite témoignent de l'excellence des équipes techniques de l'ESA. La liaison de données par faisceau laser établie entre Artemis et Spot-4 le 21 novembre a constitué une première mondiale. Par ailleurs, les différents éléments d'ARTES ont grandement contribué au fait qu'au cours des douze derniers mois, les industriels européens ont obtenu plus de la moitié des contrats de fabrication de satellites de télécommunications sur orbite géostationnaire proposés sur le marché commercial mondial. L'achèvement réussi de la phase de définition de GalileoSat en 2001 montre que l'ESA et l'industrie sont bien déterminés à atteindre leur objectif commun qui est de créer un système civil européen de navigation par satellite.

Les missions scientifiques de l'ESA, XMM-Newton, Cluster II, SOHO, Ulysse et le télescope spatial Hubble, ont encore permis aux chercheurs de faire d'importantes découvertes. Grâce à l'ampleur et à la qualité de ces missions et de celles qui les ont précédées, éléments clés du plan à long terme de l'Agence Horizons 2000, l'Europe a pu conserver une place prépondérante dans nombre de domaines de l'exploration scientifique de l'espace. Bien que le financement accordé au Programme scientifique par le Conseil ministériel n'ait pas été aussi important que nous l'aurions souhaité, il permet au moins de garantir que les missions scientifiques de l'Agence resteront l'un des fleurons de l'Europe.

Dans le domaine de l'observation de la Terre, l'attention s'est concentrée tout au long de l'année sur la préparation du lancement d'Envisat, prévu en mars 2002, après le succès de la revue de recette pour le vol, début avril 2001. Le succès de cette mission annonce un renforcement de la collaboration avec l'Union européenne, axée sur l'initiative GMES (Surveillance globale pour l'environnement et la sécurité) qui concerne aussi bien le changement climatique, les risques naturels et anthropiques que l'évolution de l'environnement et la surveillance de l'application des traités. L'observation de la Terre apporte aujourd'hui une contribution essentielle à la surveillance de l'environnement et à la gestion des ressources naturelles. GMES et d'autres projets d'observation de la Terre ont été approuvés lors de la Conférence ministérielle de novembre, en tant que premiers éléments d'une série de missions d'application lancées dans le cadre de l'initiative de surveillance de la Terre de l'Agence.

Une étape importante a déjà été franchie en 2001 avec l'utilisation croissante des données d'observation de la Terre pour la surveillance des catastrophes. La Charte internationale espace et catastrophes majeures, signée d'abord par l'ESA et le CNES puis par l'ISRO, l'ASC et la NOAA, a pour objectif d'établir un système unifié pour la collecte des données spatiales et leur fourniture

Foreword to this Report, has cited many of the major programmatic and mission successes that punctuated the Agency's year. I would like to complement his appraisal with a few reflections of my own.

The launch of Artemis on 12 July was certainly an important milestone. Conceived as an orbiting laboratory for new and innovative technologies aimed at supporting future space communication systems, it will contribute greatly to the development of European capabilities in terms of new services and applications. The ongoing recovery of Artemis from its initial incorrect orbit is a testimony to the excellence of ESA's technical teams. The laser-based data link established between Artemis and Spot-4 on 21 November was a world first. The various elements of the ARTES programme have also been instrumental in allowing European manufacturers to win, over the last twelve months, more than half of the world's contracts for commercial geostationary communication satellites. The successful completion of the Galileosat definition phase in 2001 also clearly indicated the strong motivation shared by ESA and European industry, as they pursue the common objective of implementing a civil European satellite navigation system.

ESA's science missions continued to make remarkable discoveries during the year, with XMM-Newton, Cluster-II, SOHO, Ulysses and the Hubble Space Telescope all delivering unique science. Thanks to the breadth and depth of these missions and their forerunners, all of which are key elements in the ESA Horizons 2000 Long-Term Plan, Europe has achieved a leading role in the world in many domains of the scientific exploration of space. Although the funding voted for the Science Programme at the Ministerial Conference was not as high as we had hoped, the outcome at least ensures that science at ESA will remain the European flag carrier.

In the Earth-observation sphere, attention focussed throughout the year on preparations for the Envisat launch, scheduled for March 2002, following successful completion of the Flight Acceptance Review in early April 2001. Success for this mission heralds further collaboration with the European Union focussing on the Global Monitoring for Environment and Security (GMES) Programme, which will address such issues as global change, natural and man-made hazards, environment trends and monitoring of treaty commitments. Earth observation is today an essential resource for surveillance of the environment and the management of natural resources. At the November Ministerial Conference GMES and a number of other Earth-observation projects were approved as the first elements in a series of applications missions within the Agency's Earth Watch initiative.

A major step forward already in 2001 has been the expanded use of Earth-observation data for disaster monitoring. The International Charter on Space and Major Disasters, initially signed by ESA and CNES, and later by ISRO, CSA and NOAA, and which seeks to provide a unified system for acquiring space data and delivering it to people dealing with natural or man-made disasters, was put to the test on several occasions in 2001, starting with the rescue operations in El Salvador in January. This is another area in which the contribution of space to our everyday lives is both already evident and increasingly vital.

These are but a few highlights from my own perspective of the Agency's endeavours and achievements in 2001. They, and all of the hard work and successes in 2001 of all of the Directorates that make up the ESA family, are reported in detail in the Annual Report.

Antonio Rodotà
Director General

à ceux chargés de gérer les catastrophes naturelles ou anthropiques. Elle a pu faire ses preuves à plusieurs occasions en 2001, et notamment dès le mois de janvier lors des opérations de sauvetage organisées au Salvador. Il s'agit là d'un autre domaine où la contribution des activités spatiales aux actes de la vie quotidienne est tout à la fois évidente et de plus en plus indispensable.

Ce ne sont là que quelques exemples, choisis de manière personnelle parmi toutes les activités et les réalisations de l'Agence au cours de l'année 2001. Ces exemples, comme tous les autres succès remportés grâce au travail considérable accompli par les différentes directions qui composent la grande famille de l'ESA, sont évoqués en détail dans le rapport annuel.

Antonio Rodotà
Directeur général

ORGANISATION EUROPÉENNE POUR DES RECHERCHES ASTRONOMIQUES DANS L'HÉMISPHÈRE AUSTRAL – OBSERVATOIRE AUSTRAL EUROPÉEN (ESO)

Karl-Schwarzschild-Strasse 2
D-85748 Garching bei München – Germany
Tél. (+49 89) 3200 60 – Fax (+49 89) 320 2362

Site web: http://www.eso.org/

Directrice générale : Mme Catherine Cesarsky (France)

Historique :

Fondée en 1962, l'Observatoire austral européen (ESO), organisation intergouvernementale européenne, a pour mission d'installer et faire fonctionner un observatoire astronomique dans l'hémisphère austral ainsi que de promouvoir et organiser la coopération dans la recherche astronomique en Europe.

Composition :

8 Etats membres : Belgique, Danemark, France, Italie, Pays-Bas, Allemagne, Suède et Suisse.

1 Etat associé : Portugal.

Objectifs :

- Construire, équiper et exploiter un observatoire astronomique situé dans l'hémisphère austral;
- Promouvoir et organiser la collaboration dans le domaine de la recherche astronomique.

Fonctionnement :

L'observatoire se trouve au Chili, sur la montagne La Silla, à 2400 m d'altitude, environ 600 km au nord de Santiago. Quatorze télescopes optiques, dont le plus grand a un miroir de 3,60 m de diamètre, ainsi qu'un radiotélescope submillimétrique de 15 m sont actuellement en service. L'instrument le plus récent (achevé en 1989) est le NTT (New Technology Telescope) qui est le télescope optique le plus avancé du monde.

Un télescope géant de 16 m (Very Large Telescope = VLT), comprenant le couplage de quatre télescopes de 8,20 m, est en cours de construction. Lorsqu'il sera terminé, il sera le plus grand télescope optique du monde. La première des quatre unités du VLT (UT1) est opérationnelle depuis mai 1998.

Le siège principal de l'ESO, avec ses départements scientifiques et techniques, se trouve

EUROPEAN ORGANISATION FOR ASTRONOMICAL RESEARCH IN THE SOUTHERN HEMISPHERE – EUROPEAN SOUTHERN OBSERVATORY (ESO)

Karl-Schwarzschild-Strasse 2
D-85748 Garching bei München – Germany
Tel. (+49 89) 3200 60 – Fax (+49 89) 320 2362

Web site: http://www.eso.org/

Director General: Ms Catherine Cesarsky (France)

Background:

Created in 1962, the European Southern Observatory (ESO) s mission is to establish and operate an astronomical observatory in the southern hemisphere, equipped with powerful instruments, with the aim of furthering and organising collaboration in astronomy.

Composition:

8 Member States: Belgium, Denmark, France, Germany, Italy, the Netherlands, Sweden and Switzerland.

1 associated Member: Portugal.

Aims:

- To build, to equip and to exploit an astronomical observatory based in the southern hemisphere;
- To promote and organise collaboration in the field of astronomical research.

Functioning:

ESO operates at two sites. It operates the La Silla observatory in the Atacama desert, 600 km north of Santiago de Chile, at 2,400 m altitude, where fourteen optical telescopes with diameters up to 3.6 m and a 15-m submillimetre radio telescope (SEST) are now in operation.

In addition, ESO is in the process of building the Very Large Telescope (VLT) on Paranal, a 2,600 m high mountain approximately 130 km south of Antofagasta, in the driest part of the Atacama desert. The VLT consists of four 8.2-meter and several 1.8-meter telescopes. These telescopes can also be used in combination as a giant interferometer (VLTI). “First Light” of the first 8.2-meter telescope (UT1) occurred in May 1998.

The ESO Headquarters are located in Garching, near Munich (Germany). This is à Garching, près de Munich (Allemagne). En Europe, l'ESO emploie quelque 200 personnes des différents pays membres; au Chili quelque 50 personnes ainsi que 130 employés recrutés localement.

ACTIVITÉS 2001

INTRODUCTION

Pour l'Observatoire européen austral et la large communauté qu'il dessert, l'année 2001 a été jalonnée de réussites instrumentales et scientifiques, saluées par les astronomes du monde entier et, de plus en plus, aussi par le grand public et les décideurs.

Les négociations pour l'entrée du Royaume-Uni à l'ESO se déroulèrent tout au long de l'année; elles culminèrent avec les décisions parallèles des Conseils de l'ESO et du PPARC en décembre. Le Royaume-Uni accédera à l'ESO en juillet 2002 et s'acquittera d'une partie des droits d'entrée en fournissant le télescope VISTA, qui sera dédié aux relevés du ciel aux infrarouges.

Le moment où les quatre télescopes du VLT entrèrent en opération simultanée est peut-être le plus remarquable de cette année, donnant la première démonstration en temps réel de l'énorme capacité à recueillir des données de cette installation unique. L'obtention des premières franges par l'interféromètre VLT, d'abord au moyen de deux petits télescopes tests en mars, puis avec deux télescopes de 8,20 m en octobre, fut également impressionnante. Dans les deux cas, les franges interférométriques furent acquises presque instantanément et restèrent stables plusieurs heures de suite, grâce au concept ingénieux et solide des nombreux composants de cette machine extrêmement complexe. La mise au point du VLTI a continué et, en avance des prévisions, de nombreuses mesures scientifiques de diamètres stellaires, beaucoup d'entre elles d'objets particulièrement intéressants, furent effectuées avec succès déjà pendant la première période d'essais.

Avec la première lumière de la facilité d'optique adaptative NAOS/CONICA en novembre, la résolution spatiale théorique d'un télescope VLT a été atteinte. Les premières images ont complètement confirmé les possibilités de recherche de cet instrument, capable d'emblée de distinguer des objets faibles dans des champs peuplés, par exemple des étoiles individuelles dans un jeune amas stellaire. Les premières images d'objets du système solaire sont une autre démonstration très convaincante de la grande souplesse de cet instrument, par exemple pour étudier des phénomènes à la surface de planètes et de satellites.

Pour que le VLT puisse rester en tête de la compétition internationale au-delà de cette décennie, des discussions sur la nouvelle génération d'instruments VLT ont commencé avec les communautés astronomiques des pays membres.

Parmi les points scientifiques culminants de cette année on peut mentionner la toute première mesure d'un âge minimum de l'univers, 12,5 ± 3 milliards d'années, déduit grâce à la détection par l'instrument UVES, sur Kueyen, de raies spectrales émises par les éléments radioactifs Uranium et Thorium à la surface d'une vieille étoile. Le même instrument a été utilisé pour détecter pour la première fois une raie coronale venant d'une étoile autre que le Soleil. Dans une autre première, des oscillations acoustiques ont été observées avec une grande précision par le télescope suisse dans l'étoile de type solaire la plus proche, Alpha Centauri A. Finalement, la masse du trou noir stellaire le plus fameux de notre Galaxie, le prototype de microquasars, a été déterminée directement en mesurant avec exactitude, avec le VLT, l'orbite de son étoile compagne. Les processus complexes de formation d'étoiles à l'intérieur des nuages moléculaires denses de la Voie Lactée ont été analysés au moyen the scientific, technical and administrative centre of ESO where technical development programmes are carried out to provide the La Silla and Paranal observatories with the most advanced instruments. In Europe ESO employs about 200 international Staff members, Fellows and Associates; in Chile about 50 and, in addition, about 130 local Staff members.

ACTIVITIES 2001

INTRODUCTION

The year 2001 was full of achievements by ESO and the large research community it serves. There were many remarkable successes in science and technology, well recognised by astronomers' worldwide and, more and more, also by the broad public and the decision makers.

Throughout the year, negotiations for the entrance of the United Kingdom into ESO took place; they culminated in positive, parallel decisions by the ESO and PPARC Councils in December. The UK will accede to ESO in July 2002 and will provide, as part of the entrance fee, the VISTA telescope which will be devoted to infrared surveys.

Perhaps the most significant moment this year occurred when all four VLT Unit Telescopes went into simultaneous operation and provided the first real-time demonstration of the enormous data gathering capability of this unique facility and the associated, tremendous research productivity. Equally impressive was the achievement of First Light by the VLT Interferometer, first by means of two small test telescopes in March and then with two 8.2-m Unit Telescopes in October. On both occasions, interferometric fringes were acquired almost instantaneously and thanks to the ingenious and solid design of the many components of this extremely complex machine, also remained stable over hours at a time. The early work to further tune the VLTI proceeded well and ahead of schedule – numerous scientific measurements of stellar diameters, many of these of particularly interesting objects, were successfully carried out already during the first test period.

With First Light for the NAOS/CONICA Adaptive Optics Facility in November, the theoretical image sharpness of a single VLT Unit Telescope was reached. The first images fully confirmed the exciting research possibilities with this instrument, reaching faint objects at high angular resolution from the outset and therefore particularly efficient for the study of stellar objects in crowded fields, e.g. young stellar clusters. Early images of solar system objects provided another very convincing demonstration of the great versatility of this instrument, e.g. for monitoring of phenomena on the surfaces of planets and moons.

In order to retain the world-leading role of the VLT, also beyond the present decade, discussions about the next generation of VLT instruments were started with the astronomical communities in the member states.

Among the scientific highlights during this year one may mention the first-ever measurement of a minimum age of the Universe, 12.5 ± 3 billion years, by means of spectral measurements of the radioactive elements Uranium and Thorium in an old star with UVES at VLT Kueyen. The same instrument was used to detect for the first time a coronal line in a star other than the Sun. In another first, acoustic oscillations were observed with great accuracy by the Swiss telescope in the nearest solar-type star, Alpha Centauri A. Finally, the mass of the most famous stellar black hole in our Galaxy, the prototype of micro-quasars, was directly determined by measuring accurately with the VLT the orbit of its companion star. The complex processes of star formation deep inside dense molecular clouds in the Milky Way were investigated by means of penetrating, infrared observations with several facilities. In d'observations infrarouges avec plusieurs instruments. En particulier des observations avec le NTT ont révélé la présence de disques de poussières autour d'objets sub-stellaires très jeunes dans la nébuleuse d'Orion, montrant que les naines brunes sont formées par des processus similaires à ceux produisant les étoiles plus massives.

L'installation réussie de la matrice de bolomètres SIMBA au SEST a été bien reçue par la communauté et de nombreuses demandes furent soumises pour des programmes d'observation avec ce nouvel instrument. L'ESO a conclu un accord avec la Société Max Planck et le Radioobservatoire d'Onsala, ayant pour but l'installation de la facilité APEX à Chajnantor en 2003. Avec une antenne similaire à celles d'ALMA et une matrice de bolomètres plus perfectionnée que SIMBA, APEX sera un pionnier ouvrant la voie pour ALMA, à la fois en terme de science et de technologie.

La phase A d'ALMA s'est poursuivie efficacement tout au long de l'année. Des progrès significatifs ont été accomplis dans certains domaines difficiles, tels que le développement hautement prioritaire de récepteurs sub-millimétriques réalisés par les laboratoires de radioastronomie européens avec des performances dépassant les spécifications. Le développement d'échantillonneurs analogiques numériques à haute vitesse a conduit à l'exécution du premier de ces dispositifs essentiels pour ALMA, sous forme de circuit intégré.

En novembre 2001, les partenaires américains d'ALMA ont reçu l'accord de financement pour une construction commençant en 2002. La situation financière du Japon s'avérant incertaine, pour deux ans ou plus, l'Europe (l'ESO, y compris le Royaume-Uni plus l'Espagne) et l'Amérique du Nord (États-Unis et Canada) ont décidé de poursuivre le projet bilatéral prévu à l'origine. L'ESO demandera l'accord du Conseil pour la construction d'ALMA en 2002.

L'étude de concept du télescope OWL de 100 m a permis d'identifier de nouvelles économies dans le coût de ce projet en tirant avantage de matériaux plus avancés et de procédés de fabrication en série.

Une nouvelle version du plan à long terme (2002–2006) a été présentée au Conseil à la fin de l'année. On voit dans ce plan comment l'ESO, dans les prochaines années, peut compléter le VLT et VLTI, tout en entreprenant la construction d'ALMA et continuant les études pour OWL.

Avec la charge croissante de travail sur l'Organisation, une réorganisation de l'administration a commencé, qui conduira à des gains d'efficacité.

Avec la promotion active de l'ESO, une collaboration a été établie entre sept organisations européennes intergouvernementales de recherche (EIROs: CERN, EFDA, EMBL, ESA, ESO, ESRF et ILL). EIROFORUM augmentera les échanges et les collaborations entre ces organisations et servira aussi de point de convergence pour le dialogue entre les EIROs et la Commission européenne. À l'ESO, plusieurs projets, en particulier l'innovant Observatoire astrophysique virtuel (AVO), ont reçu un support de la Commission européenne, et la future implication de l'ESO et des autres organisations dans le 6ème Programme cadre européen a été débattue dans une atmosphère très positive. Des présentations à haut niveau de l'ESO et de ses accomplissements ont eu lieu dans quelques-uns des pays membres.

En résumé, il n'y a pas de doute que notre Organisation est maintenant dans une période de développements extrêmement prometteuse, au centre naturel de l'astronomie et de l'astrophysique européennes. Avec à leur disposition des données d'excellente qualité, provenant de nos facilités observationnelles, les astronomes européens peuvent explorer de nouveaux territoires. Un nombre de résultats importants ont déjà été obtenus; alors que l'étendue et la sensibilité de ces facilités sophistiquées continuent de croître, les astronomes particular, observations with the NTT revealed the presence of dusty disks around very young substellar objects in the Orion Nebula, showing that Brown Dwarfs are formed in processes similar to those producing more massive stars.

The successful installation of the SIMBA bolometer array at SEST was very well received by the community and numerous proposals were submitted for observing programmes with this new instrument. ESO concluded an agreement with the Max-Planck Society and the Onsala Radio Observatory, aiming at the installation of the APEX facility at Chajnantor in 2003. With an antenna similar to that of ALMA and a bolometer array more advanced than SIMBA, APEX will be a pathfinder for ALMA, both in terms of science and technology.

Throughout the year, Phase A for ALMA proceeded at full speed. Significant advances were achieved in some difficult areas, such as the development of high-priority submillimetre receivers achieved by European radio-astronomy laboratories with performances exceeding specifications. High-speed sampler-digitiser development work yielded the first custom integrated circuit implementation of these devices, essential for ALMA.

In November 2001, the USA ALMA partners received approval of funding for construction starting in 2002. As the funding situation for Japan will remain uncertain for two or more years, Europe (ESO, including the UK, plus Spain) and North America (the USA and Canada) decided to proceed with a bilateral project as originally planned. ESO will seek Council approval for ALMA construction in 2002.

The Concept Study of the 100-m OWL Telescope continued at a steady rate, identifying further cost-saving measures which take advantage of more advanced materials and serial manufacturing procedures.

An updated Long Range Plan (2002– 2006) was presented to Council at the end of the year. It demonstrates how ESO, in the next few years, can complete the VLT and VLTI, while starting the construction of ALMA and pursuing studies on OWL.

With the increasing load on the organisation, re-engineering of the Administration started that will lead to a further increase in efficiency of this central function.

With the active promotion by ESO, a collaboration was established between seven European Intergovernmental Research Organisations (EIROs), CERN, EFDA, EMBL, ESA, ESO, ESRF and ILL. EIROFORUM will enhance the interchanges between these organisations and their common endeavours and will also serve as a focus for the continuing dialogue between the EIROs and the European Commission. At ESO, several projects, in particular the trailblazing Astrophysical Virtual Observatory (AVO), received support from the EC and the future involvement of ESO and the other organisations in the European 6th Framework Programme was discussed in a very positive spirit. High-level presentations of ESO and its achievements were made in some of the member countries.

In summary, there is no doubt that our organisation is now in a period of extremely promising developments, serving as a natural focal point of European ground-based astronomy and astrophysics. With first-class data from our front-line observational facilities at their disposal, European astronomers are able to explore many new territories. A number of important results have already been obtained with the new facilities; as the range and depth of these sophisticated facilities continue to expand, European astronomers have in their hands some of the most powerful keys to unravel the mysteries of the universe.

Catherine Cesarsky
Director General of ESO

européens ont entre leurs mains quelques-unes des clefs les plus puissantes pour comprendre l'univers.

Catherine Cesarsky
Directrice générale de l'ESO

SCIENCE

Les faits marquants de la recherche

Les installations de l'ESO fournissent des outils observationnels pour une grande variété de recherche astronomique. Les faits marquants de la recherche reflètent cette diversité des programmes astronomiques. Bien que les principaux thèmes changent avec le temps, la richesse des recherches européennes de première ligne n'est plus à débattre. Il est clair d'après les faits marquants de cette année que beaucoup de résultats astronomiques sont maintenant le résultat de collaborations parmi les observatoires utilisant des observations couvrant le spectre électromagnétique. De nos jours, l'ESO joue un rôle important dans les collaborations les plus excitantes. L'exploration du ciel du sud bat son plein et de nombreux résultats deviennent possibles avec la nouvelle génération d'instruments. L'archive de l'ESO est aussi en train de se développer en une source importante pour la recherche astronomique.

Explorer le système solaire avec l'ordinateur de bureau

L'exploration du système solaire est toujours une activité astronomique active et excitante. Les objets de la ceinture de Kuiper au-delà de l'orbite de Neptune ont été une découverte de la dernière décade. La caractérisation de ces objets distants du système solaire est souvent très difficile puisque leurs orbites ne sont pas connues avec précision. Les recherches des archives peuvent remédier à cette situation. Une fois que des estimations de l'orbite sont disponibles, de vieilles observations, obtenues dans des buts complètement différents, peuvent servir à localiser l'objet et améliorer ses paramètres orbitaux.

Ce fut exactement le but d'un programme qui utilisait les archives de données ESO. L'ESO maintient une archive de toutes les plaques photométriques observées avec le télescope de Schmidt à La Silla. Les observations modernes du VLT et de certains télescopes de La Silla sont entrées dans l'archive électronique de l'ESO. On peut consulter cette dernière à travers des pages web appropriées. Cette archive est de plus en plus utilisée par la communauté.

L'objet trans-neptunien 2001 KX76 a été découvert en juillet 2001. L'orbite exacte put être déterminée depuis des observations ESO, datant des 18 dernières années, sur de vieilles plaques et des images grand champ de caméras électroniques. 2001 KX76 est en orbite autour du Soleil à une distance d'environ 6,5 milliards de kilomètres ou 43 fois la distance de la Terre au Soleil. Cet objet est situé bien au-delà de l'orbite de Pluton. En faisant l'hypothèse d'une réflectivité, c'est-à-dire albédo, d'environ 7% (comparable à celle de la Lune), on dérive un diamètre de 1200 km pour 2001 KX76. De façon surprenante, c'est plus grand que la plus grande astéroïde connue, Ceres, découverte presque exactement 200 ans auparavant. L'objet semble même être plus grand que Charon, la plus grande lune de Pluton. L'exploration des données existantes avec de nouveaux buts deviendra une activité importante pour les astronomes.

Observer la couronne chaude des étoiles

Nous ne pouvons observer que la « surface » des étoiles directement. Cette « surface » qu'on appelle photosphère est une région où la plupart des photons émergent du chaudron

SCIENCE

Research Highlights

The ESO facilities provide the observational tools for a wide range of astronomical research. The scientific highlights reflect this diversity of astronomical programs. Although the most prominent topics shift with time, the richness of frontline research in Europe is unabated. It is clear from this year's highlights that many astronomical results are now the result of collaborations amongst observatories using observations covering the electromagnetic spectrum. ESO plays an important role in the most exciting collaborations these days. The exploration of the southern sky is in full swing and many results become possible with the new generation of instruments. The ESO archive is also developing into a rich resource for astronomical research.

Exploring the solar system from the desktop

Exploring the solar system is still an active and exciting astronomical activity. Kuiper-belt objects beyond the orbit of Neptune have been a discovery of the last decade. The characterisation of these distant solar-system objects is often very difficult, as their orbits are not known very accurately. Archival searches can be used to remedy this situation. Once estimates of the orbit are available, old observations, obtained for entirely different purposes, can be used to locate the object and improve its orbital parameters.

This was exactly the goal of a programme that made use of the ESO data archive. ESO maintains an archive of all photographic plates observed at the Schmidt telescope on La Silla. Modern observations at the VLT and many La Silla telescopes are entered into ESO's electronic archive. The latter is searchable through dedicated Web pages and is used more and more by the community.

The trans-Neptunian object 2001 KX76 was discovered in July 2001. The exact orbit could be determined from ESO observations dating back over 18 years on old plates and wide-field imaging electronic cameras. 2001 KX76 is orbiting the Sun at a distance of about 6.5 billion kilometres or 43 times the distance from the Earth to the Sun. It lies well outside the orbit of Pluto. Assuming a reflectivity, i.e., albedo, of about 7% (comparable to the one of Earth's Moon), one derives a diameter for 2001 KX76 of 1200 kilometres. Surprisingly, this is bigger than the largest known asteroid, Ceres, discovered almost exactly 200 years before. It even appears to be bigger than Pluto's large moon, Charon. Exploring the existing data for new purposes will become an important activity for astronomers.

Observing the hot corona of stars

We can only observe the "surface" of stars directly. This so-called photosphere is the region where most of the photons emerge from the stellar cauldron and travel freely into stellaire et voyagent librement dans l'espace. Cependant, notre Soleil est aussi entouré par un plasma chaud, la couronne, avec une température d'environ un million de degrés, qui devient visible durant les éclipses solaires, et une région de transition, la chromosphère, entre la photosphère et la couronne. L'observation des signatures de chromosphères dans d'autres étoiles est relativement facile sous forme de raies d'émission, alors que les couronnes autour d'étoiles de type solaire ont été observées jusqu'à présent seulement en rayons X. UVES, le spectrographe à haute résolution du VLT, a permis pour la première fois aux astronomes d'observer l'émission coronaire de l'étoile proche CN Leonis. Ce résultat fut obtenu en détectant l'émission large de [Fe X III], une raie faible mélangée avec les raies d'émission Ti II de la chromosphère. Seule la largeur de raie permet de la distinguer des raies chromosphériques, qui ne sont pas résolues. A partir de cette détection de raies il est possible de dériver la température de plasma et les vitesses turbulentes de la couronne. La température mesurée correspond étroitement à l'émission X observée. Puisque CN Leonis scintille dans les rayons X, ce n'est pas un exercice facile. Cependant il fut possible de montrer que les observations furent prises durant une période de repos de l'étoile. Les observations montrent aussi que la chromosphère et la couronne de CN Leonis n'ont pas de mouvement relatif l'une par rapport à l'autre.

Avec la détection optique de raies coronaires, le VLT ouvre la voie pour des études régulières de beaucoup plus d'étoiles puisque l'instrumentation au sol offre une bien plus grande résolution spectrale que la génération courante (et à venir) des spectromètres à rayons X.

Formation des naines brunes

Les naines brunes sont des objets sous-stellaires qui ne sont pas assez massifs pour soutenir la fusion de l'hydrogène comme les étoiles normales. Leur masse les rend intermédiaire entre les étoiles et les planètes. Les télescopes ESO ont été utilisés de façon intensive pour examiner la question de l'origine des naines brunes. Est-ce que les naines brunes apparaissent dans un disque circumstellaire d'une étoile en formation (comme les planètes), ou se forment-elles dans leur propre disque circumstellaire en isolation (comme d'autres étoiles)? Le scénario de formation des naines brunes est alors lié de près à l'existence de disques circumstellaires: trouver de jeunes naines brunes entourées d'un disque circumstellaire favoriserait la théorie de formation comme une étoile.

Pour étudier les propriétés des objets sous-stellaires extrêmement jeunes, Muench et collaborateurs ont observé l'amas du Trapèze, une région active de formation d'étoiles et de planètes dans la nébuleuse d'Orion. En utilisant le télescope NTT de 3,50 m, ils ont obtenu des images JHKs profondes dans la région centrale de 5¢ ¥ 5¢.

Les candidats naines brunes furent sélectionnés sur la base de leurs magnitudes et couleurs infrarouges. Dans les diagrammes couleur-magnitude (en particulier H vs. J–H et H vs. H–Ks), les auteurs ont comparé la position de toutes les sources du Trapèze avec la position d'une isochrone théorique, en faisant l'hypothèse d'un âge moyen de 1 million d'années et une distance de l'amas de 400 pc. Cette isochrone forme une limite bleue à la distribution des sources du Trapèze. Dans de tels diagrammes couleur-magnitude les étoiles sont rougies loin de cette limite. Les naines brunes sont identifiées dans le diagramme H vs. J–H comme étant toutes les sources plus faibles que la luminosité prédite par la limite de combustion de l'hydrogène.

Les 109 candidats naines brunes résultants furent alors représentés dans un diagramme couleur-couleur (H–Ks vs. J–H). Une large fraction des sources (65% ± 15%) sont plus rouges que les naines M, i.e. elles présentent un excès infrarouge comparé à une émission space. However, our Sun is surrounded also by hot plasma, the corona with a temperature of about one million degrees, which becomes visible during solar eclipses, and a transition region between photosphere and corona, the chromosphere. Signatures of chromospheres in other stars are rather easily observed as emission lines, while coronae around solar-like stars have been observed so far only in X-rays. The high-resolution spectrograph UVES at the VLT has now for the first time allowed astronomers to observe coronal emission in the nearby star CN Leonis. This was achieved by detecting the broad emission from [Fe XIII], a weak line blended with Ti II emission lines from the chromosphere. Only the line width distinguishes it from the chromospheric lines, which are not resolved. From this line detection it is possible to derive the plasma temperature and the turbulent velocities in the corona. The measured temperature corresponds closely to the observed X-ray emission. Since CN Leonis is flaring in the X-rays, this is not a straightforward exercise. However, it was possible to show that the observations were taken during a quiescent period of the star. The observations also show that the chromosphere and the corona of CN Leonis are not in relative motion in respect to each other.

With the optical detection of coronal lines, the VLT opens the path for regular studies of many more stars as ground-based instrumentation offers much higher spectral resolution than current- (and next-) generation X-ray spectrometers.

FORMATION OF BROWN DWARFS

Brown dwarfs are substellar objects that are not massive enough to sustain hydrogen fusion like normal stars. Their masses make them intermediate objects between stars and planets. ESO telescopes have been used extensively to investigate the question of the origin of brown dwarfs. Do brown dwarfs emerge within a circumstellar disk of a forming star (like planets), or do they form within their own individual circumstellar disk in isolation (like other stars)? The formation scenario of brown dwarfs is then closely related to the existence of circumstellar disks: Finding young isolated brown dwarfs surrounded by a circumstellar disk would favour a star-like formation.

To study the properties of extremely young sub-stellar objects, Muench and collaborators have observed the Trapezium cluster, a region of active star and planet formation in the Orion nebula. Using the ESO 3.5-m NTT telescope, they have obtained deep near-infrared JHKs images of the central 5 ¢ ¥ 5 ¢ region.

Brown dwarf candidates were selected on the basis of their infrared colours and magnitudes. In colour-magnitude plots (in particular H vs. J–H and H vs. H–Ks), the authors compare the location of all the Trapezium sources to the location of a theoretical isochrone, assuming a mean age of 1 Myr and a distance of 400 pc to the cluster. This isochrone forms a blue boundary to the Trapezium source distribution. In such colour-magnitude diagrams the stars are reddened away from this boundary. The brown dwarfs are identified in the H vs. J–H diagram as all the sources fainter than the predicted luminosity of the hydrogen burning limit.

The resulting 109 brown dwarf candidates were then plotted in a colour-colour (H–Ks vs. J–H) diagram. A large fraction of the sources (65% ± 15%) are redder than M dwarfs, i.e., they show an infrared excess compared to regular stellar emission. The most likely explanation for an infrared excess is the presence of a (cold) circumstellar disk around the central object. The new result is that also substellar objects can have such infrared excesses, which suggests stellaire régulière. L'explication la plus probable pour un excès infrarouge est la présence d'un disque circumstellaire (froid) autour de l'objet central. Le fait que les objets sous-stellaires peuvent aussi avoir de tels excès infrarouges est un nouveau résultat, qui suggère que ces objets ont leur propre disque circumstellaire. Ce nouvel échantillon de naines brunes accroît significativement le nombre de naines brunes connues et permet d'estimer de manière statistique la fréquence des naines brunes accompagnées de disque circumstellaire.

Une comparaison de cet échantillon de naines brunes avec un excès infrarouge avec un échantillon de 'proplyds' découverts par HST fournit un appui supplémentaire à l'interprétation 'disque circumstellaire'. Les proplyds sont des objets de faible masse avec des disques circumstellaires qui sont évaporés par les photons des étoiles massives O au centre de l'amas du Trapèze. On a trouvé que vingt et un candidats naines brunes coïncident spatialement avec des proplyds.

Les auteurs concluent que, dans l'amas du Trapèze, les disques sont présents autour d'une large fraction d'étoiles à forte et faible masse du même qu'autour d'objets sous-stellaires. Ceci implique que le mécanisme de formation d'étoiles de forte masse et des naines brunes est similaire, i.e., on passe de l'effondrement initial du nuage moléculaire parental à la formation de l'objet central avec un disque circumstellaire.

Mesurer une horloge cosmique

L'image générale de l'évolution de l'Univers est que les éléments au-delà de l'hydrogène et l'hélium sont produits dans les étoiles et les explosions stellaires. A partir de là, chaque génération d'étoiles laisse des matériaux derrière elle qui sont enrichis en éléments chimiques lourds. La production d'éléments au-delà du noyau atomique le plus étroitement lié, le fer, nécessite des réaction endothermiques. De telles conditions sont remplies dans les explosions de supernovae, où un bombardement riche en neutrons crée les éléments jusqu'aux noyaux instables des éléments trans-uraniens.

Quelques isotopes de ces éléments instables ont de très longs temps de déclin, e.g. 232Th avec une demi-vie de 14 milliards d'années (comparable à l'âge de l'univers). Les déterminations d'âge pour de tels isotopes à longue vie sont très difficiles, puisque l'abondance doit être mesurée très exactement pour distinguer même de petits changements. Les isotopes avec un temps de déclin de quelques milliards d'années sont plus appropriés à de telles mesures. En comparant des isotopes avec différents temps de déclin, y compris aussi des isotopes stables connus, on peut déduire l'âge d'une étoile avec plus de précision. Cette mesure devrait aussi être faite dans les étoiles vieilles qui ont été influencées seulement par quelques générations stellaires antérieures. Ceci crée le problème que les éléments lourds sont présents en petites quantités et peuvent être observés seulement dans les raies faibles. Une fois qu'il est possible de détecter ces raies faibles, on peut déterminer avec précision l'âge de l'étoile. En mesurant les étoiles les plus vieilles on peut mettre des limites à l'âge de l'Univers lui-même.

Plusieurs programmes pour observer de vieilles étoiles pauvres en métal ont été commencés avec UVES au VLT. Étudier les plus vieilles étoiles de la Voie Lactée est un ingrédient important pour comprendre sa structure et son origine. L'observation d'une telle étoile pauvre en métal a conduit à la première détection de raies d'uranium dans une étoile. L'étoile CS31082-001 montre une distribution particulière d'éléments indiquant qu'elle contient du matériel en provenance d'une récente supernova: seulement environ 1/800 de l'abondance de fer du Soleil, mais 1/9 en osmium et iridium. Avec les rapports d'uranium et thorium avec les éléments stables, on peut estimer l'âge de l'étoile, et donc l'âge de l'univers. Ceci à son tour doit être une limite inférieure à l'âge de l'univers. L'âge dérivé pour CS31082-

that they have their own circumstellar disks. This new sample of brown dwarfs significantly increases the number of known brown dwarfs and permits to estimate statistically the frequency of brown dwarfs with circumstellar disks.

An independent support to the circumstellar disk interpretation comes from a comparison of this brown dwarf sample with infrared excess to a sample of "proplyds" discovered by HST. Proplyds are low-mass objects with circumstellar disks being photo-evaporated by the massive O stars at the centre of the Trapezium cluster. Twenty-one of the candidate brown dwarfs are found to be spatially coincident with proplyds.

The authors conclude that, in the Trapezium cluster, disks are present around a large fraction of high- and low-mass stars as well as substellar objects. This implies that the formation mechanism of high-mass stars and brown dwarfs is similar, i.e., it proceeds from the initial collapse of the parent molecular cloud to the formation of a central object with a circumstellar disk.

Measuring a cosmic clock

The general picture of the evolution of the universe is that elements beyond hydrogen and helium are produced in stars and stellar explosions. Hence, every generation of stars leaves material behind which is enriched in heavier chemical elements. The production of elements beyond the most tightly bound atomic nucleus, iron, requires endothermic reactions. Conditions for this can only be found in supernova explosions, where a neutron-rich bombardment creates elements up to the unstable nuclei of the trans-uranian elements.

Some isotopes of these unstable elements have very long decay times, e.g., 232Th with a half-life of 14 Gyr (comparable to the age of the universe). Age determinations from such long-lived isotopes are very difficult, as the abundance has to be measured very accurately to distinguish even small changes. Isotopes with decay times of a few Gyr are better suited for such a measurement. Comparing isotopes with different decay times, including known stable isotopes as well, one can deduce the age of the star more accurately. This measurement should also be done in old stars that have been influenced only by few previous stellar generations. This creates the conundrum that the higher elements are present in minute quantities and can be observed only in faint lines. Once it is possible to detect these faint lines, one can accurately determine the age of the star. By measuring the oldest stars one can set limits on the age of the universe itself.

Several programmes to observe metal-poor old stars have been started with UVES at the VLT. Studying the oldest stars of the Milky Way is an important ingredient to understand its structure and history. One observation of such a metal-poor star has yielded the first ever detection of a uranium line in a star. The star CS31082-001 shows a peculiar element distribution indicating that it contains material from a recent supernova: only about 1/800 of the iron abundance of the Sun, but 1/9 in osmium and iridium. With the ratios of uranium and thorium to stable elements, one can then estimate the age of the star, and hence the age of the universe. This in turn must be a lower limit to the age of the universe. The age derived for CS31082-001 is 12.5 ± 3 Gyr. There remain systematic uncertainties in this method, which stem from the oscillator strengths of the atomic transitions and the initial production ratio of the elements in the supernova explosions. Several studies are under way to remedy this

001 est 12.5 ± 3 milliards d'années. Il reste des incertitudes systématiques dans cette méthode, qui sont issues des forces des oscillateurs des transitions atomiques et le rapport initial de production des éléments dans les explosions de supernova. Diverses études sont en cours pour remédier à cette situation dans le futur. Néanmoins, la détection de plusieurs raies du Thorium et Uranium dans une étoile seule ouvre la voie à beaucoup plus de déterminations détaillées d'âge.

Trous noirs de masse stellaire dans la Voie Lactée

Les trous noirs ne peuvent pas être observés directement. Leur influence sur leur environnement est, cependant, clairement observable. Les trous noirs massifs sont responsables pour les jets énergétiques observés dans les noyaux de galaxies actives. Ces jets sont souvent observés dans les quasars extragalactiques brillants. Récemment, des objets ont été découverts dans la Voie Lactée, qui présentent des caractéristiques très similaires, conduisant au terme « microquasars ». GRS 1915 +105 est un microquasar remarquable. Il est suffisamment brillant pour être observé à presque toutes les longueurs d'ondes. C'est une source de rayons X qui montre un jet en mouvement superluminal en radio. Situé derrière un écran de poussière significatif, GRS1915 +105 est pratiquement invisible aux longueurs d'onde optiques. Dans l'infrarouge, l'étoile donatrice nourrissant le trou noir a pu être identifiée avec ISAAC au VLT. C'est une géante M ou K de plutôt faible masse, qui confirme que GRS1915 +105 est une binaire, de faible masse, émettant en rayons X. Des observations complémentaires du compagnon montrent un changement périodique de vitesse radiale indiquant l'orbite serrée dans le système binaire. La période orbitale et l'amplitude du mouvement radial ensemble avec une idée de l'inclinaison fournit une estimation de la masse du trou noir. L'inclinaison peut être déduite de l'orientation et du mouvement du jet radio, alors que la période de 33,5 ± 1,5 jours et l'amplitude de 1401 ± 15 km/s ont été mesurées avec ISAAC. Le trou noir dans GRS1915 +105 est de 14 ± 4 M0, ce qui en fait le trou noir de plus forte masse stellaire connue. La formation d'un tel trou noir dans un système binaire n'est pas comprise pour le moment et ces observations fournissent un défi pour la théorie.

Centaurus A – la galaxie elliptique géante la plus proche

Centaurus A (NGC 5128) est la plus proche galaxie elliptique, géante, massive, dans la Voie Lactée. La remarquable bande de poussières est l'évidence d'une fusion récente avec une galaxie spirale riche en gaz. Une forte émission radio provient d'un jet émanant du centre de la galaxie. Cette histoire compliquée contribue à en faire une cible astronomique très intéressante, qui a été étudiée pendant de nombreuses années. Placée dans l'hémisphère sud, ce fut naturellement une cible privilégiée pour une étude approfondie avec le VLT.

Des observations ISAAC de l'émission infrarouge très proche du noyau de Centaurus A ont été utilisées pour mesurer les dynamiques internes. Cette région est invisible aux longueurs d'onde optiques dû au fort obscurcissement par la poussière. Les observations VLT révèlent non seulement plusieurs raies d'émission de l'hydrogène et des transitions du fer atomique, mais aussi de l'hydrogène moléculaire en émission. Les observations dépendaient de façon critique de la haute résolution spatiale et du pouvoir collectif de lumière de la combinaison VLT/ISAAC. Trois composantes cinématiques purent être distinguées: une concentration de gaz interne avec un indice de la présence d'un objet central massif, un anneau moléculaire et une composante de gaz étendue tournant avec le reste de la galaxie. La rotation rapide du gaz le plus à l'intérieur (les raies observées sont de Paschen a et Bracket g de l'hydrogène et la transition interdite du [Fe II] à 1,26 μm) s'explique le mieux par un disque de gaz situation in the future. Nevertheless, the detection of several lines of Th and U in a single star is opening the path to many more detailed age determinations.

Stellar-mass black hole in the Milky Way

Black holes cannot be observed directly. Their influence on their environment is, however, clearly observable. Massive black holes are responsible for the energetic jets observed in active galactic nuclei. These jets are often observed in the bright extra-galactic quasars. Recently, objects have been discovered within the Milky Way, which display very similar characteristics leading to the term "micro-quasars". A prominent microquasar is GRS1915 +105. It is bright enough that it can be observed at nearly all wavelengths. It is an X-ray source and shows superluminal jet motion in the radio. Located behind a significant dust screen, GRS1915 +105 is nearly invisible at optical wavelengths. In the infrared, the donor star feeding the black hole could be identified with ISAAC on the VLT. It is a rather low-mass K or M giant, which confirms that GRS1915+105 is a low-mass X-ray binary. Follow-up observations of the companion show a periodic radial velocity change indicating the tight orbit within the binary system. The orbital period and amplitude of the radial motion together with an idea of the inclination provide an estimate of the black hole mass. The inclination can be derived from the orientation and motion of the radio jet, while the period of 33.5 ± 1.5 days and the amplitude of 140 ± 15 km/s have been measured with ISAAC. The black hole in GRS1915+105 is 14 ± 4 M_0, which makes it the most massive stellar black hole known. The formation of such a massive black hole in a binary system is currently not understood and these observations provide a challenge for theory.

Centaurus A – the nearest giant elliptical galaxy

Centaurus A (NGC 5128) is the nearest massive giant elliptical galaxy to the Milky Way. The prominent dust lane is evidence of a recent merger with a gas-rich spiral galaxy. Strong radio emission comes from a jet emanating from the centre of the galaxy. This complicated history makes for a very interesting astronomical target, which has been studied for many years. Placed in the Southern sky, it naturally was a prime target for extensive studies with the VLT.

ISAAC observations of the infrared emission very close to the nucleus of Centaurus A have been used to measure the internal dynamics. This region is invisible at optical wavelengths due to the strong obscuration by the dust. The VLT observations not only reveal several emission lines of hydrogen and iron atomic transitions, but also molecular hydrogen in emission. The observations critically depended on the high spatial resolution and the light collecting power of the VLT/ISAAC combination. Three kinematic components could be distinguished: an inner gas concentration with an indication of a massive central object, a molecular ring and an extended gas component rotating with the rest of the galaxy. The rapid rotation of the innermost gas (observed lines are Paschen a and Brackett g of hydrogen and the forbidden [Fe II] transition at 1.26 mm) can be best explained by a thick gas disk influenced by a massive black hole of about 2 · 108 M0 at the centre. The molecular hydrogen gas, épais influencé par un trou noir massif d'environ 2 · 108 M0 au centre. Le gaz d'hydrogène moléculaire, observé à travers d'une transition vibrationnelle/rotationnelle du H2, est situé à une distance légèrement plus grande du noyau dans une structure, similaire à un anneau, en rotation. Alternativement, ces observations pourraient aussi être interprétées comme une barre nucléaire dans cette galaxie. Le gaz à l'extérieur est en rotation, de façon similaire aux étoiles, dans le potentiel de la galaxie.

Puisque Centaurus A est relativement proche, les amas globulaires et même les étoiles peuvent être résolues spatialement par des observations obtenues dans d'excellentes conditions atmosphériques. Ceci permet aux astronomes d'étudier l'âge et l'enrichissement métallique de ces composants individuels de la galaxie. Dans un cas comme Centaurus A, qui combine une population vieille d'étoiles d'une galaxie elliptique et des étoiles jeunes d'une galaxie spirale, de telles études sont spécialement importantes. Le système d'amas globulaires de Centaurus A est particulièrement intéressant puisqu'il nous permet pour la première fois de comparer directement la population d'étoiles du champ et le gaz dans une galaxie elliptique géante. Le VLT a observé le plus grand et plus profond échantillon d'amas globulaires dans n'importe quelle galaxie elliptique. On s'attend à ce qu'il y ait quelques dix fois plus d'amas globulaires que dans la Voie Lactée. Les nouvelles données sont les plus détaillées et peuvent être comparées à l'échantillon d'amas globulaires de la Voie Lactée et M31, la galaxie d'Andromède. Les amas globulaires dans ces trois galaxies peuvent être divisées en deux groupes. L'un d'eux présente tous les signes d'un âge très vieux et une faible métallicité, alors que l'autre groupe est plus jeune et plus enrichi en métaux. C'est remarquable puisque l'on pense que l'histoire de la formation de ces différents types de galaxies – la Voie Lactée et M31 sont des galaxies spirales formant des étoiles alors que Centaurus A est une galaxie elliptique – doit être assez différente. Centaurus A montre, cependant, une large gamme de métallicité, observé comme une dispersion des couleurs des amas globulaires. La fonction de luminosité des systèmes des amas globulaires semble aussi être très similaire entre ces trois galaxies bien étudiées.

Avec les excellentes données VLT, les étoiles individuelles peuvent aussi être observées dans les régions externes de Centaurus A. Cette étude remplace toutes les recherches antérieures faites avec le télescope spatial Hubble puisqu'elle couvre une région bien plus grande et fournit une vue plus générale de la distribution stellaire dans Centaurus A. Une petite population d'étoiles d'âge intermédiaire (environ 5 milliards d'années) a été détectée dans des études antérieures indiquant l'histoire compliquée de ce système de galaxies en fusion. Avec les informations de couleur rassemblées par les observations optiques et infrarouges obtenues au VLT et livrant des mesures de plusieurs milliers d'étoiles, il a été possible de séparer les étoiles jeunes et vieilles dans le halo externe. Deux champs séparés dans la galaxie furent observés. Dans un champ, aucune étoile jeune n'a été découverte, ce qui est complètement consistant avec l'image générale des étoiles vieilles peuplant les halos de galaxies. L'autre champ, cependant, montre un jeu très distinct de très jeunes (10 millions d'années) étoiles bleues. Ceci est très inhabituel en soit, mais la distribution spatiale des étoiles jeunes est encore plus surprenante. Elles sont alignées le long du même axe que le jet radio, qui émerge depuis le noyau interne de Centaurus A à plusieurs kpc de là. Ces étoiles tombent aussi dans la même région que le gaz excité très probablement par le jet, un signe très clair de formation d'étoiles induite par chocs. Ces chocs sont produits par le jet émergeant du trou noir dans le centre de la galaxie alors qu'il frappe le gaz s'effondrant de la galaxie spirale et déclenche la formation de nouvelles générations d'étoiles.

observed through an H2 vibrational/rotational transition, is located at a slightly larger distance from the nucleus in a rotating ring-like structure. Alternatively, these observations could also be interpreted as a nuclear bar in this galaxy. The outer gas is rotating in a similar manner as the stars in the galaxy potential.

Since Centaurus A is relatively close, individual globular clusters and even stars can be spatially resolved by observations obtained in excellent atmospheric conditions. This allows astronomers to investigate the age and metal enrichment of these individual components of the galaxy. In a case like Centaurus A, which combines an old population of stars from the elliptical galaxy and young stars from the spiral galaxy, such studies are especially rich. The globular cluster system of Centaurus A is particularly interesting as it allows us for the first time to directly compare field population stars and gas in a giant elliptical galaxy. The VLT has observed the largest and deepest sample of globular clusters in any elliptical galaxy. It is expected to have about 10 times as many globular clusters as the Milky Way. The new data are the most detailed and can be compared to the globular cluster sample of the Milky Way and M31, the Andromeda galaxy. The globular clusters in all three galaxies can be divided into two groups. One of them shows all signs of very old age and low metallicity, while the other group is younger and more strongly enriched with metals. It is remarkable as the formation history of these different types of galaxies – the Milky Way and M31 are star-forming spiral galaxies while Centaurus A is an elliptical galaxy – is thought to be quite different. Centaurus A does, however, display a larger spread in metallicity, observed as a spread in globular cluster colours. The luminosity function of the globular cluster systems also appears to be very similar between these three well-studied galaxies.

With the excellent VLT data, individual stars can also be observed in the outer regions of Centaurus A. This study supersedes previous investigations with the Hubble Space Telescope as it covers a much wider area and provides a more global view of the stellar distribution in Centaurus A. A small intermediate age population of stars (about 5 Gyr) had been detected in previous studies indicating the complicated history of this merging galaxy system. With the colour information assembled from optical and infrared observations obtained at the VLT and yielding measurements of several thousand stars, it has been possible to separate old and young stars in the outer halo. Two separate fields in the galaxy were observed. In one field no young stars have been discovered, which is fully consistent with the general picture of old stars populating the halos of galaxies. The other field, however, displays a very distinct set of very young (only 10 Myr old), blue stars. This in itself is very unusual, but the spatial distribution of the young stars is even more astonishing. They line up along the same axis as the radio jet, which emerges from the inner nucleus of Centaurus A several kpc away. These stars also fall into the same region as gas excited most probably by the jet, a very clear sign of star formation induced by shocks. These shocks are produced by the jet emerging from the black hole in the centre of the galaxy as it hits gas from the infalling spiral galaxy and triggers the formation of a new generation of stars.

Deux populations distinctes entre les objets extrêmement rouges

Les objets extrêmement rouges (EROs) sont des galaxies avec une couleur optique à infrarouge très rouge R–K > 5. Ils ont été découverts par hasard il y a une dizaine d'années et jusqu'à récemment les distances n'étaient connues que pour une poignée d'entre eux, parce que la spectroscopie optique de ces objets est un défi même pour un télescope de 8 m. Cimatti et ses collaborateurs ont effectué de la spectroscopie multi-objets de ces EROs en utilisant FORS1 et FORS2 au VLT et ont essayé d'établir la nature de ces objets.

De ces observations, il semble que les EROs peuvent être divisés en deux classes de galaxies avec des décalages vers le rouge entre 0,8 et 1,5. Premièrement, de vieilles galaxies sans raies d'émission et une cassure proéminente vers 4000 Å et, deuxièmement, une population rougie par la poussière et formant des étoiles avec une preuve claire de raies d'émission de [OII] et pas de coupure. Pour 45 EROs avec K ≤ 19,2, environ un tiers a été identifié comme de vieux systèmes compatibles pour être des elliptiques évoluant passivement, un tiers a été trouvé être des galaxies poussiéreuses à sursaut de formation d'étoiles et un tiers n'a pu être classifié. Les galaxies elliptiques dominent le budget total de lumière de tous les EROs, alors que les objets poussiéreux formant des étoiles contribuent principalement à la population de EROs aux magnitudes faibles.

Établir que les membres de la première catégorie d'EROs sont de vieilles elliptiques massives est crucial pour tester les scénarios de formation de tels objets. En effet, en comparant les spectres moyens de ces vieux objets à des modèles de population stellaire, et en prenant en compte la couleur R-K > 5, un âge moyen de 3,1 ± 0,3 milliards d'années a pu être dérivé. Puisque nous regardions ces galaxies avec un temps de rétrospection d'environ 8,3 milliards d'années, elles ont dû se former il y a 11,6 milliards d'années, ce qui correspond à un décalage vers le rouge de la formation de $z = 2.4 \pm 0.3$ et pose de fortes contraintes sur les scénarios de formation de galaxies. Il favorise la formation d'élliptiques massives tôt dans le temps cosmologique, en contradiction apparente avec les modèles, hiérarchiques populaires de fusion, de formation de galaxies.

De plus, les observations VLT ont permis à ce groupe de distinguer l'agglomération spatiale des deux populations, montrant que les vieilles elliptiques expliquent le fort regroupement angulaire mesuré précédemment pour les EROs. Les propriétés du groupement peuvent aussi être utilisées pour contraindre les scénarios de formation. Le regroupement angulaire des EROs implique une longueur de corrélation spatiale de $r0 = 12 \pm 3\ h^{-1}$ Mpc. Les modèles d'évolution de luminosité passive ne s'attendent pas à une aussi grande longueur de corrélation. Cependant, quelques scénarios d'évolution hiérarchiques avec un biais croissant rapidement pour les galaxies massives à $z \sim 1$ anticipent cela. Ces derniers modèles, cependant, ne réussissent pas à prédire la densité spatiale des EROs (par un ordre de magnitude). Des révisions significatives des modèles hiérarchiques de fusion sont requises par ces observations.

L'Univers à fort décalage vers le rouge: FIRES et les champs profonds Chandra

FIRES

Pour étudier l'histoire assemblée de masses stellaires dans l'Univers, on aimerait de façon idéale observer et comparer des galaxies à égale longueur d'onde pour le système au repos, e.g. pour un système au repos dans la bande visible B. À un décalage vers le rouge $z > 1.0$, les bandes optiques observées échantillonnent le système au repos du régime UV, ce qui n'est pas

Two distinct populations amongst the Extremely Red Objects

Extremely Red Objects (EROs) are galaxies with very red optical-to-IR colour R-K > 5. They were discovered serendipitously a decade ago and until recently distances were known only for a handful of cases, because optical spectroscopy for such objects is challenging even for 8-m-class telescopes. Cimatti and collaborators performed multi-object spectroscopy of EROs using FORS1 and FORS2 at the VLT and tried to establish the nature of these objects.

From these observations, it seems that EROs can be divided into two classes of galaxies with redshifts between 0.8 and 1.5. First, old galaxies without emission lines and a prominent break around 4000 Å and, second, a dust-reddened star-forming population with clear evidence of [OII] emission lines and no break. For 45 EROs with $K \leq 19.2$, about a third were identified as old systems consistent with being passively evolving ellipticals, a third were found to be dusty starburst galaxies and a third could not be classified. Elliptical galaxies dominate the total light budget of all EROs, while the dusty star-forming objects contribute mostly to the ERO population at faint magnitudes.

Establishing that the members of the first class of EROs are old massive ellipticals is crucial to test formation scenarios of such objects. Indeed, comparing the average spectra of these old objects to stellar population models, and taking into account the R-K > 5 colour, an average age of 3.1 ± 0.3 Gyr could be derived. Since we observed these galaxies at a lookback time of about 8.3 Gyr, they must have formed 11.6 Gyr ago, which corresponds to a formation redshift of $z = 2.4 \pm 0.3$ and puts strong constraints on galaxy formation scenarios. It favours the formation of massive ellipticals at early cosmological times, in apparent disagreement with popular hierarchical merging models of galaxy formation.

In addition, the VLT observations allowed this team to distinguish the spatial clustering of the two populations, showing that the old ellipticals account for the strong angular clustering previously measured for EROs. The clustering properties can also be used to constrain the formation scenarios. The angular clustering of EROs implies a spatial correlation length of $r0 = 12 \pm 3\ h^{-1}$ Mpc. Such a large correlation length is not expected for passive luminosity evolution models. It is however anticipated for some hierarchical merging scenarios with a rapidly increasing bias for massive galaxies by $z \sim 1$. These later models, however, fail to predict the spatial density of EROs (by an order of magnitude). Significant revisions to the hierarchical merging models are required by these observations.

The high redshift Universe: FIRES and Chandra Deep Fields

FIRES

To study the assembly history of stellar mass in the universe, one would like ideally to observe and compare galaxies at identical rest-frame wavelengths, e.g., the rest-frame optical B-band. At redshift $z > 1.0$, the observed optical bands sample the rest-frame UV regime, which is not recommended for tracing the stellar mass, since it i s subject to uncertain and recommandé comme traceur de masse stellaire, dans la mesure où c'est sujet à une quantité incertaine et peut-être large d'extinction. De plus, il sonde seulement les étoiles très jeunes les plus massives, qui contribuent peu à la masse stellaire. Pour observer des galaxies à z ~ 1.0 aux longueurs d'ondes optiques de leur système au repos, on doit aller dans le proche infrarouge (NIR). Dans ce cas, il devient possible de faire une comparaison significative avec des échantillons locaux de galaxies pour lesquelles de grandes quantité de données optiques existes.

Le Champ Profond Hubble (HDFs) Nord et Sud offrent les images optiques les plus profondes à ce jour. Malheureusement, HDF-N n'a des données en bande K que moyennement profondes. C'est ce qui fut la motivation initiale pour l'Étude (publique) dans l'infrarouge de faibles sources extragalactiques (Faint Infrared Extragalactic [Public] Survey = FIRES) pour obtenir des données extrêmement profondes dans le proche infrarouge du HDF-S et de l'amas MS1054-03 à z = 0,83; les deux champs HST avec la meilleure combinaison de profondeur et de champ aux longueurs optiques visibles depuis le VLT. Franz et collaborateurs ont utilisés ISAAC au VLT pour obtenir des images en Js, H et Ks de HDF-S et MS1054-02, jusqu'à MAB = 26.

Combinant les images proches infrarouges du VLT avec les données optiques de HST, les décalages photométriques vers le rouge ont été dérivés et utilisés pour déterminer les luminosités des systèmes au repos des galaxies en fonction de z. Les auteurs trouvent 90 fois plus de galaxies à $2 < z < 3,5$ que ce que l'on attendait depuis les fonctions de luminosité locale avec une luminosité de système au repos LB > 5 · 1010 h –2 L0, B. Les couleurs calculées, des systèmes au repos, U-B, B-V et U-V montrent aussi que huit des douze galaxies les plus rouges à $2 < z < 3$ n'auraient pas été détectées par la technique de sélection basée sur la cassure Lyman. À ce jour cela a été la technique la plus couronnée de succès pour trouver les galaxies à fort z, en regardant pour la large discontinuité, dans leur distribution de flux UV de système au repos, qui est produite quand la lumière de jeunes étoiles chaudes est tronquée par l'absorption de l'hydrogène neutre.

En utilisant de simples relations théoriques entre la couleur et le rapport stellaire masse/lumière (M/L), les masses stellaires purent être estimées. Les galaxies avec les plus grandes masses stellaires à $z < 3,2$ sont les systèmes au repos des galaxies optiquement les plus rouges, pas les galaxies bleues avec une cassure Lyman. Les galaxies plus rouges que les galaxies Scd actuelles contribuent significativement au budget de masse stellaire à $z < 3.2$.

CDFS

Le champ profond Chandra Nord et Sud (CDFN et CDFS respectivement) sont les images les plus profondes libres de confusion d'émission de rayons X qui aient jamais été prises dans le domaine d'énergie [0,1–10] keV. Ces nouvelles observations Chandra montrent que dans le domaine [2–10] keV, la plupart du fond de rayons X peut s'expliquer par la contribution intégrée de sources ponctuelles individuelles. L'identification de ces sources X aux longueurs optiques est requise pour établir leur identité et décalage vers le rouge. FORS au VLT a été utilisé pour obtenir des observations de suivi spectroscopiques de CDFS afin de clarifier la nature et déterminer la distance de ces sources X. Une grande couverture en longueurs d'ondes (y compris l'infrarouge, l'optique et les rayons X) est nécessaire pour étudier davantage la nature physique et l'évolution cosmologique de ces objets.

Approximativement la moitié des 300 sources Chandra purent être identifiées comme des galaxies à noyau actif (AGN) de type II avec une faible luminosité, LX, en X et des raies d'émission (dans le visible) étroites. Il est généralement supposé que les AGN sont alimentés en puissance par des trous noirs massifs dans leur centre. La distribution de décalage vers possibly large amounts of extinction. In addition, it only probes the very young, most massive stars, which contribute little to the stellar mass. To observe $z \sim 1.0$ galaxies at rest-frame optical wavelengths, one has to go to the Near Infrared (NIR). In that case, it becomes possible to make a meaningful comparison with local samples of galaxies for which large amounts of optical data exist.

The Hubble Deep Fields (HDFs) North and South offer the deepest optical images to date. Unfortunately, HDF-N has only moderately deep K-band data. This gave the initial motivation for the Faint InfraRed Extragalactic (Public) Survey (FIRES) to obtain extremely deep NIR data of the HDF-S and the $z = 0.83$ cluster MS1054-03; the two HST fields with the best combination of depth and area in the optical visible from the VLT. Franx and collaborators have used ISAAC at the VLT to obtain Js, H and Ks images of HDF-S and MS1054-03, down to MAB = 26.

Combining NIR imaging from the VLT and the HST optical data, photometric redshifts were derived and used to determine the rest-frame luminosities of the galaxies as a function of z. The authors find 90 times more galaxies at $2 < z < 3.5$ than expected from local luminosity functions and with rest-frame luminosity LB > 5 · 1010 h–2 L0, B. The computed rest-frame colours U-B, B-V and U-V also show that eight out of the twelve reddest galaxies at $2 < z < 3$ would have been missed by the Lyman-break selection technique. To date, this has been the most successful technique for finding high-z galaxies, by looking for the large discontinuity in their rest-frame UV flux distribution, which is produced when the light from young, hot stars is truncated by neutral hydrogen absorption.

Using simple theoretical relations between colour and stellar mass-to-light (M/L) ratio, the stellar masses could be estimated. The galaxies with the highest stellar mass at $z < 3.2$ are the rest-frame optically reddest galaxies, not the blue Lyman-break galaxies. The stellar mass budget at $z < 3.2$ has significant contributions from galaxies redder than present-day Scd galaxies.

CDFS

The Chandra Deep Field North and South (CDFN and CDFS respectively) are the deepest confusion-free X-ray images ever taken in the [0.1-10] keV energy range. These new Chandra observations show that in the [2-10] keV range, most of the X-ray background can be explained by the integrated contribution of individual point-like sources. The identification of these X-ray sources at optical wavelengths is required to establish their identity and redshifts. FORS at the VLT has been used to obtain spectroscopic follow-up observations of CDFS in order to clarify the nature and determine the distance of the X-ray sources. A wide wavelength coverage (including infrared, optical and X-ray) is needed to further investigate the physical nature and cosmic evolution of these objects.

Approximately half of the 300 Chandra sources could be identified as type II Active Galactic Nuclei (AGN) with low X-ray luminosity LX and narrow (optical) emission lines. It is generally believed that AGN are powered by massive black holes at their centres. The AGN redshift distribution peaks at $z \sim 0.8$, which is significantly less than what was predicted by X-ray background synthesis models. Previous X-ray surveys missed most of these objects, le rouge des AGN pique à z ~ 0,8, ce qui est significativement moins que ce qui était prévu par les modèles de synthèse de fond de rayonnement X. Les études antérieures effectuées en rayons X ont manqué la plupart de ces objets, parce qu'ils étaient trop faibles pour être détectés. D'autres types de sources X bien connues, par exemple les quasars (AGN à fort LX) de même que les amas et groupes de galaxies furent aussi détectées pendant ces observations. Une source X particulière identifiée avec le VLT pendant cette étude a beaucoup attiré l'attention: un quasar enseveli sous les poussières à z = 3,7. C'est le premier représentant très distant d'une classe insaisissable d'objets (dénommés "Quasars de type II"), dont on pense qu'ils représentent à peu près 90% des quasars alimentés en puissance par des trous noirs dans l'univers distant.

CONFÉRENCES ET COLLOQUES

Colloque international inter-institutions (co-parrainé par l'ESO) sur: « Champs magnétiques à travers le diagramme de Hertzsprung-Russell », Santiago, 15–19 janvier.

Colloque ESO, « Les origines des étoiles et planètes – Les vues du VLT », Garching, 24–27 avril.

Colloque co-parrainé par l'ESO sur: « Au-delà de l'optique adaptative conventionnelle », Venise, 7–10 mai.

Colloque ESO sur « Les impulsions scientifiques pour l'instrumentation future du VLT/VLTI », Garching, 11–15 juin.

Colloque pour les utilisateurs de FLAMES, Garching, 11–15 juin.

Conférence MPA/ESO/MPE/USM: « Les phares de l'univers: les objets célestes les plus lumineux et leur utilisation pour la cosmologie », Garching, 6–9 août.

Réunion du groupe de travail IAU sur l'interférométrie optique et infrarouge, co-parrainée par l'ESO, OHP (France), 30–31 août.

JENAM 2001 (Rencontre astronomique conjointe EAS/AG européenne et nationale), co-parrainée par l'ESO: « Cinq jours de création: astronomie avec de larges télescopes terrestres et spatiaux », Munich, 10–14 septembre.

Première rencontre à thème: « Des niches astrophysiques pour la spectroscopie haute résolution », ESO Vitacura, 1er–2 octobre.

Deuxième rencontre à thème: « A propos des naines brunes et planètes », ESO Vitacura, 15–16 octobre.

Mini-colloque « La ceinture de Gould et autres grands complexes de formation d'étoiles », Garching, 24–26 octobre.

Colloque ESO: « La masse des galaxies à faible et fort décalage vers le rouge », Venise, 24–27 octobre.

FONCTIONNEMENT

OPC

La structure et procédure de travail du Comité des Programmes d'Observation (OPC), introduites en l'an 2000, sont restées inchangées. 44 astronomes de la communauté furent impliqués dans le processus de révision des 643 et 666 propositions d'observation, soumises à l'ESO pour la période 68 et 69 respectivement, pour l'utilisation des installations de Paranal et La Silla. Les deux rencontres de l'OPC, 28 mai – 1er juin et 26–30 novembre 2001, eurent lieu au quartier général de l'ESO à Garching.

Le facteur moyen de pression (temps demandé / temps disponible) était de l'ordre de 3,5 because they were too faint to be detected. Other types of well-known X-ray sources, e.g., quasars (high-LX AGN) as well as clusters or groups of galaxies were also detected during these observations. One particular X-ray source identified with the VLT during the present investigation has attracted much attention: a dust-enshrouded quasar at z = 3.7. It is the first very distant representative of an elusive class of objects (referred to as "Type II Quasars"), which are believed to account for approximately 90% of the black hole powered quasars in the distant universe.

SYMPOSIA AND WORKSHOPS

International Inter-Institutional Workshop (co-sponsored by ESO) on "Magnetic Fields across the Hertzsprung-Russell Diagram", Santiago, 15–19 January.

ESO Workshop "The Origins of Stars and Planets – The VLT View", Garching, 24–27 April.

Workshop co-sponsored by ESO on "Beyond Conventional Adaptive Optics", Venice, 7–10 May.

ESO Workshop "Scientific Drivers for ESO Future VLT/VLTI Instrumentation", Garching, 11–15 June.

FLAMES Users Workshop, Garching, 9–10 July.

MPA/ESO/MPE/USM Conference "Lighthouses of the Universe: Most Luminous Celestial Objects and their use for Cosmology, Garching, 6–9 August.

Co-sponsored by ESO: IAU Working Group Meeting on Optical/IR Interferometry, OHP, 30–31 August.

JENAM (Joint EAS/AG European and National Astronomical Meeting) 2001 co-sponsored by ESO: "Five Days of Creation: Astronomy with Large Telescopes from Ground and Space", Munich, 10–14 September.

Topical Meeting I: "Astrophysical Niches for High Resolution Spectroscopy", ESO Vitacura, 1–2 October.

Topical Meeting II: "On Brown Dwarfs and Planets", ESO Vitacura, 15–16 October.

Mini-Workshop "The Gould Belt and other large star forming complexes", Garching, 24–26 October.

ESO Workshop "The Mass of Galaxies at Low and High Redshift", Venice, 24–27 October.

OPERATIONS

OPC

The structure and working procedure of the Observing Programmes Committee (OPC) that were introduced in 2000 remained unchanged. 44 astronomers from the community were involved in the review process of the 643 and 666 observing proposals respectively submitted to ESO in P68 and P69, for the use of the Paranal and La Silla facilities. The two OPC meetings, May 28 – June 1 and November 26–30, 2001, took place at the ESO Headquarters in Garching.

The average pressure factor (requested time / available time) was of the order of 3.5 on pour les unités VLT, 2,5 pour le NTT et le SEST, 2 pour les télescopes ESO de 3,60, 2,20 et 1,50 m, et de 1 pour le télescope danois de 1,50 m.

Au VLT, la demande du mode Service a augmenté. Comme le mode d'opération de Paranal est basé sur un partage à peu près égal entre Service et Visiteur, quelques programmes d'observation adéquats qui demandaient du Service ont été transférés en mode Visiteur, afin d'obtenir un niveau acceptable en ce qui concerne les ressources opérationnelles. Des améliorations significatives ont été accomplies dans l'optimisation des queues de service.

En plus des paramètres multiples qui contraignent normalement l'allocation de temps de télescope, la reprogrammation relativement fréquente des activités techniques à Paranal pendant le dernier quartier de 2001 a eu un effet direct sur l'allocation de temps d'observation. Les programmes des UTs furent régulièrement remis à jour et de nouveaux programmes furent ajoutés. Ceci fut fait en suivant de près les recommandations de l'OPC.

Pour les télescopes de La Silla, les programmes d'observation étaient essentiellement en mode Visiteur et seulement 10% des nuits disponibles ont été assignées au mode Service au NTT et au télescope de 3,60 m. Depuis le 1er octobre 2001, au télescope de 2,20 m, une large fraction du temps disponible au WFI a été assignée au Service, le but étant d'opérer cet instrument entièrement en mode Service en 2002.

Observatoire de La Silla

Points d'organisation

Les télescopes de La Silla continuèrent d'être opérés cette année avec une grande efficacité et satisfaction des utilisateurs et du personnel. La figure ci-après montre que les télescopes furent opérationnels pour au moins 96% des nuits, lorsque le temps le permettait.

La quatrième revue annuelle de La Silla a pris place dans une atmosphère de célébration et esprit d'équipe.

Les préparatifs de réorganisation de l'observatoire furent commencés cette année et terminés pour le département d'ingénierie. En 2002, le nombre d'équipes sera donc réduit à 3 et il y aura 3 nouveaux départements: Ingénierie, Opérations scientifiques et Maintenance du site. (Ce dernier étant un nouveau nom pour le groupe antérieur de "Support infrastructure".)

L'université La Silla (LSU), un effort interne pour améliorer la formation au sein du personnel de l'observatoire, a continué à mûrir en 2001. En plus du jeu d'activités extra-curriculum, telles que la peinture, l'art dramatique, l'aikido et l'entraînement physique, LSU a offert cette année un ensemble complet de thèmes pour le curriculum, conçu pour amener rapidement le personnel nouvellement recruté à niveau à propos d'aspects fondamentaux de l'organisation (sécurité, administration) et techniques (Remedy, computing) de La Silla. LSU offrait aussi un ensemble de cours électifs tels que l'introduction à Linux, les détecteurs, les techniques infrarouges, etc. LSU maintient une page web complète où des informations à propos de ces cours et activités peuvent être trouvées. Le groupe d'art dramatique a présenté une pièce de leur création, 'Teseo y sus Angustias', qui a reçu les acclamations du public.

Des prises internet ont été installées dans toutes les chambres de l'hôtel occupées normalement par les astronomes visiteurs, leur permettant donc de se connecter au réseau en utilisant leur ordinateur portable. Cela a été très bien accueilli par les visiteurs qui sont habitués à voyager avec leur propre ordinateur.

Les plans pour installer deux télescopes robotiques servant à l'identification optique et le suivi rapide des sursauts de rayons gamma (GRB) a atteint le point où les télescopes seront installés en 2002. Alors qu'il est connu que les GRB se situent à un décalage vers le rouge cosmologique, peu est connu sur les mécanismes qui déclenchent ces gigantesques the VLT Units, of 2.5 on the NTT and the SEST, of 2 on the 3.6-m, 2.2-m and ESO 1.5-m telescopes, and of 1 on the Danish 1.5-m telescope.

At the VLT, the demand for Service Mode has been increasing. As the Paranal operation mode is based on an approximately equal split between Visitor and Service, some suitable observing runs that requested Service were switched to Visitor Mode, in order to reach an acceptable level regarding operational resources. Significant improvements in the optimisation of the service queues were also achieved.

In addition to the multiple parameters that usually constrain the telescope time allocation, the rather frequent re-scheduling of technical activities at Paranal during the last quarter of 2001 had a direct impact on the allocation of observing time. The UT schedules were regularly updated and new runs were added. This was done following closely the OPC recommendations.

For the La Silla telescopes the observing schedule was essentially Visitor Mode based with only 10% of the available nights assigned to Service Mode on the NTT and 3.6-m telescopes. At the 2.2-m telescope, from October 1, 2001, a larger fraction of the available time on WFI was assigned to Service, the aim being to operate this instrument in full Service Mode in 2002.

La Silla Observatory

Organisational issues

The La Silla telescopes continued to be operated this year with high efficiency and very good user and staff satisfaction. As shown in the figure below, the telescopes were operational for at least 96% of the night, weather permitting.

The fourth annual La Silla Review took place in an atmosphere of celebration and team spirit.

The preparations for re-engineering the Observatory were started this year and completed for the Engineering Department. Thus, in 2002, the number of teams will be reduced to three, and there will be three new departments: Engineering, Science Operations, and Site Maintenance. (The latter being a new name for the previous infrastructure support group.)

La Silla University, an in-house effort to enhance and promote training among the observatory staff, continued to mature during 2001. In addition to the set of extra-curricular activities such as Painting, Drama, Aikido, and Physical Training, LSU offered this year a complete curricular mesh designed to rapidly bring newly recruited staff up to date with the basic organisational (safety, administrative), and technical (Remedy, Computing) aspects of La Silla. LSU also offered a range of elective courses such as Introduction to Linux, Detectors, Infrared Techniques, etc. LSU maintains a comprehensive web page where information about its courses and activities can be found. The Drama group presented a play of their creation, 'Teseo y sus Angustias' that received the acclamation of the public.

Internet plugs were installed in all the hotel rooms usually occupied by Visiting Astronomers, thus allowing visitors to connect to the net using their own lap-tops. This has been very welcome by visitors who are used to travelling with their own computers.

The plans to install two robotic telescopes to be used for the optical identification and rapid follow-up of gamma-ray bursts reached the point where these telescope will be installed during 2002. While it is known that ORB's lie at cosmological redshifts, little is known about the mechanisms that trigger these gigantic explosions, so ORB's remain one of the major unsolved puzzles in Astronomy. These two robotic telescopes at La Silla will allow very early detection of these events and thus much more detailed study than has hitherto been possible.

explosions, de sorte que les GRBs restent une des énigmes majeures de l'astronomie. Ces deux télescopes robotiques à La Silla permettront une détection très tôt de ces événements et donc une étude beaucoup plus détaillée que ce qui était possible jusqu'ici.

Les premiers pas vers l'implantation des procédures de qualité de gestion ISO 9000 à tous les niveaux de l'observatoire furent pris cette année. Un manuel de qualité (QM) a été produit et revu. Ensemble avec le système complet de rapports, basé sur Remedy, déjà en place depuis de nombreuses années, le QM permettra d'atteindre les standards ISO 9000 d'ici la fin de l'année 2002, bien que La Silla ne demandera pas une certification.

Points techniques

SIMBA, le réseau bolométrique d'imagerie du SEST, a été mis en service avec succès au SEST et a immédiatement reçu un grand nombre de demandes de temps. La nouvelle addition a ravivé l'intérêt de la communauté européenne pour le SEST et ouvert une nouvelle fenêtre pour observer les ciels du Sud.

Deux exemples excitants de nouvelles observations sont présentés ci-dessus et sur la page précédente.

TIMMI2, l'instrument (2) multi-mode pour l'infrarouge thermique, a atteint des opérations stables pendant cette année, quoique avec des efforts significatifs dus à son électronique et logiciel de contrôle non standards. Un examen détaillé des opérations après six mois a confirmé le besoin de leur remplacement par les technologies standards de l'ESO (IRACE et VCS).

L'adaptateur Cassegrain HARPS pour le télescope de 3,60 m a été conçu et construit à La Silla, qui a aussi pris la responsabilité du logiciel de l'instrument et du système d'étalonnage. Il est prévu de mettre HARPS en service vers la fin de l'année 2002.

En dépit de sont âge avancé, ADONIS, la première génération d'instrument d'optique adaptative pour tous les usagers à l'ESO et l'un des premiers au monde, fonctionna parfaitement au cours de 2001. Il est prévu de le remplacer bientôt par l'instrument de pointe NAOS/CONICA au VLT.

WFI, l'imageur grand champ du télescope de 2,20 m a été opéré pour une majeure fraction du temps en mode Service (SM). Tous les outils SM standards développés pour le VLT furent installés à La Silla dans ce but. En plus, le système de nouvelle génération d'archive de l'ESO (NGAS) a été installé avec succès au 2,20 m permettant une réduction significative de la quantité de travail nécessaire pour dupliquer et entreposer les larges quantités de données générées par le WFI. NGAS utilise des disques durs IDE standards qui sont utilisés pour l'emmagasinage et le transport des données, au lieu des DLTs. Les grisms d'objectifs furent mis en service au WFI faisant de l'instrument le seul de sa classe au monde à offrir des capacités de spectroscopie grand champ sans fente.

Le logiciel de contrôle d'instrument (ICS) du télescope de 1,50 m a été revalorisé. Cela a permis de remplacer le vénérable ordinateur HP 1000 et son interface électronique par un système moderne basé sur des stations de travail UNIX et une interface électronique VME. En plus d'être plus amical pour les utilisateurs et plus facile à maintenir, le nouveau système a finalement permis à La Silla de cesser toutes les opérations avec bandes (qui étaient toujours écrites par IHAP!).

Les pages web de tous les télescopes furent améliorées et complétées. La Silla offre maintenant, à travers l'internet, un jeu très complet d'informations sur les télescopes et l'instrumentation, y compris des analyses de tendance des performances des instruments.

The first steps toward implementing ISO 9000 quality management procedures at all levels of the observatory were taken this year. A Quality Manual (QM) was produced and reviewed. Together with the comprehensive Remedy-based reporting system already in place at La Silla for a number of years, the QM will allow reaching ISO 9000 standards by the end of 2002, although La Silla will not seek certification.

Technical issues

SIMBA, the SEST Imaging Bolometer Array was successfully commissioned at SEST and immediately received a large number of proposals. The new addition revived the interest in SEST by the European astronomical community and opened a new window for observing the southern skies.

Two examples of exciting new observations are presented on this and the preceding page.

TIMMI2, the Thermal Infrared Multi Mode Instrument (2) reached stable operations during this year, albeit with significant effort due to its non-standardised electronics and control software. A comprehensive review of operations after 6 months confirmed the need to replace these items with the standard ESO technologies (IRACE and VCS).

The HARPS Cassegrain adapter for the 3.6-m telescope was designed and built at La Silla, which also took responsibility for the instrument software and calibration system. HARPS is due to be commissioned towards the end of 2002.

In spite of its advanced age, ADONIS, the first-generation common-user adaptive optics instrument at ESO, and one of the first in the world, worked flawlessly during 2001. It is expected that it will soon be replaced by the state-of-the-art instrument NAOS/CONICA at the VLT.

WFI, the Wide Field Imager on the 2.2-m telescope was operated for a major fraction of the time in Service Mode. All the standard SM tools developed for the VLT were implemented at La Silla for this purpose. In addition, the ESO New Generation Archive System (NGAS) was successfully installed at the 2.2-m allowing a significant reduction in the amount of work needed to duplicate and store the large amounts of data generated by WFI. NGAS uses standard IDE hard-disks which are used for storing and transporting the data, instead of DLT's. The Objective Grisms were commissioned at WFI making the instrument the only one of its class in the world to offer wide-field slitless spectroscopy capabilities.

The Instrument Control Software (ICS) of the 1.5-m telescope was upgraded and the venerable HP1000 computer and its interface electronics were replaced by a modern system based on UNIX workstations and VME electronics interface. Besides being more user friendly and maintainable, the new system finally allowed La Silla to decommission all reel-tape operations (which were still written by IHAP!)

The web pages of all telescopes were upgraded and completed. La Silla now offers a very comprehensive set of information about telescopes and instrumentation, including trend analysis of the instrument performance, through the Internet.

Observatoire de Parana

Les opérations scientifiques

L'année 2001 fut marquée par le début des opérations scientifiques à part entière du VLT: le 12 août, tous les quatre VLT exécutèrent, pour la première fois simultanément, des programmes scientifiques. Ceci a suivi les transferts de FORS2 de Kueyen (UT2) à Yepun (UT4), en juin, et de FORS1 de Antu (UT1) à Melipal (UT3), en août, qui furent réalisés dans le but d'optimiser l'usage scientifique des télescopes jusqu'à l'arrivée des nouveaux instruments à mettre en service.

Dans le but d'atteindre le nombre de personnel requis pour des opérations simultanées des quatre télescopes unitaires, l'effort de recrutement actif, déjà en cours durant les deux années précédentes, a continué. L'effectif total d'opérateurs de télescopes et d'instruments et de post-docs requis pour le support aux télescopes unitaires a été atteint, mais il s'avère plus difficile de trouver assez d'astronomes qualifiés pour faire fonctionner le VLT au complet, et le processus de recrutement est encore en cours. Dans le but d'instaurer une structure de gestion appropriée à la taille croissante du Département des opérations scientifiques, celle-ci fut restructurée avec succès avec la création de cinq groupes.

ISAAC a fonctionné au cours de l'année 2001 à un des foyers Nasmyth de Antu. Une intervention technique planifiée, réalisée en mars 2001 dans le but de réparer divers problèmes techniques, fut largement couronnée de succès. Cependant, dans la seconde moitié de l'année, une dégradation progressive de l'instrument fut observée, avec l'apparition d'un nombre croissant de problèmes, qui éventuellement menèrent à deux interventions urgentes en août et en octobre pour réparer des éléments mécaniques critiques qui étaient bloqués. Le meilleur avantage fut tiré des périodes techniques et non opérationnelles pour que l'impact sur les opérations soit minimal. D'un autre côté, les opérations du bras à grandes longueurs d'ondes d'ISAAC ont du être suspendues pour toutes les observations requérant un « chopping », en raison d'oscillations à hautes fréquences du miroir secondaire du télescope soumis aux effets combinés de la stabilisation du champ et du « chopping ». Après des études approfondies, les conditions instables furent identifiées et une procédure opérationnelle modifiée a été installée pour les éviter. Depuis lors, le mode « chopping » a été utilisé sans autres problèmes. Cependant, plusieurs programmes avec des objets visibles seulement dans la première moitié de la période 67 n'ont pu être complétés, et furent reportés sur les périodes suivantes.

UVES, au foyer Nasmyth de Kueyen, a fonctionné continûment pendant toute l'année 2001, d'une façon très fiable et efficace. Fin septembre, le disperseur croisé UV final fut installé dans l'instrument (sans interruption des opérations). Cela a eu pour résultat un débit accru jusqu'à 20% à l'extrémité des courtes longueurs d'onde du domaine spectral. D'un autre côté, des programmes de très haute résolution temporelle furent exécutés avec UVES pour la première fois, le plus extrême a produit deux spectres échelles par minute: le volume de données totales collectées en deux nuits excéda 100 Go.

Après avoir été utilisé au foyer Cassegrain d'Antu depuis le début des opérations scientifiques du VLT, FORS1 fut transféré temporairement au début août à Melipal. De façon similaire, FORS2 a été déplacé en juin de Kueyen au foyer Cassegrain de Yepun. Ces changements furent réalisés de telle façon qu'ils furent transparents pour les utilisateurs. Ils permirent à un nombre significativement plus grand de programmes scientifiques d'être réalisés, non seulement avec les instruments FORS, mais aussi avec ISAAC et UVES, qui purent utiliser tout le temps disponible sur leurs télescopes unitaires respectifs. Les opérations des deux instruments FORS se sont déroulées sans accrocs pendant l'année 2001.

L'efficacité des observations, caractérisée par le rapport du temps d'intégration sur la

Paranal Observatory

Science Operations

The year 2001 was marked by the beginning of full-fledged science operations of the VLT: on August 12, 2001, all four UTs were for the first time simultaneously executing scientific programmes. This followed the transfers of FORS2 from Kueyen (UT2) to Yepun (UT4) in June and of FORS1 from Antu (UT1) to Melipal (UT3) in August, which were carried out in order to optimise the scientific use of the telescopes until the arrival of the new instruments to be commissioned.

In order to meet the staffing requirements of simultaneous operations of the four Unit Telescopes, the active recruitment effort already under way in the previous two years continued. The full complement of telescope and instrument operators and of postdoctoral fellows required to support the Unit Telescopes was achieved, but it proves more challenging to find enough qualified operations staff astronomers to run the full VLT, and the hiring process is still in progress. In order to implement a managerial structure appropriate to the growing size of the Science Operations Department, the latter was successfully restructured with the creation of five groups.

ISAAC was operated throughout 2001 at one of the Nasmyth foci of Antu. A scheduled technical intervention performed in March 2001, aimed at fixing various technical problems, was mostly successful. However, in the second half of the year, progressive degradation of the instrument was observed, with the occurrence of an increasing number of failures, which eventually led to two emergency interventions in August and October to fix stuck critical mechanical elements. Best advantage was taken of the technical and non-operational periods to keep the impact on operations to a minimum. On the other hand, from March to August, operations of the ISAAC long-wavelength arm had to be suspended for all observations requiring chopping, due to high-frequency oscillations of the telescope secondary mirror under combined field stabilisation and chopping. After thorough investigation, the unstable conditions were identified and a modified operational procedure was implemented so as to avoid them. Since then, the chopping mode was used without further problem. However, several long-wavelength programmes with targets visible only in the first half of Period 67 could not be completed, and were carried over to the following periods.

UVES, at the Nasmyth focus of Kueyen, was continuously operated throughout 2001, in a very reliable and efficient manner. End of September, the final UV crossdisperser was installed in the instrument (without interruption of operations). As a result, the throughput increased by up to 20% at the short-wavelength end of the spectral range. On the other hand, very high time resolution programmes were executed with UVES for the first time, the most extreme one yielded two echelle spectra per minute: the total data volume collected in two nights exceeded 100 Gb.

After being used at the Cassegrain focus of Antu since the beginning of Science Operations of the VLT, FORS1 was in early August temporarily transferred to Melipal. Similarly, FORS2 had in June been moved from Kueyen to the Cassegrain focus of Yepun. These changes were achieved in such a way that they were fully transparent for the users. They allowed a significantly larger number of scientific programmes to be carried out, not only with the FORS instruments, but also with ISAAC and UVES, which could use all the time available on their respective Unit Telescopes. Operations of both FORS instruments went on smoothly throughout 2001.

The efficiency of the observations, as characterised by the ratio of the on-source integration time to the observing time (after subtraction of the weather and technical downtime), was source au temps d'observation (après soustraction des périodes de non-fonctionnement météo et technique), fut de 67% pour ISAAC, 87% pour UVES, 76% pour FORS1 et 76% pour FORS2. L'augmentation de la quantité de données collectées en 2001, comparée à l'année 2000, est illustrée par le nombre de trames archivées: ~ 83500 pour ISAAC, ~ 73500 pour UVES, ~ 29000 pour FORS1 et ~ 31500 pour FORS2. Les données de la mise en service de NAOS/CONICA et les données du VLTI furent aussi archivées par le groupe de gestion des données des opérations scientifiques. Très peu de temps fut perdu à cause de problèmes techniques: 3,5% du temps opérationnel total de Antu, 1,9% sur Kueyen, 1,1% sur Melipal et 1,5% sur Yepun. Les pertes de temps d'observation à cause de conditions météo défavorables représentèrent ~ 9% du temps opérationnel total, un peu moins que les années précédentes. Cependant, la dégradation du « seeing » qui a affecté Paranal depuis 1998 a continué à être observée: entre le premier octobre 2000 et le 30 septembre 2001, le « seeing » médian était de 0,74≤ (comparé à 0,66≤ entre 1989 et 1995), et la fraction de temps avec un « seeing » meilleur que 0,5≤ fut de 13% (comparé à 21% entre 1989 et 1995).

Mise en service d'instruments

En 2001, Paranal a soutenu la nouvelle intégration et la mise en service de NAOS/CONICA. Le premier test de mise en service à la fin de l'année 2001, fut couronné de succès et des images à la limite de diffraction furent obtenues. Les tests de mise en service sont prévus de continuer en 2002 avant d'offrir l'instrument aux observateurs.

En 2001 a également eu lieu un déplacement des instruments suivants: FORS1 d'Antu vers Melipal et FORS2 de Kueyen vers Yepun. Ces opérations furent suivies de nouvelles certifications des instruments pour lesquels le déplacement de leur télescope d'installation n'est pas envisagé. A la fin de l'année 2001, le système FORS2 fut testé avec un système constitué d'une mosaïque de CCD qui a une sensibilité beaucoup plus grande et un meilleur échantillonnage de l'excellente qualité d'image issue de la combinaison des UT avec FORS. Ce système sera délivré début avril 2002.

Aux foyers coudé d'Antu et Melipal, les boîtes « tip-tilt » furent installées. Elles sont un mélange d'un instrument et d'une source de référence travaillant à la stabilisation du faisceau allant aux lignes de retard du VLTI. Paranal a soutenu les installations et les mises en service. Les systèmes furent testés pour la première fois en 2001 lorsque les premières franges entre deux télescopes unitaires furent obtenues.

Logistique et Installations

Le département de la logistique et des installations est maintenant parfaitement fonctionnel. Comme résultat de la fusion et dû à l'achèvement progressif des projets de travaux soutenus par le personnel de Paranal, l'effectif total du personnel a été réduit.

Comme l'Observatoire n'est connecté à aucun service ou utilité publique, chaque chose doit être transportée par camion ou bien produite sur la montagne. Les systèmes de refroidissement et de distribution principale du froid, les systèmes de production et de distribution de l'air comprimé, les systèmes de génération et de distribution principale d'électricité, les systèmes d'approvisionnement et de distribution en eau potable, les ascenseurs de la zone télescope, les grues, les portes et les trappes continuent de fonctionner de manière satisfaisante. Aucune interruption de ces services n'est à noter durant l'année 2001, à l'exception d'une courte interruption de l'approvisionnement en froid et une interruption programmée et trois coupures d'un total de 57,17 minutes du courant électrique (0,006%/année).

67% for ISAAC, 87% for UVES, 76% for FORS1 and 76% for FORS2. The increase of the amount of data collected in 2001, compared to 2000, is illustrated by the number of frames archived: ~ 83,500 for ISAAC, ~ 73,500 for UVES, ~ 29,000 for FORS1 and ~ 31,500 for FORS2. NAOS/CONICA commissioning data and VLTI data were also archived by the Science Operations data-handling group. Very little time was lost due to technical problems: 3.5% of the total operational time on Antu, 1.9% on Kueyen, 1.1% on Melipal, and 1.5% on Yepun. Observing time losses due to adverse weather conditions represented ~ 9% of the total operational time, somewhat less than in previous years. However, the seeing degradation that has affected Paranal since 1998 continued to be noted: between October 1, 2000 and September 30, 2001, the median seeing was 0.74≤ (compared to 0.66≤ between 1989 and 1995), and the fraction of the time with seeing better than 0.5≤ was 13% (compared to 21% between 1989 and 1995).

Instrument Commissioning Activities

In 2001, Paranal supported the re-integration and commissioning of NAOS/ CONICA. The first commissioning run in late 2001 was successful and diffraction limited images were obtained. The commissioning is scheduled to continue in 2002 prior to offering the instrument.

2001 also was witness to the shuffling of instruments with FORS1 moved from Antu to Melipal and FORS2 from Kueyen to Yepun. These operations were followed by re-certifications of the instruments which were not envisaged to be moved from their installed telescopes. In late 2001 the FORS2 system was tested with a mosaic CCD system which has much higher sensitivity and better samples the excellent image quality of the combination of the UTs with FORS. The system will be offered starting April 2002.

At the coudé foci of Antu and Melipal the tip-tilt boxes were installed. These are a mixture of an instrument and a guide probe working to stabilise the beam going to the VLTI delay lines. Paranal supported this installation and commissioning and the systems were tested for the first time in 2001 when the first fringes between two unit telescopes were obtained.

Logistics and Facilities

The Logistics and Facilities Department is now fully functioning. As a result of the merging, and due to the progressive completion of project work supported by Paranal Staff, the total staff complement has been reduced.

Since the Observatory is not connected to any public services/utilities, everything has to be trucked in or produced on the mountain. The observatory's chilled medium production and main distribution systems, compressed air production and distribution systems, power generation and main distribution systems, and potable water supply and distribution systems, the elevators at the Telescope Area, the cranes, gates and trap doors continue to run satisfactorily. There were no service interruptions of any of these services during 2001, except a short one of the chilled medium supply and one programmed and 3 failure interruptions of a total of 57.17 minutes of the power supply (0.006%/ year).

Ingénierie

Avec les quatre télescopes dans des opérations scientifiques régulières, le travail de support d'ingénierie pour les télescopes de 8 mètres a augmenté. En dépit de ceci, les opérations d'ingénierie de Paranal se déroulèrent sans problèmes durant toute l'année.

Le Département d'ingénierie fut significativement impliqué dans l'AIV finale et le support à la vérification technique pour le VLTI qui, le 17 mars, conforme au calendrier, a atteint l'étape importante des premières franges interférométriques. Travaillant à ce but, le Département d'ingénierie fut impliqué dans la préparation de la structure de la base des lignes à retards suivi du support pour l'installation des systèmes opto-mécanique et électrique des lignes à retard, ainsi que dans l'installation de la mécanique dans les optiques du coudé des télescopes unitaires et des systèmes d'Optique Adaptative MACAO. L'assemblage, l'installation et le développement et les tests du logiciel des sidérostats du VLTI furent largement réalisés par le Département d'ingénierie. Finalement, le département a participé au support technique des opérations nocturnes du VLTI durant la vérification technique et a fourni une assistance pour les tâches mineures d'intégration additionnelles.

Dans le but d'optimiser l'usage des quatre télescopes, le département a déplacé FORS1 et FORS2, comme décrit antérieurement, suivi de tests et nouvelles vérifications techniques.

Le nouveau revêtement du miroir M1 d'Antu fut réalisé avec succès et sans problèmes. Un certain nombre d'autres activités furent menées en parallèle durant cette période incluant une modification de la protection de M1, la première utilisation du pont de nettoyage dans le MMB et d'autres tâches de maintenance préventive et de nettoyage.

La préparation des vérifications techniques et des intégrations des nouveaux instruments a été une activité majeure spécialement dans la seconde moitié de l'année. NAOS/CONICA a été intégré et l'intégration de VIMOS et FLAMES a été préparée.

De l'assistance et du support technique pour la modernisation de FORS2 à un nouveau système CCD ont été fournis par le Groupe d'instrumentation.

Une autre activité importante dans laquelle le Département d'ingénierie fut largement impliqué est l'assistance sur site pour la mise en place des installations du système d'étoile laser sur Yepun.

Comme la période de garantie se termina durant l'année, il fut convenue de reprendre de GIAT la réparation des pièces de rechange interchangeables (LRUs) de la cellule du miroir primaire. Ceci a impliqué le transfert de connaissance, des procédures et des outils afin de permettre à l'ESO à Paranal de réparer le LRUs sur site. De nombreuses petites activités de projets mécaniques et électroniques comme l'amélioration des rails azimutaux externes, le système d'alarme sonore fut aussi achevé avec succès.

Durant l'année, l'achat et l'installation d'un logiciel commercial de gestion de la maintenance (« Computerized Maintenance Management Software », ou CMMS) ont facilité l'organisation de plusieurs activités et des entrepôts des diverses zones de Paranal. La réorganisation des matériels SOIMI vers une localisation finale dans le nouvel entrepôt du camp de base, a débuté en 2001 et est prévue pour s'achever en 2002.

L'augmentation des activités d'ingénierie à Paranal a été rendue possible par un actif programme de recrutement. Au cours des douze derniers mois, de nouvelles personnes ont été recrutées, formées et intégrées aux opérations. Le recouvrement de ces activités de recrutement avec les derniers assemblages et intégrations du VLT, ainsi qu'avec le travail de vérification technique de nouveaux instruments, a atteint le résultat prévu, de fournir une excellente formation par la pratique pour les prochaines opérations de support.

Une nouvelle formule de système de rotation flexible a été développée en collaboration avec les membres du personnel, la gestion et l'administration qui est proche d'aboutir.

Engineering

With all four telescopes in regular science operations, the work of engineering support for four 8-m telescopes and their instrumentation increased. In spite of this, Paranal Engineering operations ran smoothly during the entire year.

The Engineering Department was significantly involved with the final AIV and Commissioning support for the VLTI, which achieved the 1st Fringe milestone on schedule on 17th March. Working towards this goal, the Engineering Department was involved with the preparation of the delay line base structure followed by support for the opto-mechanical and electrical installation of the delay line systems, as well as assisting with installation of Mechanics in UT coudé optics and MACAO adaptive optics systems. The assembly, installation, software development and debugging of the VLTI siderostats were largely carried out by Engineering Dept. It also participated in the technical support of VLTI nightly operations during commissioning and provided assistance with minor additional integration tasks.

To optimise the use of the four telescopes, the Engineering Department moved FORS1 and FORS2, as outlined above, followed by extensive tests and re-commissioning.

The recoating of the Antu M1 mirror was successfully completed without problems. A number of other activities were carried out in parallel during this period including a modification to the M1 cover, first use of the cleaning bridge in the MMB and other preventative maintenance and cleaning tasks.

Preparation for new instrument integration and commissioning was a major activity especially in the second half of the year. NAOS/CONICA was integrated and VIMOS and FLAMES integration was prepared.

Assistance and technical support was provided by the Instrumentation Group for the FORS2 upgrade to a new CCD system.

Another important activity in which the Engineering Department was largely involved was the on site assistance with Laser Guide Star facility installation on Yepun.

Due to the end of the warranty period, during the year, it was agreed to take over from GIAT the repair of the Primary Mirror Cell LRUs. This involved the transfer of knowledge, procedures and tools to allow ESO Paranal to repair the LRUs on site. Numerous small mechanical and electronic project activities e.g. improvement of Azimuth outer track, beeper alarm system were also successfully completed.

During the year the procurement and implementation of commercial computerised maintenance management software (CMMS) helped in organising several activities and store room and warehouses of various areas on Paranal. Re-organisation of SOIMI bodega materials to final location in the new Base Camp Warehouse, began and is scheduled to be completed in 2002.

The increased activities of Paranal Engineering were made possible by an active recruitment programme, and several new staff members were recruited, trained and successfully integrated into the operation. The overlap of this recruitment activity with the last of the VLT assembly and integration, as well as new instrument commissioning work, achieved the planned result of providing excellent on-the-job training for the staff to later support operations.

A new flexible turno system was developed in collaboration between staff, management and administration.

« Data Management and Operations »

Durant l'année 2001, plusieurs changements eurent lieu dans la structure et la direction de la division « Data Management and Operation » (DMD). En juin, le groupe « Operations Technical Support » (OTS) fut créé à partir de personnels du groupe « Data Flow Operations » (DFO). Le nouveau groupe pourvoit aux opérations de support des groupes USG et DFO dans les domaines des opérations d'archivage et de bases de données, de support des systèmes d'exploitation et de gestion du contenu des archives. En septembre, le groupe « Public Surveys » (PSG) fut formé. Le groupe est constitué de membres de l'équipe « ESO Imaging Surveys » (EIS). La formation du groupe dans la DMD et la création de plusieurs postes de personnel international contribue au maintient et développement à l'ESO de l'expertise dans la production de larges programmes d'observations numérisées. Bien que l'équipe PSG n'ait pas la mission d'entreprendre la production de larges programmes d'observation, l'association étroite avec le groupe « Data Flow System » (DFS) permettra des développements essentiels dans le support de VST et VISTA.

Le « User Support Group » (USG)

Le « User Support Group » (groupe de support aux utilisateurs) est en charge d'un certain nombre d'activités de services auprès de la communauté étendue des utilisateurs de l'ESO, des équipes des opérations scientifique du VLT et du télescope de 2,20 m de La Silla, et des autres groupes à l'intérieur de l'ESO.

De manière générale, ces activités se focalisent sur les opérations scientifiques du VLT.

Les faits marquants pour USG durant l'année 2001 sont les suivants:

- Support pour la préparation et la planification des propositions de programmes d'observation du VLT (Phase 1) pour les Périodes 68 et 69 ;
- Support aux utilisateurs du VLT et du télescope de 2,20 m ESO-MPG pour la préparation des programmes d'observation en mode « service » (Phase 2) ;
- Support pour les opérations scientifiques du VLT ;
- Activités liées au Web ESO ;
- Développement et maintenance des systèmes de gestion de faits techniques.

Le groupe « Data Flow System » (DFS)

Le groupe « Data Flow System » est responsable de la conception, de l'implémentation et de la maintenance des composants logiciels du « Data Flow System », éléments critique pour les opérations « end-to-end » du VLT, du VLTI et du VST, ainsi que pour certains des télescopes de La Silla.

Le « Data Flow System » comporte deux types de modules/outils: certains d'entre eux (par exemple P2PP) sont générique et procurent une interface unique pour tous les instruments, tandis que d'autre (par ex. Les « pipelines ») sont particuliers à un instrument.

Le groupe met ses outils à disposition auprès de divers clients: la communauté astronomique (par ex. P2PP, les calculateurs de temps d'exposition, l'interface vers les archives), VISAS et OPC, USG (P2PP, Observing Tool), les groupes « Sciences Operations » et « Data Flow Operations » (« pipelines » pour les instruments, outils de distribution des données).

Le groupe « Data Flow System » est aussi responsable de l'installation et des recettes de ses modules logiciels sur les différents sites.

Data Management and Operations

During 2001, several changes were made to the structure and management of the Data Management and Operations Division. In June, the Operations Technical Support Group (OTS) was created from existing staff within the Data Flow Operations Group (DFO). The new group provides operations support to both the User Support Group (USG) and Data Flow Operations Group (DFO) in the areas of archive operations, database operations, operations systems support and archive content management. In September, the Public Surveys Group was formed consisting of staff from the ESO Imaging Survey (EIS) team. The formation of the group within DMD and the creation of several international staff positions was to ensure that ESO maintains and develops expertise in the production of large digital surveys, While it is not the task of the Public Survey Group to undertake the production of large surveys, the close association with DMD DFS development will enable essential developments in support of VST and VISTA.

The User Support Group (USG)

The User Support Group (USG) is in charge of a number of activities providing services to the ESO-wide users community, to the science operations teams at the VLT and the 2.2-m telescope at La Silla, and to other groups inside ESO.

In general, these activities are focused on VLT science operations.

Highlights of USG activity during 2001 included:

- Support for VLT proposal preparation and scheduling (Phase 1) in Periods 68 and 69;
- Support to users of the VLT and the ESO-MPG 2.2-m telescope for service observing programme preparation (Phase 2);
- Support of VLT science operations;
- ESO Web Activity;
- Remedy systems development and maintenance.

Data Flow System Group (DFS)

The Data Flow System Group is responsible for the design, the implementation and the maintenance of the Data Flow System software components which are critical for the end-to-end operation of the VLT, VLTI, VST and some of the La Silla telescopes.

The Data Flow System consists of two kinds of modules/tools: Some of them (e.g. P2PP) are generic and provide a uniform interface to all instruments while others, e.g. pipelines are instrument specific.

The Group delivers its tools to a variety of customers: astronomical community (e.g. P2PP, Exposure Time Calculators, Archive Interface), VISAS and OPC, User Support Group (P2PP, Observing Tool), Science Operations and Data Flow Operation (Instrument Pipelines, data packing tools).

The Data Flow System Group is also responsible for the installation and the commissioning of its software modules on-site.

Calculateurs de temps d'exposition (Exposure Time Calculator ou ETC)

Les calculateurs de temps d'exposition jouent un rôle important dans tout le processus des observations avec le VLT. Les ETC furent développé pour supporter les nouveaux instruments du VLT et les mises à jour de ceux existant. En particulier, l'ETC de NAOS/CONICA fut ajusté après la PAE de l'instrument. Le travail de développement sur les ETC de VISIR et GIRAFFE a progressé en préparation du le premier appel à proposition (Phase 1). Une première version du calculateur des visibilités du VLTI a été mise au point et délivrée pour une évaluation interne. Il sera utilisé pour confirmer la faisabilité technique des observations.

Outil de gestion des observations

L'équipe USS a continué à travailler sur P2PP qui maintenant supporte des modules de vérifications externes spécifique aux instruments. L'outil d'observation fut redéfini pour mieux s'ajuster à l'actuel schéma opérationnel. En conséquence, la nouvelle application est plus facile à utiliser et s'exécute significativement plus vite. Elle a été délivrée à USG et aux opérations scientifiques de Paranal en décembre. Le système de gestion et de suivi des propositions de programme (« Problem Handling and Reporting System », ou PHRS) fut amélioré pour supporter les activités de la Phase 1 pour les périodes 68 et 69, une revue détaillée du système est en cours. En particulier, l'outil fut modernisé pour supporter les appels à propositions « spéciaux » en dehors des périodes standards (par exemple : pour NAOS/CONICA pour P70).

Le site web des archives scientifique / archives en ligne

Diverses améliorations ont été réalisées sur le système des archives pour permettre de gérer de larges volumes de données qui seront produits par les futurs instruments du VLT et du VLTI tels que VIMOS et MIDI.

Le système des archives en ligne (On-Line Archive System, ou OLAS) est maintenant capable de conserver en ligne jusqu'à dix nuits de données VIMOS. La nouvelle version d'ASTO qui fut installé à Paranal à la fin de l'année intègre de meilleurs systèmes robotiques pour la production automatique de média.

Un prototype de la nouvelle génération du système d'archive (Next Generation Archive System, ou NGAST) fut développé et installé sur WFI au télescope de 2,20 m en juillet. Le système utilise des disques magnétiques en tant que support d'archivage et a été conçu pour supporter des taux élevés de production données. Il est prévu de l'utiliser comme le système d'archivage principal pour WFI pour les années à venir et de faire une implémentation complète pour VST/OmegaCAM.

Les outils pour la gestion des contenus de la base de données d'étalonnage furent mis au point et implémentés. Le sélecteur de calibration (aussi utilisé par « cdpacker ») a été délivré. Il est membre à part entière de l'interface des archives et permet aux utilisateurs de trouver automatiquement la calibration de donnée la plus appropriée pour un ensemble de règles scientifiques données.

Pipelines instrumentaux / MIDAS

Les systèmes de réduction des données (Data Reduction System, ou DRS) pour les instruments du VLT sont implémentés soit par le groupe DFS (part ex. ISAAC, CONICA) soit par les consortia responsables des instruments (par exemple VIMOS). Dans les deux cas,

Exposure Time Calculators

Exposure Time Calculators play an important role in the overall process of observing with the VLT. The ETCs were further developed to support new VLT instruments and upgrades on existing ones. In particular, the NAOS/CONICA ETC was tuned after the PAE of the instrument. The development work on the VISIR and GIRAFFE ETC have progressed and will be ready for the first call for proposal (Phase I). A first version of a VLTI visibility calculator was designed and released for internal evaluation. It will be used to assess the technical feasibility of observations.

Observation Handling System tools

The USS team continued working on P2PP which now supports external, instrument-specific verification modules. The Observing Tool was redesigned to better fit the current operational scheme. As a result, the new application is easier to use and performs significantly faster. It was released to USG and Science Operations Paranal in December. The Proposal Handling and Reporting system (PHRS) continued to be enhanced to support Phase I activities for Periods 68 and 69, a thorough review of the system is underway. In particular, the tool was upgraded to support "special" calls for proposals outside standard periods (e.g. for NAOS/CONICA in P70).

The Science Archive Web Site / On-Line Archive Facility

Various improvements have been made to the Archive Systems to be able to handle the large volumes of data that will be produced by future VLT/VLTI instruments such as VIMOS and MIDI.

The On-Line Archive System (OLAS) is now capable of keeping on-line up to 10 nights of VIMOS data. The new release of ASTO which was installed on Paranal at the end of the year integrates better robotic systems for the automatic production of media.

A prototype of the Next Generation Archive System (NGAST) was developed and installed at WFI on the 2.2-m telescope in July. The system is based on magnetic disks as consumable media and has been designed to cope with the high data rates. It is planned to use it as the main archiving system for WFI for the coming years and to do a full implementation for VST/OmegaCAM.

Tools for managing the contents of the calibration database were designed and implemented. The calibration selector (also used by the cdpacker) was released. It is an integral part of the Archive Interface and allows users to automatically find the best suitable calibration data associated to a given set of science frames.

Instrument Pipelines / MIDAS

The Data Reduction Systems for VLT instruments are either implemented by the DFS Group (e.g. ISAAC, CONICA) or by the instrument consortia (e.g. VIMOS). In both cases, nous sommes chargés de définir les procédés de réduction autour des modules de réduction des données, qui permettront au système de fonctionner automatiquement.

Un travail de développement a été fait sur les « pipelines » opérationnels de ISAAC, UVES et FORS pour supporter les modernisations des instruments.

Des progrès furent réalisés sur le développement du « pipeline » de NAOS/ CONICA qui sera testé lors de la recette de l'instrument au début de l'année 2002. Le DRS de VIMOS délivré par le consortium responsable de l'instrument fut intégré dans le « Data Flow System » à l'exception du mode IFU.

La version officielle 01SEP de MIDAS fut délivré en Septembre, et mis à disposition sur le server ftp de l'ESO ainsi que sur CD-ROM. Elle inclut beaucoup de modifications requises par les « pipelines » des instruments.

Un nouveau projet « La Librairie Commune de Pipelines » a débuté. Son but est de préparer une librairie de composants qui peuvent être utilisé par les consortia responsables des instruments et par l'ESO pour construire les « pipelines » des instruments.

Le groupe « Data Flow Operations » (DFO)

Le groupe « Data Flow Operations » (DFO) supporte plusieurs activités liées aux opérations scientifiques du VLT:

- Création de données de référence et contrôle de leur qualité;
- Suivi et rapport des performances de base des instruments;
- Création et contrôle de la qualité des produits issus des données en mode service;
- Organisation et assemblage des paquets de données en mode service.

Les faits marquants de l'activité du DFO durant l'année 2001 comprennent:

- Réorganisation – Le DFO fut réorganisé durant l'année 2001 pour séparer plus clairement les Archives Scientifiques de l'ESO et les responsabilités opérationnelles de DFO. Dans ce contexte, c'est la mission des Archives de recevoir toutes les données du Chili et de les redistribuer aux différents clients, y compris DFO. Pour DFO, la mission est d'extraire les données des Archives, de les traiter si nécessaire afin de satisfaire aux activités citées ci-dessus, et de renvoyer les résultats dans le domaine des Archives. Cette activité de ré-ingénierie du traitement se poursuivra en 2002.
- Instruments pris en charge – Durant l'année 2001, un support opérationnel fut apporté aux instruments du VLT suivant: FORS1, FORS2, ISAAC, et UVES. Un support pour trois nouveaux instruments du VLT sera planifié au cours de l'année 2002 : NAOS/CONICA, VIMOS, et FLAMES. Un support possible pour le télescope de 2.2m/Wide-Field Imager durant l'année 2002 est en cours de discussion.
- Étalonnage de référence des données et contrôle de la qualité – Basé sur un plan d'étalonnage prédéfini, chaque instrument pris en charge produit un jeu standard de données d'étalonnage. L'acquisition de ces données d'étalonnage est répétée à intervalles réguliers. Dès qu'ils deviennent disponibles, DFO extrait ces données des Archives Scientifiques de l'ESO et les traite dans des trames d'étalonnage de référence. Pour vérifier la qualité de ces trames, un certain nombre de paramètres de contrôle de la qualité sont calculé. Des exemples courants incluent le biais moyen du détecteur et le point zéro de la photométrie. Si la valeur de ces paramètres se trouve être normale, les trames d'étalonnage de référence sont soumises aux Archives pour une réutilisation plus tard par la communauté des utilisateurs de l'ESO et aux opérations scientifiques de Paranal pour un usage dans le système automatique de traitements des données sur site.

we are responsible for building the reduction recipes around the data-reduction modules which will allow the system to work in an automatic way.

Development work was done on the operational pipelines ISAAC, UVES and FORS to support upgrades of the instruments.

Progress has been made on the development of the NAOS/CONICA pipeline which will be tested during the commissioning of the instrument beginning of 2002. The VIMOS DRS delivered by the instrument consortium has been integrated within the Data Flow System, except for the IFU mode.

The official 01SEP version of MIDAS was released in September, made available on the ESO ftp server as well as on CD-ROM. It includes many changes required by the instrument pipelines.

A new project, "The Common Pipeline Library" was initiated. Its goal is to prepare a library of components which can be used by instrument consortia and ESO to build instrument pipelines.

Data Flow Operations (DFO)

The Data Flow Operations Group (DFO) supports several activities related to VLT science operations:

- creation and quality control of master calibration data;
- monitoring and reporting of basic instrument performance;
- creation and quality control of Service Mode data products;
- organisation and assembly of Service Mode data packages.

Highlights of DFO activity during 2001 include:

- *Re-organisation* – The DFO was re-organised during 2001 to separate more clearly ESO Science Archive and DFO operational responsibilities. In this context, it is the Archive mission to receive all data from Chile and then re-distribute it to various customers, including DFO. For DFO, the mission is to extract data from the Archive, process them as necessary to fulfil the activities listed above, and then return the results to the Archive domain. This process re-engineering activity will continue in 2002.
- *Instruments Supported* – During 2001, operational support was provided for the following VLT instruments: FORS1, FORS2, ISAAC, and UVES. Support for three new VLT instruments will be phased in during 2002: NAOS/CONICA, VIMOS, and FLAMES. Possible support for the La Silla 2.2-m/Wide-Field Imager during 2002 is under discussion.
- *Master Calibration Data and Quality Control* – Based on an established calibration plan, each supported instrument produces a standard set of calibration data. The acquisition of these calibration data is repeated at regular intervals. As they become available, DFO extracts these data from the ESO Science Archive and processes them into master calibration frames. To check the quality of these frames, a number of quality control parameters are computed. Common examples include mean detector bias level and photometric zeropoints. If the value of these parameters is found to be normal, the master calibration frames are submitted to the Archive for later re-use by the ESO user community and to Paranal Science Operations for use in the on-site automatic data processing system.
- *Instrument Performance Trend Analysis* – Quality control parameters are monitored over time to verify that the instrument performance is not changing unexpectedly. The results of this instrument performance trend analysis (as well as the quality

- Analyse de l'évolution des performances instrumentales – Les paramètres de contrôle de la qualité sont suivis au cours du temps afin de vérifier que les performances des instruments ne varient pas de façon inattendue. Les résultats de l'analyse de l'évolution des performances instrumentales (ainsi que les paramètres de contrôle de la qualité eux-mêmes) sont publiés sur les pages Web du contrôle de la qualité de DFO. Lorsque des problèmes instrumentaux sont détectés, DFO travaille avec les opérations scientifiques de Paranal et la Division Instrumentation pour diagnostiquer et corriger le problème. Par exemple, au cours de l'année 2001, il a été trouvé que la transmission du canal bleu de UVES diminuait rapidement au cours du temps. Il a été trouvé que le problème était causé par un filtre défectueux, qui fut par conséquent remplacé.
- Production des paquets de données en mode service – Pour les modes instrumentaux ou les « pipelines » de traitement des données sont disponibles, les donnés certifiées d'étalonnage sont aussi utilisées pour produire les produits de données scientifiques pour les programmes d'observation en mode service. Lorsqu'un programme d'observation en mode service est complet, DFO produit un jeu de données en mode service qui inclut toutes les données brutes scientifiques et d'étalonnage, toutes les données d'étalonnage de référence et les produits de données scientifiques disponibles, et divers rapports additionnels (par exemple des résumés d'observation et de traitement). Si le « pipeline » de traitement des données n'est pas disponible, aucunes données d'étalonnage de référence ou de produits de données scientifiques ne sont délivrée. Ces jeux de données sont remis aux Archives Scientifiques de l'ESO, ou ils sont gravés sur DVD et expédiés aux utilisateurs appropriés.
- Développement d'outil – Les outils logiciel principaux, incluant les « pipelines » standards pour le traitement des données, utilisés par DFO sont développés et maintenus par le groupe « Data Flow System » de la DMD. DFO participe à cette activité de développement en fournissant des spécifications d'outil et des requêtes de changements, en testant et en fournissant un retour après utilisation des nouveaux outils, et en diagnostiquant et reportant des erreurs dans les outils existants. DFO développe et maintient aussi un certain nombre d'outils internes, spécialement relié à l'organisation des données, à la gestion des traitements, et à la gestion et l'audit des contrôles de qualité des instruments.

Le groupe « Operations Technical Support » (OTS)

En 2001, un nouveau groupe (« Operations Technical Support », ou OTS) fut créé à l'intérieur de la DMD. Le mandat du groupe est de fournir des services aux activités liées aux flux de données ayant lieu à Garching. Quatre principaux domaines sont couverts : opérations des archives, gestion de base de données, gestion du contenu des bases de données et support aux ordinateurs opérationnels.

Toutes ces activités pourvoient au support des préparations aux propositions des Phases I et II, des archives, du contrôle de la qualité des données et de la distribution des données.

Parmi les différents rôles de OTS ci-dessus, les opérations des archives sont les principales : au cours de l'année 2001, les archives ont géré environ 2000 requêtes pour les données de l'ESO (des Observatoires de La Silla et de Paranal), et ont fourni environ 3.5 tera-octet de données des archives aux utilisateurs (une augmentation de 75% par rapport à l'année précédente).

De plus, durant l'année 2001 les archives ont préparé plus de 1300 CD et DVD pour 400 observations en mode service. Ceci représente le double de notre débit de l'année 2000.

control parameters themselves) are published on the DFO quality control Web pages (http://www.eso.org/qc). When instrument problems are detected, DFO works with Paranal Science Operations and the Instrumentation Division to diagnose and correct the problem. For example, during 2001, the throughput of the UVES blue channel was found to be declining rapidly with time. This problem was found to be caused by a defective filter, which was subsequently replaced.

- *Service Mode Data Package Production* – For instrument modes where data processing pipelines are available certified master calibration data are also used to produce science data products for Service Mode observing programmes. When a Service Mode observing programme is completed, DFO produces a Service Mode data package that includes all the raw science and calibration data, any available master calibration data and science data products, and a variety of additional reports (e.g. observation and processing summaries). If no data processing pipeline was available, no master calibration data or science data products are included. These data packages are given to the ESO Science Archive, where they are written to DVD and shipped to the appropriate users.
- *Tool Development* – The central software tools, including the standard data processing pipelines, used by the DFO are developed and maintained by the DMD Data Flow System group. DFO participates in this development activity by providing tool requirements and change requests, by testing and providing feedback for new tools, and by diagnosing and reporting bugs in existing tools. DFO also develops and maintains a number of internal tools, especially related to data organisation, process management, and instrument quality control management and reporting.

The Operations Technical Support Group (OTS)

In 2001, a new group (Operations Technical Support) was created in the Data Management Division. The mandate of the group is to provide services to the data flow activities taking place in Garching. Four main areas are covered: archive operations, database management, database content management and support of operational computers.

All these activities are in support of the phase I and phase II proposal preparation, of the archive, of the data quality control and of the data distribution.

Among the above roles, archive operations is the prominent one: during 2001, the archive has handled around 2000 requests for ESO data (from the La Silla and Paranal observatories), and has provided about 3.5 TB of archive data to users (an increase of 75% with respect to the previous year).

In addition, during 2001 the archive prepared over 1300 CDs and DVDs for 400 service runs. This represents a doubling of our throughput with respect to 2000.

The total holdings of the ESO Archive are now very close to 10 TB of compressed data. Most of the data is coming from the wide-field imager camera, now stored on the

Le contenu total des données des Archives de l'ESO représente maintenant un volume très proche de 10 tera-octet de données comprimées. La plupart des données proviennent de la caméra d'imagerie grand champ (WFI), maintenant stockées sur la nouvelle génération du système des archives (Next Generation Archive System, ou NGAS) constituée de disques magnétiques installés sur des ordinateurs Linux.

Le groupe « Public Survey Group » (PSG)

Durant l'année 2001, le groupe « Public Survey Group » fut créé au sein de la DMD afin de consolider l'expérience acquise à l'ESO ces dernières années dans le domaine des observations publiques d'imagerie optique/infrarouge. La mission première du groupe est de continuer à construire l'expertise et les outils requis pour réaliser les observations publiques. Pour atteindre ce but, le groupe coordonnera le programme visiteur EIS comme la façon de capitalisé sur l'expérience et la compétence disponible dans la communauté de l'ESO et comme un mécanisme pour disséminer le savoir-faire accumulé.

Des images et catalogues complètement calibrés des observations préparatoires en cours pour VIMOS (« Deep Public Survey ») et FLAMES (« Pre-Flames Survey ») furent rendus publiquement disponible en trois délivrances séparées des données. Des progrès considérables ont aussi été faits sur le développement d'un système d'observation « end-to-end » avec lequel il sera possible de fournir plus rapidement des produits de haute qualité scientifique.

PROJETS

INSTALLATIONS À PARANAL

Mise en service du VLT

Yepun, le quatrième télescope unitaire (UT), fut délivré à Paranal le 31 mars 2001, conformément au calendrier. Le système de contrôle des UTs bénéficie de l'expérience acquise sur les autres télescopes aussi bien durant les périodes de mise en service que d'opération. L'ensemble des télescopes remplissent les spécifications sur les points essentiels et les surpassent même dans certains cas.

Les trains coudé d'Antu et Melipal furent installés et mis en service conjointement avec l'instrument de test du VLTI, VINCI. Les deux trains coudés sont équipés de senseurs de tip-tilt (des « quad-cells ») qui contrôlent le miroir secondaire des télescopes. Cette correction devrait permettre à l'instrument MIDI – attendu en 2002 – d'atteindre avec les UTs la limite de diffraction dans l'infrarouge thermique. Afin de préparer l'installation du système d'optique adaptative complet au foyer coudé, les instruments de suivi ont déjà été mis en place et testés. Le système de contrôle des UTs a été amélioré et testé pour ce qui concerne l'interface avec le VLTI.

Le VLTI

L'événement majeur de 2001 fut l'obtention des premières franges le 17 mars 2001 avec l'instrument de test et les sidérostats avec deux semaines d'avance sur le calendrier. Le diamètre d'une étoile brillante (Alpha Hydrae) fut évalué à 9,29 ± 0,17 milliarcsec, confirmant ainsi les mesures antérieures obtenues avec d'autres méthodes et améliorant même d'un facteur 3 leur précision.

Next Generation Archive System (NGAS) consisting of magnetic disks mounted on Linux computers.

The Public Survey Group (PSG)

During 2001 the Public Survey Group was created within DMD in order to consolidate the experience acquired at ESO over the past few years in the area of public optical/infrared imaging surveys. The primary mission of the group is to continue to build the expertise and the tools required for carrying out public surveys. To achieve this goal the group will co-ordinate the EIS visitor programme as the means of capitalising on the experience and competence available in the ESO community and as a mechanism to disseminate the accumulated know-how.

Fully calibrated images and catalogues from the ongoing preparatory surveys for VIMOS (Deep Public Survey) and Flames (Pre-Flames Survey) were made publicly available in three separate data releases. Considerable progress has also been made on the development of an end-to-end survey system which will make it possible to provide high-quality science-grade products in a more timely fashion.

PROJECTS

PARANAL INSTALLATION

VLT Commissioning

The fourth unit telescope, Yepun, was delivered to Paranal Observatory on schedule on 31 March 2001. The control system for the UTs benefitted from the knowledge gained on the other telescopes, both during commissioning and operation. All telescopes meet the specifications at a fundamental level and in many cases exceed them.

The coudé trains of Antu and Melipal were installed and commissioned in combination with the VLTI test instrument VINCI. Both coudé trains are equipped with quad-cell tip-tilt sensors controlling the secondary units of the telescopes. This functionality is expected to permit the MIDI instrument – foreseen in 2002 – to exploit the diffraction limit of the VLT in the thermal infrared. In preparation for the full adaptive optics at the coudé focus the tracking devices are already in place and have been tested. The control system of the unit telescopes has been upgraded and tested with respect to the interface with the VLTI.

VLTI

The major event of 2001 was the achievement of the First Fringes on 17 March with the test instrument and the siderostats two weeks ahead of schedule. The diameter of a bright star (Alpha Hydrae) was determined to 9.29 ± 0.17 milliarcsec confirming earlier measurements with other methods and improving the previous accuracy by a factor of three.

This success was made possible by the commissioning of the two Delay Line Systems

Ce succès a été rendu possible par la mise en service en février 2001 des deux systèmes de lignes à retard et des sidérostats et par la livraison à Paranal des optiques de transfert, des tables optiques et des cibles d'alignement optique. L'instrument de test VINCI a aussi été livré dans le temps à Paranal, sa phase d'intégration et de test ayant pris fin en février 2001.

L'installation et la mise en service de la 3e ligne de retard se sont achevées en juillet 2001. Un contrat concernant la commande de trois lignes de retard supplémentaires a été signé en juin 2001, leur livraison étant prévue pour mi-2003.

Les trains coudé d'Antu et Melipal ont été installés et mis en service en mai 2001 sans perturber les opérations scientifiques. L'installation des optiques de transfert (M9, M10 et M11) a suivi en septembre. L'installation des trains coudés de Kueyen et Yepun est prévue pour le 3e trimestre de 2002.

Les premières franges du VLTI avec deux télescopes de 8,20 m furent obtenues le 30 octobre 2001 avec Antu et Melipal et l'instrument de test VINCI sur une ligne de base de 102 m. Les premières observations permirent de mesurer le diamètre d'Achernar (Alpha Eri) évalué à 1,9 ± 0,05 milli-arcsec. Plusieurs autres observations d'intérêt scientifique ont immédiatement suivi, et les nuits suivantes ont montré la très bonne reproductibilité des résultats. Les diamètres de plus de 10 étoiles de types différents (naines rouges, céphéides, étoiles entourées d'un disque et Eta Carinae) furent ainsi mesurés. Ils s'étalent de 0,92 à 8,21 milli-arcsec avec une excellente précision atteignant 20 micro-arcsec.

Dans les derniers mois de 2001 ont été réalisés les tests système finaux du Télescope Auxiliaire (AT) No. 1. La construction de l'ensemble de ses miroirs est achevée et les tests formels d'acceptation ont débuté. L'ESO commencera à tester le système de contrôle sur AT1 au second trimestre 2002. La construction des AT2 et AT3 est achevée et leur assemblage a commencé au dernier trimestre 2001. La livraison des deux premiers ATs est prévue pour novembre 2002 et février 2003.

Les instruments pour le VLTI ont également fait de bons progrès. MIDI a été assemblé et comprend maintenant la version finale du détecteur de qualité apte à l'usage scientifique. Sa première lumière en laboratoire a eu lieu fin octobre. Quant à AMBER, sa « Final Design Review » s'est tenue en avril.

La collaboration avec l'ESA se poursuit concernant un instrument interférométrique de nulling constituant un démonstrateur au sol pour le projet DARWIN.

L'achat et le test des composants clefs de MACAO pour le VLTI se sont poursuivis. Les deux premières unités de MACAO seront délivrées à Paranal en mai 2003 et les deux dernières suivront en janvier et juin 2004.

Le travail sur le projet d'étoile guide laser (LGSF) se poursuit. La « Preliminary Design Review » s'est tenue en avril 2001 et la première partie de la « Final Design Review » en décembre. L'installation sur Yepun est prévue pour octobre 2003.

Le VST

Le projet VST (VLT Survey Telescope) regroupe l'Observatoire de Capodimonte qui construit le télescope, le consortium OmegaCAM qui fabrique la caméra et l'ESO qui fournit les infrastructures (le dôme et les travaux de construction) et est partenaire dans le consortium OmegaCAM. L'optique du télescope a été achevée par Zeiss Jena et est prête à être expédiée à Paranal. La « Final Design Review » de la structure principale du télescope a eu lieu et sa construction est en cours. La plupart des grandes parties du télescope sont dans la phase finale d'usinage. L'instrument a également passé sa « Final Design Review » et est en cours de construction. Les travaux civils ont été achevés et le contrat pour le dôme a été passé. La Première Lumière est prévue pour la première moitié de l'année 2003.

and of the siderostats in February 2001 and by the delivery to Paranal of the transfer optics, the optical tables and the optical alignment references. The test instrument VINCI was also delivered on time to Paranal, and the integration and tests were completed in February 2001.

The installation and commissioning of the 3rd Delay Line were completed in July 2001. A contract for three additional Delay Lines was signed in June 2001 with the delivery of all three planned for mid-2003.

The Antu and Melipal coudé trains were installed and commissioned without any impact on scientific operations in May 2001. The installation of the relay optics (M9, M10 and M11) followed in September. Installation of the Kueyen and Yepun coudé trains is foreseen for the 3rd quarter of 2002.

The VLTI First Fringes were obtained on 30 October 2001 using the 8.2-metre Antu and Melipal telescopes and the test instrument VINCI at a baseline of 102 m. The first observation measured the diameter of Achernar (Alpha Eridani) as 1.9 ± 0.05 milliarcsec. This was immediately followed by several other scientific observations, which were reproduced with high reliability during the following nights. The diameters of over 10 different stars, ranging from less than 0.92 to 8.21 milliarcsec were measured with an accuracy as good as 20 micro-arcsec. The observed objects were red dwarfs, cepheids, stars with disks, and Eta Carinae.

In the last months of 2001, the Auxiliary Telescope No.1 underwent final system tests. All mirrors were completed and the formal acceptance tests started. ESO will start control system testing on AT1 in the 2nd quarter of 2002. AT2 and AT3 manufacturing was completed and assembly was initiated. Delivery of the first two ATs is planned for November 2002 and February 2003.

The VLTI external instruments are also progressing well. MIDI has been assembled. It incorporates the final science grade detector. MIDI had its First Light in the laboratory at the end of October. The AMBER Final Design Review took place in April.

The collaboration with ESA continued on a Nulling Interferometric Instrument as a ground demonstrator for DARWIN.

Procurement and testing of key components of MACAO for VLTI continued. The first two MACAO units will be delivered to Paranal in May 2003 and the two other units will follow in January and June 2004.

Work continued on the Laser Guide Star Facility (LGSF). The Preliminary Design Review took place in April 2001 and the first part of the Final Design Review in December 2001. The installation on Yepun is planned for October 2003.

The VST

The VLT Survey Telescope project involves the Osservatorio di Capodimonte that constructs the telescope, the OmegaCAM consortium that builds the camera and ESO that provides the infrastructure (enclosure and civil works) as well as being partner in the OmegaCAM consortium. The telescope optics were completed at Zeiss Jena and are ready to be shipped to Paranal. The telescope main structure final design review was passed and construction is progressing. Most large pieces of the telescope are in the final machining phase. The instrument also passed its final design review and is being constructed. The civil works were completed and the enclosure contract placed. First Light is expected in the first half of 2003.

Residencia

La phase II du contrat de travaux concernant la Residencia s'est poursuivie conformément au calendrier. Les travaux sont entrés dans la phase de finition et d'ameublement. L'emménagement fut possible dès le mois de décembre et la Résidence ouvrira ses portes en janvier 2002.

Développements instrumentaux pour les observatoires de Paranal et La Silla

Depuis août 2001, les quatre télescopes géants du VLT ont fonctionné de façon régulière avec chacun un instrument: le spectro-imageur ISAAC dans le proche infrarouge (1–5 mm) sur UT1 (Antu), le spectromètre optique-UV à haute résolution UVES sur UT2 (Kueyen) et les spectro-imageurs optiques FORS1 et FORS2 sur UT3 (Melipal) et UT4 (Yepun) respectivement. TIMMI2, le spectro-imageur en infrarouge moyen (2–25 mm) a aussi été mis en opération régulière avec beaucoup de succès sur le télescope de 3,60 m de La Silla. Parallèlement, plusieurs grands consortiums européens poursuivent leurs efforts pour compléter l'instrumentation de première génération du VLT et du VST, ainsi que les capacités instrumentales de La Silla. En plus de la coordination de ces efforts, l'ESO contribue aussi directement aux développements technologiques dans plusieurs domaines. L'ESO fournit notamment la plupart des détecteurs ainsi que leur électronique, tant au niveau matériel que logiciel, y compris un certain nombre de systèmes pour le VLTI.

18 mois après les dernières grandes installations d'instruments sur le VLT, le dernier trimestre de l'année a connu un regain d'activité qui semble devoir se poursuivre une grande partie de l'année à venir. NAOS-CONICA, le système d'optique adaptative et de (spectro-) imagerie dans le proche infrarouge a passé avec succès l'acceptation préliminaire fin septembre, après avoir été longuement testé conjointement près de Paris et puis transporté à Paranal. La première lumière sur Yepun eut lieu le 25 novembre et fut suivie d'une première phase de vérification technique qui fournit de spectaculaires images proches de la limite de diffraction de divers objets astronomiques dont des étoiles en formation, des amas d'étoiles évolués, des planètes et leurs satellites. VIMOS, le grand spectro-imageur visible multi-objets a passé avec succès l'acceptance préliminaire à l'Observatoire de Haute-Provence à la mi-novembre. Il est arrivé à Paranal à la fin de l'année. Sa première lumière officielle est prévue pour février 2002, après son installation à l'un des foyers Nasmyth de Melipal, mais dans une configuration réduite (2 canaux au lieu des 4 prévus in fine) en raison d'un problème non négligeable de surcharge. Le travail a commencé sur un support statique afin de permettre son fonctionnement dans sa configuration définitive plus tard dans l'année. L'objectif principal de VIMOS est de réaliser les larges surveys nécessaires pour améliorer notre connaissance de l'évolution des galaxies jusqu'aux époques les plus lointaines de l'Univers. Le positionneur multi-fibre Oz-Poz a passé l'acceptation préliminaire à Sydney vers la mi-décembre et sera expédié à Paranal début 2002. Le spectromètre optique à moyenne résolution Giraffe qui l'accompagne a réussi sa première lumière technique à l'ESO Garching le 20 décembre, et son envoi à Paranal est prévu pour mars 2002. Associés au correcteur grand champ (25 minutes d'angle) installé depuis septembre sur Kueyen, Oz-Poz et Giraffe (avec une nouvelle extension par fibre vers UVES) constitueront dès l'an prochain le nouvel instrument multi-objets FLAMES. Ce sera alors l'instrument le plus puissant jamais réalisé pour l'étude des étoiles dans les galaxies proches.

Certaines améliorations ont aussi été apportées aux instruments en place. FORS2 a été commissionné sur Yepun avec un détecteur plus large, sensible aux longueurs d'onde jusqu'à 1000 nm, ce qui étend ses capacités de manière significative pour l'étude des galaxies

Residencia

Phase II contract work of the Residencia continued according to plan. The Residencia work entered into the final phase of finishing and furnishing. In December it was possible to move in and the opening of the Residencia is expected to take place in January 2002.

Instrumental developments for the observatories Paranal and La Silla

All four VLT Unit Telescopes have been in regular operation since August 2001, with one instrument each, the ISAAC near-infrared (1–5 mm) spectro-imager on UT1 (Antu), the UVES high-resolution UV-optical spectrometer on UT2 (Kueyen) and the FORS1 and FORS2 optical spectro-imagers, on UT3 (Melipal) and UT4 (Yepun) respectively. TIMMI2, the mid-infrared (5–25 mm) spectro-imager also started regular operation, with great success so far, at the 3.6-m telescope on La Silla. In parallel much effort continued to be expended by several large European Consortia, to complement the 1st-generation VLT and VST instrumentation as well as the La Silla capabilities. In addition to managing these efforts, ESO is also directly contributing to the technical developments in several areas and, in particular, is supplying most of the detector systems together with their associated electronic hardware and software. This includes a number of systems for the VLTI.

After a gap of some 18 months since the last major instrument installation at the VLT, the last quarter of the year saw a renewal of high activity, which will also continue through most of next year. The NAOS-CONICA adaptive optics based near infrared (spectro)-imager was granted Preliminary Acceptance at the end of September, after a period of extensive joint testing near Paris, and then shipped to Paranal. First astrophysical light at Yepun was achieved on November 25th and was followed by the first phase of commissioning which yielded spectacular quasi diffraction-limited images of a variety of astronomical objects including forming stars, evolved star clusters, planets and moons. VIMOS, the large, optical multi-object spectro-imager passed Preliminary Acceptance at Observatoire de Haute-Provence in mid-November and arrived on Paranal at the end of the year. First astrophysical light is planned for February 2002, after installation at one of the Nasmyth foci of Melipal, albeit in a reduced configuration (with only 2 channels out of the final 4) due to a substantial overweight problem. Work has started on a static support to permit full implementation later in 2002. The main goal of VIMOS is to perform the large surveys needed to extend our knowledge of galaxy evolution back to the earliest epochs of the Universe. The Oz-Poz Multi-fibre Positioner passed Preliminary Acceptance in Sydney by mid-December and will be shipped to Paranal early next year. Its associated medium-resolution Giraffe optical spectrometer achieved first technical light at ESO-Garching on 20 December and will be shipped to Paranal in March 2002. Together with a large (25 arc-minute field) corrector already installed in September on Kueyen, Oz-Poz and Giraffe (plus a new fibre feed to UVES) will constitute next year the new FLAMES multi-object capability which will be the most powerful ever conceived for the study of stars in nearby galaxies.

A number of upgrades of currently used instruments were also performed. FORS2 was commissioned on Yepun with a larger detector, sensitive up to 1000 nm in wavelength. This extends significantly its capabilities for the study of distant, redshifted galaxies. Regular operation with the new detector is scheduled to start on April 1, 2002. The UV output of UVES has been substantially increased thanks to a new cross-disperser. On the other hand, the blue-UV sensitivity of FORS 1 and 2 appears to be significantly below its original specifications – this is currently being investigated by Paranal Observatory.

lointaines décalées vers le rouge. Sa mise en service régulier avec ce nouveau détecteur est prévue pour le 1er avril 2002. La sortie UV de UVES a été substantiellement développée grâce à l'installation d'un nouveau système à dispersion croisée. D'autre part, la sensibilité dans le bleu-UV de FORS1&2 semble en deçà des spécifications initiales et donne lieu à un travail d'investigation des équipes de l'observatoire de Paranal.

Les autres instruments de 1ère génération du VLT avancent bien dans l'ensemble. VISIR, le spectro-imageur en moyen infrarouge (8–25 mm) est entré dans sa phase d'assemblage, d'intégration et de test. L'intégration du canal spectroscopique a été réalisée à Dwingeloo et il a été livré à Saclay en septembre. Sa première lumière technique eut lieu à Saclay le 19 décembre en mode imagerie et aux températures cryogéniques. CRIRES, le spectro-imageur cryogénique proche infrarouge à haute résolution (1–5 mm) a passé sa « Final Design Review » en octobre et est entré directement dans sa phase de construction. En fait, les composants d'optique adaptative développés en parallèle avec le VLTI et SINFONI, plus quelques composants clés de l'optique cryogénique avaient déjà été commandés et l'un des composants critiques de l'instrument, le grand réseau échelle, avait été livré vers la fin de l'année. Le développement de son grand détecteur infrarouge mosaïque a également bien avancé.

Le module d'optique adaptative SINFONI qui doit alimenter le spectrographe de champ intégral SPIFFI (en cours de développement au MPE-Garching et actuellement entré dans sa phase de construction) a aussi passé sa FDR en octobre et ses composants clés ont tous été commandés. On a par ailleurs commencé à travailler sur une caméra infrarouge nécessaire pour tester les différents systèmes d'optique adaptative. Enfin, en ce même mois d'octobre (bien chargé!) s'est également tenue la « Final Design Review » d'OmegaCAM, l'instrument d'imagerie optique de 1 degré carré pour le VLT Survey Telescope de 2,50 m. Afin de réaliser le futur assemblage de sa grande mosaïque de 8 ¥ 4 CCDs, une salle blanche moderne a été installée à l'ESO-Garching. Pour NIRMOS, le jumeau infrarouge de VIMOS, le développement des détecteurs infrarouge avancés 2000 ¥ 2000 que doit fournir l'ESO s'est poursuivi. Malheureusement, les moyens supplémentaires et imprévus qu'a dû fournir le Consortium pour installer correctement VIMOS sur le télescope ont limité l'avancée globale du projet.

Au mois de mars s'est tenue le Final Design Review de HARPS, l'instrument dédié à la recherche d'exoplanètes par la méthode des vitesses radiales à très haute précision. Sa fabrication avance très vite, aussi à l'observatoire de La Silla en ce qui concerne l'adaptateur Cassegrain qui alimente le spectromètre à haute résolution ainsi que le laboratoire contrôlé en température qui l'abritera.

DÉVELOPPEMENTS TECHNIQUES

Activités générales

La Division Technique a fourni un support continu aux Divisions Projet, à l'Observatoire de Paranal et à l'Observatoire de La Silla. Ces activités comprennent l'achat des composants urgents et la gestion des réparations. De plus, la Division est responsable du développement et de l'évaluation des nouveaux standards d'ingénierie pour les observatoires de l'ESO.

Une des raisons pourquoi l'efficacité de l'Observatoire VLT est excellente et pourquoi le personnel de Paranal fut capable d'assimiler avec succès un nombre toujours croissant d'instruments hautement complexes, fut la stricte application des standards communs pour le matériel et les logiciels de l'ensemble du projet VLT. Il est clair cependant, que ces standards doivent être continuellement révisés et modernisés. Les composants électroniques et mécaniques, ainsi que les groupes de logiciels commerciaux, souvent deviennent obsolètes et

The remaining first-generation VLT instruments are generally progressing well. VISIR, the mid-infrared (8–25 mm) spectro-imager, advanced to its Assembly, Integration and Testing phase. Its spectroscopic channel was integrated in Dwingeloo and delivered to Saclay in September. First technical light in its imaging mode at cryogenic temperature was achieved in Saclay on 19 December. The CRIRES high-resolution, cryogenic, near-infrared (1–5 μm) spectrometer passed its Final Design Review in October and immediately entered the manufacturing phase. In fact, the adaptive optics components being developed together with those for the VLTI and SINFONI plus some of the key cryogenic optical component had already been ordered earlier and one of the most critical items, the large echelle grating, was delivered by year's end. Development of its large mosaic infrared detector also advanced well.

The SINFONI Adaptive Optics module (to feed the SPIFFI integral field spectrograph being developed by MPE-Garching and currently well into its manufacturing phase) also had its Final Design Review in October and the procurement of key components is proceeding. Work also started on development of an infrared camera needed for testing of the various adaptive optics systems. Finally, the Final Design Review of OmegaCAM, the 1-square-degree optical imaging facility for the 2.5-m VLT Survey Telescope, was also held in the same very busy month of October. Driven primarily by the needs for assembling its large 8 ¥ 4 CCD mosaic, a modern clean room facility was installed at ESO-Garching. Development of the advanced 2k ¥ 2k infrared detectors being procured by ESO for NIRMOS, the infrared twin of VIMOS, also continued. Unfortunately, progress of the overall project was limited due to the unexpectedly high demands on the Consortium to successfully bring VIMOS to the telescope.

Final Design Review of HARPS, the High Accuracy Radial velocity Planetary Searcher for the 3.6-m telescope, was held at the end of March. Fabrication is proceeding at full speed, also at the La Silla Observatory for the Cassegrain adapter that feeds the starlight to the high-resolution spectrometer and the temperature-controlled laboratory in which it will be housed.

TECHNICAL DEVELOPMENTS

General Activities

The Technical Division has provided continued support to the Project Divisions, to the Paranal Observatory and the La Silla Observatory. These activities include urgent component procurement and handling of repairs. In addition, the Division is responsible for the development and evaluation of new engineering standards for ESO's observatories.

One of the key reasons why the reliability of the VLT observatory has been excellent, and that the Paranal Staff have been successfully able to assimilate an ever increasing number of highly complex instruments, has been the rigid application of common hardware and software standards to the entire VLT project. It is clear, however, that these standards must be continually revised and upgraded. Electronic and mechanical components, as well as commercial software packages often become obsolete, and new technologies emerge. Any de nouvelles technologies émergent. Chaque nouveau standard ou nouvelle version de logiciel doivent être évalués avec attention et testés avant d'être acceptés, afin d'assurer la continuité de la compatibilité avec le reste du système VLT.

Département des systèmes optiques

Une investigation fut initiée pour de possibles alternatives aux systèmes de CCD technique (TCCD). Environ 60 de ces systèmes sont actuellement largement utilisés sur Paranal et La Silla pour des applications telles que l'acquisition, le guidage, l'analyse de front d'onde, l'étude systématique du ciel, etc. Dû à l'obsolescence des composants, ces unités ne peuvent plus être livrées, et par conséquent une solution alternative compatible avec les standards logiciels du VLT est requise pour la modernisation des instruments et les futurs projets. Un prototype d'unité TCCD de seconde génération sera acquis en 2002 pour permettre l'adaptation des logiciels et des tests du système, et les premières unités de série seront délivrées au début de 2003.

En plus de travailler à des projets ESO, le personnel de la Division Technique a aussi contribué à un certain nombre de projets externes au cours de cette année. Ceci inclut les propositions de nouveaux instruments pour le NGST et le télescope VST sur Paranal, et l'évaluation de l'étude de la Phase A pour VISTA.

Projets de logiciel de contrôle

Le département logiciel (ou TSW) de la Division Technique (ou TEC) est le principal fournisseur de logiciel de contrôle, à la fois pour les télescopes et les instruments en cours de développement pour les Observatoires au Chili. Depuis plusieurs années, les activités principales sont centrées autour des projets VLT et VLTI, tandis que l'effort sur les logiciels d'ALMA atteindra, à un certain moment dans le futur, son niveau stable, après l'acceptation officielle de la construction d'ALMA.

Les projets de logiciel de contrôle développés sous contrat avec l'ESO, par exemple les instruments installés par des Consortiums d'instituts, sont suivis et soutenus principalement par le personnel TSW.

Dans la description suivante, l'importance est donnée au travail de nature général, non relié à des projets spécifiques déjà décrit dans d'autres sections. En particulier, un large effort concerne les logiciels communs du VLT communément appelé « VLT Common Software » et leur utilisation dans chaque télescope et projet d'instrument en cours actuellement pour les Observatoires de Paranal et La Silla.

VLT Common Software

La seule façon de gérer de grands projets – en particulier leur maintenance – est de renforcer les standards. Il est évidemment beaucoup plus efficace d'avoir des produits logiciels qui utilisent des standards, plutôt que seulement les spécifier en tant que règles.

Cette stratégie a été appliquée strictement aux logiciels du VLT et c'est la raison pour laquelle TSW a débuté, il y a quelques années, le projet de logiciel commun du VLT (« VLT Common Software », ou VCS). C'est une large structure de logiciels: plus d'un million de lignes de code uniquement pour le noyau du logiciel, et près de 3 millions de lignes de code pour l'ensemble des logiciels communs du VLT. Le VCS fut révisé deux fois par an aux Observatoires de l'ESO et aux Consortiums jusqu'à maintenant. Il est bien sûr d'abord installé, intensivement testé et validé sur le modèle de contrôle du VLT à Garching avant qu'il new standard or upgraded software package must be carefully evaluated and tested prior to acceptance to ensure continued compatibility with the rest of the VLT system.

Optical Systems Department

An investigation has been initiated into possible alternatives to the Technical CCD systems. Some 60 of these systems are currently in widespread use on Paranal and La Silla for applications such as acquisition, guiding, wave front sensing, sky monitoring, etc. Due to component obsolescence, these units cannot be procured any longer, and an alternative solution compatible with VLT software standards is therefore required for instrument upgrades and future projects. A prototype second-generation TCCD unit will be acquired in 2002 to allow software adaptation and system tests, and the first production units delivered in the beginning of 2003.

In addition to working on ESO projects, Technical Division Staff have also contributed to a number of external projects in the course of this year. These include new instrument proposals for the NGST and the VST Telescope on Paranal, and to the Phase-A study evaluation for VISTA.

Control Software Projects

The Technical Division (TEC) Software Department (TSW) is the principal provider of control software, both for telescopes and instruments under development for the Observatories in Chile. For several years the main activities have been centred around the VLT and VLTI projects, while the effort on ALMA software will reach its steady state at some point in the future, after the official approval of ALMA construction.

Control software projects developed under contract with ESO, e.g. instruments implemented by Consortia of Institutes, are followed-up and supported mostly by TSW staff.

In the following description, emphasis is given to work of general nature, not linked to specific projects already described in other sections. In particular a large effort concerns the so-called VLT Common Software and its use in any telescope and instrument project on-going now for the Paranal and La Silla Observatories.

VLT Common software

The only way to handle large projects – in particular their maintenance – is to enforce standards. It is clearly much more effective to have software products that implement standards, rather than to just specify them as rules.

This strategy has been applied strictly to the VLT software and it is the reason why TSW many years ago embarked on the VLT Common Software (VCS) project. This is a large body of software: more than 1 million lines of code for the Core software only, and nearly 3 million lines of code for all VLT Common software together. The VCS has been released twice per year to the ESO Observatories and Consortia up to now. It is of course first installed, extensively tested and validated on the VLT control model in Garching before it goes to aille à Paranal et La Silla. Ne comptant que Paranal, le VCS est installé sur environ 50 stations de travail et 150 microprocesseurs.

VCS a une taille imposante due aux domaines qu'il doit couvrir et aux solutions qu'il doit fournir pour des télescopes variés et des projets spécifiques d'instruments, impliquant aussi une large gamme de matériel. Ce logiciel commun évite la duplication, fournissant dans le même temps une structure logiciel bien testé. VCS repose aussi fortement sur des procédures de génie logiciel précises qui permettent de construire des logiciels avec un bon et prévisible niveau de qualité.

Une composante majeure du noyau du logiciel du VLT est ce qu'on appelle logiciel de contrôle central (« Central Control Software », ou CCS). Une version nouvelle et étendue (CCS-lite) fut installée cette année et distribuée et installée avec la version du Printemps 2002. En remplaçant CCS par CCS-lite, on évite des coûts de nouvelles licences et réduit le nombre des différents systèmes d'exploitation supportés dans les observatoires. A partir de la version de VCS du printemps 2003 seulement CSS-lite sera supporté. Ceci fournira aussi une indépendance totale vis-à-vis du vendeur et permettra de considérer Linux et le matériel PC comme de sérieux candidats.

Logiciel de contrôle du télescope

Le logiciel de contrôle du télescope (« Telescope Control Software », ou TCS) développé initialement pour les télescopes unitaires (UT) du VLT, est devenu un standard utilisé par plusieurs projets. En d'autres mots, le logiciel TCS, basé sur le logiciel commun du VLT, a été réutilisé avec des adaptations pour entre autres: les télescopes auxiliaires (maintenant en test en Belgique), la nouvelle ingénierie du télescope de 3,60 m à La Silla et le moniteur de site de Paranal. Il est prévu que les deux futurs télescopes de la classe des 4 m de Paranal (VST et VISTA) le réutiliseront avec les adaptations nécessaires faites par les équipes externes responsables de ces projets avec le suivi de l'ESO. La réutilisation du même logiciel est un élément clef pour permettre à l'équipe logiciel de Paranal de maintenir plusieurs télescopes.

La modernisation du logiciel de contrôle des UT du VLT, un effort réalisé en collaboration avec le personnel de Paranal, a permis d'avoir tous les UT maintenant basés sur CCS-lite et d'avoir une réduction du nombre total d'ordinateurs, tirant avantage de l'accroissement de la puissance de calcul des stations de calcul.

Logiciel de contrôle de l'instrumentation

En 2001, beaucoup de travail a été investi dans la modernisation de la partie générale du logiciel de contrôle de l'instrumentation (« Instrumentation Control Software », ou ICS) qui est commun à tous les instruments. Ceci tire avantage de l'expérience avec les premiers instruments du VLT et permet un développement réduit des projets spécifiques. Il a été mesuré pour les derniers instruments que ceci peut réduire le temps de développement à moins de la moitié. Un autre avantage est que la partie centrale – qui est le logiciel commun – est très bien testé, alors que le logiciel spécifique du projet est grandement réduit, simplifiant par conséquent la maintenance. Ceci est nécessaire avec le nombre accru d'instruments offerts à Paranal.

Le logiciel commun ICS a été converti à la plate-forme de CCS-lite dans la version du printemps 2002. Le prochain défi sera la conversion de tous les instruments basés sur le logiciel commun du VLT à CCS-lite, en collaboration avec le personnel de Paranal et La Silla.

Concernant le développement de logiciel pour le contrôle de projets spécifiques, TSW est

Paranal and La Silla. Counting Paranal only, VCS is installed on about 50 workstations and 150 microprocessors.

VCS has a large size due to the areas it has to cover and solutions it has to provide for the various telescope and instrument specific projects, involving also a broad range of hardware. This common software avoids duplication, providing at the same time a well tested body of software. VCS relies also heavily on precise software engineering procedures that allow to construct software with a good and predictable quality level.

A major component of the VLT Core software is the so-called Central Control Software (CCS). A new, extended version of it (CCS-lite) was implemented this year and distributed and installed with the Spring 2002 Release. Replacing CCS by CCS-lite avoids costs of new licenses and reduces the number of different operating system platforms supported at the Observatories. From the VCS Release of Spring 2003 only CCS-lite will be supported. This will provide also a full vendor independence and will make it possible to consider Linux and PC hardware as serious contenders.

Telescope Control software

The Telescope Control Software (TCS) developed initially for the Unit Telescopes (UT) of the VLT, has become a standard used in several projects. In other words, the TCS software, based on the VLT Common Software, has been re-used with adaptations for among others: the Auxiliary Telescopes (now being tested in Belgium), the 3.6-m telescope re-engineering at La Silla and the Paranal Site Monitors. It is also planned that the two future 4-m-class telescopes of Paranal (VST and VISTA) will re-use it, with the necessary adaptations done by the external teams responsible for those projects with ESO monitoring. Re-use of the same software is a key element to allow the Paranal software team to maintain several telescopes.

Telescope Control Software upgrades of VLT UTs, a collaborative effort with Paranal staff, resulted in having all UTs now based on CCS-lite and in a reduction of the total number of computers, taking advantage of the increased computational power of workstations.

Instrumentation Control software

Quite some work was spent in 2001 in upgrading the general part of the Instrumentation Control Software (ICS) that is common to all instruments. This takes advantage of the experience with the first VLT instruments and permits a reduced project-specific development. It has been measured for the latest instruments that this can reduce development time to less than half. Another advantage is that the central part – being common software – is very well tested, while the project specific software is greatly reduced, thereby simplifying maintenance. This is necessary with the increased number of instruments offered at Paranal.

The common ICS software has been ported to the CCS-lite platform in the Spring 2002 Release. The next challenge will be the porting of all instruments based on the VLT Common software to CCS-lite, in collaboration with Paranal and La Silla staff.

What concerns software development for the control of specific projects, TSW is directly responsible for the software of the VINCI, Giraffe, CRIRES and relevant parts of NAOS. Several instruments developed outside ESO by Consortia were monitored and supported.

directement responsable des logiciels de VINCI, Giraffe, CRIRES et de parties importantes de NAOS. Plusieurs instruments développés en dehors de l'ESO par des Consortiums furent suivis et supportés.

Avec le grand nombre d'instruments déployés à Paranal, on s'attend à ce que le logiciel de contrôle de l'instrumentation requiert un plus grand effort dans les années à venir.

Le logiciel d'ALMA

TSW a la responsabilité principale pour développer pour ALMA une couche logiciel appelé logiciel commun d'ALMA (« ALMA Common Software », ou ACS), basé sur l'expérience et la philosophie utilisées dans le logiciel VCS. ACS a déjà été validé sur un radiotélescope et a atteint sa troisième version. Il fut aussi intégré au logiciel de contrôle développé pour les antennes prototypes d'ALMA à NRAO aux Etats-Unis. Le travail est en cours pour étendre ce logiciel, afin qu'il puisse supporter aussi le développement des applications logiciel pour les flux de données d'ALMA. Le nom de cette version étendue deviendra alors ACS++.

En général, l'ESO et l'Europe ont la responsabilité de 50% du développement du logiciel d'ALMA, les autres 50% étant développés par l'Amérique du Nord. C'est un défi et une responsabilité d'avoir à développer du logiciel avec une communauté d'utilisateurs potentiels si large et de satisfaire toutes leurs demandes. Le logiciel d'ALMA, avec sa taille et sa durée de vie attendues, offre l'opportunité de réaliser un pas substantiel dans de nouvelles technologies de logiciel (tel que CORBA, JAVA, XML basé sur des plates-formes Linux). ACS peut être vu comme un produit précurseur sur le chemin que TSW et l'ESO devront suivre dans leurs développements de futur logiciel.

ALMA

Résumé

La proposition européenne pour la phase de construction du projet ALMA bilatéral (Europe/États-Unis) fut prête en début d'année, et un supplément couvrant les opérations fut soumis en mars 2001. Cependant, du côté de l'Amérique du Nord, en février 2001, la requête pour le financement de la construction fut temporairement retirée de la requête du budget de l'année fiscale américaine 2002 par le nouveau gouvernement. En avril 2001, le Comité de coordination d'ALMA (ALMA Coordination Committee, ou ACC) a décidé de poursuivre vers un projet trilatéral (Europe/ Amérique du Nord/Japon), et ce fut le début d'un effort considérable pour redéfinir les limites du projet, le coût et la répartition des tâches. En juillet 2001, l'Observatoire astronomique national du Japon (National Astronomical Observatory of Japan, ou NAOJ) a formellement requis le financement pour un début du projet ALMA trilatéral et à répartition égale en 2002, mais en octobre 2001 le gouvernement japonais décida que sa participation au projet devrait être reportée jusqu'à 2004. En vue de la décision japonaise, le ACC décida de continuer avec le projet bilatéral. La nouvelle la plus positive de l'année fut l'approbation par le gouvernement des États-Unis en novembre 2001 du financement pour l'année fiscale 2002 du démarrage de la construction d'ALMA. La décision européenne correspondante concernant le projet, qui attendait aussi l'entrée formelle du Royaume-Uni dans l'ESO, est prévue à la mi-2002.

With the large number of instruments deployed at Paranal, instrumentation control software is expected to require a bigger effort in the coming years.

ALMA SOFTWARE

TSW has the main responsibility to develop for ALMA a layer of software called ALMA Common Software (ACS), based on the experience and philosophy used in the VCS software. ACS has already been validated on a radio-telescope and has reached its third Releases. It has also been integrated with control software developed for the ALMA prototype antennas at NRAO in the US. Work is on-going to expand this software, so that it can support also the development of ALMA data flow software applications. The name of this extended version will then become ACS++.

In general ESO and Europe have responsibility for 50% of the ALMA software development, the other 50% being developed in North America. It is demanding and challenging to have to develop software with such a potentially wide community of users and to meet all their requirements. The ALMA software, with its expected size and time-span, offers the opportunity to do a substantial step into newer software technologies (like CORBA, JAVA, XML based on Linux platforms). ACS can be seen as a precursor product along the way that TSW and ESO will have to go along in their future software developments.

ALMA

OVERVIEW

The European proposal for the construction phase of the bilateral (European/North American) ALMA project was ready at the beginning of the year, and an addition covering operations was submitted in March 2001. However, on the North American side, the request for construction funding was temporarily withdrawn from the U.S. FY 2002 budget request in February 2001 by the new government. In April 2001 the ALMA Co-ordination Committee (ACC) decided to proceed towards a trilateral (European/North American/Japanese) project, and this was the beginning of a considerable effort to redefine the project scope, cost and division of tasks. In July 2001 the National Astronomical Observatory of Japan (NAOJ) formally requested funding for an equal share of the trilateral ALMA project to start in 2002, but in October 2001 the Japanese government decided that its participation in the project would have to be delayed until 2004. In view of the Japanese decision, the ACC decided to proceed with the bilateral project. The most positive news of the year was the approval by the U.S. government in November 2001 of funding in FY 2002 for the start of ALMA construction. The corresponding European decision on the project, which had also been waiting for the formal entry of the U.K. into ESO, is expected in mid-2002.

Communications publiques

En Europe, l'effort pour les communications publiques en connexion avec ALMA sera géré par le Département d'éducation et de relations publiques comme une partie de ces activités globales de la part de l'ESO. Ce groupe a d'excellents résultats de travail avec la communauté et la presse européenne, et a été très efficace dans la promotion des projets dans lesquels l'ESO est impliquée. Ils ont déjà joué un rôle primordial dans la reconnaissance et l'acceptation d'ALMA comme le prochain projet majeur d'astronomie au sol, et sont bien placés pour poursuivre ces activités dans le futur.

OWL

Général

Durant l'année 2001, le concept du télescope OWL fut consolidé avec une simplification notable de la cinématique menant à une réduction de l'estimation du coût et à une réduction mineure de la masse mobile. Des études industrielles ont été sous-traitées pour la production de masse du substrat des segments en carbure de silicium, pour l'effet du vent et pour la production d'une maquette à l'échelle.

Dans le cadre d'un réseau de recherche et de formation (Research and Training Network, ou RTN) financé par la Communauté Européenne, les concepts de l'Optique Adaptative Multi-Conjuguée (MCAO) ont été explorés, un démonstrateur (MAD) est actuellement dans sa phase de conception préliminaire, et les techniques de phasage pour les miroirs segmentés furent passés en revue. De plus, une autre technique prometteuse de phasage, encore inexploré, est en cours d'étude à l'ESO.

Un concept préliminaire du schéma complet de contrôle du front d'onde a été établi, et une coopération avec CALTECH a débuté sur le sujet de la segmentation et de l'optique active.

En coopération avec l'Université de Fribourg, le développement d'outils logiciel pour l'identification et la caractérisation de sites adéquats à travers le monde, à partir des bases de données météorologiques existantes, a débuté. Dans le cadre de ESPAS (ESO Search for Potential Astronomical Sites), une revue approfondie des sites astronomiques est aussi en cours.

L'évaluation des arguments scientifiques a remarquablement progressé, la relation entre le diamètre du télescope et l'efficacité scientifique apparaissant plus clairement. Alors que les télescopes limités par le « seeing » voient leur efficacité croître comme D2 au mieux, l'optique adaptative permet à cette efficacité de croître considérablement plus vite, la sensibilité devient proportionnelle à D4 pour certains objectifs scientifiques (par exemple la détection et la spectroscopie d'exo-terres).

Arguments scientifiques

Les arguments scientifiques se sont poursuivis selon deux lignes principales. D'un côté, des simulations des observations avec OWL ont été continuées basées sur la meilleure connaissance actuelle des performances du télescope (par exemple les effets de la diffraction, de la segmentation, de la dispersion et de la diffusion sur la réponse impulsionnelle, les performances attendues de l'optique adaptative, etc.) et sur les spécifications scientifiques. De l'autre côté, au sein du réseau OPTICON financé par la Communauté européenne, l'ESO est responsable du groupe de travail sur les arguments scientifiques pour les télescopes extrêmement grands. Deux ateliers de réflexion furent organisés, l'un à Edinbourg et l'autre à

PUBLIC COMMUNICATION

In Europe, the effort for education and public outreach in connection with ALMA will be handled by ESO's Education and Public Relations Department as part of their overall activities on behalf of ESO. This group has an excellent record of working with the community and the press across Europe, and has been very effective in promoting the projects in which ESO is involved. They have already played a major role in the recognition and acceptance of ALMA as the next major ground-based astronomical project, and are well placed to continue these activities into the future.

OWL

GENERAL

During 2001, the design of the OWL telescope was consolidated, with a notable simplification of the kinematics, leading to a reduction of the cost estimate, and with a minor reduction of the moving mass. Industrial studies have been contracted for the mass-production of Silicon Carbide segment blanks, for the effect of wind and for the production of a scale model.

Within the framework of an EC-funded Research and Training Network (RTN), Multi-Conjugate Adaptive Optics (MCAO) concepts have been explored, a demonstrator (MAD) is currently in its preliminary design phase, and phasing techniques for the segmented mirrors have been reviewed. In addition, another promising phasing technique, as yet unexplored, is being studied in-house.

A preliminary concept of extensive wave front control scheme has been derived, and cooperation with CALTECH initiated on the matter of segmentation and active optics.

In cooperation with University of Friburg, the development of software tools for the identification and characterisation of suitable sites worldwide on the basis of existing meteorological databases has been initiated. Within the framework of ESPAS (ESO Search for Potential Astronomical Sites), a thorough review of known astronomical sites is also under way.

Evaluation of the science case has progressed remarkably, the relation between telescope diameter and scientific efficiency appearing more clearly. While seeing-limited telescopes see their efficiency increase as D2 at best, adaptive optics allows this efficiency to increase considerably faster, sensitivity becoming proportional to D4 for some science cases (e.g. detection and spectroscopy of exo-earths).

SCIENCE CASE

The science case has proceeded along two main lines. On one side, simulations have continued of observations with OWL based on the current best knowledge of the telescope performance (e.g. diffraction, segmentation, scattering and diffusion effects on the point spread function, expected performance of adaptive optics, etc.) and of the science requirements. On the other side, within the EC funded OPTICON network ESO is responsible of the Working Group on the science case for Extremely Large Telescopes. Two workshops were held, one in Edinburgh and one in Leiden, which resulted in a draft "white book" on the science case that is in the process of being reviewed by the astronomical community at large.

Leiden, qui donnèrent l'ébauche du livre blanc sur les arguments scientifiques dont l'analyse est en cours par la communauté astronomique la plus large.

Plusieurs arguments ont été discutés, allant des observations à l'intérieur du système solaire à des résolutions comparables à celles obtenues par les survols des engins spatiaux, à la détection, l'imagerie et la spectroscopie des planètes de type terrestre dans la zone habitable des étoiles dans un rayon de 100 années-lumière en passant par l'étude détaillée des populations stellaires dans les galaxies aussi loin que l'Amas de Virgo, par plusieurs études cosmologiques qui nous permettraient de répondre à quelques-unes des questions les plus critiques concernant notre Univers (la structure à trois dimensions, la formation des galaxies, l'évolution des paramètres cosmiques, peut-être même avoir accès à l'époque de la première lumière c'est-à-dire l'époque où les premières étoiles ont commencé à briller).

Un aspect intéressant de ces rencontres fut que la taille de la future génération de télescopes n'était pas un paramètre présupposé, mais était plutôt sensé être déduit des contraintes scientifiques: pour la plupart des objectifs scientifiques, le diamètre minimum requis était aux alentour de 70 m. Pour l'objectif certainement le plus excitant (les exo-terres et la possibilité de détecter des signes de vie extra-terrestre), le diamètre minimum était de 100 m.

Avec dix fois la surface de réception de la lumière de tous les télescopes déjà construits mis ensemble, les capacités scientifiques d'un télescope de 100 m tel que OWL, travaillant à la limite de diffraction, peut être résumé à la capacité de fournir une résolution spatiale comparable à celle du VLTI sur des objets environ 1 million de fois plus faible.

Ingénierie

Le concept optique de base à 6 miroirs a été figé et une solution alternative à 4 miroirs, avec un primaire sphérique et un correcteur à 3 éléments du foyer principal fut proposé. Cette alternative, cependant, comprend deux miroirs monolithiques de 11 m, et un dispositif de tests optiques pour le miroir le plus asphérique est encore à définir. La faisabilité reste, par conséquent, à établir.

Deux contrats ont été passés pour des études de faisabilité et des estimations de coût pour la production de masse de verre ou des substrats des segments en céramique de verre, et un troisième pourrait être passé, un fournisseur clef ayant manifesté son plus haut intérêt dans la participation de la phase A de OWL. Des spécifications détaillées pour le polissage des miroirs primaire et secondaire ont été ébauchées, et seront utilisées pour obtenir des estimations de coût des vendeurs possibles.

Une étude sous-traitée par Astrium et Boostec sur la faisabilité des substrats des segments en carbure de silicium a été achevée avec succès. Il fut montré que, avec des hypothèses prudentes, le processus pourrait être industrialisé pour fournir des substrats de segments légers en carbure de silicium dans les limites de technologies avérées, à un prix compétitif et dans un cycle de production de cinq ans. Bien que le matériau fournisse de substantiels avantages en matière de poids et de rigidité, il implique une perte du pouvoir de réflexion, et une possible augmentation de la lumière parasite qui reste à évaluer.

La conduite et le positionnement ont été remplacés par des bogies mécaniques à friction, réduisant considérablement la complexité et le coût, permettant de contraindre le télescope dans un mode hyperstatique, et avec un impact positif sur les performances dynamiques du télescope. La précision angulaire requise est bien dans les performances réalisables de cette solution. La grande quantité de bogies assure un transfert de charge homogène aux fondations et il moyenne les effets d'adhérence et de glissement présents à très faible vitesse angulaire. La conduite de haute performance par friction fonctionne déjà dans le projet VLT (la plate-forme de rotation du coudé et les lignes à retard).

Several cases have been discussed, ranging from observations within the solar system at resolutions comparable to those achieved by spacecraft fly-bys, to the detection, imaging and spectroscopy of earth-like planets in the habitable zone of stars within 100 light-years, to the detailed study of the stellar populations in galaxies as far away as the Virgo Cluster, to many cosmological studies that would allow us to answer some of the most critical questions about the Universe (three-dimensional structure, formation of galaxies, evolution of the cosmic parameters, maybe even have access to the epoch of "First Light", i.e. the time the first stars started to shine).

One interesting aspect of these meetings has been that the size of the future generation telescope was not an input, but rather was supposed to be derived from the science drives: for most science cases the required minimum diameter turned out to be 70 m. For the possibly most exciting case (exo-earths and the possibility to detect signs of exo-life) the minimum diameter turned out to be 100 m.

At ten times the collecting area of every telescope ever built put together, the scientific capabilities of a 100-m telescope like OWL, working at the diffraction limit, can be summarised as providing spatial resolution comparable to that of the VLTI on objects about one million times fainter.

ENGINEERING

The baseline 6-mirror optical design has been frozen, and an alternative 4-mirror solution, with spherical primary and 3-elements prime focus corrector, has been proposed. This alternative, however, includes two 11-m monolithic mirrors and an optical test set-up for the most aspheric mirror is still to be found. Feasibility remains, therefore, to be established.

Two contracts are being placed for feasibility studies and cost estimates for the mass-production of glass or glass ceramics segment blanks, and a third may be placed, a key supplier having expressed utmost interest in participating to OWL phase A. Detailed specifications for the polishing of the primary and secondary mirror segments have been drafted, and will be used to obtain cost estimates from possible vendors.

A study contracted to Astrium and Boostec on the feasibility of Silicon Carbide segment blanks has been successfully completed. It showed that, under conservative assumptions, processes could be industrialised to supply light-weight silicon carbide segment blanks within the limits of proven technology, at a competitive cost and within a five-year production cycle. While the material provides substantial advantages in terms of mass and stiffness, it implies a loss of reflectivity, and a possible increase of stray light that remains to be evaluated.

Drives and bearings have been substituted by friction-type mechanical "boogies", thus considerably reducing the complexity and cost, allowing to constrain the telescope in hyper-static mode, and with positive impact on the telescope dynamical performance. The required angular accuracy is well within the achievable performance of this solution. The large amount of boogies assures a homogeneous load transfer to the foundation and it averages the stick slip effect present at very low angular velocity. High performance friction drives are already successfully operating in the VLT project (Coudé rotating platform and delay lines).

A preliminary design of the structure modules has been made, and contracts are being placed to determine achievable tolerances, production processes and obtain cost estimates. A 1:250 scale model of the telescope and main facilities is nearing completion.

Software tools have been developed to determine the primary and secondary mirror

Un concept préliminaire des modules de la structure a été réalisé, et des contrats sont en train d'être passés pour déterminer les tolérances réalisables, les processus de production et obtenir des estimations du coût. Une maquette à l'échelle 1: 250 du télescope et des installations principales est pratiquement achevée.

Des outils logiciel ont été développés pour déterminer la géométrie des miroirs primaire et secondaire, et évaluer l'effet de la géométrie de la pupille, des erreurs de segmentation et des défauts de fabrications des segments sur la figure de diffraction.

Dans le cadre d'un RTN financé par la Communauté européenne, et en coopération avec l'IAC, Arcetri et l'Observatoire de Marseille, une revue des techniques possibles de phasage a été entreprise. De nouvelles techniques furent identifiées, le groupe d'Arcetri démontrant que les senseurs pyramide de fronts d'onde seraient capables de déterminer les erreurs de piston et de tilt à une précision estimée à l/20-l/30 en écart type, et le groupe IAC identifiant de possibles améliorations de la technique déjà employée au Keck. Une technique différente et très prometteuse basée sur l'interféromètre de Mach-Zehnder est évaluée à l'ESO et à l'Observatoire de Marseille.

Le concept du démonstrateur d'optique adaptative multi-conjuguée (Multi-conjugate Adaptive optics Demonstrateur, ou MAD) a considérablement progressé, sous les auspices du groupe Optique Adaptative et en coopération avec Arcetri et Padova. Une revue critique du concept est prévue en mai 2002. Le concept permet de tester deux stratégies de contrôle différentes, la tomographie classique et une approche orientée vers la correction couche à couche.

Deux miroirs du concept optique de base ont été réservés pour une conversion possible en des miroirs adaptatifs. Ces deux miroirs, de 2,35 m et 4,2 m de diamètre, sont conjugués à la couche au niveau du sol et à une altitude de ~ 8 km. Si une extrapolation modérée de la technologie utilisée pour le miroir secondaire du LBT le permet, ces miroirs pourraient montrer des aptitudes à la MCAO dans l'infrarouge. En utilisant le plus petit des deux, de l'imagerie grand champ à une résolution inférieur au « seeing » (~ 0,1–0,2 secondes d'arc) pourrait être envisagée.

Les activités pour la conception d'un instrument technique (Active Phasing Experiment, ou APE) destiné à tester les stratégies de contrôle du front d'onde en simulant la segmentation sur les télescopes actifs du VLT ont été arrêtées par manque de ressources et de financement. Ces activités pourraient reprendre en 2003, si des partenaires adéquats peuvent être trouvés ou des ressources libérées et un financement interne rétabli. Le concept de l'instrument est plutôt simple, permettant une production et une intégration rapide, et son usage, de toute façon, s'étendrait très probablement à une phase de conception préliminaire du télescope.

ST-ECF

L'Observatoire du télescope spatial Hubble a continué à fonctionner sans perte de temps technique. La préparation de la prochaine mission de service (SM3-B) qui est maintenant prévue pour février 2002, s'est aussi poursuivie. Durant la mission, les astronautes remplaceront la caméra de l'ESA pour les objets faibles par la nouvelle caméra avancée pour les observations (Advanced Camera for Surveys, ou ACS) et ils installeront un refroidisseur à cryogénie qui rétablira certaines des capacités proche infrarouge de NICMOS du HST. Durant les missions, les astronautes remplaceront les panneaux solaires flexibles actuels par de nouveaux plus rigides et plus efficaces. Après ces missions, HST pourra être considéré presque comme un nouvel observatoire.

Le temps alloué pour le onzième Cycle s'est achevé en décembre dernier. La part de l'ESA par le nombre de propositions est revenu à la normale ~ 20%, montrant, après une geometries, and evaluate the effect of pupil geometry, segmentation errors and segments misfigure on the diffraction pattern.

Within the framework of an EC-funded RTN, and in co-operation with IAC, Arcetri and Marseille Observatory, a review of possible phasing techniques has been undertaken. Novel techniques have been identified, the Arcetri group demonstrating that pyramid wave front sensors would be able to determine piston and tilt errors to an estimated accuracy of l/20-l/30 RMS, and the IAC group identifying possible improvements of a technique already applied at the Keck. A different and very promising technique based on Mach-Zehnder interferometry is evaluated at ESO and Marseille Observatory.

The design of the Multi-conjugate Adaptive optics Demonstrator (MAD) has progressed considerably, under the auspices of the Adaptive Optics group and in cooperation with Arcetri and Padova. A critical design review is scheduled in May 2002. The design allows testing two different control strategies, classical tomography and a layer-oriented scheme.

Two mirrors of the baseline optical design have been earmarked for possible upgrade to adaptive ones. These two mirrors, 2.35 m and 4.2 m in diameter, are conjugated to the ground layer and to an altitude of ~ 8 km. Would a moderate extrapolation of the technology used for the LBT secondary mirror allow it, these mirrors could provide IR MCAO capability. Using only the smaller of the two, wide-field imaging to sub-seeing resolution (~ 0.1–0.2 arcsec) may become possible.

Design activities on a technical instrument (APE for Active Phasing Experiment) aimed at testing wave front control strategies by emulating segmentation on the VLT active telescopes have been stopped, for lack of resources and funding. This activity might be resumed in 2003, if suitable partners can be found or resources freed and internal funding restored. The instrument concept is rather simple, allowing for fast production and integration, and its use would most likely extend in a preliminary design phase of the telescope anyway.

ST-ECF

The Hubble Space Telescope Observatory continued to operate without any technical down time. The preparation for the next servicing mission (SM3-B) which is now planned for February 2002, also continued. During the mission the astronauts will replace the ESA Faint Object Camera with the new Advanced Camera for Surveys (ACS) and they will install a cryocooler that will bring back some of the HST NICMOS near infrared capabilities. During the missions the astronauts will also replace the current flexible Solar Arrays with new rigid and more efficient ones. After these missions HST can be considered almost a new Observatory.

The time allocation for the Cycle 11 was completed in December. The ESA share by proposal number is back to the usual ~ 20%, reflecting, after a slight decrease in the previous légère diminution dans le cycle précédent, le renouveau de l'intérêt européen dans les nouvelles capacités, en particulier dans la caméra ACS.

Les activités fonctionnelles du STC-ECF se sont concentrées dans la conception et l'implémentation du logiciel de calibrage et d'extraction pour les modes prisme et réseaux dispersifs de la nouvelle caméra ACS. Un ensemble de logiciels qui simule les spectres d'objets astrophysiques de ACS fut délivré à la communauté. Le simulateur peut facilement être adapté à d'autres instruments à prisme et à réseaux dispersifs similaires. La révision du pipeline de calibrage du spectrographe pour les objets faibles, un instrument du HST qui n'est plus en opération, fut achevée et officiellement délivrée. L'amélioration dans la valeur scientifique du nouvel ensemble de données de FOS est substantielle. Ces activités sont maintenant officiellement comptées comme les contributions de l'ESA au projet HST dans le nouveau « ESA/NASA Memorandum of Understanding ».

Avec le temps, en particulier avec les opérations routinières du VLT et la mise au point du concept des opérations scientifiques du NGST, le rôle particulier du ST-ECF dans la synergie entre l'astronomie au sol et dans l'espace est devenu plus proéminent. Suivant cette ligne, le ST-ECF participe activement à la proposition GOODS (Great Observatories Origins Deeps Surveys). GOODS est un programme d'observation de l'univers à fort décalage vers le rouge aux plus faibles limites de flux actuellement accessible entre 3,6 et 24 microns, en coordination avec les observations du ciel le plus profond de Hubble, Chandra et XMM-Newton aux longueurs d'onde radio, optique et proche infrarouge. En particulier, l'ESO contribuera des images d'ISAAC et de WFI.

La même synergie sol/espace est le cœur du développement commun des potentialités d'un « Observatoire Virtuel ». Plus explicitement, la DMD de l'ESO et le ST-ECF font fonctionner ASTROVIRTEL, un programme financé par la Communauté Européenne dans le but de supporter des projets scientifiques qui exploite les archives ESO/ ST-ECF comme un télescope virtuel. Le premier tour des projets approuvés s'est achevé et la réponse à un second appel a montré une amélioration encourageante dans la qualité et la spécificité des propositions. L'évolution depuis cette première étape est l'implémentation d'un Observatoire Virtuel plus compréhensif et fonctionnel, une idée qui est actuellement poursuivi aussi aux États-Unis. Le ST-ECF, au nom de l'ESA et de ses missions spatiales astronomiques, a participé activement à la préparation d'une proposition d'Observatoire Virtuel RTD, mené par la DMD de l'ESO, qui fut soumis à la Communauté européenne. La proposition d'une Phase A de 3 ans fut approuvée et a officiellement débuté en novembre 2001.

Le centre d'information européen de Hubble (Hubble European Information Center) a continué de gérer ses activités extérieures qui se concentrent surtout sur les résultats scientifiques du HST, mais qui essaient aussi d'exploiter la synergie entre l'astronomie au sol et les différentes missions spatiales astronomiques de l'ESA. Suivant cette ligne, HEIC a débuté et coordonné la production d'une nouvelle brochure de l'ESA, « The Infrared Revolution », qui présente au public les découvertes qui furent obtenues avec les observations infrarouges à la fois depuis la terre et dans l'espace.

En collaboration avec le Département d'éducation et de relations publiques de l'ESO, HEIC a débuté et produit une collection de leçons astronomiques de l'ESO et l'ESA ayant pour but d'apporter un complément aux matériels d'enseignement astronomiques dans les lycées européens. La collection fut distribuée initialement à des enseignants sélectionnés de physique et d'astronomie. Elle est disponible sur Internet à http://www.astroex.org/

cycle, the renewed European interest in the new capabilities, in particular in the ACS Camera.

The functional activities of the ST-ECF concentrated in the design and implementation of the calibration and extraction software for the prism and grism mode of the new ACS Camera. A software package that simulates ACS spectra of astrophysical objects was released to the community. The simulator can be easily adapted to other similar objective prism/grism instruments. The revision of the calibration pipeline for the Faint Object Spectrograph, an HST Instrument that is not anymore operational, was completed and officially released. The improvement in the scientific value of the new FOS data set is substantial. These activities are now officially accounted for as ESA contributions to the HST Project in the renewed ESA/NASA Memorandum of Understandings.

With time, in particular with the routine operation of the VLT and the design of the NGST science operation concept, the particular role of the ST-ECF in the synergy between ground and space astronomy is becoming more prominent. Along this line, the ST-ECF is actively participating in the GOODS proposal (Great Observatories Origins Deep Surveys). GOODS is a programme to survey the high-redshift universe to the faintest flux limits currently achievable at 3.6 to 24 microns, in co-ordination with the deepest observations from Hubble, Chandra, XMM-Newton, and at radio, optical and near-infrared wavelengths. In particular ESO will contribute with ISAAC and WFI images.

The same ground/space synergy is at the core of the joint development of the "Virtual Observatory" capabilities. More explicitly, the ESO/DMD and the ST-ECF are operating ASTROVIRTEL, a programme funded by the European Commission aimed at supporting science projects that exploit the ESO/ST-ECF Archive as a virtual telescope. The first round of approved projects was completed and the response to the second call showed an encouraging improvement in the scientific quality and specificity of the proposals. The evolution from this first step is the implementation of a more comprehensive and functional Virtual Observatory, an idea that is currently pursued also in the US. The ST-ECF, on behalf of ESA and its Space Astronomy missions, actively participated in the preparation of an RTD Virtual Observatory Proposal, led by ESO/DMD, which was submitted to the European Commission. The 3-year Phase A proposal was approved and officially started in November 2001.

The Hubble European Information Centre (HEIC) continued to operate its outreach activities, which, although primarily focused on HST science results, tries also to exploit the synergy among ground astronomy and various space astronomical ESA missions. Along this line, HEIC initiated and co-ordinated the production of a new ESA Brochure, "The Infrared Revolution", that introduces the public to the discoveries that were achieved by infrared observations both from the ground and space.

In collaboration with the ESO Education and Public Relations Department, HEIC initiated and produced a series of ESA/ESO Astronomical Exercises that are aimed at complementing the astronomical teaching material at the European High School/Graduate level. The series was initially distributed to selected European Physics/Astronomy Teachers. They are available on the web at http://www.astroex.org/

EDUCATION ET RELATIONS PUBLIQUES

Général

Sur le fond de la croissance constante des activités de recherche, résultant des données collectées avec les télescopes ESO, spécialement au VLT, le département des relations publiques et d'éducation (EPR) fait l'expérience d'une demande considérable et continue de ses services. L'intérêt du public est clairement en augmentation et, parmi les nombreux indicateurs de l'élargissement de la prise de conscience de ce succès scientifique, le plus remarquable est peut-être la demande rapidement croissante de matériel vidéo de ce département. Beaucoup des chaînes majeures de télé européennes et américaines ont présenté des programmes importants à propos de l'ESO et l'astronomie européenne durant l'année passée; beaucoup desquels comprenaient une fraction substantielle de métrage en provenance du département vidéo de l'ESO. Il y a peu de doutes que le service de bobine de nouvelles vidéo EPR, abonné maintenant par près de 100 compagnies de télévision, a contribué de façon significative à ce développement bienvenu.

La première lumière obtenue par l'interféromètre VLT en mars, suivie immédiatement par les premières mesures scientifiques, a eu des répercussions remarquables dans les médias. La même chose est vraie pour les premières images NAOS/CONICA, établissant le VLT comme une facilité unique et pleine de succès dans l'esprit du public. Diverses images spectaculaires, aussi d'objets astronomiques bien connus, ont eu un impact public particulier et les photos ESO et autres matériaux ont continué à être en forte demande. Plus de 40 communications de presse et 150 nouvelles images ont été publiées, et une utilisation accrue de ce matériel dans les journaux, magazines et autres publications a été notée. Le site WEB du département des relations publiques de l'ESO a été visité plus d'un million de fois et plus d'un Terabyte a été transféré vers l'extérieur cette année.

Événements et visites

Reflétant un désir de porter l'ESO et ses réalisations plus proche des corps dirigeants dans les pays membres, des présentations de haut niveau ont été organisées à Berne (Suisse), Porto (Portugal) et Bruxelles (Belgique) avec la participation de ministres et autres preneurs de décision, de même que des représentants de haut rang de compagnies nationales et des communautés scientifiques. À chaque fois, science, technologie et relations publiques à l'ESO ont été décrits, avec aussi une vue d'ensemble des diverses interactions entre l'organisation et le pays membre. Ce genre d'événement s'est avéré être très utile et il est prévu de tenir des réunions successives dans les autres pays membres.

De nombreuses expositions furent organisées durant l'année; dont une d'importance particulière en conjonction avec la réunion de la Société d'astronomie européenne à Munich en septembre (JENAM 2001). A la même occasion, des conférences de presse, avec une bonne audience, étaient arrangées en collaboration avec la Société Max Planck et l'Université Ludwig Maximilian de Munich.

Une journée portes ouvertes très réussie, avec plus de 2300 visiteurs, a été organisée au quartier général européen à Garching. De plus, un grand nombre de classes scolaires et autres groupes spéciaux ont été reçus aux installations de l'ESO en Europe et au Chili. De bons progrès ont été faits vers la mise en place d'un centre pour visiteurs, très nécessité, à Paranal.

OUTREACH ACTIVITIES

General

On the background of the steadily increasing research activities resulting from data gathered at ESO's telescopes, especially at the VLT, the Education and Public Relations Department (EPR) is experiencing a substantial and continuous demand for its services. The public interest is clearly mounting and among the many indicators of the widening awareness of this scientific success perhaps the most noteworthy is the rapidly increasing demand for video material from this department. Many of the major European and US TV channels carried important programmes about ESO and European astronomy during the past year, many of which included a substantial fraction of footage from ESO's video department. There is little doubt that the EPR Video News Reel Service, now with nearly 100 subscribing TV companies, has contributed significantly to this welcome development.

The First Light achieved by the VLT Interferometer in March, immediately followed by the first scientific measurements, had a particularly notable impact in the media. The same was true for the first images from NAOS/ CONICA, establishing the VLT as a unique and successful facility in the public mind. Various spectacular images, also of well-known astronomical objects, had a particular public impact and ESO photos and other material continued to be in high demand. More than 40 press communications and 150 new images were released, and an increasing use of this material in newspapers, magazines and other publications was noted. The ESO Outreach Website was experienced over one million sessions and more than 1 Terabyte was transferred to the outside during this year.

Events and visits

Reflecting a desire to bring ESO and its achievements closer to the Governing Bodies in the member countries, high-level presentations were organised in Bern (Switzerland), Porto (Portugal) and Brussels (Belgium) with participation of ministers and other decision makers, as well as top-level representatives of national companies and scientific communities. In each place, science, technology and outreach at ESO were described, together with overviews of the various interactions between the Organisation and the member country. This type of event has proven very useful and it is foreseen to hold successive meetings in the other member countries.

Many exhibitions were organised during the year; of particular importance was one in conjunction with the meeting of the European Astronomical Society in Munich in September (JENAM 2001). On the same occasion, well-attended press conferences were arranged in collaboration with the Max-Planck Society and the Munich Ludwig Maximilian University.

A very successful "Open House Day" with more than 2300 visitors was organised at the European Headquarters in Garching. In addition, a large number of school classes and other special groups were received at the ESO installations in Europe and Chile. Good progress was made towards the setting-up of a much-needed Visitors' Centre at Paranal.

Éducation

Étant donné les tendances démographiques actuelles en Europe et l'importance croissante attachée aux questions d'éducation, spécialement au niveau des lycées, il a été décidé de fonder un bureau ESO d'éducation vers la mi-2001. Le Département EPR a depuis longtemps été impliqué dans l'éducation, en particulier dans le contexte des Semaines de la Science et Technologie européenne (EWST), parrainées par la Commission européenne. L'ESO participe depuis le début en 1993 à ce programme, mais depuis quelques temps la nécessité s'est fait sentir de mettre ces efforts sur une base plus solide.

Une des premières actions du nouveau bureau fut une étude par questionnaire des besoins les plus pressants des enseignants de physique, en Europe, dans le domaine de l'éducation astrophysique afin de décider comment les ressources disponibles, limitées, pourraient être le mieux appliquées dans cette direction. Une première réunion de brainstorming, tard dans l'année, avec deux douzaines de professeurs en provenance de la plupart des pays européens, a fourni une image plus claire du rôle attendu pour l'ESO dans cette connexion. Ensemble avec le ST-ECF et l'ESA, quatre exercices d'éducation avancée pour les élèves de lycée, basés sur des données en provenance du télescope spatial Hubble et du Très Large Télescope (VLT), ont été élaborés et publiés avant la fin de l'année; ils sont maintenant très demandés par la communauté enseignante .

Un programme éducatif important, « La vie dans l'univers », a été réalisé pendant EWST-2001 en collaboration avec le CERN, I'ESA et d'autres organisations de recherche européennes, et dont le point culminant était un événement de haut profile au CERN (Genève) en novembre. En même temps, I'impact du programme pilote précédent « Physics on Stage » a continué, au point d'être cité dans le plan « action science et société » de la Commission européenne comme une initiative d'éducation remarquable.

Collaborations

La mise en place du groupe de travail EIROFORUM sur l'éducation et les relations publiques a été d'une importance particulière. Ce groupe a initié une collaboration étroite et bénéfique avec d'autres organisations intergouvernementales de recherche, spécialement dans le secteur éducatif.

Il y eut des discussions entre les départements des relations publiques des principales facilités de télescope dans le monde, résultant dans la mise en place de la collaboration « STARTEC » à travers de laquelle de futures initiatives conjointes, aussi dans le domaine de l'éducation, seront canalisées pour un avantage mutuel.

Le « réseau de relations publiques ESO » est maintenant représenté dans tous les pays membres et a prouvé être un lien très utile entre le département EPR de l'ESO, les communautés nationales de recherche et les médias. Un effort de relations publiques particulièrement intense a été mis à exécution au Royaume-Uni, en collaboration avec PPARC, pendant les discussions sur une future adhésion de ce pays à l'ESO.

CORPS DIRIGEANTS

Le Conseil

Deux séances régulières du Conseil ont eu lieu en 2001. De plus, le Conseil s'est réuni en session extraordinaire consacrée aux discussions concernant l'entrée du Royaume-Uni à l'ESO. Le Comité du Conseil s'est rencontré quatre fois pendant l'année, en mars, mai,

Education

In view of current demographic trends in Europe and the related increasing importance attached to educational issues, especially at the high-school level, it was decided to set up an ESO Educational Office in the middle of 2001. The EPR Dept. has long been involved in education, in particular within the context of the EC-sponsored European Science and Technology Weeks (EWST; ESO participates since the beginning of this programme in 1993), but the need has been felt for some time to put these efforts on a more firm footing.

Among the first actions by the new Office was a questionnaire survey of the most pressing needs of Europe's physics teachers in the field of astrophysical education in order to decide how the available, limited resources might best be applied in this direction. A first brainstorming meeting late in the year with two dozen teachers from most European countries provided a clearer picture of the role expected from ESO in this connection. Together with ST/ECF and ESA, four advanced educational exercises for high-school pupils, based on original data from the Hubble Space Telescope and the Very Large Telescope, were elaborated and published by the end of the year; they are now in high demand by the teaching community.

A major educational programme "Life in the Universe" was carried out within EWST-2001 in collaboration with CERN, ESA and other European research organisations, culminating in a high-profile event at CERN (Geneva) in November. At the same time, the impact of the preceding pilot programme "Physics on Stage" continued, to the extent that it is cited in the "Science and Society Action Plan" of the European Commission as a noteworthy educational initiative.

Collaborations

Of particular importance was the setting-up of the EIROFORUM Working Group on Outreach and Education through which a close and beneficial collaboration with other intergovernmental European research organisations was initiated, especially within the educational sector.

Discussions were held between the Outreach Departments of the major telescope facilities in the world, resulting in the setting up of the "STARTEC" collaboration through which future joint initiatives, also in the educational sector, will be channelled to the mutual advantage.

The "ESO Outreach Network" is now represented in all member states and has proven to be a very useful link between the ESO EPR Department and the national research communities and media. A particularly intense outreach effort was carried out jointly with PPARC in the UK during the discussions about future ESO membership of that country.

GOVERNING BODIES

Council

Two ordinary meetings of Council took place in 2001. In addition, Council met for an extraordinary session mainly devoted to discussions regarding the accession of the UK. The Committee of Council met four times during the year, in March, May, October, and November.

octobre et novembre. Mis à part la réunion de juin, qui a eu lieu à Porto (Portugal), pour célébrer l'entrée du Portugal en tant que neuvième membre à dater du 1er janvier 2001, les rencontres du Conseil ont eu lieu à Garching et ont été présidées par le Dr. A. Freytag.

L'accession du Royaume-Uni en tant que nouveau membre fut un des thèmes principaux de l'agenda à travers l'année. Au cours de la réunion extraordinaire du Conseil en décembre, des résolutions furent adoptées qui établissent les détails de l'admission, y compris la contribution spéciale conduisant à l'entrée attendue du Royaume-Uni au 1er juillet 2002. D'autres pays avaient aussi exprimé leur intérêt de joindre l'ESO et des réunions informelles avec l'Autriche, la Finlande, la Grèce et l'Espagne ont eu lieu dans ce but.

En juin, le Conseil a approuvé les négociations et conclusions des accords sur les observations pointées DENIS à La Silla avec l'Observatoire de la Côte d'Azur et l'Observatoire de Paris, ainsi que sur le développement et la construction de SINFONI avec le Max-Planck-Institut für Extraterrestrische Physik. Un contrat a aussi été ratifié entre la Max-Planck-Gesellschaft, la Ruhr Universität Bochum et l'Onsala Space Observatory, à propos de l'expérience Pathfinder d'Atacama (APEX).

Le Groupe triparti de l'ESO, établi par le Conseil et composé de représentants de délégations des États membres, de représentants de la Direction et de représentants de l'Association du personnel a tenu quatre réunions en 2001. Parmi les nombreux thèmes abordés, il y avait l'ajustement des salaires et les moyens d'atteindre un règlement des litiges en cours, les examens de promotions; l'assurance santé et autres conditions d'emploi.

Suivant les discussions du Groupe triparti, le Conseil a adopté une résolution concernant le règlement des ajustements de salaire contestés par le personnel international de l'ESO pour la période 1996–2000. Les amendements correspondants durent être apportés aux règlements du personnel et approuvées par le Conseil.

Le Conseil a régulièrement reçu des informations de mise à jour sur les discussions continues avec le Ministère des affaires étrangères chilien concernant l'amendement de certains points des règles pour le personnel local. En décembre, une résolution a été adoptée autorisant la directrice générale à entrer dans des négociations tarifaires et de conclure des accords collectifs ou des contrats pendant 2002.

Les rapports des présidents du Comité des Finances, du Comité scientifique et technique, du Comité des programmes d'observation et du Comité visiteur donnèrent lieu à discussions. Le Conseil a reçu les rapports réguliers bi-annuels VLT/VLTI, et une première version du plan à long terme 2001–2006 a été discutée en décembre.

Le Conseil a été informé régulièrement des progrès du projet ALMA et des négociations avec le Chili. À la réunion de décembre, une résolution a été adoptée concernant la préparation d'une proposition pour la Phase 2, construction et opération, en tant que projet ALMA bilatéral ESO/Amérique du Nord.

Les comptes annuels basés sur le Rapport d'audit externe 2000 par le Bureau fédéral suisse d'audit furent approuvés à l'unanimité à la réunion de juin.

A la séance ordinaire de décembre, Dr. A. Freytag a été réélu président du Conseil et Prof. P.C. van der Kruit vice-président pour 2002. Dr. M. Steinacher a été réélu président du Comité des Finances. Dr. J.-M. Vreux, Dr. R. Bacon, Dr. J.-L. Puget, Dr. T. Henning, Dr. A. van Ardenne et Prof. N. Piskunov ont été réélu membres du Comité scientifique et technique. Pour le Comité des programmes d'observation, Prof. J. Black a été réélu président et Dr. S. Wagner élu comme vice-président pour l'année 2002.

Except for the meeting of Council in June, which took place in Porto, Portugal, to celebrate the accession of Portugal as the 9th member state as from 1 January 2001, the meetings took place in Garching and were all chaired by Dr. A. Freytag.

The accession of the United Kingdom as a new member state was a major topic on the agenda throughout the year. At the extraordinary meeting of Council in December Resolutions were adopted settling the details of the admission, including the special contribution leading to the expected accession of the United Kingdom on 1 July 2002. Other countries had also expressed interest in joining ESO and informal meetings had taken place in this connection with Austria, Finland, Greece and Spain.

In June Council approved the negotiations and conclusions of agreements over the DENIS Pointed Observations at La Silla with the Observatoire de la Côte d'Azur and the Observatoire de Paris and concerning the Development and Construction of SINFONI with the Max-Planck-Institut für Extraterrestrische Physik. A Memorandum of Understanding between the Max-Planck-Gesellschaft, the Ruhr Universität Bochum, the Onsala Space Observatory regarding the ATACAMA Pathfinder Experiment (APEX) was also approved.

The ESO Tripartite Group established by Council and consisting of representatives of member states' delegations, representatives of management and representatives of the Staff Association held four meetings during 2001. Among the many issues discussed were the salary adjustments and ways to reach a settlement of the pending litigations, advancement reviews, health insurance and other conditions of employment.

Following the discussions in the Tripartite Group, Council adopted a Resolution concerning settlement of the contested salary adjustments for ESO international staff over the period 1996– 2000. Appropriate amendments had to be made to the Staff Regulations and approved by Council.

Council received regular updates on the continuing talks with the Chilean Ministry of Foreign Affairs concerning amendments to certain parts of the Local Staff Regulations. In December a Resolution was adopted authorising the Director General to enter into collective bargaining and to conclude collective agreements or contracts during 2002.

Discussions took place on the reports by the chairmen of the Finance Committee, the Scientific Technical Committee, the Observing Programmes Committee and the Visiting Committee. Council received the regular VLT/VLTI Biannual Reports and a preliminary draft Long Range Plan 2001–2006 was discussed in December.

Council was informed regularly on the progress within the ALMA Project and of negotiations with Chile. At the meeting in December a Resolution was adopted concerning the preparation of a proposal for Phase 2, construction and operation, as a bilateral ESO/North American ALMA Project.

The annual accounts based on the External Audit Report 2000 by the Swiss Federal Audit Office were unanimously approved at the meeting in June.

At the ordinary meeting in December Dr. A. Freytag was re-elected President of Council and Prof. P.C. van der Kruit was re-elected Vice-President for 2002. Dr. M. Steinacher was re-elected Chairman of the Finance Committee. Dr. J.-M. Vreux, Dr. R. Bacon, Dr. J.-L. Puget, Dr. T. Henning, Dr. A. van Ardenne and Prof. N. Piskunov were re-elected as members of the Scientific Technical Committee. For the Observing Programme Committee Prof. J. Black was re-elected Chairman and Dr. S. Wagner was elected as Vice-Chairman for the year 2002.

Comité des Finances

En 2001, le Comité des Finances s'est rencontré quatre fois. Les réunions eurent lieu à Garching et furent présidées par le Dr. Steinacher. Le comité s'est occupé des thèmes habituels (comptes annuels, budget, situation des liquidités, projections financières, contributions des États membres, etc.) et avec des questions de personnel concernant le personnel international de même que local. Après des débats détaillés, des recommandations furent faites au Conseil en préparation des décisions du Conseil appropriées.

Dans le domaine des acquisitions le Comité des Finances a approuvé l'attribution de quatre contrats dépassant 300.000 EUR et douze acquisitions sans voie d'adjudication dépassant 150.000 EUR. En plus, le comité a reçu des informations concernant les statistiques de contrat, les prochains appels d'offres, etc.

Un thème principal fut l'approbation de l'amendement d'un contrat pour un consortium de compagnies pour la construction du prototype de l'antenne européen ALMA.

Le Comité Scientifique et Technique (STC)

Le Comité Scientifique et Technique, présidé par le Prof. R. Bender, s'est réuni deux fois en session régulière durant l'année 2001: la 51e session fut tenue les 25 et 26 avril, et la 52e session du 15 au 17 octobre. Une session spéciale a aussi eu lieu le 17 décembre.

RELATIONS EXTERNES

Relations avec le Chili

Pendant l'année 2001, une vie scientifique active a été maintenue à Vitacura, avec une vaste implication de la communauté astronomique chilienne.

Vitacura a accueilli près de soixante présentations scientifiques, dont cinq furent des séminaires conjoints avec l'Université du Chili et l'Université catholique. Ces programmes furent complétés par deux rencontres à thème – une sur les naines brunes et planètes et l'autre sur la haute résolution spectrale. Un séminaire a eu lieu en décembre dans lequel les astronomes ESO travaillant au Chili ont présenté leurs projets de recherche respectifs. Le nouveau plan de bourses ESO a permis à trois post-docs d'être accueillis dans des universités chiliennes pour la troisième année de leur contrat.

Les vieux ateliers de Vitacura ont été restaurés pour concilier les besoins de plus d'espace pour les activités scientifiques.

Les bonnes relations avec la deuxième région du Chili ont été encore renforcées. L'Université catholique du Nord, parrainée par l'ESO, a développé son programme d'astronomie grand publique. Les efforts se sont aussi focalisés sur la promotion d'ALMA dans cette région.

Plus de trois mille visiteurs sont venus voir Paranal en 2001, alors qu'un nombre similaire était accueilli à La Silla.

Dans le cadre de l'étude de l'impact d'ALMA sur l'environnement, l'ESO et ses partenaires nord-américains ont promu le projet. Plusieurs présentations orales, en relation avec ALMA, ont été données. Le comité consultatif scientifique ALMA (ASAC) s'est réuni au Chili et une journée publique scientifique ALMA a été organisée à l'Université du Chili.

De nombreuses rencontres furent tenues par le comité ALMA interministériel chilien, comprenant les autorités régionales et nationales, afin de préparer le terrain pour l'insertion du projet au Chili. Un premier tour d'interactions entre les partenaires ALMA et les autorités

Finance Committee

In 2001 Finance Committee met four times. The meetings took place in Garching and were chaired by Dr. M. Steinacher. The Committee dealt with the usual financial issues (annual accounts, budget, cash-flow situation, financial projections, member states' contributions, etc.) and with personnel issues concerning international as well as local staff. After comprehensive debate, recommendations were made to Council in preparation for the appropriate Council decisions.

In the area of procurement Finance Committee approved the award of four contracts exceeding EUR 300.000 and twelve single-source procurements exceeding EUR 150.000. Information was received concerning procurement statistics, forthcoming calls for tenders, etc.

A major item was the approval of a contract amendment to a consortium of companies for the construction of the European ALMA prototype antenna.

Scientific Technical Committee (STC)

The Scientific Technical Committee chaired by Prof. R. Bender met twice for regular meetings in 2001; the 51st meeting was held on April 25 and 26, and the 52nd meeting on October 15-17. A special meeting also took place on December 17.

EXTERNAL RELATIONS

Relations with Chile

During the year 2001, a lively scientific life was maintained at Vitacura, with an extensive involvement of the Chilean astronomical community.

Approximately sixty scientific talks were held at Vitacura, five of which were joint seminars with the Universidad de Chile and Universidad Católica. These programmes were complemented by two topical meetings – one on brown dwarfs and planets and the other on high spectral resolution. A seminar took place, in December, in which ESO astronomers working in Chile presented their respective research projects. The new ESO fellowship scheme has enabled three post-docs to be hosted in Chilean Universities for their 3rd year of contract.

The old workshop facilities at Vitacura were refurbished, to accommodate the extended space requirements for scientific activities.

Good relations with the II Region of Chile were further strengthened. The Universidad Católica del Norte, sponsored by ESO, developed its astronomy outreach programme. Efforts were also focussed on promoting ALMA in this region.

Over three thousand visitors came to see Paranal, during 2001, while a similar number were, also, welcomed at La Silla.

In the frame of the environmental impact study for ALMA, ESO and its North American partners have promoted the project. Several talks, related to ALMA, were given. The ALMA Scientific Advisory Committee (ASAC) met in Chile and a public ALMA Science Day was organised at the University of Chile.

Numerous meetings were held by the Chilean Inter-ministerial Committee for ALMA, including the regional and national authorities, in order to pave the way for the project's insertion in Chile. In July, a first round of interaction between the ALMA partners and chiliennes a eu lieu en juillet. Des progrès furent réalisés et de nombreux points techniques concernant l'accès au terrain, de même que les options légales furent débattus et analysés.

A travers l'année, des séries de négociations avec des officiels du Ministère des affaires étrangères chilien eurent lieu pour trouver un accord pour les nouvelles lois pour les membres locaux du personnel, où à la fois la législation du travail chilienne et le statut international de l'ESO durent être pris en considération. A la fin de l'année une solution était trouvée.

La coopération avec la CONAMA et les autres observatoires internationaux a été étendue, pour inclure le développement d'un programme de protection contre la pollution lumineuse dans les régions du Nord du Chili.

Le programme de bourses ESO, au niveau universitaire et le programme d'éducation scientifique parrainé par l'ESO, au niveau des écoles primaires, ont continué avec d'excellents résultats. Et finalement, l'ESO a développé son support à la communauté de Taltal, en collaboration étroite avec les autorités de la municipalité.

Relations avec la Commission européenne

Au cours de l'année 2001, l'ESO a continué et étendu ses relations avec les institutions européennes, en particulier avec la Commission européenne. Le fond de l'engagement de l'ESO est la démarche vers l'établissement d'un espace de recherche européen, appuyée par différents sommets européens, en commençant par la réunion du Conseil européen à Lisbonne en mars 2002. La proposition pour le sixième programme de travail a été conçue de façon explicite pour promouvoir les idées contenues dans l'espace de recherche européen. En même temps, la proposition – telle que présentée par la Commission – permettra, entre autres, aux organisations de recherche intergouvernementales européennes (EIROs), y compris l'ESO, de prendre part dans de nombreuses nouvelles activités, qui sont jugées comme importantes par ces organisations mais qui ne sont pas nécessairement fondées dans leurs budgets normaux. La motivation pour une attention accrue aux affaires de la CE par l'ESO a donc tout à la fois une composante stratégique et pratique.

En effet, pendant l'année, les contours du sixième programme de travail devinrent visibles, et l'ESO prit une part importante dans la discussion accompagnant le progrès de ce projet à travers les institutions européennes. A la fin de l'année, le programme de travail avait passé les comités permanents; une première lecture au Parlement européen et l'adoption d'une position commune par les ministres de la recherche européens était imminente.

Il y eut des discussions avec INTAS pour estimer les possibilités de lancer des appels de technologie en commun et la participation dans le programme INTAS de bourses pour jeunes chercheurs.

Fin novembre, un groupe de membres du Parlement européen s'est rendu en visite à Paranal. Basé sur des intérêts mutuels, à la fois en rapport avec la réalisation de l'espace européen de recherche et l'approfondissement de la collaboration scientifique avec l'Amérique Latine, il a été convenu de maintenir des contacts avec le comité ITRE du Parlement européen pendant l'année à venir.

Plusieurs applications, dans le domaine du développement de la recherche et de la technologie, des réseaux de formation de recherche et activités de relations publiques et d'éducation, furent soumises à la Commission européenne par des consortia avec l'ESO ou bien en tant que participant ou bien comme coordinateur (contractant principal). A la fin de l'année 2001, neuf projets avec un co-financement CE, pour un volume de subvention CE de 8,3 M8, étaient dans divers stades d'exécution. L'ESO était contractant principal pour six de ces projets.

L'ESO a conduit ses interactions avec l'Union européenne en partie à travers de the Chilean authorities was held. Progress was achieved and numerous technical issues concerning access to the land, as well as legal options were debated and analysed.

Through the year, negotiation rounds with Chilean Foreign Ministry officials were held to find a settlement for the new Local Staff Regulations, where both the ESO Chilean Labour Law and ESO's international status had to be taken into consideration. By the end of the year a solution was found.

Co-operation with CONAMA and the other international observatories in Chile was expanded, to include the development of a programme on protection against light pollution in the Northern regions of Chile.

The ESO scholarship programme, at the University level and the ESO-sponsored science education programme, at the primary school level, were continued with excellent results. Last, but not least, ESO developed its support to the Taltal community, in close collaboration with the Municipality's authorities.

Relations with the European Commission

In the course of 2001, ESO continued and expanded its interactions with the European institutions, in particular with the European Commission. The background for ESO's engagement is the move towards the establishment of the European Research Area, endorsed by several European summits, beginning with the meeting of the European Council in Lisbon in March 2002. The proposal for the 6th Framework Programme is explicitly devised to further the ideas contained in the European Research Area. At the same time, the proposal – as presented by the Commission – will, among other things, enable the European Intergovernmental Research Organisations (EIROs), including ESO, to take part in many new activities, which are deemed of importance to these organisations but which are not necessarily funded within their normal budgets. Thus the motivation for the increased attention to EC matters by ESO has both a strategic and a practical component.

Indeed, during the year, the contours of the 6th Framework Programme became visible, and ESO took active part in the discussion accompanying the progress of the proposal through the European Institutions. By years' end, the Framework Programme had passed the permanent committees, the first reading of the European Parliament and adoption of a common position by the European Research ministers was imminent.

Discussions were carried out with INTAS to assess the possibilities for launching joint technology calls and participation in the INTAS Young Scientists Fellowship Programme.

In late November, a group of members of the European Parliament paid a visit to Paranal. Based on mutual interests, both with respect to the realisation of the European Research Area and in furthering scientific collaboration with Latin America, it was agreed to maintain contacts with the ITRE Committee of the European Parliament also during the coming year.

Several applications, in the field of research and technology development, research training networks and educational outreach activities were submitted to the European Commission by consortia with ESO either as participant or co-ordinator (lead contractor). By the end of 2001, nine projects with EC co-funding were in various stages of execution with an EC subsidy volume of 8.3 M8. ESO was lead contractor of six of these projects.

ESO conducts its interaction with the European Union partly through bilateral discussions, partly in the framework of the EIROFORUM, the collaboration between CERN, EMBL, EFDA-JET, ESA, ESO, ESRF and ILL. The EIROFORUM constitutes the bi-annual meetings of the Directors General, with a working group forming a secretariat and several topical working groups dealing with individual issues of common interest, such as joint scientific meetings, grid development, outreach and education. One of the purposes of the discussions bilatérales, en partie dans le cadre de l'EIROFORUM, la collaboration entre le CERN, EMBL, EFDA-JET, ESA, ESO, ESRF et ILL. EIROFORUM constitue les réunions bi-annuelles des directeurs généraux, avec un groupe de travail formant un secrétariat et plusieurs groupes de travail d'actualités traitant de points individuels d'intérêt commun, tel que les rencontres scientifiques communes, le développement en réseau, les relations publiques et l'éducation. Cependant, un des buts de EIROFORUM est aussi de définir les relations entre les organisations membres et la CE, et les deux rencontres régulières des directeurs généraux en mai et octobre 2001 furent suivies par des échanges entre eux et le directeur général pour la recherche de la Commission européenne, Achilles Mitsos. La réunion de mai a aussi été suivie par une discussion avec le commissaire européen pour la recherche, Philippe Busquin. Aussi dans le contexte de EIROFORUM, l'ESO a joué un rôle actif dans le débat en cours sur le programme de travail.

Finalement, à travers sa participation dans différents ateliers et comités, établis par la Commission et aussi par d'autres, l'ESO suit le plan à moyen et long terme pour la recherche européenne – pas moins important en relation avec ses propres projets et activités pour le futur.

ADMINISTRATION

Finance

Le budget de l'ESO pour l'année 2001 a été approuvé avec un montant total de dépenses s'élevant à 86,2 M8. Il tient compte des coûts pour le développement du prototype d'antenne européenne pour le grand réseau millimétrique Atacama (ALMA).

Les paiements de contrats VLT tombèrent à 14,3 M8 après un pic à 39,2 M8 en 1999. En dépit des besoins opérationnels croissants pour l'observatoire de Paranal, où les quatre télescopes sont en opération, des économies purent être faites comme prévu. Il a été possible de contenir les besoins opérationnels pour l'observatoire de La Silla comme envisagé.

Le montant des revenus a dû être révisé à la baisse suite à la renégociation d'un certain nombre de contrats, en particulier pour le financement de l'amélioration du VLTI. Après des pénuries de liquidité entre décembre 2000 et mars 2001, des paiements anticipés de contributions de pays membres ont permis de retrouver un bilan financier positif jusqu'à mi-novembre 2001. Les pénuries de liquidité sont couvertes par une ligne de crédit consentie.

Les comptes annuels pour l'année financière 2000, de même que le rapport d'audit correspondant, présenté par le Bureau fédéral suisse d'audit, ont été approuvés par le Conseil lors de sa séance de juin 2001.

Personnel

En 2001, les activités se sont surtout concentrées sur:

- La conversion à l'Euro du système de paiement des salaires et les amendements correspondants des règles et règlements du personnel
- La préparation et le suivi de quatre réunions du Groupe triparti ESO, se composant de représentants du Comité du personnel, de délégués du Conseil et de l'Administration ESO, concernant les conditions d'emploi.
- La fortification et simplification des règles et règlements du personnel concernant les ajustements annuels de salaire de même que de nouvelles réglementations internes et lignes de conduite.

EIROFORUM, however, is also to define the relationship between the member organisations and the EU, and the two regular meetings of the Directors General in May and October 2001 were followed by exchanges between them and the Director General for Research of the European Commission, Achilles Mitsos. The May meeting was also followed by a discussion with European Commissioner for Research, Philippe Busquin. Also in the context of the EIROFORUM, ESO played an active role in the on-going debate about the Framework Programme.

Finally, through participation in various panels and committees, both established by the Commission and others, ESO follows the medium-to-long term planning for European Research – not at least important in connection with its own projects and activities for the future.

ADMINISTRATION

Finance

ESO's budget for the year 2001 was approved with a total level of expenditure of 86.2 M8. It contains some provision for the development of a European prototype antenna for the Atacama Large Millimeter Array (ALMA).

Payments for VLT contracts went down to 14.3 M8 after a peak of 39.2 M8 in 1999. In spite of increasing operational needs for the Paranal Observatory, where all four telescopes are already in operation, savings could be achieved as envisaged. The operational requirements of the La Silla Observatory could be contained as planned.

Income figures had to be adjusted downwards in view of the renegotiation of a number of contracts, in particular for the funding of the VLTI Enhancement. After first cash shortages occurred in December 2000 until March 2001, early payment of member states' contributions resulted again in a positive cash situation until mid of November 2001. Cash shortages are met by an agreed credit line.

The annual accounts for the financial year 2000, as well as the related audit report presented by the Swiss Federal Audit Office, were approved by Council at its meeting in June 2001.

Personnel

In 2001 activities focused, in particular, on:

- The Euro conversion in the payroll system and corresponding amendments to the Staff Rules and Regulations.
- Preparation and follow-up of four meetings of the ESO Tripartite Group, consisting of representatives of Staff Committee, delegates of Council and ESO Management, concerning employment conditions.
- Consolidation and simplification of the Staff Rules and Regulation regarding annual salary adjustments as well as further internal regulations and guidelines.
- Relations with Staff Committees and members of the personnel in Garching and Chile.

- Les relations avec les comités du personnel et les membres du personnel à Garching et au Chili.
- La coopération plus étroite et la coordination/échange d'informations avec l'administration et les observatoires au Chili.
- La continuation du développement de la structure du schéma d'assurance santé en collaboration avec le Groupe de révision.
- La restructuration des tâches et des compétences à l'intérieur du département y compris des Services généraux.
- L'introduction de diverses mesures de sécurité au quartier général.
- Suite à un recrutement intensif, surtout pour les sites chiliens, 38 nouveaux membres du personnel international ont été engagés. De plus, 35 contrats furent étendus et 111 étudiants, post-docs (fellows), associés payés et non-payés ont rejoint l'ESO. Les diagrammes ci-dessous montrent les membres du personnel ESO par catégorie et les membres internationaux du personnel par nationalité à la date du 31 décembre 2001.

TRAITEMENT DES DONNÉES ADMINISTRATIVES

Le département de traitement des données administratives (ADP) fournit l'environnement pour le traitement des données pour les fonctions suivantes: demandes et offres d'achat, demandes de prix, réception du matériel, stockage et contrôle de celui-ci (surtout utilisé au Chili), gérance des contrats, paiement des salaires du personnel, finance plus traitement 'word' et automation de bureau. L'ADP soutient aussi les activités du projet de système de gestion d'informations (MIS). Les plates-formes de travail pour assurer ces fonctions reposent sur les systèmes UNIX et PC. Ceux-ci sont disponibles au quartier général à Garching et aussi sur les sites chiliens de Paranal, La Silla et Santiago.

Tous les systèmes ont continué leurs opérations sans problème en 2001.

L'activité de développement principale de l'année fut la modification des systèmes COPROSOFT et de finance pour utiliser l'euro à la place du mark en tant qu'unité monétaire officielle. La transition fut complétée avec succès le 1er septembre, bien en avance sur la date limite de fin d'année.

En 2001, l'ESO a décidé de procéder à un projet de restructuration complète de ses affaires (Business Re-engineering), avec comme objectif de transférer toutes les activités administratives liées aux technologies d'informations (IT) à un système de programmation de ressources d'entreprise. La compagnie consultante, IDS Scheer, a été engagée par l'ESO à cette fin. Elle a tenu divers ateliers de travail avec le personnel administratif à la fois en Allemagne et au Chili, produisant un rapport préliminaire et un projet d'appel d'offres pour la fin de l'année. Cette activité eut un impact minimal sur les ressources du personnel ADP.

- Closer co-operation and co-ordination/exchange of information with Administration and the Observatories in Chile.
- Further development of the structure of the Health Insurance Scheme together with the Review Group.
- Restructuring the tasks and organisation within the Department including General Services.
- Implementation of several safety and security measures at the Headquarters.
- Intensive recruitment, in particular for the Chile sites, led in total to 38 new international staff members. Furthermore, 35 contracts were extended and 111 students, fellows, paid and unpaid associates joined ESO. The diagrams below show the members of the personnel of ESO by category and the international staff members of ESO by nationality as of 31 December 2001.

Administrative Data Processing

The Administrative Data Processing department (ADP) provides the data processing environment for the functions of Purchase Requests, Purchase Orders, Price Inquiries, Goods Inwards, Warehouse/Stock Control (used mostly in Chile), Contract Maintenance, Personnel Payroll, Finance plus word processing and office automation facilities. ADP supports the activities of the Management Information System (MIS) project as well. The operating platforms for the systems supporting these functions are UNIX- and PC-based. The supporting systems are available in both the Garching Headquarters and the Chile sites of Paranal, La Silla and Santiago.

All systems continued to function without problems during 2001.

The major development activity of the year was the modification of Finance and COPROSOFT systems to use the Euro in place of the German Mark as the official unit of currency. The transition was successfully completed by 1 September, well in advance of the year-end deadline.

In 2001 ESO decided to proceed with a full-scale business re-engineering project, with the objective of moving all administration-related IT activities to an Enterprise Resource Planning (ERP) system. The consulting firm IDS Scheer was engaged by ESO for this purpose, and the firm held several workshops with administration personnel in both Germany and Chile, producing a preliminary report and a draft Call for Tender by the end of the year. This activity had minimal impact on ADP personnel resources.

ORGANISATION EUROPÉENNE POUR LA SÉCURITÉ DE LA NAVIGATION AÉRIENNE (EUROCONTROL)

Rue de la Fusée 96
B-1130 Bruxelles – Belgique
Tél: 32-2-729.90.11 - Fax: 32-2-729.90.44

Site web : http://eurocontrol.int

Directeur général : M. Victor M. Aguado (Espagne)

Historique:

EUROCONTROL a été créé par la Convention internationale de coopération pour la sécurité de la navigation, signée en 1960 et entrée en vigueur en 1963. En 1997, les ministres des Transports des Etats membres d'EUROCONTROL ont signé la Convention révisée qui prévoit une reformulation des missions de l'Organisation et la création d'une nouvelle structure institutionnelle.

EUROCONTROL a aujourd'hui pour mission première la mise au point d'un système cohérent et coordonné de circulation aérienne en Europe.

Composition :

31 Etats membres : Albanie, Allemagne, Autrichc, Belgique, Bulgarie, Chypre, Croatie, Danemark, Espagne, Finlande, France, Grèce, Hongrie, Irlande, Italic, ex-République yougoslave de Macédoine, Luxembourg, Malte, Moldavie, Monaco, Norvège, Pays-Bas, Portugal, République slovaque, République tchèque, Roumanie, Royaume-Uni, Slovénie, Suède, Suisse et Turquie.

Objectifs :

- Etendre l'espace aérien disponible pour répondre à la demande de trafic ;
- Utiliser de façon optimale la capacité disponible dans le cadre d'un Système européen de gestion de la circulation aérienne (EATMS) qui soit uniforme ;
- Renforcer la planification de l'ATM ;
- Participer à la conception et à la mise en œuvre d'un système mondial de navigation par satellite;
- Elaborer des objectifs et des prescriptions harmonisés en matière de réglementation de la sécurité, applicables au système ATM ;
- Associer les organisations représentatives des usagers de l'espace aérien et des aéroports aux débats qui les concernent ;
- Renforcer la coopération entre autorités civiles et militaires.

EUROPEAN ORGANISATION FOR THE SAFETY OF AIR NAVIGATION (EUROCONTROL)

Rue de la Fusée 96
B-1130 Bruxelles – Belgique
Tel: 32-2-729.90.11 - Fax: 32-2-729.90.44

Web site : http://eurocontrol.int

Director General: Mr Victor M. Aguado (Spain)

Background:

EUROCONTROL was founded by an International Convention relating to co-operation for the safety of air navigation, signed in 1960 and entered into force in 1963. In 1997, the Ministers of transport of the member States of EUROCONTROL signed the revised Convention providing for the reformulation of the Organisation's tasks and the creation of a new institutional structure.

EUROCONTROL's most important goal today is the development of a coherent and coordinated air traffic control system in Europe.

Composition:

31 Member States: Albania, Germany, Austria, Belgium, Bulgaria, Cyprus, Croatia, Denmark, Spain, Finland, France, Greece, Hungary, Ireland, Italy, The former Yugoslav Republic of Macedonia, Luxembourg, Malta, Moldova, Monaco, Norway, Netherlands, Portugal, Slovak Republic, Czech Republic, Romania, United Kingdom, Slovenia, Sweden, Switzerland, Turkey.

Aims:

- To expand available airspace to meet traffic demand and the optimum utilisation of available capacity within the framework of a uniform European Air Traffic Management System (EATMS);
- To strengthen ATM planning;
- To participate in the design and implementation of a global satellite navigation system;
- To introduce an ATM performance review and target-setting system;
- To develop an harmonised safety regulatory objectives and requirements for the ATM system;
- To involve representative organisations of airspace users and airports in the matters that concern them;
- To reinforce cooperation between civil and military authorities.

Fonctionnement :

Depuis 1997, EUROCONTROL se compose désormais de trois organes :
- une Assemblée générale (la Commission pendant la période de transition) ;
- un Conseil (le Conseil provisoire pendant la période de transition) ;
- l'Agence, sous la supervision de M. Victor M. Aguado, Directeur général.

EUROCONTROL emploie quelque 2227 personnes venant des 31 nationalités différentes des pays membres. Ce personnel est réparti entre les 6 différentes agences à Bruxelles, Maastricht, Brétigny, Budapest, Luxembourg, Prague et Karlsruhe.

ACTIVITÉS 2001

MESSAGE DU PRÉSIDENT DU CONSEIL PROVISOIRE

À la suite des événements tragiques du 11 septembre, l'année 2001 restera gravée longtemps encore dans la mémoire collective de la communauté aéronautique. Même si les incertitudes auxquelles l'ensemble du secteur du transport aérien a dû faire face ont pesé sur les activités et réalisations d'EUROCONTROL, l'Organisation n'en a pas moins continué de progresser dans bon nombre de domaines importants.

L'année 2001 a débuté sous de favorables auspices et riche de promesses, sous la conduite du nouveau Directeur général de l'Agence, Víctor M. Aguado, avec la poursuite de l'élargissement d'EUROCONTROL par suite de l'adhésion de la Finlande, le dernier des États membres de l'Union européenne à rejoindre l'Organisation. Les négociations sur l'adhésion de la Communauté européenne elle-même à EUROCONTROL ont continué de progresser, ouvrant ainsi la voie à une prochaine ratification de la Convention révisée par les États membres d'EUROCONTROL ; il s'agit là d'une étape cruciale pour l'avenir de l'Organisation, sans laquelle aucune avancée concrète ne saurait être garantie. Quatre ans après la signature de la Convention révisée, nombreux étaient les États qui ne l'avaient pas encore ratifiée, et ce pour diverses raisons. L'initiative « Ciel unique européen » de la Communauté européenne a souligné non seulement la nécessité urgente d'étayer les mesures d'harmonisation de l'ATM européen par des moyens de coercition, mais aussi le rôle déterminant qu'EUROCONTROL a vocation à jouer dans cette entreprise, eu égard à son expertise et à son expérience incontestées. Les répercussions de ce projet ont obligé EUROCONTROL à procéder à une évaluation minutieuse et à apporter sa contribution, mais l'Organisation n'a pas tardé à considérer cette initiative comme un facteur essentiel pour accéder à une plus grande autonomie dans le développement de l'ATM européen, ce qui n'a fait que renforcer la nécessité de progresser rapidement sur la voie de l'adhésion de la Communauté européenne à EUROCONTROL.

La tendance à la dissociation entre les prestataires de services et les autorités chargées de la réglementation, que l'on a pu observer parmi les États membres, s'est également fait sentir à EUROCONTROL. Ainsi, à mesure que l'année avançait, cette question est devenue un sujet de discussion majeur au sein du Conseil provisoire, au point d'aboutir à une série de propositions visant à mettre en œuvre la dissociation de ces fonctions au sein de l'Organisation EUROCONTROL elle-même, notamment par la mise en place d'un Comité de réglementation et d'une Unité de réglementation, destinée à appuyer ce dernier.

Les mouvements d'aéronef enregistrés en Europe en 2001 ont été comparables au volume élevé de trafic de l'année précédente, avec une légère tendance à la hausse, relevée jusqu'au mois d'août, qui s'est brutalement inversée au lendemain du 11 septembre, ce qui donne une moyenne journalière de 22.995 vols. En dépit du contexte économique difficile dans lequel le secteur

FUNCTIONING:

Since 1997, the EUROCONTROL organisation has been divided in 3 instruments:

- a General Assembly (Commission during the transitional period);
- a Council (Provisional Council during the transitional period);
- the Agency, under the supervision of Mr Victor M. Aguado, Director General.

EUROCONTROL employs a staff of about 2227 comprising 31 nationalities from all the Member States. This workforce is spread between seven European locations (Brussels, Maastricht, Brétigny, Budapest, Luxembourg, Prague and Karlsruhe).

ACTIVITIES 2001

MESSAGE FROM THE PRESIDENT OF THE PROVISIONAL COUNCIL

2001 was a year which will be etched in the collective memory of the aviation community for many years to come, following the tragic events of 11 September, yet even if EUROCONTROL's activities and achievements were clouded by the considerable uncertainties facing the air transport industry as a whole, the Organisation continued to progress in many significant domains.

The year began well and full of promise under the leadership of a new Director General of the Agency, Víctor M. Aguado, and with a further expansion of EUROCONTROL's membership following the accession of Finland, the last of the European Union States to join the Organisation. Negotiations on the accession to EUROCONTROL of the European Community itself continued to move forward, opening the way for further progress in the ratification by EUROCONTROL Member States of the revised Convention, a crucial step for the future of the Organisation and one without which the way forward, in concrete terms, cannot be guaranteed. Four years after the signature of the revised Convention, there were still many States which had not yet ratified for various reasons. The European Community's "Single European Sky" initiative underlined not only the urgent need for measures towards European ATM harmonisation to be backed up by some means of enforcement, but also the crucial role which EUROCONTROL's unchallenged expertise and experience was expected to play in this venture. The implications required much careful assessment and input from EUROCONTROL but the initiative soon came to be seen as a key contributor towards empowerment in the further development of European ATM, highlighting even more the need for early progress in the European Community's accession to EUROCONTROL.

The trend towards separation of service providers and regulators within Member States' services had made itself felt within EUROCONTROL, and as the year progressed this issue became an important topic of discussion in the Provisional Council, culminating in a series of proposals for achieving separation of these functions within the EUROCONTROL Organisation itself, and notably for setting up a Regulatory Committee and a Regulatory Unit to support it.

Aircraft movements in Europe in 2001 closely matched the high volume of the previous year, with a slight increase up to August then being reversed after 11 September, giving a daily average of 22,995 flights. Despite the challenging economic climate facing the aviation industry, capacity enhancement remained a top priority in the campaign to reduce delays, together with the enhancement of flight safety and security – a matter of increasing importance to the travelling public. An enhanced ATFM Action Plan, the extension of 8.33 kHz spacing from seven to twenty-one States, the launching of an Aeronautical Information aéronautique s'est retrouvé plongé, l'augmentation de la capacité est demeurée une priorité essentielle dans le cadre des efforts tendant à résorber les retards, parallèlement au renforcement de la sécurité et de la sûreté des vols, une question qui revêt une importance croissante aux yeux des voyageurs. Un Plan d'action relatif à l'amélioration de l'ATFM, l'espacement de 8,33 kHz entre canaux VHF étendu de 7 à 22 États, la mise en service d'une base européenne de données AIS (EAD), sans oublier la poursuite du développement du concept RVSM – le programme paneuropéen fondamental relatif au minimum réduit de séparation verticale, destiné à permettre à court terme une augmentation substantielle de la capacité de l'espace aérien européen – constituent quelques-uns des programmes et initiatives qui ont été menés à bien dans cette optique.

S'agissant des buts, précisément, le Conseil provisoire lui-même s'est employé à élaborer et à approuver deux séries d'objectifs, l'une se rapportant à l'année 2001 et l'autre portant sur le moyen terme, soit la période 2002-2006. Ce faisant, ses membres n'ont pas seulement focalisé leur attention sur les principales tâches à exécuter dans le futur mais se sont donnés les moyens de suivre concrètement l'évolution des progrès accomplis par rapport aux objectifs énoncés.

Pour le Conseil provisoire, les retards causés par les systèmes ATM européens, qu'il est convenu d'appeler « retards imputables à la gestion des courants de trafic aérien (ATFM) », constituent une question primordiale. Le retard ATFM moyen au cours de l'été 2001 était de 3,9 minutes, soit un meilleur résultat que celui enregistré en 2000, qui représentait déjà une amélioration par rapport à la situation catastrophique de 1999.

La baisse du trafic au lendemain des attentats du 11 septembre, la mise en œuvre du Plan d'action relatif à l'amélioration de l'ATFM, la planification à moyen terme de l'augmentation de la capacité, la fixation d'objectifs et le grand intérêt manifesté par le Conseil provisoire pour la situation, conjugués aux efforts déployés par les prestataires de services de navigation aérienne et à l'assistance fournie par EUROCONTROL dans les zones à problèmes, sont autant de facteurs qui suscitent l'espérance d'une amélioration de la situation ATFM dans le futur ; par ailleurs, le Conseil provisoire s'est fixé comme objectif ambitieux de ramener le retard ATFM en route moyen à 1 minute d'ici à 2006.

Le Conseil provisoire a tenu trois sessions en 2001, dont l'ordre du jour a été chaque fois dominé par une double préoccupation : la planification à court et à moyen terme de l'augmentation de la capacité ainsi que l'importance de se mettre d'accord sur des objectifs de capacité et des mesures communes aux fins de parvenir à une planification efficace de l'ATM européen. La Commission d'examen des performances (PRC) et la Commission de réglementation de la sécurité (SRC) n'ont cessé d'alerter le Conseil provisoire sur la nécessité de prendre des mesures propres à améliorer les performances et la sécurité de l'ATM européen, ce qui a conduit à l'adoption, entre autres, de l'Exigence réglementaire de sécurité n° 4 (ESARR 4), intitulée « Évaluation et atténuation des risques dans le domaine de l'ATM ».

La fin de l'année 2001 a été assombrie par les attentats du 11 septembre, hélas bien connus de tous. Cet événement à la fois tragique et spectaculaire, qui – chacun le sait – a porté un coup terrible au secteur aéronautique, nous a tous amenés à réévaluer nos missions avec une conscience accrue de l'urgence de la situation et a brutalement mis en évidence les priorités fondamentales pour l'avenir ainsi que les moyens à notre disposition pour réagir en conséquence. Nous devons faire preuve de rigueur afin de mobiliser ces ressources de manière optimale.

La fin de l'année a également mis un terme à mon mandat de président du Conseil provisoire. Au cours des deux années durant lesquelles j'ai eu le privilège de présider cette instance, bien des choses ont changé, des progrès considérables ont été accomplis et bon nombre de réussites sont venues s'ajouter à la liste des réalisations. C'est pourquoi je tiens à remercier tous mes collègues du Conseil provisoire et de l'Agence pour leur ardeur au travail ainsi que pour l'enthousiasme et l'indéfectible soutien qu'ils m'ont témoignés. Pourtant, les réalisations engendrent inévitablement

Service Database and, not least, the continuing development of RVSM – the key short-term, pan-European Reduced Vertical Separation Minima Programme for ensuring radical capacity enhancement for European airspace – were just some of the initiatives and programmes carried out with these aims in mind.

On the subject of aims, the Provisional Council itself took the step of developing and agreeing two sets of objectives, one for the year 2001 and the other for the medium-term covering the period 2002-2006. This not only focussed the minds of its Members on the most important tasks ahead but also would now enable them to track progress achieved against its stated objectives in a concrete, pragmatic way.

A central issue for the Provisional Council were the delays caused by the European ATM systems: so-called Air Traffic Flow Management (ATFM) delays. The average ATFM delay in the summer 2001 was 3.9 minutes, an improvement compared to the disastrous situation in 1999.

The fall in traffic after 11 September, the introduction of the enhanced ATFM action plan, RVSM, medium-term capacity enhancement planning, target-setting and the considerable interest attached to the situation by the Provisional Council, coupled with the work of the national air navigation service providers and the assistance from EUROCONTROL in problem areas, give every promise of an improved ATFM situation in the future, and the Provisional Council has set the ambitious goal that by 2006 ATFM en-route delay should be brought down to 1 minute.

The Provisional Council met three times in 2001. A constant item on the agenda was short and medium-term capacity-enhancement planning and the importance of agreeing capacity targets and common measures as means towards an effective European ATM planning process. The Performance Review Commission (PRC) and the Safety Regulation Commission (SRC) continued to alert the Provisional Council to the measures needed to improve the performance and safety of European ATM, leading to the adoption, among other things, of the SRC's EUROCONTROL Safety Regulatory Requirement (ESARR) No. 4: Risk Assessment and Mitigation in ATM.

The year ended under the shadow of the events of 11 September with which we are all too familiar. This tragic and dramatic event, dealing as it did such a painful blow to the aviation industry, has made us all re-assess the tasks we are about with a renewed sense of urgency and has thrown into stark relief the essential priorities for the future and the resources we have at our disposal to deal with them. We shall have to be rigorous in marshalling these resources to their best effect.

The year's end also brought to a close my presidency of the Provisional Council. Over the two years in which I have had the privilege of presiding over this body, much has changed, significant progress has been made, and many achievements have been added to the list. For this, I have to thank my colleagues on the Provisional Council and in the Agency for their enthusiasm, their hard work and their unfailing support. Yet achievements inevitably bring with them challenges, and in handing over the President's baton to Mikko Talvitie, I can assure him there will doubtless be plenty of them.

I am sure that his own resourcefulness, coupled with the firm support of Provisional Council Members and the expertise of the Agency's staff, will enable him to face them with confidence, and I wish him every success in this most interesting and rewarding endeavour.

Ole Asmussen

des défis, et à l'heure de passer le flambeau de la présidence à mon successeur, Mikko Talvitie, je peux l'assurer que les obstacles à surmonter seront nombreux.

Je suis convaincu que sa propre ingéniosité, conjuguée au ferme soutien des membres du Conseil provisoire et à l'expertise du personnel de l'Agence, lui permettront d'affronter avec confiance les difficultés qui l'attendent, et je lui souhaite beaucoup de succès dans cette entreprise éminemment intéressante et gratifiante.

Ole Asmussen

AVANT-PROPOS DU DIRECTEUR GÉNÉRAL

Chaque année comporte son lot de défis, de chances, de réussites et d'obstacles ; chaque année est unique en soi. 2001 n'a pas fait exception à la règle dans le cas d'EUROCONTROL, qui a œuvré dans des domaines opérationnels, technologiques et institutionnels en constante mutation.

Au début de 2001, l'Agence a entrepris une nouvelle évaluation stratégique de l'ATM européen, aux fins de mieux cerner son rôle futur dans ce domaine, de fixer des priorités et de parvenir à une exécution plus ciblée et plus efficace de ses activités.

Cette évaluation a permis de montrer que les conditions suivantes doivent être réunies pour que l'on puisse s'attaquer aux problèmes de l'ATM européen :

- des objectifs clairement définis ;
- des stratégies conçues à l'échelle paneuropéenne ;
- l'expérience et l'expertise nécessaires à la mise en œuvre de ces stratégies ;
- des investissements permanents dans l'infrastructure et les activités, financés par un système efficace de recouvrement des coûts ;
- une étroite collaboration avec tous les partenaires, qui privilégie la coordination entre les autorités civiles et militaires ;
- des structures institutionnelles permettant une mise en œuvre efficace des décisions prises.

L'expérience collective et les compétences remarquables acquises par le personnel d'EUROCONTROL font que l'Agence est la mieux placée pour résoudre les problèmes de l'ATM européen. Toutefois, étant donné la nature changeante du secteur de l'ATM, l'Agence doit rester souple, dynamique et devancer les évolutions.

Nous avons décidé d'aller de l'avant en tirant parti de nos succès antérieurs et de nos points forts. En particulier, nous pouvons nous prévaloir des réalisations suivantes :

– Un groupe d'étude prospective a été mis sur pied, qui est chargé de définir des objectifs à court, moyen et long terme conformément aux recommandations du Conseil provisoire. Une série de scénarios possibles quant à l'évolution future de l'ATM européen ont été analysés.

Depuis son approbation, au début de l'année 2000, par les ministres des Transports de la CEAC, la Stratégie ATM 2000+ sert de cadre général de référence pour la fixation d'objectifs réalistes et oriente les mesures à prendre pour venir à bout des difficultés rencontrées par l'ATM européen. Les mécanismes institutionnels et la technologie ayant cependant évolué depuis l'élaboration de la Stratégie en 1998, un groupe de travail a été institué en 2001 en vue de l'adapter aux exigences actuelles.

Les dispositions prévues dans la Stratégie relatives à la coopération régionale et internationale en matière d'ATM ont été mises en oeuvre. Des progrès tangibles ont été accomplis dans plusieurs projets, qu'il s'agisse de celui baptisé « CEATS » (Services de la circulation aérienne pour l'Europe centrale) ou du projet « CHIEF » (Confédération helvétique, Italie, Espagne, France). En outre, un certain nombre d'accords de coopération ont été conclus ou des négociations en ce

DIRECTOR GENERAL'S FOREWORD

Every year brings its challenges, opportunities, achievements and obstacles to encounter; every year is unique. 2001 was no exception for EUROCONTROL, working as it does in operational, technological and institutional areas in a state of constant flux.

At the beginning of 2001, the Agency embarked on a fresh, strategic evaluation of European ATM, deciding to identify its future role more clearly, to set priorities and to carry out its activities in a more focused and efficient manner.

This evaluation demonstrated that these elements are required in addressing the problems of European ATM:

- clearly defined objectives;
- pan-European strategies;
- experience and expertise to implement these strategies;
- constant investment in infrastructure and operations, financed through an efficient cost-recovery system;
- close collaboration with all stakeholders, with special emphasis on civil/military coordination;
- institutional structures to ensure effective implementation of decisions.

The collective experience and excellent qualifications of the staff have placed the Agency in a unique position to address the problems of European ATM. However, owing to the changeable nature of the ATM industry, the Agency has to remain flexible, pro-active and dynamic.

We determined to build on past achievements and our strengths. Specifically, we did the following:

– A Vision Group was set up to define the short, medium and long-term objectives as recommended by the Provisional Council. A variety of possible scenarios of future developments in European ATM were examined.

Since the ECAC Transport Ministers' approval in early 2000, the ATM 2000+ Strategy has served as a comprehensive framework for setting workable objectives, providing a roadmap for actions required to overcome the problems facing European ATM. However, both institutional arrangements and technology have changed since the Strategy was drafted in 1998, so a Task Force was set up in 2001 to bring it into line with current requirements.

Provisions in the Strategy relating to regional and international cooperation in ATM were implemented. Not only was tangible progress made in the CEATS (Central European Air Traffic Services) project, but also in CHIEF (*Confederatio Helvetica*, Italy, Spain, France) projects. A number of Cooperation Agreements were also concluded or initiated, too (Russia, ASECNA – Agency for the Safety of Air Navigation in Africa and Madagascar – NATO, etc.).

EUROCONTROL is fortunate in having a high concentration of experience and expertise in ATM. In order to maintain this advantage and to enhance motivation and the productivity of its staff, the Agency adopted a number of management measures in the field of Human sens ont été engagées (avec la Russie, l'ASECNA – Agence pour la sécurité de la navigation aérienne en Afrique et à Madagascar –, l'OTAN, etc.).

EUROCONTROL a la chance de disposer d'un réservoir fabuleux d'expérience et d'expertise dans le domaine de l'ATM. Soucieuse de conserver cet atout ainsi que de renforcer la motivation et la productivité de son personnel, l'Agence a adopté une série de mesures sur le plan de la gestion des ressources humaines. C'est ainsi que de nouveaux programmes de formation ont été mis sur pied, la mobilité du personnel est désormais encouragée et des structures propres à faciliter le dialogue social ont été créées. Une stratégie de communication interne a également été élaborée en vue de promouvoir la transparence et une communication efficace entre le personnel et la direction.

La mise en œuvre fructueuse de ces politiques requiert des investissements judicieux dans l'infrastructure ATM appropriée. À l'exception des centres de contrôle de Maastricht et CEATS, la mise au point de nouveaux systèmes ATC ou la modernisation des systèmes existants constitue l'une des tâches actuelles des prestataires de services du contrôle de la circulation aérienne. L'Agence soutient ces initiatives par la mise à disposition de son expertise et veille par ailleurs à ce que les nouveaux systèmes soient conformes aux stratégies paneuropéennes qui ont été approuvées. En 2001, l'Agence a mis en place une nouvelle politique d'« appui aux États », qui élargit l'éventail des services proposés.

– Le Service central des redevances de route (SCRR) d'EUROCONTROL est largement reconnu pour l'extrême efficacité de son système de recouvrement des coûts. En 2001, le SCRR s'est particulièrement attaché à améliorer la qualité de ses services à la clientèle et à maîtriser ses coûts.

Il a, de plus, célébré ses 30 ans d'existence le 1er novembre 2001. Des progrès tangibles ont été réalisés : ainsi, il y a cinq ans seulement, le nombre de vols traités s'élevait à 5,8 millions, et les montants facturés à 2,723 milliards d'euros. En comparaison, ces mêmes vols étaient, en 2001, au nombre de 8,13 millions et les montants perçus pour le compte des États se chiffraient à 4,436 milliards d'euros, cela en contrepartie d'une redevance qui représente moins de 0,5 % de la somme totale.

– L'étroite collaboration avec les partenaires constitue l'un des principes fondamentaux de l'Agence. Durant l'année 2001, de multiples réunions se sont tenues, à différents niveaux, entre l'Agence et les représentants de ses partenaires, dont tous les ministres des Transports des États CEATS, la Commission des transports du Parlement européen et le Secrétaire général de l'OTAN. Ce renforcement de la coopération se traduit par une transparence accrue, une meilleure compréhension mutuelle des préoccupations de chacun et une action davantage concertée.

– Au chapitre des questions institutionnelles, la ratification de la Convention révisée et l'adhésion de la Communauté européenne à EUROCONTROL ont constitué deux des thèmes majeurs de 2001. L'Agence a pris plusieurs mesures afin de hâter la conclusion de ces deux dossiers et a appuyé l'initiative « Ciel unique européen » dans le but évident de prévenir toute répétition inutile des mêmes fonctions et procédures de travail.

Parallèlement à ces initiatives stratégiques, l'Agence a également réalisé un certain nombre de projets à caractère opérationnel et technique. Des progrès satisfaisants ont été accomplis en ce qui concerne les activités en cours, et les bases de nouveaux programmes de renforcement de la capacité et de la sécurité ont été jetées.

Ces activités à la fois stratégiques et opérationnelles ont contribué à réduire le niveau des retards ATFM, de sorte que l'objectif de 2,8 minutes par vol a pu être atteint en 2001 pour le trafic en route. Cette diminution, qui s'explique en partie par la chute brutale du trafic aérien enregistrée durant le 4e trimestre de 2001, est aussi à mettre sur le compte des efforts déployés par les États membres pour augmenter la capacité disponible. Au cours des quatre derniers mois de l'année, les

Resources. New training programmes were introduced; staff mobility was encouraged and structures to facilitate social dialogue created. An internal communication strategy was also drawn up to promote transparency and effective communication between staff and management.

The successful implementation of strategies requires proper investments in appropriate ATM infrastructure. With the exception of the Maastricht and CEATS Centres, the development of new ATC systems or the improvement of existing ones is currently the task of national ATC Service providers. The Agency supports these initiatives through the provision of expert advice and also ensures that the new systems are in line with agreed pan-European strategies. In 2001, the Agency introduced a new "Support to States" policy which widens the range of services on offer.

– The EUROCONTROL Central Route Charges Office (CRCO), is widely held to be an extremely efficient system of cost recovery. In 2001, the CRCO made a specific attempt both to improve customer services and to contain costs.

It also celebrated its 30th anniversary on 1 November. Tangible advances have been made: just five years ago, 5.8 million flights were processed and M€2.723 billed. In comparison, 8.13 million flights were processed in 2001 and M€4.436 collected for States – and this for an administrative fee that is less than half a percent of the total.

– Close cooperation with stakeholders is one of the Agency's fundamental tenets. During 2001, many meetings were held between the Agency and representatives of stakeholders at various levels, including all the Transport Ministers of the CEATS States, the Transport Committee of the European Parliament and the Secretary General of NATO. The result of this enhanced cooperation is greater transparency, a better understanding of each other's concerns and more concerted action.

– On the institutional front, one of the main issues of 2001 was the ratification of the revised Convention and the accession of the European Community to EUROCONTROL. The Agency took several steps to expedite these matters and also gave its support to the European "Single Sky" initiative, with the clear objective of avoiding duplication of functions and working arrangements.

In parallel to these strategic initiatives, the Agency also carried out a number of projects on operational and technical levels. Satisfying progress was made in ongoing activities and foundations were laid for new capacity and safety-enhancing projects.

These strategic and operational activities helped to reduce the level of ATFM delays, allowing the target of 2.8 minutes per flight to be met for en-route traffic in 2001. This decrease can be ascribed in part to the steep drop in air traffic in the last quarter but also to efforts devoted to expanding capacity which were carried out in the Member States. In the last four months of the year, ATFM delays decreased dramatically and reached the lowest point for many years.

The Agency's operational work in 2001 is outlined in the pages that follow. Two important issues, however, merit special mention.

Firstly, EUROCONTROL's response to the tragic events in the United States: the Central Flow Management Unit (CFMU) managed, in conjunction with Federal Aviation Administration and the European Air Traffic Service Providers, to contain potential repercussions on European air traffic, through the swift and safe rerouting of aircraft following the closure of US airspace. It was later decided to expand the CFMU's portfolio of tasks to incorporate a crisis management cell to deal with any future large-scale emergencies.

EUROCONTROL was also invited to contribute its expertise in the field of Air Traffic Management (ATM) on various security fora, notably within the European Commission, retards ATFM ont connu une baisse spectaculaire jusqu'à atteindre leur niveau le plus bas depuis de longues années.

Le lecteur trouvera dans les pages qui suivent une description des activités opérationnelles menées par l'Agence en 2001. Parmi elles, deux points appellent cependant un commentaire particulier.

Il s'agit, premièrement, de la réaction d'EUROCONTROL aux événements tragiques survenus aux États-Unis : après la fermeture de l'espace aérien américain, l'Organisme central de gestion des courants de trafic aérien est parvenu, avec le concours de l'Administration fédérale de l'aviation et des prestataires de services de la circulation aérienne européens, à maîtriser les retombées potentielles des attentats sur le trafic aérien européen en réacheminant les aéronefs concernés, rapidement et dans de bonnes conditions de sécurité. Par la suite, il a été décidé d'élargir l'éventail des missions du CFMU par la création d'une cellule de crise, chargée de gérer toute alerte majeure qui pourrait survenir dans le futur.

EUROCONTROL a également été invitée à apporter son expertise en matière de gestion de la circulation aérienne (ATM) dans le cadre de différentes instances de réflexion sur les questions de sûreté, notamment au sein de la Commission européenne, de la CEAC (Conférence européenne de l'aviation civile), du Conseil de l'Europe et de l'OACI (Organisation de l'aviation civile internationale).

Deuxièmement, de nets progrès ont été réalisés en ce qui concerne le programme d'instauration d'un minimum réduit de séparation verticale (RVSM). Tout au long de l'année 2001, l'Agence a coordonné des milliers d'activités organisées par ses partenaires, de manière à pouvoir mettre en œuvre ce programme paneuropéen très complexe dès le 24 janvier 2002, comme initialement prévu.

2001, une année particulièrement difficile à bien des égards, a pourtant été marquée par de multiples progrès. Je pense que nous avançons dans la bonne direction. Nous avons des programmes novateurs et des idées viables, et leur application dans le cadre de nouvelles initiatives institutionnelles prises à l'échelon européen nous aidera à garantir la mise en œuvre uniforme des améliorations sur tout le continent. J'ai la conviction qu'en poursuivant leur étroite collaboration, tous les acteurs de l'ATM (États, usagers de l'espace aérien, prestataires ATS, Communauté européenne, sans oublier EUROCONTROL) feront en sorte que notre système de transport aérien demeure viable, efficace, fonctionnel et – avant tout – sûr durant de longues années encore.

Víctor M. Aguado

POSER LES JALONS D'UN CIEL PANEUROPÉEN HOMOGÈNE

Programme européen de gestion de la circulation aérienne

Le secteur du transport aérien en Europe a besoin d'un système de gestion du trafic aérien à la fois sûr, performant et rentable, organisé sur une base paneuropéenne uniforme, au bénéfice de l'ensemble des usagers de l'espace aérien.

En 2001, nous avons centré notre action sur la réalisation du "Ciel unique pour l'Europe". Tout a été mis en œuvre pour faire en sorte que l'augmentation du nombre des vols enregistrée au cours du premier semestre de l'année aille de pair avec un renforcement de la sécurité, une diminution des retards et une prise en compte plus prononcée encore des aspects touchant à l'environnement et à la maîtrise des coûts. Un tel résultat a pu être atteint, en grande partie, grâce aux nombreux projets du Programme européen de gestion de la circulation aérienne, dont l'Agence assure la coordination à l'échelle de la région formée par les États membres de la Conférence européenne de l'aviation civile (CEAC). Le chapitre ci-après dresse le bilan des progrès réalisés en 2001.

ECAC (European Civil Aviation Conference), the Council of Europe and ICAO (the International Civil Aviation Organisation).

Secondly, good progress was made on the Reduced Vertical Separation Minimum (RVSM) Programme. Throughout 2001, the Agency coordinated thousands of stakeholders' activities so as to achieve the on-time implementation of this complex pan-European programme on 24 January 2002.

2001 was a particularly challenging year from many points of view, yet many advances were made. I believe that we are moving in the right direction. We have innovative programmes and workable ideas, applying these in the framework of new European institutional initiatives will help ensure that developments are applied uniformly all over the continent. I am confident that by continuing to work closely, all ATM players – States, Airspace Users, ATS providers, the European Communities and EUROCONTROL itself – will ensure that our air transport system remains sustainable, efficient, serviceable and, above all, safe for many years to come.

Victor M. Aguado

PAVING THE WAY FOR A SEAMLESS PAN-EUROPEAN SKY

European Air Traffic Management Programme

European air transport needs a safe, secure, efficient and cost-effective air traffic management system, organised on a uniform pan-European basis, for the benefit of all airspace users.

In 2001, we consolidated our action geared to achieving "One Sky for Europe". We made every effort to ensure that the increase in the number of flights during the first half of the year went hand in hand with enhanced safety and reduced delays, taking even greater account of environmental and cost-containment issues. This was made possible, to a great extent, by the numerous projects of the European ATM Programme (EATMP), which the Agency is coordinating throughout the European Civil Aviation Conference (ECAC) area. The following section highlights the progress made in 2001.

Activities linked to improving safety in European skies continued to take absolute priority

Les activités liées au renforcement de la sécurité dans les cieux européens ont continué à se voir accorder la priorité absolue en 2001, et l'Agence a été appelée à exercer un rôle plus déterminant encore sur le plan de la sûreté dans le cadre de nombreuses enceintes internationales.

Nos réalisations à ce jour nous permettent d'envisager l'avenir avec une confiance renouvelée. Il n'en demeure pas moins que nous continuerons à suivre de près les développements dans le secteur du transport aérien en Europe, de façon à pouvoir nous adapter et réagir aussi promptement et efficacement que possible à l'évolution rapide des besoins de l'industrie aéronautique.

Je sais que nous pouvons compter sur l'engagement sans faille du personnel comme des partenaires de l'Agence EUROCONTROL dans notre entreprise commune de mise en place d'un système paneuropéen homogène de gestion du trafic aérien. Les premiers résultats de nos travaux sont des plus encourageants.

Wolfgang Philipp
Directeur principal EATMP

EQUILIBRER LA DEMANDE ET LA CAPACITÉ

Organisme central de gestion des courants de trafic aérien

L'année 2001 a vu le lancement de la première phase de mise en œuvre du Système amélioré de gestion tactique des courants de trafic (ETFMS). Ce système, qui permettra au CFMU d'avoir une vue plus précise de la situation du trafic aérien dans l'ensemble de l'Europe, constitue une amélioration opérationnelle particulièrement importante. En augmentant la précision avec laquelle les charges de secteur sont déterminées, il conduira à un renforcement de la sécurité et à une meilleure utilisation de la capacité disponible.

Lors des événements du 11 septembre, le CFMU a prouvé une nouvelle fois sa capacité à gérer des crises de nature à perturber le trafic aérien. Si les répercussions desdits événements sur le trafic aérien européen ont été limitées, c'est principalement grâce à la rapidité d'action et à l'efficacité de cet Organisme, qui est intervenu en coopération étroite avec la FAA des États-Unis et avec tous les autres prestataires européens de services de la circulation aérienne.

Ces événements ont eu une incidence énorme sur le volume de trafic, qui a connu, en 2001, pour la première fois depuis de nombreuses années, un taux de croissance légèrement négatif (-0,6 %). Les retards ont eux aussi diminué : le retard ATFM moyen a été de 3,3 minutes par vol en 2001, soit une baisse de 12,8 % par rapport à 2000 (3,8 minutes).

Le CFMU a continué à assurer l'écoulement régulier des courants de trafic en s'adaptant continuellement à l'évolution des circonstances et de la demande de trafic, et en adoptant les mesures prétactiques et tactiques requises en coopération étroite avec tous les partenaires, et ce dans l'intérêt des voyageurs.

LE PIONNIER DES NOUVEAUX SYSTÈMES ET TECHNOLOGIES ATC

Centre de contrôle de l'espace supérieur de Maastricht

En 2001, le Centre de contrôle de région supérieure de Maastricht est resté le deuxième centre ATC le plus actif d'Europe, prenant en charge 1.197.512 vols dans de bonnes conditions de sécurité.

Le Centre a continué à adapter ses procédures de travail et à développer de nouveaux modes, améliorés, de contrôle de la circulation aérienne, plaçant ainsi l'Europe à la pointe des technologies ATC de l'avenir.

En juillet 2001, les contrôleurs du Centre de Maastricht ont guidé un vol American in 2001, and the Agency was called upon to play an even greater role in security matters on many international platforms.

Our achievements to date allow us to contemplate the future with renewed confidence. We will nevertheless continue to monitor developments in the European air transport situation in order to adapt and respond as quickly and efficiently as possible to the fast-changing demands of the aviation industry.

I know that we can count on the unfailing commitment of the EUROCONTROL Agency's staff and stakeholders in our joint drive for the creation of a seamless pan-European air traffic management system. The initial results of our activities are most encouraging.

Wolfgang Philipp
Senior Director EATMP

BALANCING DEMAND WITH CAPACITY

Central Flow Management Unit

2001 saw the first implementation phase of ETFMS – the Enhanced Tactical Flow Management System. This is a particularly significant operational improvement which will allow the CFMU to have a more accurate picture of the air traffic situation across Europe. This system will improve the accuracy with which sector loads are determined thereby enhancing and optimising the use of the available capacity.

During the 11 September events, the CFMU once again proved its ability to deal with crises that may threaten to disrupt air travel. The repercussions on European air traffic were contained largely thanks to the Unit's prompt and efficient intervention, which was closely coordinated with the US FAA and all the European air traffic service providers.

These events had a huge impact on traffic figures resulting in slight drop (-0.6%) in air traffic growth for 2001 – the first decrease recorded for many years. Delays of course also declined. The average ATFM delay for 2001 was 3.3 minutes per flight – a reduction of 12.8% on 2000 (3.8 minutes).

The CFMU continued to expedite traffic flows by adapting constantly to the changing circumstances and traffic demand, adopting the necessary pre-tactical and tactical measures in close coordination with all its partners for the benefit of the travelling public.

A PIONEER OF NEW ATC SYSTEMS AND TECHNOLOGIES

Maastricht Upper Area Control Centre

In 2001 the Maastricht Upper Area Control Centre (UAC) remained Europe's second busiest air traffic control centre, safely handling 1,197,512 flights.

The Centre continued to adapt its working procedures and develop new and better ways of controlling air traffic, placing Europe at the forefront of ATC technologies of tomorrow.

In July 2001, the Maastricht controllers guided an American Airlines flight to Paris Charles de Gaulle using computer commands and messages transmitted via the Aeronautical

Airlines jusqu'à l'aéroport parisien Charles-de-Gaulle au moyen de commandes et de messages automatiques transmis via le réseau de télécommunications aéronautiques (ATN). Il s'agissait là de la première exploitation opérationnelle au monde de communications contrôleur – pilote par liaison de données via le réseau ATN.

La sécurité est demeurée la priorité première du Centre. Suivant l'initiative de l'Agence en matière de sécurité, le Centre de Maastricht a élaboré et mis en œuvre des procédures et mesures de sécurité complémentaires visant à relever encore son niveau de sécurité.

Au vu des difficultés économiques auxquelles sont confrontés ses partenaires et ses clients, le Centre a pris diverses mesures de maîtrise des coûts afin de mieux répondre à l'évolution des besoins.

L'EXCELLENCE EN MATIÈRE DE FORMATION

Institut de la navigation aérienne

En 2001, l'Institut a atteint l'objectif, qu'il s'était fixé, de devenir un Centre d'excellence dans le domaine de la formation ATM. Il s'agit là d'une réalisation admirable, qui a nécessité des efforts considérables, de la part non seulement du Directeur mais également de chaque membre du personnel.

Confronté à une demande sans cesse croissante de places de formation, l'Institut a réagi positivement par le développement de nouvelles méthodes pédagogiques telles que la formation en ligne (« *e-learning* ») et l'organisation de stages *in situ*, réduisant ainsi les coûts pour les États membres et surmontant, dans le même temps, ses propres problèmes de capacité.

La flexibilité et le dynamisme dont a fait preuve l'Institut ces cinq dernières années l'ont bien préparé aux défis que lui réserve l'avenir.

DONNER VIE À L'AVENIR

Centre expérimental

Une grande partie de la conception future de la gestion de la circulation aérienne (ATM) en Europe voit le jour au Centre expérimental d'EUROCONTROL (CEE), dans le cadre des activités de recherche-développement.

En 2001, le Centre a continué d'être chargé, essentiellement, de simulations, de la mise au point de prototypes et d'études économiques pour le compte du Programme européen de gestion de la circulation aérienne (EATMP), de l'Organisme central de gestion des courants de trafic aérien (CFMU), du programme relatif aux Services de la circulation aérienne pour l'Europe centrale (CEATS), du Bureau d'examen des performances (PRU) et du Bureau de réglementation de la sécurité (SRU).

L'approbation par le Conseil provisoire, en 2001, de la politique et de la stratégie environnementales de l'Agence ont donné une forte impulsion au programme de travail « Environnement » du Centre. Ce dernier est, dès lors, plus actif que jamais dans les études consacrées à ce domaine, au niveau tant international qu'européen.

Telecommunication Network (ATN). This was the world's first use of Controller/Pilot Data Link Communications (CPDLC) using ATN.

Safety remained the Centre's number one priority. In line with the Agency's overall Safety Initiative, Maastricht UAC developed and introduced additional safety procedures and initiatives in order further to improve its safety record.

In light of the economic difficulties facing its partners and customers, the Centre took various cost-control measures so as to provide a better response to changing needs.

EXCELLENCE IN TRAINING

The Institute of Air Navigation

The year 2001 saw the realisation of the Institute's vision to become a Centre of Excellence in ATM Training when it gained the Recognition of Achievement in Excellence Award. This was a superb achievement that demanded a high degree of effort, not only on the part of the Director, but from every single staff.

Faced with ever-increasing demand for places on courses, the Institute responded well by developing new training methods such as e-learning and providing on-site courses reducing costs for Member States and overcoming its own space limitations.

The flexibility and dynamism displayed by the Institute over the last five years make it well-prepared to take on the challenges that the future holds.

BRINGING THE FUTURE TO LIFE

Experimental Centre

Much of the future vision of European air traffic management (ATM) is brought to life at the EUROCONTROL Experimental Centre (EEC) through research and development activities.

In 2001 the Centre continued to be mainly responsible for simulations, prototype development and economic studies for the European Air Traffic Management Programme (EATMP), the Central Flow Management Unit (CFMU), the Central European Air Traffic Services (CEATS) programme, the Performance Review Unit (PRU) and the Safety Regulation Unit (PRU).

With the approval in 2001 of the Agency's Environmental Policy and Strategy by the Provisional Council, great impetus was given to the Centre's environmental work programme. As a result, the Centre is working more actively than ever on environmental studies at both international and European levels.

UN MÉCANISME DE FACTURATION QUI ALLIE ÉQUITÉ ET RENTABILITÉ

Service central des redevances de route

Aucun système efficace de gestion de la circulation aérienne ne saurait exister sans un mécanisme efficace de financement: pour EUROCONTROL, il s'agit d'un élément clé de son fonctionnement. L'un des instruments les plus importants de garantie du financement des installations de navigation aérienne en route est le système de redevances de route, exploité par le Service central des redevances de route (SCRR) d'EUROCONTROL pour le compte de ses États membres.

En 2001, les coûts administratifs du SCRR ont augmenté dans une moindre mesure que son volume de travail, qui couvre maintenant la perception de redevances pour le compte de 30 États membres, après l'intégration de la Moldavie en 2000 et de la Finlande en 2001. De plus, le nombre d'États tiers faisant appel aux services du SCRR connaît une croissance rapide.

Face aux difficultés auxquelles ont été confrontées les compagnies aériennes comme suite aux événements survenus le 11 septembre aux États-Unis, les États membres d'EUROCONTROL ont accepté de maintenir le taux unitaire de 2002 au niveau de 2001 pendant le premier trimestre de 2002. Conscient des tâches qui lui incombent, le SCRR a continué, en 2001, de mener à bien sa mission dans un esprit de transparence, d'équité et de prudence financière.

UN PERSONNEL MULTICULTUREL HAUTEMENT COMPÉTENT

Direction des Ressources humaines

La Direction des Ressources humaines (DRH) sait combien il importe de maintenir et de développer les compétences et connaissances spécialisées propres aux deux mille membres du personnel de l'Organisation. Elle déploie donc des efforts considérables pour attirer et garder à son service du personnel de haut vol, capable de s'adapter en souplesse aux demandes en évolution constante de l'industrie du transport aérien. À cet égard, l'événement marquant de 2001 a été le lancement du Programme de modernisation des ressources humaines.

En 2001, la Direction des Ressources humaines a organisé 135 concours, traité 3.000 candidatures et accueilli 135 nouveaux membres du personnel à l'Agence.

DES MÉTHODES ET PRATIQUES RENTABLES

Direction des Finances

EUROCONTROL évoluant dans un environnement toujours plus complexe et exigeant, la Direction des Finances reconnaît que l'application de méthodes et de pratiques rentables est essentielle pour le bon fonctionnement de l'Agence et la conduite efficace des affaires internationales d'EUROCONTROL .

En 2001, la Direction a poursuivi et mis en œuvre les améliorations en cours, contribuant ainsi à la bonne gestion financière des activités de l'Agence, et a continué de lancer des projets de développement dans le cadre de la fourniture de services d'information de gestion.

A FAIR AND EFFICIENT CHARGING MECHANISM

CENTRAL ROUTE CHARGES OFFICE

An efficient air traffic management system requires an efficient funding mechanism – for EUROCONTROL this is a major element in its operation. One of the most important instruments for guaranteeing the funding of en-route air navigation facilities is the route charges system, which the EUROCONTROL Central Route Charges Office (CRCO) operates on behalf of its Member States.

During 2001 the CRCO's administrative cost rose less than its volume of business, which now covers fee collection on behalf of 30 Member States, Moldova and Finland having joined in 2000 and 2001 respectively. Furthermore, the number of non-EUROCONTROL States using the system is growing rapidly.

In response to the difficulties facing airlines following the September 11 tragedy in the US, EUROCONTROL Member States agreed to keep the 2002 unit rate at the 2001 level for the first quarter of 2002. Mindful of its duty, the CRCO continued throughout 2001 to perform its mission in a spirit of transparency, fairness and financial prudence.

A HIGHLY-SKILLED MULTICULTURAL WORKFORCE

HUMAN RESOURCES DIRECTORATE

The Human Resources Directorate (DHR) recognises the importance of maintaining and developing the unique skills and expertise of the Organisation's two thousand staff members. Great efforts are therefore made to attract and retain high-calibre staff who are able to respond flexibly to the changing requirements of the air transport industry. In this connection, a significant development in 2001 was the launching of the HR Modernisation Programme.

In 2001 Human Resources held 135 competitions, processed 3,000 applications and welcomed 135 new staff members to the Agency.

COST-EFFECTIVE METHODS AND PRACTICES

FINANCE DIRECTORATE

Operating as EUROCONTROL does in an increasingly complex and challenging environment, the Finance Directorate recognises that cost-effective methods and practices are vital to the smooth operation of the Agency and the efficient conduct of EUROCONTROL's international affairs.

In 2001 the Directorate pursued and implemented ongoing improvements, contributing to the sound financial management of the Agency's activities, and continued to launch development projects in the provision of management information services.

INFORMER NOS PARTENAIRES, COMMUNIQUER AVEC EUX ET LEUR FOURNIR UN APPUI

Direction du Secrétariat général

La Direction du Secrétariat général est investie de fonctions et responsabilités diverses, puisqu'elle assure les relations extérieures et la communication, l'appui juridique, linguistique et administratif, ainsi que la gestion logistique.

Les attributions de la Direction ont été confortées, en 2001, par le profil, plus marqué que jamais, de l'Agence dans le domaine de la gestion de la circulation aérienne en Europe, d'où la nécessité d'assurer des services et un appui effectif accrus aux partenaires multiples de l'Agence et au monde en général.

INFORMING, COMMUNICATING AND PROVIDING SUPPORT TO OUR STAKEHOLDERS

General Secretariat Directorate

The General Secretariat Directorate has diverse functions and responsibilities, including external and public relations, the legal, language and central secretariat support services, and logistics management.

The responsibilities of the Directorate were underpinned in 2001 by the Agency's higher-than-ever profile on the European air traffic management scene – requiring enhanced services and effective support to the Agency's multiple stakeholders and the world at large.

ORGANISATION DE COOPÉRATION ET DE DÉVELOPPEMENT ÉCONOMIQUES (OCDE)

2, rue André Pascal
75775 Paris Cedex 16 - France
Tél.: +33 (0)1.45.24.82.00 - Fax +33 (0)1.45.24.85.00

Site web: www.oecd.org

Secrétaire général : M. Donald J. Johnston (Canada)

Historique :

L'OCDE a été créée sous sa forme actuelle par la Convention relative à l'Organisation de coopération et de développement économiques signée en 1960 et entrée en vigueur en 1961. Elle émane de l'Organisation européenne de coopération économique (OECE), qui avait été chargée en 1947 de superviser l'exécution du Plan Marshall pour la reconstruction d'une Europe ravagée par la guerre. Ses membres partagent les principes de l'économie de marché et de la démocratie pluraliste.

L'OCDE met à la disposition des gouvernements un cadre dans lequel ils peuvent examiner, élaborer et améliorer leurs politiques économiques et sociales. Elle aide les gouvernements à identifier les bonnes pratiques de gestion économique et s'efforce aussi d'aider les membres et les non-membres à élaborer des règles du jeu adaptées à l'économie mondialisée du XXIe siècle.

Composition :

30 Etats membres : Allemagne, Australie, Autriche, Belgique, Canada, Corée, Danemark, Espagne, Etats-Unis, Finlande, France, Grèce, Hongrie, Irlande, Islande, Italie, Japon, Luxembourg, Mexique, Norvège, Nouvelle-Zélande, Pays-Bas, Pologne, Portugal, République slovaque, République tchèque, Royaume-Uni, Suède, Suisse et Turquie.

Objectifs :

- Favoriser la prospérité et lutter contre la pauvreté par le biais de la croissance économique, de la stabilité financière, des échanges et de l'investissement, du développement technologique, de l'innovation, de l'esprit d'entreprise et de la coopération pour le développement ;
- Favoriser le plein emploi et la cohésion sociale ;
- Assurer le développement durable et promouvoir des méthodes efficaces et intègres de gouvernance.

Fonctionnement :

L'autorité suprême est le Conseil, qui a le pouvoir de décision. Il est composé d'un représentant de chaque pays Membre (ainsi que d'un représentant de la Commission européenne)

ORGANISATION FOR ECONOMIC CO-OPERATION AND DEVELOPMENT (OECD)

2, rue André Pascal
75775 Paris Cedex 16 - France
Tel.: +33 (0)1.45.24.82.00 - Fax +33 (0)1.45.24.85.00

Web site: www.oecd.org

Secretary General: Mr. Donald J. Johnston (Canada)

Background:

The OECD was created in its present form by a Convention on the Organisation for Economic Co-operation and Development, signed in 1960 and entered into force in 1961.It is the successor body to the Organisation for European Economic Co-operation (OEEC), which in 1947 oversaw the launch of the Marshall Plan for the reconstruction of war-torn Europe. The OECD brings together countries sharing the principles of the market economy and pluralist democracy.

The OECD provides its member states a forum to discuss, develop and perfect economic and social policies. It helps member governments identify good practice in managing their own economies, as well as helping members and non-members in drawing up ground rules for the 21st century globalised economy.

Member States:

30 Member States: Australia, Austria, Belgium, Canada, Czech Republic, Denmark, Finland, France, Germany, Greece, Hungary, Iceland, Ireland, Italy, Japan, Korea, Luxembourg, Mexico, Netherlands, New Zealand, Norway, Portugal, Slovak Republic, Spain, Sweden, Switzerland, Turkey, United Kingdom and United States.

Aims:

- To foster prosperity and fight poverty through economic growth, financial stability, trade and investment, technology, innovation, entrepreneurship and development co-operation;
- To promote the creation of jobs for everyone and social cohesion;
- To maintain a sustainable environment, and achieve clean and effective governance.

Functioning:

The overriding committee is the Council, which has the decision-making power. It is composed of one representative for each member country (as well as a representative of et se réunit régulièrement au niveau des Ambassadeurs auprès de l'OCDE pour donner des directives générales à l'Organisation quant aux travaux à entreprendre. Le Conseil se réunit une fois par an au niveau des Ministres.

Les 1850 agents du Secrétariat de l'OCDE, établi à Paris, concourent par leur travail, directement ou indirectement, aux activités des comités. Le Secrétariat compte environ 700 économistes, scientifiques, juristes et autres spécialistes, répartis dans une douzaine de Directions qui effectuent toutes sortes de recherches et d'analyses sur des questions de fond.

Le Secrétariat est dirigé par un Secrétaire général, Donald J. Johnston (Canada), assisté de quatre secrétaires généraux adjoints, Thorvald Moe, Herwig Schlögl, Seiichi Kondo, Sally Shelton-Colby. Le Secrétaire général préside également le Conseil, assurant ainsi un lien essentiel entre les délégations nationales et le Secrétariat.

Les deux langues officielles de l'OCDE sont l'anglais et le français. Les agents de l'OCDE sont des ressortissants des pays Membres mais ils ont le statut de fonctionnaires internationaux.

ACTIVITÉS 2001

L'année 2001 marquera un tournant dans l'histoire économique et politique moderne. Toute l'excitation qui entourait la « nouvelle économie » est retombée. Des manifestations violentes s'opposant à la mondialisation ont assombri les grandes réunions internationales. Puis, les tragiques attentats terroristes du 11 septembre ont ébranlé le monde. Une large alliance s'est ensuite formée pour lutter contre le terrorisme et éradiquer ses causes. Et les grandes nations du monde ont mis de côté leurs différences pour lancer un nouveau cycle de négociations commerciales.

Dans ce contexte nouveau, l'OCDE a, une fois de plus, été sollicitée pour renforcer l'économie mondiale face aux multiples défis, économiques, sociaux et de gouvernance, auxquels elle est confrontée.

La nouvelle économie – le retour à la réalité

La longue phase d'expansion que de nombreux pays ont connue au cours des années 90 a fait de la « nouvelle économie » la sensation du moment. Le ralentissement économique en cours constitue un utile rappel à la réalité et met fin à certains comportements et à certaines déclarations excessifs.

Ne nous arrêtons pas aux apparences et examinons les données fondamentales, à la lumière de l'étude que nous avons menée pendant deux ans sur les sources de la croissance économique avant de la présenter aux ministres en mai 2001. Quelque chose de nouveau est bel et bien en train de se produire. Les investissements consacrés aux technologies de l'information et des communications (TIC), aux technologies de réseau et au commerce électronique ont été les éléments clés de l'expansion de l'économie numérique. Si l'utilisation des TIC peut stimuler la productivité dans tous les secteurs, nos travaux ont mis en évidence qu'elle ne peut être un facteur de progrès que si elle va de pair avec des changements organisationnels, une utilisation efficace du capital humain et des politiques vigoureuses en faveur de l'innovation et de l'entreprenariat.

Le défi de la nouvelle économie est d'ouvrir les technologies nouvelles et les avantages qui en découlent à tous les pays, qu'ils soient développés ou en développement. Le défi qui nous est lancé est de contribuer au développement qu'attendent les 2,8 milliards de personnes vivant avec moins de 2 dollars des États-Unis par jour, dont 1,2 milliard avec moins de un dollar par jour. Les TIC peuvent nous aider à relever ce défi. L'OCDE cherche les moyens de mettre les TIC au the European Commission). The Council meets regularly at the level of Ambassadors to the OECD to give general guidance to the Organisation and its work. The Council meets at ministerial level once a year.

The 1.850 staff of the OECD Secretariat in Paris work directly or indirectly to support the activities of committees. Some 700 economists, scientists, lawyers and other professional staff, mainly based in a dozen substantive directorates, provide research and analysis.

The Secretariat is directed by a Secretary-General, Donald J. Johnston (Canada), assisted by four deputy Secretaries-General, Thorvald Moe, Herwig Schlögl, Seiichi Kondo, Sally Shelton-Colby. The Secretary-General also chairs the Council, providing the crucial link between national delegations and the Secretariat.

The OECD works in two official languages: English and French. Staff members are citizens of OECD member countries but serve as international civil servants with no national affiliation during their OECD posting.

ACTIVITIES 2001

The year 2001 may be looked back on as a turning point in modern economic and political history. The hype of the "new economy" came back down to earth. Major international meetings were marred by violent anti-globalisation protests. The tragic terrorist attacks of 11 September inflicted a severe shock to the world. But then, a broad-based alliance was formed to fight terrorism and its root causes. And the world's major trading nations put aside differences to launch a new round of trade negotiations.

In this new context, the OECD was called upon once again to help tackle the economic, social and governance challenges of a globalised world economy.

New Economy – a Reality Check

The long expansion in many countries during the 1990s generated a lot of hype about the "New Economy". Now, the present economic slowdown has served as a timely reality check when it comes to some of the more exuberant behaviour and policy statements that were made.

If we look beyond the hype to the fundamentals – as the OECD did in its two-year study on the sources of economic growth presented to ministers in May 2001 – the evidence does suggest that something new is taking place. Investments in information and communications technologies (ICT), connectivity and the growth of electronic commerce have been the key elements of the expansion of e-business and the digital economy. The use of ICT can boost productivity right across the spectrum of industries. However, one of our key findings is that these improvements depend on combining new uses of ICT with organisational change, effective utilisation of human capital, and strong policies for innovation and entrepreneurship.

One challenge of the New Economy is how to make sure that all countries – developed and less developed alike – use these new technologies and benefit from them. ICT does have the potential to contribute to the challenge of development for the 1.2 billion people who survive on less than US$1 per day and the further 2.8 billion on less than US$2. The OECD is exploring ways to ensure that ICT can be used to help achieve the development objectives service des objectifs de développement que nous poursuivons depuis plus d'un demi-siècle, dans tous les pays, et à éviter que ne s'instaure une « fracture numérique ».

Développement durable

Le rapport sur le développement durable que l'OCDE a soumis aux ministres en 2001 propose une stratégie d'ensemble en faveur du développement durable. Cette stratégie prend en compte les divers aspects du développement : économiques, sociaux et environnementaux. Le rapport dessine quatre grands axes d'action : mettre les marchés au service du développement durable ; mobiliser le potentiel scientifique et technologique ; renforcer la prise de décision ; et exploiter pleinement les avantages de l'investissement et des échanges internationaux.

Les orientations que doit suivre l'action des pouvoirs publics sont connues. Encore faut-il qu'elles soient effectivement mises en œuvre. Pour nous, l'enjeu sera désormais de donner une véritable assise à notre avenir commun et de mettre les actes en accord avec les paroles.

Les pays de l'OCDE ont une responsabilité particulière dans la mise en œuvre du développement durable, en raison de l'histoire et du poids que ces pays représentent au niveau mondial en termes économiques et environnementaux. C'est pourquoi, en mai 2001, les ministres des 30 pays de l'OCDE se sont engagés à mettre en place des stratégies de développement durable d'ici le Sommet mondial sur le développement durable qui doit se tenir à Johannesburg en septembre 2002.

Les ministres de l'Environnement des pays de l'OCDE ont adopté en mai une stratégie en faveur de l'environnement qui les engage à prendre des mesures spécifiques à l'échelon national, au cours des dix prochaines années. L'objectif est de s'attaquer à des problèmes tels que le changement climatique et de découpler la poursuite de la croissance économique de la poursuite des dommages causés à l'environnement.

Les économies et les sociétés sont fondées sur le savoir et le capital humain constitue un autre aspect-clé du développement durable. Les compétences de base que sont la capacité de résoudre un problème, l'aptitude à travailler en équipe et la créativité sont essentielles. À travers le programme PISA, l'OCDE compare les acquis des jeunes en matière d'éducation, dans les pays de l'OCDE, tout en évaluant s'ils répondent aux besoins de l'économie du savoir. Autre enjeu essentiel : la santé. Avec le vieillissement de la population des pays de l'OCDE et les tensions nouvelles auxquelles il soumettra nos systèmes, le financement des dépenses de santé constitue un nouveau défi pour les années à venir. L'OCDE a lancé un projet sur la santé pour voir comment les gouvernements pourront le relever. Dans cette optique, la conférence d'Ottawa s'est penchée en novembre dernier sur la mesure des résultats des systèmes de santé.

Bâtir des partenariats pour le développement mondial

La liberté des échanges et de l'investissement est un moyen avéré de sortir de la pauvreté et du désespoir. Le nouveau cycle de négociations commerciales multilatérales sera assurément l'un des moteurs du développement, sur la base d'un partenariat entre le monde en développement et le monde développé. Mais la liberté des échanges ne suffit pas. Il faut s'assurer de l'efficience et de l'efficacité des efforts en faveur du développement. En 2001, les pays de l'OCDE sont parvenus à un accord sur le déliement de l'aide aux pays les moins avancés. Cet accord fera date : il renforcera l'efficacité de l'aide et aidera les pays en développement à s'approprier le processus de développement. Les pays de l'OCDE ont aussi réaffirmé leur soutien aux objectifs du développement international (les objectifs du millénaire pour le développement), énonçant clairement les objectifs à atteindre dans des domaines tels que l'éducation, l'eau et la santé.

On dit que l'OCDE constitue un groupe de réformateurs démocrates investis d'une for all countries that we have been pursuing for over half a century, and not lead to a "digital divide".

Sustainable Development

The OECD's report on sustainable development, submitted to Ministers in 2001, proposes a comprehensive strategy for achieving sustainable development, which combines economic, social and environmental development. The report lays out four broad areas for action: making markets work for sustainable development; harnessing science and technology; strengthening decision-making; and reaping the full benefits of international trade and investment.

While many of the required policy options are well known, their actual implementation in OECD member countries has fallen short. The challenge before us now is to develop a real constituency for our shared future and close the gap between lofty rhetoric and actions.

OECD countries bear a special responsibility for leadership on sustainable development worldwide, historically and because of the weight they have in the global economy and environment. That is why ministers of all 30-member countries pledged in May 2001 to have sustainable development strategies in place by the time of the World Summit on Sustainable Development in Johannesburg in September 2002.

The Environmental Strategy adopted by OECD environment ministers in May committed them to specific national actions over the next decade to tackle problems such as climate change and ensure that continued economic growth is not accompanied by continued damage to the environment.

Human capital is another key element in achieving sustainable development in an era of knowledge-based economies and societies. This means literacy in the broad sense – problem-solving, team-building and creativity. The results of the OECD's "PISA study" provided a snapshot of comparative educational achievements in OECD countries and how they measure up to the needs of a knowledge economy. Good health is also important, but funding health care faces new challenges in coming years as the population in OECD countries ages, placing new demands on our systems. That is why we have launched an OECD health project to look at how governments can meet these new demands. A major conference in Ottawa in November tackled the crucial issue of how we measure the results.

Building Partnerships for Global Development

Open trade and investment are a proven pathway out of poverty and despair, and the new global round of multilateral trade negotiations can and should provide a major driving force for development based on a partnership between the developing and developed world. But open trade is not enough. We need to be sure that development efforts are efficient and effective. OECD members reached a landmark agreement in 2001 on untying aid to the least developed countries that will help increase value for money and improve developing country ownership of the development process. OECD countries also reaffirmed support for the international development goals (Millennium Development Goals) setting clear targets for progress in areas such as education, clean water and health care.

It is said that the OECD constitutes a group of democratic reformers with a global responsibility. But in this era of globalisation, with a vast array of stakeholders and interest responsabilité vis-à-vis de toute la planète. Dans un contexte de mondialisation, marqué par la multiplicité et la diversité des parties prenantes et des groupes d'intérêt, l'OCDE ne peut cependant agir seule, et elle n'y songe d'ailleurs pas. Nous partageons nos connaissances et nos analyses avec plus de 70 États à travers le monde et la présence de ministres de plusieurs pays non membres à la réunion ministérielle de l'OCDE, en mai, a été l'un des événements marquants de l'année 2001. Des organisations patronales et syndicales, des organisations non gouvernementales et d'autres groupes issus de la société civile participent désormais à un grand nombre de nos activités, en particulier dans le cadre du Forum de l'OCDE. Ces groupes apportent une contribution importante à nos travaux et aident à renforcer le soutien de l'opinion publique à l'égard des réformes.

Les tragiques attentats terroristes du 11 septembre ont renforcé notre conviction que la coopération internationale entre les gouvernements et entre les peuples est essentielle. À cet égard, l'OCDE apporte son concours à la lutte contre le terrorisme, à la fois en aidant à gérer les conséquences des événements du 11 septembre et en s'efforçant de limiter les risques d'attaques futures. N'oublions pas que le désespoir, la pauvreté et l'absence de perspectives sont le terreau des désordres sociaux et qu'ils sont de nature à alimenter les soutiens aux activités terroristes.

Engager le monde sur la voie d'un développement durable à la fois économique, social et environnemental est probablement la meilleure façon d'assurer la sécurité de nos sociétés. Mais cela suppose d'agir résolument dans ce sens. Reconnaissons, comme Franklin D. Roosevelt en son temps, que : « Les lois de l'économie ne sont pas le fait de la nature. Elles sont l'œuvre de l'homme. » Il en va de même des politiques en faveur du développement durable et de l'avènement de sociétés sûres. L'OCDE est déterminée à œuvrer à la réalisation de ces objectifs.

L'OCDE SE TRANSFORME

L'OCDE répond à l'évolution des besoins d'une économie mondiale en mutation rapide par une réforme continue de son organisation interne et de ses méthodes de travail. En 2001, l'organisation a fait œuvre de pionnier en réformant ses procédures comptables pour adopter les nouvelles normes internationales (*voir ci-dessous*). Elle tenait à être la première à appliquer ces normes dans le cadre de son programme de réforme de longue date. Entre 1996 et 1999, le budget a été réduit de 18 % en termes réels. La réduction des charges administratives a atteint 23 % et celle des effectifs 15 %. On a pu constater un retour à la stabilité budgétaire en 2000. Au même moment l'OCDE a lancé un programme majeur de réforme de sa gestion financière et décidé de créer un fonds de réserve pour les retraites.

Parmi les autres grandes évolutions de l'année 2001, on retiendra la décision de poursuivre les travaux sur certains thèmes essentiels comme le développement durable, après l'achèvement du premier projet de l'organisation sur ce sujet, et la « nouvelle économie ». L'OCDE a également créé un nouveau site web organisé autour des thèmes principaux de ses travaux, depuis l'agriculture et les assurances jusqu'aux transports et au vieillissement démographique. Cette façon de travailler répond aux besoins des gouvernements des pays membres qui doivent régler une multitude de problèmes nouveaux qui se manifestent à un rythme rapide, qu'il s'agisse des conséquences économiques et sociales d'événements comme les attentats terroristes du 11 septembre aux États-Unis ou des préoccupations croissantes suscitées par la biotechnologie ou la sécurité des aliments. Pour les agents de l'Organisation, l'un des événements marquants aura été en 2001 la finalisation des projets de déménagement en 2002 de nombre de personnes travaillant au siège de l'organisation à Paris. Ce afin de permettre la réalisation des travaux essentiels de remise en état et de rénovation du bâtiment principal du siège.

L'Organisation a en outre modifié ses relations avec les pays non membres, admettant que dans une économie mondialisée, les évolutions intervenant dans des domaines tels que le groups, the OECD cannot and does not work alone. We share our expertise and exchange views with more than 70 states from all corners of the globe – a highlight of 2001 was when trade ministers from several non-member countries joined the OECD ministerial meeting in May. And business, labour, non-governmental organisations and other civil society groups now participate in a wide range of OECD activities, most notably the "OECD Forum". These groups make an important contribution to the substantive work of the OECD and help strengthen public support for policy reform.

The tragic terrorist attacks of 11 September renewed our conviction in the importance of international co-operation among governments and peoples. In this regard, the OECD is contributing to the fight against terrorism both in terms of managing the aftermath of the 11 September events and in reducing the risk of future attacks. We must also not forget that desperate poverty and lack of opportunities are a breeding ground for social instability and can lead to support for terrorist activities.

Placing the world on a path of sustainable development – economically, socially and environmentally – is probably one of our best guarantees of safe and secure societies. But it will not happen alone. Franklin D. Roosevelt once said, "We must lay hold of the fact that economic laws are not made by nature. They are made by human beings" and this is equally true of policies for sustainable development, and safe and secure societies. The OECD is committed to working towards these objectives.

THE CHANGING FACE OF THE OECD

The OECD is responding to the changing needs of a rapidly-evolving globalised economy by continuing reform of its internal organisation and working methods. In 2001 this included pioneering reform of the organisation's accounting procedures in line with new international standards *(see below)*. The OECD was keen to be the first to implement these standards as part of the organisation's long-standing programme of reform. Between 1996 and 1999 the OECD budget was cut by around 18% in real terms, administrative costs reduced by up to 23% and staff numbers cut by 15%. There was a return to budget stability in 2000. At the same time the organisation launched a major financial management reform programme and decided to create a pension reserve fund.

Other major developments in 2001 included the decision to pursue work on key overarching themes such as sustainable development following the completion of the organisation's first project on this theme and on the theme of the "new economy". The OECD also created a new website organised around the main themes of its work, from ageing and agriculture to taxation and transport. This way of working meets the needs of member governments having to cope with a host of rapidly emerging new issues, whether the economic and social implications of events such as the 11 September terrorist attacks in the United States or growing concerns over biotechnology and food safety. A key event for staff in 2001 was the finalisation of plans to relocate many of those working at the Paris headquarters site to allow essential refurbishing and renovation of the main headquarters building.

The Organisation has also transformed its relationship with non-members, recognising that in a globalised economy developments in key areas from climate change to information technology are truly global and cannot be dealt with by one group of countries. During 2001 the OECD revamped its Sahel Club to reflect the fact that it now also encompasses work with countries from West Africa. The OECD has a co-operative relationship with some changement climatique ou les technologies de l'information sont réellement planétaires et ne peuvent pas être traités par un seul groupe de pays. Au cours de l'année 2001, l'OCDE a procédé à une modernisation de son Club du Sahel pour tenir compte du fait qu'il couvre également des travaux menés avec des pays d'Afrique de l'Ouest. L'OCDE entretient des relations de coopération avec quelque 70 pays et les économies non membres sont de plus en plus invitées à adhérer à des conventions de l'OCDE. C'est ainsi que dans des domaines comme l'élimination des pratiques fiscales dommageables et la lutte contre l'utilisation à des fins terroristes ou illégales des systèmes financiers mondiaux, l'OCDE travaille avec les économies non membres pour trouver des solutions acceptables pour tous. Le Centre pour la coopération avec les non-membres (CCNM), créé en 1998, est le point de convergence de ces relations. Il administre des programmes transnationaux liés à des axes essentiels des travaux de l'OCDE comme les échanges et l'environnement, de même que des programmes par pays avec des grandes économies non membres comme le Brésil, la Chine et la Russie.

Les travaux menés avec la société civile ont revêtu une dimension nouvelle en 2001. Pour la première fois, le Forum de l'OCDE s'est tenu avant la réunion ministérielle annuelle. Ce qui a permis d'apporter aux discussions des ministres les points de vue des participants venus des milieux universitaires, du monde des affaires, des syndicats et de la société civile sur le développement durable et la nouvelle économie.

Les principes directeurs de l'ensemble de ces réformes sont le souci de mieux répondre aux besoins des pays membres, l'attachement à l'efficience et la rentabilité ainsi que la volonté d'excellence professionnelle et managériale du secrétariat. Grâce à ses efforts permanents de réforme, l'Organisation entend améliorer encore la hiérarchisation de ses priorités pour utiliser au mieux les ressources dont elle dispose.

RÉFORME FINANCIÈRE

L'OCDE est la première organisation au monde à préparer et à publier des états financiers conformes aux normes comptables internationales pour le secteur public (IPSAS), certifiés par des réviseurs comptables indépendants. La totalité de ces états, établis selon la méthode de la comptabilité d'exercice, font l'objet d'un rapport distinct publié par le Service des finances et du budget. Ces comptes, établis en euros, comprennent notamment un tableau de la situation financière, un état des performances financières, un état des variations des actifs nets/fonds propres et un tableau des flux de trésorerie.

C'est en mai 2000 que la Fédération internationale des comptables (IFAC) a publié, pour la première fois au monde, des normes comptables destinées aux entités du secteur public. Ces normes s'inspirent des normes comptables internationales (IAS) élaborées pour le secteur privé, mais ont été adaptées pour pouvoir être mises en œuvre à tous les échelons du secteur public dans le monde. Cette tendance à une convergence mondiale témoigne de la reconnaissance du fait que les règles de gouvernance et de publication des comptes obéissent, dans le secteur public comme dans le secteur privé, aux mêmes objectifs fondamentaux d'exactitude, de transparence, de ponctualité et de pertinence. L'OCDE, entité du secteur public, se doit d'avoir le langage comptable et les pratiques de publication de comptes les mieux adaptés à ses besoins. De ce point de vue, les normes IPSAS fournissent un langage comptable commun à l'ensemble des pays qui ont par ailleurs chacun des normes comptables nationales différentes.

Les normes IPSAS destinées aux organisations internationales sont entrées en vigueur pour les états financiers des exercices commençant à partir du 1er juillet 2001 inclus mais l'OCDE a choisi de les appliquer de manière anticipée pour son exercice clos le 31 décembre 2000. Car elle estime qu'elles constituent les meilleures normes existantes pour son activité. La certification de réviseurs comptables indépendants comme *Price Waterhouse Coopers* contribue également

70 countries and non-members are increasingly invited to subscribe to OECD agreements. In areas such as eliminating harmful tax practices and combating terrorist and other illicit use of global financial systems, the OECD is working with non-member economies to find solutions acceptable to all. The Centre for Co-operation with Non-Members (CCNM), established in 1998, is the focal point for these relationships. It manages multi-country programmes linked to core themes of OECD work such as trade and the environment, as well as individual country programmes with major non-member economies such as Brazil, China and Russia.

A highlight of the organisation's co-operation with civil society in 2001 was the second OECD Forum, which enabled the views of academics, business, labour and civil society participants on sustainable development and the new economy to feed into the discussions at the annual ministerial meeting immediately afterwards.

The guiding principles of all these reforms are greater responsiveness to member country needs, ensuring efficiency and cost effectiveness and a commitment on the part of the secretariat to professional and managerial excellence. Continued reform efforts will seek to further improve priority setting to make best use of available resources.

FINANCIAL REFORM

The OECD is the first organisation in the world to prepare and publish its financial statements in accordance with International Public Sector Accounting Standards (IPSAS), certified by independent auditors. The full set of statements, based on the accrual method, is available in a separate report from the OECD budget and finance service. The accounts are presented in euros and include statements of financial position, financial performance, changes in net assets/equity and cash flows.

The International Federation of Accountants (IFAC) released the world's first authoritative set of financial reporting standards for public sector entities in May 2000. These IPSAS standards are derived from the International Accounting Standards (IAS) developed for the private sector, but adapted for use at all levels of government worldwide. This move to global convergence recognises that public and private sector accounting disclosure and governance share the same fundamental goals of accuracy, transparency, timeliness and relevance. The OECD is in the public sector and must have the accounting language and reporting most appropriate to its needs. The IPSAS standards provide a common accounting language for countries each with different national accounting standards.

The IPSAS standards for international organisations took effect for annual financial statements covering periods beginning on or after 1 July 2001. But the OECD chose to implement them early, starting with the year ended 31 December 2000, because it believes that these standards are the best available anywhere for its type of activity. The certification by independent auditors Price Waterhouse Coopers also contributes to good governance and credibility with the international community.

The OECD budget is divided into two sections. Part I covers the bulk of OECD activities and accounts for 80% of the total budget. It is funded by contributions from all 30-member à assurer une bonne gouvernance et à asseoir la crédibilité de l'organisation auprès de la communauté internationale.

Le budget de l'OCDE est divisé en deux parties. La partie I, qui couvre l'essentiel des activités de l'Organisation, représente 80 % du budget total. Elle est financée par les contributions des 30 pays membres, basées essentiellement sur la taille relative de leur économie et allant de 0,1 % à un peu moins de 25 % du total. La partie II couvre principalement les programmes spéciaux avec une participation plus limitée et dont le financement est convenu entre les pays participants.

La réforme du budget et de la gestion financière s'est poursuivie en 2001, avec la décision de mettre en œuvre, à partir de janvier 2003, un processus budgétaire biennal. Un examen du cycle budgétaire a été réalisé. Le programme de travail est désormais présenté sur la base de thèmes d'activité et un mécanisme de hiérarchisation des priorités a été mis en place.

UNE SÉLECTION D'ÉVÉNEMENTS

JANVIER

Développement du commerce électronique

Des délégués de 60 pays développés et en développement participent au Forum de l'OCDE pour les économies de marché émergentes sur le commerce électronique, tenu à Dubai.

FÉVRIER

L'Inde adhère au Centre de Développement

L'Inde devient le 27e membre du Centre de Développement, un organe semi-autonome de l'OCDE qui contribue à assurer l'interface entre les pays membres de l'OCDE et le monde en développement.

Développement durable

Simon Upton, ancien ministre de l'Environnement de la Nouvelle-Zélande, est nommé président de la Table ronde de l'OCDE sur le développement durable.

AVRIL

Les ministres de l'Education des pays de l'OCDE se réunissent

« Investir dans des compétences pour tous » est le thème de la réunion des Ministres de l'éducation de l'OCDE, présidée par Mme Edelgard Bulmahn, ministre allemand de l'Education et de la Recherche.

Relations avec le Chili

Le Secrétaire général de l'OCDE Donald Johnston s'entretient avec Ricardo lagos Escobar, Président du Chili.

Coopération pour le développement

Les ministres de la Coopération pour le développement et les responsables des organismes d'aide débattent de la lutte contre la pauvreté et de la cohérence de leurs politiques ayant des retombées pour les pays en développement lors de la réunion à haut niveau du Comité d'aide au développement.

countries, based essentially on the relative size of their economies, and ranging from 0.1% to just under 25% of the total. Part II covers specific programmes with more limited participation and whose funding is agreed between the participating countries.

Budget and financial management reform continued in 2001, including a decision to implement a biennial budget process from January 2003. A review of the budget cycle was carried out. The programme of work is now presented on the basis of themes of activity and a priority-setting mechanism was implemented.

SELECTED EVENTS

JANUARY

E-commerce expansion

Delegates from 60 developed and developing countries participate in the OECD Emerging Market Economy Forum on Electronic Commerce hosted by Dubai.

FEBRUARY

India joins Development Centre

India becomes the 27th member of the Development Centre, a semi-independent body within the OECD which works to foster policy dialogue and understanding between OECD countries and the developing world.

Sustainable Development

Simon Upton, former Environment Minister of New Zealand, is appointed Chairman of the OECD Round Table on Sustainable Development.

APRIL

OECD Education Ministers meet

"Investing in competencies for all" is the theme of the meeting of the OECD Education Ministers, chaired by Mrs. Edelgard Bulmahn, German Minister of Education and Research.

Relations with Chile

OECD Secretary-General Donald Johnston holds talks with Ricardo Lagos Escobar, President of Chile.

Development Co-operation

Development co-operation ministers and agency heads discuss poverty reduction and the coherence of their policies impacting on developing countries at the High-Level meeting of the OECD Development Assistance Committee.

MAI

Forum de l'OCDE

Quelque 1 500 participants venus de 80 pays assistent au premier Forum 2001 de l'OCDE qui a pour thème général « Développement durable et nouvelle économie ». Cette conférence internationale et ce salon de la connaissance, ouverts au public, seront organisés annuellement en marge du sommet annuel des ministres de l'OCDE.

Les ministres de l'Environnement de l'OCDE se réunissent

Les ministres de l'Environnement des 30 pays membres de l'OCDE adoptent la « Stratégie de l'environnement de l'OCDE pour les dix premières années du 21e siècle », et soulignent ainsi leur détermination à prendre les mesures qui s'imposent pour mettre un frein à la dégradation de l'environnement.

Les ministres de l'Energie se réunissent

M. Dominique Maillard, Directeur général de l'énergie et des matières premières au ministère français de l'Economie, des Finances et de l'Industrie, préside la réunion au niveau ministériel du comité directeur de l'Agence internationale de l'énergie.

Réunion du Conseil de l'OCDE au niveau des ministres

« Un développement durable pour l'avenir » est le thème de la réunion ministérielle annuelle du Conseil de l'OCDE.

JUILLET

L'économie japonaise

Lors d'une réunion à Paris avec Juniuchiro Koizumi, Premier ministre du Japon, Donald Johnston, Secrétaire général de l'OCDE, exprime son soutien au programme de réformes économiques annoncé par le Gouvernement japonais en juin 2001.

Conférence de Bangkok sur la biotechnologie

Le Royaume-Uni et l'OCDE organisent, en coopération avec l'Organisation des Nations Unies pour l'alimentation et l'agriculture, l'Organisation mondiale de la santé, le Programme des Nations Unies pour l'Environnement, la Convention sur la diversité biologique et le Gouvernement de la Thaïlande, une conférence destinée à faire avancer le débat international sur la sécurité des nouveaux aliments et plantes issus des biotechnologies modernes.

SEPTEMBRE

Investissement international

L'Estonie et la Lituanie adhèrent à la Déclaration de l'OCDE sur l'investissement international et les entreprises multinationales.

OCTOBRE

Président du Venezuela

Le Président du Venezuela, Hugo Chavez-Frias, rend visite au Secrétaire général de l'OCDE, Donald Johnston.

MAY

OECD Forum

Some 1 500 participants from 80 countries attend the OECD Forum 2001 on Sustainable Development and the New Economy. This public international conference and knowledge fair will be organised annually in conjunction with the OECD ministerial summit.

OECD Environment Ministers meet

The Environment Ministers of OECD's 30 Member countries adopt the "OECD Environmental Strategy for the First Decade of the 21st Century", committing to specific national actions to tackle the worst environmental problems, including climate change, in order to work together towards environmental sustainability.

Energy Ministers meet

Dominique Maillard, director general of energy and raw materials at the French Ministry of Economy, Finance and Industry, chairs the Governing Board of the International Energy Agency at Ministerial level.

Meeting of the OECD Council at Ministerial level

"Towards a Sustainable Future" is the theme of the annual Ministerial Council meeting.

JULY

Japanese Economy

At a meeting in Paris with Japanese Prime Minister Junichiro Koizumi, OECD Secretary-General Donald Johnston expresses support for a Japanese economic reform programme announced in June 2001.

Bangkok Conference on Biotechnology

The United Kingdom and the OECD, in co-operation with the Food and Agriculture Organization, the World Health Organization, the United Nations Environment Programme, the Convention on Biological Diversity and the Government of Thailand hold a conference to further the debate on the safety of new biotechnology food and crops.

SEPTEMBER

International Investment

Estonia and Lithuania adhere to the OECD Declaration on International Investment and Multinational Enterprises.

OCTOBER

President of Venezuela

The Venezuelan President, Hugo Chavez-Frias, pays a visit to OECD Secretary-General Donald Johnston.

Terrorisme

Le Groupe d'action financière sur le blanchiment de capitaux convoque une réunion plénière en urgence pour discuter de la question du financement du terrorisme.

NOVEMBRE

Conférence sur la santé

Une conférence internationale organisée conjointement par l'OCDE et le Gouvernement du Canada, à Ottawa, a pour thème « Etre à la hauteur » : mesurer et améliorer la performance des systèmes de santé dans les pays de l'OCDE.

Relations avec la Roumanie

Adrian Nastase, Premier ministre de Roumanie rend visite au Secrétariat de l'OCDE.

RÉUNION DU CONSEIL DE L'OCDE AU NIVEAU DES MINISTRES

COMMUNIQUÉ : UN DÉVELOPPEMENT DURABLE POUR L'AVENIR

1. Le Conseil de l'OCDE s'est réuni au niveau des ministres les 16 et 17 mai 2001, sous la présidence de M. Poul Nyrup Rasmussen, Premier ministre, de M. Mogens Lykketoft, ministre des Affaires étrangères, et de Mme Marianne Jelved, ministre des Affaires économiques et de la coopération nordique du Danemark, la vice-présidence étant assurée, pour le Japon, par M. Takeo Hiranuma, ministre de l'Economie, du Commerce et de l'Industrie, M. Heizo Takenaka, ministre chargé de la Politique économique et budgétaire, M. Shigeo Uetake, Premier vice-ministre des Affaires étrangères et M. Hisashi Kazama, Premier vice-ministre de l'Environnement et, pour la République slovaque, par Mme Brigita Schmögnerová, ministre des Finances, par le Professeur Lázló Miklós, ministre de l'Environnement, et par M. Peter Br□o, Secrétaire d'Etat, ministère de l'Economie. Des consultations ont eu lieu avec le Comité consultatif économique et industriel (BIAC) et la Commission syndicale consultative (TUAC) auprès de l'OCDE.

2. Nous nous félicitons de l'adhésion de la République slovaque à l'OCDE. L'adhésion de la Slovaquie vient clore plus d'une décennie de progrès sur le front des réformes, qui se sont accélérées avec le lancement en 1991 du programme Partenaires pour la transition de l'OCDE avec les Républiques tchèque et slovaque, la Hongrie et la Pologne.

3. Nos sociétés, comme celles de tous les autres pays, sont confrontées à des transitions majeures. Nous comptons sur l'OCDE pour continuer à jouer un rôle de pionnier dans l'identification et l'évaluation des grands problèmes qui se font jour et dans la mise au point de concepts nouveaux et d'approches nouvelles dans les domaines où l'Organisation dispose d'un avantage comparatif. L'OCDE contribue au renforcement de la compréhension mutuelle entre pays, à l'instauration d'un système économique international plus stable et à l'amélioration de la prospérité à l'échelle mondiale, grâce à son processus intergouvernemental spécifique et indispensable d'analyse, de dialogue et d'élaboration des politiques.

4. Nous avons la ferme volonté de faire en sorte que la maîtrise de la mondialisation s'exerce au bénéfice de tous en veillant à ce que les plus pauvres ne soient pas laissés à l'écart. Nous reconnaissons la nécessité, à l'échelle nationale et internationale, d'une plus grande cohérence de l'ensemble des politiques qui influent sur la réalisation de cet objectif. Les politiques des échanges, de l'investissement et du développement, en particulier, doivent apporter une contribution essentielle au développement durable et à la réduction de la pauvreté : le renforcement de la cohérence entre ces domaines de l'action des pouvoirs publics mérite une attention particulière. Nous comptons sur l'OCDE pour nous aider dans cette tâche.

Terrorism
The Financial Action Task Force on Money Laundering holds an extraordinary plenary meeting on Financing of Terrorism in Washington DC.

NOVEMBER

Health Conference
The Canadian government hosts an OECD conference in Ottawa on Measuring and improving health systems performance in OECD countries.

Relations with Romania
Romanian Prime Minister Adrian Nastase pays a visit to the OECD Secretariat.

OECD COUNCIL MEETING AT MINISTERIAL LEVEL

COMMUNIQUÉ: TOWARDS A SUSTAINABLE FUTURE

1. The OECD Council at Ministerial level met on 16-17 May 2001, under the chairmanship of Prime Minister Poul Nyrup Rasmussen, Mr. Mogens Lykketoft, Minister of Foreign Affairs, and Ms Marianne Jelved, Minister for Economic Affairs and for Nordic Co-operation of Denmark, assisted by the vice-chairs from Japan, Mr. Takeo Hiranuma, Minister of Economy, Trade and Industry, Mr. Heizo Takenaka, Minister of Economic and Fiscal Policy, Mr. Shigeo Uetake, Senior Vice-Minister for Foreign Affairs, Mr. Hisashi Kazama, Senior Vice-Minister of the Environment and from the Slovak Republic, Mrs Brigita Schmögnerová, Minister of Finance, Prof. László Miklós, Minister of Environment, and Mr. Peter Br□o, State Secretary, Ministry of Economy. Consultations were held with the Business and Industry Advisory Committee (BIAC) and the Trade Union Advisory Committee (TUAC) to the OECD.

2. We welcome the accession of the Slovak Republic to the OECD. Slovakia's accession completes more than a decade of progress on reform that accelerated with the launching in 1991 of OECD's Partners in Transition Programme with the Czech and Slovak Republics, Hungary and Poland.

3. Our societies, as well as those of all other countries, face major transitions. We look to OECD to continue its pathfinder role of identifying and evaluating emerging policy issues and developing new policy concepts and approaches in areas where the Organisation has comparative advantage. OECD contributes to deeper international understanding, a more stable international economic system and enhanced prosperity worldwide, through its unique and indispensable intergovernmental process of analysis, dialogue and policy development.

4. We are committed to shaping globalisation to the benefit of all, and ensuring that the poorest are not left behind. We recognise the need, nationally and internationally, to bring greater coherence across the range of policies that impact on the achievement of this goal. Trade, investment and development policies, in particular, have a vital contribution to make to sustainable development and poverty reduction: strengthening the coherence among these policy areas deserves special attention. We look to OECD to assist us in this task.

L'OCDE ET LE RESTE DU MONDE

5. La coopération et le dialogue de l'OCDE avec les pays de toutes les régions du monde sont un puissant instrument de progrès économique, environnemental et social au service d'un monde plus pacifique. Ce processus est ouvert à l'ensemble des partenaires non membres de l'Organisation qui partagent notre attachement au développement d'une économie mondiale ouverte fondée sur des règles et des valeurs. Nous approuvons les programmes de coopération de l'Organisation avec les pays non membres et nous nous félicitons de l'intérêt croissant des non-membres pour une participation aux travaux de l'OCDE. L'OCDE reste ouverte, sur la base de l'intérêt mutuel, à l'adhésion de pays partageant les mêmes valeurs, tout en étant sélective et en maintenant sa tradition de stricts critères d'adhésion ainsi que d'efficience et de pertinence pour ses membres. Nous sommes reconnaissants à l'OCDE de jeter des ponts avec des pays non membres, dans un objectif commun de réforme et en vue de leur intégration réussie dans le système économique international.

6. Nos discussions avec les ministres de l'Afrique du Sud, du Brésil, de la Chine, de l'Indonésie, du Mali, de la Roumanie, de la Russie et de Singapour au cours de notre réunion du Conseil de cette année contribuent à raffermir la confiance dans le système commercial multilatéral et représentent une étape vers le lancement de nouvelles négociations à l'OMC à Doha en novembre de cette année.

7. Au cours de l'année écoulée, l'OCDE a encore renforcé sa coopération avec ses partenaires de longue date que sont le BIAC et le TUAC et a élargi sa collaboration avec les ONG et d'autres instances représentatives de la société civile. Ce dialogue permanent instaure la confiance dans les institutions publiques et sensibilise l'opinion aux avantages et aux enjeux du changement économique et social mondial. Le Forum 2001 de l'OCDE représente à nos yeux l'expression d'un dialogue efficace entre de multiples parties prenantes qui vient enrichir nos travaux.

PERSPECTIVES ÉCONOMIQUES

8. L'économie mondiale est en sensible perte de vitesse par rapport à la situation qui prévalait lors de notre dernière réunion en juin 2000. Selon les prévisions actuelles, la croissance dans la zone de l'OCDE devrait descendre aux alentours de 2 pour cent en 2001, soit la moitié du taux atteint l'an dernier. En outre, certains grands déséquilibres de balance courante persistent. Les éléments indispensables au rétablissement d'une croissance plus vigoureuse sont toutefois en place et l'inflation devrait rester faible. Les politiques macroéconomiques et les réformes structurelles devraient viser à accélérer la productivité et à accroître l'emploi à long terme.

9. L'économie des Etats-Unis a subi un net ralentissement. Ses paramètres fondamentaux à long terme demeurent solides. La politique monétaire doit rester axée sur une croissance non inflationniste soutenue. A moyen terme, la politique budgétaire doit viser en priorité l'efficience économique et la stabilité budgétaire, notamment en encourageant une augmentation de l'épargne privée.

10. Au Japon, les perspectives de reprise autonome à court terme sont incertaines tandis que les prix ne cessent de décroître et que la dette publique augmente. La politique monétaire doit fournir d'amples liquidités jusqu'à ce que l'inflation mesurée par les prix à la consommation remonte à zéro ou au-dessus. La politique budgétaire actuelle est destinée à favoriser la reprise, mais une stratégie à moyen terme crédible d'assainissement budgétaire et des réformes structurelles doivent être mises au point sans tarder. Nous saluons la ferme intention des autorités japonaises de résoudre les problèmes bilantiels du secteur financier et des entreprises et d'amplifier la réforme

OECD and the Wider World

5. OECD's co-operation and dialogue with countries in all regions of the world is a powerful instrument for advancing economic, environmental and social progress towards a more peaceful world. This process is open to the range of partners outside the Organisation's membership who share our commitment to the development of a rules- and values-based open world economy. We endorse the Organisation's programmes of co-operation with countries outside OECD and welcome the growing interest among Non Members in participating in OECD's work. OECD remains open, on the basis of mutual interest, to membership by countries sharing the same values while being selective and pursuing the Organisation's tradition of high standards for membership as well as efficiency and relevance to its Members. We value the bridges OECD can build with non-Member countries in common pursuit of reform and their successful integration into the international economic system.

6. Our discussions with Ministers from Brazil, China, Indonesia, Mali, Romania, Russia, Singapore and South Africa at our Council Meeting this year are a contribution to strengthened confidence in the multilateral trading system and a step toward the launch of new WTO negotiations in Doha in November this year.

7. OECD's enhanced co-operation with its long-standing partners BIAC and TUAC has been complemented over the last year by strengthened co-operative activities with NGOs and other representatives of civil society. This continuing dialogue builds trust in public institutions and promotes public understanding of the benefits and challenges of global economic and social change. We welcome OECD Forum 2001 as an effective multi-stakeholder dialogue providing valuable input to our work.

Economic perspectives

8. The world economy has slowed significantly since we last met in June 2000. Growth in the OECD area is now projected to decline to around 2 per cent in 2001, half the rate achieved last year. In addition, some large current account imbalances persist. However, the foundations are in place for a return to stronger growth, and inflation is expected to remain low. Macroeconomic policies and structural reforms should aim to enhance productivity growth and increase employment over the long term.

9. The United States economy has experienced a significant slowdown. Long-term fundamentals remain strong. Monetary policy should continue to aim at sustained non-inflationary growth. Fiscal policy should focus in the medium term on economic efficiency and fiscal soundness, including encouragement of higher private savings.

10. In Japan, prospects for a self-sustained recovery in the short term are uncertain while prices continue to decline and government debt is increasing. Monetary policy needs to provide ample liquidity until consumer price inflation stays at or above zero. The fiscal policy in place has been geared to aid recovery, but a credible medium-term strategy for fiscal consolidation and structural reforms must be developed without delay. We welcome the Japanese authorities' strong intent to resolve balance sheet problems in the financial and corporate sectors and to enhance structural reform in securities and real-estate markets. Vigorous implementation of this strong intent is essential and regulatory reform should be quickened.

11. Growth in Europe will slow this year, but prospects are favourable. Economic

structurelle des marchés des valeurs mobilières et de l'immobilier. Il est essentiel de concrétiser avec force cette intention et il convient d'accélérer la réforme de la réglementation.

11. En Europe, la croissance se ralentira cette année, mais les perspectives sont favorables. Les paramètres économiques fondamentaux restent satisfaisants et le chômage continuera de décroître. De nouvelles réformes structurelles qui améliorent l'efficacité des marchés du travail, des produits et des capitaux sont nécessaires pour renforcer la croissance à long terme et réduire durablement le chômage. Dans la zone euro, les risques pour la stabilité des prix s'atténuant, des possibilités d'assouplissement de la politique monétaire sont apparues. Le durcissement budgétaire appliqué pendant quelques années a créé des marges de manœuvre pour les réductions d'impôts qui sont en cours dans la plupart des pays européens. Ces baisses d'impôts soutiendront la demande et amélioreront les incitations au travail et à l'investissement et donc les conditions de l'offre. Elles doivent s'accompagner d'une maîtrise rigoureuse des dépenses publiques : le vieillissement démographique fera peser une lourde charge sur les finances publiques et exigera le renforcement des systèmes de retraite et de nouvelles réductions de la dette publique dans la plupart des pays. Le 1er janvier 2002, l'introduction des billets et des pièces de monnaie en euros donnera une nouvelle impulsion à l'intégration économique, avec des bénéfices potentiellement importants à la fois pour la zone euro et pour l'économie mondiale.

DÉVELOPPEMENT DURABLE : CONCILIER LES OBJECTIFS ÉCONOMIQUES, ENVIRONNEMENTAUX ET SOCIAUX

12. Le développement durable est un objectif fondamental des gouvernements des pays membres et de l'OCDE elle-même. Les trois dimensions du développement durable -- accélérer la croissance économique, promouvoir le développement humain et social et protéger l'environnement -- sont des objectifs interdépendants qui nécessitent une action internationale concertée des pays de l'OCDE, des pays en transition et des pays en développement, en fonction de leurs responsabilités communes et différenciées, pour la production de biens publics globaux essentiels. Nous reconnaissons que les pays de l'OCDE ont une responsabilité particulière à assumer en montrant la voie du développement durable à l'échelle planétaire, et ce pour des raisons historiques et à cause de la place qu'ils continuent d'occuper dans l'économie et l'environnement sur le plan mondial. Nous sommes conscients de l'urgence du problème et reconnaissons qu'il y a un décalage entre les mesures préconisées et leur mise en oeuvre. Nous sommes résolus à y remédier et nous nous emploierons activement, avec le concours des pays n'appartenant pas à la zone de l'OCDE, à atteindre nos objectifs communs de développement durable.

13. Nous convenons que des progrès réels doivent être accomplis, sur le plan national comme sur le plan international, pour assurer la réussite du Sommet mondial sur le développement durable qui se tiendra à Johannesburg en septembre 2002. Nous veillerons à ce que des stratégies de développement durable soient en place, dans tous nos pays, à la date du Sommet. La Table ronde de l'OCDE sur le développement durable doit affirmer son rôle d'instance de dialogue international entre les parties concernées. Nous approuvons la Stratégie de l'environnement pour les dix premières années du XXIe siècle de l'OCDE[1], et demandons à l'Organisation d'appuyer et de suivre sa mise en œuvre. Nous nous félicitons du Communiqué publié à l'issue de la réunion des ministres de l'AIE[2] concernant la place de l'énergie dans un avenir durable.

14. Le rapport de l'OCDE intitulé Développement durable : quelles politiques ? esquisse un cadre d'action pour mieux intégrer les objectifs économiques, environnementaux et sociaux et

---

1. PAC/COM/NEWS(2001)46
2. IEA/PRESS(01)13

fundamentals remain good and unemployment will continue to decline. Further structural reforms that increase the efficient operation of labour, product and financial markets are needed to strengthen long-term growth and reduce unemployment on a durable basis. In the euro area, with upside risks to price stability diminishing, scope for an easing of monetary policy emerged. Fiscal tightening over some years has created room for the tax cuts being implemented in most European countries. These will support demand and improve incentives for work and investment and thus supply-side conditions. Tax cuts in these countries need to be accompanied by firm control over public expenditure: population ageing will impose a large burden on public finances and will require the strengthening of pensions systems and further reductions in public debt in most countries. The introduction of euro notes and coins on 1 January 2002 will give a further impetus to economic integration, with potentially important benefits for both the euro area and the global economy.

SUSTAINABLE DEVELOPMENT: INTEGRATING ECONOMIC, ENVIRONMENTAL AND SOCIAL OBJECTIVES

12. Sustainable development is an overarching goal of OECD governments and the OECD. The three dimensions of sustainable development -- enhancing economic growth, promoting human and social development, and protecting the environment -- are interdependent objectives requiring concerted international action by OECD, transition and developing countries, based on their common and differentiated responsibilities, to deliver essential public goods of a global nature. We recognise that OECD countries bear a special responsibility for leadership on sustainable development worldwide, historically and because of the weight they continue to have in the global economy and environment. We recognise the urgency of the challenge and the gap between policy design and implementation. We are committed to closing this gap and will work energetically with countries outside the OECD's membership to achieve our joint sustainable development goals.

13. We agree that real progress must be made, nationally and internationally, in order to succeed at the World Summit on Sustainable Development in Johannesburg in September 2002. We will ensure that sustainable development strategies are put in place in all our countries by the time of the World Summit. OECD's Roundtable on Sustainable Development should strengthen its role as a forum for international dialogue among stakeholders. We endorse OECD's Environmental Strategy for the First Decade of the 21st Century[1], and look to OECD to support and monitor its implementation. We welcome IEA Ministers' Communiqué[2] on the place of energy in a sustainable future.

14. OECD's report Policies to Enhance Sustainable Development outlines a policy framework for better integrating economic, environmental and social objectives, and decoupling economic growth from a range of environmental pressures. The report emphasises the need for sound analysis based on strong science that considers the full range of policy

---

1. PAC/COM/NEWS(2001)46
2. IEA/PRESS(01)13

pour découpler la croissance économique d'un certain nombre de pressions environnementales. Le rapport souligne la nécessité d'une bonne analyse reposant sur des bases scientifiques solides qui prenne en compte toute la panoplie des instruments d'action des pouvoirs publics et les coûts et avantages correspondants. Nous approuvons les recommandations qui en découlent :

- Améliorer le fonctionnement des marchés : Tous les pays de l'OCDE devraient mieux utiliser les instruments économiques en les associant efficacement à des dispositions réglementaires. Les mesures visant à encourager les initiatives volontaires et les programmes de sensibilisation ont un rôle à jouer à cet égard. Il faut poursuivre la mise en œuvre d'instruments comme les systèmes de permis négociables, les écotaxes, ainsi que la suppression progressive des programmes de soutien préjudiciables à l'environnement dans l'agriculture, la pêche, les transports, l'énergie, l'industrie manufacturière et d'autres secteurs encore, et les appliquer en tenant compte des conditions prévalant au niveau national. Cela contribuera au développement de schémas de consommation et de production durables.
- Lutter contre le changement climatique : Nous reconnaissons que le changement climatique représente le défi mondial le plus urgent dans le domaine de l'environnement, défi qui exige une forte impulsion et une action de la part des pays de l'OCDE, conformément à leurs responsabilités communes mais différenciées et de concert avec les pays en transition et en développement, dans le contexte de la Convention-cadre des Nations Unies sur les changements climatiques (CCNUCC). Les gouvernements des pays de l'OCDE reconnaissent la nécessité de réduire sensiblement les émissions de gaz à effet de serre à l'échelle mondiale, les pays développés devant montrer la voie, et de protéger et renforcer les puits et réservoirs de gaz à effet de serre afin de stabiliser à long terme les concentrations dans l'atmosphère à un niveau qui empêcherait une dangereuse interférence anthropique avec le système climatique. Nous mettrons en œuvre intégralement nos engagements nationaux, notamment les objectifs de limitation et de réduction des émissions, y compris ceux fixés dans le contexte de la CCNUCC. Tout en reconnaissant leurs divergences sur le Protocole de Kyoto, les gouvernements des pays de l'OCDE sont résolus à travailler ensemble pour faire face au changement climatique et participeront de manière constructive à la réunion COP 6 qui va reprendre à Bonn. Pour une grande majorité des pays de l'OCDE cela implique qu'on se fixe comme objectif l'entrée en vigueur du Protocole de Kyoto d'ici 2002, en engageant en temps voulu les procédures de ratification et en obtenant l'appui le plus large possible de la communauté internationale. Nous demandons à l'OCDE de continuer à contribuer à l'analyse et au dialogue international sur ces questions.
- Gérer les ressources naturelles : Les prix de marché des ressources naturelles doivent refléter l'intégralité des coûts et des avantages, environnementaux et sociaux, des activités économiques, afin de mieux rendre compte de leur valeur non marchande et de leur impact à long terme. Les progrès dans ce domaine appellent une amélioration des connaissances par des recherches sur les seuils environnementaux et sur les valeurs non marchandes, pour que les marchés soient davantage au service des objectifs de conservation des ressources tout en réduisant le coût net des flux de déchets.
- Exploiter le potentiel de la science et de la technologie : La recherche scientifique et l'innovation peuvent améliorer l'efficience de l'utilisation des ressources et la qualité écologique de la croissance. Le recours accru aux signaux de marché pour la réalisation des objectifs environnementaux stimulera la contribution de la science et de la technologie au développement durable. Les nouvelles technologies de l'information et des communications (TIC) offrent les moyens de réduire sensiblement la consommation

instruments and associated costs and benefits. We endorse the policy recommendations derived from it:

- Make markets work: All OECD countries should make better use of market-based instruments and combine them effectively with regulation. Measures to encourage voluntary initiatives and programmes to raise awareness have a role to play. The implementation of instruments such as tradable permit systems, environment-related taxes, and the phasing out of support programmes that are environmentally damaging in agriculture, fisheries, transport, energy, manufacturing and elsewhere, should be pursued, and applied according to national circumstances. This will contribute to the development of sustainable consumption and production patterns.
- Respond to climate change: We recognise that climate change is the most urgent global environmental challenge, requiring strong leadership and action by OECD Members, in accordance with their common but differentiated responsibilities, and working closely with transition and developing countries under the United Nations Framework Convention on Climate Change (UNFCCC). OECD governments recognise the need to significantly reduce global greenhouse gas emissions, with developed countries taking the lead, and to protect and enhance greenhouse gas sinks and reservoirs in order to stabilise concentrations in the atmosphere over the long term at a level that would prevent dangerous anthropogenic interference with the climate system. We will fully implement our national commitments, such as emission limitation and reduction targets, including those established under the UNFCCC. While recognising our differences over the Kyoto Protocol, OECD governments are determined to work together to address climate change and will participate constructively in the resumed COP 6 in Bonn. For a large majority of OECD countries this means seeking entry into force of the Kyoto Protocol by 2002, with timely ratification processes, and with the broadest possible support of the international community. We ask OECD to continue to contribute to the analysis and international dialogue on these issues.
- Manage natural resources: The market prices of natural resources must reflect the full environmental and social costs and benefits of economic activity, to take better account of non-market values and long-term impacts. Progress requires improving the knowledge base through research on environmental thresholds and non-market values, making markets better serve conservation goals, and reducing the net costs of waste flows.
- Harness science and technology: Scientific research and innovation can enhance the efficiency of resource inputs and the environmental quality of growth. The increased use of market signals to achieve environmental objectives will boost the contribution of science and technology to sustainable development. New information and communications technologies (ICT) offer possibilities for significant reductions in the use of materials, energy and transport, and potential new directions in environmental policy design, implementation and monitoring.
- Strengthen decision-making and information: Improved policy integration and coherence at all levels of government, closer involvement of parliaments, and better mechanisms for interacting with citizens and civil society organisations, including greater public access to information and participation in decision-making, are required. When designing policies for sustainable development, countries should apply precaution as appropriate in situations where there is lack of scientific certainty.
- Linkages with the global economy: Trade, investment, environmental and social

de matériaux, d'énergie et de transport et pourraient déboucher sur des méthodes nouvelles d'élaboration, de mise en œuvre et de suivi des politiques d'environnement.

- Renforcer la prise de décision et l'information : Il faut améliorer l'intégration et la cohérence des politiques à tous les niveaux d'administration, obtenir une intervention plus active des parlements et créer de meilleurs mécanismes d'interaction avec les citoyens et les organisations de la société civile, notamment en élargissant l'accès du public à l'information et sa participation à la prise de décision. Lors de l'élaboration des politiques de développement durable, les pays devraient, le cas échéant, user de précaution dans les situations où la certitude scientifique fait défaut.
- Liens avec l'économie mondiale : Les politiques suivies en matière d'échanges, d'investissement, d'environnement et dans le domaine social doivent être cohérentes et se compléter. Pour que les avantages de la mondialisation et du progrès technologique soient largement partagés, il faut des marchés mondiaux ouverts. Nous devons en outre favoriser l'instauration d'une croissance durable sur le plan environnemental et social dans les pays en développement en élargissant leur accès aux marchés des pays de l'OCDE et contribuer au renforcement des capacités, à la coopération dans le domaine technologique, à la bonne gouvernance et à la réduction de la pauvreté.

15. L'OCDE continuera d'apporter son concours aux gouvernements :

- en élaborant des indicateurs convenus pour mesurer les progrès accomplis concernant les trois dimensions du développement durable, notamment le découplage de la croissance économique et de la dégradation de l'environnement, afin de les intégrer aux processus d'examen par les pairs menés à l'Organisation dans les domaines économique, social et environnemental, et en comblant les lacunes des données statistiques et scientifiques ;
- en déterminant les moyens de surmonter les obstacles aux réformes des politiques, en vue tout particulièrement de permettre une meilleure utilisation des instruments économiques et de réduire les subventions préjudiciables à l'environnement et en approfondissant ses travaux analytiques concernant ces instruments ;
- en analysant plus avant les aspects sociaux du développement durable, notamment par des travaux sur le capital humain et social, ainsi que leur interaction avec ses dimensions économiques et environnementales ;
- en formulant des orientations pratiques pour l'amélioration de la cohérence et de l'intégration des politiques économiques, environnementales et sociales.

L'OCDE fera rapport en 2002, en particulier sur l'utilisation d'indicateurs du développement durable, en vue de contribuer au prochain sommet de Johannesburg.

LA DIMENSION SOCIALE DU DÉVELOPPEMENT DURABLE

Cohésion sociale

16. L'amélioration de la cohésion sociale est un objectif fondamental du développement durable. Nous sommes en conséquence déterminés à lutter contre les causes de la pauvreté et de l'exclusion sociale : la persistance de faibles revenus, l'absence de possibilités de travailler et d'apprendre et l'absence d'accès à des services publics de qualité touchent certains groupes et certaines zones et empêchent de progresser dans la voie du développement durable. Offrir, à tous ceux qui sont en mesure de travailler, la possibilité d'accéder à l'emploi et de faire carrière constitue un élément clé de toute stratégie de lutte contre la pauvreté et l'exclusion sociale. Le chômage dans les pays de l'OCDE a baissé sensiblement ces dernières années, mais il faut faire davantage pour réduire le chômage de longue durée et la dépendance à l'égard des prestations tout en assurant un niveau adéquat de protection sociale. Nous accueillons avec satisfaction

policies should be coherent and mutually supportive. Ensuring that the benefits of globalisation and technological advance are widely shared requires open world markets. We must also encourage environmentally and socially sustainable growth in developing countries through improved market access for developing countries to OECD markets, and support for capacity building, co-operation in the area of technology, good governance, and poverty reduction.

15. OECD will continue to assist governments by:

– developing agreed indicators that measure progress across all three dimensions of sustainable development, including decoupling of economic growth from environmental degradation, with a view to incorporating these into OECD's economic, social and environmental peer review processes, and filling gaps in the statistical and scientific data;
– identifying how obstacles to policy reforms, in particular to the better use of market-based instruments, and to the reduction of environmentally harmful subsidies, can be overcome; and deepening its analytical work on these instruments;
– analysing further the social aspects of sustainable development, including work on human and social capital, as well as their interaction with their economic and environmental dimensions;
– providing guidance for achieving improved economic, environmental and social policy coherence and integration.

OECD will report progress to us in 2002, in particular on the use of sustainable development indicators, with a view to contributing to the forthcoming Johannesburg Summit.

THE SOCIAL DIMENSION OF SUSTAINABLE DEVELOPMENT

Social cohesion

16. Deepened social cohesion is a central objective for sustainable development. We are thus committed to fighting the causes of poverty and social exclusion: persistently low incomes, lack of opportunities to work and to learn, and lack of access to good quality public services affect particular groups and areas and prevent progress toward sustainable development. Extending opportunities for work and good careers, to all those who can work, is a key element in any strategy to combat poverty and social exclusion. OECD unemployment has declined significantly in recent years, but more needs to be done to reduce long-term unemployment and benefit dependency within the context of an adequate social safety net. We welcome OECD's work on employment-oriented social policies to help tackle social inequalities, facilitate adjustment to rapid economic restructuring, and improve growth

les travaux de l'OCDE sur les politiques sociales orientées vers l'emploi afin de contribuer à remédier aux inégalités sociales, à faciliter l'ajustement aux restructurations économiques rapides et à améliorer les perspectives de croissance. La récente conférence ministérielle Donner une chance à tous[3], organisée conjointement par le Royaume-Uni et l'OCDE à Londres, les 9 et 10 octobre 2000, a montré comment une action concertée associant les différents secteurs de l'administration permet de s'attaquer avec succès au dénuement.

VIEILLISSEMENT

17. Les conséquences du vieillissement de la population demeurent une préoccupation majeure pour les économies de l'OCDE. L'étude de l'OCDE sur les systèmes de revenu de retraite montre que les pays ont entrepris des réformes mais qu'il faut aller plus loin pour les renforcer et faire du « vieillissement actif » une réalité. De nouvelles réformes sont indispensables pour encourager les travailleurs âgés à poursuivre leur activité et pour parvenir au meilleur équilibre, en fonction du contexte national, entre les différentes formes de pensions pour réaliser l'objectif fondamental, à savoir assurer aux personnes âgées des revenus suffisants. Nous saluons les travaux de l'OCDE sur le vieillissement actif, notamment sa contribution à la Charte de Turin[4]. Nous devons examiner d'urgence les obstacles auxquels se heurtent le recrutement, la reconversion et le maintien en activité des travailleurs âgés et comptons sur l'OCDE pour approfondir la question.

SANTÉ

18. La santé est essentielle au développement durable. Les systèmes de santé constituent un important élément de la cohésion sociale mais aussi le premier secteur de services dans de nombreux pays de l'OCDE. Leurs conséquences en termes d'efficience, d'efficacité et d'équité, leur impact sur les finances publiques et leur aptitude à relever les défis que représentent les progrès médicaux, le vieillissement et les exigences de plus en plus grandes de la population, nécessitent des stratégies novatrices. Le Projet sur la santé de l'OCDE définira des orientations sur ces questions et nous attendons avec intérêt la Conférence d'Ottawa sur l'amélioration des performances des systèmes de santé qui se tiendra en novembre 2001.

MIGRATIONS

19. Les migrations sont une question qui revêt une urgence de plus en plus grande pour les pays d'immigration et d'émigration, leurs gouvernements et le grand public. Elles présentent toute une série de défis et d'opportunités pour l'action des pouvoirs publics dans les domaines des affaires sociales, de l'économie, du développement et des affaires étrangères. L'OCDE constitue une référence essentielle pour le suivi des tendances et politiques concernant les migrations. Nous attendons de l'OCDE qu'elle approfondisse et élargisse son analyse des effets économiques et sociaux des migrations tant dans les pays d'accueil que dans les pays d'origine, notamment en ce qui concerne la mobilité internationale des travailleurs ayant différents niveaux de qualification.

CROISSANCE, TECHNOLOGIE ET CAPITAL HUMAIN

20. A leur réunion de mai 1999, les ministres ont demandé à l'OCDE d'étudier les causes des disparités des profils de croissance dans les pays de l'OCDE et de mettre en évidence les

---

3. PAC/COM/NEWS(2000)88
4. *Pour un vieillissement actif,* 10-11 novembre 2000.

prospects. The recent UK/OECD Ministerial Conference Opportunity for All[3], in London on 9-10 October 2000, demonstrated how concerted action across different parts of government can successfully tackle deprivation.

Ageing

17. The consequences of population ageing remain a major concern for OECD economies. OECD's review of retirement income systems shows that countries are putting in place reforms, but more needs to be done to strengthen them and make "active ageing" a reality. Further reforms are needed to encourage continued labour force participation of older workers and to achieve a better balance, taking account of national context, among various forms of pensions, to support the fundamental goal of ensuring adequate incomes in old age. We welcome OECD's work on active ageing, including its contribution to the Turin Charter[4]. We must urgently address the barriers against hiring, retraining and retention of older workers, and we look forward to OECD's work on this topic.

Health

18. Health is vital to sustainable development. Health systems are an important element in social cohesion and represent the largest service sector in many OECD countries. Their efficiency, effectiveness and equity consequences, their impact on public finances, and their ability to meet the challenges of medical advances, ageing populations and rising expectations require creative policy approaches. OECD's Health Project will provide policy guidance on these matters, and we look forward to the Ottawa Conference in November 2001 on improving the performance of health systems.

Migration

19. Migration is an increasingly pressing issue, for immigrant and emigrant countries, their governments and the general public. It raises a host of social, economic, development and foreign policy challenges and opportunities. OECD is a key reference point for the monitoring of migration trends and policies. We look to OECD to deepen and extend its analysis of the economic and social impacts of migration in both host and origin countries, including the international mobility of workers at different skill levels.

Growth, Technology and Human Capital

20. At their May 1999 meeting, Ministers asked OECD to analyse the causes underlying differences in growth performance in OECD countries and identify factors, institutions and

3. PAC/COM/NEWS(2000)88.
4. *Towards Active Ageing*, 10-11 November 2000.

facteurs, les institutions et les politiques susceptibles de renforcer la croissance à long terme. Nous accueillons avec satisfaction le rapport intitulé « La nouvelle économie : mythe ou réalité » et nous reprenons à notre compte ses principales conclusions. Les nouvelles technologies, en particulier les TIC, ne sont qu'un facteur parmi d'autres permettant d'expliquer les divergences des profils de croissance observées ces dix dernières années. Parmi les autres facteurs figurent l'utilisation et la qualité de la main-d'œuvre et la plus grande efficacité de la combinaison du travail et du capital. Pour saisir les nouvelles possibilités de croissance, il faut une stratégie d'ensemble reposant sur une panoplie de mesures se complétant :

– Se doter des bons droits fondamentaux. La mise en œuvre de politiques macroéconomiques stables est un préalable à une stratégie de croissance réussie, à une augmentation de l'emploi et à la stabilité des prix. La discipline budgétaire et une évolution des salaires orientée par la productivité contribuent à la modération de l'inflation et réduisent l'incertitude, ce qui renforce l'efficience du mécanisme des prix dans l'allocation des ressources et la confiance des consommateurs et des investisseurs. Le changement est stimulé et les économies sont plus adaptables lorsque les marchés des produits, des capitaux et du travail et les institutions correspondantes sont plus ouverts, plus efficients et plus concurrentiels. L'instauration de conditions macroéconomiques favorables et la mise en œuvre de réformes des structures et de la réglementation se renforcent mutuellement, amplifiant les possibilités d'innovation et le potentiel de croissance.

Les nouvelles technologies accentuent le rôle et l'importance de l'éducation et de la valorisation du capital humain. Il faut mettre en place une stratégie globale d'apprentissage tout au long de la vie, comprenant notamment l'accès à une éducation et à des services d'accueil pendant la petite enfance, l'acquisition d'une solide éducation de base, un meilleur passage de l'école à la vie active grâce à des liens plus étroits entre l'enseignement et le marché du travail et à des systèmes de formation efficaces qui offrent à tous des possibilités d'éducation tout au long de la vie. Nous reconnaissons la nécessité de renforcer la capacité d'adaptation des ressources humaines aux nouvelles technologies et d'ajuster les institutions du marché du travail aux nouvelles réalités du travail. Nous saluons le cadre ambitieux, « Investir dans les compétences pour tous »[5], adopté par les ministres de l'Education lors de leur réunion d'avril 2001.

La recherche, l'innovation et l'esprit d'entreprise sont fondamentaux pour la croissance. Nous tiendrons notre engagement d'allouer des moyens financiers adéquats à la recherche fondamentale et nous nous efforcerons d'améliorer l'efficience et l'efficacité des financements publics pour la R-D, de favoriser les régimes de propriété intellectuelle qui encouragent l'innovation et en assurent la diffusion et de supprimer les obstacles à une interaction efficace entre la science et l'industrie. Nous veillerons à instaurer un environnement propice aux affaires et à la prise de risques, en particulier à l'intention des nouvelles entreprises et des PME, comme il est indiqué dans la Charte de Bologne. Nous sommes résolus à améliorer l'accès aux financements à haut risque et à revoir les réglementations administratives et les procédures de faillite trop contraignantes.

Des politiques spécifiques pour un usage efficace des TIC. Nous veillerons à faciliter la diffusion des TIC en intensifiant la concurrence dans les secteurs des TIC, notamment les télécommunications, et en suscitant la confiance des utilisateurs dans ces secteurs. Les secteurs public et privé doivent s'employer ensemble à faire en sorte que les applications des TIC, comme le commerce électronique, deviennent sûres et fiables.

21. Les travaux consacrés au Projet sur la croissance sont essentiels compte tenu de notre souci d'améliorer les résultats sur ce plan. L'OCDE poursuivra son analyse, afin de mieux

---

5. PAC/COM/NEWS(2001)32.

policies that could enhance longer-term growth prospects. We welcome the report "The New Economy: Beyond the Hype" and endorse its main conclusions. New technology, in particular ICT, is only one factor behind divergences in growth patterns over the past decade. Other factors include the use and quality of labour and greater efficiency in the combination of labour and capital. Seizing new growth opportunities requires a set of mutually reinforcing policies:

– Get the fundamentals right. Stable macroeconomic policies are a prerequisite for a successful growth strategy, higher employment and price stability. Fiscal discipline and productivity-oriented wage developments contribute to low inflation, and reduce uncertainty, thus enhancing the efficiency of price mechanisms in allocating resources and strengthening consumer and investor confidence. More open, competitive and efficient product, financial and labour markets and institutions spur change and make economies more adaptable. Favourable macroeconomic conditions and structural and regulatory reforms reinforce each other, increasing opportunities for innovation and growth potential.

New technology has heightened the role and importance of education and the development of human capital. A comprehensive life-long learning strategy is required, including: access to early childhood education and care; a solid foundation in basic education; a better school-to-work transition with closer links between education and the labour market; and effective training systems that provide lifelong educational opportunities. We recognise the need to enhance the capacity of human resources to cope with new technology and to adapt labour market institutions to the changing nature of work. We welcome the ambitious framework "Investing in Competencies for All[5]" adopted by Education Ministers at their April 2001 meeting.

Research, innovation and entrepreneurship are key to growth. We will sustain our commitment to adequate funding of basic research and seek to improve the efficiency and effectiveness of public money for research and development, to foster intellectual property regimes that promote innovation and ensure its diffusion, and to remove barriers to effective interaction between science and industry. We will work to ensure an environment favourable to business and risk-taking, and particularly for new firms and SMEs as set out in the Bologna Charter. We are committed to improving access to high-risk finance and reviewing burdensome administrative regulations and bankruptcy provisions.

Specific policies for the successful use of ICT. We will work to facilitate the diffusion of ICT by increasing competition in the ICT sectors, especially telecommunications and fostering users' trust in those sectors. The public and private sectors should work together to ensure that ICT applications, such as e-commerce, become secure and reliable to use.

21. The work of the Growth Project is central to our concerns about improving growth performance. OECD will continue its analysis, to enhance understanding of the roles of ICT, human and social capital, and the factors that promote a successful, competitive business environment, including at local and regional levels, and will strengthen its benchmarking and peer review of structural reform. OECD will also deepen its work on the relationship between growth and sustainable development. OECD will report to us in 2003.

22. Good progress has been made in fulfilling the 1998 OECD Ministerial Declarations on Privacy, Authentication and Consumer Protection in relation to electronic commerce. Work will continue in these areas to deepen trust in e-commerce. An efficient, effective and transparent fiscal framework for e-commerce is also essential: implementation of the Ottawa

---

5. PAC/COM/NEWS(2001)32.

comprendre le rôle des TIC, du capital humain et social et des facteurs de nature à promouvoir un environnement concurrentiel favorable aux entreprises, y compris aux échelons local et régional, et renforcera ses évaluations comparatives et ses examens mutuels des réformes structurelles. Elle approfondira également ses travaux sur les liens entre la croissance et le développement durable. Elle nous rendra compte en 2003.

22. Des progrès sensibles ont été accomplis dans la mise en œuvre des Déclarations ministérielles de l'OCDE de 1998 sur la protection de la vie privée, sur l'authentification et sur la protection des consommateurs dans le contexte du commerce électronique. Les travaux se poursuivront dans ces domaines afin de raffermir la confiance dans le commerce électronique. Il est en outre essentiel de définir un régime fiscal rationnel, efficace et transparent en matière de commerce électronique : l'application des Conditions-cadres pour l'imposition du commerce électronique définies à Ottawa progresse[6] et fera l'objet d'une conférence mondiale sur le thème « Les administrations fiscales à l'ère de l'électronique », qui se tiendra à Montréal en juin 2001.

23. Une « fracture numérique » est apparue au sein des pays membres de l'OCDE et entre ces pays ainsi qu'entre le monde développé et le monde en développement, et elle ne manquera pas de s'aggraver si les pays ne tirent pas correctement parti des nouvelles possibilités technologiques ou ne sont pas en mesure de le faire. Les travaux de l'OCDE montrent que des politiques favorisant la concurrence et des régimes de réglementation appropriés sont essentiels pour combler ce fossé. Nous nous félicitons des résultats de la Conférence de Dubai consacrée à ces questions qui s'est tenue en janvier 2001. Nous invitons l'OCDE à continuer de renforcer la coopération avec les pays en transition et en développement, ainsi qu'avec d'autres organismes internationaux, notamment en apportant une contribution importante aux travaux du Groupe d'experts du G8 sur l'accès aux nouvelles technologies afin de mettre en œuvre la Charte d'Okinawa. Nous attendons avec intérêt le Forum mondial de l'OCDE sur l'économie numérique qui aura lieu en 2002.

24. Les disparités économiques et sociales entre les régions s'accentuent et les perspectives de prospérité sont inégales. Les Examens territoriaux[7] de l'OCDE apporteront une contribution importante aux dimensions régionales et locales de nos politiques.

25. Nous nous félicitons du succès des deux conférences qui se sont tenues en novembre 2000 sur les thèmes « Compétitivité et croissance : Intégration des questions d'égalité homme-femme » et « Les femmes entrepreneurs à la tête de PME ». Nous comptons sur l'OCDE pour intégrer plus avant l'analyse des questions d'égalité homme-femme dans ses travaux et pour prendre des mesures afin d'améliorer l'équilibre entre les hommes et les femmes au sein de l'Organisation.

GOUVERNANCE

26. Renforcer l'efficacité et la cohérence de la gouvernance publique demeure une priorité de l'action gouvernementale. Le fonctionnement efficace des institutions démocratiques, notamment les parlements, et la lutte contre la corruption sont des éléments fondamentaux de la bonne gouvernance. Ouverture, transparence et responsabilité accrues doivent devenir des principes directeurs pour les gouvernements des pays de l'OCDE et du reste du monde. L'OCDE devrait continuer d'apporter une contribution essentielle par son dialogue sur la gouvernance publique avec les non-membres. Nous nous félicitons des conclusions du Troisième forum mondial sur

---

6. Voir Commerce électronique et fiscalité : Mise en œuvre des conditions-cadres d'Ottawa sur la fiscalité, mai 2001 (version française à paraître en juin 2001).

7. Examens achevés à ce jour : nationaux -- Corée, Hongrie, Italie ; régionaux -- Teruel et CCV (Espagne), Tzoumerka (Grèce) et Bergame (Italie). En 2001/2002 seront effectués les examens nationaux pour le Canada, le Mexique et la Suisse, ainsi que plusieurs examens régionaux concernant d'autres pays membres.

Taxation Framework Conditions is advancing[6], and will be the subject of a global conference, "Tax Administration in an Electronic World", to be held in Montreal in June 2001.

23. A "digital divide" has arisen within and among OECD Member countries as well as between the developed and the developing world, and will widen if countries do not or cannot respond adequately to the new technological opportunities. OECD work shows pro-competitive policies and appropriate regulatory structures are essential elements for bridging this divide. We welcome the results of the Dubai Conference on these issues held in January 2001. We encourage OECD to continue to build co-operation with transition and developing countries and with other international bodies, including through its important contribution to the G8 DOT Force initiative to implement the Okinawa Charter. We look forward to the OECD Global Forum on the digital economy in 2002.

24. Economic and social disparities between regions are increasing and prospects for prosperity are uneven. OECD's Territorial Reviews[7] will make an important contribution to the regional and local dimensions of our policies.

25. We welcome the success of the two conferences held in November 2000: "Gender Mainstreaming: Competitiveness and Growth" and "Women Entrepreneurs in SMEs". We look to OECD to further integrate gender analysis into its work, and take steps to improve gender balance within the Organisation.

Governance

26. Strengthening effective and coherent public governance remains a priority on the policy agenda. The effective performance of democratic institutions, including legislatures, and the fight against corruption, are central elements of good governance. Enhanced openness, transparency, and accountability must become guiding principles for governments within OECD's membership and beyond. OECD should continue to make a vital contribution through its dialogue on public governance with Non Members. We welcome the conclusions of the Third Global Forum on E-Government held in Naples in March 2001 and ask OECD to explore further the challenges and opportunities of e-government.

---

6. See *Taxation and Electronic Commerce : Implementing the Ottawa Taxation Framework Conditions*, May 2001.

7. Reviews completed so far: National -- Hungary, Italy Korea. Regional -- Teruel and CCV (Spain), Tzoumerka (Greece) and Bergamo (Italy). In 2001/2, Canada, Mexico, and Switzerland are expected to be reviewed at the national level, together with a number of regions in other Member countries.

l'administration électronique qui s'est tenu à Naples en mars 2001 et invitons l'OCDE à étudier plus avant les problèmes posés et les possibilités offertes par l'administration électronique.

27. Les avantages et les coûts comparés de la réglementation et de la déréglementation dans les pays membres font l'objet d'un débat public grandissant. L'analyse de la réforme de la réglementation à laquelle procède en permanence l'OCDE montre que des politiques judicieusement conçues ont pour effet d'accroître la qualité de la réglementation, d'élargir le choix des consommateurs et de réduire les prix ; les examens de la réforme de la réglementation dans les pays membres[8] fournissent des orientations pluridisciplinaires importantes pour la gestion de la réglementation. Nous nous félicitons de la Recommandation de l'OCDE concernant la séparation structurelle dans les secteurs réglementés, qui tout en reconnaissant l'existence de différences entre secteurs et pays, définit des orientations pour les réformes des entreprises de services publics, propres à intensifier la concurrence. Nous appuyons les travaux de l'OCDE visant à élaborer des principes et des pratiques exemplaires pour la réglementation des pensions privées.

28. La lutte contre la corruption demeure très prioritaire. De nouveaux progrès ont été accomplis dans la ratification de la Convention sur la corruption : 32 pays ont déposé leurs instruments de ratification mais, pour certains d'entre eux, les textes d'application manquent ou sont insuffisants. Le suivi de la mise en œuvre de la convention et des recommandations correspondantes, notamment la suppression effective de la déductibilité fiscale des paiements illicites, doit être mené rigoureusement et renforcé. L'OCDE étudiera plus avant certaines questions connexes : les actes de corruption en liaison avec des partis politiques étrangers, les avantages promis ou accordés à une personne par anticipation de sa désignation comme agent public étranger, la corruption d'agents publics étrangers en tant qu'infraction principale pour la législation relative au blanchiment de capitaux et le rôle des filiales étrangères ainsi que des places extraterritoriales dans les mécanismes de corruption. Nous encourageons les efforts visant à associer un large éventail de pays non membres à la lutte contre la corruption, notamment les initiatives régionales, et soutenons l'adhésion à la convention des Etats qui remplissent les conditions requises.

29. Nous prenons note des travaux entrepris sur les pratiques fiscales dommageables et attendons avec intérêt les conclusions du programme de l'OCDE.

Le monde des entreprises : gouvernance et responsabilité

30. Nous accueillons avec satisfaction les travaux réalisés par l'OCDE en coopération avec la Banque mondiale, et en particulier le succès des tables rondes sur le gouvernement d'entreprise qui se sont tenues l'an dernier en Asie, en Amérique latine, en Russie et en Eurasie. Ces tables rondes contribuent pour une part importante au renforcement du gouvernement d'entreprise à l'échelle mondiale et aideront l'OCDE à préparer la première évaluation des Principes de gouvernement d'entreprise de l'OCDE qui aura lieu en 2005. Nous attendons avec intérêt les travaux analytiques et l'échange d'informations entre pays Membres sur leurs expériences en matière de gouvernement d'entreprise dans le cadre de la préparation de cette évaluation. Nous nous félicitons du Rapport de l'OCDE sur l'utilisation malveillante des véhicules juridiques[9] à des

---

8. Examens achevés à ce jour : Corée, Danemark, Espagne, Etats-Unis, Grèce, Hongrie, Irlande, Italie, Japon, Mexique, Pays-Bas et République tchèque. En 2001/2002, le Canada, la Pologne, le Royaume-Uni et la Turquie doivent faire l'objet d'un examen. Plusieurs pays, dont l'Allemagne, sont candidats pour un examen en 2002/03.

9. Les véhicules juridiques sont des entités juridiques, notamment les sociétés de capitaux, les fiducies (trusts), les fondations et les sociétés de personnes à responsabilité limitée, permettant d'exécuter un grand nombre d'activités commerciales et de détenir un large éventail d'actifs.

27. There is increasing public debate about the comparative benefits and costs of regulation and deregulation in Member countries. OECD's continuing analysis of regulatory reform shows that carefully designed policies enhance regulatory quality, strengthen consumer choice and reduce prices; the reviews of regulatory reform in Member countries[8] provide substantial multidisciplinary guidance on regulatory management. We welcome OECD's Recommendation on Structural Separation of Regulated Industries which, while recognising industry and country differences, provides guidance on competition-enhancing reform of public utilities. We support OECD's work to develop principles and best practices for the regulation of private pensions.

28. Fighting corruption remains a high priority. Further progress in the ratification of the Bribery Convention has been made: 32 countries have deposited instruments but implementing legislation is lacking or deficient in some. Monitoring implementation of the Convention and the related Recommendations, including the effective elimination of tax deductibility for bribes, must be rigorously pursued and reinforced. OECD will move ahead on related issues: bribery acts in relation with foreign political parties; advantages promised or given to any person in anticipation of that person becoming a foreign public official; bribery of foreign public officials as a predicate offence for money laundering legislation; and the role of foreign subsidiaries and of off-shore centres in bribery transactions. We encourage efforts to engage a broad range of countries outside OECD in the fight against corruption, including regional initiatives, and support accession to the Convention by qualified states.

29. We note the work undertaken on harmful tax practices and look forward to the conclusions of the OECD project.

The Corporate World: Governance and Responsibility

30. We welcome the work of OECD in co-operation with the World Bank and in particular the successful corporate governance roundtables that have been held during the past year in Asia, Latin America, Russia, and Eurasia. These roundtables are playing an important role in strengthening corporate governance worldwide and will assist OECD in preparation of the first assessment of the OECD Corporate Governance Principles in 2005. We look forward to analytical work and the exchange of information among Member countries on their corporate governance experiences in the preparation for that assessment. We also welcome OECD's Report on the Misuse of Corporate Vehicles[9] for Illicit Purposes, which will contribute to efforts to combat corruption and money laundering.

---

8. Reviews completed so far: Czech Republic, Denmark, Greece, Hungary, Ireland, Italy, Japan, Korea, Mexico, the Netherlands, Spain and the United States. In 2001/2002 Canada, Poland, Turkey and the United Kingdom are to be reviewed. There are several candidates interested in being reviewed in 2002/3, including Germany.

9. Corporate vehicles are legal entities, including corporations, trusts, foundations, and partnerships with limited liability features, through which a wide variety of commercial activities are conducted and assets are held.

fins illicites, qui contribuera aux efforts déployés pour combattre la corruption et le blanchiment de capitaux.

31. Les initiatives privées en faveur de la responsabilité des entreprises sont également de plus en plus nombreuses : nous invitons l'OCDE à tirer parti de cette évolution positive pour assurer une mise en œuvre efficace des Principes directeurs de l'OCDE à l'intention des entreprises multinationales. Nous réaffirmons notre attachement aux Principes directeurs et la nécessité pour toutes les parties prenantes de poursuivre le dialogue constructif continu qui a présidé au Réexamen des principes en 2000. Nous sommes favorables aux nouveaux travaux analytiques convenus dans le domaine de la responsabilité des entreprises et nous espérons que la prochaine réunion des Points de contact nationaux renforcera encore la mise en œuvre des principes directeurs.

32. L'investissement international est un important moteur pour une croissance mondiale durable et pour l'intégration des économies non membres à l'économie mondiale. Le Forum mondial sur l'investissement de novembre 2001 et la Réunion de haut niveau des Nations Unies sur le financement du développement, qui aura lieu au Mexique en 2002, bénéficieront des travaux d'analyse de l'OCDE sur l'investissement direct étranger. Nous saluons l'intention exprimée par l'Estonie, la Lettonie, la Lituanie, Israël, Singapour, la Slovénie et le Venezuela d'adhérer à la Déclaration de l'OCDE sur l'investissement international et les entreprises multinationales, et encourageons les autres pays non membres à y souscrire également.

Le système commercial multilatéral

33. Nous entendons travailler avec détermination au lancement d'un nouveau cycle mondial de négociations commerciales multilatérales lors de la Conférence ministérielle de l'OMC qui se tiendra à Doha en novembre. Nous allons nous engager de façon constructive dans ce sens avec tous les pays au sein de l'OMC. Des progrès ont été réalisés dans les négociations prévues par le « programme incorporé » pour les services et l'agriculture. Nous reconnaissons que les efforts visant à consolider le système commercial multilatéral supposent à la fois des négociations larges et équilibrées et le renforcement de l'OMC dans son statut d'institution fondée sur des règles. Le cadre plus large d'un nouveau cycle contribuera à faire avancer le « programme incorporé » et ouvrira la perspective d'une plus ample répartition des avantages que tous les participants appellent de leurs vœux. Nous réitérons notre attachement au renforcement du système commercial multilatéral et notre refus des pressions protectionnistes.

34. Tous les membres de l'OMC devront voir leurs préoccupations et leurs intérêts pris en compte dans le résultat final et il faudra mener les négociations dans la transparence. Nous devons viser une libéralisation des échanges et un renforcement des règles de l'OMC qui répondent aux besoins du XXIe siècle et à notre objectif commun de développement durable. Les relations entre la libéralisation des échanges et l'environnement, de même que l'utilisation durable des ressources naturelles, devront être clarifiées avec soin. Tous les membres de l'OMC devront faire preuve de créativité et de flexibilité dans leur prise en compte des domaines et des modalités de la négociation. Les échanges et les questions liées au travail ainsi que les autres questions de développement social suscitent des préoccupations auxquelles il convient de répondre par le dialogue, en s'appuyant sur les compétences de toutes les institutions internationales concernées, y compris l'OMC.

35. Un nouveau cycle est essentiel pour les pays en développement étant donné la nécessité de stimuler leur croissance économique, de faire reculer la pauvreté et d'œuvrer à leur intégration dans le système commercial multilatéral. Nous reconnaissons qu'ils ont des intérêts spécifiques dans un certain nombre de domaines, en particulier l'agriculture, les textiles et l'habillement. Quelques progrès ont été accomplis jusqu'ici sur les questions de mise en application du Cycle

31. Private initiatives for corporate responsibility are also increasing: we invite OECD to build on this positive development in support of effective implementation of the OECD Guidelines for Multinational Enterprises. We reaffirm our commitment to the Guidelines and the need for all stakeholders to pursue the ongoing constructive dialogue that underpinned the review of the Guidelines in 2000. We support further agreed analytical work in the field of corporate responsibility and expect the forthcoming Annual Meeting of National Contact Points to enhance further the implementation of the Guidelines.

32. International investment is an important engine for global sustainable growth and the integration of Non Members into the world economy. The OECD Global Forum on Investment in November 2001 and the UN High Level Conference on Financing for Development, to be held in Mexico in 2002, will benefit from OECD's analytical work on foreign direct investment. We welcome the intention of Estonia, Israel, Latvia, Lithuania, Singapore, Slovenia and Venezuela to adhere to the Declaration on International Investment and Multinational Enterprises, and encourage other countries to do the same.

The Multilateral Trading System

33. We are committed to the launch of a new global round of multilateral trade negotiations at the WTO Ministerial Conference in Doha in November. We will engage constructively with all countries within the WTO to this end. Progress is being made in the "built-in agenda" negotiations on services and agriculture. We recognise that efforts to strengthen the multilateral trading system require both broad-based and balanced negotiations and the strengthening of the WTO as a rules-based institution. The broader framework of a new round will contribute to moving forward the "built-in agenda" and will offer the prospect of a wider distribution of the benefits sought by all participants. We renew our commitment to the strengthening of the multilateral trading system and our rejection of protectionist pressures.

34. All WTO Members will have to find their concerns and interests reflected in the final result, and negotiations will need to be conducted in a transparent manner. We must aim for trade liberalisation and strengthened WTO rules responding to the needs of the 21st century and our shared goal of sustainable development. The links between trade liberalisation and environment, as well as the sustainable use of natural resources, will need to be carefully clarified. All WTO Members will need to be creative and flexible in addressing areas and modalities of negotiation. Trade and labour as well as other social development issues raise concerns that must be addressed through dialogue that takes into account the expertise of all relevant international institutions, including the WTO.

35. A new round is essential for developing countries given the need to stimulate their economic growth, alleviate poverty and promote their integration into the multilateral trading system. We recognise that they have a particular interest in a number of areas, including agriculture and textiles and clothing. Some progress has been made to date on Uruguay Round implementation issues and we urge all WTO members to seek ways to address developing country requests and concerns, and to build confidence as preparations for Doha proceed. We welcome recent initiatives by OECD Members to liberalise preferential market access for the least developed countries, and the moves to incorporate trade into poverty reduction strategy

d'Uruguay et nous appelons tous les membres de l'OMC à rechercher les moyens de répondre aux demandes et aux préoccupations des pays en développement, et d'instaurer la confiance à mesure que progressent les préparatifs de la Conférence de Doha. Nous nous félicitons des initiatives prises récemment par les membres de l'OCDE pour libéraliser l'accès préférentiel aux marchés pour les pays les moins avancés, et des efforts d'intégration des questions commerciales dans les cadres stratégiques de lutte contre la pauvreté. Une intensification des efforts de renforcement des capacités et d'assistance technique est aussi vitale si l'on veut que les pays en développement bénéficient de la plus grande ouverture des marchés. Nous appuyons l'initiative pour un cadre intégré avec les ajustements qui y ont été apportés récemment.

36. Compte tenu du vif intérêt de la société civile à l'égard de la mondialisation et du processus de libéralisation des échanges et de l'investissement, nous sommes attachés à la transparence et à une communication accrue et permanente avec le public. Nous sommes convaincus que, dans un cadre de gouvernance efficace et prévisible, et à la faveur d'une plus grande cohérence entre les organisations internationales, la libéralisation multilatérale progressive et le renforcement des règles, dès lors qu'ils sont conjugués à des politiques environnementales et sociales synergiques, sont fondamentaux pour le développement durable et constituent un moteur essentiel de l'innovation, de la croissance et de l'amélioration du bien-être de l'humanité. Les accords commerciaux préférentiels compatibles avec les règles de l'OMC peuvent compléter mais ne sauraient remplacer les règles multilatérales cohérentes et la libéralisation multilatérale progressive.

37. Nous considérons que l'OCDE a un rôle de premier plan à jouer en contribuant aux efforts permanents déployés pour renforcer le système commercial multilatéral et faire mieux comprendre les enjeux pour les pays quel que soit leur stade de développement. A travers ses travaux d'analyse et le dialogue hors négociation sur les politiques à suivre, l'OCDE continuera de jeter des ponts entre ses membres et au-delà. Nous saluons les efforts menés actuellement à l'OCDE pour promouvoir une plus grande cohérence entre les politiques des échanges et de la coopération pour le développement. Nous attendons avec intérêt un rapport d'étape en 2002.

Crédits à l'exportation

38. La politique du crédit à l'exportation peut contribuer positivement au développement durable et doit être en phase avec ses objectifs. Nous saluons les progrès substantiels réalisés par le Groupe de travail sur les crédits à l'exportation vers l'adoption d'une recommandation sur des approches communes concernant l'environnement et les crédits à l'exportation et nous encourageons le Groupe à finaliser ces travaux dans les meilleurs délais et avant la fin de 2001, conformément au mandat donné l'an dernier. Nous nous félicitons également de la Déclaration d'action concernant la corruption et les crédits à l'exportation bénéficiant d'un soutien public du Groupe de travail sur les crédits à l'exportation et de ses travaux sur l'utilisation des crédits à des fins non productives dans les pays pauvres très endettés, mais aussi de ce qu'un certain nombre de membres sont prêts à étendre sur une base volontaire ces travaux à d'autres pays à faible revenu. Nous demandons instamment au Groupe de finaliser la Déclaration de principes sur l'utilisation des crédits à des fins improductives et les crédits à l'exportation et de continuer à promouvoir une plus grande transparence dans ce domaine. Nous regrettons vivement que tous les participants à l'Arrangement relatif aux crédits à l'exportation n'aient pas pu parvenir à un consensus total sur le projet d'accord sectoriel sur les crédits à l'exportation de produits agricoles, et nous appelons à la conclusion d'urgence de cet accord. Nous encourageons l'approfondissement des travaux sur les dispositions financières de l'Arrangement relatif aux crédits à l'exportation, entre autres à la lumière des récentes évolutions à l'OMC. Nous demandons à l'OCDE de poursuivre les travaux

programmes. Enhanced capacity building and technical assistance are also vital, if developing countries are to benefit from more open markets. We support the recently revised Integrated Framework Initiative.

36. Taking into account the strong interest of civil society regarding globalisation and the process of trade and investment liberalisation, we are committed to transparency and to increased and sustained communication with the public. We are convinced that progressive multilateral liberalisation and strengthening of the rules, in the context of an effective and predictable governance framework and greater coherence among international organisations, and when combined with mutually supportive environmental and social policies, are fundamental for sustainable development and a major driving force for innovation, growth and enhanced human welfare worldwide. WTO-consistent preferential trade agreements can complement but cannot substitute for coherent multilateral rules and progressive multilateral liberalisation.

37. We consider that OECD has a major role to play in continuing efforts to strengthen the multilateral trading system, and build understanding of what is at stake for countries at all levels of development. OECD will continue to build bridges, through its analytical work and its non-negotiating policy dialogue, among its membership and beyond. We welcome ongoing efforts in OECD to promote greater coherence between trade and development co-operation policies. We look forward to a progress report in 2002.

Export credits

38. Export credit policy can contribute positively to sustainable development and should be coherent with its objectives. We welcome the substantial progress achieved in the Export Credit Working Party towards agreement on a Recommendation on Common Approaches on Environment and Export Credits and encourage the Working Party to finalise this work as soon as possible and before the end of 2001, as we requested last year. We also welcome the Working Party's Action Statement on Bribery and Export Credits and its work on unproductive expenditure in Heavily Indebted Poor Countries, together with the readiness of a number of Members to voluntarily extend the latter to other low-income countries. We urge the Working Party to finalise the Statement of Principles on Unproductive Expenditure and Export Credits and to continue to promote enhanced transparency in this field. We strongly regret that it has not been possible for all Participants to the Export Credit Arrangement to reach full consensus on the draft Export Credit Understanding on Agriculture, and call for urgent conclusion of this Understanding. We encourage further work on the financing provisions of the Export Credit Arrangement in the light of, inter alia, recent developments in the WTO. We ask OECD to continue to work on the export credit provisions of the 1994 Understanding on Shipbuilding with a view to implementing these before the end of 2001.

sur les dispositions en matière de crédits à l'exportation de l'Accord de 1994 sur la construction navale afin d'assurer la mise en œuvre de ces dernières avant la fin de 2001.

CONSTRUCTION NAVALE

39. Nous invitons l'OCDE à redoubler d'efforts pour étudier des solutions permettant d'instaurer des conditions normales de concurrence dans la construction navale et nous encourageons les pays concernés à l'extérieur de l'OCDE à participer à ces travaux.

AGRICULTURE ET PÊCHE

40. L'agriculture et la pêche sont des secteurs essentiels pour le développement durable et le système commercial multilatéral.

Tout en ayant baissé en 2000 après deux années de progression, le soutien à l'agriculture dans la zone de l'OCDE reste élevé, aux alentours de 327 milliards de dollars des Etats-Unis d'après les estimations du soutien aux producteurs[10]. En dépit d'une certaine tendance à s'éloigner du soutien des prix de marché et des paiements à la production, ces mécanismes demeurent les formes dominantes du soutien dans la plupart des pays, avec leur impact négatif sur la production et les échanges, aussi bien dans les pays développés que dans les pays en développement. Les négociations à l'OMC dans le cadre du « programme incorporé »[11] sont une occasion importante d'introduire de nouvelles réformes porteuses d'avantages économiques, environnementaux et sociaux. L'analyse par l'OCDE de la multifonctionnalité, du découplage, de l'impact des Accords du Cycle d'Uruguay et de divers thèmes touchant au commerce, notamment les liens avec l'environnement, constitue un apport essentiel à la connaissance des politiques agricoles et de leurs incidences internationales.

La politique de la pêche doit prendre en compte le lien entre gestion durable des ressources et libéralisation des échanges, les causes des pratiques de pêche non viables et la nécessité d'éviter celles des subventions qui sont préjudiciables, ces thèmes devant faire l'objet de nouvelles analyses par l'OCDE, à partir de son étude récente « Pour des pêcheries responsables ». Cette étude apporte une contribution très utile et nous comptons sur l'OCDE pour approfondir son analyse dans ces domaines, en coopération avec la FAO et d'autres organisations internationales, de façon à permettre une élaboration des politiques en toute connaissance de cause.

SÉCURITÉ DES ALIMENTS

41. La sécurité des aliments reste l'une des grandes priorités pour les consommateurs et les pouvoirs publics. Nous convenons que la politique des pouvoirs publics doit continuer de s'appuyer sur une approche scientifique et fondée sur des règles, à l'échelon national comme à l'échelon international. Lorsque les preuves scientifiques sont insuffisantes, et que la précaution est appliquée pour faire face aux risques pesant sur la sécurité des aliments, les mesures prises doivent être soumises à des examens et à une analyse de risque permanente, conformément à l'Accord de l'OMC sur l'application des mesures sanitaires et phytosanitaires. En coopération avec d'autres organisations internationales et compte tenu de ses domaines de compétence reconnue, l'OCDE contribuera par ses travaux à l'analyse des problèmes généraux de la sécurité des aliments et au dialogue sur les politiques à suivre en la matière.

---

10. *Politiques agricoles des pays de l'OCDE : Suivi et évaluation 2001.*
11. Voir article 20 de l'Accord du Cycle d'Uruguay sur l'agriculture.

Shipbuilding

39. We ask OECD to redouble its efforts to explore solutions to bring about normal competitive conditions in shipbuilding, and encourage shipbuilding countries outside the OECD to participate in this work.

Agriculture and Fisheries

40. Agriculture and fisheries are key sectors for sustainable development and the multilateral trading system.

While decreasing in 2000 following two years of increase, support to agriculture in the OECD area remains high at around US$ 327 billion, as measured by the Producer Support Estimate[10]. Despite some shift away from market price support and output payments, these continue to be the dominant forms of support in most countries, with consequent adverse impacts on production and trade, in both developed and developing countries. The WTO negotiations within the "built-in" agenda[11] provide an important opportunity for further reform, which will bring economic, environmental and social benefits. OECD's analysis of multifunctionality, decoupling, the impacts of the Uruguay Round Agreement and various trade-related topics, including environmental linkages, is an essential contribution to the understanding of agricultural policies and their international impacts.

Fisheries policies have to address the relation between sustainable management of resources and trade liberalisation, the causes of unsustainable fishing, and the need to avoid those subsidies that are harmful, to be further analysed by OECD based on its recent study, "Transition to Responsible Fisheries". This study is a valuable contribution, and we look to OECD, in co-operation with the FAO and other international organisations, to deepen its analysis in these fields to inform policy development.

Food Safety

41. Food safety continues to be a high priority for consumers and governments. We agree that a science-based and rules-based approach must remain the basis for policy at both the national and international levels. In cases where the scientific evidence is insufficient and precaution is applied to address risks to food safety, measures taken should be subject to review and on-going risk analysis, consistent with the WTO Agreement on the Application of Sanitary and Phytosanitary Measures. In co-operation with other international organisations, and in light of its recognised areas of expertise, OECD's programme of work will contribute to analysis and policy dialogue on wider issues of food safety.

---

10. *Agricultural Policies in OECD Countries: Monitoring and Evaluation 2001.*
11. Cf. Article 20 of the Uruguay Round Agreement on Agriculture.

Sciences du vivant et biotechnologie

42. Les sciences du vivant et la biotechnologie sont de plus en plus importantes pour l'amélioration de la qualité de la vie, la santé humaine et la qualité de l'environnement. Ces progrès posent en même temps des problèmes éthiques considérables aux individus comme à l'ensemble de la société. Nous tenons à souligner l'importance de la diversité biologique -- son étude, sa préservation et son utilisation durable, ainsi que le partage équitable des avantages découlant de l'utilisation des ressources génétiques – et de la mise à la disposition de tous des statistiques sur la biodiversité. Nous saluons les contributions de l'OCDE dans ces domaines, notamment à travers les Centres de ressources biologiques et la mise en place du Centre mondial d'information sur la biodiversité (CMIB) approuvée lors de la réunion des ministres de la Science des pays de l'OCDE en juin 1999. Nous attendons également avec intérêt les progrès des travaux de l'OCDE sur les questions résultant du séquençage du génome humain.

43. Nous nous félicitons des prochaines conférences qui permettront d'approfondir la connaissance à l'échelle internationale des questions qui ont trait à la biotechnologie : la Conférence internationale sur « Les biotechnologies modernes, nouveaux aliments et nouvelles cultures : enjeux pour la science, la sécurité et la société », qui aura lieu en juillet 2001 à Bangkok, à l'initiative conjointe du Royaume-Uni et de l'OCDE, ainsi que la Conférence sur « Les effets des organismes vivants modifiés sur l'environnement », qui se tiendra à l'invitation des Etats-Unis en novembre.

Coopération pour le développement

44. Les Objectifs internationaux de développement[12] sont au cœur de la politique du développement et constituent un référentiel commun essentiel. Les nouvelles lignes directrices de l'OCDE[13] sur la réduction de la pauvreté et les orientations qu'elle a définies pour les stratégies de développement durable, la prévention des conflits et le renforcement des capacités dans le domaine des échanges apportent une précieuse contribution à la réalisation de ces objectifs. Nous nous engageons à fournir une APD effective reflétant notre soutien aux Objectifs internationaux de développement. Nous nous réjouissons de constater que l'importance d'une meilleure harmonisation des procédures et pratiques des donneurs est de plus en plus reconnue.

45. Nous accueillons avec satisfaction la Recommandation sur le déliement de l'aide aux pays les moins avancés qui a été adoptée en vue de renforcer l'efficacité de l'aide, d'accroître la rentabilité des marchés publics financés par l'aide, d'améliorer l'appropriation par les pays en développement du processus de développement et de promouvoir une répartition plus équitable des efforts entre les donneurs d'aide. Cet accord est particulièrement bienvenu à l'heure où se déroule la Troisième Conférence des Nations Unies sur les pays les moins avancés à Bruxelles.

46. Les questions de développement interviennent dans un très large éventail de mesures et d'initiatives des pouvoirs publics et par là même dans les travaux de l'Organisation. La Liste indicative des conditions essentielles à la cohérence des politiques à l'appui de la réduction de la pauvreté constitue un instrument utile pour aider les gouvernements des pays de l'OCDE dans ce domaine. Nous encourageons également l'Organisation à approfondir ses travaux sur la cohérence des politiques et le développement et nous attendons avec intérêt des propositions à cet égard.

47. Nous félicitons Donald Johnston pour le renouvellement de son mandat au poste de

---

12. Formulés dans le document du CAD *Le rôle de la coopération pour le développement à l'aube du XXIe siècle* (1996) et repris dans la *Déclaration du millénaire* des Nations Unies (2000).

13. Comité d'aide au développement, réunion à haut niveau des 25-26 avril [PAC/COM/NEWS(2001)40].

Life Sciences and Biotechnology

42. The life sciences and biotechnology are increasingly relevant for the improvement of the quality of life, human health and the quality of the environment. These advances also pose important ethical, social, economic and safety challenges for individuals and societies. We stress the importance of biological diversity – its study, preservation and sustainable use, and the equitable sharing of benefits from the use of genetic resources – and of making biodiversity data available to all. We welcome OECD's contributions in these areas, notably on Biological Resource Centers, and the establishment of the Global Biodiversity Information Facility (GBIF) endorsed by the OECD Science Ministers' meeting in June 1999. We also look forward to progress in OECD's work on issues arising from the mapping of the human genome.

43. We welcome the forthcoming conferences which will deepen international understanding of biotechnology issues: the joint UK/OECD Conference New Biotechnology, Food and Crops: Science, Safety and Society to be held in Bangkok in July 2001, and The Environmental Impacts of Living Modified Organisms to be hosted by the United States in November.

Development Co-operation

44. The International Development Goals[12] are at the heart of development policy and provide a key common reference point. OECD's new Guidelines on Poverty Reduction and its guidance on Sustainable Development Strategies, Conflict Prevention and Trade Capacity Development[13] are important contributions to the achievement of these goals. We are committed to providing effective ODA consistent with our support for the International Development Goals. We welcome the growing recognition of the importance of closer harmonisation of donor procedures and practices.

45. We welcome the Recommendation on Untying Aid to the Least Developed Countries which was adopted to contribute to aid effectiveness, increase value for money in aid procurement, improve developing country ownership of the development process, and promote more equitable effort-sharing among aid donors. This agreement is especially welcome at the time of the Third United Nations Conference on the Least Developed Countries currently taking place in Brussels.

46. Development issues arise in a very broad range of governments' policies and actions, and therefore also within the work of the Organisation. The Illustrative Checklist on Policy Coherence for Poverty Reduction is a useful tool to help OECD governments in this area. We also encourage the Organisation to deepen its work on policy coherence and development and look forward to proposals in this regard.

47. We congratulate Donald Johnston on his reappointment as Secretary-General. We welcome the progress he has made in modernising the Organisation, and ask him to take forward the reform agenda – on financial and management reform, on further prioritisation of the Organisation's work, and on enhancing the Organisation's capacity to address the

---

12. Formulated in DAC's *Shaping the 21st Century* (1996) and embedded in the *UN Millenium Declaration* (2000).

13. Development Assistance Committee High Level Meeting 25-26 April [PAC/COM/NEWS(2001)40].

Secrétaire général. Nous nous réjouissons des progrès qu'il a accomplis dans la modernisation de l'Organisation, et nous l'invitons à aller de l'avant dans le programme de réforme -- sur le financement et la gestion de l'Organisation, sur une hiérarchisation plus poussée de ses travaux et sur le renforcement de sa capacité à prendre en compte les aspects de plus en plus complexes et imbriqués de la mondialisation -- afin de préparer l'OCDE à faire face aux grands enjeux de la prochaine décennie et de l'avenir plus lointain. Nous sommes conscients du défi considérable que représente la rénovation efficiente et économique du siège de l'Organisation et nous sommes déterminés à assurer la réussite de ce projet.

increasingly complex and interconnected issues of globalisation – to equip OECD to respond to the policy challenges of the next decade and beyond. We recognise the major challenge of renovating the Organisation's Headquarters in an efficient and cost-effective manner, and we are fully committed to the success of this project.

ORGANISATION EUROPÉENNE DES BREVETS (OEB)

Office européen des brevets Munich
Erhardtstrasse 27
D-80331 Munich
Tél: (+49 89) 23 99 0 – Fax: (+49 89) 23 99 – 44 65

Département de La Haye
Patentlaan 2 – Postbus 58 18
NL-2280 HV Rijswijk
Tél: (+31 70) 3 40 20 40 – Fax: (+31 70) 3 40 30 16

Agence de Berlin
Gitschiner Strasse 103
D-10969 Berlin
Tél: (+49 30) 2 59 01 0 – Fax: (+49 30) 2 59 01 8 40

Agence de Vienne
Rennweg 12 – Postfach 90
A-1031 Wien
Tel: (+43 1) 5 21 26 0 – Fax: (+43 1) 5 21 26 54 91

SITE WEB: HTTP://www.european-patent-office.org/

PRÉSIDENT : M. INGO KOBER (ALLEMAGNE)

HISTORIQUE :

L'Organisation européenne des brevets (OEB) a été créée sur la base de la Convention sur la délivrance de brevets européens (Convention sur le brevet européen), signée le 5 octobre 1973 à Munich et entrée en vigueur le 7 octobre 1977.

L'OEB a pour mission d'instaurer un système de brevet unifié en Europe.

COMPOSITION :

20 Etats membres : Allemagne, Autriche, Belgique, Suisse, Chypre, Danemark, Espagne, Finlande, France, Grèce, Irlande, Italie, Liechtenstein, Luxembourg, Monaco, Pays-Bas, Portugal, Suède, Royaume-Uni, Turquie.

OBJECTIFS :

- Délivrer des brevets européens selon une procédure uniforme et centralisée ;
- Renforcer la coopération des Etats dans le domaine de la protection de la propriété industrielle.

EUROPEAN PATENT ORGANISATION (EPO)

European Patent Office Munich
Erhardtstrasse 27
D-80331 Munich
Tel: (+49 89) 23 99 - 0 – Fax: (+49 89) 23 99 - 45 60

Branch at The Hague
Patentlaan 2 – Postbus 5818
NL-2280 HV Rijswijk
Tel: (+31 70) 3 40 20 40 – Fax: (+31 70) 3 40 30 16

Berlin Sub-Office
Gitschiner Strasse 103
D-10969 Berlin
Tel: (+49 30) 2 59 01 0 – Fax: (+49 30) 2 59 01 8 40

Vienna Sub-Office
Rennweg 12 – Postfach 90
A-1030 Wien
Tel: (+43 1) 5 21 260 – Fax: (+43 1) 5 21 26 - 5491

WEB SITE: http://www.european-patent-office.org/

PRESIDENT: MR. INGO KOBER (GERMANY)

BACKGROUND:

The European Patent Organisation (EPO) was established under the Convention on the Grant of European Patents (European Patent Convention), which was signed in Munich on 5 October 1973 and came into force on 7 October 1977.

The EPO s mission is to establish a uniform patent system in Europe.

COMPOSITION:

20 member States: Austria, Belgium, Cyprus, Germany, Greece, Denmark, Finland, France, Ireland, Italy, Liechtenstein, Luxembourg, Monaco, Netherlands, Portugal, Spain, Sweden, Switzerland, United Kingdom, Turkey.

AIMS:

- To grant European patents under a unitary and centralised procedure;
- To reinforce co-operation between European states in the industrial property field.

FONCTIONNEMENT :

L'OEB a son siège à Munich, un département à La Haye ainsi qu'une agence à Berlin et à Vienne.

Elle s'autofinance entièrement à travers les taxes annuelles afférentes aux brevets européens délivrés. L'OEB jouit d'une large indépendance sur le plan administratif.

Les organes de l'Organisation européenne des brevets sont :

– le Conseil d'administration (organe législatif) ;
– l'Office européen des brevets (organe exécutif), qui délivre les brevets européens.

Le Secrétariat compte environ 4700 agents recrutés dans les Etats membres. Il est dirigé par son Président M. Ingo Kober (Allemagne) et cinq Vice-Présidents, MM. Jacques Michel (France), Pantelis Kyriakides (Chypre), Peter Messerli (Suisse), Curt Edfjäll (Suède) et Manuel Desantes (Espagne).

ACTIVITÉS 2001

AVANT-PROPOS

En 2001, les brevets se sont retrouvés à la une davantage encore que les années précédentes. En Europe, les discussions se sont focalisées sur la polémique relative à la brevetabilité des inventions dans le domaine du génie génétique et des logiciels d ordinateurs ; en Afrique, l accent a porté sur le différend au sujet des coûts des médicaments anti-sida ; aux Etats-Unis et au Canada, c est la licence obligatoire du vaccin contre la maladie du charbon, suite aux attentats du 11 septembre, qui a alimenté le débat concernant le bien-fondé de la protection par brevets. Les aspects sociologiques de la protection par brevets ont même dominé l ordre du jour du sommet de l OMC à Doha, ce qui, non seulement souligne le rôle clé des brevets dans l économie mondiale, mais met également en évidence l intégration du système des brevets dans la vie économique et politique de notre société.

L Office européen des brevets ne contemple pas cette évolution dans un «superbe isolement». Il entretient des relations d échange régulières avec les demandeurs de brevets, les milieux politiques et le public. Au cours de l année écoulée, le dialogue sur l avenir du brevet européen avec les parlements de nos Etats membres, la Commission européenne ainsi qu avec le Parlement européen et ses comités d experts, a pris une importance particulière en raison des polémiques précitées. D autre part, les possibilités d opposition et de recours inhérentes à la procédure de délivrance européenne permettent aux tiers de prendre directement part à la discussion de questions litigieuses. Pendant l année sous revue, les politiciens, les mouvements pour les droits civils et les activistes ont fait usage de ces possibilités.

L orientation stratégique suivie par l OEB a été clairement formulée pour la première fois en 2001 dans une déclaration de mission. La mise en oeuvre de la nouvelle mission a amorcé un profond changement interne qui fixe les principaux objectifs que l Office devra atteindre pour venir à bout des défis majeurs auxquels il sera confronté au cours des prochaines années.

Une ouverture à la communication ainsi qu une motivation et un dévouement élevés du personnel sont la garantie que l OEB pourra continuer de remplir ses obligations envers tous les utilisateurs du système du brevet européen.

Ingo Kober
Président

FUNCTIONING:

The EPO has its headquarters in Munich, a branch in The Hague, and sub-offices in Berlin and Vienna.

It is completely self-financing and its expenditure defrayed out of fees for granted European patents. The EPO has a large degree of administrative autonomy.

The European Patent Organisation comprises:

– the Administrative Council, its legislative body,
– the European Patent Office, its executive body, which grants the European patents.

The Secretariat has around 4 700 staff, composed of nationals of all contracting states. It is directed by a President, Mr. Ingo Kober and five Vice-Presidents, MM. Jacques Michel (France), Pantelis Kyriakides (Cyprus), Peter Messerli (Switzerland), Curt Edfjäll (Sweden) et Manuel Desantes (Spain).

ACTIVITIES 2001

FOREWORD

In 2001, patents caught the public eye rather more than usual. Attention in Europe focused on the patentability of biotech and software-related inventions; the price of AIDS drugs constituted a bone of contention in Africa; and in the USA and Canada the compulsory licensing of anthrax vaccine led to heated debate over the pros and cons of patent protection. The international community went so far as to make the social dimension of patenting the central theme of the WTO summit in Doha. Apart from emphasising patent protection s key role in the global economy, this trend highlights the integral part the patent system plays in our everyday affairs and in the economic and political life of our society.

Similarly, the European Patent Office does not see itself as a closed shop. It maintains regular and mutually beneficial contacts with applicants, the political world and the general public. Indeed, last year s controversies underlined the importance, for the future of the European patent system, of dialogue with the parliaments of our member states, the European Commission and the European Parliament supported by its expert committees. Furthermore, the European patent grant procedure through its opposition and appeal mechanisms gives everyone a chance to be directly involved in debate on contentious issues, an opportunity taken last year by politicians, civil rights groups and other activists.

The EPO pursues an operational strategy which was given its first clear formulation in 2001 in the form of a mission statement. Implementation of the new mission has given rise to a far-reaching process of internal change which is setting out fundamental objectives to enable the Office to cope with the major challenges of the years to come.

A highly committed and motivated workforce, plus all-round openness to communication, will guarantee the EPO s continued ability to meet its obligations to all the users of the European patent system.

Ingo Kober
President

RETROSPECTIVE DE L'ANNEE 2001

«...dans l'intérêt des Européens»: pendant l'année sous revue, l'Office européen des brevets a défini une orientation stratégique pour ses activités.

Dans la définition de sa mission, l'Office a exposé la stratégie de base à suivre pour accomplir ses tâches au sein du processus d'intégration européenne, et il a réaménagé ses priorités. La nouvelle stratégie est mise en oeuvre par une série de profonds changements internes.

Toujours pas de brevet communautaire pour le système du brevet européen.

Les efforts visant à introduire un brevet unitaire qui soit valable dans l'ensemble du marché unique européen n'ont pas abouti en 2001. Les Etats membres de l'UE ne sont pas parvenus à s'entendre sur des questions essentielles, notamment sur le régime linguistique et l'instauration d'une juridiction européenne des brevets.

Le Conseil d'administration a invité la Lettonie et la Lituanie à devenir membres de l'Organisation européenne des brevets.

La voie est désormais libre pour dix pays d'Europe centrale et orientale, qui pourront adhérer à la Convention sur le brevet européen à compter de juillet 2002.

L'Organisation et la Yougoslavie ont signé un accord d'extension pour les demandes de brevet européen et les brevets européens.

Cet accord permet d'étendre à la Yougoslavie, qui ne fait pas partie de l'Organisation, les effets des demandes de brevet européen et des brevets délivrés. Il devrait entrer en vigueur d'ici la fin 2002.

Les attentats terroristes qui se sont produits aux Etats-Unis le 11 septembre ont également eu des répercussions sur le système du brevet européen.

L'OEB a immédiatement pris des mesures visant à prémunir les demandeurs concernés en Europe contre une perte de droits découlant de cet événement désastreux. Par ailleurs, l'envoi par les Etats-Unis à l'OEB de demandes de brevets internationales valables pour l'Europe a subi des retards en raison des problèmes dus à l'anthrax.

En 2001, l'accroissement du nombre des demandes de brevet européen a de nouveau dépassé les prévisions.

Cette progression de 9 % est toutefois restée nettement inférieure au niveau record de 17 % enregistré l'année précédente. Au total, il a été déposé 158 200 demandes, ce qui signifie que le nombre des dépôts auprès de l'OEB a presque doublé au cours des sept dernières années.

La gestion efficace de sa charge de travail est une des principales priorités de l'OEB.

Cependant, la progression dans le domaine de la recherche internationale et de l'examen au titre du PCT notamment, exercent une pression excessive sur les capacités de l'Office, au détriment de la procédure de délivrance européenne, qui fait elle aussi l'objet d'une demande accrue.

Etant donné la nécessité de se concentrer sur la procédure européenne, l'OEB met au point un cadre plus souple pour ses activités en qualité d'administration PCT.

L'Office rationalisera la procédure relative à l'établissement des rapports d'examen préliminaire international. En outre, la réforme du PCT adoptée l'an dernier apporte un soulagement considérable à l'OEB, puisqu'elle lui permet de limiter le traitement des demandes

2001 IN REVIEW

«... for the benefit of the citizens of Europe": In the year under review, the European Patent Office defined a strategic direction for its work.

In its mission statement the Office has set out its fundamental strategy for fulfilling its responsibilities within the process of European integration and has rearranged its priorities. The new strategy is being put into effect through an intensive process of internal change.

The European patent system still lacks a Community patent.

Efforts to introduce a unitary patent valid throughout the single European market met with no success in 2001. The EU member states failed to reach agreement on key issues, in particular on language arrangements and the introduction of a European Patent Judiciary.

The Administrative Council has invited Latvia and Lithuania to join the European Patent Organisation.

The way is now clear for ten central and eastern European countries to accede to the European Patent Convention from July 2002.

The Organisation and Yugoslavia have signed an extension agreement for European patent applications and patents.

It allows European patent applications and granted patents to be extended to Yugoslavia, which does not belong to the Organisation. The agreement is likely to enter into force by the end of 2002.

The terrorist attacks in the USA on 11 September also had an impact on the European patent system.

The EPO immediately implemented arrangements to protect applicants affected in Europe against loss of rights consequent upon the disaster. Also, in the wake of the anthrax scare, there was a delay in the transmission to the EPO of international patent applications originating in the USA and valid for Europe.

In 2001 there was once again considerable growth in European patent filings.

At 9%, however, the increase failed by some way to match the record of 17% set the year before. In all, 158 200 applications were filed, so the volume of filings with the EPO has almost doubled in the last seven years.

Efficient handling of its workload is among the EPO s top priorities.

Yet growth in international search and examination under the PCT in particular places undue strain on the Office s capacity at the expense of the European grant procedure, which is also the subject of rising demand.

Given the need to concentrate on the European procedure, the EPO is establishing a more flexible framework for its work as a PCT authority.

The Office will streamline the procedure for issuing international preliminary examination reports. Furthermore, the PCT reform adopted last year brings considerable relief to the EPO,

PCT qui proviennent de pays disposant de leur propre administration PCT, en fixant des critères quantitatifs ou en excluant certains domaines techniques.

Face au succès croissant de ses services, l'Office a une fois de plus augmenté sa productivité.

La productivité globale a augmenté de 4,3 %, contre 1,7 % l'année précédente.

L'Office compte sur la réunion de la recherche et de l'examen (BEST) pour accroître considérablement l'efficacité de la procédure de délivrance.

C'est en 2001 qu'a commencé l'introduction de cette procédure harmonisée dans l'ensemble de l'Office, opération qui devrait être terminée dans cinq ans. La formation des examinateurs BEST accapare bon nombre d'agents, ce qui provoque des goulots d'étranglement temporaires au niveau de la capacité et, partant, une perte de production à certains stades de la procédure. A la fin de l'année, près de la moitié des examinateurs de l'Office participaient à la procédure BEST.

En 2001, l'Office a poursuivi sa vigoureuse campagne de recrutement.

L'accroissement correspondant du personnel est une autre solution qui permettra à l'Office de maîtriser sa lourde charge de travail. Au cours de l'année écoulée, plus de 400 postes d'examinateur ont été pourvus à l'Office.

La brevetabilité des inventions biotechnologiques toujours aussi controversée.

La pratique suivie par l'Office en matière de brevets biotechnologiques a été maintes fois en butte aux critiques du public, récemment sous la forme d'une résolution du Parlement européen. Toutefois, un arrêt de la Cour européenne de justice rendu l'an dernier a maintenu sans réserve la Directive «Biotechnologie» de l'UE, telle qu'appliquée par l'OEB.

La Conférence EPIDOS-PATINNOVA qui s'est tenue à Cardiff a attiré un nombre record de participants.

Plus de 600 délégués ont assisté à la deuxième conférence organisée conjointement par l'OEB et l'UE au sujet du système de brevets et de l'information brevets. La conférence a servi également de cadre à la première rencontre annuelle des utilisateurs d'epoline®1.

Le nombre d'utilisateurs d'esp@cenet a également atteint un nouveau sommet.

L'utilisation du service d'information brevets commun de l'OEB et des offices nationaux de brevets continue de s'accroître, avec environ 10 000 utilisateurs par mois qui accèdent au service d'information brevets gratuit le plus complet au monde sur l'Internet.

RAPPORT D'ACTIVITÉ

I. Bilan des activités

Vue d'ensemble

L'augmentation considérable du nombre des demandes de brevet s'est également poursuivie en 2001. La forte demande de services de l'OEB s'est maintenue sans relâche et a suscité une hausse importante de la charge de travail à tous les stades de la procédure de délivrance. Les taux de progression du nombre des demandes et de la charge de travail témoignent une fois de plus de l'attrait du brevet européen, notamment en raison de ses liens avec la procédure de demande internationale au titre du Traité de coopération en matière de brevets (PCT). Parallèlement, l'OEB allowing it to restrict its handling of PCT filings from countries with their own PCT authority by setting quantity limits or excluding certain fields of technology.

To cope with the growing demand for its services, the Office once again upped its productivity.

Overall productivity rose by 4.3%, compared with 1.7% the previous year.

The Office expects unified search and examination (BEST) to boost the efficiency of the grant procedure significantly.

Last year saw the start of Office-wide introduction of the harmonised procedure, which is due to be completed within five years. Training BEST examiners takes a lot of staff, the resultant temporary capacity bottlenecks meaning lost production in some stages of the procedure. By the end of the year, nearly half of the Office s examiners had joined the BEST procedure.

In 2001 the Office maintained its vigorous recruitment drive.

The consistent expansion of staffing levels is a further key to coping with the heavy workload. Last year over 400 examiners took up posts at the Office.

There is continuing controversy over the patenting of biotechnological inventions.

The Office s biotech patenting practice has repeatedly been subject to public censure, most recently in the form of a resolution of the European Parliament. Nevertheless, a European Court of Justice judgment handed down last year unreservedly upheld the EU Biotech Directive as applied by the EPO.

The EPIDOS-PATINNOVA Conference in Cardiff attracted a record number of participants.

Over 600 delegates attended the second joint EPO/EU conference on the patent system and patent information. The conference was also the stage for the first annual meeting of epoline-users.

The number of esp@cenet users likewise hit a new high.

Usage of the common patent information service of the EPO and the national patent offices continues to rise, with around 10 000 users a month accessing the world s most comprehensive free patent information service on the Internet.

BUSINESS REPORT

I. Performance report

General survey

Growth in patent applications continued to be robust in 2001. The high demand for the EPO s services continued unabated and led to a significant increase in the volume of work in all areas of the patent grant procedure. The growth rates in the volume of applications and the workload provide clear evidence of the continuing appeal of a European patent, especially as a result of its link to the international filing procedure under the Patent Cooperation Treaty (PCT).

At the same time, the EPO redoubled its efforts to increase productivity in the grant procedure a redoublé ses efforts en vue d'augmenter sa productivité au cours de la procédure de délivrance et de résorber les arriérés. Une mesure essentielle visant à accroître l'efficacité consiste dans la réunion de la recherche et de l'examen (procédure BEST).

Pendant l'année sous revue, l'OEB a commencé à introduire ladite procédure dans tout l'Office; la mise en oeuvre de cette mesure devrait durer cinq ans. Compte tenu de cet objectif, l'Office consacre d'énormes ressources de personnel et de temps à la formation de ses examinateurs de brevets, ce qui se traduit par une diminution temporaire de sa capacité nette d'examen. En 2001, la moitié des examinateurs sont déjà passés à la procédure BEST. Ils ont effectué 36.200 recherches (contre 18 600 en 2000) et 17.000 examens (contre 13.450 en 2000), ce qui représente une progression respective de 95 % et 26 % par rapport à l'année précédente.

Vue d'ensemble de l'évolution du nombre de demandes

Pendant l'année concernée, 158.200 demandes de brevet européen ont été déposées, soit 9 % de plus que l'année précédente. 64 % d'entre elles ont été déposées par la voie d'une demande de brevet internationale au titre du PCT. Ainsi, plus de 1.500.000 demandes de brevet européen ont été déposées depuis la création de l'Office en 1978.

43 % des demandes provenaient des 20 Etats membres de l'Organisation, 32 % des Etats-Unis, et 16 % du Japon.

Demandes de recherche et recherches effectuées

La charge de travail dans le domaine de la recherche évolue pour l'essentiel de la même façon que le nombre des demandes. Pendant l'année sous revue, le nombre des demandes de recherche a progressé de 7,6 % pour atteindre 154.200, contre 143 200 en l'an 2000. 69.700 demandes concernaient des recherches européennes et 64.100 des recherches PCT, 20.400demandes avaient trait à des recherches pour le compte d'offices nationaux et de tiers.

Pendant l'année considérée, le taux de production des recherches a atteint le même niveau que l'année précédente. 127.400 recherches ont été effectuées, contre 128.000 en 2000.

51.200 de ces recherches avaient trait à des demandes européennes, tandis que 56.300 d'entre elles étaient effectuées par l'Office agissant en qualité d'administration chargée de la recherche internationale dans le cadre du PCT, et 19.900 étaient des recherches d'un autre type.

A la fin de la période sous revue, le nombre de recherches non encore effectuées était passé à 130.500, contre 104.000 en 2000.

Examen/opposition : nombre de dossiers reçus et nombre de dossiers réglés

La charge de travail des divisions d'examen à l'OEB (traitement de 125 100 requêtes) a augmenté de 4,5 % en 2001. 79.300 requêtes en examen concernaient des demandes de brevet européen, et 45.800 étaient des demandes d'examen préliminaire international dans le cadre de procédures PCT. Pour satisfaire aux dispositions impératives du PCT en matière de délais, l'Office a une fois de plus donné la priorité à ces procédures et effectué, pendant la période concernée, 41.000 examens de ce type (contre 35.500 en 2000). Le nombre de brevets européens délivrés a augmenté de 7.200 par rapport à l'an 2000 (27.500), pour passer à 34.700.

Le nombre total de brevets européens délivrés depuis 1980 s'élève ainsi à 540.000. Cela correspondrait à la délivrance de 3,8 millions de brevets nationaux. Le nombre de procédures d'examen encore en cours a quant à lui progressé dans des proportions importantes et s'élève désormais à 212.200 (contre 191.600 en 2000).

1.400 brevets européens délivrés ont fait l'objet d'une opposition pendant l'année sous revue, and to clear backlogs. Bringing search and examination processes together (the BEST procedure) is an important measure towards improving efficiency. In the year under review the EPO began its drive to introduce BEST Office-wide, which it plans to complete within five years. With that objective in mind it is devoting considerable time and staff to examiner training, thereby temporarily reducing its net examining capacity. Last year half of all patent examiners worked under BEST conditions, carrying out 36 200 searches (2000: 18 600) and 17 000 examinations (2000: 13 450), an increase of 95% and 26% respectively in comparison with the previous year.

Applications: general survey

In the year under review, a total of 158 200 applications for European patents were filed, an increase of 9% over the previous year. Some 64% of these were filed via the international route under the PCT. This brings the total number of patent applications filed since the Office was established in 1978 to more than 1 500 000. 43% of the applications were filed by the 20 EPO member states, 32% were applications from the USA and 16% from Japan.

Search: workload and production

The volume of work in this area closely reflects the trend in applications. The number of search requests rose in 2001 by 7.6% to 154 200, compared with 143 200 in 2000. Of these, 69 700 related to European and 64 100 to PCT searches, while 20 400 concerned searches on behalf of national patent offices and third parties.

In the year under review, the production rate for searches was at the same level as in the previous year. 127 400 searches were completed, compared to 128 000 in 2000.

Of these, 51 200 searches concerned European applications, 56 300 searches were carried out by the Office in its capacity as an international searching authority under the PCT and 19 900 fell into other categories.

The number of outstanding searches rose to 130 500 at the end of the review period (2000: 104 000).

Examination and opposition: workload and production

The workload of the EPO s examining divisions rose by 4.5% in 2001 to 125 100 requests. Of this total, 79 300 requests related to applications for European patents, while 45 800 were for international preliminary examination under the PCT. In view of the mandatory rules on deadlines in the PCT, the Office once again gave this work priority and carried out 41 000 of these examinations in the period under review (2000: 35 500). Compared with the previous year, the number of European patents granted rose by 7 200 to 34 700 (2000: 27 500).

This means that a total of 540 000 European patents have been granted since 1980, which would correspond to 3.8 million national patents granted. The number of pending examination procedures, on the other hand, increased sharply, rising from 191 600 in 2000 to 212 200 last year.

In the year under review, 1 400 oppositions were filed against granted European patents, contre 2.000 l'année précédente. Le taux d'opposition est resté 5,7 %. Pendant l'année considérée, l'Office a conduit 2.100 procédures d'opposition (contre 2.350 en 2000).

Programme PACE

En dépit d'une augmentation notable des requêtes en exécution accélérée de la recherche et de l'examen quant au fond, l'utilisation du programme PACE, qui permet sans supplément de frais un traitement plus rapide de la procédure de délivrance, est restée modeste pendant la période sous revue. L'Office a reçu 1.935 demandes de recherche (+ 3,1 %) et 4.287 requêtes en examen (+ 8,8 %) dans le cadre du programme PACE. 2,8 % des demandes de recherches européennes et 5,4 % des requêtes européennes d'examen s'inscrivaient dans le cadre de ce programme.

Documentation

L'OEB possède l'une des collections de documentation technique les plus complètes au monde. Cet important stock de connaissances est indispensable au travail de recherche de l'Office et constitue une clé de la qualité des brevets européens. Les données de brevets traitées par l'OEB sont également accessibles au public via des serveurs commerciaux et le service d'information brevets esp@cenet.

Etant donné que les besoins des utilisateurs sont primordiaux, les activités de documentation de l'Office se concentrent sur deux aspects essentiels: améliorer l'étendue et la qualité de la collection de documents, et augmenter en permanence l'accès aux documents.

Au cours de l'année écoulée, le nombre de documents de brevets pouvant faire l'objet d'une recherche électronique est passé à 29,1 millions (contre 27,8 millions en 2000). La littérature non-brevet s'est elle aussi fortement accrue. La collection interne comprend plus de 3,7 millions d'articles techniques et scientifiques, 35 millions d'articles supplémentaires sont accessibles dans des bases de données commerciales grâce au système EPOQUE, et environ un million d'articles peuvent être consultés sur les sites web d'éditeurs scientifiques via la bibliothèque virtuelle de l'OEB.

L'OEB conserve également dans sa bibliothèque électronique (BNS) la collection de documents en fac-similé la plus importante au monde, soit 42,1 millions. Pendant l'année considérée, cette collection a été élargie et contient désormais tous les brevets américains depuis 1836. Hormis leur valeur scientifique et technologique, ces brevets présentent également une importance historique : les principales inventions réalisées au cours des deux siècles précédents sont aujourd'hui disponibles d'un clic de souris.

Cependant, l'utilité de la documentation dépend en grande partie de la facilité d'y accéder. Ainsi, l'Office affine ses données brutes en intégrant les documents dans son système de classification interne ECLA et en veillant à ce que les données soient correctes. ECLA est une forme étendue de la classification internationale des brevets (CIB), qui contient en outre plus de 125 000 sous-classes devant permettre un accès rapide et systématique à la documentation de recherche disponible dans chaque domaine technique. Ce système est également utilisé dans esp@cenet®.

L'OEB, le JPO et l'USPTO ont lancé, dans le cadre de la coopération tripartite, le projet «Harmony» qui vise à faire converger progressivement les systèmes de classification utilisés par les trois offices et devrait aider à traiter le nombre croissant de documents à classifier.

La documentation dans le domaine biotechnologique présente des problèmes très spécifiques, notamment en ce qui concerne le stockage et la recherche de séquences d'ADN ou de protéines. L'Office a engagé avec l'Institut européen de bioinformatique (EBI) une étroite coopération en vue de créer une grande base de données de séquences qui soit gratuitement accessible au compared with 2000 the previous year. The opposition rate remained at 5.7%. The Office handled 2100 opposition proceedings in 2001, against 2350 in 2000.

PACE programme

Despite a noticeable increase in the number of requests for accelerated search and substantive examination, the PACE programme, which enables more rapid completion of the grant procedure without additional cost, was seldom used in the period under review. The Office was asked for an accelerated procedure for 1 935 searches (+ 3.1%) and 4 287 examinations (+ 8.8%) under the PACE programme. The programme accounted for 2.8% of the European searches and 5.4% of the European examinations requested.

Documentation

The EPO possesses one of the world s most comprehensive collections of technical documentation. This great store of knowledge is indispensable for the Office s search work, and is a key to the quality of European patents. Patent data processed by the EPO is also accessible to the public via commercial providers and the esp@cenet® patent information service.

As users needs are paramount, the Office s documentation activities concentrate on two main aspects: improving the range and quality of the document collection, and continuously enhancing document access.

Last year the number of patent documents searchable electronically rose to 29.1 million (2000: 27.8 million). Non-patent literature, too, expanded greatly. The in-house collection comprises over 3.7 million technical and scientific articles, 35 million more articles are accessible on commercial databases through the EPOQUE system, and about a million can be consulted on the websites of scientific publishers via the EPO Virtual Library.

In its Digital Library (BNS) the EPO also maintains the world s largest collection of facsimile documents, 42.1 million strong. Last year this collection was extended to include all US patents since 1836. Apart from their scientific and technological value, these patents also have a historical significance: major inventions of the previous two centuries are now available at the click of a mouse.

Documentation s usefulness does however largely depend on how easy it is to access. So the Office is refining its raw data by building the documents into its in-house classification system ECLA and making sure the data is correct. ECLA is an expanded form of the International Patent Classification (IPC), adding over 125 000 subclasses to allow for fast and systematic access to the search documentation available in each field of technology. The system is also used in esp@cenet®.

As part of their trilateral co-operation, the EPO, the JPO and the USPTO have launched the "Harmony Project", which aims at progressive convergence of the classification systems used by the three offices. This project will help to cope with the rising number of documents requiring classification.

Documentation in the field of biotechnology presents very specific problems, particularly in terms of storing and searching for DNA or protein sequences. The Office has initiated close co-operation with the European Bioinformatics Institute to contribute to the creation of a comprehensive sequences database accessible to the public, free of charge. This database will also include the data collected by the USPTO, the JPO and some other national offices.

public. Les données rassemblées par l'USPTO, le JPO et quelques autres offices nationaux sont également contenues dans cette base.

Recherche électronique à l'OEB

Les principaux outils de la recherche électronique à l'OEB sont EPOQUE, un logiciel de recherche conçu pour les tâches de l'OEB et où sont chargées 72 bases de données au niveau central, et la bibliothèque électronique (BNS) qui donne accès à la collection de documents de brevets et de littérature scientifique et technique de l'Office en fac-similés. Ces deux systèmes sont utilisés de plus en plus fréquemment par les examinateurs de l'OEB et des offices nationaux de brevets. Au cours de l'année écoulée, le nombre d'utilisateurs était de 3 700, soit 10 % de plus qu'en 2000 (3.400). Les examinateurs ont visualisé 105 millions de documents à l'aide d'EPOQUE Viewer, contre 92 millions en 2000, soit une progression de 13 %.

La bibliothèque électronique est également utilisée par le système esp@cenet®, de même que par le public du monde entier, qui y recourt de façon intensive pour accéder aux documents brevets.

Recours: procédures engagées et affaires réglées

En 2001, les chambres de recours de l'OEB ont de nouveau enregistré une augmentation du nombre de procédures engagées et clos davantage de procédures que l'année précédente. Au total, 1.355 nouvelles procédures (contre 1.261 en 2000) ont été engagées devant les chambres de recours, et 1.252 affaires ont été réglées (contre 1.207 en 2000). Le nombre de procédures de recours engagées depuis la création de l'OEB s'élève ainsi à 18.014, dont 14.651 qui ont été réglées.

Les chambres de recours techniques ont été saisies, pendant la période sous revue, de 1.293 nouveaux recours (contre 1.203 en 2000) et ont réglé 1.170 affaires (contre 1.139 en 2000). Par conséquent, 1.080 recours (contre 1.130 en 2000) étaient encore en instance depuis plus de deux ans à la fin de 2001. Le nombre des procédures de réserve engagées dans le cadre du PCT a faiblement augmenté, passant à 22 (contre 20 en 2000); les chambres ont clos 24 affaires de ce type.

La chambre de recours juridique a été saisie de 26 nouveaux cas (contre 21 en 2000) et a réglé 30 recours (contre 26 en 2000). La Grande Chambre de recours a réglé deux affaires. La chambre de recours statuant en matière disciplinaire a été saisie de 14 nouveaux cas (contre 17 en 2000) et a réglé 26 recours (contre 22 en 2000).

II. Analyse de la procédure de délivrance

Demandes dans le cadre de la procédure européenne de délivrance

La part représentée par les demandes euro-PCT par rapport au nombre total des demandes déposées auprès de l'OEB a continué à progresser pendant l'année sous revue. Sur les 158.200 demandes de brevet européen qui ont été déposées, 101.300 l'ont été par la voie internationale. Pendant la période sous revue, 53.150 demandes euro-PCT sont entrées dans la phase européenne, dont 84 % après un examen préliminaire international dans le cadre du PCT. 56.850 demandes de brevet ont été déposées par la voie européenne directe. Ajoutées aux demandes euro-PCT entrées dans la phase européenne, elles donnent le nombre total de demandes pour lesquelles une procédure de délivrance de brevet européen a été engagée en 2001, soit 110.000 (contre 100.700 en 2000). 49 % de ces demandes provenaient d'Europe, 28 % des Etats-Unis et 18 % du Japon.

Computer-based search at the EPO

The cornerstones of electronic searching at the EPO are EPOQUE, a retrieval program designed for EPO tasks under which 72 databases are centrally loaded, and the Digital Library (BNS), which provides access to the Office s facsimile collection of patent documents and technical and scientific literature. These two systems are increasingly popular with examiners at the EPO and at national patent offices. Last year the number of users was 3 700, about 10% up on the previous year (2000: 3 400). Examiners called up 105 million documents in the EPOQUE Viewer, compared to 92 million in 2000 (+13%).

The Digital Library is also used by the esp@cenet® system, as well as being intensively used by the public all over the world to access patent documents.

Appeals: cases received and settled

The EPO boards of appeal again recorded an increase in the number of cases received. At the same time, more cases were settled by the boards than in the previous year. A total of 1 355 new cases were brought before the boards of appeal (2000: 1 261), and 1 252 cases were completed (2000: 1 207). This brings the total number of appeal procedures since the EPO was established up to 18 014, of which 14 651 have been completed.

The technical boards handled 1 293 new appeals in the period under review (2000: 1 203), and completed 1 170 (2000: 1139). At the end of the year under review, 1 080 appeals had been pending for more than two years (2000: 1130). The number of protests filed under the PCT rose slightly to 22 (2000: 20). Twenty-four cases were settled. Twenty-six new cases were brought before the Legal Board of Appeal (2000: 21); 30 appeals were settled (2000: 26). The Enlarged Board of Appeal settled two cases. The Disciplinary Board received 14 new appeals (2000: 17) and settled 26 cases (2000: 22).

II. Analysis of the grant procedure

Applications under the European grant procedure

The share of Euro-PCT applications as a proportion of all EPO filings increased again in the year under review. Of the 158 200 applications for European patents, 101 300 were filed via the international route. In the period under review, 53 150 Euro-PCT applications entered the European procedure, 84% of them having undergone an international preliminary examination under the PCT. Some 56 850 patent applications were filed via the direct European route. Taken together with the Euro- PCT applications entering the European phase, they make up the total number of applications for which a European patent grant procedure was opened during the year. The total therefore amounted to 110 000 (2000: 100700). Of these, 49% originated in Europe, 28% in the USA and 18% in Japan.

Déroulement de la procédure

13 % des demandes traitées au cours de la période sous revue ont été abandonnées par le demandeur après la recherche, 23 % ont été rejetées pendant la procédure d'examen ou retirées par le demandeur. Dans 64 % des cas, la procédure a abouti à la délivrance d'un brevet européen.

Les délais d'attente dans la recherche et jusqu'à l'envoi de la première notification d'examen sont restés quasiment les mêmes pour les demandeurs. Dans la moitié des cas, le rapport de recherche a été publié au plus tard 6,7 mois (contre 6,6 en 2 000) après la réception de la demande de brevet à l'OEB, et l'envoi de la première notification d'examen a eu lieu 27,7 mois (contre 29 en 2000) à compter du dépôt de la requête en examen. La durée totale de la procédure s'est par contre rallongée pendant l'année considérée : pour 50 % des demandes, la procédure s'est terminée par la délivrance du brevet après 51,3 mois (contre 49 en 2000).

Premiers dépôts

Les demandeurs ont de plus en plus tendance à déposer une première demande européenne; cette pratique, qui avait déjà été observée les années précédentes, s'est maintenue pendant l'année sous revue. Parmi les demandes de brevet européen déposées par la voie européenne en 2001, 19,8 % n'ont pas revendiqué la priorité d'une première demande nationale déposée auparavant (contre 18,5 % en 2000). 31 % des demandeurs européens (contre 28 % en 2000) et 7 % des demandeurs des autres Etats (contre 7 % en 2000) ont fait usage de la possibilité de déposer leur demande directement auprès de l'OEB.

Désignations

Depuis la réforme des taxes de 1997, le demandeur ne doit plus désigner les Etats contractants lors du dépôt, mais au stade de l'examen effectué dans le cadre de la procédure. Pendant l'année considérée, il a été désigné 10,9 Etats par demande, contre 8,9 l'année précédente. Les demandeurs ont également fait usage de la possibilité d'étendre l'effet protecteur de leur demande à un ou aux six Etats autorisant l'extension: en moyenne, ils ont posé 2,2 requêtes en extension par demande (contre 0,8 en 2000).

Grant procedure

Of the applications processed in the year under review, 13% were abandoned by the applicant after the search phase, and 23% were rejected or were withdrawn by the applicant during examination.

64% of cases ended with a European patent being granted. Response times for applicants in the search phase through to delivery of the first communication in the examination procedure remained almost unchanged. In 50% of cases, the search report was published a maximum of 6.7 months (2000: 6.6 months) after the patent application was initially received by the EPO and delivery of the first examination communication followed 27.7 months (2000: 29 months) after the request for examination had been filed. The total duration of the procedure increased, however, in the year under review: 50% of applications ended with the granting of a patent after 51.3 months (2000: 49).

First filings

The increasing tendency observed over the past few years for applicants to file first applications via the European route grew further in the period under review. Of the European patent applications filed via this route in 2001, 19.8% did not claim the priority of a previous first application filed with a national patent authority (2000: 18.5%). 31% of applicants from Europe (2000: 28%) and 7% of applicants from other countries (2000: 7%) made use of the option of filing their applications directly with the EPO.

Designations

Under the 1997 fee reform, the time when applicants are required to designate contracting states has been postponed from the filing to the examination phase of the grant procedure. In the year under review, an average of 10.9 states were designated per application, compared with 8.9 in the previous year. Applicants also took advantage of the opportunity to extend the protection afforded by their application to one or all of the six extension states: an average of 2.2 extension requests were made per application (2000: 0.8).

ORGANISATION POUR LA SECURITE ET LA COOPERATION EN EUROPE (OSCE)

Secrétariat général :
Kärntner Ring 5-7 – 4e étage, 1010 Vienne – Autriche
Tél.: +43-1 514 36 180 – Fax: +43-1 514 36 105

Bureau de Prague:
Rytirska 31 – CZ-110 00 Prague 1 – République tchèque
Tél.: +420-2 216 10 217 – Fax: +420-2 216 10 227

Bureau de Varsovie :
Aleje Ujazdowskie 19 – 00-557 Varsovie – Pologne
Tél.: +48-22 520 06 00 – Fax: +48-22 520 06 05

Bureau de La Haye :
P.O. Box 20062 – 2500 EB La Haye – Pays-Bas
Tél.: +31-70 312 55 00 – Fax: +31-70 363 59 10

Bureau de Genève :
Cour de conciliation et d'arbitrage au sein de l'OSCE
Villa Rive-Belle – 266 Route de Lausanne – P.O. Box 20 –
CH-1292 Chambésy – Suisse
Tél.: +41 22 758 0025 – Fax: +41 22 758 2510

Bureau de Copenhague :
Rådhusstræde 1, – 1466 Copenhague K – Danemark
Tél.: +45-33 37 80 40 – Fax: +45-33 37 80 30

Site web : http://www.osce.org/

Secrétaire Général : M. Jan Kubis (République slovaque)

Historique :

L'Organisation sur la sécurité et la coopération en Europe (OSCE) est issue de la Conférence sur la sécurité et la coopération en Europe, dont l'Acte final a été signé en 1975 à Helsinki par les chefs d'Etats et de gouvernements de 35 pays d'Europe et d'Amérique du Nord. L'Acte final d'Helsinki énonçait une série de principes qui devaient régir les relations entre Etats participants et entre les gouvernements et leurs citoyens.

L'OSCE a été institutionnalisée en 1990 à la suite de la signature de la « Charte de Paris pour une nouvelle Europe » et porte son nom actuel depuis 1994 (Sommet de Budapest).

L'OSCE est la plus grande organisation régionale de sécurité au monde, avec 55 Etats membres d'Europe, d'Amérique du Nord et d'Asie centrale.

ORGANIZATION FOR SECURITY AND CO-OPERATION IN EUROPE (OSCE)

Secretariat general :
Kärntner Ring 5-7 – 4th floor, 1010 Vienna – Austria
Tel.: +43-1 514 36 180 – Fax: +43-1 514 36 105

Office in Prague:
Rytirska 31 – CZ-110 00 Prague 1 – Czech Republic
Tél.: +420-2 216 10 217 – Fax: +420-2 216 10 227

Office in Warsaw:
Aleje Ujazdowskie 19 – 00-557 Warsaw – Poland
Tel.: +48-22 520 06 00 – Fax: +48-22 520 06 05

Office in The Hague:
P.O. Box 20062 – 2500 EB The Hague – Netherlands
Tel.: +31-70 312 55 00 – Fax: +31-70 363 59 10

Office in Geneva:
Court of Conciliation and Arbitration of OSCE
Villa Rive-Belle – 266 Route de Lausanne – P.O. Box 20
CH-1292 Chambésy – Switzerland
Tel: +41-22 758 0025 – Fax: +41-22 758 2510

Office in Copenhagen:
Rådhusstræde 1, – 1466 Copenhagen K – Denmark
Tel.: +45-33 37 80 40 – Fax: +45-33 37 80 30

Web site : http://www.osce.org/

Secretary General : Mr. Jan Kubis (Slovak Republic)

Background:

The Organisation for Security and Co-operation in Europe (OSCE) comes from the Conference on Security and Co-operation in Europe, the Final Act of which was signed in 1975 in Helsinki by the Heads of State or Government of 35 States. The Helsinki Final Act established a series of principles for relations among states participating as well as between governments and their citizens.

The organisation was institutionalised in 1990 under the "Charter of Paris for a new Europe" and is entitled OSCE since 1994 (Budapest Summit).

The OSCE is the largest regional security organization in the world with 55 participating States from Europe, North America and Central Asia.

Composition :

55 Etats participants : Albanie, Allemagne, Andorre, Arménie, Autriche, Azerbaïdjan, Biélorussie, Belgique, Bosnie-Herzégovine, Bulgarie, Canada, Croatie, Chypre, Danemark, Espagne, Estonie, Etats-Unis d'Amérique, Finlande, France, Géorgie, Grèce, Hongrie, Islande, Irlande, Italie, Kazakhstan, Kyrgyzstan, Lettonie, Liechtenstein, Lituanie, Luxembourg, l'ex-République yougoslave de Macédoine, Malte, Moldavie, Monaco, Norvège, Pays-Bas, Pologne, Portugal, République fédérale de Yougoslavie, Slovaquie, Ouzbékistan, République tchèque, Roumanie, Royaume-Uni de Grande-Bretagne et d'Irlande du Nord, Fédération de Russie, Saint-Siège, Saint-Marin, Slovénie, Suède, Suisse, Tadjikistan, Turquie, Turkménistan, Ukraine.

Objectifs :

Contribuer à améliorer les relations mutuelles et favoriser la paix et la sécurité en Europe;
Prévenir et gérer les conflits et les crises (contrôle des armements, mesures de confiance et de sécurité, diplomatie préventive, missions d'enquêtes et de rapporteurs, surveillance des élections, etc.);
Promouvoir la coopération dans les domaines de la démocratie, des droits de la personne et de l'économie.

Fonctionnement :

L'OSCE est un forum de consultations et de négociations entre les Etats participants. Les décisions sont prises par consensus.

Ses principaux organes sont :

- Le Conseil permanent, composé de représentants des Etats participants, mène des consultations régulières et prend les décisions courantes sur toutes les questions concernant l'Organisation ;
- Le Forum pour la coopération en matière de sécurité traite toutes les questions concernant le contrôle des armements et les mesures de confiance et de sécurité (MDCS);
- Le Conseil supérieur/Forum économique coordonne les activités de l'OSCE et se réunit une fois par an en tant que Forum économique;
- Le Conseil ministériel, composé des ministres des Affaires étrangères des Etats participants, est l'organe directeur et le centre de décision de l'OSCE ; il se réunit une fois par an ;
- Les Sommets des chefs d'Etats ou de gouvernements ont lieu tous les deux ans et décident des orientations politiques.

L'OSCE comprend quatre institutions : le Bureau des institutions démocratiques et des droits de l'homme (Varsovie), le Haut-Commissaire pour les minorités nationales (La Haye), le Représentant de l'OSCE pour la liberté des médias (Vienne), et l'Assemblée parlementaire (dont le secrétariat est à Copenhague) se réunit une fois par an dans l'un des Etats participants de l'OSCE.

Le Secrétariat et le Conseil Permanent sont à Vienne (Autriche).

L'Organisation emploie environ 4000 personnes dans ses différents bureaux et institutions, y compris les 19 missions situées en Europe du Sud-Est, dans le Caucase, en Europe de l'Est et en Asie centrale.

COMPOSITION:

55 member States: Albania, Andorra, Armenia, Austria, Azerbaijan, Belarus, Belgium, Bosnia and Herzegovina, Bulgaria, Canada, Croatia, Cyprus, Czech Republic, Denmark, Estonia, Finland, France, Georgia, Germany, Greece, Holy See, Hungary, Iceland, Ireland, Italy, Kazakhstan, Kyrgyzstan, Latvia, Liechtenstein, Lithuania, Luxembourg, Malta, Moldova, Monaco, Netherlands, Norway, Poland, Portugal, Romania, Russian Federation, San Marino, Slovak Republic, Slovenia, Spain, Sweden, Switzerland, Tajikistan, the former Yugoslav Republic of Macedonia, Turkey, Turkmenistan, Ukraine, United Kingdom, United States of America, Uzbekistan, Federal Republic of Yugoslavia.

AIMS:

To contribute to the improvement of the relationship between the participating States and to promote peace and security in Europe;

To prevent and manage conflicts and crises (arms control, confidence- and security-building measures, preventive diplomacy, fact-finding and rapporteur missions, election monitoring, etc.);

To promote co-operation in the fields of democracy, human rights and the economy.

FUNCTIONING:

The OSCE provides a forum for consultation and negotiation among the participating States. Decisions are based on consensus.

The OSCE main bodies are:

- The Permanent Council, composed of representatives of the participating States, is the regular body for political consultation and decision-making on all day-to-day issues relevant for the Organization;
- The Forum for Security Co-operation deals with all questions related to arms control and CSBMs (Confidence- and Security-Building Measures);
- The seniors Council/Economic Forum which is responsible for the overview and co-ordination of OSCE activities; it meets once a year as the Economic Forum;
- Ministerial Council, composed of the Ministers of Foreign Affairs of the participating States, is the central decision-making and governing body; it meets once a year;
- Summits of Heads of State or Government which, every two years, decide on the political orientations.

The OSCE includes four separate Institutions: the Office for Democratic Institutions and Human Rights (based in Warsaw), the High Commissioner for National Minorities (based in The Hague), the Representative on Freedom of the Media (based in Vienna), and the Parliamentary Assembly (with a secretariat in Copenhagen, meeting annually in one of the OSCE participating States).

The OSCE Secretariat and Permanent Council are located in Vienna (Austria).

The Organization employs about 4,000 staff in its different offices and Institutions, including the 19 OSCE missions and field activities based in south-eastern Europe, the Caucasus, Eastern Europe and Central Asia.

The Secretariat is under the direction of the Secretary General, Ambassador Jan Kubis (Slovak Republik). The Chairman-in-Office (CiO) of the OSCE, which rotates annually, has

Le Secrétariat est placé sous la direction d'un Secrétaire Général, M. Jan Kubis (Slovaquie).

Le Président en exercice de l'OSCE, qui change tous les ans, a la responsabilité générale de l'exécution. Il est secondé par son prédécesseur et son successeur, constituant la Troïka.

ACTIVITÉS 2001

INTRODUCTION

La période considérée, du 1er novembre 2000 au 31 octobre 2001, a été une nouvelle année de croissance et de consolidation pour l'Organisation pour la sécurité et la coopération en Europe (OSCE). La fin de la période considérée a été marquée par les attaques terroristes criminelles intolérables perpétrées contre les Etats-Unis, une tragédie sans précédent, qui a renforcé la détermination de l'Organisation à utiliser pleinement l'ensemble de ses instruments et mécanismes, y compris ceux qui sont énoncés dans la Plate-forme pour la sécurité coopérative, pour lutter, dans le cadre d'une coalition globale, contre le fléau du terrorisme. Les Etats participants se sont déclarés fermement résolus à élaborer un plan d'action détaillé pour lutter contre le terrorisme lors de la réunion du Conseil ministériel qui doit avoir lieu à Bucarest les 3 et 4 décembre 2001. En outre, une conférence internationale sur le renforcement de la sécurité et de la stabilité en Asie centrale : renforcement des efforts d'ensemble pour combattre le terrorisme, se tiendra à Bichkek les 12 et 13 décembre 2001.

Instrument de premier recours en matière d'alerte précoce, de prévention des conflits, de gestion des crises et de relèvement après un conflit, l'OSCE a continué à élargir ses activités et engagements au cours de la période considérée. En 2001, l'OSCE a ouvert une mission en République fédérale de Yougoslavie (RFY), renforcé considérablement la Mission de contrôle de l'OSCE à Skopje chargée d'éviter le débordement du conflit et obtenu le retour du Groupe d'assistance de l'OSCE en Tchétchénie.

La nécessité de définir une réponse concertée aux défis persistants pour la sécurité européenne dans toutes ses dimensions, qui a été l'élément moteur de l'adoption de la Charte de sécurité européenne au Sommet d'Istanbul, les 18 et 19 novembre 1999, a malheureusement été confirmée une fois de plus non seulement par les attaques tragiques perpétrées contre les Etats-Unis mais aussi par la persistance et la résurgence de problèmes et de conflits dans l'espace de l'OSCE. L'efficacité de la réponse de l'OSCE, et en particulier du travail de ses missions sur le terrain, est renforcée grâce à une étroite interaction avec les organisations partenaires, à l'exemple des activités de l'OSCE dans l'ex-République yougoslave de Macédoine. Les contacts étroits qui y ont été établis, essentiellement avec l'OTAN et l'Union européenne, mais aussi avec d'autres partenaires comme le Haut-Commissariat des Nations Unies aux réfugiés et le Conseil de l'Europe, étaient nécessaires pour aboutir à un règlement politique et, sous la coordination de l'Union européenne, harmoniser les activités menées dans ce but par chacune des organisations. La Mission de contrôle de l'OSCE à Skopje chargée d'éviter le débordement du conflit constitue un bon exemple de la capacité de l'OSCE à réagir rapidement et efficacement à l'évolution de la situation dans des zones de crise, en étroite concertation avec le pays hôte et en mettant en œuvre une vaste gamme d'outils et de mécanismes.

L'année considérée a aussi été une année de consolidation, après la réorganisation du Secrétariat qui a été effectuée au cours de la période précédente, dans le prolongement du Sommet d'Istanbul. Les nouvelles structures de gestion sont devenues réalité et ont par exemple permis à l'Organisation, en octobre, d'augmenter, en l'espace de quelques semaines, de plus de 150 personnes le nombre d'observateurs et autres membres de la Mission déployés à Skopje.

overall responsibility for executive action, and is being assisted in his work by the previous and succeeding Chairmen, who together constitute the Troika.

ACTIVITIES 2001

INTRODUCTION

The reporting period, from 1 November 2000 to 31 October 2001, saw another year of development and consolidation for the Organization for Security and Co-operation in Europe (OSCE). The end of the period under review was marked by an unprecedented tragedy, the outrageous criminal terrorist attacks against the United States, which reinforced the Organization's determination to make full use of all its instruments and mechanisms, including those set forth in the Platform for Security Co-operation in the field of co-operative security, to fight the plague of terrorism, as part of a global coalition against it. Participating States have expressed their clear determination to elaborate a detailed plan of action to combat terrorism at the Ministerial Council meeting due to take place in Bucharest on 3 and 4 December 2001. Furthermore, an International Conference on Enhancing Security and Stability in Central Asia: Strengthening Comprehensive Efforts to Counter Terrorism will be held in Bishkek on 12 and 13 December 2001.

As a pre-eminent instrument for early warning, conflict prevention, conflict management and post-conflict rehabilitation, the OSCE continued to expand its activities and commitments during the period under review. In 2001, the OSCE opened a mission in the Federal Republic of Yugoslavia (FRY), substantially enhanced the Spillover Monitor Mission to Skopje and realized the return of the OSCE Assistance Group to Chechnya.

The need to develop co-ordinated responses to the persisting challenges to European security in all its dimensions, which was the driving force behind the Charter for European Security adopted at the Istanbul Summit of 18 and 19 November 1999, has unfortunately once again been confirmed, not only by the tragic attacks against the United States, but also by the persistence and the resurgence of problems and conflict in the OSCE area. The OSCE response, in particular the work of the OSCE missions in the field, is enhanced by close interaction with partner organizations, as was the case for example with the OSCE activities in the former Yugoslav Republic of Macedonia. There close liaison primarily with NATO and the European Union, was required in order to bring about a political settlement and to harmonize each organization's action in support of the settlement, under European Union co-ordination, while also engaging such other partners as the United Nations High Commissioner for Refugees and the Council of Europe. The OSCE Spillover Monitor Mission to Skopje is exemplary of the OSCE's ability to respond to developments in crisis areas swiftly and effectively, in close concert with the host country, using a wide range of tools and mechanisms.

The year under review was also a year of consolidation, following the restructuring of the Secretariat that took place in the previous reporting period, in the wake of the Istanbul Summit. The new management structures have become a reality and, for example, in October enabled the Organization to increase the number of monitors and other mission members deployed to Skopje by over 150 in a matter of weeks. The Rapid Expert Assistance and Co-operation Teams/ Mission Staffing Information System (REACT/MSIS) concept was put into operation on 2 April 2001 and is now fully functional. It gives the participating States, supported by the Department

Le concept des équipes d'assistance et de coopération rapides et du système d'information sur le recrutement pour les missions (REACT/MSIS) a été mis en pratique le 2 avril 2001 et il est aujourd'hui pleinement opérationnel. Il permet aux Etats participants, avec l'appui du Département des ressources humaines du Secrétariat, d'identifier promptement et précisément des experts et de les déployer rapidement sur le terrain.

La chute du régime de Milosevic en République fédérale de Yougoslavie, et l'admission du pays à l'Organisation des Nations Unies et à l'OSCE, respectivement les 2 et 10 novembre 2000, a marqué un tournant décisif en faveur de la stabilité et de la démocratisation. La Mission de l'OSCE en République fédérale de Yougoslavie (RFY) a été officiellement inaugurée le 16 mars 2001 avec pour mandat « ...d'apporter son concours et de fournir des avis compétents aux autorités yougoslaves, à tous les niveaux, [...] en ce qui concerne la démocratisation et la protection des droits de l'homme », et « d'appuyer la restructuration des services chargés de l'application des lois et des organes judiciaires ». Elle travaille en étroite coopération avec les autorités de la RFY, dans le cadre d'un réel partenariat. Le succès de la formation multiethnique des fonctionnaires de police d'origine albanaise et leur réintégration dans les forces de police de la RFY en Serbie du Sud, ainsi que la mise en place d'une force de police multiethnique en Serbie et dans l'ensemble de la RFY, constitueront l'un des principaux indicateurs de la transition vers la stabilité et les réformes démocratiques.

Après deux années au cours desquelles la Mission de l'OSCE au Kosovo a inlassablement prôné une participation accrue du peuple du Kosovo à tous les niveaux de l'administration, ainsi que la dépolitisation et la professionnalisation des institutions publiques, le cadre constitutionnel d'auto-administration provisoire a été adopté le 15 mai 2001 et le pays a été déclaré prêt à tenir des élections générales le 17 novembre 2001. L'organisation d'élections réellement ouvertes à tous et respectant intégralement la Résolution 1244 du Conseil de sécurité des Nations Unies représente l'un des plus grands défis du relèvement du Kosovo après le conflit. Grâce aux efforts de la Mission de l'OSCE au Kosovo et de ses partenaires, ainsi qu'aux appels lancés par les autorités de la RFY et de Serbie, un grand nombre de Serbes du Kosovo se sont inscrits pour voter et il est à espérer qu'ils voteront réellement.

La création d'un service de police efficace et crédible au Kosovo reste l'un des principaux défis auquel la communauté internationale doit faire face, et le programme d'éducation de la police, élaboré par l'OSCE, a déjà apporté une contribution significative au renforcement de l'état de droit. Depuis le début du programme jusqu'en décembre 2001, quelque 5 700 policiers, dont 16 pour cent sont des membres de minorités, ont été formés. La contribution de l'OSCE au relèvement après le conflit englobe l'Institut d'administration civile qui a été créé par la Mission de l'OSCE en février 2000. L'Institut s'est employé à créer une fonction publique professionnelle en assurant la formation de plus de 3 200 fonctionnaires de haut rang et de rang intermédiaire aux principes de la gouvernance démocratique.

La Présence de l'OSCE en Albanie a continué de contribuer à l'instauration d'une stabilité durable en Albanie en jouant un rôle de médiateur politique et d'observateur, ainsi qu'en préconisant un renforcement de la légitimité des institutions publiques démocratiques et de la société civile. La Présence de l'OSCE a également continué à présider le groupe des Amis de l'Albanie, un groupe informel et à participation non limitée de pays donateurs et d'organisations internationales, dont le but est de renforcer et de cibler l'aide internationale à l'intention de l'Albanie.

En Bosnie-Herzégovine, la Mission de l'OSCE continue de jouer un rôle de premier plan dans la promotion du respect des droits de l'homme, de l'état de droit, de la tolérance interethnique, des institutions démocratiques et du contrôle démocratique des forces armées. Lors des élections de novembre 2000, pour la première fois depuis la guerre, un gouvernement non nationaliste a été élu sur un programme réformiste en Bosnie-Herzégovine et dans l'une of Human Resources in the Secretariat, the ability to identify experts accurately and quickly and to deploy them rapidly to the field.

The fall of the Milosevic regime in the Federal Republic of Yugoslavia, and the country's subsequent admission to the United Nations and the OSCE, on 2 and 10 November 2000, respectively, marked a momentous turn in favour of stability and democratization. The OSCE Mission to the Federal Republic of Yugoslavia (FRY) was formally inaugurated on 16 March 2001, with a mandate to "...provide assistance and expertise to the Yugoslav authorities at all levels [...] in the fields of democratization and the protection of human rights", and also to "assist in the restructuring and training of law enforcement agencies and the judiciary". It operates in very close co-operation with the authorities of the FRY, as a true partnership and joint venture. The successful multi-ethnic training of ethnic Albanian officers and their reintegration into the police forces of the FRY in southern Serbia, and the adoption of a multi-ethnic policing approach in Serbia and the FRY as a whole will be one of the key indicators of transition to stability and democratic reforms.

After two years of consistent advocation by the OSCE Mission in Kosovo of increased participation by the people of Kosovo in administration at all levels, as well as of de-politicization and professionalisation of public institutions, the Constitutional Framework for Provisional Self Government was promulgated on 15 May 2001, and the country was deemed ready to hold general elections on 17 November 2001. Holding genuinely inclusive elections, fully respecting United Nations Security Council resolution No. 1244, poses one of the greatest challenges of the post-conflict rehabilitation of Kosovo. Thanks to the efforts of the OSCE Mission in Kosovo and its partners, coupled with appeals by the authorities of the FRY and Serbia, large numbers of Kosovo Serbs have registered to vote and, hopefully, will take part in the elections.

Establishing a strong and credible Kosovo police service remains a major challenge facing the international community, and the OSCE Mission's programme of police education has already made a significant contribution to strengthening the rule of law. By December 2001, an estimated total of 5,700 officers will have been trained since the start of the programme, 16 per cent of whom are minority representatives. The OSCE's effort towards post-conflict rehabilitation includes the Institute for Civil Administration, established by the OSCE Mission in February 2000. The Institute has worked to create a professional civil service by training more than 3,200 senior and middle-management civil servants in principles of democratic governance.

The OSCE Presence in Albania continued its contribution towards achieving a lasting stability in Albania through political brokerage and monitoring, as well as promoting a strengthening of the legitimacy of democratic government institutions and of civil society. The OSCE Presence also continued to chair the Friends of Albania group, an informal and open-ended group of interested donor countries and international organizations, which aims at reinforcing and focusing international support for Albania.

In Bosnia and Herzegovina, the OSCE Mission remains at the forefront in fostering respect for human rights, the rule of law, inter-ethnic tolerance, democratic institutions and democratic control of the armed forces. In the November 2000 elections, for the first time since the war, non-nationalistic governments with reformist platforms were elected at both the level of Bosnia and Herzegovina and at that of one of its entities, the Federation of Bosnia and Herzegovina. Furthermore, for the first time, political parties have been able to compromise on key legislation, as was the case with the adoption of the Election Law in August 2001. The OSCE now stands ready to hand over responsibility and ownership of the elections process to the authorities of Bosnia and Herzegovina. The OSCE's work over the past year has been largely influenced by a maturing of the local institutions and overall prevailing positive developments: the return de ses entités, la Fédération de Bosnie-Herzégovine. Pour la première fois également, les partis politiques ont été en mesure de parvenir à un compromis sur des textes législatifs essentiels, comme ce fût le cas lors de l'adoption de la loi électorale en août 2001. L'OSCE est à présent prête à transférer la responsabilité et la propriété du processus électoral aux autorités de Bosnie-Herzégovine. Les activités de l'OSCE au cours de l'année écoulée ont été largement influencées par l'arrivée à maturité des institutions locales et des développements dans l'ensemble positifs : le retour des réfugiés a continué de s'accélérer ; le transfert de la responsabilité de l'administration des élections et des bureaux des médiateurs des entités aux autorités locales est en cours ; et des lois depuis longtemps nécessaires, comme la loi électorale, ont été adoptées. La situation dans le pays continue d'être affectée par le nombre élevé de réfugiés et de personnes déplacées. Le rythme des restitutions de biens a sensiblement augmenté par rapport à l'année dernière (il a doublé par rapport à la période précédente), cette tendance étant particulièrement nette dans la Fédération de Bosnie-Herzégovine, tandis que la Republika Srpska reste à la traîne. Toutefois, dans l'ensemble du pays, le rythme des retours n'a pas augmenté dans les mêmes proportions que ne semble l'indiquer à première vue le rythme des restitutions.

A la suite des profonds changements intervenus dans la situation politique en Croatie en l'an 2000, la Mission de l'OSCE en Croatie a intensifié ses efforts visant à accompagner le pays dans ses premiers pas vers l'intégration aux structures européennes et euro-atlantiques. L'Accord de stabilisation et d'association avec l'Union européenne, qui a été signé le 14 mai 2001, place le pays devant de nouveaux défis d'une ampleur sans précédent. L'OSCE a aidé la Croatie à satisfaire à ses engagements à l'égard de l'Organisation concernant le retour et la réintégration des réfugiés, en s'attachant en particulier à promouvoir les retours dans les deux sens entre la Bosnie-Herzégovine et la Croatie. L'intégration aux structures européennes et euro-atlantiques exige de la part de la Croatie qu'elle mène à bien un programme complet de réformes de sa législation et de ses institutions, notamment de l'administration locale, de l'appareil judiciaire et de la police, pour les mettre en conformité avec les normes internationales. La Mission de l'OSCE est prête à appuyer les autorités dans leurs efforts de modernisation.

Près de deux ans et demi après le retrait de son personnel international de ses bureaux de Grozny, le Groupe d'assistance de l'OSCE en Tchétchénie a pu se réinstaller à Znamenskoye, dans le Nord de la Tchétchénie. Ce retour permet non seulement au Groupe d'être mieux à même de participer à la fourniture d'une aide humanitaire et d'une assistance aux personnes affectées par le conflit, mais également d'exécuter d'autres parties de son mandat.

Outre le retour du Groupe d'assistance de l'OSCE en Tchétchénie, la période considérée était placée sous le signe d'une consolidation de l'engagement de l'OSCE dans le Caucase à la suite de l'inauguration, au cours de la période précédente, des nouveaux bureaux de l'OSCE à Bakou et Erevan et du début d'une opération d'observation des frontières entre la Tchétchénie (Fédération de Russie) et la Géorgie par la Mission de l'OSCE en Géorgie.

Au cours de sa deuxième année d'activité, le Bureau de l'OSCE à Erevan s'est attaché à coordonner les efforts faits par la communauté internationale pour aider le Gouvernement arménien à mettre en place une stratégie de lutte contre la corruption. L'adhésion de l'Arménie au Conseil de l'Europe, au début de l'année, a également amené le Bureau à participer aux activités liées à la réforme des dispositions législatives nécessaires pour les mettre en conformité avec les normes du Conseil de l'Europe. En outre, le Bureau a contribué pour une très large part à la ratification par l'Arménie de la Convention d'Aarhus sur l'accès à l'information, la participation du public au processus décisionnel et l'accès à la justice en matière d'environnement.

Depuis l'adhésion de l'Azerbaïdjan au Conseil de l'Europe, le Bureau de l'OSCE à Bakou joue un rôle de plus en plus actif dans la réforme des institutions et le renforcement des capacités. Une multitude de nouvelles lois devant encore être adoptées, le Bureau est confronté à une tâche difficile : il doit mener des campagnes de sensibilisation du public et organiser of refugees continued to accelerate; responsibility for the administration of elections and for the entity Ombudsman offices is being transferred to the local authorities; and overdue key legislation such as the Election Law was adopted. The situation in the country continues to be affected by a high number of refugees and internally displaced persons. While the rate of repossession of property has significantly increased in the past year (double that of the previous period), this has been particularly noticeable in the Federation of Bosnia and Herzegovina, with the Republika Srpska of Bosnia and Herzegovina still lagging. However, in all parts of the country, the rate of return has failed to increase compared to what the rate of repossession might indicate prima facie.

Following dramatic changes in the political situation in Croatia in 2000, the OSCE Mission to Croatia has increased its efforts in support of the country's first steps towards integration into European and Euro-Atlantic structures. The Stabilization and Association Agreement with the European Union was initialed on 14 May 2001, opening up new and momentous challenges for the country. The OSCE has been very active in helping Croatia to meet its OSCE commitments to the return and reintegration of refugees, and in particular in promoting cross-border return to and from Bosnia and Herzegovina. Integration into European and Euro-Atlantic structures for Croatia means accomplishing a thorough reform of both legislation and institutions such as local government, the judiciary and the police, to bring them into line with international standards. The OSCE Mission stands ready to support the authorities in their efforts to modernize.

Nearly two and a half years after the withdrawal of its international personnel from its offices in Grozny, the OSCE Assistance Group to Chechnya was able to return to its offices in Znamenskoye in northern Chechnya. The return marks a significant improvement in the Group's ability not only to assist in providing humanitarian aid and assistance to those afflicted by the conflict, but also to implement other parts of its mandate.

Apart from the return of the OSCE Assistance Group to its offices in Chechnya, the period under review saw a consolidation of the OSCE engagement in the Caucasus following the opening, in the previous period, of new OSCE Offices in Baku and Yerevan, coupled with the start of a border monitoring operation by the OSCE Mission to Georgia on the border between Chechnya, in the Russian Federation, and Georgia.

In its second year of operation, the OSCE Office in Yerevan concentrated its efforts on co-ordinating efforts by the international community to assist the Armenian Government in putting in place a strategy to combat corruption. Armenia's accession to the Council of Europe at the beginning of the year also brought about the Office's involvement in activities related to the reform of legislation required to bring it into compliance with Council of Europe standards. Furthermore, the Office was instrumental in bringing about Armenia's ratification of the Aarhus Convention on Access to Information, Public Participation in Decision-Making and Access to Justice in Environmental Matters.

Following Azerbaijan's accession to the Council of Europe, the OSCE Office in Baku became increasingly involved in institutional reform and capacity building. With a whole host of new legislation still to be implemented, the Office faces a challenging task in conducting public awareness initiatives, as well as training and professional development seminars for public officials called upon to implement the new legislation.

The period under review marked the second year of enhanced border monitoring operations by the OSCE Mission to Georgia. Despite hostile weather and geographical conditions in the area, the Mission successfully conducted monitoring along the border between Georgia and the Chechen Republic of the Russian Federation. The Mission was also engaged in the negotiations for a settlement of the conflict in the Georgian-South Ossetian conflict. Some positive developments took place during the year, notably the agreement concerning the creation of a Russian-Georgian agency to finance economic rehabilitation programmes in the des séminaires de formation et de perfectionnement à l'intention des fonctionnaires qui seront chargés d'appliquer la nouvelle législation.

La période examinée était la deuxième année de renforcement des opérations d'observation des frontières par la Mission de l'OSCE en Géorgie. En dépit du climat peu accueillant et des conditions géographiques difficiles dans la région, la Mission s'est acquittée avec succès de l'observation de la frontière entre la Géorgie et la République tchétchène de la Fédération de Russie. La Mission a également participé aux négociations visant à parvenir à un règlement du conflit entre la Géorgie et l'Ossétie du Sud. Quelques développements positifs sont intervenus au cours de l'année, notamment la signature d'un accord portant sur la création d'un organisme russo-géorgien pour financer, en faisant appel aux budgets de chacun des Etats, des programmes de relèvement économique dans la zone du conflit. Bien qu'aucun accord ne soit intervenu sur les questions du retour et de la réintégration des réfugiés et des personnes déplacées à l'intérieur du pays, un dialogue a été engagé, ce qui est déjà en soi un succès majeur.

L'OSCE a poursuivi ses activités dans la région de la mer Baltique et de la mer Noire par l'intermédiaire de ses opérations sur le terrain en Biélorussie, en Estonie, en Lettonie, en Moldavie et en Ukraine. La Mission de l'OSCE en Estonie défend activement un modèle d'éducation multilingue, une question qui revêt une importance particulière pour la communauté russophone en Estonie. Au cours de la période considérée, la Mission de l'OSCE en Lettonie a continué de se concentrer sur les questions de citoyenneté et de naturalisation en vue d'apporter son concours aux quelque 500 000 résidents lettons qui ont encore toujours le statut de non-citoyen. Le Groupe de conseil et d'observation de l'OSCE en Biélorussie a continué à exécuter son mandat qui consiste à aider les autorités biélorusses à promouvoir les institutions démocratiques et à s'acquitter d'autres engagements pris au titre de l'OSCE, en particulier dans le domaine des élections et de la liberté des médias.

La Mission de l'OSCE en Moldavie a été l'un des principaux artisans de la reprise des négociations en vue de parvenir à un règlement politique entre la République de Moldavie et la Transnistrie. La Mission suit en outre de près la mise en œuvre de l'Accord sur le retrait complet des troupes russes du pays, tout en exécutant en même temps un certain nombre de projets visant à encourager les contacts et la réconciliation de part et d'autre du Dniestr.

A Kiev, le Coordonnateur des projets de l'OSCE supervise le travail d'une équipe d'experts internationaux et locaux, qui prête son concours aux autorités ukrainiennes pour adapter la législation, les institutions et les processus aux exigences d'une démocratie moderne fondée sur l'état de droit.

L'intérêt porté par l'OSCE à la région de l'Asie centrale s'est encore accru en 2001. Les centres de l'OSCE à Almaty, Achkhabad, Bichkek et Tachkent ainsi que la Mission au Tadjikistan ont beaucoup fait pour développer une approche régionale en organisant un certain nombre de conférences et de séminaires régionaux sur des sujets tels que la gestion des ressources en eau (Douchanbe), la liberté des médias (Douchanbe) et la concrétisation de la politique générale de l'environnement sous forme d'une loi (Almaty). Au cours de l'année, l'OSCE s'est activement employée à aider les pays d'Asie centrale à faire face à de nombreux défis économiques et environnementaux. Les activités de l'OSCE dans la région se sont également poursuivies dans les domaines suivants : lutte contre le trafic de drogues, le trafic d'armes et la traite des êtres humains ; réforme du système judiciaire et du système pénitentiaire ; médias ; liberté religieuse ; questions relatives à la parité entre les sexes ; ratification et application de la Convention d'Aarhus sur l'accès à l'information, la participation du public au processus décisionnel et l'accès à la justice en matière d'environnement.

Une nouvelle preuve de l'intérêt porté par l'OSCE à la région d'Asie centrale a été apportée par la nomination le 16 mai 2001 de l'Ambassadeur Wilhelm Höynck comme Représentant personnel du Président en exercice pour l'Asie centrale. A la demande de la présidence, zone of conflict, to be funded from the respective State budgets. Although an agreement was not reached on issues such as the return and reintegration of refugees and internally displaced persons, a dialogue is going on, and that in itself is a major achievement.

The OSCE's engagement in the Baltic-Black Sea region continued through its field operations in Belarus, Estonia, Latvia, Moldova and Ukraine. The OSCE Mission to Estonia is very actively promoting a model of multilingual education, an issue which is of particular importance to the Russian-language community in Estonia. In the period under review, the main focus of the OSCE Mission to Latvia continued to be on citizenship and naturalization issues, with a view to supporting the more than 500,000 Latvian residents who still have the status of non-citizens. The OSCE Advisory and Monitoring Group in Belarus continued to implement its mandate to assist the Belarusian authorities in promoting democratic institutions and in complying with other OSCE commitments, especially in the field of elections and freedom of the media.

The OSCE Mission to Moldova was one of the main actors in the renewal of negotiations for a political settlement between the Republic of Moldova and Transdniestria. Furthermore, the Mission is closely following implementation of the agreement on the complete withdrawal of Russian troops from the country, while at the same time executing a number of projects aimed at encouraging contacts and reconciliation on both sides of the Dniestr.

In Kyiv, the OSCE Project Co-ordinator oversees the work of a team of international and local experts assisting the authorities of Ukraine in adapting legislation, institutions and processes to the requirements of a modern democracy, based on the rule of law.

The OSCE's interest in the Central Asian region has further increased in 2001. The OSCE Centres in Almaty, Ashgabad, Bishkek and Tashkent and the Mission to Tajikistan have been very active in developing a regional approach through the organization of a number of regional conferences and seminars on issues such as water resource management (Dushanbe), freedom of the media (Dushanbe) and translating policy into effective environmental law (Almaty). Throughout the year, the OSCE has been very actively helping countries in the Central Asian region to cope with the many economic and environmental challenges facing them. Other areas in which the OSCE's efforts across the region have continued to include trafficking in drugs, weapons and human beings; reform of the judicial and penitentiary systems; the media; freedom of religion; gender issues; and ratification and implementation of the Aarhus Convention on Access to Information; Public Participation in Decision-Making and Access to Justice in Environmental Matters.

The OSCE's renewed commitment to Central Asia was further corroborated by the appointment, on 16 May 2001, of Ambassador Wilhelm Höynck as Personal Representative of the Chairman-in-Office for Central Asia. At the request of the Chairmanship, Ambassador Höynck has taken an active part in the organization of the International Conference Enhancing Security and Stability in Central Asia: Strengthening Comprehensive Efforts to Counter Terrorism, to be held in Bishkek on 13 and 14 December 2001.

These and other activities deployed by the OSCE in the field have in the past years led to an unprecedented growth in human and financial resources. Such growth requires ever more decisive steps to improve the management and accountability of the whole Organization, including its field operations. The need for financial rigour and transparency must be reconciled with the need for flexibility and rapid deployment, as well as the overriding imperative to fulfil political tasks and objectives as set fort in the mandates.

Improvements in the budgetary processes, management and accountability were at the forefront of the activities of the Secretary General as the chief administrative officer of the OSCE, together with building of the capacity and capability for planning and rapid action and more effective support for the field.

l'Ambassadeur Höynck a pris une part active à l'organisation de la Conférence internationale sur le renforcement de la sécurité et de la stabilité en Asie centrale : renforcement des efforts d'ensemble pour lutter contre le terrorisme, devant se tenir les 13 et 14 décembre 2001 à Bichkek.

Ces efforts, auxquels s'ajoutent d'autres activités de l'OSCE sur le terrain, ont, les années passées, entraîné un accroissement sans précédent des ressources humaines et financières de l'Organisation. Cet accroissement impose des mesures de plus en plus résolues en vue d'améliorer la gestion et la transparence de l'ensemble de l'Organisation y compris les opérations sur le terrain. L'exigence de rigueur et de clarté financière doit être conciliée avec la souplesse et la rapidité de réaction voulues, ainsi qu'avec la nécessité impérative de remplir les missions et objectifs politiques assignés à l'Organisation.

Les améliorations à apporter au processus budgétaire, à la gestion et à la transparence ont été au premier plan des activités du Secrétaire général en sa qualité de chef de l'administration de l'OSCE, de même que la mise en place de compétences et de moyens pour la planification, l'action rapide et un soutien plus efficace sur le terrain.

Le Secrétariat a poursuivi l'effort entrepris pour améliorer globalement la gestion, comme en témoignent les propositions soumises au cours de la période considérée, notamment le nouveau projet de règlement financier ou les propositions relatives à des activités de projets qui seraient financés par des ressources extrabudgétaires. De plus, l'OSCE entreprend un examen approfondi de son système de gestion interne et d'appui informatique.

L'organisation du travail et les contrôles et systèmes d'information internes relatifs notamment aux achats et à la gestion des actifs fixes font actuellement l'objet d'un examen. Lorsque celui-ci sera terminé, il devrait être possible de définir et d'appliquer une stratégie globale et économiquement efficace de gestion intégrée des ressources. L'examen sera effectué en coopération étroite avec le Comité financier informel, les Etats participants, les institutions, les missions et tous les services du Secrétariat.

La Section du contrôle interne au Secrétariat a présenté son premier plan de travail depuis l'adoption de son mandat renforcé ; au cours de la période considérée, elle s'est consacrée de manière croissante à ses fonctions de contrôle et de vérification des comptes.

Le Secrétariat a à nouveau fourni une aide à la Présidence pour la préparation des groupes de travail et des négociations devant permettre de parvenir à un accord sur la capacité juridique et les privilèges et immunités de l'OSCE. Il a établi, à titre de base de discussion, un document de travail prévoyant essentiellement une convention qui accorderait à l'OSCE la personnalité juridique internationale, la capacité juridique et les privilèges et immunités habituellement reconnus aux organisations internationales. Un autre document appelle l'attention sur un certain nombre de difficultés sérieuses auxquelles se heurte l'OSCE faute de personnalité juridique, eu égard en particulier au fait que sa responsabilité juridique pourrait être engagée.

La création du Département des ressources humaines a offert une importante occasion de rationaliser et de recentrer les activités liées à la gestion des ressources humaines de l'Organisation.

Ce département a établi un certain nombre de priorités telles que les suivantes : mise au point d'un règlement du personnel s'appliquant à toutes les catégories d'agents, amélioration des procédures de recrutement et de sélection, insistance plus grande sur l'importance de la formation, spécialement pour le personnel local des missions, et rationalisation des prestations auxquelles le personnel a droit. Tout ceci vise à moderniser la gestion des ressources humaines de l'OSCE, et par-dessus tout à normaliser les conditions de travail et à établir un traitement juste et équitable pour toutes les catégories du personnel de l'OSCE tout en introduisant un système de recrutement plus crédible, transparent, et qui reflète les souhaits des Etats participants et des utilisateurs finals qui font appel aux services du département.

Efforts by the Secretariat to improve overall management continued. Proposals submitted during the reporting period, such as the new draft financial regulations or proposals on project activities funded from extra-budgetary resources bear this out. Moreover, the OSCE is undertaking an in-depth review of its internal management and information technology support.

Work processes, internal controls and information systems, including the procurement and fixed-asset management systems, are currently under review. At the end of the process, it is expected that a comprehensive, cost-effective strategy for an integrated resource management system will be conceptualized and implemented. The review is being undertaken in close co-operation with the Informal Financial Committee, participating States, institutions, missions and all sections of the Secretariat.

The Internal Oversight Section in the Secretariat presented its first work plan following the adoption of its strengthened mandate, and during the reporting period, the Section has been increasingly active in its oversight and audit functions.

The Secretariat has assisted the Chairmanship further in preparing for working groups and negotiations aimed at reaching an agreement on legal capacity and privileges and immunities for the OSCE. It has produced a working paper, serving as a basis for discussion, which focuses on a convention granting the OSCE international legal personality, legal capacity and the privileges and immunities usually accorded to international organizations. Another paper draws attention to a number of serious problems the OSCE is encountering due to the lack of legal personality, especially in respect of potential liabilities.

The establishment of the Department of Human Resources provided a significant opportunity to rationalize and focus activities related to the management of the Organization's human resources.

Among the priorities established by this Department are the development of a common set of staff regulations for all categories of staff, improvements in the recruitment and selection procedure, greater emphasis on the importance of training, especially for local staff in the missions, and the rationalization of personnel entitlements. This effort aims at modernizing the human OSCE's resource management, above all by standardizing working conditions and establishing just and equal treatment for all categories of OSCE staff and bringing in a more credible, transparent system of recruitment, reflecting the wishes of the participating States and the end users of the Department' services within the OSCE.

Realizing the objectives relating to REACT, as set out at the Istanbul Summit, has been posing a formidable, complex challenge to both the Organization and the Secretariat. Much additional work will need to be done, but with the system now functional and available to all participating States, field missions and Secretariat staff, the Organization has at its disposal a powerful instrument that takes full advantage of sound business practices and modern information technology alike. For the REACT system to attain full functionality will take time, effort, support and participation from the OSCE participating States.

The Operations Centre provides for significant planning and co-ordination capacity within the OSCE Secretariat, and it has assisted in the development of a number of recent mission deployments and enhancements, notably in the Federal Republic of Yugoslavia and the former Yugoslav Republic of Macedonia.

The OSCE has continued to integrate a gender aspect into its work and to take into account equal rights for women and men throughout as field operations activities. All field activities have appointed one of their staff members as a focal point for gender issues. These focal points are tasked with co-ordinating with the Gender Adviser of the Secretariat and the Gender Unit of the ODIHR in the implementation of the Action Plan for Gender Issues and are continuing

La réalisation des objectifs du programme REACT, définis au Sommet d'Istanbul, représentait un défi redoutable à la fois pour l'Organisation et pour le Secrétariat. Beaucoup de travail reste à faire mais maintenant que le système fonctionne et qu'il est à la disposition des Etats participants, des missions sur le terrain et du personnel du Secrétariat, l'Organisation est en possession d'un instrument puissant faisant systématiquement appel aux bonnes pratiques de gestion et aux technologies modernes de l'information. Pour que le système REACT devienne pleinement opérationnel il faudra du temps, des efforts, et l'appui des Etats participants de l'OSCE.

Le Centre d'opérations, qui fournit une importante capacité de planification et de coordination au Secrétariat de l'OSCE, a facilité récemment l'exécution d'un certain nombre de déploiements et de renforcements de missions, notamment en République fédérale de Yougoslavie et dans l'ex-République yougoslave de Macédoine.

L'OSCE a continué d'intégrer à son travail les aspects relatifs à la parité entre les sexes, et à tenir compte dans toutes ses activités sur le terrain de l'égalité des droits des femmes et des hommes. Toutes les activités sur le terrain ont désigné un membre de leur personnel comme point de contact pour les questions relatives à la parité entre les sexes. Ces personnes sont chargées de coordonner, avec la Conseillère pour la parité entre les sexes et avec le groupe du BIDDH pour la parité entre les sexes, la mise en œuvre du plan d'action pour la parité entre les sexes et continuent de mettre au point des programmes visant à accroître la participation des femmes à tous les aspects de la société civile.

L'OSCE souhaitant, pour donner suite aux décisions adoptées au Sommet d'Istanbul, renforcer son rôle dans les domaines d'activité liés aux questions de police, une réunion d'experts sur ces questions a été organisée les 28 et 29 juin 2001 à Vienne. A cette réunion a été notamment envisagée la création possible d'un nouveau poste de Conseiller principal pour les questions de police qui relèverait de mon bureau. La discussion sur ce point se poursuit.

Le Secrétariat a organisé une large discussion sur les moyens d'améliorer la visibilité de l'OSCE, son image et la réceptivité du public à cette image, et des mesures pratiques à cette fin sont en préparation.

Les défis que représente la mise en œuvre de la Plate-forme pour la sécurité coopérative ont conduit à un nombre sans précédent de contacts et de réunions réciproques à haut niveau avec les organisations et institutions partenaires. Dans ce contexte, les relations de l'OSCE avec l'Organisation des Nations Unies, l'Union européenne et la Commission européenne, le Conseil de l'Europe et l'OTAN ont connu des développements considérables. Par exemple, un certain nombre de réunions à niveau plus ou moins élevé sont organisées par la Section de la coopération extérieure avec le Siège de l'Organisation des Nations Unies et avec le Programme des Nations Unies pour le développement. D'autres initiatives pratiques basées sur les principes de la Plate-forme de l'OSCE pour la sécurité coopérative sont en cours, et visent à renforcer la coopération opérationnelle pragmatique entre l'OSCE et les autres organisations et institutions internationales, spécialement là où elle a le plus d'importance, c'est-à-dire sur le terrain. On trouvera des détails sur la coopération et la coordination avec les partenaires internationaux dans le *Rapport annuel du Secrétaire général sur l'interaction entre organisations et institutions dans l'espace de l'OSCE.*

Les consultations établies de longue date avec des organisations partenaires, telles que la réunion tripartite avec le Conseil de l'Europe et l'Office des Nations Unies à Genève ainsi que d'autres organismes du système des Nations Unies, la réunion thématique, et diverses réunions de travail, sont le principal moyen de définir les domaines possibles de coopération. Les réunions de haut niveau « 2+2 » avec le Conseil de l'Europe sont devenues des réunions « 3+3 » où les présidents des deux Assemblées parlementaires se joignent aux Présidents et aux Secrétaires généraux. En ce qui concerne l'Organisation internationale pour les migrations, un to develop programmes aimed at increasing the participation of women in all aspects of civil society.

To further the implementation of the decisions adopted at the Istanbul Summit and in view of the OSCE's interest in an enhanced role in police-related activities, an experts' meeting on these matters was convened on 28 and 29 June 2001 in Vienna. Among other things, it studied the possible establishment of a new post of Senior Police Adviser under my office. The discussion on this issue is continuing.

The Secretariat has organized a comprehensive discussion on improving the OSCE's visibility and corporate image and the public's receptivity to it and concrete steps to this end are being prepared.

The challenges posed by the implementation of the Platform for Co-operative Security have led to an unprecedented number of reciprocal high-level contacts and meetings with partner organizations and institutions. In this context, the OSCE's relations with the United Nations, the European Union and the European Commission, the Council of Europe and NATO have undergone considerable developments. For example, a number of new staff-level and working-level meetings are being organized by the External Co-operation Section with United Nations Headquarters and the United Nations Development Programme. A number of further practical initiatives, based on the principles of the OSCE Platform for Co-operative Security, are also under way, with a view to enhancing pragmatic operational co-operation between the OSCE and other international organizations and institutions, especially where it counts most: in the field. Details on the co-operation and co-ordination with international partners can be found in the Secretary General's Annual Report on Interaction Between Organizations and Institutions in the OSCE Area.

Long-established consultations with partner organizations such as the tripartite meeting with the Council of Europe and the United Nations Office at Geneva and other bodies of the United Nations system, the Target-Oriented Meeting, together with working-level meetings, are a primary tool for identifying potential areas of co-operation. The "2+2" high-level meetings with the Council of Europe have become "3+3" meetings with the Presidents of the two Parliamentary Assemblies joining the Chairmen and the Secretaries General. With regard to the International Organization for Migration, a Memorandum of Understanding was signed on the occasion of a first visit by its Director General, Mr. Brunson McKinley, to the OSCE on 30 August 2001. Other more specific agreements were concluded with NATO and some other partners.

Relations with the OSCE Mediterranean Partners for Co-operation, currently comprising Algeria, Egypt, Israel, Jordan, Morocco and Tunisia, as well as the Partners for Co-operation, namely, Japan, Korea and Thailand, were further expanded in 2001, following the acceptance, on 9 November 2000, of Thailand as a new Partner for Co-operation. An OSCE Mediterranean Seminar was jointly organized with the Republic of Croatia on the topic "The Implementation of OSCE Economic and Environmental Dimension Commitments: the OSCE Experience and its Relevance for the Mediterranean Region."

For the first time, both Japan and Korea co-hosted OSCE conferences. The OSCE-Japan Conference 2000 took place in Tokyo on 11 and 12 December 2000, on the topic "Comprehensive Security in Central Asia – Sharing OSCE and Asian Experiences". The OSCE-Korea Conference 2001 took place from 19 to 21 March 2001 in Seoul. The topic of the conference was "The Applicability of OSCE Confidence- and Security-Building Measures in North-East Asia".

Discussions, led by the Romanian Chairmanship, have taken place on the strengthening of the Economic and Environmental dimension. The concrete results and agreements provide additional guidance and will give greater visibility and responsibility to the new Co-ordinator mémorandum d'accord a été signé à l'occasion d'une première visite que son Directeur général M. Brunson McKinley, a faite à l'OSCE le 30 août 2001. D'autres accords plus spécifiques ont été conclus avec l'OTAN et certains autres partenaires.

Les relations avec les partenaires méditerranéens pour la coopération – actuellement, l'Algérie, l'Egypte, Israël, la Jordanie, le Maroc et la Tunisie – ainsi qu'avec les partenaires pour la coopération – le Japon, la Corée et la Thaïlande – ont été encore développées en 2001 après l'acceptation de la Thaïlande le 9 novembre 2000 comme nouveau partenaire pour la coopération. Un séminaire méditerranéen a été organisé avec la République de Croatie sur le sujet suivant : « Les engagements concernant la dimension économique et environnementale : l'expérience de l'OSCE et son intérêt pour la région méditerranéenne ».

Pour la première fois, le Japon et la Corée ont accueilli des conférences de l'OSCE. La conférence OSCE-Japon de 2000 s'est tenue à Tokyo les 11 et 12 décembre 2000, sur le thème : « Sécurité globale en Asie centrale – échange de données d'expérience entre l'OSCE et l'Asie ». La conférence OSCE-Corée de 2001 s'est tenue du 17 au 21 mars 2001 à Séoul sur le thème : « Applicabilité des mesures de confiance et de sécurité en Asie du Nord-Est ».

Des discussions conduites par la Présidence roumaine ont eu lieu au sujet du renforcement de la dimension économique et environnementale. Les résultats concrets et les points d'accord auxquels ces discussions ont abouti fourniront des indications supplémentaires et donneront une plus grande visibilité et une plus grande responsabilité au nouveau Coordonnateur des activités économiques et environnementales de l'OSCE. Ceci lui permettra de mieux aider le Président en exercice à faire le nécessaire pour l'application des principes et engagements de l'OSCE dans le domaine économique et environnemental, et de renforcer la capacité de l'OSCE à traiter des aspects économiques, sociaux et environnementaux de la sécurité tout en stimulant la coopération internationale sur ces questions entre organisations internationales, institutions financières internationales, groupes régionaux et organisations patronales et non gouvernementales.

Par ailleurs, dans un autre domaine d'activités de l'OSCE, la menace que constitue la dissémination des armes légères et de petit calibre représente une préoccupation croissante pour la région de l'OSCE. A la réunion du Conseil ministériel de Vienne, l'Organisation a adopté ce que l'on peut considérer comme le document le plus complet sur les armes de petit calibre qui n'ait jamais été adopté par une organisation internationale. Le Document de l'OSCE sur les armes légères et de petit calibre rassemble les normes, principes et mesures visant à réglementer la fabrication et le commerce, à améliorer la coopération en matière de répression, à protéger et réduire les stocks d'armes, et à introduire des mesures relatives aux armes de petit calibre dans les activités de prévention des conflits et de relèvement après un conflit.

Dans l'année qui marquait son dixième anniversaire, le Bureau des institutions démocratiques et des droits de l'homme (BIDDH) a encore renforcé ses programmes relatifs à la démocratisation et à l'observation électorale. Actuellement le BIDDH est le chef de file en Europe dans le domaine de l'observation des élections, et il est un partenaire respecté dans le domaine de la démocratisation. Au cours de la période considérée, le fonds du BIDDH pour les projets de lutte contre la traite des êtres humains, établi à la mi-février 2001, a grandement facilité l'action du BIDDH dans le domaine de la lutte contre la traite. Ce fonds est une importante source de financement pour les opérations de l'OSCE sur le terrain et permet d'élargir les initiatives dans ce domaine. Le BIDDH a également recentré et augmenté ses efforts pour améliorer la situation des Roms grâce aux activités du Point de contact pour les questions concernant les Roms et les Sintis. Par exemple, en décembre 2000, le Point de contact a organisé une réunion de parlementaires et d'élus Rom européens qui était la première du genre et qui a été une réussite. La réunion visait à développer des stratégies permettant d'accroître la participation des communautés Rom à la vie politique dans leur pays de résidence.

of OSCE Economic and Environmental Activities. This will allow the Co-ordinator to assist the Chairman-in-Office even better in ensuring the implementation of OSCE principles and commitments in the economic and environmental dimension and to strengthen the ability of the OSCE to address economic, social and environmental aspects of security, at the same time while acting as an OSCE catalyst for international co-operation in these areas, and engaging international organizations, international financial institutions, regional groupings and businesses and non-governmental organizations.

Turning to yet another area of OSCE activities, one issue of growing concern for the OSCE region is the threat posed by the spread of small arms and light weapons. At the Vienna Ministerial Council meeting, the Organization adopted what is arguably the most comprehensive document on small arms agreed by any international organization. The OSCE Document on Small Arms and Light Weapons brings together norms, principles and measures to regulate manufacture and trade; to improve co-operation in law enforcement; to secure and reduce stockpiles of weapons; and to incorporate measures relating to small arms into conflict prevention and post-conflict rehabilitation activities.

In the year of its tenth anniversary, the Office for Democratic Institutions and Human Rights (ODIHR) has further consolidated its democratization and election observation programmes. The ODIHR today is the lead agency in Europe in the field of election observation, and is a highly respected partner in the field of democratization. In the reporting period, the ODIHR's Anti-Trafficking Project Fund, established in mid-February 2001, has greatly enhanced the ODIHR's efforts to combat trafficking. The fund is an important source of financing for OSCE field operations, and enables them to expand their initiatives in this field. The ODIHR also consolidated its increased efforts to improve the situation of Roma through the activities of the Contact Point for Roma and Sinti Issues. For example, in December 2000, the Contact Point successfully organized the first-ever meeting of Roma parliamentarians and elected officials in Europe. The meeting was aimed at developing strategies to increase the participation of Roma communities in the political life of the countries in which they reside.

On 1 July 2001, the new OSCE High Commissioner on National Minorities (HCNM), Rolf Ekéus of Sweden, assumed Office. He took up the baton from Max van der Stoel of the Netherlands who, nevertheless, has not left the OSCE entirely, after many years of excellent and ground-breaking work. Mr. van der Stoel was appointed by the OSCE Chairman-in-Office as his Personal Envoy with the mandate "to facilitate a dialogue and provide advice for a speedy solution of the current crisis in the former Yugoslav Republic of Macedonia". Prior to his new appointment, High Commissioner van der Stoel was actively engaged in that country, in particular, in the setting up of the South-Eastern Europe University.

In the short period of his tenure thus far, High Commissioner Ekéus has focused specially on such areas as the Estonian State Language Laws, education conducted in the Russian language in Ukraine and teaching of the Moldovan language for school pupils from minority communities, as well as the situation of Hungarian minorities abroad, with special reference to the Act on Hungarians Living in Neighbouring Countries adopted by the Hungarian Government in June 2001. Furthermore, following the dramatic changes in the political landscape in the Federal Republic of Yugoslavia, the former and the current High Commissioners were both able to take a more proactive stance, inter alia, by paying several visits to Belgrade. In particular, High Commissioner Ekéus, in co-operation with the Federal Ministry of National and Ethnic Communities, started supporting some minority-oriented projects, such as the establishment of a group of experts on minority education and the creation of a youth centre in Bujanovac in southern Serbia.

The OSCE Representative on Freedom of the Media devoted special attention to the situation in Belarus, Russia, Ukraine, the Caucasus and the Federal Republic of Yugoslavia. In

Le 1er juillet 2001, le nouveau Haut-Commissaire de l'OSCE pour les minorités nationales, M. Rolf Ekéus (Suède), a pris ses fonctions. Il succédait à M. Max van der Stoel (Pays-Bas) qui toutefois n'a pas quitté complètement l'OSCE après plusieurs années de travail excellent au cours desquelles il a fait œuvre de pionnier. Le Président en exercice de l'OSCE a désigné M. van der Stoel comme son envoyé spécial avec pour mandat « de faciliter le dialogue et de fournir des avis pour une solution rapide à la crise actuelle en ex-République yougoslave de Macédoine ». Avant cette nomination le Haut-Commissaire van der Stoel a eu un rôle actif dans ce pays, en particulier pour la mise sur pied de l'université pour l'Europe du Sud-Est.

Pendant la courte période qui s'est écoulée depuis sa prise de fonctions, le Haut-Commissaire Ekéus s'est spécialement occupé de domaines tels que les lois estoniennes sur la langue officielle, l'enseignement en langue russe en Ukraine et l'enseignement de la langue moldave pour les élèves des écoles des minorités, et également sur la situation des minorités hongroises à l'étranger, compte tenu spécialement de la Loi sur les Hongrois vivant dans les pays avoisinants adoptée par le Gouvernement hongrois en juin 2001. De plus, après les profonds changements intervenus dans le paysage politique en République fédérale de Yougoslavie, l'ancien et le nouveau Haut-Commissaire ont pu l'un et l'autre adopter une attitude plus active notamment en se rendant à plusieurs reprises à Belgrade. En particulier, le Haut-Commissaire Ekéus, en coopération avec le ministère fédéral des Communautés nationales et ethniques, a commencé à appuyer un certain nombre de projets à l'intention des minorités, comme la création d'un groupe d'experts sur l'enseignement pour les minorités et la création d'un centre de jeunes à Bujanovac en Serbie du Sud.

Le Représentant de l'OSCE pour la liberté des médias a accordé une attention particulière à la situation en Biélorussie, en Russie, en Ukraine, dans le Caucase et en République fédérale de Yougoslavie. En avril 2001 a été présenté le troisième « *Freedom and Responsibility Yearbook* » pour 2000/2001. Cet annuaire, comme par le passé, expose les activités du Représentant et de son Bureau. En outre, l'édition de cette année a offert à des auteurs du Caucase, d'Europe et de Russie ainsi que d'autres pays la possibilité de présenter leurs vues sur la liberté d'expression et la paix dans le Caucase. Le deuxième volume de la série « *In Defence of the Future* » porte également sur le Caucase. Il réunit des essais présentés par 26 auteurs importants caucasiens et russes. C'était la première fois qu'on publiait une telle réflexion commune sur l'avenir de la région. Parmi les autres activités du Représentant de l'OSCE pour la liberté des médias, il convient de noter l'organisation d'une Table ronde internationale sur la protection des journalistes dans les zones de conflit, tenue à Berlin le 6 novembre 2001.

Le Président de l'Assemblée parlementaire de l'OSCE Adrian Severin (Roumanie) a été élu pour un second mandat à la session annuelle de l'Assemblée parlementaire. Le Président Severin a beaucoup fait pour encourager le dialogue parlementaire et l'application par les Etats participants des engagements souscrits au titre de l'OSCE. Cette année, pour la première fois, l'Assemblée parlementaire de l'OSCE a pris part aux réunions « 2+2/3+3 ». Les groupes de travail parlementaire spéciaux et les équipes pour la démocratie jouent un rôle de plus en plus grand à l'Assemblée parlementaire. Les équipes pour la démocratie en Biélorussie et en Moldavie ont intensifié leur activité. Cette dernière en particulier s'est associée au Parlement finlandais (*Eduskunta*) pour organiser un séminaire international sur l'autonomie locale à Helsinki. Il faut encore mentionner l'organisation d'une conférence internationale sur les migrations à Cintra (Portugal), à laquelle ont participé plus de 100 parlementaires venant de plus de 40 pays. L'Assemblée parlementaire de l'OSCE a aussi consacré d'importants efforts à encourager les valeurs démocratiques de transparence et de responsabilité. Une nouvelle Commission *ad hoc* chargée de promouvoir la transparence et la responsabilité au sein de l'OSCE a été créée à la dixième session annuelle de l'Assemblée. Au cours de la période considérée, le Président Severin a pris une part active à un débat sur la réforme du processus

April 2001, the third Freedom and Responsibility Yearbook, for 2000/2001, was launched. The Yearbook traditionally outlines the activities of the Representative and his Office. In addition, this year's edition provided a forum for authors from the Caucasus, Europe, Russia and other countries to present their individual views on freedom of expression and peace in the Caucasus. The second book in the series "In Defence of the Future" was published, also concentrating on the Caucasus. Essays by 26 leading Caucasian and Russian authors were collected. This was the first time that such a joint reflection on the future of the region had been published. Among other activities by the OSCE Representative on Freedom of the Media, the organization of an international round table on the protection of journalists in conflict areas, which took place in Berlin on 6 November 2001, is worthy of note.

The President of the OSCE Parliamentary Assembly, Adrian Severin of Romania, was elected for a second term at the Annual Session of the Parliamentary Assembly. President Severin has been very active in promoting parliamentary dialogue and implementation of OSCE commitments by participating States. This year, for the first time, the OSCE Parliamentary Assembly took part in the "2+2/3+3" meetings. The parliamentary ad hoc working groups and democracy teams are a growing dimension in the Parliamentary Assembly. The work of the Democracy Teams on Belarus and on Moldova has intensified. The latter in particular joined efforts with the Finnish Eduskunta Parliament in the organization of an international seminar on self-government in Helsinki. Among other activities by the Assembly, the organization of an international conference on migration in Sintra, Portugal, in which more than 100 parliamentarians from over 40 countries participated, deserves mention. The OSCE Parliamentary Assembly has also devoted considerable effort to promoting the democratic values of transparency and accountability. A new ad hoc Committee on promoting transparency and accountability in the OSCE was created at the Tenth Annual Session of the Assembly. Throughout the reporting period, President Severin has been actively engaged in a debate on reform of the OSCE's decision-making process, with particular focus on the role of the Assembly as the democratic foundation of the Organization.

de décision à l'OSCE, l'accent portant particulièrement sur le rôle de l'Assemblée en tant que fondement démocratique de l'Organisation.

ACTIVITÉS SUR LE TERRAIN

Présence de l'OSCE en Albanie

Le mandat de l'OSCE en Albanie, depuis 1997, est de prévenir les conflits par la médiation et l'observation politiques, tout en contribuant à la stabilité en renforçant la légitimité des institutions gouvernementales démocratiques et le dynamisme de la société civile. La Présence est également chargée d'assurer la coopération entre les organisations internationales qui ont une activité de conseil et d'assistance en Albanie. A la fin de 1997, le Conseil permanent de l'OSCE a adapté le mandat afin d'assurer la coordination souple des efforts de la communauté internationale, et en 1998, les Amis de l'Albanie ont commencé à remplir une fonction de centralisation de l'information sur les activités internationales en Albanie afin d'appuyer une stratégie internationale cohérente. Au cours de l'année écoulée, la coordination a le plus souvent eu lieu avec la participation du Gouvernement albanais.

La région reste troublée ; toutefois, l'Albanie a fait des progrès considérables depuis l'établissement en 1997 de la Présence de l'OSCE, avec pour tâche initiale une activité de gestion de crise. Toutefois, l'objectif de démocratisation suppose la consolidation d'institutions légitimes dans les trois domaines exécutif, judiciaire et législatif, ainsi que le renforcement de la société civile et une économie viable. Compte tenu de cet objectif, la Présence continue d'être bien accueillie en Albanie et est heureuse de continuer à aider le pays à atteindre durablement une stabilité qui permettra son intégration dans les structures euro-atlantiques.

Le tableau d'effectifs de la Présence de l'OSCE en Albanie (y compris les chauffeurs, les gardes de sécurité et les nettoyeurs) compte actuellement 137 postes qui ne sont cependant pas tous encore pourvus. Sur ces 137 postes, 45 sont occupés par des membres du personnel recrutés sur le plan international et les 92 postes restants sont destinés à du personnel national. Les bureaux extérieurs emploient 26 personnes recrutées sur le plan international et 32 personnes recrutées sur le plan local.

Mission de l'OSCE en Bosnie-Herzégovine

Instrument de premier recours en matière d'alerte précoce, de prévention des conflits, de gestion des crises et de relèvement après un conflit, l'OSCE joue un rôle de premier plan dans la création d'une Bosnie-Herzégovine stable, pacifique et démocratique. Le mandat de la Mission de l'OSCE en Bosnie-Herzégovine a été établi le 18 décembre 1995. Depuis lors, la Mission a mis en œuvre des programmes visant à organiser et à superviser les élections, à favoriser et à appuyer la mise en place d'un système électoral viable, à promouvoir les valeurs démocratiques, une société civile dynamique, la bonne gouvernance et la liberté des médias, à surveiller et à promouvoir la mise en œuvre des lois sur la propriété et le retour des réfugiés, et à appliquer les mesures de maîtrise des armements et de renforcement de la confiance et de la sécurité.

La Bosnie-Herzégovine a aujourd'hui résolu bon nombre de ses problèmes humanitaires de l'immédiat après-guerre, mais elle doit encore faire face à plusieurs défis à long terme en ce qui concerne notamment la promotion du respect des droits de l'homme, le renforcement de l'état de droit, la promotion de la tolérance interethnique, la création d'institutions politiques démocratiques du niveau municipal au niveau de l'Etat et le contrôle démocratique des forces armées. Sous les auspices de l'Accord de Dayton, la Mission de l'OSCE en Bosnie-Herzégovine

ACTIVITIES IN THE FIELD

OSCE Presence in Albania

OSCE's mandate in Albania since 1997 has been to prevent conflict through political brokerage and monitoring, while contributing to stability by strengthening the legitimacy of democratic government institutions and the vibrancy of civil society. The Presence was also tasked with ensuring co-operation between international organizations that were providing advice and assistance in Albania. At the end of 1997, the OSCE Permanent Council adjusted the mandate to provide for flexible co-ordination of the international community's efforts, and in 1998, the Friends of Albania began acting as a clearing house for information on international efforts in Albania in support of a coherent international strategy. Over the past year, co-ordination has more often taken place with the participation of the Government of Albania.

While the region continues to be troubled, Albania has made considerable progress since the establishment of the OSCE Presence in 1997, when the initial task was crisis management. However, democratization as a goal must include the consolidation of legitimate executive, judicial and legislative institutions, as well as the strengthening of a civil society and a viable economy. To that end, the Presence continues to be welcome in Albania and is pleased to continue to help Albania achieve a lasting stability that will permit its integration into Euro-Atlantic structures.

The staffing table of the OSCE Presence in Albania (including drivers, security guards and cleaners) currently comprises 137 positions, although some are not yet filled. Of these, 45 posts are for international staff members and a further 92 are to be filled by national staff. The field stations account for 26 international and 32 national posts.

OSCE Mission to Bosnia and Herzegovina

As the primary instrument for early warning, conflict prevention, crisis management and post-conflict rehabilitation in Europe, the OSCE plays a major role in the creation of a stable, peaceful and democratic Bosnia and Herzegovina. The mandate of the OSCE Mission to Bosnia and Herzegovina was established on 18 December 1995. Since then, the Mission has implemented programmes aimed at organizing and supervising elections; facilitating and supporting the establishment of a viable electoral system; promoting democratic values, a vibrant civil society, good governance and free media; monitoring and enhancing the implementation of property laws and the return of refugees; and implementing arms control and confidence and security-building measures.

While Bosnia and Herzegovina has now addressed many of its immediate post-war humanitarian problems, it continues to face several long-term challenges, such as fostering respect for human rights, strengthening the rule of law, promoting inter-ethnic tolerance, creating democratic political institutions from the municipal to the State level and ensuring democratic control of the armed forces. Under the auspices of the Dayton Accords, the OSCE Mission to Bosnia and Herzegovina remains one of the key implementing agencies responsible for helping Bosnia and Herzegovina make the transition to democracy.

reste l'un des principaux agents d'exécution chargés d'aider la Bosnie-Herzégovine à réussir sa transition vers la démocratie.

En 2001, la Mission de l'OSCE en Bosnie-Herzégovine a poursuivi ses activités concernant les élections, les droits de l'homme, la démocratisation, la stabilisation régionale, les médias ainsi que la presse et l'information.

Mission de l'OSCE en Croatie

Conformément à la Décision n° 424 du Conseil permanent en date du 28 juin 2001, la Mission de l'OSCE en Croatie, établie en 1996, compte actuellement 100 membres recrutés sur le plan international en poste au siège de Zagreb, dans les trois centres de coordination de Vukovar, de Knin et de Sisak, dans les 14 bureaux extérieurs et dans les quatre bureaux auxiliaires. Le Conseil a, par sa Décision n° 112 du 18 avril 1996, confié à la Mission les tâches suivantes : fournir aide et expertise dans les domaines des droits de l'homme et des droits des minorités aux autorités croates à tous les niveaux ainsi qu'aux personnes, groupes et organisations intéressés, et fournir une aide et des conseils pour la pleine mise en œuvre de la législation. En outre la Mission doit, dans le cadre de son mandat, surveiller le bon fonctionnement et le développement des institutions, processus et mécanismes démocratiques. Les Décisions n° 176 du 26 juin 1997 et n° 239 du 25 juin 1998 du Conseil permanent ont modifié le mandat de la Mission, l'autorisant à aider et à suivre la mise en œuvre de la législation croate et de tous les accords et engagements souscrits par le Gouvernement croate concernant le retour dans les deux sens de tous les réfugiés et personnes déplacées et la protection des personnes appartenant à des minorités nationales. Suite au retrait en janvier 1998 du Groupe d'appui de la police des Nations Unies de la partie orientale de la Croatie, précédemment administrée par les Nations Unies, l'OSCE a approuvé le déploiement dans cette zone d'un groupe de contrôle de la police composé au maximum de 120 personnes. Ce dernier a mis un terme à ses opérations le 31 octobre 2001 sur recommandation de la Mission (Décision n° 373 du Conseil permanent du 21 septembre 2000) compte tenu du nouvel environnement politique après les élections législatives et présidentielles de 2000.

Conformément à son mandat élargi, la Mission s'est surtout intéressée, au cours de la période considérée, au processus de retour durable des réfugiés et personnes déplacées, au renforcement et à la promotion de la société civile et de l'état de droit, et a participé à des activités régionales organisées dans le cadre de l'OSCE et du Pacte de stabilité pour l'Europe du Sud-Est, en particulier en matière de traite des êtres humains et de retour.

Mission de l'OSCE en République fédérale de Yougoslavie

Le Conseil permanent de l'OSCE a, par sa Décision n° 401 du 11 janvier 2001, décidé de créer une nouvelle Mission de l'OSCE en République fédérale de Yougoslavie, qui aura un mandat étendu ; la mission :

« ... apportera son concours et fournira des avis compétents aux autorités yougoslaves, à tous les niveaux, ainsi qu'aux individus, groupes et organisations intéressés, en ce qui concerne la démocratisation et la protection des droits de l'homme, et notamment les droits des personnes appartenant à des minorités nationales. Dans cette perspective, et afin de promouvoir la démocratisation, la tolérance, l'état de droit et le respect des principes, normes et engagements de l'OSCE, la Mission prêtera également assistance et conseil en vue de l'application intégrale de la législation dans les domaines relevant de son mandat et observera le fonctionnement et le développement réguliers des institutions, processus et mécanismes démocratiques. En

In 2001, the OSCE Mission to BiH continued its programmatic activities in elections, human rights, democratization, regional stabilization, the media and press and public information.

OSCE Mission to Croatia

Pursuant to Permanent Council Decision No. 424, of 28 June 2001, the Mission to Croatia, which was established in 1996, currently has 100 international staff members serving at the headquarters in Zagreb, three co-ordination centres in Vukovar, Knin and Sisak, 14 field offices and four sub-offices. By PC Decision No. 112, of 18 April 1996, the Permanent Council assigned the Mission the tasks of providing assistance and expertise to the Croatian authorities at all levels and interested individuals, groups and organizations in the field of human rights and minority rights, and of assisting in and advising on the full implementation of legislation. Furthermore, the Mission was mandated to monitor the proper functioning and development of democratic institutions, processes and mechanisms. PC Decisions Nos. 176, of 26 June 1997, and 239, of 25 June 1998, amended the mandate of the Mission, authorizing it to assist with and to monitor the implementation of Croatian legislation and agreements and commitments entered into by the Croatian Government on the two-way return of all refugees and displaced persons and on the protection of persons belonging to national minorities. Following the withdrawal of the United Nations Police Support Group in the eastern part of Croatia formerly administered by the United Nations in January 1998, the OSCE agreed to deploy up to 120 OSCE police monitors to the area in a Police Monitoring Group. The latter ceased its operations on 31 October 2001, on the Mission's recommendation (PC Decision No. 373, of 21 September 2000), acknowledging the new political environment that followed the parliamentary and presidential elections in 2000.

Pursuing its enhanced mandate, the Mission's main activities in the reporting period were related to the process of sustainable return of refugees and displaced persons, the strengthening and promoting of civil society and the rule of law and involvement in regional activities of the OSCE and the Stability Pact for South Eastern Europe, particularly regarding return and trafficking in human beings.

OSCE Mission to the Federal Republic of Yugoslavia

The OSCE Permanent Council decided by its Decision No. 401 of 11 January 2001, to establish a new Mission to the Federal Republic of Yugoslavia with a broad mandate designed to:

"...provide assistance and expertise to the Yugoslav authorities at all levels, as well as to interested individuals, groups and organizations, in the fields of democratisation and the protection of human rights, including the rights of persons belonging to national minorities. In this context, and in order to promote democratisation, tolerance, the rule of law and conformity with OSCE principles, standards and commitments, the Mission will also assist and advise on the full implementation of legislation in areas covered by the mandate, and monitor the proper functioning and development of democratic institutions, processes and mechanisms. In particular, the Mission will assist in the restructuring and training of law enforcement agencies and the judiciary".

particulier, la Mission appuiera la restructuration des services chargés de l'application des lois et des organes judiciaires et les actions de formation correspondantes. »

Par ailleurs, il est expressément spécifié dans le mandat que la Mission fournira des conseils et un appui en coopération étroite avec le Haut-Commissariat des Nations Unies pour les réfugiés (HCR), afin de faciliter le retour des réfugiés à partir de la Yougoslavie et vers la Yougoslavie, qu'elle apportera une assistance dans le domaine des mesures de confiance et de sécurité et concernant d'autres questions d'ordre politico-militaire, et enfin qu'elle apportera une assistance dans le domaine de l'environnement.

Conformément à la décision du Conseil permanent, le mandat initial de la Mission expire au 31 décembre 2001 ; toute prorogation du mandat appellera une nouvelle décision du Conseil permanent.

Le 17 janvier 2001, l'Ambassadeur Stefano Sannino (Italie) a été nommé chef de la Mission de l'OSCE en République fédérale de Yougoslavie. La Mission a été officiellement installée à Belgrade le 16 mars 2001, lors d'une cérémonie à laquelle assistait le ministre des Affaires étrangères de la République fédérale de Yougoslavie, le Président en exercice de l'OSCE et le Secrétaire général du Conseil de l'Europe, après la signature plus tôt le même jour d'un mémorandum d'accord avec le Gouvernement de la République fédérale de Yougoslavie.

L'effectif autorisé de la Mission a été initialement fixé à 30 membres recrutés sur le plan international. Etant donné que le mandat de la Mission insiste sur la consultation et sur le partenariat avec le Gouvernement et les ONG, la Mission dispose également d'un nombre inhabituellement important d'experts et de conseillers recrutés sur le plan national, qui travailleront côte à côte avec leurs collègues recrutés sur le plan international dans tous les départements. Le nombre total de personnes recrutées sur le plan national s'élève actuellement à 55, dont 22 pour le personnel d'appui. La Mission comprend maintenant quatre départements principaux (état de droit et droits de l'homme, démocratisation, application des lois et médias), ainsi que le bureau du chef de la Mission et le département de l'administration et des finances qui fournit des services à tous les autres départements de la Mission.

En outre, la Mission est autorisée à recruter sur le plan international 32 responsables de projet en vue d'appuyer le Programme de formation pour une police multiethnique en Serbie du Sud. Actuellement, 19 instructeurs de police internationaux ont été nommés, ainsi que 22 agents auxiliaires locaux, basés à l'Ecole serbe de police de Mitrovo Polje.

Mission de l'OSCE au Kosovo

Après avoir contribué deux années durant à promouvoir la gouvernance et la justice démocratiques ainsi que le renforcement des institutions, la Mission de l'OSCE au Kosovo s'emploie désormais à consolider les progrès réalisés. Elle a réorienté ses activités pour se concentrer sur la viabilité à long terme des institutions récemment créées en les rationalisant. Pour accomplir cette tâche, trois grands principes ont guidé la Mission dans tous ses programmes. En premier lieu, il était indispensable de promouvoir la réappropriation par le Kosovo des nouvelles institutions. La Mission a systématiquement prôné la participation des citoyens du Kosovo à tous les niveaux de l'administration. Toutes les structures récemment créées ont été conçues dans le but de les transférer à terme aux Kosovars de toutes les communautés ethniques, plutôt que de continuer à faire appel à du personnel international. Le second principe est celui de la dépolitisation et de la professionnalisation. Après une décennie de gouvernance totalement politisée, la Mission a contribué à dépolitiser les institutions publiques du Kosovo, notamment la fonction publique, la police, l'appareil judiciaire, les médias et l'enseignement. Pour ce faire, il a fallu introduire de nouvelles normes fondées sur le mérite et les performances pour le recrutement et les licenciements, les promotions, l'octroi de primes et la formation. Et enfin,

Other areas specifically referred to in the mandate include the provision of advice and support, in close co-operation with the United Nations High Commissioner for Refugees (UNHCR), to facilitate the return of refugees to and from Yugoslavia, as well as the return of internally displaced persons to their homes within Yugoslavia; assistance in the fields of confidence- and security-building measures and other politico-military issues; and assistance in the area of the environment.

According to the Permanent Council decision, the initial mandate of the Mission extends until 31 December 2001; prolongation will be subject to a new decision by the Permanent Council.

On 17 January 2001, Ambassador Stefano Sannino of Italy was appointed as Head of the OSCE Mission to the Federal Republic of Yugoslavia. The Mission was formally inaugurated in Belgrade on 16 March 2001, at a ceremony attended by the Foreign Minister of the Federal Republic of Yugoslavia, the OSCE Chairman-in-Office and the Secretary General of the Council of Europe, following the signature earlier that day of a Memorandum of Understanding with the Government of the Federal Republic of Yugoslavia.

The authorized strength of the Mission has initially been established at 30 international staff members. In line with the emphasis in the Mission's mandate on consultation and partnership with the Government and NGOs, the Mission also has an unusually large number of national staff experts and advisers working alongside their international staff colleagues in all departments. The total number of national staff is currently 55, including 22 support staff. The Mission is now structured into four core programme departments dealing with the rule of law and human rights, democratisation, law enforcement and the media, as well as the Office of the Head of Mission and a Department of Administration and Finance which, provides services to all the other departments of the Mission.

In addition to the above, 32 non-core international project staff have been authorized to support the Southern Serbia Multi-Ethnic Police Training Programme. To date, 19 international police trainers have been appointed, as well as 22 local support staff, based at the Serbian Police Training School in Mitrovo Polje.

OSCE Mission in Kosovo

After two years of promoting democratic governance and justice and institution building, the OSCE Mission in Kosovo is now consolidating the progress made. The Mission has shifted its emphasis to focus on long-term sustainability by streamlining newly created institutions. In this task, three key policy notions have served as a foundation for all the Mission's programmes. Firstly, the promotion of Kosovo's ownership of the newly established institutions has been essential. The Mission has consistently advocated participation by the people of Kosovo at all levels of administration. All newly created structures have a built-in strategy for handover to the people of Kosovo of all ethnic communities, rather than a continued reliance on international staff. The second principle is that of depoliticitation and professionalisation. After a decade of thoroughly politicised governance, the Mission has contributed to depoliticising Kosovo's public institutions, including the civil service, the police, the judiciary, the public media and the education system. This has implied introduction of new merit- and performance-based standards for recruitment and dismissal, promotion, incentive systems and training. Finally, in all its efforts, the Mission has endeavoured to contribute to the quality of the policies and dans toutes ses activités, la Mission s'est efforcée de contribuer à la qualité des politiques et des opérations de la Mission des Nations Unies au Kosovo (MINUK) en consolidant les processus démocratiques et en mettant l'accent sur la transparence, la participation de la population et le respect des droits de l'homme.

Mission de contrôle de l'OSCE à Skopje chargée d'éviter le débordement du conflit

La période considérée a été marquée par les nombreux défis résultant des activités des groupes armés albanais de souche qui ont opéré d'abord le long de la frontière septentrionale et ensuite dans les régions de Tetovo et de Kumanovo, et ont constitué la menace jusqu'ici la plus sérieuse pour la stabilité de l'ex-République yougoslave de Macédoine. Au cours du premier trimestre de cette année, la situation a été observée par les huit membres internationaux de la Mission. Le nombre des membres recrutés sur le plan international est passé à 16 en avril et à 26 au début du mois de juillet, conformément aux décisions du Conseil permanent visant à renforcer les capacités d'observation de la Mission (PC.DEC/405 et 414, respectivement). Le 6 septembre 2001, le chiffre a été porté à 51 par Décision n° 437 du Conseil permanent. Afin de lui permettre de s'acquitter des tâches énoncées dans le plan du Président Trajkovski visant à vaincre la crise et qui demande, entre autres, un contrôle plus élargi de la situation ainsi que la fourniture d'assistance à l'application de l'Annexe C de l'Accord-cadre, le Conseil permanent a décidé le 29 septembre 2001 (PC.DEC/439) de renforcer la Mission en lui permettant de recruter 159 collaborateurs de plus sur le plan international, parmi lesquels 72 observateurs, 60 conseillers de police, 17 formateurs de police et 10 membres du personnel d'appui, pour la période allant jusqu'au 31 décembre 2001. La Mission mettra principalement l'accent sur l'observation de la situation en général et sur la formation et la fourniture de services consultatifs aux forces de police, mais également sur d'autres questions considérées comme essentielles aux termes de l'Annexe C de l'Accord-cadre comme les relations interethniques et le développement des médias. Les activités correspondantes, comme le rôle de l'OSCE dans le redéploiement des forces de sécurité dans les zones touchées par la crise, sont déterminées en étroite coopération avec le gouvernement. En outre, la Mission est prête à aider le Bureau des institutions démocratiques et des droits de l'homme (BIDDH) dans la préparation des élections qui devraient avoir lieu au début de 2002.

Mission de l'OSCE en Estonie

Au cours de la période considérée, la Mission de l'OSCE en Estonie n'a connu aucune modification de son mandat ou de ses effectifs. La Mission a continué de maintenir une présence dans ses bureaux auxiliaires de Narva et de Järve. Un membre de la Mission se rendait chaque semaine à Narva alors que le bureau auxiliaire de Järve était ouvert sur rendez-vous.

En novembre 2000, la Mission a reçu une série de lignes directrices de la Présidente en exercice autrichienne lui demandant de se concentrer sur certaines questions, telles que :

- la loi sur la langue officielle (amendements à la loi sur la langue officielle dans le secteur privé et application de ces derniers) ;
- la loi sur les élections législatives et la loi sur les élections locales (mise en conformité de ces deux lois avec les normes internationales grâce à la suppression des dispositions relatives aux exigences linguistiques pour les candidats qui briguent un mandat politique) ;
- le Médiateur (appui à la mise en place d'un bureau régional du Chancelier de justice/ Médiateur estonien dans le Nord-Est de l'Estonie) ;

process of the United Nations Mission in Kosovo (UNMIK) by mainstreaming democratic processes and emphasizing transparency, popular participation and respect for human rights.

OSCE Spillover Monitor Mission to Skopje

The reporting period was marked by the numerous challenges that emerged as a result of the activities of the ethnic Albanian armed group operating initially along the northern border, and eventually also in the Tetovo and Kumanovo regions, posing the hitherto most serious threat to the stability of the former Yugoslav Republic of Macedonia. During the first quarter of the year, the situation was covered by the Mission's eight international staff. In April, the number of international staff increased to 16 and in early July to 26, pursuant to Permanent Council decisions to enhance the Mission's monitoring capacity (PC.DEC/405 and 414, respectively). On 6 September 2001, the number was increased to 51 by Permanent Council Decision No. 437. In order to be able to fulfil the tasks envisaged in President Trajkovski's plan to overcome the crisis, which includes more extensive monitoring, as well as assistance in the implementation of Annex C of the Framework Agreement, the Permanent Council decided on 29 September 2001 (PC.DEC/439) on an enhancement of the Mission by a further 159 international staff, including 72 confidence-building monitors, 60 police advisers, 17 police trainers and 10 support staff, with a mandate that runs until 31 December 2001. The focus of the Mission will be on monitoring the general situation and providing police advisory services and training, but also on other issues regarded as essential under Annex C of the Framework Agreement, such as inter-ethnic relations and media development. Relevant activities, such as the role of the OSCE in the redeployment of security forces to the areas affected by the crisis are determined in close co-operation with the Government. In addition, the Mission stands ready to assist the Office for Democratic Institutions and Human Rights (ODIHR) in preparation of the elections which are expected to take place early 2002.

OSCE Mission to Estonia

In the period under review, the OSCE Mission to Estonia witnessed no changes in either mandate or staffing strength. The Mission also continued to maintain a presence in its sub-offices in Narva and Johvi. One Mission member visited Narva every week, whereas the Johvi sub-office was open by appointment.

In November 2000, the Mission received a set of guidelines from the Austrian Chairperson-in-Office, requesting it to focus its attention on certain issues, such as:

- the Language Law – amendments to the Language Law in the private sector and implementation thereof;
- the Law on Parliamentary Elections and the Law on Local Elections – both laws into conformity with international standards by removing language requirements for candidates who run for political office;
- the Ombudsman – support the establishment of a regional office of the Estonian Legal Chancellor/Ombudsman in north-eastern Estonia;

- l'intégration (observer et appuyer à la poursuite de la mise en œuvre du programme officiel d'intégration) ;
- identifier et lever les obstacles à la naturalisation, au regroupement familial et à la délivrance de permis de résidence.

Mission de l'OSCE en Lettonie

Le mandat de la Mission de l'OSCE en Lettonie a essentiellement trait aux questions de nationalité, mais elle a progressivement étendu son travail aux questions d'intégration sociale en général. Quatre domaines principaux retiennent son attention : les questions de nationalité et les problèmes des non-citoyens, la langue et l'éducation, le programme d'intégration du Gouvernement letton et le régime de protection des droits.

Les activités de la Mission ont trait de plus en plus à l'appui institutionnel, maintenant que les grandes tâches législatives du passé ont largement reçu l'attention nécessaire.

Groupe de conseil et d'observation en Biélorussie

Le Groupe de conseil et d'observation de l'OSCE en Biélorussie a été créé en 1997 avec pour mandat d'aider les autorités biélorusses à promouvoir les institutions démocratiques et à respecter d'autres engagements de l'OSCE, et d'observer ce processus et d'en rendre compte (PC.DEC/185). Conformément au mémorandum d'accord signé le 18 décembre 1997, le Groupe avec ses cinq membres recrutés sur le plan international jouit du statut diplomatique. Il a accès à tous et tous ont accès au Groupe, il conseille le gouvernement, l'opposition et les ONG. Dans la déclaration du Sommet d'Istanbul adoptée par les chefs d'Etat et de gouvernement de l'OSCE le 19 novembre 1999, cette coopération a été saluée (au paragraphe 22) comme une contribution importante à la résolution de la controverse constitutionnelle en Biélorussie ainsi qu'au dialogue politique pouvant ouvrir la voie à des élections libres et démocratiques. Le même paragraphe salue la coopération étroite du Groupe avec l'Assemblée parlementaire de l'OSCE et insiste sur la nécessité d'éliminer tous les obstacles qui empêchent le dialogue, en respectant les principes de l'état de droit et la liberté des médias.

En 2001, le Gouvernement biélorusse a voulu rendre plus difficiles les conditions légales et administratives dans lesquelles s'exercent les activités du Groupe en essayant d'imposer des restrictions au financement des réseaux d'observation des élections, en imposant des conditions strictes pour le projet « Jeunesse et démocratie » et en permettant une campagne publique de style KGB contre les activités consultatives du Groupe destinées, en prévision des élections présidentielles, à appuyer le conseil consultatif des partis d'opposition et la coalition des candidats de l'alliance démocratique.

Groupe d'assistance de l'OSCE en Tchétchénie (Fédération de Russie)

Le Groupe d'assistance de l'OSCE en Tchétchénie a été créé par le Conseil permanent le 11 avril 1995 (PC.DEC/35), notamment pour promouvoir le respect des droits de l'homme, faciliter l'envoi d'aide humanitaire, fournir une assistance pour assurer rapidement le retour de réfugiés et de personnes déplacées, et encourager le règlement pacifique de la crise et la stabilisation de la situation dans la République tchétchène. Le Groupe d'assistance fait régulièrement rapport sur la situation concernant les personnes déplacées à l'intérieur du pays, et également sur les questions politiques, militaires, économiques, et relatives à l'environnement et aux droits de l'homme.

Pendant toute la période examinée, la priorité immédiate du Groupe d'assistance a été

- integration – monitor and support further implementation of the State Integration Programme;
- identify and remove obstacles to naturalization, family reunification and residence permits.

OSCE Mission to Latvia

The mandate of the OSCE Mission to Latvia is focused on citizenship issues, but the Mission has gradually extended its attention to a wider range of social integration issues. There are four main areas of interest: citizenship and non-citizens issues, language and education, the Latvian Government's integration programme and the protection of rights regime.

The activities of the Mission increasingly relate to institutional support. This change has taken place since the major legislative tasks of the past have now largely been addressed.

OSCE Advisory and Monitoring Group in Belarus

The OSCE Advisory and Monitoring Group in Belarus (AMG) was established in 1997 with the task of assisting the Belarusian authorities in promoting democratic institutions and in complying with other OSCE commitments, and of monitoring and reporting on this process (PC.DEC/185). According to the Memorandum of Understanding signed on 18 December 1997, the Group with its five international members enjoys diplomatic status. It has access to everyone, and everyone has access to it. It advises the Government, the opposition and NGOs. In the Istanbul Summit Declaration, adopted by the OSCE Heads of State and Government on 19 November 1999, this co-operation was applauded (in paragraph 22) as an important contribution to the solution of the constitutional controversy in Belarus and for the development of political dialogue in order to pave the way for free and democratic elections. In the same Paragraph the AMG's co-operation with the OSCE Parliamentary Assembly was also welcomed and the necessity was stressed of removing all remaining obstacles to the dialogue by respecting the principles of the rule of law and the freedom of the media.

In 2001, the Belarusian Government endeavoured to constrain the legal and administrative conditions for the activities of the AMG by trying to impose restrictions on the financial support to domestic election observation networks, imposing strict conditions for the project, "Youth and Democracy" and countenancing a public and KGB campaign against the AMG's consultative activities in preparation for the presidential elections, in support of the advisory council of opposition parties and the coalition of democratic alliance candidates.

OSCE Assistance Group to Chechnya (Russian Federation)

The OSCE Assistance Group to Chechnya was established by the Permanent Council on 11 April 1995 (PC.DEC/35), with a mandate which includes promoting respect for human rights, facilitating the delivery of international humanitarian aid, providing assistance for the speedy return of refugees and displaced persons, and promoting a peaceful resolution of the crisis and stabilization in the Republic. The Assistance Group regularly reports on the situation regarding internally displaced persons (IDPs), as well as on political, military, economic, environmental and human rights issues.

Throughout the reporting period, the immediate priority of the Assistance Group's activities was to establish the conditions required for the return of its international staff to the application d'établir les conditions requises pour un retour du personnel international dans la zone. A cette fin, après l'interruption des discussions avec le ministère de l'Intérieur de la Fédération de Russie à la fin de 2000, des négociations ont commencé en mars 2001 avec le ministère de la Justice en vue de confier à des militaires de l'unité spéciale du Département des affaires pénitentiaires (GUIN) la protection du Groupe d'assistance en Tchétchénie. Après un voyage d'évaluation dans le Caucase du Nord, des négociations détaillées ont été menées avec les autorités, et en fin de compte, un mémorandum d'accord a été signé le 13 juin 2001 avec le ministère de la Justice, lequel s'est engagé à assurer la sécurité du bureau du Groupe d'assistance à Znamenskoïe. Le 15 juin, le Président en exercice de l'OSCE a réouvert le Bureau du Groupe d'assistance à Znamenskoïe et a insisté sur la nécessité de mettre en œuvre intégralement le mandat du Groupe tel qu'il avait été approuvé en avril 1995 par le Conseil permanent de l'OSCE.

Après sa réinstallation, le Groupe d'assistance s'est principalement attaché à normaliser sa présence en Tchétchénie après un intervalle de plus de deux ans. A cette fin, il a maintenu les relations avec les autorités fédérales à Moscou tout en établissant de nouveaux contacts avec les autorités locales et fédérales en Tchétchénie et dans les régions voisines. Par exemple, des contacts permanents ont été établis à Znamenskoïe avec le Représentant spécial du Président de la Fédération russe pour les droits de l'homme et du citoyen dans la République tchétchène. De cette façon, le Groupe d'assistance s'est tenu informé des derniers développements dans les domaines politique, économique et de la dimension humaine.

Représentant personnel du Président en exercice pour la question du conflit dont la Conférence de Minsk est saisie

L'exécution du mandat du Représentant personnel du Président en exercice est étroitement liée aux tâches relevant du Groupe de Minsk et de ses coprésidents. Elle est aussi liée directement au progrès des négociations visant à mettre fin au conflit armé dans la région du Haut-Karabakh et à conclure un accord de paix. Après quatre rencontres des deux Présidents entre novembre 2000 et avril 2001, un certain progrès a paru se dessiner à cet égard dans les premiers mois de 2001. Toutefois au commencement de mai, après une visite dans la région des coprésidents du Groupe de Minsk, la rencontre suivante, qui était déjà prévue, a été remise à plus tard afin de laisser aux deux Présidents plus de temps pour préparer leurs peuples respectifs aux concessions qui pourraient s'avérer nécessaires pour parvenir à un accord de paix durable. Les Présidents de l'Arménie et de l'Azerbaïdjan se sont finalement rencontrés encore deux fois pour rechercher une approche commune en vue du dénouement du conflit. Les rencontres entre les Présidents sont d'une importance cruciale pour faire avancer la négociation.

Il convient de faire remarquer qu'au cours de cette période, le Bureau du Représentant personnel a beaucoup contribué à favoriser le processus de paix sur place. Il a continué à jouer un rôle actif entre les parties et a maintenu des contacts de part et d'autre et à tous les niveaux des milieux politiques et militaires. Les informations obtenues grâce à ces contacts ont été transmises au Président en exercice pour le tenir au courant de tous les faits nouveaux intéressant le conflit. Le Bureau a fait office de messager entre les parties. Il a également rempli le rôle de coordonnateur des manifestations qui ont été organisées à différents niveaux. En outre, le Bureau a aidé à prendre les dispositions nécessaires pour la visite du Président en exercice en février. En dehors des tâches qu'il remplit pour le Président en exercice, le Bureau aide beaucoup les coprésidents dans leur travail, surtout lorsqu'ils ont à se rendre dans la région. Cet appui prend normalement la forme de liaisons avec les diverses parties et les diverses ambassades. Ceci vaut spécialement pour le Haut-Karabakh, où les ambassades en Arménie et en Azerbaïdjan n'ont pas de représentation.

area. To this end, once discussions with the Ministry of the Interior of the Russian Federation had been discontinued at the end of 2000, negotiations started in March 2001 with the Ministry of Justice to contract servicemen of the special Criminal Law Enforcement Department (GUIN) unit for the protection of the Assistance Group in Chechnya. Following an assessment visit to the Northern Caucasus and extensive negotiations with Government officials, a Memorandum of Understanding was eventually signed on 13 June 2001 with the Ministry of Justice, which undertook to ensure the security of the Assistance Group office in Znamenskoye. On 15 June, the OSCE Chairman-in-Office reopened the Assistance Group's Office in Znamenskoye and underscored the need for full implementation of the Group's mandate, as approved in April 1995 by the OSCE Permanent Council.

After its redeployment, the Assistance Group concentrated on normalizing its presence in Chechnya following an absence of more than two years. To this end, it maintained relations with the federal authorities in Moscow and established new contacts with local and federal authorities in Chechnya and adjacent regions. For example, permanent contacts were maintained in Znamenskoye with the Special Representative of the President of the Russian Federation for Human and Citizen's Rights in the Chechen Republic. Thus, the Assistance Group kept itself informed of the latest developments in the political, economic and human dimension fields.

The Personal Representative of the Chairperson-in-Office on the Conflict Dealt with by the Minsk Conference

Implementation of the mandate of the Office of the Personal Representative of the Chairman-in-Office is closely connected with the tasks dealt with by the Minsk Group and its Co-Chairs. It is also directly linked to progress in negotiations on the cessation of the armed conflict in the region of Nagorno-Karabakh and on the signing of a peace agreement. After four meetings of the two Presidents between November 2000 and April 2001, in early 2001 some progress appeared to have been made in this respect. However, in the beginning of May, after a visit to the region by the Co-Chairs of the Minsk Group, the next scheduled meeting was postponed, in order to allow both Presidents more time to prepare their own citizens for any future concessions having to be made in order to achieve a lasting peace agreement. The Presidents of Armenia and Azerbaijan eventually met two more times, in the search for a common approach to a resolution of the conflict. The meetings of the Presidents are of vital importance for progress in the negotiation process.

It should be noted that, during this period, the Office of the Personal Representative was an important factor in the promotion of the peace process on the ground. It remained active among the parties and maintained contact on all sides and at all levels of political and military circles. Information obtained through these contacts was forwarded to the Chairman-in-Office to keep him abreast of all developments related to the conflict. The Office has functioned as a messenger between the parties. It also filled the role of co-ordinator of events organized at different levels. In addition, the Office helped to make the arrangements for the visit of the Chairman-in-Office in February. Apart from its responsibilities towards the Chairman-in-Office, the Office plays a key role in support of the activities of the Co-Chairs, most of all when they visit the region. This support normally takes the form of liaison with the various parties and the various embassies. This is especially true in Nagorno-Karabakh, where the embassies in Armenia and Azerbaijan have no representation.

Groupe de planification de haut niveau

Le Groupe de planification de haut niveau a été créé conformément aux décisions de Sommet des chefs d'Etat ou de gouvernement des Etats participants de l'OSCE (alors la CSCE), qui s'est tenu à Budapest en 1994, dans le but d'intensifier l'action en ce qui concerne le conflit dont la Conférence de Minsk est saisie.

Bureau de l'OSCE à Erevan

La période considérée correspond à la deuxième année d'existence du Bureau à Erevan. Le personnel du Bureau se compose actuellement de six personnes recrutées sur le plan international et de cinq employés arméniens travaillant à temps plein et un sixième à temps partiel.

Le mandat du Bureau porte sur tous les aspects des activités de l'OSCE dans les dimensions politique, économique, environnementale et humaine.

Bureau de l'OSCE à Bakou

En 2001, le Bureau a continué à développer ses partenariats avec les organisations gouvernementales et parlementaires et avec la société civile en Azerbaïdjan concernant un large éventail de questions relevant des dimensions politique, économique, environnementale et humaine. Le Bureau a aussi renforcé la coopération institutionnelle avec le Conseil de l'Europe, les organismes des Nations Unies et d'autres organisations internationales. Tout a été fait pour établir de bonnes relations de travail avec le Bureau des institutions démocratiques et des droits de l'homme (BIDDH), le Bureau du Représentant de l'OSCE pour la liberté des médias et le Bureau du Haut-Commissaire de l'OSCE pour les minorités nationales.

La plus grande attention a été accordée aux aspects opérationnels des questions de sécurité, y compris des questions concernant l'Azerbaïdjan à l'ordre du jour du Forum pour la coopération en matière de sécurité. L'accent a été mis sur les activités de suivi relatives aux questions de contrôle des armes légères et de petit calibre qui intéressent le Forum, et sur l'appui au travail régional de préparation pour la Conférence des Nations Unies sur le commerce illicite des armes légères et de petit calibre tenue en juillet 2001. Dans ce contexte, un soutien actif a été apporté à un séminaire bilatéral financé par l'Azerbaïdjan et la Suisse, tenu à Bakou en juin 2001. Il a été envisagé de mener des activités de formation relatives à l'application locale du Code de conduite sur les aspects politico-militaires de la sécurité. La Fondation Marshall a été contactée concernant un séminaire pouvant intéresser l'Azerbaïdjan sur les aspects opérationnels de la gestion des conflits et du relèvement après les conflits. Ces activités se sont poursuivies en coopération avec des institutions gouvernementales, essentiellement le ministère des Affaires étrangères et le ministère de la Défense.

Les efforts constants du Bureau pour répondre aux préoccupations actuelles et nouvelles du pays hôte compte tenu des priorités de l'OSCE ont été intensifiés à l'occasion d'entretiens avec le gouvernement et le ministère des Affaires étrangères lors des visites à Bakou de délégations de haut niveau de l'OSCE, notamment de la visite du Président en exercice en mars, de la réunion des chefs de missions régionales en avril, et de la visite d'une délégation du ministère des Affaires étrangères portugais début juillet, que le Bureau avait organisée et pour laquelle il a fourni un appui logistique.

Mission de l'OSCE en Géorgie

Au cours de la période considérée, le Conseil permanent a prorogé jusqu'au 15 novembre 2001 (PC.DEC/406) le mandat de la Mission de l'OSCE en Géorgie pour

High-Level Planning Group

The High-Level Planning Group (HLPG) was established in accordance with the decisions of the Budapest Summit of Heads of State and Government of the participating States of the OSCE (then CSCE), which took place in 1994, with the aim of intensifying action in relation to the conflict dealt with by the Minsk Conference.

OSCE Office in Yerevan

The period under review covers the second year of operation of the Office in Yerevan. The staff of the Office consists of six international officers and six full-time and one part-time Armenian employees.

The mandate of the Office covers all aspects of OSCE activities in the political, economic, environmental and human dimensions.

OSCE Office in Baku

In 2001, the Office continued to expand its partnerships with governmental, parliamentary and civil-society organizations in Azerbaijan on a wide range of issues in the political, economic, environmental and human dimensions. The Office also strengthened institutional co-operation with the Council of Europe, United Nations agencies and other international organizations. Particular attention was paid to developing good working relations with the Office for Democratic Institutions and Human Rights (ODIHR), the Office of the OSCE Representative on Freedom of the Media and the Office of the OSCE High Commissioner on National Minorities.

A great deal of attention was devoted to the operationalisation of security-related issues, including matters of concern for Azerbaijan on the agenda of the Forum for Security Co-operation (FSC). Emphasis was placed on follow-up activities in connection with the Forum's concern with the control of small arms and light weapons, and on the provision of support to regional preparations for the United Nations Conference on the Illicit Trade in Small Arms and Light Weapons, held in July 2001. In that context, active support was provided to a bilateral seminar sponsored by Azerbaijan and Switzerland, which was held in Baku in June 2001. Consideration was given to conducting training activities on the local application of the Code of Conduct on Politico-Military Aspects of Security. The Marshall Foundation was approached regarding a seminar of interest to Azerbaijan on operational aspects of conflict management and rehabilitation. These activities were pursued in co-operation with Government institutions, mainly the Ministry of Foreign Affairs and the Defence Ministry.

The Office's constant efforts to respond to ongoing and emerging concerns of the host country in the light of the OSCE priorities were reinforced in the talks with the Government and the Ministry of Foreign Affairs during visits to Baku by high-level OSCE delegations, including the visit of the Chairman-in-Office in March, the regional heads of missions meeting in April, and the visit by a delegation of the Portuguese Foreign Ministry in early July, which the Office organized and for which it provided logistical support.

OSCE Mission to Georgia

In the period under review, the mandate of the OSCE Mission to Georgia to observe and report on movements across the border between Georgia and the Chechen Republic of qu'elle observe et fasse rapport sur les mouvements à travers la frontière entre la Géorgie et la République tchétchène de la Fédération de Russie. Cette tâche s'ajoute aux activités normales de la Mission consistant notamment à promouvoir des négociations en vue d'un règlement politique pacifique des conflits en Ossétie du Sud et en Abkhazie ; à observer et à promouvoir le respect des droits de l'homme et des libertés fondamentales en Géorgie, y compris en Ossétie du Sud et en Abkhazie ; et à contribuer à l'instauration d'une société civile et d'institutions démocratiques. L'effectif autorisé de la Mission est de 62 personnes recrutées sur le plan international, dont 42 sont des observateurs à la frontière.

Mission de l'OSCE en Moldavie

En 2001, la Mission de l'OSCE en Moldavie a joué un rôle important dans la reprise des négociations en vue d'un règlement politique du conflit qui oppose la République de Moldavie et la Transnistrie. En décembre 2000, après une interruption de près de six mois du processus de négociation, les représentants des deux parties et les trois médiateurs, dont notamment le Président en exercice de l'OSCE et la Mission de l'OSCE en Moldavie, se sont réunis à Budapest. Au début de l'année 2001, la Mission a participé à une réunion tripartite des médiateurs à Kiev, et a organisé en mars une rencontre des deux parties dans son bureau de Tiraspol.

Toutefois, les négociations n'ont été véritablement relancées qu'à la suite de la victoire écrasante du parti communiste moldave lors des élections législatives anticipées, le 25 février 2001, et de l'élection du chef de ce parti, Vladimir Voronin, qui devint le troisième président de la Moldavie le 3 avril. Le Président Voronin a établi le règlement de la question transnistrienne comme l'une des plus hautes priorités de son gouvernement, et un programme de réunions de négociation au plus haut niveau a été lancé avec une rencontre entre le Président Voronin et le dirigeant transnistrien Smirnov à Chisinau le 9 avril. La Mission, renforcée par des représentants de rang élevé du Portugal, membre de la Troïka de l'OSCE, a joué un rôle actif aux côtés des autres médiateurs, la Russie et l'Ukraine, à tous les niveaux de ces nouvelles négociations.

Coordonnateur des projets de l'OSCE en Ukraine

La fonction de coordonnateur des projets, établie en 1999, consiste à planifier et à mettre en œuvre des projets exécutés en coopération avec les autorités ukrainiennes compétentes. Durant la période considérée, le Coordonnateur des projets a continué à développer ces programmes avec pour objectif général d'aider l'Ukraine à adapter sa législation, ses institutions et ses politiques aux besoins d'une démocratie moderne fondée sur l'état de droit, dans le contexte de la mondialisation et en tenant compte de la révolution micro-électronique. Ainsi, le Coordonnateur a continué à appuyer l'état de droit en tant que toute première priorité. Le Bureau comprend actuellement le Coordonnateur des projets, deux membres recrutés sur le plan international détachés, ainsi que deux experts (un international et un Ukrainien) et six personnes recrutées localement constituant le personnel d'appui.

Les projets ont été en très grande partie financés par des contributions volontaires d'Etats participants de l'OSCE. En outre, par sa Décision n° 399 du 14 décembre 2000, le Conseil permanent a approuvé l'affectation d'un montant de 210.000 Euros à l'exécution des projets, en réponse à l'un des enseignements clés tirés de l'expérience acquise depuis la création du poste de coordonnateur des projets, à savoir que des fonds de démarrage suffisants sont une condition indispensable pour permettre à ce dernier de s'acquitter efficacement de son mandat.

the Russian Federation was prolonged by the Permanent Council until 15 November 2001 (PC.DEC/406). This task was carried out in addition to other regular tasks of the Mission, which include promoting negotiations for peaceful political settlements of the conflicts in South Ossetia and Abkhazia; monitoring and promoting respect for human rights and fundamental freedoms in Georgia, including South Ossetia and Abkhazia; and promoting the development of civil society and democratic institutions. The authorized strength of the Mission is 62 international staff, of which 42 are border monitors.

OSCE Mission to Moldova

During 2001, the OSCE Mission to Moldova played an important role in the renewal of the negotiations for a political settlement between the Republic of Moldova and Transdniestria. In December 2000, after a break of almost six months in the negotiating process, representatives of the two sides and the three mediators, including the OSCE Chairman-in-Office and the OSCE Mission to Moldova, met in Budapest. In the first months of 2001, the Mission took part in a tripartite meeting of mediators in Kyiv, and in March hosted a meeting of the sides in its Tiraspol office in March.

However, the negotiations for a political settlement were fully re-energized only after the overwhelming victory of the Party of Communists of the Republic of Moldova in the early parliamentary elections on 25 February 2001, and the election of Party head Vladimir Voronin as Moldova's third President on 3 April. President Voronin established achievement of a settlement of the Transdniestrian question as one of the top priorities of his administration, and a regular schedule of top-level negotiating meetings began with a meeting between President Voronin and Transdniestrian leader Smirnov in Chisinau on 9 April. The Mission, reinforced by senior-level representation from OSCE Troika member Portugal, has taken an active part, along with fellow mediators Russia and Ukraine, at all levels in these resumed negotiations.

OSCE Project Co-ordinator in Ukraine

The mandate of the Project Co-ordinator, established in 1999, consists in planning and implementing co-operation projects with the relevant authorities of Ukraine. In the reporting period, the Project Co-ordinator further developed these programmes with a view to the overall aim of assisting Ukraine in adapting its legislation, institutions and policies to the needs of a modern democracy based on the rule of law, under conditions of globalization and taking into account the microelectronic revolution. Thus, the Project Co-ordinator continued to focus on supporting the rule of law as an overarching priority. The office is currently staffed by the Project Co-ordinator and two seconded international staff members, as well as two experts (one international and one Ukrainian) and six local support staff.

Projects were financed to a considerable extent by voluntary contributions from OSCE participating States. In addition, by its Decision No. 399, of 14 December 2000, the Permanent Council approved the amount of EUR 210,000 for project activities, responding to one of the key lessons learnt after the establishment of the Project Co-ordinator, namely that sufficient start-up funding is a decisive prerequisite for the successful implementation of the mandate.

Mission de l'OSCE au Tadjikistan

Un an et demi après que l'Accord général sur l'instauration de la paix a été officiellement déclaré comme appliqué et après la tenue d'élections législatives, la République du Tadjikistan se remet lentement de la transition post-soviétique, de la guerre civile et d'un laborieux processus d'édification des institutions nationales. La Mission de l'OSCE au Tadjikistan appuie les efforts de modernisation et de redressement du pays. Elle a notamment pour mandat d'entretenir les contacts et de favoriser le dialogue entre les forces régionalistes et politiques du pays, de promouvoir le respect des droits de l'homme, de favoriser et de surveiller le respect des normes et des principes de l'OSCE, de participer à la mise en place d'institutions et de mécanismes juridiques et démocratiques et de faire rapport régulièrement sur ces questions. Le 14 décembre 2000, le Conseil permanent a approuvé un renforcement des effectifs de la Mission, à raison de quatre personnes recrutées sur le plan international (trois étant détachées et une recrutée), amenant l'effectif total autorisé à 15 personnes (PC.DEC/399). L'OSCE a demandé aux autorités tadjikes l'autorisation d'ouvrir un bureau extérieur à Khorog, dans une région assez inaccessible du pays qui a particulièrement besoin de l'appui de l'OSCE.

A la frontière avec l'Afghanistan, la guerre qui sévit dans ce pays est une source constante d'instabilité, en raison notamment des gros problèmes liés aux réfugiés et au trafic de drogue. S'agissant des autres pays voisins, un certain nombre de problèmes se posent au sujet de l'eau, de l'énergie, des transports et des minorités, bien que les engagements communs pris dans le cadre de l'Organisation de coopération de Shanghai contribuent réellement à atténuer ces tensions. Dans le pays, les autorités au plus haut niveau font l'éloge du respect des droits de l'homme, de l'état de droit, du pluralisme politique, de la séparation des pouvoirs et de la liberté des médias, mais il reste cependant beaucoup à faire, en particulier dans les régions qui ne sont toujours pas contrôlées par les autorités centrales. Dans les domaines de l'économie et de l'environnement, la transition post-soviétique et le processus consécutif d'accumulation effrénée de capital continuent à entraver l'apparition d'une véritable économie de marché. Le processus de transition reste compromis par la réticence des autorités à reconnaître ouvertement l'ampleur des problèmes environnementaux auxquels le pays doit faire face.

Au cours de l'année, la Mission a reçu la visite du Président en exercice de l'OSCE, du Secrétaire général, du Président de l'Assemblée parlementaire de l'OSCE, du Haut-Commissaire pour les minorités nationales, du Représentant de l'OSCE pour la liberté des médias et du Représentant personnel du Président en exercice pour l'Asie centrale.

Centre de l'OSCE à Tachkent

Le 14 décembre 2000, le Conseil permanent de l'OSCE a renommé le Bureau de liaison de l'OSCE en Asie centrale, qui est devenu le Centre de l'OSCE à Tachkent. Cette décision a été prise pour tenir compte du changement d'orientation des activités du Bureau. L'objet initial du Bureau de liaison de l'OSCE en Asie centrale, lorsqu'il a été mis en place à Tachkent en 1995, était d'assurer une liaison plus étroite entre les cinq pays d'Asie centrale (le Turkménistan, le Kazakhstan, le Kirghizistan, l'Ouzbékistan et le Tadjikistan) et l'OSCE. En 1998, l'OSCE a créé des centres à Almaty, à Achkhabad et à Bichkek. Une mission avait déjà été déployée au Tadjikistan en 1993. En raison de cette présence accrue dans la région, les activités du Bureau de liaison se sont réorientées sur l'Ouzbékistan, évolution que le Conseil permanent a officialisé dans sa décision.

Au cours de la période considérée, le Centre a mené des activités concernant toutes les dimensions de l'OSCE, conformément à son mandat et en s'inspirant des principes de sécurité globale et indivisible de l'OSCE. Il a continué à coopérer étroitement avec les institutions

OSCE Mission to Tajikistan

A year and a half after the General Peace Agreement was officially declared as implemented and after holding parliamentary elections, the Republic of Tajikistan is slowly recovering from the post-Soviet transition, civil war and a difficult process of nation building. The OSCE Mission to Tajikistan supports the country in its efforts at modernization and post-conflict rehabilitation. Its mandate includes maintaining contacts with and facilitating dialogue between regionalist and political forces in the country; promoting respect for human rights; promoting and monitoring adherence to OSCE norms and principles; assisting in the development of legal and democratic institutions and processes; and regularly reporting on these matters. On 14 December 2000, the Permanent Council approved an enhancement of the Mission by the addition of four international staff members (three seconded and one contracted), bringing the total authorized strength to 15 (PC.DEC/399). Authorization to open a field office at Khorog, in a rather inaccessible part of the country that needs strong OSCE support, has been sought from the authorities of Tajikistan.

At the borders, the war in Afghanistan is a permanent source of instability, especially due to major problems with refugees and drugs trafficking. Difficulties exist with other neighbouring countries regarding water, energy, transportation and minorities, although joint commitments in the framework of the Shanghai Cooperation Organization do help to reduce tensions. Inside the country, respect for human rights, the rule of law, political party pluralism, the separation of powers and the freedom of the media are praised at the highest level; nevertheless much remains to be done, especially in parts of the country that are still outside the control of the central authorities. In the sphere of the economy and the environment, the post-Soviet transition and ensuing process of unbridled accumulation of capital continue to hamper the emergence of a true market economy. The transition continues to be affected by a reluctance on the part of the authorities to openly admit the magnitude of the environmental difficulties confronting Tajikistan.

In the course of the year, the Mission has received visits by the OSCE Chairman-in-Office, the Secretary General, the President of the OSCE Parliamentary Assembly, the High Commissioner on National Minorities, the OSCE Representative on Freedom of the Media and the Representative of the Chairman-in-Office for Central Asia.

OSCE Centre in Tashkent

On 14 December 2000, the OSCE Permanent Council renamed the OSCE Liaison Office in Central Asia, and it is now called the OSCE Centre in Tashkent. This decision was taken in recognition of the change in focus of the office's activities. The original focus of the OSCE Liaison Office in Central Asia, established in Tashkent in 1995, was to link the five Central Asian countries of Turkmenistan, Kazakhstan, Kyrgyzstan, Uzbekistan and Tajikistan more closely to the OSCE. In 1998, the OSCE established centres in Almaty, Ashgabad and Bishkek. A Mission to Tajikistan had already been deployed in 1993. As a result of this expanded presence in the region, the focus of the Liaison Office's activities shifted to Uzbekistan, and the Permanent Council formalized this in its decision.

In the reporting period, the Centre developed activities in all the OSCE dimensions, in conformity with its mandate, and guided by the OSCE principles of indivisible and comprehensive security. It continued to maintain close co-operation with State institutions, local non-governmental organizations and international organizations. The Centre has intensified its publiques, les organisations non gouvernementales locales et les organisations internationales. Le Centre a renforcé sa fonction d'observation et de notification, communiquant à ce titre au Secrétariat et aux autres institutions de l'OSCE des informations régulières sur l'évolution de la situation en Ouzbékistan.

Centre de l'OSCE à Almaty

Au cours de sa troisième année d'existence, le Centre de l'OSCE à Almaty (Kazakhstan) a poursuivi ses activités dans toutes les dimensions de la sécurité dont s'occupe l'OSCE.

Durant la période examinée, plusieurs visites de haut niveau de personnalités de l'OSCE ont contribué à améliorer la compréhension mutuelle entre l'Organisation et les autorités kazakhes. Il y a lieu de relever à cet égard les visites du Président en exercice de l'OSCE et ministre roumain des Affaires étrangères Mircea Geoana, du Président de l'Assemblée parlementaire de l'OSCE Adrian Severin ainsi que du Représentant personnel du Président en exercice pour l'Asie centrale l'Ambassadeur Höynck.

Les contacts avec les universités et les instituts de recherche se sont multipliés et le Centre a envoyé à plusieurs reprises des représentants afin d'informer l'opinion publique sur l'engagement de l'OSCE en Asie centrale.

Centre de l'OSCE à Achkhabad

Le Centre d'Achkhabad fonctionne depuis janvier 1999, conformément à la Décision n° 244 du Conseil permanent. Il compte cinq membres recrutés sur le plan international et six membres recrutés sur le plan local.

Au cours de la période examinée, le Centre a élargi ses activités dans les diverses dimensions de l'OSCE. Il a commencé notamment à tenir des réunions en dehors de la capitale et a accru la participation du nombre de responsables des centres administratifs des régions (*welayat*) dans les réunions se déroulant à Achkhabad.

Centre de l'OSCE à Bichkek

Par ses Décisions n° 245 du 23 juillet 1998 et n° 339 du 10 février 2000, le Conseil permanent a défini les modalités opérationnelles du Centre de l'OSCE à Bichkek et décidé d'établir un bureau extérieur à Och. Le mandat du Centre porte notamment sur la promotion de la mise en œuvre des principes et des engagements de l'OSCE et sur la coopération de la République kirghize dans le cadre de l'OSCE, en particulier sur le contexte régional, dans toutes les dimensions de l'OSCE.

Au cours de la période examinée, le Centre a poursuivi ses activités de sensibilisation et de formation aux dimensions politiques et humaines. Les activités relatives aux dimensions économique et environnementale ont été renforcées. Des questions et initiatives régionales importantes ont émergé, nécessitant qu'une attention accrue soit accordée notamment à la traite des êtres humains, à la toxicomanie, et aux armes légères et de petit calibre. Le Centre a entretenu des relations de travail avec les établissements universitaires, les médias, les ONG, les partis politiques, les associations civiques et le milieu des affaires. Il a également continué à engager des professeurs stagiaires pour les tâches quotidiennes et a renouvelé ses accords avec deux universités sur la nomination de professeurs stagiaires.

monitoring and reporting function, in this connection providing the OSCE Secretariat and other OSCE institutions with regular information on developments in Uzbekistan.

OSCE Centre in Almaty

In the third year of its existence, the OSCE Centre in Almaty, Kazakhstan, continued its activities in all the security dimensions dealt with by the OSCE.

During the reporting period, several high-level visits of OSCE officials helped to improve mutual understanding between the Organization and the authorities of Kazakhstan. Notable among these were the visits by the OSCE Chairperson-in-Office, Romanian Foreign Minister Mircea Geoana; the President of the OSCE Parliamentary Assembly, Adrian Severin; and the Personal Representative of the Chairman-in-Office for Central Asia, Ambassador Höynck.

Contacts with universities and research institutes were expanded and on several occasions the Centre sent representatives to give talks on OSCE involvement in Central Asia.

OSCE Centre in Ashgabad

The Centre in Ashgabad has been functioning since January 1999, in accordance with Permanent Council Decision No. 244. The Centre has five international and six local staff members.

In the reporting period, the Centre expanded its activities in the various OSCE dimensions. In particular, it has started holding events outside the capital and has included more officials from the welayat (region) administrative centres in events held in Ashgabad.

OSCE Centre in Bishkek

By its Decisions No. 245, of 23 July 1998, and No. 339, of 10 February 2000 the Permanent Council defined the operational modalities of the OSCE Centre in Bishkek and decided to establish a field office in Osh. The mandate of the Centre includes, inter alia, promotion of the implementation of OSCE principles and commitments and co-operation by the Kyrgyz Republic in the OSCE framework, with special emphasis on the regional context, in all OSCE dimensions.

In the reporting period, the Centre continued its activities related to advocacy and training in the political and human dimensions. Activities relating to the economic and environmental dimension were strengthened. Important regional issues and initiatives have emerged, requiring increased attention, relating to such matters as trafficking in human beings and narcotic drugs and small arms and light weapons. The Centre maintained working relationships with academic institutions, the media, NGOs, political parties, civic associations and the business community. It also continued to engage interns in its everyday work, renewing its agreements with two universities on the assignment of interns.

ASSISTANCE DE L'OSCE EN CE QUI CONCERNE L'APPLICATION D'ACCORDS BILATÉRAUX OU MULTILATÉRAUX

Représentant de l'OSCE auprès de la Commission gouvernementale estonienne sur les militaires à la retraite

L'examen des demandes de permis de résidence en Estonie par d'anciens membres du personnel militaire étranger et de personnes qui sont à leur charge s'est poursuivi selon de nouvelles modalités de travail en vertu desquelles les responsabilités sont partagées entre la Commission chargée des militaires à la retraite et le Département de la migration et de la citoyenneté.

Alors que le Département prend à sa charge l'essentiel des affaires de routine (c'est-à-dire essentiellement la prorogation de permis de résidence de cinq ans), la Commission s'est occupée des cas problématiques pouvant entraîner des refus ainsi que des premières demandes et des demandes de permis de résidence permanent. Ce système a soulagé la Commission des tâches routinières qui ne demandent pas l'implication de l'OSCE.

Afin de rationaliser son travail, la Commission d'examen des permis de résidence qui relevait du gouvernement a été transformée en une commission d'experts. Le Président n'a plus besoin d'avoir un rang ministériel, et il est désormais assisté d'un vice-président qui le remplace en son absence. De ce fait, la continuité des sessions de la commission a été améliorée.

La Commission a réussi à réduire le nombre des permis de résidence de courte durée (de six mois à trois ans) d'environ 2.500, comme on pouvait le lire dans les rapports précédents, à 1.030 dans la période considérée, tout en augmentant le nombre des détenteurs de permis de résidence de longue durée (4 à 5 ans). A présent, 11.200 personnes sont titulaires d'un permis de résidence temporaire.

Au cours de la période considérée, les 23 permis de résidence refusés concernaient surtout des bénéficiaires du programme de réinstallation des officiers russes de l'*United States Agency for International Development* (USAID).

Article II des Accords de paix de Dayton

Accord sur les mesures de confiance et de sécurité en Bosnie-Herzégovine

L'application de l'Accord sur les mesures de confiance et de sécurité en Bosnie-Herzégovine au cours de la période considérée peut être évaluée de façon positive. Seules des divergences politiques mineures continuent occasionnellement à gêner l'application, mais les parties et leurs chefs politiques font toujours preuve d'une ferme résolution en ce qui concerne l'application de cet Accord dans son ensemble.

La disposition la plus constructive de cet accord est la Mesure IX, Programme de contacts et de coopération militaires. En 1998, le Représentant personnel du Président en exercice a accueilli un séminaire sur l'appui militaire aux autorités civiles dans les cas de catastrophes naturelles ou provoquées par l'homme. Ce séminaire a été suivi de nombreuses activités concernant la coopération civilo-militaire en cas d'urgence. En décembre 2000 s'est tenue à Sarajevo une autre réunion relevant de la Mesure XI, à savoir un séminaire sur la médecine d'urgence dans les cas de catastrophes naturelles ou provoquées par l'homme. Ce séminaire a rassemblé du personnel médical compétent et des officiers de Bosnie-Herzégovine de grade élevé avec leurs homologues de plusieurs pays d'Europe de l'Ouest, afin d'examiner les meilleurs moyens de fournir un appui militaire en cas d'urgence.

En outre, trois séminaires sur le Code de conduite se sont tenus en divers lieux de Bosnie-

OSCE ASSISTANCE WITH BILATERAL AND MULTILATERAL AGREEMENTS

The OSCE Representative to the Estonian Government Commission on Military Pensioners

The review of applications for residence in Estonia by foreign former military personnel and their dependants continued in accordance with a new mode of work, which divides the responsibilities for review between the Commission on Military Pensioners and the Department for Migration and Citizenship.

While the Department for Migration and Citizenship is attending to the bulk of routine cases (i.e. mostly requests for extension of five-year residence permits), the Commission has been focusing on critical problem cases that can lead to refusals, as well as on initial applications and requests for permanent residence permits. This has relieved the Commission of the burden of routine business not requiring OSCE involvement.

To streamline its work, the Residence Permit Review Commission was converted from a Government body into an expert commission. The Chairman is no longer required to be of ministerial rank, and the position of deputy has been established, so that the Chairman can be replaced in his absences. As a result, the continuity of Commission sessions has been improved.

The Commission has been successful in reducing the number of short-term residence permits (six months to three years) from about 2,500, as previously reported, to 1,030 in the current reporting period, while increasing the number of holders of longer term (4-5 years) residence permits. All told, there are now some 11,200 persons with temporary residence permits.

During the reporting period, there were 23 refusals of residence permits, mostly issued to beneficiaries of the Russian Officer Resettlement Programme of the United States Agency for International Development.

Article II of the Dayton Peace Accords

Agreement on Confidence- and Security-Building Measures in Bosnia and Herzegovina

Implementation of the Agreement on Confidence- and Security-Building Measures in Bosnia and Herzegovina during this reporting period can be assessed positively. Minor political disturbances continue to affect implementation occasionally, but the Parties, and their political leaders, continue to show a strong resolve to implement this agreement in its entirety.

The most successful provision of this Agreement is Measure XI, Programme of Military Contacts and Co-operation. In 1998, the Personal Representative of the Chairman-in-Office hosted a Seminar on Military Support to Civilian Authorities in Cases of Man-Made or Natural Disaster. This Seminar resulted in numerous follow-on activities related to military-civilian co-operation in cases of emergencies. In December 2000, another follow-on initiative, a Seminar on Emergency Medicine in Cases of Man-Made or Natural Disaster, was held in Sarajevo. This Seminar brought together relevant medical and senior military personnel in Bosnia and Herzegovina along with their counterparts from several Western European countries to discuss how best to provide military support in emergencies.

In addition, three seminars on the Code of Conduct were held at various locations throughout Bosnia and Herzegovina during the reporting period. The target audience was mid-level officers

Herzégovine au cours de la période considérée. Ces séminaires s'adressaient à des officiers de rang moyen et à des sous-officiers et visaient à leur présenter le Code de conduite de l'OSCE ainsi que les manières dont les Etats participants avaient intégré ce Code dans leur doctrine militaire et l'appliquent dans la pratique. Les Parties à l'Accord considèrent ces séminaires comme d'une très grande valeur. Les rapports des officiers qui ont dirigé ces séminaires sont très positifs, et font état d'échanges de vues animés entre les participants.

Article IV des Accords de paix de Dayton

Accord sur la limitation des armements au niveau sous-régional

L'application de cet accord se poursuit de manière satisfaisante. Les désordres politiques dans la région ont gêné l'application pendant les deux années précédentes mais au cours de la période considérée, une certaine stabilité s'est instaurée et les Parties ont pu s'intéresser à l'application des mesures difficiles, à savoir les inspections par l'Etat de Bosnie-Herzégovine et l'examen de l'équipement ne faisant l'objet d'aucune limitation et les réductions volontaires des équipements détenus dans les cinq catégories. Il y a donc des raisons de penser que les désordres politiques ne seront pas aussi grands à l'avenir. Des inspections se sont déroulées sans incidents. Des assistants de l'OSCE participent à presque toutes les autres inspections avec le statut d'observateur.

Article V de l'Accord de paix de Dayton

Négociations sur la stabilité régionale en Europe du Sud-Est menées en vertu de l'Article V de l'Annexe 1-B de l'Accord-cadre général pour la paix en Bosnie-Herzégovine

Les négociations au titre de l'Article V se sont achevées le 18 juillet 2001 après que les 20 Etats participants soient parvenus à un consensus sur un document de clôture, mettant ainsi fin à un long processus de négociations. La décision d'engager des négociations sur l'Article V a été prise à la sixième Réunion du Conseil ministériel de l'OSCE de Copenhague (1997), deux ans après la conclusion des Accords Dayton-Paris. Une année supplémentaire a encore été nécessaire pour parvenir à dégager un consensus sur un mandat pour les négociations.

ACTIVITÉS RÉGIONALES DE L'OSCE

Stratégie régionale de l'OSCE et Pacte de stabilité pour l'Europe du Sud-Est

Le Pacte de stabilité pour l'Europe du Sud-Est est entré dans une nouvelle phase de son évolution et il devrait apporter des résultats tangibles à la région. La promotion de l'adoption et de l'application de réformes institutionnelles et économiques concrètes dans le cadre du Pacte de stabilité reste une priorité pour l'OSCE. Grâce à ses opérations sur le terrain, l'Organisation déploie beaucoup d'efforts pour encourager les pays de la région à coopérer et à contribuer directement à la solution de leurs problèmes communs en ce qui concerne la reconstruction et le développement démocratique dans le cadre du Pacte de stabilité.

and senior non-commissioned officers, and the focus was on introducing them to the OSCE Code of Conduct and to the ways in which OSCE participating States have integrated this Code into their military doctrines and are implementing it in practice. The Parties to the Agreement consider these seminars invaluable. Reports from the officers who have conducted the seminars are very positive, noting lively exchanges of points of view among the participants.

Article IV of the Dayton Peace Accords

Agreement on Sub-Regional Arms Control

Implementation of this Agreement is proceeding satisfactorily. Political turbulence in the region affected implementation over the past two years, but during this reporting period, a certain stability has emerged and the Parties are able to focus on difficult implementation issues, namely, inspections by the State of Bosnia and Herzegovina and discussions on exempted equipment and voluntary reductions of holdings of equipment in the five categories. There is therefore reason to anticipate that political turbulence will not be as great in the future. Inspections have proceeded without incident. OSCE assistants participate in almost all the inspections, with observer status.

Article V of the Dayton Peace Accords

Negotiations on regional stability in south-eastern Europe under Article V of Annex 1-B of the General Framework Agreement for Peace in Bosnia and Herzegovina

The negotiations under Article V were finalized on 18 July 2001, when the 20 participating States reached consensus on a Concluding Document. This ended a long negotiation process. The decision to go on with Article V was made at the Sixth Meeting of the OSCE Ministerial Council in Copenhagen (1997), two years after conclusion of the Dayton-Paris Accords. It took one more year to reach consensus on a mandate for the negotiations.

REGIONAL ACTIVITIES OF THE OSCE

The OSCE regional strategy and the Stability Pact for South Eastern Europe

The Stability Pact for South Eastern Europe process entered a new phase of its evolution and it is expected to bring about tangible results for the region. Promoting and supporting the adoption and the implementation of concrete institutional and economic reforms within the framework of the Stability Pact remains a priority for the OSCE. Through its field operations, the Organization is deeply involved in encouraging the countries of the region to co-operate and directly contribute to the solution of their common problems of reconstruction and democratic development in the framework of the Stability Pact.

Le Représentant personnel du Président en exercice pour l'Asie centrale

Le 16 mai 2001, le Président en exercice de l'OSCE, le ministre des Affaires étrangères roumain Mircea Geoana, a nommé l'Ambassadeur Wilhem Höynck comme Représentant personnel chargé de l'appui aux Etats participants d'Asie centrale. L'Ambassadeur Höynck qui fut le premier Secrétaire général de l'OSCE de 1993 à 1996 a déjà assumé une fonction analogue en 1999 au cours de la Présidence norvégienne.

INSTITUTIONS DE L'OSCE

Bureau des institutions démocratiques et des droits de l'homme (BIDDH)

Au cours de l'année de son dixième anniversaire, le Bureau des institutions démocratiques et des droits de l'homme (BIDDH) a continué à consolider ses programmes de démocratisation et d'observation des élections. Le BIDDH est aujourd'hui le principal organe en Europe dans le domaine de l'observation électorale et un partenaire très respecté sur le plan international pour l'aide aux pays en transition dans la région de l'OSCE en vue d'instaurer des démocraties durables qui respectent les droits de l'homme et l'état de droit.

Elections

Observation des élections

L'observation des élections dans la région de l'OSCE est restée, l'an dernier, une des priorités du BIDDH. S'appuyant sur sa méthodologie unique, le BIDDH a observé neuf élections dans l'ensemble de la région de l'OSCE au cours de la période considérée.

Au nombre de ces élections, on peut relever les élections législatives en Serbie (23 décembre 2000), en Azerbaïdjan (5 novembre 2000 et 7 janvier 2001), en Moldavie (25 février 2001), au Monténégro dans la République fédérale de Yougoslavie (22 avril 2001), en Bulgarie (17 juin 2001) et en Albanie (24 juin, 8 et 22 juillet 2001), les élections présidentielles et législatives en Roumanie (26 novembre 2000), ainsi que les élections locales en Croatie (20 mai 2001). De plus, le BIDDH a conduit une observation électorale de portée limitée à l'occasion de l'élection présidentielle en Biélorussie (9 septembre 2001).

Un rapport final, comprenant des recommandations d'action détaillées visant à améliorer le cadre électoral, a été distribué à l'issue de chaque mission électorale. Tous les rapports finaux sont disponibles sur le site Web du BIDDH : www.osce.org/odhihr.

Assistance technique aux élections

Dans le cadre de son mandat, qui a été renforcé par la Décision du Sommet d'Istanbul de 1999 visant à engager les Etats participants à donner suite aux recommandations du BIDDH dans le domaine des élections, le Bureau a continué à s'intéresser aux projets d'assistance technique destinés à améliorer le cadre électoral avant et après le scrutin.

Au cours de la période considérée, le BIDDH a formulé des commentaires sur le code électoral de l'Arménie, la législation et les règlements régissant les élections législatives publiés par la Commission électorale centrale du Kazakhstan et la loi sur le référendum au Monténégro (République fédérale de Yougoslavie).

The Personal Representative of the Chairman-in-Office for Central Asia

On 16 May 2001, the OSCE Chairman-in-Office, Romanian Foreign Minister Mircea Geoana, appointed Ambassador Wilhelm Höynck as his Personal Representative for Tasks in Support of the Participating States in Central Asia. Ambassador Höynck, who was the first Secretary General of the OSCE from 1993 to 1996, already served in a similar capacity in 1999 during the Norwegian Chairmanship.

OSCE INSTITUTIONS

Office for Democratic Institutions and Human Rights (ODIHR)

In the year of its tenth anniversary, the Office for Democratic Institutions and Human Rights (ODIHR) continued to consolidate its democratisation and election observation programmes. The ODIHR today is the lead agency in Europe in the field of election observation and a highly respected partner in international efforts to help countries in transition in the OSCE region to build sustainable democracies in which human rights and the rule of law are respected.

Elections

Election observation

The observation of elections in the OSCE area remained one of the ODIHR's top priorities in the past year. Based on its unique methodology, the ODIHR observed nine elections throughout the OSCE region during the reporting period.

These included the parliamentary elections in Serbia (23 December 2000), Azerbaijan (5 November 2000 and 7 January 2001), Moldova (25 February 2001), Montenegro in the Federal Republic of Yugoslavia (22 April 2001), Bulgaria (17 June 2001) and Albania (24 June, 8 and 22 July 2001), the presidential and parliamentary elections in Romania (26 November 2000), and the local government election in Croatia (20 May 2001). In addition, the ODIHR conducted a limited election observation of the presidential election in Belarus (9 September 2001).

A final report, including detailed recommendations for action to improve an electoral framework, was issued following each observation mission. All final reports are available on the ODIHR web site, at www.osce.org/odihr.

Technical election assistance

Based on its mandate, which was reinforced by the 1999 Istanbul Summit decision to commit participating States to follow up on election-related ODIHR recommendations, the Office continued to focus on technical assistance projects aimed at improving the electoral framework before or after an election.

During the reporting period, the ODIHR provided comments on the electoral code of Armenia, the election code and regulations on parliamentary elections issued by the Central Election Commission of Kazakhstan and the referendum law of Montenegro in the Federal Republic of Yugoslavia.

Séminaire sur la dimension humaine consacré aux processus électoraux

Le séminaire sur la dimension humaine consacré aux processus électoraux s'est tenu à Varsovie du 29 au 31 mai 2001. Les participants ont procédé à l'évaluation des enseignements de la dernière décennie, notamment la participation de l'OSCE à la promotion de régimes démocratiques dans la région de l'OSCE, grâce à l'assistance technique et à l'observation des élections. Les débats ont également porté sur les corrélations entre les élections démocratiques, l'état de droit et la bonne gestion des affaires publiques avec le développement économique, les élections et la stabilité, les élections et les libertés fondamentales d'expression, d'association et de réunion. Un consensus s'est dégagé sur la nécessité d'améliorer le suivi politique des rapports et recommandations formulées par les missions du BIDDH chargées de l'observation des élections. Les participants ont reconnu le rôle important des organisations nationales chargées d'une observation impartiale des élections et ont dans le même temps exprimé leur préoccupation au sujet des obstacles toujours plus nombreux à un bon fonctionnement de ces organisations dans certains Etats participants.

Assistance à la démocratisation

Le domaine d'activité le plus diversifié du BIDDH a été celui des activités de démocratisation. Plus de 80 projets ont été mis au point en 2000 et 2001 pour aider les Etats participants à s'acquitter des engagements qu'ils ont pris au titre de l'OSCE dans le domaine de la dimension humaine. Les principaux domaines étaient les suivants : état de droit, prévention de la torture, assistance aux médiateurs, migrations et liberté de circulation, parité entre les sexes, lutte contre la traite des êtres humains, liberté de religion et aide à la société civile. Le BIDDH a continué à porter son attention sur l'adoption d'une législation nationale conforme aux normes et engagements internationaux ainsi qu'à la mise en œuvre de lois récemment adoptées. De nombreux projets mettent également l'accent sur la formation et la sensibilisation aux dispositions relatives aux droits de l'homme. De plus, le BIDDH a poursuivi avec succès à la fois son initiative de projets locaux visant à encourager la mise en place de projets de démocratisation à petite échelle et a entrepris une initiative similaire pour lutter contre la traite des êtres humains. Ces deux programmes sont exécutés directement par les opérations de l'OSCE sur le terrain, souvent en coopération avec des ONG locales, avec l'appui du BIDDH.

Alors que les activités de démocratisation du BIDDH sont concentrées sur l'Asie centrale, le Caucase et l'Europe du Sud-Est, plusieurs projets ont également été mis en œuvre dans un certain nombres d'autres Etats participants de l'OSCE, notamment en Allemagne, en Russie et en Biélorussie. Dans plusieurs pays d'Asie centrale et du Caucase, des mémorandums d'accord signés avec les gouvernements dans ces régions ont fourni un cadre aux projets et aux activités de suivi du BIDDH. L'exécution de ces projets est restée l'une des priorités du BIDDH.

Point de contact pour les questions concernant les Roms et les Sintis

Dans le cadre de deux grands projets du BIDDH sur les Roms et les Sintis, à savoir le projet sur les Roms et les élections, et le projet sur la participation politique des Roms, la toute première réunion des parlementaires Roms et élus en Europe a été organisée par le BIDDH en coopération avec le ministère tchèque des Affaires étrangères en décembre 2000. Cette réunion visait à élaborer des stratégies afin de renforcer la participation des communautés Roms dans la vie politique des pays où ils vivent, en s'inspirant notamment de l'expérience des Roms déjà en poste. D'autres activités ont porté sur l'augmentation de la participation des Roms dans les élections, par divers moyens, notamment l'organisation de stages de formation et la

Human Dimension Seminar on Election Processes

This year's Human Dimension Seminar on Election Processes was held in Warsaw from 29 to 31 May. Participants assessed the lessons learned from experience during the past decade, including the OSCE's involvement in the promotion of democratic governance in the OSCE region through technical assistance and election observation. The discussion also focused on the correlation of democratic elections, the rule of law and good governance with economic development; electoral events and stability; and elections and the fundamental freedoms of expression, association and assembly. There was general agreement on the need to improve the political follow-up to reports and recommendations made by ODIHR election observation missions. The participants acknowledged the important role of non-partisan domestic observation organisations, at the same time expressing concern about the increasing level of obstacles to operating effectively that these organizations face in some participating States.

Assistance to democratisation

The most diversified area of the ODIHR's activities has been its democratisation work. More than 80 projects have been developed in 2000 and 2001 to assist the participating States with implementing their human dimension commitments. The main focus areas were the rule of law, prevention of torture, assistance to ombudsman institutions, migration and freedom of movement, gender equality, combating of trafficking in human beings, freedom of religion, and assistance to civil society. The ODIHR has continued to focus on the adoption of national legislation which is in compliance with international standards and commitments, as well as implementation of recently adopted laws. Many projects also emphasize training and consciousness-raising regarding human rights provisions. In addition, the ODIHR has both successfully continued its grassroots project initiative to encourage the development of small-scale democratisation projects, and undertaken a similar project initiative to combat trafficking in human beings. Both programmes are being implemented directly by the OSCE field operations, often in co-operation with local NGOs, with ODIHR support.

While the ODIHR's democratisation activities focused on Central Asia, the Caucasus and south-eastern Europe, several projects have also been implemented in a number of other OSCE participating States, including Germany, Russia and Belarus. In several countries of Central Asia and the Caucasus, Memoranda of Understanding signed with the governments in these regions have provided a framework for ODIHR projects and follow-up work. The implementation of these projects remained one of the ODIHR's top priorities.

Contact Point for Roma and Sinti Issues

Within the framework of two larger ODIHR projects on Roma and Sinti, namely, the project on Roma and elections and the project on Romani political participation, the first ever meeting of Roma parliamentarians and elected officials in Europe was organized by the ODIHR in co-operation with the Czech Foreign Ministry in December 2000. The purpose of the meeting was to develop strategies to increase the participation of Roma communities in the political life of the countries they live in, drawing in particular on the experience of Roma who have already been elected to office. Other activities in this areas focused on increasing the participation of Roma in elections by various means, including the organizing of training courses and production de brochures destinées aux électeurs des communautés Roms et d'organisation d'une participation des Roms aux missions d'observation des élections.

En 2001, le Point de contact du BIDDH s'est attaché également à renforcer les mécanismes institutionnels pour permettre une application effective des droits civils et politiques fondamentaux des Roms en Europe du Sud-Est. Ces activités visent notamment à promouvoir le droit de participation aux élections, à dispenser des cours de formation et à contribuer à la mise en place de points de contact locaux pour les Roms dans les municipalités, de bureaux de médiateurs et d'autres institutions nationales. Le point de contact du BIDDH a également appuyé la diffusion de programmes de télévision accès sur les droits des Roms au moyen de stations de télévisions locales.

Le BIDDH et le Conseil de l'Europe ont commencé à mettre en œuvre un vaste programme commun relevant du Pacte de stabilité pour l'Europe du Sud-Est qui vise à donner aux Roms le statut de participants à part entière dans la gestion de situations postérieures aux crises, la bonne gestion des affaires publiques et le développement d'une société civile durable en Europe du Sud-Est.

Haut-Commissaire pour les minorités nationales (HCMN)

Le 1er juillet 2001, le Haut-Commissaire de l'OSCE pour les minorités nationales (HCMN), Rolf Ekéus (Suède), a pris ses fonctions. Le flambeau lui a été passé par M. Max van der Stoel qui, jusqu'au dernier jour de son mandat, a continué à s'intéresser à une vaste gamme de sujets relevant de l'OSCE. Dès qu'il a pris ses nouvelles fonctions, le nouveau Haut-Commissaire, conformément à son mandat, a cherché à déterminer et à résoudre rapidement les tensions impliquant des minorités nationales.

Représentant de l'OSCE pour la liberté des médias

En avril 2001, le Représentant de l'OSCE pour la liberté des médias a présenté son troisième annuaire intitulé *Freedom and Responsibility-Yearbook 2000-2001*, qui expose en détail les activités du Représentant et de son Bureau et offre à des auteurs de la région du Caucase, d'Europe, de Russie et d'autres pays la possibilité de présenter leurs vues sur la liberté d'expression et de traiter de questions comme la recherche de la paix au Caucase.

Le *Yearbook* contient également un aperçu des activités par pays.

Assemblée parlementaire de l'OSCE

L'Assemblée parlementaire de l'Organisation pour la sécurité et la coopération en Europe, créée à la suite de l'institutionnalisation de la CSCE au Sommet de Paris de 1990, occupe une place unique dans la structure de l'OSCE. L'Assemblée a pour tâche première d'appuyer le renforcement et la consolidation des institutions démocratiques dans les Etats participants de l'OSCE, de développer et de promouvoir des mécanismes pour la prévention et la solution des conflits et de contribuer au développement des structures institutionnelles de l'OSCE et des relations et de la coopération entre les institutions existantes de l'OSCE. Un dialogue visant à renforcer les liens et la coopération entre les branches intergouvernementales et parlementaires de l'OSCE a généralement été positif et productif.

Le Président de l'Assemblée parlementaire de l'OSCE a continué à participer régulièrement à l'élaboration de la politique de l'OSCE, notamment aux réunions de la Troïka ministérielle et au Conseil ministériel de l'Organisation. Il s'est également adressé au Conseil permanent à deux reprises.

production of guidelines for Roma voters, and arrangement for the participation of Roma in election observation missions.

Another focus of the ODIHR Contact Point's work in 2001 was on strengthening the institutional mechanisms for the effective implementation of basic civil and political rights of Roma in south-eastern Europe. The activities included efforts to promote the right to participate in elections; training courses; and assistance with the establishment of local Roma contact points in municipalities, ombudsman offices and other national agencies. The ODIHR also supported the broadcast of television programmes focusing on Roma rights by local TV stations.

The ODIHR and the Council of Europe started to implement a large-scale joint programme under the Stability Pact for South Eastern Europe which aims at empowerment of Roma as full participants in post-crisis management, good governance and development of sustainable civil society in south-eastern Europe.

OSCE High Commissioner on National Minorities (HCNM)

On 1 July 2001, the new OSCE High Commissioner on National Minorities (HCNM), Rolf Ekéus of Sweden, assumed Office. The torch was passed on to him by Max van der Stoel, who, until the last day of his mandate, continued his engagement with regard to a wide range of subjects in the OSCE area. As soon as he had taken up his functions, the new HCNM, in accordance with the mandate, embarked on trying to identify and seek early resolution of tensions involving national minority issues.

Representative on Freedom of the Media (RFM)

In April 2001, the OSCE Representative on Freedom of the Media presented his third Freedom and Responsibility-Yearbook 2000/2001, which outlined in detail the activities of the Representative and his Office, and also provided a forum for authors from the Caucasus region, Europe, Russia and other countries to present their subjective views on freedom of expression and to discuss such issues as a search for peace in the Caucasus.

The Yearbook also contains an overview of the Representative's country-related activities.

OSCE Parliamentary Assembly

The Parliamentary Assembly of the Organization for Security and Co-operation in Europe, created as part of the institutionalisation of the CSCE at the 1990 Paris Summit, occupies a unique place in the structure of the OSCE. The Assembly's primary task is to support the strengthening and consolidation of democratic institutions in the OSCE's participating States, to develop and promote mechanisms for the prevention and resolution of conflicts, and to contribute to the development of the OSCE's institutional structures and of relations and co-operation between existing OSCE institutions. A dialogue aimed at further strengthening ties and co-operation between OSCE's inter-governmental and parliamentary branches has usually been positive and productive.

The President of the OSCE Parliamentary Assembly has continued to participate regularly at the political level in the OSCE, including in Ministerial Troika meetings and in the OSCE Ministerial Council. He has also addressed the Permanent Council on two occasions.

The Secretary General of the OSCE Parliamentary Assembly and other senior experts from

Le Secrétaire général de l'Assemblée parlementaire de l'OSCE et d'autres experts de haut rang du Secrétariat international de l'Assemblée, située à Copenhague ont travaillé en étroite collaboration avec le Secrétariat de l'OSCE et d'autres institutions de l'Organisation.

the Assembly's International Secretariat, located in Copenhagen, have worked closely with the OSCE Secretariat and the other OSCE institutions.

UNION EUROPÉENNE (UE)

Union européenne – Conseil européen
175 rue de la Loi 175 – B-1048 Bruxelles
Tél. (32-2) 285 61 11 – Fax (32-2) 285 73 97/81

Secrétaire général : M. Javier Solana (Espagne)

Union européenne – Commission européenne
200 rue de la Loi – B-1049 Bruxelles
Tél. (32.2) 299.38.71 – Fax (32.2) 295.97.28

Président : M. Romano Prodi (Italie)

Parlement européen
Secrétariat général – Centre européen, plateau du Kirchberg – L-2929 Luxembourg
Tél. (352) 43 00-1 – Fax (352) 43 00 294 94

Présidente : Mme Nicole Fontaine (France)

Cour de justice
Boulevard Konrad Adenauer – L-2925 Luxembourg
Tél. (352) 43 03-1 – Fax : (352) 4303.2600

Président : M. Gil Carlos Rodríguez Iglesias (Espagne)

Site web: http://www.europa.eu.int/

Historique :

Le Traité sur l'Union européenne (UE), Traité de Maastricht, a été signé par 12 Etats membres de la Communauté européenne à Maastricht (Pays-Bas) en février 1992 ; il est entré en vigueur en novembre 1993. L'UE est fondée sur les Communautés européennes :

- la Communauté européenne du charbon et de l'acier (CECA) instituée par le Traité de Paris de 1951 ;
- la Communauté économique européenne(CEE) et la Communauté européenne de l'énergie atomique (EURATOM), instituées par les Traités de Rome de 1957.

Le Traité de fusion des exécutifs des Communautés européennes (CECA, CEE, EURATOM), instituant désormais une Commission et un Conseil uniques, est entré en vigueur en juillet 1967.

Treize Etats européens sont actuellement candidats à l'adhésion à l'UE : Bulgarie, Chypre, République tchèque, Estonie, Hongrie, Lettonie, Lituanie, Malte, Pologne, Roumanie, Slovaquie, Slovénie et Turquie.

EUROPEAN UNION (EU)

European Union – European Council
175 rue de la Loi 175 – B-1048 Bruxelles
Tel. (32-2) 285 61 11 – Fax (32-2) 285 73 97/81

Secretary General: Mr. Javier Solana (Spain)

European Union – European Commission
200 rue de la Loi – B-1049 Bruxelles
Tel. (32.2) 299.38.71 – Fax (32.2) 295.97.28

President: Mr. Romano Prodi (Italy)

European Parliament
Secretariat general – Centre européen, plateau du Kirchberg – L-2929 Luxembourg
Tel. (352) 43 00-1 – Fax (352) 43 00 294 94

President: Mrs. Nicole Fontaine (France)

Court of Justice
Boulevard Konrad Adenauer – L-2925 Luxembourg
Tel. (352) 43 03-1 – Fax: (352) 4303.2600

President: Mr. Gil Carlos Rodríguez Iglesias (Spain)

Web site: http://www.europa.eu.int/

Background:

The Treaty on European Union (EU), Maastricht Treaty, was signed by 12 member of the European Community in February 1992 in Maastricht (Netherlands); it entered into force in November 1993. The EU is based on the European Communities:

– the European Coal and Steel Community (ECSE), set up by the Paris Treaty of 1951;
– the European Economic Community (EEC) and Euratom, set up by the Rome Treaties of 1957.

The Merger Treaty, fusing the executives of the European Communities (ECSC, EEC and Euratom) and resuting in one single Commission and Council, came into force in July 1967.

13 European States are presently candidates for accession to the EU: Bulgaria, Cyprus, Czech Republic, Estonia, Hungary, Latvia, Lithuania, Malta, Poland, Romania, Slovak republic, Slovenia and Turkey.

Composition :

15 Etats membres : Allemagne, Autriche, Belgique, Danemark, Espagne, Finlande, France, Grèce, Irlande, Italie, Luxembourg, Pays-Bas, Portugal, Royaume-Uni, Suède

Objectifs :

- Réaliser une union économique et monétaire ;
- Promouvoir le progrès social ;
- Développer une politique étrangère et de sécurité commune (PESC) et affirmer son identité sur la scène internationale ;
- Promouvoir la coopération dans les domaines de la justice et des affaires intérieures (asile, immigration, lutte contre la toxicomanie et la fraude internationale, coopération judiciaire, douanière et policière, etc.) ;
- Promouvoir une citoyenneté européenne (qui complète la citoyenneté nationale sans la remplacer et confère au citoyen européen un certain nombre de droits civils et politiques);
- Maintenir et développer l'acquis communautaire (l'ensemble des textes juridiques adoptés par les institutions européennes, ainsi que les traités fondateurs).

Fonctionnement :

Le fonctionnement de l'UE se fonde sur un système institutionnel unique dans lequel les Etats consentent, dans certains domaines, des délégations de souveraineté au profit d'institutions indépendantes.

L'UE compte cinq institutions principales:

- le *Parlement européen*, élu au suffrage universel direct, représente les citoyens européens;
- le *Conseil de l'Union européenne*, instance de décision, représente les gouvernements des États membres ;
- la *Commission européenne*, organe d'exécution des décisions et détentrice du droit d'initiative législative, représente les intérêts communautaires ;
- la *Cour de justice européenne* (Luxembourg) assure le respect du droit et son interprétation uniforme ;
- la *Cour des comptes* assure le contrôle des activités financières de l'UE.

Ces institutions sont complétées par plusieurs organes: le *Comité économique et social* et le *Comité des régions* (organes consultatifs facilitant la prise en compte des positions des différentes catégories de la vie économique et sociale ainsi que des régions de l'UE), le *médiateur européen* (instruisant les plaintes des citoyens en cas de mauvaise administration au niveau européen), la *Banque européenne d'investissement* (institution financière de l'UE), et la *Banque centrale européenne* (responsable de la politique monétaire de la zone euro).

ACTIVITÉS 2001

Les activités de l'Union européenne pour 2001 sont extraites du *Rapport général sur l'activité de l'Union européenne 2001* (ISBN 92-828-0353-5) sur le site http://europa.eu.int

COMPOSITION:

15 member States: Austria, Belgium, Denmark, Finland, France, Germany, Greece, Ireland, Italy, Luxembourg, Netherlands, Portugal, Spain, Sweden, United Kingdom

AIMS:

- To establih an economic and monetary union;
- To promote social progress
- To develop a Common Foreign and Security Policy (CFSP) and to assert the identity of the European Union on the international scene (through European humanitarian aid to non-EU countries, common positions within international organisations);
- To promote co-operation in the fields of justice and home affairs (asylum, immigration policy, fight against toxicomania and international fraud, judiciary, police and customs co-operation);
- To introduce European citizenship (which does not replace national citizenship but complements it and confers a number of civil and politic rights on European citizens);
- To maintain and build on established EU law (all the legislation adopted by the European institutions, together with the founding treaties).

FUNCTIONING:

The EU is built on a unique institutional system within which member States delegate sovereignty for certain matters to independent institutions.

There are five main institutions

- the *European Parliament,* elected by direct unversal suffrage, represents the European citizens;
- the *Council of the European Union,* the decision-making body, represents the governments of the Member States);
- the *European Commission,* the body executing decisions and having the right to initiate legislation, represents the general interest of the EU;
- the *Court of Justice* (Luxembourg) ensures that Community law is applied and uniformly interpreted;
- the *Court of Auditors* checks all the Union's revenue.

These institutions are completed by other bodies: the *Economic and Social Committee* and the *Committee of the Regions* (advisory bodies which help to ensure that the positions of the EU's various economic and social categories and regions respectively are taken into account), the *European Ombudsman* (dealing with complaints from citizens concerning misadministration at European level), the *European Investment Bank* (EU financial institution) and the *European Central Bank* (responsible for monetary policy in the euro-area).

ACTIVITIES 2001

Information on the EU's activities for 2001 have been taken from the EU's 2001 *General activity report* (ISBN 92-828-0352-7), which can be accessed at http://europa.eu.int

APERÇU GÉNÉRAL

Année charnière à la veille d'entrer dans la nouvelle ère de l'euro, 2001 a permis à l'Union européenne de connaître des avancées qui constituent, pour certaines, l'aboutissement de chantiers en cours depuis plusieurs années et, pour d'autres, le point de départ de nouvelles réalisations. Il en fut en particulier ainsi, outre la préparation même du passage à l'euro, des progrès des négociations d'adhésion, de l'ouverture d'un nouveau cycle de négociations commerciales multilatérales, de l'adoption d'une stratégie de développement durable et de la relance de l'action en vue de la création d'un espace européen commun de liberté, de justice et de sécurité. L'avenir de l'Union après le traité de Nice s'est par ailleurs imposé comme un thème majeur de réflexion non seulement pour les institutions communautaires, mais aussi à travers la volonté d'y associer le citoyen européen.

Sur la lancée des impulsions décisives imprimées au cours des mois précédents, des progrès considérables ont été accomplis sur la voie de l'élargissement en 2001. À cet égard, la «feuille de route» approuvée par le Conseil européen de Nice s'est révélée un précieux instrument de référence pour la conduite du processus d'adhésion, les trois quarts des chapitres ouverts à la négociation ayant été provisoirement clôturés avec certains pays candidats. La perception de ce mouvement a permis au Conseil européen, à Göteborg puis à Laeken, d'affirmer la détermination de l'Union à mener à bien les négociations d'ici à la fin de 2002 avec les pays candidats qui sont prêts, afin que ceux-ci puissent participer aux élections du Parlement européen en 2004. C'est aussi dans cette optique que les «partenariats pour l'adhésion» ont été révisés à la lumière de l'identification des priorités à satisfaire en 2002 et 2003.

Préalable à l'amarrage des nouveaux membres au système institutionnel révisé de l'Union européenne, le traité de Nice, finalisé à la fin de l'année 2000, a été signé le 26 février. Sa ratification a été engagée dans tous les États membres, et plusieurs d'entre eux ont mené ce processus à terme en cours d'année. Seule, l'Irlande s'est heurtée à une véritable difficulté avec le résultat négatif d'un référendum organisé au début de juin. Elle a reçu l'appui des autres gouvernements dans la recherche d'une issue ne remettant pas en cause le texte du traité.

À Nice, les chefs d'État ou de gouvernement avaient décidé d'entamer une réflexion plus large et approfondie sur l'avenir de l'Union en vue de la rendre plus démocratique, plus transparente et plus efficace. C'est dans cette perspective qu'a été tout d'abord ouvert, en mars, un débat public sur l'avenir de l'Europe, qui vise à associer au processus tant les milieux politiques, économiques et académiques que, plus largement, la société civile et l'opinion publique, y compris dans les pays candidats à l'adhésion. À cette consultation menée à travers des réunions-débats et l'utilisation d'Internet ont répondu, en parallèle, des prises de positions ou contributions des institutions et organes de l'Union, dont, au début de décembre, une communication de la Commission intitulée «Rénover la méthode communautaire». Pour sa part, à la mi-décembre, le Conseil européen de Laeken a adopté une déclaration sur l'avenir de l'Union en réponse à trois défis fondamentaux: Comment rapprocher les citoyens du projet européen et des institutions européennes? Comment structurer la vie politique et l'espace politique européen dans une Europe élargie? Comment faire de l'Union un facteur de stabilisation et un repère dans le monde nouveau multipolaire? Face à ces interrogations, la déclaration cible des pistes à explorer dans le sens d'une meilleure répartition et définition des compétences au sein de l'Union, d'un accroissement de la légitimité démocratique et de la transparence des institutions ainsi que d'une simplification, voire d'un réaménagement, des traités, ouvrant la voie vers une Constitution pour les citoyens européens. Sur ces bases, le Conseil européen a décidé, pour préparer la Conférence intergouvernementale prévue en 2004, de confier cette réflexion à une Convention rassemblant les principales parties prenantes au débat sur l'avenir de l'Union. Cette enceinte, présidée par M. Giscard d'Estaing, entouré de MM. Amato et Dehaene, en tant que vice-présidents, commencera ses travaux en mars 2002.

GENERAL REPORT

As the last year before the advent of the euro, 2001 was a turning point for the European Union, with some of its achievements representing the culmination of work that had been in progress for several years, while others heralded the launch of new projects. Significant developments (apart from the preparations for the transition to the euro) included progress in the accession negotiations, the opening of a new round of multilateral trade negotiations, the adoption of a sustainable development strategy and renewed action to create a European area of freedom, justice and security. The future of the European Union after the Nice Treaty emerged not only as a major theme for the Community institutions themselves, but also as an area in which a determined effort is to be made to engage ordinary European citizens.

A number of decisive initiatives gave a significant boost to progress towards enlargement in 2001. The 'road map endorsed by the European Council in Nice provided valuable guidance in the accession process, with the result that three quarters of the chapters under negotiation have now been provisionally completed with certain candidate countries. In recognition of this progress, the European Councils in Gothenburg and Laeken confirmed the Union s determination to conclude negotiations by the end of 2002 with the candidate countries that are ready, so that they can participate in the European Parliament elections in 2004. With this aim in mind, the accession partnerships were revised in the light of the priorities established for 2002 and 2003.

An essential prerequisite for securing the place of the new Member States in the revised institutional system of the European Union is the Nice Treaty, finalised at the end of 2000 and signed on 26 February 2001. All the Member States began the ratification process, and several completed it in the course of the year. Only Ireland ran into serious difficulties, with the 'no vote in the referendum held at the beginning of June. Ireland has received the backing of the other governments in its search for a solution that does not undermine the text of the Treaty.

At their meeting in Nice, the Heads of State or Government decided to engage in a broader and more detailed analysis of the future of the Union, with a view to making it more democratic, more transparent and more efficient. This led in March to the launch of a public debate on the future of Europe, which aims to involve not only the political, economic and academic protagonists but also, more generally, civil society and public opinion both within the European Union and in the countries applying for membership. The consultation process was conducted through discussion meetings and the Internet. At the same time, the institutions and agencies of the European Union produced their own contributions and position papers, including a communication from the Commission entitled 'Renewing the Community method . For its part, the Laeken European Council in mid-December adopted a declaration on the future of the European Union which addressed three fundamental challenges: How can Europe s citizens be brought closer to the European design and the European institutions? How should politics and the European political area be organised in an enlarged Union? How can the Union be developed into a stabilising factor and a model in the new multi-polar world? The declaration identifies possible ways of achieving a better distribution and definition of responsibilities within the European Union, increasing the democratic legitimacy and transparency of the institutions and simplifying or reworking the Treaties, paving the way for a constitution for European citizens. Taking these ideas as a starting point, the European Council decided to entrust further analysis to a convention made up of the main parties to the debate on the future of Europe, which would prepare the ground for the Intergovernmental Conference in 2004. This forum, which will be chaired by Mr Giscard d Estaing, assisted by Mr Amato and Mr Dehaene as Vice-Presidents, will start work in March 2002.

Among its first contributions to the various stages of this debate was the Commission s

Dans le flux de ses premières contributions à ce débat en plusieurs étapes, la Commission a donné corps à un projet annoncé l'année précédente dès la présentation de ses objectifs stratégiques pour la période 2000-2005, en publiant, en juillet, un livre blanc sur la gouvernance européenne. Dans ce document, qui porte sur la manière dont l'Union européenne utilise les pouvoirs qui lui sont confiés par les citoyens, la Commission estime que celle-ci doit, sans attendre une réforme des traités existants, envisager des adaptations qui s'inscriraient d'ores et déjà dans la ligne suivante: accroître la participation des acteurs, et notamment de la société civile; renforcer la cohérence des politiques et améliorer les réglementations; permettre à l'Union de contribuer de manière rénovée à la gouvernance mondiale; recentrer les politiques et les institutions communautaires sur leurs missions propres en rendant vigueur à la méthode communautaire dans le cadre du triangle Commission-Parlement européen-Conseil; identifier plus clairement les objectifs à long terme de l'Union. Dans cette optique de gouvernance, la Commission elle-même a poursuivi la mise en oeuvre du livre blanc, publié en 2000, concernant sa propre réforme interne, notamment en matière de politique du personnel. Le souci de tendre vers une Union plus proche des citoyens s'est par ailleurs traduit par des initiatives dans différents domaines, telles que l'amélioration de l'accès du public aux documents des institutions communautaires, la création du Réseau judiciaire européen en matière civile et commerciale dans le but de faciliter l'information du public ainsi que la publication d'un livre vert sur la protection des consommateurs, destiné à lancer une vaste consultation sur les orientations à donner dans le futur à cette protection.

C'est aussi en se tournant résolument vers le futur que l'Union européenne a arrêté en juin, à l'occasion du Conseil européen de Göteborg, une stratégie pour le développement durable, défini comme une réponse aux besoins présents sans compromettre ceux des générations futures. Cette stratégie, qui ajoute la dimension de l'environnement à la stratégie convenue l'année précédente à Lisbonne, va bien au-delà de la simple adoption d'une série de mesures spécifiques et conduit progressivement à réexaminer d'une manière coordonnée les conséquences économiques, sociales et environnementales de toutes les politiques et à en tenir compte dans l'élaboration des décisions. Le Conseil européen a, par ailleurs, mis en évidence la dimension planétaire du développement durable et a retenu, dans un premier temps, quatre domaines d'action prioritaires: le changement climatique, les transports, la santé publique et la gestion des ressources naturelles. Cette priorité s'est, du reste, reflétée dans diverses avancées réalisées durant l'année en la matière: préparation du sixième programme d'action pour l'environnement, à mettre en oeuvre tout au long de la décennie en cours, ainsi que d'un livre vert sur la politique intégrée des produits et d'un livre blanc sur les produits chimiques; progrès dans les domaines de la qualité de l'air et de l'eau, de la biodiversité, des déchets et du management environnemental; rôle déterminant de l'Union dans les négociations internationales relatives au changement climatique, avec des résultats positifs, en dépit de la distance prise par les États-Unis, lors des conférences de Bonn et de Marrakech sur la mise en oeuvre du protocole de Kyoto de 1997; adoption de mesures concrètes, notamment dans le domaine de l'énergie, permettant à l'Union de répondre aux engagements souscrits à cet égard en matière de réduction significative des émissions de gaz à effet de serre d'ici à 2012. L'accent ainsi mis sur le développement durable se retrouve en outre dans le livre blanc que la Commission a publié sous le titre La politique européenne des transports à l'horizon 2010: l'heure des choix et qui se situe dans la perspective d'un partage mieux équilibré entre les divers modes de transport, de la lutte contre la congestion du trafic et de la promotion de considérations de sécurité et de qualité au bénéfice de l'usager. Un souci identique a prévalu dans l'avancement des travaux en matière de sécurité maritime. Dimension de durabilité et objectifs à long terme inspirent également le livre vert présenté par la Commission dans le but de lancer un large débat sur l'avenir de la politique commune de la pêche. Dans le même ordre d'idée, celui sur l'avenir de la recherche en Europe s'est approfondi en 2001, tandis qu'un nouveau programme-cadre en la matière est proche de voir le jour.

White Paper on European governance, published in July. This document, which was the tangible result of a commitment announced the year before in the Commission s strategic objectives for the period 2000-05, examines the way the European Union uses the powers conferred on it by the citizens. The Commission concluded that, rather than waiting for the existing Treaties to be reformed, the Union should be undertaking reforms here and now. These should be aimed at increasing participation in the Community process, particularly on the part of civil society; making policies more coherent and improving legislation; enabling the Union to contribute to world governance in a new way; refocusing Community policies and institutions on their core tasks and breathing new life into the Community method based on the Commission, Parliament and Council institutional triangle; and finally identifying the long-term goals of the Union more clearly. In line with this interest in governance, the Commission itself continued its efforts to implement its White Paper on internal reform, published in 2000, with particular emphasis on staff policy. Concern to create a Union that is closer to the citizens was also reflected in initiatives in other areas, such as improving public access to the documents of the Community institutions, the creation of a European judicial network in civil and commercial matters to ensure easier access to information for the public, and the publication of a Green Paper on consumer protection intended to stimulate broad-based consultations on the future shape of consumer protection.

The European Union was also looking resolutely towards the future when it agreed a strategy for sustainable development at the European Council in Gothenburg in June. Sustainable development was defined as meeting the needs of the present generation without compromising those of future generations. This strategy, which adds an environmental dimension to the strategy agreed in Lisbon last year, goes well beyond the adoption of a series of specific measures and will lead gradually to the economic, social and environmental impacts of all policies being examined in a coordinated way and taken into account in decision-making. The European Council highlighted the global dimension of sustainable development and singled out four priority areas as a first step: climate change, transport, public health and the management of natural resources. This priority was also reflected in various advances in this field during the year: the preparation of the sixth environment action programme, to be implemented over the current decade, a Green Paper on integrated product policy and a White Paper on chemicals; progress in the area of air and water quality, biodiversity, waste and environmental management; the crucial role of the European Union in the international negotiations on climate change, securing positive results despite the negative attitude of the United States at the conferences in Bonn and Marrakech on implementation of the 1997 Kyoto Protocol; and the adoption of specific measures, particularly in the energy field, which will enable the Union to honour its commitments on reducing greenhouse gas emissions before 2012. The emphasis on sustainable development can also be seen in the White Paper published by the Commission entitled 'European transport policy for 2010: time to decide , which seeks to promote a better balance between different means of transport, reduce congestion and improve safety and standards for transport users. The same concerns dominated work on maritime safety. The sustainability dimension and long-term objectives also inspired the Green Paper presented by the Commission with a view to launching a general debate on the future of the common fisheries policy. Similarly, the debate on the future of research in Europe continued in 2001, and a new framework programme on research is nearing completion.

The strategy agreed in Lisbon was given its first general application in 2001 at the Stockholm European Council in March, with the inauguration of the annual spring meeting on economic and social issues. Here the European Council considered the demographic problem posed by the ageing of the population and examined ways of creating more jobs and improving

L'approche définie à Lisbonne a connu, en 2001, une première application d'ensemble, avec le Conseil européen de Stockholm, qui, en mars, a inauguré sa réunion annuelle de printemps consacrée aux questions économiques et sociales. Au cours de celle-ci, le Conseil européen a notamment abordé le problème du défi démographique posé par le vieillissement de la population et a examiné les moyens d'améliorer l'emploi quantitativement et qualitativement, d'accélérer la réforme de l'économie, de moderniser le modèle social européen et d'exploiter les nouvelles technologies. Il a par ailleurs défini, pour les grandes orientations des politiques économiques, des directives stratégiques en vue de parvenir à une croissance soutenue et à un climat de stabilité macroéconomique. Un renforcement de la surveillance des politiques fiscales a notamment accompagné cette impulsion dans le cadre du pacte de stabilité et de croissance. La méthode ouverte de coordination prônée à Lisbonne a par ailleurs été utilisée pour la première fois dans le domaine de l'inclusion sociale. Cette préoccupation constitue un axe important de la politique sociale européenne, qui a en outre témoigné d'un intérêt croissant des institutions communautaires pour l'avenir du régime des retraites. Les initiatives lancées au titre de la stratégie de Lisbonne ont également connu un début de mise en oeuvre dans le domaine de l'éducation et de la culture. À ce titre, la Commission a adopté des initiatives en vue de la réalisation d'une Europe de l'apprentissage tout au long de la vie, de la mise en œuvre d'un plan d'action «e-Learning» et de la participation de la jeunesse à un élan de citoyenneté active. Elle a en outre poursuivi la mise en oeuvre du plan d'action «e-Europe 2002» visant à l'instauration d'une société de l'information pour tous.

Au-delà de ces différents regards portés sur son avenir à plus ou moins long terme et de la mise en oeuvre patiente d'une nouvelle approche en matière de coordination des politiques en son sein, l'Union européenne, à l'instar de l'ensemble de la communauté internationale, s'est trouvée brusquement confrontée aux bouleversements suscités par les attaques terroristes lancées contre les États-Unis le 11 septembre. Si les conséquences de ces événements ont eu des répercussions évidentes sur le plan des relations extérieures, elles ont aussi eu pour effet d'accélérer la mise en place de certains volets de l'espace de liberté, de sécurité et de justice en chantier depuis le Conseil européen de Tampere de 1999 et dont le terme de 2001 représentait l'échéance à mi-parcours. Forte du travail déjà accompli à ce titre, la Commission s'est trouvée en mesure d'adopter très rapidement les propositions relatives à l'application du plan d'action adopté par le Conseil européen réuni en session extraordinaire, le 21 septembre, pour répondre aux événements survenus aux États-Unis. Ces propositions ont concerné en particulier des mesures spécifiques ou plus générales en vue de combattre le terrorisme international ainsi qu'une décision-cadre relative au mandat d'arrêt européen. Toutes ces propositions, de même que celle relative à l'institution d'Eurojust afin de renforcer la lutte contre les formes graves de criminalité organisée, ont été entérinées par le Conseil, au début de décembre. Les événements du 11 septembre ont par ailleurs conduit les instances communautaires à accorder une haute priorité au thème de la sécurité dans le domaine du transport aérien.

La détermination affichée à l'égard de la lutte contre le terrorisme et l'affirmation, dans ce contexte, d'une solidarité sans faille à l'égard des États-Unis ont constitué des points saillants en 2001 de la politique de l'Union en matière de relations extérieures. Elles ont notamment permis à l'Union de renforcer une volonté d'agir collectivement tant en son propre sein qu'en partenariat avec d'autres organisations ou États tiers. Dans ce contexte, les organes compétents en matière de défense ont été mis en place au cours de l'année, des travaux ont été entrepris sur le terrain de la gestion civile et militaire des crises et le Conseil européen de Göteborg a favorisé les progrès de l'approche en matière de prévention des conflits. Dans le même temps, l'Union a continué de privilégier sa vocation particulière dans le domaine de l'aide humanitaire, comme l'ont montré ses interventions au profit des populations afghanes en liaison avec les opérations militaires menées par les États-Unis à l'encontre des réseaux terroristes d'Al Qaïda à la suite des attentats the quality of work, speeding up economic reforms, modernising the European social model and applying new technologies. It also issued strategic guidelines for the broad outlines of economic policy with a view to achieving sustained growth and a stable macroeconomic climate. This was accompanied by closer monitoring of fiscal policies under the Stability and Growth Pact. The open coordination method advocated in Lisbon was also used for the first time in the area of social inclusion. This issue features prominently in European social policy, as does the problem of the future of the pension system, which is a matter of increasing concern to the Community institutions. The initiatives launched as part of the Lisbon strategy were also applied for the first time in the area of education and culture. The Commission adopted initiatives aimed at promoting a Europe of lifelong learning, implementing the action plan on e-learning and fostering a commitment to active citizenship among young people. It also continued to implement the eEurope 2002 action plan to create an information society for all.

In a year in which it devoted much attention to these debates on its medium and long-term future and to the patient application of a new approach to coordinating policy within its institutions, the European Union, like the rest of the international community, was also suddenly and brutally confronted with the consequences of the terrorist attacks on the United States on 11 September. While these events had obvious repercussions on external relations, they also had the effect of accelerating the introduction of certain aspects of the area of freedom, security and justice which had been under consideration since the Tampere European Council in 1999 and had reached the mid-term point in 2001. Building on the work already completed in this area, the Commission was able very quickly to adopt the proposals on implementing the action plan agreed by the special meeting of the European Council on 21 September in response to the events in the United States. These proposals covered specific and more general measures to combat international terrorism and a framework decision on the European arrest warrant. All these proposals, together with one on the establishment of Eurojust to strengthen measures to combat serious forms of organised crime, were ratified by the Council at the beginning of December. The events of 11 September also prompted the Community authorities to make air safety a top priority.

The outstanding features of the European Union s external relations policy in 2001 were its commitment to the fight against terrorism and in this context its unwavering support for the United States. This helped to strengthen the commitment to collective action both within the Union and in partnership with other organisations or third countries. Against this background, bodies with responsibility in matters of defence were set up in the course of the year, work was carried out on civil and military crisis management, and the Gothenburg European Council promoted further development of the conflict prevention approach. At the same time, the European Union continued to attach a high priority to humanitarian aid, as demonstrated by its efforts on behalf of the population of Afghanistan, in parallel with the military operations by the United States against the al-Qaeda terrorist networks following the attacks of 11 September, and, before that, its aid to the Former Yugoslav Republic of Macedonia as it faced serious internal tensions and threats to its borders. Concern for greater coherence led the European Union to devote more thought to the link between emergency aid, reconstruction and long-term development.

The western Balkans continued to be strategically important to EU external relations in 2001. The year saw the signing of the first stabilisation and association agreements with the Former Yugoslav Republic of Macedonia and Croatia. Such agreements are a cornerstone of the Union s policy for the region. Meanwhile the dialogue instituted by the partnership and cooperation agreements with the independent States of the former Soviet Union is at the heart of the EU s relations with this region. The dialogue with Russia in particular continued du 11 septembre, et comme l'avait illustré, quelque temps auparavant, son assistance à l'ancienne République yougoslave de Macédoine, en proie à de fortes tensions internes et à ses frontières. Un souci de renforcement de la cohérence a par ailleurs conduit l'Union à approfondir sa réflexion sur le lien à établir entre aide d'urgence, réhabilitation et développement à long terme.

Sur le plan géographique, les Balkans occidentaux sont restés un axe important des relations extérieures de l'Union en 2001. C'est d'ailleurs au cours de cette année qu'ont été signés, avec l'ancienne République yougoslave de Macédoine et avec la Croatie, les premiers accords de stabilisation et d'association, dont l'objectif constitue une pierre angulaire de la politique de l'Union à l'égard de la région. Pour sa part, le dialogue prévu par les accords de partenariat et de coopération avec les États indépendants de l'ancienne Union soviétique est demeuré le ressort essentiel des relations de l'Union avec cette région. En particulier, le dialogue avec la Russie a continué d'occuper une place majeure dans l'agenda international de l'Union européenne. Le processus de paix au Proche-Orient face à la crise israélo-palestinienne a également fait l'objet d'une grande attention de la part de l'Union, tandis que l'année 2001 voyait aussi se concrétiser les premières applications de la relance du partenariat euro-méditerranéen, notamment avec la signature d'un accord d'association avec l'Égypte et le début de la mise en oeuvre du programme MEDA II. Pour sa part, la coopération avec les États ACP dans le cadre de l'accord de Cotonou a été marquée par le lancement du nouveau système de programmation concernant le neuvième Fonds européen de développement. C'est aussi la poursuite de la mise en oeuvre de l'accord de libre-échange avec le Mexique et celle des négociations en vue de conclure des accords d'association avec le Mercosur et le Chili qui ont été au centre des relations avec l'Amérique latine. Enfin, une priorité a été accordée à l'actualisation du cadre stratégique des relations entre l'Union européenne et les pays partenaires d'Asie, avec l'ambition de définir des axes majeurs pour l'évolution de ces relations au cours de la décennie à venir. Le Japon est également convenu avec l'Union d'un plan d'action global pour une coopération euro-japonaise renforcée au cours de cette même décennie, tandis qu'un accord-cadre de commerce et de coopération a été conclu avec la République de Corée.

Sur le plan multilatéral, l'activité de l'Union européenne en 2001 a été marquée par deux événements qui lui ont permis d'affirmer son rôle en tant qu'acteur important sur la scène internationale. En premier lieu, c'est sous l'égide de l'Union que s'est tenue à Bruxelles, au mois de mai, la troisième Conférence des Nations unies sur les pays les moins avancés. Cette manifestation a notamment permis de mettre en évidence l'importance que revêt de plus en plus la lutte contre la pauvreté dans le monde, dont l'Union a fait l'objectif central de sa politique de coopération au développement. Dans la même optique, et parallèlement aux encouragements prodigués dans d'autres enceintes internationales, l'Union a oeuvré en particulier à définir un plan d'action visant à accélérer son propre appui à la lutte contre les principales maladies transmissibles (sida, tuberculose et paludisme) qui touchent les populations les plus pauvres dans le monde entier. Vis-à-vis des pays les moins développés, un effort spécifique s'est par ailleurs traduit par l'adoption d'un règlement communautaire concernant un nouveau schéma pluriannuel de préférences généralisées visant à libéraliser encore plus l'accès au marché européen pour les produits («tout sauf les armes») en provenance de ces pays. En second lieu, l'Union européenne s'est appliquée à assurer le succès du lancement d'un nouveau cycle de négociations commerciales multilatérales lors de la quatrième réunion ministérielle de l'Organisation mondiale du commerce à Doha, au Qatar, à la mi-novembre. Les résultats de cette conférence ont répondu aux objectifs mis en avant par l'Union de libéraliser le commerce en vue d'une relance de la croissance économique, de renforcer le caractère régulé du système commercial multilatéral et d'aller au-devant des préoccupations des pays en développement aussi bien que de la société civile dans les pays plus industrialisés. L'Union a par ailleurs joué un rôle déterminant dans l'accession de la Chine à l'OMC, décidée lors de la conférence de Doha.

to feature prominently on the European Union s international agenda. The Middle East peace process and the crisis in Israeli-Palestinian relations commanded much of the EU s attention. The year 2001 also saw the first fruits of the relaunch of the Euro-Mediterranean partnership, with the signing of an association agreement with Egypt and the start of the MEDA II programme. In the area of cooperation with the ACP States under the Cotonou Agreement, the year saw the launch of the new programming system for the ninth European Development Fund. The most important aspects of relations with Latin America were the continued implementation of the free trade agreement with Mexico and the ongoing negotiations to conclude association agreements with Mercosur and Chile. Finally, priority was given to updating the strategic framework of relations between the European Union and partner countries in Asia, the aim being to formulate guidelines for the future development of these relations over the next decade. Japan reached agreement with the European Union on a global action plan for closer EU-Japan cooperation over the next decade, and a framework agreement on trade and cooperation was concluded with South Korea.

Two important events marked the activities of the European Union in the area of multilateral relations in 2001 and provided it with an opportunity to reaffirm its key role on the international scene. Firstly, the third UN Conference on the Least Developed Countries was held in Brussels in May and hosted by the European Union. This event helped to highlight the increasing importance being attached to tackling world poverty, a theme which the European Union has made the central objective of its development cooperation policy. In a similar vein, and in parallel with the efforts of other international bodies, the European Union has worked to develop an action plan to speed up its own contribution to the fight against the main communicable diseases (AIDS, tuberculosis, malaria) affecting the poorest populations the world over. In the case of the least developed countries, the special commitment is reflected in a Community regulation on a new multiannual scheme of generalised preferences, intended to further liberalise access to the European market for goods (other than weapons) from these countries. Secondly, the European Union worked to ensure the success of the launching of the new round of multilateral trade talks at the fourth ministerial meeting of the World Trade Organisation in Doha, Qatar, in mid-November. The results of this conference fulfilled the European Union s objectives of liberalising trade to stimulate economic growth, reinforcing the regulation of the multilateral trade system and responding to the concerns of the developing countries and of civil society in the industrialised world. The European Union also played a crucial role in China s accession to the WTO, which was agreed at Doha.

Many of the initiatives referred to above reflect the European Union s desire to give itself a more distinctive identity. Similar considerations lay behind the intensive efforts throughout the year to prepare for the changeover to the euro by 12 Member States on 1 January 2002, an issue which combined many of these themes: the desire to make the voice of the EU heard at international level and the commitment to promoting economic and social solidarity within the Union and encouraging the development of a genuine European citizenship in all its forms. In the case of the Commission, these preparations consisted in coordinating the efforts of the various actors involved in the introduction of euro notes and coins. It also joined the Member States, the European Central Bank and Eurosystem in setting up a joint European information network on the changeover to the single currency. At the same time, progress was made in areas such as protecting the euro from counterfeiting and facilitating cross-border payments. These measures on the ground to ensure the successful launch of the euro were all necessary to consolidate the basis of the new currency, which has become the most powerful and visible symbol of a Union that is both economic and political. Another significant step towards affirming this identity was achieved in 2001 in a dossier that has taken three decades to reach completion: the adoption of a European company statute. Quite

Nombre des initiatives évoquées ci-dessus portent la marque d'une volonté de l'Union européenne d'approfondir sa propre identité. Dans une perspective d'inspiration similaire, à la croisée des chemins entre l'ambition de faire entendre la voix de l'Union au niveau international et le souci de développer la solidarité économique et sociale en son sein et de contribuer à l'éclosion d'une véritable citoyenneté européenne sous les formes les plus diverses, des efforts intenses ont été déployés tout au long de l'année dans le cadre de la préparation du passage à l'euro, pour douze États membres, le 1er janvier 2002. Ces efforts ont notamment consisté, pour la Commission, à coordonner les préparatifs des différents acteurs à l'introduction des billets et pièces en euros. Elle a en outre participé, avec les États membres, la Banque centrale européenne et l'Eurosystème, à la mise sur pied d'un réseau européen commun d'information sur le basculement vers la monnaie unique. Parallèlement, des avancées ont été réalisées dans des domaines tels que la protection de l'euro contre le faux-monnayage ou la facilitation des paiements transfrontaliers. Tous ces accompagnements, sur le terrain, en vue de permettre le succès de l'avènement de l'euro, ont été nécessaires pour consolider l'assise de la nouvelle monnaie, qui s'est imposée comme le symbole le plus fort et le plus évident d'une Union non seulement économique mais politique. L'affirmation d'une telle identité a connu aussi en 2001 un aboutissement non négligeable dans un domaine en gestation depuis trois décennies: l'adoption d'un statut de la société européenne. Au-delà du progrès qu'il représente en tant que création d'un instrument juridique et d'un cadre de rapports sociaux, un tel résultat ne pourra que contribuer à donner davantage de sens à la dimension européenne de l'entreprise.

Pour l'Union européenne, l'année 2001 a ainsi représenté, à bien des égards, l'amorce d'un regard en profondeur sur son propre avenir et l'affirmation de sa présence sur une scène internationale en pleine mutation. Elle aura permis d'accomplir des pas importants sur la voie d'une grande Europe dotée d'une assise institutionnelle rénovée, enjeu majeur pour confirmer la pertinence et la validité d'un projet européen en phase avec les exigences des citoyens.

APERÇU CHRONOLOGIQUE

(Les numéros entre parenthèses réfèrent au chapitre pertinent du rapport annuel)

Janvier

1er La Grèce devient le douzième pays à entrer dans la zone euro (-> n° 51).

19 Le Conseil adopte la décision sur les lignes directrices pour l'emploi en 2001 (-> n° 115).

22 Le Parlement européen et le Conseil adoptent un règlement relatif à la mise en oeuvre d'actions visant au développement économique et social de la Turquie (-> n° 788).

24 La Commission adopte une proposition de sixième programme d'action communautaire en faveur de l'environnement pour la période 2001-2010 (-> n° 607).

24 et 25 M. Prodi est le premier président de la Commission à effectuer une visite officielle auprès des organisations des Nations unies (-> n° 859).

31 La Commission adopte son deuxième rapport sur la cohésion économique et sociale (-> n° 383).

Février

7 La Commission adopte un livre vert sur une politique intégrée des produits de l'Union européenne (-> n° 613) et une communication relative au commerce électronique et aux services financiers (-> n° 187).

8 La Commission définit une stratégie pour l'union douanière (-> n° 884).

apart from the progress it represents in terms of creating a legal instrument and a framework for social relationships, such an achievement cannot but help give further meaning to the European dimension of business life.

In many ways, therefore, 2001 was a year in which the European Union began to look much more carefully at its future and assert its identity on an international scene that is undergoing profound changes. Important progress was made towards creating a greater Europe, complete with a revamped institutional structure, thus responding to the major challenge of reaffirming the relevance and validity of a European venture that is in tune with the demands of the citizens.

THE YEAR IN BRIEF

(The figures between brackets refer to the relevant chapter in the annual report)

January

1 Greece becomes the 12th country to join the euro zone (-> point 51).

19 Council adopts a decision on the employment policy guidelines for 2001 (-> point 115).

22 Parliament and Council adopt a regulation on the implementation of measures to promote economic and social development in Turkey (-> point 788).

24 Commission adopts a proposal for a sixth Community environment action programme for the period 2001-10 (-> point 607).

24 and 25 Mr Prodi becomes the first Commission President to make an official visit to the United Nations (-> point 859).

31 Commission adopts its second report on economic and social cohesion (-> point 383).

February

7 Commission adopts a Green Paper on an integrated product policy for the European Union (-> point 613) and a communication on e-commerce and financial services (-> point 187).

8 Commission defines a strategy for the customs union (-> point 884).

9 La Commission adopte un plan d'action sur la prévention de la fraude et de la contrefaçon des moyens de paiement autres que les espèces (-> n° 548).

13 La Commission adopte un livre blanc relatif à une stratégie future en matière de produits chimiques (-> n° 627), une proposition de directive sur l'accès au marché des services portuaires (-> n° 707) et une proposition de règlement sur le statut et le financement des partis politiques européens (-> n° 558).

21 La Commission adopte une proposition de sixième programme-cadre en matière de recherche (2002-2006) (-> n° 326).

26 Signature du Traité de Nice (-> n° 4). Le Parlement européen et le Conseil adoptent trois directives relatives au développement des chemins de fer communautaires, aux licences des entreprises ferroviaires, ainsi qu'à la capacité d'infrastructure et la tarification (-> n° 695). Le Conseil adopte un règlement concernant l'assistance à la Turquie dans le cadre de la stratégie de préadhésion (-> n° 773).

Mars

1er L'accord de libre-échange sur les services entre l'Union européenne et le Mexique entre en vigueur (-> n° 915).

7 Lancement à Bruxelles du débat sur l'avenir de l'Europe (-> n° 7).

12 Le Parlement européen et le Conseil adoptent une nouvelle directive relative à la dissémination volontaire d'organismes génétiquement modifiés dans l'environnement (-> n° 630).

13 La Commission adopte une proposition de directive relative au statut des ressortissants de pays tiers résidents de longue durée (-> n° 514), une proposition de directive sur la protection de l'environnement dans le cadre du droit pénal (-> n° 648) ainsi que des propositions de directive et de règlement relatives à l'achèvement du marché intérieur de l'électricité et du gaz (-> n° 661).

16 La Commission définit une stratégie d'intégration des exigences de protection de l'environnement dans la politique commune de la pêche (-> n° 497).

20 La Commission adopte une communication sur l'introduction des systèmes de communication mobile de troisième génération dans l'Union européenne (-> n° 374) et un livre vert sur l'avenir de la politique communautaire de la pêche (-> n° 475).

23 La Commission adopte un ensemble de propositions relatives au modèle type de visa et au permis de séjour pour les ressortissants des pays tiers (-> n° 510).

23 et 24 Le Conseil européen se réunit à Stockholm. Inaugurant sa première réunion annuelle de printemps consacrée aux questions économiques et sociales, il définit des directives stratégiques en vue de parvenir à une croissance soutenue et à un climat de stabilité macroéconomique ainsi que les objectifs en matière de taux d'emploi. Il reçoit par ailleurs, en marge de ses travaux, la visite de M. Poutine, président de la Fédération de Russie et de M. Trajkovski, président de l'ancienne République yougoslave de Macédoine (-> n° 1204).

27 La Commission adopte un ensemble de plans d'action en faveur de la diversité biologique (-> n° 620).

28 La Commission adopte un plan d'action intitulé «e-Learning – Penser l'éducation de demain» (-> n° 564).

Avril

1er Entrée en vigueur de l'accord-cadre de commerce et de coopération entre la Communauté européenne et la République de Corée (-> n° 1054).

3 La Commission adopte une communication sur les préparatifs pour l'introduction

9 Commission adopts an action plan to prevent fraud and counterfeiting of non-cash means of payment (-> point 548).

13 Commission adopts a White Paper on a future strategy for chemicals (-> point 627), a proposal for a directive on market access to port services (-> point 707) and a proposal for a regulation on the statute and financing of European political parties (-> point 558).

21 Commission adopts a proposal for a sixth framework programme for research (-> point 326).

26 Treaty of Nice is signed (-> point 4). Parliament and Council adopt three directives on the development of the Community's railways, the licensing of railway undertakings, and the allocation of infrastructure capacity and the levying of charges (-> point 695). Council adopts a regulation on assistance to Turkey in the framework of the pre-accession strategy (-> point 773).

March

1 Free trade agreement on services between the European Union and Mexico comes into force (-> point 915).

7 Debate on the future of Europe is launched in Brussels (-> point 7).

12 Parliament and Council adopt a new directive on the deliberate release into the environment of genetically modified organisms (-> point 630).

13 Commission adopts a proposal for a directive concerning the status of third-country nationals who are long-term residents (-> point 514), a proposal for a directive on the protection of the environment through criminal law (-> point 648) and proposals for a directive and a regulation on the completion of the internal market in electricity and natural gas (-> point 661).

16 Commission defines a strategy for the integration of environmental protection requirements into the common fisheries policy (-> point 497).

20 Commission adopts a communication on the introduction of third-generation mobile communications in the European Union (-> point 374) and a Green Paper on the future of the common fisheries policy (-> point 475).

23 Commission adopts a series of proposals on a uniform format for visas and for residence permits for third-country nationals (-> point 510).

23 and 24 European Council meets in Stockholm to launch its first annual spring meeting on economic and social issues. It lays down strategic guidelines for achieving sustained growth and stable macroeconomic conditions and employment-rate targets. It also has peripheral meetings with Vladimir Putin, President of the Russian Federation, and Boris Trajkovski, President of the Former Yugoslav Republic of Macedonia (-> point 1204).

27 Commission adopts a series of biodiversity action plans (-> point 620).

28 Commission adopts an action plan on eLearning entitled 'Designing tomorrow's education' (-> point 564).

April

1 Framework agreement on trade and cooperation between the European Community and the Republic of Korea enters into force (-> point 1054).

3 Commission adopts a communication on the preparations for the introduction of euro

des billets et pièces en euros (-> n° 68) ainsi qu'une proposition de directive relative aux normes minimales pour l'accueil des demandeurs d'asile dans les États membres (-> n° 518).

9 Signature du premier accord de stabilisation et d'association entre la Communauté européenne et l'ancienne République yougoslave de Macédoine (-> n° 974).

11 La Commission adopte une communication sur la prévention des conflits (-> n° 812).

19 La Commission adopte une communication sur l'élimination des entraves fiscales à la fourniture transfrontalière des retraites professionnelles (-> n° 193).

20 La Commission adopte une communication relative à la mission du Centre commun de recherche (-> n° 352).

Mai

Du 2 au 4 La troïka de l'Union européenne effectue une visite dans la péninsule Coréenne (Pyongyang et Séoul) (-> n° 1078).

4 La Commission adopte le programme «Air pur pour l'Europe» (CAFE) (-> n° 633).

8 La Commission adopte une communication sur le rôle de l'Union européenne dans la promotion des droits de l'homme dans les pays tiers (-> n° 45).

11 La Commission adopte une proposition de directive sur la performance énergétique des bâtiments (-> n° 669).

Du 14 au 20 Réunion à Bruxelles, sous les auspices de l'Union européenne, de la troisième conférence des Nations unies sur les pays les moins avancés (-> n° 941).

15 La Commission adopte une proposition de règlement établissant un cadre général d'activité communautaire (2002-2006) visant à la mise en oeuvre d'un espace judiciaire européen en matière civile (-> n° 522), une communication sur le développement durable en Europe (-> n° 611), une communication sur la stratégie de l'Union européenne à l'égard de la Chine (-> n° 1075), ainsi qu'un plan d'action 2001-2003 relatif à la protection des intérêts financiers de la Communauté et la lutte contre la fraude (-> n° 1168).

17 Le sommet Union européenne-Russie se tient à Moscou (-> n° 1022).

17 et 18 La Commission met en place le Forum européen de prévention de la criminalité organisée (-> n° 549).

22 Le Parlement européen et le Conseil adoptent une directive relative à l'harmonisation des droits d'auteur et des droits voisins dans la société de l'information (-> n° 220) et un règlement fixant les règles pour la prévention, le contrôle et l'éradication de certaines encéphalopathies spongiformes transmissibles (-> n° 737).

23 La Commission adopte une proposition de directive relative au droit des citoyens de l'Union de séjourner sur les territoires des États membres (-> n° 557), une proposition de décision-cadre concernant l'établissement des dispositions minimales relatives aux éléments constitutifs des infractions pénales et des sanctions applicables dans le domaine du trafic de drogue (-> n° 552), une proposition de directive relative à la protection pénale des intérêts financiers de la Communauté européenne (-> n° 1169) et une communication sur les priorités de la politique fiscale de l'Union européenne (-> n° 206).

28 Le Conseil adopte un règlement relatif à la libre circulation avec un visa de long séjour (-> n° 511), une directive relative à la reconnaissance mutuelle des décisions d'éloignement des ressortissants de pays tiers (-> n° 515), une décision-cadre visant à combattre la fraude et la contrefaçon des moyens de paiement autres que les espèces (-> n° 548), un règlement relatif à la coopération entre les juridictions des États membres dans le domaine de l'obtention des preuves (-> n° 524), une décision relative

notes and coins (-> point 68) and a proposal for a directive laying down minimum standards for the reception of applicants for asylum in Member States (-> point 518).

9 First stabilisation and association agreement is signed between the European Community and the Former Yugoslav Republic of Macedonia (-> point 974).

11 Commission adopts a communication on conflict prevention (-> point 812).

19 Commission adopts a communication on the elimination of tax obstacles to the cross-border provision of occupational pensions (-> point 193).

20 Commission adopts a communication on the mission of the Joint Research Centre (-> point 352).

May

2 to 4 European Union troika visits the Korean peninsula (Pyongyang and Seoul) (-> point 1078).

4 Commission adopts the 'Clean air for Europe' (CAFE) programme (-> point 633).

8 Commission adopts a communication on the European Union's role in promoting human rights in third countries (-> point 45).

11 Commission adopts a proposal for a directive on the energy performance of buildings (-> point 669).

14 to 20 Third United Nations Conference on the Least Developed Countries meets in Brussels, under the auspices of the European Union (-> point 941).

15 Commission adopts a proposal for a regulation establishing a general framework for Community activities (2002-06) to facilitate the implementation of a European judicial area in civil matters (-> point 522), a communication on European Union strategy towards China (-> point 1075), a communication on sustainable development in Europe (-> point 611) and an action plan for 2001- 03 on protecting the Communities' financial interests and the fight against fraud (-> point 1168).

17 EU-Russia Summit is held in Moscow (-> point 1022).

17 and 18 Commission sets up the European Forum on the Prevention of Organised Crime (-> point 549).

22 Parliament and Council adopt a directive on harmonising copyright and related rights in the information society (-> point 220) and a regulation laying down rules for the prevention, control and eradication of certain transmissible spongiform encephalopathies (-> point 737).

23 Commission adopts a proposal for a directive on the right of citizens of the Union to reside in the territory of the Member States (-> point 557), a proposal for a framework decision laying down minimum provisions on the constituent elements of criminal acts and penalties in the field of drug trafficking (-> point 552), a proposal for a directive on the criminal-law protection of the Community's financial interests (-> point 1169) and a communication on the priorities for EU tax policy (-> point 206).

28 Council adopts a regulation on freedom of movement with a long-stay visa (-> point 511), a directive on the mutual recognition of decisions on the expulsion of third-country nationals (-> point 515), a framework decision on combating fraud and counterfeiting of non-cash means of payment (-> point 548), a regulation on cooperation between the courts of the Member States in the taking of evidence (-> point 524), a decision establishing a European judicial network in civil and commercial matters (-> point 524), and a decision setting up a European crime-prevention network (-> point 549).

à la création du réseau judiciaire européen en matière civile et commerciale (-> n° 524) et une décision portant création d'un réseau européen de prévention de la criminalité (-> n° 549).

30 La Commission adopte une proposition de directive sur les opérations d'initiés et les manipulations de marché (-> n° 189), une proposition de directive concernant la publicité et le parrainage en faveur des produits du tabac (-> n° 755) et une proposition de décision concernant l'adhésion de la Communauté européenne au Codex alimentarius (-> n° 735). Adoption du règlement relatif à l'accès du public aux documents du Parlement européen, du Conseil et de la Commission (-> n° 21).

Juin

6 La Commission adopte une communication sur la sécurité des réseaux et des communications électroniques (-> n° 371).

7 Référendum en Irlande sur la ratification du traité de Nice (non: 53,87 %; oui: 46,13 %) (-> n° 5).

12 La Commission adopte l'avant-projet de budget pour 2002 (-> n° 1135).

13 Dépôt des instruments de ratification du traité de Nice par le Danemark (-> n° 4).

14 Le sommet Union européenne – États-Unis se tient à Göteborg (Suède) (-> n° 1034).

15 et 16 Le Conseil européen se réunit à Göteborg. Il se met d'accord sur le cadre destiné à mener l'élargissement à bonne fin, adopte une stratégie de développement durable en ajoutant, notamment, une dimension environnementale au processus de Lisbonne, et approuve les grandes orientations des politiques économiques, ainsi que les grands principes destinés à assurer la viabilité à long terme des régimes de retraite. Il entérine, par ailleurs, un programme de l'Union européenne pour la prévention des conflits violents ainsi que des orientations et des procédures concernant les politiques relatives à la dimension septentrionale de l'Union (-> n° 1205).

18 La Commission adopte une proposition de règlement visant à combattre la fraude en matière de taxe sur la valeur ajoutée et une proposition de directive concernant l'assistance mutuelle des autorités compétentes des États membres dans le domaine des impôts directs et indirects (-> n° 215).

20 La Commission définit une stratégie en faveur de la mobilité des chercheurs (-> n° 325) et une stratégie communautaire de lutte contre la résistance antimicrobienne, et adopte une proposition de recommandation relative à l'utilisation prudente des agents microbiens en médecine humaine (-> n° 746). Par ailleurs, elle adopte une proposition de règlement relative à la constitution d'une entreprise commune Galileo (programme de radionavigation par satellite) (-> n° 692).

21 La Commission présente un programme d'action pour l'intégration de l'égalité entre les femmes et les hommes dans la coopération au développement de la Communauté (-> n° 926).

25 La Commission adopte une communication sur la dimension internationale de l'espace européen de la recherche (-> n° 325). Signature à Luxembourg de l'accord euro-méditerranéen d'association avec l'Égypte (-> n° 1004).

Juillet

3 La Commission adopte une communication sur le soutien aux stratégies nationales en faveur de pensions sûres et viables par le biais d'une approche intégrée (-> n° 123).

11 La Commission adopte une communication sur une méthode ouverte de coordination en matière d'immigration (-> n° 513) et une proposition de directive relative aux

30 Commission adopts a proposal for a directive on insider dealing and market manipulation (-> point 189), a proposal for a directive relating to the advertising and sponsorship of tobacco products (-> point 755) and a proposal on the accession of the European Community to the Codex Alimentarius Commission (-> point 735). Parliament and Council adopt a regulation regarding public access to Parliament, Council and Commission documents (-> point 21).

June

6 Commission adopts a communication on network and information security (-> point 371).

7 Referendum is held in Ireland on ratification of the Treaty of Nice (no: 53.87 %; yes: 46.13 %) (-> point 5).

12 Commission adopts the preliminary draft budget for 2002 (-> point 1135).

13 Instruments of ratification of the Treaty of Nice are deposited by Denmark (-> point 4).

14 EU-United States Summit is held in Gothenburg (Sweden) (-> point 1034).

15 and 16 European Council meets in Gothenburg. It reaches agreement on the framework for successful completion of the enlargement negotiations, approves a strategy for sustainable development, adding an environmental dimension to the Lisbon process, endorses the broad economic policy guidelines and approves the key principles for securing the long-term sustainability of pension systems. It also approves an EU programme for the prevention of violent conflicts and endorses the policy guidance and follow-up procedures relating to the Union's northern dimension (-> point 1205).

18 Commission adopts a proposal for a regulation aimed at combating value-added tax fraud and a proposal for a directive concerning mutual assistance by the competent authorities of the Member States in the field of direct and indirect taxation (-> point 215)

20 Commission sets out a strategy for the mobility of (-> point 325) and a Community strategy against antimicrobial resistance, and adopts a proposal for a Council recommendation on the prudent use of antimicrobial agents in human medicine (-> point 746). It also adopts a proposal for a regulation on the establishment of the Galileo joint undertaking (satellite radionavigation programme) (-> point 692).

21 Commission presents an action programme for the mainstreaming of gender equality in Community development cooperation (-> point 926).

25 Commission adopts a communication on the international dimension of the European research area (-> point 325). Euro-Mediterranean association agreement is signed with Egypt (-> point 1004).

July

3 Commission adopts a communication on supporting national strategies for safe and sustainable pensions through an integrated approach (-> point 123).

11 Commission adopts a communication on an open method of coordination for immigration policy (-> point 513) and a proposal for a directive on the conditions

conditions d'entrée et de séjour des ressortissants de pays tiers aux fins d'emploi (-> n° 514).

Du 16 au 27 Conférence sur les changements climatiques à Bonn (-> n° 644).

18 La Commission adopte un livre vert relatif à la promotion d'un cadre européen pour la responsabilité sociale des entreprises (-> n° 137), une communication sur la promotion d'un socle de normes de travail et l'amélioration de la gouvernance sociale dans le contexte de la globalisation (-> n° 153), une communication sur le renforcement de la coopération avec les pays tiers en matière d'enseignement supérieur (-> n° 605) et une proposition de directive visant à garantir une imposition effective, à l'intérieur de la Communauté, des revenus de l'épargne sous forme de paiement d'intérêts (-> n° 209).

20 Le Conseil adopte une directive relative à des normes minimales pour l'octroi d'une protection temporaire en cas d'afflux massif de personnes déplacées (-> n° 517).

Du 20 au 22 Le vingt-septième sommet économique occidental se tient à Gènes (-> n° 1033).

25 La Commission adopte un livre blanc sur la gouvernance européenne (-> n° 24), des propositions de règlement sur la traçabilité et l'étiquetage des organismes génétiquement modifiés et sur les denrées alimentaires et aliments pour animaux génétiquement modifiés (-> n° 734). Par ailleurs, elle adopte une communication sur l'impact de l'élargissement sur les régions frontalières avec les pays candidats à l'adhésion (-> n° 776).

Août

Du 31 août au 7 septembre L'Union européenne participe à la conférence mondiale sur le racisme, la discrimination raciale, la xénophobie et l'intolérance qui y est associée, à Durban (Afrique du Sud) (-> n° 48).

Septembre

4 La Commission adopte une communication intitulée «Vers une vision stratégique des sciences de la vie et de la biotechnologie» (-> n° 323) et une communication sur une nouvelle stratégie avec l'Asie (-> n° 1057).

5 Le Parlement européen adopte une recommandation sur le rôle de l'Union dans la lutte contre le terrorisme (-> n° 533). Le quatrième sommet Union européenne-Chine se tient à Bruxelles (-> n° 1073).

6 La Commission adopte une proposition de règlement relatif à la compétence, à la reconnaissance et à l'exécution des décisions en matière de responsabilité parentale (-> n° 525).

12 À la suite des attentats du 11 septembre aux États-Unis, le Parlement européen et le Conseil se réunissent en session extraordinaire (-> nos 1040 et 1201). La Commission adopte une proposition de directive établissant des normes minimales relatives aux conditions que doivent remplir les ressortissants des pays tiers et les apatrides pour pouvoir prétendre au statut de réfugié (-> n° 518) et un livre blanc sur la politique européenne des transports (-> n° 683). Elle adopte également une proposition de décision fixant les lignes directrices pour l'emploi en 2002 (-> n° 117) et une recommandation sur la mise en oeuvre des politiques de l'emploi des États membres (-> n° 117).

14 Les chefs d'État ou de gouvernement de l'Union européenne, la présidence du Parlement européen, le président de la Commission européenne et le haut représentant pour la PESC adoptent une déclaration conjointe sur les attentats du 11 septembre (-> n° 827).

19 La Commission adopte une proposition de décision-cadre sur le mandat d'arrêt européen et les procédures de remise entre États membres de personnes recherchées ou

of entry and residence of third- country nationals for the purpose of employment (-> point 514).

16 to 27 Conference on Climate Change is held in Bonn (-> point 644).

18 Commission adopts a Green Paper promoting a European framework for corporate social responsibility (-> point 137), a communication on promoting core labour standards and improving social governance in the context of globalisation (-> point 153), a communication on strengthening cooperation with third countries in the field of higher education (-> point 605) and a proposal for a directive on effective taxation of savings income in the form of interest payments within the Community (-> point 209).

20 Council adopts a directive on minimum standards for granting temporary protection in the event of a mass influx of displaced persons (-> point 517).

20 to 22 Twenty-seventh Western Economic Summit is held in Genoa (-> point 1033).

25 Commission adopts a White Paper on European governance (-> point 24) and a proposal for a regulation on traceability and labelling of genetically modified organisms and genetically modified food and feed (-> point 734). It also adopts a communication on the impact of enlargement on regions bordering candidate countries (-> point 776).

August

31 August to 7 September European Union takes part in the World Conference against Racism, Racial Discrimination, Xenophobia and Related Intolerance held in Durban (South Africa) (-> point 48).

September

4 Commission adopts communications on a strategic vision of life sciences and biotechnology (-> point 323) and a new strategic framework for relations with Asia (-> point 1057).

5 Parliament adopts a recommendation on the role of the European Union in combating terrorism (-> point 533). Fourth EU-China Summit is held in Brussels (-> point 1073).

6 Commission adopts a proposal for a regulation on jurisdiction and the recognition and enforcement of judgments in matters of parental responsibility (-> point 525).

12 Following the terrorist attacks in the United States on 11 September 2001, Parliament and Council meet in special session (-> points 1201 and 1040). Commission adopts a proposal for a directive on minimum standards for the qualification and status of third-country nationals and stateless persons as refugees (-> point 518) and a White Paper on the European transport policy (-> point 683). It also adopts a proposal for a decision on the employment guidelines for 2002 (-> point 117) and a recommendation on the implementation of Member States' employment policies (-> point 117).

14 The Heads of State or Government of the European Union, the President of Parliament, the President of the European Commission and the High Representative for the CFSP adopt a joint declaration on the terrorist attacks of 11 September (-> point 827).

19 Commission adopts proposals for framework decisions on the European arrest

condamnées par la justice ainsi qu'une proposition de décision-cadre sur la lutte contre le terrorisme (-> n° 534).

20 Déclaration ministérielle conjointe Union européenne – États-Unis sur la lutte contre le terrorisme (-> n° 1041). Le Conseil extraordinaire «Justice, affaires intérieures et protection civile» adopte des conclusions sur la lutte contre le terrorisme (-> n° 506).

21 Le Conseil européen se réunit en session extraordinaire à Bruxelles afin d'analyser la situation internationale à la suite des attentats terroristes aux États-Unis et de donner les impulsions nécessaires aux actions de l'Union européenne (-> n° 1206).

24 Dépôt des instruments de ratification du traité de Nice par le Luxembourg (-> n° 4).

Du 24 au 28 Visite de la troïka européenne au Pakistan, en Iran, en Arabie saoudite, en Égypte et en Syrie (-> n° 996).

27 M. Verhofstadt, Premier ministre belge, et M. Prodi, président de la Commission, rencontrent le président Bush à Washington (-> n° 1042). Le Parlement européen et le Conseil adoptent une directive modifiant les règles d'évaluation des comptes annuels des entreprises (-> n° 217).

28 La Commission adopte un livre vert sur l'indemnisation des victimes de la criminalité (-> n° 530).

Octobre

2 La Commission adopte un livre vert sur la protection des consommateurs dans l'Union européenne (-> n° 761) et une proposition de règlement relatif aux promotions des ventes dans le marché intérieur (-> n° 201).

3 Le sommet Union européenne-Russie se tient à Bruxelles (-> n° 1022).

8 Le Conseil adopte les deux instruments législatifs nécessaires à la création de la société européenne (-> n° 219).

10 La Commission adopte une proposition de règlement sur la réalisation du «ciel unique européen» (-> n° 712), une proposition de règlement établissant des règles communes dans le domaine de la sûreté aérienne civile (-> n° 713) et une communication sur la situation économique de l'industrie du transport aérien après les attentats du 11 septembre aux États-Unis (-> n° 713).

11 La conférence ministérielle «Europe-Afrique» se tient à Bruxelles (-> n° 1115).

12 La réunion ministérielle Union européenne-Communauté économique des États de l'Afrique de l'Ouest (Cedeao) se tient à Bruxelles (-> n° 1113).

16 La Commission adopte une proposition de décision établissant 2004 comme «Année européenne de l'éducation par le sport» (-> n° 601).

19 Dépôt des instruments de ratification du traité de Nice par la France (-> n° 4). Le Conseil européen se réunit à Gand. Il exprime à nouveau et sans équivoque son soutien entier à l'action menée contre le terrorisme sous tous ses aspects dans le cadre défini par les Nations unies et réaffirme sa solidarité totale avec les États-Unis (-> n° 1207).

20 La conférence européenne élargie présidée par M. Michel, vice-Premier ministre, ministre belge des affaires étrangères et président en exercice du Conseil, se tient à Bruxelles (-> n° 766).

23 La Commission adopte une communication intitulée «e-Europe 2002: créer un cadre communautaire pour l'exploitation de l'information émanant du secteur public» (-> n° 376). En matière d'environnement, elle adopte une proposition de décision concernant la conclusion par la Communauté du protocole de Kyoto (-> n° 643), une communication sur la mise en oeuvre de la première phase du programme européen

warrant and the surrender procedures between the Member States and on combating terrorism (-> point 534).

20 Joint EU-United States ministerial statement is adopted on the fight against terrorism (-> point 1041). Special Council meeting on justice, home affairs and civil protection adopts conclusions on the fight against terrorism (-> point 506).

21 European Council holds a special meeting in Brussels to analyse the international situation in the wake of the terrorist attacks in the United States and to give the necessary impetus to actions by the European Union (-> point 1206).

24 Instruments of ratification of the Treaty of Nice are deposited by Luxembourg (-> point 4).

24 to 28 European troika visits Pakistan, Iran, Saudi Arabia, Egypt and Syria (-> point 996).

27 Mr Verhofstadt, Belgian Prime Minister, and Mr Prodi, President of the Commission, meet President Bush in Washington (-> point 1042). Parliament and Council adopt a directive amending the valuation rules for the annual accounts of companies (-> point 217).

28 Commission adopts a Green Paper on compensation to crime victims (-> point 530).

October

2 Commission adopts a Green Paper on consumer protection in the European Union (-> point 761) and a proposal for a regulation on sales promotions in the internal market (-> point 201).

3 EU-Russia Summit is held in Brussels (-> point 1022).

8 Council adopts the two legislative instruments necessary for creating the European Company (-> point 219).

10 Commission adopts a proposal for a regulation on the creation of the single European sky (-> point 712), a proposal for a regulation establishing common rules in the field of civil aviation security (-> point 713) and a communication on the repercussions of the terrorist attacks in the United States on the air transport industry (-> point 713).

11 Africa-Europe Ministerial Conference is held in Brussels (-> point 1115).

12 European Union-Economic Community of West African States (Ecowas) ministerial meeting is held in Brussels (-> point 1113).

16 Commission adopts a proposal for a decision establishing the European Year of Education through Sport 2004 (-> point 601).

19 Instruments of ratification of the Treaty of Nice are deposited by France (-> point 4). The European Council meets in Gent and again unequivocally states its full support for the action being taken against terrorism in all its aspects within the framework defined by the United Nations and reaffirms its total solidarity with the United States (-> point 1207).

20 Enlarged European Conference chaired by Mr Michel, Belgian Deputy Prime Minister and Foreign Minister and President of the Council, is held in Brussels (-> point 766).

23 Commission adopts a communication on eEurope 2002 entitled ‘Creating a framework for the exploitation of public sector information’ (-> point 376). On the environment, it adopts a proposal for a decision regarding the approval, on behalf of the Community, of the Kyoto Protocol (-> point 643), a communication on the implementation of the first phase of the European climate change programme

sur le changement climatique (-> n° 643) et une proposition de directive établissant un cadre pour l'échange de droits à émission de gaz à effet de serre (-> n° 643).

29 Le Conseil adopte une décision relative à l'accession de la Chine et du territoire douanier distinct du Taipei à l'Organisation mondiale du commerce (-> n° 879). Signature de l'accord de stabilisation et d'association avec la Croatie (-> n° 975).

30 La Commission adopte une communication sur les indicateurs structurels (-> n° 62).

31 La Commission adopte une proposition de règlement concernant la conservation, la collecte et l'utilisation des ressources génétiques en agriculture (-> n° 438).

Novembre

Du 9 au 14 La quatrième conférence ministérielle de l'Organisation mondiale du commerce se tient à Doha (Qatar) (-> n° 876).

13 La Commission adopte une communication sur une approche coopérative pour l'avenir du tourisme européen (-> n° 315) et un rapport sur l'impact des attaques terroristes aux États-Unis sur le tourisme européen (-> n° 315). Par ailleurs, elle adopte un document de stratégie et de rapports sur les progrès réalisés par chacun des pays candidats sur la voie de l'adhésion (-> n° 767).

15 La Commission adopte une communication concernant une politique commune en matière d'immigration clandestine (-> n° 516).

16 Le Conseil adopte une décision relative à la protection de l'euro contre le faux-monnayage (-> n° 547).

21 La Commission adopte un livre blanc intitulé «Un élan nouveau pour la jeunesse européenne» (-> n° 581) et une communication intitulée «Réaliser un espace européen pour l'éducation et la formation tout au long de la vie» (-> n° 567).

23 Le deuxième sommet Union européenne-Inde se tient à New Delhi (-> n° 1061).

28 La Commission adopte une proposition de décision-cadre sur la lutte contre le racisme et la xénophobie (-> n° 528), une communication sur une méthode ouverte de coordination en matière d'asile (-> n° 519) et une communication sur la protection civile et l'état d'alerte préventive contre les urgences éventuelles (-> n° 624). D'autre part, elle adopte une proposition relative à son nouveau programme statistique communautaire 2003-2007 (-> n° 103).

29 La Commission adopte une communication concernant l'impact de l'e-économie sur les entreprises européennes (-> n° 365).

Décembre

3 Le Conseil adopte une décision relative à l'Année européenne des personnes handicapées 2003 (-> n° 127). La Commission adopte le premier rapport sur la réalisation du marché intérieur de l'électricité et du gaz (-> n° 661).

4 La Commission adopte une communication intitulée «Plan d'action, science et société» (-> n° 321). Le Parlement européen et le Conseil adoptent une directive en matière de lutte contre le blanchiment de capitaux (-> n° 203).

5 La Commission adopte une communication intitulée «Simplifier et améliorer l'environnement réglementaire» (-> n° 26) ainsi qu'une communication relative à l'avenir des soins de santé et des soins pour les personnes âgées (-> n° 123).

6 La Commission adopte une communication intitulée «Avenir de l'Union européenne: rénover la méthode communautaire» (-> n° 12). Europol et les États-Unis parviennent à un accord de coopération sur l'échange d'information stratégique (-> n° 554).

(-> point 643) and a proposal for a directive establishing a scheme for greenhouse gas emission allowance trading (-> point 643).

29 Council adopts a decision on the accession of the People's Republic of China and of the separate customs territory of Chinese Taipei to the World Trade Organisation (-> point 879). Stabilisation and association agreement is signed with Croatia (-> point 975).

30 Commission adopts a communication on structural indicators (-> point 62).

31 Commission adopts a proposal for a regulation on the conservation, collection and utilisation of genetic resources in agriculture (-> point 438).

November

9 to 14 Fourth Ministerial Conference of the World Trade Organisation is held in Doha (Qatar) (-> point 876).

13 Commission adopts a communication on working together for the future of European tourism (-> point 315) and a report on the impact of the terrorist attacks in the United States on tourism in Europe (-> point 315). It also adopts a strategy paper and reports on progress towards accession by each of the candidate countries (-> point 767).

15 Commission adopts a communication on a common policy on illegal immigration (-> point 516).

16 Council adopts a decision on protection of the euro against counterfeiting (-> point 547).

21 Commission adopts a White Paper entitled 'A new impetus for European youth' (-> point 581) and a communication on making a European area of lifelong learning a reality (-> point 567).

23 Second EU-India Summit is held in New Delhi (-> point 1061).

28 Commission adopts a proposal for a framework decision on the fight against racism and xenophobia (-> point 528), a communication on an open method of coordination for asylum policy (-> point 519) and a communication on civil protection entitled 'State of preventive alert against possible emergencies' (-> point 624). It also adopts a proposal for a decision on the new Community statistical programme 2003-07 (-> point 103).

29 Commission adopts a communication on the impact of the e-economy on European enterprises (-> point 365).

December

3 Council adopts a decision on the European Year of People with Disabilities 2003 (-> point 127). Commission adopts the first report on completion of the internal market in electricity and natural gas (-> point 661).

4 Commission adopts a communication on a science and society action plan (-> point 321). Parliament and Council adopt a directive on money laundering (-> point 203).

5 Commission adopts communications on simplifying and improving the regulatory environment (-> point 26) and the future of healthcare and care for the elderly (-> point 123).

6 Commission adopts a communication on the future of the European Union entitled 'Renewing the Community method' (-> point 12). Europol and the United States sign a cooperation agreement on the exchange of strategic information (-> point 554).

7 Commission adopts a communication on European space policy (-> point 322).

8 EU-Japan Summit in Brussels adopts an action plan (-> point 1048).

7 La Commission adopte une communication intitulée «Vers une politique européenne de l'espace» (-> n° 322).

8 Adoption d'un plan d'action lors du sommet Union européenne-Japon qui se tient à Bruxelles (-> n° 1048).

10 La Commission adopte une nouvelle proposition de directive concernant la maîtrise des dangers liés aux accidents majeurs impliquant des substances dangereuses (-> n° 625). Le Conseil adopte des décisions concernant les principes, objectifs et conditions du partenariat pour l'adhésion des dix pays candidats d'Europe centrale et orientale, de Chypre et de Malte (-> n° 778), un règlement instituant un système de préférences généralisées pour la période 2002- 2004 (-> n° 916) et nomme un représentant spécial de l'Union européenne pour l'Afghanistan (-> n° 1066).

11 La Commission adopte des livres verts sur la révision du règlement sur les concentrations (-> n° 233) et sur la protection pénale des intérêts financiers communautaires et la création d'un procureur européen (-> n° 1173).

12 Le Conseil adopte le règlement sur les dessins et les modèles communautaires (-> n° 220).

12 et 13 Conférences d'adhésion au niveau ministériel avec la Slovénie, Chypre, la République tchèque, la Hongrie, la Lettonie, la Lituanie, la Slovaquie, l'Estonie, Malte, la Pologne, la Bulgarie et la Roumanie (-> n° 771).

13 Le Parlement européen arrête le budget 2002 (-> n° 1146).

14 La Commission adopte une communication relative aux caractéristiques des pièces libellées en euros (-> n° 69).

14 et 15 Le Conseil européen se réunit à Laeken. Il adopte une déclaration sur l'avenir de l'Union ouvrant la voie à la future grande réforme de l'Union et convoque une Convention afin de préparer la prochaine Conférence intergouvernementale. Il prend également des décisions visant, d'une part, à renforcer le rôle de l'Europe sur la scène internationale notamment dans la lutte contre le terrorisme, et d'autre part, à conclure, avant la fin de 2002, les négociations avec les pays candidats prêts à l'adhésion afin qu'ils participent aux élections du Parlement européen en 2004. Dans le domaine des relations extérieures, il adopte une déclaration d'opérationnalité de la politique extérieure commune de sécurité et de défense ainsi qu'une déclaration sur la situation au Moyen-Orient (-> n° 1208). Il approuve également les lignes directrices pour l'emploi en 2002 (-> n° 117).

17 Le Conseil adopte un règlement relatif à l'aide financière en faveur de la Turquie dans le cadre de la stratégie de pré-adhésion (-> n° 789).

18 Le sommet Union européenne-Canada se tient à Ottawa (-> n° 1051).

19 Le Conseil adopte deux règlements portant respectivement organisation commune des marchés dans le secteur des viandes ovine et caprine (-> n° 459) et modification de l'organisation commune des marchés dans le secteur de la banane (-> n° 449). Le Parlement européen et le Conseil adoptent le règlement relatif aux paiements transfrontaliers en euros (-> n° 197), deux directives en matière de sécurité maritime (-> n° 711) ainsi qu'une décision relative à la contribution de la Communauté européenne au Fonds mondial pour la lutte contre le VIH/sida, la tuberculose et la malaria (-> n° 938).

20 Le Conseil adopte une directive relative à la facturation en matière de taxe sur la valeur ajoutée (-> n° 212).

27 Le Conseil adopte un règlement relatif aux mesures restrictives spécifiques applicables à des personnes ou entités en vue de combattre le terrorisme international (-> n° 546). Dépôt des instruments de ratification du traité de Nice par l'Espagne (-> n° 4).

28 Dépôt des instruments de ratification du traité de Nice par les Pays-Bas (-> n° 4).

10 Commission adopts a new proposal for a directive on the control of major accident hazards involving dangerous substances (-> point 625). Council adopts decisions on the principles, objectives and conditions of the accession partnerships with the 10 candidate countries of central and eastern Europe, Cyprus and Malta (-> point 778) and a regulation applying a scheme of generalised tariff preferences for the 2002-04 period (-> point 916), and appoints a Special European Union Representative for Afghanistan (-> point 1066).

11 Commission adopts Green Papers on the review of the merger control regulation (-> point 233) and on criminal-law protection of the financial interests of the Community and the establishment of a European prosecutor (-> point 1173).

12 Council adopts a regulation on Community designs (-> point 220).

12 and 13 Ministerial-level accession conferences are held with Cyprus, Malta, Hungary, Poland, Romania, Slovakia, Latvia, Estonia, Lithuania, Bulgaria, the Czech Republic and Slovenia (-> point 771).

13 Parliament adopts the 2002 budget (-> point 1146).

14 Commission adopts a communication on the visual characteristics of the euro coins (-> point 69).

14 and 15 European Council meets in Laeken. It adopts a declaration on the future of the Union paving the way for major reform and convenes a convention to prepare the ground for the forthcoming Intergovernmental Conference. It also takes decisions designed to strengthen Europe's role on the international scene, particularly in the fight against terrorism, and to conclude negotiations by the end of 2002 with the candidate countries ready for accession so that they can take part in the European Parliament elections in 2004. On the external relations front, it adopts declarations on the operational capability of the common European security and defence policy and on the situation in the Middle East (-> point 1208). It also approves the employment guidelines for 2002 (-> point 117).

17 Council adopts a regulation concerning pre-accession financial aid for Turkey (-> point 789).

18 EU-Canada Summit is held in Ottawa (-> point 1051).

19 Council adopts two regulations on the common organisation of the markets in sheepmeat and goatmeat (-> point 459) and bananas (-> point 449). Parliament and Council adopt a regulation on cross-border payments in euro (-> point 197), two directives on maritime safety (-> point 711) and a decision concerning the European Community contribution to the Global Fund to fight HIV/AIDS, tuberculosis and malaria (-> point 938).

20 Council adopts a directive on invoicing in respect of value-added tax (-> point 212).

27 Council adopts a regulation on specific restrictive measures directed against certain persons or entities with a view to combating international terrorism (-> point 546). Instruments of ratification of the Treaty of Nice are deposited by Spain (-> point 4).

28 Instruments of ratification of the Treaty of Nice are deposited by the Netherlands (-> point 4).

UNION DE L'EUROPE OCCIDENTALE (UEO)

Siège de l'UEO
4 rue de la Régence – B-1000 Bruxelles – Belgique
Tél. (+32.2) 500.4411 – Fax (+32.2) 511.3270

Secrétaire général : M. Javier Solana (Espagne)

Assemblée de l' UEO
43, Avenue du Président Wilson
F-75775 Paris Cedex 16 – France
Tél.: (+33)-(0)1-53.67.22.00 – Fax: (+33)-(0)1-47.20.45.43

Président : M. Klaus Bühler (Allemagne)

Institut d'Etudes de Sécurité
43 Avenue du Président Wilson
F-75775 Paris Cedex 16 – France
Tél: (+33) 01 53 67 22 00 – Fax: (+33) 01 47 20 81 78

Directeur : Mme Nicole Gnesotto (France)

Centre satellitaire
Avenida de Cádiz Edificio 457 – Base aérea de Torrejón
28850 Torrejón de Ardoz Madrid – Espagne
Tél: (+34.91)-678.6000 – Fax: (+34.91)-678.6006

Directeur . M. Fernando Davara (Espagne)

Site web : http://weu.int/

Historique:

L'Union de l'Europe Occidentale (UEO) a été créée suite aux accords de Paris, signés en 1954 et ratifiés en 1955. Les Accords de Paris ont modifié le Traité de Bruxelles de 1948 – pacte de sécurité mutuelle entre la France, le Royaume-Uni et le Benelux – afin de permettre l'adhésion de l'Allemagne et de l'Italie.

En novembre 2000, les Ministres de l'UEO ont pris la décision d'abandonner au profit de l'Union Européenne leurs responsabilités en matière de gestion de crise.

Composition :

10 Etats membres : Allemagne, Belgique, Espagne, France, Grèce, Italie, Luxembourg, Pays-Bas, Portugal, Royaume-Uni,

5 Observateurs : Autriche, Danemark, Finlande, Irlande, Suède

WESTERN EUROPEAN UNION (WEU)

WEU Secretariat
4 rue de la Régence – B-1000 Bruxelles – Belgium
Tel. (+32.2) 500.4411 – Fax (+32.2) 511.3270

Secretary General: Mr. Javier Solana (Spain)

WEU Assembly
43, Avenue du Président Wilson
F-75775 Paris Cedex 16 – France
Tel.: (+33)-(0)1-53.67.22.00 – Fax: (+33)-(0)1-47.20.45.43

Président: Mr. Klaus Bühler (Germany)

Institute for Security Studies
43 Avenue du Président Wilson
F-75775 Paris Cedex 16 – France
Tél: (+33) 01 53 67 22 00 – Fax: (+33) 01 47 20 81 78

Director: Mrs Nicole Gnesotto (France)

Satellite Centre
Avenida de Cádiz Edificio 457 – Base aérea de Torrejón
28850 Torrejón de Ardoz Madrid – Spain
Tél: (+34.91)-678.6000 – Fax: (+34.91)-678.6006

Director Mr. Fernando Davara (Spain)

Web site: http://weu.int/

Background:

The Western European Union (WEU) was established by the Paris Agreements which were signed in October 1954 and came into force in 1955. The Paris Agreements modified the 1948 Brussels Treaty – a Treaty for collective self-defence – to allow the accession of the Federal Republic of Germany and Italy.

In November 2000, WEU Ministers decided to hand over its crisis management responsibilities to the European Union.

Composition:

Member States: Belgium, France, Germany, Greece, Italy, Luxembourg, Netherlands, Portugal, Spain, United Kingdom

Observers: Austria, Denmark, Finland, Ireland, Sweden

6 Membres associés : Hongrie, Islande, Norvège, Pologne, République tchèque, Turquie

7 Associés partenaires : Bulgarie, Estonie, Lettonie, Lituanie, Roumanie, Slovaquie, Slovénie,

Objectifs :

- Développer une identité européenne de sécurité et de défense
- Assurer une coopération politique européenne sur les questions de sécurité.

L'UEO ne dispose en propre ni de forces ni de structures de commandement permanentes. Les unités et les états-majors militaires qui pourraient être mis à sa disposition, au cas par cas, pour des opérations particulières, sont désignés par les pays de l'UEO.

Fonctionnement :

- Le Conseil de l'UEO, organe exécutif, composé des Ministres des affaires étrangères et de la défense, se réunit deux fois par an. Il se réunit chaque semaine au niveau des ambassadeurs dans le cadre du Conseil permanent, assisté par le Groupe de travail du Conseil
- L'Assemblée parlementaire, composée des membres des délégations des parlements nationaux à l'Assemblée parlementaire du Conseil de l'Europe.

L'UEO comprend également une cellule de planification, placée sous l'autorité du Conseil permanent et destinée à renforcer son rôle opérationnel. Les Chefs d'état-major des armées se réunissent deux fois par an avant la réunion du Conseil de l'UEO. L'UEO s'est dotée d'un Centre satellitaire et d'un Institut d'études de sécurité.

Le Secrétariat, comprenant environ 200 personne basées à Bruxelles, Paris et Torrejon (Espagne), est dirigé par un Secrétaire Général – en 2001, M. Javier Solana (Espagne).

PREMIÈRE PARTIE DU QUARANTE-SEPTIÈME RAPPORT ANNUEL DU CONSEIL À L'ASSEMBLÉE SUR LES ACTIVITÉS DU CONSEIL (POUR LA PÉRIODE ALLANT DU 1ER JANVIER AU 30 JUIN 2001)

I. INTRODUCTION

C'est à la présidence néerlandaise qu'est revenu le triste privilège de mener à son terme la période de transition au cours de laquelle l'UEO a abandonné à l'Union européenne (UE) ses fonctions en matière de gestion de crise. Le 28 juin 2001, le Conseil de l'UEO, présidé par le Secrétaire général, M. Javier Solana, et rassemblant des représentants des 28 pays de l'UEO, s'est réuni pour la dernière fois au siège de l'Organisation établi, depuis janvier 1993, rue de la Régence à Bruxelles.

Dès la fin du mois de juin, le Secrétariat général de l'UEO ainsi que le Groupe Armement de l'Europe occidentale (GAEO) et l'Organisation de l'Armement de l'Europe occidentale (OAEO) ont emménagé dans leurs nouveaux locaux du 15 rue de l'Association à 1000 Bruxelles, qui sont leur siège officiel depuis le 1er juillet 2001.

Le transfert du siège de l'UEO et la fermeture simultanée de l'État-major militaire de l'UEO ont été les deux dernières mesures les plus importantes décidées dans le contexte de la cessation des responsabilités de l'Organisation en matière de gestion de crise, suite aux décisions prises par le Conseil européen depuis sa réunion de Cologne en juin 1999 en vue de renforcer la politique européenne de sécurité et de défense dans l'Union européenne.

Associate Members: Czech Republic, Hungary, Iceland, Norway, Poland, Turkey
Associate Partners: Bulgaria, Estonia, Latvia, Lithuania, Romania, Slovakia, Slovenia.

AIMS:

- To develop a European Security and Defence Identity.
- To assert a European political co-operation on security issues.

WEU has neither its own forces nor its own permanent command structures. The military units and headquarters that could be made available to WEU on a case-by-case basis for specific operations have been designated by the WEU nations.

FUNCTIONING:

- WEU Council, executive body, meets twice a year at ministerial level, Ministers of Foreign Affairs and Defence; it meets every week at ambassadorial level in the framework of the Permanent Council, seconded by the Council Working Group;
- Parliamentary Assembly, composed of representatives from member states national delegations to the Council of Europe Parliamentary Assembly.

WEU also includes a Planning Cell, placed under the authority of the Permanent Council and aimed at reinforcing the operational role of the Organisation. The chiefs of military staff meet twice a year before the WEU Council's meeting. WEU has also a Satellite Centre (Spain) and an Institute for Security Studies (Paris).

The Secretariat, composed of some 200 employees based in Brussels, Paris and Torrejon (Spain), is led by a Secretary General – in 2001, Mr. Javier Solana (Spain).

FIRST PART OF THE FORTY-SEVENTH ANNUAL REPORT OF THE COUNCIL TO THE ASSEMBLY ON THE ACTIVITIES OF THE COUNCIL (1 JANUARY TO 30 JUNE 2001)

I. INTRODUCTION

It has been the sad privilege of the Netherlands Presidency to bring to a close the transition period during which WEU relinquished its crisis-management functions to the European Union (EU). On 28 June 2001, the WEU Council, under the Chairmanship of the Secretary-General, Dr Javier Solana, and involving representatives from the 28 WEU countries, met for the last time in the WEU Headquarters which had been located in Rue de la Régence in Brussels since January 1993.

Already by the end of June, the WEU Secretariat-General, together with the Western European Union Armaments Group (WEAG) and the Western European Union Armaments Organisation (WEAO), had moved into their new premises at 15 Rue de l'Association, 1000 Brussels, which is to be their official headquarters from 1 July 2001.

The transfer of the WEU Headquarters and the parallel closure of the WEU Military Staff have been the two most significant of the final measures taken in the context of the ending of WEU's crisis-management responsibilities following the decisions taken by the European Council since its meeting in Cologne in June 1999 to strengthen the European Security and Defence Policy within the EU.

À compter du 1er juillet 2001, conformément au souhait exprimé par les ministres de l'UEO en novembre dernier à Marseille, les fonctions et structures UEO nécessaires seront officiellement en place afin de permettre aux États membres de respecter les engagements du Traité de Bruxelles modifié, en particulier ceux qui découlent des articles V et IX.

Le Centre satellitaire (CS) de Torrejón, en Espagne, et l'Institut d'études de sécurité (IES) de Paris continueront de fonctionner sous la responsabilité de l'UEO en attendant la mise en place par l'UE, le 1er janvier 2002, sous forme d'agences, d'un Centre satellitaire et d'un Institut d'études de sécurité incorporant les éléments pertinents des structures UEO existantes.

La mission UEO d'assistance au déminage (MADUEO) en Croatie, financée par l'UE, s'est poursuivie au cours de la période considérée car son mandat ne prendra fin qu'en novembre 2001.

Les activités opérationnelles de la mission de police de l'UEO en Albanie, plus connue sous le nom de Mission élargie de l'Élément multinational de conseil en matière de police (EMCP-E), ont pris fin le 31 mai 2001. L'UE, qui a pris le relais de l'EMCP le 1er juin dernier, assume la responsabilité directe d'un programme de conseil, de formation et de mise en place d'institutions pour la police albanaise par le biais d'un projet en coopération de la Commission européenne dans le cadre d'un programme d'assistance communautaire (CARDS) aux Balkans occidentaux.

Enfin, le dernier exercice militaire conjoint UEO-OTAN intitulé «Étude théorique conjointe 2001» s'est déroulé avec succès à Noordwijk, aux Pays-Bas, du 11 au 15 juin 2001. JES 01 a consisté en un exercice dirigé par l'UEO, lié aux Groupes de forces interarmées multinationales (GFIM) et utilisant des moyens et capacités de l'OTAN, en particulier un état-major de GFIM, sous le contrôle politique et la direction stratégique du Conseil de l'UEO. Il reposait sur un scénario-amorce, à savoir : une opération de soutien de la paix dirigée par l'UEO (de type Petersberg) sur mandat des Nations unies et se déroulant au Kiloland, pays générique situé sur une île au large des côtes de l'Afrique occidentale. Cette étude théorique était ouverte à l'ensemble des pays de l'OTAN et de l'UEO. Les représentants des Nations unies et de l'UE étaient invités à y envoyer des observateurs.

Il serait justifié d'affirmer qu'un chapitre de l'histoire de l'Union de l'Europe occidentale s'est achevé à Noordwijk. En effet, c'est dans cette agréable villégiature qu'avait été prise, en novembre 1994, la décision de lancer les activités de gestion de crise de l'UEO, préparant le terrain aux relations directes UE-OTAN qui prennent forme actuellement. À présent que l'UE est pleinement engagée dans la mise en place des capacités et instruments dont elle a besoin pour prendre des décisions concernant l'ensemble des activités de prévention des conflits et des missions de gestion des crises, et que l'OTAN a annoncé qu'elle était prête à fournir un soutien à l'UE pour les opérations dans lesquelles l'Alliance ne serait pas engagée en totalité, on peut dire que l'utilité du rôle de l'UEO pendant la période 1994-2000 a été pleinement justifiée.

À leur réunion ministérielle de Marseille, les ministres ont réaffirmé leur attachement aux articles V et IX du Traité de Bruxelles modifié, qui reste par conséquent en vigueur.

II. ACTIVITÉS DU CONSEIL PERMANENT ET DU GROUPE DE TRAVAIL DU CONSEIL (GTC)

Au cours de la période du 1er janvier au 30 juin 2001, le Conseil s'est attaché à gérer la baisse de régime des activités de l'UEO. Le Groupe ad hoc sur les questions de transition, composé des représentants permanents adjoints des États membres et présidé par le Secrétaire général délégué, a continué de se réunir pour préparer les décisions du Conseil à cet égard, notamment sur les locaux du futur Secrétariat général, du GAEO et de l'OAEO et la nomination du personnel du futur Secrétariat général.

Suite aux délibérations du Groupe ad hoc, le Conseil a approuvé une décision sur les locaux

From 1 July 2001, as called for by WEU Ministers in Marseilles last November, the necessary WEU functions and structures will formally be in place to enable the Member States to fulfil the commitments of the modified Brussels Treaty, particularly those arising from Articles V and IX.

The Satellite Centre (SATCEN) in Torrejón, Spain, and the Institute for Security Studies (ISS) in Paris will continue to operate under WEU responsibility pending the setting up by the EU on 1 January 2002, in the form of agencies, of a Satellite Centre and an Institute for Security Studies incorporating the relevant features of the existing WEU structures.

WEU's De-mining Assistance Mission in Croatia, funded by the EU, continued during the period under review since its mandate will come to an end in November 2001.

WEU's police mission in Albania, the Extended Multinational Advisory Police Element (MAPEXT), terminated its operational activities on 31 May 2001. Taking over from MAPE from 1 June, the EU has assumed direct responsibility for a programme of advice, training and institution-building for the Albanian police through a European Commission cooperation project under the Community assistance programme for the Western Balkans (CARDS).

Finally, the last joint WEU-NATO military exercise, Joint Exercise Study 2001 (JES 01), was successfully conducted in Noordwijk in the Netherlands between 11 and 15 June. JES 01 was a WEU-led Combined Joint Task Force (CJTF) related exercise, using NATO assets and capabilities and in particular requiring a CJTF Headquarters, under the political control and strategic direction of the WEU Council. It was based on a lead-in scenario which portrays a WEU-led (Petersberg type) UN-mandated Peace Support Operation (PSO) in fictitious "Kiloland", an island country located off the West African coast. This exercise study was open to all the NATO and WEU nations. Representatives from the United Nations and the EU were invited to send observers.

One would be justified in asserting that a cycle in the life of the Western European Union was completed in Noordwijk. For it is in this pleasant resort that WEU's crisis-management activities were decisively launched in November 1994, thus paving the way for the direct EU-NATO relationship currently taking shape. With the EU now fully committed to building the capabilities and instruments needed to take decisions on the full range of conflict prevention and crisis-management tasks, and with NATO's statement of readiness to support the EU for operations in which the Alliance, as a whole, would not be engaged, the usefulness of WEU's role between 1994 and 2000 has been fully vindicated.

At the Marseilles Ministerial, Ministers reaffirmed their commitment to Articles V and IX of the modified Brussels Treaty. The modified Brussels Treaty remains in force.

II. ACTIVITIES OF THE PERMANENT COUNCIL AND THE COUNCIL WORKING GROUP (CWG)

During the period 1 January to 30 June 2001, the Council focused on the wind-down of the WEU. The Ad Hoc Group on Transition Issues, composed of the Deputy Permanent Representatives of the Member States and chaired by the Deputy Secretary-General, continued to meet to prepare decisions to be taken by the Council in this respect, in particular on the accommodation for the future Secretariat-General, WEAG and WEAO and the appointment of staff to the future Secretariat-General.

Following the deliberations of the Ad Hoc Group, the Council approved a decision on du Secrétariat général, du GAEO et de l'OAEO. Ces trois organes ont emménagé dans leurs nouveaux locaux du 15 rue de l'Association à 1000 Bruxelles vers la fin du mois de juin 2001.

Conformément aux décisions prises par les ministres de l'UEO réunis à Marseille en novembre 2000 sur la structure du Secrétariat général à compter du 1er juillet 2001, le Conseil a approuvé la nomination du Chef du Secrétariat ainsi que la liste des agents recrutés pour le Secrétariat général.

Il est rappelé que, compte tenu des décisions prises par le Conseil en décembre 2000, il a été mis fin aux activités du Groupe de travail spécial (GTS), du Groupe des représentants des ministères de la défense (GRD), du Groupe Méditerranée (MG) et du Groupe de travail Renseignement (GTR). Les prochains rapports du Conseil à l'Assemblée de l'UEO ne comporteront donc plus de références à ces groupes.

Le Groupe *ad hoc* sur les questions de transition a également examiné la question de l'avenir des systèmes de communication de l'UEO. Suite à ses délibérations, le Conseil a approuvé la fermeture à la date du 30 juin 2001 du réseau de transmissions UEO (WEUNET) pour l'échange d'informations classifiées entre le siège de l'UEO et les capitales. Le Conseil a également autorisé la cessation, à la date du 30 juin 2001, du raccordement du siège de l'UEO aux réseaux TARE (matériel de relais télégraphique automatique) et IVSN (réseau téléphonique commuté initial) de l'OTAN. Enfin, le Conseil a décidé de maintenir un système de télécopie protégée avec le Centre satellitaire pour la période du 1er juillet au 31 décembre 2001.

Comme suite aux décisions prises en 2000, le Conseil a pris note de l'avis du Comité des délégués militaires sur la cessation définitive au 1er juillet 2001 des fonctions opérationnelles de l'Équipe spéciale de l'État-major militaire. Cette équipe spéciale était chargée de gérer la clôture de manière ordonnée dès la fin de l'exercice JES 01.

Le 15 juin 2001, le Conseil a approuvé la diffusion des CD-Roms produits par l'État-major militaire à l'UE et à l'OTAN ainsi qu'à l'ensemble des pays de l'UEO conformément à leur statut.

Le 25 juin 2001, le Conseil a décidé de mettre le Comité des délégués militaires et ses groupes de travail, dans leur configuration actuelle, en sommeil à la cessation des activités opérationnelles de l'UEO. Le Conseil a également décidé de charger le Secrétariat de l'UEO de prendre les dispositions nécessaires pour l'archivage de tous les documents pertinents et de fournir ceux-ci, sur demande, à toute organisation compétente, conformément aux procédures agréées.

S'agissant du Centre satellitaire et afin de faciliter un transfert efficace du Centre vers l'UE, le Conseil a décidé, le 28 juin 2001, que les ordres de travail nationaux provenant des États membres et des membres associés de l'UEO pendant la période du 1er juillet au 31 décembre 2001 ne seraient admis que s'ils présentaient un caractère d'extrême urgence. À cette occasion, le Conseil a également décidé de mettre fin à l'ordre de travail qu'il avait précédemment donné concernant un Système d'information géographique (SIG) sur la Croatie et d'autoriser l'État-major militaire à transférer des dossiers spécifiques du Centre satellitaire à l'État-major militaire de l'UE.

Le Conseil avait décidé auparavant, en février 2001, que les observateurs à l'UEO seraient invités à assister aux réunions du Groupe Espace et qu'ils recevraient les ordres du jour et relevés de conclusions ainsi que tout document pertinent concernant le Groupe Espace.

Le Conseil avait également décidé que les observateurs à l'UEO seraient invités à assister aux réunions du Comité des utilisateurs du Centre satellitaire et qu'ils recevraient les ordres du jour et relevés de conclusions.

En ce qui concerne la future agence de l'UE, le Conseil a également approuvé la liste des documents relatifs aux activités spatiales qui seraient transmis à l'UE. Parallèlement, le Conseil a approuvé une description succincte, également transmise à l'UE, du cadre institutionnel en vigueur à l'UEO pour la conduite des activités spatiales.

Enfin, le 23 mai 2001, le Conseil a décidé de mettre les produits du Centre satellitaire à la accommodation for the Secretariat-General, WEAG and WEAO. The Secretariat-General, WEAG and WEAO transferred to their new premises, at 15 Rue de l'Association, 1000 Brussels, in late June 2001.

In accordance with the decisions taken by WEU Ministers at Marseilles in November 2000 on the structure of the Secretariat-General from 1 July 2001, the Council approved the appointment of the Head of Secretariat as well as the list of staff to be recruited to the Secretariat-General.

It is to be recalled that, as a consequence of the Council decisions of December 2000, the activities of the Special Working Group (SWG), Defence Representatives Group (DRG), Mediterranean Group (MG) and Intelligence Working Group (IWG) have been wound up. There will be no further references to these groups in future Council reports to the Assembly.

The Ad Hoc Group on Transition Issues also considered the issue of the future of WEU communications systems. Following its deliberations, the Council approved the closing down of the WEU communication network (WEUNET) for the exchange of classified information between the WEU HQ and capitals on 30 June 2001. The Council also authorised the closing down of the connection of the WEU HQ to the NATO Telegraphic Automatic Relay Equipment (TARE) and Initial Voice Switched Network (IVSN) on 30 June 2001. Finally in this respect, the Council decided to maintain secure fax communications with the Satellite Centre for the period 1 July to 31 December 2001.

Following the decisions taken in 2000, the Council took note of the Military Delegates Committee's advice on the final cessation of the operational functions of the Military Staff Task Force Organisation on 1 July 2001. The Military Staff Task Force Organisation was tasked to conduct the build-down in an orderly manner on termination of Exercise JES 01.

On 15 June 2001, the Council agreed to the dissemination of the CD-ROMs produced by the Military Staff to the EU, NATO, and to all WEU nations in accordance with their status.

On 25 June 2001, the Council agreed to place the Military Delegates Committee and its working group in a "dormant" state in their present configuration on cessation of WEU's operational functions. The Council also agreed to task the WEU Secretariat to take the appropriate actions to archive all relevant documents and to release them to suitable organisations, if requested, following agreed procedures.

Regarding the WEU Satellite Centre, and in order to facilitate an efficient transition of the Centre to the EU, the Council decided on 28 June 2001 that national task requests by WEU Member States and Associate Members during the period 1 July-31 December 2001 should only be allowed in high-priority cases. At the same time, the Council also agreed to terminate the tasking it had previously given for a Geographical Information System (GIS) on Croatia and agreed to authorise the Military Staff to transfer specific Satellite Centre dossiers to the EU Military Staff.

Earlier, in February 2001, the Council decided that WEU Observers would henceforth be invited to attend Space Group meetings and that they would receive the agendas, summaries of conclusions and relevant Space Group related documents. The Council also decided that WEU Observers would be invited to attend Satellite Centre Users Committee meetings and that they would receive the agendas and summaries of conclusions.

Also with respect to the future EU agency, the Council agreed a list of space-related documents to be forwarded to the EU. At the same time, the Council agreed to an outline, also to be sent to the EU, of the WEU institutional setting for the conduct of space matters.

Finally, with regard to the Satellite Centre, the Council agreed on 23 May 2001 to support the Eurocorps Exercise Cobra 2001 with products of the Satellite Centre and tasked the Centre accordingly.

Following the decision to extend the mandate of the Extended Multinational Advisory disposition du Corps européen pour son exercice Cobra 2001 et en a confié la charge au Centre satellitaire.

Comme suite à la décision de proroger le mandat de la mission élargie de l'Élément multinational de conseil en matière de police (EMCP-E) jusqu'au 31 mai 2001, le Conseil a continué d'être régulièrement informé des activités et de l'évolution de cette mission. Conformément aux modalités pratiques annexées à la décision J.4.2 du 9 mars 1999, ces rapports, établis par le Commandant du QG principal et Commandant d'ensemble de l'EMCP, ont, comme auparavant, été transmis à l'UE.

Le 29 mars 2001, le Conseil a chargé le Commandant d'ensemble de prendre toutes les mesures nécessaires pour assurer la fin de l'ensemble des activités opérationnelles de la mission de l'EMCP à la date d'expiration de son mandat, le 31 mai 2001. Le Conseil a autorisé le Commandant d'ensemble à clôturer les volets logistique et administratif de la mission de l'EMCP au plus tard le 22 juin 2001 et l'a invité à se tenir prêt à offrir toute l'assistance nécessaire à la présidence de l'UE et à la Commission européenne dans leurs préparatifs pour établir un projet communautaire de conseil, de formation et de mise en place d'institutions pour la police albanaise. En outre, le Secrétariat a été chargé de donner préavis au propriétaire des locaux abritant le QG principal de l'EMCP à Bruxelles. Ces décisions ont été portées à la connaissance de l'UE, de l'Organisation pour la sécurité et la coopération en Europe (OSCE) et du gouvernement albanais.

Tout au long de la période considérée, le Conseil a continué de prendre note des rapports mensuels de la MADUEO (mission UEO d'assistance au déminage) en Croatie. Conformément aux modalités pratiques annexées à la décision J.4.2 du 9 novembre 1998, ces rapports ont continué d'être transmis à l'UE.

Le 9 mai 2001, le Conseil a décidé de proroger le mandat de la MADUEO jusqu'au 30 novembre 2001, tout en notant que la Suède continuera d'assumer la fonction de pays pilote. Le Conseil a autorisé le Chef de la mission MADUEO, en coordination avec le Secrétariat et l'État-major militaire, à engager le processus de transfert par étapes de l'équipement aux autorités croates selon les besoins de la mission et conformément aux dispositions du Mémorandum d'entente.

Le 15 mai 2001, le Conseil a chargé les Eurogroupes de lancer les actions requises pour leur mise en sommeil dans leur configuration actuelle, parallèlement à la cessation des fonctions de gestion de crise de l'UEO. Le Conseil a chargé le Secrétaire permanent des Eurogroupes de regrouper tous les documents pertinents relatifs aux Eurogroupes d'ici la fin du mois de novembre 2001. Le Conseil a décidé de supprimer le poste de Secrétaire permanent des Eurogroupes après le 30 novembre 2001 et d'inviter le Secrétariat de l'UEO à prendre des mesures appropriées à cet égard avant le 30 mai 2001.

Les travaux se sont par ailleurs poursuivis sur un nombre limité de documents concernant les questions opérationnelles de l'UEO. Dans ce contexte, le Conseil a pris note à sa réunion du 15 mai 2001 des documents suivants, préparés par l'État-major militaire :

- Concept de coopération civilo-militaire (CIMIC) pour l'UEO – Organisations civiles compétentes ;
- Concept de coopération civilo-militaire pour l'UEO – Arrangements avec les Nations unies pour les opérations de maintien de la paix ;
- Concept de coopération civilo-militaire pour l'UEO – Guide de planification fonctionnelle de la CIMIC ;
- Instructions permanentes pour les opérations d'information de l'UEO ;
- Avis du Comité des délégués militaires (CDM) sur l'avenir des Eurogroupes.

Le 15 mai également, le Conseil a pris note du rapport d'information sur la réunion de printemps des Directeurs nationaux de l'armement des pays du GAEO qui s'est déroulée à Naples les 8 et 9 mars 2001, ainsi que d'un rapport de l'Institut d'études de sécurité.

Police Element (MAPEXT) to 31 May 2001, the Council continued to be regularly informed on the mission's activities and progress. In accordance with practical arrangements annexed to the J.4.2. decision dated 9 March 1999, these reports, prepared by the Commander of the Main Headquarters as Overall Commander of MAPE, also continued to be transmitted to the EU.

On 29 March 2001, the Council instructed the Overall Commander to take all the necessary measures to ensure the termination of all MAPEXT operational activities at the end of its mandate on 31 May 2001. The Council authorised the Overall Commander to close down the logistic and administrative aspects of the MAPE mission no later than 22 June 2001 and it invited him to stand ready to offer every assistance to the EU Presidency and the European Commission as they prepared to establish a Community project on advice, training and institution-building for the Albanian police. In addition, the Secretariat was instructed to give notice to the landlord of the MAPE Main HQ in Brussels. These decisions were notified to the EU, the Organisation for Security and Cooperation in Europe (OSCE) and the Albanian Government.

Throughout the period under consideration, the Council continued to take note of the monthly reports from WEUDAM (WEU De-mining Assistance Mission) in Croatia. In accordance with the practical arrangements annexed to the J.4.2 decision of 9 November 1998, these reports continued to be transmitted to the EU.

On 9 May 2001, the Council decided to extend WEUDAM's mandate until 30 November 2001, while noting that Sweden would continue as lead nation. The Council authorised the WEUDAM Head of Mission, in coordination with the Secretariat and Military Staff, to begin a step-by-step process of handover of equipment to the Croatian authorities, in accordance with the needs of the mission and the provisions of the Memorandum of Understanding.

On 15 May 2001, the Council tasked the Eurogroups to initiate the actions required to place themselves in a "dormant" state in their present configuration, in parallel with the cessation of WEU's crisis-management functions. The Council tasked the Permanent Secretary of the Eurogroups to collate all relevant documents concerning the Eurogroups by the end of November 2001. The Council decided to relinquish the post of Eurogroup Permanent Secretary after 30 November 2001 and to request the WEU Secretariat to take the appropriate action in this regard.

Additionally, work proceeded on a limited number of documents relating to WEU operational issues. In this context, the Council took note at its meeting on 15 May 2001 of the following documents prepared by the Military Staff:

- WEU Civil-Military Cooperation (CIMIC) Concept – Relevant Civilian Organisations;
- WEU Civil-Military Cooperation Concept – Arrangements with the United Nations during Peacekeeping Operations;
- WEU Civil-Military Cooperation Concept – CIMIC Functional Planning Guide;
- Standing Operating Procedures for WEU Information Operations;
- Military Delegates Committee (MDC) Advice on the Future of the Eurogroups.

Also on 15 May 2001, the Council took note of information on the spring meeting of WEAG National Armaments Directors held in Naples on 8-9 March 2001 and took note of a report from the Institute for Security Studies.

At its last meeting during the period under consideration, on 28 June 2001, the Council was briefed by the Secretary-General on how the Member States saw the involvement of the non-full member countries evolving in the future. In practical terms:

- no formal decisions were presently required relating to the statuses of non-full

Au cours de la dernière réunion qu'il a tenue pendant la période considérée, le 28 juin 2001, le Conseil a été informé par le Secrétaire général de la manière dont les États membres envisagent la participation des pays non membres de plein droit aux activités de l'UEO à l'avenir. Concrètement :

- aucune décision officielle n'est actuellement requise sur la question des statuts des pays non membres de plein droit, tant pour la période qui s'achèvera à la fin de l'année 2001 que pour celle qui commencera le 1er janvier 2002 ;
- les pays membres associés, observateurs et associés partenaires continueront de désigner des représentants auprès du Conseil de l'UEO ;
- à partir de 2002, la possibilité de réunions du Conseil ou de groupes de travail à 21 ou à 28 subsistera, de même que celle d'une diffusion des documents à 21 ou à 28 ;
- les accords de sécurité entre l'UEO et les pays non membres de plein droit seront maintenus ;
- à partir de 2002, aucune contribution financière supplémentaire aux budgets de l'UEO, à l'exception des budgets du GAEO et de l'OAEO, ne sera demandée aux pays non membres de plein droit.

Au cours de la période considérée, les délégations française, norvégienne et irlandaise, représentant des pays de l'UEO membres du Conseil de sécurité des Nations unies, ont informé à tour de rôle le Conseil sur les activités menées au sein de l'ONU intéressant l'UEO. Par ailleurs, la délégation roumaine, représentant la présidence en exercice de l'OSCE pour l'année 2001, a présenté au Conseil un compte rendu hebdomadaire sur les activités de cette instance.

III. ACTIVITÉS DU COMITÉ MILITAIRE DE L'UEO (CM)

Aucune réunion de ce comité n'a eu lieu. Les Chefs d'état-major des armées (CEMA) de l'UEO ont été invités à la journée «Visiteurs de marque et observateurs militaires» (phase 3) de l'exercice «Étude théorique conjointe 2001» (JES 01), qui s'est tenue à Noordwijk le 15 juin 2001.

IV. ACTIVITÉS DU COMITÉ DES DÉLÉGUÉS MILITAIRES (CDM)

Compte tenu de la cessation des fonctions opérationnelles de l'UEO, le CDM a axé ses travaux sur les principales questions suivantes : mise en oeuvre de l'Équipe spéciale de l'État-major militaire ; achèvement des travaux sur les documents d'orientation ; préparation de l'Étude théorique conjointe OTAN-UEO prévue en 2001; préparation de la fermeture de l'État-major militaire. Suite au départ à la retraite de son Président permanent, le VAE Viriot, en janvier 2001, c'est le délégué militaire de la présidence qui a assumé la présidence du Comité des délégués militaires conformément aux dispositions de son mandat. En avril, suite au départ pour de nouvelles fonctions en Grèce du Général Gogouvitis, qui avait présidé le Groupe de travail des délégués militaires (GTDM) pendant environ trois ans, c'est également la présidence qui a assumé la présidence du GTDM.

Au cours des trois premiers mois de l'année, le CDM a finalisé le débat sur les Instructions permanentes pour les opérations d'information ainsi que sur deux annexes et un guide de planification fonctionnelle du concept de coopération civilo-militaire (CIMIC). Par ailleurs, le CDM a examiné un certain nombre de concepts et sous-concepts soumis par Eurolongterm. Le Comité a approuvé le contenu de ces documents, qui avaient été examinés avec le plus grand soin et approuvés par les experts et représentants nationaux au comité directeur d'Eurolongterm avant d'être soumis au CDM.

La préparation de l'Étude théorique conjointe 2001 (JES 01) a constitué la principale activité

member countries, either for the period until the end of 2001 or for the period from 1 January 2002;
- Associate Members, Observers and Associate Partners would continue to nominate representatives to the WEU Council;
- from 2002, the possibility of Council or working group meetings and/or circulation of documents at 21 or 28 would remain;
- the security agreements between WEU and non-full member countries would be maintained;
- from 2002, no further financial contributions would be requested from the non-full members to WEU budgets, with the exception of the WEAG and WEAO budgets.

During the period under review, France, Norway and Ireland, in rotation in their capacity as WEU nations which are members of the UN Security Council, reported to Council on UN activities of interest to WEU. A weekly summary of OSCE activities was provided by the Romanian delegation, in its capacity as Chair-in-Office of the OSCE during 2001.

III. ACTIVITIES OF THE WEU MILITARY COMMITTEE (MC)

No meetings of the WEU Military Committee were held. WEU Chiefs of Defence were invited to the Distinguished Visitors/Military Observers Day (Phase 3) of the Joint Exercise Study 2001 (JES 01) held in Noordwijk, Netherlands, on 15 June 2001.

IV. ACTIVITIES OF THE MILITARY DELEGATES COMMITTEE (MDC)

In the light of the cessation of the operational functions of WEU, the MDC concentrated its work mainly on the following issues: implementation of the Military Staff Task Force Organisation; finalising the work on policy documents; preparation of the NATO/WEU Joint Exercise Study 2001; and the preparation for the cessation of the Military Staff. Due to the retirement of the permanent Chairman, Vice-Admiral Viriot, in January, the Presidency Military Delegate took over the Chairmanship of the Committee in accordance with the Terms of Reference of the MDC. From April, when Brigadier General Gogouvitis, who had chaired the Military Delegates Working Group (MDWG) for about three years, left for a new appointment in Greece, the MDWG was also chaired by the Presidency.

During the first three months the MDC finalised the discussion on the Standing Operating Procedures for Information Operations as well as two annexes and a functional planning guide for the Civil-Military Cooperation (CIMIC) Concept. Furthermore the MDC examined a number of Eurolongterm concept and sub-concept papers. The Committee agreed on the contents of these documents, which had been carefully examined and endorsed by national experts and representatives in the Eurolongterm Steering Group before submission to the MDC.

The preparation of the Joint Exercise Study 2001 (JES 01) was the main activity of the Military Staff Task Force Organisation during the reporting period. The MDC was kept de l'Équipe spéciale de l'État-major militaire au cours de la période considérée. Le CDM a été tenu régulièrement informé de l'avancement des travaux. Toutes les délégations ont assisté à la journée «Visiteurs de marque» à la fin de l'Étude théorique à Noordwijk. L'évaluation de JES 01 devait être confiée à une équipe conjointe OTAN-UEO et être prête en juillet. Ce rapport sera diffusé à l'UEO et à l'OTAN.

Pendant la deuxième moitié de la période considérée, le CDM a fait porter l'essentiel de ses travaux sur le débat concernant le devenir d'Eurolongterm et du Comité des délégués militaires et la fermeture définitive de l'État-major militaire de l'UEO. Le CDM a invité le Conseil à mettre Eurolongterm ainsi que le Comité des délégués militaires et ses groupes de travail, dans leur configuration actuelle, en sommeil à la cessation des activités opérationnelles de l'UEO. En ce qui concerne la fermeture de l'État-major militaire, le Comité a invité le Conseil à charger l'Équipe spéciale de l'État-major militaire de se préparer à l'arrêt de ses fonctions opérationnelles au 1er juillet 2001, et à sa clôture rapide dès la fin de l'étude JES 01. Par ailleurs, le CDM s'est félicité de l'initiative de l'État-major militaire et de la présidence de préparer un CD-Rom contenant tous les documents pertinents destiné à leurs successeurs. Le CDM a chargé l'État-major militaire de finaliser les travaux concernant le projet de CD-Rom et de fournir des CD-Roms à l'UE, à l'OTAN et à l'ensemble des pays de l'UEO, conformément à leur statut, avant la clôture de l'Équipe spéciale de l'État-major militaire de l'UEO.

V. ACTIVITÉS DU GROUPE POLITICO-MILITAIRE (GPM)

GPM À 21

En l'absence de questions à débattre, le Groupe politico-militaire à 21 n'a tenu aucune réunion.

GPM À 28

Situation en Albanie/EMCP-E

Le groupe a continué de se tenir informé des activités de l'Élément multinational de conseil en matière de police (EMCP). Suite à la décision du Conseil Affaires générales de l'UE et à la décision du Conseil permanent de l'UEO du 29 mars de mettre fin à toutes les activités opérationnelles de la mission de l'EMCP à la date d'expiration de son mandat actuel, le 31 mai, le GPM, en coordination avec le Commandant d'ensemble, a procédé jusqu'au 22 juin à la mise en œuvre de cette décision, y compris tous les volets logistiques et administratifs de la mission de l'EMCP.

En tant que mission européenne multinationale de police, la mission EMCP-E a démontré, par ses résultats et son organisation, son niveau élevé de qualité et de compétence pour aider le gouvernement albanais à établir le cadre des changements permettant à la police albanaise de se rapprocher des normes européennes.

Mission UEO d'assistance au déminage en Croatie

Le GPM a continué de suivre le déroulement de la mission UEO d'assistance au déminage en Croatie, dont la Suède assure la direction et l'UE le financement. S'appuyant sur une décision du Conseil Affaires générales de l'UE, le mandat actuel de la MADUEO s'achèvera finalement le 30 novembre 2001.

informed of the progress of work on a regular basis. All Military Delegations attended the Distinguished Visitors Day at the end of the Exercise Study in Noordwijk. The evaluation of JES 01 will be carried out by a combined NATO-WEU Team and should be ready in July. This report will be distributed to WEU and NATO.

In the second half of the period under review, the MDC concentrated its activities on the discussion of the future of Eurolongterm, the Military Delegates Committee itself and the final closure of the WEU Military Staff. The MDC advised the Council to transfer Eurolongterm and the Military Delegates Committee and its working group into a "dormant" status in their present configuration on the cessation of the operational functions of WEU. Concerning the closing down of the Military Staff, the Committee advised the Council to task the Military Staff Task Force Organisation to prepare for the cessation of its operational functions on 1 July 2001 and to build it down in an orderly manner upon termination of JES 01. Furthermore, the MDC welcomed an initiative taken by the Military Staff and the Presidency to prepare a CD-ROM containing relevant documents for their successors. The MDC tasked the Military Staff to finalise the work on the CD-ROM Project and to provide CD-ROMs to the EU, NATO and all WEU nations in accordance with their status before the closure of the WEU Military Staff Task Force Organisation.

V. ACTIVITIES OF THE POLITICO-MILITARY GROUP (PMG)

Pol-Mil Group at 21

In the absence of any matter to be discussed, no meeting was held by the Pol-Mil Group at 21.

Pol-Mil Group at 28

Situation in Albania/MAPEXT

The Group continued to follow the activities of the Multinational Advisory Police Element (MAPE) mission. Following the EU General Affairs Council decision and the WEU Permanent Council's decision on 29 March to terminate all operational activities of the MAPE mission at the end of its current mandate on 31 May, the PMG, in coordination with the Overall Commander, implemented this decision, including all logistic and administrative aspects of the MAPE mission, by 22 June.

MAPEXT has been a European multinational police mission whose performance and organisation exhibited high quality and expertise in assisting the Albanian Government to create the framework of changes bringing the Albanian police closer to European standards.

WEU De-mining Assistance Mission in Croatia

The PMG continued to monitor the progress of the WEU De-mining Assistance Mission in Croatia, led by Sweden and funded by the EU. Based on an EU General Affairs Council decision, WEUDAM's current mandate will finally expire on 30 November 2001.

Étude théorique conjointe 2001 (JES 01)

En coordination avec l'OTAN, le GPM a suivi la préparation et la conduite de l'exercice aux Pays-Bas du 11 au 15 juin 2001.

VI. ACTIVITÉS DU GROUPE DE TRAVAIL POLITICO-MILITAIRE (GTPM)

Les réunions du Groupe de travail politico-militaire ont été suspendues, conformément aux décisions prises lors du Conseil ministériel de Marseille.

VII. ACTIVITÉS DE L'ÉTAT-MAJOR MILITAIRE (EMM)

A. Opérations, gestion de crise, exercices et entraînement

Opérations et gestion de crise

Élément multinational de conseil en matière de police / EMCP-E. Jusqu'à fin mai, l'État-major militaire a poursuivi comme prévu son soutien au QG principal de l'EMCP-E, essentiellement sous forme de comptes rendus de situation et de renseignement sur l'Albanie et de conseils en matière de systèmes d'information et de communication (SIC).

Au cours de la période automne/hiver 2000-2001, il a assisté et conseillé le QG principal de l'EMCP-E dans ses travaux d'élaboration d'un plan d'évacuation global de la mission EMCP-E.

Mission UEO d'assistance au déminage en Croatie (MADUEO). Compte tenu de la décision prise par le Conseil de l'UE visant à assurer le financement de la mission, le Conseil de l'UEO a décidé de proroger le mandat de la mission jusqu'au 30 novembre 2001.

Relations opérationnelles avec l'OTAN. L'État-major militaire a été tenu régulièrement informé des activités de la Force de stabilisation (SFOR) par l'intermédiaire des comptes rendus de situation et des synthèses renseignement hebdomadaires de l'OTAN, des informations fournies par les médias et de l'examen semestriel de la SFOR du printemps 2001.

Synthèses de situation (SITSUM) et de renseignement (INTSUM). L'État-major militaire a continué d'assurer le suivi et l'évaluation de la situation en Albanie, dans la région des Grands Lacs en Afrique, en ex-Yougoslavie (excepté la Slovénie) et en Somalie.

Formation et exercice

Étude théorique conjointe militaire OTAN-UEO prévue en 2001 (JES 01). L'Étude théorique conjointe 2001, qui fait suite à l'exercice CMX/CRISEX 2000, s'est déroulée du 11 au 15 juin 2001. Les buts et objectifs fixés pour cet exercice ont été atteints. L'Étude a été précédée par des séminaires/ateliers, en tant que de besoin, afin de trouver des réponses concrètes aux questions que suscite la perspective d'opérations dirigées par l'UEO utilisant des moyens et capacités de l'OTAN, en particulier l'établissement d'un État-major de l'opération (EMO) fourni par l'OTAN. La phase «exécution de l'exercice» a consisté à soumettre des éléments du projet d'instructions permanentes génériques pour l'État-major de l'opération (EMO) à une vérification pratique. Ce document, produit durant JES 01, a représenté une partie importante de l'acquis de l'UEO.

Pour mener à bien l'élaboration du projet d'instructions permanentes pour l'EMO, un cinquième séminaire a été organisé à Bratislava du 16 au 18 janvier 2001. Son objectif était de poursuivre le travail déjà entrepris au cours des séminaires précédents et d'examiner et harmoniser les chapitres du projet d'instructions permanentes pour l'EMO relatifs à la planification opérationnelle conjointe, à la coopération civilo-militaire, aux systèmes d'information et de

Joint Exercise Study 2001 (JES 01)

In coordination with NATO, the PMG monitored the preparation and final conduct of the Exercise in the Netherlands from 11-15 June 2001.

VI. ACTIVITIES OF THE POLITICO-MILITARY WORKING GROUP (PMWG)

The meetings of the PMWG have been suspended in implementation of the decisions taken at the Marseilles Ministerial Council.

VII. ACTIVITIES OF THE MILITARY STAFF (MS)

A. Operations, crisis management, exercises and training

Operations and crisis management

Multinational Advisory Police Element / MAPEXT. Until the end of May the Military Staff continued to support the MAPEXT Main Headquarters, as requested, mainly with appropriate intelligence and situation reports on Albania and communications and information systems (CIS) advice. During autumn/winter 2000-2001 the Military Staff assisted and gave advice to MAPEXT Main Headquarters in their work on developing an overall evacuation plan for the MAPEXT mission.

WEU De-mining Assistance Mission in Croatia (WEUDAM). Taking into consideration the EU Council's decision to provide funding for the mission, the WEU Council decided to extend WEUDAM's mandate until 30 November 2001.

Operational Relations with NATO The Military Staff was kept regularly informed of Stabilisation Force (SFOR) activities through NATO Situation Reports, weekly intelligence updates, media-related information and the SFOR six-month review of spring 2001.

Situation Summaries (SITSUMs) and Intelligence Summaries (INTSUMs). The Military Staff has continued to monitor and assess the situation in Albania, the Great Lakes region of Africa, the former Yugoslavia (except Slovenia) and Somalia.

Exercises and training

Joint WEU/NATO Military Exercise Study 2001 (JES 01). The Joint Exercise Study 2001, a follow-on exercise to CMX/CRISEX 2000, took place during the period 11-15 June 2001. Exercise aims and objectives were achieved. The Exercise was preceded by seminars/ workshops, as appropriate, in order to find concrete answers to the open questions posed by the prospect of WEU-led operations using NATO assets and capabilities, in particular the mounting of a NATO-provided Operation Headquarters (OHQ). The purpose of the exercise phase was to submit elements of the draft generic Operation Headquarters Standard Operating Procedures (OHQ SOP) to a practical check. This document, produced during JES 01, formed an important part of the acquis of the WEU.

In order to develop the draft generic OHQ SOP, a fifth seminar was held in Bratislava during the period 16-18 January 2001. Its aim was to take forward the work that had already been developed in previous seminars and to review and harmonise the draft OHQ SOP chapters related to Joint Operations Planning (JOP), Civil-Military Cooperation (CIMIC), Communications and Information Systems (CIS) and Information Operations (INFO OPS).

communication (SIC) et aux opérations d'information. L'annexe à l'instruction d'exercice (EXINST) consacrée à l'information publique et le communiqué de presse réel accompagné d'une série de questions-réponses ont également été élaborés à cette occasion.

Conformément aux procédures de planification, une Conférence de planification finale (CPF) s'est tenue à Antalya du 23 au 27 mars 2001 pour préparer le déroulement de l'exercice. Les objectifs de la conférence de planification étaient les suivants :

- examiner et approuver l'instruction d'exercice (EXINST) pour JES 01 et les instructions données aux groupes de travail fonctionnels ;
- revoir le projet d'instructions permanentes génériques de l'EMO et en approuver l'utilisation pendant JES 01 ;
- coordonner dans le détail le déroulement de JES 01, y compris les exigences à satisfaire après la CPF et avant l'Étude théorique.

La version définitive de l'EXINST et du projet d'instructions permanentes génériques de l'EMO a été diffusée le 9 mai 2001.

Crisex 2001. Du 5 au 7 mars 2001, un exercice interne a été organisé en tant que moyen de maintenir les compétences de planification opérationnelle de l'État-major militiare de l'UEO. Le scénario de l'exercice a été repris et adapté de documents d'archives. La version remaniée de l'exercice, renommée CRISEX 2001, avait pour objectif de fournir à l'État-major militaire une occasion supplémentaire de s'entraîner. La tâche principale de l'État-major militaire consistait à produire les éléments militaires d'une estimation politico-militaire (EPM) ainsi que les éléments clés pour une élaboration des options militaires stratégiques (EOM). La planification s'est déroulée dans des délais très serrés afin que l'État-major militaire puisse utiliser au maximum le peu de temps disponible. Cet exercice a offert à l'État-major militaire un cadre assez réaliste dans lequel ses officiers ont pu exercer leurs compétences.

Les documents à l'appui de cet exercice ont été transmis à l'État-major militaire intérimaire de l'Union européenne.

Utilisation conjointe de moyens d'entraînement. Une base de données destinée à faciliter l'utilisation des moyens d'entraînement a continué d'être administrée et mise à jour par l'EMM à partir des contributions des pays de l'UEO.

B. Identité européenne de sécurité et de défense (IESD)

Généralités. L'État-major militaire a continué de travailler avec l'OTAN dans le cadre de l'IESD, en particulier sur les questions touchant à la préparation de l'étude théorique conjointe prévue en 2001 (JES 01), à la planification de défense et à la planification opérationnelle.

Concept relatif aux opérations d'information. Le Comité des délégués militaires (CDM) a décidé le 12 septembre 2000 de charger l'État-major militaire d'élaborer des instructions permanentes UEO pour les opérations d'information. Ce document a été établi (sous la cote MDC (01) 19) et le Conseil de l'UEO en a ensuite pris note le 15 mai 2001.

Planification opérationnelle. L'UEO a participé aux réunions du groupe de travail sur la planification opérationnelle des deux commandements stratégiques (SC) de l'OTAN et a été tenue informée de la mise en oeuvre du document MC 133/3, relatif au système de planification opérationnelle de l'OTAN, par l'intermédiaire de la révision de divers outils de planification dont la directive de planification opérationnelle (GOP), les guides de planification fonctionnelle (FPG) et les guides de planification régionale (RPG).

Planification de défense à l'OTAN. Un représentant de l'État-major militaire a participé à l'Examen des besoins de défense (DRR) pour 2001. Des scénarios de planification couvrant toute la gamme des opérations de Petersberg devaient être incorporés dans l'examen 2001, arrivé à la

The Public Information Annex to the Exercise Instructions (EXINST) and the Real World Press Release and Questions and Answers for the Exercise were also developed.

In accordance with planning procedures, a Final Planning Conference (FPC) took place in Antalya during the period 23-27 March 2001 to prepare the conduct of the Exercise. The aims of this planning conference were:

- to review and approve the JES 01 EXINST and the Functional Area Syndicate (FAS) Taskers;
- to further review the draft generic OHQ SOP and to approve its use during JES 01;
- to coordinate details for the conduct of JES 01, including the requirements to be accomplished after the FPC and prior to the Exercise Study.

The final version of the EXINST and draft generic OHQ SOP were distributed by 9 May 2001.

CRISEX 2001. During the period 5-7 March 2001, an internal exercise was carried out as a means of maintaining WEU Military Staff operational planning skills. The exercise scenario was extracted and adapted from archive material. The reworked version of the exercise was renamed CRISEX 2001 with the specific aim of providing a training opportunity for the Military Staff. The principal task of the Military Staff was to produce the military elements for the Politico-Military Estimate (PME) and the key elements of the subsequent Development of Strategic Military Options (DMO). The planning was executed in a time-compressed environment to make the most of the limited time available to the WEU Military Staff. This exercise provided the Military Staff with a reasonably realistic setting in which its officers were able to practise their skills.

The documentation supporting this exercise was transmitted to the EU interim Military Staff (EU iMS).

Joint Use of Training Facilities. A database to facilitate the use of training facilities has continued to be held and updated by the Military Staff, using national inputs provided by the WEU nations.

B. European Security and Defence Identity (ESDI)

General. The Military Staff has continued working with NATO within the ESDI framework, in particular on issues pertinent to the preparation of the Joint Exercise Study 2001 (JES 01), defence planning and operational planning.

Information operations concept. The Military Delegates Committee (MDC) decided, on 12 September 2000, to task the WEU Military Staff with the drafting of WEU Standing Operating Procedures for Information Operations. The document was produced (as MDC (01) 09), and the WEU Council subsequently noted it on 15 May 2001.

Operational planning. WEU has taken part in the Bi-Major NATO Command (MNC) Operational Working Group and has been kept informed of the implementation of MC 133/3, NATO's Operational Planning System, through the revision of various planning tools, such as the Guideline for Operational Planning (GOP), the Functional Planning Guides (FPG) and the Regional Planning Guides (RPG).

Defence planning within NATO. A representative of the WEU Military Staff participated in the 2001 Defence Requirements Reviews (DRRs). Planning situations covering the full range of Petersberg Tasks were to be included in the 2001 review, which reached the detailed analysis stage before the disbandment of the WEU MS. This review became the basis of the 2002 Force Proposals.

phase de l'analyse de détail avant la dissolution de l'État-major militaire de l'UEO. Cet examen a servi de base aux propositions de forces pour 2002.

Union européenne (UE)

Transmission à l'UE de documentation sur le renseignement. L'État-major militaire a apporté son aide à l'État-major militaire intérimaire de l'UE pendant sa phase de mise en place en lui communiquant de la documentation non classifiée sur le renseignement, notamment des cartes et autres documents relevant du domaine du renseignement.

Contacts avec l'Unité de planification de la politique et d'alerte rapide de l'UE. L'État-major militaire a eu des contacts informels avec des représentants de l'Unité de planification de l'UE, le Centre de situation/la Cellule de crise traitant les aspects non militaires de la gestion de crise.

Groupe d'experts militaires de l'UE. Une vingtaine d'officiers/employés de l'État-major militaire de l'UEO ont reçu une double casquette pour travailler au sein du groupe d'experts militaires de l'UE.

Forces relevant de l'UEO (FRUEO). Les pays ont fourni des données pour la mise à jour annuelle. La base de données de l'EMM en contient environ 2 000. Elles comprennent :

- 39 QG de tous types, plus de 200 régiments d'infanterie, environ 100 régiments blindés et plus de 130 régiments d'artillerie ;
- quatre porte-avions, trois hélicoptères, environ 100 frégates et destroyers, et environ 50 sous-marins ;
- environ 900 avions de combat, quelque 230 avions de transport tactiques.

Les principales conclusions tirées de cette base de données ont établi que l'UEO disposait du volume de forces, des ressources et des capacités nécessaires pour mener des opérations sur tout l'éventail des missions de Petersberg. Des insuffisances ont toutefois été relevées dans les domaines suivants : transport aérien et maritime stratégique, renseignement, qualité et capacité des systèmes d'armes et des systèmes électroniques, soutien logistique et informations disponibles sur les moyens civils.

En plus des contributions nationales, on compte plusieurs FRUEO multinationales parmi lesquelles : le Corps européen, la Force amphibie britannico-néerlandaise, la Division multinationale (Centre), la force terrestre EUROFOR, la force maritime EUROMARFOR, la Force amphibie hispano-italienne (FAHI), et le QG du 1er Corps germano-néerlandais.

c. *Renseignement*

Généralités. Au cours de la période considérée, l'État-major militaire a conservé sa capacité de renseignement.

Liaisons entre l'Etat-major militaire et les sources nationales. Grâce au système de recherche et d'exploitation des informations du champ de bataille (BICES), l'État-major militaire a été relié à 17 pays de l'OTAN ainsi qu'à l'État-major militaire international (EMI) de l'OTAN, au QG du Commandant suprême allié de l'Atlantique (SACLANT) et à celui du Grand quartier général des puissances alliées en Europe (SHAPE). Les pays de l'UEO ont utilisé le navigateur Internet et le courrier électronique du BICES pour envoyer et recevoir des rapports. La page Web UEO créée sur le BICES a été gérée et actualisée en permanence par la section Renseignement de l'UEO. Au terme de la procédure de déclassement du BICES, le poste de travail correspondant a été fermé le 28 juin 2001.

Coopération avec le Centre satellitaire (CS). Les relations opérationnelles entre l'État-major militaire et le Centre satellitaire de l'UEO se sont poursuivies sur la mission de surveillance générale de la sécurité au Kosovo.

European Union (EU)

Release of Intelligence-related Material to the EU. The WEU MS assisted the EU interim Military Staff (iMS) in the setting up phase by transferring to it non-classified intelligence material, such as maps and other intelligence documents.

Contacts with the EU Policy Planning and Early Warning Unit. The Military Staff has had informal contacts with representatives of the EU Policy Unit, SITCEN/Crisis Cell, dealing with the non-military aspects of crisis management.

EU Group of Military Experts. Twenty officers/clerks of the WEU Military Staff were "double-hatted" as members of the EU Group of Military Experts.

Forces answerable to WEU (FAWEU). Nations have submitted data for the annual update. The Military Staff's database contained approximately 2000 items. These include:

- 39 headquarters of all types, over 200 infantry battalions, about 100 armoured battalions, and over 130 artillery battalions;
- four aircraft carriers, three helicopter carriers, around 100 frigates and destroyers, and about 50 submarines;
- around 900 combat aircraft, some 230 tactical transport aircraft.

The main conclusions drawn from the database were that WEU had available the force strengths, the resources and the capabilities needed to conduct operations over the whole range of Petersberg tasks. Nevertheless, there were shortfalls in the fields of strategic air and sealift, intelligence, quality and capability of weapons systems and electronic systems, sustainability in logistics, and information available on civilian assets.

In addition to the national contributions, there were multinational FAWEU, such as: the European Corps, the United Kingdom/Netherlands Amphibious Force, the Multinational Division (Central), the EUROFOR Land Force, the EUROMARFOR Maritime Force, the Spanish-Italian Amphibious Force and the Headquarters of the 1st German/Netherlands Corps.

C. *Intelligence*

General. During the reporting period, the Military Staff has maintained its intelligence capability.

Links between the military staff and national sources. The Military Staff has been connected with 17 NATO nations, as well as with the NATO International Military Staff (IMS), the Supreme Allied Commander Atlantic (SACLANT) and Supreme Headquarters Allied Powers Europe (SHAPE) HQs through the Battlefield Information Collection and Exploitation System (BICES). WEU nations have used the web-browser and the BICES E-mail to receive and forward reports. The WEU BICES web page has been maintained and updated continuously by the WEU Intelligence Section. After work on BICES decommissioning procedures, the workstation was closed down on 28 June 2001.

Cooperation with the Satellite Centre (SATCEN). The operational relations between the WEU Military Staff and the WEU SATCEN have continued on the general security surveillance over Kosovo.

Participation de l'Etat-major militaire au Groupe Espace. Au cours de la période considérée, l'État-major militaire a participé régulièrement, au niveau des officiers rédacteurs, aux réunions du Groupe Espace.

D. Planification logistique, aspects financiers et juridiques

Développements dans le domaine médical. Les relations de travail entre l'UEO et l'OTAN dans ce domaine se sont encore intensifiées. L'officier de santé de l'UEO a assisté et a pris la parole aux réunions de printemps du Groupe consultatif médical des deux commandements stratégiques ainsi qu'à la réunion plénière du Comité des Chefs des services de santé militaires au sein de l'OTAN (COMEDS).

Coopération civilo-militaire (CIMIC). Conformément aux instructions données par le Comité des délégués militaires (CDM), le 19 juillet 2000, l'État-major militaire a entamé l'élaboration des cinq dernières annexes au concept CIMIC de l'UEO. Ces annexes portent sur les accords spécifiques avec le Bureau de la coordination des affaires humanitaires des Nations unies (BCAH) et l'Organisation pour la sécurité et la coopération en Europe (OSCE), les implications et principes budgétaires, financiers et juridiques ainsi que la base de données sur les organisations civiles concernées. Le Conseil des ministres de l'UEO réuni à Marseille le 13 novembre 2000 a pris note de trois de ces annexes.

Les travaux sur les deux autres annexes envisagées, Base de données sur les Organisations civiles concernées et Arrangements avec les Nations unies pour les opérations de maintien de la paix, ont été achevés en février 2001, en même temps que la nouvelle annexe concernant un Guide de planification fonctionnelle de la CIMIC, qui a été ajoutée au programme de travail du Groupe de travail des délégués militaires (GTDM) par la présidence à sa réunion du 16 mai 2001. Le Conseil permanent de l'UEO a pris note de ces trois annexes qui permettent ainsi au Concept CIMIC de l'UEO de constituer un document complet couvrant toutes les questions fondamentales de coopération civilo-militaire et tous les niveaux de structures de commandement UEO du temps de paix et opérationnelles.

L'annexe relative aux arrangements avec l'OSCE est la seule annexe déjà préparée qui n'a pu être soumise au GTDM pour étude à l'UEO, faute de réponse de cette organisation dans le délai imparti.

Financement de la mission UEO d'assistance au déminage en Croatie (MADUEO). Depuis la mise en œuvre de la MADUEO en Croatie, l'EMM s'est attaché, en étroite coordination avec le Secrétariat général de l'UEO, à suivre la gestion des fonds de l'UE transférés en Croatie. Suite à la décision du Conseil de l'UE de renouveler le mandat de la MADUEO jusqu'en novembre 2001, un nouvel accord financier UEO-UE a été conclu avant fin juin 2001. Les effectifs de l'équipe de la MADUEO ayant été réduits, la majeure partie de l'équipement a été transférée aux autorités croates.

E. Systèmes d'information et de communication (SIC)

WEUNET. L'État-major a continué de suivre de près la mise en oeuvre de la phase I de WEUNET sous la conduite du Secrétariat général de l'UEO.

Le siège de l'UEO, le Centre satellitaire, les 10 États membres et les pays observateurs de l'UEO ont été raccordés au système.

Liaison électronique entre l'UEO et l'OTAN. Pour les besoins de l'exercice JES 01, les deux organisations ont décidé de conserver la liaison électronique existante.

Cette liaison est utilisée depuis le 9 février 2000 au siège de l'UEO et s'est révélée un outil extrêmement important pour les QG des deux organisations.

Military Staff involvement in the Space Group. During the reporting period, the Military Staff has regularly taken part in Space Group meetings at the Action Officer level.

D. Logistic planning, finance and legal affairs

Medical developments. Working relations between WEU and NATO in the medical field were further strengthened. The WEU Medical Staff Officer attended and briefed the spring meetings of the Bi-Strategic Command Medical Advisory Group and the plenary meeting of the Committee of the Chiefs of Military Medical Services in NATO (COMEDS).

Civil-military co-operation (CIMIC). As tasked by the Military Delegates Committee (MDC), on 19 July 2000 the Military Staff started to elaborate the five remaining Annexes to the WEU CIMIC Concept. These Annexes cover the specific arrangements with the UN Office for Coordination of Humanitarian Affairs (OCHA) and the Organisation for Security and Cooperation in Europe (OSCE), the legal, financial and budgetary implications and principles and, also the database of relevant civilian organisations. The WEU Council of Ministers noted three of these annexes at its meeting in Marseilles on 13 November 2000.

Staffing of the other two annexes envisaged, the Database of Relevant Civilian Organisations and the Arrangements with the UN during Peacekeeping Operations, was finalised in February 2001, together with the new annex: a CIMIC Functional Planning Guide, added to the Military Delegates Working Group (MDWG) working plan by the Presidency at its meeting on 16 May 2001. The WEU Permanent Council noted all those three annexes which, with the WEU CIMIC Concept, now form a comprehensive document covering all basic CIMIC-related matters and all levels of WEU peacetime and operational command structures.

The only elaborated annex that could not be submitted to the MDWG for WEU staffing was that regarding arrangements with the OSCE, due to the fact that a timely response could not be obtained from that organisation.

Finance for WEU de-mining assistance in Croatia. Since the implementation of the WEUDAM in Croatia, the Military Staff, in close coordination with the WEU Secretariat-General, has been monitoring the management of the EU funds transferred to Croatia. Following the EU Council decision to renew the mandate of the WEUDAM until 30 November 2001, a new WEU/EU financial agreement was signed by the end of June 2001. Due to the diminution of the WEUDAM team members, most of the equipment was handed over to the Croatian Government.

E. Communication and Information System (CIS)

WEUNET. The Military Staff continued to closely monitor Phase I of implementation of WEUNET conducted by the WEU Secretariat-General.

The WEU HQ, the Satellite Centre, 10 Member States and two Observer nations have been connected to the system.

Electronic link between WEU and NATO. For the needs of JES 01, both organisations have decided to retain the existing E-link.

The link has been in use since 9 February 2000 in the WEU HQ, and proved to be an extremely important tool for both Organisations' Headquarters.

F. Contribution de l'Etat-major militaire dans les domaines relevant de sa compétence

Nations unies (UN). Outre les arrangements déjà établis avec le Bureau de la coordination des affaires humanitaires (BCAH), une coopération très utile a également été mise en oeuvre et développée avec le Département des opérations de maintien de la paix (DOMP) des Nations unies en liaison avec la rédaction des « Arrangements avec les Nations unies pour les opérations de maintien de la paix ».

Sur invitation du BCAH des Nations unies, un officier de l'État-major a participé au stage de formation CIMIC organisé à Genève sous son égide.

Institut d'études de sécurité de l'UEO (IES). L'État-major, représenté par le conseiller en matière de police, a participé à un séminaire de l'IES intitulé « Une police pour le rétablissement de la paix : quel rôle pour l'UE », qui s'est tenu à Paris le 12 mars 2001.

Institut international de recherche sur la paix de Stockholm (SIPRI). L'État-major, représenté par le conseiller en matière de police, a participé à un atelier du SIPRI organisé pour les spécialistes/experts en la matière à Stockholm, les 4 et 5 mai 2001, et intitulé « Policing Europe: European Policing? The Challenge of coordination in international policing». Le conseiller en matière de police de l'État-major militaire a présenté un exposé sur « la coordination des travaux de planification relatifs aux opérations de police dirigées par l'UE ».

G. Liaison

Réunions de liaison militaire entre l'UEO et l'OTAN. L'État-major militaire a tenu trois nouvelles réunions de liaison militaire avec des représentants de l'OTAN. Ces réunions avaient pour objectif d'échanger des points de vue sur les activités en cours aux plans opérationnel et organisationnel, mais aussi d'examiner et d'approfondir les aspects militaires de la mise en oeuvre de l'Identité européenne de sécurité et de défense (IESD) au sein de l'OTAN et les incidences qui en résulteraient pour l'UEO. Le déroulement de l'étude théorique conjointe JES 01 ainsi que les développements OTAN-UE-UEO ont également été discutés en séance plénière.

La 33e et dernière réunion de liaison militaire a eu lieu le 20 juin 2001, peu après JES 01, fournissant ainsi une nouvelle occasion de procéder à un premier échange de vues non officiel sur l'exercice.

Réunions de l'EMM de l'UEO et de l'EM intérimaire de l'UE. L'État-major militaire (EMM) de l'UEO a tenu deux réunions avec l'État-major (EM) intérimaire de l'UE. Les principaux sujets abordés à la première réunion du 16 janvier 2001 étaient les suivants : la décision de Nice de faire de l'EM de l'UE un organe permanent et les travaux qui en découlent sur sa future structure, sa dotation en effectifs et son développement. En ce qui concerne la planification de transition de l'UEO, il a été décidé que la moitié des officiers de l'EMM de l'UEO rejoindrait l'EM de l'UE et que l'autre moitié ferait l'objet de rotations dans d'autres fonctions.

Les principales questions discutées lors de la réunion du 15 mars 2001 concernaient le développement de la capacité opérationnelle de l'EM intérimaire de l'UE, le statut de l'exercice conjoint JES 01 UEO-OTAN et la planification de transition de l'UEO.

Ces deux réunions avaient pour objectif principal de procéder à un échange de vues sur la situation actuelle et de définir l'ensemble des activités permettant un transfert en douceur des responsabilités de l'EMM de l'UEO vers celui de l'UE d'ici à la fin juin.

H. Questions touchant à l'Organisation

L'équipe spéciale de l'Etat-major militaire. La décision de l'UE de disposer d'une capacité militaire et d'assumer les tâches de Petersberg impliquait la transformation de la structure de

F. MILITARY STAFF CONTRIBUTION TO RELEVANT AREAS

United Nations (UN). Besides the arrangements already established with the UN Office for the Coordination of Humanitarian Affairs (OCHA), very useful cooperation was also achieved and developed during the period with the UN Department of Peacekeeping Operations (DPKO) in relation to the drafting of "The Arrangements with the United Nations during Peacekeeping Operations".

At the invitation of the UN OCHA, a Military Staff Officer participated in the UN Civil-Military Cooperation (CIMIC) Course it organised in Geneva.

WEU Institute for Security Studies (WEU ISS). The Military Staff, represented by the police advisor, participated in a WEU ISS seminar on "Police for Peace-building: What role for the EU?", held in Paris on 12 March 2001.

Stockholm international Peace Research Institute (SIPRI). The Military Staff, represented by the police advisor, participated in a SIPRI workshop for practitioners/experts on "Policing Europe: European Policing? The challenge of coordination in international policing", held in Stockholm on 4-5 May 2001. The Military Staff police advisor spoke on the subject of "Planning coordination of police operations under EU leadership".

G. LIAISON

WEU-NATO military liaison meetings (WNMLM). The Military Staff has held a further three WNMLMs with NATO representatives. The purpose was to exchange views on current operational and organisational activities and to discuss and promote the military aspects of the implementation of the European Security and Defence Identity (ESDI) within NATO and its implications for WEU. The development of the Joint Exercise Study 2001 (JES 01) and NATO-EU-WEU developments were also discussed in plenary sessions throughout.

The 33rd and last such meeting took place on 20 June 2001, a few days after JES 01, in order to provide an additional opportunity for an unofficial exchange of initial views on the Exercise.

WEU MS-EU iMS meetings. The WEU Military Staff (MS) has held two meetings with the EU interim Military Staff (iMS). The main topics discussed at the first one, which took place on 16 January 2001, were the Nice decision to declare the EU MS permanent and the consequent ongoing work on the future structure, manning and implementation of the EU MS. As regards the WEU transition planning, it was stated that half of the WEU MS would join the EU MS and half would be rotated into other appointments.

At the 15 March 2001 meeting, the main points covered were the development of the operational capability of the EU iMS, the status of the Joint WEU-NATO Exercise JES 01 and WEU transition planning.

The main aim of both meetings was to exchange views on the current situation, and to define all activities for a smooth transfer of responsibility from the WEU MS to the EU MS by the end of June 2001.

H. ORGANISATIONAL MATTERS

The Military Staff Task Force. The decision of the EU to have a military capacity and to assume the Petersberg Tasks entailed the transformation of the Military Staff structure. At l'EMM. Fin janvier 2001, une Équipe spéciale a été créée et chargée de fournir un soutien à l'EMM durant la période de transition pour d'éventuelles missions de Petersberg, pour les opérations en cours ainsi que pour la préparation et la conduite de l'exercice JES 01.

Cette Équipe spéciale était composée de 41 personnes, dont plusieurs portaient une double casquette UEO/UE ou UEO/délégations nationales. Elle a été mise en place fin janvier 2001 avec une structure cohérente fonctionnant bien, dans laquelle toutes les compétences requises étaient représentées en nombre suffisant, avec un niveau de qualité approprié et un minimum de redondance.

Les pays de l'UEO ont convenu que l'EMM cesserait ses fonctions opérationnelles le 30 juin 2001.

Plan de fermeture de l'Etat-major militaire de l'UEO. L'État-major militaire (EMM) de l'UEO a élaboré un plan de fermeture qui définissait les étapes nécessaires à une fermeture en douceur en supposant qu'une capacité opérationnelle devait être maintenue jusqu'à fin juin 2001. Ce document visait à donner des instructions générales au personnel de façon à coordonner l'ensemble des activités jusqu'à la cessation des activités de l'EMM de l'UEO.

Projet de CD-rom. Á l'initiative de l'État-major militaire, le Comité des délégués militaires (CDM), dans le contexte de la cessation des activités opérationnelles de l'EMM de l'UEO, a décidé de charger l'EMM de créer un CD-Rom contenant tous les documents officiels de l'État-major militaire. L'objectif de ce CD-ROM était de fournir une « boîte à outils » utiles pour l'UE, l'OTAN et tous les pays UEO, selon leur statut, avant que l'Équipe spéciale de l'EMM de l'UEO cesse ses activités.

VIII. ACTIVITÉS DU GROUPE D'EXPERTS CIEL OUVERT

Les réunions du Groupe d'experts Ciel ouvert ont été suspendues, conformément aux décisions prises lors du Conseil ministériel de Marseille.

IX. ACTIVITÉS DU GROUPE ESPACE

Le Groupe Espace a préparé les décisions du Conseil sur la participation éventuelle des observateurs à ses réunions et à celles du Comité des utilisateurs, qui ont ensuite été adoptées par le Conseil permanent.

Afin d'aider l'UE dans son débat sur la création d'un Centre satellitaire en tant qu'agence de l'UE, le Groupe Espace a approuvé une liste des documents de l'UEO relatifs aux activités spatiales ainsi qu'une brève description du cadre institutionnel en vigueur à l'UEO pour la conduite de ces activités, qui ont été transmises à l'UE par le Secrétariat après approbation du Conseil.

Le Groupe Espace a entrepris l'examen du « Concept à moyen terme visant à améliorer l'accès aux images satellitaires » présenté par le Directeur du Centre satellitaire à la fin de l'année 2000. Il a accepté de présenter au Conseil, fin 2001, une version révisée de ce Concept, qui sera suivie d'une note de synthèse, et a recommandé au Conseil de les transmettre à l'UE pour un nouvel examen.

Suite à une recommandation du Groupe Espace, le Conseil a décidé de maintenir des liaisons de communication protégées avec le Centre satellitaire pendant la période du 1er juillet au 31 décembre 2001.

the end of January 2001, a Task Force Organisation was introduced with the job of providing Military Staff support for possible Petersberg missions and current operations, and preparing and conducting JES 01 during this transition period.

The WEU Task Force comprised 41 individuals, some of them double-hatted to the EU or to the national delegations. It was established as a coherent and well functioning structure, where all the necessary disciplines were represented in the right numbers, with the right quality and a minimum of redundancy, at the end of January 2001.

The WEU nations agreed that the Military Staff would cease its operational functions on 30 June 2001.

WEU Military Staff close-down plan. The WEU Military Staff elaborated a build-down plan defining the necessary steps for a smooth closure, assuming that it would have to maintain its operational responsibilities until the end of June 2001. The aim of this document was to give general directions to the Staff so as to coordinate all activities until the cessation of WEU Military Staff functions.

CD-ROM project. Based on an initiative of the Military Staff, the Military Delegates Committee (MDC), in the light of the cessation of the operational activities of the WEU Military Staff, decided to task the Military Staff to create a CD-ROM with all official Military Staff documents. The purpose of the CD-ROM was to provide a useful toolbox for the EU, NATO and all WEU Nations in accordance with their status, before the closure of the WEU Military Staff Task Force.

VIII. ACTIVITIES OF THE OPEN SKIES EXPERTS GROUP

The meetings of the Open Skies Experts Group have been suspended in implementation of the decisions taken at the Marseilles Ministerial Council.

IX. ACTIVITIES OF THE SPACE GROUP

The Space Group prepared Council decisions concerning the possibility for Observers to attend Space Group meetings as well as Users Committee meetings. The Permanent Council subsequently adopted those decisions.

In order to assist the EU in its discussions on the setting up of a Satellite Centre as an EU Agency, the Space Group agreed on a list of WEU space-related documents, as well as on a short description of the WEU institutional framework for the conduct of WEU's space activities, which were forwarded to the EU by the Secretariat following approval by the Council.

The Space Group started considering the "Mid-term Concept for improving access to satellite imagery" presented by the Director of the Satellite Centre at the end of 2000. It agreed to present to the Council at the end of the year 2001 a revised version of the Mid-term Concept, with an Executive Summary to follow and to recommend the Council forward both to the EU for further consideration.

On a recommendation of the Space Group, the Council decided to maintain secure communications links with the Satellite Centre for the period running from 1 July to 31 December 2001.

X. ACTIVITÉS DU CENTRE SATELLITAIRE DE L'UEO

Au cours du premier semestre 2001, le Centre satellitaire de l'UEO a reçu un nombre substantiel de nouveaux ordres de travail : 20, couvrant au total plus de 65 zones d'intérêt à analyser. Neuf des tâches confiées ont été achevées. À la mi-2001, le Centre travaillait sur 46 demandes différentes.

Le 15 juin 2001, le Centre satellitaire a envoyé à l'OTAN la première édition d'un système d'informations géographiques (SIG) de moyenne résolution.

Il a été chargé par l'UEO de fournir un soutien au Corps européen pour l'exercice Cobra 2001, qui se tiendra en novembre 2001. Le Centre apportera sa contribution en lui fournissant un produit de type SIG couvrant la zone de l'exercice. Suite aux contacts directs qu'il a établis avec le Corps européen, le Centre a commencé des travaux préparatoires sur l'élaboration du SIG.

Le Centre satellitaire a participé à l'Étude théorique conjointe 2001 (JES 01) à Noordwijk, aux Pays-Bas, du 11 au 15 juin. Du point de vue du Centre, cet exercice a donné d'importants résultats et s'est révélé très utile pour tester et élaborer des procédures visant à la création d'un Etat-major opérationnel et stratégique ainsi que pour utiliser des moyens et capacités de l'OTAN pour une opération conduite par l'UEO. Le Centre a participé en particulier aux questions liées au processus de collecte d'informations et à la définition d'une éventuelle architecture pour les systèmes d'information et de communication (SIC).

Les travaux relatifs au Concept à moyen terme (CMT) visant à améliorer l'accès aux images satellitaires se poursuivent et le Centre satellitaire a acquis une bonne compréhension des développements en cours en matière d'observation par satellite. Ces travaux déboucheront sur des recommandations qui, si elles sont approuvées, amélioreront de façon significative les performances et la rentabilité du Centre satellitaire. La réunion sur le CMT avec les utilisateurs, prévue le 5 juillet 2001, constituera une étape majeure à cet égard.

Le Centre satellitaire a reçu en retour des commentaires très positifs sur un certain nombre de projets précis, notamment GEORIS (Geometric and geographic processing software) et DWARF/SIGMA (Data Warehousing and Report Formatter/Spatial Information and GeoMatic Application), qui ont été installés sur des systèmes nationaux dès qu'ils sont devenus opérationnels.

L'UE a décidé de reprendre le Réseau WEUNET de transfert de données protégées. Une liaison de télécopie protégée entre le Centre satellitaire et le Secrétariat général de l'UEO sera maintenue en place jusqu'à la fin de l'année 2001.

Dans le but de préparer son avenir, le Centre a aidé au mieux les présidences suédoise (UE) et hollandaise (UEO) dans l'élaboration de l' « Action commune » visant à la création d'un Centre satellitaire de l'UE. Il continuera d'apporter pleinement son soutien à la future présidence belge (UE et UEO).

Un audit du Centre satellitaire a été réalisé pendant deux semaines en juin. Demandé par le Conseil de l'Union européenne, il visait à fournir une évaluation générale du Centre à la lumière de son éventuelle transformation en Agence de l'UE en 2002.

Au cours de cette même période, le Centre satellitaire a reçu de nombreuse visites, parmi lesquelles :

- une délégation de l'Unité de planification/l'État-major militaire de l'UE, les 17-18 janvier 2001 ;
- la chaire «Cátedra Almirante Don Juan de Borbón» du ministère espagnol de la défense, le 19 janvier 2001 ;
- une délégation du ministère norvégien des affaires étrangères, le 25 janvier 2001 ;
- une délégation du Sous-chef d'état-major adjoint (SCEMA) du SHAPE, chargé du renseignement, le 1er février 2001 ;
- M. Enrich Maass de l'Assemblée de l'UEO à Paris, le 2 février 2001 ;

X. ACTIVITIES OF THE WEU SATELLITE CENTRE

During the first half of 2001, the WEU Satellite Centre received the substantial amount of 20 new tasks, comprising in excess of 65 locations of interest to be analysed. A total of nine tasks were completed. By the middle of 2001, the Centre was working on 46 different requests.

On 15 June 2001, the Satellite Centre delivered to NATO the first release of a Medium Resolution Geographical Information System (GIS).

The Satellite Centre was tasked by WEU to support the European Corps in Exercise Cobra 2001, which will take place in November 2001. The Centre will support Cobra 2001 by supplying a GIS type product covering the exercise area. Having established direct contact with the European Corps, the Centre has started preparatory work on the GIS in question.

The Satellite Centre participated in Joint Exercise Study 2001 (JES 01), which took place from 11-15 June in Noordwijk, Netherlands. In the view of the Satellite Centre, JES 01 was a major success and proved very useful for testing and further developing the procedures for the establishment of a strategic Operational Headquarters and making use of NATO assets and capabilities for a WEU-led operation. The Centre was especially involved in issues relating to the intelligence-gathering process and the establishment of a possible design for a communications and information systems (CIS) architecture.

The activities on the Mid-Term Concept (MTC) for improving access to satellite imagery are continuing and the Satellite Centre has achieved a good understanding of ongoing developments in satellite observations. This will result in recommendations which, if approved, will significantly improve the efficiency and cost-effectiveness of the Satellite Centre. A major milestone is a meeting on the MTC with Users scheduled for 5 July of this year.

The Satellite Centre has received very positive feedback on a number of specific projects, e.g. GEORIS (geometric and geographic processing software) and Data Warehousing and Retrieval Facility/Spatial information and GeoMatic Application (DWARF/SIGMA), which have been installed on national systems after having attained operational status.

The EU has decided to take over the existing WEUNET secure data transfer system. Secure fax links between the Satellite Centre and the WEU Secretariat-General in Brussels will be in place until the end of 2001.

With a view to preparing for the Centre's future, the Centre has provided every possible support to the Swedish (EU) Presidency and the Dutch (WEU) Presidency for the drafting of the "Joint Action" on the establishment of an EU Satellite Centre. The WEU Satellite Centre will continue to fully support the incoming Belgian Presidency (EU and WEU).

During two weeks in June, an audit of the Satellite Centre was carried out. The audit, commissioned by the EU Council, was aimed at providing an overall assessment of the Centre in light of the possible transformation of the Centre into an EU agency in 2002.

Also during this period, there were many visits to the Satellite Centre including:

- a delegation from the EU Policy Unit/Military Staff, 17/18 January 2001;
- the "Cathedra Almirante Don Juan de Borbon" of the Spanish Ministry of Defence, 19 January 2001;
- a delegation from the Norwegian Foreign Office, 25 January 2001;
- a delegation from the Deputy Assistant Chief of Staff (DACOS) INT/SHAPE, 1 February 2001;
- Mr Enrich Maass, WEU Assembly, Paris 2 February 2001;
- H.E. Mr Pál Varga Koritár, Ambassador of Hungary in Madrid, 6 February 2001;
- a delegation from the Universidad Autonoma de Madrid, 6 February 2001;

- S.E.M. Pál. Varga Koritár, Ambassadeur de Hongrie à Madrid, le 6 février 2001 ;
- une délégation de l'«Universidad Autónoma» de Madrid, le 6 février 2001 ;
- une délégation du ministère de la défense du Royaume-Uni, le 14 février 2001 ;
- une délégation de l'EMAA français, présidé par le CEMAA, le 14 février 2001 ;
- une délégation des présidences suédoise (UE) et néerlandaise (UEO), le 19 février 2001 ;
- une délégation de Cosmo Skymed, le 20 février 2001 ;
- les étudiants de 2e année de l' «Escuela Superior de las Fuerzas Armadas» (ESFAS), le 21 février 2001 ;
- Space Imaging Inc, le 9 mars 2001 ;
- S.E.M. P.J. Torry, Ambassadeur du Royaume-Uni à Madrid, le 13 mars 2001 ;
- une délégation de l' «Escuela Superior de Telecomunicaciones, Universidad Politécnica de Valencia», le 29 mars 2001 ;
- la chaire «Cátedra Almirante Don Juan de Borbón» du ministère espagnol de la défense, le 30 mars 2001 ;
- une délégation des services de renseignement de l'EM des forces armées norvégiennes, le 4 avril 2001 ;
- l'Ambassadeur Roland Wegener, Secrétaire général délégué, le 10 avril 2001 ;
- une délégation du Comité de coopération pour la défense et la sécurité transatlantiques, de l'Assemblée parlementaire de l'OTAN, le 19 avril 2001 ;
- une délégation du QG interarmées Sud-Ouest de l'OTAN, le 21 avril 2001 ;
- la chaire «Cátedra Almirante Martín Granizo», Université de Salamanque, le 24 avril 2001 ;
- une délégation de représentants de la République tchèque, le 26 avril 2001 ;
- une délégation de l'École des officiers d'état-major allemande, le 27 avril 2001 ;
- M. André Flahaut, Ministre de la défense belge, le 9 mai 2001 ;
- une délégation de l'Université d'Alcalá de Henares, le 22 mai 2001 ;
- le XXI National Defence Course, le 25 mai 2001 ;
- une délégation du Groupe sur les communications par satellites de l'OTAN, le 30 mai 2001 ;
- une délégation de l'Assemblée de l'UEO, le 7 juin 2001.

XI. ACTIVITÉS DU GROUPE ARMEMENT DE L'EUROPE OCCIDENTALE (GAEO)

Les Directeurs nationaux de l'armement (DNA) des 19 pays du Groupe Armement de l'Europe occidentale (GAEO) se sont réunis sous la nouvelle présidence italienne du GAEO à Naples les 8 et 9 mars 2001.

Au cours de cette réunion, les discussions des DNA ont surtout porté sur l'avenir du GAEO et de l'OAEO, sur le transfert du Secrétariat Armement et de la Cellule de recherche de l'OAEO, ainsi que sur les activités des Commissions et les travaux du Groupe d'experts nationaux (GEN) sur le Plan directeur pour une Agence européenne de l'armement (AEA).

1. L'avenir du GAEO et de l'OAEO

Les DNA ont décidé que la priorité devait désormais être donnée à l'examen de l'évolution structurelle du GAEO et de l'OAEO afin d'évaluer, lors de leur réunion de l'automne 2001, les avantages et inconvénients des options envisageables pour l'avenir de ces deux organes.

- a delegation from the United Kingdom Ministry of Defence, 14 February 2001;
- a delegation from the French Etat-major de l'Armée de l'air, led by the Chef de l'Etat-major de l'Armée de l'Air, 14 February 2001;
- a delegation from the Swedish EU Presidency and the Netherlands WEU Presidency, 19 February 2001;
- a delegation from Cosmo Skymed, 20 February 2001;
- 2nd Course of the Spanish "Escuela Superior de las Fuerzas Armadas" (ESFAS), 21 February 2001;
- Space Imaging Inc., 9 March 2001;
- H.E. Mr P.J. Torry, Ambassador of the United Kingdom in Madrid, 13 March 2001;
- a delegation from the Escuela Superior de Telecomunicaciones Universidad Politécnica de Valencia, 29 March 2001;
- the "Cátedra Almirante Juan de Borbón" from the Spanish Ministry of Defence, 30 March 2001;
- a delegation from the Defence Staff, Norway, Intelligence, 4 April 2001;
- Ambassador Roland Wegener, Deputy Secretary-General, 10 April 2001;
- a delegation from the Transatlantic Defence and Security Cooperation Committee, NATO Parliamentary Assembly, 19 April 2001;
- a delegation from the NATO Joint Headquarters Southwest, 21 April 2001;
- the "Catedra Almirante Martín Granizo", University of Salamanca, 24 April 2001;
- a delegation from Czech Republic Representatives, 26 April 2001;
- a delegation from the German General Staff Officer Course, 27 April 2001;
- Mr André Flahaut, Belgium Defence Minister, 9 May 2001;
- a delegation from the University of Alcalá de Henares, 22 May 2001;
- the XXI National Defence Course, 25 May 2001;
- the NATO Satellite Communications Group, 30 May 2001;
- a delegation from the WEU Assembly, 7 June 2001.

XI. ACTIVITIES OF THE WESTERN EUROPEAN ARMAMENTS GROUP (WEAG)

The National Armaments Directors (NADs) of the 19 Western European Armaments Group (WEAG) nations met in Naples on 8-9 March 2001 under the new Italian Chairmanship of WEAG.

Discussions at the meeting mainly focused on the future of WEAG and WEAO, and the relocation of the Armaments Secretariat and WEAO Research Cell, as well as on the Panels' activities and on the work of the Group of National Experts (GNE) on the Masterplan for a European Armaments Agency (EAA).

1. Future of WEAG and WEAO

NADs decided that priority had now to be given to the study of the structural evolution of WEAG and WEAO, in order to assess, at the NADs meeting in autumn 2001, the pros and cons of possible options for the future of WEAG and WEAO.

2. *Nouvelle implantation du Secrétariat Armement et de la Cellule Recherche de l'OAEO*

Le GAEO et l'OAEO continueront de cohabiter avec le Secrétariat général de l'UEO et de bénéficier du soutien des services de l'UEO. Un mandat a été confié à la présidence du GAEO visant à suivre les futurs développements au sein de l'UEO afin que les pays puissent déterminer si les services fournis par le Secrétariat général de l'UEO sont suffisants pour assurer, avec un bon rapport coût-efficacité, le soutien nécessaire au GAEO et à l'OAEO après 2001.

3. *Commission I (Harmonisation des besoins et des programmes)*

Les DNA sont convenus que la Commission I devrait identifier les priorités dans le cadre de l'objectif global de l'UE et de l'Initiative sur les capacités de défense de l'OTAN, en vue de parvenir à des solutions concrètes qui serviraient d'orientations aux Commissions I et II pour hiérarchiser leurs activités. Par ailleurs, la Commission I est en train de mettre en œuvre des mesures pratiques pour faciliter la participation des associés partenaires de l'UEO qui le souhaitent à une partie de sa réunion plénière d'automne.

4. *Commission II (Recherche et technologie)*

Le 15 mai 2001, les 19 ministres de la défense du GAEO ont participé à une séance de signature avant la réunion informelle des ministres de la défense (à 15+6) dans les bâtiments du Conseil de l'UE. Les document suivants ont été signés :

Le Mémorandum d'entente EUROPA (Ententes européennes en matière d'organisation, de programmes et d'activités de recherche). Ce Mémorandum d'entente constitue un arrangement-cadre pour une coopération bilatérale ou multilatérale, permettant aux pays signataires de réaliser des démonstrations de recherche et technologie.

L'Amendement n° 3 au Mémorandum d'entente SOCRATE (Système de coopération pour la recherche et la technologie en Europe). Cet amendement couvre la participation de la Pologne et est entré en vigueur dès la signature du ministre polonais de la défense.

L'Amendement n° 1 au Mémorandum d'entente sur l'utilisation mutuelle de moyens d'essai étatiques. Cet amendement couvre la participation de l'Autriche et de la Hongrie et entrera en vigueur dans ces pays après approbation parlementaire ou des procédures juridiques nationales.

5. *Commission III (Procédures et aspects économiques)*

Tout en insistant sur l'importance de donner priorité aux activités susceptibles d'aboutir à des résultats concrets, les plans d'action actualisés de la Commission III et de ses sous-groupes ont été approuvés. Les travaux dans le cadre des études relatives à l'application de l'article 296 du Traité sur l'Union européenne aux fusions, au maintien des compétences en matière de conception et à la sécurité de l'approvisionnement sont en cours.

6. *Plan directeur concernant l'Agence européenne de l'armement (AEA)*

Le Groupe d'experts nationaux (GEN) revoit actuellement le calendrier du Plan directeur afin de tenir compte de l'évolution du contexte dans lequel ce plan a été élaboré à l'origine. Le GEN a également été chargé de prendre contact de façon informelle avec l'OCCAR (Organisation conjointe de coopération en matière d'armement) afin de poursuivre l'élaboration des principes et dispositions de cette organisation, le but étant de parvenir à la compatibilité nécessaire avec

2. Relocation of the Armaments Secretariat and WEAO Research Cell

WEAG and WEAO will continue to collocate with the WEU Secretariat-General and to benefit from WEU's support services. A mandate has been given to the WEAG Chair to monitor future developments within WEU so that WEAG nations may evaluate whether the services provided by the WEU Secretariat-General are sufficient to ensure the necessary cost-effective support for WEAG and WEAO post-2001.

3. Panel I (Harmonisation of Requirements and Programmes)

NADs agreed that Panel I should identify priorities in the framework of the EU Headline Goal and NATO Defence Capabilities Initiative, leading to concrete solutions to be taken by Panel I and Panel II as guidelines for prioritising their activities. Panel I is also taking practical measures to facilitate the participation of interested WEU Associate Partners in part of the Panel I autumn plenary meeting.

4. Panel II (Research and Technology)

On 15 May 2001, the 19 WEAG Defence Ministers had a signature session prior to the EU Informal Defence Ministers meeting (in 15+6 format) on the EU Council premises. The following documents were signed:

The EUROPA (European Understandings for Research Organisation Programmes and Activities) Memorandum of Understanding (MOU). This MOU is an "umbrella" agreement for bilateral and multilateral cooperation in Europe, which offers a framework for Research and Technology demonstrations for signatory nations.

Amendment 3 to the SOCRATE (System of Cooperation for Research and Technology in Europe) MOU. This Amendment covers the participation of Poland, and came into effect on signature by the Polish Defence Minister.

Amendment 1 to the MOU on the Mutual Use of Government Test Facilities. This amendment covers the participation of Austria and Hungary, and will become effective for those nations when, respectively, parliamentary or domestic legal approval has taken place.

5. Panel III (Procedures and Economic Matters)

The updated action plans of Panel III and its subordinate sub-groups were approved while the importance of prioritising activities that would lead to concrete achievements was emphasised. Work is ongoing concerning studies on the application of Article 296 of the Treaty on European Union to mergers, the maintaining of design expertise and security of supply.

6. Masterplan on the European Armaments Agency (EAA)

The Group of National Experts (GNE) is currently reviewing the Masterplan agenda and timetable in order to take into account the evolution of the context in which the Masterplan was originally elaborated. The GNE was also tasked to liaise on an informal basis with OCCAR (Organisme Conjoint de Cooperation en matière d'Armament) in order to pursue the development of the Principles and Policies of that Organisation, with a view to achieving the l'AEA, conformément au Plan directeur. Le GEN/AEA avait également pour tâche de régler la question des pays non membres de l'OAEO, afin de garantir un statut équivalent à tous les membres du GAEO au sein de l'AEA.

7. Prochaines réunions

Les DNA du GAEO se réuniront à Baveno (Italie) les 8 et 9 octobre 2001.

XII. ACTIVITÉS DE LA CELLULE RECHERCHE DE L'ORGANISATION DE L'ARMEMENT DE L'EUROPE OCCIDENTALE (CRO)

Au cours du premier semestre de 2001, la Cellule Recherche de l'Organisation de l'armement de l'Europe occidentale a notifié 8 contrats EUCLID à l'industrie européenne pour une contribution gouvernementale de 10 millions d'euros et une contribution industrielle additionnelle de 7 millions d'euros.

Le Comité de direction (CDD) de l'OAEO s'est réuni à Naples le vendredi 9 mars 2001 et a approuvé diverses mesures de gestion relevant de son autorité en matière financière et en matière de personnel.

XIII. ACTIVITÉS DES (AUTRES) GROUPES DE TRAVAIL

Eurogroupes (en général)

Sur la base de l'avis du CDM, le Conseil a décidé, le 15 mai 2001, de mettre en sommeil les trois Eurogroupes, cette décision étant effective le 30 juin 2001. Á partir du 1er juillet 2001, l'ensemble des réunions et travaux ont été suspendus et le contrat du Secrétaire permanent (Eurocom et Eurolongterm) prendra fin le 30 novembre 2001.

a. Groupe principal Eurocom (GPE)

Conformément à son mandat, le GPE ne se réunit pas pendant les six premiers mois de l'année.

Le nouveau sous-groupe normalisation Eurocom (SGNE) a tenu sa première réunion en février. Conformément aux instructions du GPE, il a examiné son mandat et son programme de travail. Le SGME a effectué le bilan demandé sans avoir assez de temps pour affiner son programme de travail. Son intention était de le faire lors d'une réunion supplémentaire prévue plus tard dans l'année.

Suite à son approbation par le Conseil et le Comité militaire (CM) de l'UEO, le document «EUROCOM D/1 (EES)» détaillant les paramètres fondamentaux du Système EUROCOM amélioré (EES) est désormais mis à disposition pour usage officiel à l'extérieur de l'UEO. Les travaux visant à mettre à jour ce document ont toutefois été interrompus.

b. Eurolongterm

Le Groupe directeur s'est réuni en janvier et une nouvelle fois en mai pour examiner les concepts et sous-concepts présentés par les sous-groupes. Par ailleurs, un document d'orientation pour les études futures à long terme a été approuvé et distribué aux délégations. Il pourrait servir de référence à toute organisation qui hériterait de ses activités. Trois sous-concepts ont été required EAA compatibility in accordance with the Masterplan. The GNE/EAA was tasked to address the issue of membership of non-WEAO members, in order to ensure equal status of all WEAG members in the EAA.

7. *Forthcoming events*

The WEAG NADs will meet in Baveno (Italy) on 8-9 October 2001.

XII. ACTIVITIES OF THE WESTERN EUROPEAN ARMAMENTS ORGANISATION RESEARCH CELL (WRC)

During the first six months of 2001, the Western European Armaments Organisation Research Cell notified European industry of eight EUCLID contracts covering a government contribution of 10 million euros and an industrial contribution of 7 million euros.

The WEAO Board of Directors met in Naples on Friday 9 March 2001 and approved several management measures which fell under its authority and related to financial and personnel issues.

XIII. ACTIVITIES OF (OTHER) WORKING GROUPS

The Eurogroups (General)

Based on MDC advice, the Council decided on 15 May 2001 to place all three Eurogroups into dormancy with effect from 30 June 2001. As of 1 July 2001, all work and meetings are suspended and the contract of the Permanent Secretary (Eurocom and Eurolongterm) will be terminated with effect from 30 November 2001.

a. Eurocom Main Group (EMG)

In accordance with its mandate the EMG does not meet during the first half of the year.

The new Eurocom Standardisation Sub-Group (ESSG) met for the first time in February and, as tasked by the EMG, reviewed its Terms of Reference and Programme of Work. The ESSG completed its review but did not have sufficient time to refine its Programme of Work. It had been intended to complete this at a supplementary meeting later in the year.

Following agreement by the WEU Council and Military Committee (MC), the Eurocom document "D/1 (EES)" detailing the basic parameters of the Enhanced Eurocom System (EES) is now available for official use outside the WEU. However, work on maintaining this document is suspended.

b. Eurolongterm (ELT)

The Steering Group met in January and again in May to consider further concept and sub-concept papers presented by the sub-groups. In addition a guideline document for future long-term studies was approved and circulated to delegations. This document could be used as a reference by any successor organisation. Three sub-concept papers were completed by achevés par le Sous-groupe Terre mais n'ont pu être présentés au Groupe directeur avant l'entrée en vigueur de la décision du Conseil.

Les relations avec la Commission I du GAEO sont devenues encore plus étroites suite à une demande pour que les représentants des Sous-groupes Eurolongterm assistent aux réunions pertinentes des sous-groupes de la Commission I.

c. Groupe logistique de l'Europe occidentale (GLEO)

En janvier, le Président du GLEO a proposé à la présidence de l'UEO que son groupe soit mis en sommeil. Cette proposition était fondée sur une absence de directives et l'arrêt des activités de l'UEO en matière de gestion de crises conduisant à la fin du CM/CDM à qui l'Eurogroupe rendait compte. Elle a été acceptée par le Comité des délégués militaires (CDM) et appliquée aux trois Eurogroupes.

Le GLEO a tenu sa dernière réunion en mars avant d'être mis en sommeil.

XIV. ACTIVITÉS DE L'INSTITUT D'ÉTUDES DE SÉCURITÉ DE L'UEO

Pendant la période du 1er janvier au 30 juin 2001, l'Institut a organisé sept séminaires à Paris : – Défense, élargissement, intégration européenne – La cohérence de la PESC : quelle cohérence pour la gestion européenne des crises ? – L'UE et le Proche-Orient : comment relancer le Processus de Paix ? – Une police pour le rétablissement de la paix : quel rôle pour l'UE ? – Vers un concept stratégique européen – L'Europe du Sud-Est : les perspectives pour le Sud des Balkans – Elargir l'Europe : perspectives de la PESC.

Dans le cadre de son programme transatlantique, la conférence transatlantique de Paris intitulée Les relations transatlantiques et l'administration Bush a été organisée à Paris par l'Institut.

L'Institut a tenu plusieurs réunions : entre Nicole Gnesotto et quelques directeurs d'instituts nationaux pour discuter du type de relations plus institutionnelles que l'Institut de l'UE pourrait construire avec eux.

L'Institut a subventionné les projets suivants : – le séminaire sur The New Transatlantic Agenda : Facing the Challenges of Global Governance organisé par l'IAI, à Rome – la table ronde sur South-East European Security on the Eve of the XXI Century organisée par le Center for South-Eastern European Studies, à Belgrade – la demi-journée d'étude sur Quelle stabilité pour les Balkans ? Le pacte de stabilité pour l'Europe du Sud-Est et les politiques de stabilisation des Balkans organisée par l'Association française d'études sur les Balkans, à Paris – le séminaire sur Une voie prometteuse pour le partenariat euro-méditerranéen, la coopération en mer organisé par le Groupe des Ecoles du Commissariat de la Marine (GECM) en collaboration avec la FMES et l'Institut de défense nationale tunisien, à Toulon – la conférence sur Transatlantic relations : cooperation and competition organisée par Ditchley Foundation en collaboration avec l'IFRI, à Canisy.

L'Institut a publié durant cette période les Cahiers de Chaillot n° 44 sur Entre coopération et concurrence : le marché transatlantique de défense par Gordon Adams, Christophe Cornu et Andrew D. James sous la direction de Burkard Schmitt, n° 45 sur L'intervention militaire et l'Union européenne par Martin Ortega, n° 46 sur Le Sud des Balkans : vues de la région par Ismail Kadaré, Predrag Simic, Ljubomir Frckoski et Ylber Hysa sous la direction de Dimitrios Triantaphyllou, ainsi que n° 47 sur De Saint-Malo à Nice, compilation des principaux documents sur la défense européenne, réalisée par Maartje Rutten. Il a également publié les Bulletins n° 32 et 33.

L'Institut a également diffusé les Publications occasionnelles n° 23 sur Cold War dinosaurs the Land Sub-Group but could not be presented to the Steering Group before the Council Decision took effect.

Liaison with WEAG Panel I became even closer, with a request for representatives from ELT sub-groups to attend the relevant Panel I sub-group meetings.

c. Western European Logistics Group (WELG)

In January the WELG Chairman proposed to the WEU Presidency that his group should be placed into dormancy. His rationale was that there was an absence of guidance and that the termination of the WEU crisis management functions would mean the cessation of the MC/MDC to whom the Eurogroups report. His proposal was accepted by the Military Delegates Committee (MDC) and applied to all three Eurogroups.

The WELG held its last meeting before dormancy in March.

XIV. ACTIVITIES OF THE WEU INSTITUTE FOR SECURITY STUDIES

During the period 1 January to 30 June 2001, the Institute organised seven seminars in Paris: Defence, enlargement and European integration; – CFSP coherence: what coherence for European crisis management? – The European Union and the Middle East: how to revive the peace process – Police for peace building: what role for the EU? – Defining a European strategic concept – South-Eastern Europe: The southern Balkans in perspective – Enlarging Europe: CFSP perspectives.

As part of the Institute's transatlantic programme, the Paris Transatlantic Conference, entitled Transatlantic Relations and the Bush Administration, was held in that city.

The Institute held several meetings: – one between Nicole Gnesotto and a number of directors of national institutes to discuss the possibility of a more formalised relationship with their institutes – a brainstorming on the European Security and Defence Policy with the Danish Minister for Defence, Mr Jan Trøjborg, and a number of officials – a working lunch with WEU and PSC permanent representatives – an extraordinary meeting of the task force on South-Eastern Europe entitled Developments in the Former Yugoslav Republic of Macedonia.

The Institute subsidised the following projects: a seminar The New Transatlantic Agenda : Facing the Challenges of Global Governance organised by the IAI in Rome – a round-table meeting South-East European Security on the Eve of the XXI Century, organised by the Centre for South-Eastern European Studies, in Belgrade, a half-day study – What stability for the Balkans? The stability pact for South-Eastern Europe and stabilisation policies for the Balkans organised by the Association française d'études sur les Balkans, in Paris – a seminar, Cooperation at sea: a promising way ahead for Euro-Mediterranean partnership, organised by the French Naval Supply Corps Academy (GECM) in collaboration with the Mediterranean Foundation for Strategic Studies (FMES) and the Tunisian National Defence Institute, in Toulon – a conference, Transatlantic relations: cooperation and competition, organised by the Ditchley Foundation in collaboration with IFRI, in Canisy.

During this period the Institute published Chaillot Papers 44, Between cooperation and competition: the transatlantic defence market, by Gordon Adams, Christophe Cornu and Andrew D. James, edited by Burkard Schmitt; 45, Military intervention and the European Union, by Martin Ortega; 46, The southern Balkans: perspectives from the region, by Ismail Kadaré, Predrag Simic, Ljubomir Frckoski and Ylber Hysa, edited by Dimitrios or hi-tech arms providers ? – The West European land armaments industry at the turn of the millennium par Jan Joel Andersson (ancien boursier), n° 24 sur Realigning neutrality ? – Irish defence policy and the EU par Daniel Keohane (ancien boursier), n° 25 sur A common European export policy for defence and dual-use items ? par Burkard Schmitt, n° 26 sur Le MTCR face à la prolifération des missiles par Mathieu Grospeaud (ancien boursier), n° 27 sur Coherence for European Security Policy – Debates – Cases – Assessments sous la direction de Antonio Missiroli.

L'Institut a accueilli plusieurs boursiers : Tom Sauer (Belgique) pour une période d'un mois ; Charlotte Wagnsson (Suède) pour une période de six semaines ; Mathieu Grospeaud (France), Sorin Lungu (Roumanie), Franz Kernic (Autriche), Lydia Pnevmaticou (Grèce) et Radek Khol (République tchèque) pour une période de deux mois. L'Institut a également accueilli Pierre Hassner (France) et William Hopkinson (Royaume-Uni) pour une période de deux mois en tant que chercheurs associés.

Outre leur participation à plusieurs séminaires et réunions à Paris et à l'étranger, les membres de l'équipe de recherche ont tenu des réunions d'information et de formation lors des occasions suivantes : un exposé devant un groupe du AIV Consultative Council à l'Ambassade des Pays-Bas, à Paris ; une présentation à la DGAP, à Berlin ; un cours dans le cadre du European Security Policy Training Course organisé par le Centre de politique de Sécurité, à Genève ; une présentation au Collège interarmées de défense au bénéfice d'une division de la huitième promotion, à Paris ; un cours à l'Université de Rouen dans le cadre des activités de l'Ecole doctorale de Droit de Normandie ; une présentation à la Fondazione Collegio San Carlo di Modena ; une intervention à la National Defense University, à Washington D.C. ; une présentation à la Simon Fraser University, à Vancouver ; un exposé au 1er séminaire interarmées des grandes écoles militaires (SIGEM), à Paris ; une intervention à l'Université de Tel Aviv ; une présentation dans le cadre des cours de perfectionnement en droit des Communautés européennes à l'Université de Bologne ; un briefing pour le US National War College European Group, à Paris ; un exposé devant un groupe de jeunes militants et décideurs politiques de l'Europe de l'Est organisé par la Fondation Robert Schuman, à Paris ; une présentation pour les étudiants de la American University, Washington D.C., à Paris ; une conférence dans le cadre du séminaire organisé conjointement par le Centre des hautes études militaires (CHEM) et la Bundesakademie für Sicherheitspolitik, à Paris ; un exposé dans le cadre du NATO Reserve Officers' Course 2001 au Collège de défense de l'OTAN, à Rome ; une présentation à la Faculté des Lettres de l'Institut de l'Université de Naples ; une conférence au bénéfice de la 8e promotion du Collège interarmées de défense, à Paris ; un cours dans le cadre des activités de formation de l'Union européenne, à Perugia.

DEUXIÈME PARTIE DU QUARANTE-SEPTIÈME RAPPORT ANNUEL DU CONSEIL À L'ASSEMBLÉE SUR LES ACTIVITÉS DU CONSEIL (POUR LA PÉRIODE ALLANT DU 1ER JUILLET AU 31 DÉCEMBRE 2001)

I. INTRODUCTION

Sous la présidence belge de l'UEO, la priorité a été donnée à l'achèvement des tâches de transition découlant du transfert à l'Union européenne des fonctions de l'Organisation dans le domaine de la gestion de crise.

À partir du 2 juillet 2001, le Secrétariat général a été prêt à remplir les missions résiduelles définies par le Conseil des ministres de l'UEO réuni à Marseille. Cela signifie que le soutien logistique approprié a été fourni avec efficacité au GAEO et à l'OAEO – dont l'importante charge

Triantaphyllou; and 47, From St-Malo to Nice, a collection of core documents on European defence compiled by Maartje Rutten. Newsletters 32 and 33 were also published.

The Institute also distributed Occasional Papers 23, Cold War dinosaurs or hi-tech arms providers? – The West European land armaments industry at the turn of the millennium, by Jan Joel Andersson (former visiting fellow); 24, Realigning neutrality? – Irish defence policy and the EU, by Daniel Keohane (former visiting fellow); 25, A common European export policy for defence and dual-use items? by Burkard Schmitt; 26, Le MTCR face à la prolifération des missiles, by Mathieu Grospeaud (former visiting fellow); and 27, Coherence for European Security Policy – Debates – Cases – Assessments, edited by Antonio Missiroli.

The Institute hosted several visiting fellows: Tom Sauer (Belgium) for a period of one month; Charlotte Wagnsson (Sweden) for six weeks; Mathieu Grospeaud (France), Sorin Lungu (Romania), Franz Kernic (Austria), Lydia Pnevmaticou (Greece) and Radek Khol (Czech Republic) for periods of two months. Pierre Hassner (France) and William Hopkinson (United Kingdom) were also at the Institute for two months as senior visiting fellows.

In addition to their participation in several seminars and meetings in Paris and abroad, members of the research team held training and information sessions on the following occasions: an exposé to a group from the AIV Consultative Council at the Netherlands Embassy, in Paris; a presentation to the DGAP, in Berlin; a lecture at the European Security Policy Training Course organised by the Centre for Security Policy, Geneva; a presentation to a group from the 8th course at the French Joint Services Staff College, in Paris; lectures to the Doctoral Law School of Normandy, at the University of Rouen; a presentation to the Fondazione Collegio San Carlo di Modena; a lecture to the National Defense University, Washington D.C.; a presentation at Simon Fraser University, Vancouver; an exposé to the first joint seminar of higher military colleges (SIGEM), in Paris; a lecture at Tel Aviv University; a presentation to a European Communities law proficiency course at the University of Bologna; a briefing for the National War College European Group (DC), in Paris; an exposé to a group of young militants and political decision-makers from Eastern Europe organised by the Robert Schuman Foundation, in Paris; a presentation to students from the American University, Washington D.C., in Paris; a conference at the seminar organised jointly by the Centre for Higher Military Studies (CHEM) and the Bundesakademie für Sicherheitspolitik (Federal College for Security Policy Studies), in Paris; an exposé to the NATO Reserve Officers' Course 2001 at the NATO Defence College, Rome; a presentation at the Faculty of Letters, University of Naples Institute; a conference for the 8th course of the Collège interarmées de défense (Joint Services Staff College), in Paris; a course as part of the EU's training programme, in Perugia.

SECOND PART OF THE FORTY-SEVENTH ANNUAL REPORT OF THE COUNCIL TO THE ASSEMBLY ON THE ACTIVITIES OF THE COUNCIL (1 JULY TO 31 DECEMBER 2001)

I. INTRODUCTION

Under the Belgian Presidency of WEU, priority was given to completing the transition tasks arising from the transfer of the Organisation's crisis management functions to the European Union.

From 2 July 2001, the Secretariat-General was ready to fulfil the residual tasks identified by the WEU Ministerial meeting in Marseilles. This meant that adequate logistic support de travail a justifié une nouvelle expansion dans les nouveaux locaux du siège de l'Organisation au 15 rue de l'Association à Bruxelles.

Le soutien fourni au Centre satellitaire et à l'Institut d'études de sécurité s'est poursuivi. Divers documents ayant trait à leurs programmes d'activités respectifs ont été diffusés aux délégations et, le cas échéant, soumis au Conseil pour qu'il les approuve ou en prenne note.

La mission UEO d'assistance au déminage en Croatie (MADUEO), la dernière opération en cours de l'UEO, s'est achevée comme prévu le 30 novembre 2001.

Comme prévu, les différents organes de travail des Eurogroupes ont été dissous.

Le Secrétariat général a mis en oeuvre le Plan social approuvé par les ministres lors du Conseil des ministres de l'UEO à Marseille en novembre 2000. L'immeuble Régence a été libéré dans les délais convenus avec le propriétaire parallèlement aux opérations de cession des biens de l'Organisation qui ont été menées avec succès.

II. ACTIVITÉS DU CONSEIL PERMANENT ET DU GROUPE DE TRAVAIL DU CONSEIL (GTC)

Au cours de la période du 1er juillet au 31 décembre 2001, le Conseil a examiné les suites à donner, dans le cadre de l'UEO, à l'établissement, par l'Union européenne, d'un Institut d'études de sécurité de l'Union européenne et d'un Centre satellitaire de l'Union européenne. Le Groupe *ad hoc*, présidé par le Chef du Secrétariat, a continué de se réunir pour préparer les décisions qui devaient être prises à cet égard par le Conseil. Le 21 novembre 2001, le Conseil a décidé qu'un Service administratif fonctionnerait à Paris, tout en faisant partie intégrante du Secrétariat général, pour le suivi des accords de siège de l'UEO et la gestion de l'immeuble de l'UEO à Paris. Le 18 décembre 2001, le Conseil a décidé de nommer Monsieur R. Loutz, Greffier adjoint pour l'administration et les finances de l'Assemblée de l'UEO, Administrateur du Service administratif de Paris à compter du 1er janvier 2002.

En ce qui concerne le Centre satellitaire de l'UEO, le Conseil a donné son autorisation pour que le Secrétariat général du Conseil de l'Union européenne, l'OTAN et l'OSCE figurent sur les listes de diffusion des produits du système d'informations géographiques (SIG) du Centre satellitaire concernant la région des Balkans.

Le Conseil a également autorisé la communication au Corps européen des produits SIG du Centre satellitaire sur l'Ancienne République yougoslave de Macédoine (ARYM).

Le Conseil a approuvé deux tâches confiées au Centre satellitaire en tant qu'ordres de travail du Conseil de l'UEO, concernant respectivement l'Afghanistan/le Pakistan et l'ARYM.

Le Conseil a approuvé une décision concernant la fourniture de produits du Centre satellitaire de l'UEO à l'appui de l'exercice OTAN «Strong Resolve 02».

Enfin, toujours en ce qui concerne le Centre satellitaire de l'UEO, et dans la perspective de sa reprise par l'Union européenne au 1er janvier 2002, le Conseil a donné l'autorisation de considérer comme «communicables à l'Union européenne» des documents classifiés de l'UEO détenus par le Centre satellitaire de l'UEO avant le 1er janvier 2002.

En ce qui concerne les Eurogroupes et leur mise en sommeil à compter du 30 juin 2001, le Conseil a décidé que les documents-clés de ces groupes seraient mis à la disposition de l'Union européenne et de l'OTAN. Le Secrétaire des Eurogroupes a dressé la liste des éléments à léguer avant de quitter l'Organisation à la fin du mois de novembre, conformément aux décisions du Conseil. La compilation et le CD-Rom qui l'accompagne ont été transmis à l'Union européenne ainsi qu'à l'OTAN. Le Secrétariat général se tient à la disposition de leurs organes compétents pour toute communication supplémentaire de documents classifiés ou non classifiés.

Tout au long de la période considérée, le Conseil a continué de prendre note des rapports mensuels de la mission UEO d'assistance au déminage (MADUEO) en Croatie. Conformément was effectively provided to WEAG/WEAO – indeed, the scale of their activities led them to expand further at the Organisation's new Headquarters at 15, rue de l'Association, Brussels.

Support for the Satellite Centre and the Institute for Security Studies continued. Various documents relating to their respective programmes of activities were circulated to delegations and, where appropriate, endorsed or taken note of by the Council.

The WEU De-mining Assistance Mission in Croatia (WEUDAM), the last WEU operation, closed down on schedule on 30 November 2001

As foreseen, the various Eurogroup working bodies were wound up.

The Secretariat-General implemented the Social Plan agreed by Ministers at the Marseilles WEU Ministerial Council of November 2000. The Régence building was vacated according to the schedule agreed with the landlord, whilst most of the Organisation's assets were disposed of at the same time.

II. ACTIVITIES OF THE PERMANENT COUNCIL AND THE COUNCIL WORKING GROUP (CWG)

During the period 1 July to 31 December 2001, the Council considered the follow-up to be given, in the context of WEU, to the establishment, by the European Union, of a European Union Institute for Security Studies and a European Union Satellite Centre. The Ad Hoc Group, chaired by the Head of the Secretariat, continued to meet to prepare decisions to be taken by the Council in this respect. On 21 November 2001, the Council decided that there should be an Administrative Service functioning in Paris but forming an integral part of the Secretariat-General, to provide follow-up of the WEU Headquarters agreements and manage the WEU building in Paris. On 18 December 2001, the Council decided to appoint Mr R. Loutz, Clerk Assistant for Administration and Finance of the WEU Assembly, as Administrator of the Administrative Service in Paris as of 1 January 2002.

Regarding the WEU Satellite Centre, the Council authorised the extension of the Satellite Centre Geographical Information System (GIS) distribution list for Balkan region products to include the General Secretariat of the Council of the European Union, NATO and the OSCE.

The Council also authorised the provision of the Satellite Centre GIS on the Former Yugoslav Republic of Macedonia (FYROM) to the EUROCORPS.

The Council adopted two Satellite Centre tasks as WEU Council tasks, covering Afghanistan/Pakistan and FYROM respectively.

The Council approved a decision to support NATO Exercise STRONG RESOLVE 02 with products of the WEU Satellite Centre.

Finally with regard to the WEU Satellite Centre, and in view of the future European Union Satellite Centre from 1 January 2002, the Council authorised WEU classified documents held by the WEU Satellite Centre prior to 1 January 2002 to be made "releasable to the European Union".

With regard to the EUROGROUPS and their having been placed into dormancy with effect from 30 June 2001, the Council agreed that key EUROGROUP documentation be made available to the European Union and NATO. A record of their legacy was compiled by the Eurogroup Secretary, who left at the end of November 2001, in accordance with the Council's decisions. This compilation and the associated CD-ROM were sent to the European Union and NATO. The Secretariat-General remains at the disposal of their relevant interested bodies to make available any additional classified or unclassified information.

Throughout the period under consideration, the Council continued to take note of the monthly reports from the WEU De-mining Assistance Mission (WEUDAM) in Croatia. In aux modalités pratiques annexées à la décision J.4.2 du 9 novembre 1998, ces rapports ont continué d'être transmis à l'Union européenne.

Dans la perspective de la fermeture de la MADUEO le 30 novembre 2001, le transfert de l'équipement aux autorités croates a été parachevé, conformément aux dispositions du Mémorandum d'entente. Le Chef de mission, le Colonel Gelin (armée de terre suédoise), a présenté un rapport final qui tire un certain nombre d'enseignements et fait le bilan de ce qui a constitué une entreprise couronnée de succès, même si elle a été de portée limitée compte tenu de l'ampleur du défi que représentait la libération du territoire croate du fléau des mines terrestres.

Une cérémonie de remise de médailles, à laquelle le Secrétaire général était représenté par le Chef du Secrétariat, s'est déroulée à Zagreb le 23 novembre 2001, à l'occasion de la fin de cette mission.

Enfin, le Conseil a été tenu informé des travaux du GAEO et de l'OAEO. Le 19 novembre 2001, le Conseil a pris note d'un rapport d'information sur la 17e réunion des Directeurs nationaux de l'armement du GAEO qui s'est tenue à Baveno, en Italie, les 8 et 9 octobre 2001, ainsi que du mandat de la présidence du GAEO. Le 13 décembre 2001, le Conseil a pris note du relevé des décisions du Comité de direction de l'OAEO suite à la réunion qu'il a tenue le 9 octobre 2001.

III. ACTIVITÉS DU COMITÉ MILITAIRE DE L'UEO (CM)

Le Comité militaire de l'UEO n'a tenu aucune réunion au cours de la période du 1er juillet au 31 décembre 2001.

IV. ACTIVITÉS DU COMITÉ DES DÉLÉGUÉS MILITAIRES (CDM)

Conformément aux décisions prises par les ministres de l'UEO à Marseille en novembre 2000, et par suite de la décision adoptée par le Conseil le 25 juin 2001, le Comité des délégués militaires (CDM) et son groupe de travail (GTDM) ont été mis en sommeil dans leur configuration actuelle.

Le Comité des délégués militaires et son groupe de travail n'ont tenu aucune réunion au cours de la période du 1er juillet au 31 décembre 2001.

V. ACTIVITÉS DU GROUPE POLITICO-MILITAIRE (GPM)

GPM à 21

Le Groupe politico-militaire à 21 n'a tenu aucune réunion.

GPM à 28

Le Groupe politico-militaire à 28 n'a tenu aucune réunion.

VI. ACTIVITÉS DU GROUPE DE TRAVAIL POLITICO-MILITAIRE (GTPM)

Les réunions du Groupe de travail politico-militaire ont été suspendues, conformément aux décisions prises lors du Conseil ministériel de Marseille en novembre 2000.

accordance with the practical arrangements annexed to the J.4.2 decision of 9 November 1998, these reports continued to be transmitted to the European Union.

In view of the end of the WEUDAM mission on 30 November 2001, the handover of equipment to the Croatian authorities was completed, in accordance with the provisions of the Memorandum of Understanding. The Head of Mission, Colonel Gelin (Swedish Army), submitted a final report drawing a number of lessons from what has been a successful endeavour, albeit one limited in scope given the magnitude of the challenge to free Croatian territory from the scourge of landmines.

On 23 November 2001, a closing down and mission award ceremony took place in Zagreb, at which the Secretary-General was represented by the Head of the Secretariat.

Finally, the Council was kept informed on WEAG and WEAO matters. On 19 November 2001 the Council took note of an information report on the 17th meeting of WEAG National Armaments Directors held in Baveno, Italy, on 8-9 October 2001 and noted also the WEAG Chair Terms of Reference. On 13 December 2001, the Council took note of the Decision Sheet of the WEAO Board of Directors following the latter's meeting on 9 October 2001.

III. ACTIVITIES OF THE WEU MILITARY COMMITTEE (MC)

No meetings of the WEU Military Committee were held during the period 1 July 2001 to 31 December 2001.

IV. ACTIVITIES OF THE MILITARY DELEGATES COMMITTEE (MDC)

Pursuant to the decisions taken by WEU Ministers at Marseilles in November 2000, and following the decision of the Council of 25 June 2001, the Military Delegates Committee (MDC) and its Working Group (MDWG) have been transferred into a "dormant" status in their present configuration.

No meetings of the Military Delegates Committee or of its Working Group took place during the period 1 July 2001 to 31 December 2001.

V. ACTIVITIES OF THE POLITICO-MILITARY GROUP (PMG)

PMG at 21

No meeting was held by the PMG at 21.

PMG at 28

No meeting was held by the PMG at 28.

VI. ACTIVITIES OF THE POLITICO-MILITARY WORKING GROUP (PMWG)

The meetings of the PMWG have been suspended pursuant to the decisions taken at the Marseilles Ministerial Council in November 2000.

VII. ACTIVITÉS DE L'ETAT-MAJOR MILITAIRE (EMM)

ÉTUDE THÉORIQUE CONJOINTE OTAN-UEO PRÉVUE EN 2001 (JES 01)

Faisant suite à l'exercice JES 01 organisé à Noordwijk (Pays-Bas) du 11 au 15 juin 2001, une équipe conjointe UEO-OTAN a procédé à une évaluation de JES 01. Le débat conjoint postérieur à l'exercice (JPXD) s'est déroulé au siège de l'UEO le 3 juillet 2001 et le rapport final d'exercice (FER), présenté le 13 juillet 2001, a été diffusé à l'ensemble des pays de l'UEO et de l'OTAN, aux pays observateurs à l'étude théorique (Fédération de Russie et Ukraine) et à l'Union européenne. Le Conseil de l'UEO a pris note du rapport final d'exercice le 27 juillet 2001.

Par suite de la cessation des fonctions opérationnelles de l'État-major militaire de l'UEO, les prochains rapports du Conseil à l'Assemblée ne comporteront plus de références à l'État-major militaire.

VIII. ACTIVITÉS DU GROUPE D'EXPERTS CIEL OUVERT

Les réunions du Groupe d'experts Ciel ouvert ont été suspendues, conformément aux décisions prises par le Conseil ministériel de Marseille.

IX. ACTIVITÉS DU GROUPE ESPACE

Le Groupe Espace n'a tenu aucune réunion au cours de la période du 1er juillet au 31 décembre 2001.

Des liaisons de communication protégées ont été maintenues avec le Centre satellitaire pendant le période du 1er juillet au 31 décembre 2001.

X. ACTIVITÉS DU CENTRE SATELLITAIRE DE L'UEO

Comme suite à l'adoption, le 20 juillet 2001, de l'Action commune du Conseil relative à la création d'un Centre satellitaire de l'Union européenne, le Centre satellitaire a été largement impliqué, au cours du second semestre de 2001, dans des activités visant à garantir une transition sans heurt de l'UEO à l'Union européenne.

Hormis ce qui précède, d'autres activités ont eu lieu :

Au cours du second semestre de 2001, le Centre a reçu quatre nouvelles tâches. Quinze tâches ont été exécutées en tout, pour lesquelles 152 produits individuels ont été réalisés et envoyés. À la fin de l'année 2001, le Centre travaillait sur 36 demandes différentes. Suite à la décision adoptée dans l'Action commune du Conseil, ces tâches sont considérées comme un arriéré de travail du Centre satellitaire de l'Union européenne depuis le 1er janvier 2002.

En octobre, le Centre satellitaire a fourni au Corps européen un produit de type SIG couvrant la zone de l'exercice Cobra 2001. Un membre du Centre a également participé à l'exercice, qui s'est déroulé en Andalousie pendant la première quinzaine de novembre, pour faciliter l'exploitation des produits fournis.

Le 17 octobre, le Centre satellitaire a reçu deux demandes concernant l'Afghanistan et l'Ancienne République yougoslave de Macédoine (ARYM). Ayant été formulées par le Conseil de l'Union européenne, ces demandes ont été adoptées en tant qu'ordres de travail du Conseil de l'UEO. À la fin de l'année 2001, le Centre satellitaire avait produit et livré deux produits de type SIG sur l'Afghanistan.

Le 8 novembre, le Centre satellitaire a été chargé de fournir à l'OTAN, pour son exercice «Strong Resolve 02» prévu du 1er au 5 mars 2002, un soutien auquel il travaille depuis cette date.

VII. ACTIVITIES OF THE MILITARY STAFF (MS)

Joint WEU/NATO Exercise Study 2001 (JES 01)

Following the holding of Exercise JES 01 in Noordwijk (NL) from 11 to 15 June 2001, a combined WEU-NATO team carried out an evaluation of JES 01. The Joint Post-Exercise Discussion (JPXD) was held at WEU HQ on 3 July 2001 and the Final Exercise Report (FER) was issued on 13 July 2001 and distributed to all WEU and NATO nations, to nations that had observed the Exercise Study (the Russian Federation and Ukraine) and to the European Union. The WEU Council took note of the Final Exercise Report on 27 July 2001.

Given the cessation of the operational functions of the WEU Military Staff, there will be no further references to the Military Staff in future Council reports to the Assembly.

VIII. ACTIVITIES OF THE OPEN SKIES EXPERTS GROUP

The meetings of the Open Skies Experts Group have been suspended pursuant to the decisions taken at the Marseilles Ministerial Council.

IX. ACTIVITIES OF THE SPACE GROUP

No meetings of the Space Group were held during the period 1 July 2001 to 31 December 2001.

Secure communications links were maintained with the SATCEN for the period running from 1 July to 31 December 2001.

X. ACTIVITIES OF THE WEU SATELLITE CENTRE

As a consequence of the adoption of the Council Joint Action of 20 July 2001 on the establishment of a European Union Satellite Centre, the Satellite Centre was heavily involved, during the second half of 2001, in the activities necessary to ensure a smooth transition from WEU to the European Union.

Apart from the above, other activities have taken place:

During the second half of 2001, the Centre received four new tasks. A total of 15 tasks were completed, for which 152 individual products were produced and dispatched. By the end of 2001, the Centre was working on 36 different requests. Following the decision adopted in the Council Joint Action, those tasks are considered as a backlog of the European Union Satellite Centre as from 1 January 2002.

In October, the Satellite Centre provided a GIS-type product to the EUROCORPS covering the exercise area for COBRA 2001. Furthermore, a Centre staff member was present to provide product support during the conduct of the exercise, which took place in Andalusia during the first two weeks of November.

On 17 October, the Satellite Centre received two requests concerning Afghanistan and the Former Yugoslav Republic of Macedonia (FYROM). Originating from the Council of the European Union, they were adopted as WEU Council tasks. By the end of 2001, the Satellite Centre had produced and delivered two GIS-type products on Afghanistan.

On 8 November, the Satellite Centre was tasked, and has been working since then to provide support to NATO for its exercise "STRONG RESOLVE 02", which is due to take

Pour les besoins de cet exercice, le Centre satellitaire a été invité à fournir un produit de type SIG couvrant la zone d'exercice située dans le nord de la Pologne.

Au cours du second semestre 2001, conformément à la pratique habituelle, le Centre satellitaire a accueilli trois réunions du Comité des utilisateurs : le 6 juillet, le 28 septembre et le 30 novembre 2001, qui fut la dernière réunion du Comité des utilisateurs sous l'égide de l'Union de l'Europe occidentale.

Une démonstration du RTP 9.8 EUCLID a eu lieu du 23 au 30 novembre 2001. Pour les besoins de cette démonstration, il a été fait appel à une station projetable de réception par satellite se composant d'une station terrestre Rapids et d'un logiciel de traitement. Le système a reçu avec succès des images des satellites Spot et ERS. Ces images ont été introduites dans le système opérationnel du Centre satellitaire de l'UEO et analysées en moins de 30 minutes. Le logiciel de traitement du CSUEO (Georis et Sigma) a été utilisé en liaison avec la station terrestre Rapids. Les opérations de réception et d'analyse du 30 novembre ont été réalisées en présence de l'ensemble des délégués au Comité des utilisateurs du Centre satellitaire.

Au cours de cette même période le Centre satellitaire a reçu de nombreux visiteurs : le Ministre espagnol des affaires étrangères, M. Josep Piqué, le 2 août 2001 ; des délégations de l'Institut géographique national belge, le 4 juillet 2001 ; l'Universidad Complutense de Madrid, le 10 juillet 2001 ; l'École belge des Sous-Officiers, le 17 juillet 2001 ; CICODE (Université d'Alcala de Henares), le 19 juillet 2001 ; Spot Image, le 24 juillet 2001; le CNES, le 27 juillet 2001 et le XL Monographic Course (EALADE/CESEDEN), le 3 octobre 2001.

XI. ACTIVITÉS DU GROUPE ARMEMENT DE L'EUROPE OCCIDENTALE (GAEO)

Les Directeurs nationaux de l'armement (DNA) des 19 pays du Groupe Armement de l'Europe occidentale (GAEO) se sont réunis sous la présidence italienne du GAEO à Baveno, en Italie, les 8 et 9 octobre 2001.

Lors de la réunion, les discussions ont surtout été centrées sur l'avenir du GAEO et de l'OAEO, ainsi que sur les activités des Commissions et les travaux du Groupe d'experts nationaux (GEN) sur le Plan directeur pour une Agence européenne de l'armement (AEA).

1. Avenir du GAEO et de l'OAEO

Les DNA ont chargé le Groupe exécutif :

- de continuer à suivre les développements politiques et institutionnels en Europe susceptibles d'affecter la coopération européenne en matière d'armement ;
- d'évaluer, en collaboration avec le Chef du Secrétariat Armement et le Directeur général de l'OAEO, la possibilité de donner au Secrétariat Armement du GAEO (éventuellement en association avec l'OAEO) un certain degré d'autonomie ;
- de donner la priorité à un examen approfondi des options envisageables pour des structures européennes de l'armement, compte tenu de la PESD en développement ;
- d'actualiser son rapport sur l'avenir du GAEO et de l'OAEO en fonction des incidences éventuelles pour le GAEO/l'OAEO des résultats de la Conférence de l'Union européenne sur le renforcement des capacités, et d'élaborer des propositions de projets de décisions en vue de leur présentation aux ministres de la défense du GAEO à leur prochaine réunion.

place from 1 to 15 March 2002. For this exercise, the Satellite Centre was requested to produce a GIS-type product for the exercise area located in northern Poland.

During this second half of the year, following normal practice, the Satellite Centre hosted three Users' Committee meetings: on 6 July, 28 September and 30 November 2001, the last being the final Users' Committee meeting of Western European Union.

A demonstration of EUCLID RTP 9.8 took place from 23 to 30 November 2001. For this demonstration a deployable satellite receiving facility consisting of a Rapids ground station and processing software was used. The system successfully received SPOT and ERS images. Those images were each ingested into the operational system of the WEU Satellite Centre and analysed in less than 30 minutes. WEUSC operational software (Georis and Sigma), was employed in conjunction with the Rapids ground station. The reception and analysis on 30 November were performed in the presence of all the delegates of the WEU Satellite Centre Users' Committee.

During this period there were also many visitors to the Satellite Centre: the Spanish Foreign Affairs Minister, Josep Piqué, on 2 August 2001; a delegation from the Belgium National Geographic Institute, on 4 July 2001; the "Universidad Complutense de Madrid", on 10 July 2001; the Belgium School for NCOs, on 17 July 2001; CICODE, University of Alcala de Henares, on 19 July 2001; SPOT Image, on 24 July 2001; the CNES, on 27 July 2001; and the XL Monographic Course (EALADE/CESEDEN), on 3 October 2001.

XI. ACTIVITIES OF THE WESTERN EUROPEAN ARMAMENTS GROUP (WEAG)

The National Armaments Directors (NADs) of the 19 Western European Armaments Group (WEAG) Member States met in Baveno (Italy) on 8-9 October 2001 under the Italian Chairmanship of WEAG.

Discussions at the meeting mainly focused on the future of WEAG and WEAO, as well as on the Panels' activities and on the work of the Group of National Experts (GNE) on the Masterplan for a European Armaments Agency (EAA).

1. Future of WEAG and WEAO

NADs tasked the Staff Group to:

- continue monitoring political and institutional developments in Europe that may affect European armaments cooperation;
- assess, together with the Head of the Armaments Secretariat and the WEAO General Manager, the feasibility of giving the WEAG Armaments Secretariat (possibly in combination with WEAO) a certain degree of self-supporting capability;
- give priority to further study of options for European armaments structures, taking into account the developing ESDP;
- update its Report on the Future of WEAG and WEAO in the light of the possible consequences for WEAG/WEAO of the results of the European Union Capabilities Improvement Conference, and to draw up draft proposals for decisions for subsequent submission to WEAG Defence Ministers at their next meeting.

2. *Commission I (Harmonisation des besoins et des programmes)*

Un nouveau sous-groupe consacré à la guerre des mines en mer (NMW) a été créé et d'autres possibilités font actuellement l'objet d'un examen complémentaire dans les domaines Air et Mer. Des progrès ont été enregistrés sur la participation des associés partenaires de l'UEO aux activités de la Commission I. Il a été décidé de transférer les bases de données actuelles de la Commission I au Secrétariat Armement. En outre, le moment est venu pour la Commission I de définir des priorités, compte tenu des développements concernant l'objectif global et l'initiative sur les capacités de défense.

3. *Commission II (Recherche et technologie)*

Le coup d'envoi de la mise en place du premier Groupe de recherche européen a été donné. La Commission II a été chargée de promouvoir l'intercommunication entre les centres d'essai européens et d'intensifier la publicité autour de leurs capacités au moyen d'outils de communication modernes tels que les lettres d'information ou des sites Internet. La Commission II a également été chargée, en coopération avec le GEN/AEA, de proposer une mise à jour des principes régissant la recherche joints en annexe au Mémorandum d'entente de l'OAEO pour tenir compte de la mise en oeuvre du Mémorandum d'entente EUROPA. Les Programme et rapport de recherche annuels du GAEO (PRRAG) 2001 ont été diffusés et la Commission II chargée d'assurer leur mise en oeuvre. Enfin, la participation des associés partenaires de l'UEO, et au cas par cas, d'autres pays, aux événements R&T ouverts a été entérinée, sous réserve de l'approbation des DNA.

4. *Commission III (Procédures et aspects économiques)*

La Commission III a été encouragée à mettre en oeuvre son plan d'action prioritaire, en vue notamment de parvenir à des résultats concrets. Un nouveau système EDEM (Marché européen des équipements de défense) simplifié de contrôle des données devrait être mis à l'essai à compter de janvier 2002. La Commission III a été chargée d'évaluer la proposition de la Commission européenne concernant une normalisation européenne et de recommander aux DNA une voie à suivre lors de leur réunion du printemps 2002. Un document sur le maintien des compétences en matière de coopération et les conclusions d'un document sur l'interprétation par le GAEO de l'application de l'article 296 en cas de fusion ont été approuvés.

5. *Plan directeur concernant l'Agence européenne de l'armement (AEA)*

Les travaux du Groupe d'experts nationaux sur le Plan directeur pour l'Agence européenne de l'armement (AEA) sont conformes au plan directeur et au mandat spécifique confié au GEN/AEA. Sur la question de la pondération des voix, certains pays, dont le Portugal et la Turquie, préfèrent conserver le principe « un pays, une voix ». En ce qui concerne la procédure proposée pour garantir un statut équivalent à tous les États membres du GAEO au sein de l'OAEO, il a été recommandé au Comité de direction de l'OAEO de la mettre en oeuvre si les États membres du GAEO concernés en font officiellement la demande. Le GEN/AEA a été invité à présenter son rapport de conclusion soulignant les points-clés des principes de fonctionnement de l'AEA envisagée, tels que la concurrence, l'équilibre global et l'évaluation de la performance d'une telle agence. Ce rapport devrait présenter des options et des propositions de résolution des éventuels problèmes en suspens sur les points-clés, sous une forme susceptible de faire l'objet d'un examen et de décisions des ministres de la défense du GAEO à leur prochaine réunion.

2. *Panel I (Harmonisation of Requirements and Programmes)*

A new subgroup on Naval Mine Warfare (NMW) was created and other possibilities are being further investigated in the Air and Maritime Areas. Progress was made on the participation of WEU Associate Partners in Panel I activities. The transfer of the existing Panel I databases to the Armaments Secretariat was agreed. Furthermore, the time has come for Panel I to identify priorities, taking into account the developments in the Headline Goal and the Defence Capabilities Initiative.

3. *Panel II (Research and Technology)*

A start was made on establishing the first European Research Grouping. Panel II was tasked to develop intercommunication between European Test Centres and to step up the advertising of their capabilities using modern media, such as newsletters and web sites. Panel II was also tasked, in cooperation with the GNE/EAA, to propose an update of the Research Principles annexed to the WEAO MOU in order to take into account the implementation of the EUROPA MOU. The WEAG Annual Research & Report Plan (WARRP) 2001 was issued and Panel II has been tasked to implement it. Finally, the involvement in open R&T events of WEU Associate Partners, and of other nations on a case-by-case basis, was endorsed, subject to NADs' approval.

4. *Panel III (Procedures and Economic Matters)*

Panel III was encouraged to apply its prioritised Action Plan, more especially with a view to achieving concrete results. A new simplified European Defence Equipment Market (EDEM) data-monitoring system is due to be tested starting in January 2002. Panel III was tasked to assess the European Commission proposal to WEAG on European Standardisation and to recommend a way forward to NADs at their 2002 Spring meeting. A document on maintaining design expertise and the conclusions of a document concerning WEAG's common understanding on the application of Article 296 in the case of mergers were approved.

5. *Masterplan on the European Armaments Agency (EAA)*

The work done by the Group of National Experts on the Masterplan for the European Armaments Agency (GNE/EAA) is in accordance with the Masterplan and the specific tasks given to the GNE/EAA. On the issue of weighted votes, some countries, including Portugal and Turkey, prefer to keep the principle of "one nation, one vote". On the procedure proposed to ensure equal status of all WEAG Member States in WEAO, the WEAO Board of Directors was recommended to implement this procedure in the case of formal applications by the WEAG Member States concerned. The GNE/EAA was tasked to provide for the next NADs meeting its conclusive report, highlighting the key issues related to the principles of operation of the proposed EAA, such as competition, global balance and performance management of the proposed Agency. The report should include options and proposals for the resolution of any outstanding problems related to the key issues, in a format suitable for discussion and decision by WEAG Defence Ministers at their next meeting.

6. *Prochaines réunions*

Les DNA du GAEO se réuniront à Turin (Italie) les 14 et 15 mars 2002. À l'occasion de cette réunion, un séminaire conjoint avec le Groupe des industries européennes de défense (EDIG) sur la coopération en matière d'armement dans la sécurité et la défense européenne sera organisé. Il est souhaité que ce séminaire, tout en permettant au GAEO d'affirmer son interaction efficace avec l'industrie, aille dans le sens d'un renforcement des relations GAEO-EDIG et débouche sur des initiatives conjointes fructueuses de ces deux instances. La prochaine réunion des ministres de la défense du GAEO est prévue pour le printemps 2002.

XII. ACTIVITÉS DE LA CELLULE RECHERCHE DE L'ORGANISATION DE L'ARMEMENT DE L'EUROPE OCCIDENTALE (CRO)

En dépit des aléas du déménagement et de la mise en place de la structure réduite du Secrétariat général dont elle dépend pour le soutien logistique, la Cellule Recherche de l'Organisation de l'armement de l'Europe occidentale (CRO) a maintenu le niveau de ses activités de soutien aux initiatives de la Commission II du GAEO.

Celles-ci se sont concrétisées par la notification de 11 contrats EUCLID ou SOCRATE à l'industrie européenne, avec un financement hors TVA de 20 465 451 euros par les gouvernements intéressés et de 19 454 019 euros par les industriels.

Le Comité de direction s'est réuni à Baveno le mardi 9 octobre 2001 pour approuver le budget 2002 de l'Organisation et prendre les mesures de gestion relevant de son autorité, notamment en matière de personnel.

XIII. ACTIVITÉS DES (AUTRES) GROUPES DE TRAVAIL

Eurogroupes

Sur la base de l'avis du CDM, le Conseil a décidé, le 15 mai 2001, de mettre en sommeil les trois Eurogroupes, cette décision étant effective le 30 juin 2001. Depuis le 1er juillet 2001, l'ensemble des réunions et travaux ont été suspendus et le contrat du Secrétaire permanent (Eurocom et Eurolongterm) a pris fin le 30 novembre 2001.

XIV. ACTIVITÉS DE L'INSTITUT D'ÉTUDES DE SÉCURITÉ DE L'UEO

Durant ce deuxième semestre 2001, l'Institut a dû mener ses activités sur un double front : celui du transfert administratif de l'IES à l'Union européenne d'une part ; celui du débat stratégique européen d'autre part.

À la suite de l'Action commune adoptée par le Conseil de l'Union, le 20 juillet 2001, il devenait impératif de clore au 31 décembre 2001 l'ensemble des négociations sur les dispositions juridiques, administratives, sociales et financières régissant le nouvel Institut. L'adoption par les 15 États membres d'un budget de fonctionnement pour 2002, permettant à l'Institut de démarrer sans heurts sa nouvelle existence au 1er janvier suivant, était également une nécessité. Enfin, de nouvelles dispositions devaient être définies, conformément au nouveau statut de l'Institut, de façon à séparer les aspects relevant de l'Union et ceux relevant de l'UEO, tout en permettant à l'Institut de continuer à fonctionner dans les locaux de Paris en bonne intelligence avec les organes de l'UEO et de son Assemblée parlementaire. Le Directeur et le chef d'administration, avec l'appui de l'ensemble de l'équipe de l'IES, ont consacré une part essentielle de leur énergie et de leur temps à la réussite de ces négociations.

6. Forthcoming events

The WEAG NADs will meet in Turin (Italy) on 14-15 March 2001. On the occasion of this meeting, a joint Seminar with the European Defence Industry Group (EDIG) on "Armaments Cooperation in European Security and Defence" will take place. This seminar is seen as a demonstration of WEAG's effective interaction with industry and it is hoped the Seminar will further strengthen the relationship and lead to useful WEAG-EDIG joint initiatives. The next WEAG Defence Ministers' meeting is planned to be held in spring 2002.

XII. ACTIVITIES OF THE WESTERN EUROPEAN ARMAMENTS ORGANISATION RESEARCH CELL (WRC)

Despite the contingencies of the removal and the setting up of the restructured Secretariat-General that the Western European Armaments Group Research Cell (WRC) depends on for its logistic support, it sustained the level of its activities in support of Panel II initiatives.

The latter translated into the notification of 11 EUCLID or SOCRATE contracts to European industry, with funding of EUR 20 465 451 by the governments involved and EUR 19 454 019 by the industrialists.

The Board of Directors met in Baveno on Tuesday, 9 October 2001, to approve the Organisation's 2002 budget and to take management measures falling within its remit, in particular on personnel issues.

XIII. ACTIVITIES OF (OTHER) WORKING GROUPS

Eurogroups

Based on MDC advice, the Council decided on 15 May 2001 to place all three Eurogroups into dormancy with effect from 30 June 2001. As of 1 July 2001, all work and meetings are suspended and the contract of the Permanent Secretary (Eurocom and Eurolongterm) has been terminated with effect from 30 November 2001.

XIV. ACTIVITIES OF THE WEU INSTITUTE FOR SECURITY STUDIES

During the second half of 2001, the Institute was obliged to work on two fronts: on the one hand, the administrative aspects of the transfer of the ISS to the European Union; and on the other, the European strategic debate.

Following the Council Joint Action of the Union adopted on 20 July 2001, it became imperative to finalise all negotiations on the legal, administrative, social and financial provisions to which the new institute would be subject, by 31 December 2001. Agreement by the 15 Member States on an operating budget for 2002 that would permit the Institute to assume its new identity without any problems on 1 January of the following year was also a necessity. Finally, new arrangements had to be worked out, in accordance with the Institute's new status, in such a way as to separate issues coming under the Union from those of WEU, while allowing the Institute to continue to function in the Paris premises on good terms with WEU organs as well as those of the WEU Assembly. The Director and the Head of Administration, with the support of all staff members of the ISS, devoted a major part of their energies and time to obtaining a successful outcome to those negotiations.

Simultanément, en dépit d'une équipe réduite et de contraintes administratives pressantes, l'Institut s'est fait un devoir de maintenir un certain niveau d'activités pour ce second semestre 2001. Les tragiques événements du 11 septembre aux États-Unis ont rendu cet impératif d'autant plus aigu : l'Institut a ainsi très vite recentré la conférence transatlantique prévue pour cette période sur les conséquences stratégiques du terrorisme international. On trouvera ci-après le détail de ces activités.

La fermeture de l'Institut d'études de sécurité de l'UEO et la naissance de l'Institut de l'Union constituent sans aucun doute un tournant majeur. Désormais agence de l'Union européenne, l'Institut va réorienter ses travaux, ses méthodes de travail et ses réflexions, dans le souci de servir au mieux la politique de sécurité et de défense commune de l'Union européenne. Ce faisant, il restera naturellement à l'écoute et en relation avec l'ensemble des pays européens, candidats ou non à l'Union européenne. À cet égard et pendant plus de dix ans, un réseau relationnel considérable a été développé par l'Institut de l'UEO, notamment avec des pays non membres de l'Union européenne. Parce que l'une de ses missions consiste à favoriser une culture stratégique de plus en plus commune sur le continent européen, le nouvel Institut de l'Union européenne veillera à maintenir, enrichir et développer toujours plus étroitement ce réseau stratégique européen amorcé à l'UEO.

* * *

Pendant la période du 1er juillet au 31 décembre 2001, l'Institut a organisé, sous l'égide de la présidence belge de l'Union européenne, les séminaires suivants : – pour les membres du COPS, un séminaire de réflexion sur la PESC, à Tenneville (Belgique) ; – en collaboration avec le cabinet du ministre belge de la défense, un séminaire intitulé Vers un Livre blanc européen de la défense, à Bruxelles.

Dans le cadre de son programme transatlantique 2001, l'Institut a organisé une conférence intitulée Relations transatlantiques et nouveau désordre mondial, à Bruxelles.

En marge du séminaire sur le Livre blanc, l'Institut a organisé pour les membres du COPS et le Secrétariat général du Conseil de l'UE une réunion de brainstorming sur les conséquences stratégiques pour la PESC/PESD des attentats du 11 septembre.

L'Institut a subventionné les *Halki International Seminars organisés par ELIAMEP sur Patterns of cooperation in SEE and the Black Sea Region et sur Peace-Building: Security and Cooperation in the Mediterranean.*

L'Institut a publié durant cette période les Cahiers de Chaillot n° 48 sur Nucléaire : le retour d'un grand débat par Thérèse Delpech, Shen Dingli, Lawrence Freedman, Camille Grand, Robert A. Manning, Harald Müller, Brad Roberts et Dmitri Trenin sous la direction de Burkard Schmitt, n° 49 sur Elargissement : une nouvelle OTAN par William Hopkinson (ancien chercheur associé), et n° 50 sur Quel statut pour le Kosovo ? par Dana H. Allin, Franz-Lothar Altmann, Marta Dassù, Tim Judah, Jacques Rupnik et Thanos Veremis sous la direction de Dimitrios Triantaphyllou. Il a également publié les Bulletins n° 34 et 35. L'Institut a également produit une publication intitulée Conférence transatlantique de Paris 2001 (Série transatlantique) sous la direction de Julian Lindley-French suite à la conférence Les relations transatlantiques et l'administration Bush qui a eu lieu les 21 et 22 juin 2001.

L'Institut a également diffusé les Publications occasionnelles n° 28 sur Developing the « moral » arguments: Russian rhetorical strategies on security post-Kosovo par Charlotte Wagnsson (ancienne boursière), n° 29 sur The Challenge of Belarus, and European responses par Ramunas Davidonis (ancien boursier), n° 30 sur Reconciling the Prince's two « arms » – International-external security policy coordination in the European Union par Ferruccio Pastore (ancien boursier), n° 31 sur Aspects juridiques de la politique européenne de sécurité et de défense

At the same time, and despite its reduced staffing and pressing administrative constraints, the Institute made it its business to maintain a certain level of activity during the second half of 2001. The tragic events of 11 September in the United States made that imperative all the more urgent: the Institute therefore refocused the transatlantic conference planned for that period on the strategic consequences of international terrorism. The details of those activities are to be found below.

The closure of the WEU Institute for Security Studies and the birth of the European Union Institute are without any doubt a major turning point. As an agency of the European Union, the Institute will now re-orientate its work, its working methods and its studies so as best to serve the European Union's Common Security and Defence Policy. At the same time, it will of course remain in close touch with all European countries, whether or not they are candidates for membership of the Union. In this respect, and over a period of more than ten years, a vast network of contacts has been built up by the WEU Institute, in particular with countries that are not members of the European Union. As one of its missions is to help create an increasingly common strategic culture on the European continent, the European Union's new Institute will ensure that this European strategic network initiated by the WEU is maintained, enriched and developed ever more closely.

* * *

During the period 1 July to 31 December 2001, the Institute organised the following seminars under the auspices of the Belgian presidency of the European Union: _ for members of the PSC, a seminar on CFSP, in Tenneville (Belgium) – in collaboration with the cabinet of the Belgian Minister for Defence, a seminar entitled Towards a European White Book, in Brussels.

As part of the Institute's transatlantic programme for 2001, the Institute organised a conference on Transatlantic relations and the new world disorder, in Brussels.

In the margins of the seminar on the White Book, the Institute organised a brainstorming session for the members of the PSC and the General Secretariat of the European Union Council on the strategic consequences of the terrorist attacks of 11 September for CFSP/ESDP.

The Institute subsidised the Halki International Seminars organised by ELIAMEP on Patterns of cooperation in SEE and the Black Sea Region and on Peace-Building: Security and Cooperation in the Mediterranean.

During this period the Institute published Chaillot Papers 48, Nuclear weapons: a new Great Debate by Thérèse Delpech, Shen Dingli, Lawrence Freedman, Camille Grand, Robert A. Manning, Harald Müller, Brad Roberts and Dmitri Trenin, edited by Burkard Schmitt, 49, Enlargement: a new NATO by William Hopkinson (a former senior visiting fellow), and 50, What status for Kosovo? by Dana H. Allin, Franz-Lothar Altmann, Marta Dassù, Tim Judah, Jacques Rupnik and Thanos Veremis, edited by Dimitrios Triantaphyllou. It also published Newsletters 34 and 35. The Institute also published, in the Transatlantic Series, The 2001 Paris Transatlantic Conference, edited by Julian Lindley-French, following the conference Transatlantic Relations and the Bush Administration held on 21 and 22 June 2001.

The Institute also distributed Occasional Papers 28, Developing the 'moral' arguments: Russian rhetorical strategies on security post-Kosovo by Charlotte Wagnsson (former visiting fellow), 29, The Challenge of Belarus, and European responses by Ramunas Davidonis (former visiting fellow), 30, Reconciling the Prince's two 'arms' – International-external security policy coordination in the European Union by Ferruccio Pastore (former visiting fellow), 31, Aspects juridiques de la politique européenne de sécurité et de défense by Lydia par Lydia Pnevmaticou (ancienne boursière), et n° 32 sur Managing separatist states: a Eurasian case study par Dov Lynch (ancien boursier).

L'Institut a accueilli plusieurs boursiers : Pernille Rieker (Norvège), Jaap Ora (Estonie), Sander Huisman (Pays-Bas) et Gloria Ogayar Suarez (Espagne) pour une période de deux mois. L'Institut a également accueilli Hans-Georg Ehrhart (Allemagne) pour une période de deux mois et Veton Surroï (Kosovo) pour une période d'un mois en tant que chercheurs associés.

Outre leur participation à plusieurs séminaires et réunions à Paris et à l'étranger, les membres de l'équipe de recherche ont tenu des réunions d'information et de formation lors des occasions suivantes : un exposé à la conférence parlementaire au Sénat belge, à Bruxelles ; une présentation devant un groupe d'investisseurs institutionnels américains, à l'Institut à Paris ; un exposé devant le Collège Interarmées de Défense danois (CID), à l'Institut à Paris ; une intervention devant les auditeurs, originaires d'Europe centrale et orientale ainsi que des Balkans, de la session européenne de l'IHEDN, à Paris ; un cours à l'Université d'Athènes ; un cours au Collège de défense de l'OTAN, à Rome ; un exposé dans le cadre des Assises sur l'avenir de l'Europe à l'Assemblée nationale, à Paris ; une présentation au groupe de travail POLARM du Conseil de l'Union européenne, à Bruxelles ; une intervention à une table ronde organisée par l'Istituto Italiano di Cultura, à Paris ; une présentation au séminaire organisé par l'Université de Birmingham et le RIIA, à Londres ; un exposé au Fifth Black Sea Strategy Group Meeting organisé par l'EastWest Institute de Kiev et le International Center for Black Sea Studies, à Athènes ; une présentation au colloque européen organisé par le Conseil économique de la défense, à Paris ; un exposé à l'Université américaine de Paris ; une présentation à une conférence organisée par la DGAP, à Berlin ; une intervention à la Conférence 2001 de la BISA, à Edimbourg.

Pnevmaticou (former visiting fellow), and 32, Managing separatist states: a Eurasian case study by Dov Lynch (former visiting fellow).

The Institute hosted several visiting fellows: Pernille Rieker (Norway), Jaap Ora (Estonia), Sander Huisman (Netherlands) and Gloria Ogayar Suarez (Spain) for periods of two months. Hans-Georg Ehrhart (Germany) and Veton Surroi (Kosovo) were also at the Institute for two months and one month respectively as senior visiting fellows.

In addition to their participation in several seminars and meetings in Paris and abroad, members of the research team held training and information sessions on the following occasions: an exposé at the parliamentary conference of the Belgian Senate, in Brussels; a presentation to a group of American institutional investors at the Institute, in Paris; an exposé for the Danish Joint Services Defence College, at the Institute in Paris; a presentation to course members of Central and Eastern European origin and from the Balkans at the European session of the IHEDN, in Paris; a lecture at the University of Athens; a lecture at the NATO Defence College, in Rome; an exposé at a meeting on the future of Europe at the Assemblée nationale, in Paris; a presentation to the POLARM working group of the European Union Council, in Brussels; a presentation at a round-table meeting organised by the Istituto Italiano di Cultura, in Paris; a presentation at a seminar organised by the University of Birmingham and the RIIA, in London; an exposé at the Fifth Black Sea Strategy Group Meeting organised by the East-West Institute of Kyiv and the International Center for Black Sea Studies, in Athens; a presentation at the European colloquium organised by the Conseil économique de la défense, in Paris; an exposé at the American University of Paris; a presentation at a conference organised by DGAP, in Berlin; an intervention at the 2001 Conference of the BISA, in Edinburgh.

SECTION BIBLIOGRAPHIQUE
BIBLIOGRAHICAL SECTION

BIBLIOGRAPHIE SÉLECTIVE DES ARTICLES DE PÉRIODIQUES
ET DES LIVRES 2001
SELECTIVE BIBLIOGRAPHY OF PERIODICAL ARTICLES AND BOOKS 2001

TABLE DE MATIÈRES / TABLE OF CONTENTS

A. INTEGRATION EUROPEENNE EN GENERAL / EUROPEAN INTEGRATION IN GENERAL

1a. En Général et Politique / General and Politics

Livres / Books

Almond, Gabriel Abraham; Dalton, Russell J.: European politics today. – Harlow: Longman, 2001. – 528 p.
ISBN 0321086120

Anderson, Richard: Postcommunism and the theory of democracy. – Princeton, N.J.: Princeton University Press, 2001. – 201 p.
ISBN 0691089167

A political chronology of Europe. – London: Europa Publications, 2001. – ix – 364 p. (Political chronologies of the world).
ISBN 1-85743-113-8

Ash, Timothy Garton: History of the present: essays, sketches, and dispatches from Europe in the 1990s. – [s.l.]: Random House, 2001. – 448 p.
ISBN 0375727620

Auer, Andreas; Bützer, Michael: Direct democracy: the Eastern and Central European experience. – Aldershot: Ashgate, 2001. – x – 370 p.
ISBN 0754618110

Avineri, Shlomo; Weidenfeld, Werner: Politics and identities in transformation: Europe and Israel. – Bonn: Europa Union Verlag, 2001. – 149 p. (Munich contributions to European unification)
ISBN 3771305977

Bache, Ian; George, Stephen: Politics in the European Union. – Oxford: Oxford University Press, 2001. – xxv – 449 p.
ISBN 019878225X

Batley, Edward; Bradby, David: Morality and justice: the challenge of European theatre. – Amsterdam: Rodopi, 2001. – 298 p.
ISBN 9042013982

Barca, Fabrizio; Becht, Marco: The control of corporate Europe. – Oxford: Oxford University Press, 2001. – xxii – 331 p.
ISBN 0199247420

Bárdos-Féltoronyi, Nicolas: Un diagnostic géopolitique de l'Europe du centre. – Bruxelles: Ed. de l'Université de Bruxelles, 2001. – 251 p. (Collection sociologie politique)
ISBN 2-8004-1270-4

Berglund, Sten: Challenges to democracy: Eastern Europe ten years after the collapse of communism. – Cheltenham: Edward Elgar, 2001. – xvi – 189 p.
ISBN 1840642939

Blondel, Jean; Müller-Rommel, Ferdinand: Cabinets in Eastern Europe. – Basingstoke: Palgrave, 2001. – xii – 243 p.
ISBN 0333748794

Bresson, Henri de: La nouvelle Allemagne. – Paris: Stock, 2001. – 280 p.
ISBN 2234054125

Broad, Roger: Labour's European dilemmas: from Bevin to Blair. – Basingstoke: Palgrave, 2001. – xxvi – 244 p.
ISBN 0333801601

Brossat, Alain: La paix barbare: essais sur la politique contemporaine. – Paris: L'Harmattan, 2001. – 301 p. (Collection Le Forum-IRTS de Lorraine)
ISBN 2747503488

Brown , Archie (ed.); Mathews , Jessica T.; Shevtsova , Lilia Fedorovna: Gorbachev, Yeltsin, and Putin: political leadership in Russia's transition. – Washington, D.C.: Carnegie Endowment for International Peace, 2001. – 162 p.
ISBN 0870031864

Bucur, Maria; Merriwether Wingfield, Nancy: Staging the past: the politics of commemoration in Habsburg Central Europe, 1848 to the present. – West Lafayette, In: Purdue University Press, 2001. – 33 p.
ISBN 1557531617

Candland, Christopher (ed.): The politics of labor in a global age: continuity and change in late-industralizing and post-socialist economies. – Oxford: Oxford University Press, 2001. – xv – 353 p.
ISBN 0199240817

Carbonell, Charles-Olivier: L'Europe de Saint-Simon . – Toulouse: Privat, 2001. – 128 p. (Imaginaire de l'Europe)
ISBN 2708969307

Castillo, Monique; Leroy, Gérard: L'Europe de Kant. – Toulouse: Privat, 2001. – 128 p. (Imaginaire de l'Europe)
ISBN 2708969285

Cederman, Lars-Erik: Constructing Europe's identity: the external dimension – London: Lynne Rienner Publishers, 2001. – viii – 269 p.
ISBN 1555878725

Columbus, Frank H.: European economic and political issues. – Commack, NY: Nova Science, 2001. – 157 p.
ISBN 1560729082

Consejo de Europa, Comité director para la democracia local y regional (CDLR); Nohlen, Dieter: Sistemas electorales y modos de escrutinio en el nivel local. – Madrid: Ministerio para las Administraciones Públicas, 2001. – 98 p.
ISBN 84-87366-87-2

Council of Europe: Treaty making: expression of consent by states to be bound by a treaty. – The Hague : Kluwer Academic Publishers, 2001. – 720 p.
ISBN 9041116923

Courty, Guillaume: La construction européenne. – Paris: La Découverte, 2001. – 124 p. (Repères)
ISBN 2-7071-3572-0

Crick, Bernard: Citizens: towards a citizenship culture. – Oxford: Blackwell, 2001. – vii – 159 p. (Political Quarterly 2001)
ISBN 063122856X

La crise de la modernité européenne. – Rennes: Presses Universitaires de Rennes, 2001. – 485 p. (Études germaniques)
ISBN 2-86847-599-X

Dekmejian , R. Hrair; Simonian , Hovann H.: Troubled waters: the geopolitics of the Caspian Region. – London: I.B. Tauris, 2001. – vi – 271 p.
ISBN 1860646395

Diamandouros, Nikiforos P.; Gunther, Richard: Parties, politics, and democracy in the new southern Europe, 2001. – 432 p.
ISBN 0801865174

Europa: l'idée et l'identité européenne, de l'antiquité grecque au XXIe siècle. – Fonds Mercator Fundación Academia Europea de Yuste, 2001. – 397 p.
ISBN 90-6153-484-4
L'Europe en mutation: de la Guerre froide à nos jours. – Paris: Hachette, 2001. – 254 p. (Carré histoire)
ISBN 2-01-145208-2
L'Europe et la Méditerranée: actes de la VIe Chaire Glaverbel d'études européennes. – Bruxelles: Peter Lang, 2001. – 329 p. (Actes de la Chaire Glaverbel d'études européennes)
ISBN 90-5201-967-3
L'Europe et le monde. – Paris: Plon, 2001. – 488 p.
ISBN 2-259-19360-9
Une Europe inédite: documents des Archives Jean Monnet. – Villeneuve-d'Ascq: Presses Universitaires du Septentrion, 2001. – 471p. (Documents et témoignages)
ISBN 2-85939-709-4
Eymeri, Jean-Michel: Pouvoir politique et haute administration: une comparaison européenne. – Maastricht: Institut européen d'administration publique, 2001. – vii – 157 p.
ISBN 9067791644
Fondation Robert Schuman, Association Jean Monnet: Europe hier, aujourd'hui, demain. – Paris: Economica, 2001. – 172 p.
ISBN 2717841830
Foreign Policy Centre (London); Ústav Mezinárodních Vztahu (Praha): Rethinking Europe: Prague Castle Conference, 6-8 September 2001. – London: British Council, 2001. – 36 p.
ISBN 1903558050
Friend, Julius Weis: Unequal partners: French-German relations, 1989-2000. – Washington, D.C.: Center for Strategic and International Studies; Westport, CT: Praeger, 2001. – xv – 133 p. (Washington papers)
ISBN 0275976025
Goldmann, Kjell: Transforming the European nation state. – London: Sage, 2001. – 224 p.
ISBN 076196326X
Gomez, Saturnin: L'Europe appartient aux citoyens: prenez-la ! – Bruxelles: Labor, 2001. – 95 p.
ISBN 2804016226
Guttman, Robert J.: Europe in the new century, visions of an emerging superpower. – Boulder, Colo.: L. Rienner: 2001. – xii – 268 p. (Europe magazine)
ISBN 1-555-87852-0
Guyomarch, Alain; Hall, Peter A.: Developments in French politics. – Basingstoke: Palgrave, 2001. – xv – 320 p.
ISBN 0333764544
Haggard, Stephan; Kaufman, Robert R; Kornai, Jâanos: Reforming the state: fiscal and welfare reform in post-socialist countries. – Cambridge: Cambridge University Press, 2001. – xv – 284 p.
ISBN 0521773016
Hayward, Jack; Menon, Anand; Wright, Vincent: From nation state to Europe ?: essays in honour of Jack Hayward. – Oxford: Oxford University Press, 2001. – 261 p.
ISBN 0199240736

Heinemann-Gruder , Andreas (ed.): Federalism doomed ?: European federalism between integration and separation. – New York: Berghahn Books, 2001. – 288 p.
ISBN 1571812075

Imbusch, Kerstin (ed).; Segbers , Klaus: The globalization of Eastern Europe: teaching international relations without borders. – Hamburg: Lit Verlag, 2001. – 504 p.
ISBN 3825847292

Imig, Doug; Tarrow, Sidney: Contentious Europeans: protests and politics in an integrating Europe. – Oxford: Rowman & Littlefield, 2001. – ix – 293 p.
ISBN 0742500845

Innes, Abby: Czechoslovakia: the short goodbye. – New Haven: Yale Univ Press, 2001. – 352 p.
ISBN: 0300090633

Karatnycky, Adrian; Motyl, Alexander J.; Schnetzer, Amanda: Nations in transit, 2001: civil society, democracy, and markets in East Central Europe and the newly independent states. – New Brunswick, N. J.: Transaction Publishers, 2001. – 434 p.
ISBN 0765808978

Katsiaficas, George N.: The Subversion of politics: European autonomous social movements and the decolonization of everyday life. – Atlantic Highlands, N.J.: Humanity Books, 2001. – 312 p. (Revolutionary Studies)
ISBN 1573924415

Kelly, Nigel: The fall of the Berlin Wall: the Cold War ends. – Oxford: Heinemann Library, 2001. – 32 p.
ISBN 1575724138

Kloczkowski, Jacek; Popiel, Paweł: Choroba wieku. wybor pism. Paweł Popiel. wyboru dokonał, wstepem i przypisami opatrzył Jacek Kloczkowski. – Krakow: Osrodek Mysli Politycznej, 2001. – xli – 174 p.
ISBN 8371884257

Kukawka, Pierre: L'Europe par les régions. – Grenoble: Presses universitaires de Grenoble, 2001. – 176 p. (TransEurope)
ISBN 2-7061-0966-1

Macháček, Zostavil Ladislav (ed.): Mládež, práca, budúcnosť Európy (vybrané prednášky); Medzinárodná konferencia, Kongresové centrum SAV, Stará Lesná, Bratislava Slovenská sociologická spoločnosť', 2001. – 132 p

Moore , Reese T. (ed).: European leaders: a bibliography with indexes. – Huntington, N.Y.: Nova Science Publishers, 2001. – 267 p.
ISBN 1560728388

Niblett, Robin; Wallace, William: Rethinking European order: West European responses. – Basingstoke: Palgrave. 2001. – xii – 298 p.
ISBN 0333915712

Orenstein, Mitchell A.: Out of the red: building capitalism and democracy in postcommunist Europe. – Ann Arbor, Mich.: University of Michigan Press, 2001. – xiv – 166 p.
ISBN 0472097466

Organisation for Economic Co-operation and Development; Shim , Deok-Seob: Public sector leadership for the 21st century. – Paris: OECD, 2001. – 99 p.
ISBN 9264195297

Pelikán, Jan: Jugoslávie a východņ blok 1953-1968. (Yugoslavia and the Eastern block 1953-1968). – Praha Karolinum, 2001. – 401p.

Piattoni, Simona: Clientism, interests, and democratic representation: the European experience in historical and comparative perspective. – Cambridge: Cambridge University Press. 2001. – 256p. (Cambridge studies in comparative politics)
ISBN 0521800331

Political chronologies of the world: a political chronology of Europe. – London: Europa, 2001. – ix – 364 p.
ISBN 1857431138

Réveillard, Christophe: Les premières tentatives de construction d'une Europe fédérale: des projets de la Résistance au traité de C.E.D. (1940-1954). – Paris: F. -X. de Guibert, 2001. – 421 p. (Combats pour la liberté de l'esprit)
ISBN 2-86839-641-0

Roskin, Michael J.: The rebirth of East Europe. – Upper Saddle River, NJ: Prentice Hall College; 2001. – 204 p.
ISBN 0130341207

Siedentop , Larry: Democracy in Europe. – New York: Columbia University Press, 2001. – 272 p.
ISBN 0231123760

Skinner, Quentin: Les fondements de la pensée politique moderne. – Paris: Albin Michel, 2001. – 923 p. (Bibliothèque de l'évolution de l'humanité)
ISBN 2-226-11706-7

Smail, Balic: Islam für Europa: neue Perspektiven einer alten Religion. – Wien: Böhlau, 2001. – xiv – 258 p. (Kölner Veröffentlichungen zur Religionsgeschichte)
ISBN 3412075019

Smith, David J.: Estonia: independence and European integration. – London: Routledge, 2001. – xxviii – 196 p. (Postcommunist states and nations)
ISBN 0415267285

Tiilikainen, Teija: The political implications of the EU enlargement to the Baltic states . – Florence: European University Institute, 2001. – 13 p. (EUI working papers)

Tismaneanu , Vladimir: Fantasies of Salvation: democracy, nationalism, and myth in post-communist Europe. – Princeton, NJ: Princeton University Press, 2001. – 256 p.
ISBN 0691048266

Turnwald, Wilhelm K.: Renescance or decline of Central Europe the Sudeten German: Czech problem. – Munich: Munich University Press. – 89 p.

Verdery , Katherine: What was socialism, and what comes next ? – Princeton Univ. Press, 1996. – 298 p.
ISBN 069101132X

Welfens, Paul J. J.: Stabilizing and integrating the Balkans: economic analysis of the stability pact, EU reforms and international organizations. – Berlin: Springer, 2001. – xii – 171 p. (American and European economic and political studies).
ISBN 3540417753

Wiarda, Howard J.: European politics in the age of globalisation. – Fort Worth, Tex; London: Harcourt College Pub. – xvii – 479 p.
ISBN 0155073885

Wikan, Unni: Generous Betrayal: Ethnic identity politics in the new Europe. – Chicago: University of Chicago Press, 2001. – 280 p.
ISBN 0226896854

White , Brian: Understanding European foreign policy. – Basingstoke: Palgrave, 2001. – 196 p.
ISBN 0333949897

Zielonka, Jan (ed.): Democratic consolidation in Eastern Europe. – Oxford; New York: Oxford University Press, 2001. – 493 p. (Oxford studies in democratization) ISBN 0199241678

Articles / Articles

Bank, Roland; Frowein, Jochen Abr.: Financing of political parties in comparative perspective. – In: Zeitschrift für ausländisches öffentliches Recht und Völkerrecht. 61(2001)1, p. 29-60.

Benz, Benjamin; Boeckh, Jürgen; Huster, Ernst-Ulrich: Der neue Sozialraum Europa: Entwicklungstendenzen und Gestaltungsoptionen. – In: Internationale Politik und Gesellschaft. (2001)1, p. 12-25.

Brabant, Jozef M. van: Southeastern Europe, transitions, and the EU: is ever-widening desirable ?. – In: MOCT-MOST. Economic Policy in Transitional Economies. 11(2001)4, p. 295-325.

Europe et États-Unis. (Série d'articles). – In: Commentaire. 24(2001)95, p. 579-625.

Executive governance in Central and Eastern Europe. (Collection of articles).– In: Journal of European Public Policy. 8(2001)6, p. 863-1051.

Favaretto, Tito: Verso la stabilizzazione politica ed economica dei Balcani ?. – In: Est-Ovest. 32(2001)6, p. 9-25.

Frison-Roche, François: 800 jours pour réussir, l'unité retrouvée ?: entretien avec Siméon II de Bulgarie. – In: Politique internationale. (2001-2002)94, p. 269-282.

Future of Europe: appeal from group of prominent Europeans. – In: Europe Documents. (2001)2253, 4 p.

Habermas, Jürgen: Pourquoi l'Europe a-t-elle besoin d'une constitution ?. – In: Documents. Revue des questions allemandes. 56(2001)4, p. 24-40.

Martens, Stephan: L'Allemagne et l'est européen: le défi d'une configuration intégrative de l'Europe. – In: Revue d'études comparatives Est-Ouest. 32(2001)3, p. 23-55.

Nonneman, Gerd: Rentiers and autocrats, monarchs and democrats, state and society: the Middle East between globalization, human 'agency', and Europe. – In International Affairs. 77(2001)1, p. 141-162.

Patten, Christopher: Souveraineté et démocratie, réflexions d'un Britannique européen. – In: Commentaire. 23(2000-2001)92, p. 751-762.

Les pays d'Europe occidentale. Édition 2001. – Notes et études documentaires. (2001)5139-40, 367 p.

Sitter, Nick: The politics of opposition and European integration in Scandinavia: is Euro-scepticism a governement-opposition dynamic ?. – In: West European Politics. 24(2001)4, p. 22-39.

Voskopoulos, George: Western Europe and the Balkans: a geo-cultural approach of international relations ?. – In: Perspectives. Review of Central European Affairs (2001-2002)17, p. 30-42.

Waele, Jean-Michel de: Les grandes familles politiques dans les PECO. – In: Le Courrier des pays de l'Est. (2001)1013, p. 4-16.

1b. Relations Extérieures / Foreign Relations

Livres / Books

Abdelal, Rawi: National purpose in the world economy: post-Soviet states in comparative perspective. – Ithaca: Cornell University Press, 2001. – 221 p.
ISBN 0801438799

Anderson, Malcolm; Eberhard, Bort (ed.): The frontiers of the European Union. – Basingstoke: Palgrave, 2001. – 235 p.
ISBN 033380435x

Arts, Bas; Noortmann, Math; Reinalda, Bob: Non-State actors in international relations. – Aldershot: Ashgate Publishing, 2001. – 334 p.
ISBN 0-7546-1848-X

Barrau, Alain: Les relations entre l'Union européenne et les entités régionales: alliances pour une mondialisation maitrisée. – Paris: Assemblée nationale, 2001 . – 114 p.
ISBN 2111153931

Baxendale, James; Dewar, Stephen; Gowan, David: The EU and Kaliningrad: the consequences of EU enlargement on Kaliningrad. – London: Kogan Page, 2001. – 180 p.
ISBN 0901573183

Behrendt, Sven (ed.); Hanelt, Christian-Peter (ed.): Bound to cooperate: Europe and the Middle East. – Gütersloh: Bertelsmann Foundation, 2001. – 387 p.
ISBN 389204502X

Bely, Lucien: Relations internationales en Europe: XVIIe et XVIIIe siècles. – Paris: PUF, 2001. – 768 p.
ISBN 2130517552

Berghahn, Volker R.: America and the intellectual cold wars in Europe: Shepard Stone between philanthropy, academy and diplomacy. – Princeton, N.J.: Princeton University Press, 2001. – 373 p.
ISBN 0691074798

Bitsch, Marie-Thérèse: Le couple France-Allemagne et les institutions européennes: une postérité pour le plan Schuman ? – Bruxelles: E. Bruylant, 2001. – 609 p.
ISBN 2-8027-1500-3

Bossuat, Gérard (ed.); Vaicbourdt, Nicolas (ed.): Etats-Unis, Europe et Union européenne: histoire et avenir d'un partenariat difficile (1945-1999) = The United States, Europe and the European Union: uneasy partnership (1945-1999). – Bruxelles; Bern: P. Lang, 2001. – 283 p.
ISBN 90-5201-987-8

Bringmann, Tobias C.: Handbuch der Diplomatie, 1815-1963: auswärtige Missionschefs in Deutschland und deutsche Missionsschefs im Ausland von Metternich bis Adenauer. – München: K.G. Saur, 2001. – 506 p.
ISBN 3-598-11431-1

Burkard, Johannes: Die Gemeinsame Aussen- und Sicherheitspolitik und ihre Berührungspunkte mit der Europäischen Gemeinschaft. – Berlin: Duncker & Humblot, 2001. – 171 p.
ISBN 3-428-10291-6

Centro Superior de Estudios de la Defensa Nacional (Spain): Medidas de confianza para la convivencia en el Mediterráneo occidental. – Madrid: Ministerio de Defensa, Secretaría General Técnica, Centro de Publicaciones, 2001. – 222 p.
ISBN 8478238344

Cerutti, Mauro; Huber, Peter; Guex, Sébastien: La Suisse et l'Espagne de la République à Franco, 1936-1946: relations officielles, solidarités de gauche, rapports économiques. – Lausanne: Antipodes, 2001. – 603 p.
ISBN 2-940146-21-7

Cogan, Charles G.: The third option: the emancipation of European defense, 1989-2000 . – London: Praeger, 2001. – 179 p.
ISBN 0275969487

Cole, Alistair: Franco-German relations. – Harlow: Longman, 2001. – 178 p.
ISBN 0582319978

Corbett, Richard: The European Parliament's role in closer EU integration. – Basingstoke: Macmillan, 2001. – 448 p.
ISBN 0333949382

Cosgrove-Sacks, Carol (ed.); Santos, Carla (ed.): Europe, diplomacy and development: new issues in EU relations with developing countries. – Basingstoke: Palgrave, 2001. – 292 p.
ISBN 0333920325

Cumming, Gordon: Aid to Africa: French and British policies from the Cold War to the New Millennium. – Aldershot: Ashgate Publishing, 2001. – 458 p.
ISBN 0-7546-1530-8

Dessus, Sébastien (ed.); Devlin, Julia (ed.); Safadi, Raed (ed.): Towards Arab and Euro-Med regional integration. – Paris: OECD, 2001. – 267 p.
ISBN 9264196889

Dhar, Biswajit; Kwa, Aileen: The European Union and developing countries' non-trade concerns: an uneasy alliance ? – New Delhi: Research and Information System for the Non-Aligned and other developing Countries, 2001. – 96 p.
ISBN 8171220827

Drevet, Jean-François: L'élargissement de l'Union européenne, jusqu'où ? – Paris: L'Harmattan, 2001. – 353 p.
ISBN 2747515869

Du Réau, Elisabeth (dir.): L'élargissement de l'Union européenne: quels enjeux ? quels défis ? – Paris: Presses Universitaires de la Sorbonne Nouvelle, 2001. – 232 p.
ISBN 2878542193

Dullin, Sabine: Des hommes d'influences: les ambassadeurs de Staline en Europe 1930-1939. – Lausanne: Payot, 2001. – 380 p.
ISBN 2228894834

Dumoulin, Michel (dir.); Duchenne, Geneviève (dir.): L'Europe et la Méditerranée: actes de la VIe Chaire Glaverbel d'études européennes, 2000-2001. – Bruxelles: Lang, 2001. – 329 p.
ISBN 9052019673

Eberwein, Wolf-Dieter; Kaiser, Karl: Germany's new foreign policy: decision-making in an interdependent world. – Basingstoke: Macmillan, 2001. – 352 p.
ISBN 0333919637

Fund, Sven: Grammatik(en) der Macht: die Mittelmeerpolitik der Europäischen Union und die Zentralamerika-Politik der USA. – Opladen: Leske & Budrich, 2001. – 345 p.
ISBN 3810029408

Gallois, Pierre M.: Le consentement fatal: l'Europe face aux Etats-Unis. – Paris: Textuel, 2001. – 140 p.
ISBN 2-8459-7019-6

Ghebali, Victor-Yves (ed.); Warner, Daniel (ed.): The operational role of the OSCE in southeastern Europe: contributing to regional stability in the Balkans. – Aldershot; Burlington, USA: Ashgate, 2001. – 150 p.
ISBN 0754615316
Gillespie, Richard (ed.); Youngs, Richard (ed.): Spain: the European and international challenges. – London: Frank Cass, 2001. – 229 p.
ISBN 0714651109
Ginsberg, Roy H.: The European Union in international politics: baptism by fire. – Lanham, Md: Rowman & Littlefield Publishers, 2001. – 328 p.
ISBN 0-7425-0023-3
Giri, D. K.: European Union and India: a study in north-south relations. – New Delhi: Concept, 2001. – 322 p.
ISBN 8170228433
Guttman, Robert J. (ed.): Europe in the New Century: visions of an emerging superpower. – Boulder, CO: Lynne Rienner Publishers, 2001. – 268 p.
ISBN 1555878520
Holmes, Martin: European integration: scope and limits. – Basingstoke: Macmillan, 2001. – 256 p.
ISBN 0333914465
Imig, Doug (ed.); Tarrow, Sidney (ed.): Contentious Europeans: protest and politics in an integrating Europe. – Lanham, Md: Rowman & Littlefield Publishers, 2001. – 320 p.
ISBN 0-7425-0083-7
Jardin, Pierre; Kimmel, Adolf: Les relations franco-allemandes depuis 1963. – Paris: La Documentation française, 2001. – 537 p.
ISBN 2-11-004077-7
Jauvert, Vincent: L'Amérique contre De Gaulle: histoire secrète, 1961-1969. – Paris: Seuil, 2001. – 279 p.
ISBN 2020373807
Jehel, Georges: L'Italie et le Maghreb au moyen-âge: conflits et échanges du VIIe au XVe siècle. – Paris: PUF, 2001. – 228 p.
ISBN 2130522637
Kavakas, Dimitrios: Greece and Spain in European foreign policy: the influence of southern member states in common foreign and security policy. – Aldershot: Ashgate Publishing, 2001. – 238 p.
ISBN 0-7546-1821-8
Khader, Bichara (dir.): Le partenariat euro-méditerranéen vu du Sud. – Paris: L'Harmattan, 2001. – 246 p.
ISBN 2747502392
Krahmann, Elke: Multilevel networks in European foreign policy. – Aldershot: Ashgate Publishing, 2001. – 220 p.
ISBN 0-7546-0941-3
Krickus, Richard J.: The Kaliningrad question. – Lanham, Md: Rowman & Littlefield Publishers, 2001. – 240 p.
ISBN 0-7425-1705-5
Hellema, Duco: Neutraliteit & vrijhandel: de geschiedenis van de Nederlandse buitenlandse betrekkingen . – Utrecht: Het Spectrum, 2001. – 432 p.
ISBN 9027433852

Labouz, Marie Françoise: Le partenariat de l'Union européenne avec les pays tiers . - Bruxelles: Emile Bruylant, 2001. – 356 p.
ISBN 2802713760

Lappenküper, Ulrich: Die deutsch-französischen Beziehungen, 1949-1963: von der "Erbfeindschaft" zur "Entente élémentaire". – München: Oldenbourg, 2001. – 1991 p.
ISBN 3486565222

Lewis, William H.: The European Union-Maghrebian dialogues: echoes of disappointments past. – Washington, D.C.: Center for Strategic and International Studies, 2001. – 72 p.
ISBN 0892063858

MacLean, George A. (ed.): Between actor and presence: the European Union and the future for the transatlantic relationship. – Ottawa: University of Ottawa Press, 2001. – 251 p.
ISBN 0776605283

Malettke, Klaus: Les relations entre la France et le Saint-Empire au XVIIe siècle. – Paris: H. Champion, 2001. – 747 p.
ISBN 2-7453-0414-3

Mangold, Peter: Success and failure in British foreign policy: evaluating the record, 1900-2000. – Basingstoke: Macmillan, 2001. – 256 p.
ISBN 0333804481

Martens, Stefan: Allemagne: nouvelle puissance européenne. – Paris: PUF, 2002. – 200 p.
ISBN 2-913395-10-4

Matambalya, Francis A. S. T.: The new EU-ACP partnership: consequences for Eastern and Southern Africa. – Dar Es Salaam: Mkuki Na Nyota Publishers, 2001. – 83 p.
ISBN 9976973845

May, Alex: Britain, the Commonwealth and Europe: the Commonwealth and Britain's applications to join the European Communities. – Basingstoke: Macmillan, 2001. – 208 p.
ISBN 0333800133

McLean, Roderick R.: Royalty and diplomacy in Europe, 1890-1914. – Cambridge: Cambridge University Press, 2001. – 239 p.
ISBN 0521592003

Mercy, Kuo: Contending with contradictions: China's policy toward Soviet Eastern Europe and the origins of the Sino-Soviet split, 1953-1960. – Lanham, Md.: Lexington Books, 2001. – 193 p
ISBN 0739102354

Niblett, Robin (ed.); Wallace, William (ed.): Rethinking European order: west European responses, 1989-97. – Hampshire; New York: Palgrave, 2001. – 298 p.
ISBN 0333915712

Otte, Thomas: The makers of British foreign policy: from Pitt to Thatcher. – Basingstoke: Macmillan, 2001. – 304 p.
ISBN 0333915798

Philippart, Eric (ed.); Winand, Pascaline (ed.): Ever closer partnership: policy-making in US-EU relations. – Bruxelles; New York: Peter Lang, 2001. – 477 p.
ISBN 0820446661

Pinder, John; Shishkov, Yuri: The EU and Russia. – London: Kogan Page, 2001. – 244 p.
ISBN 1903403146

Pollack, Mark A. (ed.); Shaffer, Gregory C. (ed.): Transatlantic governance in the global economy. – Lanham, Md: Rowman & Littlefield Publishers, 2001. – 368 p.
ISBN 0-7425-0931-1

Preston, Peter W.; Wallace, Peter; Gilson, Julie: The European Union and East Asia: interregional linkages in a changing global system. – Cheltenham: Edward Elgar, 2001. – 252 p.
ISBN 1840643943

Remy, Pierre-Jean: Trésors et secrets du Quai d'Orsay: une histoire inédite de la diplomatie française. – Paris: Lattès. – 600 p.
ISBN 2709622823

Redwood , John: Stars and strife: the coming conflicts between the USA and the European Union. – Basingstoke: Palgrave, 2001. – 193 p.
ISBN 0333918401

Riste, Olav: Norway's foreign relations: a history. – Oslo: Universitetsforlaget, 2001. – 308 p.
ISBN 8215000517

Sarotte, M. E.: Dealing with the devil: East Germany, détente, and Ostpolitik, 1969-1973. – Chapel Hill: University of North Carolina Press, 2001. – 295 p.
ISBN 0807825999

Stevens, Christopher; Kennan, Jane: Post Lomé WTO-compatible trading arrangements. – London: Commonwealth Secretariat, 2001. – 52 p.
ISBN 0850926858

Soutou, Georges-Henri: La guerre de cinquante ans: les relations est-ouest, 1943-1990. – Paris: Fayard, 2001. – 767 p.
ISBN 2213608474

Telò, Mario: European Union and new regionalism: regional actors and global governance in a post-hegemonic era. – Aldershot: Ashgate Publishing, 2001. – 352 p.
ISBN 0-7546-1748-3

Togan, S.; Balasubramanyam, V.N.: Turkey and Central and Eastern European countries in transition: towards membership of the EU. – Basingstoke: Macmillan, 2001. – 312 p.
ISBN 0333922948

Tonra, Ben: The europeanisation of national foreign policy: Dutch, Danish and Irish foreign policy in the European Union. – Aldershot: Ashgate Publishing, 2001. – 314 p.
ISBN 0-7546-1261-9

Toral, Pablo: The reconquest of the New World: multinational enterprises and Spain's direct investment in Latin America. – Aldershot: Ashgate Publishing, 2001. – 246 p.
ISBN 0-7546-1669-X

Torreblanca, Jose I.: The reuniting of Europe: promises, negotiations and compromises. – Aldershot: Ashgate, 2001. – 364 p.
ISBN 1840145277

Turunc, Garip: La Turquie aux marches de l'Union européenne . – Paris: L'Harmattan, 2001. – 162 p.
ISBN 2747501388

Tewes, Götz-Rüdiger: Die römische Kurie und die europäischen Länder am Vorabend der Reformation. – Tübingen: Max Niemeyer, 2001. – 470 p.
ISBN 3-484-82095-0

Tsygankov, Andrei P.: Pathways after empire: national identity and foreign economic policy in the post-Soviet world . – Lanham, Md: Rowman & Littlefield Publishers, 2001. – 254 p.
ISBN 0-7425-1673-3

Vedrine, Hubert; Moisi, Dominique: France in an age of globalization. – Washington D.C.: Brookings Institution Press, 2001. – 143 p.
ISBN 0815700075

Webber, Douglas (ed.): New Europe, new Germany, old foreign policy ?: German foreign policy since unification. – London: F. Cass, 2001. – 226 p.
ISBN 0714651729

Welfens, Paul J. J.: Stabilizing and integrating the Balkans: economic analysis of the stability pact, EU reforms and international organizations. – Berlin; New York: Springer, 2001. – 171 p.
ISBN 3540417753

White, Brian: Understanding European foreign policy. – Basingstoke: Palgrave, 2001. – 196 p.
ISBN 0333949897

White, Gregory: A comparative political economy of Tunisia and Morocco on the outside of Europe looking in. – Albany: State University of New York Press, 2001. – 252 p.
ISBN 0791450287

Winn, Neil; Lord, Christopher: EU foreign policy beyond the nation state: joint action and institutional analysis of the common foreign and security policy. – Basingstoke: Palgrave, 2001. – 208 p.
ISBN 0333699807

Youngs, Richard: The European Union and the promotion of democracy: Europe's mediterranean and asian policies. – Oxford: Oxford University Press, 2001. – 267 p.
ISBN 0199242127

Articles / Articles

Adenauer, Konrad: El papel de Europa en el mundo. – In: Política exterior. 15(2001)82, p. 147-154.

Allendesalazar, José Manuel: España y EE UU en el siglo XX. – In: Política exterior. 15(2001)81, p. 136-150.

Anderson, Stephanie : The changing nature of diplomacy: the European Union, the CFSP and Korea. – In: European Foreign Affairs Review. 6(2001)4, p. 465-482.

Baker, David: Britain and Europe: the argument continues. – In: Parliamentary Affairs. 54(2001)2, p. 276-288.

Baxendale, James: EU-Russia relations: is 2001 a turning point for Kaliningrad ?. – In: European Foreign Affairs Review. 6(2001)4, p. 437-464.

Berger, Samuel: La política exterior de EE UU en una era global. – In: Política exterior. 15(2001)79, p. 135-152.

Bergsten, Fred: Europa y Asia: dos frentes de conflicto economico con EE UU. – In: Política exterior. 15(2001)81, p. 45-58.

Biscop, Sven: Het middellandse-zeegebied in het europees veiligheids en defensiebeleid. – In: Internationale spectator. 55(2001)11, p. 536-540.

Brabant, Jozef M. P. van: Southeastern Europe, transitions, and the EU: is ever-widening desirable ?. – In: MOCT-MOST. Economic Policy in Transitional Economies. 11(2001)4, p. 295-325.

Dosch, Jörn: Relations of the US and the EU with East Asia: a fresh look at actors, strategic interests and institution-building. – In: Panorama. (2001)1, p. 13-42.

Duke, Simon; Haar, Roberta: Groeien de transatlantische partners uit elkaar ?. - In: Internationale spectator. 55(2001)10, p. 488-492.

España ante la segunda cumbre entre la Unión Europea y América Latina y el Caribe. (Colección de artículos). – In: Revista CIDOB d'afers internacionals. (2001)54-55, 219 p.

L'Europe dans le monde. (Série d'articles). – In: Commentaire. 24(2001)94, p. 245-294.

Europe et États-Unis. (Série d'articles). – In: Commentaire. 24(2001)95, p. 579-625.

L'Europe et les Etats-Unis. (Série d'articles). – In: Commentaire. 24(2001)94, p. 295-337.

Evtimov, Erik : Die Osterweiterung der Europäischen Union und die Auswirkungen auf die Schweiz: rechtliche Fragestellungen. – In: Schweizerische Zeitschrift für internationales und europäisches Recht. 11(2001)3, p. 289-323.

Forwood, Genevra : The road to Cotonou: negotiating a successor to Lomé. – In: Journal of Common Market Studies. 39(2001)3, p. 423-442.

Froehly, Jean Pierre: Frankreich-Deutschland-Russland im neuen Dialog: eine Troika für Europa ?. – In: Politische Studien. 52(2001)376, p. 24-30.

Gozi, Sandro: Towards Eurussia ?: perspectives of the EU-Russia relationship. – In: The European Union Review. 6(2001)3, p. 63-70.

Granell, Francisco: L'UE et la troisième conférence des Nations Unies sur les pays les moins avancés. – In: Revue du Marché commun et de l'Union européenne. (2001)451, p. 521-528.

Graupera, Francisco Florentino: Diez años de asociación de la Unión Europea con países de Europa del Este: balance crítico. – In: Revista de estudios europeos. (2001)59, p. 29-42.

Güssgen, Florian: Of Swiss army knives and diplomacy: a review of the Union's diplomatic capabilities. – In: The European Union Review. 6(2001)3, p. 63-96.

Hanelt, Felix Neugart: Die Europa-Mittelmeer-Partnerschaft: Stabilität und Prosperität im Mittelmeer-Raum. – In: Internationale Politik. 56(2001)8, p. 53-58.

Hill, Christopher: The EU's capacity for conflict prevention. – In: European Foreign Affairs Review. 6(2001)3, p. 315-333.

Hummer, Waldemar: Österreichs dauernde Neutralität und die "Gemeinsame Aussen- und Sicherheitspolitik" (GASP) bzw. "Gemeinsame Europäische Sicherheits- und Verteidigungspolitik" (GESVP) in der Europäischen Union . – In: Schweizerische Zeitschrift für internationales und europäisches Recht. 11(2001)4, p. 443-480.

Huterer, Manfred; Krumrei, Claus: Russland und der Westen: eine schwierige Integrationsaufgabe. – In: Internationale Politik. 56(2001)10, p. 27-34.

Hyde-Price, Adrian G. V.; Jeffery, Charlie: Germany in the European Union: constructing normality. – In: Journal of Common Market Studies. 39(2001)4, p. 689-717.

Iliescu, Ion: La Roumanie et l'Europe au début d'un nouveau millénaire. – In: Actualités du droit. (2001/4-2002/1), p. 729-737.

Inan, Yüksel; Yusuf, Islam: New European security identity and Turkey. – In: Turkish Yearbook of International Relations 1999. 29(2001), p. 33-48.

Larin, Alexander: Russia's Chinese policy under president Vladimir Putin. – In: Far Eastern Affairs. (2001)3, p. 3-18.

Legvold, Robert: Russia's unformed foreign policy. – In: Foreign Affairs. 80(2001)5, p. 62-75.

Mahncke, Dieter: Russia's attitude to the European security and defence policy. - In: European Foreign Affairs Review. 6(2001)4, p. 427-436.

Marquina, Antonio: The EU policies towards the Caucasus. – In: Turkish Yearbook of International Relations 1999. 29(2001), p. 157-171.

Martens, Stephan: L'Allemagne et l'Est européen: le défi d'une configuration intégrative de l'Europe. – In: Revue d'études comparatives Est-Ouest. 32(2001)3, p. 23-55.

Menon, Rajan: Structural constraints on Russian diplomacy. – In: Orbis. 45(2001)4, p. 579-596.
Munteanu, Igor: Russia's role and interests in South-East Europe: First International SEER Symposium, 3-5 November, 2001, Potsdam. – In: South-East Europe Review for Labour and Social Affairs. (2001)4, p. 1-9.
Neue Orientierung für Lateinamerika. (Reihe von Beiträgen). – In: Internationale Politik. 56(2001)9, p. 1-46.
Oguzlu, Tarik: A confederal Cyprus as a member of the European Union. – In: The International Spectator. 36(2001)4, p. 89-100.
Patten, Christopher: EC i Rossija. – In: Mezdunarodnaja zizn'. (2001)2, p. 38-44.
Perera Gómez, Eduardo: Relaciones UE-Cuba: constataciones e incertidumbres. – In: Revista de estudios europeos. (2001)59, p. 3-11.
Piqué, Josep: España en el mundo: la modernización del servicio exterior. – In: Política exterior. 15(2001)83, p. 79-93.
Pique, Josep: Nuevas fronteras de la política exterior de España. – In: Política exterior. 15(2001)79, p. 57-72.
Polikanov, Dimitrij: U-turns in Russia-NATO relations. – In: Perspectives. Review of Central European Affairs. (2001-2002)17, p. 68-79.
Les politiques extérieures de la France pendant la deuxième guerre mondiale, I. (Série d'articles). – In: Relations internationales. (2001)107, p. 299-428.
Les politiques extérieures de la France pendant la deuxième guerre mondiale, II. (Série d'articles). – In: Relations internationales. (2001)108, p. 451-623.
Pors, Niels Ole; Vilas, Edwards: International co-operation: the West-East relationship in EU funded projects. – In: Library Management. 22(2001)3, p. 124-130.
Prodi, Romano: Il faut avoir confiance en l'Europe: le rôle et la responsabilité de l'Union européenne dans le contexte international et à l'heure de la globalisation. – In: Bulletin européen. 52(2001)617, p. 1-4.
Rees, Nicholas: Ireland's foreign relations in 2000. – In: Irish Studies in International Affairs. 12(2001), p. 249-266.
Rodriguez Zapatero, Jose Luis: España y Europa ante la crisis. – In: Política exterior. 15(2001)84, p. 27-40.
Rosoux, Valérie: La Belgique et la diplomatie 'éthique': forces et limites d'une image. – In: Esprit. (2001)12, p. 198-205.
Roy, Joaquín: Europa y el plan Colombia. – In: Política exterior. 15(2001)83, p. 31-42.
Royen, Christoph: Russische Aussenpolitik am Anfang des 21. Jahrhunderts: Ausblick ohne Optimismus. – In: Osteuropa. 51(2001)4-5, p. 609-617.
Rühe, Volker: Europa und die USA vor neuen Herausforderungen. – In: Die politische Meinung. 46(2001)380, p. 5-10.
Sahm, Astrid: Integration, Kooperation oder Isolation ?: die Ukraine und Belarus' im Vorfeld der EU-Osterweiterung. – In: Osteuropa. 51(2001)11-12, p. 1391-1404.
Schepisi, C: External relations in the competition policy: EC/USA and EC/Canada agreements. – In: Diritto dell'Unione europea. (2001)1, p. 149-178.
Schmidt, Christian Friedensstifter zweiter Wahl ?: die Rolle der Europäer im Nahen Osten. – In: Internationale Politik. 56(2001)8, p. 47-52.
Schwok, René; Levrat, Nicolas: Switzerland's relations with the EU after the adoption of the seven bilateral agreements. – In: European Foreign Affairs Review. 6(2001)3, p. 335-354.
Taagepera, Rein: Eastern Finno-Ugrian cooperation and foreign relations. – In: Nationalities Papers. 29(2001)1, p. 181-199.

Thieme, Dominik: European Community external relations in the field of the environment. – In: European Environmental Law Review. 10(2001)8/9, p. 252-264.
Thompson, Wayne C.: Germany and the East. – In: Europe-Asia Studies. 53 (2001)6, p. 921-952.
Timmermann, Heinz: Kaliningrad: eine Pilotregion für die Gestaltung der Partnerschaft EU-Russland ?. – In: Osteuropa. 51(2001)9, p. 1036-1066.
Tinguy, Anne de: Vladimir Poutine et l'Occident: l'heure est au pragmatisme. – In: Politique étrangère. 66(2001)3, p. 515-533.
Tosi, Dario: La préparation du quatrième élargissement de l'Union européenne: une vue d'ensemble de sa dernière phase. – In: Est-ouest. 32(2001)6, p. 79-114.
Tovias, Alfred: On the external relations of the EU21: the case of the Mediterranean periphery. – In: European Foreign Affairs Review. 6(2001)3, p. 375-394.
Voskopoulos, George: Western Europe and the Balkans: a geo-cultural approach of international relations ?. – In: Perspectives. Review of Central European Affairs. (2001-2002)17, p. 30-42.
Wallat, Josefine: Czechoslovak/Czech foreign and security policy 1989-1999. – In: Review of Central European Affairs. (2001-2002)17, p. 14-29.
Ward, Angela: "Collective amnesia" of Europe v. engagement with Asia: forging a middle path for Australia in the age of regionalism. – In: Cambridge Yearbook of European Legal Studies 2000. 3(2001), p. 499-524.
Xiang, Lanxin: An EU common strategy for China ?. – In: The International Spectator. 36(2001)3, p. 89-99.
Yesson, Erik: NATO, EU and Russia: reforming Europe's security institutions. – In: European Foreign Affairs Review. 6(2001)2, p.197-221.
Youngs, Richard: European Union democracy promotion policies: ten years on . – In: European Foreign Affairs Review. 6(2001)3, p. 355-373.

2a. Droit en Général / Law in General

Livres / Books

Allan, T. R. S.: Constitutional justice: a liberal theory of the rule of law. – Oxford: Oxford University Press, 2001. – x – 331 p.
ISBN 0198298307
Altman, Andrew: Arguing about law: an introduction to legal philosophy. – 2nd ed. – London: Wadsworth, 2001. – xxiv – 319 p.
ISBN 053454329
Benson, Peter: The theory of contract law: new essays. – Cambridge: Cambridge University Press, 2001. – 364 p.
ISBN 0521640385
Billier, Jean-Cassien: Histoire de la philosophie du droit. – Paris: Armand Colin, 2001. – 328 p.
ISBN 2-200-21783-8
Cartwright, Peter: Consumer protection and the criminal law: law, theory and policy in the UK. – Cambridge: Cambridge University Press, 2001. – 250 p.
ISBN 0521590809
Delgado, Richard; Stefancic, Jean: Critical race theory: an introduction. – New York: New York University Press, 2001. – xxi – 167 p.
ISBN 0814719317

Dickson, Julie: Evaluation and legal theory. – Oxford: Hard, 2001. – xii – 148 p.
ISBN 1841131849
Finus, Michael: Game theory and international environmental cooperation. – Cheltenham: Elgar, 2001. – xv – 416 p.
ISBN 1840644087
Fitzpatrick, Peter: Modernism and the grounds of law. – Cambridge: Cambridge University Press, 2001. – x – 261 p.
ISBN 0-521-80222-9
Gaudemet, Jean: Les naissances du droit: le temps, le pouvoir et la science au service du droit. – Paris: Montchrestien, 2001. – xii – 389 p.
ISBN 2-7076-1131-X
Gaudreault-DesBiens, Jean-François: Le sexe et le droit: sur le féminisme juridique de Catharine MacKinnon. – Montréal: Liber, 2001. – 173 p.
ISBN 2921569930
Gerhard, Ute: Debating women's equality: toward a feminist theory of law from a European perspective. – New Brunswick: Rutgers University Press, 2001. – 264 p.
ISBN 0813529050
Gernet, Louis: Recherches sur le développement de la pensée juridique et morale en Grèce: étude sémantique. – Paris: Albin Michel, 2001. – xxi – 467 p.
ISBN 2-226-12584-1
Harnier, Gabriel: Die Bedeutung von rechtsaktbegleitenden Erklärungen im sekundären Gemeinschaftsrecht: Systematik und Rechtswirkungen. – Baden-Baden: Nomos, 2001. – 215 p.
ISBN 3789076082
Hawkes, Lory; Murphy, Christina; Law, Joe: The theory and criticism of virtual texts: an annotated bibliography, 1988-1999. – Westport: Greenwood Press, 2001. – xiii – 334 p.
ISBN 0313312249
Jaffe, Eugene D.; Nebenzahl, Israel D.: National image and competitive advantage: the theory and practice of country-of-origin effect. – Copenhagen: Copenhagen Business School Press, 2001. – 186 p.
ISBN 8716135164
Jamieson, Beth Kiyoko: Real choices: feminism, freedom, and the limits of law. – University Park: Pennsylvania State University Press, 2001. – x – 259 p.
ISBN 0271021365
Jestaz, Philippe: Le droit. – 4e éd. – Paris: Dalloz, 2001. – 123 p.
ISBN 2-247-04687-8
Liebowitz, Stan J.; Margolis, Steven E.; Lewin, Peter: The economics of QWERTY: history, theory and policy. – Basingstoke: Palgrave, 2001. – 248 p.
ISBN 0333921593
Marsh, James L.: Unjust legality: a critique of Habermas's philosophy of law. – Lanham: Rowman & Littlefield Publishers, 2001. – 224 p.
ISBN 0742512614
Mathieu-Izorche, Marie-Laure: Le raisonnement juridique: initiation à la logique et à l'argumentation. – Paris: Presses Universitaires de France, 2001. – 439 p.
ISBN 2-13-051166-X
Michaut, Françoise: La recherche d'un nouveau paradigme de la décision judiciaire à travers un siècle de doctrine américaine. – Paris: L'Harmattan, 2001. – 409 p.
ISBN 2-7475-0032-2

Orentlicher, David: Matters of life and death: making moral theory work in medical ethics and the law. – Princeton: Princeton University Press, 2001. – 240 p.
ISBN 0691089477

Posner, Richard A.: Frontiers of legal theory. – Cambridge: Harvard University Press, 2001. – 464 p.
ISBN 067400485X

Schmitt, Carl: Le nomos de la terre dans le droit des gens du jus publicum europaeum. – Paris: Presses universitaires de France, 2001. – 363 p.
ISBN 2-13-049520-6

Stetson, Dorothy McBride: Abortion politics, women's movements, and the democratic state: a comparative study of state feminism. – Oxford: Oxford University Press, 2001. – xii – 328 p.
ISBN 0199242658

Sueur, Jean-Jacques: Une introduction à la théorie du droit. – Paris: L'Harmattan, 2001. – 206 p.
ISBN 2-7475-0122-1

Traverso, Giovanni; Bagnoli, Lara: Psychology and law in a changing world: new trends in theory, research and practice. – London: Routledge, 2001. – 226 p.
ISBN 0415271436

Tusseau, Guillaume: Jeremy Bentham et le droit constitutionnel: une approche de l'utilitarisme juridique. – Paris: L'Harmattan, 2001. – 320 p.
ISBN 2-7475-1277-0

Verfassung – Philosophie – Kirche: Festschrift für Alexander Hollerbach zum 70. Geburtstag. – Berlin: Duncker & Humblot, 2001. – 923 p.
ISBN 3-428-09356-9

Villey, Michel: Philosophie du droit: définitions et fins du droit, les moyens du droit. – Paris: Dalloz, 2001. – xix – 339 p.
ISBN 2-247-014128-0

Watson, Alan: Legal history and a common law for Europe: mystery, reality, imagination. – Stockholm: Institutet för rättshistorisk forskning, 2001. – 181 p.
ISBN 9185190659

Williams, Christopher R.; Arrigo, Bruce A.: Law, psychology and justice: chaos theory and the new (dis)order. – New York: State University of New York, 2001. – 256 p.
ISBN 0791451836

Zerbe, Richard O.: Economic efficiency in law and economics. – Cheltenham: Elgar, 2001. – 328 p.
ISBN 1840643013

Articles / Articles

Akhavan, Payam: Beyond impunity: can international criminal justice prevent future atrocities ?. – In: American Journal of International Law. 95(2001)1, p. 7-31.

Beck, Thorsten; Demirgüc-Kunt, Asli; Levine, Ross: Legal theories of financial development. – In: Oxford Review of Economic Policy. 17(2001)4, p. 483-501.

Bogdandy, Armin von; Bast, Jürgen: Die vertikale Kompetenzordnung der Europäischen Union. – In: Europäische Grundrechte Zeitschrift. 28(2001)17-20, p. 441-458.

Bolsinger, Eckard: Autonomie des Rechts ?: Niklas Luhmanns soziologischer Rechtspositivismus, eine kritische Rekonstruktion. – In: Politische Vierteljahresschrift. 42(2001)1, p. 3-29.

Bonacker, Thorsten; Brodocz, Andre: Im Namen der Menschenrechte: zur symbolischen Integration der internationalen Gemeinschaft durch Normen. – In: Zeitschrift für internationale Beziehungen. 8(2001)2, p. 179-208.

Bonser, Michael: Humanitarian intervention in the post-Cold War world: a cautionary tale. – In: Canadian Foreign Policy. 8(2001)3, p. 57-74.

Brölmann, Catherine: A flat earth ?: international organizations in the system of international law. – In: Nordic Journal of International Law. 70(2001)3, p. 319-340.

Bungenberg, Marc: Extraterritoriale Strafrechtsanwendung bei Verbrechen gegen die Menschlichkeit und Völkermord. – In: Archiv des Völkerrechts. 39(2001)2, p. 170-201.

Duvigneau, Johann Ludwig: Die Konstitutionalisierung des WTO-Rechts: zur juristischen Diskussion über Verfassungsstrukturen im Bereich des Handelsvölkerrechts. – In: Aussenwirtschaft. 56(2001)3, p. 295-325.

Epiney, Astrid: Nachbarrechtliche Pflichten im internationalen Wasserrecht und Implikationen von Drittstaaten. – In: Archiv des Völkerrechts. 39(2001)1, p. 1-56.

Fagelson, David: Two concepts of sovereignty: from Westphalia to the law of peoples ?. – In: International Politics. 38(2001)4, p. 499-514.

Fox, Gregory H.; Roth, Brad R.: Democracy and international law. – In: Review of International Studies. 27(2001)3, p. 327-352.

Hausotter, Carola: Auf dem Weg zur Anerkennung von Gruppenrechten: neue Formen der Zusammenarbeit zwischen indigenen Völkern und Regierungen im System der Vereinten Nationen. – In: Vereinte Nationen. 49(2001)4, p. 133-138.

Höland, Armin: EU-Recht auf dem Weg nach Osten: rechtssoziologische Fragen. – In: Welt Trends. 9(2001)31, p. 9-29.

Immarigeon, Jean-Philippe: Le droit en état de guerre. – In: Défense nationale. 57(2001)12, p. 136-143.

Kaul, Hans Peter: Der Aufbau des Internationalen Strafgerichtshofs: Schwierigkeiten und Fortschritte. – In: Vereinte Nationen. 49(2001)6, p. 215-222.

Kissinger, Henry Alfred: The pitfalls of universal jurisdiction. – In: Foreign Affairs. 80(2001)4, p. 86-96.

Klabbers, Jan: The life and times of the law of international organizations. – In: Nordic Journal of International Law. 70(2001)3, p. 287-317.

Knezevic-Predic, Vesna: Princip uti possidetis juris u praksi medjunarodnih sudova. – In: Medjunarodni problemi. 53(2001)4, p. 430-442.

Kühn, Hermann Chritoph: Schutz vor Todesstrafe im Ausland. – In: Zeitschrift für Rechtspolitik. 34(2001)12, p. 542-547.

Martínez, Soria José: Die Kodizes für gute Verwaltungspraxis: ein Beitrag zur Kodifikation des Verwaltungsverfahrensrechts der EG . – In: Europarecht. 36(2001)5, p. 682-705.

Millard, Ananda S.: Children in armed conflicts: transcending legal responses. – In: Security Dialogue. 32(2001)2, p. 187-200.

Minorities in international law. (Collection of articles). – In: Romanian Journal of International Affairs. 7(2001)3-4, p. 1-257.

Monar, Jörg: The justice and home affairs dimension of EU enlargement. – In: The International Spectator. 36(2001)3, p. 37-46.

Obwexer, Walter; Happacher Brezinka, Esther: Diplomanerkennung in der EU: berufliche und akademische Anerkennung von Qualifikationen im Binnenmarkt. – In: Zeitschrift für öffentliches Recht. 56(2001)4, p. 465-500.

Presser, Stephen B.: "Liberty under law" under siege. – In: Orbis. 45(2001)3, p. 357-369.

Rau, Markus: Kulturgüterschutz im Meer: eine erste Analyse der neuen UNESCO-Konvention. – In: Zeitschrift für ausländisches öffentliches Recht und Völkerrecht. 61(2001)4, p. 833-876.
Roberts, Anthea Elizabeth: Traditional and modern approaches to customary international law: a reconciliation. – In: American Journal of International Law. 95(2001)4, p. 757-791.
Rudolph, Christopher: Constructing an atrocities regime: the politics of war crimes tribunals. – In: International Organization. 55(2001)3, p. 655-691.
Safi, Louay M.: Towards an Islamic tradition of human rights. – In: The American Journal of Islamic Social Sciences. 18(2001)1, p. 16-42.
Schmalenbach, Kirsten: Multinationale Unternehmen und Menschenrechte. – In: Archiv des Völkerrechts. 39(2001)1, p. 57-81.
Shafiyev, Farid Rauf-oglu: The legal regime of the Caspian Sea: views of the littoral states. – In: Prism. 7(2001)6, 10 p.
Simma, Bruno: The work of the International Law Commission at its Fifty-Second Session (2000). – In: Nordic Journal of International Law. 70(2001)1-2, p. 183-250.
Spranger, Carl Dieter: Weltfrieden und Menschenrechte. – In: Die politische Meinung. 46(2001)380, p. 54-60.
Symonides, Janusz: International law and the struggle against terrorism. – In: The Polish Quarterly of International Affairs. 10(2001)4, p. 22-39.
Tharoor, Shashi; Daws, Sam: Humanitarian intervention: getting past the reefs. – In: World Policy Journal. 18(2001)2, p. 21-30.
Vöneky, Silja; Rau, Markus: Völkerrechtliche Praxis der Bundesrepublik Deutschland im Jahre 1999. – In: Zeitschrift für ausländisches öffentliches Recht und Völkerrecht. 61(2001)4, p. 877-1105.
Weiá, Wolfgang: Allgemeine Rechtsgrundsätze des Völkerrechts. – In: Archiv des Völkerrechts. 39(2001)4, p. 394-431.
Wiener, Antje: Zur Verfassungspolitik jenseits des Staates: die Vermittlung von Bedeutung am Beispiel der Unionsbürgerschaft. – In: Zeitschrift für internationale Beziehungen. 8(2001)1, p. 73-104.

2b. Droit Communautaire et Droit National / Community Law and National Law

Livres / Books

Barrau, Alain: La transposition des directives, avancée démocratique: l'association du Parlement au processus de transposition des normes européennes. – Paris: Assemblée nationale, 2001. – 47 p.
ISBN 2-11115-008-8
Berr, Claude J.; Trémeau, Henri: Le droit douanier communautaire et national. – 5e éd. – Paris: Economica, 2001. – 615 p. (Droit des Affaires et de l'Entreprise. Série Etudes et Recherches)
ISBN 2-7178-4159-8
Beutler, Bengt; Bieber, Roland: Das Recht des Europäischen Union: Textsammlung. – 2. Aufl. – Baden-Baden: Nomos, 2001. – 325 p.
ISBN 3-789-07690-2
Blazquez Peinado, Maria Dolores: El procedimiento contra los Estados miembros por incumplimiento del derecho comunitario. – Castello de la Plana: Universitat Jaume I,

2001. – 182 p.
ISBN 84-80213-36-1

Boulouis, Jean; Darmon, Marco; Huglo, Jean-Guy: Contentieux communautaire. – 2e éd. – Paris: Dalloz, 2001. – 435 p. (Précis Dalloz)
ISBN 2-2470-3328-8

Braibant, Guy: La charte des droits fondamentaux de l'Union européenne. – Paris: Seuil, 2001. – 329 p. (Points. Essais)
ISBN 2-0204-8556-7

Communautés européennes. Commission: Rapport général sur l'activité de l'Union européenne (2000). – Luxembourg: Office des publications officielles des Communautés européennes, 2001. – 561 p.
ISBN 92-894-0353-5

Constantinesco, Vlad; Gautier, Yves; Simon, Denys: Le traité de Nice: premières analyses. – Strasbourg: Presses universitaires de Strasbourg, 2001. – 266 p. (Collections de l'Université Robert-Schuman)
ISBN 2-86820-188-1

Dony, Marianne: Droit de la Communauté et de l'Union européenne. – Bruxelles: Editions de l'Université de Bruxelles, 2001. – 253 p. (Collection Etudes européennes)
ISBN 2-80041-262-3

Druesne, Gérard: Droit de l'Union européenne et politiques communautaires. – 6e éd. – Paris: PUF, 2001. – 615 p. (Droit fondamental. Droit international et communautaire)
ISBN 2-13-052092-8

Dubouis, Louis: Droit matériel de l'Union européenne. – Paris: Montchréstien, 2001 . – 603 p. (Domat droit public)
ISBN 2-7076-1257-X

Dutheil de La Rochère, Jacqueline: Droit communautaire matériel. – Paris: Hachette, 2001 . – 160 p. (Les Fondamentaux. Droit)
ISBN 2-0114-5372-0

European Communities. Commission: General report on the activities of the European Union (2000). – Luxembourg: Office for Official Publications of the European Communities, 2001. – 600 p.
ISBN 92-894-0352-7

The European Ombudsman: annual report for 2000. – Luxembourg: Office for Official Publications of the European Communities, 2001. – 261 p.
ISBN 92-823-1547-9

The European Union: annual review of the EU (2000-2001). – Oxford: Blackwell, 2001. – 224 p.
ISBN 0-631-22751-2

European Union. European Commission: Eighteenth annual report on monitoring the application of Community law (2000). – Luxembourg: Office for Official Publications of the European Communities, 2001.

European Union: Treaty of Nice amending the Treaty of European Union. – Luxembourg: Office for Official Publications of the European Communities, 2001. – 90 p.
ISBN 92-824-1977-0

Favret, Jean-Marc: Droit communautaire du marché intérieur. – Paris: Gualino éd., 2001. – 192 p. (Collection Fac. Universités – Mémentos)
ISBN 2-8420-0378-0

Favret, Jean-Marc: L'essentiel de l'Union européenne et du droit communautaire. – 3e éd. – Paris: Gualino éd., 2001. – 88 p. (Les Carrés)
ISBN 2-8420-0385-2

Foster, Nigel G.: EC law. – 3rd ed. – London: Blackstone, 2001. – 248 p. (Blackstone's law questions and answers)
ISBN 1-8417-4103-5

Gaudin, Hélène: Droit constitutionnel, droit communautaire: vers un respect constitutionnel réciproque ? = Colloque de La Rochelle, 6 et 7 mai 1999. – Paris: Economia, 2001. – 393 p. (Collection Droit public positif)
ISBN 2-7178-4259-4

Ghevontian, Richard: Droit communautaire. – Paris: Dalloz, 2001. – 200 p. (Aide-mémoire)
ISBN 2-2470-4488-3

Hamoniaux, Thomas: L'intérêt général et le juge communautaire. – Paris: LGDJ, 2001. – 179 p. (Systèmes)
ISBN 2-2750-1996-0

Isaac, Guy; Blanquet, Marc: Droit communautaire général. – 8e éd. – Paris: A. Colin, 2001. – 395 p. (U.Droit)
ISBN 2-247-04389-5

Jacqué, Jean-Paul: Droit institutionnel de l'Union européenne. – Paris: Dalloz, 2001. – 663 p. (Cours Dalloz. Série Droit public-sciences politiques)
ISBN 2-247-03208-7

Le Médiateur européen: rapport annuel pour 2000. – Luxembourg: Office des publications officielles des Communautés européennes, 2001. – 261 p.
ISBN 92-823-1547-9

Le Mire, Pierre: Droit de l'Union européenne et politiques communes. – 2e éd. – Paris: Dalloz, 2001. – 320 p.
ISBN 2-24704-172-8

Muscat, Hélène: Le droit français de la responsabilité publique face au droit européen. – Paris: L'Harmattan, 2001. – 512 p. (Logiques juridiques)
ISBN 2-74751-236-3

Ondoua, Alain: Etude des rapports entre le droit communautaire et la Constitution en France, l'ordre juridique constitutionnel comme guide au renforcement de l'intégration européenne. – Paris: L'Harmattan, 2001. – 480 p. (Logiques juridiques)
ISBN 2-7475-0877-3

Orcello, Gian Piero: Ordinamento communitario e Unione europea. – 5e. ed. – Milano: Giuffre, 2001. – 1062 p.
ISBN 88-14089-76-0

Pertek, Jacques: La pratique du renvoi préjudicielle en droit communautaire. – Paris: Litec, 2001. – 238 p.
ISBN 2-7111-3304-4

Picheral, Caroline: L'ordre public européen, droit communautaire et droit européen des droits de l'homme. – Paris: La Documentation française, 2001. – 426 p. (Monde européen et international)
ISBN 2-11-004844-1

Raepenbusch, Sean Van: Droit institutionnel de l'Union et des Communautés européennes. – Bruxelles: De Boeck Université, 2001. – 633 p.
ISBN 2-8041-3691-4

Simon, Denys: Le système juridique communautaire. – 3e éd. – Paris: PUF, 2001 . – 779 p. (Droit fondamental. Droit international et communautaire)
ISBN 2-1305-2378-1
Tizzano, Antonio; Vignes, Alain: Code de l'Union européenne. – 2e éd. – Bruxelles: Bruylant, 2001. – 1140 p.
ISBN 2-80271-446-5
Union européenne. Commission européenne: Dix-huitième rapport annuel sur le contrôle de l'application du droit communautaire (2000). – Luxembourg: Office des publications officielles des Communautés européennes, 2001.
Union européenne: La gouvernance dans l'Union européenne. – Luxembourg: Office des publications officielles des Communautés européennes, 2001. – 334 p. (Les Cahiers de la cellule de prospective)
ISBN 92-894-0314-4

Articles / Articles

Abraham, Ronny: La France devant les juridictions européennes. – In: Pouvoirs. (2001)96, p. 143-160.
Agostini, Maria Valeria: The role of national parliaments in the future EU. – In: The International Spectator. 36(2001)4, p. 29-41.
Anagnostaras, Georgios: The principles of state liability for judicial breaches: the impact of European Community law. – In: European Public Law. 7(2001)2, p. 281-305.
Bogdandy, Armin von: Beobachtungen zur Wissenschaft vom Europarecht: Strukturen, Debatten und Entwicklungsperspektiven der Grundlagen-forschung zum Recht der Europäischen Union. – In: Der Staat. 40(2001)1, p. 3-43.
Bribosia, Emmanuelle: La Charte des droits fondamentaux de l'Union européenne. – In: Journal des tribunaux. 120(2001)6005, p. 281-297.
Bruneau, Chantal: La reconnaissance et l'exécution des décisions rendues dans l'Union européenne. – In: La Semaine juridique. Édition générale. 75(2001)17, p. 801-808.
Dord, Olivier: Systèmes juridiques nationaux et cours européennes: de l'affrontement à la complémentarité ?. – In: Pouvoirs. (2001)96, p. 5-18.
Dutheil de La Rochère, Jacqueline: Influence du droit français en droit communautaire. – In: Revue française de droit administratif. 17(2001)4, p. 909-917.
L'entreprise sous les influences réciproques du droit européen et des droits nationaux. (Série d'articles). – In: Revue des sociétés. 119(2001)2, p. 191-321.
Feral, Pierre-Alexis: Un pas supplémentaire vers la reconnaissance et la protection d'un droit fondamental dans l'Union européenne. – In: Revue du Marché commun et de l'Union européenne. (2001)450, p. 475-485.
Fonteneau, Mathieu: L'exception sportive en droit communautaire. – In: La Gazette du palais. Recueil bimestriel. 121(2001)4, p. 1273-1283.
Garcia de Enterria, Eduardo: Perspectives d'évolution des justices administratives dans le cadre européen. – In: Juris-classeur. Droit administratif. 40(2001)3, p. 4-7.
Gencarelli, Fabio: L'évolution du droit agricole communautaire. – In: Revue du droit de l'Union européenne. (2001)3, p. 655-688.
Gréciano, Philippe: Sur le principe de précaution en droit communautaire. – In: Petites affiches. La Loi. 390(2001)56, p. 4-7.
Grube, Clauss: Mise en œuvre du droit communautaire: le modèle danois. – In: Revue du droit de l'Union européenne. (2001)4, p. 909-915.
Heitmann, Steffen: Aufbruch in einen europäischen Rechtsraum. – In: Neue juristische Wochenschrift. 54(2001)2, p. 124-126.

Hilpold, Peter: Minderheiten im Unionsrecht. – In: Archiv des Völkerrechts. 39(2001)4, p. 432-471.
Höland, Armin: EU Recht auf dem Weg nach Ostern: rechtssoziologische Fragen. – In: Welt Trends. 9(2001)31, p. 9-29.
Isaac, Guy: Le "pillier" communautaire de l'Union européenne, un "pillier" pas comme les autres. – In: Cahiers de droit européen. 37(2001)1-2, p. 45-89.
Josselin, Jean-Michel; Marciano, Alain: Comportements stratégiques et production de droit: le cas du droit communautaire européen. – In: Économie appliquée. 54(2001)3, p. 211-231.
Legal, Hubert; Lambert, Christian; Belorgey, Jean-Marc: Actualité du droit communautaire. – In: Actualité juridique. Droit administratif. 57(2001)4, p. 329-344.
Louis, Jean-Victor: Le Traité de Nice. – In: Journal des tribunaux. Droit européen. 9(2001)76, p. 25-34.
Manin, Philippe: Les effets des juridictions européennes sur les juridictions françaises. – In: Pouvoirs. (2001)96, p. 51-64.
Niedobitek, Matthias: Kollisionen zwischen EG-Recht und Nationalem Recht. – In: Verwaltungsarchiv. 92(2001)1, p. 58-80.
Rodrigues, Stéphane: Le Traité de Nice et les coopérations renforcées au sein de l'Union européenne. – In: Revue du Marché commun et de l'Union européenne. (2001)444, p. 11-16.
Rodrigues Bereijo, Alvaro: La Carta derechos fundamentales de la Union europea. – In: Revista de derecho de la Union europea. 1(2001)2, p. 45-57.
Royla, Pascal: WTO-Recht – EG-Recht: Kollision, Justiziabilität, Implementation. – In: Europarecht. 36(2001)4, p. 495-521.
Sadeleer, Nicolas de: L'émergence du principe de précaution. – In: Journal des tribunaux. 120(2001)6010, p. 393-401.
Sudre, Frédérique et al.: Droit communautaire des droits fondamentaux. – In: Revue trimestrielle des droits de l'homme. 12(2001)47, p. 797-823.

2c. Liberté d'Etablissement et Libre Circulation / Freedom of Establishment and Free Movement

Livres / Books

Beenen, J. E.: Citizenship, nationality and access to public service employment: the impact of European Community law. – Groningen: Europa Law Publishing, 2001. – xiv – 298 p.
ISBN 9076871043
Bertossi, Christophe: Les frontières de la citoyenneté en Europe: nationalité, résidence, appartenance. – Paris: L'harmattan, 2001. – 300 p. (Logiques politiques)
ISBN 2747502813
Cuthbert, Mike: European Union Q&A. – 4th ed. – London: Cavendish., 2001. – 300 p. (Questions and answers)
ISBN 1-85941-418-4
Davies, Gareth: EU internal market law. – London: Cavendish, 2001. – xxi – 213 p.
ISBN 1859416888
De Waele, Jean-Michel (ed.); Husting, Alexandre (ed.): Sport et Union européenne. – Bruxelles: Ed. de l'Université de Bruxelles, 2001. – 180 p. (Sociologie politique)
ISBN 2800412658

European Union. European Commission: EURES (European Employment Services): legal bases. – Brussels: EC, 2001. – 24 p.

European Union. European Commission. Directorate-General for Education and Culture: Ein europäischer Mobilitätspass: anders lernen: sich anderswo bilden. – Luxembourg: EUR-OP, 2001. – 26 p. (Europa in Bewegung)
ISBN 9289400994

European Union. European Commission. Directorate-General for Justice and Home Affairs: Admission of third-country nationals for paid employment or self-employed activity. – Luxembourg: EUR-OP, 2001. – 304 p.
ISBN 9289416890

European Union. European Commission. Directorate-General for Justice and Home Affairs; International Centre for Migration Policy Development (Wien): Study: Admission of third country nationals to an EU Member State for the purposes of study or vocational training, and admission of persons not gainfully employed: final report. – Luxembourg: EUR-OP, 2001. – 227 p.
ISBN 9289415177

European Union: Treaty of Nice amending the Treaty of European Union. – Luxembourg: Office for Official Publications of the European Communities, 2001. – 90 p.
ISBN 92-824-1977-0

Fairlie, Lyndelle D.; Sergounin, Alexander: Are borders barriers?: EU enlargement and the Russian region of Kaliningrad. – Helsinki: Ulkopoliittinen Instituutti; Berlin: Institut für Europäische Politik, 2001. – 190 p. (Programme on the Northern Dimension of the CFSP 13)
ISBN 951769122X

Felder, Daniel (ed.); Kaddous, Christine (ed.): Accords bilatéraux Suisse –UE (commentaires) = Bilaterale Abkommen Schweiz –EU (Erste Analysen). – Bâle: Helbing & Lichtenhahn; Bruxelles: Bruylant, 2001. – xvi – 783 p. (Dossiers de droit européen; 8)
ISBN 2802714538

Ferrer i Gomez, Albert: Libre circulacion de nacionales de terceros estados y miembros de la familia en la Union Europea. – Bellaterra: IUEE, 2001. – xii – 241 p. (Quaderns de treball / Institut Universitari d'Estudis Europeus; 37)
ISBN 8495201089

Goulding, Paul: European employment law and the U.K. – London: Sweet & Maxwell, 2001. – various pagings (Loose leaf, 2 vol.)
ISBN 0-421-65370-1

Groenendijk, Kees; Guild, Elspeth; Barzilay Robin: Le statut juridique des ressortissants de pays tiers résidents de longue durée dans un Etat membre de l'Union européenne. – Luxembourg: EUR-OP, 2001. – 125 p.
ISBN 9289414383

Hille, Hubertus: Enlarging the European Union: a computable general equilibrium assessment of different integration scenarios of Central and Eastern Europe. – Frankfurt am Main: P. Lang, 2002. – 210 p. (Schriften zur Wirtschaftstheorie und Wirtschaftspolitik; Bd. 20)
ISBN 3631373295

Kennedy, T.P; Dermot, Cahill; Power, Vincent: Applied European law. – London: Blackstone Press, 2000. – 368 p. (Law society of Ireland)
1-84174-175-2 (pbk.)

Langewieshe, Renate (ed.); Toth, Andras (ed.): The unity of Europe: political, economic and social dimensions of EU enlargement. – Brussels: European Trade Union Institute, 2001. – 309 p.
ISBN 2930143908

Le Mire, Pierre: Droit de l'Union européenne et politiques communes. – 2e éd. – Paris: Dalloz, 2001. – vi – 320 p. (Mémentos Dalloz. Droit public-Science politique)

Maresceau, Marc: The EU's enlargement and Mediterranean strategies: a comparative analysis. – Palgrave: European Institute, 2001. – xx – 403 p.

Masson, Paul (rapp.); France. Sénat. Délégation pour l'Union européenne: L'accès au marché du travail de l'Union européenne des ressortissants des pays d'Europe centrale et orientale après leur adhésion, ou Quel marché du travail après l'élargissement ?. – Paris: Sénat, 2001. – 26 p. (Rapport d'information/Sénat, délégation pour l'Union européenne 2000-2001. 291)

Medhurst, David: A brief and practical guide to EU law. – 3rd ed. – Oxford: Blackwell Science, 2001. – xlix – 221 p.
ISBN 0632051841

Moussis, Nicholas (ed.): Access to social Europe: guide to community legislation and programmes. – 3rd ed. – Genval, Belgique: Euroconfidentiel, 2001. – 800 p.
ISBN 2-930119-29-2

Polet, Robert (ed.): La fonction publique dans l'Europe des quinze: nouvelles tendances et évolution. – Maastricht: Institut européen d'adminisration publique, 2001. – 356 p.
ISBN 90-6779-153-9

Rancé, Pierre; Baynast, Olivier de: L'Europe judiciaire: enjeux et perspectives. – Paris: Dalloz, 2001. – xii – 159 p.
ISBN 2247044859

Salinas de Frias, Ana (coord.): Nuevos retos del derecho: integracion y desigualdades desde una perspectiva comparada Estatdos Unidos-Union Europea. Conferencia para el estudio de los Latinos (1a.: 1998: Malaga). – Malaga: Universidad de Malaga, servico de publicaciones, 2001. – 221 p.
ISBN 8474968518

Teyssié, Bernard: Droit européen du travail. – Paris: Litec, 2001. – 318 p.
ISBN 2711132749

Union européenne: Passeport pour la mobilité: apprendre autrement se former ailleurs. – Luxembourg: Office des publications officielles des Communautés européennnes, 2001. – 26 p. (L'Europe en mouvement)
ISBN 92-828-8322-1

Union européenne: Vivre dans un espace de liberté, de sécurité et de justice: justice et affaires intérieures dans l'Union européenne. – Luxembourg: Office des publications officielles des Communautés européennnes, 2001. – 23 p. (L'Europe en mouvement)
ISBN 92-894-0197-4

United Kingdom. Parliament. House of Lords. Select Committee on the European Union: The legal status of long-term resident third-country nationals, with evidence. – London: Stationery Office, 2001. – 29 p. (Report/House of Lords, Select Committee on the European Union. Session 2001/2002. report 05)
ISBN 0104031026

Van Raepenbusch, Sean: La sécurité sociale des travailleurs européens: principes directeurs et grands arrêts de la Cour de justice des Communautés européennes. – Bruxelles: De Boeck, 2001. – 200 p. (Bibliothèque de droit social)
ISBN 2804138097

Vincenzi, Christopher; Fairhurst, John: Law of the European Community. – 3rd ed. – Harlow: Longman, 2001. – ixxx – 496 p. (The Foundation studies in law series) ISBN 0-582-43813-6

Articles / Articles

Almeida Nascimento, Adelaida de: Las relaciones entre la Union europea y el Reino de Marruecos: el marco general y el acuerdo euromediterraneo de associacion. – In: Revista de derecho comunitario europeo. 5(2001)10, p. 545-593.

Alvarez Garcia, Santiago; Aparicio Pérez, Antonio: La armonizacion de la fiscalidadd de no residentes y la libre circulacion de trabajadores en el seno de la Union europea. – In: Noticias de la Unión europea. 17(2001)201, p. 29-38.

Carlier, Jean-Yves: La libre circulation des personnes dans l'Union européenne. – In: Journal des tribunaux. Droit européen. 9(2001)77, p. 54-63.

Chanda, Rupa: Movement of natural persons and the GATS. – In: World Economy. 24(2001)5, p. 631-654.

Danemark. Okonomiministeriet. Det Okonomiske rad: Globalisering og det danske arbejdsmarked. – In: Dansk okonomi. 80(2001)2, p. 199-284.

Kadous, Christine: La situation des partenaires de même sexe en droit communautaire et dans le cadre de l'Accord sectoriel sur la libre circulation des personnes entre la Suisse et l'Union européenne. – In: Schweizerische Zeitschrift für internationales und europäisches recht. 11(2001)1, p. 143-172.

Kendall, Vivienne: Labour mobility: it's not that easy. – In: European Policy Analyst. (2001)2, p. 73-82.

Kostoris Padoa Schioppa, Fiorella: Il « mutuo riconoscimento » e il mercato del lavoro europeo. – In: Il Mulino. 50(2001)398, p. 1076-1082.

Langewiesche, Renate: EU enlargement, general developments and the free movement of labour: on the way to compomise ?. – In: European Trade Union Yearbook 2000. (2001), p. 317-336.

Lewalle, Henri; Palm, Willy: Quel est l'impact de la jurisprudence européenne sur l'accès aux soins à l'intérieur de l'Union européenne ?. – In: Revue belge de sécurité sociale. 43(2001)2, p. 435-453.

La libre circulation des travailleurs indépendants au sein de l'Union européenne et la coordination des régimes nationaux de sécurité sociale. – In: L'Observateur de Bruxelles. (2001)41, p. 31-54.

Märkt, Jörg; Schick, Gerhard: Freizügigkeit für Arme in der Europäischen Union ?: Wanderungsneutralität als Leitbild einer konsensfähigen Grundsicherung. – In: Zeitschrift für Wirtschaftspolitik. 50(2001)2, p. 179-199.

Maublanc, Jean-Pierre: Liberté de circulation des travailleurs, égalité fiscale et imposition des revenus. – In: Revue du Marché commun et de l'Union européenne. (2001)450, p. 486-491.

Obwexer, Walter; Happacher Brezinska, Esther: Diplomanerkennung in der EU: berufliche und akademische Anerkennung von Qualifikationen im Binnemarkt. – In: Zeitschrift für öffentliches Recht. 56(2001)4, p. 465-500.

Parry, John: Fortress Europe or open space ?. – In: The Federalist. 43(2001)3, p. 201-207.

Pautot, Michel: La liberté de circulation des sportifs professionnels en Europe. – In: Revue du Marché commun et de l'Union européenne. (2001)445, p. 102-105.

Riel, Bart van: Arbeitsmobiliteit in der EU: nu en straks. – In: Economisch statistische berichten. 86(2001)4301, p. 276-278.

Roussos, Alexandros: Realising the free movement of companies. – In: European Business Law Review. 12(2001)1-2, p. 7-25.
Ryon, Bernard: The common travel area between Britain and Ireland. – In: The Modern Law Review. 64(2001)6, p. 855-874.
Schulte, Bernd: Europees sociaal recht. – In: Belgisch tijdschrift voor sociale zekerheid. 43(2001)4, p. 687-732.
Schütt, Axel: Beschäftigungspolitik in Europa: ein deutsch-französischer Austausch. – In: Zeitschrift für den deutsch-französischen Dialog. 57(2001)5, p. 414-417.
Sinn, Hans-Werner; Werding, Martin: Immigration following EU easter enlargement. – In: CESifo Forum. 2(2001)2, p. 40-47.
Sinn, Hans-Werner; Werding, Martin: Zuwanderung nach der EU-Osterweiterung: wo liegen die Probleme ?. – In: Ifo Schnelldienst. 54(2001)8, p. 18-27.
Straubhaar, Thomas: Internationale Mobilität der Arbeit: Problem oder Chance der EU-Osterweiterung ?: Teil II.- In: Wirtschaftspolitische Blätter. 48(2001)4, p. 456-464.
Wallenius, Tapio: Finnish immigration policy faces new challenges. – In: The Finnish Economy and Society. (2001)2, p. 58-63.
Weiss, Wolgang: The Chapter II on establishment in the Europe Agreements. – In: European Foreign Affairs Review. 6(2001)2, p. 243-281.
Wihtol de Wenden, Catherine: L'espace de Schengen: l'immigration, les réfugiés et la nature des frontières. – In: Esprit. (2001)10, p. 169-174.

2d. Concurrence / Antitrust and Competition

Livres / Books

Abdelgawad, Walid: Arbitrage et droit de la concurrence: contribution à l'étude des rapports entre ordre spontané et ordre organisé. – Paris: L.G.D.J., 2001. – 609 p. (Bibliothèque de droit privé; 346)
ISBN 2-275-02020-9
Anderman, Steven Daniel: EC competition law and property rights, the regulation of innovation. – Oxford: Oxford University Press, 2001. – 352 p.
ISBN 0198299249
Centre de recherche sur le droit des affaires: Clientèle et concurrence, approche juridique du marché: étude. – Paris: Litec, 2000. – 280 p. (Le droit des affaires)
ISBN 2-7111-3181-5
Dejonghe, Wim (ed.); Van De Voorde, Wouter (ed.): M&A in Belgium. – The Hague: Kluwer Law International , 2001. – 256 p. (International Competition Law Series, vol. 2)
ISBN 9041115943
Dethloff, Nina: Europäisierung des Wettbewerbsrechts: Einfluss des europäischen Rechts auf das Sach- und Kollisionsrecht des unlauteren Wettbewerbs. – Tübingen: Mohr Siebeck, 2001. – 342 p. (Jus Privatum; 54)
ISBN 3-16-147379-5
Drahos, Michaela: Convergence of competition laws and policies in the European Community: Germany, Austria, and the Netherlands. – The Hague: Kluwer Law International, 2001. – 491 p. (European Monographs)
ISBN 9041115625

Duncanson, Peter; Cameron, Michael Brothwood: Competition in energy markets, law and regulation in the European Union. – Oxford: Oxford University Press, 2001. – 300 p.
ISBN 0198257708
Ehlermann, Claus-Dieter (ed.); Atanasiu, Isabela (ed.): European competition law annual 2000: the modernisation of EC antitrust policy. – Oxford: Hart, 2001. – 649 p.
ISBN 1-84113-242-X
Ehlermann, Claus-Dieter (ed.); Atanasiu, Isabella (ed.): European Competition Law Annual 2000, the modernisation of EU competition law. – Hong Kong: Hong Kong University Press, 2001. – 500 p.
ISBN 1-84113-242-X
Ellig, Jerome (ed.): Dynamic competition and public policy: technology, innovation, and antitrust issues. – Cambridge: Cambridge University Press, 2001. – 288 p.
ISBN 0521782503
Emmerich, Volker: Kartellrecht: ein Studienbuch. – München: C.H.Beck, 2001. – 496 p. (Juristische Kurzlehrbücher)
ISBN 3-406-48133-7
Esty, Daniel C. (ed.); Damien, Geradin (ed.): Regulatory competition and economic integration, comparative perspectives. – Oxford: Oxford University Press, 2001. – 420 p.
ISBN 0198299052
European Association of Lawyers: European competition law, a new role for the member States, proceedings of a congress, 20th and 21th november 2000 = Droit européen de la concurrence: un nouveau rôle pour les États membres, actes d'un congrès, 20 et 21 novembre 2000. – Bruxelles: Bruylant, 2001. – 290 p.
ISBN 2-8027-1507-0
Geiger, Andreas: Europäische Verbundgruppen im EU-Kartellrecht. – Baden-Baden: Nomos, 2001. – 148 p. (Nomos-Universitätsschriften: Recht; Bd. 364)
ISBN 3-7890-7256-7
Gerber, David J.: Law and competition in twentieth century Europe, protecting Prometheus. – Oxford: Oxford University Press, 2001. – 504 p.
ISBN 0199244014
Ginsburg, Jane C.; Litman, Jessica; Kevlin, Mary L.: Trademark and unfair competition law: cases and materials. – 3rd ed. – New York: Foundation Press, 2001. -1099 p.
ISBN 1587782111
González Ortega, Santiago (et al.): Derecho comunitario económico. – Madrid: Colex, 2001. – 378 p.
ISBN 84-7879-639-8
Grabbe, Hartwig: Nebenabreden in der Europäischen Fusionskontrolle. – Baden-Baden: Nomos, 2000. – 255 p.
ISBN 3789065633
Henriot, Alain: L'Europe face à la concurrence asiatique. – Paris: L'Harmattan, 2001. – 189 p. (Points sur l'Asie; 1258-1550)
ISBN 2747515265
Huonder, Ivo: Die kartellrechtlichen Probleme bei strategischen Luftfahrtallianzen. – Zürich: Schulthess, 2001. – 241 p. (Europa Institut Zürich; 33)
ISBN 3725541981
Joelson, Mark René: An international antitrust primer: a guide to the operation of United States, European Union, and other key competition laws in the global economy. – 2nd

ed. – The Hague: Kluwer Law International, 2001. – 496 p.
ISBN 90-411-9854-7

Jones, Alison; Sufrin, Brenda: EC competition law, text, cases and materials. – Oxford: Oxford University Press, 2001. – 800 p.
ISBN 0198763298

Junod Moser, Dominique: Les conditions générales à la croisée du droit de la concurrence et du droit de la consommation: étude de droit suisse et de droit européen. – Bâle: Helbing et Lichtenhahn, 2001. – 353 p. (Collection genevoise)
ISBN 3-7190-1920-9

Korah, Valentine: Cases and materials on EC competition law. – Oxford: Hart Publishing, 2001. – 750 p.
ISBN 1841133000

Kronenberg, Oliver P.: US-amerikanisches Fusionskontrollverfahren: unter Berücksichtigung der Differenz zu EU und Schweizer Recht. – Zürich: Schulthess, 2001. – 296 p. (Schweizer Schriften zum Handelsund Wirtschaftsrecht; Bd. 205)
ISBN 3-7255-4186-8

Lange, Knut Werner (hrsg.); Hübschle, Wolfgang (hrsg.); Rösler, Patrick (hrsg.) et al.: Handbuch zum deutschen und europäischen Kartellrecht. – Heidelberg: Recht und Wirtschaft, 2001. – 586 p.
ISBN 3-8005-1252-1

Laufkötter, Regina: Parteiautonomie im internationalen Wettbewerbs- und Kartellrecht. – Berlin: Duncker und Humblot, 2001. – 191 p. (Schriften zum Internationalen Recht; Bd. 125)
ISBN 3-428-10463-3

Löffler, Heinz F.: Kommentar zur europäischen Fusionskontrollverordnung. – Neuwied: Luchterhand, 2001. – 574 p.
ISBN 3-472-03311-8

Mancero-Bucheli, Gabriela: Competition law of Latin America and the European Union. – Paris: Juris, 2001. – 242 p.
ISBN 1578230977

Mendelsohn, Martin; Rose, Stephan: Guide to the EC block exemption for vertical agreements. – The Hague: Kluwer Law International, 2001. – 290 p.
ISBN 904119813X

Merkt, Benoît: Harmonisation internationale et entraide administrative internationale en droit de la concurrence: droit du GATT-OMC, droit européen, accords bilatéraux et perspectives pour le droit suisse. – Bern: P. Lang, 2000. – 450 p. (Studies in global economic law; 3)
ISBN 3-906765-76-8

Neumann, Manfred: Competition policy: history, theory and practice. – Cheltenham: Edward Elgar, 2001. – 240 p.
ISBN 1840643005

Paul Nihoul: La concurrence et le droit. – Colombelles: EMS Management et société, 2001. – 296 p. (Les essentiels de la gestion)
ISBN 2912647576

Oberender, Peter: Die Europäische Fusionskontrolle. – Berlin: Duncker & Humblot, 2000. – 97 p. (Schriften des Vereins für Socialpolitik. Neue Folge; SVS 270)
ISBN 3428101049

Organisation for Economic Co-operation and Development : La réforme de la règlementation en Espagne. – Paris: OCDE, 2001. – 365 p.
ISBN 9264276688
Organisation for Economic Co-Operation and Development: Regulatory Reform in the Czech Republic. – Paris: OECD, 2001. – 360 p.
ISBN 9264195106
Organisation for Economic Co-Operation and Development: Trade and competition policies: options for a greater coherence. – Paris: OECD, 2001. – 114 p.
ISBN 92-64-18643-3
Paetow, Klaus; Kleemann, Dietrich; Henle, Victor: Konzentrationskontrolle im Rundfunk und wettbewerbliche Fusionskontrolle. – Berlin: Vistas, 2001. – 106 p.
ISBN 3891583249
Payet, Marie-Stéphanie: Droit de la concurrence et droit de la consommation: 2001. – Paris: Dalloz, 2001. – 513 p. (Nouvelle bibliothèque de thèses; 7)
ISBN 2247043704
Rivas, José (ed.); Horspool, Margot (ed.); Keane, Benoit (ed.): Modernisation and decentralisation of EC competition law. – The Hague: Kluwer Law International, 2000. – 144 p. (European Business Law & Practice Series; Vol. 16)
ISBN 9041114424
Robles Martín-Laborda, Antonio: Libre competencia y competencia desleal: examen del artículo 7 de la Ley de defensa de la competencia. – Madrid: La Ley, 2001. – 414 p.
ISBN 8476959656
Rodger, Barry J. (ed.); MacCulloch, Angus (ed.); Borrie, Gordon (ed.): The UK competition act: a new era for UK competition law. – Oxford: Hart, 2001. – 256 p.
ISBN 1841130974
Roth, Peter (ed.): Bellamy and Child: European Community law of competition. – 5th ed. – London: Sweet and Maxwell, 2001. – 1536 p.
ISBN 0421564407
Scherer, F.M.: Competition policy, domestic and international. – Cheltenham: Edward Elgar, 2001. – 464 p.
ISBN 184064320X
Schmidt, Ingo: Wettbewerbspolitik und Kartellrecht: eine interdisziplinäre Einführung. – Stuttgart: Lucius und Lucius, 2001. – 361 p.
ISBN 3-8282-0184-9
Smith, Martin: Competition law: enforcement and procedure. – London: Butterworths, 2001. – 498 p.
ISBN 0-406-90380-8
Van der Woude, Marc; Jones, Christopher: EC competition law handbook. – London: Sweet & Maxwell, 2001. – 1000 p.
ISBN 0421764406
Vieira De Mello, Vanessa: Regime juridico da competencia regulamentar. – Sao Paulo: Dialetica, 2001. – 142 p.
ISBN 8575000276
Vogelaar, Floris O. W. (ed.); Jules H. V. Stuyck (ed.); Bart Reeken (ed.): The competition laws of the EU member states and Switzerland. – Vol. 1. – The Hague: Kluwer Law International, 2001. – 880 p.
ISBN 9041198229
Vogelaar, Floris O. W. (ed.); Jules H. V. Stuyck (ed.); Bart Reeken (ed.): The competition laws of the EU member states and Switzerland. – Vol. 2. – The Hague: Kluwer Law

International, 2001. – 1152 p.
ISBN 904111744X

Von Quitzow, Carl Michael: State measures distorting free competition in the EC. – The Hague: Kluwer Academic Publishers, 2001. – 328 p. (European Business Law and Practice Series; vol. 17)
ISBN 9041114661

Wells, Wyatt C.: Antitrust and the formation of the postwar world. – New York: Columbia University Press, 2001. – 240 p.
ISBN 0231123981

Whish, Richard: Competition law. – 4th ed. – London: Butterworths, 2001. – 913 p.
ISBN 0-406-00266-5

Wolter, Matthias: Das Tatbestandsmerkmal der Lückenlosigkeit qualitativer Selektivvertriebssysteme im Spannungsverhältnis zwischen Wettbewerbs- und Kartellrecht. – Frankfurt am Main: Lang, 2001. – 121 p. (Gesamttitel: Deutsches und europäisches Wirtschaftsrecht; Bd. 1)
ISBN 3-631-37582-4

Yang-Ching Chao (ed.); Gee San (ed.); Changfa Lo (ed.) et al.: International and comparative competition laws and policies. – The Hague: Kluwer Academic Publishers, 2001. – 568 p.
ISBN 9041116435

Articles / Articles

Allan, Bill et al.: UK competition law. – In: Annual Proceedings of the Fordham Corporate Law Institute 2000. (2001), p. 113-130.

Amato, Filippo: International antitrust: what future ?. – In: World Competition. 24(2001)4, p. 451-583.

Avenel, Eric; Bresse, Patrick: Dommage à l'économie et efficacité des sanctions prononcées à l'encontre des pratiques anticoncurrentielles: de la théorie à la pratique. – In: Petites affiches. La Loi. 390(2001)165, p. 4-12.

Bayram, Mehmet: Le droit turc confronté à l'acquis communautaire: l'exemple de l'application des règles de concurrence aux entreprises économiques publiques. – In: Revue du Marché commun et de l'Union européenne. (2002)458, p. 305-318.

Bénassy-Quéré, Agnès; Fontagné, Lionel: Harmonisation, coordination ou concurrence: quel choix pour la fiscalité ?. – In: Problèmes économiques. (2001)2732, p.18-21.

Bergeron, James Henry: Antitrust federalism in the European Union after the modernization initiative. – In: The Antitrust Bulletin. 46(2001)3, p. 513-535.

Bonnet, Eric; Quatremer, Jean: La concurrence. – In: Petites affiches. La Loi. 390(2001)220, p. 1-47.

Boucquey, Nathalie: L'émergence de marchés et les problèmes de concurrence dans le système des droits d'émission négociables. – In: Annales de droit de Louvain. 61(2001)1, p. 3-57.

Bourgeois, Jacques H. J.; Monti, Mario; Steenbergen, Jacques: EC competition policy. – In: Annual Proceedings of the Fordham Corporate Law Institute 2000. (2001), p. 267-277.

Bovis, Christopher: Transforming the application of EC competition laws: the case of decentralisation. – In: European Business Law Review. 12(2001)5-6, p. 98-104.

Briones, Juan; Padilla, Atilano Jorge: The complex landscape of oligopolies under EU competition policy: is collective dominance ripe for guidelines ?. – In: World Competition. 24(2001)3, p. 307-318.

Burrichter, Jochen B.: Vertical restraints and e-commerce. – In: Annual Proceedings of the Fordham Corporate Law Institute 2000. (2001), p. 131-149.

Coumes, Jean-Michel; Broche, Jérôme: La proposition de réforme du droit communautaire de la concurrence: le principe et les conséquences. – In: Revue du Marché commun et de l'Union européenne. (2001)451, p. 546-552.

Dlouhy, Michal; Podolan, Martin: Czech, Slovak republics target EU approach to competition. – In: International Financial Law Review. 20(2001)10, p. 17-19.

Englert, Michel; Saintrain, Michel: Les pouvoirs publics face à la concurrence fiscale. – In: Reflets et perspectives de la vie économique. 40(2001)3, p. 47-66.

Ersbøll, Niels Christian: Commitments under the merger regulation. – In: European Competition Law Review. 22(2001)9, p. 357-364.

European Community competition law. (Collection of articles). – In: Fordham International Law Journal. 24(2001)5, p. 1602-1717.

Folguera, Jaime: The impact of the Commission's modernization White Paper and vertical restraints regulation on member state antitrust laws. – In: Annual Proceedings of the Fordham Corporate Law Institute 2000. (2001), p. 151-175.

Fourgoux, Jean-Claude: La modernisation du droit communautaire de la concurrence: du Livre blanc à la proposition de règlement d'application des articles 81 et 82, un enfer pavé de plus ou moins bonnes intentions. – In: La Gazette du palais. Recueil bimestriel. 121(2001)4, p. 1159-1165.

Fourgoux, Jean-Louis; Jeannin, Marie Véronique; Roux, Vincent: La nouvelle loi française sur les Nouvelles régulations économiques (NRE) du 15 mai 2001: une réforme profonde du droit de la concurrence et du droit des sociétés. – In: Cahiers juridiques et fiscaux de l'exportation. (2001)6, p. 1525-1563.

Giannakopoulos, Themistoklis: The right to be orally heard by the Commission in antitrust, merger, anti-dumping/anti-subsidies and state aid community procedures. – In: World Competition. 24(2001)4, p. 541-569.

Goyder, Dan: The future of the EC merger regulation. – In: Cambridge Yearbook of European Legal Studies 2000. 3(2001), p. 151-168.

Grewlich, Alexandre S.: Globalisation and conflict in competition law: elements of possible solutions. – In: World Competition. 24(2001)3, p. 367-404.

Hays, Thomas: Anti-competitive agreements and extra-market parallel importation. – In: European Law Review. 26(2001)5, p. 468-488.

Hubert, Patrick: Le Conseil de la concurrence. – In: Les Notes bleues de Bercy. (2001)215, 16 p.

Hughes, Mat; Foss, Celia; Ross, Kristin: The economic assessment of vertical restraints under UK and EC competition law. – In: European Competition Law Review. 22(2001)10, p. 424-433.

Idot, Laurence: La réforme du contrôle français des concentrations. – In: La Semaine juridique. Entreprise et affaires. 75(2001)suppl. au n° 40, p. 1-8.

Idot, Laurence: Loi NRE et concurrence: la deuxième partie de la loi "NRE" ou la réforme du droit français de la concurrence. – In: La Semaine juridique. Édition générale. 75(2001)36, p. 1609-161.

Jones, Clifford A.: Come the Millennium (Round) ?: competing visions of international antitrust policy in the European Union and the United States. – In: Annual Proceedings of the Fordham Corporate Law Institute 2000. (2001), p. 31-44.

Keppler, Jan Horst : Attilio da Empoli's contribution to monopolistic competition theory. – In: Journal of Economic Studies. 28(2001)4, p. 305-323.

Kingston, Suzanne: A "new division of responsabilities" in the proposed regulation to modernise the rules implementing articles 81 and 82 E.C.: a warning call. – In: European Competition Law Review. 22(2001)8, p. 340-350.

Klusmann, Martin: Internationale Kartelle und das Europäische Leniency-Programm aus Sicht der Verteidigung. – In: Wirtschaft und Wettbewerb. 51(2001)9, p. 820-833.

Lane, Robert: Competition. – In: International and Comparative Law Quarterly. 50(2001)3, p. 702-714.

Lettl, Tobias: Die AGB-rechtliche Relevanz einer Option in der formularmässigen Einwilligungserklärung zur Telefonwerbung. – In: Neue juristische Wochenschrift. 54(2001)1, p. 42-43.

Lücking, Joachim: Retailer power in EC competition law. – In: Annual Proceedings of the Fordham Corporate Law Institute 2000. (2001), p. 467-485.

Mainguy, Daniel; Berthault, Franck: Concurrence et télécommunications. – In: La Semaine juridique. Entreprise et affaires. 75(2001)suppl. au n° 49, p. 1-15.

Mayerhofer, Peter; Palme, Gerhard: Entwicklungschancen der EU-Erweiterung auf Branchenebene. – In: WIFO Monatsberichte. 74(2001)11, p. 677-688.

Mitchell, Andrew D.: Broadening the vision of trade liberalisation: international competition law and the WTO. – In: World Competition. 24(2001)3, p. 343-365.

Monti, Mario: European competition for the 21st century. – In: Annual Proceedings of the Fordham Corporate Law Institute 2000. (2001), p. 257-266.

Onno, Jérôme: Vers un réseau international de la concurrence. – In: Petites affiches. La Loi. 390(2001)251, p. 20-26.

Ottaviano, Gianmarco I. P.: Monopolistic competition, trade, and endogenous spatial fluctuations. – In: Regional Science and Urban Economics. 31(2001)1, p. 51-77.

Patterson, Mark et al.: Vertical restraints under EC. – In: Annual Proceedings of the Fordham Corporate Law Institute 2000. (2001), p. 217-255.

Polito, Simon; Kelly, Ruth : UK gets ahead of the competition. – In: International Financial Law Review. 20(2001)10, p. 20-22.

Reform of EC competition policy: decentralisation and effective enforcement in an enlarged European Union. (Collection of articles). – In: Intereconomics. 37(2002)1, p. 2-58.

Rivas, José; Stroud, Fay: Developments in EC competition law in 1999/2000: an overview. – In: Common Market Law Review. 38(2001)4, p. 935-990.

Salah, Mohamed: La mise en concurrence des systèmes juridiques nationaux: réflexions sur l'ambivalence des rapports du droit et de la mondialisation. – In: Revue internationale de droit economique. 15(2001)3, p. 251-302.

Salop, Steven C.: Analysis of foreclosure in the EC guidelines on vertical restraints. – In: Annual Proceedings of the Fordham Corporate Law Institute 2000. (2001), p. 177-200.

Schaub, Alexander: Vertical restraints: key points and issues under the new EC block exemption regulation. – In: Annual Proceedings of the Fordham Corporate Law Institute 2000. (2001), p. 201-215.

Schaub, Alexander; Böge, Ulf : Konvergenz kartellrechtlicher Normen und deren Anwendung auf globale Sachverhalte. – In: Wirtschaft und Wettbewerb. 51(2001)10, p. 922-933.

Schwarze, Jürgen: Die extraterritoriale Anwendbarkeit des EG-Wettbewerbsrechts: vom Durchführungsprinzip zum Prinzip der qualifizierten Auswirkung. – In: Wirtschaft und Wettbewerb. 51(2001)12, p. 1190-1202.

Siiriainen, Fabrice: "Droit d'auteur" contra "droit de la concurrence": versus "droit de la régulation". – In: Revue internationale de droit economique. 15(2001)4, p. 413-446.

Spagnuolo, Angela: Concorrenza e deregolamentazione nel mercato del trasporto aereo in Italia. – In: Studi economici. 56(2001)75, p. 101-125.
Steenlant, J.; Vanderelst, A.;Wijckmans, F.: De gewijzigde wet op de mededinging: een tweede kans ?. – In: Tijdschrift voor privaatrecht. 38(2001)2, p. 703-812.
Taylor, Paul M.: The vertical agreements regulation: a critical appraisal. – In: Cambridge Yearbook of European Legal Studies 2000. 3(2001), p. 525-545.
Thouvenin, Jean-Marc: Chronique de la concurrence: jurisprudence de l'année 2000. – In: Revue du Marché commun et de l'Union européenne. (2002)455, p. 104-111.
Vrins, Olivier: Intellectual property licensing and competition law, some news from the front.: the role of market power and "double jeopardy" in the EC Commission's new deal. – In: European Intellectual Property Review. 21(2001)12, p. 576-585.
Whish, Richard: UK competition law. – In: Annual Proceedings of the Fordham Corporate Law Institute 2000. (2001), p. 93-112.
Wils, Wouter P. J.: The modernisation of the enforcement of articles 81 and 82 EC: a legal and economic analysis of the Commission's proposal for a new Council regulation replacing Regulation no. 17. – In: Annual Proceedings of the Fordham Corporate Law Institute 2000. (2001), p. 313-363.
Withers, Chris; Jephcott, Mark: Where to now for E.C. oligopoly control ?. – In: European Competition Law Review. 22(2001)8, p. 295-303.

2e. Droit du Travail et Droit Social / Labour Law and Social Law

Livres/Books

Avrupa Sosyal Sarti: Temel Rehber [Translation of: European Social Charter – a short guide]. – Ankara: Seckin, 2001. – 237 p.
ISBN 975-347-415-6
Bamber, Greg J.; Blanpain, Roger; Engels, Chris: Comparative labour law and industrial relations in industrialized market. – 7th rev. ed. – The Hague; London: Kluwer Law International, 2001. – 698 p.
ISBN 90-411-1565-X
Ben-Israel, Ruth; Blanpain, Roger: Labour law, human rights and social justices. – The Hague: Kluwer Law International, 2001. – 300 p. (Studies in employment and social policy; 13).
ISBN 90-411-1697-4
Bercusson, Brian: European labour law. – 2e ed. – London: Butterworths, 2001. – 627 p. (Law in context)
ISBN 0406982546
Blanpain, R.: The evolving employment relationship and the new economy: the role of labour law and industrial relations, a report from 5 continents. – The Hague: Kluwer Law International, 2001. – 260 p. (Bulletin of comparative labour relations; 41)
ISBN 90-411-1691-5
Blanpain, Roger; Interuniversitair Centrum voor Arbeidsrecht: Europees arbeidsrecht. – 7e ed. – Brugge: Die Keure, 2001. – 627 p. (ICA-reeks / Algemene reeks; 16)
ISBN 90-575-1397-8
Blanpain, Roger; Javillier, Jean-Claude; Servais, Jean-Michel: Codex – International labour and social security law. – The Hague: Kluwer Law International, 2001. – 464 p.
ISBN 90-411-1720-2

Blanpain, Roger; Koninklijke Vlaamse Academie van België: The Council of Europe and the social challenges of the XXIst century: Brussels, 9 May 2000. – The Hague: Kluwer Law International, 2001. – xiv – 382 p. (Bulletin of comparative labour relations; 39)
ISBN 90-411-1543-9

Bormann, Bernd: Die Entsendung von Arbeitnehmern in der Europäischen Gemeinschaft: Wechselwirkungen zwischen Kollisionsrecht, Grundfreiheiten und Spezialgesetzen. – Frankfurt am Main: Lang, 2001. – xxi – 325 p. (Studien zum vergleichenden und internationalen Recht = Comparative and international law studies; 58)
ISBN 3-631-37690-1

Clasen, Josen: What future for social security ?: debates and reforms in national and cross-national perspective. – The Hague: Kluwer Law International, 2001. – 274 p. (Studies in Employment and Social Policy; 11)
ISBN 9041116710

Compston, Hugh; Greenwood, Justin: Social partnerschip in the European Union. – Basingstoke: Palgrave, 2001. – x – 218 p.
ISBN 0333775201

Conseil de l'Europe: Charte sociale européenne: Recueil de textes. – 3ème éd. -Strasbourg: Conseil de l'Europe, 2001. – 514 p.
ISBN 92-871-4717-5

Conseil de l'Europe: La protection des droits fondamentaux en Europe par la Charte sociale européenne: actes de la conférence sur la protection des droits sociaux fondamentaux par la Charte sociale européenne, Sofia (Bulgarie), 5-7 juillet 2000. – Strasbourg: Conseil de l'Europe, 2001. – 136 p. (Cahiers de la Charte sociale; N° 11)
ISBN 92-871-4619-5

Conseil de l'Europe. Conférence des ministres européens responsables des collectivités locales: Le rôle des collectivités locales dans le domaine des services sociaux locaux: 12e session, Istanbul (Turquie), 6-7 avril 2000. – Strasbourg: Conseil de l'Europe, 2001. – 195 p. (Collection Communes et régions d'Europe; 73)
ISBN 92-871-4526-1

Council of Europe: Implementation of the European Social Charter: survey by country 2001. – Strasbourg: Council of Europe, 2001. – 134 p.
ISBN 92-871-4716-7

Council of Europe: The protection of fundamental social rights in Europe through the European Social Charter: proceedings , Sofia, July 2000. – Strasbourg: Council of Europe, 2001. – 130 p. (Social Charter Monographs; no. 11)
ISBN 92-871-4620-9

Council of Europe: Social protection in the European Social Charter. – 2nd ed. – Strasbourg: Council of Europe, 2001. – 147 p. (Human rights social charter monographs; 7)
ISBN 92-871-4492-3

Däubler, Wolfgang: Internet und Arbeitsrecht. – Frankfurt am Main: Bund-Verlag, 2001. – 282 p.
ISBN 3-7663-3238-4

Europäische Union. Europäische Stiftung zur Verbesserung der Lebens- und Arbeitsbedingungen; Pillinger, Jane: Qualität in den öffentlichen sozialen Diensten. – Luxembourg: EUR-OP, 2001. – xiii – 164 p.
ISBN 92-897-0065-3

European Commission. DG V: MISSOC, social protection in the European member states and the European Economic Area: situation on 1 January 2001. – Luxembourg: Office for Official Publications of the European Communities, 2001. – 648 p. (Employment and social affairs. Social security and social integration) (MISSOC-Info; 2/2001)

European Union. European Foundation for the Improvement of Living and Working Conditions; Pillinger, Jane: Quality in social public services. – Luxembourg: EUR-OP, 2001. – 138 p.
ISBN 92-897-0066-1

Fischl, Richard Michael; Conaghan, Joanne; Klare, Karl: Labour law in an era of globalization: transformative practices and possibilities. – Oxford: Oxford University Press, 2001. – 550 p.
ISBN 019924247X

Fuchs, Maximilian; Marhold, Franz: Europäisches Arbeitsrecht. – Wien: Springer, 2001. – 231 p. (Springers Kurzlehrbücher der Rechtswissenschaft)
ISBN 3-211-83648-9

Galantino, Luisa: Diritto comunitario del lavoro, aggiornata al 31 gennia 2001. – Torino: G. Giappichelli, 2001. – 3 ed. – xii – 242 p.
ISBN 8834810295

Geddes, Mike; Benington, John: Local partnership and social exclusion in the European Union: new forms of local social governance ? – London: Routledge, 2001. – 254 p. (Routledge studies in governance and public policy; 5)
ISBN 0415239222

Hajdú, József: Alternative dispute resolution systems in the sphere of labour law in some EU countries and in Hungary. – Szeged: Szegedi Tudományegyetem Allam- és Jogtudományi Karának tudományos bizottsága, 2001. – 105 p. (Acta Universitatis Szegediensis. Acta juridica et politica, 0563-0606; t. 59, f. 5)

Incomes Data Services: Employee privacy in the workplace. – London: Incomes Data Services, 2001. – iii – 85 p. (IDS supplement, 686)
ISSN 0308-9312

Kierzkowska, Danuta; Rusak, Hanna; Gizmajer, Marek: The Polish labour code: the law is stated as at 26th March 2001. – Warsaw: Tepis, 2001. – 93 p.
ISBN 8385430660

Krimphove, Dieter: Europäisches Arbeitsrecht. – 2. völlig neubearb. Aufl. – München: Beck, 2001. – xix – 499 p. (Effektives Arbeits- und Sozialrecht)
ISBN 3-406-48125-6

Langewiesche, Renate; Tóth, András: The unity of Europe: political, economic and social dimensions of EU enlargement. – Brussels: European Trade Union Institute, 2001. – 309 p.
ISBN 2930143908

Larsen, Per Arne: Arbeidsmiljøloven: kommentarer, praksis, veiledning. – Oslo: Gyldendal akademisk, 2001. – 639 p.
ISBN 82-10-04648-9

Lorho, Frank; Hilp, Ulrich; Bauer, Lothar: Bullying at work. – Luxembourg: European Parliament, 2001. – 33 p. (Working paper / EP. Social Affairs Series, SOCI 108 EN)

Marsden, David; Stephenson, Hugh: Labour law and social insurance in the new economy, a debate on the Supiot report. – London: School of Economics and Political Science. Centre for Economic Performance, 2001. – 74 p. (Discussion paper; 500)
ISBN 0753014726

Mo, Einar; Lolleng, Geir: Internasjonale arbeidsforhold: om internasjonal privat- og prosessrett på arbeidsrettens område. – Oslo: Cappelen, 2001. – 224 p.
ISBN 82-02-19698-1

Moussis, Nicolas: Access to social Europe: guide to Community legislation and programmes. – 3rd ed. – Rixensart: European Study Service, [2001]. – 892 p.
ISBN 2930119292

Murray, Jill: Transnational labour regulation: the ILO and EC compared. – The Hague: Kluwer Law International, 2001. – xv – 241 p. (Studies in employment and social policy; 8)
ISBN 90-411-1583-8

Numhauser-Henning, Ann: Legal perspectives on equal treatment and non-discrimination. – The Hague: Kluwer Law International, 2001. – x – 375 p. (Studies in employment and social policy; 12)
ISBN 90-411-1665-6

Pennings, Frans: Introduction to European social security law. – 3e ed. – The Hague: Kluwer Law International, 2001. – xvi – 347 p. (Studies in employment and social policy; 2)
ISBN 90-411-1628-1

Pocar, Fausto; Viarengo, Ilaria: Diritto comunitario del lavoro. 2e ed. – Padova: CEDAM, 2001. – viii – 433 p.
ISBN 8813232578

Roberts, Ivor; Springer, Beverly: Social policy in the European Union: between harmonization and national autonomy. – Boulder, CO; London: Lynne Rienner, 2001. – 179 p.
ISBN 1555879772

Sciarra, Silvana: Labour law in the courts: national judges and the European Court of Justice. – Oxford: Hart, 2001. – 316 p.
ISBN 1841130249

Schmidt, Marlene: Das Arbeitsrecht der europäischen Gemeinschaft. – Baden-Baden: Nomos, 2001. – ix – 358 p.
ISBN 3-7890-7535-3

Seibold, Robert: Die Osterweiterung der Europäischen Union und das Arbeitsrecht der Tschechischen Republik: eine Kompatibilitätsuntersuchung. – Frankfurt am Main: Lang, 2001. – xxiv – 248 p. (Europäische Hochschulschriften. Reihe 2, Rechtswissenschaft = European University Studies. Series 2, Law = Publications universitaires européennes. Série 2, Droit; 3120)
ISBN 3-631-37876-9

Supiot, Alain; Meadows, Pamela: Beyond employment: changes in work and the future of labour law in Europe. – Oxford: Oxford University Press, 2001. – 250 p.
ISBN 0199243050

Teyssié, Bernard: Droit européen du travail. – Paris: Litec, 2001. – 318 p.
ISBN 2711132749

Tomandl, Theodor: Der Einfluss des europäischen Rechts auf das Arbeitsrecht. – Wien: Braumüller, 2001. – 142 p. (Wiener Beiträge zum Arbeits- und Sozialrecht; 42)
ISBN 3-7003-1360-8

Union européenne. Commission européenne. Direction général pour l'emploi et les affaires sociales: Documents de travail sur les contributions des Services Publics de l'Emploi (SPE) à la lutte contre le chômage de longue durée et au développement local. – Luxembourg: Office des publications officielles des Communautés européennes, 2001. – 47 p.

Union européenne. Fondation européenne pour l'amélioration des conditions de vie et de travail; Pillinger, Jane: La qualité dans les services publics sociaux. – Luxembourg:

EUR-OP, 2001. – xii – 152 p.
ISBN 92-897-0067-X

Université de Liège. Faculté de droit; Jamoulle, Micheline; Bilginer, Céline: Droit social européen. – 2e ed. – Bruges; Bruxelles: La Charte, 2001. – 75 p.

Winter, Regine: Gleiches Entgelt für gleichwertige Arbeit: ein Prinzip ohne Praxis. – Baden-Baden: Nomos, 2001. – 396 p. (Schriften zur Gleichstellung der Frau; 19)
ISBN 3789054372

Articles / Articles

Ales, Edoardo: Libertà e « uguaglianza solidale »: il nuovo paradigma del lavoro nella carta dei diritti fondamentali dell'Unione europea. – In: Diritto del lavoro. 75(2001)2-3, p. 111-125.

Andel, Norbert: Die Harmonisierung der sozialen Sicherung in der Europäischen Union: ein von den Wirtschaftswissenschaften vernachlässigtes Problem. – In: Zeitschrift für Wirtschafts- und Sozialwissenschaften. 121(2001)2, p. 235-266.

Auneau, Gérard: L'Europe et le sport: le sport dans le droit de l'Union européenne, aspects européens du droit du travail dans la pratique sportive, professionnelle et amateur. – In: Revue des affaires européennes. (2001)3, p. 338-351.

Ball, Sally: The European employment strategy: the Will but not the Way ?. – In: Industrial Law Journal. 30(2001)4, p. 353-374.

Baron, Frédéric: La notion de temps de travail en droit communautaire: CJCE, 3 octobre 2000, SIMAP. – In: Droit social. (2001)12, p. 1097-1102.

Bauer, Jobst-Hubertus: Europäische Antidiskriminierungsrichtlinien und ihr Einfluss auf das deutsche Arbeitsrecht. – In: Neue juristische Wochenschrift. 54(2001)37, p. 2672-2677.

Bernsdorff, Norbert: Soziale Grundrechte in der Charta der Grundrechte der Europäischen Union: Diskussionsstand und Konzept. – In: VSSR. Vierteljahresschrift für Sozialrecht. (2001)1, p. 1-23.

Birk, Rolf: Arbeitsrecht und Rechtsvergleichung: die Kontrolle der Einhaltung der Europäischen Sozialcharta. – In: Zeitschrift für vergleichende Rechtswissenschaft. 100(2001)1, p. 48-61.

Bourdieu, Pierre: Pour un mouvement social européen. – In: Regards sociologiques. (2001)21, p. 111-115.

Bruun, Niklas: The European employment strategy and the "acquis communautaire" of labour law. – In: International Journal of Comparative Labour Law and Industrial Relations. 17(2001)3, p. 309-324.

Busby, Nicole: The part-time workers (prevention of less favourable treatment) regulations 2000, rigthing a wrong or out of proportion ?. – In: The Journal of Business Law. (2001), p. 344-356.

Caracciolo di Torella, Eugenia; Masselot, Annick: Pregnancy, maternity and the organisation of family life: an attempt to classify the case law of the Court of Justice. – In: European Law Review. 26(2001)3, p. 239-260.

Caracciolo, Eugenia: The "family-friendly workplace", the EU position. – In: International Journal of Comparative Labour Law and Industrial Relations. 17(2001)3, p. 325-344.

Clauwaert, Stefan: The EU Charter of Fundamental Rights: its treatment of social and trade union rights, a chronological overview. – In: European Trade Union Yearbook 2000. (2001), p. 47-72.

Daugareilh, Isabelle: La Convention européenne de sauvegarde des droits de l'homme et des libertés fondamentales et la protection sociale. – In: Revue trimestrielle de droit européen. 37(2001)1, p. 123-137.

Dwyer, Peter: Retired EU migrants, healthcare rights and European social citizenship. – In: Journal of Social Welfare and Family Law. 23(2001)3, p. 311-327.

The EU Charter of Fundamental Rights still under discussion. – In: Common Market Law Review. 38(2001)1, p. 1-6.

Fagnani, Jeanne; Letablier, Marie-Thérèse: Famille et travail: contraintes et arbitrages. (Dossier). – In: Problèmes politiques et sociaux. (2001)858, 80 p.

Foglia, Raffaele: Il distacco del lavoratore nell'Unione europea: la normativa comunitaria . – In: Massimario di giurisprudenza del lavoro. 74(2001)8-9, p. 806-812.

Fultz, Elaine; Ruck, Markus: La réforme des régimes de retraite dans les pays d'Europe centrale et orientale: enjeux et nouvelles tendances. – In: Revue internationale du travail. 140(2001)1, p. 23-50.

Garofalo, Mario Giovanni; Chieco, Pasquale: Licenziamenti collettivi e diritto europeo. – In: Giornale di diritto del lavoro e di relazioni industriali. 23(2001)89, p. 67-95.

Gesellschaftspolitische Aspekte neuer entwicklungen im Arbeits- und Sozialrecht. (Reihe von Beiträgen). – In: WSI Mitteilungen. 54(2001)8, p. 471-524.

Gomez del Junco, Serge: Droit du travail et handicap. – In: Réadaptation. (2001)477, p. 18-19.

Goyens, Floris: Aanzet tot een duidelijker bevoegheidsverdeling voor de Europese gemeenschap en haar lidstaten op het vlak van de sociale zekerheid. – In: Belgisch tijdschrift voor sociale zekerheid. 43(2001)1, p. 79-92.

Goyens, Floris: Ebauche d'une répartition plus claire des compétences entre la Communauté européenne et ses États membres dans le domaine de la sécurité sociale. – In: Revue belge de sécurité sociale. 43(2001)1, p. 79-92.

Grevy, Manuela: La sanction civile en droit du travail. – In: Droit social. (2001)6, p. 598-609.

Häberle, Peter: Entwurf der Charta der Grundrechte der Europäischen Union (2000). – In: Jahrbuch des öffentlichen Rechts der Gegenwart. 49(2001), p. 31-48.

Haquet, Arnaud: L'action positive, instrument de l'égalité des chances entre hommes et femmes. – In: Revue trimestrielle de droit européen. 37(2001)2, p. 305-333.

Heerma van Voss, G. J. J.: De vele wegen naar een Europees sociaal recht. – In: Ars aequi. 50(2001)5, p. 81-88.

Heinze, Meinhard: Die Rechtsprechung des Europäischen Gerichtshofs zum Sozialrecht: Kritik. – In: Die Sozialgerichtsbarkeit. 48(2001)4, p. 157-160.

Hennion-Moreau, Sylvie: La notion d'entreprise en droit social communautaire. – In: Droit social. (2001)11, p. 957-966.

Kostoris Padoa Schioppa, Fiorella: Il « mutuo riconoscimento » e il mercato del lavoro europeo. – In: Il Mulino. 50(2001)398, p. 1076-1082.

Lafore, Robert: Un champ juridique complexe. – In: Informations sociales. (2001)96, p. 20-29.

Laurent-Merle, Isabelle: A propos du harcèlement sexuel dans les Etats membres de l'Union européenne. – In: Recueil Dalloz. 177(2001)38(1), p. 3058-3064.

Letablier, Marie Thérèse: L'égalité entre les sexes, un enjeu européen. – In: Quatre pages. (2001)46, p. 1-4.

Marchand, Daniel: Heurs et malheurs de la succession d'États aux conventions internationales du travail. – In: Droit social. (2001)2, p. 153-166.

Marcuello Moreno, Mariá Mercedes: La política social de la Unión europea. – In: Noticias de la Unión europea. 17(2001)195, p. 55-63.
Marinelli, Massimiliano: Il trasferimento di ramo di azienda e i suoi effetti sui rapporti di lavoro: part II. – In: Rivista italiana di diritto del lavoro. 20(2001)3, p. 522-537.
McGlynn, Clare: Reclaiming a feminist vision: the reconciliation of paid work and family life in European Union law and policy. – In: The Columbia Journal of European Law. 7(2001)2, p. 241-272.
Moreau, Marie-Ange: L'implication des travailleurs dans la société européenne. – In: Droit social. (2001)11, p. 967-976.
L'OIT: une organisation au service des travailleurs. – In: Le Monde diplomatique. 48(2001)570, p. I-IV.
Osterkamp, Rigmar: Arbeitsausfall durch Krankheit: ein internationaler Vergleich. – In: Ifo Schnelldient. 54(2001)21, p. 18-23.
Pichot, Evelyne; Roth, Christian; Deletang, Nicole: Droit social communautaire. – In: Cahiers juridiques et fiscaux de l'exportation. (2001)4, p. 851-911.
Pochet, Patricia: La stratégie européenne pour l'emploi en 2001. – In: Droit social. (2001)12, p. 1090-1096.
Projets familiaux. (Dossier). – In: Revue Quart Monde. (2001)179, p. 4-56.
Riley, Alan J.: The EU charter of rights: rhetoric or reality ?. – In: European Policy Analyst. (2001)2, p. 83-89.
Roetteken, Torsten von: Anforderungen des Gemeinschaftsrecht an Gesetzgebung und Rechtsprechung: am Beispiel der Gleichbehandlungs-, der Arbeitsschutz- und der Betriebsübergangsrichtlinie. – In: Neue Zeitschrift für Arbeitsrecht. 18(2001)8, p. 414-424.
Rolfs, Christian: Das neue Recht der Teilzeitarbeit. – In: Recht der Arbeit. 54(2001)3, p. 129-143.
Schulte, Bernd: Droit social européen. – In: Revue belge de sécurité sociale. 43(2001)4, p. 661-706.
Schulte, Bernd: Europees sociaal recht. – In: Belgisch tijdschrift voor sociale zekerheid. 43(2001)4, p. 687-732.
Thüsing, Gregor: Der Fortschritt des Diskriminierungsschutzes im Europäischen Arbeitsrecht, Anmerkungen zu den Richtlinien 2000/43/EG und 2000/78/EG. – In: Zeitschrift für Arbeitsrecht. 32(2001)3, p. 397-418.
Université Robert Schuman. Centre du droit de l'entreprise: Droit social communautaire et comparé. – In: Recueil Dalloz. 177(2001)10(1), p. 794-803.
Urlesberger, Franz Christof: Von Gleichen und Gleicheren: zum « Diskriminierungspaket » der Gemeinschaft. – In: Zeitschrift für Arbeitsrecht und Sozialrecht. 36(2001)3, p. 72-78.
Viarengo, Ilaria: Principio di non discriminazione e azioni positive nel diritto comunitario: la Corte di giustizia supera l'indirizzo Kalanke ?. – In: Rivista di diritto internazionale privato e processuale. 37(2001)1, p. 57-70.
Viprey, Mouna: Les discriminations raciales sur le marché du travail. – In: Problèmes économiques. (2001)2694, p. 1-5.
Vousden, Stephen: Social law and policy in an evolving European law. – In: Industrial Law Journal. 30(2001)4, p. 414-417.
Waddington, Lisa: Evolving disability policies: from social-welfare to human rights, an international trend from a European perspectives. – In: Netherlands Quarterly of Human Rights. 19(2001)2, p. 141-165.

Waddington, Lisa; Bell, Mark: More equal than others: distinguishing European Union equality directives. – In: Common Market Law Review. 38(2001)3, p. 587-611.

2f. Protection de l'Environnement / Protection of the Environment

Livres / Books

Bacon, Philip: Influencing agriculture policy for biodiversity conservation, based on country reports from Czech Republic, Lithuania and Poland. – Warsaw: IUCN Office for Central Europe, 2001. – 264 p.
ISBN 2831706408

Barnett, Jon: The meaning of environmental security. – London: Zed Books, 2001. – 192 p.
ISBN 1856497860

Beckerman, Wilfred; Pasek, Joanna: Justice, posterity and the environment. – Oxford: Oxford University Press, 2001. – 220 p.
ISBN 0199245088

Beladi, Hamid; Batabyal, Amitrajeet A.: The economics of international trade and the environment. – Boca Raton, Fla.: Lewis Publishers, 2001. – 334 p.
ISBN 1566705304

Bonnefous, Edouard: L'environnement en péril. – Paris: Economica, 2001. – 112 p.
ISBN 2717842055

Borrini-Feyerabend, Grazia; Farvar, M. Taghi; Solís Rivera, Vivienne et al.: Manejo conjunto de los recursos naturales: organizarse, negociar y aprender en la acción = La gestion participative des ressources naturelles: organisation, négociation et apprentissage par l'action = Co-management of natural resources: organising, negotiating and learning-by-doing. – Heidelberg: Kasparek Verlag, 2001. – 100 p.
ISBN 3925064338

Broadhurst, Richard: Managing environments for leisure and recreation. – London: Routledge, 2001. – 359 p. (Environmental management series)
ISBN 0415200989

Cahill, Michael: Environment and social policy. – New York: Routledge, 2001. – 192 p. (Gildredge social policy series)
ISBN 0415261058

Carter, Neil: The politics of the environment: ideas, activism, policy. – Cambridge: Cambridge University Press, 2001. – 300 p.
ISBN 0521469945

Chasek, Pamela S.: Earth negotiations: analyzing thirty years of environmental diplomacy. – Geneva: United Nations, 2001. – 291 p.
ISBN 9280810472

Collin, P.H. (ed.): Dictionary of ecology and the environment. – 4th ed. – London: Peter Collin, 2001. – 292 p.
ISBN 1901659615

Collman, James: Naturally dangerous: surprising facts about food, health, and the environment. – Sausalito, CA: University Science Books, 2001. – 257 p.
ISBN 1891389092

Conseil de l'Europe: Colloque international en hommage à Cyrille de Klemm: "La diversité biologique et le droit de l'environnement" – Actes, Paris, mars 2000. – Strasbourg: Conseil de l'Europe, 2001. – 165 p. (Rencontres environnement; n° 48)
ISBN: 92-871-4593-8

Conseil de l'Europe: Conservation et suivi de la diversité biologique et paysagère en Ukraine. – Strasbourg: Conseil de l'Europe, 2001. – 138 p. (Rencontres et environnement; n° 49)
ISBN 9287146454

Conseil de l'Europe: 2ème Symposium international du réseau écologique paneuropéen: "Le partenariat des collectivités locales et régionales pour la conservation de la diversité biologique et paysagère" – Actes, Rochefort, septembre 2000. – Strasbourg: Conseil de l'Europe, 2001 – 174 p. (Rencontres et environnement; n° 50)
ISBN 9287146101

Council of Europe: Conservation and monitoring of biological and landscape diversity in Ukraine. – Strasbourg: Council of Europe, 2001. – 138 p. (Environmental Encounters; No. 49)
ISBN 9287146454

Council of Europe: International colloquy in tribute to the memory of Cyrille de Klemm: "Biological diversity and environment law" – Proceedings, Paris, March 2000. – Strasbourg: Council of Europe, 2001. – 165 p. (Environmental Encounters; No. 48)
ISBN 92-871-4593-8

Council of Europe: Methods to control and eradicate non-native terrestrial vertebrate species. – Strasbourg: Council of Europe, 2001. – 68 p. (Nature and Environment; No. 118)
ISBN 9287145806

Council of Europe: 2nd Symposium of the Pan-european Ecological Network: "The partnership of local and regional authorities in the conservation of biological and landscape diversity" – Proceedings, Rochefort, September 2000. – Strasbourg: Council of Europe, 2001. – 174 p. (Environmental Encounters; No. 50)
ISBN 9287146101

Crane, Andrew: Marketing, morality and the natural environment. – London: Routledge, 2001. – 208 p.
ISBN 0415213827

DasGupta, Partha: Human well-being and the environment. – Oxford: Oxford University, 2001. – 328 p.
ISBN 0199247889

Deharbe, D: Les évolutions récentes du droit des installations classées pour la protection de l'environnement. – [s.l.]: Artois Presses Université, 2001. – 159 p. (Droit Sc. Eco)
ISBN 2910663620

Deleage, Jean-Paul: La biosphère, notre terre vivante. – Paris: Gallimard, 2001. – 127 p. (Sciences et techniques)
ISBN 2070760820

Delort, Walter Robert: Histoire de l'environnement européen. – Paris: Presses Universitaires de France, 2001. – 352 p. (Le Noeud gordien)
ISBN 2130514723

Dictionnaire de l'environnement. – Saint-Denis la Plaine: AFNOR, 2001. – 262 p.
ISBN 2124730223

Donnellan, Craig (ed.): The global warming debate. – Cambridge: Independence Educational Publishers, 2001. – 44 p.
ISBN 1861681674

Doyle, Timothy; McEachern, Doug: Environment and Politics. – 2nd ed. – London: Taylor & Francis Books Ltd, 2001. – 240 p.
ISBN 0415217733

L'Environnement, question sociale. – Paris: Odile Jacob, 2001. – 305 p. (Sciences Humaines)
ISBN 2738110487

Ewald, François; Gollier, Christian: Le principe de précaution. – Paris: Presses Universitaires de France, 2001. – 128 p. (Que sais-je ?)
ISBN 2130514472

European Commission. Environment Directorate-General. Radiation Protection Unit; Institute for Environment and Sustainability: Environmental radioactivity in the European Community. – Luxembourg: Office for Official Publications of the European Communities, 2001. – 79 p.
ISBN 9289417021

Férone, Geneviève; Arcimoles, Charles-Henri d': Le développement durable, des enjeux stratégiques pour l'entreprise. – Paris: Editions d'Organisation, 2001. – 344 p.
ISBN 270812577X

Fontrel, Nathalie; Brett, Yann: 100 gestes pour la planète, adopter les bons réflexes quotidiens. – Paris: Jacob-Duvernet, 2001. – 123 p. (Pratique)
ISBN 2847240098

Frenz, Walter: Aussenkompetenzen der Europäischen Gemeinschaften und der Mitgliedstaaten im Umweltbereich: Reichweite und Wahrnehmung. – Berlin: Duncker & Humblot, 2001. – 262 p. (Schriften zum Europäischen Recht)
ISBN 3428104722

Génétiquement: les organismes génétiquement modifiés, les consommateurs, la sécurité des aliments et l'environnement. – Rome: FAO, 2001.
ISBN 9252045600

German Advisory Council on Global Change: World in transition: New structures for global environmental policy. – vol. 2. – London: Earthscan, 2001. – 240 p.
ISBN 1853838527

Gerrard, Simon (ed.); Turner, R. Kerry (ed.); Ian Bateman, Ian (ed.): Environmental risk planning and management. – Cheltenham: Edward Elgar Publishing, 2001. – 640 p. (Managing the Environment for Sustainable Development Series)
ISBN 1840642181

Gleeson, Brendan (ed.); Low, Nicholas (ed.): Governing for the environment: global problems, ethics, and democracy. – New York: Palgrave Global Publishing, 2001. – 255 p.
ISBN: 0333793722

Goodstein, Eban S.: Economics and the Environment. – 3rd ed. – Chischester: John Wiley & Sons, 2001. – 560 p.
ISBN 0471399981

Goudie, Andrew: The nature of the environment. – 4th ed. – Oxford: Blackwell Publishers, 2001. – 560 p.
ISBN 063120069X

Gray, Rob; Bebbington, Jan: Accounting for the environment. – 2nd ed. – London: Chapman, 2001. – 379 p.
ISBN 0761971378

Guijt, Irene; Moiseev, Alex; Prescott-Allen, Robert: IUCN resource kit for sustainability assessment. – Gland: IUCN, 2001. – 3 vol.
ISBN 2831706319

Harrison, Paul; Pearce, Fred: AAAS atlas of population and environment. – Washington: American Association for the Advancement of Science, 2001. – 216 p.
ISBN 0520230817

Heyes, Anthony (ed.): The law and economics of the environment. – Cheltenham: Edward Elgar Publishing, 2001. – 424 p.
ISBN 1840643390

Hillary, Ruth (ed.); Jolly, Adam (ed.): CBI environmental management handbook. – London: Earthscan, 2001. – 320 p.
ISBN 1853836370

Homer-Dixon, Thomas F.: Environment, scarcity, and violence. – Princeton, New Jersey: Princeton University Press, 2001. – 272 p.
ISBN 0691089795

Howarth, William; McGillivray, Donald: Water pollution and water quality law. – Crayford, Kent: Shaw & Sons, 2001. – 1313 p.
ISBN 0721911021

Huglo, Christian; Malafosse, Jehan de: Code de l'environnement. – Paris: Litec, 2001. – 1604 p. (Codes Bleus)
ISBN 2711132900

International Bureau of the Permanent Court of Arbitration: International investments and protection of the environment: the role of dispute resolution mechanisms, papers emanating from the Second PCA International Law Seminar, May 17, 2000. – The Hague: Kluwer Law International, 2001. – 347 p. (The Permanent Court of Arbitration/Peace Palace papers. v. 2; No. 2 2001)
ISBN 9041115889

Jongman, R.H.G.; Kristiansen, I.: Approches nationales et régionales pour les réseaux écologiques en Europe. – Strasbourg: Conseil de l'Europe, 2001. – 95 p. (Sauvegarde de la nature; n° 110)
ISBN 9287147493

Jongman, R.H.G.; Kristiansen, I.: National and regional approaches for Ecological Networks in Europe. – Strasbourg: Council of Europe, 2001. – 86 p. (Nature and environment; No. 110)
ISBN 9287147817

Kourilsky, Philippe: Du bon usage du principe de précaution. – Paris: Odile Jacob, 2001. – 174 p.
ISBN 2738110584

Lepage, Corinne; Guéry, François: La politique de précaution. – Paris: Presses Universitaires de France, 2001. – 384 p. (Questions)
ISBN 2130515754

London, Caroline: Commerce et environnement. – Paris: PUF, 2001. – 128 p. (Que sais-je ?)
ISBN 2130510353

London, Caroline: Environnement et instruments économiques et fiscaux. – Paris: L.G.D.J., 2001. – 224 p. (Systèmes)
ISBN 2275021183

MacMillan, Fiona; Blakeney, Michael: The WTO and the environment. – London: Sweet & Maxwell, 2001. – 350 p.
ISBN 0421824204

Malingrey, Philippe: Introduction au droit de l'environnement. – Paris: Tech.& Doc./Lavoisier, 2001. – 466 p.
ISBN 2743004800

Mann Borgese, Elisabeth (ed.); Chircop, Aldo (ed.); McConnell, Moira (ed.) et al.: Ocean Yearbook, vol. 14. – Chicago: University of Chicago Press, 2001. – 1024 p.
ISBN 0226066177
McCool, S.F. (ed.); Moisey, R.N. (ed.): Tourism, recreation and sustainability: linking culture and the environment. – New York: Cabi Publishing, 2001. – 272 p.
ISBN 0851995055
McEldowney, J. F.; McEldowney, S.: Environmental law and regulation. – Oxford: Blackstone, 2001. – 632 p.
ISBN 1841741140
Mol, Arthur P.J.: Globalization and environmental reform. – Cambridge: The MIT Press, 2001. – 286 p.
ISBN 0262133954
Möllenkamp, Sabine: La coopération franco-allemande pour la protection du Rhin. – Paris: L'Harmattan, 2001. – 270 p. (Allemagne d'hier et d'aujourd'hui)
ISBN 2747515060
Morand-Deviller, Jacqueline: L'environnement et le droit. – Paris: L.G.D.J, 2001. – 104 p. (Politiques locales)
ISBN 2275020020
Neuray, Jean-François: Droit de l'environnement. – Bruxelles: Emile Bruylant, 2001. – 752 p.
ISBN 2802714686
Nowlan, Linda: Arctic legal regime for environmental protection. – Gland: IUCN, 2001. – 69 p. (IUCN environmental policy and law paper; no.044)
ISBN 2831706378
Organisation de Coopération et de Développement Economiques: Biens et services environnementaux: les avantages d'une libéralisation accrue du commerce mondial. – Paris: OCDE, 2001. – 128 p.
ISBN 9264287272
Organisation de Coopération et de Développement Economiques: Les biotechnologies au service de la durabilité industrielle. – Paris: OCDE, 2001. – 164 p.
ISBN 9264295461
Organisation de Coopération et de Développement Economiques: Développement durable: les grandes questions. – Paris: OCDE, 2001. – 556 p.
ISBN 9264286950
Organisation de Coopération et de Développement Economiques: Développement durable: quelles politiques ?. – Paris: OCDE, 2001. – 128 p.
ISBN 9264286616
Organisation de Coopération et de Développement Economiques: Examens des performances environnementales. – Paris: OCDE, 2001. – 60 p. (Progrès dans les pays de l'OCDE; n° 2).
ISBN 9264282946
Organisation de Coopération et de Développement Economiques: Permis transférables nationaux et politiques environnementales: conception et application. – Paris: OCDE, 2001. – 125 p.
ISBN 926428656X
Organisation de Coopération et de Développement Economiques: Perspectives de l'environnement de l'OCDE. – Paris: OCDE, 2001. – 370 p.
ISBN 9264286152

Organisation de Coopération et de Développement Economiques: Les taxes liées à l'environnement dans les pays de l'OCDE: problèmes et stratégies. – Paris: OCDE, 2001. – 156 p.
ISBN 9264287310

Palmer, Joy A. (ed.); Cooper, David E. (ed.); Blaze Corcoran, Peter (ed.): Fifty key thinkers on the environment. – London: Routledge, 2001. – 320 p.
ISBN 0415146984

Park, Chris C.: The environment, principles and applications. – 2nd ed. – London: Routledge, 2001. – 660 p.
ISBN 0415217709

Paterson, Matthew: Understanding global environmental politics. – New York: Palgrave Macmillan, 2001. – 216 p.
ISBN 0333968557

Peterson, Anna L.: Being human: ethics, environment, and our place in the world. – Berkeley: University of California, 2001. – 289 p.
ISBN 0520226550

Petrella, Riccardo: The Water Manifesto. – London: Zed Books, 2001. – 150 p.
ISBN 1856499065

Porges, Amelia (ed.); Geradin, Damien (ed.); Robb, Cairo A. R. (ed.): International environmental law reports: volume 2, Trade and environment. – 2nd ed. – Cambridge: Cambridge University Press, 2001. – 850 p.
ISBN 0521659671

Prescott-Allen, Robert: The wellbeing of nations: a country-by-country index of quality of life and the environment. – Washington, DC: Island Press, 2001. – 342 p.
ISBN 1559638311

Prieur, Michel: Droit de l'environnement. – Paris: Dalloz, 2001. – 944 p. (Précis Dalloz)
ISBN 2247033199

Richards, Deanna J. (ed.); Allenby, Braden R. (ed.); Compton, W. Dale: Information systems and the environment. – Washington, D.C.: National Academy Press, 2001. – 228 p.
ISBN 0309062438

Romi, Raphaël: Droit et administration de l'environnement. – Paris: Montchrestien, 2001. – 563 p. (Domat droit public)
ISBN 2707612693

Rothman, Hal: Saving the Planet: the American response to the environment in the twentieth century. – [s.l.]: Ivan R. Dee Publisher, 2001. – 215 p. (The American Ways Series)
ISBN 156663301X

Russell, Clifford S.: Applying economics to the environment. – New York: Oxford University Press, 2001. – 398 p.
ISBN 019512684X

Sandwith, Trevor; Shine, Clare; Hamilton, Lawrence S. et al.: Transboundary protected areas for peace and co-operation, based on the proceedings of workshops held in Bormio (1998) and Gland (2000). – Gland: IUCN, 2001. – 111 p. (Best Practice Protected Area Guidelines Series; No. 007)
ISBN 2831706122

Schemel, Hans-Joachim: Jaaska, Arne A.: Sports and the Environment: Conflicts and Solutions. – Aachen: Meyer and Meyer Sports, 2001. – 200 p.
ISBN 1841260517

Stiegel, Ute: Das Übereinkommen über die Umweltverträglichkeitsprüfung im grenzüberschreitenden Rahmen (Espoo-Übereinkommen): Inhalt, Bedeutung und Durchfürung. – Frankfurt am Main: P. Lang, 2001. – 254 p. (Europäische Hochschulschriften. Reihe 2, Rechtswissenschaft; Bd. 3142).
ISBN 3631375743

Schram Stokke, Olav (ed.); Thommessen, Oystein B. (ed.); Reklev, Stian (ed.): Yearbook of international cooperation on environment and development 2001/2002. – London: Earthscan, 2001. – 352 p.
ISBN 185383775X

Stone, Hilary; Wahington-Smith, John: Profit and the environment. – Hoboken, USA: John Wiley and Sons Ltd, 2001. – 255 p.
ISBN 0471559458

Sunkin, Maurice; Ong, David; Wight, Robert: Sourcebook on environmental law. – 2nd ed. – London: Cavendish Publishing Ltd, 2001. – 952 p.
ISBN 1859415865

Tarnier, Philippe: Le scandale de l'air contaminé. – [s.l.]: Mango, 2001. – 220 p. (Document).
ISBN 2914353111

Taylor, Frank; Cartwright, Mike; Ahmad, Ravi: Analytical methods for environmental monitoring. – Upper Saddle River, New Jersey: Prentice Hall, 2001. – 336 p.
ISBN 0582253578

Tisdell, Clem: Tourism economics, the environment and development: analysis and policy. – Cheltenham: Edward Elgar Publishing, 2001. – 384 p.
ISBN 1840642769

Trzyna, Thaddeus C. (ed.); Didion, Julie (ed.): World directory of environmental organizations: a handbook of national and international organizations and programs – governmental and non-governmental – concerned with protecting the earth's resource. – 6th ed. – London: Earthscan, 2001. – 263 p.
ISBN 1880028107

United Nations Conference on Trade and Development: Environment. – New York: United Nations, 2001. – 105 p. (UNCTAD series on issues in international investment agreements)
ISBN 9211125138

Vajpeyi, Dhirendrea K. (dir.): Deforestation, environment, and sustainable development: a comparative analysis. – Wesport, USA: Greenwood Publishing Group, 2001. – 272 p.
ISBN 0275969894

Vandeville, Pierre: L'Audit qualité – sécurité – environnement. – Saint Denis la Plaine: Association Française de Normalisation (AFNOR), 2001. – 56 p. (A savoir)
ISBN 2125050196

Vasconcellos, Eduardo A.: Urban transport, environment and equity, the case for developping countries. – London: Earthscan, 2001. – 368 p.
ISBN 1853837261

Vernier, Jacques: L'environnement. – Paris: Presses universitaires de France, 2001. – 127 p. (Que sais-je ?)
ISBN 2130514952

Waite, Andrew (ed.): Butterworths environmental law handbook. – 3rd ed. – London: Butterworths, 2001. – 2052 p.
ISBN 0406945330

Warren, Martin (ed.): Contaminated land. – 2nd ed. – London: Earthscan, 2001. – 53 p.
ISBN 1853837474
Wichert, Friedrich: Natura 2000: kooperatives Vorgehen von Gemeinschaft und Mitgliedstaaten bei der Errichtung eines Netzes von Schutzgebieten zum Zwecke des Artenschutzes. – Berlin: Duncker und Humblot, 2001. – 191 p. (Schriften zum Umweltrecht; 115)
ISBN 3428105966
Wittenberg, Rüdiger (ed.); Cock, Matthew J.W. (ed.): Invasive alien species: a toolkit of best prevention and management practices. – Wallingford, Oxon: CAB International, 2001. – 228 p.
ISBN 0851995691
Wolbarst, Anthony B. (ed.): Solutions for an environment in peril. – Baltimore: John Hopkins University Press, 2001. – 232 p.
ISBN 0801865948
Wolf, Susan; White, Anna Helen: Principles of environment law. – 3rd ed. – London: Cavendish Publishing Ltd, 2001. – 564 p.
ISBN 1859415814
Wright, Charles: Pollution and your business. – London: The Stationery Office Books, 2001. – 121 p.
ISBN 0117027014
Young, Stephen C. (ed.): The emergence of ecological modernisation: integrating the environment and the economy ?. – London: Routledge Press, 2001. – 224 p. (Environmental Politics)
ISBN 0415141737

Articles / Articles

Abdel Motaal, Doaa: Multilateral Environmental Agreements (MEAs) and WTO rules: why the "burden of accommodation" should shift to MEAs. – In: Journal of World Trade. 35(2001)6, p. 1215-1233.
Agriculture et commerce international. (Série d'articles). – In: La revue du CEPII. (2001)87, p. 7-158.
Aménagement et gestion intégrée des zones côtières. (Série d'articles). – In: Revue juridique de l'environnement. (2001) numéro spécial, 315 p.
Auer, Matthew; Reuveny, Rafael; Adler, Lisa: Environmental liability and foreign direct investment in Central and Eastern Europe. – In: Journal of Environment and Development. 10(2001)1, p. 5-34.
Bär, Stefani; Homeyer, Ingmar von; Klasing, Anneke: Fit for enlargement ?: environmental policy after Nice. – In: European Environmental Law Review. 10(2001)7, p. 212-220.
Barker, Terry et al.: The role of EU internal policies in implementing greenhouse gas mitigation options to achieve Kyoto targets. – In: International Environmental Agreements. Politics, Law and Economics. 1(2001)2, p. 243-265.
Barrington, Robert: Biodiversity: new trends in environmental management. – In: Corporate Environmental Strategy. 8(2001)1, p. 39-47.
Bauer, Irmgard L.: Tourism and the environment, the other side of the coin: environmental impact on tourists' health. – In: Tourist Studies. 1(2001)3, p. 297—314.
Baughen, Simon: Investor rights and environmental obligations: reconciling the irreconcilable ?. – In: Journal of Environmental Law. 13(2001)2, p. 199-220.

Betlem, Gerrit: Strict environmental liability and NGO damages and enforcement claims: a Dutch and international law perspective. – In: European Environmental Law Review. 10(2001)11, p. 314-321.

Bombay, Peter: The role of environmental NGOs in international environmental conferences and agreements: some important features. – In: European Environmental Law Review. 10(2001)7, p. 228-231.

Born, Charles-Hubert: La conservation de la biodiversité dans la politique agricole commune. – In: Cahiers de droit européen. 37(2001)3-4, p. 341-401.

Born, Charles-Hubert; Maljean-Dubois, Sandrine: Le droit communautaire de la conservation de la nature devant la CJCE (1999-2001): jurisprudence récente relative aux directives “oiseaux” (1979) et “habitats” (1992). – In: Revue juridique de l’environnement. (2001)4, p. 597-649.

Boucquey, Nathalie: Fonctions et limites des dispositifs contractuels dans un marché de permis. – In: Revue internationale de droit économique. 15(2001)2, p. 197-223.

Brack, Duncan; Calder, Fanny; Dolun, Müge: From Rio to Johannesburg: the Earth Summit and Rio + 10. – In: Transnational Associations = Associations transnationales. (2001)3, p. 166-174.

Burkhardt, Jeffrey: Agricultural biotechnology and the future benefits argument. – In: Journal of Agricultural and Environmental Ethics. 14(2001)2, p. 135-145.

Burritt, Roger; Schaltegger, Stefan: Eco-efficiency in corporate budgeting. – In: Environmental Management and Health. 12(2001)2, p. 158-174.

Cane, Peter: Are environmental harms special ?. – In: Journal of Environmental Law. 13(2001)1, p. 3-20.

Clement, Keith: Strategic environmental awakening: European progress in regional environmental integration. – In: European Environment. 11(2001)2, p. 75-88.

Colloque “Police et responsabilité en matière d’environnement”, Centre de Droit fondamental de la Faculté de Droit de Grenoble. – In: La Gazette du palais. Recueil bimestriel. 121(2001)3, p. 868-924.

Corino, Carsten; Leal Arcas, Rafael: Kyoto Protocol. – In: European Environmental Law Review. 10(2001)10, p. 282-298.

Dale, Debra A.; Zettersten, Garry C.: Environmental protection activities in the Balkan operations: the experience in Bosnia, Albania, Kosovo, and Macedonia. – In: Federal Facilities Environmental Journal. 12(2001)2, p. 45-52.

DeMerieux, Margaret: Deriving environmental rights from the European Convention for the Protection of Human Rights and Fundamental Freedoms. – In: Oxford Journal of Legal Studies. 21(2001)3, p. 521-561.

Développement économique: quelle incidence sur l’environnement ?. – In: Problèmes économiques. (2001)2720, p. 25-29.

Duffy, Paul; Gonzalez, Jessica: A practitioner’s guide to environmental research on the Internet. – In: Natural Resources and Environment. 16(2001)1, p. 304-307.

Dzidzornu, David M.: Environmental impact assessment procedure through the conventions. – In: European Environmental Law Review. 10(2001)1, p. 15-26.

European Communities. Commission: White Paper on Transport. – In: Environmental Policy and Law. 31(2001)6, p. 299-300.

Finster, Mark; Eagan, Patrick; Hussey, Dennis: Linking industrial ecology with business strategy: creating value for green product design. – In: Journal of Industrial Ecology. 5(2001)3, p. 107-125.

Fontagné, Lionel: Protection(nisme): l’environnement à l’OMC. – In: La lettre du CEPII. (2001)206, p. 1-4.

Gassner, Jochen; Narodoslawsky, Michael: International legal instruments and regional environmental protection. – In: Environment Development and Sustainability. 3(2001)3, p. 185-198.

Glachant, Matthieu: The need for adaptability in EU environmental policy design and implementation. – In: European Environment. 11(2001)5, p. 239-249.

Godard, Olivier: Environnement et commerce international: le principe de précaution sur la ligne de fracture. – In: Futuribles. (2001)262, p. 37-62.

Godard, Olivier: Le principe de précaution, entre débats et gestion des crises. – In: Regards sur l'actualité. (2001)274, p. 33-48.

Granet, Marie-Béatrice: Principe de précaution et risques d'origine nucléaire: quelle protection pour l'environnement ?. – In: Journal du droit international. 128(2001)3, p. 755-803.

Gummer, John: Climate change: global threat, global challenge. – In: Natural Resources and Environment. 15(2001)3, p. 156 – 159.

Häberle, Peter: Entwurf der Charta der Grundrechte der Europäischen Union (2000). – In: Jahrbuch des öffentlichen Rechts der Gegenwart. 49(2001), p. 31-48.

Halme, Minna; Niskanen, Jyrki: Does corporate environmental protection increase or decrease shareholder value ?: the case of environmental investments. – In: Business Strategy and the Environment. 10(2001)4, p. 200-214.

Haq, Gary et al.: Determining the costs to industry of environmental regulation. – In: European Environment. 11(2001)3, p. 125-139.

Hartig, Terry; Kaiser, Florian G.; Bowler, Peter A.: Psychological restoration in nature as a positive motivation for ecological behavior. – In: Environment and Behavior. 33(2001)4, p. 590-607.

Heyvaert, Veerle: Balancing trade and environment in the European Union: proportionality substituted ?. – In: Journal of Environmental Law. 13(2001)3, p. 392-407.

Hippel, Eike von: Zur Notwendigkeit einer "Präventiven Jurisprudenz": Vorbeugen ist besser als Heilen. – In: Zeitschrift für Rechtspolitik. 34(2001)4, p. 145-151.

Izcara Palacios; Simón Pedro: La ecologización de la PAC. – In: Revista de estudios europeos. (2001)27, p. 3-24.

Karatzas, Kostas; Moussiopoulos, Nicolas; Papadopoulos, Agis: Web-based tools for environmental management. – In: Environmental Management and Health. 12(2001)4, p. 356-363.

Kefalas, Asterios G.: The Environmentally Sustainable Organization (ESO): a systems approach. – In: Ethics and the Environment. 6(2001)2, p. 90-105.

Kiss, Alexandre: Cinq années de droit international de l'environnement (1996-2000). – In: Revue juridique de l'environnement. (2001)4, p. 563-596.

Kiss, Alexandre: International humanitarian law and the environment. – In: Environmental Policy and Law. 31(2001)4/5, p. 223-231.

Koester, Veit: A new hot spot in the trade-environment conflict. – In: Environmental Policy and Law. 31(2001)2, p. 82-94.

Kotulla, Michael: Die Steuerungswirkung des europäischen Umweltschutzrechts für das nationale Recht. – In: Europarecht. 36(2001)4, p. 522-541.

Krämer, Ludwig: Zur Übernahme des EG-Umweltrechts durch die Beitrittsländer. – In: Umwelt- und Technikrecht. (2001)58, p. 455-475.

Kryazhimskii, F. V.; Bol'shakov, V. N.; Koryukin, V. I.: Man in the light of current ecological problems. – In: Russian Journal of Ecology. 32(2001)6, p. 369-374.

Lammers, Johann G.: International responsibility and liability for damage caused by environmental interferences. – In: Environmental Policy and Law. 31(2001)1, p. 42-50.
Leal Arcas, Rafael: Is the Kyoto Protocol an adequate environmental agreement to resolve the climate change problem ?. – In: European Environmental Law Review. 10(2001)10, p. 282-294.
Leclerc, Stéphane: La Communauté européenne et le Protocole de Kyoto sur les changements climatiques. – In: Revue juridique de l'environnement. (2001)1, p. 31-46.
Lefèvre, Pascal: Les accords entre la Commission et les entreprises dans le domaine de l'environnement: évaluation d'une nouvelle forme de gouvernance en Europe. – In: Journal des tribunaux. Droit européen. 9(2001)84, p. 241-248.
Leprince, Sylviane: La nouvelle directive 2000/60/CE du Parlement et du Conseil instituant un cadre pour l'action communautaire dans le domaine de l'eau: coordination et efficacité ?. – In: Actualités du droit 2001-2002. (2001-4/2002-1), p. 833-875.
Lin, Li: Encouraging environmental accounting worldwide: a survey of government policies and instruments. – In: Corporate Environmental Strategy. 8(2001)1, p. 55-64.
London, Caroline: Droit communautaire de l'environnement, interactions environnement et santé: état des lieux. – In: Revue trimestrielle de droit européen. 37(2001)1, p. 139-154.
López, M. T. Martín: Environmental police protection. – In: Revue européenne de droit public. 13(2001)2, p. 829-854.
Lopez Vazquez, Esperanza: Risk perception interactions in stress and coping facing extreme risks. – In: Environmental Management and Health. 12(2001)2, p. 122-133.
Lübbe-Wolff, Gertrude: Efficient environmental legislation: on different philosophies of pollution control in Europe. – In: Journal of Environmental Law. 13(2001)1, p. 79-87.
Majocchi, Alberto: Sviluppo sostenibile e globalizzazione: conflitto o compatibilità ?. – In: Il Politico. 66(2001)2, p. 309-318.
Martinez Garcia, Graciela: L'environnement dans la constitution espagnole de 1978, l'article 45. – In: Revue européenne de droit de l'environnement. (2001)3, p. 274-283.
Matthee, Mariëlle; Vermersch, Dominique: The international integration of European precautionary measures on biosafety. – In: European Environmental Law Review. 10(2001)6, p. 183-193.
Menzel, Hans-Joachim: Das Konzept der "nachhaltigen Entwicklung": Herausforderung an Rechtssetzung und Rechtsanwendung. – In: Zeitschrift für Rechtspolitik. 34(2001)5, p. 221-229.
Metz, Bert et al.: How can the European Union contribute to a COP-6 Agreement ?: an overview for policy makers. – In: International Environmental Agreements. Politics, Law and Economics. 1(2001)2, p. 167-185.
Mintzer, Irving; Michel, David: Climate change, rights of future generations and intergenerational equity: an in-expert exploration of a dark and cloudy path. – In: International Journal of Global Environmental Issues. 1(2001)2, p. 203-222.
Morgenstern, Richard D.; Pizer, William A.; Shih, Jhih-Shyang: The cost of environmental protection. – In: Review of Economics and Statistics. 83(2001)4, p. 732-738.
Neumayer, Eric: Greening the WTO agreements: can the Treaty establishing the European Community be of guidance ?. – In: Journal of World Trade. 34(2001)1, p. 145-166.
Neumayer, Eric: Improvement without convergence: pressure on the environment in European Union countries. – In: Journal of Common Market Studies. 39(2001)5, p. 927-937.

Noiville, Christine; Sadeleer, Nicolas de: La gestion des risques écologiques et sanitaires à l'épreuve des chiffres: le droit entre enjeux scientifiques et politiques. – In: Revue du droit de l'Union européenne. (2001)2, p. 389-449.
Notaro, Nicola: The EC and WTO trade and environment case law: procedural aspects, legal principles and institutional matters. – In: Cambridge Yearbook of European Legal Studies 2000. 3(2001), p. 327-350.
Owen, Daniel: The application of the Wild Birds Directive beyond the territorial sea of European Community member states. – In: Journal of Environmental Law. 13(2001)1, p. 39-78.
Pallaruelo, Guy; Tran, Anne-Marie: La responsabilité civile environnementale des entreprises: le point de vue du chef d'entreprise. – In: Revue du Marché commun et de l'Union européenne. (2001)446, p. 203-207.
Pearce, David; Palmer, Charles: Public and private spending for environmental protection: a cross-country policy analysis. – In: Fiscal Studies. 22(2001)4, p. 403-456.
Pétrou, Christoforos A.: Les nouvelles tendances du droit de l'environnement en Grèce (du 1er janvier 1999 au 1er juin 2001). – In: Revue européenne de droit de l'environnement. (2001)2, p. 169-182.
Politische Antworten auf die globale Wasserkrise: Trends und Konflikte. – In: Aus Politik und Zeitgeschichte. (2001)48-49, 38 p.
Pontin, Ben: Royaume-Uni. – In: Revue européenne de droit de l'environnement. (2001)3, p. 285-300.
Prieur, Michel: La Convention européenne du paysage. – In: Environmental Policy and Law. 31(2001)3, p. 168-170.
Rehbinder, Eckard: Legal protection of environmental rights, the role and experience of the International Court of Environmental Arbitration and Conciliation. – In: Environmental Policy and Law. 31(2001)6, p. 282-293.
Runge, C. Ford: A Global Environment Organization (GEO) and the World Trading System. – In: Journal of World Trade. 35(2001)4, p. 399-426.
Sampson, Gary P.: Effective multilateral environment agreements and why the WTO needs. – In: World Economy. 24(2001)9, p. 1109-1134.
Scheuing, Dieter H.: Regulierung und Marktfreiheit im Europäischen Umweltrecht. – In: Europarecht. 36(2001)1, p. 1-26.
Schreiber, H. et al.: Action Programme "Environment and Health" (APUG): implementation of intersectoral measures. – In: Bundesgesundheitsblatt. 44(2001)12, p. 1180-1187.
Schwarze, Reimund: Environmental liability and accident prevention: preliminary experiences in Germany. – In: European Environment. 11(2001)6, p. 314-323.
Senthil Kumaran, D. et al.: Environmental life cycle cost analysis of products. – In: Environmental Management and Health. 12(2001)3, p. 260-276.
Stetter, Sebastian: Maastricht, Amsterdam and Nice: the environmental lobby and greening the treaties. – In: European Environmental Law Review. 10(2001)5, p. 150-159.
Sureda, Jaume; Calvo, Ana M.: Organization of school centres and environmental education: in search of action models for the greening of school organization. – In: The Environmentalist. 21(2001)4, p. 287-296.
Thieffry, Patrick: Le nouveau cadre de la politique communautaire de l'eau. – In: Europe. 11(2001)2, p. 4-8.
Thieme, Dominik: European Community external relations in the field of the environment. – In: European Environmental Law Review. 10(2001)8/9, p. 252-264.
Tinch, Robert: Transport and environment: policy directions for Europe. – In: European Environment. 11(2001)3, p. 151-162.

Todd, Susan: Measuring the effectiveness of environmental dispute settlement efforts. – In: Environmental Impact Assessment Review. (2001)21, p. 97-110.
Trade, labor and the environment. (Collection of articles). – In: Journal of Economic Perspectives. 15(2001)3, p. 69-130.
Tromans, Stephen: Environmental protection and the common law. – In: Journal of Environmental Law. 13(2001)2, p. 285-287.
Vedder, Hans: The new Community guidelines on state aid for environmental protection: integrating environment and competition ?. – In: European Competition Law Review. 22(2001)9, p. 365-373.
Verschoor, Atie H.; Reijnders, Lucas: The environmental monitoring of large international companies: how and what is monitored and why. – In: Journal of Cleaner Production. 9(2001)1, p. 43-55.
Waller, Mark: Biodiversity and tourism co-exist in harmony. – In: Corporate Environmental Strategy. 8(2001)1, p. 48-54.
Wasmeier, Martin: The integration of environmental protection as a general rule for interpreting Community law. – In: Common Market Law Review. 38(2001)1, p. 159-177.
Wedder, Hans H. B.: Environmental protection and free competition: a new balance ?. – In: Legal Issues of Economic Integration. 28(2001)1, p. 105-116.
Weinstein, Michael M.; Charnovitz, Steve: The greening of the WTO. – In: Foreign Affairs. 80(2001)6, p. 147-156.
Wilde, Mark L.: The EC Commission's White Paper on Environmental Liability, issues and implications. – In: Journal of Environmental Law. 13(2001)1, p. 21-37.
Wilson, Clevo; Tisdell, Clem: Why farmers continue to use pesticides despite environmental, health and sustainability costs. – In: Ecological Economics. 39(2001)3, p. 449-462.
Witzke, H. Peter; Urfei, Guido: Willingness to pay for environmental protection in Germany: coping with the regional dimension. – In: Regional Studies. 35(2001)3, p. 207-214.
Yamin, Farhana; Burniaux, Jean-Marc; Nentjes, Andries: Kyoto mechanisms: keys issues for policy-makers for COP-6. – In: International Environmental Agreements. Politics, Law and Economics. 1(2001)2, p. 187-218.

2g. Parlement Européen / European Parliament

Livres / Books

Baumont, Stéphane: Le Parlement européen. – Toulouse: Ed. Milan, 2001. – 63 p. (Les essentiels Milan; 92)
ISBN 2-84113-591-8
Berthu, Georges: La normalisation par l'euro: ce que la monnaie unique nous prépare: interventions au Parlement européen, 1994-2001. – Paris: F. -X. de Guibert, 2001. – 242 p.
ISBN 2-86839-568-6
Betrunk, Carola von: Architecture studio, le Parlement européen, Strasbourg (textes en allemand, anglais, français et italien). – Milan: Edizioni Charta, 2001. – 79 p.
ISBN 88-815-8300-3

Corbett, Richard: The European Parliament's role in closer EU integration. – 2nd ed. – Basingstoke: Palgrave, 2001. – 424 p.
ISBN 0-333-94938-2

Costa, Olivier: Le Parlement européen, assemblée délibérante. – Bruxelles: Ed. de l'Université de Bruxelles, 2001. – 507 p. (Etudes européennes)
ISBN 2-8004-1250-X

Europäisches Parlament: Die Mitglieder des Europäischen Parlaments: fünfte Wahlperiode 1999-2004. – Luxembourg: Amt für Amtliche Veröff. der Europäische Gemeinschaften, 2001. – 353 p.
ISBN 92-823-1450-2

European Parliament: The Members of the European Parliament, fifth Parliamentary term 1999-2004. – Luxembourg: Office for Official Publications of the European Communities, 2001. – 353 p.
ISBN 92-823-1452-9

European Parliament: Reuniting Europe, the fifth enlargement, European Parliament. – Luxembourg: Office for Official Publications of the European Communities, 2001. – 31 p.
ISBN 92-823-1602-5

Fraga, Ana: Os Parlamentos nacionais e a legitimidade da construção europeia. – Lisboa: Cosmos, 2001. – 175 p.
ISBN 9727622305

Kielhorn, Achim: Rolleorientierungen von Abgeordneten in Europa: eine empirische Analyse von Bestimmungsgründen und Konsequenzen der Repräsentationsrolle von Parlamentariern in elf EU-Ländern. – Berlin: Freie Univ., 2001. – x – 353 p.

Kreppel, Amie: The European Parliament and supranational party system. – Cambridge: Cambridge University Press, 2001. – 280 p. (Cambridge studies in comparative politics)
ISBN 0521000793

Lodge, Juliet: The 1999 elections to the European Parliament. – Basingstoke, Hants: Palgrave, 2001. – 324 p.
ISBN 0-333-80042-7

McGee, Simon: Rules on parliamentary immunity in the European Parliament and the Member States of the European Union. – Brussels: E.C.P.R.D, 2001. – 55 p.

Mike, Cooper: How to trace European Parliament documentation. – 2nd ed. – Manchester: European Information Association, 2001. – (EIA Quick Guide; No. 7)
ISBN 094827283X

Neuhold, Christine: Das Europäische Parlament im Rechtsetzungsprozess der Europäischen Union: demokratische Kontrollmöglichkeiten im Hinblick auf die Durchführungsbefugnisse der Europäische Kommission. – Frankfurt am Main: Lang, 2001. – xix – 338 p. (Europäische Hochschulschriften: Reihe 31, Politikwissenschaft; 427)
ISBN 3-631-36882-8

Parlement européen: Les députés du Parlement européen: cinquième législature: 1999-2004. – Luxembourg: Office des publications officielles des Communautés européennes, 2001. – 353 p.
ISBN 92-823-1453-7

Peña Romo García; Universidad Rey Juan Carlos; Instituto de Estudios Europeos "Emile Noël": Historia del Parlamento Europeo (1950-2000). – Madrid: Dykinson, 2001. – 386 p. (Unión Europea. Estudios y Documentos; 4)
ISBN 84-8155-768-4
Perrineau, Pascal; Grunberg, Gérard; Ysmal, Colette: Europe at the Polls: the European elections of 1999 (Europe in transition). – Basingstoke: Palgrave, 2001. – 318 p.
ISBN 0-312-23895-9
Ruff, Andreas: Das Europäische Parlament: Entstehung, Struktur, Aufgaben und Schwächen des Europäischen Parlaments. – Berlin: Mensch-und-Buch-Verlag, 2001. – 135 p. (Rechtswissenschaftliche Forschungsberichte)
ISBN 3-89820-250-X
Silvestro, Massimo; Europäischen Parlament: Gaetano Martino: Zehn Jahre im Europäischen Parlament (1957-1967): ein Mann der Wissenschaft im Dienste Europas: Reden aus den Legislaturperioden. – Luxemburg: PE, 2001. – 103 p. (EP, Reihe Politiek; POLI 118)
ISBN 92-823-1502-9
Silvestro, Massimo; European Parliament: Ten years in the European Parliament (1957-1967): a scientist at the service of Europe: Parliamentary speeches given during various periods of office. – Luxembourg: Office for Official Publications of the European Communities, 2001. – 95 p. (Working paper / EP, Political series; POLI 118)
ISBN 92-823-1504-5
Statistiska centralbyrån; Göteborgs universitet. Statsvetenskapliga institutionen: Valet till Europaparlamentet. – Stockholm: Statistiska centralbyrån; Örebro: Publikationstjänsten, 2001. – 88 p.
Williams, Veronica: Parliamentary codes of conduct in Europe: an overview. – Luxembourg: Office for Official Publications of the European Communities, 2001. – 72 p.

Articles / Articles

Baviera, Saverio: Les pétitions au Parlement européen et le médiateur européen. – In: Revue du Marché commun et de l'Union européenne. (2001)445, p. 129-135.
Berrod, Frédérique; Pietri, Martin: Nice ou la victoire des États membres. – In: Europe. 11(2001)1, p. 3-9.
Birchard, Karen: European Parliament revises blood donation legislation. – In: The Lancet. 358(2001)9285, p. 901.
Bosch, Xavier: European Parliament backs human cloning ban. – In: The Lancet. 358(2001)9295, p. 1785.
Bosch, Xavier: European Parliament debate on human cloning collapses. – In: The Lancet. 358(2001)9297, p. 1974.
Cardot, Patrice: Renforcer la PESC et la PESD en modernisant les institutions de l'Union européenne. – In: Défense nationale. 57(2001)12, p. 19-35.
Coosemans, Thierry: Le Parlement européen et la politique sociale de l'Union européenne. – In: Courrier hebdomadaire du CRISP. (2001)1718, p. 5-52.
Crossick, Stanley: The Europe we need. – In: European Business Journal. 13(2001)2, p. 58-65.
Elargissement: le Parlement européen a fait le point sur l'état des négociations. – In: Europe documents. (2001)2250, 7 p.

Enlargement: European Parliament discusses state of negociations. – In: Europe Documents. (2001)2250, 7 p.
Erweiterung: Europäisches Parlament zum Stand der Verhandlungen. – In: Europe Dokumente. (2001)2250, 7 p.
Das Europäische Parlament gab einen Lagebericht zu den Fortschritten der Gemeinsamen Aussen- und Sicherheitspolitik. – In: Europe Dokumente. (2001)2256, p. 6 p.
European Parliament adopts wide-reaching legislation to combat BSE. – In: Food Chemical News. 43(2001)13, p. 12-13.
European Parliament considers EWC reforms, a report from the EP's Employment and Social Affairs Committee proposes extensive amendments to the EWCs Directive. – In: European Works Councils Bulletin. (2001)35, p. 13-14.
European Parliament oks air pollution package. – In: Environment Watch. Europe. 10(2001)18, p. 9.
European Parliament recommends lower transport time for animal. – In: Food Chemical News. 43(2001)40, p. 18.
European Parliament rejects cautious report on biotech and genetics: hard times for building conservation. – In: Nature. 414(2001)6864, p. 572.
European Parliament reports on social issues. – In: European Social Policy. (2001)121, p. 20.
European Parliament takes stock of progress on Common Foreign and Security Policy. – In: Europe Documents. (2001)2256, 6 p.
Franklin, Mark N.: How structural factors cause turnout variations at European Parliament elections. – In: European Union Politics. 2(2001)3, p. 309-328.
Fuentetaja Pastor, Jesús Angel: Parlamento europeo y parlamentos nacionales. – In: Revista de derecho de la Unión europea. (2001)1, p. 165-184.
Gozi, Sandro: Does the EU institutional triangle have a future. – In: The International Spectator. 36(2001)1, p. 39-49.
Guerrieri, Sandro: The development of the role of the European Parliament. – In: Parliaments, Estates and Representations = Parlements, États et représentation. 21(2001), p. 229-238.
Hix, Simon: Legislative behaviour and party competition in the European Parliament: an application of nominate to the EU. – In: Journal of Common Market Studies. 39(2001)4, p. 663-688.
Jackson, Caroline: From boats to Bonn: European Parliament's Environment Committee at work. – In: Science in Parliament. 58(2001)4, p. 2.
Katz, Richard S.: Models of democracy: elite attitudes and the democratic deficit in the European Union. – In: European Union Politics. 2(2001)1, p. 53-79.
MacCormick, Neil: On the very idea of a European constitution: jurisprudential reflections from the European Parliament. – In: Juridisk tidskrift vid Stockholms universitet. 13(2001)3, p. 529-541.
Magnette, Paul: Appointing and censuring the European Commission: the adaptation of parliamentary institutions to the Community context. – In: European Law Journal. 7(2001)3, p. 292-310.
Mather, Janet: The European Parliament: a model of representative democracy ?. – In: West European Politics. 24(2001)1, p. 181-201.
Osborn, Alan: The people's Parliament: the 626 member European Parliament continues to grow in power and stature. – In: Europe. Magazine of the European Union. (2001)408, p. 22-23.

Le Parlement européen a fait le point sur les progrès de la politique étrangère et de sécurité commune. – In: Europe documents. (2001)2256, 6 p.
Le Parlement européen prend en compte la spécificité des ports. – In: Journal de la marine marchande et du transport multimodal. 83(2001)4275, p. 9-11.
Le Parlement européen propose de créer un Centre de contrôle de la politique de la santé publique. – In: Médecine et hygiène. 59(2001)2348, p. 1216.
Le Parlement européen souligne l'importance du nucléaire dans le mix énergétique européen. – In: Revue générale nucléaire. (2001)6, p. 9.
Parlement européen: adoption en seconde lecture d'une directive sur le droit d'auteur. – In: IRIS. Observations juridiques. 7(2001)3, p. 3.
Rogers, Arthur: European Parliament considers case for European public-health agency. – In: The Lancet. 358(2001)9299, p. 2138.
Rogers, Arthur: European Parliament proposes to coordinate health policy across Europe. – In: The Lancet. 357(2001)9263, p. 1189.
Rogers, Arthur: European Parliament takes first steps towards a regional food authority. – In: The Lancet. 357(2001)9272, p. 1956.
Slaroff, Alan: Elections to the European Parliament: testing alternative models of what they indicate in the member nations. – In: Revue d'intégration européenne. 23(2001)3, p. 237-256.
Social legislation: European Parliament worker consultation vote. – In: European Social Policy. (2001)123, p. 8-9.
Traité de Nice: première résolution du Parlement européen qui insiste sur les engagements qui seront pris sur l'avenir de l'Europe. – In: Europe documents. (2001)2243, 5 p.
Treaty of Nice: first European Parliament resolution insisting on commitments to be taken on the future of Europe. – In: Europe Documents. (2001)2243, 5 p.
Turkey: as the effects of the economic crisis bite deeper across the country, reforms related to EU accession remain under threat, Cyprus is also a bone of contention as the European Parliament warns Ankara not to annex the North. – In: Middle East International. (2001)658, p. 18-19.
Vertrag von Nizza: Europäisches Parlament äussert sich erstmals über Verpflichtungen für die Zukunft Europas. – In: Europe Dokumente. (2001)2243, 5 p.
Wallace, Helen; Cram, Laura; Warleight, Alex: The changing politics of the European Union. – In: Journal of Common Market Studies. 39(2001)4, p. 581-800.
Wessels, Wolfgang: Die Vertragsreformen von Nizza, zur institutionnellen Erweiterungsreife. – In: Integration. 24(2001)1, p. 8-25.

2h. Cour Européenne de Justice / European Court of Justice

Livres / Books

Adserá Ribera, Elena: Guía práctica de derecho comunitario. – Las Rozas (Madrid): La Ley, 2001. – 342 p.
ISBN 8476959958
Beach, Derek: Between law and politics: the relationship between the European Court of Justice and EU member states. – Copenhagen: DJØF Publishing Copenhagen, 2001. – 230 p.
ISBN: 8757404933

Brück, Michael: Das Vorabentscheidungsverfahren vor dem Europäischen Gerichtshof als Bestandteil des deutschen Zivilprozesses: rechtsschutzhemmendes Integrationsproblem oder kohärente Rechtsschutzerweiterung. – Frankfurt am Main: Peter Lang, 2001. – xvii – 308 p.
ISBN: 3631377940

Carnevali Rodríguez, Raúl: Derecho penal y derecho sancionador de la Unión Europea. – Granada: Comares, 2001. – xviii – 472 p. (Biblioteca Comares de ciencia jurídica. Estudios de derecho penal 22)
ISBN 848444256X

Castillo de la Torre, Fernando: El control judicial de los acuerdos internacionales de la Comunidad Europea. – Madrid: Dykinson, 2001. – 238 p.
ISBN: 8481557552

Dashwood, Alan (ed.); Johnston, Angus Charles (ed.): The future of the judicial system of the European Union. – Oxford: Hart Pub., 2001. – ix – 268 p.
ISBN: 1841132411

De Búrca, Gráinne (ed.); Weiler, Joseph (ed.): The European Court of Justice. – Oxford: Oxford University Press, 2001. – xxvi – 233 p. (The collected courses of the Academy of European Law; v. 10/1)
ISBN: 0199246025

Doolan, Brian: Lawless v. Ireland (1957-1961): the first case before the European Court of Human Rights: an international miscarriage of justice? – Aldershot: Ashgate, 2001. – ix – 269 p.
ISBN: 0754621693

Limbach, Jutta: Grundrechtsschutz in der Europäischen Union: Savigny-Vorlesung 2000. – Baden-Baden: Nomos, 2001. – 23 p. (Savigny-Vorlesung des Fachbereichs Rechtswissenschaften der Philipps-Universität Marburg 1)
ISBN 3789076392

Picker, Rolf (Hrsg.): Charta der Grundrechte der Europäischen Union: Kurz-Kommentar: Recht, Politik, Zeitgeschichte, Europa. – Starnberg: Rolf Picker Verlag, 2001. – vi – 162 p.
ISBN 3980768538

Sciarra, Silvana: Labour law in the courts: national judges and the European Court of Justice. – Oxford: Hart Pub., 2001. – xviii – 316 p.
ISBN: 1841130249

Simon, Denys: Le système juridique communautaire. – 3e éd. – Paris: PUF, 2001. – 779 p.
ISBN 2130523781

Tischler, Luzia: Der Internationale Gerichtshof zwischen Politik und Recht: Problemanalyse anhand des Gutachtens vom 8. Juli 1996 zum Einsatz von Nuklearwaffen. – Frankfurt am Main: Peter Lang, 2001. – 261 p. (Europäische Hochschulschriften. Reihe II, Rechtswissenschaft; Bd. 3051)
ISBN: 3631372922

Articles / Articles

50 Jahre Bundesverfassungsgericht. (Reihe von Beiträgen). – In: Aus Politik und Zeitgeschichte. (2001)37-38, 54 p.

Abraham, Ronny: La France devant les juridictions européennes. – In: Pouvoirs. (2001)96, p. 143-160.

Arnull, Anthony: Modernizing the Community courts. – In: Cambridge Yearbook of European Legal Studies 2000. 3(2001), p. 37-63.

Azoulay, Loïc: The Court of Justice and the administrative governance. – In: European Law Journal. 7(2001)4, p. 425-441.
Battis, Ulrich: Verwaltungsrecht als konkretisiertes Gemeinschaftsrecht. – In: Die öffentliche Verwaltung. 54(2001)23, p. 988-995.
Bechillon, Denys de: Conflits de sentences entre les juges de la loi. – In: Pouvoirs. (2001)96, p. 107-122.
Beyerlin, Ulrich: The role of NGOs in international environmental litigation. – In: Zeitschrift für ausländisches öffentliches Recht und Völkerrecht. 61(2001)2-3, p. 357-378.
Böse, Martin: Der Beitritt der EG zur EMRK aus der Sicht des Strafrechts. – In: Zeitschrift für Rechtspolitik. 34(2001)9, p. 402-404.
Danwitz, Thomas von: The Charter of Fundamental Rights of the European Union between political symbolism and legal realism. – In: Journal of International Law and Policy. 29(2001)3/4, p. 289-304.
Danwitz, Thomas von: Zwischen Symbolismus und Realismus: die Grundrechtscharta der Europäischen Union. – In: Internationale Politik. 56(2001)2, p. 37-42.
Dord, Olivier: Systèmes juridiques nationaux et cours européennes: de l'affrontement à la complémentarité ?. – In: Pouvoirs. (2001)96, p. 5-18.
D'sa, Rose M.; Wooldridge, Frank: The reform of the Community courts. – In: European Business Law Review. 12(2001)1-2, p. 26-33.
Due, Ole: The Court of Justice after Nice. – In: Europarättslig tidskrift. 4(2001)3, p. 360-366.
Dutheil de la Rochère, Jacqueline: Droit au juge, accès à la justice européenne. – In: Pouvoirs. (2001)96, p. 123-141.
Elias, Olufemi: General international law in the European Court of Justice: from hypothesis to reality ?. – In: Netherlands Yearbook of International Law 2000. 31(2001), p. 3-34.
Faist, Thomas: Social citizenship in the European Union: nested membership. – In: Journal of Common Market Studies. 39(2001)1, p. 37-58.
Gosalbo Bono, Ricardo: L'arrêt "Tabac" ou l'apport de la Cour de justice au débat sur la délimitation des compétences. – In: Revue trimestrielle de droit européen. 37(2001)4, p. 785-808.
Härtel, Ines: Durchsetzbarkeit von Zwangsgeld-Urteilen des EuGH gegen Mitgliedstaaten. – In: Europarecht. 36(2001)4, p. 617-630.
Hatje, Armin: Die institutionelle Reform der Europäischen Union: der Vertrag von Nizza auf dem Prüfstand. – In: Europarecht. 36(2001)2, p. 143-184.
Hrbek, Rudolf: Der Vertrag von Nizza: eine weitere Etappe im europäischen Integrationsprozess. – In: Wirtschaftsdienst. 81(2001)1, p. 21-29.
Klein, Hans H.: Kompetenzfälle der Europäischen Union. – In: Die politische Meinung. 46(2001)380, p. 45-53.
Koenig, Christian; Kühling, Jürgen: EG-beihilfenrechtliche Beurteilung mitgliedstaatlicher Infrastrukturförderung im Zeichen zunehmender Privatisierung. – In: Die öffentliche Verwaltung. 54(2001)21, p. 881-890.
La Pergola, Antonio: Constitutional jurisdiction and the role of the European Court of Justice. – In: Mediterranean Journal of Human Rights. 5(2001), p. 191-198.
Layus, Marie-Laure; Simonetti, Florence: Procédure juridictionnelle: points communs et différences. – In: Pouvoirs. (2001)96, p. 85-106.
Legal, Hubert: Composition et fonctionnement des cours européennes. – In: Pouvoirs. (2001)96, p. 65-84.

Lenz, Carl Otto: Die Gerichtsbarkeit in der Europäischen Gemeinschaft nach dem Vertrag von Nizza. – In: Europäische Grundrechte Zeitschrift. 28(2001)17-20, p. 433-441.

La lutte contre les discriminations. (Série d'articles). – In: Échanges santé-social. (2001)101, p. 1-102.

Mager, Ute: Die staatengerichtete Entscheidung als supranationale Handlungsform. – In: Europarecht. 36(2001)5, p. 661-681.

Manin, Philippe: Les effets des juridictions européennes sur les juridictions françaises. – In: Pouvoirs. (2001)96, p. 51-64.

Marcuello Moreno, José Luis: Los procedimientos ante el Tribunal de justicia de las Comunidades europeas. – In: Noticias de la Unión europea. 17(2001)195, p. 9-19.

Martínez Soria, José: Die Kodizes für gute Verwaltungspraxis: ein Beitrag zur Kodifikation des Verwaltungsverfahrensrechts der EG. – In: Europarecht. 36(2001)5, p. 682-705.

Mayer, Franz C.: Die drei Dimensionen der Europäischen Kompetenzdebatte. – In: Zeitschrift für ausländisches öffentliches Recht und Völkerrecht. 61(2001)2-3, p. 577-640.

Mosbacher, Wolfgang: Elektronische Vergabe: neue Möglichkeiten im öffentlichen Beschaffungswesen. – In: Die öffentliche Verwaltung. 54(2001)14, p. 573-582.

Muñoz, Rodolphe: Le système du juge unique pour le règlement d'un problème multiple: l'encombrement de la Cour de justice des Communautés européennes et du Tribunal de première instance. – In: Revue du Marché commun et de l'Union européenne. (2001)444, p. 60-66.

Niedobitek, Matthias: Kollisionen zwischen EG-Recht und nationalem Recht. – In: Verwaltungsarchiv. 92(2001)1, p. 58-80.

Nuffel, Piet van: What's in a member state ?: central and decentralized authorities before the Community courts. – In: Common Market Law Review. 38(2001)4, p. 871-901.

Pache, Eckhard: Die Europäische Grundrechtscharta: ein Rückschritt für den Grundrechtsschutz in Europa ?. – In: Europarecht. 36(2001)4, p. 475-494.

Palacio González, José: El efecto directo: ¿un concepto en crisis?. – In: Comunidad europea. 28(2001)8-9, p. 35-44.

Palermo, Francesco: The use of minority languages: recent developments in EC law and judgments of the ECJ. – In: Maastricht Journal of European and Comparative Law. 8(2001)3, p. 299-318.

Pischel, Gerhard: Trade, treaties and treason: some underlying aspects of the difficult relationship between the EU and the WTO. – In: European Foreign Affairs Review. 6(2001)1, p. 103-133.

Ridaura Martínez, María Josefa: La reforma del reglamento de procedimiento del Tribunal de justicia de las Comunidades europeas. – In: Noticias de la Unión europea. 17(2001)197, p. 41-45.

Rogerson, Pippa: Plus ça change ?: Article 5(1) of the regulation on jurisdiction and the recognition and enforcement of judgments. – In: Cambridge Yearbook of European Legal Studies 2000. 3(2001), p. 383-406.

Royla, Pascal: WTO-Recht – EG-Recht: Kollision, Justiziabilität, Implementation. – In: Europarecht. 36(2001)4, p. 495-521.

Ruiz-Jarabo, Dámaso: La réforme de la Cour de justice opérée par le Traité de Nice et sa mise en oeuvre future. – In: Revue trimestrielle de droit européen. 37(2001)4, p. 705-725.

Sanz Caballero, Susana: El control de los actos comunitarios por el TEDH. – In: Revista de derecho comunitario europeo. 5(2001)10, p. 473-513.

Scheuing, Dieter H.: Regulierung und Marktfreiheit im Europäischen Umweltrecht – In: Europarecht. 36(2001)1, p. 1-26.
Schmidt, Susanne K.: Die Einflussmöglichkeiten der Europäischen Kommission auf die europäische Politik. – In: Politische Vierteljahresschrift. 42(2001)2, p. 173-192.
Schramm, Alfred: Zweistufige Rechtsakte oder: über Richtlinien und Grundsatzgesetze. – In: Zeitschrift für öffentliches Recht. 56(2001)1, p. 65-96.
Sevón, Leif: Making Community law efficient. – In: European Business Law Review. 12(2001)7-8, p. 154-159.
Smith, Michael E.: Diplomacy by decree: the legalization of EU foreign policy. – In: Journal of Common Market Studies. 39(2001)1, p. 79-104.
Söderman, Jacob: Le citoyen, l'État de droit et le principe de transparence. – In: Revue du droit de l'Union européenne. (2001)4, p. 889-900.
Talmon, Stefan: The Cyprus question before the European Court of Justice. – In: European Journal of International Law. 12(2001)4, p. 727-750.
Tambou, Olivia: Le système juridictionnel communautaire revue et corrigé par le Traité de Nice. – In: Revue du Marché commun et de l'Union européenne. (2001)446, p. 164-170.
Tsebelis, George; Garrett, Geoffrey: The institutional foundations of intergovernmentalism and supranationalism in the European Union. – In: International Organization. 55(2001)2, p. 357-390.
Vincentelli-Meria, Dominique: Vers une normalisation de l'application de l'article 296 du TCE dans le secteur des industries d'armement: les interprétations de la Commission européenne et de la Cour de justice. – In: Revue du Marché commun et de l'Union européenne. (2001)445, p. 96-101.
Wegener, Bernhard W.: Die Neuordnung der EU-Gerichtsbarkeit durch den Vertrag von Nizza. – In: Deutsches Verwaltungsblatt. 116(2001)16, p. 1258-1263.
Weiler, Joseph H. H.: The rule of lawyers and the ethos of diplomats: reflections on the internal and external legitimacy of WTO dispute settlement. – In: Journal of World Trade. 35(2001)2, p. 191-207.

B. INTEGRATION ECONOMIQUE / ECONOMIC INTEGRATION

1a. Intégration Economique en Général / Economic Integration in General

Livres / Books

Baldwin, Richard E; Brunetti, Aymo: Economic impact of EU membership on entrants: new methods and issus. – Boston: Kluwer Academic, 2001. – 274 p.
ISBN 0792375742
Benhayoun, Gilbert: La coopération régionale dans le bassin méditerranéen. – 2 vol.– Paris: Harmattan, 2001.
ISBN 2747510433
Cheikbossian, Guillaume: L'économie politique de l'éclatement des unions économiques. – Paris: l'Harmattan, 2001. – 208 p.
ISBN 2-7475-0119-1

Daianu, Daniel; Veremis, Thanos: Balkan reconstruction . – London; Portland: Frank Cass, 2001. – 224 p.
ISBN 0714651486
Cohen, Elie: L'ordre économique mondial: essai sur les autorités de régulation. – Paris: Fayard, 2001. – 315 p.
ISBN 2213606994
Dollfus, Olivier: La mondialisation. – Paris: Presses de Sciences, 2001. – 166 p.
ISBN 2-7246-0851-8
Drevet, Jean-François: L'élargissement de l'Union européenne, jusqu'où. – Paris: Harmattan, 2001. – 353 p.
ISBN 2747515869
Drud Hansen, jorgen: European integration: an economic perspective. – Oxford: Oxford University Press, 2001. – 255 p.
ISBN 0198700601
Druesne, Gérard: Droit de l'Union européenne et politiques communautaires. – Paris: Presse universitaire de France, 2001. – 615 p.
ISBN 2-13-052092-8
Fauri, Francesca: L'Italia e l'integrazione economica europea, 1947-2000. – Bologna: II Mulino, 2001. – 302 p.
ISBN 8815080813
Galleo, David P: Rethinking Europe's Future. – Princeton, N.J.: Princeton University Press, 2001. – 381 p.
ISBN 0691090815
Gibson, Heather: Economic transformation, democratization, and integration into the European Union: southern Europe in Comparative perspective. – New York: Palgrave, 2001. – 360 p.
ISBN 0333801229
Glaesner, H.j.: Europarecht Textausgabe. – Baden-Baden: Nomos, 2001. – 580 p.
ISBN 3789071048
Grossman, Emiliano: Les mots de l'Europe: lexique de l'intégration européenne. – Paris: Presse de la Fondation nationale des sciences politiques, 2001. – 362 p.
ISBN 2724608135
Hansen, Lene; Wæver, Ole: European integration and national identity: the challenge of the Nordic states. – vol 1. – New York: Routlege, 2001.
ISBN 0415261848
Inozemtsev, Vladislav: Les leurres de l'économie de rattrapage: la facture postindustrielle. – Paris: L'Harmattan, 2001. – 379 p.
ISBN 2-7475-1651-2
Korres, George M; Biros, George: Economic integration: limits and prospects. – New York: Palgrave, 2001. – 368 p.
ISBN 0312226640
Langewiesche, Renate; Tóth, Andras: The unity of Europe: Political, economic and social dimensions of EU enlargement. – Brussels: European Trade Union Institute, 2001. – 309 p.
ISBN 2930143908
Levasseur, Sandrine: L'union économique et monétaire européenne: homogénéisation, obstacles et intégration. – Paris: L'Harmattan, 2001. – 217 p.
ISBN 2-7475-1553-2

Loth, Wilfried; Wessels, Wolfgang: Theorien europäischer Integration. – Opladen: Leske + Budrich, 2001. – 294 p.
ISBN 381002886X

Menjucq, Michel: Droit international et européen des sociétés. – Paris: Montchrestien, 2001. – 449 p.
ISBN 2-7076-1258-8

Moreau Defarges, Philippe: La mondialisation. – Paris: Presses universitaires de France, 2001. –127 p.
ISBN 2-13-051846-x

Pérez Sánchez; Guillermo A: 50 años de la Unión Europea: reflexiones desde la Universidad. – Oviedo: Asturias, 2001. – 478 p.
ISBN 8495687119

Redwood, John: Just say no !: 100 arguments against the euro. – London: Politico's, 2001. – 230 p.
ISBN 1902301994

Rood, J. Q. Th: Europa onvoltooid?: beschouwingen over de finaliteit van de Europese integratie . – 'S'-Gravenhage: Nederlands Instituut voor Internationale Betrekkingen "Clingendael", 2001 . – 117 p.

Rybkin, O.E: Analiz sotsial'no-ekonomicheskogo razvitiia regional'nykh ob edinenii stran SNG i etapy formirovaniia: analiticheskii doklab. – Moskva: Finstatinform, 2001. – 88 p.
ISBN 5786601862

Sinn, Hans-Werner; Hänlein, Andreas: EU-Erweiterung und Arbeitskräftemigration: Wege zu einer schrittweisen Annäherung der Arbeitsmärkte. – München: Ifo-Institut für Wirtschaftsforschung, 2001 . – 346 p.
ISBN 3885123827

Torreblanca, José L.: The reuniting of Europe: promises, negociations and compromises. – Aldershot: Ashgate, 2001. – 364 p.
ISBN 1-84014-527-7

Torres, Raymond: Towards a socially sustainable world economy: an analysis of the social pillars of globalization. – Geneva: International Labour Office, 2001. – 101 p.
ISBN 9221113906

United Nations Conference on Trade and Development: Measures of the transnationalization of economic activity. – New York: United Nations, 2001. – 93 p.
ISBN 9211125111

Willem, Molle: The economics of European integration. – Aldershot: Ashgate, 2001. – 548 p.
ISBN 075462188x

Windhoff-Héritier, Adrienne: Differential Europe: the European union impact on national policymaking. – Lanham, Md: Rowman & Littlefield Publishers, 2001. – 342 p.
ISBN 0742511030

Yvars, Bernard: Economie de l'Union européenne. – Paris: Dunod, 2001. – 122 p.
ISBN 2100056565

Zamagni, Vera: Historia economica de la Europa contemporanea de la revolucion industrial a la integracion europea. – Barcelona: Critica, 2001. – 270 p.
ISBN 8484321495

Articles / Articles

Anderson, Greg: Hemispheric integration in the post-Seattle era: the promise and problems for the FTAA. – In: International Journal. 56(2001)2, p. 205-233.
Angelov, Ivan: Costs and benefits of Bulgaria's integration into the European Union. – In: Südosteuropa. 50(2001)1-3, p. 17-64.
Bianchi, Patrizio: Europe and the Mediterranean: a common future for the two shores of the Mediterranean ?. – In: The International Spectator. 36(2001)4, p. 77-87.
Borer, Jürg: Spruchpraxis zum EG-Wettbewerbsrecht (2000). – In: Schweizerische Zeitschrift für internationales und europäisches Recht. 11(2001)2, p. 251-268.
Brabant, Jozef M. van: Southeastern Europe, transitions, and the EU: is ever-widening desirable ?. – In: MOCT-MOST. Economic Policy in Transitional Economies. 11(2001)4, p. 295-325.
Burda, Michael C.: Hunt, Jennifer: From reunification to economic integration: productivity and the labor market in Eastern Germany. – In: Brookings Papers on Economic Activity. (2001)2, p. 1-71.
Buzelay, Alain: 50 ans d'harmonisation en Europe. – In: Problèmes économiques. (2001)2718, p. 9-12.
Calcagno, Alfredo Eric: El poder de la integración. – In: Capitulos. (2001)63, p. 82-91.
Camino Blasco, David; Pradas Poveda, José Ignacio: Los procesos de integración económica regional y la política de promoción de inversión extranjera directa: una aproximación al caso español. – In: Información comercial española . (2001)794, p. 163-195.
Deeg, Richard: Contemporary challenges to German federalism: from the European Union to the global economy. – In: Law and Policy in International Business. 33(2001)1, p. 51-75.
Dempsey, Judy: Der Balkan und die EU: Modernisierung oder Abhängigkeit ?. – In: Internationale Politik. 56(2001)10, p. 67-72.
Denis, Pierre: Les vraies raisons de l'euro. – In: Politique internationale. (2001)93, p. 377-386.
Dukec, Zvjezdana; Kusic, Sinisa; Radic, Dubravko: Integration in die Europäische Union: Kosten und Chancen für Kroatien. – In: Osteuropa-Wirtschaft. 46(2001)4, p. 388-411.
L'élargissement à l'Est de l'UE. (Série d'articles). – In: Le Courrier des pays de l'Est. (2001)1014, p. 3-50.
Fabius, Laurent: L'Europe du futur. – In: Commentaire. 24(2001)94, p. 245-254.
Fauconval, Louis de: Intégration des services financiers dans l'Union européenne. – In: Problèmes économiques. (2001)2728, p. 21-24.
Fauriol, Georges A.; Weintraub, Sidney: The century of the Americas: dawn of a new century dynamic. – In: The Washington Quarterly. 24(2001)2, p. 139-148.
Geelhoed, A.: De toekomst van de Europese unie: marktintegratie en beleidsintegratie. – In: Tijdschrift voor europees en economisch recht. 49(2001)11, p. 366-375.
Giscard d'Estaing, Valéry; Schmidt, Helmut: Euroland als Schicksalsgemeinschaft. – In: Die neue Europadebatte. (2001), p. 199-207.
Granell, Francesc: Andorra y su encaje en la Unión europea. – In: Revista de derecho comunitario europeo. 10(2001)5, p. 597-610.
Habermas, Jürgen: Pourquoi l'Europe a-t-elle besoin d'une constitution ?. – In: Documents. Revue des questions allemandes. 56(2001)4, p. 24-40.
Hughes, Mat; Foss, Celia; Ross, Kristin: The economic assessment of vertical restraints under UK and EC competition law. – In: European Competition Law Review. 22(2001)10, p. 424-433.

Intégration régionale et développement. (Série d'articles). – In: Mondes en développement. 29(2001)115/116, p. 3-150.
Jimena Quesada, Luis: Los ciudadanos como actors en el proceso de construcción europea. – In: Cuadernos europeos de deusto. (2001)24, p. 59-88.
Jonov, Aleksandr: Russian nationalism in Western studies: misadventures of a moribund paradigm. – In: Demokratizatsiya. The Journal of Post-Soviet Democratization. 9(2001)4, p. 552-569.
Kuzio, Taras: Virtual foreign policy in Belarus and Russia. – In: Prism. 7(2001)11, p. 3-8.
Lamers, Karl; Schäuble, Wolfgang: Föderaler Verfassungsvertrag für ein liberales Europa. – In: Die neue Europadebatte. (2001), p. 79-106.
Löhnig, Claudia: Zum Stand der wirtschaftlichen Integration unter den Ostseeanrainerstaaten mit Blick auf die Osterweiterung der EU. – In: Osteuropa-Wirtschaft. 46(2001)2, p. 151-170.
Mayer, Thierry: Les frontières nationales comptent... mais de moins en moins. – In: La Lettre du CEPII. (2001)207, p. 1-4.
Moussis Nicolas: Théorie de l'intégration: les politiques communes comme fondement de l'intégration multinationale. – In: Revue du Marché commun et de l'Union européenne. (2001)451, p. 536-545.
Pedini, Mario: Sui rapporti tra Unione europa e Mediterraneo. – In: Rivista di studi politici internazionali. 68(2001)3, p. 403-407.
Pettis, Michael: Will globalization go bankrupt ?. – In: Foreign Policy. (2001)126, p. 52-59.
Reichlin, Andrea; Tscharner, Benedict: L'économie française à la croisée des chemins. – In: La Vie économique. Revue de politique économique. 74(2001)9, p. 35-41.
La República Checa y España ante los retos de la cooperación en la Europa unida del Siglo XXI. (Colección de artículos). – In: Revista de estudios europeos . (2001)29, p. 3-64.
Rohde, Armin; Janssen, Ole: Osteuropäische Currency Board-Länder und die optimale Integrationsstrategie in die Europäische Währungsunion am Beispiel Estlands. – In: Osteuropa-Wirtschaft. 46(2001)4, p. 355-368.
Scalera, Domenico: Integrazione europea e localizzazione industrial: uno studio sulle regioni del Mezzogiorno italiano. – In: Studi economici. 56(2001)75, p. 75-100.
Senti, Richard: Die Macht der Welthandelspolitik: das Sichtbarwerden der Handelsmacht im WTO-Streitschlichtungsverfahren. – In: Jahrbuch für Wirtschaftswissenschaften. 52(2001)3, p. 228-242.
Subiotto, Romano; Amato, Filippo: The reform of the European competition policy concerning vertical restraints. – In: Antitrust Law Journal . 69(2001)1, p. 147-193.
The Swiss labyrinth: institutions, outcomes and redesign. (Collection of articles). – In: West European Politics. 24(2001)2, p. 1-239.
Union européenne: sous-traiter en Europe de l'Est. (Série d'articles). – In: Revue d'études comparatives Est-Ouest. 32(2001)2, p. 5-119.
Weber, Maurice: La longue marche vers la coordination, art bureaucratique. – In: Reflets et perspectives de la vie économique. 40(2001)3, p. 119-137.

1b. Libre Echange des Biens et Services / Free Exchange of Goods and Services

Livres / Books

Beise, Mark: Die Welthandelsorganisation (WTO): Funktion, Status, Organisation. – Baden-Baden: Nomos, 2001. – 300 p.
ISBN 378907053X

Borgmann, Bernd: Die Entsendung von Arbeitnehmern in der Europäischen Gemeinschaft: Wechselwirkungen zwischen Kollisionrecht, Grundfreiheiten und Spezialgesetzen. – Frankfurt am Main: Peter Lang, 2001. – xxi – 325 p.
ISBN 3631376901

Duberstein, Kenneth M.: Building support for more open trade: report of an Independent task Force. – New York: Council on Foreign Relations, 2001. – 19 p.
ISBN 0876092857

Dutheil de La Rochère, Jacqueline: Droit communautaire matériel. – Paris: Hachette, 2001. – 160 p.
ISBN 2011453720

Egan, Michelle P.: Constructing a European market: standards, regulation and governance. – Oxford: Oxford University Press, 2001. – xiv – 365 p.
ISBN 0199244057

Hennenberger, Fred; Ziegler, Alexandre: Internationalisierung der Dienstleistungserstellung: Konsequenzen für den schweitzerischen Arbeitsmarkt. – Hamburg: HWWA-Institut für Wirtschaftesforschung, 2001. – 45 p. (HWWA-Diskussionspapier 149)

McDonald, Kevin M.: Der Begriff der Dienstleistung im europäischen Binnemarkt und WTO-System (GATS). – Frankfurt am Main: Peter Lang, 2001. – 174 p. (Saarbrücker Studien zum Privat und Wirtschaftsrecht; 19)
ISBN 3631369530

Millard, Ivo: Die Schranken des freien Wahrenverkehrs in der EG: Systematik und Zusammenwirken von Cassis-Rechtsprechung und Art. 30 EG-Vertrag. – Baden-Baden: Nomos, 2001. – 310 p.
ISBN 378907263X

Nemeth, Kristin: European insurance law: a single insurance market ?. – Florence: European University Institute, 2001. – 94 p.

Organisation for Economic Co-operation and Developement: Environmental goods and services: the benefits of further global trade liberalisation. – Paris: OECD, 2001. – 114 p.
ISBN 9264187278

Palinkas, Peter: Mechanism for enhancing liberalisation (telecom, energy, post, railways). – Luxembourg: EP, 2001. – 60 p.

Pehrsson, Aders: Strategy in emerging markets: telecommunications establishments in Europe. – London: Routledge, 2001. – xv – 261 p. (Studies in global competition; v. 8)
ISBN 0415270529

Schindler, Dierk: Die Kollision von Grundfreiheiten und Gemeinschaftsgrundrechten: Entwurf eines Kollisionsmodells unter Zusammenführung der Schutzpflichten und der Drittwirkungslehre. – Berlin: Dunker und Humblot, 2001. – 226 p.
ISBN 0937-6305

Schwartze, Jürgen: Daseinvorsorge im Lichte des Wettberbsrechts. – Baden-Baden: Nomos, 2001. – 206 p. (Schriftenreihe Europäisches Recht, Politik und Witschaft; n. 258)
ISBN 3789074861

Schwartze, Jürgen: Witschaftsverfassungsrechtliche Garantien für Unternehmen im europäischen Binnenmarkt. – Baden-Baden: Nomos, 2001. – 198 p. (Schriftenreihe Europäisches Recht, Politik und Witschaft; n. 263)
ISBN 3789075957

Wiemer, Frederik: Produktsicherheit und freier Warenverkehr in GATT/WTO: eine Untersuchung von SPS, TBT-Abkommen und GATT 1994 unter vergleichender Berücksichtigung von Art. 28, 30 EG. – Frankfurt am Main: Peter Lang, 2001. – 291 p.
ISBN 3-631-37291-4

Wilms, Heinrich: Grenzüberschreitende Lotterietätigkeit in der Europäische Gemeinschaft: die Behinderung des Korrespondenzdienstleistungverkehrs durch das deutsche Steurer und Strafrecht. – Berlin: Duncker & Humblot, 2001. – 91 p.
ISBN 0937-6305

Articles / Articles

Abeyratne, Ruwantissa: Trade in air transport services: emerging trends. – In: Journal of World Trade. 35(2001)6, p. 1133-1168.

Alemanno, Alberto: Le principe de précaution en droit communautaire: stratégie de gestion des risques ou risque d'atteinte au marché intérieur ?. – In: Revue du droit de l'Union européenne. (2001)4, p. 917-953.

Basedow, Jürgen: The case for a European insurance contract code. – In Journal of Business Law. (2001), p. 569-586.

Biondi, Andrea: Advertising and the free movement principle: the 'Gourmet' decision. – In: European Law Review. 26(2001)6, p. 616-622.

Blanquet, Françoise: Enfin la société européenne: 'la SE'. – In: Revue du droit de l'Union européenne. (2001)1, p. 65-109.

Blázquez Rodríguez, Irene: Los nacionales de terceros países y el mercado interior. – In: Comunidad europea. 28(2001)12, p. 31-38.

Bottini, Renaud de: La directive 'commerce électronique' du 8 juin 2000. – In: Revue du Marché commun et de l'Union européenne. (2001)449, p. 368-373.

Bourges, Leticia A.: La normativa communitaria sobre la irradiación de alimentos: ¿un obstáculo a la libre circulación de mercancías en el ámbito del mercado interior?. – In Gacet juridica de la Unión europea y de la competencia. (2001)216, p. 23-35.

Burgers, I. J. J.: Schadelijke belastingconcurrentie en de herziening van het Nederlandse fiscale vestingsklimaatbeleid. – In: Ondernemingsrecht. (2001)9, p. 261-267.

Choi, Byung-il: Treatment of autonomous liberalization in the WTO new service round: to give credit is to get more. – In: Journal of World Trade. 35(2001)2, p. 363-378.

Dietvorst, Gerry: Is the European pension problem a tax problem ?. – In: EC Tax Review. 10(2001)4, p. 198-200.

Ennuschat, Jörg: Die neue Mitteilung der EU-Kommission zu den 'Leistungen der Daseinsvorsorge in Europa'. – In Recht der Energiewirtschaft. (2001)2, p. 46-50.

Fernández Masiá, Enrique: Prestación transfronteriza de servicios de inversión y normas de conducta aplicables. – In: Revista de derecho bancario y bursátil. 20(2001)84, p. 85-137.

Gasalbo Bono, Ricardo: L'arrêt 'Tabac' ou l'apport de la Cour de justice au débat sur la délimitation des compétences. – In: Revue trimestrielle de droit européen. 37(2001)4, p. 785-808.

Heselhaus, Sebastian: Rechtfertigung unmittelbar diskriminierender Eingriffe in die Warenverkehrsfreiheit: nationaler Umweltschutz in einem unvollkommenen Binnenmarkt. – In: Europäische Zeitschrift für Wirtschaftsrecht. 12(2001)21, p. 645-650.

Hinnekens, Luc: AMID: the wrong bridge or a bridge too far ?: an analysis of a recent decision of the European Court of Justice. – In: European Taxation. 41(2001)6, p. 206-210.
Hubner, Wolfgang; Sauve, Pierre: Liberalization scenarios for international air transport. – In: Journal of World Trade. 35(2001)5, p. 973-987.
Huglo, Jean-Guy: Liberté d'établissement et libre prestation de services. – In: Revue trimestrielle de droit européen. 37(2001)4, p. 743-756.
Hurk, Hans van den; Theunissen, Albert: Several institutional and fiscal aspects of the European Economic Area. – In: EC Tax Review. 10(2001)1, p. 26-38.
Johnston, Angus: Will the sparks fly ?: the role of the European Union in the liberalisation of the electricity industry. – In: Cambridge Yearbook of European Legal studies2000. 3(2001), p. 239-277.
Julié, Ludovic: La fiscalité confrontée à Internet. – In: Petites affiches. La Loi. 390(2001)16, p. 12-15.
Keppenne, Jean-Paul: La libre circulation des marchandises (septembre 2000 – août 2001). – In: Journal des tribunaux. Droit européen. 9(2001)83, p. 227-231.
Kilian, Matthias: Das Verbot der Sternsozietät, Verstoss gegen Gemeinschaftsrecht ?. – In: Neue juristische Wochenschrift. 54(2001)5, p. 326-331.
Klaic, Aleksandar; Turek, Franjo: Nacionalna sigurnost i telekommunikacije. – In: Medjunarodne studije. (2001)4, p. 97-112.
Lewalle, Henri; Palm, Willy: Quel est l'impact de la jurisprudence européenne sur l'accès aux soins à l'intérieur de l'Union européenne ?. – In: Revue belge de sécurité sociale. 43(2001)2, p. 435-453.
Loris, Jean-Louis: EU looks forward to birth of the European company. – In: International Financial Law Review. 20(2001)7, p. 15-17.
MacMaoláin, Caoimhín: Free movement of foodstuffs, quality requirements and consumer protection: have the Court and the Commission both got it wrong ?. – In: European Law Review. 26(2001)5, p. 413-428.
Martín Jiménez, Adolfo J.; García Prats, F. Alfredo; Calderón Carrero, José M.: Triangular cases, tax treaties and EC law: the Saint-Gobain decision of the ECJ. – In: Bulletin for International Fiscal Documentation. 55(2001)6, p. 241-253.
Maublanc, Jean-Pierre: Liberté d'établissement et fiscalité: la rigueur de la jurisprudence communautaire. – In: Revue du Marché commun et de l'Union européeenne. (2000)443, p. 703-706.
Maublanc, Jean-Pierre: Opération d'assurance et fiscalité communautaire. – In: Revue du Marché commun et de l'Union européenne. (2001)453, p. 703-708.
Mavridis, Prodomoss: La fin des doubles cotisations sociales en Europe ?. – In: Droit social. (2001)12, p. 1104-1113.
Menjucq, Michel: La circulation internationale des sociétés. – In: Petites affiches. La Loi. 390(2001)89, p. 33-39.
Met-Domestici, Alexandre: Les services postaux entre la libéralisation controlée et la préservation du service universel: état des travaux après les débats de décembre 2000. – In: Revue du Marché commun et de l'Union européenne. (2001)448, p. 327-331.
Montfort, Jean-Philippe: L'arrêt 'trichloroethylène' et la libre circulation des produits chimiques: un nouveau défi pour le marché intérieur. – In: Cahiers de droit européen. 37(2001)3-4, p. 313-340.
Ordóñez Solís, David: La libre prestación de servicios por las empresas y los derechos de los trabajadores despalzados en la Unión europea. – In: Noticias de la Unión europea. 17(2001)201, p. 83-97.

Penski, Ulrich; Elsner, Bernd Roland: Eigentumsgewährleistung und Berufsfreiheit als Gemeinschaftsgrundrechte in der Rechsprechung des Europäischen Gerichtshofs. – In: Die öffentliche Verwaltung. 54(2001)7, p. 265-275.

Perrone, Andrea: Dalla libertà di stabilimentos alla competizione fra gli ordinamenti ?: riflessioni sul 'caso Centros'. – In: Rivista delle società. 46(2001)5, p. 1292-1307.

Pertek, Jacques: L'Europe des professions d'avocats après la directive 98/5 sur l'exercice permanent dans un autre État membre. – In: Revue du Marché commun et de l'Union européenne. (2001)445, p. 106-111.

Peters, Cees; Snellaars, Margreet: Non-discrimination and tax law: structure and comparison of the various non-discrimination clauses. – In: EC Tax Review. 10(2001)1, p. 13-18.

Pouchard, David: Les systèmes de prix fixe du livre dans les zones linguistiques transnationales au regard du droit communautaire. – In: Revue trimestrielle de droit européen. 37(2001)1, p. 63-89.

Reiner, Martin; Vansteenkiste, Isabel: EU telecommunications and electricity markets: heading towards price convergence ?. – In: Intereconomics. 36(2001)3, p. 131-140.

Roussos, Alexandros: Realising the free movement of companies. – In: European Business Law Review. 12(2001)1-2, p. 7-25.

Schön, Wolfgang: Der freie Warenverkehr: die Steuerhoheit der Mitgliedstaaten und der Systemgedanke im europäischen Steuerrecht. – In: Europarecht. 36(2001)3, p. 341-362.

Senti, Richard: Die Welthandelsordnung der Telekommunikation: Gegenwärtige Ansätze und Probleme bei der Regelung des internationalen Telekommunikationsmarkts. – In: Aussenwirtschaft. 56(2001)1, p. 43-68.

Sideek, Mohamed: Recent case law in the field of free movement of capital. – In: European Business Law Review. 12(2001)9-10, p. 263-271.

Stuyck, Jules: L'arrêt Gourmet: une nouvelle brèche dans la jurisprudence "Keck" ?. – In: Cahiers de droit européen. 37(2001)5-6, p. 683-705.

Thomas, E.: De Europeesrechtelijke verhouding tussen richtlijn en vestigingsvrijheid. – In: Weekblad voor fiscaal recht. 130(2001)6442, p. 970-978.

Vadcar, Corinne: Un cadre communautaire pour l'investissement. – In: Revue du Marché commun et de l'Union européenne. (2001)448, p. 332-342.

Varone, Frédéric; Genoud, Christophe: Libéralisation des services publics de réseau et jeux croisés de la régulation: le cas de l'électricité. – In: Annales de l'économie publique et sociale et coopérative. 72(2001)4, p. 481-506.

Walden, Ian: Regulating electronic commerce: Europe in the global e-conomy. – In: European Law Review. 26(2001)6, p. 529-547.

Weiss, Wolfgang: The Chapter II on establishment in the Europe Agreements. – In: European Foreign Affairs Review. 6(2001)2, p. 243-281.

1c. Système Monétaire et Impôts / Monetary System and Taxes

Livres / Books

Alonso González, Luis Manuel: La inconstitucionalidad del impuesto sobre sucesiones y donaciones. – Madrid: Instituto de estudios económicos, 2001. – 118 p.
ISBN 8488533519

Arestis, Philip; Brown, Andrew; Sawyer, Malcolm: The euro: evolution and prospects. – Cheltenham: Elgar, 2001. – vii – 152 p.
ISBN 1840645830

Artus, Patrick: L'euro et la Banque centrale européenne. – Paris: Economica, 2001. – 124 p.
ISBN 2-7178-4185-7
Beetham, Roger: The euro debate: persuading the people. – London: Federal Trust for Education and Research, 2001. – 207 p.
ISBN 1903403235
Bekerman, Gérard: L'euro. – Paris: Presses universitaires de France, 2001. – 127 p.
ISBN 2-13-051396-4
Beltrame, Pierre: La fiscalité en France. – Paris: Hachette, 2001. – 190 p.
ISBN 2-01-145496-4
Berthu, Georges: La normalisation par l'euro: ce que la monnaie unique nous prépare (interventions au Parlement européen 1994-2001). – Paris: Guibert, 2001. – 241 p.
ISBN 2868395686
Böckem, Alexandra: Ökologische Steuersysteme aus der Sicht der neuen politischen Ökonomie. – Baden-Baden: Nomos, 2001. – 225 p.
ISBN 3789075965
Bourdin, Joël: Les finances communales. – Paris: Economica, 2001. – 360 p.
ISBN 2-7178-4209-8
Bourguinat, Henri: L'euro au défi du dollar: essai sur la monnaie universelle. – Paris: Economica, 2001. – 170 p.
ISBN 2-7178-4349-3
Brana, Sophie: La politique bancaire dans les pays de l'Europe de l'Est: de la libéralisation financière à la restructuration économique. – Paris: L'Harmattan, 2001. – 224 p.
ISBN 2-7475-0395-X
Browne, Anthony: The euro – should Britain join: yes or no ?. – Cambridge: Icon, 2001. – 125 p.
ISBN 184046271x
Brunila, Anne; Buti, Marco; Franco, Daniele: The stability and growth pact: the architecture of fiscal policy in EMU. – Basingstoke: Palgrave, 2001. – xiv – 439 p.
ISBN 0333961455
Bürger, Cornelia: Euro – der Start: was Sie jetzt wissen müssen. – Niedernhausen: Falken, 2001. – 96 p.
ISBN 3-635-60701-0
Cazorla Prieto, Luis María; Chico de la Cámara, Pablo: Los impuestos en el comercio electrónico. – Pamplona: Aranzadi, 2001. – 195 p.
ISBN 8484107892
Coffey, Peter: The euro: an essential guide. – London: Continuum, 2001. – xii – 260 p.
ISBN 0826447678
Communier, Jean-Michel; Lavigne, Stéphane: Droit fiscal communautaire. – Bruxelles: Bruylant, 2001. – xvii – 555 p.
ISBN 2802714708
Dabrowski, Marek; Rostowski, Jacek: The eastern enlargement of the EU. – Boston: Kluwer Academic, 2001. – xiv – 237 p.
ISBN 0792378288
Frieden, Jeffry A.; Eichengreen, Barry: The political economy of European monetary integration. – Boulder: Westview Press, 2001. – 216 p.
ISBN 0813397618
Grauwe, Paul de: The political economy of monetary union. – Cheltenham: Elgar, 2001. – xvi – 581 p.
ISBN 1840644265

Hervé, Yves Georges: Intergovernmental transfers as a macroeconomic success story of European integration: myth or reality ?. – Baden-Baden: Nomos, 2001. – 313 p.
ISBN 3789074233
Hurk, H. T. P. M. van den: Europees Gemeenschapsrecht en directe belastingen: spanning tussen verdragsvrijheden en het Nederlands belastingrecht. – Deventer: Kluwer, 2001. – xxi – 453 p.
ISBN 9020024434
Issing, Otmar et al.: Monetary policy in the euro area: strategy and decision making at the European Central Bank. – Cambridge: Cambridge University Press, 2001. – x – 199 p.
ISBN 0521783240
Jurgensen, Philippe: Le guide de l'euro pour tous. – Paris: O. Jacob, 2001. – 504 p.
ISBN 2-7381-1026-6
Kaelberer, Matthias: Money and power in Europe: the political economy of European monetary cooperation. – Albany: State University of New York Press, 2001. – xiii – 254 p.
ISBN 0791449963
Kolacny, Peter; Caganek, Emil: Umsatzsteuergesetz: UstG. – Wien: Manz, 2001. – xviii – 346 p.
ISBN 3214023497
Kornai, János; Haggard, Stephan; Kaufman, Robert: Reforming the state: fiscal and welfare reform in post-socialist countries. – Cambridge: Cambridge University Press, 2001. – xv – 284 p.
ISBN 0521773016
Kortelainen, Mika: Actual and perceived monetary policy rules in a dynamic general equilibrium model of the euro area. – Helsinki: Suomen Pankki, 2001. – 76 p.
ISBN 9516867057
Levasseur, Sandrine: L'union économique et monétaire européenne: homogénéisation, obstacles et intégration. – Paris: L'Harmattan, 2001. – 217 p.
ISBN 2-7475-1553-2
Medina Carreira, Henrique: Portugal, a união europeia e o euro: ensaio sobre a tributação e a depensa pública. – Lisboa: LEX, 2001. – 133 p.
ISBN 9728634102
Nougayrède, Delphine: Construire l'impôt en Russie: réformes fiscales en URSS et dans la Fédération de Russie de 1987 à 2000. – Paris: L'Harmattan, 2001. – 383 p.
ISBN 2-7475-0621-5
Patterson, Ben: La réforme fiscale dans les États membres de l'UE. – Luxembourg: EUR-OP, 2001. – 122 p.
ISBN 9282315924
Pentecost, Eric J.; Poeck, André van: European monetary integration: past, present and future. – Cheltenham: Elgar, 2001. – xvi – 229 p.
ISBN 1840645792
Raymond, Robert: L'euro et l'unité de l'Europe. – Paris: Economica, 2001. – 185 p.
ISBN 2717843205
Ristok, Bruno: Handbuch Euro-Umstellung in der Sozialwirtschaft. – Freiburg im Breisgau: Lambertus, 2001. – 66 p.
ISBN 3-7841-1330-3

Schweickert, Rainer: Der Euro als Ankerwährung: die mittel- und osteuropäischen Beitrittsländer zwischen Transformation und Integration. – Berlin: Springer, 2001. – ix – 123 p.
ISBN 3540427414

Smets, Jan; Dombrecht, Michel: How to promote economic growth in the euro area. – Cheltenham: Elgar, 2001. – xvi – 306 p.
ISBN 1840646659

Stocker, Ferry: Der Euro: kritischer Dialog und erläuterndes Glossar. – München: R. Oldenbourg, 2001. – xii – 211 p.
ISBN 3486256092

Temperton, Paul: The UK & the euro. – Chischester: Wiley, 2001. – xi – 141 p.
ISBN 0471499552

Ulrich, Bernard: L'euro, mode d'emploi: connaître, comprendre, utiliser la monnaie. – Paris: Eska, 2001. – 191 p.
ISBN 2-7472-0129-5

Welfens, Paul J. J.: Transatlantic growth differentials, ICT dynamics, fiscal policy and the fall of the euro. – Potsdam: Europäisches Institut für internationale Wirtschaftsbeziehungen, 2001. – 34 p.
ISBN 1430-5445

World Bank: Kyrgyz Republic: fiscal sustainability study. – Washington: World Bank, 2001. – vii – 110 p.
ISBN 082135051x

Articles / Articles

Abeele, Michel vanden: Vers une fiscalité européenne ?. – In: Reflets et perspectives de la vie économique. 40(2001)3, p. 67-74.

Afhüppe, Sven: Euro: stabilizacijsko obecanje. – In: Politicka misao. 38(2001)3, p. 82-87.

Afoncev, S.; Kapeljusnikov, Rostislav Isaakovic: Strukturnye charakteristiki predprijatij i ich nalogovoe povedenie. – In: Voprosy ekonomiki. (2001)9, p. 82-100.

Angel, Benjamin: La préparation du passage final à l'euro. – In: Revue du Marché commun et de l'Union européenne. (2001)448, p. 323-326.

Arnold, Ivo; Lemmen, Jan: The vulnerabililty of banks to government default risk in the EMU. – In: International Finance. 4(2001)1, p. 101-125.

Aukucionek, Sergej Pavlovic; Batjaeva, Aleksandra Evgen'evna: Kakie nalogovye reformy vygodny gosudarstvu ?. – In: Voprosy ekonomiki. (2001)9, p. 59-72.

Batjaeva, Aleksandra Evgen'evna: Cto mesaet platit' nalogi ?. – In: Voprosy ekonomiki. (2001)9, p. 72-81.

Bikalova, Nadezda: Intergovernmental fiscal relations in Russia. – In: Finance and Development. 38(2001)3, p. 36-39.

Bolle, Michael; Jacobsen, Hanns Dieter: New risks ahead: the Eastward enlargement of the eurozone. – In: Intereconomics. 36(2001)6, p. 298-304.

Bordignon, Massimo; Cerniglia, Floriana: Constitutional reform and fiscal decentralization. – In: Review of Economic Conditions in Italy. (2001)3, p. 369-395.

Braun, Dietmar: Intergouvernementale Beziehungen und Fiskalpolitik in Bundesstaaten. – In: Politische Vierteljahresschrift. 42(2001)4, p. 624-654.

Broer, Michael: Ersatzvortschäge für die Gewerbesteuer: Darstellung und Vergleich einiger häufig genannter Ansätze. – In: Wirtschaftsdienst. 81(2001)12, p. 713-721.

Brovkin, Vladimir: Moving money, making money, and parking money overseas: front companies in offshore jurisdictions. – In: Demokratizatsiya. 9(2001)1, p. 150-166.

Brule, Michel: Les élections, les Français et l'impôt. – In: Societal. (2001)33, p. 34-37.
Bulidon, Christian et al.: Les comptes des administrations publiques en 2000: les allègements fiscaux ont limité la réduction du déficit public. – In: INSEE première. (2001)780, p. 1-4.
Buti, Marco; Röger, Werner; In't Veld, Jan: Stabilizing output and inflation: policy conflicts and co-operation under a stability pact. – In: Journal of Common Market Studies. 39(2001)5, p. 801-828.
La Commission européenne: les dynamiques d'une reconfiguration institutionnelle. (Série d'articles). – In: Politique européenne. (2001)5, p. 5-105.
Conrad, Christian A.: Zwei Jahre Europäische Währungsunion: eine Bestandsaufnahme. – In: Wirtschaftsdienst. 81(2001)5, p. 283-291.
Crowley, Patrick M.: The institutional implications of EMU. – In: Journal of Common Market Studies. 39(2001)3, p. 385-404.
Cusack, Thomas R.: Partisanship in the setting and coordination of fiscal and monetary policies. – In: European Journal of Political Research. 40(2001)1, p. 93-115.
Does the EU need a tax of its own ?. (Collection of articles). – In: Intereconomics. 36(2001)5, p. 223-233.
Downs, William M.: Denmark's referendum on the euro: the mouse that roared... again. – In: West European Politics. 24(2001)1, p. 222-226.
Eggert, Rolf: Bundesbank zwischen europäischer Geldpolitik und regionaler Verantwortung. – In: Wirtschaftsdienst. 81(2001)11, p. 625-629.
EMU: experiences to date and challenges for the future. (Collection of articles). – In: Intereconomics. 36(2001)2, p. 59-76.
Europäische Geldpolitik: Zinssenkung wäre stabilitätsgerecht. – In: Wochenbericht. Deutsches Institut für Wirtschaftsforschung. 68(2001)7, p. 107-112.
Europäische Geldpolitik zu zögerlich. – In: Wochenbericht. Deutsches Institut für Wirtschaftsforschung. 68(2001)49, p. 788-793.
The European Central Bank, the terrible twos begin. – In: The Economist. 358(2001)8203, p. 61-62, 64.
Fatas, Antonio; Rose, Andrew K.: Do monetary handcuffs restrain leviathan ?: fiscal policy in extreme exchange rate regimes. – In: Staff Papers. 47(2001)Special Issue, p. 40-61.
La fiscalité directe locale jusqu'en 2000. – In: Les Notes bleues de Bercy. (2001)212, 16 p.
Freeman, Andrew: Work in progress: a survey of European business and the euro. – In: The Economist. 361(2001)8250, 18 p.
Frenkel, Michael; Stadtman, Georg; Pierdzioch, Chritian: Die Interventionen der Europäischen Zentralbank am Devisenmarkt: Effekte, Effektivität und wirtschaftspolitische Bewertung. – In: Aussenwirtschaft. 56(2001)2, p. 225-263.
Frömmel, Michael; Menkhoff, Lukas: Risk reduction in the EMS ?: evidence from trends in exchange rate properties. – In: Journal of Common Market Studies. 39(2001)2, p. 285-306.
Galati, Gabriele: The dollar-mark axis. – In: Weltwirtschaftliches Archiv. 137(2001)1, p. 36-57.
Geoffroy, Laurent: Impôt négatif: les logiques cachées du débat. – In: La Revue socialiste. (2001)6, p. 53-67.
Gerken, Lüder; Märkt, Jörg; Schick, Gerhard: Double income taxation as a response to tax competition in the EU. – In: Intereconomics. 36(2001)5, p. 244-254.
Gern, Klaus Jürgen; Kamps, Christophe; Scheide, Joachim: Euroland: Konjonkturschwäche wird überwunden. – In: Die Weltwirtschaft. (2001)3, p. 258-282.

Gradus, Raymond H. J. M.: Comparing different European tax's policies: making work pay. – In: IFO-Studien. 47(2001)3, p. 311-326.
Grauwe, Paul de: Grimaldi, Marianna: The mystery of the decline of the euro. – In: Aussenwirtschaft. 56(2001)4, p. 459-476.
Gropp, Reint; Kostial, Kristina: FDI and corporate tax revenue: tax harmonization or competition ?. – In: Finance and Development. 38(2001)2, p. 10-13.
Harff, Christoph; Schneider, Stefan; Schularick, Moritz: D-Mark-Bargeldumtausch in Osteuropa: Belastung für den Eurowechselkurs ?. – In: Wirtschaftsdienst. 81(2001)9, p. 513-518.
Harrinvirta, Markku; Mattila, Mikko: The hard business of balancing budgets: a study of public finances in seventeen OECD countries. – In: British Journal of Political Science. 31(2001)3, p. 497-521.
Hedlund, Stefan: Russia and the IMF: a sordid tale of moral hazard. – In: Demokratizatsiya. 9(2001)1, p. 104-136.
Issing, Otmar: The euro: the experience of the past 2 years. – In: Journal of Asian Economics. 12(2001)1, p. 1-20.
Issing, Otmar: The single monetary policy of the European Central Bank: one size fits all. – In: International Finance. 4(2001)3, p. 441-462.
Jaenicke, Johannes; Neck, Reinhard: Wechselkursregime und Finanzmarktintegration: eine empirische Analyse für Österreich und die Schweiz. – In: Aussenwirschaft. 56(2001)4, p. 479-515.
Jakovlev, Andrej: 'Black cash' tax evasion in Russia: its forms, incentives and consequences at firm level. – In: Europe-Asia Studies. 53(2001)1, p. 33-56.
Janackova, Stanislava: The chimera of autonomous monetary policy in a small open economy. – In: Eastern European Economics. 39(2001)3, p. 45-74.
Joly, Benjamin; Wolter, Detlev: Die EWWU vor der Euro-Bargeldeinführung: für eine neue deutsch-französische Initiative zur Vertiefung der europäischen Wirtschaftsintegration. – In: Wirtschaftsdienst. 81(2001)11, p. 639-643.
Julié, Ludovic: La fiscalité confrontée à Internet. – In: Petites affiches. La Loi. 390(2001)16, p. 12-15.
Kljucnikov, Boris Fedorovic: Esli zavtra dollar ruchnet… – In: Nas sovremennik. (2001)6, p. 187-204.
Laer, Hermann von: Euro: prva bilanca. – In: Politicka misao. 38(2001)3, p. 88-93.
Larosière, Jacques de: Euro: renforcer son rôle dans le système monétaire international. – In: Banquemagazine. (2001)627, p. 34-36.
Laulhé, Stéphanie: Aspects juridiques et fiscaux de l'île de Chypre. – In: Fiscalité européenne. 32(2001)126, p. 5-9.
Levy-Yeyati, Eduardo; Sturzenegger, Federico: Exchange rate regimes and economic performance. – In: Staff Papers. 47(2001)Special Issue, p. 62-98.
Luchtmeier, Hendrik: Konsequenzen des bipolaren Weltwährungssystems für den "Rest der Welt". – In: Wirtschaftsdienst. 81(2001)1, p. 45-49.
Manna, Michele; Pill, Huw; Quiros, Gabriel: The eurosystem's operational framework in the context of the ECB's monetary policy strategy. – In: International Finance. 4(2001)1, p. 65-99.
Miller, Jeffrey B.: The Bulgarian currency board. – In: Comparative Economic Studies. 43(2001)1, p. 53-74.
Monetäre Entwicklung im Euro-Währungsgebiet seit Beginn der EWU. – In: Monatsbericht. Deutsche Bundesbank. 53(2001)6, p. 41-58.

Muten, Leif: Taxation of interest in the European Union. – In: Intereconomics. 36(2001)1, p. 25-33.
Nam Chang Woon; Parsche, Rüdiger: Municipal finance in Poland, the Slovak Republic, the Czech Republic and Hungary: institutional framework and recent development. – In: MOCT-MOST. Economic Policy in Transitional Economies. 11(2001)2, p. 143-164.
Podevin, Marie: Interaction entre taux d'intérêt allemands et français: un réexamen de l'hypothèse de dominance allemande. – In: Économie et prévision. (2001)148, p. 49-70.
Pollan, Wolfgang: Preisentwicklung und die Einführung des Euro. – In: Monatsberichte. Österreichisches Institut Für Wirtschaftsforschung. 74(2001)12, p. 749-759.
Quelle fiscalité pour demain ?. (Série d'articles). – In: Societal. (2001)33, p. 43-79.
Qvortrup, Mads H.: How to lose a referendum: the Danish plebiscite on the Euro. – In: The Political Quarterly. 72(2001)2, p. 190-196.
Radaev, V.: Deformalizacija pravil i uchod ot nalogov v rossijskoj chozjajstvennoj dejatel'nosti. – In: Voprosy ekonomiki. (2001)6, p. 60-79.
Raulin, Arnaud de: Ethique , monnaie et finances publiques: la zone euro-franc. – In: Revue juridique et politique. 55(2001)2, p. 123-140.
Robinson, Neil: The myth of equilibrium: winner power, fiscal crisis and Russian economic reform. – In: Communist and Post-Communist Studies. 34(2001)4, p. 423-446.
Rosenberg, Christoph B.; Zeeuw, Maarten de: Welfare effects of Uzbekistan's foreign exchange regime. – In: Staff Papers. 48(2001)1, p. 160-178.
Sagbas, Isa: Central-local fiscal relations in Turkey: a technical analysis of fiscal equalization. – In: Turkish Studies. 2(2001)2, p. 121-142.
Schaltegger, Christoph A.; Frey, Rene L.: Föderalismus zwischen dezentraler Autonomie und zentralstaatlicher Koordination. – In: Wirtschaftsdienst. 81(2001)3, p. 176-180.
Schön, Wolfgang: Der freie Warenverkehr, die Steuerhoheit der Mitgliedstaaten und der Systemgedanke im europäischen Steuerrecht. – In: Europarecht. 36(2001)2, p. 216-233.
Schütz, Charlott: Die Legitimation der Europäischen Zentralbank zur Rechtsetzung. – In: Europarecht. 36(2001)2, p. 291-305.
Selivanova, Irina Fedorovna: Pjatiletie sojuznych otnosenij Rossii i Belorussii: nekotorye itogi. – In: Vlast'. (2001)6, p. 44-48.
Slotboom, Marco M.: Do different treaty purposes matter for treaty interpretation: the elimination of discriminatory internal taxes in EC and WTO law. – In: Journal of International Economic Law. 4(2001)3, p. 557-579.
Spitz, Pierre Eric: De l'égalité fiscale à l'équité fiscale ?: commentaire de la décision du Conseil constitutionnel du 19 décembre 2000 relative à la loi de financement de la sécurité sociale pour 2001 (n° 2000-437 DC). – In: Revue du droit public et de la science politique en France et à l'étranger. 117(2001)1, p. 267-294.
Szapáry, György: Transition countries' choice of exchange rate regime in the run-up to EMU membership. – In: Finance and Development. 38(2001)2, p. 26-29.
La taxe sur la valeur ajoutée. – In: Les Notes bleues de Bercy. (2001)211, 12 p.
Trichet, Jean-Claude: The euro after two years. – In: Journal of Common Market Studies. 39(2001)1, p. 1-13.
Von Werten und Währungen: Ansischten aus fünf Kontinenten. (Reihe von Beiträgen). – In: Zeitschrift für Kulturaustausch. (2001)Sonderausgabe, p. 1-14.
Wagschal, Uwe: Zwei Nachbarn, ein Weg ?: politisch-institutionelle Bedingungen der Steuerpolitik in Deutschland und Österreich. – In: Österreichische Zeitschrift für Politikwissenschaft. 30(2001)3, p. 291-311.

Währungspolitische Aspekte der EU-Erweiterung. – In: Monatsbericht. Deutsche Bundesbank. 53(2001)10, p. 15-31.

Warum ist der Euro so schwach ?. (Reihe von Beiträgen). – In: Wirtschaftsdienst. 81(2001)7, p. 371-379.

Winner, Hannes: Österreich und Deutschland: gemeinsame Wege in der Steuerpolitik, aber wer bestimmt die Richtung ?. – In: Österreichische Zeitschrift für Politikwissenschaft. 30(2001)4, p. 411-423.

Wouter, Jan; Hees, Bruno van: Les règles communautaires en matière d'aides de l'État et la fiscalité directe: quelques observations critiques. – In: Cahiers de droit européen. 37(2001)5-6, p. 647-681.

C. CONSEIL DE L'EUROPE / COUNCIL OF EUROPE

Livres / Books

Avtonomov, A.S.: Rossiia i Sovet Evropy: perspektivy vzaimodeistviia: sbornik dokladov. – Moskva: In-t prava i publichnoi politiki, 2001. – 316 p.

Bless, Ruud; Kemmesies, Uwe; Diemel, Steven: Troisième étude multi-villes – Evolution des tendances de l'usage de drogue dans les villes européennes au cours des années 90. – Strasbourg: Conseil de l'Europe, 2001. – 148 p.
ISBN 9287144583

Bollmann, Yvonne: La bataille des langues en Europe. – Paris: Bartillat, 2001. – 173 p.
ISBN 2841002489

Carpentier, Jean: L'émergence des droits de l'homme en Europe: anthologie de textes. – Strasbourg: Conseil de l'Europe, 2001. – 256 p.
ISBN 9287145121

Chyzh, Ivan Serhiiovych: Ukraïna v Radi IEvropy. – Kyïv: Parlaments'ke vyd-vo, 2001. – 381 p.

Classen, Claus Dieter: Europa-Recht: Verträge zur Gründung der Europäischen Gemeinschaften, Vertrag über die Europäische Union, Übereinstimmungstabellen, Charta der Grundrechte der Europäischen Union, Satzung des Europarates, Verfahrensordnungen, Menschenrechtskonvention, Europawahl-Gesetz, Europaabgeordnetengesetz, Ausführungsgesetze zu Art. 23 GG. – München: Beck, 2001. – 689 p.
ISBN 3406477429

Conseil de l'Europe: Déclaration du Conseil de l'Europe sur la diversité culturelle. – Strasbourg: Conseil de l'Europe, 2001. – 17 p.
ISBN 9287146632

Conseil de l'Europe: MISSCEO, système d'information du Conseil de l'Europe sur la protection sociale: tableaux comparatifs des régimes de protection sociale dans 18 Etats membres du Conseil de l'Europe, situation au 1er juillet 2000. – 10e ed. – Strasbourg: Conseil de l'Europe, 2001. – 641 p.
ISBN 9287146357

Conso, Giovanni; Saccucci, Andrea: Codice dei diritti umani: Nazioni Unite, Consiglio d'Europa: in appendice la Carta dei diritti fondamentali dell'Unione europea. – Padova: CEDAM, 2001. – 584 p.
ISBN 8813229259

Council of Europe: The Council of Europe and cultural heritage: 1954-2000. – Strasbourg: Council of Europe, 2001. – 362 p.
ISBN 9287145253
Council of Europe: The Council of Europe Declaration on Cultural Diversity. – Strasbourg: Council of Europe, 2001. – 16 p.
ISBN 9287146632
Council of Europe: MISSCEO, mutual information system on social protection of the Council of Europe: comparative tables of social protection systems in 18 member states of the Council of Europe, situation on 1 July 2000. – 10th ed. – Strasbourg: Council of Europe, 2001. – 641 p.
ISBN 9287146365
Gorshkova, Svetlana Anatol'evna: Standarty Soveta Evropy po pravam cheloveka i rossiiskoe zakonodatel'stvo. – Moskva: Izd-vo "NIMP", 2001. – 348 p.
Marguénaud, Jean-Pierre: CEDH et droit privé: l'influence de la jurisprudence de la Cour européenne des droits de l'homme sur le droit privé français. – Paris: La Documentation française, 2001. – 256 p.
ISBN 2110046627
Mattei, Jean-François; Billings, Paul; Dausset, Jean: Regard éthique: le génome humain. – Strasbourg: Conseil de l'Europe, 2001. – 200 p.
ISBN 9287145679
Réinsertion professionnelle des toxicomanes en Europe. Séminaire organisé par le Groupe de coopération en matière de lutte contre l'abus et le traffic illicite des stupéfiants (Groupe Pompidou), Bratislava (République slovaque), 24-25 janvier 2000. – Strasbourg: Conseil de l'Europe, 2001. – 152 p.
ISBN 9287144052
Strasdling, Robert: Teaching 20th-century European history. – Strasbourg: Council of Europe, 2001. – 290 p.
ISBN 9287144664
Vailhe, Judith: La France face aux exigences de la Convention européenne des droits de l'homme. Analyse du contentieux judiciaire français devant les instances de Strasbourg. – Paris: La Documentation française, 2001. – 128 p.
ISBN 2110046783

Articles / Articles

Birnbacher, Dieter: The Convention on Human Rights and Biomedicine of the Council of Europe in Germany: a case history in the relation of law and ethics in biomedicine. – In: Associations. Journal of Social and Legal Theory. 5(2001)2, p. 177-194.
Bishop, Norman; Schneider, Ursula: Improving the implementation of the European rules on community sanctions and measures: introduction to a new Council of Europe recommendation. – In: European Journal of Crime, Criminal Law and Criminal Justice. 9(2001)3, p. 180-192.
Bopp, K. F.: Quality and risk management: the commitment of the Council of Europe. – In: Transfusion clinique et biologique. 8(2001)3, p. 218-219.
Council of Europe cloning protocol takes effect. – In: Scrip. World Pharmaceutical News. (2001)2623, p. 4.
Cyber-crime convention controversy: Council of Europe convention criticized. – In: I Ways. Digest of Electronic Commerce Policy and Regulation. 24(2001)2, p. 37.
Delpéré, Francis: L'Europe et les minorités. – In: Zeitschrift für europarechtliche Studien. 4(2001)4, p. 559-574.

Fraisseix, Patrick: La France, les langues régionales et la Charte européenne des langues régionales et minoritaires. – In: Revue française de droit administratif. 17(2001)1, p. 59-86.
Garrone, Pierre: Le patrimoine électoral européen: une décennie d'expérience de la Commission de Venise dans le domaine électoral. – In: Revue du droit public et de la science politique en France et à l'étranger. 117(2001)5, p. 1417-1454.
Harmsen, Robert: National responsibility for European Community acts under the European Convention on Human Rights: recasting the accession debate. – In: European Public Law. 7(2001)4, p. 625-649.
Hart, Dieter: Council of Europe. – In: European Journal of Health Law. 8(2001)3, p. 265-284.
Hofmann, Rainer: Protecting the rights of national minorities in Europe: first experiences with the Council of Europe Framework Convention for the Protection of National Minorities. – In: German Yearbook of International Law. 44(2001), p. 237-269.
Klein, Eckart: 50 Jahre Europarat, seine Leistungen beim Ausbau des Menschenrechtsschutzes. – In: Archiv des Völkerrechts. 39(2001)2, p. 121-141.
Lervik, Halvor: The Parliamentary Assembly of the Council of Europe. – In: European Journal of Migration and Law. 3(2001)3-4, p. 411-413.
Lezertua, Manuel: El proyecto de Convenio sobre el cibercrimen del Consejo de Europa: proteger el ejercicio de derechos fundamentales en las redes informáticas. – In: Cuadernos europeos de deusto. (2001)25, p. 83-117.
Mark, Amy E.: Guide to researching the Council of Europe – In: Journal of Government Information. 28(2001)5, p. 590-592.
Miller, Russell: Rejecting Radbruch: the European Court of Human Rights and the crimes of the East German leadership. – In: Leiden Journal of International Law. 14(2001)3, p. 653-663.
Ni Aolain, Fionnuala: The evolving jurisprudence of the European Convention concerning the right to life. – In: Netherlands Quarterly of Human Rights. 19(2001)1, p. 21-42.
Nykänen, Eeva: Protecting children ?: the European Convention on Human Rights and child asylum seekers. – In: European Journal of Migration and Law. 3(2001)3-4, p. 315-345.
Ochoa-Llido, Maria; Nachilo, Agnieszka: News from the Council of Europe. – In: European Journal of Migration and Law. 3(2001)1, p. 91-95.
Oriol, Paul: Vers une citoyenneté européenne de résidence ?. – In: Migrations société. 13(2001)73, p. 111-120.
Status of human rights in the Chechen Republic, Autumn 2000: to the Committee of Legal Affairs and Human Rights of the Parliamentary Assembly of the Council of Europe, 18 December 2000. – In: Russian Politics and Law. 39(2001)6, p. 25-33.
Zwaak, Leo: Council of Europe. – In: Netherlands Quarterly of Human Rights. 19(2001)4, p. 462-478.

D. DROITS DE L'HOMME / HUMAN RIGHTS

Livres / Books

Alston, Philip: L'Union européenne et les droits de l'homme. – Bruxelles: Bruylant, 2001. – 1008 p.
ISBN 2-8027-1365-5

Amnesty International; Heike Alefsen; Wolfgang Behlert; Stefan Kessler et al.: 40 Jahre für die Menschenrechte. – Neuwied; Kriftel: Luchterland, 2001. – xiii – 288 p.
ISBN 3-472-04738-0

Askin, Kelly D. (ed.); Koenig, Dorean M. (ed.): Women and international human rights law. Vol. 3, Toward empowerment. – Ardsley, NY: Transnational Publishers, 2001. – xxxvi – 1013 p.
ISBN 1-57105-093-0

Barnhizer, David (ed.): Effective strategies for protecting human rights: economic sanctions, use of national courts and international for a and coercive power. – Aldershot: Ashgate, 2001. – xv – 278 p. (Law, justice and power)
ISBN 0-7546-2201-0

Bartole, Sergio; Conforti, Benedetto; Raimondi, Guido: Commentario alla Convenzione europea per la tutela dei diritti dell'uomo e delle liberta fondamentali. – Padova: Cedam, 2001. – xxxvi – 1011 p.
ISBN 788-13-23105-9

Bayefsky, Anne F.: The UN human rights treaty system: universality at the crossroads. – The Hague: Kluwer Law International, 2001. – xix – 811 p.
ISBN 90-411-1649-4

Bernadet, Philippe; Douraki, Tomaïs; Vaillant, Corinne: Psychiatrie, droits de l'homme et défense des usagers en Europe. – [s.l.]: Eres, 2001. – 360 p.
ISBN 2-8658-6965-2

Blackburn, Robert (ed.); Polakiewicz, Jörg (ed.): Fundamental rights in Europe: the European Convention on Human Rights and its member states, 1950-2000. – Oxford: Oxford University Press, 2001. – Lxi – 1061 p.
ISBN 0-19-924348-4

Cambi Favre-Bulle, Alessandra; Dal, Georges-Albert; Flécheux, Georges et al.: L'arbitrage et la Convention européenne des droits de l'homme: actes. – Bruxelles: Bruylant; Nemesis, 2001. – 170 p.
ISBN 2-8027-1525-9

Campbell, Tom (ed.): Sceptical essays on human rights. – New-York: Oxford University Press, 2001- 420 p.
ISBN 0-19-924669-6

Carss-Frisk, Monica: The right to property: a guide to the implementation of Article 1 of Protocol no. 1 to the European Convention on Human Rights. – Strasbourg: Council of Europe, 2001. – 46 p.

Catala i Bas, Alexandre H.: Libertad de expresion e informacion, la jurisprudencia del TEDH y su recepcion por el Tribunal Constitucional: hacia un derecho europeo de los derechos humanos. – Valencia: Ediciones Revista General de Derecho, 2001. – 484 p.
ISBN 84-95382-23-7

Conso, Giovanni; Saccucci, Andrea: Codice dei diritti umani: Nazioni Unite – Consiglio d'Europa. In appendice la Carta dei diritti fondamentali dell'Unione europea. – Milani: Cedam, 2001. – xxxv – 584 p.
ISBN 88-13-22925-9

Costa Rica. Corte Interamericana de Derechos Humanos (San José); Trindade, Antonio Augusto Cançado: Memoria del seminario: El sistema interamericano de proteccion de los derechos humanos en el umbral del siglo 21 (San José, Costa Rica, 23 y 24 de Noviembre de 1999). Tomo 1. – San José (Costa Rica): Corte Interamericana de Derechos Humanos, 2001. – 750 p.
ISBN 9977-36-092-8

Defilippi, Claudio (ed.); Bosi, Debora (ed.): Codice dei diritti umani. – Napoli: Edizioni Giuridiche Simone, 2001. – 702 p.
ISBN 88-244-9716-0
Doolan, Brian: Lawless v Ireland (1957-1961): the first case before the European Court of Human Rights: an international miscarriage of justice ?. – Aldershot: Ashgate, 2001. – ix – 269 p.
ISBN 0-7546-2169-3
Evans, Carolyn: Freedom of religion under the European Convention of Human Rights. – Oxford: Oxford University Press, 2001. – xxiv – 222 p.
ISBN 0-19-924364-6
Fernandez, Natividad Sola (ed.); Calvo, Garcia Manuel (ed.): Immigracion y derechos. – Zaragoza: Mira, 2001. – 358 p.
ISBN 84-8465-081-2
Francioni, Francesco (ed.): Environment, human rights and international trade. – Oxford: Hart, 2001. – xxviii – 361 p.
ISBN 1-84113-217-9
Gudmundur, Alfredsson (ed.): International human rights monitoring mechanisms: essays in honour of Jakob Th. Möller. – The Hague: Nijhoff, 2001. – x – 980 p. (The Raoul Wallenberg Institute human rights library; 7)
ISBN 90-411-1445-9
Hari, Albert; Verdobt, Albert: Les droits de l'homme dans la Bible et aujourd'hui. – [s.l.]: Du Signe, 2001. – 168 p.
ISBN 2746804034
Institut international des droits de l'homme: Commerce mondial et protection des droits de l'homme: les droits de l'homme à l'épreuve de la globalisation des échanges économiques = World trade and the protection of human rights: human rights in face of global economic exchanges. – Bruxelles: Bruylant, 2001. – x – 268 p.
ISBN 2-8027-1492-9
Jowell, Jeffrey L. (ed.): Understanding human rights principles. – Oxford: Hart, 2001. – x – 201 p. (Justice: Putting rights into practice)
ISBN 1-84113-169-5
Kilkelly, Ursula: The right to respect for private and family life: a guide to the implementation of Article 8 of the European Convention on Human Rights. – Strasbourg: Council of Europe, 2001. – 65 p.
Kleine-Cosack, Michael: Verfassungsbeschwerden und Menschenrechtsbeschwerde. – Bonn: Deutsche Anwaltverlag, 2001. – 503 p.
ISBN 3-8240-0350-3
Lammerant, Isabelle: L'adoption et les droits de l'homme en droit comparé. – Bruxelles: Bruylant; Paris: L.G.D.J., 2001. – 764 p.
ISBN 2802713205
Lebreton, Gilles: Libertés publiques et droits de l'homme. – 5e éd. – Paris: Colin, 2001. – 527 p. (U: Droit)
ISBN 2-501-03572-0
Macovei, Monica: Freedom of expression: a guide to the implementation of Article 10 of the European Convention on Human Rights. – Strasbourg: Council of Europe, 2001. – 60 p.

Marguénaud, Jean-Pierre (ed.): CEDH et droit privé: l'influence de la jurisprudence de la Cour européenne des droits de l'homme sur le droit privé français. – Paris: La Documentation française, 2001. – 253 p.
ISBN 2-11-004662-7

Merrills, J. G.; Robertson, A.H.: Human rights in Europe: a study of the European Convention on Human Rights. – 4th ed. – Manchester: Manchester University Press, 2001. – xxi – 362 p.
ISBN 0-7190-5837-6

Nicol, Andrew; Millar, Gavin QC; Sharland, Andrew: Media law and human rights. – London: Blackstone, 2001. – xxvii – 255 p.
ISBN 1-84174-134-5

Norwegian Resource Bank for Democracy and Human Rights (NORDEM); Hogdahl, Kristin (ed.); Ekker, Kvammen (ed.); Sadiwa, Lalaine (ed.): Manual on human rights monitoring: an introduction for human rights field officers. – 2nd ed. – Oslo: Norwegian Institute of Human Rights, 2001. – 230 p.

Oetheimer, Mario: L'harmonisation de la liberté d'expression en Europe: contribution à l'étude de l'article 10 de la Convention européenne des droits de l'homme et de son application en Autriche et au Royaume-Uni. – Paris: Pédone, 2001. – 384 p.
ISBN 2-233-00381-0

Ollila, Riitta: Freedom of speech and protection of privacy in convergence of electronic communications. – Rovaniemi: University of Lapland, 2001. – xlii – 351 p.
ISBN 951-634-805-X

Parizeau, Marie-Hélène (ed.): Pluralisme, modernité et monde arabe: politique, droits de l'homme et bioéthique. – Bruxelles: Bruylant, 2001. – 356 p.

Politkovskaya, Anna; Crowfoot, John: A dirty war: a Russian reporter in Chechnya. – first published in Novaya gazeta, 1999. – London: Harwill, 2001. – xi – 336 p.
ISBN 1-86046-897-7

Reed, (Robert), Lord; Murdoch, Jim: A guide to human rights law in Scotland. – London; Edinburgh: Butterworths LexisNexis, 2001. – lxx – 602 p.
ISBN 0-406-92320-5

Reisoglu, Safa: Uluslararasi boyutlariyla Insan Haklari = (Human rights with international dimension). – Istanbul: Beta Basim, 2001. – xx – 326 p.
ISBN 975-486-658-X

Renucci, Jean-François: Droit européen des droits de l'homme. – 2e ed. – Paris: L.G.D.J., 2001. – 688 p. (Manuel)
ISBN 2-275-01930-8

Russell-Johnston, Lord: Droits humains en souffrance: discours et articles 2000. – Strasbourg: Conseil de l'Europe, 2001. – 165 p.
ISBN: 92-871-4661-6

Russell-Johnston, Lord: Human Rights and wrongs: speeches and articles. – Strasbourg: Council of Europe, 2001. – 154 p.
ISBN: 92-871-4662-4

Rodriguez, Angel: Integracion europea y derechos fundamentales. – Madrid: Civitas, 2001. – 387 p.
ISBN 84-470-1587-4

Sarkin, Jeremy (ed.): Human rights, the citizen and the state: South African and Irish approaches. – Dublin: Round Hall Sweet & Maxwell, 2001. – vi – 268 p.
ISBN 1-85800-240-0

Sicilianos, Linos-Alexander (ed.); Bourloyannis-Vrailas, Christiane (ed.): The prevention of human rights violations: contribution on the occasion of the twentieth anniversary of the Marangopoulos Foundation for Human Rights (MFHR). – The Hague: Nijhoff, 2001. – 303 p.
ISBN 90-411-1672-9

Sicilianos, Linos-Alexander (ed.); Gavouneli, Maria (ed.): Scientific and technological developments and human rights. – Athens: Ant. N. Sakkoulas, 2001. – 297 p.
ISBN 960-150480-X

Simpson, A. W. Brian: Human Rights and the end of the empire: Britain and the genesis of the European Convention. – Oxford: Oxford University Press, 2001. – 1176 p.
ISBN: 0198262892

Smet, François de: Les droits de l'homme: origine et aléas d'une idéologie moderne. – [s.l.]: Cerf, 2001. – 140 p. (Humanités)
ISBN 2204067199

Sudre, Frédéric: Droit international et européen des droits de l'homme. – 5e ed. – Paris: PUF, 2001. – 536 p. (Droit fondamental)
ISBN 2130515711

Tönnies, Sibylle: Der westliche Universalismus: die Denkwelt der Menschenrechte. – 3. überarb. Aufl.. – Wiesbaden: Westdeutscher Verlag, 2001. – 286 p.
ISBN 3-531-32988-X

Trindade, Antonio Augusto Cançado: El derecho internacional de los derechos humanos en el siglo XXI. – Santiago, Chile: Editorial Juridica de Chile, 2001. – 455 p.
ISBN 956-10-1346-0

Trindade, Antonio Augusto Cançado; Santiago, Jaime Ruiz de: La nueva dimension de las necesidades de proteccion del ser humano en el inicio del siglo XXI. – San José, C.R.: Gossestra Internacional, 2001. – 422 p.
ISBN 9968-863-00-9

Vailhé, Judith: La France face aux exigences de la Convention européenne des droits de l'homme: analyse du contentieux judiciaire devant les instances de Strasbourg. – Paris: La Documentation française, 2001. – 127 p.
ISBN 2-11-004678-3

Vrsansky, Peter; Pecnikova; Petrik: Judikatura Europskeho sudu pre ludské prava k vybranym clankom Dohovoru o ochrane ludskych prav a zakladnych slobod. – Bratislava: Spolok pravnikov a priatelov prava, 2001. – 64 p.
ISBN 80-968629-1-X

Walters, Gregory J.: Human rights in an information age: a philosophical analysis. – Toronto: University of Toronto, 2001. – xx – 335 p.
ISBN 0-8020-3583-3

Articles / Articles

Abou Ramadan, Moussa: La protection de la liberté religieuse des minorités en Israël. – In: Mediterranean Journal of Human Rights. 5(2001)Double issue, p. 251-293.

Alebeek, Rosanne van: The Pinochet case: international human rights law on trial. – In: British Yearbook of International Law 2000. 71(2001), p. 29-70.

Alnajjar, Ghanim: Human rights in a crisis situation: the case of Kuwait after occupation. – In: Human Rights Quarterly. 23(2001)1, p. 188-209.

An-Na'im, Abdullah A.: Human rights in the Arab world: a regional perspective. – In: Human Rights Quarterly. 23(2001)3, p. 701-732.

Arnott, Hamish: HIV/AIDS, prisons and the Human Rights Act. – In: European Human Rights Law Review. (2001)1, p. 71-78.
Badinter, Robert: Unité ou pluralisme, à propos de la garantie des droits de l'homme en Europe. – In: Revue québécoise de droit international. (2001)numéro spécial, p. 15-35.
Barkhuysen, T.: Effectieve nationale rechtsbescherming bij overschrijding van de redelijke termijn vereist op grond van artikel 6 en 13 EVRM: Europees hof van de rechten van de mens, 26 oktober 2000, Kudla t. Polen (appl. nr. 30210/96). – In: NJCM Bulletin. Nederlands tijdschrift voor de mensenrechten. 26(2001)1, p. 71-88.
Benoît-Rohmer, Florence: Le commissaire du gouvernement auprès du Conseil d'État, l'avocat général auprès de la Cour de justice des Communautés européennes et le droit à un procès équitable: observations sous l'arrêt Kress c/ France rendu par la Cour européenne des droits de l'homme le 7 juin 2001 (req. n° 39594/98). – In: Revue trimestrielle de droit européen. 37(2001)4, p. 727-741.
Black, David R.: Human rights in foreign policy: lessons for South Africa from Canadian experience ?. – In: The International Journal of Human Rights. 5(2001)1, p. 37-57.
Bovey, Mungo: How fundamental are our fundamental rights ?. – In: Human Rights. (2001), p. 8-14.
Brand, Marcus G.: Institution building and human rights protection in Kosovo in the light of UNMIK legislation. – In: Nordic Journal of International Law. 70(2001)4, p. 461-488.
Brett, Rachel; Lester, Eve: Refugee law and international humanitarian law – parallels, lessons and looking ahead: a non-governmental organization's view. – In: International Review of the Red Cross. 83(2001)843, p. 713-726.
British Helsinki Human Rights Group: Nationalism and citizenship in Latvia. – In: East European Human Rights Review. 6(2000)1-2, p. 1-31.
Burn, Suzanne: The right to a fair hearing in civil disputes. – In: Human Rights. (2001), p. 15-23.
Byrne, Rosemary: Changing modalities: implementing human rights obligations in Ireland after the Good Friday Agreement. – In: Nordic Journal of International Law. 70(2001)1-2, p. 1-27.
Cabral Barreto, Ireneu: L'impatto della Convenzione europea dei diritti dell'uomo e della giurisprudenza della Corte europea sulla giurisprudenza nazionale. – In: Rivista internazionale dei diritti dell'uomo. 14(2001)1, p. 99-119.
Chandler, David: Universal ethics and elite politics: the limits to normative human rights theory. – In: International Journal of Human Rights. 5(2001)4, p. 72-89.
Chapman, Audrey R.; Ball, Patrick: The truth of truth commissions: comparative lessons from Haiti, South Africa, and Guatemala. – In: Human Rights Quarterly. 23(2001)1, p. 1-43.
Chun, Lin: Human rights and democracy: the case for decoupling. – In: International Journal of Human Rights. 5(2001)3, p. 19-44.
Clayton, Richard: Regaining a sense of proportion: the Human Rights Act and the proportionality principle. – In: European Human Rights Law Review. (2001)5, p. 504-525.
Cohen-Jonathan, Gérard: Le droit de l'homme à la non-discrimination raciale. – In: Revue trimestrielle des droits de l'homme. 12(2001)46, p. 665-688.
Cohen-Jonathan, Gérard: Les lignes de force de l'évolution du droit de la Convention européenne des droits de l'homme et du contrôle de son application. – In: Revue québécoise de droit international. (2001) numéro spécial, p. 63-107.
Cremona, John J.: Human rights documentation in Malta. – In: Mediterranean Journal of Human Rights. 5(2001)Double issue, p. 153-168.

Drzemcewski, Andrew: The Council of Europe's position with respect to the EU Charter of Fundamental Rights. – Human Rights Law Journal. 22(2001)1-4, p. 14-32.
Dunér, Bertil: Violence for human rights. – In: The International Journal of Human Rights. 5(2001)2, p. 46-71.
Engle, Karen: From skepticism to embrace: human rights and the American Anthropological Association from 1947-1999. – In: Human Rights Quarterly. 23(2001)3, p. 536-559.
Esposito, Andreana: Le discours raciste et la liberté d'expression en Italie. – In: Revue trimestrielle des droits de l'homme. 12(2001)46, p. 403-414.
European Roma Rights Center (Budapest): State of impunity: human rights abuse of Roma in Romania. – In: East European Human Rights Review. 7(2001)2, p. 141-286.
Flauss, Jean-François: Cour européenne des droits de l'homme (Grande chambre), 27 juin 2000: Cha'are Shalom Ve Tsedek c. la France. Observations: abattage rituel et liberté de religion, le défi de la protection des communautés religieuses. – In: Revue trimestrielle des droits de l'homme. 12(2001)45, p. 185-207.
Flauss, Jean-François: Human Rights Act 1998: kaléidoscope. – In: Revue française de droit constitutionnel. (2001)48, p. 695-703.
Frumer, Philippe: Le recours effectif devant une instance nationale pour dépassement du délai raisonnable: un revirement dans la jurisprudence de la Cour européenne des droits de l'homme. – In: Journal des Tribunaux. Droit européen. 9(2001)77, p. 49-53.
Garry, Hannah R.: When procedure involves matters of life and death: interim measures and the European Convention on Human Rights. – In: European Public Law. 7(2001)3, p. 399-432.
Gibney, Mark; Roxstrom, Erik: The status of state apologies. – Human Rights Quarterly. 23(2001)4, p. 911-939.
Gilbert, Howard: The slow development of the right to conscientious objection to military service under the European Convention on Human Rights. – In: European Human Rights Law Review. (2001)5, p. 554-567.
Goerlich, Helmut: Religionspolitische Distanz und kulturelle Vielfalt unter dem Regime des Art. 9 EMRK. – In: Neue juristische Wochenschrift. 54(2001)39, p. 2862-2863.
Hadfield, Brigid: The Human Rights Commission and the Civic Forum in the devolved Northern Ireland. – In: European Public Law. 7(2001)2, p. 143-156.
Harmsen, Robert: The European Convention on Human Rights after enlargement. – In: International Journal of Human Rights. 5(2001)4, p. 19-43.
Hartmann, Hauke: US human rights policy under Carter and Reagan, 1977-1981. – In: Human Rights Quarterly. 23(2001)2, p. 402-430.
Harvey, Colin: The politics of rights and deliberative democracy: the process of drafting a Northern Irish Bill of Rights. – In: European Human Rights Law Review. (2001)1, p. 48-70.
Hedigan, John: Brian Walsh and the European Convention on Human Rights: the Strasbourg years. – In: Irish Journal of European Law. 10(2001)1, p. 22-37.
Heine-Ellison, Sofia: The impact and effectiveness of multilateral economic sanctions: a comparative study. – In: The International Journal of Human Rights. 5(2001)1, p. 81-112.
Hickel, Marguerite Contat: Protection of internally displaced persons affected by armed conflict: concept and challenges. – In: International Review of the Red Cross. 83(2001)843, p. 699-711.
Jensen, Jorgen Albaek: Human rights in Danish law. – In: European Public Law. 7(2001)1, p. 1-9.

Justesen, Pia: Liberté d'expression et propos racistes au Danemark. – In: Revue trimestrielle des droits de l'homme. 12(2001)46, p. 343-366.
Kamminga, Menno T.: Lessons learned from the exercise of universal jurisdiction in respect of gross human rights offenses. – In: Human Rights Quarterly. 23(2001)4, p. 940-974.
Kent, Ann: States monitoring states: the United States, Australia and China's human rights, 1990-2001. – In: Human Rights Quarterly. 23(2001)3, p. 583-624.
Khaliq, Urfan: Protocol 12 to the European Convention on Human Rights: a step forward or a step too far ?. – In: Public law. (2001), p. 457-464.
Kilkelly, Ursula: The best of both worlds for children's rights ?: interpreting the European Convention on Human Rights in the light of the UN Convention on the Rights of the Child. – In: Human Rights Quarterly. 23(2001)2, p. 308-326.
Knöll, Ralf: Die Charta der Grundrechte der Europäische Union: Inhalte, Bewertung und Ausblick. – In: Neue Zeitschrift für Verwaltungsrecht. 20(2001)4, p. 392-394.
Kolb, Robert: The jurisprudence of the Yugoslav and Rwandan criminal tribunals on their jurisdiction and on international crimes. – In: British Yearbook of International Law 2000. 71(2001), p. 259-315.
Krüger, Hans-Christian: Vorschläge für ein kohärentes System des Menschenrechtsschutzes in Europa: Europäische Menschenrechtskonvention und EU-Grundrechtecharta. – In: Europäische Grundrechte Zeitschrift. 28(2001)4-6, p. 92-105.
Krüger, Hans–Christian; Polakiewicz, Jörg G.: Proposals for a coherent human rights protection system in Europe. – Human Rights Law Journal. 22(2001)1-4, p. 1-13.
Lalumière, Catherine: La Charte des droits fondamentaux et la Convention européenne des droits de l'homme. – In: Revue québécoise de droit international. (2001) numéro spécial, p. 167-186.
Lambert, Pierre: La résurgence du racisme, de l'antisémitisme et de la xénophobie en Europe. – In: Revue trimestrielle des droits de l'homme. 12(2001)46, p. 271-275.
Leuprecht, Peter: Cinquante ans de Convention européenne des droits de l'homme – la Convention européenne: un chef d'oeuvre en péril ?. – In: Revue québécoise de droit international. (2001)n° spécial, p. VII-XXIII.
Limbach, Jutta: Das Bundesverfassungsgericht und der Grundrechtsschutz in Europa. – In: Neue juristische Wochenschrift. 54(2001)40, p. 2913-2919.
Loveland, Ian: Freedom of political expression: who needs the Human Rights Act ?. – In: Public Law. (2001), p. 233-244.
Marcus-Helmons, Silvio: Comment combattre le racisme ?: ou l'éducation aux droits de l'homme. – In: Revue trimestrielle des droits de l'homme. 12(2001)46, p. 625-632.
Marguénaud, Jean-Pierre: Cour européenne des droits de l'homme (Troisième section), 8 février 2000: Voisine c. la France. Observations: le droit de se défendre soi-même contre les conclusions du parquet de cassation. – In: Revue trimestrielle des droits de l'homme. 12(2001)47, p. 829-844.
Le mécanisme de contrôle de l'application de la Charte sociale européenne. (Série d'articles). – In: L'Europe des libertés. 2(2001) numéro spécial, p. 3-31.
Meilaender, Gilbert: The point of a ban: or, how to think about stem cell research. – In: Hastings Center Reports. 31(2001)1, p. 9-16.
Meyer, Michael J.: Respecting what we destroy: reflections on human embryo research. – In: Hastings Center Reports. 31(2001)1, p. 16-23.
Millet, Jean-Frédéric: Le droit à une vie familiale normale et les étrangers de la deuxième génération: conclusions sur Cour administrative d'appel de Nantes, 21 octobre 1999, Benouis. – In: Revue française de droit administratif. 17(2001)4, p. 807-812.

Monshipouri, Mahmood: The search for international human rights and justice: coming to terms with the new global realities. – In: Human Rights Quarterly. 23(2001)2, p. 370-401.

Pecheul, Armel: La Charte des droits fondamentaux de l'Union européenne. – In: Revue française de droit administratif. 17(2001)3, p. 688-700.

Pitty, Roderic: Indigenous peoples, self-determination and international law. – In: International Journal of Human Rights. 5(2001)4, p. 44-71.

Poe, Steven C.: How are these pictures different ?: a quantitative comparison of the US State Department and Amnesty International human rights reports, 1976-1995. – In: Human Rights Quarterly. 23(2001)3, p. 650-677.

Rytter, Jens Elo: Humanitarian intervention without the Security Council: from San Francisco to Kosovo, and beyond. – In: Nordic Journal of International Law. 70(2001)1-2, p. 121-160.

Schutter, Olivier de: Cour européenne des droits de l'homme (Grande chambre), 4 mai 2000: Rotaru c. la Roumanie. Observations: vie privée et protection de l'individu vis-à-vis des traitements de données à caractère personnel. – Revue trimestrielle des droits de l'homme. 12(2001)45, p. 137-183.

Strasser, Wolfgang: Le discours raciste et sa répression en droit autrichien. – In: Revue trimestrielle des droits de l'homme. 12(2001)46, p. 305-320.

Tettinger, Peter J.: Die Charta der Grundrechte der Europäischen Union. – In: Neue juristische Wochenschrift. 54(2001)14, p. 1010-1015.

Thürer, Daniel: Die NATO-Intervention im Kosovo und das humanitäre Völkerrecht. – In: Liechtensteinische Juristen-Zeitung. 22(2001)2, p. 36-41.

Tomuschat, Christian: Clarification Commission in Guatemala. – In: Human Rights Quarterly. 23(2001)2, p. 233-258.

Wery, Philippe: Le protocole n° 12 à la Convention européenne de sauvegarde des droits de l'homme et des libertés fondamentales. – In: Droit en Quart Monde. (2001)32, p. 17-27.

Wheatley, Steven: Human rights and human dignity in the resolution of certain ethical questions in biomedecine. – In: European Human Rights Law Review. (2001)3, p. 312-325.

Wildhaber, Luzius: The right to offend, shock or disturb ?: aspects of freedom of expression under the European Convention on Human Rights. – In: Irish Jurist. 36(2001), p. 17-31.

Winkler, Sebastian: Der Europäische Gerichtshof für Menschenrechte, das Europäische Parlament und der Schutz der Konventionsgrundrechte im Europäischen Gemeinschaftsrecht: Anmerkung zum EGMR-Urteil im Fall Matthews ./. Vereinigtes Königreich. – In: Europäische Grundrechte Zeitschrift. 28(2001)1-3, p. 18-27.

Zhou, Lei: "Wahrhaftigkeit, Barmherzigkeit und Nachsicht": Schwere Menschenrechtsverletzungen durch die Volksrepublik China bei der Verfolgung von Falun Gong. – In: Menschenrechtsmagazin. 6(2001)1, p. 21-30.

E. SECURITE ET DEFENSE / SECURITY AND DEFENSE

Livres / Books

Barschdorff, Peter: Facilitating transatlantic cooperation after the Cold War. – New York: Palgrave, 2001. – 36 p.
ISBN: 0312295448

Buckley, Mary (ed.); Cummings, Sally N. (ed.): Kosovo: perceptions of war and its aftermath. – London; New York: Continuum, 2001. – 256 p.
ISBN: 0826456693

Buffotot, Patrice (dir.): La défense en Europe: Nouvelles réalités, nouvelles ambitions. – 3e éd. – Paris: Documentation française, 2001. – 352 p. (Notes et études documentaires 5136-5137)

Burkard, Johannes: Die Gemeinsame Aussen- und Sicherheitspolitik und ihre Berührungspunkte mit der Europäischen Gemeinschaft. – Berlin: Duncker & Humblot, 2001. – 171 p.
ISBN 3428102916

Calleo, David P.: Rethinking Europe's future. – Princeton, N.J.: Princeton University Press, 2001. – xiii – 381 p. (A Century foundation book)
ISBN 0691090815

Centro di richerche sul sistema sud e il Mediterraneo allargato – C.Ri.S.S.M.A: La nuova NATO: i membri, le strutture, i compiti. – Bologna: il Mulino, 2001. – 331 p.
ISBN 88-15-08239-5

Clemens, Walter C.: The Baltic transformed: complexity theory and European security. – Lanham, Md: Rowman & Littlefield Publishers, 2001. – xxvii – 281 p.
ISBN 0847698580

Cogan, Charles G.: The third option: the emancipation of European defense, 1989-2000. – London: Praeger, 2001. – xvi – 179 p.
ISBN 0275969487

Cueto, Carlos de; Jordán, Javier; Barbé, Esther et al.: – Introducción a los estudios de seguridad y defensa. – Albolote, Granada: Comares, 2001. – xiii – 307 p. (Política y sociedad)
ISBN 8484442780

De Leonardis, Massimo: Europa-Stati Uniti, un atlantico più largo ?. – Milano: FrancoAngeli, 2001. – 312 p.
ISBN 88-464-2978-8

Delpech, Thérèse: Nucléaire: le retour d'un grand débat. – Paris: Institut d'études de sécurité de l'Union de l'Europe occidentale, 2001. – 192 p. (Cahiers de Chaillot; n°48)

Duffield, Mark: Global governance and the new wars: the merging of development and security London.: Zed books, 2001. – 293 p.
ISBN 1-85649-749-6

Engelbrekt, Kjell: Security policy reorientation in peripheral Europe: a perspectivist approach. – Stockholm: Dept. of Political Science, Stockholm University, 2001. – 288 p. (Stockholm studies in politics, 0346-6620; 77)
ISBN 9172652349

Fulbrook, Mary (ed.): Europe since 1945. – Oxford: Oxford University Press, 2001. (The short Oxford history of Europe)
ISBN 0198731795

Gärtner, Heinz (ed.); Hyde-Price, Adrian G. V (ed.); Reiter, Erich (ed.): Europe's new security challenges. – Boulder, Colo.: Lynne Rienner Publishers, 2001. – x – 470 p.
ISBN 1555879055

Ghebali, Victor-Yves (ed.); Warner, Daniel (ed.): The operational role of the OSCE in southeastern Europe contributing to regional stability in the Balkans. – Aldershot: Ashgate, 2001. – 150 p.
ISBN 0-7546-1531-6

Gilles, Andreani; Christoph, Bertram; Grant, Charles: Europe's military revolution. – London: Centre for European Reform, 2001. – 86 p.
ISBN 190122922X

Heinz-Jürgen Axt (ed.); Christoph Rohloff (ed.): Frieden und Sicherheit in Südost-Europa: EU-Beitritt, Stabilitätspakt und europäische Sicherheits- und Verteidigungspolitik: Beiträge zu einer internationalen Konferenz des Jean Monnet-Lehrstuhls der Gerhard-Mercator-Universität Duisburg in Kooperation mit der Südosteuropa Gesellschaft vom 27. bis 29. November 2000. – München: Die Gesellschaft, 2001. – 436 p. (Südosteuropa-Studien; Heft 70)
ISBN 3925450939.

Hirst, Paul Heywood: War and power in the twenty-first century: the State, military conflict, and the international system. – Malden, Mass.: Polity Press, 2001. – vi – 169 p. (Themes for the 21st century)
ISBN 0-7456-2521-5

Hopkinson, William: Enlargment: a new NATO. – Paris: Institute for security studies of Western European Union, 2001. – 100 p. (Cahiers de Chaillot; n° 49)

Kavakas, Dimitrios: Greece and Spain in European foreign policy: the influence of Southern member states in common foreign and security policy. – Aldershot: Ashgate, 2001. – x – 242 p.
ISBN 0754618218

Krenzler, Horst Günter; Vachudová, Milada Anna: The European defense and security policy and EU enlargement to Estearn Europe. – Florence: Robert Schuman Centre for Advanced Studies: European University Institute, 2001. – 20 p. (Policy papers, RSC 01/1)

Lanxade, Jacques: Quand le monde a basculé. – Paris: Nil, 2001. – 386 p.
ISBN 2-8411-1235-7

Lehtinen, Terhi; Magalhães Ferreira, Patricia; Haccius, Justin: The EU's common foreign and security policy: opportunities for a more effective EU response to crisis-affected countries in Africa. – Maastricht: European Centre for Development Policy Management, 2001. – 42 p. (ECDPM Discussion paper n. 22)

Moller, Bjorn (ed.): Oil and water: cooperative security in the Persian Gulf. – London: Tauris, 2001. – vii – 345 p.
ISBN 1-86064-625-5

Ortega, Martin: L'intervention militaire et l'Union européenne. – Paris: Institut d'études de sécurité de l'Union de l'Europe occidentale, 2001. – 147 p. (Cahiers de Chaillot; n° 45)

Paffenbarger, John: Nuclear power in the OECD. – Paris: OECD, 2001. – 316 p.
ISBN 92-64-18579-8

Patton, David F.: Cold war politics in postwar Germany. – Houndmills Basingstoke: Palgrave Macmillan, 2001. – 224 p.
ISBN 0-312-23988-2

Peters, John E: European contributions to Operation Allied Air Force: implications for transatlantic cooperation. – Santa Monica, CA: Rand, 2001. – xxi – 113 p.
ISBN 0833030388
Quinlan, Michael: European defense cooperation: asset or threat to NATO?. – Washington, D.C.: Woodrow Wilson Center Press, 2001. – x – 90 p.
ISBN 1930365047
Rotfeld, Adam Daniel (ed.): The new security dimensions – Europe after the NATO and EU enlargements: report of the Frösunda Conference, organized by the Stockholm International Peace Research Institute in cooperation with the Swedish National Defence College and the Warsaw Centre for International Relations, Frösunda, 20-21 April 2001. – Solna: SIPRI, 2001. – vi – 151 p.
Sanders, Deborah: Security Cooperation Between Russia and Ukraine in the Post-Soviet Era. – Houndmills Basingstoke: Palgrave Macmillan, 2001. – 208 p.
ISBN 0333800958
Schmidt, Gustav: A History of NATO: the first fifty years. – Basingstoke: Palgrave, 2001. – xiii – 493 p.
ISBN 0-333-96277-X
Schnapper, Pauline: La Grande-Bretagne et la sécurité européenne: 1989-2000. -Paris: Harmattan, 2001. – 249 p. (Logiques politiques)
ISBN 2747509524
Serfati, Claude: La mondialisation armée: le déséquilibre de la terreur. – Paris: Textuel, 2001. – 174 p. (La discorde; 6)
Stavridis, Stelios: Why the 'militarising' of the European Union is strengthening the concept of a civilian power Europe. – Florence: Robert Schuman Centre for Advanced Studies Edition Florence: European University Institute, 2001. – 21 p.
Szayna, Thomas S.: NATO enlargement, 2000-2015: determinants and implications for defense planning and shaping. – Santa Monica, CA: RAND, 2001. – xix – 165 p.
ISBN: 0833029614
Tewes, Henning: Germany, civilian power and the new Europe. enlarging NATO and the European Union. – Basingstoke: Palgrave, 2001. – 256 p. (New perspectives in German studies)
ISBN 0333965086
Timmins, Graham (ed.); Smith, Martin A. (ed.): Uncertain Europe: building a new European security order?. – New York: Routledge, 2001. – 304 p. (Routledge advances in international relations and politics; 15)
ISBN 0415237351
Vanhoonacker, Sophie: The Bush administration (1989-1993) and the development of a European security identity. – Aldershot. Ashgate. 2001. – xiii – 269 p.
ISBN 0754616649
Webber, Douglas (ed.): New Europe, new Germany, old foreign policy?: German foreign policy since unification. – London; Portland, OR: F. Cass, 2001. – 226 p.
ISBN 0714651729
White, Brian: Understanding European foreign policy. – New York: Palgrave, 2001. – xi – 196 p.
ISBN 0333949889
Winn, Neil; Lord, Christopher: EU foreign policy beyond the nation state: joint actions and institutional analysis of the Common Foreign and Security Policy. – Basingstoke: Palgrave, 2001. – xi – 192 p.
ISBN 0333699807

Articles / Articles

Anderson, Stephanie: The changing nature of diplomacy: the European Union, the CFSP and Korea. – In: European Foreign Affairs Review. 6(2001)4, p. 465-482.
Attinà, Fulvio: The European Security Partnership, NATO and the European Union. – In: European Union Review. 6(2001)2, p. 135-151.
Béchat, Jean-Paul: L'Europe de la défense. – In: Défense nationale. 57(2001)6, p. 15-31.
Becker, Jens; Jurkeit, Jörg: The Balkans Stability Pact and the interests of the West. – In: South-East Europe Review for Labour and Social Affairs. 4(2001)1, p. 145-160.
Buzelay, Alain; Vignes, Daniel: L'Union européenne au-delà de la riposte armée: de la prévention des crises à leur gestion civile. – In: Revue du Marché commun et de l'Union européenne. (2001)452, p. 608-613.
Cardot, Patrice: Renforcer la PESC et la PESD en modernisant les institutions de l'Union européenne. – In: Défense nationale. 57(2001)12, p. 19-35.
Chautard, Sophie: Une programmation militaire pour l'Europe. – In: Défense nationale. 57(2001)4, p. 59-78.
Chirac, Jacques: Politique de défense et de sécurité. – In: Défense nationale. 57(2001)7, p. 5-19.
Cloos, Jim: L'Union a-t-elle besoin d'une politique européenne de sécurité ?. – In: Revue du Marché commun et de l'Union européenne. (2001)452, p. 581-585.
Cornish, Paul; Edwards, Geoffrey: Beyond the EU/NATO dichotomy: the beginnings of a European strategic culture. – In: International Affairs. 77(2001)3, p. 587-603.
Daftary, Farimah: Conflict resolution in FRY Macedonia: powersharing or the "civic approach" ?. – In: Helsinki Monitor. 12(2001)4, p. 291-312.
Duke, Simon; Haar, Roberta: Groeien de transatlantische partners uit elkaar ?. – In: Internationale spectator. 55(2001)10, p. 488-492.
Dumoulin, André: Les bases d'un concept stratégique européen. – In: Défense nationale. 57(2001)6, p. 108-117.
Dunay, Pál: U.S.-EU relations after the introduction of the euro and the reinvention of European security and defence. – In: Perspectives. Review of Central European Affairs. (2001)16, p. 21-33.
Everts, Daan: The OSCE mission in Kosovo: two years of institution building. – In: Helsinki Monitor. 12(2001)4, p. 245-256.
Faupin, Alain: Europe de la défense et lien transatlantique: convergences et divergences. – In: Défense nationale. 57(2001)10, p. 126-143.
Flahaut, André: La présidence belge de l'UE: les priorités en matière de sécurité et de défense. – In: Défense nationale. 57(2001)7, p. 21-29.
Fouskas, Vassilis: The Balkans and the enlargement of NATO: a sceptical view. – In: European Security. 10(2001)3, p. 52-75.
Frietzsche, Helmut; Parchmann, Dirk: Europäische Sicherheits- und Verteidigungspolitik: der Erfolg von Nizza ?. – In: Europäische Sicherheit 50(2001)2, p. 10-12.
Gautier, Louis: L'Europe de la défense en puissance. – In: Défense nationale. 57(2001)4, p. 51-58.
Grimaldi, Giorgio: La politica europea di sicurezza e di difesa comune: attualità, progetti e proposte. – In: Il Politico. 66(2001)3, p. 433-466.
Gürbey, Gülistan: The Kurdish conflict in Turkey: (not) a subject for the OSCE ?. – In: Helsinki Monitor. 12(2001)1, p. 7-20.
Hatschikjan, Magarditsch A.: Die "grossen Fragen" in Südosteuropa: ein Balkan-Locarno für stabile Strukturen. – In: Aus Politik und Zeitgeschichte. (2001)13-14, p. 17-26.

Heisbourg, François; Wijk, Rob de: Is the fundamental nature of the transatlantic security relationship changing ?. – In: NATO Review. (2001)49, p. 15-19.
Hill, Christopher: The EU's capacity for conflict prevention. – In: European Foreign Affairs Review. 6(2001)3, p. 315-333.
Howorth, Jolyon: European defence and the changing politics of the European Union: hanging together or hanging separately ?. – In: Journal of Common Market Studies. 39(2001)4, p. 765-789.
Jean, Carlo: La difesa europea: realtà, retorica e prospettive. – In: Affari esteri. (2001)131, p. 579-586.
Kay, Sean: NATO's open door: geostrategic priorities and the impact of the European Union. – In: Security Dialogue. 2(2001)2, p. 201-215.
King, Charles: The new Near East. – In: Survival. 43(2001)2, p. 49-67.
Knutsen, Bjørn Olav: Europeisk sikkerhetsintegrasjon: EUS felles sikkerhets- og forsvarspolitikk. – In: Internasjonal politikk. 59(2001)2, p. 227-258.
Kreft, Heinrich; Huterer, Manfred: Neues "Great Game" in Zentralasien: die Entwicklung im Südkaukasus, in Zentralasien, dem Mittleren Osten und im westlichen Südasien als Herausforderung für Europa. – In: Österreichische militärische Zeitschrift. 39(2001)5, p. 614-619.
Le Gloannec, Anne-Marie: Europa als internationaler Akteur. – In: Internationale Politik. 56(2001)2, p. 23-27.
Lobova, Ljudmila: Aktuelle Entwicklungen in der Aussen- und Sicherheitspolitik Russlands: auf der Suche nach Partnern und strategischen Prioritäten. – In: Österreichische militärische Zeitschrift. 39(2001)5, p. 589-596.
Mattarella, Sergio: Italy's new defence model and its contribution to CESDP. – In: The International Spectator. 36(2001)1, p. 61-66.
Meurs, Wim van: Balkan-politiek als europese luchtspiegeling. – In: Internationale spectator. 55(2001)6, p. 319-232.
Mincev, Emil G.: Euroatlantische Partnerschaft auf dem Balkan. – In: Internationale Politik. 56(2001)6, p. 39-44.
Minuto Rizzo, Alessandro: Towards a European defence policy. – In: The International Spectator. 36(2001)3, p. 47-55.
Missiroli, Antonio: European security policy: the challenge of coherence. – In: European Foreign Affairs Review. 6(2001)2, p. 177-196.
Missiroli, Antonio : Sicherheitspolitische Kooperation zwischen Europäischer Union und NATO: der türkische Verdruss über die Europäische Sicherheits- und Verteidigungspolitik. – In: Integration. 24(2001)4, p. 340-355.
Nicoletti, Barbara : International conflict prevention: the case of the Baltic region. – In: The International Spectator. 36(2001)2, p. 111-124.
Patten, Christopher: Prévention des conflits, gestion des crises: une contribution européenne. – In: Politique étrangère. 66(2001)3, p. 647-657.
Patten, Christopher; Câmara Gomes, Francisco da; Petit, Bernard: La coopération avec les États tiers. – In: L'Observateur de Bruxelles. (2001)43, p. 23-30.
Peter, Rolf; Wagner, Claudia: Russland und der "Kampf gegen den Terrorismus": Schulterschluss mit dem Westen gegen "freie Hand" im Kaukasus ?. – In: Osteuropa. 51(2001)11-12, p. 1247-1261.
Polikanov, Dmitrij: U-turns in Russia-NATO relations. – In: Perspectives. Review of Central European Affairs. (2001-2002)17, p. 68-79.
Rahr, Alexander: L'Europe et l'Asie centrale. – In: Commentaire. 24(2001)94, p. 283-294.
Richard, Alain: L'Europe de la défense. – In: Défense nationale. 57(2001)1, p. 7-15.

Rodrigues, Stéphane: Le Traité de Nice et les coopérations renforcées au sein de l'Union européenne. – In: Revue du Marché commun et de l'Union européenne. (2001)444, p. 11-16.

Rosa, Paolo: Non-proliferation and the European Union: an institutionalist perspective. – In: The European Union Review. 6(2001)3, p. 33-61.

Rühe, Volker: Der 11. September 2001: Neues Selbstverständnis amerikanischer Aussenpolitik. – In: Internationale Politik. 56(2001)12, p. 37-42.

Rynning, Sten: La politique danoise de sécurité: activisme international et ambiguïté européenne. – In: Politique étrangère. 66(2001)3, p. 673-686.

Sergeev, Igor' Dmitrievic: Le renforcement de la sécurite internationale, un impératif de notre époque, un devoir pour chaque État. – In: Défense nationale. 57(2001)4, p. 17-24.

Serra, Narís: El progreso de la política de defensa europea. – In: Política exterior. 15(2001)83, p. 95-111.

Solana, Javier: L'Europe-puissance. – In: Politique internationale. (2001)92, p. 213-232.

Spencer, Claire: The EU and common strategies: the revealing case of the Mediterranean. – In: European Foreign Affairs Review. 6(2001)1, p. 31-51.

Stavridis, Stelios: European security and defence after Nice. – In: The European Union Review. 6(2001)3, p. 97-118.

Stojanovits, Gabor: Perceptions of new security risks by Central and Eastern European populations and their political elites. – In: The Journal of Slavic Military Studies. 14(2001)3, p. 1-12.

Teija, Tiilikainen: Finland: an active member of the Common European Security and Defence Policy. – In: The Finnish Economy and Society. (2001)4, p. 61-64.

Thorel, Julien: Le couple franco-allemand à l'épreuve de la crise du Kosovo. – In: Allemagne d'aujourd'hui. (2001)157, p. 56-75.

Tinguy, Anne de: Vladimir Poutine et l'Occident: l'heure est au pragmatisme. – In: Politique étrangère. 66(2001)3, p. 515-533.

Tobias, Bender: Die verstärkte Zusammenarbeit nach Nizza: Anwendungsfelder und Bewertung im Spiegel historischer Präzedenzfälle der differenzierten Integration. – In: Zeitschrift für ausländisches öffentliches Recht und Völkerrecht. 61(2001)4, p. 729-770

Tuomioja, Erkki: Sécurité et défense: le point de vue finlandais sur la PECSD. – In: Défense nationale. 57(2001)3, p. 5-17.

Vernet, Daniel: Vers l'Europe de la défense. – In: Commentaire. 23(2000-2001)92, p. 779-784.

Viriot, Jean-Marie: L'autonomie, clé de voûte d'une véritable défense européenne. – In: Défense nationale. 57(2001)2, p. 35-44.

Wouters, Jan; Naert, Frederik: Het antwoord van de Europese Unie op '11 september'. – In: Internationale spectator. 55(2001)12, p. 587-591.

Wouters, Jan; Naert, Frederik: How effective is the European security architecture ?: lessons from Bosnia and Kosovo. – In: International and Comparative Law Quarterly. 50(2001)3, p. 540-576.

Xiang, Lanxin: An EU common strategy for China ?. – In: The International Spectator. 36(2001)3, p. 89-99.

Yesson, Erik: NATO, EU and Russia: reforming Europe's security institutions. – In: European Foreign Affairs Review. 6(2001)2, p. 197-221.

Yüksel, Inan; Islam, Yusuf: New European security identity and Turkey. – In: Turkish Yearbook of International Relations 1999. 29(2001), p. 33-48.

Zimmerman, William: Survey research and Russian perspectives on NATO expansion. – In: Post-Soviet Affairs. 17(2001)3, p. 235-261.
Zoll, Wolfgang : Das Mittelmeer: eine Region von gewachsenem Interesse für Deutschland. – In: Europäische Sicherheit. 50(2001)10, p. 53-55.

SITES WEB / WEB SITES

INTEGRATION EUROPEENNE EN GENERAL / EUROPEAN INTEGRATION IN GENERAL

En Général et Politique / General and Politics

http://europa.eu.int/index.htm : serveur web de l'Union Européenne.
http://europa.eu.int/abc/doc/off/bull/fr/welcome.htm : le bulletin de l'Union Européenne.
http://ue.eu.int : le site du Conseil Européen.
http://europa.eu.int/news/index_en.htm : informations brèves sur la Commission.
http://europa.eu.int/abc/obj/amst/fr/index.htm : le Traité d'Amsterdam dans les différentes langues de l'Union.
http://europa.eu.int/eur-lex/fr/index.html : site de droit européen qui contient les sources du Droit Européen: le Journal Officiel, les Traités, les Textes Consolidés et la jurisprudence européenne.
http://doc-iep.univ-lyon2.fr/Ressources/Liens/constitution-etr.html: site qui fournit le texte intégral (en anglais, souvent en français, parfois en allemand et dans d'autres langues) des constitutions des pays européens.
http://www.uni-wuerzburg.de/law: site présentant les Constitutions des états.
http://www.polisci.com/: site sur les gouvernements et leur politique.
http://www.admi.net: site permettant d'accéder au droit de nombreux pays.

Droit en Général / Law in General

http://www.lexis-nexis.com/lncc/: Lexis-Nexis fournit des informations juridiques y compris des informations payantes.
http://www.hg.org/search.html: un site convivial présentant le droit par état.
http://www.uni-wuerzburg.de/law/home.html: ce site présente le droit constitutionnel et des informations juridiques sur de nombreux états.
http://oncampus.richmond.edu/~jjones//confinder/const.htm: cet index propose les Constitutions, les chartes, les amendements et autres documents annexes. Liste alphabétique des Etats dans le monde avec des liens vers les textes constitutionnels correspondant à chaque Etat.
http://www.uni-wuerzburg.de/law : site présentant les Constitutions des états.
http://ourworld.compuserve.com/homepages/SMilne6/libcats.htm bibliothèques du monde.
http://www.enssib.fr/bibliotheque/autres/bib/resbib.html ressources bibliothécaires mondiales.

Droit Communautaire et Droit National / Community Law and National Law

http://www.info-europe.fr: sources d'Europe
http://europa.eu.int/comm/sg/scadplus: base de données SCAD regroupant des références documentaires actuelles: législation, politiques, publications, articles de périodiques et avis des partenaires sociaux.
http://europa.eu.int/idea/fr/pdfindex.htm: annuaire interinstitutionnel: qui fait quoi dans l'Union européenne.
http://www.europa.eu.int/celex: CELEX est une source d'information complète et pertinente dans le domaine du droit communautaire. CELEX propose un accès en plusieurs langues à une vaste série d'actes juridiques, comme les traités Fondamentaux, loi dérivée restreinte ou non, avis et résolutions des institutions de l'Union Européenne, la jurisprudence de la Cour de Justice et de la Cour de Première Instance des Communautés Européennes.
http://www.rabenou.org/divers/urls/europe.htm: un site intéressant sur les sources européennes.
EUR-LEX: droit de l'Union Européenne.

Concurrence / Antitrust and Competition

http://www.wto.org: site de l'Organisation mondiale du commerce

Droit du Travail et Droit Social / Labour Law and Social Law

http://www.ilo.org: site de l'Organisation internationale du travail
http://www.who.int: site de l'Organisation mondiale de la santé

Parlement Européen / European Parliament

http://www.europarl.eu.int: le site du Parlement Européen.
http://eur-op.eu.int: le bureau des publications officielles du Parlement.

Cour Européenne de Justice / European Court of Justice

http://www.curia.eu.int/fr/index.htm: le site de la Cour de Justice

INTEGRATION ECONOMIQUE / ECONOMIC INTEGRATION

Intégration Économique en Général / Economic Integration in General

http://www.eca.eu.int: Cour des Comptes européenne.
http://www.ces.eu.int/index800.htm: Comité économique et social.
http://www.ocde.org: site de l'organisation de coopération et de développement économiques

Système Monétaire et Impôts / Monetary System and Taxes

http://euro.eu.int/en/mainhi.htm: le site sur l'EURO.
http://www.eib.org + *http://www.bei.org*: Banque européenne d'investissement.

CONSEIL DE L'EUROPE / COUNCIL OF EUROPE

http://www.coe.int : le site du Conseil de l'Europe. Ce site donne accès aux différents sites du Conseil de l'Europe et offre des liens intéressants.

DROITS DE L'HOMME / HUMAN RIGHTS

http://www.echr.coe.int/: Site de la Cour européenne des Droits de l'homme qui permet un accès simple et direct vers d'autres pages. Possibilité de consulter Hudoc, page sur la jurisprudence relative à la Convention européenne des Droits de l'Homme. Tout arrêt peut être consulté sur internet le jour même de la lecture de l'arrêt.
http://www.yale.edu/lawweb/avalon/diana/: ce site est un outil de référence pour toute recherche sur la législation des droits de l'homme, avec des documents en ligne sur le contentieux et des liens vers des sites de référence.
http://web.bilkent.edu.tr/inet-turkey/human-rights.html: liste des organisations internationales agissant dans le domaine des droits de l'homme.
http://www.cicr.org/dih: base de données du Comité International de la Croix Rouge
http://www.unhcr.ch: site du Haut-Commissariat aux Réfugiés
http://www.hrweb.org/: introduction aux droits de l'homme, brève histoire des droits de l'homme, documents juridiques, liste des organisations oeuvrant dans le domaine des droits de l'homme.